CAMPOS DAS
CIÊNCIAS SOCIAIS

Dados Internacionais de Catalogação na Publicação (CIP)
(Câmara Brasileira do Livro, SP, Brasil)

Campos das ciências sociais : figuras do mosaico das pesquisas no Brasil e em Portugal / Rita de Cássia Fazzi, Jair Araújo de Lima, (organizadores). – Petrópolis, RJ : Vozes, 2020.

Vários autores.
Bibliografia.
ISBN 978-85-326-6375-7

1. Ciências sociais 2. Ciências sociais – Pesquisa 3. Sociologia 4. Teoria social I. Fazzi, Rita de Cássia. II. Lima, Jair Araújo de.

19-31469 CDD-300.72

Índices para catálogo sistemático:
1. Ciências sociais : Pesquisa   300.72

Maria Paula C. Riyuzo – Bibliotecária – CRB-8/7639

CAMPOS DAS CIÊNCIAS SOCIAIS

Figuras do mosaico das pesquisas no Brasil e em Portugal

Rita de Cássia Fazzi
Jair Araújo de Lima (orgs.)

EDITORA VOZES

Petrópolis

© 2020, Editora Vozes Ltda.
Rua Frei Luís, 100
25689-900 Petrópolis, RJ
www.vozes.com.br
Brasil

Todos os direitos reservados. Nenhuma parte desta obra poderá ser reproduzida ou transmitida por qualquer forma e/ou quaisquer meios (eletrônico ou mecânico, incluindo fotocópia e gravação) ou arquivada em qualquer sistema ou banco de dados sem permissão escrita da editora.

CONSELHO EDITORIAL

Diretor
Gilberto Gonçalves Garcia

Editores
Aline dos Santos Carneiro
Edrian Josué Pasini
Marilac Loraine Oleniki
Welder Lancieri Marchini

Conselheiros
Francisco Morás
Ludovico Garmus
Teobaldo Heidemann
Volney J. Berkenbrock

Secretário executivo
João Batista Kreuch

Editoração: Maria da Conceição B. de Sousa
Diagramação: Sheilandre Desenv. Gráfico
Revisão gráfica: Nilton Braz da Rocha / Fernando S.O. da Rocha / Nivaldo S. Menezes
Capa: Érico Lebedenco

ISBN 978-85-326-6375-7

Editado conforme o novo acordo ortográfico.

Este livro foi composto e impresso pela Editora Vozes Ltda.

Sumário

Apresentação, 11
> *Rita de Cássia Fazzi* – Doutora em Sociologia (Iuperj); professora adjunta IV do Departamento de Ciências Sociais (PUC-Minas); Programa de Pós-graduação em Ciências Sociais (PUC-Minas)
> *Jair Araújo de Lima* – Doutorando em Ciências Sociais (PUC-Minas); aluno do Programa de Pós-Graduação em Ciências Sociais (PUC-Minas)

Seção I – Epistemologia, teoria social, metateoria, 17

1 Sociologia do conhecimento – "Novidades na sociologia do conhecimento?", 19
> *Renan Springer de Freitas* – Doutor em Sociologia (Iuperj); professor titular do Departamento de Sociologia (UFMG); Programa de Pós-Graduação em Sociologia (UFMG)

2 Sociologia da ação – "Sociologias da ação: um balanço", 37
> *Gabriel Peters* – Doutor em Sociologia (Iesp/Uerj); professor adjunto A do Departamento de Sociologia (UFPE); Programa de Pós-Graduação em Sociologia (UFPE)

3 Sociologia do presente – "Ciências sociais, complexidade e sociologia do presente em Edgar Morin", 64
> *Alexsandro Galeno Araújo Dantas* – Doutor em Ciências Sociais (PUC-SP); professor-associado do Instituto Humanitas (UFRN)
> *Fagner Torres de França* – Doutor em Ciências Sociais (UFRN); bolsista PNPD/Capes no Programa de Pós-Graduação em Ciências Sociais – UFRN

4 Sociologia da ciência – "Os conteúdos científicos explicados como construções sociais – Adeus às ilusões cognitivistas?", 80

> *Alberto Oliva* – Doutor em Filosofia (UFRJ); professor titular do Departamento de Filosofia (UFRJ); coordenador do Centro de Epistemologia e História da Ciência (PPGLM/UFRJ)

5 Construcionismo crítico – "Teoria construcionista crítica e uma ética política de combate à ideologia", 108
> *Alípio De Sousa* – Doutor em Sociologia (Sorbonne, Paris V); professor e diretor do Instituto Humanitas (UFRN); Programa de Pós-Graduação em Filosofia (UFRN)

6 Clássicos/contemporâneos – "Relações entre a teoria sociológica clássica e a contemporânea", 124
> *Paulo Cesar Alves* – Doutor em Social and Environmental Studies Sociology (The University of Liverpool); professor titular em sociologia (UFBA); professor do Programa de Pós-Graduação em Ciências Sociais (UFBA)

7 Crenças coletivas – "Crenças coletivas, justificação e o argumento da não divergência", 143
> *Lucas Roisenberg Rodrigues* – Doutor em Filosofia (PUC-RS)

8 Teoria social cognitiva – "Teoria social cognitiva e as ciências sociais no Brasil", 154
> *Roberta Gurgel Azzi* – Doutora em Educação (Unicamp); professora livre-docente, aposentada, da Faculdade de Educação (Unicamp); diretora do TSC (Centro de Estudos e Pesquisas, Bragança Paulista)
> *Guilherme A. Russo* – Doutor em Ciência Política (Vanderbilt University (Estados Unidos); pesquisador do Centro de Política e Economia do Setor Público (Cepesp/FGV)

9 Escrita acadêmica – "Letramento acadêmico: tensões no processo de escrita no ensino superior", 168
Maria Otilia Guimarães Ninin – Doutora em Linguística Aplicada e Estudos da Linguagem (PUC-SP); professora do Curso de Pós-Graduação *lato sensu* de Língua Portuguesa e Literatura (Unip-SP); Coordenadoria-geral de Especialização, Aperfeiçoamento e Extensão (Cogeae; PUC-SP)

Seção II – Campos recorrentes, 187

10 Sociologia das organizações I – "Organização e instituição: o complexo mundo do comportamento organizacional", 189
Antonio Augusto Pereira Prates – Doutor em Sociologia (UFMG); professor titular aposentado e voluntário do Departamento de Sociologia (UFMG); Programa de Pós-Graduação em Sociologia (UFMG)

11 Sociologia das organizações II – "Sociologia organizacional: temas, pressupostos e situação do campo", 205
Daniel S. Lacerda – Doutor em Organizações (Universidade de Lancaster, UK); professor da Escola de Administração (UFRGS); pesquisador da área de Estudos Organizacionais
Wescley Silva Xavier – Doutor em Administração (UFMG); professor adjunto do Departamento de Administração e Contabilidade (UFV); *Visiting Researcher* no Departamento de Sociologia da Lancaster University.

12 Sociologia econômica I – "Sociologia econômica: o passado e o presente", 217
João Carlos Graça – Doutor em Economia/ História do Pensamento Econômico (Iseg – Universidade Técnica de Lisboa); professor (Socius-CSG-Iseg-Universidade de Lisboa)

13 Sociologia econômica II – "Métodos quantitativos e pesquisas em mercado de trabalho, desigualdades sociais e processos organizacionais", 243
Jorge Alexandre Barbosa Neves – Doutor em Sociologia (University of Wisconsin-Madison/ USA); professor do Departamento de Sociologia (UFMG); Programa de Pós-Graduação em Sociologia (UFMG)
Luciana Conceição de Lima – Doutora em Demografia (Cedeplar-UFMG); professora do Departamento de Demografia e Ciências Atuariais (UFRN); Programa de Pós-Graduação em Demografia (UFRN)

14 Sociologia da cultura – "Sociologia da cultura no Brasil: elementos para um balanço crítico", 265
Maria Arminda do Nascimento Arruda – Doutora e livre-docente em Sociologia (USP); professora do Departamento de Sociologia (USP); Programa de Pós-Graduação em Sociologia (USP)
Max Luiz Gimenes – Doutorando (Programa de Pós-Graduação em Sociologia – USP)

15 Estudos Culturais – "De Coleridge a pós-*punk*, aventuras nos Estudos Culturais", 277
Luís Mauro Sá Martino – Doutor em Ciências Sociais (PUC-SP); professor da Faculdade Cásper Líbero; Programa de Pós-Graduação em Comunicação (Faculdade Cásper Líbero)

16 Sociologia da Educação – "Os caminhos da produção acadêmica em Sociologia da Educação no Brasil", 288
Amurabi Oliveira – Doutor em Sociologia (UFPE); Professor do Departamento de Sociologia e Ciência Política (UFSC); Programa de Pós-Graduação em Sociologia e Ciência Política (UFSC)
Camila Ferreira da Silva – Doutora em Ciências da Educação (Universidade Nova de Lisboa); professora da Faculdade de Educação (Ufam); Programa de Pós-Graduação em Educação (Ufam)

17 Sociologia do Trabalho I – "Trabalho, classe e cultura no Brasil – Uma revisão temática", 304
Jacob Carlos Lima – Doutor em Sociologia (USP); Professor titular no Departamento de Sociologia (UFSCar); 2° vice-presidente da SBS (2013-2015).

Marcia de Paula Leite – Doutora em Sociologia (USP); Professora-plena dos Programas de Pós-Graduação em Educação e em Ciências Sociais (Decise/Unicamp)

18 Sociologia do Trabalho II – "Sociologia do trabalho no Brasil: um panorama das pesquisas sobre reestruturação produtiva, sindicalismo e classe trabalhadora", 322
Geraldo Augusto Pinto – Doutor em Sociologia (IFCH/Unicamp); professor do Departamento Acadêmico de Estudos Sociais (Daeso/UTFPR); Programa de Pós-Graduação em Tecnologia e Sociedade (PPGTE/UTFPR)
Maria Aparecida Bridi – Doutora em Sociologia (UFPR); professora-associada do Departamento de Sociologia (UFPR); Programa de Pós-Graduação em Sociologia (UFPR)
Sávio Machado Cavalcante – Doutor em Sociologia (Unicamp); professor do Departamento de Sociologia do Instituto de Filosofia e Ciências Humanas (Unicamp)

19 Sociologia da intelectualidade – "Intelectuais, cultura e poder: uma agenda brasileira de pesquisa", 339
Antônio Brasil Jr. – Doutor em Sociologia (UFRJ); professor do Programa de Pós-Graduação em Sociologia e Antropologia (UFRJ)

20 Sociologia urbana – "Sociologia urbana: das construções teóricas do espaço ao direito à cidade", 357
Maura Pardini Bicudo Véras – Doutora em Ciências Sociais (Sociologia Política) e livre-docência (PUC-SP); professora titular do Departamento de Sociologia (PUC-SP); professora do Programa de Estudos Pós-Graduados em Ciências Sociais (PUC-SP)

21 Antropologia urbana – "Experiências antropológicas na cidade: desafios contemporâneos para os estudos do urbano", 383
Patricia Birman – Doutora em Antropologia Social (PPGAS/MN/UFRJ); professora titular de Antropologia; Programa de Pós-Graduação em Ciências Sociais (ICS/Uerj)

Sandra de Sá Carneiro – Doutora em Antropologia (PPGAS/IFCS/Uerj); professora adjunta de Antropologia; Programa de Pós-Graduação em Ciências Sociais (ICS/Uerj)

Seção III – Campos emergentes, 409

22 Capital social – "Como mensurar o capital social? Proposta de tipologia", 411
Silvio Salej Higgins – Doutor em Sociologia (Universidade de Paris Dauphine); doutor em Sociologia Política (UFSC); professor do Departamento de Sociologia (UFMG); Programa de Pós-Graduação em Sociologia (UFMG)

23 Sociologia do lazer – "Desafios da sociologia do lazer", 440
Luiz Octávio de Lima Camargo – Doutor em Sciences de l'Education (Sorbonne, Paris); professor do Programa de Mestrado em Hospitalidade (Universidade Anhembi-Morumbi); professor-colaborador do Programa de Mestrado em Turismo (USP-Each)

24 Sociologia da violência – "Sociologia da violência e da conflitualidade: temas, pressupostos e situação atual do campo", 459
Melissa de Mattos Pimenta – Doutora em Sociologia (USP); professora-associada do Departamento de Sociologia (UFRGS); Programa de Pós-Graduação em Sociologia (UFRGS)

25 Sociologia da moral – "Sociologia da moral: temas e problemas", 481
Simone Magalhaes Brito – Doutora em Sociologia (Lancaster University, Reino Unido); professora-associada do Departamento de Ciências Sociais (UFPB); Programa de Pós-Graduação em Sociologia (UFPB)
Alyson Thiago Fernandes Freire – Doutorando no Programa de Pós-Graduação em Sociologia (UFPB); professor de Sociologia (IFRN)
Carlos Eduardo Freitas – Doutor em Sociologia (UFPB); professor do Departamento de Ciências Sociais (UFRN)

26 Relações internacionais – "Nova luz sobre as relações internacionais: situando o social no internacional", 497
Tatiana Vargas Maia – Doutora em Ciência Política (SIUC: Southern Illinois University – Carbondale); professora da Unilasalle (Universidade La Salle); Programa de Pós-Graduação em Memória Social e Bens Culturais (Unilasalle)

27 Sociologia do esporte I – "Sociologia do esporte: temas, pressupostos e situação do campo", 506
Ronaldo George Helal – Doutor em Sociologia (New York University); professor titular do PPGCom e da Faculdade de Comunicação Social (Uerj); coordenador do grupo de pesquisa Esporte e Cultura e do Laboratório de Estudos em Mídia e Esporte
Leda Maria da Costa – Doutora em Literatura Comparada (Uerj); pesquisadora integrante Nepess (Núcleo de Estudos e Pesquisas Sobre Esporte – UFF); professora-visitante da Faculdade de Comunicação Social (Uerj); pesquisadora do Leme (Laboratório de Estudos em Mídia e Esporte – Uerj)

28 Sociologia do esporte II – "Institucionalização, desenvolvimento e perspectivas teóricas da sociologia do esporte no Brasil", 524
Juliano de Souza – Doutor em Educação Física (UFPR); Professor permanente do Programa de Pós-Graduação Associado em Educação Física (UEM-UEL); coordenador do Observatório de Educação Física e Esporte (Oefe-UEM)
Wanderley Marchi Júnior – Doutor em Educação Física (Unicamp) e pós-doutorado em Sociologia do Esporte (West Virginia University/USA); professor titular (UFPR); Programas de Pós-Graduação do Departamento de Educação Física e de Ciências Sociais (UFPR); vice-presidente da Alesde

29 Sociologia do turismo – "Sociologia do turismo: temas de investigação", 539
Noémi Marujo – Doutora em Turismo e mestre em Sociologia (Universidade de Évora/

Portugal); professora-auxiliar da Escola Superior de Ciências Sociais (Universidade de Évora/ Portugal); membro integrado do Centro de Investigação Cidehus (Universidade de Évora)

30 Sociologia dos movimentos sociais – "Sociologia dos movimentos sociais: um balanço do campo", 548
Nildo Viana – Doutor em Sociologia (UnB); Professor da Faculdade de Ciências Sociais (UFG); Programa de Pós-Graduação em Sociologia (UFG)

31 Sociologia de gênero – "Sociologia de gênero e da sexualidade: contextos, conceitos e desafios", 567
Marlene Tamanini (Doutora pelo Programa Interdisciplinar em Ciências Humanas (Dich – UFSC/CNRS-França); professora da Pós-Graduação em Sociologia (UFPR); coordena o Núcleo de Estudos de Gênero (UFPR)

32 Sociologia ambiental – "A sociologia ambiental e as ciências sociais no Brasil: uma breve introdução ao caso brasileiro", 587
Leila da Costa Ferreira – Doutora em Ciências Sociais (Unicamp); professora titular de Sociologia (IFCH-Unicamp); membro do Comitê Ciências Ambientais/Capes desde agosto de 2013
Lucia da Costa Ferreira – Doutora em Ciências Sociais (Unicamp); professora dos Programas de Pós-Graduação em Ambiente e Sociedade e Sociologia (Unicamp); pesquisadora titular do Núcleo de Estudos e Pesquisas Ambientais (Nepam-Unicamp)
Marília Giesbrecht – Doutora em Ambiente e Sociedade (Unicamp); pesquisadora-colaboradora no Núcleo de Estudos e Pesquisas Ambientais (Nepam-Unicamp)
Marcela Feital – Doutoranda em Sociologia (IFCH-Unicamp); realiza pesquisas junto ao Nepam/Unicamp
João Carlos de Campos Feital – Mestre em Administração (Unimep-SP); professor no Centro Paula Souza (Fatec-Itu/Fatec-Indaiatuba) e na Esamc-Sorocaba; Programas de MBA da Anchieta-Jundiaí e da Esamc-Sorocaba

33 Estudos sobre empresa – "Estudos sobre empresa no Brasil: abordagens, pressupostos e estado da arte", 598
Priscila Erminia Riscado – Doutora em Ciência Política (UFF); professora adjunta do Instituto de Educação de Angra dos Reis (Iear/UFF); pesquisadora do Núcleo de Estudos sobre Estado, Instituições e Políticas Públicas (Neeipp)

34 Sociologia das emoções – "A antropologia e a sociologia das emoções no Brasil: breve incursão", 611
Mauro Guilherme Pinheiro Koury – Doutor em Sociologia (UFSCar); professor do Programa de Pós-Graduação em Antropologia da Universidade Federal da Paraíba (UFPB); coordena o Grei (Grupo Interdisciplinar de Estudos em Imagem) e o Grem (Grupo de Pesquisa em Antropologia e Sociologia das Emoções (UFPB)

Seção IV – Teoria política e democracia, 633

35 Ciência política – "A ciência política no Brasil está em apuros? Ilações assistemáticas sobre a consagração de um campo", 635
João Trajano Sento-Sé – Doutor em Ciência Política (Iuperj); Professor-associado da Universidade do Estado do Rio de Janeiro (Uerj); Programa de Pós-Graduação em Ciências Sociais (Uerj)
Isadora Viana Sento-Sé – Doutoranda (Programa de Pós-Graduação em Ciências Sociais – Uerj); pesquisadora do Centro de Pesquisas do Ministério Público do Rio de Janeiro (Cenpe/MPRJ)
Marcele Frossard – Doutoranda (Programa de Pós-Graduação em Ciências Sociais – Uerj); pesquisadora vinculada ao LAV-Uerj, ao GPCSE (Uerj) e ao (GEPeSP)

36 Representação política – "Representação política e suas ressignificações", 660
Eduardo Silva – Doutor em Ciência Política (UFMG); professor adjunto do Departamento de Ciência Política (UFMG); Programa de Pós-Graduação em Ciência Política (UFMG)

37 Opinião pública – "Contradições da democracia e opinião pública", 683
Agemir Bavaresco – Doutor em Filosofia (Universidade de Paris I); professor do Departamento de Filosofia (PUC-RS); Programa de Pós-Graduação em Filosofia (PUC-RS)
Francisco Jozivan Guedes de Lima – Doutor em Filosofia (PUC-RS); professor do Departamento de Filosofia (UFPI); Programa de Pós-Graduação em Filosofia (UFPI)
Teresa Cristina Schneider Marques – Doutora em Ciência Política (UFRGS); professora adjunta do Programa de Pós-Graduação em Ciências Sociais (PUC-RS); membro da comissão coordenadora do Centro Brasileiro de pesquisa em Democracia (CBPD)

38 Planejamento de políticas públicas – "Planejamento e políticas públicas: parentesco, paralelismo ou contraposição?", 705
Lincoln Moraes de Souza [In memoriam] – Doutor em Política Social (Unicamp); professor titular do Departamento de Ciências Sociais (UFRN); Programa de Pós-Graduação em Ciências Sociais (UFRN)

39 Subjetividade e políticas públicas – "Subjetividade e políticas públicas no Brasil: o caso da saúde pública", 725
João Leite Ferreira Neto – Doutor em Psicologia Clínica (PUC-SP); professor adjunto IV do Programa de Pós-Graduação em Psicologia (PUC-Minas)

Seção V – Questões metodológicas, 739

40 Pesquisas quantitativas – "Metodologia quantitativa nas Ciências Sociais", 741
Maria Carolina Tomás – Doutora em Sociologia e Demografia (University of California/Berkeley); professora-adjunta do Departamento de Ciências Sociais (PUC-Minas); Programa de Pós-Graduação em Ciências Sociais (PUC-Minas)
Lucas Wan Der Maas – Doutor em Ciências Sociais (PUC-MG); pesquisador da Estação de Pesquisa de Sinais de Mercado (UFMG); Núcleo de Educação em Saúde Coletiva (Nescon) da Faculdade de Medicina (UFMG)

41 Pesquisas qualitativas – "Para além do método na pesquisa qualitativa em Ciências Sociais", 757
Marcelo de Souza Bispo – Doutor em administração (Universidade Mackenzie); professor no Departamento de Administração (UFPB); Programa de Pós-Graduação em Administração (UFPB); Núcleo de Estudos em Aprendizagem e Conhecimento (NAC)

42 Escolhas metodológicas – "Dando sentido à diversidade de escolhas metodológicas nas Ciências Sociais", 767
Sandra Gomes – Doutora em Ciência Política (USP); professora do Departamento de Políticas Públicas (UFRN); Programa de Pós-Graduação em Estudos Urbanos e Regionais (UFRN)

Os organizadores e os autores, 791

Apresentação

Rita de Cássia Fazzi
Jair Araújo de Lima

A presente coletânea, que ora apresentamos aos leitores, é constituída por contribuições de um expressivo conjunto de pesquisadores da área de ciências sociais no Brasil, e alguns portugueses, com grande variação de carreiras, umas já amadurecidas, outras iniciando, com grande variedade regional e de vínculos institucionais e, sobretudo, com grande variedade temática, cobrindo campos consolidados e emergentes.

Disso resultou um trabalho desigual, em diversos sentidos. Há diferenças na profundidade, ou acurácia, com que as questões são tratadas nos diversos trabalhos, refletindo o amadurecimento maior ou menor do pesquisador ou, às vezes, do próprio campo. Há também grande diversidade nos desenhos de pesquisa e nos modos de organização do próprio trabalho de pesquisa. Há associação entre colegas da mesma instituição, entre pesquisadores de temas afins de instituições diversas, entre orientadores e orientandos, além de pesquisadores individuais. Algumas associações são grupos de pesquisa consolidados e produtivos, enquanto outras representam um professor, pesquisador, que teve contato com o novo campo no exterior e o replica a um conjunto de alunos, em um processo inicial de institucionalização. Em razão disso, provavelmente, alguns trabalhos interessarão mais ao especialista naquele campo, outros, a um público mais amplo. Há textos que demandam mesmo mais do que o conhecimento profissional "genérico", seja pela terminologia ou pelos recursos estatísticos utilizados. Esta coletânea, pensada segundo o critério pluralista, tanto busca reconhecer a pluralidade de tradições nas ciências sociais quanto evita imaginar duvidosas convergências entre elas. Não se trata de um ecletismo sempre simplista e em nada promissor, mas de um *pluralismo construtivo* que é, ao mesmo tempo, inevitável e recomendável.

Distintamente de um conjunto que represente um balanço ou o *mainstream* das ciências sociais no Brasil, nos deparamos com um painel, ou melhor, com traços das figuras que compõem um mosaico mais amplo, com a incorporação de novos lugares, novos temas e novos modos de pensar as ciências sociais. A coletânea pode ser vista também como mais um passo no exercício da reflexividade no campo das ciências sociais, o que acreditamos ser algo salutar e necessário ao avanço do conhecimento nesse campo. Isso nos levou a considerar que, a despeito da grande abertura que o formato do projeto dessa coletânea produziu, ele teve também o efeito de revelar as dimensões e as perspectivas, não de modo exaustivo, mas abrangente, das pesquisas sociais que se realizam e se divulgam (nos cursos de graduação e pós-graduação, além das publicações) no Brasil. Esse painel não seria acessível em recortes mais rigorosos no projeto, como na famosa coletânea organizada por Sérgio Micelli (*O que ler na ciência social brasileira*), por exemplo e, nesse sentido, nossa coletânea pode ser considerada uma amostra mais "representativa" do campo. Agradecemos a todas as autoras e a todos os autores que contribuíram para que esse projeto se tornasse realidade.

Esse mosaico que apresentamos, à guisa de balanço, não pode ser interpretado em chaves relativamente simples, de aprovação ou reprovação e, de fato, está a sugerir que devemos expandi-lo, de modo a nos aproximarmos de um quadro mais realista. Algumas especializações clássicas não aparecem: por exemplo, sociologias da religião, do direito, do cotidiano, da arte, rural. Algumas especializações emergentes também não: por exemplo, demais identidades (além de gênero, contemplada na coletânea), migrações, participação política. Uma expansão da coletânea a todos os grupos de pesquisa em ciências sociais nas universidades e fundações do país, de modo a produzir um mosaico completo, ou quase, com todas as figuras relevantes do campo, seria inviável nos limites de nosso projeto. Do modo que está, a coletânea pôde ser organizada em subconjuntos de trabalhos, que representam figuras relevantes do mosaico que se revelou e que guardam grandes afinidades entre si, algumas vezes abordando as mesmas questões, embora, mesmo assim, de diferentes perspectivas. Além dessas diferenças, chama a atenção aquelas que observamos entre os subconjuntos, que também indicam um processo de desdobramento e desenvolvimento de novos campos. A impressão resultante é a de uma efetiva e crescente diversidade dos campos que se desdobram a partir das ciências sociais, denotando grande dinamismo, expandindo-se para, eventualmente, quaisquer relações sociais que se recortem na realidade em função de fenômenos emergentes (turismo, esportes, relações internacionais etc.) e mantendo um vivo debate metodológico (*quanti*, *quali*), teórico e metateórico. Percebemos também diferentes "sotaques" nos trabalhos apresentados, denotando diferentes influências locais, regionais e institucionais.

Achamos que nossa coletânea chega em boa hora. Ela responde quase por si só, pelo seu formato plural e complexo, às críticas hostis e reducionistas que recentemente têm sido feitas às ciências sociais, oriundas de orientações governamentais. Nossa resposta a essas críticas aqui é dada em

nosso próprio campo, na forma de apresentações abrangentes, críticas e fundamentadas na própria atividade, e não em memes, vídeos e tuites. Como disciplinas, as ciências sociais se expressam, paradoxalmente (porque disciplinas), como perspectivas abertas, comprometidas, acima de tudo, com o rigor ético e a liberdade do pesquisador em formular e testar suas hipóteses.

Organizamos o amplo material em cinco blocos, nem sempre com adequações incontroversas. No primeiro, agrupamos os trabalhos de discussão da teoria e correlatos. No segundo, colocamos os trabalhos que compõem a agenda das ciências sociais há mais tempo. No terceiro bloco colocamos os trabalhos que mais recentemente têm ocupado a agenda dos cientistas sociais, sendo esse "recentemente" relativo. No quarto bloco agrupamos os trabalhos que se convencionam colocar no campo da ciência política e no quinto bloco os trabalhos que tratam de questões metodológicas.

No primeiro trabalho do primeiro bloco, Renan S. Freitas traz uma discussão madura daquilo que identifica como uma estranha sorte do campo da sociologia do conhecimento. Em seguida, Gabriel Peters apresenta, de forma quase coloquial, difíceis questões teóricas de amplo debate acadêmico consolidado, com muitos exemplos tomados da cotidianidade. No terceiro trabalho, Alex Galeno e Fagner França apresentam aspectos da trajetória e da obra de Edgar Morin no intuito de resgatar suas contribuições originais. No quarto trabalho, Alberto Oliva discute e discorda do programa sociológico de incluir o conteúdo da ciência como objeto explicável nos marcos de uma construção social. No quinto trabalho, Alípio DeSousa Filho constrói uma noção de ideologia e concebe sua crítica pelo construcionismo, que operaria sua desconstrução. No sexto trabalho, Paulo C. Alves retoma a discussão das tradições teóricas da sociologia para propor uma nova sistematização baseada nas distinções entre "clássicos", "anos dourados" e "novas sociologias". O sétimo trabalho, de Lucas R. Rodrigues, sobre as crenças coletivas, apresenta a discussão em um campo recém-desenvolvido na filosofia, denominado epistemologia social. No oitavo trabalho, Roberta G. Azzi e Guilherme A. Russo expõem e convidam os cientistas sociais a adotarem as ideias de Albert Bandura, referidas como teoria social cognitiva. No nono e último trabalho do primeiro bloco, Maria Otília G. Ninin traz dos campos da língua e da literatura a discussão de um problema reconhecido difusamente, mas raramente enfrentado explicitamente nas ciências sociais, que é o problema da escrita.

O segundo bloco, que agrupa os trabalhos em campos recorrentes da sociologia, começa com duas abordagens à sociologia das organizações. A de Antonio A.P. Prates, décimo trabalho na ordem proposta, apresenta uma síntese madura da já robusta tradição da sociologia das organizações, *vis-à--vis* com a teoria administrativa. O outro trabalho, décimo primeiro, de Daniel S. Lacerda e Wescley S. Xavier, é, em certo sentido, complementar e, em outro, contraponto ao trabalho anterior. Traz pesquisa com avaliação da produção recente na área em quatro revistas qualificadas. O décimo segundo trabalho, de João C. Graça, apresenta de forma crítica todo o debate de constituição do campo da sociologia econômica, com seus principais autores bem comentados. O décimo terceiro trabalho, de Jorge A.B. Neves e Luciana C. Lima, foi também colocado sob a rubrica de sociologia econômica e propõe-se encontrar os padrões de mobilidade social e mercado de trabalho no Brasil através de seis estudos quantitativos que permitem mensurar associativismo, sociabilidade e capital social. O décimo quarto trabalho, de Maria Arminda N. Arruda e Max Luiz Gimenes tem, de fato, o formato de um balanço crítico, com sistematização abrangente e amadurecida das questões que perpassam o campo

da sociologia da cultura. O décimo quinto trabalho, de Luís M.S. Martino, apresenta um recorte bem feito do campo dos estudos culturais, com um pouco de sua história, seus principais autores e questões recorrentes. A sociologia da educação está representada pelo décimo sexto trabalho, de Amurabi Oliveira e Camila F. Silva, que traz uma pesquisa original nos programas de pós-graduação com produção em sociologia da educação, resultando em um painel acurado das instituições e dos temas desse campo. Os dois trabalhos seguintes tratam da sociologia do trabalho. O décimo sétimo, de Jacob C. Lima e Márcia P. Leite, propõe uma revisão crítica do campo, com apresentação da discussão recente sobre flexibilização e novos mercados de trabalho. O décimo oitavo trabalho, de Geraldo A. Pinto, Maria Aparecida Bridi e Savio Cavalcante, apresenta um panorama das preocupações atuais dos pesquisadores do campo, notadamente, as novas formas de produção, o sindicalismo, o fim da classe trabalhadora e o precariado. A sociologia dos intelectuais está representada pelo décimo nono trabalho, de Antônio Brasil Jr., que apresenta uma pesquisa em internet sobre a peculiaridade do pensamento social no Brasil, *vis-à-vis* com os Estados Unidos, seguida da resenha de obras recentes que teriam conexão com o papel dos intelectuais e da perspectiva culturalista no Brasil. O vigésimo trabalho, de Maura P.B. Veras, propõe uma avaliação do campo da sociologia urbana que desembocaria na perspectiva atual de direito à cidade. O vigésimo primeiro trabalho, de Patrícia Birman e Sandra de Sá Carneiro, encerra esse bloco, traçando as linhas de desenvolvimento do campo da antropologia urbana no Rio de Janeiro, reconhecendo os trabalhos fundacionais de Gilberto Velho, passando pela questão da violência e da política.

O terceiro bloco, que agrupa os trabalhos de campos emergentes, começa com o de Silvio S.

Higgins, o vigésimo segundo na sequência, que supõe um conhecimento básico do leitor em pesquisa quantitativa, análise de dados e sociometria. O trabalho propõe um instrumento metodológico original, desenvolvido para a medição de capital social, de acordo com uma tradição consolidada de estudos. Em seguida, o vigésimo terceiro trabalho, de Luiz Octávio L. Camargo, relata sua trajetória na tentativa de constituição de núcleo de pesquisa em sociologia do lazer, na linhagem inaugurada por Joffre Dumazedier. O vigésimo quarto trabalho, de Melissa M. Pimentel, sobre sociologia da violência é sóbrio e sombrio, como requer o campo que analisa e passa pelas diversas questões acumuladas pelas pesquisas na área. O texto de Simone M. Brito, Alyson Thiago F. Freire e Carlos Eduardo Freitas, o vigésimo quinto, apresenta a reemergência de um campo – a moralidade – que migrou das preocupações dos primeiros sociólogos para a sociologia contemporânea. O vigésimo sexto trabalho, de Tatiana V. Maia, reconta a breve história hegemônica do campo das relações internacionais em termos da sucessão de um paradigma "naturalista" para um "construcionista". A sociologia do esporte é representada em dois trabalhos. O vigésimo sétimo, de Ronaldo Helal e Leda Costa, propõe uma interpretação original do campo, onde se destaca o significado do futebol no Brasil e a contribuição de autores como Mário Filho. O outro trabalho, o vigésimo oitavo, de Juliano de Souza e Wanderley Marchi Júnior, apresenta um panorama da recepção da sociologia nos programas de pós-graduação em educação-física, segundo os autores, fortemente influenciada pelas ideias de Pierre Bourdieu. O vigésimo nono texto, de Noémi Marujo, resenha alguns estudos sobre turismo e propõe temas de investigação para uma agenda nesta área. O trigésimo trabalho, de Nildo Viana, ensaia uma teorização original sobre os movimentos sociais a partir do marxismo, passando pelo institucionalismo

e pelo neoinstitucionalismo e desembocando no culturalismo prevalecente. No trigésimo primeiro trabalho, sobre sociologia de gênero e da sexualidade, Marlene Tamanini produz um discurso bem fundamentado e alinhado com as políticas de identidade. Um grupo de cinco pesquisadores, Leila C. Ferreira, Lucia C. Ferreira, Marília Giesbrecht, Marcela Feital e João C.C. Feital, apresenta, no trigésimo segundo trabalho, um panorama otimista do campo da sociologia ambiental a partir de uma classificação dos títulos de dissertações e teses produzidas na área. O trigésimo terceiro trabalho, de Priscila E. Riscado, trata das ideias mais recentes no campo empresarial, principalmente "responsabilidade social", a partir dos trabalhos de Howard Bowen e David Vogel. O trigésimo quarto e último trabalho deste bloco, de Mauro G.P. Koury, procura articular diversos autores a partir de suas ideias sobre as emoções de modo a constituir um campo autônomo de sociologia das emoções.

O quarto bloco traz as contribuições de cientistas políticos, sendo o trigésimo quinto trabalho, tributário de pesquisa original realizada por João Trajano Sento-Sé, Isadora Vianna Sento-Sé e Marcele Frossard, revelador da vitalidade da ciência política no Brasil, demonstrada pela reflexividade ali manifestada. O trigésimo sexto trabalho, de Eduardo Silva, repassa discussão sobre democracia, remontando a Thomas Hobbes e passando por uma plêiade de autores, com foco nas questões relacionadas à representação e à participação política. A opinião pública é o tema do trigésimo sétimo trabalho, de Agemir Bavaresco, Francisco J.G. de Lima e Tereza C.S. Marques, que traz uma sistematização da teoria sobre opinião pública, a partir de Georg W.F. Hegel e uma defesa das ideias de Jürgen Habermas sobre democracia. O trigésimo oitavo trabalho, de Lincoln M. Souza (*in memoriam*), traz uma discussão sobre as noções de planejamento, plano, programa, projeto, política pública e política social a partir de seleção de dicionários de economia e de ciência política. O trigésimo nono e último trabalho desse bloco, de João Leite F. Neto, procura dimensionar a questão do "sujeito" nas políticas públicas de saúde, com referência em Michel Foucault, com base no cotejamento de termos afins ao "sujeito" na produção recente dos programas de pós-graduação em saúde pública.

O quinto bloco traz três contribuições no campo metodológico. O quadragésimo trabalho, de Maria Carolina Tomás e Lucas Wan der Maas, faz uma apresentação simples e clara de questões relacionadas à utilização de metodologia quantitativa nas ciências sociais, inclusive computação e internet. O quadragésimo primeiro trabalho, de Marcelo de Souza Bispo, procura estabelecer um conjunto de definições consensuais sobre os problemas práticos nas pesquisas qualitativas a partir da experiência do grupo de pesquisa em que participa o autor. O quadragésimo segundo e último trabalho, de Sandra Gomes, constitui um conjunto

de conselhos práticos para as decisões envolvidas na pesquisa de pós-graduação em ciências sociais.

Esperamos que essa coletânea contribua para consolidar os ganhos até aqui alcançados e para uma compreensão mais profunda da complexidade dos processos sociais, fomentando, dessa forma, o debate a respeito dos desafios contemporâneos das ciências sociais no Brasil e dos impasses vivenciados pela sociedade brasileira no mundo atual. Reafirmamos que a contribuição para o desenvolvimento da produção intelectual e da relevância teórica das ciências sociais brasileiras é uma tarefa coletiva.

Por fim, queremos agradecer ao Prof. Alexandre Cardoso pelos comentários aos textos publicados nessa coletânea.

Nota: Durante o processo de produção da coletânea, recebemos, com pesar, a notícia do falecimento do Prof.-Dr. Lincoln Moraes de Souza. Agradecemos à esposa e filhos que, prontamente, aceitaram a manutenção do capítulo de autoria do professor nessa publicação.

SEÇÃO I

Epistemologia, teoria social,
metateoria

1
Sociologia do conhecimento
"Novidades na sociologia do conhecimento?"

Renan Springer de Freitas

Introdução

"A sociologia do conhecimento está viva e se move" é o título dado por Lewis Coser à sua resenha de *Society and Knowledge: Contemporary Perspectives on the Sociology of Knowledge*; coletânea que reuniu o que supostamente havia de mais relevante e promissor na disciplina no alvorecer da década de 1980[1]. Ao esclarecer que a sociologia do conhecimento "estava viva", Coser deu a entender que poderia haver alguma razão para que já não estivesse. Que razão teria sido? Ele não esclarece, mas justifica o título dado à resenha mencionando que até então a "morte iminente" da disciplina já havia sido anunciada algumas vezes. Não sei em que se baseavam esses sombrios vaticínios, mas eles não surpreendem se tivermos em mente o fato de que por pelo menos trinta anos o que mais se viu na disciplina foram esforços no sentido de "redefinir" seus rumos. O primeiro aconteceu em 1966, com a publicação de *The Social Construction of Reality*, o célebre "tratado de sociologia do conhecimento" de Peter Berger e Thomas Luckmann[2]. Cinco anos depois, ninguém menos que Norbert Elias se moveu na mesma direção ao publicar, em duas partes, o artigo "Sociology of Knowledge:

New Perspectives"[3]. Mais cinco anos se passaram, e uma nova investida: era a vez do sociólogo de Edimburgo David Bloor propor sua "sociologia forte do conhecimento"[4]. Pouco depois, em 1984, veio a público a citada Coletânea[5], cujas contribuições exprimiam (com algumas exceções), na trilha aberta pelo trabalho de Bloor, um esforço de redefinição de rumos que ficou conhecido pelo nome de "sociologia do conhecimento científico". Pouco mais de uma década depois seria a vez de o periódico *Social Epistemology* dedicar um número especial ao que chamou de *"New Directions in the Sociology of Knowledge"*[6]. Mais dois anos, e mais um esforço, que se apresentou sob o nome de "sociologia hermenêutica do conhecimento"[7]. É possível que

---

1. COSER, L. "The Sociology of Knowledge is Alive and Kicking". In: *Contemporary Sociology*, 16 (2), 1987, p. 218-220. A referência completa da Coletânea está na nota 5.

2. BERGER, P. & LUCKMANN, T. *The Social Construction of Reality*: A Treatise in the Sociology of Knowledge. Nova York: Penguin Books, 1966.

3. ELIAS, N. "Sociology of Knowledge: New Perspectives – Part One". In: *Sociology,* vol. 5, n. 2, mai./1971, p. 149-168. • "Sociology of Knowledge: New Perspectives – Part Two". In: S*ociology*, vol. 5, n. 3, set./1971, p. 355-370.

4. Cf. BLOOR, D. *Knowledge and Social Imagery*. Chicago: The University of Chicago Press, 1976.

5. STEHR, N. & MEJA, V. (orgs.). *Society and Knowledge*: Contemporary Perspectives on the Sociology of Knowledge. New Brunswick, NJ: Transaction Books, 1984.

6. Cf. esp. KÖGLER, H.H. "Alienation as epistemological sources: reflexivity and social background after Mannheim and Bourdieu". In: *Social Epistemology*, 11 (2), 1997, p. 141-167. • BURKITT, I. "The situated social scientist: reflexivity and perspective in the sociology of knowledge". In: *Social Epistemology*, 11 (2), 1997, p. 193-202.

7. Cf. HITZLER, R.; REICHERTZ, J. & SCHRÖER, N. (eds.). *Hermeneutische Wissenssoziologie* – Standpunkte zur Theorie der Interpretation [*Hermeneutic Sociology of Knowledge* – Aspects of a Theory of Interpretation]. Konstanz: Universitätsverlag Konstanz, 1999 [Series: Theorie und Methode, vol. 1].

outros esforços tenham se sucedido a esses, mas eu não saberia dizer quais foram, nem, muito menos, o que foi feito de cada um. De todos os esforços mencionados, os únicos que efetivamente abriram um campo de investigação empírica – sobre o qual me detenho na seção 3 – foram a "sociologia forte do conhecimento" e a "sociologia do conhecimento científico". Quanto aos demais, não sei dizer o que foi feito das "novas perspectivas", anunciadas em 1971, nem das "novas direções", anunciadas em 1997, nem tampouco da "sociologia hermenêutica do conhecimento", anunciada em 1999.

Mas a sociologia do conhecimento não existe apenas como disciplina acadêmica. Para além da sociologia do conhecimento que se constituiu como disciplina acadêmica a partir dos escritos seminais de Mannheim, publicados na década de 1920[8], existe uma outra que não o fez, mas, não obstante, se faz presente no interior de outras disciplinas e, nessa condição, digamos assim, "intrauterina", prospera sem a ajuda de qualquer esforço de redefinição de rumos. Minha contribuição à presente Coletânea consiste em discutir a fecundidade tanto da sociologia do conhecimento que se constituiu como disciplina acadêmica quanto dessa sociologia "intrauterina" do conhecimento. Para tanto, tenho que esclarecer qual é a marca distintiva comum a ambas.

Essa tarefa não é difícil para quem pode contar com a ajuda de Robert Merton. No capítulo que dedicou à sociologia do conhecimento em seu célebre *Social Theory and Social Structure*, publicado pela primeira vem em 1949, Merton mencionou que essa área de investigação "nasceu com a hipótese notável de que até mesmo as verdades deveriam ser vistas como socialmente explicáveis; deveriam ser relacionadas com o contexto social e histórico em que surgiram"[9]. A marca distintiva de qualquer sociologia do conhecimento não é outra senão essa "hipótese notável". Trata-se, então, de mostrar os diferentes modos pelos quais uma sociologia do conhecimento pode se fazer presente sempre que nossa "hipótese notável" entra em ação. Minha própria hipótese é a de que o caminho que mais tem favorecido a fecundidade da "hipótese notável" não é o que mais se apresenta como empenhado em sê-lo, a saber, a sociologia do conhecimento institucionalmente reconhecida como disciplina acadêmica.

1

Inicio a discussão chamando a atenção para o fato de que nossa "hipótese notável" não é fácil de ser sustentada. Seu caráter contraintuitivo a torna vulnerável a uma objeção que até um passado não muito remoto poderia parecer definitivamente demolidora. Para descrever essa objeção preciso que o leitor considere, por um momento, as seguintes alegações antagônicas de conhecimento: "A Terra é esférica" e "A Terra é plana". Suspeito que o leitor nada verá de surpreendente em relação à primeira alegação. Quanto à segunda, por mais surpreendente que possa parecer, ela tem sido recentemente defendida por um grupo cujos membros se autodenominam "terraplanistas". A mera existência desse grupo proporciona, para a nossa "hipótese notável", uma excelente oportunidade de "entrar em ação". Ela o faria, nesse caso, convertendo-se no postulado de que a alegação de que o nosso planeta tem o formato de uma esfera deve ser considerada tão "socialmente explicável" quanto o é a alegação "terraplanista"; de que a explicação para o fato

---

8. Sobretudo desde a publicação, em 1924, de *Das Problem einer Soziologie des Wissens*, e de *Ideologie und Utopie*, em 1929.

---

9. "The sociology of knowledge came into being with the signal hypothesis that even truths were to be held socially accountable, were to be related to the historical society in which they emerged" (MERTON, R. *Social Theory and Social Structure* (1949). New York: The Free Press, 1968, p. 514.

de a primeira alegação existir deve ser buscada no mesmo lugar em que se busca a explicação para o fato de a segunda também existir, a saber, a relação existente entre cada uma dessas alegações e o contexto social em que cada qual surgiu. Não é difícil perceber o quanto este postulado é contraintuitivo. Ao estabelecer a equivalência acima descrita, ele se sujeita a uma objeção que pode ser formulada nos seguintes termos: se todas as evidências disponíveis apontam para o fato de a Terra ter o formato de uma esfera, que necessidade há de relacionar a alegação de que a Terra é esférica com o "contexto social" em que essa alegação surgiu? O que mais, além da existência de pessoas capazes de raciocinar e de fazer bom uso dos próprios sentidos é necessário para explicar o fato de haver quem faça esta alegação? No segundo caso, prosseguiria a objeção, há de se conceder que tudo se passa de forma diferente. Posto que a alegação de que a Terra é plana contraria todas as evidências disponíveis, esta alegação só pode surgir na medida em que haja quem se recuse a fazer da própria capacidade de raciocinar e de usar os sentidos uma fonte de aquisição de conhecimento. Em outras palavras, a existência desta alegação depende, em última análise, da existência de seres humanos cujo acesso às próprias faculdades mentais foi bloqueado. Posto que, salvo alguma demência, nada pode bloquear o acesso de um ser humano às suas próprias faculdades mentais a não ser seu "pertencimento" a algum grupo, ou seu modo específico de "inserir-se socialmente", segue-se que onde há "pertencimento", ou "inserção social", sequer há aquisição de conhecimento; tudo o que há, ou pode haver, nessas condições, é a aceitação irrefletida das alegações de conhecimento provenientes do grupo ao qual se pertence. Explicar-se-ia, assim, o caráter "socialmente explicável" de uma alegação tal como a de que a Terra é plana. Como nada do que foi dito a respeito desta alegação se aplica à alegação de que a Terra é esférica,

segue-se que não há como considerar esta última "socialmente explicável". Em síntese, concluiria a objeção, só são "socialmente explicáveis" as alegações de conhecimento que dependem de uma renúncia, não importa se voluntária ou imposta, ao uso autônomo das próprias faculdades mentais.

Não há exagero em afirmar que uma sociologia do conhecimento, sem aspas, se faz presente, existindo ou não essa disciplina acadêmica a que chamamos de "sociologia do conhecimento", sempre que se busca a explicação para o fato de uma dada alegação de conhecimento existir no modo como esta alegação se insere em contextos sociais específicos – ainda que a existência dessa alegação pareça ser autoexplicativa, isto é, ainda que o reconhecimento da validade da alegação pareça requerer tão somente a existência de seres humanos em condições de fazer bom uso de suas faculdades mentais. Se em nossos próprios dias uma busca dessa natureza pode soar despropositada, até um passado não muito remoto ela não seria sequer concebível. Ela não seria concebível, por exemplo, nos marcos da presunção, comum ao racionalismo de Descartes e ao empirismo de Bacon, de que a verdade é algo que naturalmente se dá a conhecer a quem quer que aprenda a pensar por si próprio. Por mais antagônicas que essas perspectivas filosóficas pudessem ser, havia entre elas um ponto de convergência: o anseio por uma fonte de conhecimento que pudesse ser inequivocamente reconhecida como genuína. Se muitas podem ser as fontes geradoras de conhecimento, apenas uma poderia ser considerada genuína: as nossas próprias faculdades mentais, uma vez que, assim se supunha, esta era a única impermeável a qualquer forma de "inserção social" e, portanto, a única a que poderíamos ter acesso de forma autônoma. Desnecessário dizer que nenhuma sociologia do conhecimento pode surgir e prosperar em um ambiente intelectual dominado por uma concepção dessa natureza. Afinal, se nossa "hipótese notável" faz sentido, então, até mesmo o conhecimento que resulta do "uso autônomo das próprias faculdades mentais" – mais do que isso, até mesmo aquilo que costumamos chamar de "uso autônomo das próprias faculdades mentais" – é passível de ser explicado em termos de certos modos específicos de inserção social.

Os primeiros "lampejos" da nossa "hipótese notável" só puderam aparecer quando esse imoderado anseio por uma mente capaz de se colocar autonomamente acima de qualquer forma concebível de "inserção social" perdeu seu apelo. O primeiro "lampejo" digno de nota surgiu, salvo engano, quando ninguém menos que Karl Marx buscou, nas condições sociais e políticas da sociedade alemã de meados do século XIX, a explicação para as características do pensamento filosófico alemão peculiares a esta época. Em um artigo recente, Luís de Gusmão o registrou exemplarmente nos seguintes termos:

> em *A Ideologia Alemã* [...], Marx vai sugerir, esta é a hipótese central do livro, uma conexão [...] entre as ideias filosóficas de autores como Bruno Bauer e Max Stirner, os jovens hegelianos contra os quais asperamente polemiza, e as condições sociais e políticas da Alemanha nos anos 40 do século XIX: o gosto por abstrações vazias, destituídas de qualquer conteúdo empírico, a inclinação especulativa, a ausência completa de um sentido de realidade, a incapacidade, em suma, de ver as coisas como realmente são, tão acentuada na reflexão filosófica dos jovens hegelianos, expressaria, para Marx, a miséria da sociedade alemã dessa época, mais exatamente de sua burguesia: esta, num contraste vivo com sua congênere francesa, protagonista de uma revolução exemplar, não se revelava capaz de promover as mudanças sociais e políticas necessárias à consolidação de seu domínio de classe, pois abria mão, temerosa do avanço das massas, da revolução burguesa, renunciava ao poder político direto, conciliava vergonhosamente com o passado feudal, obstaculizando assim o progresso social. A Alemanha atrasada, re-

tardatária numa era de Revoluções, assustada com os desafios formidáveis colocados pelo curso da história, produzia, assevera Marx, uma filosofia complacente com o presente, pseudocrítica, escapista[10].

Não sei dizer quantos foram, e quais teriam sido, os "lampejos" que se seguiram a este até o advento dos escritos seminais de Mannheim, a que fiz alusão na nota 8. Entretanto, uma vez admitido que toda vez que a descrita "hipótese notável" entra em ação, uma sociologia do conhecimento (ou, pelo menos, um "lampejo" ou "esboço" de sociologia do conhecimento) se faz presente, seja a que se constituiu como disciplina acadêmica, seja a que não o fez, mas, não obstante, "está viva", e "se move", no interior de outras disciplinas, uma tarefa se impõe: a de discutir os resultados a que ela (a "hipótese notável") nos conduziu nessas décadas que nos separam dos escritos seminais de Mannheim. É o que me proponho a fazer na presente contribuição.

2

A fecundidade de uma semente que flutua ao sabor do vento depende da fertilidade do terreno em que ela vem a cair. O mesmo pode ser dito, por analogia, da fecundidade de uma "hipótese", seja "notável" ou não. Sugiro que desde os escritos seminais de Mannheim nossa semente flutuante "caiu" em pelo menos três "terrenos" distintos, embora relacionados entre si. Um deles é constituído pela filosofia da linguagem de Wittgenstein na medida em que esta se manifesta na filosofia da ciência de Thomas Kuhn. Um outro, que reputo o mais fértil de todos, é constituído pela história intelectual e pela história da ciência. Nesse "terreno" não há lugar para o pensamento sistemático de

_____

10. GUSMÃO, L. "A crítica da epistemologia na sociologia do conhecimento de Karl Mannheim". In: *Sociedade e Estado*, 26 (1), 2011, p. 221-239, esp. p. 223.

algum autor em especial, mas apenas para inspirados estudos de caso, sendo que um, em particular, publicado em 1971, elevou-se a uma posição paradigmática. Refiro-me ao estudo de Paul Forman: *"Weimar Culture, Causality, and Quantum Theory, 1918-1927: Adaptation by German Physicists and Mathematicians to a Hostile Intellectual Environment"*. Retorno a ele na seção 4. Um terceiro é o próprio terreno multifacetado do pensamento sociológico, no qual floresceu a sociologia do conhecimento que se constituiu como disciplina acadêmica, essa disciplina que de tempos em tempos parece precisar esclarecer que "está viva" e "se movendo". Esse "terreno" consiste basicamente de ofertas de solução para problemas de natureza metateórica. Considero-o, por essa razão, o menos fértil dos três. Há algo de particularmente curioso em relação a ele porque, dentre todos, é o único constituído por um pensamento explicitamente empenhado em definir os rumos a serem tomados pela sociologia do conhecimento e, não obstante, é ao mesmo tempo o único no qual nossa "hipótese notável", eu ousaria dizer, mal "germinou". Os escritos que o constituem são assinados por sociólogos da mais elevada estatura; falo de um Peter Berger e de um Norbert Elias, mas, não obstante, nunca conseguiram sair de um plano meramente programático. São escritos que, por assim dizer, estão sempre "refletindo", "recomendando", ou "problematizando", mas, jamais, formulando algum problema específico ou defendendo alguma tese específica que possa inspirar a formulação de novos problemas e de novas hipóteses de pesquisa. Por mais sofisticadas que essas reflexões e recomendações possam se revelar de um ponto de vista metateórico, elas fazem da disciplina uma eterna promessa, uma vez que jamais conseguem estabelecer uma agenda de investigação empírica como a que foi estabelecida pelos escritos que constituem os outros dois "terrenos".

Feitas essas considerações, e relembrando que onde a "hipótese notável" entra em ação uma sociologia do conhecimento se faz presente, embora não necessariamente a disciplina acadêmica denominada "sociologia do conhecimento", cumpre-me a tarefa de mostrar o que foi feito da nossa "hipótese notável" em cada um dos "terrenos" em que veio a "cair". As três seções que se seguem são dedicadas, respectivamente, a cada um desses "terrenos".

3

A fertilidade do primeiro "terreno" mencionado reside, em última análise, em três teses formuladas por Thomas Kuhn, sendo que todas elas, na medida em que se erguem sobre o pressuposto de que o conhecimento científico é, sobretudo, uma forma peculiar de linguagem e, como tal, não tem existência própria fora dos usos que são feitos dessa mesma linguagem em circunstâncias específicas, trazem consigo a marca da filosofia da linguagem contida nas *Investigações filosóficas* de Wittgenstein. A primeira está enunciada nas linhas finais de *A estrutura das revoluções científicas*: "o conhecimento científico, como a linguagem, é intrinsecamente a propriedade comum de um grupo ou então não é nada. Para entendê-lo, precisamos conhecer as características essenciais dos grupos que o criam e o utilizam"[11]. A segunda pode ser expressa nos seguintes termos: exatamente por ser a "propriedade comum de um grupo", a atividade científica pressupõe muito mais a socialização em paradigmas específicos e a disposição para o trabalho árido, miúdo e insosso, sem maiores reflexões, do dia a dia dos laboratórios, do que o "debate racional", posto que este último só surge em circunstâncias especiais. Combinadas, essas teses con-

---

11. Cf. KUHN, T. *A estrutura das revoluções científicas* (1962). São Paulo: Perspectiva, 1978, p. 257.

vergem para a terceira: a de que o conhecimento científico traz sempre consigo a marca das concepções de mundo, valores, compromissos e crenças compartilhadas pelos membros da comunidade na qual é produzido.

Ao descrever, na seção introdutória, a sucessão de esforços de redefinição de rumos que se tornou característica da sociologia do conhecimento por pelo menos três décadas, mencionei que os únicos esforços que se mostraram capazes de abrir um campo de investigação empírica foram a "sociologia forte do conhecimento" e a chamada "sociologia do conhecimento científico". Pois agora posso acrescentar que a razão desse sucesso reside no fato de esses esforços terem sido tributários das referidas teses de Kuhn; de terem tido, como fonte de inspiração, uma sociologia do conhecimento que não existe como disciplina acadêmica, mas, não obstante, "está viva", e "se move", no interior de uma filosofia da ciência esculpida na filosofia da linguagem de Wittgenstein. Do alto de sua condição "intrauterina", essa sociologia do conhecimento abriu um campo formidável de investigação empírica, cujo foco são os modos pelos quais os cientistas chegam a um acordo sobre o que considerar um "fato científico", uma "boa" teoria, uma "evidência", uma "corroboração empírica", um "experimento crucial", um experimento "bem-sucedido", uma "replicação de um experimento", um argumento "válido", uma "refutação" de uma teoria, um "erro" etc.[12]

Mas o legado dessa "sociologia intrauterina" não se esgota aí. A segunda tese de Kuhn acima descrita legou uma agenda adicional de investigação: como decisões são tomadas no interior da comunidade científica? Como controvérsias científicas são dirimidas? Como o apego dogmático a certas concepções de mundo revela-se, em certas circunstâncias, de fundamental importância para o desenvolvimento do conhecimento científico? Em que circunstâncias o "debate racional" cumpre um papel relevante na atividade científica?

Essa agenda tem ocupado gerações sucessivas de sociólogos desde que foi posta. Quem quer que tenha nas mãos algum volume do periódico *Social Studies of Science.* ou *Science, Technology and Human Values*, dentre outros, não demorará a se deparar com algum trabalho empenhado em discutir pelo menos uma das questões dessa agenda de investigação. Pelo que me foi dado perceber, as discussões trazidas por esses trabalhos convergem para uma tese que pode ser expressa em termos muito simples: *toda forma de conhecimento, inclusive o científico, é contingente a jogos de interesses e a acordos localizados*[13]. Retorno a essa tese na próxima seção por razões que se mostrarão claras. Por ora é suficiente dizer que apesar de parecer demasiadamente genérica, ela é fecunda porque encerra outra de caráter mais específico, a de que fatores de natureza extracognitiva podem ser determinantes na rejeição de uma teoria pela comunidade científica. Esta tese foi ilustrada de forma exemplar pelos historiadores da ciência John Farley e Gerald Geison, que procuraram mostrar o modo como fatores de ordem política ajudaram a derrubar a teoria da geração espontânea de Pouchet, o grande rival de Pasteur[14].

---

12. Dentre as obras que se movem em torno desse foco em particular, destacam-se, além da própria obra de Bloor, já citada: LATOUR, B. & WOOLGAR, S. *Laboratory Life*: The Social Construction of Scientific Facts. Londres: Sage, 1979. • KNORR-CETINA, K. *The Manufacture of Knowledge*: Toward a Constructivist and Contextual Theory of Science. Oxford: Pergamon, 1981. • COLLINS, H. *Changing Order*: Replication and Induction in Scientific Practice. Londres: Sage, 1985.

13. Cf. esp. BARNES, B. *Interests and the Growth of Knowledge*. Londres: Routledge, 1977.

14. FARLEY, J. & GEISON, G. "Science, Politics and Spontaneous Generation in Nineteenth Century France: The Pasteur-Pouchet Debate". In: *Bulletin of the History of Medicine*, 48, p. 161-198.

Embora a tese em itálico, acima, é um dos principais pilares tanto da "sociologia forte do conhecimento" quanto da "sociologia do conhecimento científico", ambas oriundas dos escritos de David Bloor (a primeira de forma direta; a segunda, de forma indireta), a tese que o próprio Bloor procura ilustrar em seu *Knowledge and Social Imagery*, obra que constitui o "marco de fundação" da "sociologia forte do conhecimento", é de natureza um pouco diferente. A primeira parte da obra é dedicada a uma recomendação de natureza metateórica: uma "sociologia do conhecimento" digna do nome deve ser regida pelos princípios da "causalidade", "imparcialidade", "simetria" e "reflexividade". Na segunda, e é isso o que importa, Bloor procura mostrar aonde a observância desses princípios pode nos levar. Pelo que me foi dado a entender, pode nos levar a uma tese – cuja natureza é, na verdade, muito mais epistemológica do que sociológica – que eu resumiria nos seguintes termos: todo corpo de conhecimento, não importa se "verdadeiro" ou "falso", se "racional" ou "irracional", se produzido por um Einstein ou por um "terraplanista", só é um "corpo de conhecimento" porque exprime alguma maneira socialmente sancionada de operar com certos objetos e de fazer inferências a partir daí. Bloor ilustra essa tese tomando o conhecimento matemático como objeto de discussão. Ele busca mostrar que a matemática, enquanto corpo de conhecimento, é indissociável de um modo "caracteristicamente matemático" de agrupar, ordenar e separar objetos físicos[15]. Há de se admitir que a mera postulação da existência de um modo "caracteristicamente matemático de se comportar" é bastante inspiradora, mas eu não saberia dizer se ela efetivamente inspirou alguma discussão digna

de nota. Sei, entretanto, de um exemplo no sentido oposto. Em 1992, o sociólogo Sal Restivo publicou um livro intitulado *Mathematics in Society and History*, *Sociological Inquiries*, cujo objetivo era, nas palavras do próprio Restivo, "ilustrar diferentes modos fundamentados sociologicamente de pensar, escrever e falar sobre a matemática"[16]. Procurei, em vão, pela marca de Bloor e de sua "sociologia forte do conhecimento" nesse livro. A única vez que Restivo o menciona é para dizer que a "sociologia forte da matemática" presente em seu livro (o do próprio Restivo) não deve ser confundida com a "sociologia forte do conhecimento" tal como proposta por Bloor[17].

4

No verão de 1923, o físico alemão Max Born, que mais tarde viria a ser laureado com o Prêmio Nobel de física por sua atuação no desenvolvimento da teoria quântica, exprimiu o sentimento que dominava os físicos alemães dessa época ao declarar que "todo o sistema de conceitos da física precisava ser reconstruído a partir do zero"[18]. Essa declaração tinha um alvo específico: a ideia, até então considerada inatacável, de que a física era, por sua própria natureza, uma ciência comprometida com a formulação de explicações causais. Para que algum "esboço" de sociologia do conhecimento se faça presente em um caso como este basta que alguma resposta, ainda que de natureza ensaística, seja oferecida para a seguinte pergunta: o que há de "socialmente explicável" nessa rejeição dos físicos alemães ao compromisso com explicações causais?

---

15. Cf. esp. o cap. 5 do citado livro de Bloor. Eu próprio me dediquei a essa discussão em "A saga do ideal de boa ciência". In: *Revista Brasileira de Ciências Sociais*, 55 (19), p. 91-105, esp. p. 98-99.

16. RESTIVO, S. *Mathematics in Society and History* – Sociological Inquiries. Dordrecht: Kluwer Academic Publishers, 1992, p. X.

17. Ibid., p. XII.

18. Cf. FORMAN, P. "Weimar Culture, Causality, and Quantum Theory, 1918-1927 – Adaptation by German Physicists and Mathematicians to a Hostile Intellectual Environment". In: *Historical Studies in the Physical Sciences*, vol, 1971, p. 1-115, esp. 61-62.

Em termos mais específicos: que relação uma rejeição dessa natureza pode ter com o lugar e a época em que aconteceu, a Alemanha dos primeiros anos da República de Weimar? Caso a resposta oferecida não tenha o caráter de um ensaio, mas se baseie em uma investigação empírica sistemática e seja bem articulada a ponto de inspirar gerações sucessivas de estudiosos a se ocupar de problemas análogos e a formular todo um corpo de hipóteses passíveis de testes a respeito desse mesmo tema e de temas correlatos, então, não estaremos mais diante de um "esboço" de sociologia do conhecimento, mas de uma sociologia do conhecimento propriamente, e da mais alta extração.

Pois foi exatamente uma resposta (115 p.) dessa natureza que o historiador da ciência Paul Forman ofereceu ao escrever seu já citado trabalho "Weimar Culture, Causality, and Quantum Theory, 1918-1927". Há algo de pertubador nessa resposta: ela foi formulada sem contar com a ajuda da literatura produzida sob a rubrica "sociologia do conhecimento". A disciplina acadêmica que se mostrou relevante para a sua formulação foi a chamada "história intelectual", sobretudo a contribuição trazida pelo historiador intelectual Max Jammer em um livro intitulado *The Conceptual Development of Quantum Mechanics*. Em linhas gerais, essa resposta (que, a propósito, ficou conhecida como "a tese de Forman") pode ser expressa nos seguintes termos: o ímpeto para reconstruir a física a partir do zero peculiar aos mais eminentes físicos alemães dos primeiros anos da República de Weimar, sobretudo o ímpeto para construir uma física não comprometida com o conceito de causalidade, foi uma maneira que esses mesmos físicos encontraram para se adaptar ao clima intelectual hostil às ciências exatas em termos mais gerais, e ao conceito de causalidade em particular, que se instaurou na Alemanha logo após a humilhante derrota na Primeira Grande Guerra. Antes

do fim da Guerra, quando os alemães não imaginavam que seriam derrotados, o clima intelectual era extamente o oposto: ciência digna do nome era a que se mostrava capaz de oferecer explicações causais. Os mesmos físicos que antes da derrota se mostravam orgulhosos da ciência (causal) que praticavam, depois da derrota passaram a vê-la como carcomida em seus fundamentos. A derrota gerou um sentimento generalizado de crise, ao qual até mesmo o conhecimento científico se viu impelido a se adaptar sob pena de ver sua reputação comprometida. Nesse contexto, uma disciplina científica que não fosse vista como "em crise" não mereceria muito crédito. Posto que "estar em crise" passou a ser, por assim dizer, a "senha de acesso" a uma boa imagem pública, tanto dentro quanto fora das Universidades, tudo o que os físicos (e também os matemáticos) dessa época fizeram foi fazer uso dessa "senha". Daí, o anseio por uma reconstrução da física "a partir do zero", sem compromisso com o conceito de causalidade; anseio que, é importante que se diga, viria a se mostrar de fundamental importância para o posterior desenvolvimento da mecânica quântica. Pode haver melhor exemplo de "sociologia forte do conhecimento" do que a postulação de uma tese como esta?

Essa tese, é bom que se esclareça, sempre foi objeto de acirradas controvérsias, mas seu caráter controvertido nunca teve importância. Ela já completou quarenta anos de existência (que tese formulada nos marcos da própria sociologia do conhecimento pode exibir essa marca?) e, durante todo esse período, nunca deixou de ser uma fonte de inspiração para a pesquisa empírica. Nada surpreendente, a marca de quarenta anos não passou em branco. A celebração teve início quatro anos antes, quando se organizou um grande encontro intitulado *The Cultural Alchemy of the Exact Sciences: Revisiting the Forman Thesis – A Conference at the University of British Columbia*. Nos "comentários de abertura" desse Encontro, ocorrido em março de 2007, foi dito que a tese de Forman "mudou permanentemente a paisagem disciplinar da história e da filosofia da ciência" e "contribuiu de forma [...] significativa para o apelo da nova sociologia do conhecimento científico"[19].

Admitindo-se a pertinência desses comentários, o que nos importa saber é se "ao mudar de forma permanente a paisagem disciplinar da história e da filosofia da ciência", a tese de Forman mudou também, de alguma forma, a "paisagem disciplinar" da sociologia do conhecimento. Está dito, nos referidos "comentários iniciais", que a tese de Forman "contribuiu de forma significativa para o apelo da nova sociologia do conhecimento científico". Infelizmente o texto não esclarece qual é o "apelo" da "nova sociologia do conhecimento científico", mas a citada resenha de Coser pode nos ajudar a esclarecer. Ao comentar uma outra contribuição, intitulada *The Conventional Component in Knowledge and Cognition*", de Barry Barnes (cuja obra principal está citada na nota 13), Coser descreve o argumento de Barnes nos seguintes termos:

> Barnes argumenta que os corpos de conhecimento se desenvolvem principalmente porque servem a diferentes tipos de interesse, independentemente de serem racionais. Todos são socialmente sustentados enquanto partes que compõem uma dada cultura. Um corpo de conhecimento é utilizado porque serve a diferentes tipos de interesse, e não porque é inerentemente mais racional que outro[20].

Presumo que o "apelo" da "nova sociologia do conhecimento científico" resida exatamente no argumento descrito acima. Esse argumento pode ser visto como uma reverberação da tese de Forman, embora esta última não autorize a generalização de que todos os corpos de conhecimento são "socialmente sustentados" enquanto "partes que compõem uma dada cultura". Na verdade, essa generalização é muito mais uma premissa em busca de ilustração do que uma hipótese a ser testada. E, o que não falta na "sociologia do conhecimento científico", é a realização de "estudos de caso" com o objetivo de ilustrar a premissa, tornada conclusão, de que os "corpos de conhecimento se desenvolvem principalmente porque servem a diferentes tipos de interesse, independentemente de serem racionais". Talvez não haja estudo de caso que melhor ilustre essa premissa (tornada conclusão) do que o apresentado por Donald Mackenzie em seu trabalho *Statistical Theory and Social Interests*[21]. O foco desse trabalho foi uma controvérsia ocorrida no alvorecer do século passado entre dois estatísticos, Yule e Pearson, a respeito da adequação de suas respectivas medidas de associação estatística, os bem conhecidos "Q de Yule" e "C de Pearson". A tese de MacKenzie é a de que os termos das objeções trocadas entre esses estatísticos não são inteligíveis na forma em que se apresentam porque escondem os interesses que impulsionaram cada um na formulação de suas respectivas objeções. Pearson fazia parte de um pequeno grupo de estatísticos que partilhavam preocupações eugênicas; Yule não tinha afiliação definida e tomava a predição estatística como um fim em si mesmo. Pearson pertencia a uma classe profissional em ascensão, que buscava afirmar-se como superior em razão das habilidades intelectuais de seus membros; Yule pertencia a uma elite conservadora decadente que repelia o que quer que pudesse soar como eugenia. Nos livros de história da estatística tudo isto costuma ser ignorado. Para MacKenzie isto é um erro, uma vez que, em sua perspectiva, as objeções trocadas

---

19. "Opening Remarks" de "The Cultural Alchemy of the Exact Sciences: Revisiting the Forman Thesis – A Conference at the University of British Columbia", mar./2007, sem identificação do Autor.

20. COSER, L. Op. cit., p. 219.

---

21. MacKENZIE, D. "Statistical Theory and Social Interests: A Case Study". In: *Social Studies of Science*, 8, 1978, p. 35-83.

entre Yule e Pearson só são verdadeiramente inteligíveis na medida em que são consideradas à luz dessas informações. Por exemplo: em uma de suas investidas contra Yule, Pearson argumentou que o coeficiente "Q" tem pouco poder preditivo. Um observador bem versado em estatística, mas sem conhecimento de "sociologia do conhecimento", diria que o argumento de Pearson foi formulado em termos "estritamente estatísticos". A esse observador MacKenzie retrucaria que não há argumento "estritamente estatístico"; que alegar que a investida de Pearson contra Yule tinha um caráter "estritamente estatístico" é perder de vista o fato de que essa investida exprimia um interesse que nada tinha de estatístico: o de promover a eugenia, como era próprio do grupo de estatísticos ao qual Pearson pertencia. Resulta daí que nem mesmo o conhecimento estatístico deixa de refletir interesses sociais específicos.

Um exercício como o demonstrar a permeabilidade do conhecimento estatístico a interesses sociais bem pode ser visto como uma reverberação da tese de Forman, mas não penso que fosse dessa natureza o exercício que Forman estava interessado em inspirar. Os exercícios que melhor ilustram o legado de Forman são aqueles que, a exemplo de Forman, procuram oferecer respostas para problemas específicos. Posto de outra forma, quero crer que o legado importante da tese de Forman reside nas características do campo de discussão e de investigação empírica que essa tese abriu. Trata-se de um campo no qual o que aparece não são ilustrações de conclusões previamente estabelecidas, nem recomendações de natureza metateórica tais como as que mostrarei na próxima seção, mas o enfrentamento de questões substantivas tais como as que se insinuam nos títulos de alguns dos trabalhos apresentados no Encontro a que me referi anteriormente (foram vinte e sete no total), os quais foram posteriormente reunidos em uma Coletânea

intitulada *Weimar Culture and Quantum Mechanics. The Forman Thesis: 40 Years After*[22].

Infelizmente não tenho como discutir a sociologia do conhecimento que se faz presente em cada trabalho citado na nota 22, sobretudo nos trabalhos de Kai Eigner e Frans van Lunteren sobre os "grilhões da causalidade" na Holanda do período entreguerras, de Michael Stöltzner sobre os debates a respeito da causalidade no período entreguerras e suas precondições e o de Cathryn Carson sobre a relação entre o ambiente cultural da República de Weimar e as ciências naturais. Mas como o caminho que conduziu à realização de todos esses trabalhos foi aberto pela sociologia do conhecimento que pulsa no interior da tese de Forman, cumpre-me a tarefa de mostrar o que há de especial em relação a essa sociologia do conhecimento. Seu ingrediente básico já foi mencionado: trata-se da formulação de um problema substantivo, no caso, o de explicar o surgimento do sentimento generalizado, entre os físicos alemães dos primeiros anos da República de Weimar, de que a física deveria renunciar ao compromisso tradicional com a formulação de

---

22. CARSON, C.; KOJEVNIKOV, A. & TRISCHLER, H. (orgs.). *Weimar Culture and Quantum Mechanics* – The Forman Thesis: 40 Years After. Londres: Imperial College Press, 2011. Eis os títulos de algumas contribuições dessa coletânea (com o nome do autor em seguida, entre parênteses): "Philosophical Rhetoric in Early Quantum Mechanics 1925-1927: High Principles, Cultural Values and Professional Anxieties" (Alexei Kojevnikov). • "'The Shackles of Causality': Physics and Philosophy in the Netherlands in the Interwar Period" (Kai Eigner e Frans van Lunteren). • "Crisis, Measurement Problems and Controversy in Early Quantum Electrodynamics: The Failed Appropriation of Epistemology in the Second Quantum Generation" (Anja Skaar Jacobsen). • "Weimar Culture and Quantum Mechanics Science and Politics: Pathology in Weimar Germany (1918-1933)" (Cay-Rüdiger Prüll). • "Jordan alias Domeier: Science and Cultural Politics in Late Weimar Conservatism" (Richard H. Beyler). • "The Causality Debates of the Interwar Years and Their Preconditions: Revisiting the Forman Thesis from a Broader Perspective" (Michael Stöltzner). • "Modern or Anti-modern Science? – Weimar Culture, Natural Science and the Heidegger-Heisenberg Exchange" (Cathryn Carson).

explicações causais. Os demais ingredientes são de dois tipos: os que conduziram à formulação desse problema e os que dizem respeito ao esforço para oferecer uma resposta.

Os ingredientes que conduziram à formulação desse problema foram a interlocução com as contribuições da "história intelectual" a respeito do desenvolvimento conceitual da mecânica quântica e a identificação de um paradoxo: o lugar (a Alemanha) e o período (1918-1927) da mais profunda hostilidade à física e à matemática foi também um dos mais criativos de toda a história dessas disciplinas. Nota-se que um esboço de sociologia do conhecimento já se faz presente na própria postulação de que estamos diante de um "paradoxo", uma vez que fora dos marcos de uma sociologia do conhecimento nada haveria de paradoxal no que foi descrito. O argumento seria simplesmente o de que a ciência é autônoma em relação ao seu "ambiente social"; que ela se "desenvolve" ou "evolui" segundo suas "próprias leis" e, portanto, nada há de "paradoxal" no fato de uma disciplina científica se desenvolver em um ambiente que lhe seja hostil. A mera possibilidade de um argumento de tal natureza vir a ser enunciado já obriga Forman a formular uma hipótese alternativa que possa se mostrar mais sustentável. A hipótese alternativa que Forman formulou foi a seguinte:

> quando os cientistas e suas realizações estão desfrutando de muito prestígio em seu meio social mais próximo (ou em seu meio social mais importante), eles estão relativamente livres para ignorar as doutrinas específicas, as simpatias e as antipatias que constituem esse meio. Com a aprovação assegurada, eles estão livres da pressão externa; livres para seguir as pressões internas da disciplina – o que usualmente significa liberdade para se alinhar a ideologias e predisposições conceituais tradicionais. Quando, entretanto, os cientistas e suas realizações experimentam uma perda de prestígio, eles são impelidos a tomar iniciativas que impeçam seu declínio"[23].

Essa hipótese pode, à primeira vista, parecer apenas um "lampejo" de sociologia do conhecimento, mas é bem mais que isso. Os lampejos aparecem em trabalhos de caráter ensaístico, como, por exemplo, no célebre trabalho de Mannheim sobre o "Pensamento Conservador"[24]. Não há como desconhecer os méritos desse ensaio, mas nele não há a formulação de hipóteses específicas capazes de abrir uma agenda de investigação empírica a ser explorada posteriormente. Com a tese de Forman, em contraste, isso acontece. O esforço de Forman para mostrar a validade dessa hipótese o conduziu à tese de que o desenvolvimento quase sem paralelo que a física e a matemática experimentaram no período por ele estudado não se deve a uma usualmente alegada "dinâmica interna" da ciência, mas ao fato de os físicos e matemáticos em atividade no período em questão terem se sentido acuados por um ambiente hostil às suas respectivas disciplinas e, em decorrência, impelidos a refundá-las para que as mesmas pudessem desfrutar de uma boa imagem pública. O legado dessa hipótese, tão aparentemente simples, se traduz em uma pergunta, sobre a qual gerações sucessivas de estudiosos (sejam eles "sociólogos do conhecimento" ou não) têm se movido, que pode ser formulada nos seguintes termos: que relação existe (se é que existe alguma) entre o desenvolvimento científico e a tarefa que ocasionalmente se impõe aos cientistas de se adaptar a um ambiente hostil? Três décadas de esforços no sentido de definir os rumos a serem tomados pela sociologia do conhecimento não conduziram a um único problema capaz de mobilizar gerações

---

23. FORMAN, P. Op. cit., 1971, p. 6.

24. MANNHEIM, K. "Conservative Thought". In: KECSKEMETI, P. (org.). *Essays on Sociology and Social Psychology by Karl Mannheim.* Londres: Routledge, 1953.

sucessivas de estudiosos da forma como a "tese de Forman" o fez.

5

É chegado o momento de discutir o que foi feito da nossa "hipótese notável" no "terreno" em que a própria sociologia do conhecimento floresceu enquanto disciplina acadêmica. Inicio relembrando que muitos foram os esforços no sentido de redefinir os rumos a serem tomados por essa disciplina mas, no frigir dos ovos, nenhuma deles prosperou, com exceção da "sociologia forte do conhecimento" e da "sociologia do conhecimento científico", exatamente os que são tributários de uma sociologia do conhecimento que não existe como disciplina acadêmica, mas que, do alto de sua condição "intrauterina" (conforme vimos nas seções 3 e 4), conseguiu abrir um rico campo de investigação empírica.

No capítulo que Merton dedicou à sociologia do conhecimento em seu célebre, e já citado, *Social Theory and Social Structure*, ele se atribuiu a tarefa de "sistematizar o conhecimento" até então (1949) produzido nessa disciplina. Para tanto, ele se propôs a desenvolver o que ele próprio chamou de um "paradigma para a sociologia do conhecimento", por meio do qual se pudesse

> fazer um inventário dos resultados [até então] existentes, indicar os resultados contraditórios, contrários e consistentes, expor o aparelhamento conceitual [até então] em uso, determinar a natureza dos problemas que [naquela época] preocupavam os que atuavam no campo, estimar o caráter das provas que foram trazidas em relação a esses problemas [e] indicar as lacunas e debilidades características dos tipos [em vigor] de interpretação[25].

Ao formular essa proposta, Merton tinha a expectativa de que com o passar dos anos as ina-

dequações nela encontradas pudessem ser gradativamente corrigidas até que um "modelo analítico mais aperfeiçoado e mais exigente" viesse a se estabelecer[26]. Os anos se passaram e esse "modelo analítico" jamais se estabeleceu. O que se testemunhou a partir de então foi, conforme já mencionei, uma frenética sucessão de tentativas de refundar a disciplina: primeiro, a de Berger e Luckmann, que ignorou a existência do "paradigma" proposto por Merton; em seguida, a de Norbert Elias, que ignorou tanto o "paradigma" de Merton quanto o esforço de Berger e Luckmann; depois, a de David Bloor, que, conforme vimos, prosperou sem qualquer ajuda da sociologia do conhecimento enquanto disciplina acadêmica; depois, a autodenominada "nova sociologia do conhecimento, baseada na hermenêutica"[27], que ignorou todas as tentativas anteriores e, para finalizar, houve a proposta de fundar, no rastro do esforço de redefinição de rumos de Berger e Luckmann, uma "sociologia hermenêutica do conhecimento"[28], que curiosamente não mantinha qualquer relação com a "nova sociologia do conhecimento, baseada na hermenêutica".

Não é difícil entender esse quadro de desdéns sucessivos: se diferentes propostas se sucedem sem tomar conhecimento da existência umas das outras é porque nenhuma delas formula algum problema específico, nem, muito menos, oferece alguma solução do modo como Forman o fez. No lugar de problemas específicos, elas oferecem: a) reflexões sobre as condições de possibilidade da própria sociologia do conhecimento, sobre os dilemas metateóricos que supostamente atormentam a disciplina e sobre a natureza do conhecimento que essa disciplina pode produzir; b) recomendações sobre como estabelecer, na disciplina, um quadro "teórico-con-

---

25. MERTON, R. *Sociologia* – Teoria e estrutura (1949). São Paulo: Mestre Jou, 1968, p. 557.

26. Ibid.

27. ("new, hermeneutically grounded sociology of knowledge"). KÖGLER, H.R. Op. cit., 1997, p. 223.

28. HITZLER, R.; REICHERTZ, J. & SCHRÖER, N. Op. cit.

ceitual unificado" que possa servir de guia para a investigação empírica e, c) a "problematização" de certas concepções assentes na disciplina. Vejamos cada item por vez.

A melhor maneira de esclarecer o que está mencionado no item "a" é apresentar exemplos das "reflexões" a que faço referência. Inicio por uma a respeito dos "dilemas" metateóricos que supostamente atormentam a disciplina:

> Teorias sociais e culturais que buscam explicações robustas para as práticas enfrentam um dilema recorrente: como reconciliar as capacidades dos agentes com as inevitáveis limitações sociais sobre eles; ou, para colocar em termos mais genéricos, agências práticas com constrangimentos culturais. Esse persistente dilema é talvez mais aparente em duas áreas de investigação social: teorias da ação e a sociologia do conhecimento[29].

De acordo com esse excerto, a própria viabilidade da sociologia do conhecimento enquanto corpo de conhecimento parece depender, pelo menos em alguma medida, da oferta de uma boa solução para o "problema" de como "reconciliar as capacidades dos agentes com as inevitáveis limitações sociais". É possível que o número de "soluções" oferecidas para esse "problema" no pensamento sociológico já tenha atingido a casa dos dois dígitos. Seja como for, há outros "problemas", supostamente relacionados à própria viabilidade da disciplina, para os quais se busca alguma "solução". Selecionei um que foi posto nos marcos da citada "nova sociologia do conhecimento, baseada na hermenêutica" (não confundir com a "sociologia hermenêutica do conhecimento"!). Trata-se do seguinte: ao mesmo tempo em que o sociólogo do conhecimento pretende que o conhecimento que ele produz sobre o conhecimento dos outros seja válido independentemente dos "contextos de significados" nos quais seu próprio conhecimento é produzido, ele também é "confrontado" com os "contextos de significados nos quais os próprios agentes fazem suposições sobre a verdade e a validade de suas crenças e alegações de conhecimento". Há de se distinguir, então, dois conjuntos de "imputações de validade": o do sociólogo, que se pretende "teórico-científico", e o do "agente", que é "mundano-contextual" (*"lifeworldly-contextual"*). Daí, o grande "problema": como esses dois conjuntos se relacionam? Como, em outras palavras, "o sociólogo se relaciona com os esquemas interpretativos dos agentes no mundo da vida estando, ele próprio, em uma posição local [isto é: 'mundano-contextual']?"[30]

Não sei se pode haver esforço mais inócuo do que o de buscar oferecer "solução" para "problemas" como os acima descritos. No que se refere ao primeiro, vamos admitir que o descrito "dilema" existe de fato e que seja mesmo "persistente". Eu pergunto: que diferença isso faz? Que dano a "persistência" desse "dilema" está causando ou pode vir a causar para a sociologia do conhecimento no que se refere à sua capacidade de estabelecer agendas de investigação e explicações para fenômenos específicos? Se a resposta for "nenhum", "não sei", ou o silêncio, o postulado "dilema" é irrelevante e, consequentemente, o exercício de descrevê-lo e de buscar uma "solução" é, ouso dizer, inútil. Dentre as opções postas, a minha própria oscila entre "nenhum" e "não sei", mas a resposta daqueles que, a pretexto de refletir sobre as condições que precisam ser satisfeitas para que a sociologia produza um conhecimento válido sobre si própria e

---

29. BOHMAN, J. "Reflexivity, agency and constraint: the paradoxes of Bourdieu's sociology of knowledge". In: *Social Epistemology*, 11 (2), 1997, p. 171-186, esp. p. 171.

30. Cf. KÖGLER, H.H. "Alienation as epistemological sources: reflexivity and social background after Mannheim and Bourdieu". In: *Social Epistemology*, 11 (2), p. 141-164, esp. p. 159.

sobre outras formas de conhecimento, se põem a descrever os "dilemas persistentes" que, supostamente, atrapalham a produção desse conhecimento, costuma ser um estrondoso silêncio. No que se refere ao segundo "problema" mencionado, aplico o mesmo raciocínio: que fenômenos não estão sendo devidamente explicados por falta de uma "solução" para esse "problema" de, digamos assim, "elucidar" a relação existente entre os dois citados "conjuntos de imputações de validade"? Nenhum? Não se sabe? Então, mais uma vez estamos diante da busca de solução para um problema que, se de fato existe, não requer solução. É o bastante para o item "a". Passemos, então, ao item "b", o que diz respeito às recomendações de natureza metateórica que se tornaram características da disciplina.

No que se refere a este item, penso que dificilmente se pode encontrar tantas recomendações em tão pouco espaço quanto no resumo que Norbert Elias faz do seu próprio trabalho, "Sociologia do Conhecimento: Novas Perspectivas", publicado originalmente em 1971:

> Os cernes dos problemas das teorias sociológicas e filosóficas do conhecimento permanecem insolúveis e inconciliáveis na medida em que ambas partem de modelos estáticos. Esses problemas poderão ser solucionados – e as respectivas teorias correlacionar-se entre si – sem muitas dificuldades se a aquisição de conhecimento que ocorre no interior das sociedades for conceituada como um processo de longo prazo que, por sua vez, acontece dentro de sociedades também consideradas como um processo de longo prazo. Essa abordagem tem a vantagem adicional de estar em estreito acordo com as evidências. O artigo indica o que precisa ser desaprendido e o que precisa ser aprendido a fim de se preparar o caminho para que tal arcabouço teórico unificado possa servir como guia para os estudos empíricos de sociologia de todos os tipos de conhecimento – científico e prático, bem como não científico ou ideológico –, podendo

tal delineamento também ser corrigido por esses estudos[31].

Como se vê, Elias estava empenhado em "preparar o caminho" para a formulação de um "arcabouço teórico unificado" capaz de "servir de guia para os estudos empíricos de sociologia de todos os tipos de conhecimento". Passados mais de quarenta e cinco anos, nem sinal desse "arcabouço teórico unificado". Por que não aconteceu? Simplesmente porque isso é uma oferta sem demanda, tanto quanto o são as "soluções" oferecidas para os "dilemas" e "problemas" anteriormente descritos. A solução de que problema específico está demandando um "arcabouço teórico unificado" na sociologia do conhecimento? Elias não responde, simplesmente porque não há o que responder. "Arcabouço teórico unificado" não é algo que se planeja, é algo que se faz, talvez até sem perceber que se está fazendo, quando se busca solução para algum problema específico. Um exemplo? Freud e seu "arcabouço teórico unificado", a psicanálise. Havia algum problema demandando tal arcabouço? Havia: explicar como, por exemplo, alguém pode padecer de uma dormência em um dos braços, como aconteceu a uma de suas clientes, se nada justificava a incidência de um sintoma dessa natureza de um ponto de vista clínico. Na impossibilidade de apresentar um problema como esse, Elias apresentou as recomendações que aparecem da primeira à última linha de seu resumo. Concedo que são boas recomendações, mas recomendações que não respondem a algum tipo de demanda específica tendem a se esfumar sem deixar vestígio.

Curiosamente, apenas cinco anos antes de Elias apontar na direção de um "arcabouço teórico unificado", ninguém menos que Peter Berger e Thomas Luckmann fizeram o mesmo. No rastro do pensa-

---

31. ELIAS, N. "Sociologia do conhecimento: novas perspectivas" (1971). In: *Sociedade e Estado*, 23 (3), 2008, p. 515-554, esp. p. 515.

mento de Talcott Parsons, eles se disseram empenhados em produzir um "corpo único de pensamento teórico sistemático", visando, com isso, elucidar qual era "a plena significação teórica da sociologia do conhecimento". Passados cinquenta anos, alguma coisa se "elucidou" a esse respeito? Não! E por que não? Simplesmente porque a proposta "elucidação" é mais uma oferta sem demanda. Como no caso do "arcabouço teórico unificado" de Elias, o "corpo único de raciocínio teórico sistemático" de Berger e Luckmann não se constrói a partir de algum problema substantivo, mas de recomendações de natureza metateórica da seguinte natureza:

> [...] a sociologia do conhecimento deve ocupar-se de tudo aquilo que passa por "conhecimento" em uma sociedade, independentemente da validade ou invalidade última (por quaisquer critérios) desse "conhecimento". E, na medida em que todo "conhecimento" humano se desenvolve, se transmite e se mantém em situações sociais, a sociologia do conhecimento deve procurar compreender o processo pelo qual isto se realiza [...]. Em outras palavras, defendemos o ponto de vista que *a sociologia do conhecimento diz respeito à análise da construção social da realidade*"[32].

Vejam: "a sociologia do conhecimento *deve* ocupar-se por tudo aquilo [...]", ou: "[...] a sociologia do conhecimento *deve* procurar [...]". Ora, por que os próprios autores não "se ocuparam" e não "procuraram" em vez de exortar os outros a fazê-lo? Fácil responder: porque, tanto quanto Elias, acreditavam que seria necessário um "arcabouço teórico unificado" que pudesse servir de guia para os estudos empíricos, e a tarefa que lhes caberia seria tão somente a de produzir esse arcabouço. Nada surpreendentemente, esse projeto jamais se realizou, embora tenha ensejado uma verdadeira avalanche de recomendações de natureza metateórica. A anteriormente citada proposta de

uma "sociologia hermenêutica do conhecimento" (não confundir com a "sociologia do conhecimento baseada na hermenêutica", proposta dois anos antes!), que se declara tributária do trabalho de Berger e Luckmann, é sobretudo uma expressão de uma "avalanche" de tal natureza. Sua agenda de discussão é composta de recomendações sobre o que quer que possa ocorrer ao leitor: de sobre como superar o "reducionismo intencionalista da compreensão que se satisfaz com a reconstrução das perspectivas subjetivas dos atores" a como "elucidar as condições objetivas sob as quais configurações de sentido podem ocorrer na vida cotidiana", passando por recomendações sobre como evitar tanto a "normatização" quanto a "subjetivação" da sociologia do conhecimento[33]. "Superar", "elucidar" e "evitar" parecem ser as palavras-chave da sociologia do conhecimento que se pratica recentemente em alguns círculos.

Não obstante, poucas são as ideias mais difundidas no pensamento sociológico do que a de "construção social". Esta expressão parece ter seduzido a todos, de Mark Granovetter, que há mais de dez anos publicou um artigo intitulado "A construção social da corrupção"[34], à jovem antropóloga Joana Ramalho Urtigão Corrêa, que recentemente publicou o artigo "A construção social do fandango como expressão cultural popular e tema de estudos de folclore"[35]. Ocorre, entretanto, que o débito desses trabalhos para com as recomendações de Berger e Luckmann é nenhum. O que estes últimos chamam de "análise da construção social da realidade" é algo que só pode ser feito à luz do "arcabouço

---

32. BERGER, P. & LUCKMANN, T. *A construção social da realidade*. Petrópolis: Vozes, 2004, p. 14 – grifos no original.

33. SCHNETTLER, B. "Social Constructivism, Hermeneutics, and the Sociology of Knowledge". In: *Forum Qualitative Social Research*, vol. 3, n. 4, art. 1, nov./2002 [Disponível em http://www.qualitative-research.net/index.php/fqs/article/view/785/1704].

34. GRANOVETTER, M. "A construção social da corrupção". In: *Política e Sociedade*, vol. 9, 2006, p. 11-37.

35. URTIGÃO CORRÊA. J.R. "A construção social do fandango como expressão cultural popular e tema de estudos de folclore". In: *Sociologia e Antropologia*, vol. 6, n. 2, 2016, p. 407-445.

teórico unificado" que eles próprios se propuseram a fazer e, por essa razão, não puderam legar, para a sociologia do conhecimento, alguma agenda de investigação empírica, mas apenas recomendações e reflexões de natureza metateórica, notadamente as que se articulam em torno do verbo "elucidar".

No plano que se refere ao item "c", a "problematização" de concepções assentes na disciplina, a sociologia do conhecimento científico me parece mais bem-sucedida. Há de se admitir, como bem o mostrou, por exemplo, Michel Mulkay, em sua contribuição ("*Knowledge and Utility: Implications for the Sociology of Knowledge*") para a citada Coletânea resenhada por Coser, que o pensamento sociológico às vezes incorpora de forma acrítica algumas concepções equivocadas a respeito do alcance e da validade do conhecimento científico. Uma delas é a de que o conhecimento científico é, por sua própria natureza, imprescindível para que as descobertas espetaculares que nos rodeiam, seja no próprio campo da ciência, como é o caso, por exemplo, das vacinas, seja no campo da tecnologia, como é o caso do que possa ocorrer ao leitor, venham a acontecer. Essa concepção presume que o desenvolvimento científico sempre antecede, e é necessariamente indispensável, para o desenvolvimento tecnológico. Muitas disciplinas acadêmicas "problematizam" com muita propriedade essa concepção, e a sociologia do conhecimento científico é uma delas. Um exercício dessa natureza pode, sem dúvida, estabelecer uma rica agenda de investigação empírica. A própria "fundamentação científica" da descoberta de certas vacinas seria um bom tema de investigação. Pasteur, por exemplo, a quem se credita a descoberta da vacina antirrábica, tinha muito pouco "conhecimento científico" a respeito de como uma vacina "age" uma vez inoculada no organismo humano. Em plena década de 1880 ele supunha que a imunidade resultava do esgotamento dos nutrientes essenciais de que a bactéria necessita para se multiplicar no organismo em que se hospeda. Esta concepção, conhecida como "teoria da depleção", revelou-se bizarra poucos anos depois. Da mesma forma, o bacteriologista alemão Robert Koch, a quem se credita a descoberta da vacina contra a tuberculose, também tinha pouco "conhecimento científico" sobre a ação da vacina. Pelos idos de 1890, ele notou a presença do bacilo *anthrax* dentro de leucócitos de animais doentes e concluiu, para o escárnio das gerações posteriores, que o leucócito era o meio em que a bactéria penetra, se multiplica e do qual se utiliza para se alojar nos diferentes órgãos[36]. Esses erros bizarros de julgamento cometidos por cientistas da mais alta extração apontam para um claro descompasso entre a validade intrínseca do conhecimento científico e a utilidade da prática científica. Uma prática (a vacinação, p. ex.) baseada em um conhecimento que vem a se revelar inválido de um ponto de vista "científico" (como, p. ex., o conhecimento embutido na citada "teoria da depleção") pode se revelar mais útil do que uma baseada em um conhecimento cuja validade "científica" não foi posta em questão. Na verdade, essa constatação não é de todo surpreendente para quem é do ramo. Certa vez um imunologista me explicou, em entrevista, que a descoberta da vacina contra a difteria fez muito bem para "a humanidade", mas fez muito mal para a própria imunologia enquanto corpo científico de conhecimento porque o sucesso dessa vacina desviou a atenção de linhas mais promissoras de pesquisa. Se isso é verdade eu não posso saber, mas ilustra maravilhosamente o descompasso a que me referi: nesse caso específico, a utilidade do conhecimento de imunologia conspirou contra o avanço desse mesmo conhecimento. Há de se admitir que não é necessário ser um historiador da ciência de boa cepa nem se chamar Paul Forman para conver-

---

36. Cf. TAUBER, A. "Metchinikoff, The Modern Immunologist". In: *Journal of Leukocyte Biology*, 47, 1990, p. 561-567.

ter um descompasso dessa natureza em um objeto de investigação sociológica, mas ajuda muito não se deixar perder em reflexões inúteis – quer sobre a natureza do conhecimento produzido pela sociologia do conhecimento, quer sobre as condições de possibilidade da produção desse conhecimento – nem em recomendações igualmente inúteis a respeito de como "superar" supostos "dilemas metateóricos", ou "elucidar" o "significado teórico" de concepções supostamente centrais da disciplina, ou "evitar" a adoção de perspectivas "reducionistas" de análise. Reflexões e recomendações dessa natureza só se justificam quando o enfrentamento de um desafio como o citado as demandas. Na ausência de um problema empírico cuja solução requeira as referidas reflexões, recomendações e "problematizações", estas são apenas um bom tema para discussão em sala de aula, exames escolares, e publicação de artigos. Nada mais do que isso.

6

À guisa de conclusão gostaria de ressaltar que a sociologia do conhecimento pode existir como disciplina acadêmica e como corpo de conhecimento. Não há a primeira sem o último, mas pode haver o último, o corpo de conhecimento, sem que exista a disciplina. Parafraseando o título dado por Coser à resenha que mencionei na primeira linha da presente contribuição, eu diria que a sociologia do conhe-

cimento, enquanto corpo de conhecimento, pode "estar viva", e "se mover", tanto na condição de disciplina acadêmica, mais exatamente, dessa disciplina que conhecemos pelo nome de "sociologia do conhecimento", quanto na condição que aqui chamei de "intrauterina". Neste caso, ela só existe na medida em que "pulsa" no interior de outras disciplinas, tais como a filosofia da ciência, a história da ciência e a história intelectual. Nesta contribuição eu desenvolvi o argumento de que enquanto essa sociologia "intrauterina" do conhecimento "se move" oferecendo explicações para fenômenos específicos e, ao fazê-lo, abre permanentemente campos de investigação empírica, a outra, a que se constituiu como disciplina acadêmica, o faz refletindo sobre as condições de possibilidade da produção de conhecimento sobre o próprio conhecimento, sobre a natureza do conhecimento que se produz nessas condições, sobre os "dilemas" metateóricos que supostamente atormentam a produção desse conhecimento, sobre os meios de "superar" esses dilemas, sobre os problemas conceituais supostamente envolvidos na produção desse conhecimento e sobre os modos de solucionar esses problemas conceituais. Certamente não é por falta de reflexões a respeito da sua própria capacidade de produzir conhecimento sobre o conhecimento que essa sociologia do conhecimento deixará de prosperar.

Referências

BARNES, B. *Interests and the Growth of Knowledge*. Londres: Routledge, 1977.

BERGER, P. & LUCKMANN, B. *The Social Construction of Reality* – A Treatise in the Sociology of Knowledge. Nova York: Penguin Books, 1966.

BLOOR, D. *Knowledge and Social Imagery*. Chicago: The University of Chicago Press, 1976.

BOHMAN, J. Reflexivity, agency and constraint: the paradoxes of Bourdieu's sociology of knowledge. In: *Social Epistemology*, 11 (2), 1997, p. 171-186.

BURKITT, I. The situated social scientist: reflexivity and perspective in the sociology of knowledge. In: *Social Epistemology*, 11 (2), 1997, p. 193-202.

CARSON, C.; KOJEVNIKOV, A. & TRISCHLER, H. (orgs.). *Weimar Culture and Quantum Mechanics* –

The Forman Thesis: 40 Years After. Londres: Imperial College Press, 2011.

COLLINS, H. *Changing Order*: Replication and Induction in Scientific Practice. Londres: Sage, 1985.

COSER, L. The Sociology of Knowledge is Alive and Kicking. In: *Contemporary Sociology*, 16 (2), 1987, p. 218-220.

ELIAS, N. Sociologia do conhecimento: novas perspectivas. In: *Sociedade e Estado,* 23 (3), 2008, p. 515-554.

_____. Sociology of Knowledge: New Perspectives – Part One. In: *Sociology*, vol. 5, n. 2, mai./1971, p. 149-168.

_____. Sociology of Knowledge: New Perspectives – Part Two. In: *Sociology*, vol. 5, n. 3, set./1971, p. 355-370.

FARLEY, J. & GEISON, G. Science, Politics and Spontaneous Generation in Nineteenth Century France: The Pasteur-Pouchet Debate. In: *Bulletin of the History of Medicine*, 48, 1974, p. 161-198.

FORMAN, P. Weimar Culture, Causality, and Quantum Theory, 1918-1927 – Adaptation by German Physicists and Mathematicians to a Hostile Intellectual Environment. In: *Historical Studies in the Physical Sciences,* 1971, p. 1-115.

FREITAS, R.S. A saga do ideal de boa ciência. In: *Revista Brasileira de Ciências Sociais*, 55 (19), 2004, p. 91-105.

GRANOVETTER, M. A construção social da corrupção. In: *Política e Sociedade*, vol. 9, 2006, p. 11-37.

GUSMÃO, L. A crítica da epistemologia na sociologia do conhecimento de Karl Mannheim. In: *Sociedade e Estado*, 26 (1), 2011, p. 221-239.

HITZLER, R.; REICHERTZ, J. & SCHRÖER, N. (eds.). *Hermeneutische Wissenssoziologie* – Standpunkte zur Theorie der Interpretation [*Hermeneutic Sociology of Knowledge* – Aspects of a Theory of Interpretation]. Konstanz: Universitätsverlag Konstanz, 1999 [Series: Theorie und Methode, vol. 1).

KNORR-CETINA, K. *The Manufacture of Knowledge*: Toward a Constructivist and Contextual Theory of Science. Oxford: Pergamon, 1981.

KÖGLER, H. Alienation as epistemological sources: reflexivity and social background after Mannheim and Bourdieu. In: *Social Epistemology*, 11 (2), 1997, p. 141-164.

KUHN, T. *A estrutura das revoluções científicas* (1962). São Paulo: Perspectiva, 1978.

LATOUR, B. & WOOLGAR, S. *Laboratory Life*: The Social Construction of Scientific Facts. Londres: Sage, 1979.

MacKENZIE, D. Statistical Theory and Social Interests: A Case Study". In: *Social Studies of Science*, 8, 1978, p. 35-83.

MANNHEIM, K. Conservative Thought. In: KECSKEMETI, P. (org.). *Essays on Sociology and Social Psychology by Karl Mannheim*. Londres: Routledge, 1953, p. 77-164.

MERTON, R.K. *Social Theory and Social Structure* (1949). Nova York: The Free Press, 1968.

RESTIVO, S. *Mathematics in Society and History*: Sociological Inquiries. Dordrecht: Kluwer Academic Publishers, 1992.

SCHNETTLER, B. Social Constructivism, Hermeneutics, and the Sociology of Knowledge. In: *Forum Qualitative Social Research*, vol. 3, n. 4, art. 1, nov./2002.

STEHR, N. & MEJA, V. (orgs.). *Society and Knowledge*: Contemporary Perspectives on the Sociology of Knowledge. New Brunswick, NJ: Transaction Books, 1984.

URTIGÃO CORRÊA, J.R. A construção social do fandango como expressão cultural popular e tema de estudos de folclore. In: *Sociologia e Antropologia*, vol. 6, n. 2, 2016, p. 407-445.

2
Sociologia da ação
"Sociologias da ação: um balanço"

Gabriel Peters[1]

Introdução: da ação à estrutura à ação...

Comecemos pelo óbvio: mesmo se compreendida em seus significados mais delimitados, a expressão que dá título a este capítulo recobre um terreno intelectual demasiado amplo para ser tratado detalhadamente em cerca de duas dúzias de páginas. Diante da limitação de espaço, o presente ensaio oferece somente um punhado de coordenadas analíticas para um estudo mais aprofundado das ditas sociologias da ação, seja o termo entendido em seu significado lato ou restrito. Em sentido mais abrangente, poder-se-ia dizer que toda sociologia é inevitavelmente, ao menos em parte, uma "sociologia da ação", pois qualquer análise da vida social é obrigada a pressupor, implícita ou explicitamente, alguma concepção quanto à natureza da ação humana e de seus motores subjetivos (ALEXANDER, 1984, p. 7). Na sua acepção mais restrita, por sua vez, a noção de "sociologias da ação" se associa às perspectivas teóricas que atrelam a existência continuada da ordem societária às condutas cotidianas de agentes individuais hábeis. "Sociologias da ação" seriam, assim, abordagens que rejeitam retratos do social como uma força autônoma que determinaria os comportamentos dos indivíduos à revelia de sua vontade e de sua consciência (CORCUFF, 2001).

Este texto investiga algumas figuras centrais na teorização sociológica sobre a ação, tais como Max Weber, Alfred Schütz, Talcott Parsons e Harold Garfinkel, mas ele o faz sobretudo para ilustrar os referenciais analíticos fundamentais que atravessaram o exame do tema nas sociologias clássica e contemporânea. O mais básico desses referenciais diz respeito à relação entre a ação individual e os contextos sociais nos quais ela está imersa, problema que abre espaço para um *continuum* de respostas situadas em algum ponto entre três visões ideal-típicas (i. e., simplificadas e exageradas para fins didáticos): a) fenômenos sociais seriam *efeitos* de ações individuais, não suas causas, de modo que a explicação sociológica deveria ir dos indivíduos (*explanans*) à sociedade (*explanandum*); b) fenômenos sociais seriam *causas* de condutas individuais, não seus efeitos, uma vez que as estruturas da sociedade são forças autônomas que se impõem aos indivíduos nelas imersos, quer através da coação exterior, quer mediante a moldagem "interna" das subjetividades individuais; c) ações individuais

---

1. Agradeço a Rita de Cássia Fazzi e Jair Araújo de Lima pelo convite a participar da presente coletânea. Um pacote de excelentes orientações de Cynthia Hamlin, ofertadas antes mesmo que eu encostasse no teclado, me poupou de uma série de embaraços – quanto aos que restaram, são de minha inteira responsabilidade. Uma versão preliminar desse texto foi discutida em uma reunião no Grupo de Estudos sobre Teoria Social e Subjetividades (Getss) na Universidade Federal de Pernambuco (UFPE), beneficiando-se dos generosos comentários críticos de Aloizio Barbosa, Cynthia Hamlin (uma vez mais), Filipe Campello, Rodrigo Mota e Samara Maria de Almeida.

e estruturas sociais manteriam uma relação de *interdeterminação* que só poderia ser entendida por uma abordagem de síntese, capaz de capturar o intercâmbio dialético entre os poderes condicionantes da sociedade, de um lado, e os poderes de ação do indivíduo, de outro.

Um ângulo comum de interpretação histórica da teoria social discerne, no seio desta, um movimento pendular entre as posições "a" e "b", movimento frequentemente seguido de tentativas de sintetizá-las em variantes da posição "c". Problemas não resolvidos em tais sínteses dariam lugar, mais cedo ou mais tarde, a uma nova polarização, e assim caminharia a teoria social... Nesse sentido, para dar um exemplo simplificadíssimo, o conflito entre o individualismo metodológico de Weber e o holismo metodológico de Durkheim motivou, na década de 1930, esforços similares de síntese do legado da sociologia clássica nas obras de Parsons (1966 [1937]; 1991 [1951]; Parsons; Shils, 1962 [1951]) e Elias (1994a; 1994b [1939]), ambos procurando uma abordagem que desse conta tanto dos poderes condicionantes das estruturas sociais sobre os indivíduos, de um lado, quanto dos poderes de ação dos indivíduos em face de seus contextos societários, de outro. Contudo, na medida em que a evolução tardia da influente obra parsoniana tendeu a privilegiar as propriedades sistêmicas das coletividades em detrimento da ação individual, uma reação microssociológica ao estrutural-funcionalismo de Parsons sobreveio com força na década de 1960. Contrapondo-se ao retrato parsoniano dos sistemas sociais como esferas de funcionamento autônomo frente aos agentes individuais, perspectivas como a etnometodologia de Garfinkel defenderam que a ordem social só existiria como uma realização contínua e contingente, levada a cabo por atores competentes (em vez de "idiotas culturais" [GARFINKEL, 1967, p. 68]) em uma multiplicidade de cenários locais de (inter)

ação. Posteriormente, levando a sério tal acento microssociológico sobre as competências cognitivas e práticas que possibilitam a conduta humana em sociedade, Giddens, Bourdieu, Habermas e outros líderes do "novo movimento teórico" (ALEXANDER, 1987a) dos anos de 1970 e 1980 buscaram, por seu turno, reconectar tais competências criativas dos agentes individuais aos contextos macroestruturais nos quais eles estão imersos. Isto porque as influências restritivas e habilitadoras exercidas por esses macrocontextos sobre os atores haviam sido largamente negligenciadas pelas microssociologias interpretativas. Em outras palavras, tratava-se de religar os processos de constituição da sociedade pelos indivíduos aos processos de constituição dos indivíduos (i. e., dos seus modos duráveis de agir, pensar e sentir) pela sociedade. Na medida em que esses esforços teóricos de síntese foram subsequentemente percebidos, no entanto, como insatisfatórios em diversos aspectos, a teoria social se abriu, nas últimas décadas, a mais uma rodada de argumentos e contra-argumentos sobre o peso explicativo da ação e da estrutura. Assim, por exemplo, o "objetivismo em última instância" da sociologia de Bourdieu (ALEXANDER, 1995; PETERS, 2013) foi atacado pela sociologia pragmática de Boltanski (e. g., 1990, p. 55-57) e pela teoria do ator-rede de Bruno Latour (2005, p. 139), enquanto "realistas críticos" fustigaram a visão giddensiana da "dualidade da estrutura" (ARCHER, 1995; PORPORA, 2008; VANDENBERGHE, 2010).

Como o material em jogo é vasto, mas o espaço curto, este capítulo se restringe a uma discussão sobre pressupostos fundamentais na análise sociológica da ação e, em seguida, a uma investigação do caminho histórico-intelectual que vai de Weber via Parsons até as microssociologias interpretativas de Schütz e Garfinkel. Sem negar absurdamente o que há de original em desenvolvimentos teóricos subsequentes – como a teoria da estruturação de Giddens, a teoria da prática de Bourdieu, a teoria da ação comunicativa de Habermas, a sociologia pragmática de Boltanski e Thévenot, a teoria do ator-rede de Latour ou o realismo morfogenético de Archer –, creio que as lições analíticas legadas por aquele percurso teórico fincaram alicerces profundos nas ciências sociais, alicerces cujo reconhecimento é, de um modo ou de outro, inescapável para cada uma dessas abordagens mais contemporâneas.

O desafio primordial de textos como os da presente coletânea consiste no alcance de um equilíbrio máximo entre clareza de exposição e densidade analítica. A forma pela qual procurei me aproximar de tal ideal – em última instância inalcançável – foi entremeando o ensaio com quadros explicativos, os quais contêm detalhamentos que, embora não indispensáveis à compreensão do corpo principal do texto, podem ser do interesse daqueles que pretendam aprofundar-se nas discussões propostas. A contraparte desse arranjo textual consiste, espero, no fato de que o capítulo permanece inteligível àqueles que prefiram pular os quadros explicativos borrifados ao longo dele. Assumindo de saída que sou suspeito para opinar, creio que a leitura desses quadros pode, ainda assim, ser recompensadora.

Parte 1 – A teoria da ação como pressuposto da teoria social

Os variados motores subjetivos da conduta humana

Cientistas sociais de inclinação filosófica, portanto atentos aos pressupostos implícitos de qualquer análise teórica ou empírica do mundo social, poderiam afirmar que toda sociologia é inescapavelmente, no mínimo em parte, uma "sociologia da ação". Em outras palavras, não se poderia produzir qualquer retrato da vida societária sem se pressupor alguma concepção quanto à ação individual e aos seus motores subjetivos. Entendamos bem:

de Weber (2000) a Joas e Knobl (2004), passando por Parsons (1966) e Alexander (1987a), nenhum dos defensores dessa ideia quis vetar à ciência social o exame de macroprocessos coletivos, muito menos reduzir a sociologia à psicologia. Para todos eles, o essencial era destacar, em vez disso, que mesmo as afirmações relativas a fenômenos sociais macroscópicos carregam, no seu bojo, referências a condutas de agentes individuais dotados de subjetividade. Para dar somente um exemplo, *insights* macrossociológicos como, digamos, "a industrialização de países modernos tende a caminhar a par e passo com o aumento da instrução formal entre seus habitantes" carregam pressuposições inevitáveis acerca da ação individual e de seus propulsores subjetivos – no caso, certa concepção quanto às orientações de conduta e competências cognitivas necessárias à participação em uma economia industrial. Nesse sentido, se uma "teoria" explícita ou implícita da ação é pressuposto *sine qua non* da sociologia, as diferentes perspectivas sociológicas sobre a ação se confrontariam não na questão de sua (in)existência no mundo social, mas, sim, em função de acentos distintos sobre o que tomam como os principais motores subjetivos da conduta humana (COHEN, 1996): o cálculo autointeressado (p. ex., na teoria da escolha racional), orientações normativas (p. ex., no estrutural-funcionalismo de Parsons), disposições habituais de um "senso prático" adquirido via socialização (p. ex., na teoria da prática de Bourdieu), competências cognitivas (p. ex., em certas correntes da etnometodologia), impulsos afetivos (p. ex., em abordagens de inspiração psicanalítica) e assim por diante.

Tal lista indica, de maneira forçosamente simplificada e esquemática, os aspectos da ação mais enfatizados por diferentes concepções teóricas. Ainda que privilegiem certos motores subjetivos em detrimento de outros (digamos, as habilidades cognitivas em detrimento de pulsões afetivas), as perspectivas mais influentes na teoria sociológica reconhecem que a subjetividade do agente é palco de complexas combinações entre aqueles motores. Norbert Elias (1994a; 1994b; 1994c), por exemplo, produziu uma visão do agente socializado que se inspirava simultaneamente em Durkheim, Weber e Freud, ao conceber as "estruturas de personalidade" (ELIAS, 1994c, p. 123-124) dos indivíduos em termos de uma coexistência intrassubjetiva entre impulsos afetivos e "controles" sociais interiorizados. Tal coexistência seria mais ou menos tensa ou harmoniosa em função dos "tipos psíquicos" que diferentes configurações sócio-históricas tendem a engendrar. O fato de que tipos distintos de estrutura social produzem, via socialização, tipos também distintos de personalidade se evidenciaria, na mais famosa ilustração eliasiana, no autocontrole intensificado sobre os próprios impulsos afetivos característico de sociedades modernas (1994a; 1994b), sobretudo quando contrastadas a configurações sociais pré-modernas (p. ex., a Europa medieval).

Se a abordagem eliasiana da ação exemplifica uma concepção da subjetividade que atina simultaneamente com impulsos afetivos e orientações normativas, a teoria da prática de Bourdieu serve, por seu turno, como ilustração de um casamento original entre modelos de ação estratégica e de ação habitual (BOURDIEU, 2009, p. 186). Tal como a teoria da escolha racional, Bourdieu enfatizou a dimensão estratégica e autointeressada das condutas humanas em sociedade. No entanto, ele criticou, no mesmo passo, a concepção irrealmente intelectualista ou "escolástica" de cálculo estratégico que subjaz àquela teoria (e. g., BOURDIEU, 2001). Contra a ideia de que só seriam estratégicas as ações fundadas em raciocínios explícitos ou deliberações conscientes, Bourdieu sustentou que as condições frequentemente "urgentes" das práticas cotidianas no mundo social exigem dos agentes que eles ajam com base nas intuições de

um "senso prático" (1990, p. 21) socialmente adquirido em suas experiências pregressas. Por outro lado, se o acento bourdieusiano sobre o "saber-fazer", como mais frequente motor subjetivo das condutas humanas em sociedade, o aproxima dos antigos modelos da ação habitual ou "tradicional" no sentido weberiano (cf. abaixo), o sociólogo francês também se distancia desses modelos em um aspecto importante: ainda que as condutas governadas pelo "senso prático" não passem pela deliberação consciente, isto não significa que elas sejam "habituais" caso o adjetivo seja compreendido na sua acepção de comportamento meramente repetitivo, automatizado etc. Com efeito, um dos motivos pelos quais Bourdieu escolheu o conceito de "*habitus*" para designar o repertório de disposições práticas com base no qual os agentes agem, em vez de recorrer ao termo de senso comum "hábito", foi para sublinhar que os produtos do senso prático não são comportamentos repetidos, mas *improvisações situadas*. O *habitus* não é um conjunto de atos repetidos, mas uma matriz geradora de condutas em situação, ou seja, um conjunto de disposições de conduta (ação, pensamento, sentimento etc.) que permitem ao agente responder, de modo flexível e adaptativo, às demandas mais ou menos imprevisíveis de sua circulação pelo mundo social. Exemplos são as disposições corpóreas e mentais que nos habilitam a dirigir um carro ou a conversar com outros: tais disposições não especificam, de antemão, todas as situações com as quais podemos nos deparar na vida societária (p. ex., exatamente o que nossos interlocutores dirão ou o que outros motoristas farão no trânsito), mas nos capacitam a responder a tais situações com base em intuições práticas oriundas de nossa trajetória experiencial passada. Diversos outros autores poderiam ser elencados, para além de Elias e Bourdieu, como ilustrações dos modos pelos quais diferentes teóricos sociais tratam dos entrelaçamentos entre distintos móbeis subjetivos da ação humana. Mais adiante neste texto, tal tese abstrata ganhará corpo histórico, quero crer, com um brevíssimo inventário intelectual de alguns dos principais teóricos da ação na sociologia.

Vontades e competências

Uma análise "pressuposicional" (ALEXANDER, 1987a) da sociologia revela, portanto, que qualquer caracterização do mundo social pressupõe alguma "teoria da ação" no sentido lato. Por outro lado, a expressão "sociologias da ação" se reveste comumente de uma acepção mais específica. *Grosso modo*, o termo faz referência a perspectivas que conferem primazia explicativa aos poderes de ação dos indivíduos na feitura de seus contextos sociais, em contraste com visões que, inversamente, atribuem primado explanatório às estruturas sociais frente aos indivíduos nelas imersos. Ainda que esta formulação esquemática não faça jus às nuanças de um debate teórico que perpassa um

século inteiro (PETERS, 2015), trata-se de um guia útil na compreensão de como "sociologias da ação" se postam em discussões analíticas sobre "holismo" e "individualismo" metodológicos, "agência e estrutura", "determinismo e voluntarismo" e "micro e macro".

Na medida em que a ideia de "ação" diga respeito à intervenção de agentes humanos no mundo, o termo "sociologias da ação" tende a se aplicar a teorias que não tomam as ordens sociais como realidades autossubsistentes, mas salientam, ao contrário, que tais ordens são constituídas e reconstituídas pelos atores individuais que povoam a vida societária. Tais perspectivas também acentuam o caráter subjetivamente propelido das condutas pelas quais os indivíduos constroem e reconstroem a sociedade, i. e., o fato de que suas ações são guiadas por *intenções* (p. ex., o propósito de atravessar um corredor cheio de pessoas para chegar a uma sala de aula) e capacitadas por *competências* cognitivas e práticas

---

Individualismo/holismo e micro/macro

As expressões designam questões relativamente autônomas, porém frequentemente sobrepostas. Como possibilidades lógicas, por exemplo, diferentes perspectivas teóricas podem ser macro-holistas, micro-holistas, macroindividualistas ou microindividualistas. Uma ilustração de abordagem macro-holista é a clássica análise durkheimiana de taxas estatísticas de suicídio (DURKHEIM, 2003), tomadas pelo autor como fenômenos explicáveis pelo próprio estado da sociedade *in toto*, não como agregados das causas particulares dos suicídios considerados isoladamente (cuja existência *qua* causas individuais não era negada pelo sociólogo francês). As obras de Simmel (1983), Goffman (1963), Garfinkel (1967) ou Collins (2004) já evidenciam, por seu turno, que teorizações microssociológicas não são necessariamente individualistas quanto ao método, uma vez que várias delas acatam um "interacionismo" ou "situacionismo" metodológico (Joseph, 2000) segundo o qual é a situação de interação a categoria analítica primordial, não o ator individual. Se a situação interacional for tomada como um "todo" (*holos*) dotado de primazia explicativa sobre seus constituintes individuais, faz algum sentido considerar abordagens interacionistas como "micro-holistas", embora a terminologia soe um tanto forçada – o essencial, de qualquer maneira, é que se trata de abordagens microscópicas, porém enfaticamente não individualistas do ponto de vista metodológico. Quanto à junção entre foco macroscópico e individualismo metodológico, Elster (1989a; 2008) e Boudon (1979; 2017) servem como ilustrações de autores que se prendem a uma abordagem macroindividualista, i. e., a um esquema "ascendente" (*bottom-up*) de explicação sociológica que parte do micro para dar inteligibilidade ao macro. Finalmente, uma análise fenomenológica ao estilo de Schütz (1967) contém – embora certamente não se reduza a – um ângulo microindividualista, na medida em que aborda o "mundo da vida" social a partir dos atos de consciência pelos quais o ator ordinário se orienta subjetivamente em meio aos seus múltiplos cenários.

(p. ex., o conhecimento da língua portuguesa que me permite pedir licença a outras pessoas).

No que toca aos propulsores subjetivos que movem os agentes, teorias da ação diferem, com efeito, na concentração que emprestam quer à dimensão *volitiva* (motivacional, intencional, proposital etc.), quer à dimensão *habilidosa* (competente, procedural, recursiva etc.) da conduta humana em sociedade. A primeira dimensão remete ao fato de que a ação humana é animada por *vontades* e *interesses* (*lato sensu*): os agentes intervêm no mundo social porque *desejam* alguma coisa, embora os alvos das vontades humanas sejam imensamente variáveis de acordo com os contextos sócio-históricos e os próprios feitios de subjetividade individual (p. ex., glória militar, salvação espiritual, prestígio artístico etc.). Mesmo quando dão por ponto pacífico que as condutas em sociedade são impulsionadas por vontades e desejos, diferentes visões teóricas discrepam em seus retratos de quão conscientes são os agentes acerca das forças volitivas que os movem. O modelo racionalista do *homo oeconomicus*

postula, por exemplo, um agente com plena consciência quanto aos fins que orientam a sua conduta, ainda que defensores desse modelo admitam ser este postulado uma simplificação deliberada, analiticamente útil, da complexidade motivacional dos atores empíricos (BOUDON, 1979, p. 232-233).

Em contraste, correntes influenciadas pela psicanálise de Freud afirmarão que os desejos mais profundos dos atores humanos propelem as suas condutas à revelia de sua própria consciência, aparecendo nesta última somente sob os disfarces semióticos de sonhos, atos falhos e sintomas neuróticos.

Quanto à dimensão habilidosa dos motores da ação, ela abrange as competências que capacitam os agentes a efetivamente deixarem suas marcas na realidade social (p. ex., competências guerreiras no caso do soldado, autocontrole disciplinado no caso do devoto, inventividade estética no caso do artista etc.).

Diante da tarefa de explicação de uma ação ordinária como, digamos, o envio de um documento

---

Raymond Boudon e Jon Elster: para além da teoria da escolha racional

Um estudo das virtudes e limitações heurísticas da teoria da escolha racional na sociologia faria bem em acompanhar as reflexões que Raymond Boudon e Jon Elster teceram, ao longo de suas respectivas carreiras, acerca da racionalidade como motor subjetivo da conduta humana. De modo relativamente independente, a evolução intelectual de ambos partiu de uma alta confiança inicial (e. g., BOUDON, 1979; ELSTER, 1989a) no modelo instrumentalista do *homo oeconomicus*, isto é, do agente movido pela adequação calculada de meios a fins, em direção a uma exploração cada vez mais crítica das limitações desse modelo em face do papel motivacional de normas e emoções. Boudon (2017, p. 125) veio a reconhecer que uma série de condutas individuais, tais como a obediência a normas independentemente de promessas de recompensa ou ameaças de punição, não são explicáveis pelo cálculo autointeressado das consequências. Em vez de conceber tais ações como não racionais, entretanto, ele passou a tomá-las como efluentes de uma racionalidade axiológica, a qual não se reduziria à adequação de meios a fins, mas orientaria a escolha dos próprios fins. As formas instrumental e axiológica de racionalidade foram por ele subsumidas, por seu turno, em um conceito ampliado de "racionalidade cognitiva" (HAMLIN, 2002). Quanto a Elster, o percurso de sua obra envolve exames cada vez mais detalhados de motivações que o autor toma como irredutíveis à racionalidade (cf. RATTON & MORAIS, 2003), como as normas (ELSTER, 1989b) e as emoções (ELSTER, 1999). Com bastante má vontade para com a teoria sociológica contemporânea, Elster (2008) compensa tal rabugice pelo magnífico uso que faz de *insights* sobre psique e sociedade legados pela cultura humanístico-literária do Ocidente: Montaigne e La Rochefoucauld, Jane Austen e Stendhal, Flaubert e Proust, dentre diversos outros.

Freud e a psicanálise

Um exame de como o pai da psicanálise pensou a estrutura e a dinâmica da psique humana escapa, é óbvio, ao escopo do presente trabalho. Os contornos fundamentais da metapsicologia de Freud são, de qualquer maneira, bem conhecidos. O espaço interno de nossas psiques (FREUD, 1976a: 33-54) seria palco de um drama envolvendo as relações de conflito e "compromisso" entre três personagens: o id, o ego e o superego (ou, na tradução mais fiel ao alemão de Freud, o "isso", o "eu" e o "supereu"). A primeira instância constitui o repositório de impulsos sexuais e agressivos inconscientes, impulsos que, operando segundo o "princípio do prazer", pressionam insistentemente a psique em busca de imediata gratificação. As pulsões selvagens do id, clamando por sua satisfação, se chocam com a oposição firme do superego, o sítio psíquico em que as exigências e restrições que o meio social impõe aos indivíduos foram interiorizadas, como resultado de uma socialização da subjetividade cujo momento decisivo seria a vivência edipiana no ambiente familiar. Finalmente, o ego opera tanto como o *locus* da atenção e da consciência, mediante as quais o indivíduo se adapta aos contextos práticos do mundo (ao "princípio de realidade"), quanto como o mediador que estabelece soluções de compromisso entre os impulsos eróticos e agressivos do id, de um lado, e as demandas e proibições morais internalizadas no superego, de outro. Os impulsos libidinais que cobram satisfação à psique são os mesmos cuja realização, ainda que apenas fantasiosa, provocaria uma angústia e ansiedade insuportáveis para o ego (p. ex., a relação sexual com a mãe). Levando em consideração os ditados do superego, o ego lança mão, então, de uma série de mecanismos de defesa dentre os quais o mais famoso é a repressão ("*Verdrändung*"), graças à qual aqueles impulsos são subtraídos à consciência (FREUD, 1976b, p. 265). Não obstante, os impulsos inconscientes continuam exercendo sobre a psique uma pressão contínua, perfazendo caminhos tortuosos para escapar à vigilância egoica e encontrar uma satisfação ao menos parcial. Para Freud, essa teoria do psiquismo humano oferece a grade de decodificação dos significados "latentes" que se dissimulam sob a aparência "manifesta" de fenômenos psíquicos como sonhos, atos falhos e sintomas neuróticos. Em todos os casos, temos uma "formação de compromisso" em que um desejo inconsciente é satisfeito sob uma forma hermeneuticamente disfarçada (e. g. o bizarro "significado manifesto" de um sonho) que lhe permite escapar parcialmente ao monitoramento do ego, no mesmo passo em que continua obscuro ao próprio indivíduo em que aquele desejo habita. A pintura antropomórfica da operação das instâncias psíquicas apresentada por Freud não deve ser tomada em sentido literal, é óbvio, mas como um modo didático de apresentação de processos cuja realidade o médico vienense compreendia, passando de hermeneuta a naturalista, em termos de economia energética (p. 266). Como a própria história da psicanálise no século XX, as apropriações do pensamento de Freud e de seus epígonos na teoria social contemporânea foram imensamente diversas quanto a uma série de questões, tais como os graus em que as diferentes instâncias da psique seriam moldadas pela socialização ou, ainda, o papel "destrutivo" ou "criativo", "conservador" ou "subversivo" do inconsciente em face da ordem social. Com base no trabalho de neofreudianos como Erik Erikson, Giddens (2003, p. 444), por exemplo, toma o inconsciente sobretudo como movido por uma necessidade de rotina e "segurança ontológica" (PETERS, 2017), enquanto um Marcuse ou um Castoriadis, em contraste, pensam o inconsciente como *locus* radical da criação de novas formas sociais de vida.

pelo correio, uma pesquisadora "intencionalista" pode se satisfazer com a recuperação do objetivo que guiou o agente (p. ex., a intenção do ator era enviar um documento para uma instituição, como parte da prestação de contas de uma viagem por ela financiada). Para uma analista de inspiração etnometodológica, por outro lado, a referência exclusiva à intenção geral por trás do ato passaria ao largo do que é mais interessante, a saber, as habilidades cognitivas e práticas envolvidas nos microatos pelos quais o agente envia o documento pelo correio (p. ex., a capacidade de reconhecer e entrar em uma fila, o saber corpóreo que permite ao agente estabelecer uma distância tida como razoável em relação à pessoa imediatamente à sua frente etc.). Tais ênfases diferenciadas também se sobrepõem parcialmente, mas apenas parcialmente, a modos distintos de conceber a relação entre mente e corpo (RECKWITZ, 2002). Abordagens que explicam a conduta humana sobretudo a partir de seus motores intencionais na mente tendem a retratar as *performances* corpóreas como veículos não problemáticos de nossas intenções mentais. Por exemplo, explicar a ação em que me levanto da cadeira para beber um copo d'água na cozinha significa remontar à minha sensação de sede e à minha intenção de aplacá-la com os meios a mim disponíveis. Por outro lado, perspectivas que buscam recuperar o papel do corpo na ação humana apontariam que uma parte importante da conduta em jogo é simplesmente pressuposta, sem maiores análises, nesse tipo de explicação intencional: as disposições corporais que me permitem passar da intenção ao ato (p. ex., o saber prático, enraizado no meu corpo, que permite ir até a cozinha [MERLEAU-PONTY, 2002]).

Finalmente, dentre as abordagens voltadas à recuperação das motivações e competências graças às quais agentes individuais produzem e reproduzem a sociedade de que são parte, alguns intérpretes traçam uma distinção entre "teorias da ação" e "teorias da prática" (COHEN, 1996). Embora eu considere tal distinção conceitual infeliz quando formulada nesses termos, ela é útil se – e, a meu ver, somente se – servir de lembrete quanto a uma diferença de ênfase teórica: enquanto algumas teorias acentuam a orientação consciente e a deliberação reflexiva do agente individual diante de seus cenários de ação (p. ex., uma estudante, diante da escolha de um curso universitário, dialoga silenciosamente consigo mesma sobre custos e benefícios de decisões alternativas), outras acentuarão as intenções e competências práticas que os atores mobilizam em suas condutas de modo tácito, implícito, pré-reflexivo (p. ex., as regras linguísticas que mobilizamos espontaneamente quando conversamos no cotidiano, sem termos de pensar nelas ou mesmo sermos capazes de formulá-las explicitamente).

Exemplos retirados de nossa lida cotidiana mostrarão que ambas as dimensões de nossa sub-jetividade operam simultaneamente em uma variedade de contextos de experiência. É graças a um conhecimento prático profundamente sedimentado que posso abandonar às minhas competências corporais habituais tarefas como andar, dirigir um carro, digitar em um teclado ou me ensaboar durante o banho. Esse abandono confiante de procedimentos corporais ao conhecimento habitual "libera espaço" mental para que minha consciência reflexiva possa dedicar sua atenção a outras coisas – assim, por exemplo, posso refletir sobre um dilema íntimo enquanto tomo banho ou ensaiar trechos de um artigo acadêmico enquanto ando no parque. De resto, mesmo quando minha orientação de ação diante do mundo assume um caráter de planejamento cuidadosamente refletido (p. ex., os passos necessários à publicação de um livro ou a uma mudança de residência), não deixo de depender de habilidades de minha consciência prática (p. ex., na medida em que minhas reflexões tomam a forma de uma "conversação interior" [VANDENBERGHE, 2010, cap. 7; HAMLIN, 2014] comigo mesmo, elas se ancoram em um saber prático sobre regras gramaticais e sintáticas que me habilitam a "falar" uma língua dentro de minha mente).

Parte 2 – Capítulos importantes na teoria da ação

Weber: ação social, sociologia compreensiva e individualismo metodológico

A formulação clássica da ideia de que a análise sociológica da ação humana depende de um acesso aos motores subjetivos que a animam remonta, claro, à "sociologia compreensiva" de Max Weber[2]

---

2. O esquema analítico delineado pelo autor de *Economia e sociedade* se entrelaça às suas intervenções críticas na "controvérsia metodológica" sobre o *status* epistêmico das ciências humanas que chacoalhou a academia alemã na passagem para

(1982; 2000, cap. 1; 2001a; 2001b). Para Weber, enquanto as ciências da natureza lidam com fenômenos e mecanismos impessoais (p. ex., a queda de um objeto como efeito de uma força gravitacional), as ciências humanas tratam de um objeto impregnado de *significados subjetivos* que requerem compreensão (p. ex., um aperto de mãos, sincero ou cínico, entre dois chefes de estado). Os agentes humanos que compõem o objeto das ciências sociais atribuem, eles próprios, sentidos subjetivos à sua conduta e aos contextos sócio-históricos nos quais transitam. Os sentidos subjetivos que tais atores emprestam às suas ações são constitutivos dessas mesmas ações e, portanto, têm de ser acessados por qualquer perspectiva científica que busque atribuir a elas inteligibilidade. Se uma pesquisadora procura entender a cena em que Fulano atira em Sicrano em uma briga de bar, por exemplo, de nada adiantaria obter uma descrição puramente exterior do acontecimento ("a bala saiu do revólver de Fulano a **x** quilômetros por hora, demorou **0.y** segundos para perfurar a barriga de Sicrano etc."). Responder à pergunta "por que Fulano atirou em Sicrano?" só é possível pelo acesso aos motores *subjetivos* da conduta de Fulano (p. ex., Fulano estava furioso por achar que Sicrano havia trapaceado em um jogo de cartas valendo dinheiro). Tal como o jovem Dilthey (1989 [1893]), Weber sustentava, portanto, que o aspecto "compreensivo" do universo sobre o qual as ciências humanas se debruçam impõe a elas problemas metodológicos ausentes nas ciências naturais. Como ilustra o exemplo proposto acima, ele

---

o século de 1900. Quanto a uma série de aspectos desse debate, a posição de Weber trilhava uma via intermediária entre os extremos de monismo e separatismo epistemológicos que ele encontrou nas concepções de ciências humanas, "ciências da cultura" (*Kulturwissenschaften*) e "ciências do espírito" (*Geisteswissenschaften*) propostas por seus contemporâneos, tais como Menger, Simmel, Dilthey, Windelband e Rickert, dentre vários outros (RINGER, 1997; como apoio didático para minhas aulas em um curso de "Epistemologia das Ciências Sociais", ofereci duas pequeninas introduções à discussão em Peters [2018b; 2018c]).

certamente negava, no entanto, a tese diltheyana de que a explicação pela identificação de causas, de um lado, e a compreensão pela elucidação de significados, de outro, seriam procedimentos excludentes. Ao contrário, Weber asseverou que a explicação causal e a compreensão interpretativa são, nas ciências sociais, não apenas logicamente compatíveis, mas genuinamente *complementares* na intelecção do mundo sócio-histórico. A compreensão mesma dos significados subjetivos que o agente empresta à sua ação, embora sirva para diferenciar as ciências humanas das ciências da natureza, derivaria de uma exigência metodológica compartilhada por umas e outras: a apreensão de *conexões causais* como modo de conferir inteligibilidade ao mundo (WEBER, 2004, p. 167).

É precisamente por reconhecer que as causas da conduta envolvem motores interiores que Weber toma a compreensão de tais motores como indispensável às ciências humanas. Assim, a principal manobra de sua sociologia compreensiva foi tomar a compreensão da ação social – isto é, a captação do significado subjetivo que ela possui para o agente que orienta sua conduta para outros – como intrínseca à explicação causal do "seu *curso* e dos seus *efeitos*" intencionais ou não intencionais (WEBER, 2000, p. 3). Em vez do "explicar ou compreender" de Dilthey, Weber foi um defensor do "compreender e explicar".

São conhecidos os tipos ideais pelos quais Weber (2000, cap. 1) distingue entre ações dotadas de diferentes orientações de sentido: a) *racional com relação a fins*, i. e., baseada no cálculo autointeressado dos meios mais adequados à sua consecução, cálculo que se orienta por expectativas quanto ao comportamento de outros agentes e dos objetos do mundo externo (p. ex., investimentos financeiros baseados na expectativa informada de rendimentos futuros); b) *racional com relação a valores*, i. e., fundada na manutenção a todo custo, independen-

A causalidade nas ciências humanas

Como mostrou Ringer (1997), vários dos autores que rejeitaram a aplicabilidade da ideia de "causa" ao estudo da atividade humana assimilaram erroneamente aquela ideia à noção de "necessidade natural". Pensado nesse sentido, o pressuposto de que as conexões causais envolvidas na história dos seres humanos não seriam ontologicamente distintas daquelas que regulam, digamos, o choque entre duas bolas de bilhar soava, para os defensores de um saber humanístico, não apenas como um erro ontológico, mas também como uma afronta à dignidade moral do *anthropos*. No entanto, ao sustentar, na esteira de Rickert, que "o princípio da causalidade" se encontra entre as "pressuposições epistemológicas... indispensáveis à história" (RICKERT, 1986, p. 202), Weber cuidou de diferenciar as conexões causais entre fenômenos socioculturais particulares, de um lado, das conexões necessárias, dedutíveis de leis invariantes, estabelecidas por certos setores das ciências da natureza, de outro. A explicação causal nas ciências humanas não seria dedução de eventos particulares com base em leis gerais e, portanto, não teria um caráter "necessitarista". Na medida em que tais disciplinas se dirigem a recortes selecionados de uma realidade inerentemente inesgotável, enunciados sobre vínculos causais no mundo sócio-histórico serão sempre parciais, jamais exaustivos. Assim, para nos atermos à ilustração mais famosa, o papel causal importante que Weber conferiu à ética da vocação do "protestantismo ascético" na formação histórica do capitalismo moderno não levou o sociólogo alemão quer a deixar de notar a influência recíproca do segundo sobre a primeira, quer a não reconhecer uma multiplicidade de outros influxos causais "que plasma[ra]m a cultura moderna" (WEBER, 2004, p. 167).

Compreensão e empatia

Qual seria a metodologia mais adequada a tal esforço de compreensão? Diversos autores, a começar pelo jovem Dilthey (1989 [1893]), propuseram que a compreensão dos feitos humanos se ancoraria na capacidade do cientista social em "reviver" imaginativamente, na sua própria psique, as vivências subjetivas que animaram os agentes cuja conduta ele estuda, seja ela o misticismo hindu, o politeísmo dos antigos gregos ou a sensibilidade visual dos artistas da Renascença. Sublinhando a unidade da experiência vivida (*Erlebnis*), Dilthey argumentou que a compreensão de tal experiência não poderia se circunscrever a uma apreensão estritamente cognitiva do seu significado. Se aquelas vivências engajam a subjetividade inteira dos agentes humanos, sua compreensão pelos praticantes das ciências humanas dependeria também de atributos de sensibilidade, intuição e imaginação que iriam além do intelecto puro e simples (p. 89). Sem negar a presença de tais atributos nas ciências humanas, Weber ponderou que condicionar a compreensão da conduta humana a estas propriedades inefáveis de grandes espíritos significava abraçar um "intuicionismo" de feitio impressionista, pouco ou nada apropriado a uma disciplina voltada à cientificidade e, portanto, à testabilidade empírica e intersubjetivamente averiguável de suas proposições. Weber concede a Dilthey e outros que a identificação empática com a conduta a ser explicada pode ser útil à sua compreensão (p. ex., podemos compreender mais facilmente a experiência íntima de um fiel de cuja religião partilhamos). Ele acrescenta, entretanto, que a empatia não é nem uma condição incontornável nem o caminho exclusivo para a apreensão sociocientífica dos sentidos subjetivos da ação social: "Não é preciso ser César para compreender César" (WEBER, 2000, p. 4). No mais das vezes, é a partir do entrecruzamento de informações acerca das condições e efeitos contextuais da conduta investigada que a pesquisadora se torna apta, por meio de um raciocínio inferencial, a *imputar* a tal conduta um sentido "provável" (palavra típica dos escrúpulos epistemológicos de Weber (p. 139). Como veremos, Weber propôs um método para facilitar tal tarefa, calcado na atribuição inicial de uma orientação racional-com-respeito-a-fins aos atores em mira. Seja como for, a "imputação de sentido" mediante a análise da ação em seu contexto sócio-histórico também tem a vantagem de tornar *intersubjetivamente testáveis* as hipóteses da ciência social compreensiva. Como conviria a qualquer ciência digna desse nome, essas hipóteses interpretativas estariam abertas, assim, à verificação empírica e à crítica dos pares, em contraste com um modo de compreensão condicionado à capacidade desigual de identificar-se com os agentes estudados.

temente de considerações quanto às consequências, da integridade de certos compromissos valorativos (p. ex., no caso do pacifista que prefere se deixar matar a responder à violência com violência); c) *tradicional*, i. e., calcada no hábito arraigado, como quando se reconhece a autoridade de certos agentes (p. ex., os anciãos da aldeia) simplesmente porque ela é tomada como natural e autoevidente, já que oriunda do ontem eterno ("as coisas sempre foram assim..."); d) e *afetiva*, i. e., derivada de emoções, como quando um indivíduo soca o rosto de outro em um acesso descontrolado de raiva.

É da própria natureza de conceitos típico-ideais que eles jamais apareçam empiricamente em sua forma pura, já que modalidades concretas de ação misturam traços desses diferentes sentidos subjetivos. Weber defendeu, no entanto, que postular inicialmente que o agente atua de modo racional-instrumental (i. e., com relação a fins), segundo os critérios hipotéticos de racionalidade do próprio pesquisador, oferecia um artifício heurístico útil à compreensão de ações sociais empíricas: partiríamos da premissa de que, em princípio, os agentes se conduzem de modo racional-instrumental, daí comparariamos um modelo idealizado de conduta racional-instrumental com sua conduta tal qual efetivamente discernida pela análise empírica (i. e., em que medida a última se aproxima ou se afasta da primeira). Em uma investigação sociológica sobre a conduta eleitoral, por exemplo, a cientista social parte da hipótese de que usuários frequentes de sistemas públicos de saúde e educação tenderão a votar em um candidato que defenda não a dissolução, mas o fortalecimento de tais sistemas – note-se que não se trata de um posicionamento ético-político, mas de uma hipótese heurística, baseada no modelo da pesquisadora do que significaria, na situação em mira, um voto segundo os interesses do próprio agente. Diante da informação empírica

de que o voto não transcorreu assim, a cientista social vai então à caça de fatores capazes de explicar o "desvio" em relação ao comportamento esperado – tais como a identificação afetiva com outro candidato mais carismático, o apego a uma tradição familiar de votar sempre em certo partido ou o compromisso moral com uma filosofia política antiestatista, mesmo quando ela vai na contramão dos seus supostos interesses particulares.

O postulado da racionalidade dos atores como princípio heurístico poderia dar a impressão errônea de que Weber menospreza outras formas de ação, tal qual aquela movida por disposições habituais (i. e., ação tradicional), ao defini-las como situadas na "fronteira da ação com sentido" (WEBER, 2000, p. 4). No entanto, ele mesmo afirma que, qual tipo ideal, o modelo da ação racional exagera propositadamente o grau em que os motores subjetivos da conduta são claros e explícitos na consciência do agente:

> ...a construção de uma ação orientada pelo fim de maneira estritamente racional serve... à Sociologia como tipo ("tipo ideal"). Permite compreender a ação real, influenciada por irracionalidades de toda espécie (afetos, erros), como "desvio" do desenrolar a ser esperado no caso de um comportamento puramente racional. Nessa medida, e somente por motivo de conveniência metodológica, o método da Sociologia Compreensiva é "racionalista" (p. 5).

A citação ajuda a dar sentido ao fato, estranho à primeira vista, de que a ação tradicional, tipo "situado na fronteira da ação significativa", é a forma que mais se aproxima da maior parte das condutas humanas ao longo da história. Ademais, como lembrou Camic (1996), mesmo ao identificar a expansão do domínio da ação racional-instrumental nas mais diversas esferas de vida como a tendência histórica fundamental da Modernidade, Weber notou que condutas racional-instrumentais para todos os propósitos práticos não raro se tornam habituais (pensemos, p. ex., nas técnicas empregadas cotidianamente pela contadora experiente ou na repetição *ad nauseam* de certos procedimentos pelo burocrata).

Quanto ao modo como a sociologia compreensiva de Weber se entrelaça ao seu "individualismo metodológico"[3], trata-se, até hoje, de tema controverso entre weberológos. Por um lado, é ponto pacífico que, segundo a perspectiva weberiana, o agente individual é a unidade básica da análise sociológica, já que somente ele seria capaz de atribuir significado(s) subjetivo(s) à própria conduta e às condutas dos demais agentes de seus contextos sociais de ação (COHN, 2003; SELL, 2013). Weber também espinafrou abordagens que tratavam de entidades coletivas como se estas fossem agentes concretos dotados de vontade e consciência (p. ex., nas referências de membros da "escola histórica-jurídica alemã", como Knies, a ideias como a de "espírito de um povo" [*Volkgeist*] [WEBER, 2001a, p. 7]). Ao mesmo tempo, seu individualismo metodológico certamente não redundava em um "atomismo" segundo o qual os indivíduos operariam em um vácuo sócio-histórico. Muitíssimo ao contrário: ele se mostrou particularmente sensível ao fato de que diferentes cenários socioculturais engendram distintas formas de subjetividade ou, para usar os seus próprios termos, diferentes "tipos de homem" (WEBER, 2004, p. 149). Como mostrou Kalberg (1994, p. 203), o enraizamento da explicação sociológica na ação social subjetivamente propelida também não levou Weber a negar a existência de *padrões* societários, mas, sim, a apreender tais padrões em termos de formas ideal-típicas de conduta dotada de sentido (p. ex., o desempenho profissional do burocrata ou a atividade empresarial do protestante ascético).

A ideia de que qualquer fenômeno social que pareça existir independentemente dos indivíduos não passa, em última instância, de uma combinação de condutas individuais é vista por alguns intérpretes de Weber (BOUDON, 1995, p. 29) como um ideal regulativo – i. e., um desiderato nem sempre alcançável, mas que vale a pena perseguir tanto quanto possível. Desde que tal ressalva individualista fosse mantida em mente, contudo, o autor alemão não se opunha ao uso sociológico de conceitos referentes a coletivos, como "estado" ou "mercado", por simples conveniência metodológica. Para formular o argumento do modo como só Weber era capaz, uma noção "coletivista" poderia ser validamente utilizada como "um conceito relacional para captar... provisoriamente uma diversidade... de fenômenos individuais que ainda não obtiveram devida elaboração lógica" (2001a, p. 7). A relevância de conceitos coletivos como os citados derivaria também do fato de que os próprios agentes no mundo social orientam frequentemente sua conduta com base neles. Por exemplo, mesmo que uma entidade coletiva (digamos, a nação alemã) não exista como uma realidade autônoma e independente de condutas individuais, o mero fato de que os agentes individuais creiam na sua existência e orientem suas condutas de acordo com esta crença a torna parte das causas que movem suas ações e, por conseguinte, a vida social[4].

---

3. Em correspondência com Robert Liefmann, Weber afirmou que muito de sua motivação para se "transformar em sociólogo" derivava de sua vontade de "pôr um fim a todo esse negócio... de trabalhar com conceitos coletivos" à maneira de criaturas autônomas dotadas de vontade e consciência (p. ex., "o "espírito de um povo"), perspectiva contra a qual o autor alemão opunha uma sociologia orientada por "um método estritamente 'individualista'" (WEBER, 2012, p. 410).

---

4. Como diz Weber acerca do estado: "um estado moderno existe em grande medida dessa maneira – como complexo de específicas ações conjuntas de pessoas – porque determinadas pessoas orientam suas ações pela ideia de que existe ou deve existir dessa forma, isto é, de que estão em vigor regulamentações com aquele caráter juridicamente orientado" (2000, p. 9).

A ideia de que fenômenos sociais são explicáveis como combinações de ações intencionais também não implica, da parte de Weber, uma superestimação do papel das intenções humanas na produção da história. Como ilustrado pelo argumento de *A ética protestante e o espírito do capitalismo* sobre a "afinidade eletiva" entre o protestantismo ascético e o capitalismo moderno (2004), o sociólogo germânico bem sabia que a combinação ou entrechoque de ações intencionais engendra, com marcada frequência histórica, resultados *não intencionados* por quaisquer agentes. A concepção weberiana quanto às consequências não intencionais da ação intencional é mais nítida nos seus escritos histórico-sociológicos substantivos do que nos seus textos teórico-metodológicos mais gerais – por exemplo, na discussão sobre "conceitos sociológicos fundamentais" no pórtico de *Economia e Sociedade* (2000). O mesmo ocorre com a visão de Weber sobre os graus em que contextos sociais coagem as condutas dos agentes individuais. Longe de inflacionar analiticamente a liberdade de iniciativa dos indivíduos em face das tendências estruturais das sociedades modernas, seu diagnóstico "crítico-resignado" (COHN, 2003) da Modernidade pinta agentes cuja liberdade é crescentemente sufocada pela "prisão de ferro" (na tradução antiga [WEBER, 1967, p. 131]) ou "rija crosta de aço" (na tradução nova [WEBER, 2004, p. 165]) da racionalização instrumental que avança implacável nas suas diversas esferas. Em suma, se Weber era um individualista metodológico inegavelmente oposto à reificação de coletivos, ele certamente também notava que: os agentes individuais não operam em um vácuo sócio-histórico; suas liberdades de ação não são ilimitadas, mas condicionadas pelo contexto social; suas condutas intencionais produzem frequentemente consequências não intencionais[5].

---

5. Diante do exposto, alguns poderiam dirigir ao esquema analítico de Weber uma questão similar àquela a que chegou Lu-

A teoria normativista da ação em Parsons

Dentre os autores posteriores à geração de Durkheim e Weber, o alemão Norbert Elias (1897-1990), o austríaco Alfred Schütz (1859-1959) e o estadunidense Talcott Parsons (1902-1979) estão entre os mais influenciados pelo sábio de Heidelberg. Parsons e Schütz diferem de Elias pelo enfrentamento mais direto de questões epistemológicas, particularmente no que toca às implicações do "caráter subjetivamente dotado de sentido" da ação social para aqueles que pretendam estudá-la cientificamente. Elias e Parsons estão mais próximos entre si do que de Schütz, por outro lado, no seu esforço em articular Weber a Durkheim e Freud para desembocar em um retrato da relação indivíduo/sociedade que empresta centralidade à interiorização de orientações normativas na personalidade via socialização. Ainda que Parsons e Elias se assemelhem no modo como atribuem papel de proa, na produção da ordem social, à internalização de orientações e "controles" (ELIAS, 1994b: 269-273) na personalidade individual, eles discrepam um do outro no que toca às proporções em que combinam teorização e registro histórico, com as abstrações estratosféricas da teoria parsoniana contrastando com a proximidade de Elias ao domínio do concreto. Finalmente, embora Schütz fosse um pouco mais velho do que

---

kes (1977, p. 186): se, sem que seja preciso abandonar o alerta contra a falaciosa hipóstase dos coletivos, acatarmos as três ressalvas feitas acima, vale a pena continuar a falar em *individualismo* metodológico? Não causaria isto mais confusão do que esclarecimento, considerando-se a ladainha de lembretes que sempre precisamos atrelar à expressão? Seja como for, no que respeita à obra de Weber em particular, um das pinimbas mais prementes entre seus intérpretes versa justamente sobre a (in)coerência entre seu programa analítico geral para uma "sociologia compreensiva", de um lado, e os seus retratos substantivos de fenômenos sociais particulares, de outro. Argumentos brilhantes em prol da tese da coerência encontram-se em Gabriel Cohn (2003), José Guilherme Merquior (1980) e Fritz Ringer (1997). Argumentos igualmente brilhantes em favor da tese da incoerência encontram-se em Jeffrey Alexander (1983), Luís de Gusmão (2000) e Frédéric Vandenberghe (2009). Quanto à minha opinião, só sei que nada sei.

Parsons, sua fenomenologia social se fez sentir sobretudo através da influência por ela exercida em abordagens microinterpretativas posteriores, como a etnometodologia de Garfinkel. Não à toa, tais abordagens apontavam um déficit de tratamento da dimensão *cognitiva* da conduta em sociedade na teoria parsoniana, ou seja, do fato de que a conduta social não se reduz à obediência a normas, mas é fundamentalmente dependente de "estoques de conhecimento" (Schütz), "etnométodos" (Garfinkel) e fórmulas para "saber prosseguir" (Wittgenstein) empregadas pelos agentes nos contextos rotineiros da vida societária. Vejamos a coisa toda mais de perto.

No caminho que vai de *A estrutura da ação social* [1937] até *O sistema social* [1951], Talcott Parsons desenvolveu um sofisticado retrato analítico do vínculo entre a ação individual intencional, de um lado, e as propriedades sistêmicas das sociedades humanas, de outro. Ainda que não possamos entrar nos intrincados detalhes técnicos da teoria parsoniana, vale atentar à sua resposta ao que chamou, na esteira de Hobbes, de "problema da ordem" ([1937] 1966, p. 89-94): o problema de saber como a sociedade é possível, i. e., como uma multiplicidade de ações individuais não degenera no caos puro e simples ou na hobbesiana "guerra de todos contra todos" (p. 236), mas em configurações duravelmente organizadas. A pintura parsoniana do vínculo entre ação individual e ordem social pode ser lida também como um desafio posto pela teoria sociológica ao *mainstream* da economia neoclássica, cujo modelo de conduta baseada no cálculo autointeressado não daria conta satisfatoriamente, segundo o sociólogo estadunidense (p. 87), dos atributos de ordem, inteligibilidade, organização e previsibilidade discerníveis em qualquer sociedade humana.

Como Durkheim antes dele, Parsons afirmou que a ordem social tem, entre as suas condições de possibilidade, um significativo grau de concordân-cia entre os agentes quanto aos fins legitimamente desejáveis de suas condutas em sociedade. Ainda na esteira de Durkheim, Parsons defendeu que tal concordância só poderia ser estabelecida na base de normas e valores partilhados aos quais as ações individuais estariam submetidas. Diferentemente do jovem Durkheim de *As regras do método sociológico* ([1895] 1999), no entanto, Parsons se pôs mais próximo ao autor maduro de *As formas elementares da vida religiosa* ([1911] 1986), ao acentuar que normas coletivas influenciam a conduta individual menos pela imposição exterior apoiada por sanções do que pela transmutação de ideais sociais em anseios individuais (LUKES, 1973, p. 20-21; GIDDENS, 2000, cap. 5). Em *O sistema social*, o autor também articulou Durkheim a uma leitura de Freud para delinear uma solução "normativista" ou "freudodurkheimiana" ao problema da ordem: os valores culturais e as expectativas normativas institucionalizados na sociedade não existem somente fora dos indivíduos, mas são interiorizados em suas personalidades através da socialização. Um exemplo: instituições como o casamento monogâmico e a família nuclear obtêm sua continuidade histórica menos por uma imposição externa do que pelo sucesso de uma socialização que, através de meios diversos (da profusão de exemplos entre os mais velhos até narrativas românticas ficcionais), canaliza a energia sexual difusa da libido para alvos socialmente valorizados. Assim, os indivíduos vêm a desejar como anseios íntimos aquilo mesmo que corresponde às expectativas sociais neles depositadas quanto a relações familiares e erótico-afetivas.

Como notaram Rocher (1976) e Alexander (1987b: 37-51), Parsons se apropriou de Freud a partir de seu próprio interesse em elaborar uma concepção normativista da relação entre ação humana e ordem social, o que explica, dentre outras coisas, o privilégio por ele conferido ao papel normatizador do "superego" em detrimento dos potenciais anômicos e disruptivos do "id". Ainda que os esforços parsonianos tenham se direcionado inicialmente para apreender a relação entre as orientações subjetivas do agente humano, de um lado, e as propriedades sistêmicas de seus contextos sociais, de outro, as últimas fases do seu labor intelectual tenderam a magnificar a importância das últimas em detrimento das primeiras. Com efeito, mesmo intérpretes simpáticos como Jeffrey Alexander (1987a; 1987b, p. 22-110) e Nicos Mouzelis (2008), os quais costumam sublinhar a densidade analítica da obra de Parsons contra críticas superficiais, concordam quanto à tese de que o enfoque sistêmico da fase tardia da sua carreira intelectual tende a eclipsar suas preocupações anteriores com a "teoria voluntarista da ação" (PARSONS, 1966, p. 127).

A despeito de referências à autonomia relativa e à interdependência dos sistemas cultural, social e de personalidade (ALEXANDER, 1987b), a ordem dessa lista corresponde, no fim das contas, ao sentido em que atuariam influências determinantes segundo o autor: os valores centrais ao sistema cultural se traduzem nas expectativas normativas de papel institucionalizadas no sistema social, expectativas que, por seu turno, são interiorizadas no sistema de personalidade sob a forma de orientações subjetivas ou "necessidades-disposições" ([1951] 1991, p. 49-56). Parsons também reconhecia que o seu esquema analítico não pressupunha dogmaticamente que os agentes sempre obedecem aos requisitos normativos de seus papéis sociais, mas, sim, que situações empíricas de não conformidade poderiam ser analisadas em termos de seus maiores ou menores "desvios" quanto ao seu modelo teórico. O que é certo, entretanto, é que o autor estadunidense deixou subteorizada a questão de como, mesmo nos cenários em que os agentes obedecem às expectativas de papel, tais expectativas são *efetivamente atualizadas na prática*. A análise parsoniana da ação

captura a orientação subjetiva do agente quanto às normas de tal ou qual cenário social, mas não os desempenhos práticos pelos quais tais normas são (ou não) efetivadas (e de tais ou quais formas). Como afirma Mouzelis em mais um turno de uma crítica feita diversas vezes: "os atores de Parsons estão sempre ensaiando seus papéis, mas a própria peça nunca começa; as cortinas do teatro nunca sobem. Há mais orientação para regras do que 'instanciação' de regras" (2008, p. 14). Como mostraria a etnometodologia de Garfinkel, em parte desenvolvida como uma crítica imanente do esquema parsoniano (HERITAGE, 1984), recuperar a ação social como desempenho prático envolve conferir uma atenção bem maior a todo o repertório de habilidades ("etnométodos") pelas quais os agentes organizam suas (inter)ações. Antes de Garfinkel, no entanto, um contemporâneo de Parsons já tinha dado início à análise dos estoques de conhecimento que capacitam a conduta ordinária em sociedade: o filósofo e sociólogo vienense Alfred Schütz.

Sociologias interpretativas: da fenomenologia de Schütz à etnometodologia de Garfinkel

Utilizando a expressão em sentido ecumênico, poder-se-ia incluir dentre as "sociologias interpretativas" abordagens como o "interacionismo simbólico" de Blumer (inspirado em Mead), a fenomenologia social de Schütz, a sociologia da "ordem da interação" de Goffman, a etnometodologia de Garfinkel e as filosofias neowittgensteinianas da ação social (p. ex., o trabalho de Peter Winch). Nos termos anteriormente apresentados de modo crítico, as lições analíticas legadas por essas tradições de pensamento para a teoria sociológica levam não tanto à substituição da teoria da ação por uma teoria da prática, mas a uma concepção da ação *como* prática. Tal concepção se traduz em pelo menos três princípios analíticos: a) a ordem social não é um dado estático ou um resultado mecânico, mas um produto contínuo e contingente das condutas de agentes habilidosos; b) a riqueza e a variedade das habilidades empregadas nas práticas cotidianas, atributos muitos vezes não evidentes a um primeiro olhar, indicam que a compreensão da ação social depende não apenas do exame de impulsos afetivos e orientações normativas, mas também de uma análise da dimensão cognitiva da conduta humana em sociedade; c) a conexão entre cognição e prática se exprime no fato de que boa parte dos "estoques de conhecimento" (SCHÜTZ, 1979, p. 74), "etnométodos" (GARFINKEL, 1967) e fórmulas para "saber prosseguir" (WITTGENSTEIN, 1958, § 151, 154, 155) na vida social cotidiana não passam pelo raciocínio explícito ou pela deliberação consciente, mas assumem a forma de um "saber-fazer" tácito. Nesse sentido, parte do trabalho de elucidação do mundo social oferecido por abordagens interpretativas é justamente a *explicitação* de orientações e competências subjetivas que os agentes mobilizam de modo implícito ou tácito – como no caso das minuciosas descrições de Goffman acerca dos "rituais de interação" que já praticamos espontaneamente no mundo social (p. ex., as exibições de estranhamento polido ou "desatenção civil" diante de estranhos com quem partilhamos um elevador [GOFFMAN, 1963, p. 83]).

Segundo a fenomenologia social de Alfred Schütz (1962; 1970; 1972; 1976; 1979; 1996; 2011), a conduta social é habilitada por estoques de conhecimento "à mão" graças aos quais os agentes humanos podem atribuir inteligibilidade às situações que encontram no mundo (1962, p. 7-19; 1972, p. 83-86; 2011, p. 136-151). Os saberes aplicados pelos atores em sua experiência do mundo societário são eminentemente *pragmáticos*, i. e., subordinados aos interesses e propósitos que impulsionam suas ações cotidianas – o que Schütz descreve como "sistema de relevâncias" (1962, p. 284;

1979, p. 110-115; 2011, p. 93-136). O principal procedimento cognitivo mediante o qual o agente atribui significado aos cenários de seu "mundo da vida" partilhado com outros é a *tipificação* (1976, p. 37-56; 1979, p. 115-120). Como o termo já indica, a interpretação dos atores, objetos e situações particulares com os quais o agente se depara em seu universo social envolve seu enquadramento em tipos abstratos (p. ex., "cobrador", "guarda de trânsito" e "caixa de banco" para categorias de agentes ou "aula", "missa" e "compra" para categorias de situações sociais). A manutenção cotidiana da ordem social se ancora no caráter intersubjetivamente *compartilhado* de tais tipificações, graças às quais os indivíduos podem coordenar suas ações de modos reciprocamente inteligíveis.

A própria reprodução da ordem social através de condutas cotidianas depende, nesse sentido, dos "estoques de conhecimento" pelos quais os agentes, segundo a formulação clássica de William Thomas, "definem situações" de interação. "Definições de situação" partilhadas como "festa", "aula" ou "funeral", digamos, não são meras descrições de contextos interacionais, mas, ao contrário, fatores fundamentais para a produção das condutas em tais contextos (p. ex., dos modos apropriados de se portar em uma situação grave como um funeral, os quais obviamente diferem daqueles próprios a uma situação lúdica como uma festa). A tese de que tais definições são intersubjetivamente partilhadas não deve ser entendida no sentido de que cada agente envolvido em uma interação a vivencia exatamente do mesmo modo. Ela significa, sim, que aquelas definições são suficientemente similares para todos os propósitos práticos (p. ex., dois estudantes, um entusiasmado e outro entediado, concordam, ainda assim, tanto ao fato de que estão em uma aula quanto ao papel social que ali desempenham etc.).

A reflexão de Schütz sobre a multiplicidade de situações sociais nas quais os agentes circulam transborda para uma fenomenologia do que ele chama, na esteira do conceito jamesiano de "subuniversos", de "realidades múltiplas" (SCHÜTZ, 1962, p. 207-259; 1979, p. 241-260). Conquanto seu foco se dirija ao domínio subjetivo de "estilos cognitivos", "sistemas de relevância" e "tensões de consciência", mais do que ao âmbito público de interações e práticas, a abordagem schütziana já é um bocado sensível à pluralidade interna à subjetividade do ator humano. O próprio autor, com sua dupla jornada biográfica de bancário diurno e filósofo noturno (BARBER, 2004), estava bem aparelhado para captar a associação de diferentes cenários sociais com diferentes "atmosferas" (inter)subjetivas de experiência. As orientações e competências subjetivas do indivíduo que interage ludicamente com seus filhos são significativamente distintas daquelas ativadas pelo mesmo indivíduo na sua situação de trabalho, no almoço descontraído com os amigos, no mergulho experiencial em uma narrativa ficcional no cinema, nas devotas orações que ele realiza antes de dormir e, finalmente, no sonho em que ele imerge após cair no sono. A continuidade de tal tema do "ator plural" na teoria sociológica se evidencia contemporaneamente em perspectivas como o disposicionalismo pós-bourdieusiano de Bernard Lahire (2002). Incidentalmente, a sociologia disposicional de Lahire também sinaliza uma transição do "mentalismo" (RECKWITZ, 2002, p. 247) de Schütz para um acento mais radical sobre a ação como *práxis* de um ator corpóreo em interação com outros atores, objetos e práticas em seu mundo social. Uma das figuras centrais para esta inflexão "praxiológica" na teoria da ação foi Harold Garfinkel (1917-2011), fundador da etnometodologia.

Tal como a fenomenologia de Schütz, a etnometodologia de Garfinkel (1963; 1967; 1988; 2002) pode ser elencada entre as abordagens teóricas que apontaram a centralidade das competências cognitivas dos agentes humanos para a produção e a reprodução da ordem social. Ainda que sua aparição na cena sociológica tenha sido marcada por incompreensões e controvérsias (COSER, 1975; GELLNER, 1979), para as quais a peculiaríssima prosa de Garfinkel contribuiu um bocado, a etnometodologia se revelou um fecundo programa de pesquisa (RAWLS, 2003). Graças aos esforços de autores como Anthony Giddens, Jeffrey Alexander (1987), Richard Hilbert (1992), Anne Rawls (2003) e John Heritage (1984), várias lições etnometodológicas foram aproveitadas em abordagens que, em vez de tomar a etnometodologia como um corpo estranho à teoria social, a integraram ao eixo central da reflexão teórica no século XX. O próprio Garfinkel dera deixas de seu diálogo com a teoria social "ortodoxa" ao partir de uma espécie de crítica imanente da resposta ao "problema da ordem" oferecida pelo seu ex-orientador Talcott Parsons (HERITAGE, 1984, p. 7-36). Ao acessar sobretudo a dimensão volitiva ou motivacional dos motores subjetivos da conduta humana, Parsons tratou muito insuficientemente do seu aspecto *procedural*, isto é, do fato de que as ações no mundo social são desempenhos cognitivos e práticos competentes (GIDDENS, 1979, p. 253-254). Em diálogo com a visão schutziana do papel dos "estoques de conhecimento" para a realização da mais ordinária das interações sociais, Garfinkel mostrou que um volume substancial desses saberes possui um caráter "metodológico", fornecendo instruções genéricas que os atores têm de adaptar às demandas particulares de seus contextos locais de ação. Na medida em que os estoques de conhecimento dos agentes não podem especificar exatamente o que eles encontrarão na vida societária, seus usos sempre envolvem uma adaptação às exigências de cenários singulares, uma realização dependente de ajustes contínuos, próprios ao que Garfinkel denomina "método documental de interpretação" (1967, p. 77). A própria ordem social, portanto, nunca é dada de antemão ou de uma vez por todas, mas constitui um resultado contínuo e contingente de práticas habilidosas em contextos locais. A linguagem utilizada na conversação cotidiana serve de exemplo do princípio: como um saber que nos habilita a participar do mundo social, um idioma nativo não é uma coleção de frases soltas, mas uma capacidade improvisativa de se engajar em interações linguísticas que não podemos prever com exatidão. Na maior parte dessas interações, não temos como saber com precisão absoluta o que nossos interlocutores dirão, mas nossa competência linguística nos oferece "métodos" para respondermos apropriadamente às enunciações mais ou menos (im)previsíveis das pessoas com quem conversamos.

Garfinkel deu a tais saberes mundanos a alcunha de "etnométodos". O prefixo "etno" refere-se simplesmente aos "membros" de um contexto social particular, enquanto o caráter "metodológico" do conhecimento se manifesta em "fórmulas" genéricas que sempre têm de ser criativamente adaptadas pelos agentes às demandas específicas de um contexto de ação. Conquanto seja devedora da ênfase schütziana sobre a dimensão cognitiva da ação, a etnometodologia se afasta decididamente de qualquer "mentalismo" ao tomar os contextos práticos de interação, não os processos interiores à subjetividade, como sua unidade analítica fundamental (GARFINKEL, 1963, p. 190). Embora a perspectiva delineada por Garfinkel se apresente mais como um programa de investigações do que como uma teoria, ela certamente se ancora em uma proposição substantiva sobre o mundo social: os procedimentos pelos quais os agentes organizam suas práticas, nos cenários da vida cotidiana, são os mesmos pelos quais eles tornam tais práticas cognitivamente inteligíveis e normativamente justificáveis – em uma palavra, *accountable*. A noção de "*accountability*", na acepção técnica de que é revestida por Garfinkel, condensa em si uma série de dimensões analíticas. Garantir que uma prática seja "*accountable*"

significa torná-la *inteligível* em termos socialmente acessíveis aos "membros" de um dado coletivo, assim como *justificável* segundo as normas partilhadas pelos mesmos membros. A inteligibilidade e a justificabilidade de uma prática são construídas de modo a torná-la inerentemente "relatável" a outros. A ideia de "relatos" ("*accounts*") embutida no conceito de "*accountability*" aponta para o influxo da pragmática filosófica do segundo Wittgenstein na obra de Garfinkel, sobretudo no que toca à concepção da linguagem como instrumento prático pelo qual se produz efeitos na vida social. Como instrumentos para definir situações, as descrições linguísticas realizadas pelos agentes não são externas ao transcurso de tais situações, mas componentes fundamentais de sua própria constituição (p. ex., quando um juiz declara o início de um julgamento ou quando um assaltante grita "isto é um assalto", seus enunciados são intervenções práticas que contribuem para constituir a situação como tal, não meras descrições exteriores).

As múltiplas dimensões do conceito de "*accountability*" exploram o vasto domínio dos pressupostos implícitos partilhados que possibilitam as interações mais rotineiras. Aquelas dimensões também ajudam a compreender o frequente recurso a justificações discursivas da própria conduta, por parte dos atores, nos momentos problemáticos em que expectativas habituais são frustradas na interação. A expectativa socialmente partilhada de que os atores têm motivos compreensíveis e justificáveis para agir como agem, quando perturbada, torna-se exigência de uma "prestação de contas" explícita. Por exemplo, a expectativa do cobrador quanto ao comportamento do usuário de ônibus é momentaneamente frustrada quando o segundo entrega ao primeiro sua carteira de identidade. A demanda do cobrador por uma "prestação de contas" toma a forma não verbal, mas inequívoca, de um olhar de interrogação perplexa, ao qual o usuário responde com uma justificativa apaziguadora: "opa, des-

Linguagem, ação e sociedade

Sobretudo a partir do meio do século XX, contribuições importantes à teoria da ação advieram não somente de correntes microssociológicas, mas também de autores que submeteram o conceito de ação humana e diversas noções a ele correlatas, tais como "intenções" e "razões", a exames minuciosos conduzidos no estilo da filosofia analítica (cf. Giddens (1993, cap. 2), para um exame crítico). No que toca às concepções sociológicas da conduta humana em sociedade, a tese mais influente legada por essas abordagens filosóficas consistiu, com efeito, no destaque à conexão entre linguagem e ação. Segundo as perspectivas de Austin e do segundo Wittgenstein, a linguagem não é apenas – nem primordialmente – um meio de figuração do real, mas sobretudo uma ferramenta prática das atividades pelas quais o mundo social é produzido e reproduzido pelos atores humanos. Do mais ordinário pedido de licença em um corredor apertado até uma sentença pronunciada no tribunal pelo juiz de direito, as palavras vêm a lume como instrumentos que nos habilitam a "fazer coisas" (AUSTIN, 1965) no mundo social. O vínculo entre linguagem e práxis social também opera no sentido reverso: é através de seus usos pragmáticos em contextos sociais particulares que categorias linguísticas são investidas e reinvestidas com significados. Os contextos sociais específicos em que a linguagem é utilizada para tais ou quais propósitos pragmáticos são componentes fundamentais do seu significado. A depender dos seus cenários pragmáticos de uso, uma sentença como "estou me sentindo muito bem" será revestida de sentidos muito distintos caso seja dita, por exemplo, como resposta sincera de um filho recém-saído da cirurgia à sua mãe ou como comentário sarcástico de um cônjuge insatisfeito com o programa sugerido pelo outro. Com base na sua concepção radicalmente contextual, processual e localista da organização e da inteligibilidade da vida social, Garfinkel (1988) generaliza para o conjunto da linguagem o que linguistas como Bar-Hillel haviam chamado de *indexicalidade*, isto é, a inerente dependência significativa do uso contextual de palavras como "eu" e "você", "hoje" e "ontem" ou "aqui" e "ali". Para uma discussão mais aprofundada das contribuições de Schütz e Garfinkel ao debate sobre agência e estrutura na teoria social, cf. Peters (2011).

culpa, estava com a cabeça nas nuvens... deve ser o cansaço... aqui está o dinheiro!" Essa passagem do "concerto das ações" – baseado em disposições habituais – para o "conserto das ações" – mediante a justificação pública baseada em "vocabulários de motivos" (Mills) socialmente disponíveis – continua a ser tema central na teoria sociológica da ação. Ela está na base da análise das "ordens de justificação" levada a efeito por Boltanski e Thévenot (1991) e, de modo mais geral, de toda uma sociologia pragmática calcada no estudo de "momentos críticos" e "situações problemáticas" – uma sociologia de feitio pós-bourdieusiano, mas já prefigurada, em diversos aspectos, nas concepções de ação, interação e subjetividade formuladas no pragmatismo estadunidense de Mead e Dewey (VANDENBERGHE, 2010, cap. 2; CORRÊA, 2014; VANDENBERGHE & VÉRAN, 2016).

Jürgen Habermas, Anthony Giddens, Pierre Bourdieu e outras figuras associadas ao "novo movimento teórico" dos anos de 1970 e 1980 buscaram reintegrar o exame da dimensão microscópica da vida social à análise de sua esfera macroscópica – por exemplo, mostrando o peso de influências "transituacionais" (como "imperativos sistêmicos" (Habermas) ou "posições objetivas de classe" [Bourdieu]) sobre cenários de microinteração. De modo mais ou menos radical, cada um destes teóricos também se esforçou por reintroduzir um veio agonístico e conflitual na visão das relações societárias difundida pela microssociologia – por exemplo, no caso de Bourdieu, mostrando como interações simbolicamente mediadas não são intercâmbios comunicativos puros, mas domínios afetados por assimetrias de poder e relações de dominação. Isto dito, nenhum deles abandonou aquelas premissas legadas pelas microssociologias interpretativas, a saber, uma visão radicalmente processual da ordem societária, o acento na dependência ontológica que essa ordem tem de ações cotidianas e

A teoria da ação comunicativa de Jürgen Habermas

No percurso intelectual que leva à "Suma Sociológica" de Habermas, *Teoria da ação comunicativa* ([1981] 1984; 1987), o autor alemão reformula sua antiga distinção antropológico-filosófica entre *trabalho* e *interação* em termos de uma diferenciação entre *ação instrumental* e *ação comunicativa*, a primeira orientada pela adequação de meios a fins, a segunda voltada ao entendimento intersubjetivo. À sua própria maneira e com uma terminologia um tanto distinta, Habermas buscou superar, como Giddens e Bourdieu, o impasse entre modos objetivistas e subjetivistas de conhecimento do social – no seu caso, o confronto entre, de um lado, teorias que assumem a atitude cognitiva de objetivação "exterior", tomando as sociedades como sistemas autorregulados, e, de outro lado, visões segundo as quais o mundo social só poderia ser elucidado pela via "interna" da interpretação, uma vez que consiste em um cenário de ações simbolicamente coordenadas. Trazendo o debate para o diagnóstico sociológico da Modernidade, o filósofo germânico afirma que o caráter "bidimensional" desse tipo de sociedade justifica *ambos* os estilos de análise, desde que circunscritos às suas esferas sociais adequadas. O "Sistema" formado pelos subsistemas econômico e burocrático-administrativo, nos quais impera a ação instrumental orientada pelos mecanismos regulativos do "dinheiro" e do "poder" respectivamente, autorizaria, pelo seu próprio modo de operação, uma perspectiva objetivista como aquela desenvolvida nas teorias sistêmicas de um Parsons ou de um Luhmann. O "Mundo da vida", por seu turno, pelo menos na medida em que não seja patologicamente invadido e "colonizado" por imperativos sistêmicos, é palco da ação comunicativa diante da qual o próprio cientista social deveria assumir não uma postura de objetivação distanciada, mas de "participação dialógica". Isto dito, cabe ressaltar que cada elemento dessa caracterização sumária é, na obra do *Habermaster*, objeto de considerações extraordinariamente complexas, impossíveis de resumir em uma notinha de rodapé. Para uma boa introdução, cf. Freitag (1995).

A teoria da estruturação de Anthony Giddens

Giddens pensa a conexão entre ação e estrutura no mundo social mediante uma reformulação crítica da relação entre "língua" e "fala" tal como postulada pelo linguista suíço Ferdinand de Saussure. Segundo o "pai" da linguística estrutural, as *falas* situadas de quaisquer agentes só podem ser compreendidas por outros, caso tanto enunciadores quanto ouvintes compartilhem a mesma *língua*, i. e., uma totalidade estruturada de associações entre sons e sentidos ("significantes" e "significados") que nenhum deles inventou, mas que encontraram estabelecidas no seu contexto social. A referência compartilhada à língua é uma das condições de possibilidade da fala inteligível, mas Giddens também sublinha que é graças a uma multiplicidade de falas que a própria língua continua, por sua vez, a existir historicamente. De resto, o recurso às estruturas da língua pelos falantes particulares não consiste em usos mecânicos, mas em realizações criativas por meio das quais aquelas estruturas também se transformam gradualmente ao longo da história (p. ex., as pequenas modificações que falantes ordinários introduzem na língua engendram significativas transformações cumulativas). Segundo o teórico britânico, a inter-relação entre língua e fala é somente um exemplo da dualidade entre ação e estrutura, i. e., do princípio conforme o qual "as estruturas sociais são tanto constituídas pela agência humana quanto, ao mesmo tempo, o próprio meio dessa constituição" (1993, p. 129). A relação entre "economia capitalista" e "transação monetária" também poderia valer de ilustração. Por um lado, a possibilidade de que um estranho tome o pedaço de papel que a ele ofereço como dotado de valor monetário (i. e., dinheiro) depende de nossa referência compartilhada a uma macroestrutura econômica que condiciona e, ao mesmo tempo, transcende nossa microssituação de troca. Ao mesmo tempo, é graças a uma variedade de microtransações que a "economia capitalista" é "atualizada" ou "instanciada" no tempo-espaço, passando de realidade "virtual" a realidade "efetiva" – assim como, digamos, os significados da tinta impressa em um livro são reais, mas somente *in potentia*, já que necessitam de leitores que os atualizem ao colocá-los em ação na leitura. Uma introdução mais detalhada à teoria da estruturação de Giddens está em Peters (2017). Para exposições condensadas de tal teoria pelo seu próprio progenitor, cf. Giddens (1979, cap. 2; 2003, cap. 1).

A teoria da prática de Pierre Bourdieu

Ao apresentar sua teoria da prática como um modo de conhecimento *praxiológico* da vida social, Bourdieu sublinhou que sua caracterização das práticas sociais significava, ao mesmo tempo, um retrato do social *como* cenário de práticas – em outros termos, um retrato da "prática" como o modo fundamental de existência do social. Central na leitura bourdieusiana é a concepção da "prática" como o *locus* no qual se encontram as dimensões da conduta humana e da vida societária que as ciências sociais tendem a tratar de modo dicotômico: objetividade e subjetividade, material e simbólico, mente e corpo e *tutti quanti*. Não por acaso, a praxiologia de Bourdieu floresce de uma síntese crítica entre modos objetivistas e subjetivistas de conhecimento do mundo social. Tal como os objetivistas, o sociólogo francês sustenta que todo agente individual se encontra objetivamente posicionado em ambientes socioestruturais. Tais ambientes socioestruturais fornecem as condições de existência nas quais o indivíduo é socializado e atua – por exemplo, uma posição objetiva de classe se traduz em todo um conjunto de condições de vida, ou seja, oportunidades e restrições, facilidades e obstáculos de cunho material, educacional etc. Contra o objetivismo, no entanto, Bourdieu (1983, p. 47) defende que a apreensão desses ambientes estruturais nos quais os agentes estão posicionados é um "momento" necessário, mas não suficiente, da análise sociológica. As estruturas sociais não são dados da natureza ou princípios estáticos, mas realidades em movimento, cuja existência histórica depende das práticas dos agentes que nelas estão enredados. Dado que essas práticas não são desempenhos mecânicos, mas condutas inventivas animadas por interesses (p. ex., o interesse em "jogar o jogo" do campo científico) e capacitadas por competências (p. ex., o conhecimento necessário para participar das disputas por autoridade científica), a análise sociológica deve ser complementada um "momento subjetivista" que acesse os motores subjetivos com base nos quais os agentes mantêm o mundo social em movimento. Ao propor que as disposições subjetivas dos agentes são relativamente inventivas, Bourdieu se posta ao lado das microssociologias interpretativas contra as visões objetivistas do agente como mero "fantoche" de forças estruturais (1990, p. 19). Por outro lado, faltaria àquelas microssociologias o reconhecimento de que os próprios interesses e habilidades que movem os agentes resultam da interiorização de suas condições objetivas de socialização sob a forma de um repertório de disposições subjetivas, isto é, de um *habitus*. Assim, a praxiologia de Bourdieu vê a história das sociedades humanas como um processo em que agentes individuais são socializados em estruturas objetivas e, ao agirem com base nas disposições adquiridas nessa socialização, influenciam, por sua vez, o próprio ambiente estrutural objetivo em que estão imersos. Nesse sentido, a sociedade não existe exclusivamente como uma entidade exterior aos indivíduos ou como uma representação interna mantida por estes, mas como uma *dialética* entre o exterior e o interior, um "duplo processo de interiorização da exterioridade e exteriorização da interioridade" (BOURDIEU, 1983, p. 47). Como uma "subjetividade socializada" (BOURDIEU & WACQUANT, 1992, p. 126), o *habitus* é a mediação de tal dialética: por um lado, trata-se da marca do social na subjetividade individual, já que ele deriva do processo no qual as condições de socialização do agente são "sedimentadas" ou "depositadas" nas suas disposições mentais e corpóreas, ou seja, em seus modos de agir, pensar, sentir, perceber, classificar, avaliar etc.; por outro lado, graças ao *habitus*, o resultado da socialização não é uma matéria passiva, mas um agente dinâmico cujos interesses e habilidades o animam a intervir no mundo social e, assim, a contribuir para reproduzir ou transformar os cenários estruturais nos quais ele opera. Para uma discussão introdutória sobre Bourdieu, cf. Peters (2018).

o vasto estoque de saberes práticos sem os quais tais ações não ocorreriam.

Conclusão

O montante das coisas às quais renunciamos é sempre – e tristemente – maior do que o estoque das que escolhemos. O presente ensaio se centrou não somente sobre alguns autores e perspectivas fundamentais na "sociologia da ação", mas também identificou a noção de "ação" à *conduta individual humana* movida por um "sentido subjetivo", para falar como Weber. Conduta individual, pois uma reflexão sobre as diferentes teorias da "ação coletiva" nas ciências sociais reclamaria outro capítulo. Quanto à atribuição exclusiva de ação a atores humanos, por sua vez, parte da história das concepções de "ação" na filosofia e na teoria social consiste, com efeito, no debate entre suas acepções estritas (a ação como conduta intencional humana) e suas acepções abrangentes (a ação como qualquer influência produzida no mundo por um ente corpóreo – animado ou inanimado, humano ou não humano). Na sua fonte weberiana, a ação humana difere do "comportamento simplesmente reativo" (WEBER, 2000, p. 4) precisamente na medida em que é imbuída de significado subjetivo pelo agente – p. ex., um "mesmo" movimento físico do braço é uma ação quando constitui um aceno intencional para outra pessoa e um mero "comportamento reativo" quando resulta de algum mecanismo neuromotor involuntário. De modo similar, para expoentes da filosofia analítica da ação na tradição de Donald Davidson, um indivíduo humano só age "quando aquilo que faz pode ser descrito como intencional" (BRUNKHORST, 1996, p. 3). Tal concepção davidsoniana encontrou um companheiro (dos mais estranhos) na filosofia continental, o Sartre de *O ser e o nada*, que ilustrou seu conceito de ação com um exemplo explosivo:

> ...uma ação é por princípio intencional. O fumante desastrado que, por negligência, fez explodir uma fábrica de pólvora não agiu. Ao contrário, o operário que, encarregado de dinamitar uma pedreira, obedeceu às ordens dadas, agiu quando provocou a explosão prevista; sabia, com efeito, o que fazia, ou, se preferirmos, realizava intencionalmente um projeto consciente (SARTRE, 1997, p. 536).

Em contraste com as perspectivas de Sartre e Davidson, autores como Giddens (1979; 2003) ponderam que um ator "age" sempre que "faz uma diferença" no fluxo causal de eventos do mundo, ou seja, sempre que produz efeitos na realidade, independentemente de tais efeitos corresponderem ou não às suas intenções. No que toca ao exemplo sartreano, nesse sentido, o autor britânico certamente tomaria a explosão provocada pelo fumante desastrado como uma ação, já que ela não teria ocorrido não fosse pela intervenção – habilidosa ou desastrada, intencional ou não intencional – do agente. Não é intenção de Giddens rechaçar quais-

quer distinções conceituais importantes entre condutas intencionais e não intencionais, mas somente vincar a tese de que influenciar ou "fazer uma diferença" na geração de um estado de coisas já seria *ipso facto* agir. O foco primacial da teoria da estruturação é a ação humana, embora seu autor tenha notado que desvencilhar o conceito de ação da noção de intencionalidade abria espaço para uma reflexão sobre o papel de atores não humanos na compreensão do mundo social. No primeiro ensaio da sua teoria da estruturação, com efeito, Giddens definiu "ação" como "o fluxo de... intervenções causais de *seres corpóreos* no processo contínuo de eventos-no-mundo" (1993, p. 82 – grifos meus). Tal como está, a definição é suficientemente larga para aplicar-se a quaisquer entidades corpóreas que produzam consequências nos mundos social e natural: os micro-organismos responsáveis pela doença de uma pessoa, o gato que arranha a cara de outra, o caderno de notas no qual "exteriorizo" minha memória, o telefone celular que me informa o caminho para a festa etc.

Ainda que as reflexões sociológicas tenham reconhecido o papel central de artefatos técnicos na vida sócio-histórica do *anthropos* no mínimo desde Marx e Engels (1974), os quais já atinavam com o processo dialético no qual as tecnologias criadas pelos seres humanos recriam por sua vez seus criadores, a discussão sobre a "ação", a "agência" ou a "actância" dos objetos retornou com força à teoria social nas últimas décadas, em larga medida devido à influência de abordagens neodeleuzianas como a teoria do ator-rede de Bruno Latour (2005). Atacando o pendor "humanista" pelo qual a sociologia teria reduzido as "relações sociais" a relações intersubjetivas, o teórico da "interobjetividade" defendeu que a vida social dos humanos é incompreensível se se faz abstração de suas relações com os objetos, nossos "camaradas, colegas, parceiros, cúmplices ou associados na tessitura da vida social"

Quem mexeu na minha mente?

Imagine que eu lhe peça para multiplicar 235 por 23 de cabeça. Preguiça, eu sei. Suponha, então, que eu lhe solicite que faça a mesma operação com o auxílio de lápis e papel. Nesse último caso, as etapas de sua operação cognitiva serão um bocado distintas da situação em que seu recurso é exclusivamente sua própria caixola. Em termos não só de procedimento como de esforço intelectual, a diferença será ainda mais gritante caso comparemos a conta feita de cabeça ao uso tranquilo de uma calculadora. Pois bem: segundo algumas correntes contemporâneas na filosofia e na teoria social, a diferença entre os casos citados é tamanha que, nas situações em que minha multiplicação foi feita com auxílios técnicos, eu não poderia afirmar, a rigor, que "fui eu" quem realizou tal operação. A operação resultou da *colaboração* entre minhas faculdades cognitivas "intracranianas" e os artefatos de que me vali para facilitar minha vida algébrica. Ao juntar-se ao lápis e ao papel, de um lado, ou à calculadora, de outro, minha mente formaria um "sistema cognitivo" ou "associação sociotécnica" que seria a verdadeira responsável pela multiplicação. O mesmo aconteceria, por exemplo, nos cenários em que um programa de computador corrige minha ortografia ou me sugere um sinônimo elegante para tal ou qual palavra. Em sentido estrito, diria um partidário de teses sobre "cognição distribuída", "mente estendida", "interobjetividade" e coisas que tais, o texto resultante não seria uma criação somente minha, mas uma coprodução da minha mente com a máquina. Que tais realizações cognitivas derivam de alguma colaboração entre a inteligência humana e artefatos técnicos, ninguém nega. O mesmo pode ser dito quanto ao fato de que os processos mentais "intracranianos" se transformam conforme os seres humanos passam a se valer de apoios tecnológicos. Com uma tecnologia como o GPS, por exemplo, saber utilizar os recursos do programa se torna uma competência cognitiva mais importante, pelo menos na maior parte do tempo, do que a posse de uma avantajada memória espacial no próprio cérebro. Isto dito, as implicações desses fatos para nossas concepções da "mente" são tema de controvérsias encarniçadas. Se, ao copiar no meu caderno os comentários de meu professor durante a aula, estou estocando informação fora do meu crânio para acessá-la posteriormente, não faria sentido dizer que minha memória "está" no meu caderno? Se as competências que me levam a chegar em certo endereço são partilhadas entre mim e meu telefone celular, poderia eu afirmar que minha mente também "está" no meu aparelho?

(LATOUR, 1996, p. 235). Segundo Latour, com efeito, mesmo as perspectivas centradas sobre a relação transformadora dos seres humanos com instrumentos e ferramentas, como a fenomenologia existencial de um Heidegger ou a fenomenologia carnal de um Merleau-Ponty, teriam ignorado os objetos como entidades capazes de produzir efeitos que vão além dos propósitos a eles delegados pelos seres humanos (p. 237).

Como tudo mais na teoria social, propostas como a latouriana não passaram sem desafios (VANDENBERGHE, 2010, cap. 4 e 6), mas estes e outros temas terão de ficar para a próxima.

Referências

ALEXANDER, J. *Fin de Siècle Social Theory*: relativism, reduction and the problem of reason. Londres: Verso, 1995.

_____. Social-structural analysis: some notes on its history and prospects. In: *The Sociological Quarterly*, n. 25, 1984.

_____. *Theoretical Logic in Sociology* – Vol. 3: The classical attempt at theoretical synthesis: Max Weber. Los Angeles: University of California Press, 1983.

_____. O novo movimento teórico. In: *Revista Brasileira de Ciências Sociais*, n. 2, 1987a.

_____. *Twenty Lectures*: Sociological Theory since the World War II. Nova York: Columbia, 1987b.

ARCHER, M. *Structure, agency and the internal conversation*. Cambridge: Cambridge University Press, 2003.

_____. *Realist social theory*: the morphogenetic approach. Cambridge: Cambridge University Press, 1995.

AUSTIN, J. *How to do things with words*. Nova York: Oxford University Press, 1965.

BARBER, M. *The participating citizen*: a biography of Alfred Schutz. Nova York: State University of New York Press, 2004.

BOLTANSKI, L. *L'amour et la justice comme competences*: trois essais de sociologie de l'action. Paris: Metaillié, 1990.

BOLTANSKI, L. & THÉVENOT, L. *De la justification*: les économies de la grandeur. Paris: Gallimard, 1991.

BOUDON, R. *A sociologia como ciência*. Petrópolis: Vozes, 2017.

_____. Ação. In: *Tratado de sociologia*. Rio de Janeiro: Zahar, 1995.

_____. *Efeitos perversos e ordem social*. Rio de Janeiro: Zahar, 1979.

BOURDIEU, P. *O senso prático*. Petrópolis: Vozes, 2009.

_____. *Meditações pascalianas*. Rio de Janeiro: Bertrand Brasil, 2001.

_____. *Coisas ditas*. São Paulo: Brasiliense, 1990.

_____. *Sociologia*. Org. de R. Ortiz. São Paulo: Ática, 1983 [Coleção Grandes Cientistas Sociais].

BOURDIEU, P. & WACQUANT, L. *An invitation to reflexive sociology*. Chicago: University of Chicago Press, 1992.

BRUNKHORST, H. Ação e mediação. In: BOTTOMORE, T. & OUTHWAITE, W. (orgs.). *Dicionário do Pensamento Social no Século XX*. Rio de Janeiro: Zahar, 1996.

CAMIC, C. The matter of habit. In: *American Journal of Sociology,* vol. 91, 1986.

CEFAÏ, D. Comment se mobilise-t-on? – L'apport d'une approche pragmatiste à la sociologie de l'action collective. In: *Sociologie et Sociétés,* vol. 41, n. 2, 2009.

COHEN, I. Theories of action and praxis. In: TURNER, B. (org.). *The blackwell companion to social theory*. Oxford: Blackwell, 1996.

COHN, G. *Crítica e resignação*: Max Weber e a teoria social. São Paulo: Martins Fontes, 2003.

COLLINS, R. *Interaction ritual chains*. Princeton: Princeton University Press, 2004.

CORCUFF, P. *As novas sociologias*. Bauru: Edusc, 2001.

CORRÊA, D. "Do problema do social ao social como problema: uma leitura da sociologia pragmática francesa". In: *Política & Trabalho*, n. 40, 2014.

COSER, L. Presidential address: two methods in search of a substance. In: *American Sociological Review*, *vol.* 6, n. 40, 1975.

DILTHEY, W. *Introduction to the human sciences*. Princeton, NJ: Princeton University Press, 1989.

DURKHEIM, É. *O suicídio*. São Paulo: Martin Claret, 2003.

_____. *As regras do método sociológico*. São Paulo: Martins Fontes, 1999.

ELIAS, N. *O processo civilizador*. Vol. 1. Rio de Janeiro: Zahar, 1994a.

_____. *O processo civilizador*. Vol. 2. Rio de Janeiro: Zahar, 1994b.

_____. *A sociedade dos indivíduos*. Rio de Janeiro: Zahar, 1994c.

ELSTER, J. *Explaining social behavior*. Cambridge: Cambridge University Press, 2008.

_____. *Alchemies of the mind*: rationality and the emotions. Cambridge: Cambridge University Press, 1999.

_____. *Marx hoje*. São Paulo: Paz e Terra, 1989a.

_____. *The cement of society*. Cambridge: Cambridge University Press, 1989b.

FREITAG, B. "Habermas e a teoria da modernidade". In: *Cadernos CRH*, n. 22, 1995.

FREUD, S. *Edição Standard Brasileira das Obras Completas de Sigmund Freud* – Vol. XIX (1923-1925): o ego e o id e outros trabalhos. Rio de Janeiro: Imago, 1976a.

_____. *Edição Standard Brasileira das Obras Completas de Sigmund Freud* – Vol. XII (1911-1913): o

Caso Schreber, artigos sobre técnica e outros trabalhos. Rio de Janeiro, Imago, 1976b.

GARFINKEL, H. *Ethnomethodology's program*: working out Durkheim's aforism. Lanham, MD: Rowman & Littlefield, 2002.

_____. Evidence for locally produced, naturally accountable phenomena of order, logic, reason, meaning, method etc., in and as of the essential quiddity of immortal ordinary society (I of IV): An announcement of studies. In: *Sociological Theory*, vol. 6, n. 1, 1988.

_____. *Studies in ethnomethodology*. Nova Jersey: Prentice-Hall, 1967.

_____. A conception of, and experiments with, "trust" as a condition of stable concerted actions. In: HARVEY, O.J. *Motivation and social interaction*. Nova York: Ronald Press, 1963.

GELLNER, E. Ethnomethodology: the re-enchantment industry or the Californian way of subjectivity". In: *Spectacles and predicaments:* essays in social theory. Cambridge: Cambridge University Press, 1979.

GIDDENS, A. *A constituição da sociedade*. São Paulo: Martins Fontes, 2003.

_____. *Capitalismo e moderna teoria social*. Lisboa: Presença, 2000.

_____. *New rules of sociological method*. Londres: Hutchinson, 1993.

_____. *Central problems in social theory*. Londres: Macmillan, 1979.

GOFFMAN, E. *Behavior in public places*. Nova York: Free Press, 1963.

GUSMÃO, L. A concepção de causa na filosofia das ciências sociais de Max Weber. In: SOUZA, J. *A atualidade de Max Weber*. Brasília: UnB, 2000.

HABERMAS, J. *The theory of communicative action* – Vol. 2: Lifeworld and system. Boston: Beacon Press, 1987.

_____. *The theory of communicative action* – Vol. 1: Reason and the rationalization of society. Boston: Beacon Press, 1984.

HAMLIN, C. Uma hermenêutica das conversações interiores: a noção de sujeito em Margaret Archer e Hans-Georg Gadamer. In: *Revista Brasileira de Sociologia*, vol. 2, n. 4, 2014.

_____. *Beyond relativism:* Raymond Boudon and cognitive rationality. Londres: Routledge, 2002.

HERITAGE, J. *Garfinkel and ethnomethodology*. Cambridge: Polity, 1984.

HILBERT, R. *The classical roots of ethnomethodology*. Chapel Hill: The University of North Carolina Press, 1992.

JOAS, H. & KNOBL, W. *Social theory*: twenty introductory lectures. Cambridge: Cambridge University Press, 2004.

JOSEPH, I. *Erving Goffman e a microssociologia*. Rio de Janeiro: Fundação Getúlio Vargas, 2000.

KALBERG, S. *Max Weber's comparative-historical sociology*. Cambridge: Polity Press, 1994.

LAHIRE, B. *O homem plural*: os determinantes da ação. Petrópolis: Vozes, 2002.

LATOUR, B. *Reassembling the social*: an introduction to actor-network theory. Oxford: Oxford University Press, 2005.

_____. On interobjectivity. In: *Mind, Culture, and Activity*, vol. 3, n. 4, 1996.

LUKES, S. *Essays in social theory*. Londres: MacMillan, 1977.

_____. *Émile Durkheim*: his life and work. Londres: Penguin, 1973.

MERLEAU-PONTY, M. *Fenomenologia da percepção*. São Paulo: Martins Fontes, 2002.

MERQUIOR, J.G. *Rousseau and Weber*: Two Studies in the Theory of Legitimacy. Boston: Routledge & Kegan Paul, 1980.

MOUZELIS, N. *Modern and postmodern social theorizing*. Cambridge: Cambridge University Press, 2008.

PARSONS, T. *The social system*. Londres: Routledge, 1991.

_____. *The structure of social action*: a study in social theory with special reference to a group of recent European writers. Nova York: Free Press, 1966.

PARSONS, T. & SHILS, E. (eds.). *Toward a general theory of action.* Cambridge: Harvard University Press, 1962.

PETERS, G. Pierre Bourdieu. In: TELLES, S.S. & LUÇAN, S. (orgs.). *Os sociólogos.* Petrópolis: Vozes, 2018a.

_____. Verbete "Explicação e compreensão – Parte 1: Incompatíveis ou complementares?". *Blog do Sociofilo,* 2018b [Disponível em https://blogdosociofilo.com/2018/05/03/verbete-explicacao-e-compreensao-incompativeis-ou-complementares-parte-1-por-gabriel-peters/].

_____. Verbete "Explicação e compreensão – Parte 2: Weber e seus contemporâneos". *Blog do Sociofilo,* 2018c [Disponível em https://blogdosociofilo.com/2018/09/17/verbete-explicacao-e-compreensao-parte-2-weber-e-seus-contemporaneos-por-gabriel-peters/].

_____. *A ordem social como problema psíquico*: do existencialismo sociológico à epistemologia insana. São Paulo: Annablume, 2017a.

_____. Anthony Giddens: a dualidade da estrutura. In: MARTINS, C.B. & SELL, C.E. *Teoria sociológica contemporânea.* São Paulo: Annablume, 2017b.

_____. *Percursos na teoria das práticas sociais*: Anthony Giddens e Pierre Bourdieu. São Paulo: Annablume, 2015.

_____. *Habitus,* reflexividade e neo-objetivismo na teoria da prática de Pierre Bourdieu. In: *Revista Brasileira de Ciências Sociais,* vol. 28, n. 83, 2013.

_____. Admirável senso comum: agência e estrutura na sociologia fenomenológica. In: *Ciências Sociais Unisinos,* vol. 47, n. 1, 2011.

PORPORA, D. Four concepts of social structure. In: ARCHER et al. *Critical realism*: essential readings. Londres: Routledge, 2008.

RATTON, J.L.R. & MORAIS, J.V. Para ler Jon Elster: limites e possibilidades da explicação por mecanismos nas ciências sociais. In: *Dados,* vol. 46, n. 2, 2003.

RAWLS, A. Harold Garfinkel. In: RITZER, G. (org.). *The Blackwell Companion to major contemporary social theorists.* Oxford: Blackwell, 2003.

RECKWITZ, A. Toward a theory of social practices: a development in culturalist theorizing. In: *European Journal of Social Theory,* vol. 5, n. 2, 2002.

RICKERT, H. *The limits of concept formation in natural science.* Cambridge: Cambridge University Press, 1986.

RINGER, F. *Max Weber's methodology.* Cambridge: Harvard University Press, 1997.

ROCHER, G. *Talcott Parsons e a sociologia americana.* Rio de Janeiro: Francisco Alves, 1976.

SARTRE, J.-P. *O ser e o nada.* Petrópolis: Vozes, 1997.

SCHÜTZ, A. *Collected papers V*: phenomenology and the social sciences. Springer, 2011.

_____. *Collected papers IV.* Berlim: Springer, 1996.

_____. *Fenomenologia e relações sociais.* Rio de Janeiro: Zahar, 1979.

_____. *Collected papers II*: studies in social theory. The Hague: Martinus Nijhoff, 1976.

_____. *Phenomenology of the social world.* Evanston: Northwestern University Press, 1972.

_____. *Collected papers III*: studies in phenomenological philosophy. The Hague: Martinus Nijhoff, 1970.

_____. *Collected papers I*: the problem of social reality. The Hague: Martinus Nijhoff, 1962.

SCHÜTZ, A. & LUCKMANN, T. *The structures of the life-world.* Londres: Heineman, 1974.

SELL, C.E. *Max Weber e a racionalização da vida.* Petrópolis: Vozes, 2013.

SIMMEL, G. *Sociologia.* Org. de Evaristo de Moraes Filho. São Paulo, Ática, 1983 [Coleção Grandes Cientistas Sociais].

VANDENBERGHE, F. *Teoria social realista:* um diálogo franco-britânico. Belo Horizonte: UFMG, 2010.

_____. *A philosophical history of German sociology.* Londres: Routledge, 2009.

VANDENBERGHE, F. & VÉRAN, J.F. *Além do habitus:* teoria social pós-bourdieusiana. Rio de Janeiro: 7 Letras, 2016.

WEBER, M. *Collected methodological writings*. Org. de H.H. Bruun e S. Whimster. Londres: Routledge, 2012.

_____. *A ética protestante e o espírito do capitalismo*. São Paulo: Martins Fontes, 2004.

_____. *Metodologia das ciências sociais*. Parte 1. São Paulo/Campinas, Cortez/Unicamp, 2001a.

_____. *Metodologia das ciências sociais*. Parte 2. São Paulo/Campinas, Cortez/Unicamp, 2001a.

_____. *Economia e sociedade*. Vol. 1. Brasília: UnB, 2000.

_____. *Ensaios de sociologia*. Org. de H. Gerth e C.W. Mills. Rio de Janeiro: Guanabara Koogan, 1982.

WITTGENSTEIN, L. *Philosophical investigations*. Oxford: Basil Blackwell, 1958.

3
Sociologia do presente
"Ciências sociais, complexidade e sociologia do presente em Edgar Morin"

Alexsandro Galeno Araújo Dantas

Fagner Torres de França

> Um dia as ciências da natureza englobarão a ciência do homem, da mesma maneira como a ciência do homem englobará as ciências da natureza: não haverá senão uma só ciência.
> MARX, K. *Manuscritos econômico-filosóficos.*
>
> *O Método é tudo afinal. Não há gente que eu mais cordialmente deteste do que esses malucos excêntricos que tagarelam a respeito de método, sem compreendê-lo, presos estritamente à sua letra, mas violando-lhe o espírito. Esses camaradas estão sempre praticando as coisas mais inconcebíveis, de acordo com o que eles chamam de método regular.*
> POE, E.A. *O homem de negócios.*

Introdução

Edgar Morin é um dos pensadores mais prolíficos dos séculos XX e XXI. Possui uma vasta produção intelectual que transita pela sociologia, antropologia, filosofia, comunicação, educação e estética. O desafio que sempre se colocou foi o de fugir a uma concepção disciplinar e fragmentada de ciência, desenvolvendo uma epistemologia de base complexa com o objetivo de articular as diversas áreas de conhecimento. Antes de delinear sua teoria da complexidade, a partir de meados da década de 1970, Morin aventurou-se pelo que chamou de *sociologia do presente*, embrião do pensamento complexo, no intuito de estabelecer comunicações entre as várias dimensões intrínsecas ao mundo da vida (econômicas, sociais, comunicacionais, demográficas, mitológicas).

Desde os anos de 1940, quando inicia sua vida intelectual escrevendo para os jornais do Partido Comunista Francês (de onde seria expulso após a Segunda Guerra Mundial), até hoje, embora tenha escrito sobre múltiplos temas, sua preocupação parece ter sido uma só: elaborar vias de abordagens da realidade capazes de enfrentar fenômenos sociais cada vez mais complexos e multidimensionais, para os quais o velho instrumental teórico da sociologia dominante mostrava-se crescentemente obsoleto, mais notadamente a partir dos acontecimentos de 1968 (TACUSSEL, 2002; MORIN, 2006). Nada mudou. Os fatos hoje continuam a desafiar o olhar muitas vezes atônito dos observadores sociais. Por isso faz-se necessário um retorno à sociologia do presente e à complexidade no sentido de propor uma concepção reformada de sociologia.

Um mestre da indisciplina

Edgar Morin nasceu em Paris no dia 8 de julho de 1921. Francês judeu de origem sefardita, formou-se em direito, história e geografia, mas dedicou a vida aos estudos em sociologia, antropologia, educação, filosofia e epistemologia. Devido ao trânsito constante entre os saberes disciplinares, contrabandeando ideias e borrando fronteiras, tornou-se um pensador de difícil classificação. Integrou as fileiras da resistência francesa contra a invasão alemã e no ano seguinte ao fim do conflito viaja ao país vizinho para escrever um livro de conjuntura, *O ano zero da Alemanha* (2009), publicado originalmente em 1946, seu primeiro trabalho nos marcos daquilo que posteriormente chamaria de *sociologia do presente*.

O estudo sobre a Alemanha não era de conteúdo antialemão ou revanchista. Pelo contrário, rejeitava a ideia de culpabilidade em benefício da noção de responsabilidade que o novo Estado alemão deveria assumir com a nação e o mundo no pós-guerra. Tratava-se de tentar entender como foi possível um país tão intelectualmente desenvolvido ter arrastado o mundo a determinada situação de horror e o que poderia ser feito no sentido de evitar tragédias futuras. Portanto, é um livro não apenas de diagnóstico, mas também de prognóstico, de acordo com os dois principais imperativos da sociologia do presente, quais sejam, interrogar um acontecimento imprevisível e constatar o que ele revela e inova.

Talvez motivado por suas incursões no mundo do jornalismo, aliadas a seu interesse por comunicação e sociologia, Morin tenha desenvolvido, primeiro intuitivamente, depois sistematicamente, um método de pesquisa dos fenômenos sociais cujo desafio era compreender e narrar um fato no calor do instante, mas para além dele. E não um fato qualquer, como no jornalismo cotidiano, mas um acontecimento no sentido forte do termo, de caráter modificador, que responde a uma crise e carrega a potência de uma outra possibilidade.

Foi assim com *O ano zero da Alemanha* (2009) e outros ensaios, entre eles *O homem e a morte* (1988), publicado em 1951; *O cinema ou homem imaginário* (1970), de 1956, que parte do cinema para chegar às raízes de uma antropologia fundamental; *As estrelas: mito e sedução no cinema* (1989), de 1957, relacionando mitos antigos e modernos; *Crônica de um verão* (1961), filme-manifesto escrito e dirigido em parceria com o cineasta e etnólogo francês Jean Rouch; *Cultura de massa no século XX – Neurose* (2011), vol. 1, de 1962; *Commune em France: la métamorphose de Plozévet* (1967), seu mais completo e importante trabalho elaborado no registro da sociologia do presente, a partir de um estudo transdisciplinar sobre o processo de modernização em uma comunidade de pescadores; *Maio de 68: a brecha* (2018), redigido em parceria com os amigos Claude Lefort e Cornelius Castoriadis no mesmo ano de 1968; *La rumeur d'Orléans* (1969), sobre a circulação de um boato acerca de supostos crimes cometidos por comerciantes judeus contra mulheres francesas no interior de suas lojas; e, finalmente, *Cultura de massas no século XX – Necrose* (2006), vol. 2, concluído e publicado em 1975, uma espécie de balanço final da sociologia do presente, da cultura de massas e da crise cultural.

A partir da década de 1970 há no pensamento de Edgar Morin o que poderíamos chamar de uma virada epistemológica em direção a uma sociologia do conhecimento. Seu livro de 1973, intitulado *O paradigma perdido: a natureza humana* (1977), é um deslocamento acentuado em direção a uma epistemologia complexa das ciências sociais em detrimento de análises fenomenológicas mais factuais e com metodologias de pesquisa de campo bem delineadas. Com esse livro Morin anuncia a redação de seu projeto mais ambicioso, considerado sua obra máxima, *O método*, construído em seis volumes durante quase 30 anos, entre 1977 e 2004. É a culminância de um modelo de pesquisa transdisciplinar desenvolvido desde a sociologia do presente.

Pensador das margens e do desvio

Antes de explicitarmos as bases epistemológicas para uma ciência social complexa, urge o registro sobre a marginalidade presente nas referências sociológicas no Brasil e, particularmente, na França sobre a produção teórico-epistemológica de Morin. Roggero (2008, p. 192) chama a atenção sobre sua marginalização e falta de reconhecimento pela sociologia francesa. Diz ele: "Em um livro cujo objetivo é desvendar o lugar da sociologia francesa em 2000, vemos o nome de Edgar Morin citado apenas uma vez, restrito ao primeiro volume, quando quatro dos seis volumes definitivos já haviam sido escritos até aquela data"[1]. Tal realidade não se distingue da produção brasileira[2]. Morin e a sua teoria da complexidade são ignorados pelos cientistas sociais. É preciso dizer que se as ciências sociais, e em especial, a sociologia, ignoram Morin, por outro lado, há um reconhecimento importante em outras áreas. Destacadamente, em educação e comunicação. As obras *A cabeça bem-feita* (2000a), *Os sete saberes necessários à educação do futuro* (2000b) e *Cultura de massas no século XX: espírito do tempo – Vol. 1: Neurose; Vol. 2: Necrose* (2011a; 2006) são exemplos de sucessos editoriais absolutos no país nas referidas áreas. Mesmo que marginal nas ciências sociais no Brasil, não quer dizer que Morin não seja reconhecido. Desde os anos de 1960 o autor vem ao país[3] e seu pensamento tem se propagado através de grupos de pesquisa como Grecom-UFRN, Complexus-PUC-SP e Instituto da Complexidade-RJ, nos quais se destaca o Grecom. Há 25 anos o grupo tem no pensamento de Morin e nas chamadas ciências da complexidade suas principais referências[4]. Destaca-se ainda a realização do I Congresso Inter-Latino do Pensamento Complexo na Universidade Cândido Mendes (Rio de Janeiro) em 1998. Não menos importante é o reconhecimento pelo Sesc-SP à obra e vida de Morin. A instituição tem traduzido e publicado obras essenciais do autor, realizado simpósios e até mesmo lhe dedicado um site[5].

---

1. O autor se refere a BERTHELOT, J.M. (dir.). *La Sociologie française contemporaine*. Paris: PUF, 2000, p. 125. Edgar Morin destaca em *Meu caminho* (2010a) as querelas sociológicas francesas, sobretudo, advindas de Pierre Bourdieu: "A maioria dos sociólogos considerava-me um marginal, até mesmo um sujeito bizarro, mas não me atacavam. Por que Bourdieu fez isso? Talvez porque eu me parecia muito com ele e, simultaneamente, fosse muito diferente. Fomos considerados dois inimigos, dois rivais da sociologia. Não vivenciei as coisas assim. Minha existência lhe fazia muita sombra, mas sua existência não me incomodava; era sua animosidade que me fazia sofrer. [...] Certamente, ele tem sua teoria sociológica, em minha opinião unilateral, que triunfou durante algum tempo. Ele talvez tenha ampliado minha marginalidade, mas ela não tinha nenhuma necessidade do seu ataque; essencialmente, era decorrente do caráter de minha obra. Para mim, ser um sociólogo é ser capaz de pensar os fenômenos econômicos, sociais, psicológicos, culturais, religiosos e mitológicos em correlação e interação" (p. 134).

2. Basta observar as publicações bibliográficas da área de ciências sociais e as temáticas pesquisadas e apresentadas no encontro anual da Anpocs – Associação Nacional de Pós-Graduação e Pesquisa em Ciências Sociais [Disponível em http://anpocs.com/index.php/encontros/42-encontro-anual-2018].

3. Cf. MORIN, E. *Meus demônios*. Trad. Leneide Duarte e Clarice Meireles. 5. ed. Rio de Janeiro: Bertrand Brasil, 2010b.

4. A UFRN e a cidade de Natal, na qual já esteve por cinco vezes, têm sido generosas com o pensador francês. Além de lhe conceder o título de *Doutor Honoris Causa*, foi palco de uma das maiores acolhidas de público a um intelectual. No ano de 2010, Morin palestrou sobre *O destino da humanidade* para aproximadamente oito mil pessoas na Praça Cívica da Universidade. Um dos eventos mais marcantes presenciado na instituição. As passagens de Edgar Morin pela UFRN e por Natal estão registradas em ALMEIDA, M.C.; REIS, M.K.S. & FRANÇA, F. *Edgar Morin: conferências na cidade do sol* – Natal/Brasil (1989 a 2012). Natal: EDUFRN, 2018.

5. A ousadia política de Edgar Morin em realizar uma reforma do pensamento a partir de bases epistemológicas das ciências da complexidade tem se solidificado em outros lugares, tais como no Peru, Cuba, Colômbia, Argentina, Uruguai, México, Espanha, Portugal e Itália.

Tal realidade nos revela a condição de um pensador marginal nas ciências sociais. Marginal pela singularidade da obra e escolhas éticas do autor por um lado e, por outro, pela força hegemônica de um tipo de ciência social produzido há décadas. Algumas passagens de sua trajetória são relevantes para melhor compreensão desta prática e condição de ação na marginália. Uma delas diz respeito a sua escolha de não fazer carreira profissional no mundo universitário, embora tenha recebido 27 títulos de *Doutor Honoris Causa* em universidades do mundo inteiro. Sua entrada no CNRS (1951) lhe garantiu relativa autonomia como pesquisador e intelectual. Como revela em *Meu caminho* (2010a, p. 129),

> [...] por sugestão de Georges Friedmann que eu conhecera em Toulouse e que dirigia o Centro de Estudos Sociológicos, no bulevar Arago, solicitei minha alocação na categoria de pesquisador no CNRS. Os pareceres favoráveis de Maurice Merleau-Ponty, Vladimir Jankélévitch e Pierre Georges ajudaram na aprovação de minha candidatura.

A natureza autônoma de Morin também já se revela antes. Primeiramente em 1946, quando publicou *O ano zero da Alemanha* (2009). Uma espécie de "sociodiagnóstico" de uma Alemanha arrasada no pós-guerra. E como afirmamos antes, antecipa *avant la lettre* sua sociologia do presente. A segunda passagem que caracteriza sua autonomia como autor marginal é sua pesquisa sobre o fenômeno da morte, que resultou em *O Homem e a Morte* (1988). Morin expressa a ideia de uma antropologia complexa, isto é, uma antropologia capaz de religar concepções sociológicas, psicológicas, históricas e econômicas ao pensar a diversidade do humano e que, além disso, contemple a reflexão filosófica sobre a condição humana. Tal como o livro anterior, esta publicação parece antecipar a aventura de *O método*, dado o caráter transdisciplinar de investigação científica. Ainda em *Meu caminho* (2010a, p. 125) esclarece sua trajetória:

Eu ainda não havia incorporado as palavras "método" e "complexidade", mas sabia que era necessário ter uma visão poliscópica, múltipla, de meu tema. Eu queria conhecer as diferentes atitudes humanas diante da morte. Devorei obras de etnologia e antropologia, explorei todas as ciências humanas, as ciências da vida, as filosofias.

Noutra direção, constatamos a marginalidade por uma espécie de exílio cognitivo imposto ao pensamento moriniano a partir de um modelo de ciências sociais hegemônico. Em particular um pensamento sociológico que tem secundarizado as questões epistemológicas ou reflexivas em nome de um empiricismo pretensamente portador de objetividade científica. Em *Sociologia* (1998), ainda não traduzido no Brasil, o autor chama a atenção para a necessidade de uma "sociologia da sociologia" e para um "direito à reflexão". Isto é, uma disciplina que reflita sobre suas bases teóricas e objetos pesquisados a partir de uma dimensão multidimensional. Para isso, diz Morin, deve-se levar em conta "o duplo objeto da sociologia da sociologia".

> Temos agora de abordar o duplo problema do objeto da sociologia. Com efeito: 1) O conhecimento sociológico é um conhecimento com uma pretensão ou alcance científico que, por conseguinte, deriva do conhecimento científico, o qual por sua vez deriva da sociologia do conhecimento (e assim por diante); 2) A sociologia é uma coisa particular nas suas atividades e instituições, que tenta englobar a sociedade no seu conhecimento (MORIN, 1998, p. 36-37).

Assim, a tentativa sísifa moriniana é fazer com que o conhecimento sociológico mantenha uma soberania reflexiva diferenciando-se, portanto, de concepções teóricas que o percebem como resultante de determinações culturais, sociais e históricas. Concebido desta maneira, o conhecimento sociológico perde sua capacidade de autonomia reflexiva e, também, sua objetividade e capacidade inventiva para novas descobertas e novas verdades.

Esta visão, obviamente, é herdeira do determinismo clássico e que continua fortemente influente a partir de pensamento contemporâneo. Assegura Morin que esse "É o ponto de vista que exprimem as concepções de Bloor ou Bourdieu, como as de uma vulgata marxista, que faz da ciência uma ideologia" (MORIN, 1998, p. 37).

Ao não priorizar pensar ou conhecer sobre o conhecimento produzido e suas implicações metodológicas, a sociologia esvazia-se de pensamento. Concordando com Marx em sua terceira tese sobre Feurbach, quando se perguntou sobre "quem educa os educadores"[6], Edgar Morin tem se dedicado em suas obras a pensar sobre o conhecimento do conhecimento. Tal como Marx, tem se preocupado em uma reforma do pensamento, pois para ele as ideias se constituem em forças próprias imaginariamente e agem sobre as ações dos sujeitos e, em especial, dos pesquisadores e educadores. Por esta razão, a categoria do *homem genérico* de Marx (2010) sempre tem sido fundamento. Para Morin (2010c), a noção de homem-genérico não se relaciona apenas ao gênero humano, mas ao que é capaz de gerar aptidões a todas as características e às qualidades humanas que se manifestem na história. Relaciona-se, ainda, a inumeráveis outras virtualidades ainda não realizadas ou ao mundo do possível. Portanto, da ordem da multiplicidade e do inacabamento.

O direito à reflexão

Torna-se impossível a renovação da sociologia sem que ela priorize os pressupostos reflexivos e multidimensionais, anunciados anteriormente. Constata-se, assim, a necessidade de que uma das tarefas de pensadores, professores e pesquisadores das ciências sociais é se colocarem questões cognitivas sobre questões de Método[7].

Em *L'aventure de La Methode* (2015b), Morin resume sua trajetória reflexiva, investigações e descobertas a partir de quatro eixos fundamentais: 1) *O mundo físico*, no qual advoga a necessidade de conceber o mundo não mais como parte de uma ordem determinista, mas, ao contrário, o concebe como a dialética ordem-desordem-organização como uma relação entre interações e retroações; 2) *O mundo vivo*, em que não faz sentido a disjunção do homem biológico do homem cultural e nem a separação entre cérebro e espírito; 3) *A transdisciplinaridade*, que torna possível a religação entre os mais diversos saberes rompendo, assim, com a fragmentação ou compartimentos disciplinares do pensamento; e 4) *O conhecimento*, que se constitui no eixo primordial das elaborações morinianas. Para este eixo confluem os outros e dão sustentação epistemológica para um conhecimento complexo e para um conhecimento pertinente. Em suas palavras,

> A noção de complexidade começou a me possuir ao mesmo tempo como obstáculo e via de elucidação. A palavra, extremamente difundida, trai, na linguagem corrente, uma lacuna cognitiva: a incapacidade de definir ou descrever um fenômeno ou um problema. Seria preciso conceber uma forma de pensar capaz de descrever e definir as complexidades percebidas. De fato, a palavra *complexidade* veio iluminar retrospectivamente minha forma de pensar, que já buscava religar os conhecimentos dispersos, enfrentar as contradições no lugar de as contornar, se esforçar por ultrapassar a alternativa entre opções julgadas inconciliáveis (MORIN, 2015b, p. 36-37 – grifo do autor; tradução nossa).

---

6. "A doutrina materialista da transformação das circunstâncias e da educação esquece que as circunstâncias têm de ser transformadas pelos homens e que o próprio educador tem de ser educado" (MARX, K. & ENGELS, F. *A ideologia Alemã* [1º cap., seguido das Teses sobre Feuerbach. Trad. de Sílvio Donizete Chagas. São Paulo: Centauro, 2002, p. 108.

7. Por essa razão, Morin publicou os seis volumes de *O método* – 1: *A natureza da natureza* (2013); 2: *A vida da vida* (2015a); 3: *O conhecimento do conhecimento* (2012a); 4: *As ideias* – Habitat: vida, costumes, organização (2011b); 5: *A humanidade da humanidade* – A identidade humana (2012b); 6: *A ética* (2011c).

Como ampliação da perspectiva epistemológica anunciada acima, é importante ressaltar que a literatura, também, sempre se fez presente na obra e vida de Morin. Em *Meus demônios* (2010b), sobretudo, ele afirma que a literatura é antena para o mundo e vestimenta para a vida. Para ele, escritores como Dostoiévski, Balzac, Tolstói, Victor Hugo, Marcel Proust nos falam sobre a condição humana com radicalidade: a compaixão, o perdão, a justiça, a memória e a política são passíveis de abordagens pela literatura. Morin publicou dois romances *Une Cornerie* (1948) e *L'Île de Luna* (2017) e um livro de poesias, *Poésies du Métropolitain* (2018). Além das incursões literárias, Morin mantém o hábito da publicação de diários, entre eles *Diário da China* (2007), *Diário da Califórnia* (2012c), *Chorar, amar, rir, compreender* (2012d), *Um ano sísifo* (2012e), além de *Journal d'un livre* (1981), *Journal 1962-1987* (2012f) e *Journal 1992-2010* (2012g).

Os Diários são como hologramas que expressam totalidades a partir de fragmentos íntimos e singulares. Noutros termos, é como se as partes do indivíduo religassem a condição do homem genérico marxiano ou da própria condição humana. Aqui presenciamos o exercício do *método vivo* no qual vida e obra são tecidas e religadas. De uma vez por todas Morin demonstra sua escolha ética e política quando mantém a vida intelectual como inseparável de sua própria vida. Ele como Nietzsche ignora o que poderia ser considerado como "problemas puramente intelectuais". Por isso afirma em *Meus demônios* (2010b, p. 9): "Não sou daqueles que têm uma carreira, mas dos que têm uma vida".

O sociólogo legislador de uma sociologia do presente

Ousamos dizer que Morin expressa uma antropolítica e se aproxima da distinção que Nietzsche faz entre o Filósofo legislador e o Filósofo professor. Yannis Constantinidès (2000, p. 200) chama a atenção para esta flagrante oposição. Opondo-se à visão científica moderna de sua época, para o filósofo alemão, a filosofia era convocada a dominar pela especulação. Isso explica, de um lado, os filósofos se tornarem homens da ciência e não se dando conta dos atos e valores dominantes e, do outro lado, tornarem-se filósofos legisladores. Só eles, diz Nietzsche, merecem o título de filósofos.

Ora, se os filósofos devem ser os legisladores voltados para o devir e não simples professores de filosofia, é porque seus papéis não podem ser reduzidos a interpretação e a fixação de valores passados. Para Nietzsche,

> Os filósofos verdadeiros são aqueles que comandam e legislam: eles dizem "será assim"! Eles determinam em primeiro lugar o para onde? (*Wohin*) e para o que fazer? (*Wozu*) do homem e dispõem nesta ocasião do trabalho preparatório de todos trabalhadores filosóficos, de todos aqueles que se tornaram mestres do passado –, eles estendem uma mão criativa para se amparar no futuro e em tudo o que se coloca diante deles como meio, instrumento, martelo. Seu conhecer é criar, seu criar é legislar, sua vontade de verdade é – *vontade de potência* (2005, fragmento 211, p. 105-106).

Por que tal digressão? Em razão de Morin se negar – como Nietzsche – a tornar-se um sociólogo ou filósofo professor. Ao contrário, Morin é um sociólogo legislador, pois se preocupa e se insere no movimento e na ordem do mundo. É um pensador legislador na medida em que advoga uma reforma do pensamento e sugere uma utopia concreta e uma politização do sujeito e do conhecimento. As proposições epistêmicas a partir de uma sociologia do presente são o substrato para os legisladores das ciências sociais. Evidentemente que se exige também a existência, sobretudo, de sociólogos legisladores.

A sociologia do presente teve seu ponto alto em meados da década de 1960. Em 1965, Morin instala-se em uma comunidade de pescadores na comuna de Plozévet, região da Bretanha, como coordenador de uma equipe multidisciplinar destacada pelo governo francês para investigar o processo de modernização da localidade. Inicialmente, a comuna havia sido subdividida segundo as disciplinas (sociologia, antropologia, psicologia, economia), ignorando o que se passava *entre* elas, ou seja, o essencial. Nessa pesquisa Morin refina e reafirma suas vias de abordagens para os fenômenos multidimensionais fazendo dialogar as áreas do conhecimento no sentido de construir uma compreensão mais ampla e articulada de uma modernização simultaneamente sociológica, antropológica, técnica, econômica e psicológica.

O empreendimento da sociologia do presente foi paulatinamente se diluindo, nos escritos de Morin, dentro do chamado pensamento complexo, elaboração de caráter mais teórico pela qual torna-se mais conhecido. Ou melhor, foi-se imbricando com ele. O primeiro está contido no segundo. É quase, pode-se dizer, sua evolução necessária do concreto ao abstrato. Percebe-se claramente, em sua obra, uma linha de continuidade, um fio condutor alinhavando seus diversos livros e períodos. Ao estudar a guerra, a morte, o cinema, os meios de comunicação de massa, a economia do estrelato, as convulsões sociais, a política internacional ou a educação Morin, na verdade, está à procura de uma via de abordagem adequada para pensar sobre uma sociedade na qual fenômenos crescentemente complexos serão dificilmente compreendidos a partir de um paradigma disciplinar e fragmentador.

Com exceção de Bernard Paillard, pesquisador que esteve presente durante a experiência de Plozévet, a sociologia do presente não deixou herdeiros nem outras pesquisas conhecidas, não obstante seus marcos teóricos e procedimentos de investigação terem sido bem registrados, desenvolvidos e delineados pelo autor, especialmente em seu livro

Sociologia (1998), cuja terceira parte é amplamente dedicada ao tema.

Justifica-se o resgate da sociologia do presente na medida em que ela permite elaborar uma teoria social de base complexa e multidimensional. Ao firmar as bases de uma metodologia de pesquisa mais ampla e atenta aos movimentos da sociedade, Morin tem em mente a oposição entre uma sociologia dominante, da especialização disciplinar e das regularidades estatísticas, e uma outra sociologia mais centrada na crise, no fenômeno minoritário e no acontecimento revelador, respeitando a ideia de Marx segundo a qual "a sociedade burguesa, pelo seu próprio desenvolvimento, gera as contradições que a minam, isto é, opera simultaneamente um duplo processo de autoprodução e de autodestruição" (MORIN, 2006, p. 13). Mais do que isso, aceitando a ideia de multicausalidade dos fenômenos sociais, pois "o fenômeno é ao mesmo tempo, por exemplo, geográfico-histórico-econômico-sociológico-psicológico-etc." (MORIN, 1998, p. 165), assumindo assim um claro compromisso transdisciplinar.

A cegueira da razão acorda os monstros da tecnoburocracia do pensamento, responsáveis por um mundo no qual prevalecem dados, números, estatísticas e abstrações em detrimento das necessidades concretas de uma sociedade viva, referentes à moradia, saúde, educação, alimentação, cultura e lazer. A complexidade, como afirma Morin (2011c), não é a antítese do simples, mas guarda relação com a tessitura simultaneamente heterogênea e inseparável do social, recolocando o paradoxo do uno e do múltiplo, da unidade na diversidade. As ciências constroem (cada vez mais) zonas de especialização do conhecimento no sentido de organizarem os saberes e desambiguizarem o real, rechaçando a desordem e a incerteza, clarificando, distinguindo e hierarquizando ideias. O isolamento artificial dos âmbitos da vida resulta na racionalização do saber, ou seja, o fechamento da racionalidade. A sociologia do presente procura ser antídoto contra a fragmentação disciplinar.

Fenômeno, acontecimento, crise: categorias para uma sociologia do presente

O *fenômeno*, diz Morin (1998, p. 165), é algo que emerge na realidade social como um dado relativamente isolável – embora repleto de atravessamentos econômicos, históricos, culturais e sociais – objetivado em uma instituição, uma cidade, uma corrente de opinião, um mito, uma moda, dentre outras manifestações. A sociologia do presente é também uma sociologia fenomenológica. Tanto *O ano zero da Alemanha* (2009) quanto *La rumeur d'Orléans* (1969), por exemplo, tratam das consequências sociais de dois dispositivos mitológicos que marcaram forte e tragicamente a história do século XX: os mitos da superioridade da raça ariana e do judeu como bode expiatório dos males do mundo.

Edgar Morin tinha 25 anos quando percorreu os escombros de uma Alemanha devastada pela guerra, em 1946, para ver *in loco* o que acabara de ocorrer. Chegou, a bordo de um avião militar, armado apenas de papel, caneta e duas ou três perguntas-guia. Observou, tomou notas, questionou, vasculhou e reuniu material suficiente para escrever sua primeira reportagem sociológica de fôlego, depois publicada como *O ano zero da Alemanha* (2009). Encontrou Berlim ainda com o cano fumegante, a ponto de haver, diz ele, "recolhido no interior da chancelaria de Hitler, no meio dos documentos espalhados pelo chão, cartas assinadas de próprio punho pelo *Führer* atribuindo condecorações a soldados alemães e de ter contemplado a

agonia de seu bunker" (MORIN, 2009, p. 14). Era preciso adentrar as ruínas, conversar com a população, conhecer nazistas, não nazistas, forças aliadas, caminhar pela cidade, pesquisar, investigar, sentir no vento a densa névoa de chumbo que encobria a história. Mas, acima de tudo, era preciso relatar.

Acerca do mito do líder messiânico, o autor observa que, "Como fenômeno ideológico coletivo, no nazismo ocorreu a irrupção do religioso e do místico na vida política, social e econômica, uma irrupção das mais primitivas da mais supersticiosa das religiosidades" (MORIN, 2009, p. 29), em associação com um cientificismo (o mito da raça pura) igualmente delirante. Em um conjunto de entrevistas com homens e mulheres de Berlim, de todas as idades e estratos sociais, Morin constata que, às vezes mais, às vezes menos, mas "De todas as formas, e qualquer que seja o caso, a noção de raça implica sempre um julgamento de valor" (p. 54), para o bem ou para o mal. Estes e outros mitos permearam o imaginário alemão antes e após a guerra.

23 anos depois, já com 48 anos e mais de duas décadas de experiência acumulada em pesquisa, tendo desenvolvido e consolidado seu método sociológico, Morin e uma equipe multidisciplinar composta por outros cinco pesquisadores franceses desembarca na cidade de Orléans, cerca de 110km ao sudoeste de Paris, para sua última aventura na sociologia do presente, financiada pela comunidade judaica local. Um boato estava tirando o sono da população. O motivo: uma fantasmagórica ameaça sexual que, de repente, em apenas alguns dias, fez (res)surgir fortemente na cidade o espectro do antissemitismo. Mulheres brancas estavam desaparecendo dos provadores de roupas em seis lojas pertencentes a judeus. Eram atacadas com uma seringa contendo sedativo e transportadas com desti-

no ao mercado de prostituição estrangeiro em país desconhecido.

Um pânico medieval acomete milhares de moradores locais sem que a polícia ou a imprensa tenha recebido uma única denúncia sequer. Trata-se de um boato em estado puro, pois nenhum desaparecimento foi registrado e não houve interferência dos jornais para a proliferação das informações. O rumor, de origem ancestral, era na verdade uma combinação de duas temáticas distintas, envolvendo tráfico de mulheres e aversão aos judeus. Tal associação constituiu, segundo conclusão de Morin (1969) após intensa investigação, um dispositivo mitológico de dupla face cujo desenvolvimento transformou as latências antissemíticas arcaicas em virulência.

A isso Morin chamou de "idade média moderna" (1969, p. 10), ou seja, há algo de arcaico que persiste naquilo que aparenta ser o verniz mais sofisticado de nossas relações sociais; mas também de moderno, pois ambas as temáticas (escravidão sexual e antissemitismo) habitam e seduzem o imaginário social há séculos, reaparecendo de tempos em tempos, com novas roupagens, graças também à mídia de massa e ao processo de modernização. Não por acaso o mito é transportado para o cenário dos grandes magazines, que marcam uma virada no estilo de vida, no comportamento e nos valores de emancipação do universo feminino no contexto da cidade moderna (MORIN, 1969, p. 57s.).

Portanto, o nazismo e o boato de Orléans são fenômenos mobilizados também pela categoria do *acontecimento*, entendida, antes de tudo, como uma informação que irrompe tanto no sistema social, intervindo de maneira múltipla e decisiva na história humana (uma catástrofe climática, uma invasão estrangeira, um golpe de estado, a irrupção de uma revolta, um aparentemente simples boato),

quanto no sistema mental do sociólogo (reorientando seu esquema cognitivo)[8]. O acontecimento torna possível abordar o problema primordial da mudança para além da realidade social dos sistemas equilibrados, que

> devem ser concebidos, segundo a expressão de Max Weber, como "racionalizações utópicas", instrumentos cômodos que não se devem considerar como "modelos verdadeiros" da realidade social: esta é, antes de mais, funcional-disfuncional em relação a estes pseudomodelos. É constituída por uma dialética permanente entre as tendências para a constituição de sistemas equilibrados e as contra-tendências desequilibradoras (MORIN, 1998, p. 166).

A sociologia do presente configura-se, assim, em uma sociologia dos acontecimentos (ou ciência do acontecimento) e uma *ciência do devir* (MORIN, 2014), na medida em que está atenta aos fenômenos minoritários capazes de apontar e/ou promover reorganizações sociais. A noção de acontecimento designa, portanto, o que é da ordem do "improvável, acidental, aleatório, singular, concreto, histórico" (MORIN, 2014, p. 250). Abrange ainda os circuitos comunicacionais, dentro dos quais se processam os acontecimentos, como demonstra o caso de Orléans ou das narrativas míticas acerca do salvador messiânico. Em *sociologia* (1998), Morin faz referência aos *acontecimentos-choque* como aqueles que, diferentemente de um boato de circulação restrita, por exemplo, irrompem fortemente, de forma generalizada e, hoje em dia, quase imediata no universo imaginário de uma comunidade simbólica cada vez mais ampla.

---

8. Como fica claro na seguinte afirmação, em *Cultura de massas no século XX – Vol. 2, Necrose*: "Da mesma maneira que a sociedade de que ela era o olhar (o espelho?), a sociologia foi atingida pelo Maio de 68 em plena expansão, crescimento, desenvolvimento" (MORIN, 2006, p. 23), deparando-se com seus limites metodológicos e explicativos.

O assassinato do presidente dos Estados Unidos da América John Fitzgerald Kennedy, em 22 de novembro de 1963, foi um destes acontecimentos que chocaram o mundo, uma "teletragédia planetária" (MORIN, 1998, p. 312s.) vivida quase simultaneamente por todo o planeta, captada por milhares de testemunhas oculares da história. "A televisão apanhou o acontecimento com um pouco mais de uma hora de atraso sobre o assassínio. Agarrou-o quase de imediato, nunca mais largando o acontecimento" (p. 312). E, por meio da internet, podemos revivê-lo a qualquer momento. Em *Cultura de massas no século XX – Vol. 2: Necrose* (2006), Morin fará referência ao *acontecimento-informação* (p. 28), cujo princípio é ser desestruturante.

Fenômeno e acontecimento se encontram, pois Morin (1998) procura observar o assassinato de Kennedy em seu caráter multidimensional e transdisciplinar, a partir de seus vários ângulos, tentando isolar relativa e arbitrariamente alguns vetores considerados mais importantes. *Primeiro*, a comoção. A morte de Kennedy foi um golpe no tecido político e vital dos Estados Unidos e além. Calou fundo no coração de milhões de pessoas, compatriotas ou não. Uma tragédia ao mesmo tempo infrapolítica, extrapolítica e suprapolítica. *Segundo*, mergulhou da vida real para as cavernas do romance policial, despertando ainda hoje curiosidades acerca de teorias conspiratórias. *Terceiro*, sua telepresença. JFK detinha não apenas o cargo de líder máximo da maior potência econômica mundial, mas era também um verdadeiro olimpiano, figura de destaque do *star system*. Havia algo de mitológico em sua imagem de felicidade, sempre em evidência: como primeiro presidente "jovem, belo, aberto, simpático; como o feliz esposo de uma bela *cover*-presidente; como o pai feliz de uns filhos belos e espertos" (p. 313). Kennedy e sua família não saíam dos noticiários.

Por fim, a sociologia do presente é também uma sociologia da *crise*, a ponto de Morin (1998) ter desenvolvido de forma embrionária uma espécie de *crisiologia* ou teoria da crise. Fenômeno, acontecimento e crise são noções recursivas, inseparáveis, imantadas. Para uma sociologia não preocupada em concentrar todos os seus recursos nas médias estatísticas ou nas amostras representativas, as crises constituem fonte de extrema riqueza. Crises são placas tectônicas subterrâneas cujo atrito provoca as movimentações na superfície. A parte invisível só pode ser acessada adequadamente por meio de estudo aprofundado. Nas cinco entradas feitas por Morin (2006) para apresentar a noção de crise, vale a pena destacar a última (letra *e*), na medida em que traz um bom resumo da ideia:

> *a crise reúne, de modo turvo e perturbador, repulsivo e atraente, o caráter acidental (contingente, circunstancial), o caráter de necessidade (ativando as realidades mais profundas, as menos conscientes, as mais determinantes) e o caráter conflitual.* É aqui que entramos necessariamente em oposição a uma sociologia mecanística, normalizadora, que eliminaria a perturbação e o desequilíbrio (p. 29 – grifo do autor).

A crise é o magma, a lava, o subsolo, o subjacente, a infraestrutura, o latente, o inconsciente. Ainda em Maio de 68, em meio ao fogo cruzado, participando corpo a corpo nos acontecimentos trepidantes (correndo o sério risco de elaborar interpretações apressadas e equivocadas acerca dos eventos), Morin (2014) redigiu uma série de artigos para o *Le Monde* sobre as revoltas que mobilizaram estudantes e operários franceses em barricadas pelas ruas do país há meio século. No mesmo ano os artigos foram publicados no livro *Maio de 68: a brecha* (2018), em parceria com Claude Lefort e Cornelius Castoriadis, até hoje uma das contribuições mais originais para aquele momento decisivo na história mundial.

Maio de 68 é uma ocasião privilegiada não apenas para compreender as transformações do espírito do tempo, mas um momento fecundo para questionar o próprio fazer sociológico. Segundo Morin (2018), durante os eventos dois tipos de interpretação se digladiam. A primeira, herdeira de uma tradição clássica, afeita aos dados, amostragens e questionários. E uma outra que tenta pensar não a partir das regularidades estatísticas e limites disciplinares, mas de situações extremas que podem desempenhar papel revelador de uma profunda crise social. Morin (2006) acredita que a sociologia dominante não estava apta a apreender a crise de Maio, e por isso precisava se reinventar. De fato, diz ele,

> Só se pode compreender Maio de 1968 se levarem em consideração outras técnicas de pesquisa que não o questionário por amostragem que domina (dominava?) a sociologia e que, *incapaz de cavar por baixo da crosta superficial das opiniões, era incapaz de prever o que estava latente ou brotava, ou de ver e conceber os dinamismos e as rupturas*. Só se pode compreender o Maio de 1968 se se procura ficar acima e além do saber disciplinar parcelado, tentando reunir um corpo teórico de hipóteses para abarcar e estruturar o fenômeno. [...] a atenção dedicada ao *fenômeno*, ao *acontecimento*, à *crise* conduz não ao enfraquecimento, mas ao reforço da exigência teórica (2006, p. 25-26 – grifo nosso).

Em outras palavras, tratava-se de elaborar uma interpretação em profundidade de uma crise a partir do estudo do fenômeno desencadeado pelo acontecimento. O que ele revela para além da produção apressada de números e opiniões nem sempre refletidas? Fundamentalmente, ontem como hoje, é preciso romper com as interpretações binárias e os modelos simplificadores de pensamento capazes de interditar a complexidade mesma do movimento da sociedade.

Em sua multidimensionalidade, Maio de 68 é o resultado complexo, ambíguo e heterogêneo, integrador e desintegrador, arcaico e anunciador, de uma crise ao mesmo tempo política, de valores, de um modelo de organização social questionado em grande parte pela ascensão de uma nova classe etária adolescente que surge no espaço público a partir da década de 1960, na esteira da proliferação da cultura de massas e de uma sociedade de consumo voltada ao crescimento, mas cujo ideal de felicidade entrava em crise de legitimação.

Uma sociologia do presente necessita preservar, enfrentar, articular e operacionalizar as três categorias vistas acima. Não é uma confirmação *a posteriori* das teorias colocadas *a priori*. Pelo contrário, é preciso estar aberto à informação, vista como o elemento desorganizador de uma determinada realidade, portanto, capaz de furar os esquemas explicativo pré-definidos. "O mais importante é o mais surpreendente e paradoxal, aquilo que dificilmente é explicável com os conceitos de que dispomos" (MORIN; LEFORT & CASTORIADIS, 2018, p. 217), diz o autor. É no sentido de seguir de perto os fenômenos sociais de ordem complexa que Morin elaborou, além das categorias acima elencadas, vias de abordagem metodológicas chamadas por ele de *método in vivo* – ou simplesmente *método vivo*.

Sobre o método vivo

Em 1960 Edgar Morin realiza uma experiência radicalmente inovadora de sociologia do presente por se propor a fazê-la por meio do cinema. *Crônica de um verão* (1961), realizado em parceria com Jean Rouch, funda uma discursividade cinematográfica chamada pelos seus idealizadores de *cinema-verdade*, um cinema capaz de percorrer fenômenos, provocar acontecimentos e revelar crises. O filme é uma forma de experimentar empiricamente os princípios e vias de abordagens da realidade norteadores de seu método de pesquisa sociológico. Mesmo tendo escrito anteriormente outros livros nos marcos de uma sociologia do presente, esta é a segunda vez (a outra foi na Alemanha, em 1946) que Morin vai a campo aplicar suas técnicas de pesquisa.

No que consiste o método vivo? Trata-se de um método de investigação capaz de favorecer a emergência dos dados concretos e a apreensão das diversas dimensões do fenômeno estudado recorrendo a diferentes tipos de abordagens, como pesquisa documental, observação fenomenográfica, anotações, registro de discussões, entrevistas, questionários, construção de narrativas e participação em atividades de grupos, chamadas de "*práxis social*" (MORIN, 1998, p. 171-172). *Crônica de um verão* (1961) exemplifica um tipo de abordagem flexível, adequada para os propósitos do autor, privilegiando a entrevista e a participação nas atividades dos grupos, enquanto *O ano zero da Alemanha* (2009) enfatiza as anotações, observações e pesquisa documental.

A abertura para múltiplas estratégias de pesquisa está no cerne tanto da sociologia do presente quanto do método complexo, elaborado posteriormente. Exige rigor científico (diferente de rigidez), arte e capacidade de invenção e narração. Nas palavras de Maria da Conceição de Almeida, criar vias de abordagens

> é o que se espera do *sujeito sensível* à complexidade do tema ou fenômeno que quer conhecer, com o qual quer dialogar. Aqui, certamente, o pesquisador abre mão dos cardápios de receitas oferecidos pelos manuais de pesquisa para criar suas próprias estratégias de abordagem, seus operadores cognitivos. Produzir um conhecimento pertinente é o que se espera dele: *relacionar o fragmento e o contexto, o local e o global* é a arte esperada das pesquisas multidimensionais e complexas (2012, p. 115 – grifo nosso).

Enfatizemos três passos multidimensionais para o desenvolvimento do método vivo, começando pela *observação fenomenográfica*. A observação fenomenográfica exige do sujeito sensível da pesquisa um olhar ao mesmo tempo panorâmico e analítico, particular e universal, capaz de contextualizar a informação e integrá-la ao todo do universo pesquisado. Por isso o pesquisador deve atuar por vezes como Balzac, em sua descrição enciclopédica da realidade, por vezes como Stendhal, atento ao detalhe significativo, estratégias narrativas fundamentais que devem ser exercitadas para ativar o "sentido perceptivo", atualmente "tão atrofiado nos sociólogos que se fiam no questionário, no gravador ou, pelo contrário, na simples especulação, que é preciso aprender a ver os rostos, os gestos, as roupas, os objetos, as paisagens, as casas, os caminhos" (MORIN, 1998, p. 172). Junte-se a isso uma cuidadosa elaboração de anotações, registros de discussões, impressões e cadernos de campo. Mais da metade do livro *La rumeur d'Orléans* (MORIN, 1969) é dedicada a reproduzir os diários pessoais dos pesquisadores e documentos coletados durante o processo de investigação.

O segundo passo multidimensional fundamental para a pesquisa são as *entrevistas*. Sumariamente falando, uma entrevista é caracterizada como uma comunicação pessoal para fins informativos. Mas há algo nesse processo mais importante que a informação, a saber, o fenômeno psicoafetivo constituído pela própria comunicação, na medida em que a palavra se constitui na fonte mais duvidosa e ao mesmo tempo mais rica de todas. Tal fenômeno pode suscitar pequenos acontecimentos comunicacionais capazes de provocar modificações e revelações fundamentais no decorrer da pesquisa. É nesse sentido que, dentre os tipos possíveis de entrevistas, a sociologia do presente privilegia a *entrevista não diretiva* (MORIN, 1998).

Em geral, uma pessoa entrevistada orienta-se por dois desejos em conflito: expressar-se e ao mesmo tempo proteger-se. O objetivo da entrevista não diretiva é "*quebrar o sistema de defesa do sujeito pela necessidade de se exprimir do próprio sujeito*" (MORIN, 1998, p. 188, grifo do autor). Isso depende da relação de confiança mútua que o pesquisador necessita estabelecer com o entrevistado, além "da disciplina do entrevistador relativa ao não comentário e à não intervenção, da disponibilidade empática" (p. 188), princípios tão ausentes na sociologia quanto no jornalismo.

Daí a importância da criação de vínculos entre uns e outros. Por esse motivo, tanto em 1965, no caso de Plozévet, quanto em 1969, em Orléans, a exigência de Morin para que a equipe se instale nas regiões pesquisadas, se possível, na casa dos próprios moradores, participando da dinâmica local. Bernard Paillard, parceiro de Morin nos dois momentos fundamentais da sociologia do presente, narra sua experiência em Plozévet, no pequeno vilarejo de Kermeuguy. Diz ele: "participava da vida local e, por vezes, do trabalho de campo, vivia na companhia dos jovens, frequentava os espaços de sociabilidade e hospedava-me na casa de um dos moradores" (PAILLARD, 2008, p. 24).

Crônica de um verão (1961) segue a mesma proposta, um filme construído quase que totalmente por meio de entrevistas não diretivas. A partir de uma pergunta-tema ("você é feliz?") feita aleatoriamente aos transeuntes nas ruas de Paris, os autores passam a estruturar um núcleo menor de participantes no intuito de aprofundar as questões suscitadas pelas respostas. Há nesse filme, diz Morin (2010), a *busca* de uma comunicação errática e oblíqua. Buscar alguma coisa exige método, saber o que, onde e como procurar. Por isso não se trata de um diálogo livre, entregue à improvisação da conversa. Exige destreza e certa objetividade do entrevistador para lidar com as subjetividades em erupção.

O núcleo do filme cristaliza-se porque as questões que cada um de seus participantes suscita não

estão relacionadas simplesmente ao excepcional particular, ao raro e episódico, mas são a manifestação, no plano individual, de problemas profundos e gerais: "os do trabalho alienado, da dificuldade de viver, da solidão e da busca de uma fé" (MORIN, 2010a, p. 161). E isso levanta o difícil problema da verdade, pois o próprio caráter da palavra é movediço. A sociologia do presente deve incorporar uma vocação simultaneamente científica e ensaística. Deve propor uma narrativa capaz de apontar caminhos possíveis para a interpretação de um fenômeno social. Portanto, é uma sociologia capaz de assumir a dimensão de incompletude e inacabamento da realidade. Em *Crônica de um verão* (1961) a verdade é sempre provisória. Trata-se de *uma* verdade possível, que relaciona cada narrativa singular com o drama compartilhado pela experiência do grupo.

O terceiro passo multidimensional importante para uma sociologia do presente consiste em articular uma dinâmica de trabalho envolvendo não apenas os indivíduos, mas também os grupos, um processo denominado por Morin de *"praxis social"*, isto é, tornar-se atento "à realidade e à ação dos grupos sociais" (MORIN, 1998, p. 174). Ao exigir do pesquisador um olhar que transita entre o geral e o particular, solicitando uma visão ao mesmo tempo panorâmica e analítica, a sociologia do presente, afirma Almeida (2012, p. 113), desativa a oposição clássica entre micro e macropesquisas.

Nesse sentido, Morin (1998) procura localizar o indivíduo em um grupo e um grupo entre outros grupos. Em suas palavras, com a sociologia do presente,

> Pudemos apreender os grupos não só de maneira indireta (através dos meios de investigação acima citados) mas também diretamente, quando era possível, ao nível das associações profissionais, políticas, ideológicas, confessionais e outras. Esforçamo-nos por situar estes agrupamentos em relação às classes sociais e às

classes etárias. Tentamos ver os conflitos e tensões determinados pela sua vida ativa (p. 174).

Na investigação sobre Plozévet pode-se observar claramente o movimento pendular que oscila entre o macro e o micro, Balzac e Stendhal, a ciência e o ensaio, o rigor investigativo e a criação narrativa. *La métamorphose de Plozevet* (1967) inicia com uma descrição quase poética da região de Plozévet, sua paisagem geográfica, passa pelo estudo da personalidade do habitante local, estende-se para a formação dos grupos (pescadores e industriários, jovens e velhos, mulheres e homens, partidários da esquerda e da direita) até chegar ao processo de modernização, tema central da pesquisa. Lá, diz Morin, "encontrei os traços de uma grandiosa luta entre dois mundos, encontrei as grandes correntes do tempo, os grandes problemas do homem, mas sempre encarnados nos rostos, nos olhares e nos destinos insubstituíveis" (1967, p. 12-13 – tradução nossa).

A *praxis* social prevê também não apenas a observação, mas a participação e mesmo a intervenção em atividades dos grupos. Tal método de participação e intervenção foi utilizado, de modo semelhante, tanto em Plozévet quanto em *Crônica de um verão* (1961). Neste último caso em particular, faz parte da sequência final do filme a exibição, seguida de debate, das atuações dos personagens para eles próprios, debate que integra a versão final de película. A situação provocada gera desentendimentos e acusações, em geral acerca da falsa imagem apresentada por uns e outros, mas também entendimentos e empatias. No próprio processo de condução dos diálogos durante as filmagens, a participação dos diretores em cena (com o objetivo de marcar a ideia da intervenção) é constante.

Eis os princípios da *intervenção-pesquisa*:

1) *O princípio da maiêutica social.* Somos incitados a intervir quando cremos detectar uma situação "grávida" de mudança ou de inovação;

2) *O princípio não diretivo.* A nossa intervenção deve ser catalítica. Pode desencadear, mas não pode fixar, as normas e o programa de um movimento. Pode ajudar, não pode orientar;

3) *O princípio de orientação selvagem* (situações-teste ou para-experimentais);

4) *O princípio de socratismo psicossociológico.* A intervenção deve levar os interessados a interrogar-se sobre os seus problemas principais;

5) *O princípio de utilidade comum aos pesquisadores e aos pesquisados* (deontologia da troca) (MORIN, 1998, p. 175 – grifo nosso).

Por fim, a *praxis* social está atenta às dinâmicas de trabalho estabelecidas entre os próprios pesquisadores, consubstanciadas no que o autor classifica de "autodesenvolvimento progressivo do sistema de interpretação" (1967, p. 8), por meio das confrontações entre os dados dos pesquisadores e trocas dos diários de pesquisa redigidos por cada um, permitindo a autorregulação do grupo e a autocorreção das estratégias investigativas. Morin escreve, em *La rumeur d'Orléans* (1969, p. 13), que "Se nosso trabalho de campo foi tão fecundo em um tempo extraordinariamente curto, isso se deve à intercomunicação incessante das descobertas e à discussão quase permanente". Trata-se, portanto, de um intenso processo de intercomunicação, autocrítica, avaliação permanente e participação afetiva capaz de coordenar e otimizar os trabalhos da equipe.

Conclusão

O objetivo da sociologia do presente é problematizar as ciências sociais a partir de uma reforma do pensamento sociológico, capaz de associar uma cientificidade não mutilante, fechada e disciplinar – atenta não apenas às médias e regularidades estatísticas, mas aberta também aos acontecimentos e aos fenômenos minoritários reveladores de tendências –, a uma possibilidade de conhecimento não estritamente científico. Importa restabelecer comunicações e articulações tanto com as outras ciências humanas quanto com a arte.

Trata-se, portanto, de pensar um outro sujeito de pesquisa cujo saber e formação possam aliar explicação (como aquele que permite a um sujeito conhecer um objeto enquanto objeto) e compreensão (sendo tudo o que permite conhecer um sujeito enquanto sujeito). Nesse sentido, é imprescindível abrir o pensamento sociológico sobre a literatura. O romance é um modo de conhecimento com potencial de retotalizar o universal a partir do singular concreto. Morin (1998) propõe que o conhecimento sociológico não se resume ao conhecimento científico *stricto sensu*, mas integra múltiplos modos cognitivos.

Nesse sentido, o sociólogo deve pensar-se para além do profissional habilitado a manejar um instrumental teórico-científico impessoal e anônimo capaz de revelar o que se esconde por trás das aparências dos comportamentos sociais, mas deve colocar-se também como *autor*, ou seja, um sujeito implicado na pesquisa que desenvolve um pensamento singular e uma narrativa pessoal sobre determinado tema, mobilizando sua consciência e sua reflexão de humano e cidadão.

Referências

ALMEIDA, M.C. Método complexo e desafios da pesquisa. In: ALMEIDA, M.C. & CARVALHO, E.A. *Cultura e pensamento complexo.* Porto Alegre: Sulina, 2012.

ALMEIDA, M.C.; REIS, M.K.S. & FRANÇA, F. *Edgar Morin: conferências na cidade do sol* – Natal/Brasil (1989 a 2012). Natal: EDUFRN, 2018.

CONSTANTINIDÈS, Y. Nietzsche legislateur. In: BALAUDE, J.-F. & WOTLING, P. (orgs.). *Lectures de Nietzsche.* Paris: LGF, 2000.

Crônica de um verão. Direção: Edgar Morin e Jean Rouch. Produção: Anatole Dauman. Roteiro: Jean Rouch. Música: Pierre Barbaud. Rio de Janeiro: Coleção Videofilmes, 2008. 1 DVD (85 min), P&B.

MARX, K. *Manuscritos econômico-filosóficos.* Trad., apresentação e notas de Jesus Ranieri. São Paulo: Boitempo, 2010.

MARX, K. & ENGELS, F. *A ideologia Alemã* [1º cap., seguido das Teses sobre Feuerbach]. Trad. de Sílvio Donizete Chagas. São Paulo: Centauro, 2002, p. 108.

MORIN, E. *Poésies du métropolitain.* Paris: Descartes e Cia., 2018.

_____. *L'Île de Luna.* Paris: Actes Sud, 2017.

_____. *O método 2*: a vida da vida. Trad. de Marina Lobo, Simone Ceré e Tânia do Vale Tschiedel. 5. ed. Porto Alegre: Sulina, 2015a.

_____. *L'aventure de la méthode.* Paris: Du Seuil, 2015b.

_____. *O método 1*: a natureza da natureza. Trad. de Ilana Heineberg. 3. ed. Porto Alegre: Sulina, 2013.

_____. *O método 3*: o conhecimento do conhecimento. Trad. Juremir Machado da Silva. 6. ed. Porto Alegre: Sulina, 2012a.

_____. *O método 5*: a humanidade da humanidade. Trad. de Juremir Machado da Silva. 5. ed. Porto Alegre: Sulina, 2012b.

_____. *Diário da Califórnia.* São Paulo: Sesc/SP, 2012c.

_____. *Chorar, amar, rir, compreender.* São Paulo: Sesc/SP, 2012d.

_____. *Um ano sísifo.* Trad. de Edgard de Assis Carvalho e Mariza Perassi Bosco. São Paulo: Sesc/SP, 2012e.

_____. *Journal 1962-1987.* Paris: Du Seuil, 2012f.

_____. *Journal 1992-2010.* Paris: Du Seuil, 2012g.

_____. *Cultura de massas no século XX* – Neurose. Vol. 1. 10. ed. Trad. Maura Ribeiro Sardinha. Rio de Janeiro: Forense, 2011a.

_____. *O método 4*: as ideias – Habitat, vida, costumes, organização. Trad. de Juremir Machado da Silva. 6. ed. Porto Alegre: Sulina, 2011b.

_____. *Introdução ao pensamento complexo*. Trad. de Eliane Lisboa. 4. ed. Porto Alegre: Sulina, 2011c.

_____. *O método 6*: ética. Trad. de Juremir Machado da Silva. 4. ed. Porto Alegre: Sulina, 2011c.

_____. *Meu caminho*. Trad. de Edgard de Assis Carvalho e Mariza Perassi Bosco. Rio de Janeiro: Bertrand Brasil, 2010a.

_____. *Meus demônios*. Trad. de Leneide Duarte e Clarice Meireles. 5. ed. Rio de Janeiro: Bertrand Brasil, 2010b.

_____. *Em busca dos fundamentos perdidos* – Textos sobre o marxismo. Trad. de Maria Lúcia Rodrigues e Salma Tannus. 2. ed. Porto Alegre: Sulina, 2010c.

_____. *O ano zero da Alemanha*. Trad. de Edgard de Assis Carvalho e Mariza Perassi Bosco. Porto Alegre: Sulina, 2009.

_____. *Diário da China*. Trad. de Edgard de Assis Carvalho. Porto Alegre: Sulina, 2007.

_____. *Cultura de massas no século XX* – Necrose. Vol. 2. Trad. de Agenor Soares Santos. Rio de Janeiro: Forense, 2006.

_____. *A cabeça bem-feita* – Repensar a reforma, reformar o pensamento. Trad. de Eloá Jacobina. Rio de Janeiro: Bertrand Brasil, 2000a.

_____. *Os sete saberes necessários à educação do futuro*. Trad. de Catarina Eleonora F. da Silva e Jeanne Sawaya. São Paulo/Brasília: Cortez/Unesco, 2000b.

_____. *Sociologia*. Trad. de Maria Gabriela de Bragança e Maria da Conceição Coelho. Lisboa: Europa-América, 1998.

_____. *As estrelas*: mito e sedução no cinema. Trad. de Luciano Trigo. 3. ed. Rio de Janeiro: José Olympio, 1989.

_____. *O homem e a morte*. Lisboa: Europa-América, 1988.

_____. *Journal d'un livre*. Paris: Edsud, 1981.

_____. *O cinema ou o homem imaginário* – Ensaio de antropologia sociológica. Trad. de António Pedro Vasconcelos. Lisboa: Moraes, 1970.

_____. *La Rumeur d'Orléans*. Paris: Le Seuil, 1969.

_____. *Commune em France* – La Métamorphose de Plozevet. Fayard, 1967.

_____. *Une cornerie*. Paris: Nagel, 1948.

MORIN, E.; LEFORT, C. & CASTORIADIS, C. *Maio de 68*: a brecha. Org. e trad. de Anderson Lima da Silva e Martha Coletto Costa. São Paulo: Autonomia Literária, 2018.

NIETZSCHE, F. *Para além do bem e do mal*. Trad., notas e posfácio de Paulo César de Souza. São Paulo: Cia. das Letras, 2005.

PAILLARD, B. A sociologia do presente. In: PENA-VEGA, A. & LAPIERRE, N. (orgs.). *Edgar Morin em foco*. São Paulo: Cortez, 2008.

POE, E.A. *Ficção completa* – Poesia & Ensaios. Org., tradução e anotações de Oscar Mendes, com a colaboração de Milton Amado. Rio de Janeiro: Nova Aguilar, 2001.

ROGGERO, P. Para uma sociologia após "O método". In: PENA-VEGA, A. & LAPIERRE, N. (orgs.). *Edgar Morin em foco*. São Paulo: Cortez, 2008.

TACUSSEL, P. Uma virada pós-empirista nas ciências humanas francesas. In: *Revistas Famecos*, n. 18, 2002. Porto Alegre.

4
Sociologia da ciência
"Os conteúdos científicos explicados como construções sociais – Adeus às ilusões cognitivistas?

Alberto Oliva

The time is out of joint.
SHAKESPEARE. *Hamlet*, Act I, scene 5.

Nihil novi sub sole.
Ecl 1,9

1 Das guinadas filosóficas às sociológicas no estudo da ciência

Nosso objetivo é analisar criticamente a pretensão da sociologia cognitiva da ciência [doravante, SCC] de explicar o conteúdo das teorias científicas como subproduto de causas sociais. Dada a contraposição entre explicar e compreender, bastante presente na história das ciências sociais, somos de opinião que para o tipo de objeto que é a ciência, a maneira mais adequada de estudá-la sociologicamente é pelo emprego de uma *sociologia compreensiva* voltada à captação dos sentidos dados pelos cientistas às suas ações nas pesquisas. O fato de a SCC ter optado por aplicar à ciência um modelo de explicação causal está entre os principais responsáveis pelos resultados *meta*científicos pouco alvissareiros que tem logrado alcançar. A incapacidade de chegar a resultados explicativos significativos não tem impedido a SCC de acalentar, ainda que tacitamente, a pretensão de *desmascarar* as concepções internalistas de ciência abraçadas tanto por filósofos quanto por cientistas. Em que pese o fracasso em comprovar a sustentabilidade empírica de suas teses centrais, a SCC

objetiva desmascarar as metaciências tradicionais recorrendo ao tipo de abordagem que cientistas sociais como Malinowski e Durkheim dispensam às *razões* – consideradas enganosas – que os indivíduos invocam para justificar suas ações.

A SCC acaba colocando todas as teorias no mesmo patamar de credibilidade epistêmica como consequência de apagar a distinção entre o que se *toma por* conhecimento, uma problemática tipicamente psicossocial, e o que se acolhe como conhecimento com base na aplicação de testes ou de procedimentos de controle empírico. O fato de a ciência ser uma instituição que só pode existir e subsistir caso determinadas condições sociais se façam presentes não referenda a posição extremada de que o conteúdo das teorias científicas precisa ser sociologicamente explicado. Apesar de poder ser associada à ideia de pós-verdade, a SCC almeja retratar a ciência como ela é, identificando as causas que efetivamente a fazem ser o que é. Do enfoque estritamente internalista ao francamente externalista, várias reconstruções metacientíficas têm sido propostas sem que os resultados se mostrem animadores. Têm exibido poucos avanços os estudos que investigam a ciência como uma comunidade como outra qualquer. Em contraposição, os enfoques internalistas têm sido minados por controvérsias endêmicas até mesmo quando se tenta mostrar de que modo a atividade científica se devota à solução de problemas.

Defendemos a tese de que os ataques sistemáticos ao racionalismo e ao empirismo na filosofia da ciência contemporânea – não descobertas sociológicas referentes às práticas de pesquisa e às comunidades científicas – foram fundamentais para a SCC recusar a tradicional divisão do trabalho metacientífico que confinava a sociologia da ciência ao estudo dos fatores do contexto da descoberta. Enquanto subscreveu o núcleo duro do que Suppe (1977, p. 6-16) denominou *received view*, a sociologia da ciência abraçou principalmente a missão de identificar as causas dos casos inequívocos em que inteiras comunidades científicas ignoram os padrões basilares de avaliação epistêmica para aceitar determinada teoria com base apenas em imperativos ideológicos.

Contra a filosofia da ciência tradicional, para a qual a cognitividade da ciência é vista como determinada apenas pela lógica e pela experiência, Barnes e Edge (1982, p. 65) salientam que o interesse real pela natureza do conhecimento científico só começou a se fazer presente na sociologia no final dos anos de 1960: "foi por essa época que as imagens idealizadas de ciência começaram a ser questionadas" em razão de as formas de abordar o conhecimento científico começarem a se tornar manifestamente mais naturalistas e factuais. Julgamos controverso que a SCC encarne a defesa de uma concepção mais realista – *down to earth* – da atividade científica. Assumidamente construtivista e relativista, a SCC está sujeita a ser tachada, como faz Bunge (1992, p. 105), de irracionalista, idealista, pseudocientífica. Apesar de a sociologia da ciência só poder ser uma disciplina empírica, é ma-

nifesta sua dependência epistemológica à filosofia da ciência. A fonte de dados relevantes para a SCC se encontra na história da ciência e nas práticas científicas direta ou indiretamente acompanháveis. Seus estudos de caso não respaldam suas teses centrais. A verdade é que enquanto foi amplamente aceita a visão de que os fatos da natureza veiculam informações independentes com base nas quais se formam e se julgam as teorias, a sociologia se limitou a investigar o contexto – sem se debruçar sobre o texto – da ciência. Tudo começa a mudar quando na filosofia da ciência se começa a difundir a ideia de que a ciência é menos empírica do que sempre se apregoou e muito mais *reconstrutiva* e *interpretativa* do que jamais se tendeu a admitir. Essa guinada permitiu à SCC se insurgir contra o (auto)confinamento da sociologia ao estudo da desconsideração, com ou sem premeditação ideológica, dos fatos, da deliberada desatenção aos imperativos fundamentais da razão e do desrespeito ao que Merton (1973b, p. 268-278) caracterizou de *ethos* da ciência.

Defendemos que a novidade da SCC reside em passar a atribuir *natureza social* tanto à dimensão *factual* quanto à *interpretativa*. Não tendo sido fruto de avanços internos da sociologia, da entrada em cena de novos fatos sociais nem de transformações nos modos de praticar a ciência, a "mudança de atitude" da sociologia com relação à ciência foi, a nosso ver, primariamente impulsionada por guinadas filosóficas nos modos de encarar a ciência. Essa a razão de a SCC vir se mostrando incapaz de desenvolver – frustrando suas intenções programáticas – estudos empíricos que comprovem que o conteúdo da ciência é explicável por meio de causas sociais. Enquanto na filosofia da ciência se manteve acanhado o questionamento dos modos racionalistas e empiristas de conceber a racionalidade científica, inexistiram argumentos epistemológicos que, traduzidos para uma versão *sociologizada*, levassem à conclusão de que os conteúdos da ciência são plasmados por fatores sociais.

Se pouco se sabe em que extensão as dimensões culturais e institucionais afetam os processos de *criação* das alegações de conhecimento, menos ainda se tem conseguido determinar se e de que modo impactam seus conteúdos. Ainda que tudo seja construção social, cumpre saber se a sociologia, minada por infindáveis polêmicas em torno de questões metodológicas e substantivas, reúne as condições indispensáveis para reconstruir explicativamente ciências como a física. Enfrentando grandes dificuldades para explicar fatos sociais em geral, a sociologia as vê aumentar quando ambiciona explicar os conteúdos produzidos pelas ciências naturais. Com base no critério do progresso cumulativo, Jarvie (1986, p. 4-5) observa que as ciências sociais são parcamente comparáveis às naturais: "se hoje mais fenômenos naturais são explicáveis do que em 1578, é no mínimo discutível que atualmente mais fenômenos sociais sejam explicáveis do que em 1578".

Como assinala Laudan (1984, p. 41), "depois de várias décadas de negligência benigna, o conteúdo da ciência começou de novo a ser submetido ao escrutínio da sociologia da ciência". A sociologia da ciência tradicional tendia a endossar uma visão internalista quanto aos modos de avaliar os conteúdos devotando atenção especial aos mecanismos de institucionalização da pesquisa científica. Znanieck (1940, p. 10) frisa que "sistemas de conhecimento considerados em sua composição, estrutura e validade objetivas não têm como ser reduzidos a fatos sociais", mas sem deixar de reconhecer que "sua existência histórica no seio do mundo da cultura – na medida em que depende dos homens que os constroem [...] – deve ser em grande medida sociologicamente explicada".

A *guinada sociologista* retira do conhecimento o poder de libertar o ser humano do jugo de forças cegas, naturais e psicossociais, para reduzi-lo a sub-

produto de construções comunitariamente urdidas. Inverte-se assim o quadro tradicional: em vez de a ciência explicar a realidade, com todas as dificuldades de aferição metodológica envolvidas, torna-se ela mesma mais um fato (social) a ser explicado. Não podendo uma ciência como a biologia ter seus conteúdos imanentemente justificados, só resta explicá-la por meio de outra ciência: a sociologia. A sociologia, que sempre teve a cientificidade colocada em dúvida, adquire protagonismo não por suas teorias terem conquistado excelência explicativa, mas por pretensamente desmascarar a visão idealizada que o cientista tem de suas práticas:

> Depois de proclamar que a ciência não nos fornece conhecimento objetivo da realidade, o próximo passo é dizer que não existe tal realidade. Há apenas constructos sociais [...]. Visto que inexiste uma maneira de as coisas serem, independentemente de nós, a física não pode nos dizer como são, uma vez que é apenas um constructo social entre outros (SEARLE, 1998, p. 33-34).

Somos de opinião que não veio acompanhado de conquistas explicativas, o que Merton (1971, p. 514) chamou de "revolução copernicana" na sociologia do conhecimento: "a introdução da hipótese de que não apenas o erro, a ilusão ou a crença infundada, mas também a descoberta da verdade é social e historicamente condicionada". O enfoque sociológico que deixa de se restringir "aos determinantes sociais da ideologia, das ilusões, dos mitos e das normas morais" está longe de ter produzido uma revolução nos modos de se encarar e praticar a ciência. Nenhum estudo jamais conseguiu dar adequada sustentação empírica à tese de que o contexto molda o texto, de que a posição social define o que se toma por cognição. Isso não significa que a produção – e mais ainda a recepção ou resistência – de ideias seja imune ao impacto de fatores psicossociais. Mills (1963, p. 453-454) salienta que, "do conhecimento da "posição social" de um pensador não se pode deduzir a verdade ou falsidade de seus enunciados; em sentido cru, da sociologia do conhecimento não há consequências epistemológicas a derivar por mais que a questão seja mais complicada e as consequências menos diretas".

Quando se fala em *condicionamento* social, a teoria deriva da sociedade e a funcionalização é possível, mas quando se pensa em *determinação* social supõe-se que alguma forma de deformação ocorra. Nesse caso, a funcionalização é necessária. Se todos os produtos intelectuais são socialmente construídos, é inescapável que tenham vínculos de dependência com interesses de grupos, óticas de classe e ideologias, de tal modo que participam diretamente da luta pelo poder na dimensão micro da ciência ou na macroscópica da política. O sociologismo e o economicismo substituem a justificação epistêmica pela explicação extracognitiva das alegações de conhecimento: em vez de explicar fatos, a ciência é que deve ser explicada por meio de fatos econômicos ou sociais. Para Bernal (1942, p. 409), a atividade científica vem, em última instância, a reboque da estrutura econômica: "o pleno desenvolvimento da ciência colocada a serviço da humanidade é incompatível com a continuação do capitalismo".

Visto que o conhecimento de como a sociedade ou a economia molda o pensamento contraria o que os filósofos e cientistas tomam por representações objetivas da realidade, apenas uma forma de conhecimento pode ser buscada: a referente aos mecanismos sociais ou econômicos que ensejam a produção de certos conteúdos e não de outros. A SCC dá a impressão de forjar uma versão sociologizada da tese de Vico (1977, p. 232) de que só podemos conhecer o que é *obra nossa*, com a diferença de que as *razões* alegadas são colocadas sob suspeição para que causas, que só o cientista social é capaz de apreender, sejam entronizadas.

Acreditamos que para a formação da SCC foi essencial a guinada ocorrida em filosofia da ciên-

cia, que passou a considerar inseparáveis o componente teórico e o observacional, a atividade de constatação e a de interpretação, o contexto da descoberta e o da justificação, as razões epistêmicas e os fatores sociais, a teoria substantiva e a metodologia que a acompanha, a história interna e externa. A versão sociologizada das teses epistemológicas heterodoxas desembarcou na conclusão de que fatos só têm sua existência reconhecida e categorizada por meio de processos *interpretativos* de natureza social. A suposição de que mecanismos sociais criam e constroem fatos outrora qualificados de naturais, promove o abandono da longeva problemática epistemológica de como as teorias são confirmadas ou refutadas por evidências empíricas. Inexistindo fatos (naturais), só artefatos (socioculturais), deixa de ser fundamental prestar atenção nos conteúdos e nos crivos empíricos por meio dos quais são aferidos. A ontologia, o que se supõe existente, é fruto de uma ótica social. Da tese *epistemológica* de que as teorias são subdeterminadas pelas evidências empíricas, a SCC deriva que a preferência por uma delas é sempre determinada por fatores sociais. Encarar os fatos naturais como socialmente construídos equivale a rejeitar o dualismo entre natureza e convenção (*physis* e *nomos*), que remonta aos pré-socráticos, para se adotar o monismo da convenção.

Como advoga Laudan, os propositores de uma filosofia pós-positivista se distinguem por rejeitarem: (1) que teorias podem ser objetivamente comparadas; (2) que teorias podem ser decisivamente refutadas; (3) que existem regras epistemicamente robustas de seleção de teoria capazes de orientar as escolhas científicas; (4) que mesmo os cientistas que sustentam diferentes teorias são plenamente capazes de se comunicar entre si. Tais teses desembocam em uma visão francamente relativista sobre a ciência para a qual o progresso cognitivo é considerado ilusório. Para Laudan (1978, p. 4), a conclusão final desses filósofos é a de que "a tomada de decisão científica é basicamente um assunto de política e propaganda – no sentido de que o prestígio, o poder, a idade e a polêmica determinam de modo decisivo o resultado da luta entre teorias e teóricos em competição".

A falta de arrimo empírico para suas teses centrais torna defensável a hipótese de que a SCC propõe uma versão *sociologizada* dos pontos centrais da filosofia pós-positivista. É inegável que Kuhn e Feyerabend foram fundamentais para o surgimento da SCC, por mais que Kuhn (2000, p. 110) tenha se colocado enfaticamente contra as teses centrais da SCC. Ao deixarem de encarar o curso da pesquisa como orientado e filtrado pela evidência empírica e pela demonstração lógica, abriram caminho para apresentar os conteúdos como subprodutos de fatores da vida social. O que distingue a SCC é a defesa da busca unidirecional – sempre do social para o intelectual – dos nexos causais. Se a aceitação e a rejeição de conteúdos são definidas por processos de negociação, justifica-se dispensar os conceitos epistêmicos.

Propor que conhecimento deixe de ser definido como *crença verdadeira justificada* para ser entendido como crença *socialmente causada* demanda a construção de sólidas explicações estribadas em leis gerais. Como até hoje não conseguiu formular leis causais descritivas estabelecendo a dependência da *substância* das explicações científicas a tipos sócio-históricos e a padrões culturais, a SCC é mais uma metaciência que se soma aos tradicionais empirismos, racionalismos, instrumentalismos etc. Nenhum estudo alinhado com a SCC foi bem-sucedido na identificação de mecanismos causais ou funcionais, e menos ainda na formulação de leis que fundamentem a tese de que fatores sociais moldam o conteúdo do texto científico. É discutível que em uma cultura fincada em outros pressupostos "metafísicos", mas também apta a fazer pesqui-

sa científica, uma teoria como a da relatividade não teria como existir ou que chegaria a formulações diferentes. Faltando à SCC comprovação empírica, justifica-se a avaliação de Laudan (1984, p. 42) que a reduz a um manifesto metassociológico em virtude de se limitar a defender o alargamento do escopo explicativo da sociologia sobre a ciência.

Como se transitou do epistemologismo ao sociologismo

A SCC se situa nos antípodas da concepção epistemologista expressa de maneira emblemática por Schlick (1979, p. 116): "encarando o conhecer como um puro jogo do espírito e a perseguição da verdade científica como um fim em si mesmo, o cientista se deleita em medir forças com os enigmas que a realidade lhe propõe independentemente dos benefícios que disso possam advir". Para a SCC, atribuir valor explicativo intrínseco ao conteúdo de uma teoria científica envolve concebê-lo como socialmente desenraizado. Tirante os defensores do "platonismo epistemológico", ninguém acredita possível justificar uma teoria como pura expressão da razão ou como representação especular da realidade na sua dimensão essencial.

A despeito de o prescritivismo prevalecer na história da epistemologia, uma visão socionaturalista é precursoramente defendida por Hume: entender o conhecimento pressupõe dispor de uma embasada teoria da natureza humana. Nesse caso, a compreensão do que se denomina conhecimento precisa se assentar em descrições e explicações de como funciona a mente humana e de como se dá sua inserção na vida social. Sendo possível elaborar descrições dos processos de formação das crenças sem nenhum apelo a conceitos normativos de racionalidade, a questão é saber se a possibilidade de explicar causalmente as crenças torna desnecessário tentar racionalmente justificá-las. Procurar compreender o conhecimento vinculando-o ao que é o ser humano, a como funciona sua mente, a como se organiza a sociedade, tem o mérito, entre outros, de evitar a proposição de um *dever-ser* epistemológico idealizado:

> É evidente que todas as ciências têm uma relação maior ou menor com a natureza humana [...] mesmo a Matemática, a Filosofia Natural e a Religião Natural dependem em alguma medida da ciência do homem, já que são objetos do conhecimento dos homens, que as julgam por meio de seus poderes e faculdades [...] consequentemente, não somos simplesmente os seres que raciocinam, mas também um dos objetos sobre os quais raciocinamos (HUME, 1969, p. 42-43).

Além de se destacar por caracterizar a ciência do homem como primária, essencial à compreensão das demais ciências, Hume apresenta a explicação psicossocial como alternativa para o que desponta *incapaz* de ser racionalmente justificado. Carente de justificação epistêmica, nossa arraigada tendência a generalizar, a supor que o futuro será igual ao passado, se explica pela atuação de mecanismos psicossociais como o hábito ou costume. Diante da falta de fundadas razões para derivarmos o inobservado do observado, o futuro do passado, surge a necessidade de *explicar* o que nos propele a constantemente generalizarmos. Tradicionalmente, prevalece o pressuposto de que crenças lógica e empiricamente respaldadas podem ser em si mesmas justificadas, de tal modo que as explicações históricas, psicológicas, sociológicas, biológicas, econômicas etc. se ocupam apenas dos processos responsáveis por sua formação e difusão.

Em consonância com a concepção tradicional, Hume só cogita substituir a justificação racional pela explicação psicossocial nos casos em que comprovadamente -- como ocorre nas inferências ampliativas – as boas razões se revelam impotentes para avaliar as operações do intelecto. É preciso ter presente que explicar a indução com base no hábito e no costume, **à la** Hume, requer uma teoria passível de ser epistemicamente justificada. Mesmo porque explicações exigem justificações em virtude de precisarem ser referendadas lógica e empiricamente. A SCC ignora isso supondo que a explicação por meio de causas sociais possa ser alcançada sem que a espinhosa problemática da justificação epistêmica precise ser enfrentada. A SCC prega ser sempre ilusório o intento de buscar razões epistêmicas para justificar a transição de uma massa de dados para determinada teoria em virtude de acreditar que os próprios fatos resultam de construção social.

Stark (1958, p. 174) expressa por meio de elucidativa imagem a dicotomia endossada pela sociologia da ciência tradicional entre os fatores sociais propulsores e o conteúdo explicativo: "as forças sociais, locomotivas que puxam ou empurram o trem da ciência, não têm o poder de determinar o que é carregado nos vagões". A velha distinção entre o que existe *por natureza* e o que *por convenção* é assim apresentada por Stark (1958, p. 171): "desenvolvimentos sociais não determinam o conteúdo dos desenvolvimentos científicos simplesmente porque não determinam os fatos naturais". Enquanto prevaleceu na filosofia da ciência a tendência a estabelecer uma nítida separação entre ciência e não ciência e pseudociência, as ambições explicativas da sociologia da ciência se mantiveram acanhadas. Insistimos que a SCC teve de contar com as teses heterodoxas das filosofias da ciência pós-positivistas para adquirir força argumentativa a fim de se apresentar como capaz de se debruçar sobre a dimensão cognitiva da ciência. O rechaço da visão de que fatos e evidências empíricas são os árbitros supremos do processo científico de pesquisa foi crucial para o atrelamento dos conteúdos das teorias a processos de construção social. As filosofias da ciência pós-positivistas foram decisivas para a formulação da SCC, batizada por Hesse (1980, p. 31) de *strong thesis*: sendo os conteúdos das teorias científicas socialmente explicáveis, a ciência deixa de explicar fatos do mundo para ser explicada por fatos da sociedade.

Bacon inaugura a Modernidade advogando que os *idola* se explicam de modo psicossocial e o conhecimento por mecanismos lógicos de validação e pelo respaldo dos fatos. O pós-positivismo vira de cabeça para baixo essa visão ao relativizar o papel cumprido pelos procedimentos de justificação epistêmica. A SCC completa o serviço ao caracterizar a aceitação ou rejeição das alegações de conhecimento como subproduto da incidência de causas sociais. Isso acarreta o abandono da ideia tradicional de objetividade para a qual a avaliação dos resultados obtidos pela ciência prescinde de explicação social. Com base na visão sociologista, o poder instrumental (sobre a natureza) não deriva de um tipo especial de saber – como já alardeia Bacon no *Novum Organum* – e pouco difere do poder político *tout court*. Laudan (1990, p. x) considera essa posição "a mais proeminente e perniciosa manifestação do anti-intelectualismo de nossa época".

Laudan (1978, p. 202) endossa a visão tradicional de que necessita de *elucidação* sociológica apenas o que é endossado à revelia dos padrões de justificação racional: "a sociologia do conhecimento poderá intervir para explicar as convicções exclusiva e unicamente nos casos em que as convicções não puderem ser explicadas em termos de seus méritos racionais". Só as situações em que a decisão tomada é insuscetível de justificação racional requerem investigação sociológica ou psicológica. Aceitar essa delimitação de competências levava a sociologia a ter diminuto espaço de atuação explicativa, uma vez que são claros e tipificados os casos em que deveria ser convocada:

> Sempre que, por exemplo, um cientista aceita uma tradição de pesquisa que é menos adequada do que uma rival; sempre que insiste com uma teoria que não é progres-

siva, sempre que dá maior ou menor peso a um problema ou a uma anomalia do que cognitivamente merece; sempre que escolhe entre duas tradições de pesquisa igualmente adequadas ou igualmente progressivas (LAUDAN, 1978, p. 222).

Além das situações "anômalas" de violação dos imperativos éticos e epistêmicos, a investigação sociológica pode incluir, segundo Laudan, "uma exploração dos determinantes sociais dos pesos dados aos problemas, uma vez que esse fenômeno – provavelmente mais do que os outros – parece intuitivamente estar sujeito às pressões de classe, nacionalidade, recursos financeiros e outras influências sociais". Em consonância com a concepção tradicional perfilhada tanto pelo filósofo quanto pelo cientista, Laudan (1978, p. 188-189) advoga que "quando um pensador faz o que é racional fazer, deixa de ser necessário perquirir as causas de sua ação; quando faz o que é de fato irracional – mesmo que acredite ser racional – faz-se mister explicação adicional". Ryle (1963, p. 308) segue a mesma linha argumentativa: cabe deixar que "os psicólogos nos digam por que estamos enganados, mas podemos dizer a nós mesmos e a ele por que não estamos enganados". Como advoga Newton-Smith (1981, p. 238), a sociologia do conhecimento só se aplica a casos desviantes. Sendo assim, só deve ser convocada para explicar de que maneira o ideológico prevalece na ciência. Isso pode ser modelarmente exemplificado pelo "Caso Lysenko" assim caracterizado por Huxley (1949, p. ix): "por meio de pronunciamento oficial, o Partido Comunista estabeleceu que o Michurinismo era cientificamente verdadeiro e o Mendelismo cientificamente falso".

Só está fartamente documentado, como nota Merton (1971, p. 514), que "na explicação do erro e da opinião não certificada, alguns fatores extrateóricos estão envolvidos, e que alguma explicação especial é necessária, já que a realidade do objeto não pode explicar o erro". Em contraposição, "no caso do conhecimento confirmado ou certificado estava de há muito estabelecido que pudesse ser adequadamente explicado com base em uma relação direta do investigador com o objeto". À pretensão da SCC de explicar socialmente *todo e qualquer* produto intelectual falta o respaldo de estudos empíricos passíveis de confirmação gradual e crescente.

Caso o estabelecimento da verdade das proposições só requeira a comprovação de que estão em correspondência com os estados de coisas aos quais se reportam, só o endosso comunitário do falso, do errado, demanda explicação causal social. A SCC desqualifica em bloco as razões pressupondo que não passam de racionalizações de causas ignoradas. É questionável que uma crença passível de ser epistemicamente justificada precise ser socialmente explicada, uma vez que, aponta MacIntyre (1983, p. 247), só a explicação de uma crença irracional requer a elaboração de "generalizações causais que conectem condições antecedentes especificadas – em termos de estruturas sociais ou estados psicológicos ou ambos – com a gênese das crenças".

Pode-se rejeitar que a verdade atribuível às proposições seja *explicável* por causas sociais sem se desposar a tese de que não é causada. A compulsão epistêmica – resultante da aplicação de regras lógicas de inferência ou do acúmulo de evidência empírica significativa – pode se constituir em causa de aceitação, ainda que temporária, de uma teoria. Ao perseguir uma reconstrução *exclusivamente* social da ciência, a SCC abole o dualismo entre *justificar* (epistemicamente) o racional e *explicar* (de modo psicossocial) o irracional. Se *razões* podem atuar como um tipo especial de causa, invocá-las para explicar as crenças abraçadas não será menos científico, menos causal e menos empírico que priorizar fatores sociais.

O rechaço do duplo roteiro epistemológico – um devotado a justificar crenças racionais e outro a explicar as irracionais – é indispensável para a SCC poder pretender ambicionar explicar o conteúdo das teorias científicas. O problema é que para conferir sustentação à tese de que as *razões* (lógico-empíricas) não determinam a aceitação ou a rejeição das teorias científicas, é preciso recorrer a *razões*, e as que têm sido invocadas pela SCC têm se mostrado pouco convincentes. Se, como destaca Merton (1973a, p. 13), a sociologia da ciência vinha oscilando da defesa da posição de que "a gênese do pensamento não tem relação necessária com sua validade à visão relativista extrema que considera a verdade "mera" função da base social ou cultural", a SCC abraçou o segundo extremo sem ser impulsionada pela descoberta de novos fatos sobre a sociedade ou a ciência.

A sociologia da ciência que renunciava à pretensão de explicar o conteúdo da ciência endossava a visão assim resumida por Manheim (1954, p. 239-240): "a determinação existencial do pensamento pode ser considerada um fato demonstrado só naqueles domínios do pensamento em que se pode mostrar que o processo de conhecer não se desenvolve historicamente de acordo com leis imanentes". Só nos casos em que, como arremata Manheim, não se segue apenas da "natureza das coisas" nem das "puras possibilidades lógicas"; quando, em suma, "não é movido por uma "dialética interior". Com base nessa visão, as construções presentes nas ciências formais e nas naturais possuem um conteúdo livre da influência de fatores extracognitivos. Em suma, só "o advento e a cristalização do pensamento são influenciadas – ressalta Manheim – em muitos aspectos decisivos por fatores extrateóricos dos mais diversos tipos".

Abandonada a linha divisória entre a produção intelectual justificável de forma imanente e a que é socialmente explicável, apaga-se a distinção entre o que pode ser demonstrativamente provado no âmbito das ciências formais ou empiricamente confirmado no interior das ciências factuais e a produção intelectual que manifestamente reflete o embate entre ideologias e interesses político-sociais. Dois são os desdobramentos: (1) inexiste crença cujo conteúdo possa ser validado com base exclusivamente em razões; (2) longe de ter valor cognitivo intrínseco, o que é acolhido pelas comunidades científicas precisa ser socialmente explicado. A SCC confere protagonismo explicativo à sociologia ao sustentar que até mesmo as bem confirmadas teorias científicas são subprodutos de processos e estruturas sociais. Partindo do argumento de Manheim (1954, p. 243) segundo o qual "a gênese histórica e social de uma ideia só careceria de relevância para sua validade última caso as condições sociais e temporais de seu surgimento não tivessem efeito sobre sua forma e conteúdo", Bloor (1991, p. 3) oferece uma resposta afirmativa à seguinte questão: "tem a sociologia do conhecimento condições de investigar o conteúdo e a natureza do conhecimento científico?" O *Programa Forte* de Bloor torna obrigatório discutir que valor cognitivo pode ter o sistema teórico que *não se valida* com base em razões, que *se legitima* sob o influxo de fatores sociais. Daí Papineau (1988, p. 38-39) indagar se a SCC provoca "o descrédito da ciência" e se é possível defendê-la "sem rejeitar a ciência".

Desde os sofistas, os adversários do platonismo epistemológico têm se destacado pela pretensão de prover explicações de tipo psicológico e/ou sociológico para tudo aquilo em que se acredita. Tendo natureza convencional, sendo concebido como *o que se toma por* verdadeiro, o conhecimento só pode ser socialmente explicado. O problema é que a teoria que questiona a razão pura também precisa da razão, ainda que concebida de modo falibilista, para se justificar. Bloor (1991, p. 5) procura contornar o desafio declarando que

o conhecimento (científico) é um fenômeno puramente natural: "em vez de ser definido como *crença verdadeira justificada*, o conhecimento para o sociólogo é tudo aquilo que as pessoas consideram conhecimento". Essa concepção *oversocialized* de ciência parte da suposição de que todo e qualquer tipo de crença só pode ter sua validade *contextualmente* estabelecida.

Para Barnes e Bloor (1982, p. 22-23), "as crenças não se diferenciam quanto às causas de sua credibilidade", já que "para o relativista carece de sentido a ideia de que alguns padrões ou algumas crenças são realmente racionais e vão além da aceitação local". Para essa neossofística, a ciência idealiza a si mesma quando se imagina capaz de chegar a uma forma de conhecimento, próxima da *episteme* platônica, que transcende a posição e a situação dos que a produzem. A conclusão última desse tipo de visão é considerar a ciência uma "narrativa" tão comunitariamente determinada quanto o mito e a ideologia. Mais do que descobrir e registrar o que no mundo *é o caso*, a ciência só apreende objetos socialmente construídos. Do relativismo do *homo mensura* de Protágoras se vai para a visão de que nada pode ser constatado *naturalmente*, uma vez que toda crença é fruto de convenções e consensos locais. Destacar a ciência como criadora de teorias portadoras de credibilidade explicativa superior representaria, para a neossofística sociologista, a retomada da pretensão platônica – fruto de ilusões idealistas – de contrapor a *episteme*, o conhecimento demonstrativamente certo, às opiniões (*doxai*) fugidias que circulam pelo *Lebenswelt*.

No entendimento de Bloor (1991, p. 46), "se a sociologia não pudesse ser completamente aplicada ao conhecimento científico, isso significaria que a ciência não poderia conhecer a si mesma cientificamente". Infelizmente, esse *sociological turn* não se fez acompanhar dos prometidos estudos empíricos capazes de prover a confirmação gradual e crescente das teses socioconstrutivistas. Visto que para Bloor (1991, p. 21) "a busca por leis e teorias na sociologia da ciência é absolutamente idêntica, em seus procedimentos, com a de qualquer outra ciência", a SCC pode ser cobrada por jamais ter efetivamente explicado *de que modo* o conteúdo das teorias reputadas científicas é fruto de construção social. *Caso* demonstrasse que todo conteúdo científico não passa de construção social, a SCC inviabilizaria o estabelecimento da validade das alegações de conhecimento, inclusive das que ela mesma faz.

A sociologia abraçou a tarefa de explicar os conteúdos dos textos científicos sem ter-se mostrado sequer capaz de revelar em que se assenta a funcionalidade institucional das comunidades científicas. Para Searle (1998, p. 32-33), a SCC promove a guinada radical que, no lugar do mundo, coloca o homem no poder: "a motivação profunda para a negação do realismo não é este ou aquele argumento, mas uma vontade de potência, um desejo de controle e um ressentimento profundo e duradouro [...] que aumentou no final do século XX devido a um grande ressentimento e ódio às ciências naturais". O velho naturalismo, para o qual as disciplinas sociais deveriam imitar as naturais para granjearam cientificidade, credibilidade explicativa, é substituído por um questionável sociologismo que dá à sociologia o monopólio de explicar os conteúdos das ciências:

> Suponhamos que fôssemos convidados a acreditar que nossos raciocínios lógicos, matemáticos e empíricos representem hábitos de pensamento historicamente contingentes e culturalmente localizados sem qualquer validade mais ampla. De um lado isso aparenta ser um pensamento a respeito de como as coisas realmente são, de outro, nega que sejamos capazes de tais pensamentos. Qualquer reivindicação radical e universal desse tipo teria de estar apoiada em um argumento poderoso, mas a própria alegação parece privar-nos da capacidade de elaborar argumentos desse tipo (NAGEL, 1997, p. 14).

Ao pretender explicar o conteúdo da ciência sem precisar levá-lo efetivamente em consideração, a SCC coloca o ser da ciência – o que a faz ser o que é – fora dela. Se fatores extracientíficos moldam até mesmo os conteúdos da pesquisa *esotérica*, os cientistas não têm como captar isso. Nesse caso, o desafio é apreender como algo "fora" da ciência – que precisa também ser apreendido por meio da pesquisa científica, só que social – possui efetividade causal sobre seus conteúdos. Para a SCC, a ciência é ilusoriamente vista por seus praticantes como uma atividade que obedece apenas a dois senhores – a lógica e a experiência – por não se darem conta de que os crivos metodológicos são meras convenções sociais, incapazes de tornar as teorias científicas explicativamente mais confiáveis que mitos e ideologias. Ficaria desorientado o cientista que encarasse as configurações sociais como os moventes que o impelem a acolher ou rechaçar uma teoria. Teria de descrer da relevância das boas razões e da força das evidências que pode compartilhar com os outros membros da comunidade científica. O cientista que se descobrisse vítima da ilusão de racionalidade, que o faz enxergar fatos *sociais* como se fossem *naturais*, perderia a identidade profissional.

Nagel (1997, p. 21) observa que "o pensamento sempre nos leva de volta para o emprego da razão incondicional se tentamos desafiá-la globalmente, uma vez que não se pode criticar algo com nada; e não se pode criticar o mais fundamental com o menos fundamental". Isso significa que "a lógica não pode ser desalojada pela antropologia; a aritmética não pode ser desalojada pela sociologia ou pela biologia". E arremata: "desafios à objetividade da ciência só podem ser enfrentados por meio de outro raciocínio científico".

É claro que se explicações sociais podem ser encontradas para a formação e reprodução de crenças não científicas, nada em tese impede que também o possam para as científicas. Observe-se, no entanto, que o fato de uma crença ser socialmente causada – no sentido de que não chegaria a ser criada se outras fossem as condições macrossociais – é compatível com a possibilidade de também ser epistemicamente validada. Deixa, entretanto, de haver necessidade de se buscar uma *ars probandi* se tudo é sempre construção social submetida a determinantes extracognitivos. Passa a ser essencial estudar os mecanismos sociais que atuam no plano da *ars inveniendi* à qual é subordinada a *arte de justificação*.

Reduzir a ciência à construção social é incapaz de explicar por que são gritantes – ao menos em termos de credibilidade epistêmica e de eficácia na resolução de problemas – as diferenças entre os resultados alcançados pela aplicação do método empírico e os obtidos por outros meios. A eficiência preditiva ou instrumental não tem como ser pura e simplesmente atribuída ao fato de ser a ciência uma entidade social. Tampouco pode ser creditada apenas à enorme quantidade de recursos investidos em pesquisa científica. A despeito de ser relativista, a SCC se apresenta como a única visão metacientífica que se mantém atrelada à *ciência real*. A SCC alarga a tese de Gurvitch (1966, p. 14) de que "a sociologia do conhecimento deve renunciar ao preconceito bastante difundido segundo o qual os juízos cognitivos devem possuir uma validade universal". O arremate de Gurvitch de que "a validade de um juízo nunca é universal em virtude de se vincular a um quadro de referência específico" se presta a minar a autonomia dos crivos epistemológicos.

Entendendo que o filósofo dá um passo errado quando, antes de tentar explicar uma crença, devota-se a determinar seu estatuto de verdade e racionalidade, Bloor sustenta que explicações são suficientes a ponto de não precisarem ser precedidas ou seguidas de justificação. Na visão de Bloor, a justificação é uma operação inventada pelo filósofo para livrar da determinação causal as crenças que privilegia como racionais. Qualificar todas as razões de meras racionalizações impede até que se rejeite o que é defendido sem boas razões.

Reiteramos nossa tese de que a visão segundo a qual o endosso ou rechaço de teorias é determinado não por razões, mas por estados da sociedade, representa uma versão sociologista de teses epistemológicas heterodoxas como a que sustenta que fatos só podem ser apreendidos e caracterizados por meio de óculos teóricos. Trocando os óculos teóricos pelos sociais, chegamos à tese de Latour e Wolgar (1986, p. 31) de que "a realidade é consequência mais que causa da construção". Com isso, deixa de existir a constatação, ainda que teoricamente conduzida, de fatos e tudo vira construção (social). Collins (1981, p. 3) acredita que "o mundo natural tem papel diminuto, ou nulo, na construção do conhecimento científico". Se para os socioconstrutivistas em geral não apenas as teorias científicas são socialmente construídas, mas os próprios fatos, disso decorre que o curso da pesquisa no Ocidente teria sido diferente se o evolver da sociedade tivesse seguido outros caminhos. Certas teorias não teriam se formado porque determinados fatos não teriam sido socialmente identificados e construídos.

A pregação genérica de que os raciocínios lógicos e matemáticos e os procedimentos empíricos de avaliação constituem a expressão de hábitos de pensamento historicamente contingentes e culturalmente formados precisa de lastro empírico, que só pode ser obtido caso a caso. Sem apoio empírico, é *filosófica* a guinada por meio da qual conhecimento deixa de ser *produto* passível de justificação epistêmica para ser *processo* suscetível apenas de legitimação social a ser causalmente explicado. A despeito de conferir a si mesma o *status* de *ciência da ciência*, a SCC deveria, por carecerem suas teses de confirmação empírica, se apresentar como uma *filosofia social* da ciência.

2 É a ciência causalmente explicável ou só empaticamente compreensível?

É simplista afirmar, como faz Bloor (1991, p. 50), que a sociologia sofre preconceito por deixar de tratar a ciência como a encarnação maior da racionalidade. A resistência à SCC se deve principalmente à incapacidade de confirmar empiricamente sua tese central de que o conteúdo da ciência é socialmente moldado. A SCC está longe de produzir uma explicação da ciência que comprove serem ilusórias as justificações racionalistas que os cientistas oferecem para suas decisões de aceitação ou rechaço de resultados. Para que se tornasse irrelevante reconstruir os conteúdos das teorias científicas em termos lógico-empíricos seria indispensável que a SCC obtivesse embasados resultados para suas teses sociocontrutivistas. Sendo as técnicas de pesquisa reduzidas a convenções sociais, deixa a própria SCC de ter condições de justificar epistemicamente sua teoria contra alternativas. As regras do método podem ser pensadas como convenções, mas se puramente sociais não têm como avalizar resultados, sejam eles quais forem.

A tese que encara os conteúdos da ciência como determinados por fatos da vida social não passa de uma "metafísica social" caso deixe de ser empiricamente confirmada diacrônica e sincronicamente. Da suposição filosófica de que as complexas tramas explicativas das teorias das ciências naturais são subdeterminadas pela evidência empírica, SCC extrai a conclusão de que a subdeterminação empírica se resolve sempre pela determinação social. Por essa ótica, as especulações metafísicas e os esquematismos ideológicos não são mais socialmente construídos que as explicações científicas. Sem o estabelecimento de nexo de dependência dos resultados científicos a processos sociais específicos, a SCC carece de justificativa para proclamar que a prova matemática e a comprovação empírica nada têm de cognitivamente superior ao assentimento ideológico.

Na visão de Bloor (1991, p. 7), o Programa Forte, que temos apresentado como SCC, tem de partir de quatro princípios fundamentais. O primeiro, o da causalidade, se volta para as condições que desencadeiam os estados do conhecimento. O conhecimento, em sua opinião, emana da sociedade, é o produto de influências e recursos coletivos peculiares a uma cultura. O segundo é o da imparcialidade com relação à verdade e à falsidade, à racionalidade e à irracionalidade, ao sucesso e ao fracasso. O terceiro proclama que os mesmos tipos de causa explicam tanto as crenças verdadeiras quanto as falsas. E o quarto, o da reflexividade, sustenta que os padrões de explicação teriam de ser aplicáveis à própria sociologia. Bloor chega a afirmar que a causação social da crença acarreta reflexivamente que a crença na causação social deve ser ela mesma socialmente causada.

Por essa ótica, o entendimento do *ser* da ciência não é alcançado por autorreflexão – cada ciência pensando a si mesma – nem pela atividade de reconstrução racional conduzida pela filosofia, mas só pela SCC. É complicado incumbir a sociologia da missão de explicar a ciência *in totum* estando ela cindida em escolas e minada por disputas metodológicas e ontológicas que historicamente a tem levado a conclusões conflitantes e até excludentes. Com o objetivo de tornar a ciência um objeto de estudo como outro qualquer, Bloor argumenta que se o conhecimento de outras culturas e dos elementos não científicos de nossa cultura pode ser buscado pela ciência, então a ciência também deve ser estudada cientificamente – no caso, pela sociologia.

Discordamos dessa avaliação, uma vez que a ciência tem sido objeto de investigação tanto pelos que ambicionam fazer *ciência da ciência* quanto pelos filósofos propositores de reconstruções racionais. Faltam, no entanto, evidências que permitam decretar que os enfoques externalistas são superiores aos internalistas ou que o único estudo científico da ciência só pode ser o sociológico.

De acordo com o sociologismo de Bloor (1991, p. 16), "o conhecimento pode ser mais identificado com a cultura do que com a experiência". Para proporcionar sustentação a essa tese, seria preciso mensurar, o que nunca foi feito, o impacto da cultura sobre a *substância* de teorias testáveis. Isso sequer foi feito com relação aos conteúdos das opiniões do senso comum. Bloor defende a substituição do que denomina "modelo teleológico", com base no qual a aquisição do conhecimento se volta para a conquista da verdade, pelo "modelo causal", para o qual todas as crenças, mesmo as racionais, podem receber uma explicação sociológica. Diante da longeva dicotomia entre *erklären* e *verstehen*, Bloor defende que a atividade científica seja *causalmente explicada*. Os resultados pífios apresentados podem se dever à inadequação da metodologia utilizada ou à ausência ou insuficiência de evidência capaz de respaldar a SCC.

A despeito de toda sua dependência às teses heterodoxas da filosofia da ciência pós-positivista, a SCC propõe o emprego da tradicional metodologia causal no estudo da ciência. Isso quer dizer que a SCC não recorre ao método dialético e ao hermenêutico – estranhos às ciências naturais – para levar a cabo uma reconstrução completamente *socializada* da ciência. Sempre se revelou difícil conciliar o contextualismo com a elaboração de explicações de tipo indutivo-probabilístico ou hipotético-dedutivo. Com parcos resultados explicativos a oferecer, a SCC padece de defeitos similares aos do economicismo marxista que reduz a ciência à força produtiva ou à parte da superestrutura. Como sublinha Ben-David (1991, p. 462), "nenhum sucesso pode ser reivindicado para as tentativas marxiano-manheimianas de encontrar uma relação sistemática (permanente, regular e não apenas ocasional) entre a locação macrossocial, a ideologia e a teoria científica; na verdade, há pouca evidência sugerindo que deva haver tais relações".

À luz do método milliano das variações concomitantes não se tem conseguido provar que alterações nas estruturas e processos sociais moldam o teor explanatório das teorias científicas, que grandes mudanças na vida social se fazem acompanhar de reversões gestálticas como as verificadas quando da substituição de um paradigma por outro. Falta a comprovação de que a história da ciência fica a reboque da história das sociedades. O mais comum é o conhecimento alterar os rumos da sociedade. Ademais, a história das ciências naturais é irreversível no sentido de que jamais, por exemplo, se voltará a endossar o sistema geocêntrico, ao passo que a das sociedades pode propiciar a volta – por exemplo, de uma forma de governo – do que parecia definitivamente superado.

Normalmente usado com um sentido normativo vinculado à imperiosidade de se acatar uma constatação, resultado ou conclusão, o conceito de racionalidade permite que se qualifique uma ação de racional quando se atesta que há boa razão para executá-la e de irracional quando inexiste uma boa razão. A racionalidade costuma ser associada à relação entre meios e fim e a como as pessoas acolhem ou rejeitam crenças com base na lógica bivalente e no crivo dos fatos. A SCC desatrela a racionalidade de crivos como o da controlabilidade empírica e de inferências como a dedutiva e a indutiva. Tornam-se irrelevantes os imperativos epistêmicos quando se sustenta que as ações na pesquisa são explicadas por causas, jamais justificadas por razões. Isso implica que quando um pesquisador aceita, ainda que provisoriamente, uma hipótese respaldada por evidência empírica significativa, não está recorrendo a um procedimento de justificação epistêmica e sim submetido a um processo social de formação de consenso. Sem um conceito preciso de *forma de vida* desponta vaga a visão de que todo e qualquer conteúdo intelectual é um de seus subprodutos.

Ambicionando *explicar (erklären)* causalmente de que modo as condições sociais e os contextos históricos moldam aquela que seria a dimensão cognitiva da ciência, a SCC afasta liminarmente a adoção de um enfoque dedicado a *compreender (verstehen)* a ciência atentando para os sentidos atribuídos pelos pesquisadores, para a significatividade intrínseca presente nos fatos que constituem a ciência. O desprezo pela compreensão empática resulta de se reputar equivocado ou ilusório o que pensam sobre a ciência os que a praticam. Como muitos outros fatos sociais sobre os quais o senso comum elabora interpretações, os que formam a ciência se oferecem à observação sociológica com uma compreensão de si mesmos. A SCC desconsidera que os fatos que constituem a atividade científica são pré-interpretados, mostra descaso pela peculiaridade de que a compreensão que os cientistas elaboram sobre a ciência é parte essencial de seu ser.

Visto que as práticas científicas são em boa parte determinadas pelo que pensam os pesquisadores sobre elas, a SCC não deveria encará-los como fantoches de causas sociais. Em nome da construção de uma explicação causal, é injustificável deixar de lado a significatividade que acompanha a conduta na pesquisa e, principalmente, ignorar o fato de que as razões apresentadas pelo cientista são cruciais para a ciência ser o que é. Ainda que lograsse capturar regularidades e uniformidades nas práticas de pesquisa resultantes de processos de construção social, a SCC teria de enfrentar a missão complementar, essencial, de explicar o descompasso entre a maneira de a ciência ser vista pelos que a praticam e a visão de que os conteúdos científicos são socialmente construídos.

Por ser um subsistema social constituído de fatos pré-interpretados, a ciência seria mais bem investigada por meio de uma metodologia sociológica *compreensiva*. Deixar de reconhecer a necessidade de lidar com a ciência como constituída por fatos pré-interpretados leva a SCC a buscar explicar apenas causalmente os fatos formadores da ciência sem qualquer abertura para a compreensão empática voltada para a apreensão dos sentidos que os pesquisadores dão às suas ações. Explicar por meio de causas sociais deixa de contemplar o acompanhamento de como a ciência forja sua intrincada trama de sentidos. A despeito de ser importante na investigação de *fatos portadores de significatividade intrínseca*, a sociologia compreensiva requer uma metodologia que enfrenta grandes dificuldades de fundamentação.

Sendo restritiva a aplicação ao estudo sociológico da ciência de uma metodologia objetivista – semelhante à que Brodbeck (1977, p. 98) caracterizou como *spectator method* –, somos de opinião que deveria ser priorizada a apreensão dos sentidos que os cientistas conferem às suas ações na pesquisa. Não é o que pensa Bloor (1991, p. 160-161) quando apregoa que os fundamentos e pressupostos são os mesmos para todas as ciências: "a sociologia não tem escolha senão a de se apoiar nessas fundações nem um modelo mais apropriado a adotar, já que essas fundações são nossa cultura". Os renitentes debates na filosofia da ciência têm evidenciado quão difícil é especificar quais são esses *mesmos* fundamentos e pressupostos. Bloor acredita poder pôr termo às controvérsias metacientíficas explicando tudo na ciência como resultante de fatores sociais ou culturais. O culturalismo pretende acabar com o *Methodenstreit* – endêmico nas ciências sociais – como se não fizesse parte dele.

A atividade de *compreender* os sentidos das ações científicas é a mais apropriada à reconstrução social da ciência, uma vez que pode associar conteúdos à dimensão social sem precisar descrá-los. Lakatos (1970, p. 174) chama a atenção para a necessidade de as ideias envolvidas serem compreendidas: "com frequência, a sociologia do conhecimento se presta a encobrir com sucesso a iliteracia: além de não entender as ideias, a maioria dos sociólogos do conhecimento mostra desinteresse por elas; limita-se a observar os modelos sociopsicológicos de comportamento". Lakatos também está coberto de razão quando afirma que "sociólogos do conhecimento" – ou "psicólogos do conhecimento" – tendem a explicar em termos puramente sociais ou psicológicos a assunção de posições que, na realidade, são determinadas por princípios de racionalidade". Fica a dúvida de se efetivamente conseguem ao menos explicar a *conduta na pesquisa*.

Se os produtores de ciência criam *compreensões* de tipo cognitivista sobre o que pensam e fazem não se justifica ignorá-las. Equivocadas ou não, as metaciências espontâneas dos cientistas se incorporam, ainda que parcialmente, às rotinas da ciência. Práticas de pesquisa são em boa parte moldadas pela imagem que se tem da ciência. A identidade conferida pelo pesquisador à ciência o leva a optar por certos cursos de ação e a atribuir à sua atividade tal ou qual missão intelectual, social, moral etc. Por mais que as explicações causais possam ser aplicadas com sucesso no estudo de alguns tipos de fatos sociais têm uso limitado quando se trata de investigar atividades como a científica compostas por fatos impregnados de significatividade intrínseca. Fazer a *reconstrução compreensiva* dos sentidos que o cientista confere às suas práticas e ações evita o externalismo que, ambicionando explicar os conteúdos da ciência por meio da exclusiva identificação de *causas*, deságua na *desqualificação das*

razões invocadas pelos membros das comunidades científicas para justificar aceitações e rejeições de hipóteses e teorias. Apenas se sua teoria fosse cabalmente verificada teria a SCC alguma autoridade intelectual para defender que fossem deixados de lado os fatos relativos ao que pensam os cientistas sobre o que pensam e ao que pensam sobre o que fazem. A SCC desconsidera que

> Lidando com um universo que desde o início é constituído no interior de quadros de significado elaborados pelos próprios atores sociais, a sociologia busca reinterpretá-los com base em esquemas teóricos próprios, fazendo a mediação entre a linguagem técnica e a comum. Esta hermenêutica dupla gera considerável complexidade, já que a conexão não acontece em um único sentido (GIDDENS, 1993, p. 170).

A SCC negligencia a importância do fato de a ciência elaborar, mais que outras instituições, interpretações sobre si mesma. Por mais que seus comportamentos sejam padronizados no interior das comunidades científicas, os pesquisadores precisam acreditar que os resultados alcançados dependem crucialmente dos procedimentos utilizados e não de fatores sociais. A explicação sociológica de conteúdos é reducionista por deixar de lado a racionalidade operatória com base na qual os cientistas conferem sentido às suas ações. Contra a *verstehende Technik*, a SCC adota a posição, prevalecente na história das ciências sociais, de desqualificar as razões, motivos ou móveis invocados pelo agente sob a alegação – desacompanhada de comprovações caso a caso – de que são os fatores sociais sistêmicos a desencadear e moldar as ações.

As dificuldades de mostrar a dependência das ideias a fatores sociais aumentam exponencialmente quando está sendo sociologicamente investigada a pesquisa hiperespecializada. Já no emprego da metodologia compreensiva, é particularmente espinhosa a problemática da interação entre os "sentidos dados pelos cientistas às suas ações" e as reconstruções e avaliações que deles podem fazer a sociologia. O enfoque compreensivo não está condenado a *reiterar* os sentidos dados pelos pesquisadores às suas atividades. Pode apontar outras possíveis formas de conferir sentido sem invocar causas que desqualifiquem razões. Em associação com uma investigação de tipo causal pode também se dedicar a indigitar, caso a caso, eventuais descolamentos entre os sentidos dados pelos cientistas às suas práticas e os móveis que efetivamente determinam seu pensar e agir.

Adaptando um argumento de Ryan (1977, p. 161) à ciência, teríamos o seguinte: um cientista que encarasse o que faz como fruto de nexos causais, que formulasse apenas questões causais sobre seu comportamento, jamais seria capaz de iniciar uma ação. Isto porque nunca tomaria decisões com vistas à realização de determinados fins. Na melhor das hipóteses, apreenderia os antecedentes que o levaram a certas decisões e ações. Um cientista que nisso acreditasse ficaria desorientado em virtude de ser certamente verdade, como aponta Ryan, que um observador pode investigar os antecedentes causais de minhas decisões. No entanto, se "o observador sempre encara minhas decisões como eventos que precisam ser causalmente explicados por serem insuscetíveis de avaliação racional, é inevitável que ele me considere incapaz de ter um entendimento minimamente adequado sobre mim mesmo".

Estudar a ciência, tanto de forma filosófica quanto sociológica, consiste em elaborar enunciados (metateóricos) sobre enunciados (teóricos), teorias (de segunda ordem) sobre teorias (de primeira ordem), (meta)explicações sobre explicações (de fatos). Visto que os fatos que *constituem* a ciência se oferecem à observação portando uma compreensão de si mesmos, a sociologia que busca explicá-los causalmente lida apenas com parte do *ser*

da ciência. Verdadeira ou falsa, certa ou errada, a *autocompreensão* faz parte da ciência investigada.

Enquanto as teorias das ciências naturais são formadas por enunciados sobre estados de coisas, os estados de coisas analisados pela SCC se diferenciam por conterem a complexa relação entre os enunciados (científicos) e os estados de coisas a que se reportam. Visto que os sentidos que os cientistas concedem às suas ações fazem parte do *explanandum* do sociólogo, a construção do *explanans* precisa ser mais empática que causal. Tendo em vista que a produção de sentidos para os fatos está tanto do lado da ciência investigadora quanto do da estudada, o desafio consiste em operar com um enfoque metacientífico duplamente *compreensivo* e, quando for o caso, apto a associar atribuição de sentido e causa externa. Há casos encontráveis na pesquisa científica em que várias são as razões para se executar determinada ação. Fica difícil saber se todas foram imprescindíveis, por variável que seja a força determinante de cada uma, ou se apenas uma delas; se a ação foi sobredeterminada, uma das razões bastaria para que a ação fosse feita. Dados dois pesquisadores, cada um com as mesmas razões para executar a ação, pode ocorrer de um a executar e o outro não. Só é possível saber que o cientista toma por efetivo o que não é caso se atente para a atribuição de sentidos e para a apresentação de razões.

Nola (2003, p. 268) chama a atenção para a diferença entre a explicação de por que *A acredita que p* (podendo *p* ser verdadeiro ou falso) e a explicação de por que o conteúdo da crença *p* é falso ou de por que o conteúdo *p* é verdadeiro. Em sua opinião, "isso mostra que os modelos causais sociais, inclusive o modelo que explica as crenças invocando interesses, não têm o monopólio das explicações das crenças, mesmo quando a crença é falsa, malsucedida ou irracionalmente sustentada". Ao decretar que inexistem proposições impessoais objetivamente aferíveis do tipo "A Terra gira em torno do sol", mas apenas atitudes proposicionais do tipo "Kepler acredita que a Terra gira em torno do sol em determinada sociedade", a SCC passa a dispensar exclusiva atenção ao sujeito da crença socialmente localizada em detrimento do conteúdo do que é crido. Nesse caso, torna-se inútil buscar determinar o valor de verdade do enunciado "*p*" independentemente de quem, quando e onde se acredita nele. É por meio dessa *démarche* que se reduz o conteúdo das teorias científicas a efeitos de processos de construção social.

A SCC se identifica com uma das correntes do pensamento sociológico como se inexistissem alternativas, verte para o jargão sociológico as teses epistemológicas heterodoxas do pós-positivismo como se tivessem sido comprovadas. Reiteramos que a guinada dada pela SCC é filosoficamente dependente na medida em que não tem como ser atribuída a transformações na dinâmica interna – inovações teóricas, descoberta de fatos ou introdução de novas técnicas de pesquisa – de produção do conhecimento sociológico nem a reviravoltas ocorridas nas práticas científicas. O problema é que teorias filosóficas são incapazes de embasar factualmente uma ciência (sociológica) da ciência. O desencontro reconstrutivo entre os que "pensam" a ciência e os que a "produzem" não tem como ser arbitrado de modo puramente filosófico ou sociológico.

A rejeição da reconstrução *individualista* do processo científico foi fundamental para a SCC desconsiderar os sentidos e as razões dos cientistas, para encarar as ações de pesquisa como completamente dirigidas por forças comunitárias. À luz do holismo, a pesquisa é moldada por estruturas e conduzida por processos situados em uma esfera supraindividual. O espírito crítico não é fruto de uma virtude epistêmica exercitada por indivíduos, mas fato resultante da interação social. O que na aparência são soluções de problemas científicos representa a construção de consensos socialmente urdidos para fazer frente a desafios comunitários.

Contra a aplicação da *verstehende Soziologie*, a SCC propõe um tipo de investigação que vira as costas para a "gramática dos sentidos", que o pesquisador supõe imanente ao evolver interno da pesquisa. Por mais que razões *possam* ser meras racionalizações, idealizações convenientes, a própria SCC está sujeita a extravios explicativos, uma vez que pode tomar por causa o que não é. Uma coisa é as avaliações que os cientistas fazem da natureza e fundamentação de suas atividades se mostrarem eventualmente equivocadas, outra bem diferente é condená-los ao engano como consequência de ignorarem que são sempre socialmente determinados no que pensam e fazem. Nos estudos de fatos da vida social, a *explicação* formada por generalizações causais pode ter serventia desde que não exclua a captação de razões e sentidos dados pelos *socii*. A SCC jamais logra comprovar que causas sociais, que escapam ao cientista, são os únicos determinantes de seus comportamentos. Ainda que se comprovasse ilusória a justificação por meio de razões, isso não provaria estar certa a explicação por meio de causas proposta pela SCC.

A ação regida por regras acompanhada da construção de significados, como a que caracteriza a ciência, torna imprescindível a utilização de *técnicas de reconstrução compreensiva*. O sociólogo tem não só a possibilidade, como também a necessidade, de entabular intercâmbio comunicativo com seu objeto de estudo, sobretudo quando se trata da comunidade científica, sem que isso o obrigue a reiterar as crenças e as compreensões encontradas no que investiga. A *bde Technik* é mais promissora em virtude de procurar compreender a inteligibilidade que os pesquisadores conferem aos conteúdos que produzem. Como aponta Hacking (2000, p. 108), a *Verstehen* destaca "os modos de as pessoas com autoconsciência, que são o objeto das ciências sociais, poderem compreender como são classificadas e ser levadas por isso a repensar a si mesmas". Sendo assim, a taxonomia interage com o que é classificado e a teoria dialoga com o que pretende explicar. As próprias classificações sociais tornam-se fatos sociais. A SCC negligencia que se as teorias de primeira ordem, as voltadas para fatos que não têm compreensão de si mesmos, envolvem construtividade, as teorias de segunda ordem, as que lidam com a significatividade presente no próprio material empírico, exigem metaconstrutividade.

Como sustenta Merton (1971, p. 421-422), "os homens não respondem apenas aos aspectos objetivos de uma situação, mas também ao significado que essa situação tem para eles". O desafio do sociólogo é apreender o sentido presente no fato social – é entender como o cientista vê a si mesmo e ao que transcorre na pesquisa – sem ficar preso à compreensão espontânea encontrada no que estuda. Reconhecer que as (rel)ações sociais se desenrolam com alguma forma de compreensão de si mesmas e que as compreensões costumam se materializar em modos de agir, não obriga a sociologia a ratificar – e sim a apreender – a visão que a ciência tem de si mesma nem a se limitar a elaborar metacompreensões reiterativas. Aceita a tese de Merton (1971, p. 422) – "uma vez que [os homens] tenham atribuído um significado a uma situação, o comportamento subsequente, assim algumas das consequências desse comportamento, é determinado pelo significado atribuído" –, o desafio passa a ser o de elucidar epistemológica e socialmente como razões se convertem em causas em um processo como o da produção de conhecimento científico.

O sociólogo da ciência que procura lidar com a dupla significatividade – a presente em suas teorias e a que faz parte dos fatos investigados – se dedica a uma reconstrução compreensiva das explicações que os cientistas produzem e das (meta)explicações que os cientistas forjam sobre o que pensam e fazem. A compreensão das compreensões que o próprio objeto (ciência) forja sobre si mesmo é imprescindível por mais que se busque uma explicação de tipo causal. Entrar em intercâmbio comunicativo com os conteúdos científicos é uma recomendação hermenêutica que deveria ser acolhida pela sociologia que aspira a explicar uma *atividade* que cria teorias sobre si mesma. Próxima da etnometodologia, a SCC estende a recomendação de Garfinkel (1967, p. 262) ao cientista: "o sociólogo precisa descrever cientificamente um mundo que inclui como fenômenos problemáticos não apenas as noções da outra pessoa, mas o conhecimento que a outra pessoa tem do mundo".

Desconsiderando o *entendimento* o que a ciência tem de si mesma, a SCC se coloca acima dela, de tal modo que a sociologia, que tem tido sua cientificidade questionada, passa a acalentar mais poder explicativo que as outras ciências. Ambicionar explicar os conteúdos da ciência como se fossem determinados por variáveis extrínsecas acarreta colocar em segundo plano as histórias dos conceitos e seus desdobramentos imanentes. Se deixar de levar em conta os sentidos das ações científicas é problemático, mais ainda o é apagar as diferenças entre a *identificação* de fatos naturais e a *construção* de fatos sociais. O fato de a água entrar em ebulição a 10°C é dessemelhante do fato de como as pessoas *atribuem* valor ao dinheiro, a como se formam as convenções sociais, a como são atribuídos significados às palavras, e assim por diante:

> Há uma patente desanalogia entre a construção do dinheiro e a construção putativa do TRH. No primeiro caso, o *constructandum* e o *constructans* são temporalmente contemporâneos. O dinheiro não existia antes da atividade social que o constituiu e caso se deixe de sustentar o sistema monetário com a atividade social apropriada, o dinheiro deixará de existir (KUKLA, 2000, p. 105).

Quando negligenciada, a diferença estabelecida por Kukla leva à defesa da tese problemática, como fazem Latour e Woolgar (1986, p. 110), de que o TRH não passa de uma construção cuja existência só pode ser estabelecida no interior do que chamam de *networks*. Como aponta Kukla, disso se segue que uma nova substância começou a existir no hipotálamo em algum momento de 1969. Para Kukla, "o que se tornou verdadeiro em 1969 foi o fato de que TRH tinha uma existência pelo menos há tanto tempo quanto os hipotálamos; e isso significa que o *constructandum* e o *constructans* têm datas diferentes. E este fenômeno não ocorre [...] nos casos de construção dos fatos sociais".

3 A pretensão da sociologia de desmascarar as visões racionalistas de ciência

A explicação sociológica do conteúdo da ciência adota, no fundo, o pressuposto de que o cientista é uma espécie de receptáculo passivo cujos pensamentos e ações são programados por estruturas sociais ou conduzidos por processos comunitários. É de somenos importância se a passividade do sujeito do conhecimento se dá diante da experiência a ser fidedignamente registrada, como apregoa o velho empirismo da *tabula rasa*, ou diante da sociedade moldadora. A tese de que o cientista supõe agir com base em decisões *racionalmente* tomadas quando é arrastado por forças sistêmicas, fora de seu controle e conhecimento, recorre tacitamente à teoria da falsa consciência: os cientistas se enganam, se iludem, de modo interessado ou não, ao tomarem por racional o que na essência é social.

No alvorecer da filosofia se acalentava a pretensão de acabar com as ilusões por meio da conquista do conhecimento apto a revelar a realidade tal qual ela é. Da Alegoria da Caverna de Platão ao socioconstrutivismo contemporâneo forte tem

sido a propensão a desqualificar as razões invocadas pelo agente para o que faz e pensa. A efetiva explicação do agir e do pensar identifica causas que escapam à apreensão do agente e do pensante. As razões apresentadas são apenas racionalizações, uma vez que o que faz alguém agir e pensar de determinado modo são causas situadas fora de sua consciência – por exemplo, no Inconsciente, no Sistema Econômico ou na Sociedade em geral. A nosso juízo, a SCC é uma versão *sociologizada* da velha metafísica que separa essência de aparência.

Em *The Sexual Life of Savages in North-Western Melanesia*, Malinowski advoga que é necessário diferenciar as regras que o agente sinceramente professa seguir, às quais suas ações podem eventualmente se conformar, mas que de fato não dirigem suas ações, das regras que, independentemente de professar segui-las ou não, efetivamente guiam seus atos provendo-os com razões e motivos para agir de um modo e não de outro. Na avaliação de Malinowski, as descrições e explicações dadas pelos nativos de *Trobriand* de sua vida social são incompletas e/ou inadequadas. A explicação que o antropólogo elabora é uma construção indisponível à percepção inculta do informante nativo. Somos de opinião que a SCC assume postura análoga com relação ao cientista ao dar a entender que se pode considerá-lo sociologicamente inculto por não lograr apreender que são causas sociais que o levam a determinados pensamentos e ações. Na opinião de Malinowski (1929, p. 509), "o investigador de campo apressado, que confia completamente no método de perguntas e respostas, obtém, na melhor das hipóteses, um corpo sem vida composto de leis, regulamentos, prescrições morais e convenções aos quais se *deve* obedecer, mas que na realidade são frequentemente burlados". Visto que sua explicação sequer se estriba em questionários, a SCC fica à vontade para ignorar os pensamentos (meta)científicos dos cientistas.

Em prosseguimento, Malinowski argumenta que em razão de "na vida real regras nunca serem completamente seguidas, subsiste como a parte mais difícil, porém indispensável, do trabalho do etnógrafo identificar a extensão e o mecanismo dos desvios". Adaptada à ciência, esta observação ilustra de que modo os cientistas, desde Newton, dizem empregar uma metodologia diferente da que realmente colocam em prática. A diferença é que a SCC não se reporta a falhas de compreensão por parte dos cientistas, mas ao fato de terem um entendimento errado ou ilusório que os leva a tomarem por puramente racional o que é exclusivamente social. A SCC não se preocupa em localizar os casos em que ocorrem desencontros entre o que o cientista diz e o que de fato faz. À diferença da etnografia, a explicação social do conteúdo da ciência acarreta sempre desconsiderar o que pensa o cientista sobre o que faz. O dualismo entre o que o agente supõe determinante e o que o sociólogo acredita ser *realmente* deságua na qualificação de ilusórias, ideológicas, frutos da falsa consciência, as formas comuns de representação da realidade. Sendo ilusões permanentes são imperceptíveis aos que estão sob seu domínio.

Os seguidores da SCC podem ser vistos como assumindo diante da ciência *background assumptions* afinadas com a argumentação de Malinowski (1929, p. 505), que aponta a necessidade de se separar nitidamente o conjunto das *informações* providas pelos investigados da *observação direta*: "confrontando os dados principais fornecidos pelos informantes nativos e os resultados da observação direta, há entre os primeiros e os segundos uma discrepância séria". Aplica-se aos cientistas o que Malinowski afirma sobre os nativos: "o que enunciam contém o ideal da moralidade tribal; já a observação mostra se e em que extensão o comportamento real se conforma ao ideal na vida real". De modo análogo, a SCC também encara o ideal de racionalidade científica autônoma como descolado da ciência real na medida em que inexistiriam operações epistêmicas referendadas por um método sancionado pela Razão. Em relação aos discursos produzidos pelos cientistas sobre suas práticas, a SCC tacitamente endossa a seguinte argumentação:

> Os relatos exibem, para o estrangeiro curioso e inquiridor, a superfície polida do costume. Já o conhecimento direto da vida nativa revela as camadas subjacentes da conduta humana, moldadas, é verdade, pela rígida superfície do costume, mas ainda mais profundamente influenciada pelas paixões ardentes da natureza humana. A doçura e a uniformidade, que as narrativas nativas sugerem ser os únicos moldes da conduta humana, desaparecem caso o pesquisador aprenda a melhor conhecer a realidade da cultura (MALINOWSKI, 1929, p. 505-506).

Contra a ideia de que os cientistas são os mais aptos a caracterizar suas práticas e procedimentos, a SCC recorre implicitamente ao diagnóstico de Malinowski (1929, p. 506): "essa divergência entre o método que consiste em coletar evidências, deixando falar as pessoas, e a experiência direta da vida selvagem constitui uma fonte muito importante de erros etnográficos". Mesmo gerando algum tipo de ilusão, a diferença entre a realidade narrada e a vida como ela é não permite, sublinha Malinowski, fazer qualquer tipo de reproche aos informantes nativos. Por analogia, o discurso metacientífico do cientista também pode ser visto como fonte de erros, mas não porque tencione enganar o público externo e sim porque ele mesmo se equivoca a respeito da natureza da ciência ao deixar de entender que é a sociedade que faz a ciência ser o que é.

Na avaliação de Malinowski (1929, p. 506), a principal falha é a do etnógrafo que se fia demais na eficácia do método de perguntas e respostas: "ao apresentar a regra moral, ao apontar seu rigor e perfeição, o nativo não intenta enganar o estrangeiro". No entanto, o próprio nativo se ilude e pode iludir o pesquisador que toma por realidade o que é dito sobre ela. Assim como o relato do nativo, que reflete seu contato direto com a comunidade da qual faz parte, produz uma teoria etnográfica falsa caso seja aceito como expressão da verdade, algo análogo pode ser dito do modo de o cientista descrever o que faz. Não se pode negar que o cientista, se auscultado sem distanciamento crítico em relação ao que reputa ser a ciência, também pode levar à formação de metaciências erradas. Resta saber se os cientistas, à semelhança dos nativos, estão inapelavelmente iludidos por deixarem de reconhecer que a ciência é construção social vulnerável a disputas de poder e conflitos de interesses. Está longe de ter sido comprovado que os cientistas sempre se equivocam ao descreverem suas atividades como devotadas à elaboração de explicações avaliáveis por seu poder instrumental ou pela capacidade de resolver problemas.

Advoga Malinowski (1929, p. 506) que o nativo "simplesmente faz o que qualquer membro respeitável e convencional uma sociedade bem ordenada faria: ignora os subterrâneos e os aspectos feios da vida humana, faz vista grossa de suas próprias falhas e das de seus vizinhos, fecha os olhos para o que não quer ver". É possível imaginar que o pesquisador adote postura semelhante diante da ciência sem endossar a tese de que isso é fruto de desconsiderar a determinação social a fim de interessadamente idealizar a ciência para poder concebê-la como produtora de conteúdos validáveis de modo exclusivamente lógico-empírico.

Para Malinowski (1929, p. 506), "nenhum *gentleman* deseja reconhecer a existência do que "não se deve fazer", do que é universalmente considerado mau e inconveniente; a mente convencional ignora essas coisas principalmente quando fala a um estrangeiro, uma vez que roupa suja não se lava em público". Por mais que o cientista nada tenha a esconder, que sua atividade nada tenha de desabonador, que casos como o Lysenko sejam desvios político-ideológicos, prefere encarar seu trabalho como fruto da submissão aos imperativos da racionalidade porque isso é vital para conferir

identidade ao que faz. Se encarasse suas crenças como socialmente induzidas, o cientista relativizaria a relevância dos procedimentos metodológicos e a confiabilidade dos resultados obtidos.

O tipo de análise proposto por Malinowski é a resposta mais comum ao desafio que o cientista social enfrenta ao se defrontar com a necessidade não só de explicar fatos como também de apreender os modos com que as pessoas os entendem e *significam*. A peculiaridade de esses fatos se mostrarem pré-interpretados costuma ser desqualificada pelo cientista social como senso comum inapto a compreender a si mesmo. A significatividade encontrada nos fatos sociais é colocada de lado para que se elabore a explicação reputada científica. Sendo a significatividade parte integrante dos fatos sociais que formam o ser da ciência, as compreensões que os pesquisadores têm do que fazem não deveriam ser desprezadas pela SCC nem mesmo com base na promessa de que com suas explicações causais pode comprovar ser a ciência uma construção social. Desmerecer os relatos e as compreensões presentes nos próprios fatos é ainda mais problemático quando está em questão investigar a ciência e o que dizem sobre ela os que a praticam. Se o etnógrafo pode se ver fazendo ciência deixando de se fiar nas informações que lhe dão os nativos, é questionável que o sociólogo possa ignorar os conteúdos produzidos por físicos, químicos e biólogos.

Malinowski (1929, p. 506-507) propõe o seguinte *Gedankenexperiment*: imagine-se "um etnógrafo vindo de Marte que, ao interrogar um respeitável *gentleman* sobre a moral matrimonial da Inglaterra, ouve que a monogamia é a única forma de casamento, que a castidade antes do casamento é exigida de ambas as partes, e que o adultério é estritamente proibido por lei, regras morais, costumes e pelo código de honra". Na opinião de Malinowski "todas essas caracterizações são, de alguma forma, verdadeiras na medida em que exprimem o ideal ditado pela religião e a moral". Entretanto, não correspondem ao que acontece na realidade. *Mutatis mutandis*, a SCC parece acreditar que o modo de os cientistas descreverem a si mesmos exprime o envolvimento com um ideal de racionalidade, distante da realidade social da ciência na qual a transgressão de regras faz parte das rotinas de pesquisa.

Durkheim (1987, p. 245-246) também desqualifica as razões invocadas pelo agente para justificar suas ações: "agentes da história, os indivíduos formam determinada ideia dos acontecimentos de que participam; para poderem compreender sua conduta se imaginam perseguindo tal ou qual objetivo que lhes parece desejável e elaboram razões para provar a si mesmos e, caso seja necessário, a outrem que esse objetivo é digno de ser desejado". Na visão de Durkheim, "são esses móveis e essas razões que o historiador considera as causas determinantes do devir histórico". Basta estender esse tipo de visão à ciência para se chegar à SCC. Por razões epistêmicas, Durkheim (1987, p. 246) rejeita o material interpretativo que os homens formam sobre si mesmos e sobre os processos sociais dos quais participam: essas explicações subjetivas não têm valor; pois os homens não veem os verdadeiros motivos que os fazem agir; "mesmo quando nossa conduta é determinada por interesses privados que, nos afetando de perto, são mais fáceis de apreender, não logramos distinguir senão uma parte muito pequena das forças que nos movem, e não as mais importantes". Para Durkheim (1987, p. 246), agimos sob a influência de causas sociais que nos escapam completamente: "Lutero acreditava trabalhar para a glória de Cristo e não suspeitava que suas ideias e seus atos fossem determinados por certo estado da sociedade". Raciocínios análogos são tacitamente aplicados pela SCC aos cientistas e aos projetos aos quais dizem se dedicar.

A SCC desconsidera também os modos de o cientista entender o que se passa em sua atividade sustentando que causas sistêmicas, não as razões invocadas, determinam as decisões e ações. O cientista está submetido às mesmas ilusões de racionalidade que o homem comum. Estando errados ou iludidos os cientistas que invocam razões para o que fazem, então só o sociólogo pode se credenciar a identificar as causas que expliquem os pensamentos e as ações deles. O endosso tácito da dicotomia entre o que o agente pensa ser seu movente e a causa efetivamente determinante deságua na conclusão de que os cientistas têm uma visão enganosa de suas atividades.

Mesmo reconhecendo que "os mitos os mais estranhos traduzem alguma necessidade humana", Durkheim (1968, p. 3) ressalva que "as razões que o fiel oferece a si mesmo para justificá-los podem ser, e com frequência o são, errôneas; e como as razões verdadeiras não deixam por isso de existir, cabe à ciência descobri-las". A SCC aplica o mesmo tipo de avaliação às razões invocadas pelo cientista, como se filósofos e cientistas se esmerassem em criar mitos sobre a ciência. Impotente para identificar as causas sociais que fazem a ciência ser o que é, a SCC carece de autoridade epistêmica para desmascarar as visões de ciência que tacha de idealizadas. As concepções de conhecimento dos filósofos e cientistas podem ser idealizações de funcionalidades sociais, mas isso está longe de ter sido provado.

Se há um fosso entre o que os cientistas supõem que os move e o que de fato direciona suas ações ainda precisa ser constatado e explicado. Durkheim (1987, p. 250) pode mais uma vez vir em socorro dos que cavam um abismo entre a autoimagem da ciência e a visão que a explica como fruto de construção social: "acreditamos fecunda a ideia segundo a qual a vida social deve ser explicada não pela concepção que dela formam os que dela participam e sim pelas causas profundas que escapam à consciência; e pensamos que essas causas devem ser buscadas principalmente na forma com que se agrupam os indivíduos associados". O holismo ontológico de Durkheim – "as causas dos fenômenos sociais devem ser procuradas fora das representações individuais" – é endossado pela SCC quando encara a ciência como tendo seu ser definido por uma dinâmica social sistêmica independente das avaliações e decisões proclamadas racionais pelos cientistas.

Se uma tribo como a dos *Hopi* acredita que a dança por dias a fio tem o condão de fazer chover, a evidência empírica, caso levada em conta, mostraria que se trata de crença infundada. Para não desqualificá-la como crença irracional ou pré-racional, que teima em descurar os fatos, o antropólogo propõe de forma inventiva que, para além da meta visada e declarada, outra função, latente, está sendo inconscientemente perseguida pela dança: promover uma maior integração entre os membros da comunidade. O fato de se verem forçados a conviver longamente e de modo próximo e ficarem irmanados em torno da conquista de uma meta encarada como de interesse coletivo acaba por produzir uma consequência não deliberadamente intentada – a de fomentar a integração entre os membros da coletividade. Sendo assim, uma falsa atribuição de efetividade causal/funcional – dançar faz chover – decorrente da falta de conhecimento meteorológico é compensada por uma função social de grande relevância: a promoção da integração social.

A SCC também pode recorrer à teoria da dupla função: presos à função manifesta, os cientistas se imaginam conduzidos pela razão, pela busca de resultados objetivamente comprovados; conduzidos pela latente, seriam apenas meios para a realização de propósitos sociais. O sucesso da SCC depende de se comprovar empiricamente que para além da função manifesta, expressa por meio dos objetivos conscientemente perseguidos pelos pesquisadores,

há a latente resultante da atuação de forças sociais inobserváveis. Hollis (1978, p. 35) aponta a existência de duas vias: usar os fatos para chegar às crenças ou usar as crenças para chegar aos fatos. Caso se deixe de lado o percurso que dos fatos leva à crença, costumeiramente defendido pelo cientista, para adotar o oposto – das crenças para os fatos, se chega à SCC.

A SCC também pode se valer da tese antropológica que considera cabível indagar se algo existe, faz sentido ou é racional apenas no âmbito de um sistema específico de crenças. Assim sendo, só é apropriado perguntar no interior do sistema Zande de crenças se bruxas existem. Nesse caso, a resposta será "sim". Caso se pergunte no interior do sistema de crenças constituído pela ciência moderna se bruxas existem, a resposta será "não". Com base nesse tipo de visão, a representação o mais fidedignamente possível *do que existe* não é critério para se definir a correção das crenças. Deixa assim de ser cabível indagar que sistema de crenças é superior em termos de racionalidade e verdade em virtude de critérios epistêmicos carecerem de universalidade e precisarem ser compreendidos atrelados a *formas de vida* específicas. Em boa parte, o mundo social é fruto daquilo em que se acredita.

A SCC também se mostra afinada com o relativismo de Whorf (1979, p. 214), que reduz toda *absorção* de conteúdo a um processo socialmente induzido com base na suposição de que inexiste comprovação empírica supracultural: "se os modernos cientistas turcos e chineses descrevem o mundo nos mesmos termos que os cientistas ocidentais, isso se deve apenas ao fato de que absorveram corporeamente todo o sistema ocidental de racionalizações, não que tenham corroborado esse sistema de seus nativos postos de observação". Esta tese suscita a indagação de por que isso se deu assim e não na direção inversa. Não tendo os turcos e chineses sido coagidos nem racionalmente convencidos, resta explicar o que os tornou meras "esponjas sociais". Se o valor instrumental tivesse sido decisivo, haveria a atuação de um critério cuja *racionalidade*, ainda que meramente prática, poderia ser identificada e justificada.

Incapaz de *explicar* causalmente o conteúdo da ciência, de alcançar confirmação empírica, a SCC nutre *in pectore* a pretensão de desmascarar as concepções internalistas de ciência abraçadas por seus praticantes. Mais que erros de apreensão e compreensão, as razões aludidas são ilusões que impedem de enxergar os fatores sociais que, no fundo, são os únicos em condições de decretar a aceitação ou rejeição de uma teoria. Se a ciência tem uma identidade e uma realidade completamente diferentes das apreendidas e atribuídas por seus praticantes, estes não sabem o que fazem, de tal maneira que os sentidos que dão às suas ações são equivocados e iludidos. No entanto, o fracasso da SCC em elaborar explicações sobre o caráter social dos conteúdos científicos inviabiliza o projeto tácito de desmascarar as "ilusões idealistas" dos filósofos e cientistas que acreditam serem suas pesquisas regidas por regras de inferência logicamente cogentes e submetidas ao crivo de evidências inapeláveis.

Acreditamos que a ambição tácita da SCC de desmascarar o senso comum dos cientistas deixa de comprovar que o racional é epifenômeno do social. É abuso sociologista acusar de ilusão cognitivista o que pensam os filósofos e cientistas sobre a ciência sem demonstrar como de fato funciona a ciência real. Sem lastro empírico, a SCC carece de base para desmascarar como vazias idealizações as visões que situam a atividade científica fora das determinações dos fatores sociais. Se as ciências pensam lidar com fatos com valor informativo próprio quando operam com fatos socialmente construídos, só a SCC poderia nos explicar como e por que isso ocorre, só ela teria condições de indicar em que consiste fazer ciência.

Considerando ilusórias as razões e as causas as únicas capazes de explicar o que fazem os cientistas, a SCC opera implicitamente com o conceito manheimiano de desmascaramento. Mesmo porque os cientistas passam a ser vistos como desconhecedores da natureza essencial de suas atividades de pesquisa. Reduzidos a subprodutos de rituais sociais, os resultados que o cientista supõe validados de modo racional passam a ser extrinsecamente explicados pela SCC. A diferença essencial entre o desmascaramento de uma mentira e o de uma ideologia consiste, como aponta Manheim (1952, p. 141), no fato de que o primeiro "visa à personalidade moral de alguém, ao passo que o desmascaramento de uma ideologia em sua pura forma ataca apenas uma força intelectual impessoal".

O tipo de explicação buscado pela SCC almeja, no fim das contas desaguar no desmascaramento do que Manheim denomina de "motivações situacionais inconscientes no pensamento de grupo". A crença dos cientistas que se imaginam fazendo testes com força metodológica probatória é atacada pela SCC sem que as causas da ilusão metacientífica sejam identificadas. Sendo a ciência mera construção social, os fatores sociais que moldam seus conteúdos podem ser vistos como resultantes de disfunções sociais, como executores de função passível de crítica político-ideológica. Não por acaso, a concepção *oversocialized* de ciência tem se prestado a fortalecer o movimento anticiência e o irracionalismo. A pretensão de desmascarar é o epílogo de uma visão que desacredita as razões reduzindo-as a racionalizações:

> Ao desmascararmos ideologias procuramos trazer à luz um processo inconsciente, não com o propósito de aniquilar a existência moral das pessoas que fazem certas declarações, mas a fim de destruir a eficácia social de certas ideias desmascarando a função que cumprem (MANHEIM, 1952, p. 141).

Com a missão de desmascarar a superfície racionalizadora que encobre a realidade determinante das causas sociais, a SCC arremata o *sociological turn* com sua tentativa de promover o "*unmasking turn of mind*" assim caracterizado por Manheim (1952, p. 140): "trata-se de uma mudança de modo de pensar que não tenciona refutar, negar ou colocar em dúvida certas ideias e sim desintegrá-las, de tal forma que toda a visão de mundo de um estrato social se desintegra ao mesmo tempo". Em continuação, Manheim salienta que ao negar a verdade de uma ideia, ainda pressuponho que é uma "tese" e assim adoto a mesma base teórica (e não mais que teórica) sobre a qual se assenta a ideia. O objetivo visado pela SCC não é tanto o de "negar a verdade" de uma ideia, mas a de denunciá-la pela função que (socialmente) exerce. A proposta de explicar a ciência pela identificação das causas que a tornam uma construção social, bem como o enfoque que ambiciona desmascarar a visão supostamente idealizada que filósofos e cientistas têm sobre a ciência, se enreda na autorreflexividade de ter de investigar a ciência por meio da própria ciência.

Desconhecendo os condicionantes e determinantes sociais de suas práticas, os cientistas acreditam estar decifrando o mundo (natural), estar desbravando a selva dos fatos com a razão, quando nada mais fazem que desenvolver uma atividade social como outra qualquer. A tentativa de desqualificar como *racionalização* o que o cientista supõe ser racional faz com que o poder intelectual passe a ser concentrado pela sociologia. Incapaz de compreender a si mesma, pensa que é puramente racional quando é apenas social, a ciência perde sua capacidade de explicar (fatos) para ser ela mesma explicada como um fato.

Ao reputar ilusórias as visões que os praticantes de outras ciências têm do que fazem, a sociologia coloca em cena uma versão metacientífica, sociologizada, da Alegoria da Caverna de Platão:

também os cientistas são reféns de simulacros, tomam por realidade o que é sombra, representação fantasmagórica. Só escapam das ilusões os sociólogos que enxergam isso e se propõem a desmascarar as imagens especiosas criadas sobre o que a ciência aparenta ser. Sendo esse realmente o caso, só por milagre podem fazer boa ciência os que sequer entendem a natureza, essencialmente social, de suas atividades. Resta saber se a sociologia – tanto na condição de ciência quanto na de metaciência – está também sujeita a ser vítima de ilusão. Caso esteja, deixa de poder pretender ser conhecimento a ponto de só sobrar o ceticismo. Sendo enganosa a visão de todos os cientistas, sendo universal o equívoco e ubíqua a ilusão, por que o sociólogo escaparia da *caverna-prisão*? Com a SCC, atinge o paroxismo a arraigada tendência de as ciências sociais desprezarem como errôneas ou iludidas as razões dadas pelos agentes para suas ações. O fracasso em alcançar o objetivo visado – *explicar* de que modo a ciência é socialmente determinada – impede a SCC de ambicionar *desmascarar* o que pensam sobre a ciência os cientistas e os filósofos.

Como observa MacIntyre (1978, p. 19) sob a influência da sugestão pós-hipnótica, o sujeito não só fará a ação que lhe foi pedida pelo hipnotizador como também oferecerá razões para tê-la executado mantendo-se desconhecedor da causa efetiva que o levou a fazer o que fez: "a posse de uma dada razão pode não ser a causa da ação no mesmo sentido em que a sugestão hipnótica pode ser a causa da ação". Não se pode supor que é sempre assim, mas quando está em questão a ação humana isso pode ocorrer com frequência. A SCC parece adotar o pressuposto de que os cientistas discorrem sobre a ciência como se estivessem sempre sob sugestão pós-hipnótica induzida pelos mantras de uma racionalidade idealizada. Despertos, se veriam, caso pudessem apreender as causas de suas ações, conduzidos pela Sociedade.

Causas não estão fadadas a contrariar razões. Mesmo quando causas são de fato apreendidas, disso não decorre que sempre contrariam as razões comprovando que são meras racionalizações. Sem falar que razões podem cumprir a função de causas e até ter mais poder de decisão que causas. Se o entendimento que o cientista tem do que pensa e faz forma uma teia de ilusões cognitivistas, nada garante que outro cientista, o sociólogo, conseguirá desvendar a essência da ciência por meio de uma explicação social causal. Além do mais, outro cientista – um economista – poderia se apresentar como capaz de explicar, identificando outro tipo de causa, o que faz e pensa o sociólogo da ciência. O que levaria a se recorrer sempre a uma ciência para explicar outra.

A mesma metodologia que para os cientistas desponta autossubsistente é empregada pela SCC para explicar socialmente, e tacitamente desmascarar, a compreensão que eles têm do que fazem. Vale-se das técnicas que fazem as ciências ser o que são para sustentar que não são o que pensam ser. O esperável seria atribuir a outro método – por exemplo, o hermenêutico ou dialético contraposto ao da explicação causal – a missão de *desmascarar* a imagem que a ciência tem de si mesma. As epistemologias dialéticas ou hermenêuticas seriam mais consentâneas com a tese de que são *essencialmente sociais* e apenas *aparentemente racionais* as práticas científicas.

Contra as tentativas de explicar sociologicamente o conteúdo das teorias científicas, Slezak (1989, p. 563-600) intentou fazer "experimentos" por meio dos quais fosse possível constatar que computadores, providos de uma massa de informações factuais, se habilitam a fazer autonomamente inferências que chegam a descobertas científicas similares a algumas encontráveis na história da ciência. Caso resultados possam ser alcançados por meio de uma heurística artificial, como a pos-

ta em prática por meio do computador, justifica-se retomar a defesa da velha distinção entre *ars* entre contexto da descoberta e contexto da justificação. Mesmo porque isso daria algum respaldo à tese de que há princípios de racionalidade e procedimentos metodológicos cuja eficiência está protegida da influência de fatores sociais. Se de um conjunto de dados o computador pode derivar – recorrendo às regras adequadas de inferência – uma teoria similar à de Kepler, sem a mediação de fatores extracognitivos, o cientista está apto a fazer o mesmo. Nesse caso, a SCC é vítima de uma ilusão sociologista.

Referências

BARNES, B. & BLOOR, D. "Relativism, Rationalism and the Sociology of Knowledge. In: HOLLIS, M. & LUKES, S. (org.). *Rationality and Relativism*. Massachusetts: The MIT Press, 1982.

BARNES, B. & EDGE, D. (orgs.). *Science in Context* – Readings in the Sociology of Knowledge. Cambridge: The Mit Press, 1982.

BEN-DAVID, J. *Scientific Growth*: Essays on the Social Organization and Ethos of Science. Berkeley: University of California Press, 1991.

BERNAL, J.D. *The Social Function of Science*. Londres: George and Routledge & Sons, 1942.

BLOOR, D. *Knowledge and Social Imagery*. Londres: Routledge and Kegan Paul, 1991.

BRODBECK, M. Meaning and Action. In: NIDDITCH, P. (org.). *The Philosophy of Social Science*. Oxford: Oxford University Press, 1977.

BROWN, J.R. (org.). *Scientific Rationality*: The Sociological Turn. Dordrecht: D. Reidel, 1984.

BUNGE, M. A Critical Examination of the New Sociology of Science. Part 2. In: *Philosophy of the Social Sciences*, vol. 22, n. 1, 1992.

COLLINS, H.M. Stages in the Empirical Programme of Relativism. In: *Social Studies of Science*, vol. 11, 1981.

DURKHEIM, É. La Conception Matérialiste de L'histoire – Une Analyse Critique de L'ouvrage d'Antonio Labriola, Essais sur la Conception Matérialiste de L'histoire. In: *La Science Sociale et l'Action*. Paris: PUF, 1987.

_____. *Les Formes elementaires de la vie religieuse*. Paris: PUF, 1968.

GARFINKEL, H. *Studies in Ethnomethodology*. Nova Jersey: Prentice-Hall, 1967.

GIDDENS, A. *New Rules of Sociological Method*. Stanford: Stanford University Press, 1993.

GURVITCH, G. *Les Cadres sociaux de la connaissance*. Paris: PUF, 1966.

HACKING, I. *The Social Construction of What?* Cambridge: Harvard University Press, 2000.

HESSE, M. *Revolutions and Reconstructions in the Philosophy of Science*. Indiana University Press, 1980.

HOLLIS, M. Reason & Ritual. In: RYAN, A. (org.). *The Philosophy of Social Explanation*. Londres: Oxford University Press, 1978.

HUME, D. *An Enquiry Concerning Human Understanding*. Chicago: Encyclopedia Britannica, 1952.

HUXLEY, J. *Soviet Genetics and World Science* – Lysenko and the Meaning of Heredity. Londres: Chatto and Windus, 1949.

JARVIE, I.C. *Thinking about Society*: Theory and Practice. Dordrecht: D. Reidel Publishing, 1986.

KUHN, T. *The Road since Structure*. Chicago: University of Chicago Press, 2000.

KUKLA, A. *Social Constructivism and the Philosophy of Science*. Londres: Routledge, 2000.

LAKATOS, I. Falsification and the methodology of scientific research programmes. In: LAKATOS, I. & MUSGRAVE, A. (orgs.). *Criticism and the Growth of Knowledge*. Cambridge: Cambridge University Press, 1970.

LATOUR, B. & WOOLGAR, S. *Laboratory Life*: The Social Construction of Scientific Facts. Princeton: Princeton University Press, 1986.

LAUDAN, L. *Science and Relativism* – Some Key Controversies in the Philosophy of Science. Chicago: The University of Chicago Press, 1990.

_____. The Pseudo-science of Science. In: BROWN, J.R. (org.). *Scientific Rationality*: The Sociological Turn. Amsterdã: D. Reidel, 1984.

_____. *Progress and its Problems* – Towards a Theory of Scientific Growth. Berkeley: University of California Press, 1978.

MacINTYRE, A. *Against the Self-images of the Age* – Essays on Ideology and Philosophy. Londres: Duckworth, 1983.

_____. The Idea of a Social Science. In: RYAN, A. (org.). *The Philosophy of Social Explanation*. Londres: Oxford University Press, 1978.

MALINOVSKI, B. *The Sexual Life of Savages in North-Western Melanesia*. Nova York: Readers League of America, 1929.

MANHEIM, K. *Ideology and Utopia*. Trad. de Louis Wirth e Edward Shils. Nova York: Harcourt Brace and World, 1954.

_____. *Essays on the Sociology of Knowledge*. Londres: Routledge and Kegan Paul, 1952.

MERTON, R.K. Paradigm for the Sociology of Knowledge. In: STORER, N.W. (org.). *The Sociology of Science* – Theoretical and Empirical Investigations. The University of Chicago Press, 1973a.

_____. The Normative Structure of Science. In: STORER, N.W. (org.). *The Sociology of Science* – Theoretical and Empirical Investigations. The University of Chicago Press, 1973b.

_____ *Social Theory and Social. Structure*. Nova York: The Free Press, 1971.

MILLS, W.C. Methodological Consequences of the Sociology of Knowledge. In: HOROWITZ, I.L. (org.). *Power, Politics and People* – The Collected Essays of C. Wright Mills. Nova York: Oxford University Press, 1963.

NAGEL, T. *The Last Word*. Nova York: Oxford University Press, 1997.

NEWTON-SMITH, W.N. *The Rationality of Science*. Boston: Routledge & Kegan Paul, 1981.

NOLA, R. *Rescuing Reason* – A Critique of Anti--Rationalist Views of Science and Knowledge. Dordrecht: Kluver Academic Publishers, 2003.

PAPINEAU, D. Does the Sociology of Science Discredit Science? In: NOLA, R. (org.). *Relativism and Realism in Science*. Dordrecht: Kluver Academic Publishers, 1988.

RYAN, A. *Filosofia das Ciências Sociais*. Trad. de Alberto Oliva e L.A. Cerqueira. Rio de Janeiro: Francisco Alves, 1977.

RYLE, G. *The Concept of Mind*. Middlesex: Penguin Books, 1963.

SCHLICK, M. On the Meaning of Life. In: *Philosophical Papers*. Vol. II. Amsterdã: Kluwer Academic Publishers, 1979.

SEARLE, J. *Mind, Language and Society*. Nova York: Basic Books, 1998.

SLEZAK, P. Scientific Discovery by Computer as Empirical Refutation of the Strong Programme. In: *Social Studies of Science*, 19 (4), 1989, p. 563-600.

STARK, W. *The Sociology of Knowledge*. Londres: Routledge and Kegan Paul, 1958.

SUPPE, F. Introduction. In: *The Structure of Scientific Theories*. Urbana: University of Illinois Press, 1977.

VICO, G. *La Scienza Nuova*. Milão: R.C.S Rizzoli, 1977.

WHORF, B.L. *Language, Thought and Reality*. Massachussets: The Mit Press, 1979.

ZNANIECK, F. *The Social Role of the Man of Knowledge*. Nova York: Columbia University Press, 1940.

5
Construcionismo crítico
"Teoria construcionista crítica e uma ética-política de combate à ideologia"

Alipio De Sousa

1 Uma teoria sobre a constituição da realidade social

a) Pressupostos, premissas, postulados gerais

No meu livro *Tudo é construído! Tudo é revogável!* (DE SOUSA, 2017) defendi a ideia que, da segunda metade do século XIX até aqui, pelo trabalho de diversos estudiosos e pesquisadores, desenvolveu-se uma teoria de fundamento das ciências humanas, que propus chamar "teoria construcionista crítica" ou também "construcionismo crítico", capaz de orientar construções de problemas de pesquisa, análises, interpretações e compreensões na área, ainda que muitos não reivindiquem para si ou para suas análises o nome de "construcionistas". O que não é estranho, pois faz lembrar aquilo que Thomas Kuhn chamou de o funcionamento do "paradigma" antes que a teoria se estabeleça. Como realização científica capaz de instaurar um "modo de ver", o paradigma torna-se um "modelo" ou um "ponto de vista epistemológico geral" que passa a governar a própria percepção dos cientistas e pesquisadores, e estes agem pelo paradigma mesmo sem reconhecê-lo (KUHN, 1998). Nesse cenário, a teoria se instala. É nesse sentido que podemos dizer que temos, hoje, uma teoria construcionista crítica, como resultado de longo funcionamento de um padrão teórico exitoso nas ciências humanas, aplicado como um modo teórico-filosófico-científico de ver a realidade, e que, não resta dúvida, podemos dizer que se converteu numa teoria com respostas fortes às indagações e problemas de pesquisa próprios às diversas áreas das ciências humanas.

Em grande número, não faltam às análises em ciências humanas e múltiplas filosofias termos como *construção, invenção, criação, produção, fabricação, fundação*, entre outros, quando se trata de descrever e compreender as *origens* e as *formas* de instituições, estruturas, crenças, costumes, práticas, fenômenos sociais diversos. Os pesquisadores e teóricos parecem todos convencidos que não se pode falar de realidade social que não seja como objeto que deve ser entendido como algo cuja propriedade mais fundamental é ser um produto da ação humana, sempre cultural e histórica: a realidade social e todos os seus entes como *construtos, construções* humanas, nascidos em processos, andamentos, fluxos, desenvolvimentos, nos quais não se pode compreender o *fundado* sem o *processo fundante*, o *instituído* sem o *processo instituinte*. Razão pela qual, aos pesquisadores e teóricos construcionistas críticos das ciências humanas, soa muito estranho quando autores e estudiosos, de dentro da área ou de fora dela, advogam ideias segundo as quais haveria, na realidade social e nas ações humanas, aquilo que derivaria de "tendências naturais" ou "comportamentos inatos" do ser humano, entendidos como de origem biológica ou adquiridos no processo da evolução do *homo sapiens*, sem mais possibilidades de mudanças ou estas dependentes de fatores da evolução biológica da espécie, e como se essa evolução ocorresse fora de uma história social, ela própria condicionante de diversos atributos que a qualificam. Na perspectiva construcionista crítica, uma tal concepção é inaceitável, pois, constituída pela extrapolação abusiva, ao âmbito do social e das práticas humanas, de pressupostos e descobertas aplicáveis a fenômenos naturais, biológicos, genéticos, mas impróprios à compreensão de fenômenos sociais, culturais e históricos, cujas propriedades definitivamente não derivam de causalidades exógenas ao que é propriamente social, cultural e humano.

Assim, a teoria construcionista crítica compreende um conjunto de pressupostos, premissas, postulados e hipóteses sobre os modos como se constitui o que chamamos realidade social, sobre os processos de sua institucionalização, reificação e legitimação, bem como sobre os processos de sua transformação. Uma teoria que busca oferecer ferramentas para a compreensão da realidade social e seus objetos não apenas como produções humanas, mas, igualmente, como passíveis de ser modificados também pelas ações dos indivíduos e grupos humanos.

Importante ressaltar, o termo *construcionismo* vinha sendo utilizado desde pelo menos o início da década de 1980 – embora, em alguns autores, sendo comum o uso do termo "construtivismo" em contextos que caberia simplesmente o uso de construcionismo – e preferi conservá-lo a substituir por qualquer outro, pelos motivos que também já pude explicar no livro mencionado. A vantagem de se falar de uma teoria construcionista crítica é que os termos *construção* e *construto*, que estão no coração da teoria, tornam-se não apenas par-

te de um artefato linguístico, mas, principalmente, exprimem toda uma perspectiva epistemológica, heurística, analítica e sociológica (no sentido de uma compreensão do social por diversas áreas, e não especialmente pela sociologia ou sociólogos). Apontar a construção social da realidade é assinalar mais que *construtivismo* na cognição dos indivíduos (como no projeto inicial de Piaget) ou no modo de ver ou percepção dos cientistas. É, antes de tudo, evidenciar o próprio caráter de *construto* da realidade social, suas propriedades de *coisa construída* por seres humanos no tempo e no espaço, com todas as consequências que se pode destacar de tal concepção, apoiando-se nas próprias descobertas científicas que as ciências humanas foram capazes de produzir a partir dela. Para além das consequências teórico-metodológicas largamente constatáveis nas análises, somam-se as consequências filosóficas, políticas e éticas, pois que, simultaneamente, trata-se de percepção que aponta para outra importante conclusão: instituições, estruturas, relações, ideias podem ser modificadas, transformadas, substituídas, por decisão humana; pois, por seres humanos construídas, está ao alcance da deliberação humana prescrevê-las, revogá-las. Mas o que, embora sendo inteiramente possível, não é nem completamente determinado nem também absolutamente livre[1].

Se defino o que chamo de uma teoria construcionista crítica como uma teoria de fundamento das ciências humanas, situo sua gênese num trabalho teorético de síntese de pressupostos, descobertas e conclusões comuns aos estudos sobre indivíduo, cultura e sociedade, realizados pela antropologia, sociologia e história, assim como também formulados por concepções filosóficas, teorias em linguística, em psicologia e psicanálise etc. Uma concepção

---

1. Abordei longamente o assunto em *Tudo é construído! Tudo é revogável!* (DE SOUSA, 2017); com tradução para o inglês como *Revoke ideology* (Oxford: Peter Lang, 2019).

construcionista da realidade formulou suas bases a partir dos estudos e reflexões de um amplo e diversificado conjunto de autores, sem que necessariamente tenham se reconhecido como pertencentes a uma única escola de pensamento.

Nos desenvolvimentos teóricos propostos por vários pensadores, pesquisadores e vertentes, nas várias disciplinas das ciências humanas, encontramos uma extensa aplicação da hipótese geral que concebe a realidade social como *realidade construída*, e que postula também que nada existe como realidade social que não seja por sua *instituição/institucionalização*, e assim, então, somente existindo *realidade instituída* precisamente porque inteiramente *construída*. A teoria construcionista crítica abarca um legado de muitos autores e estudos nos diversos campos em ciências humanas e sociais, assim como de filosofias, e suas raízes devem ser situadas nas pesquisas e análises realizadas pelas ciências que se dedicam ao estudo das sociedades humanas em sua diversidade cultural e histórica. A tese central que desse legado se destacou é aquela para a qual as práticas e as crenças humanas, hábitos culturais, modos de produção econômicos, sistemas políticos e de poder, regimes morais, padrões sexuais, em todos os casos, são sempre invenções culturais, sociais e históricas, realidades construídas, obras inteiramente humanas. Uma lista longa de autores e correntes teóricas pode sempre ser apresentada como sendo não apenas exemplos, mas, principalmente, como pontos de partida, fundamentos, premissas e postulados centrais constituintes de uma concepção construcionista crítica, embora diferenças que os possam separar em alguns pontos específicos[2].

---

2. No meu livro mencionado, apresento demoradamente um certo número de autores e correntes teóricas que os tenho como constituindo as bases e os desenvolvimentos da teoria construcionista crítica.

Assim, por teoria construcionista crítica ou construcionismo crítico, sugeri chamar uma teoria de grande amplitude em ciências humanas que carrega dois postulados radicais para a compreensão da realidade social e do gênero humano. O primeiro postulado assevera: *tudo é construído*! Isto é, uma compreensão de toda realidade social como resultado de *construção* (invenção, produção, convenção) na variação cultural e na duração histórica. Tudo aquilo que chamamos de "realidade social" é um produto da ação criadora humana em culturas e tempos históricos diversos, tratando-se do existente hoje, tratando-se do passado. O segundo postulado: *tudo é revogável*! Aquilo que é instituído como "cultura", "sociedade", "realidade", tendo origem nas deliberações humanas de sua construção, produção, são igualmente construtos passíveis de modificação, substituição, revogação.

b) A realidade social é uma construção humana, cultural, histórica, aleatória, contingente, mas... A ideologia busca fazer crer que a realidade existente é natural, eterna, divina.... necessária e imutável...

Não é uma ideia arbitrária ou desprovida de fundamentação conceber o que nomeamos de *realidade social* como *realidade construída*, *realidade instituída*, isto é, como algo inteiramente produzido pela ação humana; de alto a baixo, uma realização do ser humano, vivendo em grupo nas mais diversas regiões do planeta e em diferentes tempos. As práticas, relações e instituições que tornam possível a existência das sociedades humanas, assim como as significações nelas produzidas pelos seus indivíduos e que lhes atribuem sentidos e justificam-nas, são construções culturais, invenções sociais e históricas desses mesmos indivíduos. Resultam de suas contínuas ações, que, repetindo-se, rotinizando-se, institucionalizando-se, tornam-se convenções, padrões, costumes, hábitos, técnicas, modos de fazer, modos de ser.

Fundamentalmente, o que postula a teoria construcionista crítica é que nada da realidade social tem existência, duração e substituição sem o concurso da ação humana em sua exteriorização contínua no mundo. Para um construcionista, a realidade social é resultado de *invenção/criação/construção* humana e sua efetividade não se deve a princípio ou causa independente, fora da história, que seria impossível de ser conhecida; embora muito dos processos que instituíram ou instituem a realidade das sociedades humanas permaneça e poderá permanecer ignorado. Assim, técnicas de trabalho, ideias, valores morais, religiões, arte, instituições sociais e políticas etc. são artefatos humanos, que, continuamente associados no processo histórico-antropológico, instituem modos de vida particulares, sistemas de sociedade específicos, cultural e historicamente situados, eles próprios sistemas que se mantêm graças a esses mesmos artefatos.

Para a percepção construcionista, a realidade social é *construída* porque não há realidade social que não seja sempre já *instituída, institucionalizada, estabelecida* por meio de convenções históricas e culturais, práticas, mecanismos, dispositivos, normas, padrões, crenças etc. Assim, a construção da realidade social é aqui pensada como o processo mesmo de sua *institucionalização*, isto é, o processo de sedimentação, fixação e reificação do espaço de sociedade e seus códigos particulares e convencionais que configuram um modo de vida cultural e histórico.

Mas, uma outra descoberta importante no desenvolvimento dos estudos construcionistas em ciências humanas é que a realidade construída-instituída, em sua duração, legitima-se, reifica-se, assumindo quase sempre uma imagem de verdadeira "segunda natureza", tornando-se algo cuja aparência tem a "evidência" de uma realidade exterior, objetiva e independente da ação humana. O que faz, nos diversos tempos e sociedades, que os grupos humanos a representem imaginariamente como realidade natural, eterna, universal, necessária e insubstituível.

Esse é aspecto que faz que a cultura e a vida em sociedade – elas próprias – tornem-se o paradoxo de serem representadas imaginariamente, e pelos próprios seres humanos que as produzem, engendram e reproduzem-nas, como realidades autonomamente existentes. Fenômeno descrito e analisado por diversos estudiosos, desde os primeiros trabalhos que procuraram compreender o fato da cultura, e, desde Marx e Engels, descrito como sendo o fenômeno da aparência de autonomia da realidade relativamente à sociedade e aos seus agentes, que os autores nomearam *ideologia* ou *fenômeno do ideológico*. A autonomização da realidade relativamente à própria sociedade e aos seus indivíduos (grupos, classes...) foi interpretada pelos dois estudiosos alemães como um tipo de *ilusão* (MARX & ENGELS, 2007), capaz de produzir uma visão invertida da realidade para os indivíduos: nas sociedades, os indivíduos, grupos ou classes interpretam a realidade por eles criada como um produto da atividade de poderes não humanos, seja a Natureza, seja entes sobrenaturais, eternos e infinitos, admitidos como deuses, divindades. A ideologia é definida como uma *inversão* na imagem que a realidade social oferece de si mesma quanto às suas origens e fundamentos. Na análise do fenômeno, Marx e Engels ainda acrescentaram que a ideologia, por suas propriedades intrínsecas, torna-se também, em sociedades como as capitalistas modernas, as representações (crenças, ideias etc.) da realidade social que ocultam os fundamentos histórico-sociais da divisão da sociedade em classes e dissimulam os segredos da dominação de uma delas sobre todas as demais. Quando, então, para os autores, a ideologia seria principalmente um fenômeno que auxiliaria fortemente as classes econômica e politicamente dominantes na sociedade capitalista moderna a perpetuarem-se em posições de comando, poder, dominação.

Não exatamente validando por inteiro essa primeira acepção, os estudos construcionistas – que vários de seus autores tenham ou não se valido do conceito de ideologia[3] – não deixaram de observar que as sociedades e culturas humanas valem-se do imaginário e de linguagens simbólicas para outorgarem significado, validade e legitimidade a si mesmas. Via observada como também pela qual as sociedades conseguem produzir uma imagem de si próprias e de suas instituições, estruturas e normas como se fossem fatos da Natureza, resultado de leis cósmicas ou manifestações de vontades divinas, realidades eternas, necessárias, imutáveis. Isto é, o imaginário e o simbólico cumprindo funções ideológicas de produção do desconhecimento pelos indivíduos das origens e fundamentos da realidade de suas sociedades e culturas, condição

quando tornam possível, em seus efeitos performativos mágicos, a transformação ou transubstancialização da criação humana, da construção social, em algo de natureza transcendente, imodificável, cuja existência não dependeria de ação, vontade ou deliberação humanas.

A própria perspectiva construcionista dos estudos antropológicos e sociológicos permitiu enxergar algo mais no fenômeno do ideológico que apenas aquilo que foi inicialmente apontado pela análise marxiana[4]. Em primeiro lugar, a percepção que a ideologia corresponde a uma *ilusão primária* que toda sociedade – e não apenas certos sistemas particulares de sociedade – fornece a si própria, por meio do imaginário e do simbólico, que faz que todas elas se concebam como algo diferentemente do que são como construções sociais e históricas. Ilusão que oferece, de modo durável, uma imagem das sociedades para si mesmas na qual não aparecem a ação criadora propriamente humana nem os processos que as produzem e conservam-nas. Assim, o que os estudos construcionistas irão tornar possível perceber é que, na ideologia, aquilo que é contingência, convencional, arbitrário, construído, apaga-se, desaparece, para dar lugar a uma *ilusão fundacional* que torna a realidade social algo preexistente ao ser humano, fundado sem as ações humanas, algo necessário, com razões bem fundamentadas para existir.

Esse aspecto da ideologia – esta como *ilusão primária, ilusão fundacional* – está diretamente relacionado à sua materialização nas formas simbólicas e imaginárias. Antes de tudo, a ideologia assegura, por meio de representações imaginárias e ideias (crenças, significações), que todos os sistemas de sociedade apareçam àqueles que a esses sistemas

---

3. Não raro, o termo ideologia é objeto de todas as controvérsias e confusões conceituais e não são poucos os autores que deixaram de considerar a própria existência do fenômeno do ideológico nas sociedades (ou nas culturas) por se negarem a utilizar o conceito ou por considerarem que fenômenos como a sujeição, dominação ou opressão nada têm a ver com ideologia, ou até mesmo que estes não seriam fenômenos existentes em certas sociedades. Para alguns, a origem "marxista" do conceito para sempre o teria contaminado com a acepção de "falsa consciência", muitas vezes mal compreendida como uma produção atribuída a grupos de poder ou a classes econômica e politicamente dominantes para perpetuarem sua dominação. De todas as disciplinas, a antropologia talvez tenha sido aquela que mais incorreu no erro de deixar de fora o fenômeno do ideológico no estudo da cultura, talvez pela crença de certos antropólogos para os quais o conceito de ideologia pertenceria ao reino separado da sociologia (e de orientação marxista). Entendimento não apenas equivocado, mas que enfraqueceu, em certos autores, a análise do fenômeno da violência e da dominação simbólicas praticadas por instituições sociais nas diversas culturas. Para êxito da antropologia como disciplina científica, um equívoco corrigido por também antropólogos, mas aqueles que não se deixaram conduzir pelas errôneas ideias segundo as quais "não há o que, na cultura, possa ser chamado de ideologia" ou "enxergar ideologia na cultura é a visão marxista da realidade".

---

4. Uma conceituação pós-marxista (ou não marxista) de ideologia é o que podemos ver se desenvolver nos estudos construcionistas críticos. Sobre o assunto, ver o meu *O que é ideologia – Uma conceituação pós-marxista de ideologia* (DE SOUSA, 2016).

estejam submetidos como realidades que responderiam a razões bem determinadas para existirem. Com o que a ideologia consegue inverter o caráter de coisa construída e convencional (falamos de "arbitrário"[5]) de toda ordem social-cultural e suas instituições, apresentando-as como dados naturais, divinos, eternos e inevitáveis, e cuja eficácia maior é obter o consentimento (in)voluntário à sujeição social que sobre todos se abate, sem que o recurso da força seja utilizado.

A ideologia corresponde às representações e significações imaginárias que asseguram a consagração simbólica de instituições, estruturas e convenções de cada ordem social, dando-lhes legitimidade, permitindo sua assimilação, incorporação – o que não constitui um fenômeno específico desta ou daquela sociedade, mas existente em todas elas. A ideologia é da ordem de um acontecer social involuntário e anônimo (embora torne possível manipulações conscientes de ideias, representações, valores etc.) e é fenômeno graças ao qual todo sistema de sociedade se aprova no simbólico como único, necessário, insubstituível. Portanto, um fenômeno que não é exclusivo da sociedade fundada na divisão de classes e na separação entre sociedade e poder do Estado, sociedades capitalistas modernas ou contemporâneas, nem fenômeno cuja natureza se restringe a ocultar a dominação de uma classe sobre todas as demais na sociedade, como restringiram-se a dizer bom número de pensadores marxistas. Bem ao contrário, a ideologia o que oculta é o caráter construído (convencional, arbitrário) das ordens sociais humanas, dotando-as de atributos que lhes são estranhos, graças funcionarem como máquinas de produção de representações imaginárias e simbólicas cujos efeitos

performativos mágicos – constituindo o próprio fenômeno do ideológico nas culturas – promovem, primariamente, o desconhecimento do que funda a ordem social e igualmente seus sujeitos. E graças ao que toda ordem social se disfarça em algo diferente do que é e consegue tornar desconhecidas as lógicas que as mantêm de pé; na ideologia, sempre lógicas "necessárias" e "funcionais", mas desconhecidas como convencionais, contingentes, particulares, revogáveis. De modo que a ideologia o que garante principalmente não é apenas a dominação de uma classe social (mesmo quando se trata de sociedades de classe) mas a dominação do sistema de sociedade como tal e por inteiro sobre todos.

Nas diversas sociedades e culturas, em todas as épocas, a ideologia funciona como uma *ficção imaginária (e simbólica)*, pois é capaz de oferecer e assegurar a crença que a realidade existente é *realidade-toda*, completa, universal, nada existindo fora dela ou que outras possibilidades de realidade possam existir, substituí-la. É a ideologia que faz que, no cotidiano, habituemo-nos a pensar que aquilo que experimentamos como sendo "a realidade" (de nossa sociedade, de nossa cultura, de nosso tempo histórico, mas também da vida que se vive) coincide com o que seria sua forma única; correspondendo também a uma "verdade" desconhecida mas absoluta e imodificável, desígnios acima da vontade humana, leis inexoráveis. De tal modo que a realidade seria aquilo que ela é, sem mais outras possibilidades, *uma* realidade tornando-se *a* realidade, uma realidade particular tornando-se universal, uma *realidade-parcial* tornando-se *realidade-toda*. Aqui, quando o humano ganha a forma do divino, o social ganha propriedades do natural, o particular se confunde com o universal, o presente se confunde com todo o tempo histórico, no que resulta não apenas numa petrificação imaginária da realidade mas, igualmente, numa *ficcionalização* que não deixa ver que a realidade

---

5. Desde Ferdinand de Saussure e, posteriormente, Pierre Bourdieu, falamos de "arbitrário linguístico", "arbitrário cultural", "arbitrário social", "arbitrário histórico" (SAUSSURE, 1995; BOURDIEU, 1989; 1998; DE SOUSA, 2017).

existente (instituída) nada mais é que um *recorte*, uma *alternativa*, uma *seleção*, uma *combinação* de dados disponíveis num conjunto mais amplo de possibilidades humanas. Como escreveu Raymond Williams, "*nenhuma ordem social dominante, e portanto nenhuma cultura dominante, jamais inclui ou esgota, na realidade, toda a prática humana, energia humana e intenção humana*" (WILLIAMS, 2000, p. 132 – tradução nossa).

A esse propósito, toda uma literatura (da sociologia à psicanálise, passando pela filosofia, com variações e mais ou menos claramente) chamou de *real* a esse conjunto mais amplo de possibilidades (para o melhor e para o pior), tal como uma dimensão ilimitada, indeterminada e invisível (tal o ἄπειρον em Anaximandro (2016): dimensão de outros dados existentes ou possíveis de serem criados e, com eles, construções de outras e múltiplas possibilidades de "realidade", mas negada como dimensão existente, pois rivaliza com a ficção ideológica da realidade-toda e única.

Num simples resumo: a ideologia concorre sempre para negar a existência do real como potência indeterminada cujos dados podem fornecer outros arranjos possíveis de realidade. E a ideologia também estigmatiza as manifestações do real (em todas as suas formas) em algo ameaçador à sociedade, à cultura[6].

Nesses termos, a ideologia não é um duplo falso da realidade, mas sua naturalização, divinização e eternização por meio de representações imaginárias e simbólicas que negam que, para além da realidade existente, outras possibilidades existem, e que podem ser construídas. Assim, é nossa própria experiência imediata de viver, na sua relação direta com a realidade (da vida social e de nossa própria

existência nela), que já é – ao menos num primeiro momento – ideológica. Como indivíduos sociais, somos irremediavelmente lançados na ficção ideológica (imaginária, simbólica) da "realidade", para, sem suspeita, sem duvidar de suas "verdades", "razões", permanecer dentro dela; mas permanência que, para ocorrer, é preciso estar bem dentro dela... Mas o que também não quer dizer que não se possa sair fora...

A ideologia concerne, então, por um lado, aos processos de fundação, aprovação e consagração, pela via imaginária e simbólica, dos sistemas humanos de sociedade, ao produzirem o desconhecimento dos processos e práticas que fundam e conservam as instituições sociais que tornam esses sistemas possíveis; e, por outro lado, concerne sempre à invisibilização – por meio da eufemização produzida na linguagem simbólica – da sujeição ou dominação a que estão submetidos os sujeitos sociais sob o controle dessas instituições. E que seja a sujeição ou a dominação praticadas e impostas pelos sistemas de sociedade sobre todos, enquanto conjuntos culturais, simbólicos, econômicos e políticos, seja os assujeitamentos a que os indivíduos são submetidos nos processos de socialização, subjetivação, que lhes impõem subjetividades, identidades, categorias, normas etc., mas sem que a sujeição ou a dominação sejam reconhecidas como existindo.

2 O combate ético-político à ideologia: relativismo, ciência e desconstrução do discurso ideológico e de poder

Mas como, então, pensar fora da ideologia? Como se torna possível pensar as instituições, as práticas, os valores, as crenças, as ideias e os sentimentos humanos como coisas social e historicamente construídas, fora das ideias do "divino", do "transcendente", do "sobrenatural", do "natu-

---

6. Desenvolvi o assunto também no meu *Tudo é construído! Tudo é revogável!*, o leitor poderá recorrer à sua leitura para conhecer mais desenvolvimentos que dei ao tema.

ral", "natureza humana", instintos, herança genética? Como ter um pensamento não ideológico se o fenômeno da ideologia corresponde ao próprio modo de operar dos sistemas de sociedade humanos, ao forjarem-se na ficção simbólica, mágica e performativa que é capaz de transformá-los em algo diferente daquilo que são como arbitrários culturais e arbitrários históricos? Temos aqui, pois, que refletir sobre um outro aspecto da questão.

Como a ideologia é uma parte da cultura e não ela-toda – a parte das representações no campo do imaginário e do simbólico que naturalizam e eternizam a realidade –, nem tudo na cultura é ideológico e, pois, *um tanto de não ideológico* é possível nas ações humanas, no pensar humano. Embora, como assinalou o filósofo esloveno Slavoj Zizek, *"nenhuma linha demarcatória clara separe a ideologia e a realidade, embora a ideologia já esteja em ação em tudo o que vivenciamos como 'realidade'"* (ZIZEK, 1996, p. 22), dirá o mesmo autor: *"devemos, ainda assim, sustentar a tensão que mantém viva a crítica da ideologia. [...]: é possível assumir um lugar que nos permita manter distância em relação a ela* (p. 23). E foi justamente atualizando a pertinência e o alcance da análise do fenômeno do ideológico na cultura que as análises construcionistas críticas – tal como as concebo e longamente pude expor sobre o assunto em meu livro já mencionado antes – trouxeram para o conhecimento teórico em ciências humanas essa tensão e essa distância em relação à ideologia, de que fala o autor, embora não necessariamente da mesma maneira.

Na tensão crítica e na distância relativista (cética, da suspeita...) com relação à ideologia (i. é, com relação ao discurso ideológico e de poder das instituições sociais e de nossos sistemas de sociedade), os estudos construcionistas tornam-se o aprofundamento e a radicalização da atitude teórico-filosófico-científica, que já é, em si mesma, e em geral, de desconstrução da realidade. O que, tendo

se transformado num procedimento metodológico próprio, utilizado nos levantamentos e apreciações de dados, interpretações e teorizações, tornou-se um *desconstrucionismo crítico* específico e intrínseco à análise construcionista. Procedimento que se efetiva, em primeiro lugar, pela prática teórica da desconstrução dos discursos, representações e ideias sobre a realidade social que tendem a negá-la como *construto*, como resultado de construção humana, cultural e histórica. Desconstrução que ocorre na demonstração do caráter arbitrário (convencional) da realidade social, que, simultaneamente, requer a demonstração de sua instalação (institucionalização) como resultado de lutas e disputas, entre diversos agentes sociais, em contextos e conjunturas particulares, ou, simplesmente, em longos processos que, em si mesmos, exprimem a historicidade de sua *fundação* como alguma coisa que antes não havia (a realidade é sempre algo construído onde antes não havia nada... embora, escapando a toda interrogação – como se fossem evidentes e transparentes em si mesmas, não necessitando de explicações –, tantas coisas da realidade simplesmente existam no ponto cego da visão, invisíveis são...). Em segundo lugar, a desconstrução efetiva-se na prática analítica que revela os efeitos de poder, sujeição e dominação que decorrem de instituições, práticas e relações sociais, que, graças à ideologia, disfarçam-se em qualquer coisa outra (amor, cuidado, segurança, destino, obediência, fé, mas também merecimento, castigo, vontade divina, carma etc.), tanto quanto deixam de ser reconhecidos (em seus efeitos de poder, sujeição e dominação) como decorrências de instituições sociais, históricas, culturais e humanas, pois, também graças à ideologia, estas ganham a aparência de naturais, eternas, únicas e insubstituíveis.

Assim, um modo de pensar construcionista em ciências humanas e em múltiplas filosofias tornou-se, por excelência, a crítica ao discurso ideológico cultural-histórico. Capaz de afastar-se da ideologia como "cosmovisão, "explicação cultural", "crenças", "imaginário social", a perspectiva construcionista crítica configura um olhar de relativização (e, portanto, questionamento, dúvida, suspensão de "certezas" e "verdades"...) da representação que toda realidade oferece de si mesma e, portanto, relativização do valor absoluto ou independente de suas instituições, isto é, do que nela está instituído, institucionalizado e, pois, relativização dela própria como *realidade instituída*; o que nunca se alcança se se permanece na ideologia.

Mas, nossa asseveração sobre a irredutível diversidade, historicidade, contingência e caráter relativo das construções sociais, culturais e históricas humanas não corresponde a nenhum relativismo irrefletido e absoluto, incapaz de crítica, entregue à falsa ideia que, se tudo é construído, todas as construções seriam iguais entre si, gozando todas de legitimidade irrefutável. Da perspectiva construcionista e desconstrucionista, o que mais importa não é apenas descrever a realidade social como construída, mas denunciar o caráter arbitrário (convencional) da realidade, afirmando igualmente a natureza transformável ou substituível da realidade de toda coisa e de toda realidade, em seu lugar podendo sempre ser construídas outras realidades. Há sempre mais possibilidades de realidade que realidades existentes.

A esse propósito, o assunto do relativismo deve ter aqui algum espaço, pois se trata de problema não apenas teórico, mas igualmente moral e político, e não raro objeto de muitas confusões intelectuais, políticas e éticas. Se por relativismo, em geral, devemos entender a compreensão que nega a qualquer ser da realidade (tudo o que existe ou possa existir) caráter absoluto ou independente, e, para o caso da realidade social, sendo requerido que se considere todo o seu ser como de natureza ou valor relativos, pois resultado de construção

convencional, sempre parcial e historicamente determinado (e, em seu ser contingente, marcado por sua própria insubstância quanto à eternidade, naturalidade ou sacralidade), ainda assim, não se torna o caso de adotar uma compreensão relativista que tem tudo para cair no discurso ideológico cultural-histórico, numa palavra: cair na ideologia.

Qual relativismo, pois, adotar? Qual o relativismo da teoria construcionista crítica e do seu desconstrucionismo? E qual o relativismo a não ser adotado? Distinguindo um relativismo epistemológico, um outro sociológico/antropológico (na análise dos diferentes povos, sociedades e culturas) e um outro moral, com desdobramentos ético-políticos, convém entender de que modo a teoria construcionista crítica, configurando-se também como desconstrucionismo filosófico, sociológico, antropológico e ético-político, não se torna, todavia, adesão a qualquer relativismo.

Comecemos pelo relativismo epistemológico. Se afirmar a relatividade do conhecimento humano (ciência, filosofia etc.) não se torna mais chocante senão para aqueles que professam um cientificismo dogmático e obtuso, não se torna, por outro lado, aceitável, nos nossos dias, a ideia da incognoscibilidade do "absoluto" e da "verdade", por, primeiro, crença na existência destes, e, segundo, pela ideia que não foi concedido ao ser humano que ele "tudo conheça". Ideia muito popular, mas igualmente muito bizarra, sobretudo quando compartilhada por cientistas (sic.), como se também aceitassem que, em algum lugar e tempo metafísicos, forças transcendentais, obscuras e um tantinho egoístas, monopolistas e imperiais tivessem decidido que privariam os seres humanos de "tudo saber". Não sendo, aos seres humanos, permitido o conhecimento em sua inteireza, sempre restando algo que a estes não será dado saber, tornando-se o conhecimento – como conhecimento da "verdade" (e esta como conhecimento do Todo e de Tudo) –

para sempre impossível. Na tradição judaico-cristã, é popular o mito que narra a proibição original ao conhecimento: Deus, que criou o homem à sua imagem, não quis que este desfrutasse de parte de sua sabedoria; cruzar a barreira da Árvore do Conhecimento deu no castigo que se sabe: Adão e Eva foram expulsos do Paraíso, que, embora um paraíso, nele, estavam debaixo de certas proibições: uma delas a de Conhecer. Em outras tradições culturais ou religiosas, há mitos similares. Em algumas versões desse relativismo, fala-se de "conhecimento relativo", "relatividade da ciência", como quase sinônimo de incapacidade (e impossibilidade) da ciência de produzir conhecimento sobre a realidade. Todavia, menos porque o conhecimento se faz sempre por aproximação, nunca ocorrendo completamente, e mais porque, por alguma espécie de lei transcendental, ao ser humano não é permitido saber até o fim o que pretende. Ocasião quando não raro alguns aproveitam para afirmar a prevalência de algo inefável, misterioso e absoluto inacessível ao ser humano. Ocorre que esse não é o verdadeiro relativismo epistemológico, mas sua corrupção, com seus atrativos populares, mas também populistas, anti-intelectualistas e anticiência. Aliás, hoje, fortemente mobilizados pela direita política obscurantista em muitos países.

Podemos, sim, tratar de um relativismo científico no âmbito das práticas propriamente científicas. Mas não pela ideia segundo a qual o conhecimento é parcial, imperfeito e incompleto porque, ao ser humano, ele é inacessível. A atitude intelectual de relativização da ciência é parte da consciência da relatividade do conhecimento humano, mas por razões de contextos históricos, em função de desenvolvimento tecnológico, fatores aleatórios e/ou subjetivos (tais como interesses, disputas, intervenção de poderes etc.) inerentes ao processo cognitivo e de produção de conhecimento teórico-filosófico-científico. O conhecimento da realidade histórico-social, como, do mesmo modo, o conhecimento do Universo, em sua história e realidade, serão sempre faltosos, incompletos, e podendo ser ampliados, refeitos, acrescidos. O que a ciência e o conhecimento humano ignoram não é o que se encontra sob segredo no monopólio do saber dos deuses, mas perguntas científicas, a ser pela ciência e pelo conhecimento humano respondidas. Tal como, em sua confiança na ciência, declarou o cosmólogo Carl Sagan: *Em vez de reconhecer que em muitas áreas somos ignorantes, temos nos inclinado a dizer, por exemplo, que o Universo está impregnado com o inefável. A um Deus das Lacunas é atribuída a responsabilidade pelo que ainda não compreendemos*" (SAGAN, 1996, p. 22). Como teoria de fundamento das ciências humanas, a teoria construcionista crítica torna-se a prática de um relativismo epistemológico apenas no sentido que a ciência, a filosofia e outras formas do conhecimento humano são sempre relativas a um tempo, a uma época, a um momento dado, a um contexto, no qual estão também diversas variáveis, nem sempre possível de todas serem abordadas, consideradas. Por outro lado, não se trata de, relativizando o conhecimento humano, em suas diversas formas, considerar que todas elas são iguais entre si, de mesmas potencialidades e capacidades heurísticas, quando, de modo populista ou ignorante, estudos científicos ou filosóficos são comparados como de igual valor a noções do senso comum, da opinião popular, das superstições e crendices. Nas ondas anti-intelectualistas e anticiência que varrem o mundo atualmente, algo que vem ganhando cada vez mais difusão, favorecendo o domínio do obscurantismo em vários meios.

Na prática científica e de produção do conhecimento teórico, encontramos também uma outra atitude relativista importante: aquela que, na análise antropológica e sociológica das culturas e povos, negando-se a todo etnocentrismo, procura reconhecer que, na diversidade cultural, manifesta-se a pluralidade humana de costumes, crenças, modos de produção econômicos, padrões culturais etc., manifestações do humano, a justo título, todas iguais entre si. É conhecido como nas ciências sociais a descoberta da unidade biológica da espécie humana serviu para o reconhecimento da igualdade dos seres humanos, a diversidade cultural dos povos nunca tendo sido confundida com variação do valor (superioridade, inferioridade, capacidade etc.) de nenhum deles. Essa diversidade sendo a base para autores como Franz Boas (2004) e, posteriormente, Lévi-Strauss (1989) construírem posicionamentos profundamente críticos a todo racismo (de fundo etnocêntrico, sempre), ao tempo em que também constatavam que o etnocentrismo é fenômeno universal e quase um "mecanismo de defesa" ideológico dos diversos povos. Sob a influência desses e outros pensadores, centenas de antropólogos e sociólogos, em diversas partes, praticam o *relativismo cultural*, que se tem, pelas mãos de alguns, suas quedas na ideologia, garante, ao mesmo tempo, que o etnocentrismo cultural de todos os povos não se torne também a própria visão das ciências que os estudam. Assim, à distância do que os povos pensam uns dos outros, o relativismo cultural, como prática científica, torna-se o antídoto para o etnocentrismo que, por sua universalidade e preponderância, poderia contaminar a própria visão dos estudiosos, etnógrafos, sociólogos ou outros.

Porém, do ponto de vista construcionista crítico, se o relativismo cultural é inseparável de uma defesa da igualdade entre os povos, para mantê-lo como uma atitude científica que atue eficientemente, torna-se necessário, simultaneamente, considerar os pontos cegos desse mesmo relativismo. A conclusão pela igualdade e pelo valor de todos os povos (e suas culturas) não pode vir em auxílio ao relativismo cultural ao preço de se perder de vista a existência nas sociedades de instituições que correspondem, para aqueles que estão a elas submetidas, situações de sujeição, dominação, opressão, que resultam em imposição de sofrimento evitável. A justa defesa da autonomia (autodeterminação) dos diversos povos, na ampla diversidade cultural humana, não pode se tornar uma queda no discurso ideológico cultural de aceitação daquilo que cada cultura impõe para seus próprios integrantes, se nessa imposição estão práticas, relações e instituições que implicam supressão da liberdade e da igualdade entre os indivíduos (liberdade e igualdade que cada uma delas requer para si, ao buscar ser admitidas em suas variações, mas negadas aos seus integrantes). A defesa da diversidade cultural não pode ocorrer com o sacrifício da crítica a práticas culturais que, não sendo a invalidação de uma cultura inteira por apenas algumas de suas práticas, não pode, todavia, deixar de ser a interpelação legítima que uma cultura pode a outra fazer em razão de instituições, costumes ou crenças que impliquem violência, maus-tratos, rebaixamento da dignidade humana, negação de reconhecimento etc. Na sua forma absoluta, o relativismo cultural torna-se não apenas acrítico mas, igualmente, e em tantos casos, cumplicidade com a opressão de grupos humanos inteiros e pessoas, por diferenças de gênero, sexuais, étnicas, religiosas ou outras.

Se a perspectiva construcionista crítica admite tudo como construção, tal não corresponde a admitir toda construção como válida, legítima em si mesma. No relativismo absoluto da equivalência "toda cultura é tão boa quanto qualquer outra" ou "toda cultura é tão violenta quanto qualquer outra", não temos, afinal, senão um encontro com a ideologia, com o discurso ideológico cultural, como procurei demonstrar antes. Se "à noite, todos os gatos são pardos", na escuridão da ideologia, todos as culturas são apenas sistemas alternativos uns relativamente a outros, como se a realidade deles nada mais fosse que uma "natureza" ou uma "ordem das coisas", sem mais. É quando a cultura desaparece como construção e, portanto, como passível de ser modificada – ao menos quanto certas de suas instituições que devem ser revogadas. Aliás, quando o assunto é ideologia e cultura, se não quisermos cair no *relativismo cultural absoluto* (queda na ideologia como discurso cultural particular), mas, igualmente, se não quisermos cair num *universalismo absoluto* (não menos ideológico, etnocêntrico, racista e hegemonista), torna-se importante, reconhecendo as diferenças e a diversidade cultural e o valor das culturas e povos (relativismo), não perder de vista que a defesa de valores universais em prol da dignidade humana (universalismo) não constitui negação de qualquer particularidade cultural, mas, ao mesmo tempo, não permite que, em seu nome, culturas possam submeter seus próprios indivíduos a condições indignas, por quaisquer justificativas.

Resumindo: o relativismo cultural, como prática cognitiva, não abrindo mão da crítica ao discurso ideológico cultural (crítica à violência cultural "justificada"), evitando racismos e etnocentrismos, não se torna incompatível com um universalismo ético-moral, como defesa de valores universais em prol da dignidade humana, desde que também esse universalismo não seja dissimulação de pretensões de hegemonia cultural (hegemonismo, que é, no fundo, racismo e etnocentrismo).

Assim, chego ao tema do relativismo moral. Se este corresponde à ideia segundo a qual os valores morais não apresentam validade universal e absoluta, variando conforme circunstâncias históricas e culturais, ele também tem a forma/fórmula: "toda convicção moral é tão boa quanto qualquer outra", que, conforme Richard Rorty, é tese "absurda", "*uma tese que nenhum filósofo jamais tentou defender*" (2010, p. 19). É claro, esse relativismo moral encontra muita resistência, pois, embora possa contrapor-se a fundamentalismos morais au-

toritários e conservadores, ele também é abertura para concepções que pretendem tudo validar. De novo aqui, seria o caso de falar de relativismo absoluto ou ilimitado: relativismo moral ilimitado. Que encontra opositores não apenas nas fileiras dos religiosos, mas também entre filósofos relativistas como Rorty (2010). E não sem razão. Se se aceita que "tudo é válido" do ponto de vista moral, nada mais haveria para interditar como moralmente inaceitável. Nesse sentido, o relativismo moral ilimitado anda de par com um relativismo cultural absoluto, embora, à primeira vista, possa parecer que não, e mesmo que o relativismo moral muitas vezes seja acionado para legitimar questionamentos a instituições culturais. Num caso ou noutro, todavia, trata-se sempre de, na relativização de práticas, conceitos, crenças, suspender a crítica a padrões culturais, morais ou religiosos, como se estes não pudessem ser objeto de suspeita e interpelação, ou ainda de contrapor-se a outros tantos conceitos, valores, ideias e ideais em nome da adesão a outros que se lhes opõem, ainda quando deem origem a práticas que nunca poderão tornar-se moralmente corretas e admissíveis, como, por exemplo, negar aos indivíduos digno tratamento como seres humanos.

Mas há também um *antirrelativismo* para o qual a realidade das culturas, sociedades, das diversas concepções morais, padrões culturais ou crenças religiosas não seriam relativizáveis porque seriam verdades irrevogáveis, universais e transcendentes. Outra vez aqui a ideologia passa à frente: é a realidade instituída como insubstituível, toda relativização sendo tratada não apenas como um erro de compreensão da natureza própria da realidade mas, principalmente, como desvirtuamento moral. Convencido disso, o teólogo Joseph Ratzinger, como Papa Bento XVI, declarou: "*o relativismo é a praga moral de nossa época*". Sim, praga moral porque justamente vem abalar o monoteísmo moral garantidor da adesão a uma moral que se quer única. Mas moral que não apenas significa a diferenciação de comportamentos permitidos ou ideais e outros desaconselhados, mas constituída de valores que dão sustentação a instituições sociais que não aceitam ser relativizadas como construtos substituíveis. O antirrelativismo é também uma outra forma do discurso ideológico, e é reacionário como pensamento moral, como pensamento político.

Assim, é que, para o que chamei uma teoria construcionista crítica, o combate à ideologia passa a ser um empreendimento não apenas intelectual, mas também ético-político. Pois, como a ideologia sustenta relações de sujeição, práticas de violência e instituições de opressão, impondo a indivíduos e grupos humanos sofrimento evitável, torna-se inevitável, na análise de ideologia como presente nas nossas sociedades e culturas, reconhecer seus efeitos de poder, sujeição e dominação, diante dos quais não se pode pretender nem relativismo cultural nem relativismo moral ilimitados. Nem igualmente qualquer antirrelativismo preservacionista de monoteísmos morais pretensamente de valor universal e transcendente.

O combate ético-político à ideologia é uma obrigação humana moral, pois significa dedicarmo-nos a outros seres humanos, ao ideal de sociedades nas quais o respeito à dignidade do ser humano seja um valor máximo. Sabendo-se que a maior parte dos sofrimentos a que seres humanos são submetidos são evitáveis; onde houver sofrimento, deve haver sua denúncia e ações para evitá-los, enfrentá-los... Qualquer cumplicidade com instituições de opressão, violência, sujeição, dominação é cumplicidade com imposição de sofrimento evitável. O que não é moralmente aceitável.

Talvez uma das mais importantes conclusões que uma perspectiva construcionista crítica e seu desconstrucionismo permitam é o entendimento que, como instituições culturais, estruturas sociais, práticas sociais, relações entre indivíduos, ideias e crenças são construídas por seres humanos, podem por estes ser modificadas, transformadas, substituídas. Por seres humanos construídas, está ao alcance da deliberação humana prescrevê-las, revogá-las, pela consciência ético-moral e política que seres humanos não podem viver submetidos a sofrimentos evitáveis, dissimulados pelo discurso ideológico histórico-cultural como qualquer coisa outra que não aquilo que, por todas as partes, tem roubado de muitos a alegria, a felicidade, o prazer com a vida.

3 Crítica às afirmações ideológicas da identidade e ética do reconhecimento

A atitude crítica relativista da perspectiva construcionista e seu desconstrucionismo e a exigência ética universalista de defesa da dignidade humana nos leva diretamente ao assunto do Reconhecimento. Desde que Hegel afirmou, em seu *Filosofia real*, que *o reconhecimento é uma carência imperiosa do ser humano, e, pois, vital para sua existência*, dirá mesmo que "*o estado de reconhecimento é a existência*" (1984, p. 185) – uma proposição retomada de muitas maneiras por pensadores contemporâneos –, o assunto não pôde mais deixar de ser considerado como central para as questões da vida humana em sociedades e culturas, pois, sendo vital para o humano, não poderia ser deixado como apenas assunto de filosofia ou de filósofos. De fato, que se saiba ou não, a questão apresentada pelo pensamento filosófico envolve a questão prática dos direitos do existir humano, que chamamos "direitos humanos" nas nossas sociedades. Se reconhecimento é reconhecimento do outro, deste outro em sua existência, o reconhecimento é uma via de mão dupla: o eu sempre é o outro para outro, e, pois, se não há reconhecimento mútuo, inviabilizamos as condições de possibilidade de relações ético-morais que ofertem a todos as qualidades da existência que permitam a plenitude dos direitos do existir como humano.

É a prática do reconhecimento uma *prática ético-moral e política* e uma *exigência social* continuada. Se temos práticas autênticas de reconhecimento, temos práticas de promoção de reconhecimento de direitos humanos, reconhecimento da dignidade humana, seja no âmbito estatal, social, seja no âmbito de nossas ações mais individualizadas. Pensadores contemporâneos diversos poderiam ser evocados para dar sustentação e consequência a isso que acabo de dizer: Charles Taylor (1986), Axel Honneth (2003; 2014), Nancy Fraser (2005; 2006), Judith Butler (2006; 2017), para citar apenas alguns.

Beneficiando-me aqui de uma reflexão da filósofa Judith Butler sobre o assunto e utilizo-me de seus termos, o encontro com o outro é o encontro de uma relacionalidade no "campo do não eu": esse é o encontro de uma relação com a alteridade que nos conduz, como dirá a autora, a uma *"desorientação ética do que é familiar"* (2017, p. 21), ou em relação ao que é o mesmo, à "mesmidade" do eu. Hegel já havia antecipado essa ideia: *"o eu, que é que-fazer com relação a outro eu e precisamente como reconhecido por ele; o outro eu referindo-se à minha possessão, somente a quer com meu consentimento, e o mesmo que eu que me refiro à sua somente com seu consentimento; a igualdade de ambos como reconhecidos, corresponde tanto para um como para outro no negativo de si mesmo, ou a propriedade é mediação: cada um é o que nega seu ser, seus bens, e eles se encontram mediados pela negação do outro; somente porque o outro se desprende de sua coisa, o faço eu"* (1984, p. 184-185). Tratar-se-á nessa relacionalidade – do eu com um outro – de práti-

ca da ordem de uma necessidade (vital) comum a todos, a da interação social, da convivência social. Por essa razão, dirá também Butler, a prática da despossessão *"responde a uma obrigação que se origina fora do sujeito"* (2017, p. 21) e, nesses termos, a relacionalidade com o outro pode representar o *"desmonte das noções do sujeito soberano e as afirmações ontológicas da identidade"* (p. 18). Sim, claro, direi, porque a prática do reconhecimento nos leva a relativizar todas as identidades e fazer que se possa saber que ninguém pode se considerar tão soberano de si que não possa querer se relacionar com mais nenhum outro eu. Se nos colocarmos de acordo com Butler e aceitarmos que *"a relação com a alteridade interrompe a identidade"* (p. 15), a questão de como e por qual caminho "ceder" e "acolher" ao outro torna-se parte de uma atitude, ela, sim, soberana, que está no centro da reflexão ética: reflexão que "não devolve o sujeito a ele mesmo", mas o faz entender a relacionalidade ética como um modo de conduzir além de si mesmo, um modo de ser que representa o desafio à si-mesmidade.

Assim, direi que podemos situar o reconhecimento como, em primeiro lugar, uma experiência ético-moral radical: pois, sendo reconhecimento o reconhecimento do outro, a experiência de reconhecer o outro é aquela experiência radical de abandono de si, da soberania de nosso próprio eu (o eu de um sujeito social, sujeito de alguma identidade, crença, valores, nação etc.), para o acolhimento da diferença, da diferença de um outro. Disposição ética que só virá se se tem a compreensão da realidade instituída como convenção (construção), assim como minha identidade (individual, cultural, religiosa) como algo que posso abrir mão ("despossessão"), pelo entendimento não apenas que o outro também o é (identidade construída) e, por isso, sendo também modificável e, assim, negociável, intercambiável.

A partir das consequências dessa – chamaria – "filosofia da relacionalidade", direi que o reconhecimento ou uma ética do reconhecimento passa a significar o ato pelo qual se estabelece um lugar para aqueles que não sendo "eu", um "não eu", em minha cor, em minha sexualidade, em meu gênero, em minha nacionalidade, identidade, terão, todavia, garantidas (pelos meus gestos) todas as condições dignas de sua existência por meus próprios atos e querer, o que mais não é que oferta de condições de possibilidade nas quais me engajo, que as quero para o outro como as quero para mim. Talvez aqui seja também o caso de lembrar o imperativo kantiano, ao este sugerir que *não devo querer para o outro aquilo que não quero para mim*. Não se trata, claro, de ingenuidade, e pensar que não seja possível um mundo que ninguém queira o melhor para o outro; não é impossível!, mas este seria um mundo lamentável.

A prática de reconhecimento também nos exige coerência radical. Não há prática autêntica de reconhecimento por cada um de nós se só o ofertamos para alguns e não para outros, se somente em certas ocasiões e não em outras, se somente em certos meios e não em outros.

Todavia, é também certo que sem uma moralidade pública, e que seja sustentada, dentre outros entes, pelo Estado, a ética sozinha não conseguirá enfrentar os obstáculos sociais e ideológicos para a instauração do reconhecimento como uma prática geral, social. Não haverá resposta ética geral à reivindicação do outro se não houver tradução em ações também gerais, de peso educativo, moral geral. É preciso, sim, uma educação social geral para uma ética do reconhecimento e para a promoção cotidiana de direitos humanos. Aqui, não posso deixar de evocar as contribuições de Nancy Fraser (2007), ao situar o problema como também pertencente ao campo de uma *Moralität* pública, para

além da ética (entendida como "privada", conceito de "boa vida", refém da "identidade" em contraposição a um ideal de justiça ampliada). Há que haver instituições e ações públicas que garantam a igualdade de *status* dos indivíduos na sociedade como garantia da "paridade participativa" (FRASER, 2007) na interação social, e que sejam instituições e ações que sejam potentemente revisoras dos "padrões culturais instituídos de valoração moral" (FRASER, 2007), muitos deles obstáculos de direitos isonômicos. Sem isso, a ética pode fracassar, ser subordinada à moral instalada ou a valorações ideológicas da pior espécie. A *Moralität* pública da qual fala Fraser não rivaliza com a ética do reconhecimento, direi que é uma das condições fortes de possibilidade de sua existência e efetivação, como forma também de interditar todo relativismo e todo antirrelativismo ilimitados, fontes da queda no discurso ideológico histórico-cultural, garantindo impérios invisíveis de construções sociais em tudo revogáveis.

Referências

ANAXIMANDRO. *Oeuvres de Anaximandre*. Paris: La Bibbliothèque Digital

BOAS, F. *Antropologia cultural*. Rio de Janeiro: Zahar, 2004.

BOURDIEU, P. *A economia das trocas linguísticas*. 2. ed. São Paulo: Edusp, 1998.

_____. *O poder simbólico*. Lisboa/Rio de Janeiro: Difel/Bertrand Brasil, 1989.

BUTLER, J. *Caminhos divergentes*: judaicidade e crítica do sionismo. São Paulo: Boitempo, 2017.

DeSOUSA FILHO, A. *Tudo é construído! Tudo é revogável!* – A teoria construcionista crítica nas ciências humanas. São Paulo: Cortez, 2017.

_____. "O que é ideologia? – A conceituação pós-marxista". In: MELLO, M.T.; GARCIA, P.B.;

DeSOUSA FILHO, A.; FEIJÓ, J. *O que é ideologia?* Lisboa: Escolar, 2016.

FRASER, N. Reconhecimento sem ética? In: SOUZA, J. & MATTOS, P. (orgs.). *Teoria crítica no século XXI.* São Paulo: Annablume, 2007.

_____. *Redistribuición o reconocimiento?* Madri: Morata, 2006.

_____. *Qu'est-ce que la justice sociale?* – Reconnassance et redistribution. Paris: La Découverte, 2005.

HEGEL, F. *Filosofia real.* México: Fondo de Cultura Económica, 1984.

HONNETH, A. *De la reconnaissance à la liberté.* Paris: Le Bord de L'eau, 2014.

KUHN, T. *A estrutura das revoluções científicas.* São Paulo: Perspectiva, 1998.

LÉVI-STRAUSS, C. *Antropologia estrutural II.* Rio de Janeiro: Tempo Brasileiro, 1989.

MARX, K. & ENGELS, F. *A ideologia alemã.* São Paulo: Boitempo, 2007.

RORTY, R. *Uma ética laica.* São Paulo: Martins Fontes, 2010.

SAGAN, C. *O mundo assombrado pelos demônios*: a ciência vista como uma vela no escuro. São Paulo: Companhia das Letras, 1996.

SAUSSURE, F. *Curso de linguística geral.* São Paulo: Cultrix, 1995.

WILLIAMS, R. *Marxismo y literatura.* Barcelona: Península, 2000.

ZIZEK, S. *Um mapa da ideologia.* Rio de Janeiro: Contraponto, 1996.

6
Clássicos/contemporâneos
"Relações entre a teoria sociológica clássica e a contemporânea"

Paulo Cesar Alves

Introdução

Uma das questões amplamente debatidas e polêmicas nos cursos de pós-graduação em ciências sociais diz respeito ao conceito de teoria social "clássica"/"contemporânea" e suas interrelações. Esses termos não são precisos e guardam uma certa ambiguidade. "Clássico" é usualmente designado para se referir a determinados pensadores (p. ex., Marx, Durkheim, Weber, Simmel), considerados como os fundadores das ciências sociais e estão localizados em um dado momento histórico que corresponde aproximadamente ao período entre 1850 e 1920. São os criadores dos grandes paradigmas teórico-metodológicos que formaram as "ciências sociais" e para os quais se voltam os teóricos posteriores, aprimorando-os, dando novas interpretações, criticando-os. Em síntese, os "clássicos da sociologia" são aqueles que formularam questões e apresentaram caminhos teórico-metodológicos que constituem algumas das premissas fundamentais da "ciência sociológica". A teoria social contemporânea, por sua vez, é aquela produzida "atualmente", principalmente no último quartel do século XX. Bourdieu, Habermas, Giddens são exemplos do "contemporâneo". Nesse aspecto, a distinção entre "clássico" e "contemporâneo" estabelece dois grandes períodos históricos e um certo "hiato", um tanto quanto indefinido, entre eles.

A ideia de "clássico" como aqueles que fundaram as ciências sociais entre 1850-1920 requer certas considerações. Em primeiro lugar, há uma "lista dos clássicos" e, portanto, uma seleção. Como em qualquer lista, ela é excludente. Nela não consta, por exemplo, nomes de pensadores sociais como Adam Smith, Jacob Burckhardt, Edward Tylor. Estão provavelmente colocados em outras listas, a dos economistas, historiadores, antropólogos etc. Uma lista, portanto, preocupada em estabelecer fronteiras entre disciplinas vizinhas da sociologia. A lista também exclui determinados pensadores que contribuíram para a formação do pensamento sociológico. Um exemplo é Herbert Spencer (1820-1903), referência para as correntes teóricas "evolucionistas" que dominaram na sociologia inglesa da passagem para o século XX e atualmente relegado ao quase esquecimento. Um outro exemplo interessante é Gabriel Tarde (1843-1904) que até os fins do século XX foi praticamente suprimido da "lista dos clássicos da sociologia"[1].

---

1. Gabriel Tarde teve grande notoriedade durante sua vida. Foi professor da Escola Livre de Ciências Políticas (fundada em 1871), eleito para o *Collège de France* em 1900 e membro da Academia de Ciências Morais e Políticas. Na sua época, era o sociólogo francês mais conhecido, embora tenha permanecido como um intelectual solitário e sem grandes preocupações em promover a sociologia na universidade (cf. VARGAS, 2000; MUCCHIELLI, 2001). Atualmente, Tarde foi "redescoberto" por vários pensadores contemporâneos.

O conceito de "clássico" está associado às ideais de "referência" e de "conservação". Ou seja, designar como "clássico" em sociologia é outorgar a determinados nomes o privilégio de serem "fundadores" de esquemas concetuas para o entendimento científico do mundo social. É defender, portanto, que suas ideais devem ser preservadas, constantemente retomadas e renovadas. Trata-se de uma noção que estabelece uma univocidade ou continuidade (sempre reconstruída) entre o passado e o presente. Mas é importante chamar atenção que o conceito de referência não se resume apenas a designar "nomes" ou "rótulos". Expressa também um conteúdo e um sentido, uma tendência ou direção se segue ao nome de determinado pensador (ou "escola"). Enquanto expressão de um significado, toda referência requer um sentido que é dado "para nós".

O "clássico", portanto, é mais do que um conceito para se referir a pensadores de uma dada época histórica. Conforme argumenta Gadamer (1997), o "clássico" torna explícito uma mediação do passado com o presente. Mediação que é (re)construída por redes de valorações recíprocas nas quais estão inseridos os cientistas. Assim o "clássico" explicita tradições ou linhagens que são constituídas por laços incertos e mutáveis entre grupos, instituições e "modelos cognitivos". Nesse sentido, a ideia de "clássico" tem um poder normativo e educativo. Gadamer (1997, p. 432) observa que o "clássico" é "uma consciência do ser permanente, uma consciência do significado imorredouro, que é independente de toda circunstância temporal, o que nos induz a denominar algo de 'clássico'; uma espécie de presente intemporal que significa simultaneidade para qualquer presente" Em síntese, a noção de "clássico" pressupõe "porta-vozes" que "falem" em nome de uma linhagem, identificando determinados pensadores como canônicos, invocando normas e pro-

cedimentos, opondo-se a orientações diferentes. É clássico aquele que é conservado, referenciado por uma "cultura sociológica", por "porta-vozes" de uma determinada tradição. Nesse sentido, os "clássicos da sociologia" não se restringem aos pensadores localizados em um determinado período histórico, mas todos aqueles criadores de linhagens de pensamento. Logo, "clássicos" não são apenas Marx, Durkheim e Weber, mas também Gramsci (1891-1937), Norbert Elias (1897-1990), Parsons (1902-1979), Garfinkel (1917-2011), entre outros.

Cabe perguntar, portanto, quando e por quem determinados pensadores (localizados aproximadamente entre 1850 e 1920) foram canonizados como "clássicos". De onde vem essa lista? Quem a legitimou? Em que sentido a teoria sociológica contemporânea redefine esse conceito? Desnecessário é dizer que os autores selecionados não se autointitularam como "clássicos da sociologia". Alguns deles nem mesmo se consideraram como sociólogos. Marx, por exemplo, rejeitava a noção de "sociologia", a qual identificava com o positivismo comtiano; Weber só se chamou de sociólogo nos últimos anos da sua vida.

O objetivo do presente capítulo é justamente discutir a constituição da ideia de "clássico" na sociologia e como os "contemporâneos" a redefinem. Ao discutir essa questão recorremos a dois níveis interligados de análise – cognitiva e institucional – da cultura sociológica. O termo "cultura sociológica" refere-se ao conjunto de práticas compartilhadas pela maioria dos atores (nos encontros, cursos, pesquisas) associado a determinadas premissas ontológicas e epistemológicas sobre o conhecimento do mundo social (WALLERSTEIN, 2002). Nesse aspecto, o presente texto propõe desenvolver, em certa medida, uma reflexão sociológica da sociologia.

A internacionalização da cultura sociológica no pós-guerra e a constituição do "clássico"

A ideia de "clássico" em sociologia começa a ser gestada a partir da Segunda Guerra, particularmente entre 1940 e a década de 1970. Depois de 1945, a sociologia passa por um autêntico renascimento, depois da forte erosão institucional da sociologia europeia entre as duas guerras mundiais – pulverização da sociologia alemã, declínio da escola durkheimiana, ascensão do totalitarismo e emigração dos sociólogos. É a partir da Segunda Guerra que são (re)definidas as ciências sociais como disciplinas acadêmicas e (re)construídas as organizações corporativas que, a nível internacional, preservavam e perpetuavam a institucionalização da prática e do saber científico sobre o mundo social. Conforme designa Picó (2003), são os "anos dourados da sociologia" (cf. tb. FRIEDRICHS, 2001; PLATT, 1996; HINKLE, 1994; ARNOVE, 1982). Um período também muito estudado. O trabalho de Jeffrey Alexander, *Twenty Lectures* (publicado em 1987) é um exemplo significativo (ALEXANDER, 1995).

Por volta de 1940 expande-se o número de cursos/departamentos universitários, de programas de ensino, de associações e encontros profissionais. Há, também, uma maior dinamicidade no processo de internacionalização da disciplina, deslanchado principalmente por quatro nações: Estados Unidos, Inglaterra, Alemanha e França.

A "cultura sociológica" que emerge com a internacionalização da sociologia produzida no pós-guerra estava assentada em determinados pressupostos. Um dos mais importante deles era a de que a autonomia científica da sociologia estava assegurada em seus princípios gerais. Essa ciência detinha um conjunto de questionamentos que definiam seu campo de atuação e estava elaborando

modelos teórico-metodológicos, consolidados e legitimados por instituições acadêmicas e centros de pesquisas. Assim, a autonomia da sociológica – o seu distanciamento em relação a outros campos de conhecimento – estava fundamentada em razões de ordem tanto cognitiva quanto institucional, seja a nível nacional ou internacional.

Vejamos brevemente alguns traços característicos do processo de internacionalização da cultura sociológica no pós-guerra produzida particularmente pelos Estados Unidos, Inglaterra, Alemanha e França. As vicissitudes geradas pelo conflito mundial incentivaram diferentes e complexas conexões entre essas quatro grandes tradições do pensamento sociológico.

O processo de institucionalização da sociologia nos Estados Unidos começou bem antes da Segunda Guerra. No último quartel do século XIX, os Estados Unidos já têm cursos acadêmicos de sociologia, como por exemplo nas universidades de Boston, Indiana, Brown, Cornell, Chicago. A formação e expansão desses cursos no território americano – devido, entre outros aspectos, às complexas associações entre o ensino superior, o Estado, os empreendimentos assistenciais e filantrópicos – proporcionaram melhores condições para a carreira de professor e atraíram estudantes de diversas regiões e de diferentes matizes socioculturais.

O primeiro centro importante dedicado a pesquisa e a formação de estudantes de doutorado foi formado na Universidade de Chicago[2], fundada em 1890 com subsídios provindos principalmente de John D. Rockefeller. O departamento de sociologia (unido a antropologia até 1929) foi instalado nessa

---

2. Chicago, cidade industrial e grande centro comercial, era povoada por uma grande massa de imigrantes estrangeiros. Sua taxa de crescimento populacional foi assombrosa até a década de 1930. Em 1840 contava com mais de 4.500 habitantes; em 1930 tinha uma população de cerca de 3 milhões e meio (EUFRASIO, 1999, p. 27).

instituição em 1892 por um ex-pastor, Albion Small, que o dirigiu até 1924[3]. A influência dos filósofos pragmatistas, principalmente John Dewey e George H. Mead (que foi referência para o Interacionismo Simbólico de H. Blumer) foi significativa nas duas primeiras décadas do século XX. A partir de 1915 os pesquisadores William I. Thomas (1863-1947), autor, junto com F. Znaniecki, da famosa pesquisa *The Polish Peasant in Europe and America*, publicada em 1918, Ernest W. Burgess (1886-1966) e Robert Park (1864-1944)[4], coautores de *An Introduction to the Science of Sociology*, publicado em 1921 (que se converteu em um dos textos mais influentes durante anos na sociologia americana), passaram a ocupar uma posição dominante na formação da segunda geração de sociólogos americanos. Até os anos de 1930, a chamada "Escola de Chicago" foi, em grande medida, responsável por fornecer uma orientação teórico-metodológica paradigmática aos estudos sociológicos americanos (EUFRASIO, 1999; HINKLE, 1994; BLUMER, 1984). Pode-se avaliar o prestígio da Universidade de Chicago pelo papel que desempenhou na criação, em 1905, da American Sociological Society (ASS), denominada, a partir de 1959, American Sociological Association (ASA)[5]. Desde a sua fundação (1905) até 1970,

aproximadamente a metade dos presidentes dessa associação foram professores ou estudaram em Chicago, embora a "Escola" tenha perdido seu caráter paradigmático nos anos de 1930 (HINKLE, 1994). A partir da Segunda Guerra, as universidades de Columbia (importante centro de *"survey researches"* e famosa pelos trabalhos de Paul F. Lazarsfeld e Robert K. Merton) e Harvard (principal centro do "funcionalismo" de T. Parsons e do "operacionalismo" de G.A. Lundberg) tornam-se modelos na institucionalização da sociologia americana.

A "Escola de Chicago" desenvolveu várias linhas de interesses sob orientações sociológicas variadas e ecléticas. Contudo, é possível identificar alguns dos grandes núcleos temáticos que a diferenciava dos outros centros acadêmicos, um deles a preocupação com a análise metodológica para a explicação dos processos sociais (HINKLE, 1994). Embora no seu início tenha desenvolvido estudos descritivos de caráter etnográfico, a sociologia de Chicago também se destacou, nos anos de 1920, pela utilização de métodos quantitativos sofisticados e emprego de análises estatísticas, como elementos básicos da "ciência sociológica" (BULMER, 1984). Tal concepção metodológica se expandiu em vários outros cursos universitários. Resenhando a produção americana após a década de 1930, Sorokin observa (1969, p. 7) que a pesquisa sociológica "assumiu cada vez mais as formas de uma pesquisa coletiva. Graças à participação de uma vasta legião de pesquisadores nos projetos de investigação coletiva, as escavadoras mecânicas das grandes turmas de investigadores trouxeram à superfície um acervo enorme de fatos". Essas "escavadoras mecânicas" são, na sua maioria, pesquisas

---

3. Albion Small (1854-1926) estudou história e filosofia em Berlim e em Leipzig. Publicou em 1890, por sua própria conta, *"Introduction to the Science of Sociology"*, manual de sociologia bastante lido nos Estados Unidos na passagem para o século XX. No departamento de sociologia da Universidade de Chicago, ensinou sociologia, principalmente a alemã, e não só utilizou a cidade de Chicago como objeto e campo de pesquisa empírica como estimulou investigações sobre pequenas comunidades, embora ele mesmo não as realizasse. Foi Small que trouxe Max Weber, em 1904, para o Congresso de Artes e Ciência, realizado em Saint Louis (EUFRASIO, 1999, p. 32).

4. Robert Park estudou com John Dewey e, na Alemanha, conheceu Georg Simmel (1858-1918), cuja obra lhe será de grande influência.

5. A *American Sociological Society* fundou, em 1936, uma das principais revistas da área, *American Sociological Review* (ASR). Em 1959, essa revista contava com 2.339 subscrições. O crescimento dessa associação foi significativo ao longo dos anos, principalmente na década de 1960, quando o número de

afiliados cresceu de 6.436 para 13.357. Em 1965, a ASA começou a publicar, financiada pelo NIMH (National Institute of Mental Health), o *Guide to Graduate Departments of Sociology* (RHOADES, 1981). Atualmente a ASA é responsável pela publicação de 14 jornais, como *Contemporary Sociology*, *Sociological Methodology* e *Social Theory* (COULON, 1995).

que ambicionavam descobrir relações causais ou probabilísticas entre variáveis psicossociais e culturais estudadas.

A sociologia torna-se mais visível publicamente em decorrência das propostas reformistas do *New Deal*, na década de 1930. A promoção da política de reconstituição social feita por F.D. Roosevelt incentivou a busca de maiores informações sobre a situação dos trabalhadores, dos movimentos migratórios e outras questões sociais. Muitos sociólogos foram contratados para desenvolverem pesquisas em órgãos governamentais. Principalmente após a guerra, houve uma maior utilização de sociólogos como especialistas nas forças armadas, nos sindicados, na medicina etc. Tal fato não apenas contribuiu para uma maior aceitação do profissional das ciências sociais, como também ajudou a sedimentar uma direção para as finalidades dos estudos sociais: a sociologia tem uma utilidade pública; é responsável por fornecer conhecimento para a (re)construção e planejamento da sociedade.

Um dos principais legados dos Estados Unidos para a constituição da cultura sociológica produzida no pós-guerra diz respeito ao uso de métodos quantitativos, principalmente o *survey*[6]. Embora essa técnica tenha sido iniciada pelo francês Frédéric Le Play (1806-1882) em pesquisa sobre famílias operárias, seu maior desenvolvimento ocorreu nos Estados Unidos. Os trabalhos de Paul Lazarsfeld (1901-1976), George Lundberg (1895-1966) e Samuel Stouffer (1900-1960) são grandes referências nesses estudos. Lazarsfeld, juntamente com Harold Lasswell (1902-1978), foi um dos principais sistematizadores, nos anos de 1940 e 1950, da "análise de conteúdo" (concebida como técnica de pesquisa para descrição objetiva e quantitativa do conteúdo de uma comunicação), dominante nos estudos sociológicos da comunicação até os anos de 1970. Como veremos mais adiante, o *survey* parte do pressuposto teórico de que pode se encontrar regularidades e relações causais nos comportamentos e atitudes humanas. A pesquisa social tem uma finalidade metodológica de não apenas descrever, mas também de explicar. Trata-se de um recurso metodológico – muito utilizado nas pesquisas sobre opinião pública – que requer do investigador uma formação especializada.

A cultura sociológica americana anterior à Guerra é ainda "regionalizada". Parsons, Merton e Lazarsfeld, entre outros, foram figuras importantes que ajudaram a "desregionalizar" essa tradição sociológica. Entre eles, Talcott Parsons (1902-1979) "se tornou o sociólogo mais respeitado, e sem dúvida o mais importante, das décadas de 1950 e de 1960, não apenas nos Estados Unidos, mas por todo o mundo, sendo que sua influência chegou mesmo à União Soviética" (JOAS & KNÖBL, 2017, p. 37). Em 1937, quando publica *The Structure of Social Action*, Parsons elege Durkheim, Weber, Marshall e Pareto como os grandes cânones da sociologia, deixando de lado a tradição pragmatista desenvolvida pela "Escola de Chicago".

A internacionalização da sociologia americana é resultado dos processos complexos de relações travadas com outras tradições intelectuais europeias que se intensificam a partir dos anos de 1940. O exílio de artistas e intelectuais europeus, principalmente franceses e alemães nos Estados Unidos, devido a ascensão do nazismo e a grande exportação de produtos intelectuais franceses do imediato pós-guerra (como o existencialismo de Sartre e a "História dos Anais") foram fatores, entre outros, que reconfiguraram as relações entre duas grandes tradições do pensamento social: o americano e o europeu (mais especificamente, o francês, alemão e inglês). Apenas como exemplo, basta lembrar que

---

6. Picó (2003, p. 90) estima que a produção de artigos empíricos na sociologia cresceu nos Estados Unidos de 67%, em 1930, para mais de 80% depois da guerra.

quando o Instituto de Pesquisa Social de Frankfurt, de orientação marxista, foi fechado em 1933 e transferido para os Estados Unidos (Nova York), muitos dos seus integrantes exilaram para esse país e trabalharam em universidades, assim como colaboraram com o governo americano nas tarefas da guerra. Por exemplo, Horkheimer e Adorno participaram, entre 1944 e 1950, de uma grande pesquisa sobre o antissemitismo, financiada pela *American Jewish Committee*. Muitos exilados não retornaram a seus país de origem, como Herbert Marcuse (1898-1979) e Alfred Schutz (1899-1959). Os contatos inevitáveis de professores/pesquisadores que ocorrem devido as relações intelectuais transatlânticas, entre americanos e exilados, resultaram em convergências, ajustes e adaptações de diferentes tradições culturais[7].

O fim do isolamento intelectual dos Estados Unidos está associado ao poder que esse país passou a ocupar no campo econômico, político e cultural após a guerra. A vanguarda artística norte-americana se tornou um epítome internacional nesse período. A hegemonia artística e intelectual de Paris foi transferida para Nova York, como observa Perl (2008). Em certos aspectos, o mesmo acontece com a sociologia. O crescimento de universidades e de centros de pesquisa sociais nos Estados Unidos, o aumento das fontes de financiamento para pesquisa (inclusive para a investigação internacional, como os auxílios financeiros prestados pela Rockefeller, Ford, Carnegie e Fullbright), o crescimento de publicações e revistas especializadas, o maior intercâmbio escolar, o número crescente de afiliados à American Sociological Association, são elementos que contribuíram para fortalecer e internacionalizar o sistema acadêmico americano e do

---

7. Estima-se que entre 1933 e 1940, 130 mil alemães e 20 mil franceses chegaram aos Estados Unidos. Os professores universitários exilados foram admitidos além da cota das restrições à imigração (cf. CUSSET, 2008, p. 28/29).

"fazer sociologia" (cf. PICÓ, 2003; FRIEDRICHS, 2001; SCHOECK, 1977). Mas é também importante observar que essa internacionalização se deve a um certo "espaço aberto" deixado, pela guerra, nos estudos sociais realizados na Europa.

Até antes da Segunda Guerra, o Reino Unido tinha uma produção esporádica no campo da sociologia. Conforme Albrow (1989), três fatores, entre outros, explicam o atraso da sociologia no Reino Unido: a hegemonia de estudos sobre economia política; a resistência das grandes universidades (como Oxford e Cambridge) em introduzir essa disciplina no âmbito acadêmico e a importância atribuída à antropologia devido as necessidades da administração colonial em conhecer as "sociedades primitivas". A sociologia passa a assumir um papel de maior destaque durante a guerra, com o investimento governamental na ampliação dos programas de planificação e de políticas de segurança nacional. Estudos empreendidos por serviços governamentais, alguns deles não conectados com as universidades, utilizaram pesquisas sociológicas, principalmente voltadas para questões de planejamento. A sociologia ensinada nas faculdades ou centros de pesquisas no Reino Unido estava voltada, em grande medida, para a formação metodológica e investigação social (uma "sociologia aplicada"). A sociologia inglesa reforçou a ideia de que o conhecimento científico do mundo social tem por objetivo final contribuir com o bem-estar humano, atentando para as implicações morais do comportamento social. Três grandes cientistas se destacaram no desenvolvimento da sociologia acadêmica: Morris Ginsberg (1889-1970), editor de *The Sociological Review* nos anos de 1930, fundador e primeiro presidente da *British Sociological Association*, em 1951, e estudioso dos processos e controle das interações humanas; Thomas Humphrey Marshall (1893-1981), interessado por cidadania, direitos sociais e pelos vínculos entre a sociologia e a política social; David Glass (1911-1978), com formação em demografia, especializado na investigação, através de *surveys*, de questões de desigualdade e mobilidade social. Esses três sociólogos formaram vários pesquisadores sociais.

"O desenvolvimento da sociologia na Alemanha", como observa Picó (2003, p. 50), "também adquiriu força depois da Segunda Guerra Mundial, embora sua institucionalização universitária tenha sido aprovada na legislatura de 1929". Entre os fins do século XIX e princípios do seguinte, a preocupação com questões sociológicas foi alimentada por grandes figuras como Max Weber (1864-1920), Werner Sombart (1863-1941), Georg Simmel (1858-1918), Alfred Weber (1868-1958), Ferdinand Tönnies (1855-1936), mas nas décadas de 1930 muitos deles já tinham perdido sua influência. Wallerstein (2002, p. 263-264) observa que em 1937, quando T. Parsons publicou *A estrutura da ação social*, "não se ensinava Weber nas universidades alemãs, e para falar a verdade, mesmo em 1932 ele não era a figura de destaque que é hoje na sociologia alemã. E tampouco tinha sido traduzido em inglês ou francês"[8]. Alguns dos principais teóricos sociais alemães fundaram centros de investigação antes da guerra, mas estes foram fechados com a ascensão do nazismo, obrigando a muitos cientistas a procurar exílio, principalmente na Inglaterra e nos Estados Unidos[9]. No pós-guerra, surgiram vários centros de ensino e pesquisas que desenvolveram trabalhos empíricos e publicaram obras com o apoio econômico de fundações privadas, como a Rockfeller. Foram recriadas várias cátedras de so-

ciologia, cabendo destacar as de Frankfurt (Horkheimer) e Colônia (R. König).

O Instituto de Pesquisa Social de Frankfurt – usualmente chamado "Escola de Frankfurt" – adquiriu uma importância significativa no desenvolvimento de um projeto teórico de alcance internacional. Marx é uma referência fundamental dessa escola. Em termos gerais, concebe a sociologia como uma ciência que questiona de forma sistemática os fenômenos sociais e o sociólogo como crítico da sociedade. Com o retorno à Alemanha, o Instituto dedicou-se bastante ao desenvolvimento de pesquisas no campo da sociologia aplicada e à formação de docentes, sem que com isso tenha perdido sua inspiração filosófico-social e interpretativa (marxista), marca da Escola (JAY, 1989; WIGGERSHAUS, 1994). Voltado para os problemas de "planificação social" depois da derrota alemã, o Instituto, no dizer de Horkheimer, conectou "a tradição alemã da filosofia social" com "os métodos mais avançados de investigação empírica da moderna sociologia americana" (cf. PICÓ, 2003, p. 65). Uma outra importante instituição alemã no pós-guerra foi a "Escola de Colônia". Sob a orientação de René König (1906-1992), influente sociólogo que deu uma nova orientação à pesquisa utilizando-se dos métodos da sociologia americana, essa escola formou muitos dos principais sociólogos que atuaram em diversas instituições acadêmicas alemãs a partir dos anos de 1950.

A tradição de estudos sociológicos na França data do século XIX. Mas, como observa Laurent Mucchielli (2001, p. 3), "na França, em muitos casos, a autonomização definitiva e completa dos currículos universitários não se realizou senão na segunda metade do século XX [...]. Até esta data, era frequente ver, por exemplo, um sociólogo intervir numa sociedade de psicologia, numa revista de economia, num congresso de etnologia, ou ainda numa banca de tese de filosofia. Durante longo

---

8. A primeira tradução para o inglês da obra de Weber, *A ética protestante e o espírito do capitalismo*, foi realizada por T. Parsons, em 1930. Essa tradução representou uma grande plataforma para a circulação internacional e progressiva dessa obra a partir do final dessa década.

9. O último colóquio da Associação Alemã de Sociologia foi realizado em 1934. Logo em seguida, o nazismo interrompeu as atividades dessa associação (LALLEMENT, 2018, p. 288).

tempo a lógica do objeto (ou lógica da aproximação do objeto) prevaleceu sobre a lógica disciplinar (ou lógica da especialidade)".

Antes de Durkheim tornar-se um dos principais representantes da escola sociológica francesa – quando tem sua consagração institucional ao ser nomeado para a Sorbonne, em 1902 – encontramos algumas tentativas para a institucionalização dessa disciplina. Entre elas, cabe destacar a fundação da Sociedade de Sociologia, em 1872, pelo filósofo positivista Émile Littré (1801-1881). Com a morte de Littré e por falta de membros, essa associação deixa de existir. Também o positivista-organicista René Worms (1867-1956) criou um curso de sociologia, fundou a *Revue Internationale de Sociologie* (1895) e a Sociedade de Sociologia de Paris (1895). Empreendimentos também de curta duração. Parte significativa da produção sociológica foi proveniente da École Pratique des Hautes Études (EPHE), fundada em 1864, e das faculdades de Letras. Foi na Faculdade de Letras em Bordeaux que Émile Durkheim criou, em 1887, o curso de Ciência Social. Em 1898, fundou a importante revista *L'Année Sociologique*. Contudo, a escola de Durkheim perdeu muito da sua influência entre as duas guerras mundiais[10]. A revista *Annales Sociologiques* (1934-1942) já não tem o mesmo prestígio do periódico criado por Durkheim (LALLEMENT, 2018, p. 284). Nos anos de 1920, o durkheimiano Célestin Bouglé (1870-1940) organizou um centro de documentação social na Escola Normal Superior, que atraiu alguns jovens investigadores, destacando-se Raymond Aron (1905-1983), Georges Friedmann (1902-1977) e Jean Stoetzel (1910-1987). Essa nova geração se dispersou na década seguinte, seguindo orientações teórico-metodológicas diferentes da escola durkheimiana. Aron vol-

tou-se para a filosofia crítica alemã e foi um grande difusor do pensamento weberiano na França; Friedmann, após longos contatos com a sociologia americana, dedicou-se à sociologia do trabalho; Stoetzel se tornou um grande porta-voz do método quantitativo americano. A guerra dispersou grande parte dos sociólogos franceses e muitos deles se exilaram na Inglaterra e Estados Unidos. Picó (2003, p. 67), ao comentar o fim da hegemonia durkheimiana depois da Primeira Guerra, observa que o campo intelectual francês "estava dividido entre a exigência existencialista pela liberdade pessoal e o compromisso individual, por uma parte, e a crença marxista de que as classes sociais determinavam a existência social e a conduta, por outro lado". Assim, como observou Edgar Morin, depois da Segunda Guerra ninguém sabia exatamente o que significava a sociologia e qual era o interesse prático dessa disciplina (cf. PICÓ, 2003, p. 67).

A sociologia francesa toma um novo impulso com a criação do Centro de Estudos Sociológicos (1946), órgão do Centre National de la Recherche Scientifique (CNRS) e com a sessão de Ciência de Estudos Sociológicos na Ephe (École Practique des Hautes Études), em 1948. Na primeira instituição, dedicada a promover investigações, formar investigadores e organizar encontros, Georges A. Gurvitch (1894-1965) exerceu papel fundamental. Exilado nos Estados Unidos e membro da New School for Social Research de Nova York (patrocinada pela Fundação Rockefeller), Gurvitch fundou, em 1946, a revista *Cahiers Internationaux de Sociologie*, na qual colaboraram grandes nomes de pesquisadores franceses. Na sessão de Ciências Sociais da Ephe, instituição que também obteve auxílio da Fundação Rockefeller, trabalharam A. Touraine, R. Aron, G. Friedmann, P.-H. Chombart de Law, M. Crozier. A maioria deles passaram pelos Estados Unidos e tiveram uma forte inspiração da metodologia americana (usos da estatística e da formalização). O

---

10. Nos anos de 1930, o sulco aberto por Durhkeim é aproveitado principalmente por historiadores (Marc Bloch, Lucien Febvre) e por geógrafos (Maximilien Sorre).

crescimento de publicações e revistas na área da sociologia teve impulso significativo a partir dos meados de 1950, cabendo destacar *La Revue Française de Sociologie* (1960) e *Les Archives Européennes de Sociologie* (1960).

Um fator importante para a internacionalização da cultura sociológica pós-guerra diz respeito ao papel das fundações privadas e públicas americanas como fonte de financiamento para investigações (principalmente quando fundamentadas por orientações metodológicas quantitativas) e auxílios às universidades e centros de investigação (como bolsas de estudos, auxílio a bibliotecas, publicações e realização de encontros, congressos, palestras). Através dos auspícios da Unesco a ISA (Associação Internacional de Sociologia) celebrou o seu primeiro congresso (Oslo, setembro de 1949). A Unesco também ajudou na criação da revista *Current Sociology*. Harvard, Columbia, Yale, Universidade Livre de Berlim, London School of Economics, École des Hautes Études e várias outras importantes instituições acadêmicas receberam amplos benefícios de fundações privadas americanas (Rockefeller, Carnegie, Ford etc.)[11]. Os recursos dessas fundações estavam associados a "uma pauta científica baseada na observação dos fatos, que rompe com a tradição europeia, impregnada de filosofia e reflexão especulativa" (PICÓ, 2003, p. 82). Na sua maioria, os financiamentos eram direcionados a projetos que procuravam ajudar a resolver problemas "práticos" e "reais" enfrentadas nas sociedades pesquisadas. Essas fundações exerceram um forte controle sobre as ciências sociais, condicionando tanto os métodos e as técnicas quanto os resultados da investigação (GOULDNER, 1970).

A internacionalização da cultura sociológica no pós-guerra apresenta um certo leque no que diz respeito às orientações teóricas, a exemplo do estrutural-funcionalismo, da sociologia estrutural (P. Blau, G. Homans), da "teoria dos conflitos sociais" (T.H. Marshall, R. Dahrendorf e L. Coser) e do marxismo (a "Escola de Frankfurt", H. Lefebvre, L. Althusser, N. Poulantzas, L. Goldmann, T. Bottomore)[12]. Há, contudo, alguns pressupostos que são compartilhados entre elas. Vejamos brevemente dois deles: um de ordem ontológica ("o que é social") e outro de caráter epistemológico ("como conhecer o social").

A teoria sociológica que predominou nos seus "anos dourados" (1940-1970) parte, usualmente, do princípio de que o conhecimento científico deve ser objetivo para que possa apreender uma dada realidade (o "social") que subsiste nela mesma. Para muitos desses teóricos, trata-se de uma realidade autônoma, independente das vontades ou consciências individuais. O social, a sociedade, é, portanto, um ente ("o que é como tal", "uma coisa"). Tem propriedades específicas. A tarefa

---

11. Após a guerra, a Fundação Ford, constituída em 1936, tornou-se uma das mais importantes fontes de recursos para o desenvolvimento da cultura sociológica, tanto dentro como fora dos Estados Unidos. Nos anos de 1950 a Fundação Ford incentivou bastante os estudos de medição de mudanças e de potenciais conflitos sociais. Esses estudos se caracterizavam pelo emprego de métodos quantitativos e por uma preocupação em estabelecer relações estreitas entre teoria e investigação como partes conectadas em um conjunto cognitivo coerente e ordenado.

12. As relações entre marxismo e a sociologia, contudo, nem sempre foram pacíficas, embora ambas exercessem influências recíprocas. Até meados do século XX, a sociologia foi usualmente atacada e condenada por muitos pensadores marxistas. Muitas dessas críticas à sociologia tinham por objetivo demarcar de forma mais rígida e precisa as diferenças entre as ideias marxistas e não marxistas. É também importante chamar atenção que as obras completas de Marx e Engels só começaram a ser publicadas a partir dos anos de 1920. Alguns dos principais trabalhos de Marx (como *A ideologia alemã* e os *Manuscritos econômico-filosóficos de 1844*) só foram editados nos anos de 1930. Os *Grundrisse* permaneceram desconhecidos até 1953, data da sua primeira publicação. O marxismo torna-se uma presença mais forte no mundo acadêmico a partir dos anos de 1950, momento também em que se torna mais difícil marcar as separações entre marxismo e cultura não marxista (HOBSBAWM, 1982). Nos anos de 1960, por exemplo, o marxismo adquiriu uma admirável plasticidade teórica, procurando combinar Marx com o estruturalismo, com a psicanálise e outras teorias.

fundamental do sociólogo é explicar os fenômenos sociais de forma objetiva, empregando as "ferramentas" adequadas para a análise. Mais especificamente, sua tarefa consiste em determinar estruturas significantes imanentes à realidade, ao objeto de estudo. O que se espera do conhecimento sociológico é que ele possa apreender regularidades (estruturas, sistemas de relações etc.). Nesse sentido, a ciência deve ser essencialmente analítica e abstrata.

Sendo um conhecimento científico, a sociologia requer uma teoria. Teoria é concebida como uma linguagem conceitual que especifica abstratamente as articulações definidas entre elementos de um conjunto. A teoria tem um sentido pragmático: fornecer modelos hipotéticos de descrição para, a partir deles, se dirigir às espécies, aos fenômenos sociais, que, ao mesmo tempo, participam e se afastam desses modelos. Assim, embora a teoria se distinga da metodologia, há pressuposições que as unem. Uma teoria científica requer procedimentos concretos de análise e não há análise que não seja orientada por uma pertinência conceitual.

A ciência constrói a realidade por meio de símbolos conceituais que não se devem confundir com a "realidade concreta". Como Whitehead (2006) observa, essa concepção científica parte do princípio de que os elementos de um todo, do qual são isolados através de uma análise, não podem ser igualados com as ocorrências concretas. Assim, os conceitos são elaborados para selecionar certos traços da realidade, certos elementos que se tornam privilegiados para estruturar nossa percepção e conhecimento das coisas. O conhecimento científico, portanto, não é uma adequação perfeita entre a realidade e a estrutura conceitual:

> A teoria é constituída por um sistema integrado que possui uma estrutura lógica determinada, ou seja, o seu quadro de referência é uma coleção sistematizada de proposições relativas a domínios conexos – mas diferenciados – entre as quais a teoria estabelece (com "precisão objetiva") uma série de equivalências e diferenças. Assim, embora abstrata, a teoria não é arbitrária. Ela é objetiva no sentido que procura dar respostas a questões relevantes estabelecidas pelos problemas construídos pelo observador. Por outro lado, toda teoria tem que ser precisa no sentido em que é inseparável da verificação (ALVES, 2010, p. 23).

O conceito científico deve estar relacionado com a experiência. É o seu teste de verdade. A significação de um conceito só pode ser concebida em termos daquelas experiências que o teste possibilita. Nessa perspectiva, para que o conceito tenha uma sólida base científica é necessário que ele seja submetido a "operações lógicas". Ou seja, ser "operacionalizado". Conhecer essas operações requer um aprendizado específico. "Dessa forma, o operacionismo fornece não apenas um critério de significação, mas um meio de descobrir ou de enunciar qual o significado de um conceito particular: basta que especifiquemos as operações que governam sua aplicação" (KAPLAN, 1975, p. 43).

Nessa perspectiva epistemológica, a sociologia está situada em uma posição que se distancia das noções derivadas imediatamente da percepção ou do senso comum. Para explicar casos particulares, empíricos, a sociologia deve se mover para um âmbito abstrato, conceitual. Há, portanto, nesse pressuposto, uma ideia arquimediana: um ponto (de ordem cognitiva) colocado fora da experiência a partir do qual seja possível analisar os fenômenos socias. A concepção de que o entendimento da realidade última de um objeto depende de configurações teórico-metodológicas é um importante pressuposto do pensamento sociológicos no século XIX. Assim, argumenta Whitehead (2006), a ideia de ciência parte da convicção de que há uma "ordem das coisas" (ou "senso de ordem"), como se o mundo fosse dotado de um "enredo" próprio. Apreendemos cientificamente algo quando o colocamos em um dado ordenamento. Nesse sentido, a atenção do pesquisador volta-se primordialmente para "configurações conceituais", para "modelos analíticos". Não é por acaso que a matemática, com seus artifícios lógicos, obtêve um *status* proeminente na "era dourada" da sociologia. O *survey* era um exemplo de procedimento científico:

> A moderna matemática – libertando "o homem dos grilhões da experiência terrestre", no dizer de Hanna Arendt (2000, p. 277) – criou uma linguagem que reduz os dados sensoriais e ações humanas a símbolos, com isso permitindo "medir" acontecimentos por uma ordem matemática, desde que os conceitos sejam devidamente operacionalizados. A matemática transforma a multiplicidade das coisas, por mais desordenada, incoerente e confusa que seja, em certos padrões e configurações. Nessa perspectiva, como observa Bruno Latour (2012), o termo "social" designa um *status* estabilizado de acontecimentos, um conjunto de laços que, mais tarde, pode ser mobilizado para explicar outros fenômenos. É uma força específica que explica a durabilidade das relações humanas. Ou seja, o social é feito de algo (força, poder ou capacidade) perdurável (ALVES, 2010, p. 24).

Em síntese, a sociologia produzida no pós-guerra pelos Estados Unidos, Inglaterra, Alemanha e França parecia estar assentada sobre bases sólidas. Embora não fosse consensual, havia por parte de muitos sociólogos um acordo tácito de que os princípios morfológicos básicos sobre os quais assentavam cientificamente o entendimento do mundo social – o grau de generalizações abstratas e universais, tanto em nível conceitual quanto metodológico – já estavam construídos ou parcialmente construídos. Nesse cenário, Marx, Durkheim e Weber (entre alguns outros) tornam-se referências constantes como fundadores de perspectivas teórico-metodológicas fundamentais dessa disciplina. Ou seja, a sociologia parecia ter finalmente entrado em um processo de rigorosa delimitação do seu

campo científico, obtendo assim sua autonomia disciplinar, desvinculando-se de outras formas de conhecimento disciplinar, da filosofia, do senso comum. Nesse sentido, a cultura sociológica do pós-guerra pressupunha a ideia de "progresso com ordem", ou seja, a possibilidade do conhecimento científico alcançar um nível de reflexão cada vez maior dentro do seu campo de questionamento. Assim, desde que submetidas aos padrões normativos teórico-metodológicos, as pesquisas expandem o conhecimento, ajudam a desvendar a realidade. Como observa Friedrichs (2001, p. 295), predominou no pós-guerra, até a década de 1960, uma "sociologia sacerdotal": considerar o sociólogo como um meio pela qual toda a realidade social pode ser revelada ao homem comum.

A cultura sociológica contemporânea

No último quartel do século XX, os pressupostos ontológicos e epistemológicos do pensamento sociológico acima arrolados passam a ser revistos, reinterpretados, criticados. Nos anos de 1960, vários teóricos das ciências sociais, como Wright Mills (*The Sociological Imagination*), Alvin Gouldner (*The Coming Crisis of Western Sociology*), Robert Friedrichs (*Sociology of Sociology*) e Severyn Bruyn (*The Human Perspective in Sociology*), começam a levantar críticas à sociologia dos anos dourados. Os anos de 1970 marcam um momento singular e de inflexão nas ciências sociais e humanas. Falou-se muito no último quartel do século XX em "crise dos paradigmas" e abertura para novas configurações multiparadigmáticas. Em síntese, é o advento da "teoria social contemporânea". A sociologia adquire um maior pluralismo, há uma redução da ocidentalização da disciplina até então predominante, expandem-se novos campos de pesquisas que ultrapassam as tradicionais fronteiras disciplinares.

Mas, antes de prosseguir, é importante chamar atenção que a teoria sociológica produzida a partir dos anos de 1970 e 1980 não rompe com as etiquetas dominantes da época dourada para se constituir em uma nova etapa do pensamento sociológico, como defendem, por exemplo, Gouldner (1970) e Alexander e Colomy (1990). Afirmar que as novas orientações teórico-metodológicas que surgem estão em desacordo com os consensos da cultura sociológica do pós-guerra não significa dizer que houve um esquecimento ou descarte com relação a esse período, e sim o advento de reflexões sobre questões ignoradas e "fraquezas" teórico-metodológicas que caracterizaram a sociologia dos anos dourados[13].

As "novas sociologias" reinterpretam, em novas bases conceituais, as origens das ciências sociais e, por consequência, redefinem o significado de "clássico". O termo "novas sociologias" é de Corcuff (2001). Refere-se a um conjunto de teorias que floresceram a partir dos últimos anos do século XX. Nesse momento, renascem formas tradicionalmente estabelecidas da teoria (como a hermenêutica) e se desenvolvem esforços para incorporar à teoria social diferentes abordagens filosóficas, como as de Wittgenstein, a fenomenologia, o pragmatismo (principalmente de William James), Gilles Deleuze, Michel Serres (DOSSE, 2003; CUSSET, 2008). Surgem a "teoria da estruturação" (Anthony Giddens), a "sociologia fenomenológica" (Peter Berger), a "sociologia existencial" (John Johnson, Joseph Kotarba e Jack Douglas), o "construtivismo estruturalista" (Pierre Bourdieu, Luc Boltanski, Jean-Claude Passeron), a "teoria do ator-rede" (Bruno Latour, Michel Callon), novas tendência da "teoria crítica" (Habermas, Karl Otto Apel, Axel Honneth, Nancy Fraser), além da emersão de teorias que ocupavam um segundo panteão no cenário sociológico no pós-guerra, como a etnometodologia (Harold Garfinkel e Aaron Cicourel) e o interacionismo simbólico (Herbert Blumer).

Vários são os percursos que resultaram nas mudanças ocorridas na cultura sociológica a partir do último quartel do século XX. Um deles diz respeito à própria expansão do sistema universitário fora do eixo Estados Unidos, Inglaterra, Alemanha e França. A expansão econômica mundial após a guerra e a política de investimentos públicos e privados estimuladas pela "Guerra Fria" resultaram, como já observamos, em maior investimento nas ciências sociais. Como resultado desse processo, houve um significativo crescimento, geográfico e quantitativo, de centros e instituições acadêmicas em vários países (na Europa e fora dela) nos quais a institucionalização das ciências sociais estava até então pouco desenvolvida, atraindo para o seu interior indivíduos ou grupos de diferentes filiações disciplinares (WALLERSTEIN, 1996). A expansão dessas instituições acadêmicas estimula a proliferação de novas temáticas de estudos, a intromissão recíproca de áreas disciplinares próximas, a redução de uma concepção eurocêntrica das ciências sociais, entre outros aspectos (ALVES, 2010). É o caso, por exemplo, da América Latina. Embora vários países desse continente tivessem criado universidades antes da guerra, a institucionalização da sociologia na América Latina realiza-se de forma mais sistemática a partir dos anos de 1960, impulsionada principalmente pelas recém-criadas pós-graduações e associações científicas. Lembremos a Flacso (Faculdade Latino-Americana de Ciências Sociais, fundada em 1957 com o apoio da Unesco, expandindo-se por outros países na década seguinte), a Clacso (Conselho Latino-Americano de Ciências Sociais, em 1967) e o Cebrap em 1970, instituições essas que congregaram pesquisadores de diferentes formações acadêmicas (BARREIRA, 2003; SANTOS; BAUMGARTEN, 2005). Historiadores,

---

13. Para mencionar apenas um exemplo: a revisão feita da sociologia parsoniana pelo "neofuncionalismo" (J. Alexander, P. Colomy, R. Münch).

sociólogos, antropólogos, psicólogos, economistas, filósofos, passaram a desenvolver um maior diálogo entre si. Assim, as abordagens sociológicas são construídas, cada vez mais, por várias interlocuções e por revisões e críticas dos pressupostos teórico-metodológicos das ciências sociais dominantes. Os resultados são múltiplos.

Lembremos também que a expansão quantitativa e geográfica de centros de pesquisa e instituições acadêmicas na área das ciências sociais ocorre concomitantemente com os movimentos sociais (como os da década de 1960) e com a nova afirmação política de povos não europeus. Muitos desses movimentos propunham uma "revolução cultural", mudanças de estilos de vida, de liberdades pessoais, criticando os desajustes entre a estrutura universitária e uma educação mais permissiva e democrática. Nesse contexto, a cultura sociológica desenvolvida no pós-guerra torna-se objeto de ataque pela sua colaboração com os planos reformistas, pela sua identificação com a teoria funcionalista americana, pelo seu "sociologismo", pelo seu caráter nomotético e uniparadigmático e pelo fechamento às indagações filosóficas.

A teoria sociológica que emerge incorpora muitas questões e desafios que são colocados por diversos campos de conhecimento que, na época, também passam por significativas mudanças. Vejamos brevemente apenas três desses desafios. O primeiro refere-se ao discurso do feminismo que se institucionaliza nas universidades ou centros de pesquisa a partir dos anos de 1960 e levanta uma série de questões sobre o conhecimento como marcado por múltiplos vieses. Donna Haraway e Marilyn Strathern, por exemplo, argumentam que o viés de gênero não se apresenta apenas no domínio do cotidiano, mas também no domínio do saber científico. Questionam as fronteiras estabelecidas entre humanos e não humanos, pondo em pauta o pluralismo (que não é a mesma coisa de relativismo), criticam "visões totalizantes" e voltam-se para os saberes situados, sustentados por redes de conexões, conversações e responsabilidades. Nesse sentido, os discursos do feminismo e de gênero contribuem significativamente para enfatizar a ideia de ação, da prática, como um ponto fundamental para a compreensão do mundo social. Um outro exemplo diz respeito às questões levantadas pela história, tais como o caráter construtivo (e não reconstitutivo) da narração histórica, as novas concepções de documento e o questionamento de uma visão de tempo como equivalente a uma linha euclidiana, com números infinitos de pontos, eventos, situados diacronicamente ou sequencialmente. O diálogo da história com outras disciplinas abriu os olhos para a interdisciplinaridade. O terceiro campo de questões é proveniente da "reviravolta linguística" desencadeada pelas perspectivas filosóficas pós-wittgensteiniana, fenomenológicas e pragmatistas. Contrapondo-se a ideia de que a linguagem é acima de tudo um meio para descrever o mundo e, portanto, deve ser estudada como *instrumento de descrição* (nesse sentido, se estabelece uma separação entre linguagem comum e as metalinguagens técnicas das ciências sociais), a filosofia contemporânea parte do princípio de que linguagem é um meio de *prática social* e, como tal, está envolvida em todas as atividades dos atores. Essas novas concepções filosóficas têm implicações diretas para as ciências sociais. Entre elas, cabe destacar o fato de que, sendo um elemento construtivo de qualquer atividade social, a linguagem leiga não pode ser simplesmente descartada das linguagens técnicas das ciências sociais.

É também importante chamar atenção para as questões epistemológicas levantadas a partir dos fins do século, repercutindo, de formas diferenciadas, nas ciências sociais (ALVES, 2018). Questões que recolocam a sociologia do conhecimento na ordem do dia. Nos anos de 1960, os trabalhos de um conjunto de teóricos (como Polanyi, Kuhn, Feyerabend) iniciam um movimento conhecido como "Nova Filosofia da Ciência". São filósofos que põem em questão vários aspectos dos pressupostos teórico-metodológicos que fundamentavam o conhecimento científico oriundo do Iluminismo. A obra de Thomas Kuhn *A estrutura das revoluções científicas*, publicada em 1962, inflamou um debate epistemológico ao colocar uma nova perspectiva para a compreensão da ciência. Seu livro provocou uma discussão no mundo científico ao questionar as garantias lógicas que até então asseguravam a ciência. Para Kuhn, o cientista não é a representação do espírito crítico e da racionalidade lúcida.

> Faz o que aprendeu a fazer. Ocupa-se dos fenômenos que parecem ter de aprender da sua disciplina, segundo um "paradigma", um modelo ao mesmo tempo prático e teórico, que lhe impõe com evidência, e em relação ao qual tem um distanciamento mínimo [...] a submissão do cientista ao paradigma da própria comunidade não é um defeito. Segundo Kuhn, é a ela que devemos o chamado progresso científico [...] E ele descreve com crueldade a lucidez dos cientistas que pertencem a uma disciplina sem paradigma: litigam, dilaceram-se, acusam-se, à vez, de escapatórias ideológicas ou coexistem na indiferença de escolas legitimadas pelos nomes dos fundadores (STENGERS, 2000, p. 10).

As discussões provocadas por Kuhn redimensionam o significado de "contexto social", enfatizam as redes de valorações recíprocas nas quais estão inseridos os cientistas, como um elemento decisivo de validade nas descobertas científicas. Os trabalhos de David Bloor, Karin Knorr Cetina, Isabelle Stengers, Michel Callon e Bruno Latour e outros, vão além da proposta de Kuhn. Latour (2001; 2012), por exemplo, rechaça uma concepção de ciência que é construída a partir de um determinado padrão de cientificidade previamente estabelecido. Ciência, para ele, não é vista como um processo de acumulação de conhecimento que cada vez mais se aproxima da verdade, mas como proposições que são articuladas entre atores (humanos e não humanos). Assim, a concepção de ciência está atrelada a uma rede de relações entre atores heterogêneos e seus envolvimentos sociais e políticos. Nessa perspectiva, "a construção de um fato científico não remete, então, somente a um trabalho intelectual e discursivo, mas mobiliza todo um conjunto de outras práticas bem como técnicas e objetos que são materializações de debates anteriores" (CORCUFF, 2001, p. 111).

Como já foi observado, a teoria social contemporânea distingue-se pela sua pluralidade, tanto no que diz respeito aos temas tratados quanto aos pressupostos teórico-metodológicos utilizados. As ciências sociais atualmente desenvolvidas não se constituem como um todo homogêneo ou como se estivessem engajadas em um projeto crítico. Torna-se, portanto, uma tarefa complexa caracterizar, de uma forma geral, os princípios ontológicos e epistemológicos que estão subjacentes nessa plêiade de "novos sociólogos". Limitaremos a esboçar brevemente alguns deles.

Um ponto que chama atenção na teoria contemporânea é a crítica desenvolvida às concepções totalizantes, holísticas, do mundo social. De uma maneira geral, investe-se contra o princípio de que as realidades sociais são primeiramente estruturas, cujos membros se relacionam funcionalmente entre si. Desloca-se a atenção para o mundo vivido, para uma análise pragmática e processos de comunicação. As teorias sociais contemporâneas não procuram reduzir a explicação sociológica à busca de regularidades ("padrões") dos fenômenos humanos; não pressupõem a existência de uma "ordem das coisas" ou "senso de ordem". Criticam a ideia de que a objetividade científica depende da extinção do sujeito interpretante. Os grandes construtos teórico-metodológicos dos "anos dourados" da sociologia são considerados como concepções que correm o risco de perder do seu campo de vista justamente a pluralidade: as diferenças e alteridades que compõem o mundo (ou os mundos) de que humanos fazem parte.

Uma outra característica marcante dos "novos sociólogos" é a preocupação em superar os pares conceituais que dominaram nos anos dourados da sociologia, tais como idealismo/materialismo, sujeito/objeto, coletivo/individual. Diversas correntes teóricas buscam essa superação. Os argumentos que desenvolvem apresentam uma problemática que é usualmente denominada de "construtiva" ou "construcionista". A problemática construtiva desloca o objeto da sociologia:

> [...] nem a sociedade nem os indivíduos, encarados como entidades separadas, mas as *relações entre indivíduos (no sentido amplo, e não somente as interações de face a face), bem como os universos objetivados que elas fabricam e que lhes servem de suporte, enquanto eles são constitutivos ao mesmo tempo dos indivíduos e dos fenômenos sociais*" (CORCUFF, 2001, p. 24 – grifos do autor).

As "novas sociologias" buscam apreender atores plurais produzidos e produtores de relações sociais variadas. Assim, em vez de reduzir a explicação sociológica à busca de regularidades, a teoria social contemporânea volta-se para o entendimento dos agregados sociais como processos de associação entre atores heterogêneos. Nesse sentido, o conceito de "social" se refere aos movimentos ou processos de reassociação ou reagregação entre agentes[14]. A noção de coletivo é a de um "coletivo em construção" e não como uma realidade que constrange as ações dos sujeitos. Consequentemente, a temática da ação (da prática ou da experiência)

torna-se objeto privilegiado de análise. Em outras palavras, um princípio subjacente nesses estudos diz respeito ao fato de que é parte da propriedade humana a faculdade de agir, de iniciar processos novos e sem precedentes, embora necessariamente assentados em situações concretas, cujos resultados podem ser incertos e imprevisíveis (ALVES, 2010, p. 25-26)[15]. Para Anthony Giddens, por exemplo, as consequências não intencionais da ação constituem um dos limites principais da competência dos atores sociais.

Na perspectiva construcionista, os fenômenos sociais são apreendidos como construções históricas e cotidianas dos agentes individuais ou coletivos (cf. DESOUSA FILHO, 2017). A historicidade é condição essencial do mundo humano. Todo o ser humano está regido pela temporalidade e é por ela que o ser humano assume seu próprio futuro. De uma maneira genérica, pode-se resumir a noção de historicidade nos seguintes termos: o mundo social se constrói a partir das condições diretamente dadas (em situações concretas) herdadas do passado; as formas sociais passadas são apropriadas nas experiências humanas – nas práticas e nas interações do mundo da vida cotidiana – reproduzidas e transformadas, enquanto outras são inventadas. A herança passada e o trabalho cotidiano sempre abrem perspectivas para o futuro. Em síntese, o conceito de historicidade remete a materialidades, aos "mundos objetivados" (os indivíduos e os grupos se servem de palavras, objetos, coisas, regras, instituições etc., legados pelas gerações anteriores, transformando-os e criando novas formas) e se

---

14. "Ação", conforme observa Latour (2012, p. 72), "não ocorre sob o pleno controle da consciência; a ação deve ser encarada, antes, como um nó, uma ligadura, um conglomerado de muitos e surpreendentes conjuntos de funções que só podem ser desemaranhados aos poucos".

15. Como argumenta Hannah Arendt (2000), a ação tem a característica de ser ilimitada. Seja qual for o seu conteúdo específico, ela sempre estabelece relações e tem, portanto, a tendência inerente de violar limites e transpor fronteiras. O caráter ilimitado da ação é devido à produtividade específica da ação em estabelecer relações. Assim, o resultado da ação pode ser imprevisível. O pleno significado da ação somente se revela quando ela termina.

inscreve em sensibilidades, percepções, experiências, conhecimento. Assim, o princípio básico da historicidade é a de que os laços existentes entre a atividade humana e seu mundo são indispensáveis para que a ação possa ultrapassar partes constitutivas dessas relações.

As reflexões epistemológicas que se situam em um espaço construtivista tomam caminhos diferentes daquelas que estabelecem uma oposição marcada entre verdadeiro e falso. Caracterizam-se por discutir uma epistemologia dos domínios de validade das observações e dos discursos recolhidos pelo pesquisador, dos recursos técnicos, dos conceitos formulados e das próprias condições da pesquisa:

> Não teríamos então enunciados sociológicos que poderíamos chamar de "verdadeiros" ou "falsos" em geral, mas sim "verdadeiros" e "falsos" em certa medida, em certas condições, em certas circunstâncias [...] o "erro" consiste, preferencialmente, nas ciências sociais, em "um desconhecimento dos limites" dos instrumentos teóricos empregados (CORCUFF, 2001, p. 187-188).

Para as "novas sociologias", a compreensão dos fenômenos sociais é sempre motivada por eventuais questionamentos e codeterminada pela situação. Não há um ponto zero da compreensão; ela é sempre a continuação das perspectivas de significado que foram transmitidas ao pesquisador. Assim, o entendimento sociológico não se reduz apenas à captação intelectual, metodológica, de uma dada realidade pelo pesquisador; resulta também da pertença a uma perspectiva analítica, a uma "tradição interpretativa", a partir da qual o que é expresso adquire consistência e significado. Ou seja, a historicidade da compreensão sociológica refere-se ao enraizamento necessário do pesquisador em um conjunto de perguntas e respostas, de significados antecipados originados de quadros de referência e processos discursivos. Contudo, é importante notar que a pertença a uma "tradição

interpretativa" não significa assumi-la de forma exegética ou apologética, mas como um processo intersubjetivo, cooperativo, conflituoso, destinado a tematizar determinadas questões do conhecimento sociológico. Assim, a principal tarefa da teoria social contemporânea consiste em elaborar os seus próprios esboços prévios, de significados antecipados, para que o objeto de pesquisa possa obter sua validade científica.

Conclusão

A internacionalização da cultura sociológica pós-guerra, produzida principalmente pelas complexas interrelações entre os Estados Unidos, Inglaterra, Alemanha e França, fomentou uma concepção de que essa disciplina se consolidava cientificamente pelo estabelecimento de mútuas conexões entre as diferentes orientações teórico-metodológicas existentes e por delimitar rigorosamente seu campo científico, procurando assim desvincular-se da filosofia e das ideologias. A sociologia parecia ter adquirido um *status* de maturidade científica por estabelecer os principais pontos de partida da disciplina sobre os quais se erguiam o entendimento do mundo social; por fixar um ponto de Arquimedes (uma metodologia) capaz de explicar o mundo social e garantir validade universal a sua explicação. Ou seja, entre os anos de 1940 e 1970, aproximadamente, a cultura sociológica fomentou uma ideia de ciência baseada na concepção de que existem verdades universalmente válidas que são asseguradas por procedimentos metodológicos rigorosos. Assim, para se ater à realidade objetiva dos fatos sociais é necessário se desvincular da subjetividade. Nessa concepção de ciência, os "clássicos" são aqueles pensadores que, situados entre 1850 e 1920, ajudaram a formar o modelo de objetividade científica predominante nos anos dourados da sociologia. São tomados como cânones por fornecerem as premissas (ou axiomas) compartilhadas pela cultura sociológica desenvolvida no pós-guerra. Vale lembrar que os nomes de Marx, Durkheim e Weber, constantes na "lista dos clássicos", argumentaram a favor do estabelecimento das ciências sociais como um campo autônomo de conhecimento, objetivo, imparcial, teoricamente fundamentado por pressupostos metodológicos.

No último quartel do século XX, os princípios ontológicos e epistemológicos que sustentavam a produção sociológica na sua fase dourada são submetidos a novas revisões e interpretações. As "novas sociologias" apresentam várias características marcantes. Destaquemos apenas algumas. Em primeiro lugar, a teoria sociológica contemporânea caracteriza-se pela abertura das fronteiras disciplinares a um espaço intelectual mais internacionalizado e pluralístico, propiciando, assim, a (re)descoberta e apropriações de outras vertentes do pensamento social e filosófico. As fronteiras disciplinares tornaram-se mais porosas. Em segundo lugar, as pesquisas e preocupações teórico-metodológicas têm privilegiado a prática, o temporal, o mundo da vida cotidiana, o múltiplo, a diferença. Nesse sentido, há um princípio subjacente a essas preocupações: todo universal é parcial. Não há um ponto zero a partir do qual a compreensão sociológica pode tomar sua posição.

De uma maneira geral, em termos epistemológicos, diversas ramificações das "novas sociologias" partem do princípio de que o principal objetivo da ciência é estabelecer relações de dependência ou de correspondência – associações, composições – entre elementos (no conjunto de um dado universo) que se apresentam como proposições discursivas. Ou seja, a ciência se caracteriza, em primeiro lugar, por estabelecer relações de significações e práticas – "plano de referência", no dizer de Deleuze e Guattari (1992) – com os aspectos da realidade postos em relação por um sistema de questões (teóricas e práticas) que lhe são colocadas. Um plano de referência que não é dado de antemão (as relações entre as coisas não preexistem inteiramente prontas), mas composto, enunciado, explicitado por proposições em um sistema discursivo. Isabelle Stengers (2002) argumenta que uma "sociologia da ciência" deve ir além das desconstruções dos pressupostos de neutralidade e imparcialidade. Deve examinar que questões suscitam a ciência, em que ela é interpelada, como se engaja nas soluções propostas. Trata-se de considerar que associações produtoras do saber e da existência são totalmente dependentes da capacidade de ser afetado pelo mundo.

As diferentes problemáticas construtivistas do pensamento sociológico contemporâneo traçam linhagens, identificam pensadores (não apenas sociólogos) que elaboraram construtos teórico-metodológicos tomados como fundadores de linhagens. Linhagens que são constituídas por laços incertos e mutáveis entre pensadores e instituições de ensino e pesquisa. Nesse sentido, "clássico" refere-se a determinados cânones, aqueles que primeiramente sintetizaram questões e princípios explicativos que caracterizam uma dada linhagem. Assim, além de Marx, Durkheim e Weber, como já observamos, são também "clássicos" Tarde, Parsons, Garfinkel, Elias, Habermas, Bourdieu, J. Butler. O "contemporâneo", por seu lado, corresponde ao atual, ao recente. Não simplesmente as teorias que acabam de ser produzidas, mas aquelas que despertam atualmente um interesse geral, mesmo que se tratem de construções teóricas "antigas" (TARDE, s/d).

Referências

ALBROW, M. Sociology in the United Kingdom after the Second World War. In: GENOV, N. *National traditions in Sociology*. Londres: Sage, 1989.

ALEXANDER, J. *Las teorias sociologicas desde la Segunda Guerra Mundial*. Barcelona: Gedisa, 1995.

ALEXANDER, J. & COLOMY, P. Neofinctionalism: reconstructing a theoretical tradition. In: RITZER, G. (ed.). *Frontiers of social theory*: the new syntheses. Nova York: Columbia University Press, 1990.

ALVES, P.C. As "novas sociologias" e a construção do conhecimento científico. In: ALVES, P.C. & NASCIMENTO, L.F. (orgs.). *Novas fronteiras metodológicas nas ciências sociais*. Salvador: Edufba, 2018, p. 17-42.

_____. A teoria sociológica contemporânea – Da superdeterminação pela teoria à historicidade. In: *Sociedade e Estado*, vol. 25 (1), 2010. Brasília.

ARENDT, H. *A condição humana*. Rio de Janeiro: Forense Universitária, 2000.

ARNOVE, R.F. *Philanthropy and cultural imperialism*. Bloomington: Indiana University Press, 1982.

BARREIRA, C. (org.). *A sociologia no tempo*: memória, imaginação e utopia. São Paulo: Cortez, 2003.

BLUMER, H. *Symbolic Interactionism*. Nova Jersey: Prentice-Hall, 1969.

BLUMER, M. *The Chicago School of Sociology*. Chicago: The University of Chicago Press, 1984.

CORCUFF, P. *As novas sociologias*. Bauru: Edusc, 2001.

COULON, A. *A Escola de Chicago*. São Paulo: Papirus, 1995.

CUSSET, F. *Filosofia francesa* – A influência de Foucault, Derrida, Deleuze & Cia. Porto Alegre: Artmed, 2008.

DELEUZE, G. & GUATTARI, F. *O que é filosofia?* Rio de Janeiro: Ed. 34, 1992.

DESOUSA FILHO, A. *Tudo é construído! Tudo é revogável* – A teoria construcionista crítica nas ciências humanas. São Paulo: Cortez, 2017.

DOSSE, F. *O império do sentido* – A humanização das ciências humanas. Bauru: Edusc, 2013.

EUFRASIO, M.A. *Estrutura urbana e ecologia humana*. São Paulo: Edusp/Ed. 34, 1999.

FRIEDRICHS, R. *Sociología de la Sociología*. Buenos Aires: Amorrortu, 2001.

GADAMER, H.-G. *Verdade e método*. Vol. 1. Petrópolis: Vozes, 1997.

GOULDNER, A. *The coming crisis of western sociology*. Nova York: Basic Books, 1970.

HINKLE, T. *Developments in American Sociological Theory, 1915-1950*. Nova York: State University of New York, 1994.

HOBSBAWM, E. A cultura europeia entre o séc. XIX e o séc. XX. In: HOBSBAWM, E. (ed.). *História do marxismo II* – Primeira parte. Rio de Janeiro: Paz e Terra, 1982, p. 75-124.

JAY, M. *La imaginación dialéctica* – Una historia de la Escuela de Frankfurt. Madri: Taurus, 1989.

JOAS, H.; KNÖBL, W. *Teoria social* – Vinte lições introdutórias. Petrópolis: Vozes, 2017.

KAPLAN, A. *A conduta na pesquisa*. São Paulo: Edusp, 1975.

LALLEMENT, M. *História das ideias sociológicas*. Petrópolis: Vozes, 2018.

LATOUR, B. *Reagregando o social* – Uma introdução à teoria do ator-rede. Salvador/Nauru: Edufba/Edusc, 2012.

_____. *A esperança de Pandora*. Bauru: Edusc, 2001.

MUCCHIELLI, L. O nascimento da sociologia na universidade francesa (1880-1914). In: *Revista Brasileira de História*, vol. 21, n. 41, 2001. São Paulo.

PERL, J. *New art city* – Nova York, capital da arte moderna. São Paulo: Cia. das Letras, 2008.

PICÓ, J. *Los años dorados de la sociología (1945-1975)*. Madri: Alianza, 2003.

PLATT, J. *A history of sociological research methods in America 1920-1960*. Cambridge: Cambridge University Press, 1996.

RHOADES, L. *A history of the American Sociological Association, 1905-1980*. Washington: ASA, 1981.

SANTOS, J.V.T. & BAUMGARTEN, M. Contribuições da sociologia na América Latina à imaginação sociológica: análise, crítica e compromisso social. In:

Sociologias, ano 7, n. 14, jul.-dez./2005, p. 178-243. Porto Alegre.

SCHOECK, H. *Historia de la sociología*. Barcelona: Herder, 1977.

SOROKIN, P. *Novas teorias sociológicas*. Porto Alegre/São Paulo: Globo/USP, 1969.

STENGERS, I. *A invenção das ciências modernas*. São Paulo: Ed. 34, 2002.

_____. *As políticas da razão*. Lisboa: Ed. 70, 2000.

TARDE, G. *A opinião e a multidão*. Lisboa: Europa-América [s.d.].

VARGAS, E.V. *Antes Tarde do que nunca* – Gabriel Tarde e a emergência das ciências sociais. Rio de Janeiro: Contra Capa, 2000.

WALLERSTEIN, I. *O fim do mundo como o concebemos*: ciências sociais para o século XXI. Rio de Janeiro: Revan, 2002.

_____. *Para abrir as ciências sociais*. São Paulo: Cortez, 1996.

WHITEHEAD, A.N. *A ciência e o mundo moderno*. São Paulo: Paulus, 2006.

WIGGERSHAUS, R. *The Frankfurt School*. Cambridge, UK: Polity Press, 1994.

7
Crenças coletivas
"Crenças coletivas, justificação e o argumento da não divergência"

Lucas Roisenberg Rodrigues

Introdução

É um truísmo que o conhecimento possui dimensões sociais. Um dos aspectos sociais do conhecimento diz respeito ao seu modo de aquisição ou origem, pois existe uma fonte distintivamente social do conhecimento, a qual denominamos de *testemunho*. Podemos definir, ao menos provisoriamente, o conhecimento testemunhal como o conhecimento adquirido com base na asserção de um outro sujeito. Trata-se da forma básica pela qual o conhecimento é socializado, isto é, transmitido de um indivíduo – ou grupo de indivíduo – para outros. A epistemologia social, a disciplina filosófica que estuda o conhecimento em suas dimensões sociais, tem no testemunho um dos seus principais objetos de estudo.

O primeiro sentido no qual é distintamente social é incontroverso, ainda que grassem as disputas epistemológicas mais variadas acerca de questões mais específicas[1]. Um segundo caso no qual o conhecimento pode ter uma dimensão social diz respeito à natureza do agente portador do conhecimento.

Atribuições de estados mentais – como crença ou conhecimento – a grupos são frequentes. Diante de tal constatação, emerge naturalmente a seguinte questão: estados cognitivos de grupo – tais como conhecimento, racionalidade ou crença justificada podem ser reduzidos e/ou explicados em termos de estados individuais dos membros do grupo?

A resposta da tradição filosófica tem sido, ao menos implicitamente, quando não explicitamente, individualista: apenas os indivíduos são os portadores genuínos de conhecimento. Todavia, se a resposta for negativa, conforme sugere uma corrente crescente na literatura sobre o assunto, então existe um sentido relevante, e não controverso, em que o conhecimento é distintamente social, e existe um conjunto de fenômenos novos, até então pouco estudados, a serem investigados e descritos, tanto filosófica como cientificamente[2]. Obviamente, trata-se de um tópico da maior relevância. A parte da epistemologia social que investiga estados cognitivos, *enquanto estados de grupos*, é a denominada epistemologia coletiva, área de estudos que tem se desenvolvido muito rapidamente nas últimas décadas.

No texto que segue, tratarei de um problema tópico específico em epistemologia coletiva, qual

---

1. A literatura epistemológica sobre o testemunho é imensa. Uma ampla e rigorosa análise da discussão contemporânea pode ser encontrada em Gelfert (2014). Excelentes resumos, e facilmente acessíveis, das teorias contemporâneas podem ser encontrados em Adler (2018) e Green (2018).

2. Algumas coletâneas especificamente dedicadas ao tópico da epistemologia coletiva já foram lançadas. A esse respeito, merecem menção Lackey (2014) e Schmid (2011).

seja, a questão da natureza das atribuições de estados tais como crenças, conhecimento e justificação a grupos. Inicialmente, apresentarei a denominada visão somativa (seção 1). Logo em seguida, apresentarei o principal argumento antissomativista, o denominado argumento da divergência (seção 2). Após explicar o argumento, introduzirei o denominado modelo do compromisso conjunto, proposto por Margaret Gilbert, o qual se apresenta como uma explicação não somativista e não redutivista da crença coletiva (seção 3). Quando abordamos o problema da epistemologia, queremos saber não apenas se crenças podem ser entendidas não somativamente, mas também se estados tais como crença justificada e conhecimento podem ser compreendidos nestes termos. A respeito, existe um argumento, denominado argumento da não divergência, que foi apresentado por Meijers, o qual explico na seção 4. Mathiesen respondeu ao argumento de Meijers, e é a resposta da autora que exponho na seção 5. Por fim, na seção 6, apresento alguns problemas que considero relevantes para a réplica de Mathiesen, e que sugerem ser inviável a resposta da autora. Feita esta apresentação prévia, podemos passar ao exame do problema propriamente dito.

1 A visão somativista

Conforme já salientamos, é comum atribuirmos todo tipo de estados cognitivos a grupos ou entidades coletivas de algum gênero. Eis alguns exemplos, retirados da vida cotidiana:

a) "Vale e BHP sabiam do risco de desmoronamento da barragem da Samarco, diz relatório do MP" (*Folha de S. Paulo*, 2018).
b) "Comando do Exército sabia de torturas, diz professora" (*O Estado de S. Paulo*, 2018).
c) "Grupo de católicos acreditava que Jesus também era surfista" (*Globo Repórter*, 2018).

Qual o estatuto destas atribuições de estados doxásticos e cognitivos a grupos? Como devemos entendê-las? Uma resposta comum tem sido denominada de *somativismo*. A expressão clássica da tese somativista foi dada por Quinton (QUINTON, 1976, p. 2):

> Diz-se que um grupo tem crenças, emoções e atitudes, que faz decisões e promessas. Mas estes modos de falar são claramente metafóricos. A atribuição de predicados mentais a um grupo é sempre um modo indireto de atribuir predicados a seus membros. Tais atribuições de estados mentais, como crenças e atitudes, são atribuições daquilo que chamo de um tipo de somatório. Dizer que a classe dos trabalhadores industriais está determinada a resistir às leis antissindicais é o mesmo que dizer que todos ou a maioria dos trabalhadores industriais estão dispostos a isso.

Na perspectiva de Quinton, a atribuição de estados mentais a um grupo, entre eles o estado de crença e de conhecimento, é apenas uma maneira indireta – um mero recurso de economia verbal, por assim dizer – de atribuir conhecimento aos indivíduos pertencentes ao grupo. Evidentemente, se este é o caso, então não existe efetivamente conhecimento *de grupo*. Existe apenas conhecimento dos indivíduos, e uma maneira indireta, ou "metafórica", como afirma Quinton, de atribuí-lo aos membros do mesmo grupo. Esta tese está frequentemente associada ao *individualismo sobre atribuições de estados mentais em geral*, como sugere a citação anteriormente apresentada de QUINTON (1976, p. 2).

Podemos resumir a posição *somativista* para conhecimento de grupos (simplesmente *somativismo*, daqui por diante) da seguinte forma (GILBERT, 1987, p. 187)[3]:

_____

3. A posição somativista que aqui expresso foi denominada de somativismo simples por Gilbert (1987, p. 188). Existe uma versão mais sofisticada da teoria, que exige que seja conhecimento comum (i. e., conhecimento entre os membros do grupo) que o grupo possui a crença coletiva, e que ela é compartilhada pelos demais membros do grupo. Todavia, a diferença entre as duas versões do somativismo não é relevante para os propósitos da presente discussão.

Um grupo G sabe que P, onde P é uma proposição qualquer, se e somente se, ao menos, a maioria dos membros de G sabem que P.

De acordo com esta perspectiva não existe qualquer *autonomia* do conhecimento coletivo em relação aos respectivos estados dos seus membros. O conhecimento de grupo (assim como crença justificada, racionalidade e assim por diante) é apenas um *agregado* dos estados individuais de conhecimento.

Diversas razões podem ser aduzidas em favor de uma posição somativista. Podemos ser inclinados a tal posição por considerarmos metafisicamente suspeita a atribuição de conhecimento às entidades coletivas, e por preferirmos uma explicação mais simples, em termos do conhecimento individual, que supomos ser um fenômeno melhor conhecido. Considerações de parcimônia ontológica, sem dúvida contam como razões importantes em favor ao somativismo.

Contudo, o mais forte argumento em favor do somativismo, pelo menos no que concerne à atribuição de crenças e conhecimento, provém de outra fonte. É geralmente reconhecido pela tradição epistemológica que conhecimento implica crença, ou seja, que um sujeito só pode saber que uma dada proposição é verdadeira se, ao menos, *acreditar* que ela é verdadeira. Entretanto, continua o argumento, grupos não possuem crenças *stricto sensu*, pois crenças são estados mentais[4]. Ora, grupos não possuem mentes. Consequentemente, não existe conhecimento do grupo "acima" e separado do conhecimento individual[5]. Diante de tal conclusão, parece natural entender somativamente as atribuições de conhecimento ao grupo. Todavia, confor-

me veremos a seguir, poderosas objeções podem ser levantadas contra o somativismo.

2 Argumento da divergência

A principal resposta ao argumento anteriormente mencionado é o denominado *argumento da divergência*. O argumento da divergência alega que pode haver, ao menos em alguns casos, diferença entre a crença no nível grupal e as crenças individuais (i. e., crença dos membros do grupo), e que é *possível* que um grupo creia que P sem que nenhum membro do grupo individualmente creia que P, e que também é possível que todos os membros de um grupo creiam que P sem que o grupo creia que P.

Embora muitas atribuições doxásticas coletivas possam ser interpretadas somativamente. Suponha que eu afirme que os brasileiros acreditam que a economia vai melhorar. É natural entender tal afirmação somativamente, isto é, como meramente afirmando que a maioria (ou muitos) brasileiros acreditam que a economia vai melhorar. Todavia, existem outras tantas atribuições doxásticas coletivas que desafiam a esta interpretação, e exigem algum outro tipo de abordagem. O seguinte exemplo foi proposto por Gilbert (GILBERT, 2004, p. 18), que denominaremos **o caso do comitê:**

> Suponha que há dois comitês em um colégio residencial – a saber, o Comitê dos Alimentos e o Comitê da Biblioteca – cujos membros integrantes são os mesmos. Poderíamos dizer, sem contradição, que (a) a maioria dos membros do Comitê da Biblioteca pessoalmente acredita que os estudantes do colégio têm que consumir muito amido, e isto é conhecimento comum entre os membros desse comitê; (b) exatamente o mesmo acontece, *mutatis mutandis*, com os membros do Comitê dos alimentos; (c) o Comitê dos Alimentos acredita que os estudantes do colégio têm que consumir muito amido, ao passo que o Comitê da Biblioteca não tem opinião sobre o assunto.

---

4. Um modelo do conceito de crença coletiva que não implica a existência de uma mente coletiva será apresentado na seção 4 do presente artigo.

5. Este argumento foi apresentado por Hakli (2007).

O exemplo de Gilbert ilustra uma situação curiosa. Um mesmo conjunto de indivíduos pertence a *dois* grupos distintos, e os dois grupos têm posições *antagônicas* frente a mesma proposição: enquanto o comitê dos alimentos acredita que os estudantes têm de consumir muito amido, o comitê da biblioteca é agnóstico. Cada membro individualmente acredita que uma determinada proposição é verdadeira, enquanto o grupo como um todo *não* acredita. A consequência óbvia, se o exemplo for convincente e puder ser interpretado da maneira como Gilbert sugere, é que a crença atribuída ao grupo não pode ser interpretada somativamente.

O caso do comitê pretende mostrar que a mera agregação das crenças não é suficiente para a formação de crença coletiva. Todavia, não é difícil modificar o caso, de tal modo que se configure uma situação em que a crença coletiva está presente e está ausente a crença individual.

Suponhamos que cada integrante do Comitê da alimentação não acredita que os estudantes não consomem muito amido. Todavia, nada disto impede que o Comitê da alimentação seja convocado, pela direção do colégio, a emitir um parecer e a dar a sua opinião como grupo. Após uma certa discussão sobre qual deve ser a posição do comitê dos alimentos, eles decidem emitir uma nota com a seguinte sentença: "nós, do comitê dos alimentos, acreditamos que os alunos consomem muito amido, e deve-se reduzir o consumo dos alimentos rico em amido".

Seria natural, ao ouvir tal nota, dizer que *o comitê acredita* que os alunos consomem muito amido, mesmo que nenhum membro individualmente acredite nisto. Um sujeito coletivo genuíno parece ser o portador da crença, e não parece razoável, ao menos neste caso, a interpretação somativista da asserção.

Uma segunda objeção alega que a tese somativista é excessivamente fraca, isto é, que o compar-

tilhamento das crenças individuais é insuficiente para a formação da respectiva crença coletiva, conforme também vimos no exemplo anterior[6]. Consideremos novamente o caso do comitê dos alimentos. Sem dúvida, os membros do grupo compartilham muitas outras crenças, muitas delas triviais e nunca discutidas abertamente. Por exemplo, todos os membros do grupo acreditam que $1+1=2$, que o céu é azul, e assim por diante. Todavia, seria irrazoável asserção que o comitê dos alimentos acredita que o céu é azul, especialmente se os membros nunca discutiram, deliberaram ou trocaram qualquer tipo de informação sobre o assunto. A crença atribuída deve ter algum papel na vida cognitiva e social do grupo, o que não parece ser o caso de crenças simplesmente compartilhadas pelos membros do grupo.

A crítica ao modelo somativista da crença coletiva por Gilbert é bastante convincente. Todavia, não queremos uma posição meramente negativa; devemos nos perguntar que concepção alternativa pode-se oferecer, uma vez que as atribuições de crenças coletivas são frequentes, e requerem alguma explicação. Tendo em vista a força dos contraexemplos de Gilbert, que concepção alternativa de crença coletiva podemos oferecer? A seguir, veremos a mais conhecida proposta nesta literatura, conhecida como modelo de aceitação conjunta, proposta também por Margaret Gilbert.

3 O modelo do compromisso conjunto de Margaret Gilbert

Um grupo de pessoas se reúne para discutir acerca de um determinado assunto, digamos, qual deve ser a posição do comitê dos alimentos da escola acerca da refeição dos alunos. Um dos membros,

---

6. Objeções deste tipo podem ser encontradas em Gilbert (1987, p. 189).

pensando na eleição para diretor, diz que a alimentação deve ser modificada, ainda que pessoalmente não pense nada disso. Um segundo concorda entusiasticamente, apenas para agradar o primeiro. Um terceiro, ainda que relutante e acreditando pessoalmente que o assunto é de menor importância, termina por concordar com os dois primeiros. Um quarto, apesar de pessoalmente contrário à mudança da alimentação, não se manifesta, o que é naturalmente interpretado como aquiescência. Por fim, após a deliberação, o comitê envia um relatório à direção da escola, no qual afirma que o grupo acredita ser necessário mudar a alimentação dos alunos. No relatório encontramos a seguinte asserção: "nós, do Comitê da alimentação, acreditamos que é necessário mudar a alimentação dos alunos".

Este exemplo ilustra muito bem a maneira como Gilbert entende a noção de crença coletiva. Embora nenhum dos membros acredite pessoalmente que a alimentação deve ser modificada, eles comprometeram-se, seja de forma explícita ou tácita, a aceitar esta proposição como a opinião ou posição do grupo. Eles formaram este compromisso *conjunto e publicamente*. Não é um mero agregado de pessoas agindo separadamente, mas um grupo de pessoas agindo e realizando uma ação como um único agente.

Situações como esta levam Margaret Gilbert a propor o seguinte modelo de crença coletiva: "uma população P acredita que p se, e somente se, os membros de P estão conjuntamente comprometidos a acreditar que p como um corpo" (GILBERT, 2004, p. 100).

Alguns conceitos desta caracterização inicialmente enigmática devem ser esclarecidos. Uma das características do conceito de compromisso é que ele envolve um conjunto de obrigações e direitos, e que existem regras ou condições para sua formação e rescisão. Se eu me comprometi a pagar a dívida com meu credor, então eu tenho a obrigação de pagá-la, e o credor tem o direito de cobrá-la. Uma vez firmado o compromisso, eu não posso simplesmente rescindi-lo unilateralmente, sem que me seja devida algum tipo de censura.

Curiosamente, para Margaret Gilbert, o conceito de compromisso opera tanto no nível individual como em nível coletivo. Se eu decido comprar um carro, então eu me comprometi comigo mesmo a realizar a compra, e tenho a obrigação de realizá-la, a menos que o compromisso inicial seja rescindido por mim.

E quanto ao conceito de compromisso conjunto? O comprometimento conjunto é o comprometimento de uma ou mais pessoas *como um único agente*. Sendo assim, compromisso não pode ser unilateralmente rescindido por uma das partes, sem que as demais tenham o direito de censurar (*rebuke*) aquele que rompeu o compromisso inicial. Por outro lado, cada uma das partes envolvidas no compromisso contraem certas obrigações, quais sejam, aquelas envolvidas na execução conjunta da atividade.

Se duas pessoas se comprometem a realizar conjuntamente X, então ambas estão comprometidas como um só corpo. O que a autora quer dizer com esta expressão "como um só corpo" é que a formação de um compromisso conjunto *garante a unidade do agente coletivo* que realiza uma ação conjunta X. Ao sujeito coletivo formado pelo compromisso conjunto Gilbert denomina de "sujeito plural". A existência do sujeito plural permite que se constitua uma separação clara entre o que os participantes do grupo fazem pessoalmente, e aquilo que fazem enquanto membros do grupo.

Estas, em linhas gerais, é a concepção de Gilbert do fenômeno da crença coletiva, a qual é coerente com a maneira como cotidianamente entendemos o fenômeno da crença coletiva. Conforme diz a autora (GILBERT, 2004, p. 100):

A abordagem do sujeito plural da crença coletiva concorda com a lógica do "Nós (coletivamente) acreditamos que p", tal como isto é entendido na vida cotidiana. Em particular, esta abordagem abre a possibilidade de que uma parcela do grupo declara, sem culpa, que pessoalmente que não acredita que p.

A teoria de Gilbert é apresentada como uma proposta não somativista do conceito de crença coletiva. O tópico da seção seguinte diz respeito à compatibilidade do modelo de Gilbert com uma abordagem não somativista da justificação coletiva.

4 O argumento da não divergência de Meijers

Vimos anteriormente o modelo de compromisso conjunto para a crença coletiva. O que iremos abordar agora, na medida em que nos interessam temas epistemológicos, é se a crença coletiva, nos moldes da teoria do compromisso conjunto, está apta a incorporar certas propriedades epistêmicas, tais como justificação, conhecimento ou racionalidade.

Para tanto, iremos apresentar um importante argumento que pretende sugerir que, quando tratamos apenas de crenças motivadas por razões epistêmicas, *não* pode haver divergências entre crenças individuais e crenças coletivas. Em outros termos, quando tratamos de crenças justificadas, um grupo acredita justificadamente somente se a maioria (ou uma parcela significativa) dos membros do grupo acreditam justificadamente. A consequência do argumento, se ele estiver correto, é que o conceito de crença justificada coletiva não pode ser interpretado somativamente. Ademais, na medida em que a justificação for condição necessária para o conhecimento, é possível que a conclusão seja estendida para o conceito de conhecimento, de tal modo que o conhecimento também deva ser compreendido em termos somativos.

Todavia, antes de tratar desta questão, devemos elaborar algumas explicações acerca do conceito de justificação e de propriedades epistêmicas. Por propriedades epistêmicas entendemos propriedades relacionadas com a busca, direcionamento ou obtenção da verdade.

Por propriedades pragmáticas, por sua vez, entendemos propriedades ou atributos relacionados a fatores prudenciais, tais como, por exemplo, os interesses do agente e os possíveis benefícios que uma determinada ação trará para o agente. A diferença entre propriedades epistêmicas e não epistêmicas está relacionada com a ideia de busca ou direcionamento da verdade.

É extremamente plausível a tese de que a justificação de crenças é do tipo epistêmico, e que uma crença é dita justificada apenas quando é motivada ou causada por estas mesmas razões epistêmicas. Um exemplo ajuda a compreender a distinção. Suponha que eu forme a crença de que o medicamento que estou tomando é eficiente para combater uma doença que presentemente me aflige. Uma vez que eu tenho formado a crença, é legítimo justificar: a minha crença é justificada?

Poderia ser que a crença de que o medicamento é eficiente melhorasse a minha condição de saúde e bem-estar. Todavia, isto não poderia ser uma *justificação epistêmica* para a minha crença. O que se pergunta, quando se quer saber se uma dada crença é epistemicamente justificada, é saber se existem razões, justificações ou evidências em favor da verdade da crença. Presumivelmente, é também este tipo de justificação que entra como ingrediente no conceito de conhecimento.

Não é difícil verificar que, nos exemplos de crenças coletivas que apresentamos até aqui, a visão ou crença do grupo era determinada por fatores muito mais pragmáticos que epistêmicos. Quando os membros do comitê de alimentos deliberavam sobre qual deve ser a posição do grupo, fatores não epistêmicos entraram e determinaram a escolha do grupo, tais como os interesses e benefícios que se posicionar frente a uma determinada proposição traria para cada indivíduo. O que importa salientar aqui é que o acordo ou compromisso coletivo foi formado, independentemente de qualquer consideração a respeito da verdade da crença. Apenas fatores pragmáticos e prudenciais desempenham qualquer papel causal na formação da crença coletiva, e a crença coletiva pode vir a ser formada independentemente de qualquer consideração pela verdade da crença.

Todavia, parece que se o grupo tivesse considerado apenas razões epistêmicas, isto é, estivesse preocupado apenas com questão relativa à verdade da proposição objeto da deliberação, então não teria acontecido a presumida divergência entre o que os indivíduos e o grupo acreditam.

Feitos estes esclarecimentos, podemos agora nos perguntar se crenças justificadas epistemicamente podem ser reduzidas, analisadas ou explicadas somativamente. Eis que, ao tratar desta questão, encontramos um importante obstáculo para não somativista. No que diz respeito a esta questão, uma importante objeção foi levantada, um argumento que foi denominado *de argumento da não divergência*.

Enquanto que o argumento da divergência buscava mostrar que pode existir divergência entre as crenças nos níveis grupais e individuais, o argumento da não divergência procura mostrar que, *quando consideradas apenas razões epistêmicas*, não pode haver divergências entre a crença individual e a crença coletiva. Sendo assim, o que torna possível a diferença entre crenças de grupo e crenças individuais é, precisamente, o caráter pragmático do conceito de aceitação conjunta.

Conforme diz Meijers (2003, p. 379), "se apenas razões epistêmicas são levadas em conta, *seria*

impossível haver diferença em conteúdo entre o que eu, como indivíduo, acredito e o que eu acredito como membro do grupo". Ora, se é este o caso, conforme sugere Meijers, então, quando tratamos de crença justificada epistemicamente, não pode haver diferença significativa entre crença coletiva e crença individual. Se um indivíduo S acredita justificadamente que um grupo justificadamente acredita que P (com base em evidências epistemicamente relevantes), então o indivíduo deve, ao considerar se deve ou não crer que P, também formar a sua crença individual de que P.

O argumento de Meijers possui diversas suposições, que merecem aqui ser questionadas. Note-se que o argumento só é viável se: (1) as evidências disponíveis forem compartilhadas entre cada indivíduo e o grupo como um todo; (2) as razões epistêmicas forem avaliadas da mesma maneira, tanto pelo grupo enquanto tal como para cada indivíduo.

A este respeito, podemos considerar alguns exemplos interessantes, que foram apresentados por Mathiesen (2011).

5 Diferentes padrões epistêmicos

A fim de demonstrar a possibilidade da divergência entre o que o grupo acredita, e o que cada membro individualmente acredita, Mathiesen (2011, p. 41) apresentou uma situação hipotética na qual pretende-se mostrar que é ao menos possível que haja divergência por razões puramente epistêmicas entre o indivíduo e o grupo. Mais do que isto, esta divergência não ocorre em função ou razão de qualquer falha de racionalidade dos membros. Em outros termos, os agentes são plenamente racionais, com acesso às mesmas evidências, mas, ao mesmo tempo, eles chegam a veredictos diferentes?

Como isto é possível? Segundo Mathiesen, devido a dois fatores importantes: (1) diferentes sensibilidades ou tolerância ao risco epistêmico; (2) diferentes limiares de aceitação (*threshold of acceptance*). Algumas palavras sobre estes conceitos.

Mathiesen parte do pressuposto de que os diferentes agentes epistêmicos podem ter diferentes sensibilidades ao risco epistêmico (i. é, ao risco de ter uma crença equivocada). Enquanto certos agentes, sob certas circunstâncias, podem tolerar um certo risco de erro, e exigir menos evidências a fim de tomar a sua decisão doxástica (i. é, acerca do que acreditar ou não acreditar), outros agentes, mais cautelosos, podem ter uma tolerância ao erro muito maior, e exigir muito mais evidências.

Muitas vezes a tolerância para o risco de erro e o limiar para aceitação pode variar de acordo com as necessidades práticas do agente, e com as circunstâncias da ação. O risco tolerável para formar a crença acerca da saúde ou doença de um paciente, quando feito por um médico, é muito menor que o risco de erro tolerável para a formação de crenças acerca de assuntos cotidianos, os quais não têm como consequência a vida ou a morte de uma pessoa. Da mesma forma, um Júri, quando delibera acerca da culpa ou inocência do réu, tem um grau de tolerância ao erro muito menor que outros agentes em circunstâncias cotidianas.

Quanto mais elevado o padrão epistêmico, maior será o limiar de aceitação (*threshold of acceptance*), isto é, a linha que separa a evidência insuficiente da evidência suficiente. Presumivelmente, o limiar de aceitação em um júri é muito mais alto que em situações cotidianas, que possuem consequências menos dramáticas.

É importante notar que fatores pragmáticos têm um impacto profundo na variação dos padrões epistêmicos. Por exemplo, é o fato de que a vida de um paciente depende das crenças e ações do médi-

co, e que ele tem o interesse pessoal e humanitário pela vida e bem-estar do paciente, que eleva o seu padrão epistêmico a níveis altíssimos, muito maiores do que aqueles da cotidiana.

Tendo em vista que agentes podem ter diferentes sensibilidades ao erro, e que isto pode impactar na formação ou não de uma crença por parte de um agente, Mathiesen elabora o seguinte exemplo. No caso imaginado por ela, um comitê está selecionando um indivíduo para uma vaga de emprego. Cada membro tem a sua posição frente a uma determinada proposição, qual seja, "Jones é o candidato qualificado para o cargo". Ao mesmo tempo, o grupo *como um todo* deve deliberar e tomar a sua decisão relativamente à proposição em questão. Por hipótese, tanto as decisões individuais como a decisão grupal, são motivadas única e exclusivamente por razões epistêmicas.

Eis como a autora descreve a situação em (MATHIESEN, 2011, p. 41 – tradução do autor):

> Caso E: os membros e o grupo têm diferentes padrões de tolerância ao erro no que diz respeito a aceitar a proposição "Jones é o candidato qualificado". Estes padrões de risco determinam quanta evidência é necessária para a aceitação. Então, enquanto os indivíduos e o grupo como um todo consideram precisamente a mesma evidência e atribuem o mesmo peso à mesma evidência, o grupo alcança o limiar de aceitação (*threshold for acceptance*) ao mesmo tempo que nenhum membro alcançou o limiar de aceitação. E, uma vez que não existe um limiar epistemicamente preferível, o grupo e os membros são igualmente epistemicamente racionais.

Uma vez exposto o exemplo de Mathiesen, iremos agora examinar alguns problemas que considero relevantes no contraexemplo apresentado pela autora, os quais que reforçam, embora não cheguem a ter uma força demonstrativa definitiva, a tese da não divergência de Meijers.

6 Alguns problemas com a resposta de Mathiesen

Na resposta a um exemplo que vimos anteriormente, Mathiesen argumenta que para que uma crença de que P seja a crença do grupo G, deve ser conhecimento comum dos membros do grupo. Em outros termos, não pode haver uma crença de grupo, ao mesmo tempo que não seja conhecimento dos membros, ao menos de uma parcela razoável destes, de que esta é a crença do grupo em questão.

Vamos, então, supor que um grupo G acredita que P, e que um sujeito S acredita que P. Ambos são motivados por razões epistêmicas. Conforme a própria autora afirma, para que um grupo G acredite que P é necessário que seja conhecimento comum, entre os membros do respectivo grupo, que a posição (ou crença, visão etc.) do grupo é esta.

Temos, então, ao que parece a seguinte combinação de circunstâncias:

(1) O sujeito S acredita justificadamente que P;

(2) O grupo G, do qual S faz parte, acredita justificadamente que não P;

(3) S sabe que o grupo G acredita justificadamente que não P.

O problema, conforme vejo, é que estas três afirmações não formam um conjunto internamente coerente de crenças. Eis a razão: se o sujeito S sabe que um outro sujeito cognitivo (no caso, um sujeito coletivo, mas isto pouco importa para nossos propósitos) acredita justificadamente que não P, e S sabe que o outro sujeito, no caso o grupo G, tem acesso às mesmas evidências que o sujeito S, então S tem agora uma contraevidência relevante à sua crença inicial de que P.

Existe um outro sujeito cognitivo, com acesso às mesmas evidências, e que obteve um resultado doxástico diferente: enquanto S formou a crença de que P, o grupo G suspendeu o juízo quanto à verdade de P. Dois sujeitos, ambos pares epistêmicos, tomaram posições doxásticas diferentes[7]. O reconhecimento por S de que um outro sujeito epistêmico G, tendo por base as mesmas evidências, e preocupado unicamente com a verdade, deveria fazer S recuar da sua crença inicial de que P.

A esta altura, o defensor da legitimidade do exemplo de Mathiesen poderia simplesmente replicar que S e G possuem diferentes sensibilidades ao risco epistêmico: o sujeito S, ao saber que um outro sujeito G não acredita justificadamente que P, não perde a justificação para crer que P, pois é fato que S e G operam segundo diferentes padrões epistêmicos. Todavia, conforme sugere Mathiesen, não existe um único padrão epistemicamente preferível: "e uma vez que não existe um limiar epistemicamente preferível" (MATHIESEN, 2011, p. 41). A pluralidade de padrões epistêmicos, e, a aparente ausência de um critério para preferir um, em detrimento do outro, imuniza a justificação crença de S de que P de ser anulada pela contraevidência de que o grupo não crê que P.

Esta observação, de que não existe nenhum padrão epistemicamente preferível, merece agora ser examinada em detalhes. Mathiesen afirma duas teses: (1) padrões epistêmicos são moldados por interesses práticos; (2) não existe um padrão ou tolerância epistemicamente preferível, e isto deve variar de acordo com o contexto e as necessidades pragmáticas.

Existe um problema com a combinação destas duas teses, o qual já foi apontado por Lackey (2018, p. 356-357), e que aqui gostaria de retomar e desenvolver. A tese de Mathiesen abre a possibilidade de que grupos possam manipular os padrões

---

7. O problema aqui apontado, assim como o conceito de *pares epistêmicos*, é relacionado ao problema sobre o desacordo epistêmico. Sobre o problema do desacordo epistêmico, uma boa revisão da literatura pode ser encontrada em Frances (2018).

de tolerância ao risco, de tal modo que um grupo, motivado apenas por razões epistêmicas, produza precisamente um resultado que, ao menos intuitivamente, consideraríamos inaceitável e injustificado. Se é este o caso, então parece que existe algum tipo de limitação aos padrões epistêmicos que um grupo pode e deve adotar, o que significa que nem todos os diferentes padrões de tolerância ao risco estão em pé de igualdade.

Assim, imaginemos o seguinte caso, que já foi apresentado por Lackey (2018, p. 356-357). Uma companhia de cigarro tem o óbvio interesse financeiro em vender cigarros, e que a população pense que o cigarro não faz tão mal para a saúde. Como a companhia tem o interesse prático (financeiro) em continuar vendendo os seus produtos, a companhia torna-se extremamente cautelosa em aceitar o testemunho de cientistas sobre os riscos de o cigarro causar câncer (afinal, existe muito dinheiro envolvido, e ela não quer acreditar que o cigarro produz males sem a devida comprovação). Com efeito, a companhia torna-se tão cautelosa, e coloca barreiras tão elevadas e difíceis, que nenhum estudo científico é bom o suficiente para demonstrar que o consumo de cigarro está fortemente associado ao câncer. Assim, tendo em vista os seus padrões epistêmicos elevadíssimos, a companhia de cigarros estaria justificada em suspender juízos aos malefícios para a saúde causados pelo cigarro, mesmo tendo acesso a todas as evidências científicas disponíveis.

Evidentemente, não julgaríamos que a companhia emitiu um *juízo epistemicamente justificado*. A razão, como já deve estar relativamente claro, é que parecem existir limitações aos padrões de tolerância ao risco que podem ser adotados, seja ele um grupo ou um indivíduo, e estas limitações mostram a inadequação do exemplo de Mathiesen. O problema se mostra mais agudo devido ao fato de que padrões epistêmicos aceitos por um grupo,

assim como a crença formada por ele, estão sujeitos à determinação voluntária do grupo.

Se os padrões podem ser voluntariamente modificados, nada impede que eles sejam modificados de tal sorte a produzir o resultado que o grupo deseja previamente alcançar, conforme apontou corretamente Lackey. Como a resposta da autora ao argumento da não divergência depende de tese de que não há um padrão epistemicamente preferível, pode-se afirmar que o exemplo não foi bem-sucedido em barrar o argumento original de Meijers.

Considerações finais

O tópico relativo ao estatuto das atribuições de conhecimento e crença a entidades coletivas coloca algumas questões de relevância. Qual o grau e tipo de autonomia das entidades coletivas, e dos seus respectivos atributos, em relação aos indivíduos que as compõem? Devemos considerar que atitudes tais como crença justificada e conhecimento, quando aplicadas a entidades coletivas, como meras atribuições de fachada, maneiras indiretas de falar dos indivíduos que compõem as entidades coletivas?

Apesar da tradição individualista que tem dominado a epistemologia, e da relativa negligência do estudo das propriedades epistêmicas dos agentes coletivos, alguns autores têm alegado que nem sempre é viável a redução das propriedades coletivas epistêmicas (tais como conhecimento ou crença justificada) a idênticas propriedades dos membros do grupo.

Neste pequeno artigo, nós vimos uma crítica à tese de que o modelo do compromisso conjunto poderia viabilizar uma abordagem não somativista. Este argumento foi denominado argumento da não divergência. Tentamos mostrar que a réplica de Kay Mathiesen não era efetiva.

O fato responsável pela falha do exemplo de Mathiesen parece ser a aparente voluntariedade da escolha dos padrões epistêmicos, quando tratamos da teoria da crença coletiva como compromisso conjunto: quando um padrão epistêmico pode ser escolhido voluntariamente, e fatores pragmáticos podem determinar livremente a escolha do padrão, abre-se a possibilidade de que padrões obviamente inaceitáveis sejam escolhidos, conforme já apontou Jennifer Lackey.

Adicione-se a estas considerações que existe uma tensão interna nas crenças de um sujeito coletivo que julga justificadamente que P, e que, ao mesmo tempo, reconhece o grupo ao qual pertence, baseado nas mesmas razões epistêmicas, produz um resultado doxástico diferente, no caso, a suspensão de juízo. Como o apelo a padrões epistêmicos divergentes não pode ser empregado para anular a aparente inconsistência, temos mais uma razão para crer que o argumento da não divergência de Meijers não foi devidamente neutralizado.

Referências

ADLER, J. *Epistemological problems of testimony* [Disponível em https://plato.stanford.edu/entries/testimony-episprob/ – Acesso em 10/11/2018].

Folha de S. Paulo. "Vale e BHP sabiam do risco de desmoronamento da barragem da Samarco", diz relatório do mp [Disponível em https://piaui.folha.uol.com.br/vale-e-bhp-sabiam-do-risco-de-desmoronamento-da-barragem-da-samarco/ – Acesso em 10/11/2018].

FRANCES, B. & MATHESON, J. *Disagreement* [Disponível em https://plato.stanford.edu/archives/spr2018/entries/disagreement/ – Acesso em 10/11/2018].

GELFERT, A. *A critical introduction to testimony.* Nova York: Bloomsbury, 2014.

GILBERT, M. Collective epistemology. In: *Episteme,* vol. 1, n. 2, p. 95-107, 2004.

_____. Modelling Collective Belief. In: *Synthese,* vol. 1, n. 73, p. 185-220, 1987.

Globo Repórter. "Grupo de católicos cariocas acredita que Jesus também é surfista" [Disponível em https://blog.fastformat.co/como-fazer-citacao-de-artigos-online-e-sites-da-internet – Acesso em 10/11/2018].

GREEN, C.R. *The Epistemology of Testimony* [Disponível em https://www.iep.utm.edu/ep-testi/ – Acesso em 10/11/2018].

HAKLI, R. On the possibility of group knowledge without belief. In: *Social Epistemology*, vol. 21, n. 3, 2007, p. 249-266.

LACKEY, J. What is justified group belief? In: *Philosophical Review*, vol. 125, n. 3, 2016, p. 341-396.

LACKEY, J. (org.). *Essays in collective epistemology.* Oxford University Press, 2014.

MATHIESEN, K. Can Groups Be Epistemic Agents? In: SCHMID, H.B.; SIRTES, D. & WEBER, M. (orgs.). *Collective epistemology.* Frankfurt: Ontos Verlag, 2011, p. 23-44.

_____. The Epistemic Features of Group Belief. In: *Episteme*, vol. 2, n. 3, 2006, p. 161-176.

O Estado de S. Paulo. "Comando do Exército sabia de torturas, diz professor" [Disponível em https://politica.estadao.com.br/noticias/geral,comando-do-exercito-sabia-de-torturas-diz-professora,1034035 – Acesso em 10/11/2018].

QUINTON, A. Social Objects. In: *Proceedings of the Aristotelian Society*, n. 75, 1976, p. 1-27.

SCHMID, H.B.; SIRTES, D. & WEBER, M. (orgs.). *Collective epistemology.* Frankfurt: Ontos Verlag, 2011.

8
Teoria social cognitiva
"Teoria social cognitiva e as ciências sociais no Brasil"

Roberta Gurgel Azzi

Guilherme A. Russo

Introdução

Em 19 de maio de 2016 o presidente norte-americano Barack Obama recebeu Albert Bandura para premiá-lo com a Medalha Nacional de Ciência, de Tecnologia e Inovação (National Medal of Science and of Technology & Innovation)[1]. Segundo a cerimônia na Casa Branca, Albert Bandura recebeu este prêmio por "avanços fundamentais na compreensão de mecanismos de aprendizagem social e processos de pensamento autorreferentes em motivação e mudança de comportamento, e pelo desenvolvimento da teoria social cognitiva e desenvolvimento psicológico." Esta medalha foi mais um reconhecimento de como o desenvolvimento da teoria social cognitiva (aqui em diante, TSC) contribuiu para o campo da Psicologia e segue influenciando diferentes áreas das Ciências Sociais. Neste capítulo, faremos um breve resumo sobre o advento da TSC, conceitos importantes da teoria e o crescimento de trabalhos que se utilizam desta perspectiva nas Ciências Sociais e no Brasil. Por fim, propomos possíveis caminhos para que trabalhos futuros em diferentes áreas do conhecimento possam se beneficiar desta teoria e, consequentemente, agregar a ela.

O advento da TSC

É impossível falar do advento da TSC sem contar um pouco da história do seu criador, Albert Bandura. Bandura completou seu doutorado pela University of Iowa (Estados Unidos) em 1952. Nessa época, uma série de perspectivas psicológicas sobre processo de aprendizagem que se opunham a perspectivas psicodinâmicas disputavam espaço na academia americana. Em sua autobiografia, Bandura menciona que, à época do seu ingresso em Iowa, as análises teóricas e empíricas sobre aprendizagem estavam no auge (BANDURA, 2006). A perspectiva de Hull era dominante naquela universidade. Kenneth Spence, um dos ex-alunos de Hull, era professor e chefe do departamento de Psicologia em Iowa naquele momento.

Outros professores do departamento que tiveram importância na formação de Bandura foram: Judson Brown, Isador Farber, Gustav Bergmann e Arthur Benton. Esse último era diretor de programa de treinamento clínico e foi o orientador de Bandura. Ambos têm, inclusive, coautoria no primeiro artigo publicado por Bandura, em 1953.

Após o doutorado, Bandura realizou um ano de treinamento clínico no Wichita Guidance Center no Kansas (Estados Unidos). Destaca ele que foi um ano bem investido, pois o centro era incorporado em uma rede de serviços diversificada e com

---

1. A cerimônia pode ser vista no YouTube [Disponível em https://www.youtube.com/watch?v=sj38AeKn_LE – Acesso em 02/08/2018].

forte conexão com a comunidade, o que permitiu uma boa compreensão de como as pessoas viviam (BANDURA, 2006).

Depois de concluir o doutorado e a residência, Bandura foi contratado como instrutor na Stanford University (Estados Unidos), onde deu sequência em sua carreira acadêmica e permanece vinculado como professor emérito até hoje. Bandura ensinou Psicoterapia e publicou artigos questionando o uso exclusivo da fala em processos terapêuticos que se identificavam como perspectivas de aprendizagem. Em sua crítica, Bandura discutia que terapias que adotavam uma perspectiva de aprendizagem precisavam usar os princípios de aprendizagem nos processos terapêuticos e não apenas conversar sobre mudanças comportamentais.

Em 1961, Bandura publicou um artigo de bastante impacto intitulado "Psychoterapy as a Learning Process", no qual ele discute seis princípios de aprendizagem que localizou em periódicos de pouca visibilidade naquela época (BANDURA, 1961). Depois, Bandura continuou a discussão de princípios de aprendizagem em processos terapêuticos em diversos textos posteriores ao de 1961. Por exemplo, em texto de 1971, o autor busca evidenciar e discutir os processos de modelação no campo psicoterápico (BANDURA, 1971c). Entre as pesquisas mencionadas nesse artigo encontram-se os estudos iniciais sobre fobias, cuja linha de investigação leva ao artigo seminal sobre o construto de autoeficácia no ano de 1977 (BANDURA, 1977b) e ao livro *Self-efficacy: The Exercise of Control*, publicado em 1997.

Para além da abordagem sobre os processos de aprendizagem no contexto terapêutico, a explicação dos processos de aquisição, manutenção e mudança de comportamentos foi sendo investigada e discutida em diferentes experimentos realizados pelo grupo liderado por Bandura e outros investigadores. A sistematização desse percurso foi

publicada no livro *Principles of Behavior Modification*, publicado em 1969 nos Estados Unidos e traduzido no Brasil com o título *Modificação do comportamento*, com publicação em 1979.

Também na década de 1960, Bandura e coautores ganham reconhecimento por seus estudos na área de agressão social, principalmente devido aos experimentos sobre a aprendizagem com o boneco joão-bobo (*bobo-doll experiments*). Os resultados destes estudos mostram que crianças não só tendem a repetir comportamentos violentos, mas também a criar novos comportamentos de agressão depois de observar adultos executando estes comportamentos (BANDURA, 1961, BANDURA et al. 1963a; 1963b; 1963c). Esses e outros estudos contribuem para a análise oferecida no livro *Aggression: a Social Learning Analysis*, publicado em 1973, que sistematiza a proposta do autor para a compreensão de agressão.

Ao publicar o livro *Social Foundations of Thought and Action: A Social Cognitive Theory* em 1986, Bandura renomeia sua Teoria da Aprendizagem Social (BANDURA, 1977a) para Teoria Social Cognitiva com o objetivo de diferenciá-la de outras explicações de aprendizagem social como a perspectiva de Walter Mischel, por exemplo. Este livro, reconhecido como a publicação mais sistematizada da teoria, informalmente marca a fundação da TSC, e fornece maior visibilidade ao conjunto de construtos e como estes se relacionam. O impacto deste livro sobre as discussões de aprendizagem é grande. Em análise das publicações mais citadas nas Ciências Sociais de acordo com o Google Scholar, Green (2016) reporta que este livro e o artigo "Self-Efficacy: Toward a Unifying Theory of Behavioral Change" (BANDURA, 1977b) constam nas listas de trabalhos mais citados. Excluindo artigos de metodologia, o artigo de 1977 é o terceiro dentre os 10 mais citados após 1950, e o livro de 1986 é o nono.

O livro mais recente de Bandura é intitulado de *Moral Disengagement: How People do Harm and Live with Themselves*, publicado em 2016. Nesse livro são discutidos os processos de desengajamento moral que explicam, pela visão da TSC, como as pessoas acabam se comportando de maneira danosa a outrem ou algo sem sentirem-se culpadas pela ação danosa que realizam. Para facilitar a visualização cronológica das principais obras de Bandura, a Figura 1 apresenta uma linha do tempo com o ano de publicação de cada um dos livros.

Figura 1 Linha do tempo dos livros de autoria de Albert Bandura

Ano	Obra
1959	– Adolescent Aggression (com Richard H. Walters)
1963	– Social Learning and Personality Development (com Richard H. Walters)
1969	– Principles of Behavior Modification
1971	– Social Learning Theory
1973	– Aggression? A Social Learning Analysis
1977	– Social Learning Theory (nova versão)
1986	– Social Foundation of Thought anad Action: A Social Cognitive Theory
1997	– Self-Efficacy: The Exercise of Control
2016	– Moral Disengagement: How People do Harm and Live with Themselves

Fonte: Elaborado pelos autores.

É importante notar que a rede teórico-explicativa da TSC de Bandura foi construída aos poucos, por meio de várias microteorias como a teoria da aprendizagem social, teoria do determinismo recíproco e teoria da autoeficácia, entre outras. Estas explicações de fenômenos específicos compõem a teoria mais abrangente de desenvolvimento e adaptação humana. Na próxima seção, trataremos de alguns dos seus principais conceitos.

Conceitos-chave da TSC

Uma importante explicação desenvolvida por Bandura refere-se aos processos de aprendizagem por exposição a modelos, ou seja, *modelação*. Bandura (1969) descreve três efeitos que a exposição a modelos promove: 1) efeito modelador, 2) efeito inibitório e desinibitório, e 3) efeito de facilitação da resposta. É pela via da aprendizagem social que aprendemos que valores e comportamentos são adquiridos, elaborados e modificados, em processo continuado de interação com o meio social (BANDURA, 1991).

De forma similar, as crenças de eficácia, seja a percepção de *autoeficácia* ou a *eficácia coletiva* são definidas por vivências diretas e por exposição a modelos, sendo a primeira (autoeficácia) relativa a julgamento pessoal, e a segunda (eficácia coletiva) a julgamento da capacidade de um grupo, frente a um determinado objetivo. A definição de crença de autoeficácia constante do livro de 1997 diz: *crenças de alguém em sua capacidade em organizar e executar cursos de ação requeridos para produzir certas realizações* (BANDURA, 1997, p. 3). Segundo Bandura, as crenças de eficácia são o coração da agência, pois se as pessoas não se sentirem capazes de lidar com as situações que levam ao alcance de objetivos formulados, elas provavelmente não se engajarão nas atividades e, se se engajarem, tenderão a desistir com maior facilidade frente a obstáculos (BANDURA, 1997)[2].

A visão de homem na perspectiva da TSC é de um ser "agêntico", que atua no ambiente com intencionalidade produzindo efeitos nele a partir de suas ações. Bandura entende o comportamento como resultado da interação recíproca entre o comportamento, o ambiente e fatores individuais em um processo denominado *reciprocidade triádica*. A Figura 2 representa a pressuposta interação entre fatores proposta pela visão da TSC para explicar a determinação do comportamento. Os vértices do triângulo formado pela tríade comportamento, ambiente e fatores pessoais estão representados por setas indicando a relação recíproca entre cada dupla do triângulo.

Figura 2 Esquema ilustrativo da reciprocidade triádica

COMPORTAMENTO
(atos, escolhas, declarações verbais)

FATORES PESSOAIS
(crenças, expectativas, atitudes, conhecimentos)

FATORES AMBIENTAIS
(recursos, consequências, ambiente físico)

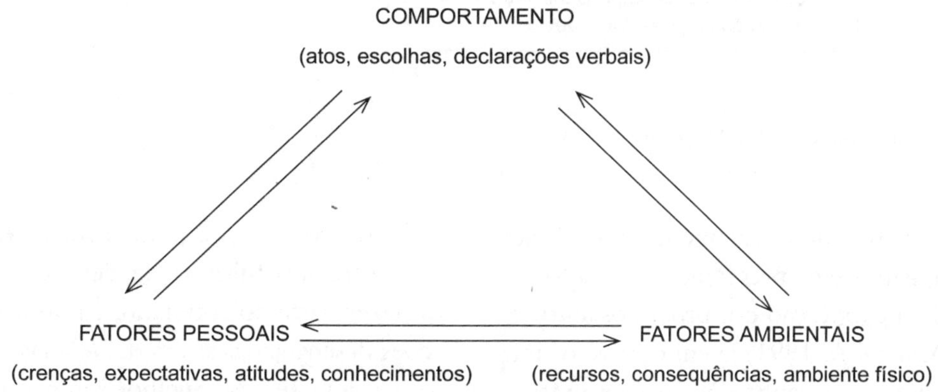

Fonte: Bandura (1986, p. 24).

A ação intencionalizada, agêntica, é explicada a partir de três características humanas principais: antecipação, autodirecionamento e autorreflexão. Ou seja, as pessoas estabelecem objetivos, criam planos de ação e antecipam resultados para eles, refletem sobre as condições necessárias para sua realização,

autorregulam seus comportamentos para que as condições para o atingimento dos objetivos internalizados as recompensem por passos concluídos e redirecionam ações para que as condições necessárias até o atingimento dos objetivos sejam adequadas. Essa discussão na obra de Bandura é nomeada de *agência humana* (BANDURA, 2018).

Um dos caminhos de discussão da agência na obra de Bandura, que aos poucos foi sendo melhor detalhado, é o da teoria da *agência moral*, cuja orga-

---

2. Se também não tiverem confiança de que conseguem lidar com as diferentes situações envolvidas no percurso até o objetivo, estarão mais vulneráveis ao estresse e sujeitas ao adoecimento (BANDURA, 1997).

nização mais recente encontra-se no livro *Moral Disengagement* (BANDURA, 2016). Para explicar, no campo da moral, como o pensamento e ação se articulam e explicam como pessoas comuns executam ações danosas a outros sem se autocondenarem por sua realização. São oito os mecanismos de *desengajamento moral* por meio dos quais as pessoas autorregulam seus comportamentos danosos, os quais se dividem em três grupos de *locus* de incidência: 1) *locus* da agência, 2) *locus* de resultado, e 3) *locus* da vítima (BANDURA, 1991, 2016). Os oito mecanismos e seus respectivos *loci* são ilustrados na Figura 3.

Figura 3 Mecanismos de desengajamento moral e *locus* de incidência do desengajamento

Fonte: Bandura (2008, p. 61).

Há textos sobre desengajamento moral nos quais os mecanismos são apresentados numa forma teórica dentro da explicação dos processos autorregulatórios (BANDURA, 1991) já em outros, os mecanismos são usados em aplicações reais a práticas desengajadas em diferentes áreas de atividade humanas (BANDURA, 1990; 1996), e por fim, há textos de momentos em que a teoria e discussão aplicada são o foco geral do texto (BANDURA, 2016). Por exemplo, o Quadro 1 reproduz os mecanismos de desengajamento moral em uma aplicação a práticas no mundo corporativo por White, Bandura e Bero (2009[3]). Sua inclusão aqui tem o propósito de ilustrar como diferentes práticas desengajadas fazem parte do cotidiano e podem ser categorizadas nos diferentes mecanismos de desengajamento moral. Ao fazer parte do cotidiano, é importante que estas ações desengajadas sejam desveladas e discutidas de forma a que se possa melhor compreender o cenário que as promove e buscar caminhos mais humanizadores nas práticas cotidianas.

A proeminência da TSC na psicologia e ciências sociais

Perante as disputas teóricas da segunda metade do século XX, as contribuições de Bandura e da TSC, especialmente a teoria da autoeficácia, passaram a ganhar grande proeminência não apenas na Psicologia, mas também em outras áreas das Ciências Sociais (GREEN, 2016). Ao comentar o livro de Bandura de 1997, Locke (1997) afirma:

---

[3]. Publicado em português como capítulo no livro *Desengajamento Moral – Teoria e pesquisa a partir da teoria social cognitiva*, publicado pela Editora Mercado de Letras em 2015.

Quadro 1 Categorias usadas para codificar os mecanismos de desengajamento moral

Mecanismo de desengajamento moral como categoria	Descrição da categoria
Justificativa moral	As justificativas morais, sociais e econômicas são usadas para santificar práticas de produtos nocivos, e para desafiar as regulamentações. Entender as atividades prejudiciais como a serviço de fins válidos não apenas elimina a autocensura por executá-las, mas pode até mesmo gerar orgulho por realizá-las bem.
Rotulação eufemística	Linguagem saneadora e complexa é usada para fazer com que práticas e produtos nocivos sejam pessoalmente e socialmente aceitáveis. As autossanções morais podem ser reduzidas ao se camuflar as atividades em linguagem inofensiva.
Comparação vantajosa	A atividade ou produto nocivo é comparado ou contrastado com outras atividades ou produtos que a fazem parecer benigna, de pouca consequência, ou de efeito negativo menor.
Deslocamento da responsabilidade	Os indivíduos se absolvem da responsabilidade direta pelo dano causado pelos produtos e práticas ao verem suas atividades como algo sendo mandado por outros, e por criar sistemas de negação que os mantêm intencionalmente desinformados. Desafios às políticas públicas, regulamentações, e resultados científicos são deslocados aos consultores, cientistas externos, e organizações criadas que servem como entidades delegadas pelas indústrias na arena pública.
Difusão da responsabilidade	A responsabilidade pessoal pela contribuição de alguém em atividades prejudiciais é reduzida pela tomada de decisão em grupo e a ação do grupo de forma que ninguém realmente se sinta pessoalmente responsável, e ao subdividir as várias facetas da empreitada através de diferentes subsistemas que parecem sem culpa em isolamento destacado. Sob práticas largamente difusas, ninguém se sente pessoalmente responsável pelo dano feito.
Minimização, negação, ou distorção das consequências	O dano causado pela ação ou produtos nocivos é minimizado, distorcido ou negado. A evidência do dano é desacreditada. Como resultado, há pouca razão para que a autocensura seja ativada.
Depreciações que denigrem	A autocensura pela conduta cruel pode ser desengajada ou obtusa ao atribuir qualidades depreciativas às vítimas, aos cientistas que documentam efeitos nocivos e àqueles pedindo a regulamentação das indústrias, alvos que são desqualificados e investidos de razões sinistras por suas ações.
Atribuição de culpa	Aqueles que sofrem os efeitos prejudiciais das práticas e produtos são culpados por trazerem os danos para si mesmos, por seu comportamento, suas deficiências psicossociais e vulnerabilidades biológicas. Outros fatores como condições ambientais, fatores genéticos e outras doenças são as culpadas pelos efeitos prejudiciais.

Fonte: White, Bandura e Bero (2009).

Muitas bobagens pretensiosas foram escritas nas ciências sociais sobre construção teórica, mas poucos cientistas sociais de fato construíram teorias válidas. Considero a Teoria Social Cognitiva de Albert Bandura uma das maiores conquistas na história da psicologia. O presente livro representa o desenvolvimento mais aprofundado de um conceito central nesta teoria: Autoeficácia. Este conceito foi explorado em detalhes pela primeira vez no livro de Bandura de 1986 (p. 801).

Pelas contribuições para diversas áreas das ciências comportamentais, Bandura tem sido regularmente reconhecido como um dos principais psicólogos da era moderna. Em uma avaliação dos psicólogos mais populares do século XX, Bandura foi classificado na quarta posição, apenas atrás de B.F. Skinner, Jean Piaget e Sigmund Freud (DITTMANN, 2002, p. 28). Considerando apenas psicólogos com carreiras de destaque após 1956 (ano do primeiro prêmio de distinção da *American Psychological Association* – APA) e se utilizando de três critérios: reconhecimento (inclusão das ideias do autor em livros-texto – *textbooks*), impacto (citações do autor) e respeito (número de premiações), Diener, Oishi e Park (2014) classificaram Bandura como o psicólogo mais eminente da era moderna. Também nas análises de ranking de psicólogos feita por Haggbloom et al. (2002), Bandura esteve entre o terceiro e o quinto lugar, a depender do levantamento feito.

Para além da psicologia, a TSC vem agregando aporte teórico para inúmeros estudos sobre comportamento em diversas áreas do conhecimento. Pesquisas têm despontado, por exemplo, na Educação com os diversos trabalhos de Dale Schunk (e. g., SCHUNK, 1995) e Barry Zimmerman (e. g., ZIMMERMAN, 1989, 1998)[4]. Da mesma forma, Robert Lent é importante referência nas discussões de carreira, desde seu trabalho pioneiro em colaboração com Steven Brown e Gail Hackett (LENT; BROWN; HACKETT, 1994). Já no estudo da autorregulação e/ou autoeficácia no campo da Música, entre investigações reconhecidas na literatura estão McPherson e McCormick, (2006), Nielsen (2001) e Richie (2011).

No campo da Saúde, James Maddux fez diversas contribuições a partir de estudos de autoeficácia no início da década de 1990 (MADDUX, 1991, 1995). Já na Ciência Política, Douglas Madsen (MADSEN, 1987) levou o entendimento de *locus* de controle e as crenças de autoeficácia para a Ciência Política em um artigo intitulado "Political Self-Efficacy Tested" na *American Political Science Review*, principal revista americana da área.

A TSC também tem servido, junto com outras teorias, como fundamento para narrativas midiáticas que buscam mudanças de comportamento pessoal e social. Azzi (2010a e b) apresenta algumas das iniciativas iniciais descritas em livros de entretenimento-educação em que assuntos importantes como direitos da mulher, planejamento familiar, alfabetização, uso de contraceptivos e outros foram abordados em dramas sociais exibidos em televisão, rádio e meios impressos.

Estudos que abordam aspectos da TSC no Brasil

Não há dúvida que a TSC também tem ganhado cada vez maior reconhecimento no Brasil. Entretanto, há diferenças importantes no conhecimento e uso de seus principais conceitos. Por exemplo, o conceito de autoeficácia tem sido o mais usado em trabalhos acadêmicos. Usando a ferramenta Google Scholar, fizemos uma busca de trabalhos que se utilizam de sete termos relacionados a TSC juntamente com a palavra Bandura (para evitar a captura de outros trabalhos que usassem o termo com

---

4. Interessante notar que esses autores também têm textos em parceria como Schunk e Zimmermann (1994; 1998).

Figura 4 Número de resultados no Google Scholar, aliado ao nome "Bandura"

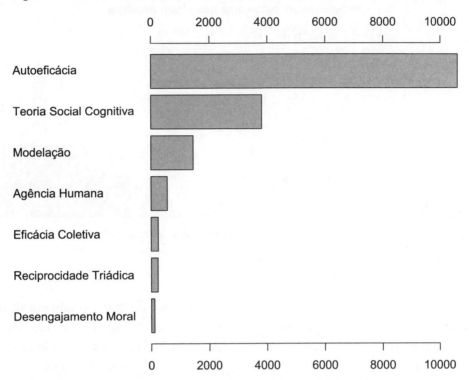

Fonte: Elaborado pelos autores.

outro significado) em outubro de 2018[5]. A busca com o termo "autoeficácia" produziu um número muito superior de resultados do que os outros termos. Este resultado não surpreende dado que o conceito de autoeficácia é mais antigo e bastante usado em diversas áreas de estudo como a Educação e a Saúde[6]. O número de resultados por termo é apresentado acima na Figura 4.

Depois de "Autoeficácia", o termo "Teoria Social Cognitiva" foi o mais encontrado[7]. O conceito de modelação, chave na compreensão da teoria de aprendizagem social, é o terceiro com mais resultados, chegando a quase 2 mil trabalhos. Outros conceitos "Agência Humana" e "Reciprocidade Triádica", também fundamentais na construção da explicação social cognitiva do comportamento, produz um número menor de resultados, mas ficam à frente de desengajamento moral, o construto mais novo e recentemente enfocado nas obras de Bandura.

Já em uma análise mais específica nos utilizamos de um banco de dados coletados por Azzi

---

5. Para esclarecer o procedimento: colocamos na busca do Google Scholar um dos termos dentro de aspas, a letra "e" e a palavra "Bandura", por exemplo, "Modelação" e "Bandura". É importante notar que existem trabalhos que se utilizam da construção teórica social cognitiva, e não necessariamente teriam de citar Bandura, como estudos na educação que focam nos trabalhos de Barry Zimmerman, Dale Schunk e Frank Pajares. No entanto, preferimos fazer a busca com Bandura para termos estimativas mais conservadoras. Além disso, os resultados estão capturando trabalhos produzidos em Portugal, Moçambique, Angola e outras nações lusófonas.

6. Importante notar que colocamos o acento na segunda letra A para especificar resultados na língua portuguesa, já que em espanhol a palavra não leva acento. A busca sem o acento resulta em mais de 25 mil trabalhos.

7. É importante notar que os resultados aqui não são independentes ou classificados de forma mutuamente exclusiva. Portanto, trabalhos que citam "Autoeficácia" e "Teoria Social Cognitiva" podem ser repetidos.

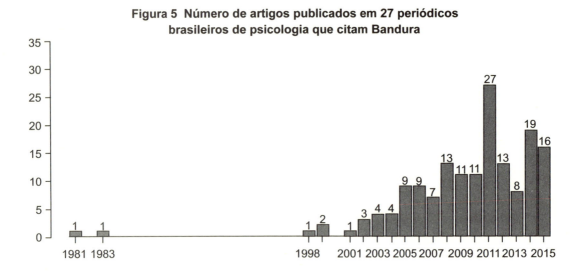

Figura 5 Número de artigos publicados em 27 periódicos brasileiros de psicologia que citam Bandura

(2016) com todos os artigos que tem obras de Bandura mencionadas entre suas referências publicados em 27 periódicos brasileiros de Psicologia desde suas origens até o ano de 2015[8]. No total, foram publicados 160 artigos que citam algum trabalho de Bandura[9]. O primeiro artigo data de 1981, mas é a partir da década de 2000 que se observa um aumento no número com citação a obras de Bandura. A Figura 5 apresenta o número de artigos publicados que citam o autor por ano.

---

8. Para cada revista disponível para consulta foram realizadas buscas por assunto utilizando-se palavras-chave da TSC que representam processos ou construtos da teoria: autorregulação, desengajamento moral, autoeficácia, eficácia coletiva, modelação, agência humana, e reciprocidade triádica.

9. O número de artigos por periódico são: *Avaliação Psicológica*, 24; *Revista Brasileira de Orientação Profissional*, 21; *Psico USF*, 18; *Temas em Psicologia*, 15; *Psicologia Escolar e Educacional*, 11; *Psicologia Ciência e Profissão*, 10; *Psicologia Teoria e Prática*, 9; *Revista Brasileira de Terapias Cognitivas*, 8; *Revista Psicologia Orientações e Trabalho*, 7; *Estudos e Pesquisas em Psicologia*, 6; *Revista Brasileira de Terapia Comportamental e Cognitiva*, 6; *Psicologia em Pesquisa*, 4; *Psicologia da Educação*, 3; *Psicologia USP*, 3; *Arquivos Brasileiros de Psicologia*, 2; *Boletim da Psicologia*, 2; *Ciências e Cognição*, 2; *Revista Psicologia Política*, 2; *Revista Psicopedagogia*, 2; *Estudos Interdisciplinares em Psicologia*, 1; *Psicologia em Revista*, 1; *Revista da SBPH*, 1; *Revista Interinstitucional de Psicologia*, 1; *SMAD Revista Eletrônica Saúde Mental Álcool e Drogas*, 1.

A partir de 2005, o número de artigos que citam Bandura cresce ainda mais, chegando ao seu pico em 2011, e continuando com números elevados nos últimos anos. Esse aumento se dá em grande parte por conta do aumento no número de trabalhos que estudam o construto da autoeficácia. De fato, 89 dos 160 artigos (54%) publicados nestas revistas acadêmicas tratam do conceito de autoeficácia. Se eliminarmos artigos dos quais não tratam especificamente de nenhum conceito chave da TSC (e. g., modelação, agência humana, autoeficácia, desengajamento moral), este percentual sobe para 59%.

Além do aumento no número de artigos e uso dos conceitos, a produção de livros sobre a TSC também cresceu nos últimos anos. Dentre eles, gostaríamos de destacar volumes e coletâneas recentes que oferecem aos eleitores textos a respeito de aspectos teóricos da TSC. Dois livros publicados pela editora Mercado de Letras trazem artigos de Bandura traduzidos, bem como contribuição de autores brasileiros. No livro *Desengajamento moral* (BANDURA; AZZI & TOGNETTA, 2015), o leitor pode conhecer a teoria e pesquisa sobre o construto que tem ganhado mais atenção por Bandura nos últimos anos. No livro *Teoria social cognitiva* (BANDURA & AZZI, 2017) o leitor encontra artigos de Bandura discorrendo sobre a TSC em diferentes enfoques. Além destes, o Centro de Estudos e Pesquisas TSC, em parceria com o grupo de pesquisa TSCPE da Unesp-Rio Claro e a Editora Letra1, têm publicado a coleção TSC em Debate, atualmente com quatro títulos já disponíveis: Autoeficácia em Contextos de Saúde, Educação e Política (IAOCHITE & AZZI, 2017 (orgs.)); Agência Moral na visão da Teoria Social Cognitiva (AZZI; LIMA JR. & CORRÊA, 2017), Promoção da Autorregulação da Aprendizagem: contribuições da Teoria Social Cognitiva (POLYDORO, 2017 (org.)) e Crenças de Eficácia e Gestão Escolar (CASANOVA; RUSSO & AZZI, 2019).

Já tratando especificamente de diferentes áreas do conhecimento, os conceitos da TSC também têm ganhado espaço na área da Administração. Por exemplo, em artigo recente sobre as atitudes de empreendedorismo de alunos universitários da Unicamp, Moraes, Izuka e Pedro (2018) se utilizam de uma bateria de perguntas sobre autoeficácia como um dos indicadores para potencial comportamento empreendedor. Também na área da Administração, mas se utilizando do conceito de desengajamento moral, Medeiros, Silveira e Oliveira (2018) discutem as estratégias de diminuição de culpabilidade na retórica da empresa de minério Samarco depois do desastre ambiental da quebra de uma barragem de rejeitos de minérios de ferro sob sua administração.

O comportamento de motoristas é outro tema do dia a dia que tem sido estudado pelas lentes do desengajamento moral por Luiza Neto, Iglesias e Günther (2012). Já Sérgio Vezneyan (2009) utiliza os mecanismos de desengajamento moral para analisar sete casos de genocídio.

Na Ciência Política, estudos da área de comportamento político têm começado a se utilizar de conceitos da TSC como modelação para explicar a formação de atitudes políticas (RUSSO; AZZI & FAVERI, 2018), e autoeficácia política para explicar níveis de participação política (RUSSO, 2017). Além disso, o conceito de desengajamento moral tem grande potencial para contribuir na compreensão de práticas políticas ilegais como compra de votos e corrupção, ou até de comportamentos legais mas controversos como o apoio a discursos de violência e corrupção (RUSSO; AZZI; LIMA & CORRÊA (em análise)).

Finalmente, vale também destacar a criação dos Seminários Internacionais Teoria Social Cognitiva em Debate que ocorrem bianualmente. Os primeiros dois eventos ocorreram em 2015 e 2017 nos *campi* da Universidade Estadual de Campinas – Unicamp e da Universidade Estadual Paulista – UNESP, em Rio Claro, respectivamente. Os anais das duas primeiras edições podem ser vistos no site do grupo de pesquisa de um dos organizadores do evento desde sua primeira edição: http://tscpe.com.br/anais-seminario-internacional-tsc-em-debate/[10]. Estes eventos têm sido importantes, pois além de reunir pesquisadores que se utilizam da teoria, também têm trazido nomes internacionalmente reconhecidos da área como Gian Vittorio Caprara, da *Sapienza Università di Roma*, cuja passagem pelo Brasil motivou estudos interinstitucionais[11] sobre a autoeficácia para a regulação emocional. A terceira edição do estudo ocorreu em agosto de 2019, na Universidade São Francisco – USF, em Campinas

---

10. Acesso em 02/01/2019.

11. Autoeficácia da regulação das emoções: estudos de tradução, retrotradução, adaptação e psicométricos com o *Multidimensional Negative Emotions Self-Regulatory Efficacy Scale and Regulatory Emotional Self-efficacy Beliefs*. Projeto financiado pela Fundação de Amparo à Pesquisa do Estado de São Paulo, processo 17/26050-5, coordenado pela Profa.-Dra. Ana Paula Noronha.

e contou com a presença de vários pesquisadores internacionais, entre eles Daniel Cervone da University of Illinois (Chicago, EUA) e Steven Brown da Loyola University (Chicago, EUA).

Novos desafios e oportunidades

Àqueles que estão conhecendo a TSC, esperamos que tenha ficado claro que a teoria foi formulada durante décadas e tem sido aplicada nas diferentes áreas das Ciências Sociais. Àqueles que já conhecem a TSC, esperamos que o conteúdo aqui debatido possa fomentar novos questionamentos e aplicações. Utilizamos esta última seção para discorrer sobre as nossas visões sobre os caminhos e desafios para estudos que se utilizam, ou pretendem se utilizar, da perspectiva social cognitiva desenvolvida por Bandura.

Primeiro, existe uma necessidade de aprofundamento teórico nos trabalhos brasileiros. É preciso adentrar os aspectos que envolvem os construtos e processos teóricos. Isto é, definir bem os conceitos e explorar suas relações teóricas e implicações, para assim utilizá-los de forma precisa. Portanto, acreditamos que sempre vale a pena ler os textos originais de Bandura que fundamentam os diferentes conceitos e os relacionam de uma maneira sistemática.

Um segundo ponto que merece expansão na literatura são os relatos de intervenção. Para sabermos mais sobre os sucessos e limitações dos conceitos e suas aplicações, há de se focar e discutir não só nos testes de mensuração, mas também nas implicações de intervenções para mudança do comportamento em diferentes contextos. Isto é, além de testes estatísticos sobre a aplicabilidade de instrumentos, estudos devem oferecer contribuições de impacto não só para o mundo acadêmico, mas também para o "mundo real".

Terceiro, e de forma inter-relacionada, há muito a se fazer em termos de métodos. Muito das primeiras ideias de Bandura ganharam força na psicologia americana porque dispuseram de evidências fortes, principalmente por meio de experimentos. A literatura brasileira ainda caminha alguns passos atrás dos trabalhos internacionais neste aspecto. Por isso, discussões aprofundadas sobre como melhorar os desenhos de pesquisa tendem a contribuir bastante para o avanço de estudos na área do comportamento a partir da perspectiva da TSC.

Estes desafios, os quais devem ser enxergados como oportunidades de avanço, se aplicam mais ou menos a todas as áreas das Ciências Sociais. Na Psicologia, a TSC vem se tornando uma perspectiva cada vez mais estudada, mas ainda pouco contribuímos para a literatura internacional. Na Sociologia, estudos brasileiros sobre comportamentos violentos podem se beneficiar dos diversos estudos sobre aprendizagem social e desengajamento moral, e assim criar possibilidades para que jovens tenham menor chance de envolver-se em práticas violentas. No campo da Educação, o conceito de autoeficácia deve continuar ganhando cada vez mais espaço em estudos relacionados ao desempenho acadêmico de estudantes, e também no trabalho de professores e gestores. Da mesma forma, acreditamos que os estudos sobre autorregulação da aprendizagem merecem ocupar cada vez maior espaço na produção desta área.

De todo modo, pensando amplamente na teoria e em seu possível alcance e efetividade, e para que maior impacto de sua contribuição possa ser observado, reitera-se a necessidade de: 1) aprofundar o aporte teórico, 2) criar estudos em que se possa dizer que tipo de intervenção funciona e 3) desenvolver e utilizar métodos eficazes para iluminar práticas educacionais, de saúde, e mudanças comportamentais, de forma geral.

Referências

AZZI, R.G. *Recepção da teoria social cognitiva em cenário brasileiro*: um estudo a partir de periódicos, 2016 [Projeto apoiado pelo CNPq, processo 302668/2016-0].

_____. Mídias, transformações sociais e contribuições da teoria social cognitiva. In: *Revista Psico*, 41 (2), 2010a, p. 252-258.

_____. Contribuições da teoria social cognitiva para o enfrentamento de questões do cotidiano: o caso da mídia. In: *Psicologia para a América Latina*, n. 20, 2010b.

AZZI, R.G.; LIMA JUNIOR, E.J. & CORRÊA, W.G. (2017). *Agência moral na visão da teoria social cognitiva*. Porto Alegre: Letra1, 2017.

BANDURA, A. Toward a Psychology of Human Agency: Pathways and Reflections. In: *Perspectives on Psychological Science*, 13 (2), 2018, p. 130-136 [Disponível em https://doi.org/10.1177/1745691617699280].

_____. *Moral disengagement:* How people do harm and live with themselves. Nova York: Worth, 2016.

_____. O sistema do *self* no determinismo recíproco. In: BANDURA, A.; AZZI, R.G. & POLYDORO, S. *Teoria social cognitiva* – Conceitos básicos. Porto Alegre: Artmed, 2008.

_____. Autobiography. In: LINDZEY, M.G. & RUNYAN, W.M. (ed.). *A history of psychology in autobiography*. Vol. IX. Washington, D.C.: American Psychological Association, 2006, p. 42-75.

_____. Mechanisms of moral disengagement in terrorism. In: REICH, W. (ed.). *Origins of terrorism:* Psychologies, ideologies, theologies, states of mind. Cambridge: Cambridge University Press, 1999, p. 161-191.

_____. *Self-efficacy*: The exercise of control. Nova York: Freeman, 1997.

_____. Moral disengagement in the perpetration of inhumanities. In: *International Journal of Psychology*, 31 (3-4), 1996, p. 3.881ss.

_____. Social cognitive theory of moral thought and action. In: KURTINES, W.M. & GEWIRTZ, J.L. (eds.). *Handbook of moral behavior and development*. Vol. 1. Hillsdale, NJ: Erlbaum, 1991, p. 45-103.

_____. *Social foundations of thought and action:* A social cognitive theory. Nova York: W.H. Freeman, 1986.

_____. *Modificação do comportamento*. Rio de Janeiro: Interamericana, 1979.

_____. *Social learning theory*. Englewood Cliffs, NJ: Prentice-Hall, 1977a.

_____. Self-efficacy: Toward a unifying theory of behavioral change. In: *Psychological Review*, 84, 1977b, p. 191-215.

_____. *Aggression*: A social learning analysis. Englewood Cliffs, NJ: Prentice-Hall, 1973.

_____. *Social learning theory*. Nova York: General Learning Press, 1971a.

_____. Psychotherapy based upon modeling principles. In: BERGIN, A. & GARFIELD, S. (eds.). *Handbook of psychotherapy and behavior change*. Nova York: Wiley, 1971b, p. 653-708.

_____. *Principles of behavior modification*. Nova York: Holt, Rinehart & Winston, 1969.

BANDURA, A. & AZZI, R.G. (org.) (2017). *Teoria social cognitiva* – Diversos enfoques. Vol. 1. Campinas: Mercado de Letras, 2017.

BANDURA, A. & AZZI, R.G. & TOGNETTA, L.P. (orgs.). *Desengajamento Moral* – Teoria e pesquisa a partir da teoria social cognitiva. Campinas: Mercado de Letras, 2015.

BANDURA, A.; ROSS, D. & ROSS, S.A. Vicarious reinforcement and imitative learning. In: *Journal of Abnormal and Social Psychology*, 67, 1963a, p. 601-607.

_____. Imitation of film-mediated aggressive models. In: *Journal of Abnormal and Social Psychology*, 66, 1963b, p. 3-11.

_____. A comparative test of the status envy, social power, and secondary reinforcement theories of identificatory learning. In: *Journal of Abnormal and Social Psychology*, 67, 1963c, p. 527-534.

_____. Transmission of aggression through imitation of aggressive models. In: *Journal of Abnormal and Social Psychology*, 63, 1961a, p. 575-582.

_____. Psychotherapy as a learning process. In: *Psychological Bulletin*, 58, 1961b, p. 143-159.

BANDURA, A. & WALTERS, R.H. *Social learning and personality development*. Nova York: Holt, Rinehart & Winston, 1963.

_____. *Adolescent aggression*. Nova York: Ronald Press, 1959.

CASANOVA, D.C.G.; RUSSO, M.H. & AZZI, R.G. *Crenças de eficácia e gestão escolar*. Porto Alegre: Letra1, 2019.

DIENER, E.; OISHI, S. & PARK, J.Y. An incomplete list of eminent psychologists of the modern era. In: *Archives of Scientific Psychology*, 2 (1), 2014, p. 20-31.

DITTIMANN, M. Study ranks the top 20th century psychologists. In: *Monitor on Psychology*, jul.-ago./2002, p. 28-29.

GREEN, E. *What are the most-cited publications in the social Science*, 2016 [Disponível em http://blogs.lse.ac.uk/impactofsocialsciences/2016/05/12/what-are-the-most-cited-publications-in-the-social-sciences-according-to-google-scholar/ – Acesso em 12/6/2016].

HAGGBLOOM, S.J.; WARNICK, R.; WARNICK, J.E.; JONES, V.K.; YARBROUGH, G.L.; RUSSELL, T.M.; BORECKY, C.M.; MCGAHHEY, R.; POWEL, J.L.; BEAVERS, J. & MONTE, E. (2002). The 100 Most eminent Psychologists of The 20th Century. In: *Review of General Psychology*, 6, p. 139-152.

IAOCHITE, R.T. & AZZI, R.G. (orgs.). *Autoeficácia em contextos de saúde, educação e política*. Porto Alegre: Letra1, 2017.

IGLESIAS, F. Desengajamento moral. In: BANDURA, A.; AZZI, R.G. & POLYDORO, S. (orgs.). *Teoria social cognitiva*: conceitos básicos. Porto Alegre: Artes Médicas, 2008, p. 165-176.

LENT, R.W.; BROWN, S.D. & HACKETT, G. Toward a unifying Social Cognitive Theory of career and academic interest, choice, andperformance. In: *Journal of Vocational Behaviors*, 45, 1994, p. 79-122 [Disponível em https://doi.org/10.1006/].

LOCKE, E.A. Albert Bandura – Self-Efficacy: The Exercise of Control. In: *Personnel Psychology*, out./1997, p. 801-803.

LUIZA NETO, I.; IGLESIAS, F. & GÜNTHER, H. Uma medida de justificativas de motoristas para infrações de trânsito. In: *Psico*, vol. 43, n. 1, jan.-mar./2012, p. 7-13.

MADDUX, J.E. Self-efficacy: An introduction. In: MADDUX, J.E. (ed.). *Self-efficacy, adaptation, and adjustment*: Theory, research and application. Nova York: Plenum, 1995.

_____. Self-efficacy. In: SNYDER, C.R. & FORSYTH, D.R. (eds.). *Handbook of social and clinical psychology*. Nova York: Pergamon, 1991.

MADSEN, D. Political Self-Efficacy Tested. *In: American Political Science Review*, 81 (2), 1987, p. 571-582.

McPHERSON, G. & McCORMICK, J. Self-efficacy and music performance. In: *Psychology of Music*, 34, 2006, p. 332-336.

MEDEIROS, C.R.O.; SILVEIRA, R.A. & OLIVEIRA, L.B. Mitos no desengajamento moral: retóricas da Samarco em um crime corporativo. In: *Revista de Administração Contemporânea*, 22 (1), 2018, p. 70-91 [Disponível em https://dx.doi.org/10.1590/1982-7849rac2018160310 –Acesso em 2018].

MORAES, G.H.S.M.; IIZUKA, E.S. & PEDRO, M. Effects of Entrepreneurial Characteristics and University Environment on Entrepreneurial Intention. In: *Revista de Administração Contemporânea*, 22 (2), p. 226-248 [Disponível em https://dx.doi.org/10.1590/1982-7849rac2018170133 – Acesso em 2018].

NIELSEN, S. Self-regulating learning strategies in instrumental music practice. In: *Music Education Research*, 3 (2), 2001, p. 155-167.

POLYDORO, S.A.J. (org.). *Promoção da autorregulação da aprendizagem*: contribuições da terapia social cognitiva. Porto Alegre: Letra1, 2017.

RITCHIE, L. *Musical self-efficacy for learning and performing*. Londres: Royal College of Music, 2011 [Tese de doutorado].

RUSSO, G.A. Autoeficácia e participação política. In: IAOCHITE, Roberto T. & AZZI, R.G. (orgs.). *Autoeficácia em contextos de saúde, educação e política*. Porto Alegre: Letra1, 2017.

RUSSO, G.A.; AZZI, R.G. & FAVERI, C. Confiança nas instituições políticas: diferenças e interdependência nas opiniões de jovens e população brasileira. In: *Opinião Pública*, vol. 24, 2018, p. 365-404. Unicamp.

RUSSO, G.A.; AZZI, R.G.; LIMA, E.J. & CORRÊA, W.G. *Agreeing with Moral Disengagement Statements*: An Experimental Study with Young Adults [Manuscrito em processo de análise].

SCHUNK, D.H. Self-efficacy and education and instruction. In: MADDUX, J.E. (ed.). *Self-efficacy, adaptation and adjustment* – Theory, research and application. Nova York: Plenum Press, 1995, p. 281-303.

SCHUNK, D.H. & ZIMMERMAN, B. Conclusions and future directions for academic interventions. In: SCHUNK, D.H. & ZIMMERMAN, B. (eds.). *Self-regulated learning:* From teaching to self-reflective practice. Nova York, NY: Guilford Press, 1998, p. 225-235.

_____. Self-regulation in education: Retrospect and prospect. In: SCHUNK, D.H. & ZIMMERMAN, B. (eds.). *Self-regulation of learning and performance:* Issues and educational applications. Hillsdale, NJ: Erlbaum, 1994, p. 305-314.

VEZNEYAN, S. (2009). *Genocídios no século XX:* uma leitura sistêmica de causas e consequências. 2 vol. São Paulo: USP [Tese de doutorado].

WHITE, J.; BANDURA, A. & BERO, L. Moral disengagement in the corporate world. In: *Accountability in Research*, 16, 2009, p. 41-74.

ZIMMERMAN, B.J. Academic Studying and the Development of Personal Skill: A Self-Regulatory Perspective. In: *Educational Psychologist*, 33 (2/3), 1998, p. 73-86.

_____ A Social Cognitive View of Self-Regulated Academic Learning. In: *Journal of Educational Psychology*, vol. 81, n. 3, 1989, p. 329-339.

9
Escrita acadêmica
"Letramento acadêmico: tensões no processo de escrita no ensino superior"

Maria Otilia Guimarães Ninin

Introdução

Pesquisas atuais têm revelado um interesse marcante sobre letramento acadêmico e modos como, no ensino superior, as diferentes formas de partilhar conhecimento são reveladas nas dissertações, teses e artigos produzidos por pesquisadores aprendizes e experientes. É crescente a exigência por uma produção escrita no ensino superior. Estudantes de todos os níveis desse segmento – graduandos, mestrandos, doutorandos –, e, mais ainda, pesquisadores já titulados, são pressionados a publicar artigos que apresentem discussões teóricas e teórico-práticas sobre as pesquisas que realizam, uma vez que tais publicações não somente revelam o conhecimento produzido no país, mas funcionam como instrumento avaliativo institucional. O profissional do ensino superior e, consequentemente, a instituição à qual pertence, são, de certa forma, "medidos" pelas publicações científicas que produzem a cada ano, o que faz com que a atividade de produzir textos/artigos/ensaios no ensino superior, torne-se, desse modo, uma atividade tensa.

Quando pensamos no que significa produzir textos/discursos no ensino superior, nos deparamos com um dilema: por um lado, o de muitos docentes, que esperam que o estudante, uma vez tendo vencido o desafio de ingressar no ensino superior, já tenha construído e internalizado conhecimentos sobre a escrita, independentemente do contexto; por outro, o dos próprios estudantes, que revelam insegurança e desconhecimento dos gêneros mais difundidos na esfera acadêmica.

Um estudante, no ensino médio, se debruça sobre gêneros como "redação dissertativo-argumentativa", como é chamada a produção textual solicitada no Enem, e nesse gênero permanece por longo tempo de sua escolaridade média, de modo a garantir sua nota no exame. Ao chegar ao ensino superior, no entanto, esse gênero já não é prioridade e o estudante é convocado a produzir artigos científicos, ensaios... É chamado a preparar uma comunicação para apresentar em congresso... É orientado a "fichar" os textos lidos para, então, produzir os próprios textos.

Há diferenças estruturais entre os gêneros produzidos no ensino básico e médio, e os produzidos na esfera acadêmica, e parece haver um conflito entre o que se espera de um e de outro estudante. Os aspectos linguísticos, discursivos e contextuais, quando utilizados criteriosamente pelos produtores de textos, possibilitam a produção de diferentes sentidos. Assim, não se pode esperar que um estudante, por ser capaz de produzir uma redação dissertativo-argumentativa para o Enem seja capaz de produzir um artigo científico em uma determinada área do conhecimento, ou que, se capaz de produzir o artigo científico, produza, eficazmente, uma apresentação oral relacionada ao tema do artigo desenvolvido. Gêneros diferentes exigem do estudante o domínio de diferentes recursos e habilidades, e esse domínio não é automaticamente transferido quando o estudante ascende do ensino médio ao superior, mas aprendido nessa comunidade discursiva específica. E, embora sejam considerados letrados, é fato que os alunos do ensino superior encontram dificuldades para produzir seus textos, justamente por não se sentirem inseridos no contexto acadêmico e por desconhecerem o funcionamento dos discursos que circulam nessa esfera.

O movimento que se dá na produção do discurso acadêmico caracteriza-se por um transitar entre o discurso já estável da ciência – o discurso de autoridade –, que conquistou um lugar na esfera acadêmica, em uma área específica do conhecimento, socioculturalmente situada, e o discurso instável da ciência, em desenvolvimento, construído a partir de práticas sociais das quais o autor estudante tenha participado em seu processo de aprendizagem, apoiado em distintas esferas discursivas mas não especificamente na acadêmica, em busca de seu lugar na ciência.

Como diz Da Rosa (2013, p. 89, apud DA ROSA, 2017, p. 123), "pensamos no discurso universitário-científico como um possível lugar de afirmação e de contestação do discurso da ciência". O estudante autor é, ao mesmo tempo, sujeito produtor da ciência e sujeito avaliado pela ciência por seu próprio produto, mas precisa ser, também, sujeito contestador da ciência, capaz de estabelecer confrontos entre o seu ponto de vista e outros a partir dos quais produz o saber. É o enunciador, que precisa dizer apoiado em outros dizeres. É o articulador que precisa conscientizar-se sobre o poder e a ideologia presentes nas situações diversas de uso da linguagem, em particular, no contexto acadêmico.

Discutindo o letramento acadêmico, Lea e Street (1998) enfatizam que o problema não está nas deficiências linguísticas dos alunos quando chegam ao ensino superior, mas sim na distância entre as expectativas que professores têm a respeito da escrita desses estudantes e as possibilidades reais de interpretação destes, que se encontram apoiadas em contextos cotidianos e de escola básica, menos criteriosos tanto em relação à complexidade linguística dos textos quanto às relações de poder e ideológicas que perpassam o uso da linguagem.

Neste artigo, organizado a partir de uma seção teórica e uma seção de discussão de dados, são ressaltadas as ideias de Lea e Street (2006) sobre modelos de produção textual, buscando-se apoio, ainda, em Hyland (2008; 2012; 2013), e outros pesquisadores que estudam a escrita acadêmica. A proposta é discutir depoimentos de estudantes de ensino superior em nível de graduação e de pós-graduação, além de excertos selecionados de dissertações e teses, em busca de perceber de que modo as dificuldades apontadas estão relacionadas aos estudos dos letramentos acadêmicos e como alguns problemas da ordem da escrita marcam os textos produzidos em contexto de pós-graduação.

Letramentos acadêmicos: abordagem teórica que sustenta as práticas de escrita na academia

Produzir ciência não é uma atividade neutra nem, tampouco, individual. Em uma dada comunidade discursiva acadêmico-científica, essa produção é uma atividade de empoderamento dos sujeitos, marcada por relações institucionais nas quais estes se reconhecem como autoridades que compartilham determinados saberes. Cada comunidade, por sua vez, dita as regras que orientam a produção de conhecimento e determina o que é passível de reprodução. Tais regras são responsáveis por delimitar e seccionar as produções, e, de certo modo, compartimentalizá-las, organizando-as de modo a formarem o que Kuhn ([1991] 1997, p. 13) denomina *paradigmas*: "realizações científicas universalmente reconhecidas que, durante algum tempo, fornecem problemas e soluções modelares para uma comunidade de praticantes de uma ciência".

Nesse sentido, um paradigma da ciência organiza-se em torno de uma rede de conceitos teóricos, de metodologias, de procedimentos e instrumentos de pesquisa, e os "nós" dessa rede nada mais são do que os dizeres de cientistas/pesquisadores, que compartilham conhecimentos e trabalham na direção de ocupar um espaço de poder na macrocomunidade científica. É nesse espaço que o estudante do ensino superior – graduando ou pós-graduando – precisa aprender a circular e, acima de tudo, compreender o funcionamento do discurso e apropriar-se das práticas discursivas específicas, caso queira ocupar um lugar de membro dessa comunidade discursiva acadêmico-científica.

É justamente nesse sentido que defendemos a ideia de que o estudante de ensino médio, embora letrado, ao ingressar na universidade, necessita aprender as práticas discursivas desse novo contexto. Para isso, a comunidade acadêmica precisa não somente aceitar o que o estudante traz consigo em termos de conhecimentos da escrita, mas, acima de tudo, proporcionar-lhe momentos/atividades que permitam desconstruir textos, observar os elementos que os compõem – em cada campo disciplinar – para, então, produzir novos textos, agora como um *insider* no campo específico.

Para Hyland (2013, p. 53), pesquisador da Universidade East Anglia na Inglaterra, conceituado na área da escrita acadêmica, essa escrita não é um fator periférico. Diz o autor: "nós somos o que escrevemos" e há modos distintos de se fa-

zer isso – dependentes das diferentes disciplinas e áreas do conhecimento –, que, por sua vez, requerem uma "alfabetização acadêmica", essencial para que os estudantes aprendam a "controlar as convenções de discursos disciplinares" e a "discutir suas reivindicações de forma persuasiva". Em estudo realizado em 2011, Hyland destaca:

> O interesse pelo discurso acadêmico emergiu, portanto, como parte das tentativas de revelar as práticas retóricas específicas da persuasão acadêmica. Os analistas procuram descobrir como as pessoas usam o discurso para obter suas ideias aceitas e, ao mesmo tempo, como isso funciona para construir conhecimento e sustentar e mudar comunidades disciplinares (HYLAND, 2011, p. 5 – tradução livre)[1].

A produção de conhecimentos na academia é apresentada nos textos produzidos por estudantes, assim como em comunicações em eventos científicos. Para isso, os estudantes recorrem aos conhecimentos já construídos, aos autores estudados, aos conceitos teóricos apresentados em artigos, e, como destacam Agustini e Bertoldo (2017, p. 8), esse movimento caracteriza-se, basicamente, por "afastar-se, radicalmente, daquele produzido no espaço do senso comum, mesmo quando dele o aluno universitário faz o seu ponto de partida". O poder do texto científico está, justamente, nesse afastamento do senso comum, no apoio que o estudante autor busca nos teóricos considerados no campo disciplinar específico e, além disso, no modo de dizer esse conhecimento, validado pela comunidade científica na qual se insere.

Produzir textos na academia é, assim, um evento discursivo a partir do qual o estudante é convocado a apresentar sua voz e relacioná-la a outras vozes,

---

1. Texto original: "Interest in academic discourse has therefore emerged as part of attempts to reveal the specific rhetorical practices of academic persuasion. Analysts seek to discover how people use discourse to get their ideas accepted and at the same time how this works to construct knowledge and sustain and change disciplinary communities".

para, de certo modo, materializar suas experiências de acordo com o contexto em que está inserido. Leitores, nesse contexto – professores, orientadores, avaliadores externos –, estão interessados, acima de tudo, em encontrar, na produção textual, elementos substanciais que evidenciem a consonância entre o que diz o autor e as discussões científicas que emanam da específica comunidade discursiva à qual pertence e deseja tornar-se membro respeitado.

O trabalho de produzir discursos na academia revela-se, por sua vez, assimétrico quanto às relações entre os sujeitos, funcionando como neutralizante da personalidade do aluno autor, tendo em vista os papéis de responsabilidade que marcam a presença destes, como alunos, e de seus professores/avaliadores como leitores (NININ, 2015, p. 597). A esse respeito, enfatiza Hyland (2008, p. 78):

> Escritores têm que exibir uma competência como *insiders* em uma determinada disciplina, para serem persuasivos e, pelo menos em parte, conseguirem, por meio de um diálogo autor-leitor, situarem suas pesquisas e a si próprios. Isso significa adotar uma voz disciplinar; usar uma linguagem que estabelece relações entre as pessoas e entre pessoas e ideias. Em outras palavras, a reivindicação da importância e da originalidade da investigação exige equilíbrio entre convicções e expectativas dos leitores; o autor precisa levar em conta suas prováveis objeções, conhecimento de fundo, expectativas retóricas e necessidades de processamento. Tudo isso é feito dentro das grandes limitações dos discursos disciplinares (tradução livre)[2].

___

2. Texto original: "Writers have to display a competence as disciplinary insiders to be persuasive and this is, at least in part, achieved through a writer-reader dialogue which situates both their research and themselves. This means adopting a disciplinary voice; using language which establishes relationships between people, and between people and ideas. In other words, claims for the significance and originality of research have to be balanced against the convictions and expectations of readers, taking into account their likely objections, background knowledge, rhetorical expectations and processing needs. All this is done within the broad constraints of disciplinary discourses".

Marca textual característica dessa dificuldade do estudante em assumir um lugar na academia, em fazer-se ouvir, romper, de certo modo, com as relações assimétricas presentes nesse contexto, é a presença do discurso impessoal em detrimento do uso de primeira pessoa, evidenciando a ideia de que não há lugar para posicionamentos pessoais ou, no mínimo, que estes causam desconforto aos autores, fazendo com que pareçam arrogantes perante aquela comunidade discursiva.

Especificamente na área da Linguística Aplicada, em pesquisa realizada com *corpus* composto de 40 teses e 40 dissertações (NININ, 2013), que objetivou mapear o engajamento do aluno autor e a presença de voz autoral e voz externa (citações, paráfrases) nos textos, as seguintes categorias foram encontradas:

• A voz autoral traz para o texto uma única voz externa, por meio de citação e/ou paráfrase, e só a apresenta, sem tecer considerações e articulações com o objetivo de pesquisa; ou a apresenta e concorda com essa voz; ou a apresenta, ressalta sua concordância e a justifica; ou a apresenta, concorda, justifica e acrescenta algum tipo de contribuição, ampliando a discussão.

• A voz autoral traz para o texto várias vozes externas que concordam entre si, ou que discordam entre si ou que são complementares, para: apenas apresentá-las; ou apresentá-las e concordar com elas; ou apresentá-las, expressar sua concordância e justificativa; ou apresentá-las, concordar com elas, justificar essa concordância e acrescentar algum tipo de contribuição.

A figura abaixo sintetiza essa discussão:

Figura 1 Categorias de engajamento do autor em textos da Linguística Aplicada

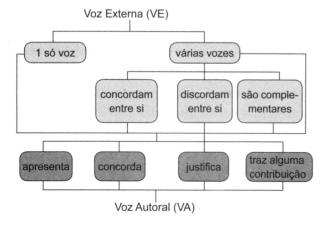

Fonte: elaborado pela autora.

A pesquisa mostrou também que o percentual de mestrandos e doutorandos que dialoga com diversas vozes em seu texto, concordando ou discordando delas, justificando pontos de vista e apresentando contribuições, tanto de ordem teórica quanto teórico-metodológica, é aproximadamente 16%. Justificam suas concordâncias ou discordâncias às diversas vozes aproximadamente 45% dos estudantes autores, mas ainda é grande o percentual daqueles que apenas apresentam vozes externas, sem dialogar com elas, principalmente em textos de mestrandos: 40%. Isso mostra, de certa forma, que o estudante autor reconhece a necessidade de validar sua voz a partir dos autores citados, mas nem sempre é capaz de dialogar com esses autores. Basta, assim, apresentá-los e seu texto já poderá ser validado na comunidade discursiva na qual busca inserir-se.

E mais: a presença de vozes externas sem que sejam articuladas, efetivamente, à voz autoral para produzir efeitos de sentido e sustentar as análises em pesquisas pode gerar uma falsa ideia de que a função daquela pesquisa é a de promover um dado conceito teórico ou até mesmo um dado autor (FABIANO-CAMPO & VIEIRA, 2017). Isso ocorre principalmente quando o aluno autor busca apoio em um único teórico e ignora outros que discutem as mesmas questões ou ignora pontos de vista controversos sobre o assunto.

A esse respeito, destacamos, ainda, o que dizem Agustini e Bertoldo (2017, p. 12):

> [...] uma escrita desenvolvida na repetição e reprodução do que já foi dito pode desenvolver a ideia de que o texto produzido possui a função de promover um autor ou um conceito teórico utilizado como fundamentação [...] indícios de que a promoção do outro pode garantir a inserção e aceitação do trabalho acadêmico em uma comunidade científica, independente do desenvolvimento de uma análise que mobilize uma teoria.

Produções textuais como as apontadas, com grande número de citações e pouca voz autoral dialogando com essas citações, constituem um mecanismo de apagamento do autor, que fica reduzido a um repetidor de outras vozes. O texto pode até indicar que o aluno autor, por ter realizado um trabalho exaustivo de revisão bibliográfica – por ter lido tantos autores! – passe a ser aceito na comunidade discursiva, mas, efetivamente, o trabalho traz pouca contribuição para a ciência. Vale destacar que a transitoriedade da ciência se dá justamente por meio de posicionamentos que enfatizam discordâncias e as discutem, que articulam diferentes pontos de vista.

Tais constatações ressaltam, ainda mais, a necessidade de se fortalecer o ensino de produção textual na universidade. Esse ensino passa pela presença forte dos professores, que precisam ajudar os alunos a tornarem-se mais conscientes sobre a linguagem e as práticas discursivas em cada campo específico. Isso significa que o professor está intimamente envolvido no estudo dos textos indicados aos alunos para leitura e precisa encontrar maneiras de destacar os recursos – linguísticos, discursivos, contextuais – utilizados nesses textos, de modo que os estudantes percebam, além dos conteúdos e de seus significados, o papel de tais recursos na produção de sentidos dentro do específico campo disciplinar. Em outras palavras: orientar os estudantes, encorajá-los a produzirem textos a partir da compreensão de que as escolhas lexicogramaticais constroem os significados do texto em um dado contexto.

Sobre o uso da língua e de seus recursos, Hyland (2013) ressalta um aspecto importante: a escrita acadêmica transforma nosso modo de expressar significados, fazendo uso de linguagem de modo incongruente – não congruente[3], nas palavras de Halliday (1994) –, ou seja, disfarça o sujeito agente nominalizando sua ação (ex.: *a interpretação do conceito* em lugar de *X interpretou o conceito*), dá maior ênfase aos eventos e não aos atores (ex.: *ocorreu uma discussão a respeito de* em lugar de *X, Y, Z discutiram a respeito de*), características discursivas não tão enfatizadas em níveis mais elementares de ensino, como o ensino básico e médio.

A linguagem, no contexto acadêmico, torna-se encapsulada, empacotada (HALLIDAY, 1994), com maior densidade lexical[4]. Tais práticas linguísticas muitas vezes confundem os recém-chegados ao ensino superior e os forçam a papéis, identidades e formas de escrita que vão contra suas experiências e intuições sobre como a linguagem funciona, forçando-os a se representarem de modo diferente do que estavam habituados. A academia parece exigir dos estudantes que mudem suas maneiras normais de falar/escrever, em busca de encaixar-se nesse novo meio.

Pesquisas sobre o texto acadêmico realizadas por Hyland (2011, p. 9), com *corpus* composto de textos produzidos em diferentes contextos de ensino superior, trazem algumas conclusões interessantes:

• Os gêneros discursivos trabalhados na academia são persuasivos e sistematicamente estruturados para garantir o consentimento dos leitores – como já dissemos, a prática de ler e escrever na universidade é uma prática baseada em expectativas, portanto é necessário que o autor conheça seu leitor e escreva buscando sua avaliação positiva e concordância.

• As formas de produzir concordância representam preferências retóricas disciplinares específicas – o que significa dizer que cada nicho acadêmico, cada área do conhecimento inserida em contextos específicos apresenta modos diferentes de dizer, epistemicamente convencionados, para buscar a persuasão dos leitores.

• Diferentes línguas utilizam diferentes maneiras de expressar ideias e estruturar argumentos.

• Persuasão acadêmica envolve tanto negociações interpessoais quanto ideias convincentes – em outras palavras, a aceitação de um texto acadêmico está ligada à linguagem que convida, que persuade o leitor, e também em nível de conhecimento específico que essa linguagem busca significar. O leitor precisa encontrar uma voz autoral no texto, para, então, sentir-se dialogando com o autor. A relação autor-texto-leitor-contexto contribui, e muito, para a negociação de sentidos na esfera acadêmica e essa relação é construída a partir do uso da linguagem e dos recursos que a língua oferece.

---

3. O modo não congruente destaca a tensão entre os elementos do texto, justamente por conta das mudanças em suas funções primárias (NININ et al., 2015a, p. 211).

4. O conceito de densidade lexical é discutido por Halliday (1994) e, *grosso modo*, indica um número maior de itens lexicais nas orações, diminuindo-se o número de verbos; em outras palavras, cresce o número de nominalizações e diminui o número de orações em um complexo oracional.

Estudantes, no ensino superior, sentem a necessidade de modificar seu estilo de escrita, tão logo iniciam as leituras teóricas apontadas nas diversas disciplinas do curso que realizam; no entanto, essa mudança só se realiza quando o estudante se apropria das características do ambiente novo e compreende o que esse ambiente significa e o que nele circula. Como dizem Lea e Street (2006, p. 227), o estudante precisa "implantar um repertório de práticas de alfabetização apropriadas a cada ambiente e [aprender a] lidar com os significados e identidades sociais que cada um evoca"[5].

Articulados a essa discussão estão também os estudos sobre letramentos acadêmicos, desenvolvidos por Street (1984; 1995; 2003), Gee (1996), Lea e Street (1998; 2006), Lillis e Scott (2003). A abordagem teórica com foco nos letramentos acadêmicos destaca as práticas de leitura e escrita em contextos de ensino superior, ressaltando as diferenças entre disciplinas, a variação dessas práticas de acordo com as diversas comunidades discursivas, as especificidades culturais e os gêneros discursivos que circulam em cada contexto.

Nessa direção, os autores propuseram três modelos relacionados à produção textual na academia:

• Escrita baseada em *habilidades de estudo* – esse modelo pressupõe que alunos, no contexto acadêmico, sejam capazes de transferir, do contexto de ensino básico para o universitário, o que aprenderam sobre processos de escrever, não apresentando problemas nessa atividade de transferência dos conhecimentos. Isso significa dizer que o estudante adquiriu, no ensino básico, um conjunto de habilidades autônomas quanto à escrita, aplicáveis em qualquer con-

texto, e se não for capaz disso é porque tem uma deficiência, um problema que precisa ser corrigido. Nesse modelo enquadram-se muitos dos comentários já apontados neste artigo, em que professores esperam, no ensino superior, um aluno "pronto" em termos de escrita, que já tenha o domínio da língua e de seus recursos, seja qual for o contexto. É possível pressupor, também, que nesse modelo o que vale é a escrita normativa, o domínio das estruturas gramaticais, frasais, ortográficas, o perfeito uso da coesão, entre outros recursos que a língua oferece.

• Escrita baseada na *socialização acadêmica* – esse modelo pressupõe que alunos, no contexto acadêmico, sejam capazes de observar modos distintos de dizer nas diversas disciplinas de um curso e produzam seus discursos considerando essa diversidade discursiva disciplinar. Importa nesse modelo a orientação dada pelo professor sobre características que distinguem um texto de outro, no entanto, a abordagem está circunscrita à disciplina, não dando atenção às questões institucionais. O texto produzido pelo aluno tende a homogeneizar a cultura institucional, preocupando-se pouco com as questões de poder que emanam de cada contexto específico.

• Escrita baseada nos *letramentos acadêmicos* – esse modelo pressupõe um movimento de inserção do estudante no contexto acadêmico em sentido amplo: o aluno precisa produzir discurso que "carregue" efetivamente seu posicionamento, precisa perceber que sua produção textual é instrumento de poder na comunidade em que está inserido, precisa perceber as diferenças entre os campos discipli-

---

5. Texto original: "to deploy a repertoire of literacy practices appropriate to each setting, and to handle the social meanings and identities that each evokes".

nares e produzir discursos coerentes em cada campo. Tais práticas pressupõem, portanto, o saber lidar com conflitos no âmbito pessoal e ideológico, pois o texto produzido pelo aluno é, ao mesmo tempo, produto de constatação e de contestação da ciência. A escrita acadêmica caracteriza-se como uma prática social e não apenas como um conjunto de habilidades dominadas pelo estudante.

A esse respeito, Lea e Street (2006, p. 227) destacam:

> Uma perspectiva de letramentos acadêmicos vê a escrita e a aprendizagem do aluno como questões de epistemologia e identidade, mais do que apenas aquisição de habilidades ou socialização acadêmica, embora as perspectivas não sejam mutuamente exclusivas e os indivíduos possam se mover entre elas de acordo com o contexto e a finalidade (tradução livre) [6].

O diagrama abaixo busca significar e sintetizar os três modelos apontados acima:

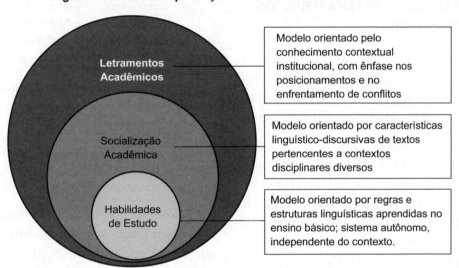

Figura 1 Modelos de produção textual no contexto acadêmico

Fonte: elaborada pela autora, baseado em Lea e Street (2006).

Como dissemos acima, e retomando Street (2010), os estudos realizados mostram que esses modelos de produção textual na universidade não são excludentes; ao contrário, são complementares, embora

> [...] o modelo dos letramentos acadêmicos [seja] o que melhor leva em conta a natureza da produção textual do aluno em relação às práticas institucionais, relações de poder e identidades; em resumo, consegue contemplar a complexidade da construção de sentidos, ao contrário dos outros dois modelos (STREET, 2010, p. 546).

O trabalho de ensino do letramento acadêmico se dá, portanto, no dia a dia de cada disciplina, porém, não desconectado do macrocontexto – ins-

---

6. Texto original: "An academic literacies perspective views student writing and learning as issues of epistemology and identities rather than of skill acquisition or academic socialisation alone, although the perspectives are not mutually exclusive and individuals may move between them according to context and pourpose".

titucional – do qual emergem as relações de poder, tanto capazes de reconhecer e validar um determinado texto quanto descartar outro. As perspectivas teóricas apontadas bem colocam essa necessidade de a academia dar maior atenção às atividades de aprendizagem da escrita acadêmica, de modo a tornar o processo de escrita dos estudantes menos tenso e mais autoral. Os dados apresentados e discutidos na seção seguinte revelam tanto as ansiedades de estudantes quanto os problemas que apresentam ao produzirem seus textos.

Falando em práticas de letramento no contexto acadêmico...

Nesta seção, depoimentos de graduandos e pós-graduandos serão discutidos, assim como excertos de produções textuais de pós-graduandos, que justificam as dificuldades encontradas pelos estudantes.

Os depoimentos foram coletados durante minicursos por mim ministrados em contextos de ensino superior, nos anos de 2013 a 2018. Os minicursos, oferecidos a estudantes de cursos diversos, objetivaram discutir escrita acadêmica e problemas encontrados em teses e dissertações, referentes à tessitura do discurso, às vozes presentes nos textos e à estrutura retórica dos textos. Para elaboração dos depoimentos, os estudantes foram convidados a expressar seus sentimentos quanto às tarefas de produzir artigos científicos como instrumento avaliativo em disciplinas cursadas na graduação e na pós-graduação, e quanto ao desenvolvimento de suas dissertações e teses. Os excertos selecionados para discussão constituem o *corpus* estudado por mim em pós-doutorado (NININ, 2013) e também foram selecionados de teses e dissertações acessadas em bancos virtuais de universidades brasileiras.

Os depoimentos

Como já destacado, todos os depoimentos foram obtidos em contextos de ensino da escrita acadêmica. Cada um deles revela aspectos marcantes discutidos na seção teórica quanto ao letramento acadêmico e ao papel da escrita no ensino superior.

> **Depoimento 1:** Quando preciso escrever, aqui na universidade, penso em tanta coisa: no professor que solicitou o meu texto – se ele vai ler para avaliar ou para compreender o que eu quero dizer e o que eu não consigo dizer; nos meus colegas – que certamente diriam o que eu digo de maneira diferente; nos autores que cito – que, embora não fisicamente presentes, precisariam da "garantia" de que o que eu digo não fere o que disseram, não deturpa o que disseram... Quanto a isso, a dor é imensa, porque quanto mais leio sobre algo que desejo citar, mais encontro citações que alteram o sentido do dizer... e não sei como lidar com isso, porque nunca há tempo, no curso ou nas rodas de discussão, para se discutir o que significam essas inúmeros citações e por que deturpam o dizer original (Graduando de Letras, cursando o 5º semestre).

A ideia de que o texto produzido no contexto acadêmico é mais um instrumento de avaliação do que de produção de conhecimento está presente nesse depoimento (*se ele vai ler para avaliar ou...*). Para o aluno, não há clareza de critérios sobre o porquê de escrever um texto.

Nesse depoimento, também fica clara a ideia do estudante de que diferentes autores, por terem-se constituído em diferentes contextos, utilizam a língua de modos diversos, embora desejando fazer emergir de seus textos um sentido comum (*diriam o que eu digo de maneira diferente*).

O que mais chama a atenção nesse depoimento, no entanto, é a consciência crítica do aluno ao referir-se à inserção de outras vozes em seu texto: parafrasear – citar, no dizer do aluno – seria um risco, uma vez que as paráfrases encontradas sobre determinados conceitos nem sempre são fiéis ao conceito/ao dizer do autor. E mais: há um sentimento explícito de que não há espaço, na academia, para discussões que priorizem os modos de parafrasear e discutam, especialmente, recursos linguísticos utilizados na elaboração das paráfrases. Esse aprendizado é considerado como algo que o estudante precisaria transferir do contexto de ensino médio, uma vez que lá é que houve espaço para aprender tal recurso. Essa perspectiva revela-se congruente à ideia discutida por Lea e Street sobre *escrita baseada em habilidades de estudo*: o estudante "carrega" de um contexto para outro os conhecimentos sobre produção textual e, de certo modo, "ele já deveria saber como produzir paráfrases".

> **Depoimento 2:** Quando iniciei a graduação, costumava fazer fichamento de todo texto que lia no curso, justamente para depois usar isso em meus textos. Dava certo, mas meus textos eram sempre criticados pelos professores: "você resume muito bem, mas não vejo o que você, efetivamente, pensa sobre o que leu". Agora, no Mestrado, tenho percebido que esses fichamentos que costumava fazer não ajudam muito, porque quando vou escrever, dependendo do objetivo que tenho para o artigo, o fichamento é muito pontual e seria preciso articulá-lo ao objetivo de meu artigo. Isso é que é difícil... Por exemplo: um determinado conceito que preciso discutir já foi discutido por muitos outros autores e eu precisaria me apropriar das vozes de muitos deles para, então, dizer algo. Aí, sim, o que eu penso estaria contemplado, mas isso é bem difícil. Nem sempre consigo. Noto que minha tendência, e a de muitos dos meus colegas, é permanecer no diálogo com um único autor e ancorar-me nele, para não correr o risco de trazer para meu texto enunciados que já deturparam o tal conceito e eu sequer fui capaz de perceber (Pós-graduando de Letras).

Escrever aponta para um processo que envolve o reconhecimento das vozes na ciência, a apropriação dessas vozes na articulação com o próprio saber do autor estudante, os recursos da língua portuguesa capazes de auxiliar na produção de um novo enunciado com marcas identitárias do sujeito autor, sempre inserido em um campo específico do saber. Nesse depoimento, o estudante revela a fragmentação da escrita (*Quando iniciei a graduação [...] agora, no mestrado*), como se escrever sofresse uma ruptura a partir do momento que o sujeito passa a transitar em novo contexto. Novamente, vemos o modelo de *habilidades de estudo* aí presente. Para o estudante, o gênero textual/discursivo *fichamento* confunde-se com o *resumo*, aprendido no ensino médio. De que modo elaborar um fichamento orientado ao objetivo de pesquisa?

Embora o aluno tenha consciência de que o texto a ser produzido precisa estabelecer diálogo com autores diversos, fica expressa a ideia de que o procedimento habitual é recorrer a uma voz com a qual o estudante concorde (NININ, 2013). Fica também expressa a consciência crítica do aluno de que ao ler paráfrases/discussões diversas sobre um determinado assunto/conceito, sua fragilidade teórica pode não permitir perceber até que ponto tal discussão foi desviada da original. Isso remete, também, à competência do aluno para reconhecer, em um dado campo disciplinar, os gêneros textuais/ discursivos, para apropriar-se dos modos de dizer nesse campo e dos recursos linguístico-discursivos utilizados. De certo modo, revela a dificuldade do aluno para compreender um texto não congruente (HALLIDAY, 1994).

O depoimento a seguir também revela a fragilidade do estudante ao lidar com os gêneros textuais/discursivos de maior frequência no contexto acadêmico. Ressalta os modelos *de habilidades de estudo* e *socialização acadêmica*.

> **Depoimento 3:** Quando preciso participar de um evento acadêmico, é um sofrimento. Começa pela produção do PowerPoint: o que

colocar, por que colocar de um modo e não de outro... O que um professor gosta muito, o outro não gosta... Ou então o orientador diz que naquele tal evento um dado item não é relevante... Não temos uma orientação precisa sobre como proceder nesses casos. Parece que já chegamos aqui na universidade e, principalmente, agora, aqui no Mestrado, como diplomados em "apresentações" e não há discussões sobre elas. Precisam ser boas e pronto! Me lembro que, quando estava no Ensino Médio ou mesmo na graduação, as apresentações em PowerPoint já eram complicadas porque nunca ninguém ensinava como fazer, mas todos queriam uma apresentação maravilhosa. O maravilhoso, muitas vezes, se resumia a "recursos pirotécnicos" que o PowerPoint oferecia, mas agora, nos eventos acadêmicos mais especializados, esses recursos não têm a menor importância. Naquela época, eu acreditava que o PowerPoint que produzia era muito bom, mas agora, faço e nunca acredito nele. E também a avaliação do que faço me dá poucas pistas sobre como fazer os próximos. Critérios para isso são pouco claros em nosso contexto de pós-graduação. É um saber completamente acabado para um mestrando: se não sabe, já deveria saber (Pós-graduando de Matemática).

Características textuais de uma *apresentação* em PowerPoint, gênero textual/discursivo utilizado desde o ensino fundamental, não são as mesmas nos diversos contextos. Enquanto no ensino fundamental e médio essas apresentações são elaboradas a partir de sínteses que os alunos produzem sobre um dado conteúdo, na academia priorizam-se recursos textuais que mostrem a articulação entre teoria e dados de pesquisa, em um texto com características metodológicas bem definidas.

O depoimento revela uma característica do modelo de *socialização acadêmica*: a importância de os alunos compreenderem que um dado gênero textual/discursivo se organiza diferentemente em cada contexto, de acordo com o campo disciplinar. Aprender o funcionamento da linguagem em cada

contexto favoreceria o desempenho dos alunos na produção de seus textos.

> **Depoimento 4:** Minha área de formação é a engenharia. Lá, era mais ou menos assim: "pão, pão; queijo, queijo". Tudo muito exato e escrita sem enrolação. Os professores queriam sempre que disséssemos, em poucas palavras, tudo. E os dados sempre comprovavam muito – ou quase tudo – do que precisávamos dizer. Agora, neste curso de pós, estou sofrendo porque é uma área mais social – a gestão de negócios – e preciso explicitar mais o que penso. Isso tem sido muito difícil porque nem tudo pode ser explicado por meio de demonstrações, de dados numéricos ou estatísticos. Sinto que não tenho argumentos suficientes ou, melhor, não sei escrever adequadamente um argumento – em palavras, claro! Tenho lido muitos artigos dessa área, mas como o foco é sempre compreender os conceitos teóricos que ali estão, percebi que me preocupo pouco com o modo de dizer usado pelos autores. Ou seja, fico focado nos conceitos e muito pouco na linguagem, nos recursos da língua portuguesa que os autores utilizam. Ainda não consigo fazer essa leitura e abstrair tudo isso, todos esses recursos que fazem do texto um texto mais adequado à área e ao meio acadêmico ao qual pertenço [Pós-graduando *lato sensu* de Engenharia].

Nesse depoimento, é possível perceber a pressuposição do próprio autor de que há, nele, uma falta, algo que não foi aprendido, mas que deveria ter sido, marcando, novamente, o modelo de *habilidades de estudo*. Percebe-se, também, a constatação de que áreas distintas exigem modos de dizer distintos, o que remete ao modelo de *socialização acadêmica*. Se em uma dada comunidade discursiva – a da engenharia – uma produção textual respaldada por demonstrações e dados matemáticos alcançava seu *status* de poder, agora, em outra comunidade discursiva, já não bastam os mesmos argumentos; é preciso que o estudante perceba a funcionalidade da linguagem e passe a utilizá-la de acordo com as exigências desse novo contexto.

Nesse sentido, a reflexão apresentada pode ser situada no modelo de *letramentos acadêmicos*, uma vez que o estudante se mostra consciente do papel que sua argumentação precisa assumir para que seu texto seja validado nessa comunidade discursiva.

> **Depoimento 5:** Quando iniciei o Mestrado, imaginava uma pesquisa com pessoas [...]. Muito afoito, iniciei logo minha coleta de dados [...] que ora ocorreu por meio de entrevista [...], ora por questionário, a pedido do participante [...]. Mas, problema maior enfrentei quando fui analisar as entrevistas. Embora já tivesse elaborado um denso capítulo teórico, com todos os conceitos que considerava relevantes para a pesquisa, não encontrava um modo de articulá-los aos dados. Me via dizendo sempre a mesma coisa, repetindo o que já dissera no capítulo teórico. Só então me dei conta de que precisava ler artigos com relatos de pesquisa para me apropriar do modo como os pesquisadores experientes teciam essa relação dado-teoria. E não qualquer relato de pesquisa! A orientação era que eu lesse aqueles autores pesquisadores mais consagrados, com produções bem avaliadas na área. Percebi um outro problema então: relatos de autores consagrados eram também escritos de modo mais complexo, e nem sempre eu conseguia entender suas conclusões. Parecia haver um salto entre um artigo de um pesquisador novato e o de um experiente e eu não conseguia perceber que salto era esse: se na linguagem apenas – mais rebuscada, com termos mais difíceis; se na consistência teórica – com diversos conceitos entrelaçados; se na qualidade dos dados que, para mim, naquele momento, eram muito bons porque "diziam tudo"... Muito depois é que fui perceber que a análise das entrevistas precisava de critérios: eu precisava mapear minhas descobertas e estabelecer critérios para, então, discutir os dados. E que os critérios, de algum modo, precisariam remeter aos conceitos estudados, ou, o que é mais importante, suscitar a inserção de outros conceitos em minha fundamentação teórica (Pós-graduando de Pedagogia).

Procedimentos metodológicos de pesquisa também constituem parte do letramento acadêmico.

Nesse depoimento, o estudante revela a instabilidade nas decisões sobre como dar andamento à pesquisa, justamente por desconhecer os gêneros textuais/discursivos entrevista e questionário. Além disso, destaca a dificuldade ao proceder à análise dos dados, aspecto ressaltado na seção teórica quando apontamos o uso de vozes externas sem que estas sejam articuladas à análise. O relato do aluno coloca em discussão aspectos como: (i) autores consagrados seriam lidos/citados para dar validade à pesquisa do aluno? (ii) seriam lidos para que o aluno se apropriasse dos modos de dizer teoria e prática?... Nesse sentido, um autor menos consagrado teria menos a contribuir com o aluno produtor de texto?

Todas essas perguntas têm suas respostas ancoradas na necessidade de atividades práticas de produção textual na universidade, capazes de ajudar o estudante a desconstruir os textos lidos para perceber como seus autores os construíram: como articularam teoria e prática, como construíram argumentos, como usaram a língua portuguesa para apresentar essa argumentação, como tornaram seus textos não congruentes.

> **Depoimento 6:** Agora, depois de ter cursado as disciplinas exigidas no doutorado (meu mestrado, com pesquisa bibliográfica, foi em outra área, a de Ciências Sociais Aplicadas, então as disciplinas do doutorado foram relativamente novas para mim), me vejo tentando escrever minha tese. Trabalho difícil e denso, porque gostaria de aproveitar tudo que aprendi nas disciplinas. Acho isso importante, porque assim consigo mostrar meus conhecimentos, consigo mostrar que estudei todas as teorias propostas no curso. Não pretendo usar nada do que fiz no mestrado. Aquelas teorias acho que não dialogariam com estas do doutorado, embora todas tratem de educação. Já me disseram que a parte mais difícil é a análise de dados e que eu não devo deixar pouco tempo para ela, mas me sinto mais segura escrevendo a teoria. Li muitos autores, escolhi os que apresentam propostas bem se-

melhantes, e isso vai me ajudar muito a construir meu texto [Pós-graduanda de Ciências Sociais Aplicadas].

A estudante revela, nesse depoimento, sua dificuldade para lidar com os conhecimentos produzidos em áreas distintas. Revela, ainda, o dilema enfrentado na escrita da tese: a segurança para escrever teoria é sustentada pela quantidade de leituras realizadas. Essa grande quantidade de leituras também parece garantir ao trabalho da aluna um lugar na comunidade discursiva específica (*consigo mostrar que estudei todas as teorias propostas no curso*). *Mostrar* a quem?, perguntaríamos.

Não aparece, nessa reflexão, a consciência do aluno a respeito do papel da análise dos dados e da contribuição de sua pesquisa nessa nova área de conhecimento. Parece haver uma desconexão entre o trabalho de mestrado e o de doutorado, embora ambos estejam inseridos em uma mesma área de conhecimento: a educação. O movimento de análise requer segurança teórica e articulação teoria-prática, e o aluno parece desconsiderar a importância de uma discussão pautada em pontos de vista controversos, que apresentem alguma divergência (*escolhi os que apresentam propostas bem semelhantes*), confirmando a categoria apontada em Ninin (2013): texto que apresenta vozes externas que concordam entre si, com alguma justificativa e possível contribuição. Há, portanto, uma não consciência da aluna a respeito de como a ciência se movimenta e avança: a partir de discussões prioritariamente pautadas em discordâncias, contradições socioculturalmente situadas.

Depoimento 7: Saí do Ensino Médio e entrei direto para a faculdade, para o curso de Direito. Influência de um tio advogado, meu ídolo na adolescência. Como conversava muito com ele, achava que entendia da área. Na primeira tarefa que tive de realizar em uma das disciplinas do curso, Direito Civil, me vi garimpando meus conhecimentos de Português, adquiridos ao longo do ensino básico (fui um bom aluno nesse material!), em busca de um modo de escrever o que o professor dizia ser necessário. Produzi um texto medíocre, segundo a avaliação do professor. Não consegui descobrir quais os parâmetros desejados por ele para o tal texto. Hoje, depois de ter cursado 6 semestres do curso, sou capaz de refletir sobre o que acontecia naquele momento: o professor esperava um aluno com algum conhecimento da área do Direito (e eu achava que tinha!), uma vez que essa tinha sido a escolha daquele menino – a carreira do Direito – mas o menino mal havia saído do Ensino Médio e lá nunca havia sequer lido um texto da área do Direito. Só conversado sobre... Como poderia saber o que era necessário dizer para que o texto fosse considerado bom? O que é um texto bom para um estudante de 1º semestre de um curso universitário qualquer? Quais parâmetros precisariam ser considerados? Ao longo do curso, aos trancos e barrancos, fui obrigado a descobrir... E isso me fez *expert* em "adivinhar" as características, o perfil, o nível de exigência de cada professor, em cada disciplina. Só então percebi que as conversas com meu tio me deram muitas pistas sobre o contexto do Direito, mas cada campo tinha especificidades que eu não conhecia e nem poderia ter apreendido nas conversas com ele (Graduando de Direito, cursando o 7º semestre).

Esse depoimento revela, claramente, de que modo um estudante percebe o significado de letramento acadêmico, ou melhor, revela como percebe a falta do letramento acadêmico! Conhecer um campo do conhecimento quando se está no ensino médio não é suficiente para que se use esse campo para produzir textos. E como diz Hyland (2008; 2011; 2012), os contextos acadêmicos disciplinares se organizam de modos distintos e é preciso que o estudante circule nesses espaços em busca de apropriar-se das características de comunicar-se e ter o que dizer.

O depoimento revela, ainda, um aspecto muito significativo para os estudantes e, mais ainda, para professores que se preocupam em orientar seus alunos a respeito da produção textual: de que modo se apropriar e compreender os parâmetros que regem a tarefa de escrever na universidade, para cada professor, em cada disciplina? É nesse sentido que os estudos de letramento têm enfatizado a elaboração de propostas de ensino da escrita no contexto acadêmico. Em Ninin (2015), discuti atividades específicas de desconstrução de textos científicos e análise de recursos linguístico-discursivos, visando ao aprimoramento do texto dos estudantes. Na proposta desenvolvida, tomei como orientação teórica a Linguística Sistêmico-Funcional (HALLIDAY, 1985; 1994; HALLIDAY & MATTHIESSEN, 2014), teoria que se preocupa com a descrição da língua em uso. Isso significa estudar textos a partir de sua desconstrução, analisando os elementos textuais e contextuais que os compõem. É nesse sentido que as atividades de ensino da escrita acadêmica precisariam ser pensadas e, como já vimos nas seções anteriores, cada comunidade acadêmica, cada campo disciplinar possui modos distintos de dizer, fator que indica a necessidade de atividades elaboradas especificamente para cada contexto.

> **Depoimento 8:** Quando escrevo um texto para uma das disciplinas, preparo um trabalho escrito ou escrevo um artigo para um de meus professores, tenho um sério problema: quero dizer as coisas de um jeito, mas preciso dizer de outro. Esse outro jeito não se parece comigo. Quando leio, me sinto uma estranha no texto. Não consigo me ver pensando no que escrevi... As ideias que estão lá até são as minhas, mas só o fato de ter de dizer "diferente" faz com que não se pareçam com as minhas. Escuto muito, de diversos professores, que a escrita acadêmica "precisa" ser mais complexa, mais científica, mais... mais... mais... Mas o que significa "ser mais complexa"? Por que o "mais científica" precisa ser mais difícil? Não posso fazer ciência de modo simples?... Estou ainda na graduação. Quero prosseguir, mas já sei que vou enfrentar um problema com a minha escrita caso decida ingressar em um Mestrado e, depois, em um Doutorado... Ou então, até lá, aprendo esse modo "complexo" de "dizer a ciência" (Graduanda de Letras, cursando o 3º semestre).

Para a aluna, o texto científico, denominado por ela de texto complexo, nada mais é do que um texto elaborado a partir de recursos não congruentes da linguagem, ou seja, textos de maior densidade lexical. Esses recursos, por sua vez, precisariam ser aprendidos na academia. Se o propósito é que o estudante leia, compreenda e construa textos não congruentes, então atividades nesse sentido precisariam ser propostas. E como seriam essas atividades? Um exemplo é a reelaboração de períodos, de modo a torná-los mais densos lexicalmente, como mostram as atividades abaixo:

Atividade de retextualização

a) Observe o trecho original, a seguir, selecionado de Ramos e Robsin (2018, p. 40)[7]:

Texto original: No caso desta pesquisa, os conceitos de Giddens (2009) são convergidos (1) com a práxis organizacional, auxiliando (2) na compreensão empírica, de como as estruturas sociais, em contextos específicos, se constituem e se legitimam (3) por meio de "ação e estrutura".

---

7. RAMOS, S.S. & ROBSIN, D. Organizações em rede e teoria da estruturação: o caso de uma rede colaborativa em formação. In: *Revista Sociais & Humanas*, vol. 31, n. 2, 2018 [Disponível em https://periodicos.ufsm.br/sociaisehumanas/article/view/32678/pdf– Acesso em 12/01/2019].

> • Destaque os verbos que constituem ações nesse texto. Agora, experimente transformá-los em nomes (nominalize esses verbos: ex.: legitimam => legitimação).
>
> • Experimente recriar o período, mantendo o sentido do texto original, utilizando as nominalizações.
>
> **Texto não congruente** (elaborado por aluno, em atividade de produção textual proposta em minicurso ministrado a estudantes de pós-graduação das áreas de Pedagogia e Estudos Sociais): No caso desta pesquisa, os conceitos de Giddens (2009), *convergentes* (1) com a práxis organizacional, *auxiliam* (2) na compreensão empírica da *constituição* e *legitimação* (3), por meio de "ação e estrutura", das estruturas sociais em contextos específicos.
>
> b) Proceda da mesma forma que no exercício anterior e retextualize o trecho seguinte:
>
> **Texto original:** Chomsky (1971) *critica* (1) o estruturalismo e *desenvolve* (2) a linha gerativo-transformacional, que, segundo o linguista, *é* (3) o nível autônomo e central que *explica* (4) a linguagem.
>
> **Texto não congruente** (elaborado por aluno, em atividade de produção textual proposta em minicurso ministrado a estudantes de pós-graduação da área de Letras): A *crítica* (1) de Chomsky (1971) ao estruturalismo o *conduz* ao *desenvolvimento* (2) da linha gerativo-transformacional, nível autônomo e central como *explicação* (4) para a linguagem, segundo o linguista.

Vale notar que o modo não congruente opta por nominalizações, modificando as funções gramaticais das palavras, a fim de tornar o texto mais denso lexicalmente: em (a) período com uma oração (verbo: *auxiliam*), retextualizado a partir de mudança na função dos verbos *são convergidos, auxiliando, constituem, legitimam*; em (b) período com uma oração (verbo: *conduz*) retextualizado a partir de mudança na função dos verbos *crítica, desenvolve, é, explica*.

> Depoimento 9: A professora de Literatura Brasileira sempre dizia que era importante que nós exprimíssemos nossos sentimentos, nossos pontos de vista, sem ficarmos presos ao que diziam os críticos literários, mas isso era e ainda é muito difícil. Embora ela dissesse isso, na hora das provas, todos nós recorríamos ao que diziam os críticos, por não confiarmos em nosso ponto de vista e, muito menos, confiarmos na avaliação da professora. Sempre achávamos que ela iria preferir nossa concordância com os críticos literários do que nossa voz se confrontando às deles. Em aula, até nos encorajávamos a dizer o que pensávamos, mas em avaliações, poucas vezes nos atrevíamos a isso (Graduando de Letras, cursando o 6º semestre).

Esse depoimento revela como o aluno entende o valor de verdade do texto científico: um texto que existe não para ser confrontado. Revela, ainda, de que modo o estudante, inconscientemente, concorda em apagar-se do texto que produz. E mais ainda, revela o papel da escrita como superior ao da fala (*em aula, até nos encorajávamos a dizer o que pensávamos...*). Seria ousadia de sua parte dialogar discordando de um teórico.

De modo geral, todos os depoimentos ressaltam os problemas apontados nos estudos dos letramentos acadêmicos e, além disso, enfatizam a falta de compreensão dos estudantes sobre o papel da ciência e os modos de produzi-la, parecendo haver um consenso sobre os usos mais estáveis do conhecimento em detrimento de uma produção textual provocativa, que desafie esses conhecimentos estáveis e os confronte.

As produções textuais

Nesta subseção, o destaque está em pequenos excertos selecionados de um *corpus* de teses e dissertações da área da Linguística Aplicada e de teses e dissertações coletadas em bancos virtuais de universidades brasileiras, em busca de evidenciar problemas que frequentemente ocorrem quando estudantes de mestrado e de doutorado constroem seus argumentos a partir de vozes externas.

> **Excerto 1:** A ampliação da política para além dos marcos institucionais atraiu boa parte da literatura política da época, e é através de sua análise que é possível captar a promessa de democratização social que brotava no Brasil no período. **Sader** (1988, p. 312) refere-se à "ampliação" da política a partir da criação de "uma nova concepção da política, constituída a partir das questões da vida cotidiana e da direta intervenção dos interessados". **Tilman Evers** (1984, p. 12-13) acrescenta que "os esforços das ditaduras militares para suprimir a participação política [...] tiveram o efeito exatamente oposto de politizar as primeiras manifestações sociais por moradia, consumo, cultura popular e religião". **Boaventura de Souza Santos** (1994, p. 225) argumenta que "a novidade dos novos movimentos sociais não reside na recusa da política, mas, pelo contrário, no alargamento da política para além do marco liberal da dicotomia entre Estado e sociedade civil" (Selecionado de dissertação da área de Ciências Sociais).

Há, nesse trecho, um apagamento do sujeito autor, por meio de expressão impessoal (*é possível captar...*). Na sequência, o autor traz para seu texto três distintas vozes externas: Sader, Tilman Evers e Boaventura Souza Santos, parecendo buscar complementaridade entre elas (*Sader refere-se a...; Tilman Evers acrescenta que... Boaventura Souza Santos argumenta que...*), sem, no entanto, apresentar qualquer contribuição autoral. Quando observamos as datas das citações, percebemos que há um equívoco do autor quanto ao uso do verbo *acrescenta*: Uma ideia elaborada em 1988 (Sader) não poderia ser acrescida de outra elaborada em 1984 (Tilman Evers).

As citações são textuais e não há, em parágrafos subsequentes, indícios de que o autor confronte essas vozes ou traga outras discordantes. Nesse trecho, há, portanto, teóricos que validam a discussão autoral.

> **Excerto 2:** **Arretche** (2012, p. 15) **alerta para** o risco de analisar o federalismo brasileiro [...]. **De acordo com a autora**, algumas pesquisas haviam carregado a tinta em relação à [...]. Dessa maneira, **a autora defende que** o manejo da categoria "federalismo" não é suficiente, pois [...]. **Vazquez** (2012), em seu livro sobre os impactos da LRF, do Fundef e do SUS nos municípios brasileiros, **critica** uma parte da literatura da área, sobretudo "as análises comparativas internacionais que insistem em classificar a federação brasileira como altamente descentralizada" (VAZQUEZ, 2012, p. 26). **Segundo o autor**, contrariando a ideia de que a década de 1990 trouxe consigo uma transformação do federalismo brasileiro, o desenho federativo observado na CF 88 demandava posterior regulamentação [...] (Selecionado de dissertação da área de Ciências Sociais).

Nesse excerto, é possível perceber o modo como o autor recorre às vozes externas: não somente traz contribuições de Arretche e de Vazquez, como também utiliza a própria voz desses autores para validar seus pontos de vista (Arretche **alerta para...**; **De acordo com a autora...**; **a autora defende que...**; Vazquez **critica...**; **Segundo o autor**, ...). Não é possível perceber, no entanto, de que modo a voz autoral dialoga com os autores citados; as vozes externas são as responsáveis pelos conceitos que circulam no texto.

> **Excerto 3:** A primeira propriedade apresentada por **Holland** é a da agregação. O **autor sugere** que existem duas formas [...]. O leitor ingênuo poderia argumentar que essa é uma postura reducionista [...]. **No entanto**, esta proposta de análise dos sistemas complexos, **embora** selecione alguns elementos para análise, **não** pode ser considerada de [...] (Selecionado de tese da área de Linguística Aplicada).

Nesse excerto, a voz autoral recorre a uma voz externa (Holland, **o autor sugere que**) para apresentar uma proposição. Traz uma contribuição quando, utilizando o modal *poder*, induz o leitor a concordar com sua discordância ou enfrentamento a respeito da postura reducionista de Holland, para, em seguida, apresentar seu ponto de vista (*No entanto... embora... não pode ser considerada...*).

> **Excerto 4:** A **figura mostra** que o hipertexto produzido [...], não chegando a lugar algum (MARCUSCHI, 2001, p. 87). **No entanto, não compartilhamos** desta última opinião de **Marcuschi, pois** o hiperleitor de qualquer forma obterá um resultado com a sua busca, seja construindo efetivamente um significado que é só seu seja emaranhando-se numa teia intricada de informações (Selecionado de dissertação da área de Linguística Aplicada).

O autor do texto busca apoio em vozes externas: pessoaliza o sujeito *figura*, dando maior ênfase ao evento do que ao autor (Em uma escala hierárquica, *a figura* assume papel mais relevante do que *Marcuschi* no texto. Nesse trecho, a voz autoral assume responsabilidade enunciativa, uma vez que apresenta discordância em relação à posição do teórico (*não compartilhamos...*), introduzida por expressão de contestação (*no entanto*) que, nesse caso, o que é apresentado em seguida funciona como uma compensação. O excerto apresenta, portanto, voz autoral, voz externa, justificativa para a discordância e contribuição à discussão proposta.

O último excerto escolhido traz à tona um problema recorrente na escrita acadêmica e comentado pelo estudante que produziu o depoimento 1: como ter a certeza de que uma citação parafraseada não deturpa o conceito original proposto por um autor?

> **Excerto 5:** Ainda para Bakhtin (apud FIORIN, 2006, p. 31), as relações determinam de que modo as vozes **circulam** na sociedade. Elas são orientadas por forças centrípetas. Não há neutralidade no jogo das vozes. É um jogo político e as vozes só existem quando inseridas

nesse jogo. Na discussão de dialogismo, fica claro que cada enunciado se constitui sempre a partir dos enunciados que o antecederam e dos enunciados que virão depois dele, na cadeia da fala (Selecionado de monografia de pós-graduação *lato sensu* da área de Letras).

Texto a partir do qual o aluno produziu o trecho acima: Com os conceitos de forças centrípetas e forças centrífugas, Bakhtin desvela o fato de que a circulação das vozes numa formação social está submetida ao poder. Não há neutralidade no jogo das vozes. Ao contrário, ele tem uma dimensão política, uma vez que as vozes não circulam fora do exercício do poder: não se diz o que se quer, quando se quer, como se quer. [...] Quando se fala em dialogismo constitutivo, pensa-se em relações com enunciados já constituídos e, portanto, anteriores e passados. No entanto, um enunciado se constitui em relação aos enunciados que o precedem e que o sucedem na cadeia de comunicação (FIORIN, 2006, p. 31-32).

O aluno elabora uma paráfrase do texto de Fiorin (2006), ao discutir conceitos bakhtinianos. Faz uma supressão de palavras, comprometendo o sentido do texto (*relações* em lugar de *relações de poder; forças centrípetas* em lugar de *forças centrípetas e forças centrífugas; é um jogo político* em lugar de *[o jogo] tem uma dimensão política*); elimina trecho explicativo (*uma vez que...*), comprometendo a compreensão da ideia apresentada por Fiorin; substitui palavra (*cadeia da fala* em lugar de *cadeia da comunicação*), eliminando a perspectiva mais dialógica, que emerge da *comunicação*.

A paráfrase é realizada sem que o autor revele sua real compreensão da ideia apresentada por Fiorin. O que torna esse procedimento preocupante é o fato de que paráfrases como essa, que modificam o sentido do texto original, podem circular livremente na internet e tornar-se fonte de estudo para outros estudantes. Na cadeia da comunicação, como bem diz Fiorin, tal texto torna-se uma voz a ser repetida, não neutra, mas distanciada da ideia original do autor.

Reafirmando as constatações apontadas após as discussões dos depoimentos, os excertos discutidos mostram a importância do ensino de produção textual na universidade: um ensino que desvele os problemas, desconstrua textos de modo que o aluno perceba os elementos que os compõem, discuta características dos gêneros textuais/discursivos presentes no contexto acadêmico.

À guisa de conclusão

O artigo objetivou discutir depoimentos de estudantes de ensino superior e excertos de produções textuais de universitários à luz de conceitos de letramentos acadêmicos, como propostos por Lea e Street (2006) e Hyland (2008; 2011; 2012; 2013). Apresentou, inicialmente, uma revisão bibliográfica com foco no papel da escrita acadêmica e nos significados de letramentos acadêmicos.

A discussão procurou mostrar os problemas pelos quais passam estudantes do ensino superior quando lhes é exigido que produzam artigos científicos ou que produzam suas dissertações e teses. Nesse sentido, constatou-se que os depoimentos corroboram a discussão de modelos de escrita baseada em *habilidades de estudo, socialização acadêmica* e *letramentos acadêmicos*. Destaca-se, na voz dos estudantes, o modelo de *habilidades de estudo*, fator que parece estar relacionado às contradições vigentes na área educacional, a uma cultura naturalizada de valorização dos conhecimentos estruturais, conteudistas, em detrimento dos produzidos em uma perspectiva crítica, capaz de mover os estudantes de situações de estabilidade para situações de busca por confrontos, movimento essencial para o desenvolvimento da ciência.

O artigo destacou, ainda, a importância de atividades de ensino do texto acadêmico, uma vez que esse conhecimento é específico e de cada contexto emanam regras claras a respeito de como um texto deve ser produzido. Ao longo das seções, e, especialmente, nos excertos apresentados, enfatizou-se a importância da organização das vozes no texto acadêmico, a presença da voz autoral e de vozes externas, num movimento capaz de garantir o lugar de autoria.

Espera-se, a partir das discussões apresentadas, mobilizar professores e despertá-los para a necessidade de propostas de ensino da produção textual nos contextos acadêmicos pautadas no modelo de *letramentos acadêmicos*, capazes de levar os estudantes à reflexão sobre a funcionalidade da linguagem nessa esfera, bem como suas especificidades nos diferentes campos disciplinares.

Referências

AGUSTINI, C. & BERTOLDO, E. (orgs.). *Incursões na escrita acadêmico-universitária*: letramento, discurso, enunciação. Uberlândia: Edufu, 2017 [Disponível em http://www.edufu.ufu.br/sites/edufu.ufu.br/files/e-book_incursoes_da_escrita_2017_0.pdf – Acesso em 10/11/2018].

DA ROSA, M. Escrit(ur)a acadêmica: inscrição de si no discurso universitário-científico. In: AGUSTINI, C. & BERTOLDO, E. (orgs.). *Incursões na escrita acadêmico-universitária*: letramento, discurso, enunciação. Uberlândia: Edufu, 2017, p. 121-140 [Disponível em http://www.edufu.ufu.br/sites/edufu.ufu.br/files/e-book_incursoes_da_escrita_2017_0.pdf – Acesso em 10/11/2018].

FABIANO-CAMPO, S. & VIEIRA, J.A. Promoção, operacionalização e funcionalidade do texto acadêmico. In: AGUSTINI, C. & BERTOLDO, E. (orgs.). *Incursões na escrita acadêmico-universitária*: letramento, discurso, enunciação. Uberlândia: Edufu, 2017, p. 35-53 [Disponível em http://www.edufu.ufu.br/sites/edufu.ufu.br/files/e-book_incursoes_da_escrita_2017_0.pdf – Acesso em 10/11/2018].

FIORIN, J.L. *Introdução ao pensamento de Bakhtin*. São Paulo: Ática, 2006.

GEE, J.P. *Social Linguistics and Literacies*: ideology in discourses. 2. ed. Londres: Taylor & Francis, 1996.

HALLIDAY, M.A.K. *An Introduction to Functional Grammar*. 2. ed. Londres: Hodder Arnold, 1994.

_____. *An Introduction to Functional Grammar*. Londres: Hodder Arnold, 1985.

HALLIDAY, M.A.K. & MATTHIESEN, C. *Halliday's Introduction to Functional Grammar*. 4. ed. Oxon: Routledge, 2014.

_____. Writing in the university: education, knowledge and reputation. In: *Language Teaching*, vol. 46, jan./2013, p. 53-70.

HYLAND, K. Bundles in academic discourse. In: *Annual Review of Applied Linguistics*, vol. 32, 2012, p. 150-169.

_____. Academic Discourse. In: HYLAND, K. & PALTRIDGE, B. (eds.). *Continuum Companion to Discourse Analysis*. Londres: Continuum, 2011, p. 171-184.

_____. Disciplinary Voices – interactions in research writing. In: *English Text Construction*. John Benamins Publishing Company, 2008, p. 5-22.

KUHN, T.S. *A estrutura das revoluções científicas* (1991). 5. ed. São Paulo: Perspectiva, 1997.

LEA, M.R. & STREET, B.V. The "Academic Literacies" Model: Theory and Applications. In: *Theory Into Practice*, 45 (4), 2006, p. 368-377.

_____. Student writing in higher education: an academic literacies approach. In: *Studes in Higher Education*, vol. 23, n. 2, jun./1998, p-157.172.

LILLIS, T. & SCOTT, M. Defining academic literacies research: issues of epistemology, ideology and strategy. In: *Journal of Applied Linguistics*, vol. 4, 2003, p. 5-32.

NININ, M.O.G. Escrita acadêmica e gramática sistêmico-funcional: perspectivas para o ensino. In: *Trabalhos em Linguística Aplicada*, n. 54 (3), out.-dez./2015, p. 593-619. Campinas [Disponível em http://www.scielo.br/pdf/tla/v54n3/0103-1813-tla-54-03-00593.pdf – Acesso em 15/12/2018].

_____. *Relatório de atividades de estágio de pós-doutorado*. Supervisor Leila Barbara. São Paulo: PUC, 2013.

NININ, M.O.G.; JOSEPH, N.L.L. & MACIEL, A.M.C. Metáforas gramaticais como recurso para empacotamento no texto acadêmico. In: *Letras*, vol. 25, n. 50, jan.-jun/2015a, p. 207-230. Santa Maria [Disponível em https://periodicos.ufsm.br/letras/article/view/20211/pdf – Acesso em 10/12/2018].

STREET, B. Dimensões "escondidas" na escrita de artigos acadêmicos. In: *Perspectiva*, vol. 28, n. 2, jul-dez./2010, p. 541-567. Florianópolis. Disponível em: https://periodicos.ufsc.br/index.php/perspectiva/article/view/2175-795X.2010v28n2p541/18448 – Acesso em 10/01/2019].

_____. What's "new" in new literacy studies? – Critical approaches to literacy in theory and practice. In: *Current Issues in Comparative Education*, vol. 5, n. 2, 2003 [Disponível em https://www.tc.columbia.edu/cice/pdf/25734_5_2_Street.pdf – Acesso em 10/12/2018].

_____. *Social Literacies:* critical approaches to literacy in development, ethnography and education. Londres: Longman, 1995.

_____. *Literacy in theory and practice*. Cambridge: CUP, 1984.

SEÇÃO II

Campos recorrentes

10
Sociologia das organizações I
"Organização e instituição: o complexo mundo do comportamento organizacional"

Antonio Augusto Pereira Prates

I – Introdução

É desnecessário demonstrar, hoje, o fato de as mudanças estruturais que vêm se processando no âmbito social, econômico e político das sociedades contemporâneas. A sociedade de redes, para usar um termo difundido por M. Castells (1999), constitui uma realidade incontestável no âmbito mundial. Sem pretender trazer, aqui, a discussão sobre quem tem sido mais beneficiado pelo processo de globalização da economia e das informações, o fato histórico totalmente inquestionável é que as fronteiras do mundo do trabalho e da comunicação não se confundem mais com aquelas que definem o espaço geopolítico de um Estado-nação. Mudanças que ocorrem hoje em um sistema de produção de uma fábrica de brinquedos de Singapura podem estar em algumas horas sendo objeto de discussão de um grupo de alunos de uma *business school* na Europa ou nos Estados Unidos. Cada vez mais, como sugere R. Reich (1992), as "antigas" empresas industriais transformam-se em empresas prestadoras de serviços na medida em que, se quiserem sobreviver, são obrigadas a criarem sistemas de consultoria para convencer seus clientes que seus produtos são os mais adequados às suas necessidades. A rede mundial de informação computadorizada permite hoje sistemas de subcontratação que pode desmembrar uma firma por várias regiões do globo sem que haja perda de identidade ou de capacidade estratégica. Mais do que nunca, são as pessoas que constituem o "grande capital" das empresas. Também, sem precedentes na história da humanidade, cada vez mais a empresa privada tem que interagir com os "cidadãos do mundo" no sentido de que cresce rapidamente a consciência coletiva, independentemente de nacionalidade, da necessidade de preservação do ambiente e da criação de modelos novos de crescimento sustentável.

De outra parte, este perfil, rapidamente delineado da atual sociedade contemporânea, é fruto de mudanças muito recentes, aproximadamente de três décadas, o que produz muita incerteza sobre suas consequências futuras. Sem sombra de dúvida, os atores mais afetados por todas estas mudanças de final de século foram as organizações de trabalho. Neste artigo pretendo discutir como evoluiu a imagem interpretativa dos sistemas organizacionais que, desde o final do século XIX, desempenham papel central na vida das pessoas e das sociedades.

Do meu ponto de vista, os esquemas interpretativos da vida administrativa e organizacional seguiram uma trajetória que se inicia com a ênfase na estrita racionalidade econômica, mas que vai aos poucos se abrindo para agregar, como fatores relevantes de mudança organizacional, as dimensões psicológicas e sociais. No momento atual, as organizações passam a ser vistas como atores institucionais e, ao mesmo tempo, como recursos estratégicos de melhoria da qualidade de vida dos seus membros e daqueles que com ela se relacionam. A seção seguinte apresenta as várias teorias organizacionais que contribuíram para a compreensão das mudanças na trajetória da vida organizacional.

II – Breve revisão teórica dos modelos de análise organizacional

O processo de discussão que redundou no reconhecimento do fenômeno organizacional como um *"issue"* relevante de estudo para as ciências sociais surge no final do século XIX. Frederick W. Taylor, Henry Fayol e Max Weber foram, sem sombra de dúvida, os precursores e os principais protagonistas deste empreendimento. Do ponto de vista histórico estes teóricos tentavam, com matizes paradigmáticos distintos, interpretar o processo de racionalização da produção industrial, especialmente, no âmbito das relações administrativas. No final do século XIX as atividades de produção já estavam, em sua grande maioria, concentradas espacialmente no que, hoje, denominamos de fábrica. Como mostra Smelser (1959) no seu clássico estudo sobre as mudanças da sociedade inglesa no final do século XVIII e princípios do século XIX, a questão do controle do processo de trabalho constituía um dos dilemas fundamentais da sociedade moderna. A teoria administrativa nos moldes das formulações de Taylor, Fayol e Weber constituíram tentativas de natureza científico-racional para compreender e diagnosticar o que vinha se processando no interior da sociedade industrial. Na realidade, os modelos clássicos da teoria administrativa, como o de Taylor e o de Fayol, se diferenciavam muito do modelo webe-

riano no que diz respeito ao grau de sofisticação epistemológica. Ou seja – descrevendo de forma sucinta esta diferença – Taylor e Fayol acreditavam que a definição do que denominavam "elementos" e "princípios" da ciência administrativa constituíam "verdades" a priori, incontestáveis do ponto de vista científico[1], imprimindo, assim, um caráter fortemente normativo-prescritivo à teoria administrativa. M. Weber (1947, ed. 1964), ao contrário desta postura epistemologicamente ingênua, elaborou sua teoria da burocracia racional como um tipo-ideal e, portanto, como uma elaboração puramente conceitual e analiticamente instrumental, sem qualquer compromisso com verdades a priori[2]. A Teoria Clássica da Administração foi fortemente influenciada por este tipo de postura epistemológica das teorias de Taylor e Fayol, postura esta que é ainda bastante visível nas formulações contemporâneas da teoria moderna da administração[3]. Já na década de 1940, entretanto, se iniciam, no âmbito acadêmico e profissional, investigações empíricas e teóricas da sociologia e da psicologia social no campo do comportamento organizacional capazes de colocar em xeque as "velhas" prescrições do modelo racional da administração, também conhecido, no jargão da literatura administrativa, como modelo

---

1. Tanto F.W. Taylor quanto H. Fayol estabeleceram "princípios" como, p. ex., o princípio do parcelamento de tarefas de Taylor ou princípio da autoridade hierárquica de Fayol, que eles supunham ser verdades inquestionáveis da ciência administrativa que estavam criando. Cf., para uma boa discussão deste *issue*, Massie (1965).

2. O objetivo dos tipos-ideais weberianos era o de permitir ao analista trabalhar com conceitos unívocos do ponto de vista lógico, facilitando-lhe a elaboração de teorias logicamente consistentes que poderiam ou não refletir a realidade empírica do fenômeno em foco. Cf. Weber (1964).

3. Contudo, deve-se ressalvar, é inegável o esforço de uma parcela significativa de teóricos da administração nos dias de hoje, tentando se libertar da herança normativo-prescritiva da Teoria Clássica, através da busca de maior fundamentação na sociologia, na psicologia social e na economia. Cf. Clegg e Hardy (1996).

mecânico[4], o qual será apresentado a seguir. Para efeito de síntese, trabalharei aqui com o mais sofisticado destes modelos: o tipo-ideal da burocracia racional-legal concebido por M. Weber.

II.1 – Modelo Racional da Organização: o tipo-ideal weberiano

O modelo de burocracia racional-legal constituiu, sem sombra de dúvida, a mais potente força de racionalização do mundo do trabalho das civilizações até hoje conhecidas. Pela primeira vez na história da humanidade, um sistema de relações sociais voltado para a consecução de objetivos específicos baseou-se fundamentalmente no "saber técnico". Embora, por razões históricas, a burocracia racional-legal tenha se desenvolvido autonomamente apenas no Ocidente, sua lógica totalmente baseada em critérios de racionalidade técnica impulsionou vigorosamente o processo de universalização da razão instrumental em detrimento dos valores de sentido, vida afetiva e personalização da vida em sociedade. Visto como um instrumento eficiente e eficaz de controle social ao mesmo tempo em que destroçava as cadeias da vida aristocrática e estamental da "velha" sociedade, o modelo organizacional da burocracia racional foi, ao mesmo tempo, semente e parte integrante da constituição do mundo moderno. De acordo com M. Weber (1964), dificilmente poder-se-ia pensar no sistema capitalista-racional de produção e no sistema democrático-liberal de governo caso não houvesse ocorrido a burocratização racional-legal dos estados-nação e das empresas capitalistas. Tanto a disciplina do trabalho quanto a produção do tipo "fordista", baseado na rotinização de procedimentos para a produção de massa e na formalização de cargos, assim como a universalização de oportunidades, baseada nos critérios meritocráticos do saber, foram traços típicos do modelo burocrático-racional[5]. R. Collins (1986) chegou a sugerir que na perspectiva weberiana o fator mais importante para a constituição do capitalismo moderno foi a emergência do aparato institucional-organizacional ligado à Igreja Católica desde o século XI. A reforma protestante foi um fenômeno que veio coroar a trajetória do desenvolvimento do capitalismo moderno forjando um "espírito" para a racionalidade técnica da burocracia. O tipo-ideal da burocracia racional-legal baseia-se nas seguintes características: a) divisão do trabalho baseada na especialização; b) um sistema de autoridade baseado no saber técnico[6]; c) recrutamento de funcionários baseado no mérito; d) separação entre o cargo e o seu ocupante; e) centralização dos meios de administração – aparato tecnológico – nas mãos da organização burocrática; e) separação radical entre a esfera da

---

4. O termo "mecânico" utilizado para designar o modelo racional justificava-se porque os teóricos clássicos trabalhavam com elementos e princípios da administração que excluíam as relações humanas. Projetava-se como uma engenharia administrativa o sistema de cargos e funções organizacionais de forma similar a elaboração de um projeto de engenharia de uma máquina, onde as características humanas eram vistas como constantes.

5. É importante salientar que a teoria da burocracia de Weber compreendia também outros tipos-ideais de organização burocrática como, por exemplo, a burocracia patrimonial. No caso referimo-nos aqui ao modelo racional de burocracia que nada tem a ver, em termos típico-ideais, com os modelos tradicionais de burocracia. Cf. Weber (1964).

6. Um dos mais importantes teóricos da sociologia contemporânea, Talcot Parsosns (1947, ed. 1964), ao traduzir o texto Economia e Sociedade de M. Weber para o inglês – a primeira versão da obra de Weber para o inglês – colocou num rodapé da "Introdução" (1964, p. 58-59) uma observação que instigou uma discussão que está viva até os dias de hoje. Nesta observação Parsons criticou Weber por não ter distinguido duas bases distintas de autoridade legítima dentro das organizações: a autoridade baseada na hierarquia do cargo burocrático, portanto típica de qualquer burocracia, e a autoridade baseada no saber técnico típica dos profissionais que habitam as burocracias. Segundo Parsons, estas duas bases de autoridade seriam relativamente contraditórias levando a uma tensão constante no interior das burocracias: a autoridade baseada no conhecimento do *expert* *vs.* a autoridade baseada no cargo hierárquico; em outras palavras, Parsons se referia ao conflito, hoje já muito documentado, entre o profissional ou técnico e os seus "chefes" ou superiores que, necessariamente, não precisam possuir o mesmo nível de competência técnica dos seus subordinados.

vida privada da esfera da burocracia da vida pública; f) economia monetária; g) existência de regras formais e impessoais para regular relações entre funcionários tanto as de natureza funcional quanto as de natureza hierárquica. Com essas características Weber sugere que a burocracia racional-legal é o instrumento mais poderoso e eficaz de controle do comportamento humano, mas não, necessariamente, dos seres humanos.

II.2 – As críticas ao modelo racional da organização burocrática

II.2.1 – A crítica psicológica

O primeiro grande baque do modelo racional das organizações enquanto paradigma teórico dominante no cenário administrativo foi dado pelas conclusões do estudo da planta de Howthorne da Western Electric, uma subsidiária da AT&T por um grupo de psicólogos sociais da Universidade de Harvard, liderados por E. Mayo, membro da "*faculty*" da Harvard Business School, nos anos de 1920 e 1930[7].

Esta pesquisa produziu uma enorme massa de dados que foi não apenas analisada pelos seus pesquisadores, mas, também, serviu de base para estudos que se tornaram clássicos na sociologia contemporânea, como o do G. Homans, *O grupo humano* (1951) voltado para o estudo dos pequenos grupos no âmbito sociológico.

Como resultado direto da pesquisa de Howthorne consolidou-se o conhecimento sobre as relações informais como cliques, normas de controle de grupo sobre colegas e supervisores, definição do que seria uma "fair day's rate", entre outros com-

portamentos no âmbito das relações informais. "Sentimentos" e "relações informais" começam, a partir deste estudo, a integrar o rol de fatores estratégicos para o estudo do comportamento administrativo. O efeito Howthorne, como ficou conhecido na literatura organizacional, passou a constituir um "*issue*" central de pesquisa da teoria administrativa.

Duas tradições de investigação psicológica no âmbito da teoria administrativa emergem a partir do estudo da Western Electric: a tradição voltada para a compreensão do papel da liderança organizacional e uma outra voltada para o estudo das "relações de grupo".

A primeira tradição tinha como ideia-força a hipótese de que a boa liderança poderia ser decomposta em dois fatores básicos: o de "iniciação de estrutura" que se refere à capacidade do líder em tomar iniciativas para solucionar problemas de natureza instrumental do grupo, e um segundo fator, o de "consideração" que diz respeito à capacidade do líder em responder às demandas de natureza afetiva ou emocional dos membros do grupo. De acordo com as conclusões do estudo, estes dois fatores são independentes entre si; ou seja, um líder pode possuir apenas um destes fatores.

A segunda tradição de estudos de psicologia industrial, inspirados no "efeito Howthorne", diz respeito aos modelos de relações de grupo. As ideias principais que pavimentam os caminhos destes estudos inspiram-se na teoria de A. Maslow (1970) sobre as necessidades básicas, de primeira ordem, das pessoas como, por exemplo, as fisiológicas, a de reconhecimento social e a de autorrealização, e as necessidades mais altas, de segunda ordem, como a de autonomia e a de participação. De acordo com esta tradição de estudos é o "clima organizacional" como um todo que determinará as possibilidades de satisfação daquelas necessidades, e não as simples relações interpessoais. Aqui, nesta

---

7. A discussão apresentada a seguir baseia-se em Perrow, C. (1972, ed. 1979). O texto clássico relatando em detalhes todas as fases e problemas da pesquisa foi publicado pelos autores iniciais do estudo, Roethlisber e Dickson em 1939.

linha teórica, as ideias chaves enfatizam a criação de canais de participação, o foco do administrador na organização vista como um todo e a necessidade dos empregados de se sentirem participando da elaboração do produto final da organização. A contribuição mais importante desta perspectiva teórica foi o de voltar o foco de análise do comportamento dos membros da organização para o sistema organizacional visto como um todo, em contraposição ao foco dos estudos anteriores sobre traços de personalidade ou sobre habilidades pessoais.

II.2 – A crítica sociológica clássica

De uma maneira geral, aceita-se, entre os sociólogos, a máxima durkheimiana de que o fenômeno social emerge como resultado do comportamento agregado de uma coletividade sem qualquer vínculo causal com a intencionalidade da ação dos membros envolvidos. De acordo com Durkheim é esta proposição que justifica o *status* da sociologia como disciplina científica, do contrário a sociologia seria desprovida de objeto de análise. No caso do contexto administrativo, alguns dos mais proeminentes cientistas sociais de meados do século passado, R. Merton (1957, ed. 1965), A. Gouldner (1954), P. Selznick (1948) entre outros, demonstraram que o modelo racional de administração na forma da racionalidade burocrática produzia, por si-mesmo, "efeitos perversos" ou não antecipados que podiam, ou não, comprometer a eficiência do sistema. Este tipo de análise teve um impacto eminentemente crítico sobre a teoria administrativa na medida em que esta não considerava a possibilidade de imprevisibilidade no sistema racional de administração. Desde então a racionalidade dos modelos administrativos foi minada pela indeterminação posta por este teorema. O *status* da "engenharia administrativa" como instrumento racional de previsibilidade e intervenção foi fortemente abalado. Este modelo de análise contribuiu, além

dos efeitos da crítica, para a compreensão, por exemplo, do desempenho negativo do modelo burocrático, embora idealmente esse constituísse um modelo tipicamente racional. Apenas para efeito ilustrativo apresentarei dois destes modelos: o de Merton e o de A. Gouldner.

Merton demonstra como que o modelo burocrático-racional ao enfatizar suas características que garantem a ele previsibilidade e controle; produz, também, consequências "indesejáveis" não antecipadas que comprometem a eficiência do sistema. Este mecanismo pode ser descrito da seguinte forma: o próprio sistema burocrático enfatiza um sistema de controle baseado na ênfase em confiabilidade do comportamento dos seus membros, ou seja, disciplina. Essa disciplina, baseada em normas formais, protege de forma não antecipada (não prevista com antecedência) o comportamento individual dos seus membros na medida em que suas atividades são prescritas formalmente isentando-os de qualquer responsabilidade sobre suas consequências. Esse último fato reforça, por sua vez, a exigência de controle na medida em que a responsabilidade pelas atividades organizacionais não é dos seus membros, mas sim do próprio sistema formal. Esse seria o modelo típico-ideal da racionalidade burocrática em funcionamento. Contudo, como demonstra Merton, na medida em que o próprio sistema maximiza disciplina expressa através de obediência às normas, produz-se um estímulo para um apego exagerado a estas normas que não deveriam passar de meros meios para se atingir os fins da organização, agora tendem a se transformar em fins em si-mesmas provocando assim o que o autor chama de "comportamento ritualista" por parte dos membros da organização; ou seja, uma substituição de fins pelos meios: os funcionários não se preocupam mais com os fins da organização e, às vezes, até os esquecem pelo apego ferrenho aos meios como forma de obedecer às normas que definem suas atividades. Ao agir desta maneira a burocracia gera problemas com seus clientes que demandam eficiência e rapidez de atendimento. Para se protegerem das reclamações dos clientes fortalece-se o corporativismo (*esprit de corp*) interno, o que, por sua vez, vai exigir maior ênfase em disciplina para minimizar os efeitos dos interesses particulares exacerbados pelo corporativismo. Essas consequências geram tensões constantes no sistema de ação da burocracia, constituindo, assim, uma fonte endógena de mudança organizacional, desmentindo, portanto, a imagem de estabilidade, controle e rigidez associado ao modelo burocrático de administração.

O modelo de A. Gouldner tem o mesmo objetivo do de Merton: mostrar como a própria lógica racional da burocracia produz consequências não antecipadas no interior do sistema. Distintamente de Merton, entretanto, A. Gouldner vai mostrar como que as consequências imprevistas, tanto as de ordem positiva quanto as de ordem negativa estimulam o funcionamento do sistema.

No exemplo de Gouldner, o funcionamento de uma burocracia racional pode ser visto da seguinte ótica: a exigência de controle estimula a ênfase em normas explícitas e impessoais que, por sua vez, produz, como efeito não antecipado, a diminuição da visibilidade das relações de poder entre superiores e subordinados. Este fato diminui a tensão interpessoal e estimula a cooperação. Contudo, a difusão de regras explícitas e formais produz, também, consequências disfuncionais: a definição de regras explicitando o nível inaceitável de desempenho dos membros torna accessível a eles o conhecimento do mínimo aceitável de desempenho. Este fato estimula os empregados a manterem seu trabalho no nível apenas o suficiente para atingir este mínimo. Este comportamento claramente gera um gap entre desempenho desejável e o realmente obtido pela organização. Em consequência há um aumento na atividade de supervisão e controle e isso, por sua vez, aumenta a visibilidade das relações de poder e a tensão interpessoal.

Como demonstram os modelos apresentados acima, a crítica sociológica sugere que mesmo os sistemas racionais-burocráticos mais fechados, funcionam "na realidade" com tensões e conflitos entre normas e comportamentos que podem ser vistos como **fontes endógenas permanentes de mudança organizacional**, desmentindo, portanto, a imagem puramente instrumental de estabilidade, capacidade de controle e previsibilidade associada ao modelo burocrático de administração.

III – A tradição neoweberiana: abordagem estrutural-cognitivista

Na seção anterior mostrei a evolução das concepções teóricas da organização partindo do chamado modelo racional-fechado ou modelo mecânico até as críticas psicológicas e sociológicas a este modelo. Do ponto de vista da crítica psicológica o que realmente permaneceu foi a ideia de que a vida das organizações não se compõe apenas de prescrições e estrutura formal, mas também, e especialmente, de pessoas, grupos e vida informal. De nada adiantaria, à luz da crítica psicológica, uma engenharia administrativa bem desenhada com uma estrutura formal bem projetada, seja na forma hierárquica, matricial ou de redes, se não se leva em conta os "fatores dinâmicos" da organização, como a vida dos grupos informais, as necessidades individuais e os traços de personalidade das lideranças. Do ponto de vista da crítica sociológica fica evidente a ideia de que para se compreender o funcionamento real de uma organização é necessário ir muito além do comportamento previsível pela estrutura administrativa formal. É necessário tentar identificar os fatores estruturais das mudanças, as tensões e conflitos entre as normas formais e os interesses individuais ou de grupos, assim como os efeitos "paralelos" da estrutura formal, enfim, deve-se considerar o que os sociólogos denominam de "estrutura real" da organização e não ficar somente no âmbito da sua estrutura formal.

Com base nestas considerações, H. Simon e J. March (1958) criam um novo paradigma teórico para o estudo das organizações, procurando superar as dicotomias produzidas pelas críticas psicológicas – racionalidade formal *vs.* sentimentos e necessidades individuais – e sociológica – estrutura formal *vs.* estrutura real – através de um enfoque fenomenológico-cognitivista da organização. Este enfoque pode ser sintetizado pelas seguintes proposições básicas sobre o comportamento humano:

1) As pessoas são vistas, antes de tudo, como realidades psicológicas onde emoções, afetividade e sentimentos constituem fatores fundamentais de seu comportamento. Além disso as pessoas possuem **biografias** próprias que determinam a forma como veem o mundo e selecionam informações sobre seu ambiente.

Essa proposição, embora não negue a racionalidade humana, enfatiza especialmente as dimensões psicológicas e de história de vida das pessoas como fundamentais para se compreender sua ação ou comportamento.

2) As pessoas agem guiadas pela razão, mas a racionalidade humana é **limitada** pelos fatores acima descritos. A história de vida da pessoa limita e seleciona as partes da realidade ou do seu ambiente que ela considera relevantes. Nesse sentido, ao contrário do que o conceito econômico de racionalidade sugere – a consideração de todos os fatores envolvidos na decisão e ordenação clara e unívoca de alternativas em relação às suas utilidades para o decisor –, o conceito de racionalidade limitada sugere que nossas decisões são condicionadas pelas nossas experiências, no passado, e pela seleção "natural" de informações que fazemos ao considerar um objeto qualquer em nosso ambiente.

3) A mente humana é incapaz para processar o número infinito de estímulos presentes em nossos ambientes. As pessoas, então, **interpretam** o mundo, ou seus ambientes, com a ajuda de valores, crenças e ideologias que estão presentes no mundo social[8].

4) As decisões humanas seguem critérios de "satisfação" e não os de maximização como sugerido pelo modelo econômico. Com isto se quer dizer que as pessoas decidem com base nas suas expectativas, ou seja, quando suas expectativas são satisfeitas[9] e não quando encontramos o *the best way* para satisfazer nossa utilidade no topo da hierarquia de utilidades.

Levando em consideração estas proposições, H. Simon e J. March (1958) elaboram uma teoria do comportamento organizacional que se caracteriza pela visão integrada entre indivíduo, estrutura formal e estrutura real da organização. As características deste modelo são:

a) As organizações são vistas como sistemas comportamentais que agem sob normas de racionalidade. Ou seja, estes sistemas comportamentais são metaforicamente semelhantes às pessoas humanas.

---

8. A esse processo de interpretação, os autores denominam de "absorção de incertezas", dado que o processo de interpretação de realidades do mundo não passa de uma maneira de nos familiarizarmos com esta realidade, daí o termo absorção de incerteza.

9. O exemplo clássico deste processo, proposto pelos autores, é a situação em que procuramos uma agulha numa enorme caixa com milhares delas, para retirarmos um pequeno espinho do dedo. De acordo com a teoria econômica clássica, nós deveríamos comparar cada par de agulha da caixa de forma a encontrarmos a mais adequada para realizar nosso objetivo. Mas de acordo com a teoria de decisão proposta por Simon e March, nós simplesmente procuramos uma agulha que satisfaça nossa expectativa de satisfação, com uma observação do tipo "esta está boa para mim" retiramos uma das agulhas.

b) Como as pessoas, as organizações buscam simplificação e estabilidade no seu sistema de ação, daí por que a burocratização, entendida como busca de rotinização, previsibilidade e estabilidade, constitui um processo quase inevitável da vida organizacional. Este processo, entretanto, é limitado pelo conhecimento disponível sobre os processos de transformação de uma matéria-prima em produto. Quando não há conhecimento disponível capaz de prescrever a melhor maneira de realizar este processo (rotinização), é necessário entrar com "julgamento", ou seja, através de discussão e avaliação subjetiva de quais seriam as melhores alternativas para transformar a matéria-prima em produto.

c) Na realidade, as organizações agem através de programas de atividades. Estes programas articulam pessoas com seus sentimentos e biografias, cargos formais, lideranças formais e informais em um conjunto de atividades orientadas para um ou vários objetivos formais e informais. A isto, os autores denominam de "estrutura organizacional". Portanto, se quisermos, como analistas organizacionais, compreender a vida das organizações, devemos identificar estes programas de ação, nos quais estão contidas tanto a vida informal quanto a estrutura formal das organizações.

d) Semelhantemente às pessoas humanas, as organizações "absorvem incertezas" ambientais através de suas experiências passadas, de ideologias e crenças sobre a realidade. Portanto, um bom diagnóstico sobre uma organização não pode prescindir do estudo dos valores, e concepções de mundo predominantes entre seus membros.

Este novo paradigma[10] teórico deu seus frutos em pelo menos três grandes tradições teóricas da sociologia contemporâneas das organizações, estas, agora, denominadas de "organizações complexas" pelo fato de se reconhecer que o comportamento organizacional vai muito além das prescrições racionais da engenharia administrativa. Ele passa a ser visto muito mais como um sistema social, em permanente estado de mudança, do que um simples instrumento racional de consecução de objetivos. Iniciaremos pela exposição das duas primeiras tradições diretamente vinculadas ao modelo neoweberiano: o enfoque tecnológico e o político da teoria organizacional.

III.1 – O enfoque tecnológico

A ideia chave deste modelo é a de que o processo tecnológico – o de transformação de matéria-prima em produto – condiciona fortemente a possibilidade de se ter uma estrutura mais burocratizada – rotinizada – ou uma mais flexível. Ou seja, a tecnologia é vista como o principal fator de mudança organizacional. Os principais teóricos deste enfoque foram Charles Perrow (1967), James Thompson (1976) e Joan Woodward (1970). Foi C. Perrow (1967) quem elaborou o conceito mais sofisticado de tecnologia. De acordo com ele, tecnologia é um processo de transformação de uma matéria-prima qualquer, seja ela de natureza física ou simbólica, em um produto qualquer. Assim, tanto organizações industriais quanto religiosas, educacionais ou políticas utilizam tecnologia para transformarem suas matérias-primas, sejam elas "almas", crianças, doentes, no caso de hospitais, ou minério de ferro. Um processo tecnológico pode ser desmembrado em duas dimensões básicas: a primeira refere-se ao grau de conhecimento técnico-científico, sobre relações de causa/efeito, disponível para se utilizar no processo de transformação da matéria-prima; a segunda refere-se ao grau em que este processo de transformação inclui muitas

---

10. Este paradigma tem um forte compromisso com a ideia de que organizações podem ser vistas como sistema de comportamento decisório. Cf. Cyert e March (1963).

situações excepcionais ou, ao contrário, são totalmente rotinizadas. Ao cruzar estas duas dimensões pode-se obter, como mostra o quadro abaixo, uma tipologia de estruturas organizacionais.

		Processo tecnológico	
		Poucas exceções	Muitas exceções
Relações	Conhecidas	A	b
Causa/efeito	Ñ conhecidas	C	d

Na célula "a" onde o processo tecnológico tem poucas exceções e o conhecimento de causa/efeito é alto, teríamos organizações do tipo burocrático, altamente rotinizadas nos moldes das "linhas de montagem". Na célula "b" onde o processo tecnológico tem muitas exceções e há conhecimento de causa/efeito, tenderia representar organizações com estruturas mais flexíveis como as fábricas de bens de capital que produzem de acordo com as especificações do cliente. Neste caso a estrutura baseada em "equipes de trabalho" produzindo cada unidade de produto poderia ser a mais viável. Na célula "c" onde é baixo o conhecimento de causa/efeito e o processo tecnológico tem poucas exceções, tenderia representar organizações de tipo artesanal, a produção é uniforme ou especializada, mas não se sabe por que se faz o produto da maneira como é feito. A estrutura destas organizações tende a ser do tipo "familiar" e muito pouco formalizada. Finalmente, na célula "d", tenderia se encontrar organizações que produzem pesquisa e conhecimento novo. Não há certeza nem sobre as relações de causa/efeito, pois elas buscam exatamente identificar estas relações, e há muitas exceções no processo tecnológico, pois o processo de pesquisa pode ter que mudar de forma imprevista. Neste caso, como o das universidades de pesquisa, a estrutura tende a ser muito flexível, estimulando o contato informal e grupos temáticos de discussão. Contudo, como sugere o autor, o mundo real

é muito mais complexo do que "tipos" abstratos de organizações. Na realidade, as estruturas das organizações complexas são um misto de todos estes tipos dependendo do setor ou departamento organizacional. Por exemplo, o departamento de produção de uma fábrica de tecidos pode ter uma estrutura altamente rotinizada, pois se tem alto conhecimento das relações de causa/efeito no processo produtivo e há poucas exceções no processo tecnológico, e o seu departamento de *market* ter uma estrutura muito mais flexível nos moldes de uma universidade de pesquisa, dado o objeto do seu trabalho[11].

III.2 – O enfoque político

Também inspirados no paradigma de Simon/March (1958), alguns teóricos das organizações formularam um enfoque analítico que privilegia as dimensões de poder real e de mecanismos de agregação de interesses e de resolução de conflito, como os mais importantes no processo de mudança e de "governança" organizacional. M. Crozier (1964) propõe uma teoria organizacional que coloca o "poder" real dos membros da organização como a variável mais estratégica da vida organizacional. De acordo com este autor, as decisões que determinam as ações organizacionais são objeto de disputa e competição entre os membros da organização, independentemente de suas posições formais. O poder é definido por Crozier como a capacidade que uma pessoa tem para se tornar uma outra pessoa dependente dela e, ao mesmo

---

11. Um dos modelos mais conhecidos e citados da teoria administrativa contemporânea, o modelo da contingência, constitui um subtipo do modelo tecnológico na medida em que privilegia o tipo de ambiente como variável independente do tipo de estrutura que será adotado na organização; cf. Lawrence e Lorsh (1967). De acordo com esta teoria ambientes turbulentos tendem a determinar estruturas organizacionais mais flexíveis, enquanto ambientes estáveis tendem a produzir estruturas mais burocratizadas.

tempo, ser livre em relação àquela pessoa, ou seja, o poder deriva do controle, que um ator tem, sobre as incertezas relevantes para o outro, ou para uma organização. Desta forma, segundo Crozier, as pessoas mais qualificadas dentro das organizações têm mais poder para barganhar seus interesses próprios do que as menos qualificadas porque controlam incertezas relevantes para o funcionamento da organização. Mesmo que tais atores não ocupem cargos de direção, eles continuam detendo um volume significativo de poder organizacional. Como exemplo empírico o autor oferece o caso de uma empresa industrial, por ele estudado, onde os operários de manutenção tinham um enorme poder de barganha frente às outras categorias de trabalhadores, aos seus próprios supervisores e diretores da fábrica, porque somente eles detinham o "segredo" sobre o funcionamento do equipamento tecnológico da fábrica. Com base neste conhecimento específico e monopolizado, eles podiam influenciar em muito o processo de atividades do dia a dia da fábrica. Ele mostra, por exemplo, que eles podiam, em nome da manutenção dos equipamentos, atrasar o processo de trabalho em um setor de acordo com seus próprios interesses, pois ninguém na fábrica podia controlar o volume de tempo necessário para se consertar ou fazer a manutenção de um equipamento. Por causa deste poder o apoio deles às manifestações coletivas, como greves, poderia ser decisivo para o seu sucesso, pois eles eram insubstituíveis a curto-prazo e a paralisação de suas atividades comprometia todo o funcionamento da fábrica; ou seja, eles controlavam uma importante fonte de incerteza da fábrica. A este tipo de poder, o autor denomina de "poder de perito" e é independente do poder da posição formal: são estas as principais bases de poder organizacional. As decisões organizacionais são tomadas ou influenciadas por aqueles que dispõem de maior volume líquido de poder, mesmo que a estrutura formal da organização não reflita, através dos ocupantes de cargos de autoridade, as posições reais de poder. Neste caso, a influência dos poderosos se dá através de canais informais.

Uma segunda versão do enfoque político das organizações complexas nos é oferecido por J. Pfeffer (1978). Segundo esta versão, as organizações podem ser vistas como "arenas políticas" onde os vários atores organizacionais negociam e barganham seus interesses próprios. A partir do poder de cada um dos atores – grupos ou unidades departamentais – estabelece-se uma coalizão governante que, de fato, determina os caminhos da organização. Nessa perspectiva teórica a estrutura formal é vista apenas como um recurso legitimador das decisões que são de natureza política, mas que têm de ser apresentadas como se fossem de natureza técnico-racional. A racionalidade das organizações passa a ser vista, então, como aquela derivada da racionalidade dos atores buscando realizar os seus próprios interesses, e não como derivada de um sistema racionalmente concebido para maximizar a produtividade do trabalho, como ainda predomina no paradigma da teoria administrativa convencional.

Os enfoques tecnológico e político das organizações, inspirados no paradigma fenomenológico-cognitivista de March e Simon, deram uma enorme contribuição para a melhor compreensão da vida organizacional. Assim como as críticas psicológica e sociológica introduziram as questões da personalidade individual, da vida informal e das tensões e conflitos entre normas de racionalidade e comportamento dos membros da organização, como fatores cruciais para o entendimento da vida organizacional, os enfoques tecnológico e político introduziram as questões da relação entre tecnologia e estrutura organizacional, a do poder real e a da articulação entre interesses dos atores e os objetivos organizacionais. Estas diferentes visões da organização não devem ser tomadas pelos administradores profissionais, que atuam no interior de organizações, como modelos competitivos entre si. Ao contrário, cada um destes modelos trouxe uma contribuição específica para entendermos de maneira menos ingênua e mais realista o comportamento organizacional. Depois deles, não mais se justifica o olhar ingênuo voltado apenas para as dimensões formais, ou simplesmente a aceitação acrítica do receituário prático produzido pelo paradigma administrativo convencional, se se quiser obter um diagnóstico mais sofisticado e realista da vida das organizações complexas.

Contudo, toda esta riqueza teórica dos enfoques e modelos analíticos voltados para a compreensão do fenômeno organizacional não foi, ainda, suficiente para abranger todos os aspectos da vida das organizações. Na seção seguinte discutiremos uma abordagem que agrega todas estas contribuições e propõe uma imagem integrada e orgânica das organizações, vistas como partes ativas da sociedade onde vivem.

IV – A face institucional das organizações complexas: o velho e o novo institucionalismo

IV.1 – O velho institucionalismo

P. Selznick, um dos mais proeminentes teóricos da sociologia contemporânea, tentando trazer uma contribuição genuinamente sociológica para a teoria organizacional, introduz a ideia de "instituição" como uma maneira nova de se abordar a vida organizacional. A teoria de P. Selznick, conhecida como abordagem institucional das organizações, vai muito além das outras abordagens ao sugerir que as organizações complexas têm uma face, até então não vista pelos analistas organizacionais, composta pela vida social dos membros da organização e na qual estão gravadas as marcas culturais e as de

identidade da organização: a esta face ele denomina de institucional. Como se desenvolve o argumento de Selznick? Em primeiro lugar ele aceita a ideia do paradigma clássico da administração de que organizações são instrumentos racionais para realizar objetivos. Desse ponto de vista as organizações são economias que funcionam sob a lógica do custo/benefício. Busca-se maximizar ganhos e minimizar custos e esta é a tarefa principal dos administradores. Ao mesmo tempo, entretanto, as organizações são compostas de pessoas que, como foi mostrado pelos estudos de Howthorne e depois pela teoria de March e Simon, agem orientadas por sentimentos, emoções e interesses e não, somente, pelos desígnios racionais da organização racional. A interação entre os membros da organização além daquela prevista pela estrutura formal, bate-papos, "fofocas", aconselhamentos etc., enfim tudo aquilo que ocorre na vida informal da organização, vai formando, pouco a pouco, um sentimento de solidariedade e de identidade comum com sua própria história e valores, adquirindo, assim, vida própria. Essa sociedade "underground" é que vai constituir a "alma" da organização. Sua cultura e sua identidade vão tender a permanecer mesmo quando os objetivos racionais da organização já foram alcançados: neste momento as organizações já se transformaram em instituições: é este processo de transformação que constitui o cerne das mudanças organizacionais. Elas passam a constituir, para os seus membros e para a sociedade, focos de identidade e de reconhecimento social. Vários estudos de caso na literatura organizacional (MESSINGER, 1955; GUSFIELD, 1955; PERROW, 1970; PRATES, 1987) demonstram este fato. Uma vez desenvolvida sua face institucional, as organizações passam a buscar no seu ambiente meios de sobrevivência um tanto quanto independentemente dos seus objetivos formais. É nesse sentido que A. Etzioni (1967) inverte a lógica dos objetivos organizacionais afirmando que os objetivos são "servos e não senhores da organização". Organizações institucionalizadas buscam novos objetivos no ambiente como estratégia para sua própria sobrevivência. Na maioria das vezes estas organizações se recusam a desaparecer, mesmo quando consideram cumprida sua missão[12]. Nessa perspectiva teórica a face institucional das organizações se constitui pela ação dos fatores "não racionais" (não significa que sejam irracionais) que, como já foi mostrado pelos enfoques anteriores, afetam de forma decisiva a face racional das organizações.

A abordagem do "Velho" institucionalismo organizacional enfatiza, também, o papel das lideranças como fundamental para a condução do processo de institucionalização. De forma distinta da abordagem psicológica, a liderança organizacional é vista pela abordagem institucional como um veículo condutor da institucionalização. Ela vê no líder uma grande semelhança com o "estadista" cujos objetivos próprios se confundem com aqueles da coletividade. O papel do líder institucional é distinto daquele dos líderes de pequenos grupos, pois ele se volta fundamentalmente para a construção dos valores básicos que deverão dar identidade à organização.

Do ponto de vista da relação entre a organização e a sociedade em que vive, P. Selznick abre novas perspectivas de análise. De acordo com ele, as organizações, uma vez institucionalizadas, se transformam em atores que agem em seus próprios nomes. Elas deixam de ser meros instrumentos nas mãos de proprietários ou diretores e passam a refletir os vários interesses e valores dos grupos internos e externos que com ela convivem. Na perspectiva institucional, as empresas, hospitais, universidades, burocracias públicas, tanto incorporam valores da sociedade como formam novos valores e os disseminam na sociedade. Suas estruturas são suficientemente flexíveis para possibilitar adaptação às mudanças ambientais e, também, para agirem como focos de mudança no ambiente.

IV.2 – O novo institucionalismo e as redes sócio-organizacionais

Enquanto o "Velho Institucionalismo vem na linhagem direta da tradição estrutural-funcionalista na versão parsoniana, a segunda versão do modelo institucional de análise organizacional, conhecida como "Novo institucionalismo" (DIMAGGIO & POWELL, 1991; DUGGER, 1990; MEYER & ROWAN, 1991; MARCH & OLSEN, 1984; SELZNICK, P., 1996; NEE & INGRAM, 1998) aparece como a terceira perspectiva referida acima, no final da seção III deste texto, como herdeira da tradição cognitivista de H. Simon e J. March combinada com a tradição macrossocietal da sociologia weberiana. Esta abordagem enfatiza os sistemas institucionais macrossocietais como variáveis estratégicas para se compreender a vida das organizações na sociedade pós-industrial. De acordo com os teóricos dessa linha, sistemas institucionalizados e diferenciados de valores definem a estrutura e as identidades organizacionais de forma mais ou menos homogênea. Por este argumento famílias de organizações de um mesmo setor, seja produtivo, de serviços ou simbólico, tenderiam a expressar as mesmas características estruturais e tecnológicas independentemente da sua localização geográfica. De outra parte, o novo institucionalismo organizacional enfatiza a dissociação entre a estrutura formal e a vida cotidiana do funcionamento da organização. A estrutura formal é vista como fonte de comportamento cerimonial dos membros da organização como mecanismo voltado para enfatizar

---

12. Refiro-me aqui ao fato comum de organizações criadas com uma missão muito claramente determinada, por exemplo a de criar uma escola numa comunidade, uma vez que realizam esta missão tendem a criar nova missão ou objetivo para justificar sua existência. As pessoas que dela fazem parte e que com ela se relacionam já criaram muitos laços e relações que, para elas, é penoso abandonar.

a sua legitimidade pública. Em contraposição ao modelo burocrático-racional, a estrutura formal tem muito pouco a ver com as atividades funcionais dos membros da organização. Na linha do modelo cognitivista de H. Simon e J. March discutido anteriormente, a relação entre estrutura formal e atividades organizacionais é vista como frouxamente articulada, "*loosely-couppled*", permitindo assim a acomodação sem fricções entre o mundo da racionalidade formal e os interesses, hábitos e identidades dos funcionários, o "mundo real" da vida organizacional onde o conceito de racionalidade limitada e o de absorção de incertezas adquirem centralidade analítica Nesta perspectiva teórica a busca de legitimidade no ambiente organizacional, e não a busca de eficiência, é a principal motivação para a sobrevivência da organização. O processo de institucionalização organizacional é visto de forma muito distinta da perspectiva do "velho institucionalismo", aqui, ao invés de se enfatizar o processo interno de aquisição de identidade e cultura organizacional, enfoca-se o processo macroinstitucional que penetra e dá forma às estruturas formais das organizações de uma mesma esfera ou área social. A referência neste modelo é o aparato institucional da sociedade e não os grupos internos e a biografia institucional da organização. Nesta perspectiva introduz-se o conceito de "campo institucional" (LIN NAN, 2001, p. 187) com base nas redes organizacionais criadas entre as organizações que partilham recursos, tecnologias, linguagens e ideologias entre si de forma a compactar um sistema isomórfico de valores e estilos de ação e negociação que reduzem drasticamente os custos de transação[13] envolvidos

nas interações da rede. Embora encontremos na literatura organizacional a "Perspectiva teórica" enfocando as redes organizacionais como objeto central de análise no estudo das organizações no mundo atual (CASTELLS, 1998; SILVEIRA, 2005), não há razão para descartar os modelos organizacionais de mercado e burocrático. Como sugere J.P. Olsen, (2005) as organizações contemporâneas, públicas ou privadas, apresentam uma realidade estrutural híbrida – de mercado, em rede e burocrática – com preponderância de uma ou outra face destas faces. A contribuição importante desta perspectiva analítica está no fato de uma abordagem permitir o foco na "cultura" institucional de uma esfera de atividades organizacionais dentro da sociedade global sem perder de vista as interações diretas, físicas e virtuais, entre pessoas e organizações. Entretanto, a identidade própria de uma organização qualquer tende a ser dissolvida pela participação nas redes e pela institucionalização de sua esfera de atividades no âmbito societal negligenciando, assim, os ganhos teóricos do modelo do "velho" institucionalismo expressos pela ênfase sobre o caráter político do ator organizacional com sua "biografia" e identidade própria construída ao longo de sua trajetória de vida[14].

V – Conclusão: algumas recomendações para os profissionais da administração

Neste trabalho tentei mostrar que as "organizações complexas" adquirem esta denominação, ao longo da história da teoria organizacional, não por pedantismo acadêmico, mas pelo reconhecimento

---

13. "Custos de transação" são os custos referentes às dimensões dos produtos envolvidas no processo de troca não passíveis de serem medidas confiavelmente pelos mecanismos competitivos do mercado, tais como serviços de profissionais, consultorias, tecnologias específicas, enfim, qualquer elemento conectado ao produto que aumente a complexidade do sistema de troca incapaz de ser absorvido pelos mecanismos de mercado. Neste caso, estes custos de transação são vistos como

altos e não possibilitaria a troca de produtos caso não houvesse outros mecanismos, além do próprio mercado, para minimizar seus custos tais como a presença de burocracias formais (WILLIAMSON, 1994) e instituições sociais com suas normas e regras informais (NORTH, 1990).

14. Para uma discussão crítica dessa abordagem, cf. Prates, (1999).

de que os modelos racionais, tão bem desenhados e formalizados no mundo abstrato, eram pobres para absorver a riqueza e a dinâmica da vida social nas e das organizações. Como sugeri na introdução deste trabalho, a trajetória da teoria organizacional vem de modelos altamente racionais e vai aos poucos introduzindo "fatores" psicológicos, humanos e sociais aproximando os modelos teóricos da realidade do dia a dia da vida organizacional. Essa trajetória culmina, a meu ver, com a ideia fundamental de que as chamadas organizações complexas podem se transformar em instituições sociais e enquanto tais passam a fazer parte integrante da vida das pessoas que com elas convivem. Ao mesmo tempo as organizações participam de redes ou populações organizacionais que se institucionalizam em campos ou esferas societais determinando um alto grau de isomorfia estrutural e cerimoniais comuns de legitimação. Estes são os processos fundamentais de mudança organizacional. Com base nesta discussão sugiro para o administrador profissional as seguintes recomendações de natureza teórico-metodológica como elementos importantes para que eles possam compreender e planejar de forma mais realista as mudanças no seu próprio ambiente de trabalho.

a) A primeira tarefa importante que um administrador tem que realizar, ao tentar compreender a vida de sua organização, é refazer sua história e sua biografia identificando as propostas das lideranças institucionais em cada momento de sua vida, olhando as maneiras como foram construídas as soluções para os problemas, quais foram os atores mais importantes em cada momento e por que eles foram importantes, enfim, montar, como um quebra-cabeça, as peças que definem a identidade e cultura organizacional no momento atual.

b) Em seguida, os administradores ou executivos organizacionais devem se esforçar para não confundir o mundo ideal, aquilo que eles gostariam que fosse, com o mundo real, onde o egoísmo, a luta pelo poder, os interesses individuais, oportunismo e fraude, queiramos nós ou não, afetam o dia a dia da vida organizacional. Na discussão acima, tentei mostrar que a consideração analítica dessas dimensões, trazidas à tona pelos enfoques políticos, ajuda, em muito, a compreender e a "intervir" efetivamente na direção da vida organizacional.

c) Finalmente, é importante salientar que como o capital fundamental das organizações, nos dias de hoje, é constituído por pessoas, nunca se deve esquecer de que sentimentos, cultura e visões de mundo são ingredientes importantes deste tipo de capital. Portanto, cabe às lideranças institucionais torná-las presentes no processo decisório das organizações, mesmo que isso ocorra de forma implícita ou informal.

Referências

BOWERS, D.G. & SEASHORE, S.E. Predicting Organizational Effectiveness with a Foir-factor Theory of Leadership. In: *Administrative Science Quarterly*, 11, n. 2, set./1966, p. 238-263.

CASTELLS, M. *A sociedade em rede*. Rio de Janeiro: Paz e Terra, 1999.

_____. Hacia el Estado Red? – Globalización ecónomica e instituciones politicas en la era de la información. In: *Seminário Internacional Sociedade e a Reforma do Estado* [Anais]. São Paulo, 1998, 16 p.

CLEGG, S.R. & HARDY, C. Introduction: organizations, organization and organizing. In: CLEGG, S.R.; HARDY, C. & NORD, W. (eds.). *Handbook of Organizations Studies*. Londres: Sage, 1996.

CROZIER, M. *El Fenómeno burocrático*. Buenos Aires: Amorrortu, 1969.

CYERT, R.M. & MARCH, J.G. The Behavioral Theory of the Firm: A Behavioral Science-Economics Amalgam. In: COOPER, L. & LHELLY (eds.). *New*

Perspectives in Organization Research. Nova York: John Wiley, p. 289-299.

DiMAGGIO, P. & POWELL, W.W. Introduction. In: DiMAGGIO, P. & POWELL, W.W. (eds.). *The new institutionalism in organizational analysis.* Chicago: University of Chicago Press, 1991

_____. The Iron Cage Revisited: Institutional Isomorphism and Collective rationality. In: DiMAGGIO, P. & POWELL, W.W. (eds.). *The new institutionalism in organizational analysis.* Chicago: University of Chicago Press, 1991.

DUGGER, W. The New Institutionalism: New But Not Institutionalism. In: *Journal of Economics Issues,* vol. XXIV, n. 2, jun./1990, p. 423-431.

ETZIONI, A. *Organizações modernas.* São Paulo: Pioneira, 1964.

GOULDNER, A.W. *Patterns of Industrial Bureaucracy.* Nova York, 1964.

GUSFIELD, J.R. Social Structure and Moral reform: A Study of the Women's Christian temperance Union. In: *American Journal of Sociology,* 61, 1955, p. 221-232.

HERSBERG, F. *Work and the Nature of Man.* Nova York: T.Y. Crowell, 1966.

LIN, N. *Social Capital:* A theory of social structure and Action. Cambridge: Cambridge University Press 2001.

LORSH, W.J. *Product-Innovation and Organization.* Nova York: The Macmillan Company, 1965.

MARCH, J.G. & OLSEN, J.P. *Rediscovering Institutions:* The Organizational Basis of Politics. Nova York: The Free Press, 1989.

_____. The New Institutionalism: Organizational factors in political life. In: *American Political Science Review,* 77, 1984, p. 281-296.

MARCH, J. & SIMON, H. *Organizations.* Nova York: John Wiley & Sons, 1958.

MASLOW, A. *Motivation and Personality.* 2. ed. Nova York: Harper and Row, 1970.

MASSIE, J. Management Theory. In: MARCH, J. (ed.). *The Handbook of Organizations.* Chicago: Rand McNally, 1965.

MERTON, R.K. *Teoría y estruturas sociales.* México: Fondo de Cultura Económica, 1965.

MESSINGER, S.L. Organizational Transformation: A Case Study of Declining Social Movement. In: *American Sociological Review,* 20, 1955, p. 3-10.

MEYER, W.J. & ROWAN, B. Institucionalized Organizations: Formal Structures as Myth and Ceremony. In: DiMAGGIO, P. & POWELL, W.W. (eds.). *The new institutionalism in organizational analysis.* Chicago: University of Chicago Press, 1991.

MOUZELIS, P.N. *Organization and Bureaucracy.* Chicago: Aldine Publishing, 1975.

NEE, V. & INGRAM, P. Embeddedness and Beyond: Institutions, Exchange and Social Structure. In: BRINTON, C.M. & NEE, V. (eds.). *The new institutionalism en sociology.* Nova York: Russel, Sage, 1998, p. 19-43.

NORTH, D. *Institutions, Institutional Change and Economic Performance.* Nova York: Cambridge University Press, 1990.

OLSEN, J.P. Maybe It Is Time to Rediscover Bureaucracy. In: *Journal of Public Administration Research, and Theory,* 1, mar./2005, p. 1-16.

PARSONS, T. Introduction. In: WEBER, M. *The Theory of Social and Economic Organization.* Nova York: The Free Press, 1964.

PFEFFER, J. *Organizational Design.* Arlington Heights, IL: A.H.M. Publications, 1978.

PRATES, A.A.P. Organização e Instituição no Velho e Novo Institucionalismo. In: RODRIGUES, B.S. & CUNHA, M.P. (eds.). *Novas perspectivas na administração de empresas* – Uma Coletânea Luso-brasileira. São Paulo: Iglu, 1999.

_____. Dilema Institucional dos institutos de pesquisa do país. In: *Ciências Sociais hoje.* São Paulo: Anpocs/Vértice, 1987.

REICH, R. *The Work of Nations.* Nova York: Vintage Books 1992.

SCOTT, W.R. & MEYER, W.J. The Organization of Societal Sectors: Propositions and Early Evidence. In:

DiMAGGIO, P. & POWELL, W.W. (eds.). *The new institutionalism in organizational analysis.* Chicago: University of Chicago Press, 1991.

SELZNICK, P. Institucionalism "Old" and "New". In: *Administrative Science Quarterly*, 41, 1996, p. 270-277.

_____. *TVA and the Grass Roots.* Nova York: Harper & Row, 1965.

_____. *Leadership in Administration.* Nova York: Harper & Row, 1957.

SILVEIRA, H. Gestão da Informação em Organizações Virtuais: uma nova questão para a coordenação Interorganizacional no setor público. In: *Ciência da Informação*, vol. 34, n. 2, mai.-ago./2005, p. 70-80. Brasília.

SMELSER, N.J. *Social Change in the Industrial Revolution.* Chicago: The University of Chicago Press, 1959.

THOMPSON, D.J. *Dinâmica organizacional.* São Paulo: McGraw-Hill, 1976.

WEBER, M. *The Theory of Social and Economic Organization.* Ed. de T. Parsons. Nova York: Free Press, 1964.

WILLIAMSON, O. Transaction Costs Economics and Organization Theory. In: SMELSER, J.N. & SWEDEBERG, R. (eds.). *The Handbook of Economic Sociology.* Princeton: Princeton University Press, 1994.

WOODWARD, J. (ed.). *Industrial Organization*: Behavior and Control. Londres: Oxford University Press, 1970.

11
Sociologia das organizações II
"Sociologia organizacional: temas, pressupostos e situação do campo"

Daniel S. Lacerda

Wescley Silva Xavier

Introdução

Muito embora possamos enxergar o trabalho como categoria central durante toda a história da humanidade, sua forma de organização assume contornos distintos a partir do século XVIII, quando a atividade produtiva é desmembrada e realizada em escala, acentuando a interdependência das tarefas dentro de uma unidade produtiva (i. e., a empresa). A partir desse período, a vida social foi crescentemente impactada pela nova tradição filosófica positivista que emergia para consolidação da Modernidade, resultando posteriormente na criação também da sociologia como ciência, e consequentemente afetando o modo como entendíamos os fenômenos organizacionais. Essas foram as bases para o surgimento da organização como objeto de estudo.

No início do século XX, surge então uma nova visão cartesiana de produção, que se convencionou chamar de "Administração Científica". Essa visão recebeu forte influência das ciências sociais particularmente a partir das investigações sobre fatores psicossociais de produção (A Escola de Relações Humanas que tem como marco os Estudos De Hawthorne), e sobre a forma burocrática de organização (uma eficiente forma de dominação esmiu-

çada por Max Weber). Foi seguindo os cânones da administração científica que as empresas buscaram ao longo de quase toda a história se ajustar a modelos estruturais de organização, expurgando formas orgânicas que emergissem fora de planos funcionalmente definidos, a fim de que um ordenamento dos fatores de produção pudesse levar à máxima eficiência do sistema.

Essa narrativa dominou os estudos sobre organizações ao longo de sua história, sempre na busca pela melhor forma de gerenciar recursos para máxima eficiência. No entanto, na metade do século XX, o campo recebe novos contornos pela incorporação de perspectivas teóricas inovadoras, a partir do desenvolvimento epistemológico das próprias ciências sociais. A partir do entendimento de que a preocupação da ciência sobre organizações deveria ser o estudo das formas de organização dos indivíduos e suas relações – para além da forma estrita de organização que gere maior produtividade, como havia sido delimitado por Taylor (BRAVERMAN, 1974) – foram rompidas pelas divisões tradicionais do campo. Novas visões foram incorporadas, superando as formas estritamente econômicas de relação social, considerando organizações que podiam ser entendidas de modo subjetivo, abrindo espaço para a crítica ao funcionalismo sistêmico, rompendo com a crença na racionalidade ilimitada, e debatendo até mesmo a produção do conhecimento em si.

Para além da ideia de organização empresarial como guia aos estudos, no campo, diversas outras formas organizacionais tornaram-se objeto de interesse dos pesquisadores, como associações sindicais, de bairro ou cooperativistas; cidades, bairros ou comunidades; escolas de samba, clubes de futebol ou bordéis. A pluralidade dos objetos e suas premissas constitutivas tornam o entendimento do campo das organizações tarefa ainda mais complexa. O campo é atravessado, portanto, por diferentes orientações teóricas, metodológicas e epistemológicas, que só foram reconhecidas a partir da obra clássica de Burrell e Morgan (1979).

Diante do exposto, toda tentativa de delimitação do campo de sociologia e organizações pode ser contestada porque se trata de um campo constituído por abordagens transdisciplinares que se dedica ao estudo de um objeto de estudo onipresente na contemporaneidade. No entanto, não se trata de um campo sem fronteiras, ou mesmo de um campo que possa ser identificado por significante vazio. Por um lado, é essencial notar que a abordagem sociológica traz necessariamente um olhar reflexivo para além do que possa estar institucionalizado como prática ou conhecimento administrativo, bastante comum no período em que a doutrina do "management" se expande para diversas esferas sociais. Por outro lado, as especificidades do nosso campo de estudos incluem um foco no fenômeno organizacional que vai além do que a sociologia trata de modo mais geral como interações sociais. Em larga medida, o campo se confunde com o que no Brasil se convencionou chamar *estudos organizacionais*, apesar de este último contar também com contribuições mais claramente associadas a outros campos como a economia, a psicologia ou a geografia. Neste capítulo, procuramos nos ater às investigações mais diretamente associadas às correntes sociológicas.

A seguir, apresentaremos com mais detalhes a distinção paradigmática (i. e., diferentes visões de mundo) dos estudos sobre organizações, que distribui seus pesquisadores em subcampos com distintas premissas ontológicas (sobre o que existe) e epistemológicas (sobre como gerar conhecimento). A seguir, delineamos nossa própria perspectiva de análise dos estudos organizacionais no Brasil e apresentamos alguns parâmetros utilizados para realizar um levantamento do panorama atual das pesquisas. No tópico seguinte, uma avaliação geral sobre a agenda de pesquisa em organizações é apresentada juntamente com alguns exemplos temáticos e explicações dos conceitos básicos de algumas teorias que marcam o campo de sociologia e organizações atualmente. E, finalmente, fazemos um convite a pesquisas rigorosas, reflexivas e concentradas na realidade nacional.

A constituição do campo: uma questão paradigmática

É impossível estabelecer uma definição única do que sejam as organizações. Isso se dá fundamentalmente porque toda definição parte de uma forma particular de ver o mundo, e é necessário portanto contextualizá-la em seu paradigma específico. O paradigma dominante nos estudos organizacionais, sob forte influência dos estudos em administração, permanece ainda largamente ancorado nos mesmos pressupostos fundacionais da Administração Científica, que representam organizações a partir de uma visão largamente positivista, e que naturaliza a forma empresa como tipo geral de organização.

O trabalho seminal de Burrell e Morgan (1979), que reconheceu a pluralidade dos estudos em organizações, é ainda hoje reconhecida e utilizada como obra fundamental para libertação do paradigma do *mainstream* dominante. Os autores organizam os estudos então considerados emergentes a partir de dois eixos: i) abordagem objetiva *vs.* subjetiva, que separa de um lado os estudos que veem o mundo de modo objetivo, determinista e sistemático; e de outro os estudos que consideram o mundo dependente da cognição subjetiva e seus sujeitos relativamente autônomos; ii) sociologia da regulação *vs.* sociologia da mudança radical, que separa de um lado teorias que enfatizam a integração e o consenso social; e de outro teorias que entendem o conflito como constitutivo e inescapável para mudança social. O cruzamento das duas dimensões de premissas metateóricas provê quatro distintos paradigmas que compõem visões de mundo diferentes e, portanto, habitadas por teorias inconciliáveis. Esse reconhecimento acerca das próprias premissas é importante para a escolha do referencial teórico de um trabalho, evitando articular autores que trazem a reboque visões de mundo distintas sem as devidas premissas.

A questão dos paradigmas na produção do conhecimento tem sua raiz na obra clássica de Thomas Kuhn (1997), que propôs paradigmas científicos como leis e conceitos implícitos, aceitos e compartilhados por uma comunidade científica em um período de ciência normal. Quando novas experiências não podem mais ser explicadas pelo paradigma dominante (ou seja, da ciência normal) há uma ruptura, promovendo uma revolução científica. Essa revolução científica pode ser ilustrada simbolicamente pela passagem do paradigma Newtoniano para o paradigma da Relatividade na física, ou do geocentrismo (Terra no centro do universo) para o heliocentrismo (Sol no centro do sistema orbitado pela Terra). Ou mesmo na filosofia, quando a visão do estado positivo presente na obra de Comte é abalada pelas incursões do idealismo alemão presente em Hegel e, posteriormente, no materialismo histórico-dialético de Marx.

As variadas formas de separar e classificar as teorias organizacionais são importantes para percebermos que nem todos os estudos podem ser simplesmente combinados, como é frequente em trabalhos de estudantes de ciências sociais. É preciso compreender se as premissas utilizadas por autores postos em diálogo são compatíveis. Essas premissas são as diferentes respostas a questões ontológicas e epistemológicas que sustentam/fundamentam uma teoria. Nas palavras de Burrell (2013, p. 91), "as questões permanecem na verdade bastante similares, são as respostas que variam dramaticamente".

No estudo das organizações, Astley e Van de Ven (2005) propõe algumas dessas questões: Organizações são sistemas funcionalmente racionais e tecnicamente determinados ou são materializações de ações individuais socialmente construídas e subjetivamente significativas? As mudanças nas formas organizacionais são explicadas pela adaptação interna ou pela seleção ambiental? O ambiente deve ser visto como um agregado simples de organizações, governado por forças econômicas externas, ou como uma coletividade de organizações integradas e governadas por suas próprias forças políticas e sociais internas? O comportamento organizacional está principalmente preocupado com a ação individual ou com a ação coletiva? As organizações são instrumentos técnicos neutros, programados para atingir metas, ou são manifestações institucionalizadas de interesses adquiridos e estruturas de poder da sociedade? É uma prática útil para todo pesquisador responder a sua própria visão de mundo através dessas considerações antes de apresentar os fundamentos metodológicos de um trabalho de dissertação ou tese.

No entanto, a distinção de vertentes teóricas em um campo de pesquisa a partir das diferentes respostas resulta em um quadro incompatível com a descrição Kuhniana de paradigmas, uma vez que há comunidades científicas mais ou menos sobrepostas que estudam os mesmos fenômenos a partir de pressupostos filosóficos (ontológicos e epistemológicos) bastante diversos, colocando em questão a possibilidade de conciliação/integração dos paradigmas, ou mais especificamente da "comensurabilidade dos paradigmas". Esse debate já foi revisitado diversas vezes também na literatura dos estudos organizacionais, com variadas posições, como ilustrado a seguir em um debate clássico na revista *Organization*:

> Entre o isolacionismo de um lado e hegemonia da "volta ao fundamental" de outro, existe uma posição multiparadigmática que pode ser considerada como um meio-termo entre o relativismo e o dogmatismo (SCHERER & DOWLING, 1995). A perspectiva multiparadigmática ou pluralista é valorizada por cada vez mais pesquisadores de teorias das organizações (SCHERER, 1998, p. 155).

> Eu acredito que, em princípio, a comensurabilidade de visões nos e dos estudos organizacionais é completamente possível. Na prática, tudo que precisamos é colocar todos os acadêmicos de organizações no mesmo lugar e impedi-los de ter qualquer contato com o mundo exterior. Depois de, digamos, 3-5 anos, teríamos não duas, mas três escolas: uma que diz "sim", uma que diz "não" e outra que diz "tudo depende", em resposta a uma mesma questão (CZARNIAWSKA, 1998, p. 273).

Esse debate, ilustrado acima com a tentativa conciliatória de Scherer e a ironia cética de Czarniawska, tem outras vias de escape. Há ainda estudos que buscam formas alternativas à visão paradigmática nos estudos organizacionais, ainda que de certa forma possam ser vistos como "atualizações" das próprias classificações paradigmáticas de trabalhos anteriores. Nas últimas décadas tivemos por exemplo obras como *Images of Organization* (MORGAN, 2006) que utiliza diferentes metáforas organizacionais (ex.: máquina, cérebro, sistemas de governança etc.) para representar de modo tangível a ideia abstrata de organizações; *Styles of Organizing: The Will to Form* (BURRELL, 2013) com o cubo organizacional que separa oito lugares filosóficos que refletem também diferentes formas materiais de organização; e no Brasil O *Círculo de Matrizes Epistêmicas* (PAULA, 2016).

Com *O Círculo de Matrizes Epistêmicas*, Paula (2016) busca superar a mentalidade paradigmática inserida no campo de organizações desde a obra de Burrel e Morgan (1979). Ele é fundamentado nos três interesses cognitivos discutidos por Habermas (1982), e é composto por três matrizes epistêmicas: a matriz empírico-analítica (interesse técnico), a matriz hermenêutica (interesse prático) e a matriz crítica (interesse emancipatório). Paula (2016) destaca que dentro de cada matriz do círculo transitam diversas abordagens sociológicas formadas por teorias e métodos variados. De forma geral, a matriz empírica-analítica se caracteriza pelo "alinhamento com a filosofia positiva, o uso da lógica formal e preferência pelo interesse técnico". Já a matriz hermenêutica caracteriza-se por estar "alinhada com a filosofia hermenêutica, pelo uso da lógica interpretativa e pela preferência pelo interesse prático". Por fim, a matriz crítica, que se caracteriza pelo "alinhamento com a filosofia negativa, pelo uso da lógica dialética e pela preferência pelo interesse emancipatório" (PAULA, 2016, p. 36).

Por fim, não podemos perder de vista que todo o debate filosófico acerca das diferentes escolas teóricas não permite contemplar a heterogeneidade que existe no grau de atenção e importância dado pela comunidade acadêmica para cada uma delas. Durante muito tempo, a dominância da visão estrutural-funcionalista foi puxada pela agenda da busca da eficiência das organizações que visam o lucro. Foi o contexto de organizações alternativas que demonstrou a necessidade de alternativas teóricas, e por isso pesquisadores que buscavam escapar do *mainstream* frequentemente se debruçavam sobre outras formas organizacionais. O campo de sociologia das organizações foi paradoxalmente largamente dominado por estudos de organizações não empresariais, e era o refúgio dos pesquisadores em estudos organizacionais que buscavam uma alternativa à homogeneidade do campo dominante em administração. A própria escolha dos objetos, portanto, faz do campo uma arena de investigação que é necessariamente política.

Recentemente, no entanto, o protagonismo das empresas nas práticas administrativas tem invadido cada vez mais o espectro de interesses da sociologia organizacional, que tradicionalmente o negligenciava. Essa saudável abertura para a análise e interpretação de organizações empresariais no campo de sociologia organizacional traz um risco que deve ser ressaltado: consolidar uma hegemonia da forma empresa tanto no universo das práticas quanto nas pesquisas acadêmicas. O que poderia ser até mesmo consequência do mesmo modelo de metas e resultados das empresas chegando à academia, uma irônica manifestação prática da metáfora que os próprios acadêmicos criaram para definir tal processo: "empresarização" (cf. RODRIGUES; SILVA & DELLAGNELO, 2014). Gibson Burrell, em artigo recente com Michael Reed, publicou em renomada revista internacional uma crítica a essa ortodoxia, fazendo um apelo para que os pesquisadores do campo se lançassem menos às pesquisas sobre a organização da "produção" e do "consumo" e olhassem mais para as "organizações da destruição" (REED & BURRELL, 2018).

A evolução dos debates acadêmicos em organizações

As publicações em periódicos científicos sobre organizações não estão imunes ao produtivismo acadêmico que assola a academia no Brasil e no mundo. O contorno dessa questão no Brasil é dado principalmente pelos critérios de avaliação da Capes, que levam pesquisadores – especialmente alunos coagidos pelas regras dos seus programas de pós-graduação – a produzirem artigos utilizando técnicas que aumentam as chances de publicação: seguir a agenda proposta pelos debates dos periódicos, escrever de forma burocrática referenciando as publicações recentes para demonstrar conhecimento do "estado da arte" e reproduzir largamente conceitos e ideias já estabelecidos.

Essas práticas seguem o paradigma internacional no qual a produção do conhecimento científico é um diálogo entre pesquisadores que visa a evolução do corpo de conhecimento sobre um objeto. Apesar de serem importantes e terem seus fundamentos para permitir o tão importante rigor científico, a importação desse paradigma e da sua forma esvaziada de substância leva em larga medida ao abandono da reflexividade, que é fundamental especialmente para produção de trabalhos verdadeiramente críticos (PAULA, 2015). Essa ressalva deve ser feita antes de apontar as direções atuais do campo de organizações no Brasil. Em especial para que os pesquisadores não se prendam apenas aos temas e objetos frequentemente investigados, ainda que conhecê-los seja importante precisamente para estabelecer um diálogo com essa comunidade. Há certamente inúmeros casos de trabalhos interessantes e relevantes, que procuramos selecionar aqui.

Foram pesquisados os artigos publicados nos anos de 2014 a 2018 em quatro das principais revistas do campo: *Revista de Administração de Empresas (RAE), Cadernos Ebape, Revista de Administração Contemporânea (RAC),* e *Organizações & Sociedade (O&S).* Em cada uma delas são publicados em média trinta artigos por ano diretamente relacionados ao campo de sociologia e organizações. Há ainda outras revistas importantes que não foram contempladas nesse levantamento e são ricos espaços de debates do campo, tais como a *RSP –*

Revista de Sociologia e Política, Farol e RBEO (Revista Brasileira de Estudos Organizacionais).

Há diversos níveis de análise trabalhados nesses artigos. Os estudos sobre organizações contemplam a relação do indivíduo com organizações (ou práticas organizativas), as relações entre organizações e o contexto socioeconômico no qual a organização está incluída. O foco no nível de análise está ligado principalmente à escolha epistemológica da pesquisa, e é importante que isso seja percebido pelo estudante. Nesse sentido, uma investigação sobre programas de Responsabilidade Social Corporativa – Rodriguez e Perez (2016) por exemplo avaliam a relação desses programas com o ambiente institucional – já traz como premissa uma apreensão ontológica da organização (nesse caso, a corporação) como estrutural, parte de um sistema aberto (dado que a responsabilidade social diz respeito a um ambiente) e de uma perspectiva sociológica regulacionista (uma vez que os problemas sociais poderiam ou deveriam ser resolvidos por programas voluntários das corporações).

A influência da sociologia nos estudos organizacionais despontou especialmente a partir dos estudos sobre burocracia. Weber explica o sucesso das organizações na Modernidade, destacando as características positivas que a administração burocrática traz para a realização do objetivo planejado para elas: precisão, velocidade, continuidade, subordinação são apenas alguns dos sintomas de eficiência que a visão objetivista pode proporcionar à organização que desprioriza o homem em suas relações. As várias técnicas para definir e controlar o trabalho em organizações modernas, por mais flexíveis que pareçam ser, buscam sempre a previsibilidade dos resultados desejados (MARSDEN & TOWNLEY, 1999).

Um dos elementos fundantes mais recorrentes nos estudos sobre burocracia é o conceito de racionalidade adotado por Weber (1994) como possível

categoria central para distinguir organizações burocráticas e não burocráticas. Antes de fundamentar sua teoria social, Weber recupera o conceito clássico de razão, conceituando duas motivações para a racionalidade da ação social: *formal/instrumental* (Zweckrartionalität), baseada no cálculo utilitário das consequências, orientando a ação pelos fins, meios e consequências secundárias; e *substantiva* (Wertrartionalität), postulada nos valores do sujeito, que age a serviço de sua convicção sem orientar-se pelas consequências quaisquer da ação. É recorrente a avaliação que a racionalidade formal tenha encontrado seus limites de ação após a industrialização, mais especificamente nas esferas econômicas, legais, científicas, e demais estruturas de dominação burocráticas. Portanto, muitos estudos avaliam a possibilidade de uma organização pautada pela orientação a valores, ou ainda outras formas de se entender a racionalidade, como uma ação orientada para o acordo, para o entendimento mútuo que leva a um consenso (HABERMAS, 1984).

Mas o abandono da racionalidade técnica não significa necessariamente o abandono da burocracia, ainda que ela possa ser reconceituada. Com a retomada da teoria institucional nas ciências sociais, na década de 1970 (SCOTT, 1995), o campo de organizações também foi fortemente afetado. A (pretensa) racionalidade técnica tornou-se objeto de críticas, por reproduzir o que DiMaggio e Powell (1991) classificaram como gaiola de ferro, em alusão ao termo criado por Weber. De acordo com os autores, as organizações buscam uma mudança estrutural, não em função da eficiência ou da necessidade imposta pela concorrência, mas em função de processos que tornam as organizações mais semelhantes, sem necessariamente fazê-las mais eficientes.

A institucionalização reflete um processo de infusão de valores por parte das organizações, quando elas passam a simbolizar as aspirações da comunidade e com isso deslocam o eixo de suas ações da (pretensa) racionalidade técnica, que é independente do contexto de aplicação, para uma espécie de racionalidade coletiva, onde o melhor a ser feito é aquilo que é legitimado por um campo independente de seus atributos estritamente técnico-burocráticos. O enfoque sociológico do institucionalismo nas organizações possibilitou a incorporação das dimensões ambientais e relações interorganizacionais. E a fim de se distanciarem do aprisionamento da gaiola de ferro, o neoinstitucionalismo se apresenta até hoje como rota possível, prevalecendo no campo trabalhos que privilegiaram o isomorfismo e o mimetismo das organizações.

Mas a própria influência da burocracia nas formas organizacionais é constantemente revista e desafiada, especialmente em uma era que muitos autores chamam de "pós-burocrática". A ênfase em formas inovadoras de organizações pós-burocráticas pode encobrir o conceito original do termo: afinal, a burocracia se trata na verdade de um tipo ideal, e os princípios que Weber utilizou para descrevê-la não precisam ser correspondidos sistematicamente em um exemplo empírico para ser identificada como tal. Pelo contrário, entendendo que a burocracia pode ser mais rigorosamente definida como uma forma de dominação, pensadores como Maurício Tragtenberg se dedicaram a estudar como ela se altera ao longo do tempo para acompanhar as mudanças socioeconômicas do modo de produção capitalista, permitindo que a empresa seja vista como uma realização concreta dessa forma de dominação (TRAGTENBERG, 2005).

De toda forma, há certamente um crescente abandono dos estudos que reforçam mais a estrutura em sua representação clássica em benefício de uma orientação mais processual e subjetiva das organizações. Assim, tornam-se cada vez mais comuns as abordagens que apreendem organizações como práticas organizativas (sempre em constru-

ção) e um interesse emergente na abordagem do cotidiano e das relações ordinárias. A seção a seguir destaca essa e outras abordagens teóricas recorrentes no campo, selecionados a partir de suas frequências de publicação nas revistas brasileiras.

O estado da arte: alguns debates atuais

A abordagem mais frequente no campo hoje ainda é – pelo menos no Brasil – o (neo)institucionalismo. Atualmente, são vários os trabalhos que empregam a perspectiva isomórfica para compreenderem as estruturas das organizações. Versiani, Monteiro e Resende (2018) investigaram a gestão nas escolas da rede pública brasileira para determinar o modo como as lógicas institucionais existentes são determinantes para a estrutura organizacional isomórfica. Cenci e Filippim (2017), ao investigarem os fatores que motivam ou desmotivam a atração, permanência ou desistência de membros em instituições religiosas, concluíram que os sistemas de regras, normas, princípios regulatórios, crenças e ritos, têm influência direta na satisfação dos membros dessa organização, a depender do grau de institucionalização e da capacidade de agência dos atores.

Em particular, o estudo de Cenci e Filippim (2017) dá mostra da versatilidade quanto às tipologias organizacionais investigadas a partir dessa perspectiva. Não se trata apenas de uma ampliação quanto ao aspecto empírico a ser estudado, mas também ao potencial de interseções teóricas, como os trabalhos que buscam associar, por exemplo, o neoinstitucionalismo e a teoria da ação comunicativa habermasiana. Em outro exemplo da flexibilidade das abordagens institucionais, Kelm et al. (2014) buscam explicitar, através dos modelos de responsabilidade social, como uma sociedade viabiliza a materialização de novos padrões de racionalidade. Para tal, se valem tanto dos processos de isomorfismo como da teoria da evolução social, proposta por Habermas.

Além da abordagem institucionalista, outra perspectiva já bastante consolidada e desdobrada no campo das organizações é a visão de organizações enquanto redes. Particularmente nos últimos anos, tem sido frequente a abordagem de redes sociais a partir de uma visão mais construcionista, sobretudo a *teoria ator-rede*, ou *Actor-Network Theory* (ANT), que é também chamada de sociologia da tradução. Seu objetivo é remontar as conexões sociais a partir da trajetória de seus atores, e dessa forma mapear as controvérsias sobre a criação do grupo. Os teóricos da ANT defendem que a natureza não existe de forma objetiva e nem nos mantém unidos, mas é construída a partir da realização das ações pelos atores influenciados pelo poder latente de outros atores.

A ANT não faz distinção entre pessoas e artefatos na análise de suas interações, por isso pesquisas que utilizam ANT são bastante comuns nos estudos sociotécnicos (CALISKAN & CALLON, 2010), rompendo com a visão da organização absoluta, beneficiada pela eficiência que uma nova tecnologia pode trazer, e enfatizando a organização como fruto do ambiente sociotécnico, o que permite enxergar esses sistemas como tradução de interesses. A materialidade é, portanto, um conceito-chave. A partir da influência que podem trazer os objetos inanimados no meio social, são avaliados os significados que recebem e a forma como podem ressignificar relações sociais (TONELLI, 2016).

A importância e emergência da ANT enquanto perspectiva de redes está ligada de forma mais geral à incorporação de abordagens sociológicas que enfatizam uma visão processual ao estudo de organizações. Essa transformação muito tem a ver com o entendimento de organização como algo resultante de um processo que não é essencialmente planejado, mas sim de um conjunto de ações cotidianas

dos seus atores. Nesse sentido, Barros e Carrieri (2015) defendem que a realidade das organizações é diversa, e deve ser estudada a partir das práticas de sobrevivência do dia a dia. Isso inclui possibilidades variadas de objetos de estudo, como por exemplo as práticas organizacionais circenses estudadas por Aguiar e Carrieri (2016). O cotidiano se mostra fortuito quando atrelado a outras nuanças organizacionais. Cabe destacar o trabalho de Cabana e Ichikawa (2017) a respeito das alterações nas práticas cotidianas dos sujeitos na medida em que a identidade organizacional se modifica.

A ideia de organização enquanto produto cultural – e não estrutura normativa dada *a priori* – é, portanto, bastante comum e tem ganhado relevância cada vez maior com a emergência de estudos pós-modernos. Dentro desse paradigma construcionista, talvez a maior ruptura paradigmática das últimas décadas em estudos organizacionais tenha sido a visão de práticas organizativas (*organizing*) em substituição à visão clássica de organização. Em uma aplicação dessa perspectiva, Souza, Costa e Pereira (2015) se utilizam da categoria de "corpo" para ressaltar as mudanças que ocorrem quando a análise se dá a partir do "organizar", ressaltando aspectos efêmeros e transitórios da realidade. O corpo, assim como as organizações, pode ser apreendido e classificado a partir das *performances* que se operam nas relações sociais, e não a partir de classificações feitas *a priori*. Para além do normativo, fixo ou biológico, são as relações de poder que constituem os corpos, subjetividades e os sentidos.

Os estudos interacionais também se destacam no campo, permitindo abordar como as representações sociais moldam a organização de modo diverso e simbólico. Bueno e Freitas (2018) exploram os casos de equipes multiculturais de trabalho em três diferentes corporações para avaliar quais as principais representações sociais que constroem a organização. A *Teoria das Representações Sociais*

(TRS), de Serge Moscovici, demonstra que a criação de estereótipos em um grupo social estabelece um padrão de comportamento considerado normal ou esperado dos indivíduos do grupo. As representações que funcionam como interface social do comportamento do indivíduo favorecem a estabilidade e a previsibilidade mesmo em um grupo diverso. Considerando que a estabilidade é um princípio fundamental em organizações modernas, essas representações culturais podem ser, portanto, favoráveis aos objetivos organizacionais. No estudo de Bueno e Freitas (2018), o foco é o modo como a interação cotidiana transforma o desconhecido choque intercultural em novas representações comuns, "enriquecendo" o cotidiano de trabalho, ainda que o tipo e beneficiário desse enriquecimento fiquem completamente ocultos no estudo.

Importante ressaltar que o papel da cultura organizacional na formação da identidade vai muito além de abordagens diretamente ligadas à gestão da cultura. Há ainda trabalhos mais reflexivos que discutem o atravessamento de aspectos culturais, como o de Rosa (2014), que demonstra o afastamento dos estudos organizacionais brasileiros em relação ao nosso próprio contexto social, com reprodução mecânica de parâmetros anglo-saxões nos estudos e na "gestão" da diversidade étnica. Se por um lado em nossas práticas sociais buscamos ressaltar nossa miscigenação e sufocar nossas tensões pela diferença e desigualdade de raças, as práticas organizacionais reproduzem esse mesmo padrão de mascaramento das exclusões. Isso afeta ainda as escolhas teóricas e metodológicas dos estudos organizacionais, algo que Rosa chama a atenção para que se resgate o debate brasileiro nos estudos sobre diversidade.

Os estudos sobre diversidade organizacional incorporam ainda aspectos de gênero, uma questão também emergente no campo. Sob um viés mais funcionalista, cabe destacar que a maior presença de mulheres nas organizações, especialmente nos seus níveis mais altos da estrutura, impactam a capacidade inovadora (ROMERO-MARTÍNEZ; MONTORO-SÁNCHEZ & GARAVITO-HERNANDÉZ, 2017), e a elaboração de códigos de conduta a partir de valores éticos pautados na diversidade (HARO-DE-ROSARIO et al., 2017). Para além do caráter funcionalista, a inclusão da categoria de gênero na análise de organizações permite enxergar por exemplo a diferença para manutenção de arranjos organizacionais tradicionais pautados no saber prático (FIGUEIREDO & CAVEDON, 2015). Ademais, muitas discussões ampliam as possibilidades para múltiplas formas de identidades nas organizações, pautadas em questões de gênero e sexualidade, às quais trazem a reboque elementos como *performance*, hierarquias e identificações (SOUZA, 2017).

Além das diversas abordagens teóricas que enfocam aspectos diferentes das organizações, há também perspectivas que se delimitam pela escolha do objeto. Em especial, o campo de organizações alternativas é bastante estudado por pesquisadores que investigam formas não hegemônicas de organizar. Vizeu, Seifert e Hocayen-da-Silva (2015) apresentam as bases de uma dessas organizações: os Faxinais do Sul do país. Eles mostram que em lugar do mercado e das formas gerenciais de gestão pautadas pelas instrumentalidades, é a multiplicidade de crenças, tradições, práticas e costumes particulares dos Faxinais que orientam a organização. Dentro do princípio da comunidade, não é a posse da terra que orienta o seu uso, as relações de confiança e solidariedade estão acopladas à tradição religiosa e os mutirões coletivos são manifestações essenciais para a subsistência da comunidade.

Os trabalhos de Rosa (2014) e Vizeu et al. (2015) são exemplos de estudos críticos, que se distanciam da perspectiva de regulação social no qual as organizações poderiam ignorar as contradições sociais para serem acopladas de modo regulado na sociedade. Os estudos críticos são bastante diversos na literatura, variando de abordagens marxistas mais ortodoxas que investigam a economia política das organizações (FLORES & MISOCZKY, 2015; HELAL, 2015) a abordagens críticas da realidade social que incorporam a possibilidade de prática gerencial (JÚNIOR & LOPES, 2015; MOURA-PAULA & FERRAS, 2015).

Dentro do guarda-chuva de estudos críticos, destacam-se ainda as contribuições clássicas de autores brasileiros. Apesar de 60% das leituras usadas nos cursos de teoria das organizações da pós-graduação do Brasil serem de autores franceses ou anglo-saxões (WAIANDT & FISHER, 2013), permanece ainda em pesquisas de sociologia e organizações um constante esforço em atualizar e honrar as obras de autores brasileiros que permitiram não apenas contribuir de modo relevante com o campo mas especialmente fazê-lo a partir das nossas especificidades sócio-históricas. Foi realizado inclusive uma chamada especial para explorar a aplicação de autores brasileiros nos estudos em organizações, a partir do resgate de autores como Alberto Guerreiro Ramos, Maurício Tragtenberg e Fernando Prestes Motta que desenvolviam estudos críticos antes mesmo da institucionalização desse campo crítico no mundo Anglo-Saxão (PAULA, 2015).

Por fim, apesar de serem direcionados especialmente a cursos de graduação, alguns livros sobre sociologia e organizações têm interessantes trabalhos que introduzem de modo bastante produtivo as categorias principais do campo. O livro *Sociologia e administração – Relações sociais nas organizações*, de Marilis Almeida, Sidinei Oliveira e Valmir Piccinini, traz uma edição bem-elaborada de capítulos produzidos por diversos autores que exploram as conexões entre administração e sociologia. O livro apresenta as bases da pesquisa no campo e permite aprofundar nos principais conceitos fundamentais como socialização, controle, participação e poder. Já o livro *Sociologia das organizações: conceitos, relatos e casos"*, de Pedro Jaime e Fred Lucio, explora mais especialmente casos práticos relacionados à vida organizacional de uma empresa, partindo da diversidade e cultura como eixos fundamentais dessa análise. Esses são dois exemplos de livros que podem servir a um estudante que busque uma maior organização conceitual antes de se aprofundar nas pesquisas do campo.

Conclusão

Apesar das diversas "revoluções epistemológicas" que expandem o campo de sociologia e organizações continuamente, no Brasil ainda se mantém bastante relevante o agrupamento heurístico que reúne de um lado a tradição funcionalista associada a um quase *mainstream* institucionalista, complementados ainda por abordagens regulacionistas da gestão cultural; e de outro uma visão emancipadora da sociedade que busca novas racionalidades orientadoras ou enxergam no conflito e nas disputas de poder a explicação para toda relação social.

Esse campo de sociologia e organizações em muito se confunde com os estudos organizacionais no Brasil, apesar desse último alargar ainda mais os seus perímetros de interdisciplinaridade. Esse caráter multidisciplinar da área é atestado pela forma como mudanças na forma de enxergar organizações ocorreram a partir das quebras paradigmáticas ocorridas nas ciências humanas de forma geral. É, portanto, um campo permeável a influências também variáveis com o tempo e o contexto de produção. A esse respeito, é importante ressaltar que temas bastante trabalhados atualmente em estudos fora do Brasil são ainda pouco estudados no Brasil, e tem galgado espaços constantemente, como os estudos *História e organizações* (ALCADIPANI & BERTERO, 2014; BARROS & CARRIE-

RI, 2015) ou *Espaço e organizações* (WILLEMS & VAN MARREWIJK, 2017; BRULON & PECI, 2018). Essas janelas mostram que as fronteiras do campo permanecem ainda inexploradas.

No entanto, o exemplo da incorporação da agenda internacional não deve ser de modo algum a única orientação dos estudos brasileiros. Ciências sociais aplicadas devem evitar a todo custo perder suas raízes epistêmicas, e apesar dos imensos desafios, não faltam no Brasil exemplos de pesquisas sobre organizações que sejam rigorosas, reflexivas e centradas na realidade nacional. São esses princípios que buscamos estimular aqui.

Referências

AGUIAR, A.R.C. & CARRIERI, A.P. Água de lona e sangue de serragem nos discursos de sujeitos circenses. In: *Organizações e Sociedade*, vol. 23, n. 77, 2016, p. 247-262.

ALCADIPANI, R. & BERTERO, C.O. Uma escola norte-americana no Ultramar? – Uma historiografia da Eaesp. In: *ERA* – Revista de Administração de Empresas, vol. 54, n. 2, mar.-abr./2014, p. 154-169.

BARROS, A.N. & CARRIERI, A.P. O cotidiano e a história: construindo novos olhares na Administração. In: *Revista de Administração de Empresas*, vol. 55, n. 2, 2015, p. 151-161.

BERGER, P.L. & LUCKMANN, T. *A construção social da realidade* – Tratado de sociologia do conhecimento. Petrópolis: Vozes, 2002.

BRULON, V. & PECI, A. Quando processos de organizar se chocam: hibridismos no espaço social de favelas. In: *Revista Eletrônica Organizações e Sociedade*, vol. 25, 2018, p. 68-86.

BUENO, J.M. & FREITAS, M.E. Representações sociais no contexto intercultural: o cotidiano de três subsidiárias brasileiras. In: *Cadernos Ebape.BR*, vol. 16, n. 1, 2018, p. 101-118.

BURRELL, G. *Styles of organizing*: The will to form. Oxford: Oxford University Press, 2013.

BURRELL, G. & MORGAN, G. *Sociological Paradigms and Organisational Analysis* – Elements of the Sociology of Corporate Life. Vermont: Ashgate, 1979.

CABANA, R.P.L. & ICHIKAWA, W.Y. As identidades fragmentadas no cotidiano da Feira do Produtor de Maringá. In: *Organizações & Sociedade*, vol. 24, n. 81, 2017, p. 285-304.

CALISKAN, K. & CALLON, M. Economization, part 2: a research programme for the study of markets. In: *Economy and Society*, vol. 39, n. 1, 2010, p. 1-32.

CENCI, R. & FILIPPIM, E.S. Atração e permanência de pessoas em instituições religiosas católicas – O peso dos contornos institucionais. In: *Cadernos Ebape.BR*, vol. 15, n. 1, 2017, p. 152-168.

CERTEAU, M. *A invenção do cotidiano I*: as artes do fazer. Petrópolis: Vozes, 1994.

CZARNIAWSKA, B. Who is Afraid of Incommensurability? In: *Organization*, vol. 5, n. 2, 1998, p. 273-275.

DIMAGGIO, P.J. The iron cage revisited: institutional isomorphism and collective rationality in organizational fields. In: POWELL, W.W. & DIMAGGIO, P.J. (eds.). *The new institutionalism in organizations analysis*. Chicago: The University of Chicago, 1991.

FIGUEIREDO, M.D. & CAVEDON, N.R. Transmissão do conhecimento prático como intencionalidade incorporada: etnografia numa doceria artesanal. In: *Revista de Administração Contemporânea*, vol. 19, n. 3, 2015, p. 336-354.

FLORES, R.K. & MISOCZKY, M.C. Dos antagonismos na apropriação capitalista da água à sua concepção como bem comum. In: *Organizações & Sociedade*, vol. 22, n. 73, jun./2015, p. 237-250. Salvador.

HABERMAS, J. *The Theory of Communicative Action* – Vol. 1: Reason and the Rationalization of Society. Boston: Beacon Press, 1984.

HARO-DE-ROSARIO, A.; GÁLVEZ-RODRÍGUEZ, M.D.M.; SÁEZ-MARTÍN, A.; CABA-PÉREZ, C. El rol del consejo de administración en la ética empresarial en países de latinoamérica. In: *ERA* – Revista de Administração de Empresas, vol. 57, n. 5, set.-out./2017, p. 426-438.

HELAL, D.H. Mérito, reprodução social e estratificação social: apontamentos e contribuições para os estudos organizacionais. In: *Organizações & Sociedade*, vol. 22, n. 73, jun./2015, p. 251-268. Salvador

KELM, M.L.; RENZ, C.L.S.; ALLEBRANDT, S.L. & SAUSEN, J.O. Institucionalização das iniciativas socioambientais das organizações: interfaces entre a teoria do desenvolvimento social de Habermas e o isomorfismo da teoria institucional. In: *Cadernos Ebape.BR*, vol. 12, ed. esp., 2014, p. 401s.

KUHN, T. *A estrutura das revoluções científicas*. 5. ed. São Paulo: Perspectiva, 1997.

MARSDEN, R. & TOWNLEY, B. A coruja de minerva: reflexões sobre a teoria na prática. In: CLEGG, S.; HARDY, C. & NORD, W. *Handbook de estudos organizacionais*. Vol. 2. São Paulo Atlas, 1999.

MEYER JÚNIOR, V. & LOPES, M.C.B. Administrando o imensurável: uma crítica às organizações acadêmicas. In: *Cadernos Ebape.BR*, vol. 13, n. 1, jan./2015, p. 40-51.

MOURA-PAULA, M.J. & SILVA FERRAZ, D.L. Silêncio organizacional: introdução e crítica. In: *Cadernos Ebape.BR*, jun./2015, p. 516-529.

PAULA, A.P.P. Para além dos paradigmas nos estudos organizacionais: o Círculo das Matrizes Epistêmicas. In: *Cadernos Ebape.BR*, vol. 14, n. 1, 2016, p. 24-46.

_____. Estudos organizacionais críticos e pensadores nacionais. In: *Cadernos Ebape.BR*, jun./2015, p. 410-413.

PARSONS, T. *Structure and Process in Modern Societies*. Nova York: Free Press, 1960.

REED, M. & BURRELL, G. Theory and Organization Studies: The Need for Contestation. In: *Organization Studies*, 2018.

RODRIGUES, M.S.; SILVA, R.C. & DELLAGNELO, E.H.L. O processo de empresarização em organizações culturais brasileiras. In: *Revista Pensamento Contemporâneo em Administração*, vol. 8, 2014, p. 66-85. UFF.

ROSA, A.R. Relações raciais e estudos organizacionais no Brasil. In: *Revista de Administração Contemporânea*, vol. 18, n. 3, jun./2014, p. 240-260. Curitiba.

SCOTT, R.W. *Institutions and organizations*. Thousand Oaks: Sage, 1995.

SOUZA, E.M. A Teoria Queer e os Estudos Organizacionais: Revisando Conceitos sobre Identidade. In: *Revista de Administração Contemporânea*, vol. 21, n. 3, 2017, p. 308-326.

TONELLI, D.F. Origens e afiliações epistemológicas da Teoria Ator-Rede: implicações para a análise organizacional. In: *Cadernos Ebape.BR*, vol. 14, n. 2, 2016, p. 377-390.

TRAGTENBERG, M. A cogestão e o participacionismo ou "Alice no país das maravilhas". In: *Administração, poder e ideologia*. São Paulo: Unesp, 2005, cap. 2.

VERSIANI, A.F.; MONTEIRO, P.R.R. & REZENDE, S.F.L. Isomorfismo e variação da gestão escolar na rede pública brasileira de Ensino Fundamental. In: *Cadernos Ebape.BR*, vol. 16, n. 3, 2018, p. 382-395.

VIZEU, F.; SEIFERT, R.E. & HOCAYEN-DA-SILVA, A.J. Organizações não capitalistas na América Latina: lições de uma comunidade brasileira de base rural, sistemas faxinais. In: *Cadernos Ebape.BR*, mar./2015, p. 369-389.

WAIANDT, C. & FISCHER, T. O ensino dos estudos organizacionais nas instituições brasileiras: um estudo exploratório nos cursos de pós-graduação *stricto sensu* de Administração. In: *Administração*: Ensino e Pesquisa, vol. 14, n. 4, dez./2013, p. 785-836.

WEBER, M. *Economia e sociedade*. Vol. 1. Brasília: EdUnb, 1994.

12
Sociologia econômica I
"Sociologia econômica: o passado e o presente"

João Carlos Graça

As palavras e os saberes: sociologia, economia, sociologia econômica...

Qualquer tentativa de definição exata do lugar epistêmico da sociologia econômica faz-nos deparar com um primeiro problema importante, decorrente da existência das disciplinas diversas (ambas academicamente reconhecidas e consagradas) que são de um lado a sociologia, do outro a ciência econômica. Neste âmbito, torna-se necessário proceder a um certo número de esclarecimentos quanto à história da institucionalização daquelas disciplinas, bem como ao grupo de discursos correlativos.

Como é sabido, o termo "sociologia" foi cunhado na primeira metade do século de oitocentos por Auguste Comte, autor em cuja senda intelectual a vida econômica ficou habitualmente pensada enquanto "setor" ou "departamento" da sociedade, no contexto aliás de um fundamental monismo metodológico, ou daquilo que também já foi descrito como "princípio epistemológico da unidade do conhecimento, especialmente o da ciência social" (ZAFIROVSKI, 2005, p. 123). Os fatos econômicos, adentro deste quadro mental, seriam uma simples variedade de fatos sociais; e por conseguinte a "própria análise econômica não deveria ser pensada separando-a do conjunto da análise sociológica" (p. 126). Comte, também é verdade, deixou em aberto aos seus discípulos a tarefa de saber em que medida seria ou não de admitir a existência de "divisões internas" da ciência sociológica. E vale

decerto a pena, quanto a este aspeto da problemática, pelo menos referir os esforços empreendidos pelo jurista positivista português Manuel Emídio Garcia, o qual em finais de oitocentos argumentou corresponder a esfera econômica a uma particular variedade de fatos sociais, identificados por si (com base numa evidente analogia biológica) como "fatos de vitalidade e nutrição" (GARCIA, 1882, p. 9ss.; GRAÇA, 2005, p. 114).

Referindo-se ainda a esta questão das diferenças e/ou delimitações entre ciência econômica e sociologia, o mesmo Milan Zafirovski (2005, p. 123-156) defende outrossim a interessante tese de que, a par de uma influência usualmente referida da teoria econômica sobre o pensamento sociológico, deveria reter-se também a ideia de uma não menos importante influência de sentido inverso, ou seja, da tradição sociológica para a daquilo que veio a ser a *economics*, sublinhando quanto a isto que Auguste Comte foi pioneiro no enunciar da distinção entre estática e dinâmica, ao mesmo tempo que afirmou a primazia desta última, tendo ainda defendido (de acordo com a célebre "lei enciclopédica" ou de classificação das ciências) a precedência cronológica dos estudos referentes a uma maior generalidade e a uma menor complexidade.

Só muito dificilmente não reconheceremos pertinência à argumentação de Zafirovski. Efetivamente, foi Auguste Comte, não John Stuart Mill, a estabelecer os fundamentos lógicos da célebre antinomia estática-dinâmica, que o economista e filósofo inglês depois subscreveu e que veio a tornar-se canônica na tradição econômica. Foi também Comte a postular a primazia da dinâmica sobre a estática, baseando-se quanto a tal argumento na ideia iluminista (ou "condorcetiana") de que a natureza humana seria intrinsecamente progressiva, o único fundamento válido para o intuito de legitimação de uma qualquer ordem sendo, por isso, a garantia de um progresso continuado. Finalmente, e como já ficou referido acima, foi Comte quem, apoiado na ideia de que o mais geral precede o particular, argumentou de forma coerente a importante tese de que os fatos econômicos, não sendo senão uma variedade particular dos fatos sociais, deveriam ser estudados em obediência aos preceitos validados previamente pela sociologia para todos os estudos respeitantes às realidades do social.

Todavia, repete-se: como articular, adentro deste universo mental, as relações entre economia e sociedade, ou entre ciência econômica e sociologia? No ambiente universitário português da viragem do século XIX para XX a questão interpelou vários autores contemporâneos do já referido Garcia. Os critérios comteanos para a classificação dos fatos e das ciências constituem o molde fundamental, com base no qual raciocinam; mas há nuanças muito significativas. Por exemplo, para vários destes autores os fatos econômicos, sendo mais gerais e menos complexos do que os políticos, são também menos diretamente mutáveis com base na deliberação consciente, mas ao mesmo tempo mais constantes e profundos nas influências exercidas sobre o conjunto da vida social. Adentro dos próprios fatos econômicos, por outro lado, haveria a distinguir vários subsetores: os "fatos de produção", mais gerais e menos complexos, seriam por isso menos mutáveis pela vontade consciente; já os

de distribuição, menos gerais e mais complexos, seriam também mais intrinsecamente indeterminados... e assim mais abertos ao exercício do arbítrio por parte de cada geração de viventes. É esse o núcleo do argumento apresentado em 1891 por José Frederico Laranjo, mas significativamente no âmbito das lições correspondentes não a uma qualquer disciplina de sociologia, antes a um *Manual de economia política*, que todavia assumia plenamente ser a ciência econômica uma variedade de sociologia, dado constituírem os próprios fatos econômicos uma simples variedade de fatos sociais. É dessa forma que o acadêmico português reconduz a famosa tese de John Stuart Mill, relativa à supostamente maior plasticidade das questões de distribuição, a um quadro intelectivo que no fundamental remete de novo a Comte. Para Laranjo, acrescentemos e sublinhemos agora, a economia política não seria assim mais do que uma sociologia econômica, ou uma sociologia aplicada aos fatos econômicos (LARANJO, 1997, p. 5-12; GRAÇA, 2005, p. 114; 2012a).

Ainda adentro do mesmo esquema mental, e também na Faculdade de Direito da Universidade de Coimbra, José Ferreira Marnoco e Sousa (1902, p. 390) reafirmava uma década depois o núcleo destas ideias, garantindo simultaneamente: primeiro, que a economia política era uma ciência; depois, que ela era a primeira das ciências sociais, por constituir a versão mais geral de sociologia; por último, que a esfera da sua aplicação correspondia aos fatos mais gerais e à influência mais forte e mais profunda na vida das sociedades. Para além disso, entretanto, Sousa acrescentava serem as sociedades realidades sumamente complexas, impossíveis portanto de estudar com recurso a simples metáforas organicistas e fazendo assim apelo a um conjunto de dispositivos mentais designado pelo próprio como "superorganicismo", o que implicava contemplar dimensões da análise que hoje em dia designamos comumente sob as fórmulas de "reflexividade" e de "performatividade". Por conseguinte, através da sua capacidade para a consciência de si os seres humanos seriam indefinidamente capazes de mudar as suas condutas e, por isso, a própria noção de lei social seria irredutivelmente problemática: de fato, a própria atividade científica, seja sob a forma de perpetuação e reprodução, seja imbuída de uma dimensão crítica e de oposição ao estado vigente das coisas, exerce uma influência potencialmente significativa sobre a realidade social circundante, na qual os próprios processos cognoscitivos-científicos se integram e da qual fazem parte. Neste âmbito, Marnoco e Sousa declarava ainda subscrever o fundamental das ideias expostas por Guillaume de Greef, às quais apresenta como uma versão mitigada de "materialismo histórico": a primazia fundamental do peso dos fatores econômicos levando, todavia, na devida consideração o caráter intrinsecamente e necessariamente livre da ação humana.

Se por um lado subscreve as ideias de Greef, e em parte também as de Karl Kautsky, por outro lado Marnoco e Sousa faz questão de declarar que a proposta, avançada por René Worms e visando a fundação de uma "economia social", que fundiria os diversos contributos trazidos pela ciência econômica (geralmente gozando de um reconhecimento institucional anterior e superior) e pela sociologia, lhe parece inadequada e infeliz. O raciocínio exposto é importante, sobretudo pelo que revela da importância por si atribuída a questões de hierarquia e de precedência nas relações interdisciplinares: "A primeira interpretação que apareceu foi a de que a economia social é a síntese da economia política e da sociologia. Esta concepção deixa muito a desejar, porquanto a sociologia é o todo de que a economia é a parte, e não se pode compreender de modo algum uma síntese de um todo e de uma das suas partes" (SOUSA, 1997, p. 20; GRAÇA, 2005, p. 114; 2008a, p. 118). A denún-

cia a que Sousa procede da incongruência lógica consubstanciada na referida "economia social" é bem interessante e digna de registo, sobretudo em virtude da inegável resiliência desta problemática: este tipo de questões é, notemo-lo, basicamente o mesmo com que tropeça ainda, quase um século depois, o próprio Zafirovski, ao registar o estatuto ambíguo da sociologia econômica, alegadamente situada numa *no man's land* entre a economia e a sociologia, a qual podia também (e tendia realmente a) ser considerada como uma *everyman's land*, correspondendo à interseção ou sobreposição daquelas duas disciplinas (ZAFIROVSKI, 1999; GRAÇA, 2005, p. 120; 2008b; 2012a).

Tanto quanto o conteúdo lógico da discussão, também a própria terminologia escolhida se revela merecedora de consideração atenta. Na verdade, a expressão em causa de "economia social" (économie sociale) é igualmente avançada por Jean-Baptiste Say e muito mais cedo, logo em 1828, na nona seção da *Histoire Abregée de l'Économie Politique*, integrada no seu monumental *Cours Complet d'Économie Politique Practique* (1966), onde taxativamente defende que a economia e a vida política corresponderiam a esferas distintas da existência social, pelo que a ciência econômica ganharia em abandonar a designação tradicional de "economia política", adotando em vez disso os termos "economia social". Todavia, embora admoestando Adam Smith pelo recurso a uma terminologia supostamente errônea, Say acaba por não se decidir a adotar ele próprio a expressão considerada adequada.

Se Say expressa a mencionada inclinação (embora não consumada) para o abandono de "economia política" a favor de "economia social", isso resulta sobretudo do fato de que, de acordo com o economista liberal, o escopo da ação (ou pelo menos da ação profícua) levada a cabo pelas autoridades públicas estaria significativamente restringido pelas leis gerais objetivas, que se supõe orientarem a realidade econômica e que o investigador deveria alegadamente determinar. Neste contexto, assume-se que este deveria deixar de lado, tanto quanto possível, as suas orientações ou inclinações valorativas, visando pelo contrário os simples "fatos positivos". Em tal processo a produção de conhecimento ocorreria predominantemente com recurso a métodos indutivos e à observação da factualidade, mais do que à elaboração de especulações ou deduções, bem mais tendentes, pelo contrário, a veicular os referidos vieses doutrinário-valorativos dos respetivos autores. Quanto a isso, Say escreve aliás com ênfase, com o objetivo de demarcar a sua posição da escola ricardiana e referindo explicitamente os *Principles* de David Ricardo: "[...] nada nesse livro representa aquilo que realmente acontece na natureza. Não basta estar baseado em fatos. É necessário avizinhar-se destes e acompanhá-los de perto, comparando incessantemente as consequências extraídas com os efeitos observados. A economia política, para provar ser verdadeiramente útil, deverá tratar de ensinar [...] não *aquilo que deverá necessariamente ocorrer*; em vez disso, deverá tratar de mostrar como *aquilo que realmente ocorre* é a consequência de outro fato real. Deve descobrir a cadeia que os liga e provar, sempre pela observação, a existência de dois pontos aos quais a cadeia do raciocínio se encontra ligada" (SAY, 1972, p. 36).

Com a obra de Say chegamos assim àquilo que pode ser definido como uma concepção plenamente "positiva" da ciência econômica, a esfera econômica sendo do mesmo passo assumida como plenamente "desincrustada" de quaisquer aspectos atinentes à vida política, a completa ou quase-completa ausência de poder político sendo considerada a hipótese operacional mais adequada. Todavia, deve também reconhecer-se que a presença de aspectos valorativos foi geralmente reconhecida enquanto traço incontornável, na verdade um permanente desafio caracterizando o conjunto da história da ciência econômica ao longo do século XIX, embora a sua relação predominante com os métodos não tenha usualmente sido a que foi apresentada por Say. Na verdade, é mais frequente o oposto, a presença dos traços valorativos ficando habitualmente associada ao predomínio da indução. Ou seja, assume-se a ausência por princípio de elementos valorativos na economia dita "pura", a qual tende para a prevalência de métodos dedutivos, enquanto por outro lado se reconhece a necessidade de um outro saber, dito "economia aplicada", ou "economia social", enquanto disciplina algo aproximativa, mais realista do que a variedade "pura", mas apenas toscamente indutiva; preocupada com as realidades da distribuição das riquezas, e por isso tangente às teorias da justiça, pelo que afastando-se necessariamente da sobriedade "positiva" dos modelos da sua congênere "pura". Essa antinomia encontra consagração plena sobretudo na obra de Léon Walras, mas perpassa na verdade também a de vários outros autores (INGHAM, 1996; ZAFIROVSKI, 1999; VELTHUIS, 1999; GRAÇA, 2005; 2008b; 2009; 2012a; 2012b).

É este, assim, o segundo contexto importante em que a expressão "economia social" emerge: o da obra de Léon Walras que, depois de aplicar à por si chamada "economia política pura" um esquema de raciocínio conscientemente decalcado dos então dominantes na ciência física, remete para a dita "economia social" as indagações relativas a considerações de justiça, e por isso mais diretamente relacionadas com as problemáticas da repartição, as quais, raciocina, seriam simultaneamente menos rigorosamente científicas, mais imprecisas e arbitrárias, menos positivas e mais assumidamente valorativas, permanecendo entretanto submetidas à precedência dos limites absolutos fixados pela variedade "pura" (WALRAS, 1936; 1952; GRAÇA, 2002, p. 409ss.). O modelo de oposições reconhecido por Walras vem a obter consagração na tradição central da *economics*. A chamada "economia pura", replicando fundamentalmente esquemas mentais recebidos da física e supondo "agentes racionais" movidos pelo simples intuito de maximização da utilidade agregada, corresponde assumidamente a uma realidade apenas virtual: a factualidade afasta-se reconhecidamente desses esquemas teóricos em virtude de variadíssimas razões, entre outras precisamente a existência na ação humana de um importante elemento de "dever ser", simultaneamente de *condicionamento* e de *enraizamento* moral, que só por si chegaria para que a factualidade econômica (a *verità effettuale della cosa*) divergisse significativamente dos mencionados esquemas teóricos.

Como é, então, que esse "algo mais" de que a vida em sociedade é feita pode ser captado pela atividade científica? Por exemplo, partindo do quadro analítico de Jevons, o autor que primeiro avançou o próprio termo *economics* enquanto forma de evidenciar o projeto de homologação da ciência econômica à física (*physics*) e à matemática (*mathematics*), Phillip Wicksteed defende abertamente que a ciência econômica é e deve ser apenas a "serva" (*handmaid*) da sociologia, dado o simples mas crucial fato de esta última se referir a um âmbito mais vasto (ZAFIROVSKI, 2005, p. 123). Isso não significa, porém, um qualquer tipo de contestação sua à pertinência do quadro analítico da *economics* marginalista, desde que tomada esta enquanto simples ciência econômica, bem pelo contrário. Já com Walras temos, em vez da proposta de integração da *economics* numa sociologia mais ampla, a ideia mencionada de uma "economia social" enquanto disciplina separada, mas permitindo de alguma forma tornar inteligível o afastamento da realidade econômica relativamente aos esquemas da mencionada "economia pura".

Para além do inegável irrealismo das conclusões desta última, deve registar-se igualmente que a própria tendência para a imitação dos modelos da física, embora prevalecente, se impôs na verdade na *economics* contra as recomendações de Alfred Marshall, o qual, por contraste, considerava estar na biologia a verdadeira "Meca" dos progressos da ciência econômica (MARSHALL, prefácio de 1907, in 1964 [1890], p. XII; por confronto, WALRAS, 1952, p. 103; MIROWSKI, 1989). A recondução da ciência econômica ao modelo da biologia, seguindo o alvitre de Marshall, significaria em todo o caso (e para além do correspondente evolucionismo) a plausível adoção de um organicismo que, como acima vimos, era considerado muito insatisfatório por Marnoco e Sousa.

Talvez mais importante ainda, se em Walras o afastamento das realidades econômicas do modelo da "economia pura" é considerado sem chegar a despromover aquelas em dignidade, dado se assumir aí a condição humana enquanto assunto de moralidade e de liberdade, logo também de dignidade, já a *mainstream economics* subsequente tende a proceder a uma operação de inequívoca aproximação entre os traços morais da ação humana e uma componente supostamente de "ruído" nela existente, um simples lapso de "racionalidade" ou de "lógica", o qual poderia decerto constituir um núcleo importante de problemas da perspectiva de uma "praxeologia" da tal ação humana (ZAFIROVSKI, 2005, p. 132), mas impossibilitaria em todo o caso uma ciência exata da mesma. Em suma, na medida em que as realidades econômicas sejam influenciadas pelo quer que seja mais do que a mera tradução prática das tendências do "agente racional", isso constituiria por definição um reconhecimento da irracionalidade das mesmas, pelo que a sociologia que de tais temas se ocupe deverá estar bem consciente de constituir um empreendimento de estudo do "não lógico", de conhecimento do absurdo, do paradoxal, e daquilo cuja lógica só poderá ser procurada alhures, longe das justificações conscientes dos respetivos protagonistas.

Na verdade, repete-se, adentro mesmo deste terreno de debates as formulações variam consideravelmente de autor para autor. Se a perspectiva for mais claramente influenciada pelo grupo de argumentos típicos de Max Weber, por exemplo, reconhecer-se-á aí a presença quer de elementos afetivos e tradicionais, quer mesmo dos que vêm associados à famosa "racionalidade por referência aos valores", ou racionalidade "substantiva", em todo o caso assumindo-se então a importância da "compreensão", da captação pelo investigador do sentido atribuído pelos agentes às suas práticas. Já se a influência prevalecente for a da linha de cogitações característica de um Vilfredo Pareto a atenção será desviada dos motivos "íntimos", assumida que fica então a dificuldade intrínseca, a impossibilidade e/ou a irrelevância do conhecimento exato destes, sendo sobretudo chamada ao estudo das alegadas regularidades das práticas (determinadas no fundamental pelos "resíduos"), ao lado da imensamente variável e essencialmente indeterminada vastidão das racionalizações ou justificações possíveis: a célebre volatilidade das "derivações". Filiando-se parcialmente nas ideias de Weber, parcialmente também nas de Pareto, anos mais tarde Joseph Schumpeter, num arrolamento algo confuso das matérias supostamente integrantes da ciência econômica, refere como setores desta, para além da "análise econômica" propriamente dita: a história, a estatística, a teoria, a sociologia, a política e a aplicação (SCHUMPETER, 1964, p. 34-49). Noutros contextos, entretanto, o mesmo Schumpeter faz questão de sublinhar a rigorosa especificidade e intrínseca nobreza conceitual da "análise" (i. é, da "economia pura" de Walras) por comparação com o conjunto de restantes elementos, mais ou menos abertamente cometidos aos *leftovers*...

Em qualquer dos casos, ficamos com: a) um aspeto da existência suscetível de rigorosa recondução ao "lógico" ou à "racionalidade por referência aos objetivos" (ou racionalidade "formal"), o qual decalca basicamente os raciocínios da já então *mainstream economics* e se assume poder dizer respeito ao núcleo da vida em sociedade relativa à produção dos meios da existência material, sendo por isso mesmo o assunto da ciência econômica; b) um outro aspeto, ao lado ou "por detrás" do primeiro, reportando-se a tudo o mais que não o econômico na existência humana, e que mesmo a esta componente influenciaria reconhecidamente muito (em virtude de com ela se mesclar), elemento que se admite constituir um terreno do "não lógico", atinente aos "valores últimos" e à sua impossibilidade de determinação racional, ou necessidade de determinação irracional, bem como à cadeia de elementos "institucionais" que com eles vêm necessariamente a ligar-se.

Alguns afastamentos notáveis relativamente a este quadro geral são merecedores de referência separada. Antes de mais, a tradição remetendo ao autor que foi, depois de Comte, o mais importante marco no panorama sociológico francês, Émile Durkheim, assumiu claramente a natureza dos fatos econômicos enquanto variedade de fatos sociais e, nesse sentido, "fatos morais". Esse traço propiciou o surgimento de uma corrente de teorização econômica distinta da *mainstream economics* (Simiand, Halbwachs...), precisamente pela consideração explícita e enfática dos elementos "valorativos", "culturais" ou "institucionais" já na própria análise econômica *tout court*, a qual é por outro lado explicitamente considerada como fazendo parte da sociologia. O fato, porém, de Émile Durkheim ter procedido a uma definição dos fatos sociais numa base ela própria pelo menos formalmente "positivista" (i. é, fundada nos célebres critérios de exterioridade, coerção e generalidade) suscitou diversos problemas epistemológicos que sem dúvida dificultaram, e muito provavelmente impossibilitaram, o desenvolvimento de uma reflexão sobre a realidade econômica radicalmente separada daquilo que veio a afirmar-se como *mainstream economics* (para uma discussão mais detalhada deste assunto, GRAÇA, 2002, p. 184-189).

Outra importante corrente que merece sem dúvida ser mencionada como precursora da sociologia econômica é a célebre "escola histórica" de oitocentos, particularmente a versão alemã, embora não apenas esta. Lugar de destaque deve quanto a isso ser reconhecido a Gustav Schmoller, autor que, no contexto de um empreendimento visando sintetizar ou compatibilizar as tradições econômicas dos chamados "valor-custo" e "valor-utilidade", procede na verdade de uma forma largamente análoga à de Alfred Marshall pelos mesmos anos (a utilidade ou a procura sendo reconhecidas o fator determinante no "curto prazo" ou "conjuntura", os custos de produção sendo-o no "longo prazo" ou "estrutura"), acrescentando todavia a noção de que o elemento estabilizador mais decisivo no funcionamento da economia como totalidade seriam os valores morais, vertidos numa série de instituições correspondentes a uma forma de ética social, "eticidade" ou "moral objetiva". Essa ética social, ou os valores associados, seriam cruciais em particular pelo respetivo efeito na estabilização das preferências dos consumidores, ou da procura. Schmoller sublinha também diversos aspectos a que a sociologia econômica posterior viria a dar atenção, como sejam a genérica importância das tradições na vida econômica, ou o suposto papel crucial da figura do empresário, com as suas celebradas virtualidades "teleológicas": direção, orientação, unificação, regeneração etc. (SCHMOLLER, 1905-1908, p. 277-279, 349, 371-372; GRAÇA, 2008b, p. 473ss.).

A elaboração teórica de Schmoller, ocorrendo num contexto de preocupação de integração das correntes socialistas no quadro acadêmico correspondente à chamada "Alemanha Guilhermina" (ou II Império Alemão), influenciou por essa via as ideias desenvolvidas mais tarde pelo seu discípulo Werner Sombart. Mas Schmoller teve repercussões óbvias e explicitamente reconhecidas também pelo menos nas obras de Émile Durkheim, e nesse sentido na sociologia francesa correlativa (GIDDENS, 1976), bem como nas de Thorstein Veblen e do chamado "institucionalismo" norte-americano. Em conformidade com a tradição dos "institucionalistas", Schmoller duvida da validade universal das categorias econômicas e sustenta uma abordagem geral de pendor indutivo, pelo que (tal como Werner Sombart, mas nisso contra Max Weber) rejeita a maior parte dos dispositivos teóricos da *mainstream economics* neoclássica e tende por isso a ser hostilizado pelos representantes desta última. No âmbito da obra de Schmoller ocorre também uma discussão da importância daquilo que é acontecimento único e específico, por oposição ao que é facilmente integrável em leis ou tendências gerais, sendo outrossim visada a determinação do peso maior ou menor, quer dos condicionalismos materiais, em particular os econômicos, quer dos fatores culturais na vida das sociedades. Nesse sentido, pode dizer-se que esta constitui uma importante obra de interface da disciplina sociológica, quer com a historiografia, quer com a ciência econômica.

A obra de Talcott Parsons

Na década de 1930, Talcott Parsons (1931; 1932; 1934; 1935a; 1935b) veio a produzir um edifício teórico em que procurou integrar, compatibilizar e simultaneamente ultrapassar contributos antes mencionados, do mesmo passo solucionando vários dos problemas deixados em aberto por aqueles. Antes de mais, porém, trata-se para Parsons de identificar uma linha divisória clara separando a *economics* da sociologia, com o que ficariam garantidos quer um lugar conceitual para esta última, quer o correspondente reconhecimento acadêmico. Neste contexto, Parsons defende que a missão da ciência econômica consiste no estudo da afetação de meios a finalidades, sobretudo finalidades de nível intermédio. Esta atribuição tem lugar adentro de uma hierarquia de meios e fins em que na base, como "condições últimas" (*ultimate conditions*), aparecem as envolventes naturais, de que supostamente se ocupariam a geografia, a biologia e a psicologia, a que Parsons (1934, p. 523-524) rejeita aliás o estatuto de ciência social. Reportando-se à parte intermédia da grande cadeia meios-fins, são identificadas por Parsons três outras disciplinas: a tecnologia (numa zona algo inferior e referindo-se às relações do homem com o meio), a economia e a política. Sendo as duas últimas eminentemente sociais, a economia ocupar-se-ia da ação racional e não violenta, enquanto a política estaria associada à presença em maior ou menor grau de elementos de violência física e coerção, ou ameaça de recurso aos mesmos (GRAÇA, 2006, p. 8). No topo da cadeia, como "fins últimos" (*ultimate ends*), encontrar-se-iam os valores culturais orientadores, integradores e fornecedores de sentido à ação, os quais se defende serem o verdadeiro assunto da ciência sociológica.

Penso que desta proposta de divisória disciplinar devemos reter alguns aspectos, particularmente importantes para o presente tema. Antes de mais, o critério permitindo identificar e separar a sociologia das outras disciplinas, em particular a *economics*, é um critério eminentemente subjetivo, ou atinente à perspectiva do estudioso. Não se trata aqui de assumir a existência da economia como uma "esfera" separada ou distinta adentro da sociedade no seu conjunto, um "departamento dos negócios" ao qual corresponderiam fatos de uma variedade específica e que seria, a esse título, objeto de uma disciplina diferenciada. O que caracteriza a *economics* é, contrapõe Parsons, uma abordagem particular, na qual se assume (1) uma multiplici-

dade de objetivos e (2) recursos escassos por parte dos agentes, procurando estes (3) otimizar os resultados obtidos adentro desses constrangimentos de ordem geral, os quais postulam (4) do ponto de vista da produção, a existência de produtividades marginais decrescentes dos fatores, bem como, (5) da perspectiva dos consumidores, utilidades marginais decrescentes dos bens, isto adentro dum quadro genérico de (6) possibilidades de substituição recíproca quer de fatores produtivos quer de bens, ou seja, de "razões de transformação" ou *tradeoffs*.

Esta foi basicamente, registremo-lo agora, a definição de ciência econômica proposta por estes anos por Lionel Robbins, definição à qual Parsons subscreve assim no fundamental, sublinhando todavia tratar-se de um dispositivo analítico e só disso mesmo, não devendo assumir-se que através dele se procede ao tratamento global e compreensivo das realidades efetivas. No que respeita à factualidade concreta, entram reconhecidamente em cena outros fatores, em particular as orientações valorativas, os referidos *ultimate ends*, que àquela orientam e fornecem sentido, constituindo eles o objeto próprio da disciplina sociológica.

Entretanto, e igualmente importante, relativamente aos autores que, considerando-se economistas, tinham avançado a proposta de uma abordagem "historicista" ou "institucionalista", levando em linha de conta precisamente os elementos culturais, a diversidade de circunstâncias e a complexidade da factualidade econômica, recusando-se em nome disso mesmo a adotar o quadro analítico tornado predominante na *economics* (o quadro teórico "marginalista", segundo os ensinamentos do mencionado Lionel Robbins), como é o caso com Schmoller, Sombart e Veblen, sustenta Parsons (1961) que se trata de investigadores com insuficiente formação analítica, tendendo, pois a incorrer naquilo que designa por *fallacy of misplaced concreteness*. É claro que o quadro "marginalista" não se observa na prática, reconhece Parsons, mas isso não impede que seja o mais apropriado para a ciência econômica. Pretender colocá-lo de parte em nome de maior realismo e de um mais largo escopo de investigação corresponderia a um "imperialismo econômico" – isto é, à pretensão de uma ciência econômica cada vez mais enciclopédica e abrangente – que Parsons condena de forma explícita. Para além de insuficiência teórica e demasiado "indutivismo", Schmoller e Sombart são acusados também de excessivas inclinações "idealistas", isto é, de sobrevalorização dos elementos únicos das realidades estudadas e da sua componente de *Geist*, ao mesmo tempo que, de forma contraditória, defende tratar-se com eles de uma sobrecarga da importância teórica reconhecida às circunstâncias objetivas, às *ultimate conditions*, e à custa dos valores ou finalidades (quanto a isto, cf. particularmente GRAÇA, 2008b).

Se assim rejeita abordagens assumidamente contestatárias movimentando-se no interior da *economics* oficial, Parsons entretanto reprocessa e utiliza uma boa parte do legado teórico das mesmas, embora sob condição de o cometer a uma disciplina diferente, dando cuidadosamente "a César o que é de César" em matéria de reconhecimento de validade na ciência econômica. Quanto à sua própria variedade de sociologia, elaborada no âmbito da mencionada cadeia de finalidades e meios, começa por elogiar Alfred Marshall pelo destaque dado à importância precisamente dos valores culturais e das atividades na formação das preferências dos consumidores, para depois reconhecer todavia que, enquanto economista, a atitude do investigador assume conscientemente as referidas preferências enquanto simples dados, recusando pois proceder a quaisquer indagações relativas à origem ou à formação das mesmas.

Vilfredo Pareto é considerado por Parsons um precursor oficial da sociologia, alegadamente em virtude de ter sublinhado a importância de um "algo mais" condicionando decisivamente a atividade dos agentes, correspondendo no fundamental aos célebres "resíduos dos instintos", e por ter relativizado também a importância das "derivações", assumindo a sua indefinida variabilidade. Parsons é particularmente generoso para com o autor italiano, omitindo que a sociologia deste é assumidamente de base biológica, tratando-se de fato do estudo dos resíduos dos instintos, relativamente aos quais uma fundamental inalterabilidade é assumida. Parsons destaca o papel regulador ou "sistêmico" desempenhado seja pelos resíduos, seja pelas derivações, colocando por isso Pareto a par de Durkheim numa galeria de autores supostamente inclinados a reconhecer a importância do tal "algo mais" na atividade econômica – no caso de Durkheim, o famoso destacar do elemento não contratual presente em todos os contratos – e do papel pretensamente regulador ou "sistêmico" de tal elemento. Sem a entrada em ação do mesmo, nenhuma ordem social seria de todo possível, ou sequer pensável, propendendo-se para a diversidade e aleatoriedade caóticas dos propósitos e soçobrando-se pois na escassez e no conflito generalizado, ou seja, cairíamos sob a alçada dos célebres espectros analíticos de Hobbes e de Malthus.

Quanto a Max Weber, Parsons é atraído pelo seu sublinhar da importância das especificidades culturais, em particular a célebre tese da alegada importância da ética calvinista na gênese do "espírito do capitalismo", mas esquece-se de destacar que a tese weberiana é ela sim suscetível de ser acusada de "idealismo" – a supremacia analítica dos valores culturais e considerados para cúmulo enquanto *Geist*, isto é, sob o ponto de vista da respectiva *uniqueness* – e na verdade muito mais do que acontecia com Schmoller ou Sombart. De fato, e embora Parsons não o confesse, Weber é recuperado sobretudo porque se trata de um autor mais suscetível de ser apropriado de forma *user friendly* precisamente quanto aos aspectos que Schmoller e Sombart tinham de "intratáveis"; isto é, reconhece a validade analítica dos esquemas da economia "marginalista" e mesmo a respectiva universalidade de aplicação, desde que limitada aos aspectos "ideal-típicos". Esta "ausência de hostilidade" para com a que veio a tornar-se a *mainstream economics* valeu-lhe a recuperação por acadêmicos de relevo desta última, nomeadamente Joseph Schumpeter (SCHUMPETER, 1964; GRAÇA, 1995; 2008b). Naturalmente, tratando-se do ponto de vista do próprio Parsons de garantir uma partilha disciplinar consagrando uma posição para a sociologia, ainda que sendo uma posição academicamente subalterna, uma atitude visando aplacar a possível hostilidade da muito mais influente *economics* era, de longe, a mais conveniente...

Tendo sido obtido o referido reconhecimento institucional, a sociologia parsoniana subsequente caracteriza-se por um quase completo desaparecimento de temas econômicos, sendo todavia de salvaguardar uma exceção notória para o tratamento do dinheiro enquanto "meio de comunicação" e adentro em uma teoria geral dos *media*, ou seja, posto em paralelo ou analogia com outras instituições sociais, em casos em que se trataria portanto de identificar um sucedâneo ou equivalente funcional (BECKERT, 2006; ZAFIROVSKI, 2006). Entretanto, é de registar que na década de 1950, e em obras escritas de parceria com Neil Smelser (1956) e com Alfred Kroeber (1958), Parsons regressa a diversos dos temas tratados e/ou aludidos nos textos da década de 1930. Em síntese, argumenta-se que na década de 1930 se tinha assumido uma partilha com a economia que levava a que aspectos tomados por cada uma das disciplinas como parâmetros seriam considerados pela outra como variáveis: as *background assumptions* da sociologia seriam assim os problemas ou os assuntos da *economics*,

e vice-versa. Esta ideia, acrescenta ainda, teria sido recebida diretamente de Pareto e inicialmente tomada como boa, mas Parsons decide agora considerá-la com reserva. É que, se continua a pensar que faz sentido, no âmbito estrito da *economics*, proceder realmente em relação a um conjunto significativo de temas tratando-os como parâmetros, já tal assunção lhe parece pouco válida para a sociologia. O economista pode e deve, portanto, continuar a ser um investigador especializado e conscientemente limitado: já ao sociólogo parsoniano desse período nada do social é alheio. Na verdade, quaisquer aspectos do social, quaisquer variáveis por si eleitas como relevantes são consideradas como seu assunto por excelência (PARSONS & SMELSER, 1956, p. 5-6; DALZIEL & HIGGINS, 2002, p. 14-15).

Que fique, todavia, claro: a maior parte daquilo que a economia acadêmica tinha antes enunciado seria, segundo Parsons, fundamentalmente verdadeiro. Pelo menos o referente aos economistas então mais consagrados, Keynes e Schumpeter acima de todos. Mas essa seria também, sublinha, apenas uma perspectiva, ou "uma certa forma de ver as coisas", relativamente à qual se imporia uma visão mais geral, mais congruente, capaz de identificar, a respeito dos vários problemas detectados, analogias, concordâncias, compatibilidades profundas do fundamental das teses enunciadas pelos tais economistas consagrados – todavia sempre insistindo em acrescentar que essas afirmações seriam verdadeiras *num certo sentido*. E era aí, em suma, que Parsons entrava em cena, basicamente metateorizando aquilo que já fora antes teorizado pela *economics*. A sua intervenção é fato, no contexto das disputas reconhecidas no interior da ciência econômica acadêmica, orientada por propósitos simultaneamente de relativização e de conciliação: as oposições, os dilemas, as indeterminações deixadas em aberto pela economia "ortodoxa", desde as razões da "inelasticidade" dos salários teorizada por Keynes aos problemas correlativos ao "empreendedorismo" à la Schumpeter, passando pelas dificuldades intrínsecas à teorias dos ciclos, pelos problemas das funções de investimento e/ou de consumo, pela questão da diferenciação entre propriedade e controle ou pelos fundamentos da distinção entre bens e serviços – tudo isso obteria um esclarecimento, junto com um reconhecimento da verdade parcial das teorias então mais famosas, uma vez reconduzido por Parsons e Smelser ao quadro analítico fundamental dos sistemas sociais, o célebre esquema Agil (cf. passim PARSONS & SMELSER, 1956, p. 11-12, 65, 87, 114-123, 186ss., 263-270; GRAÇA, 2008b).

De fato, acrescentemos agora, se na década de 1930 se tratava sobretudo da divisória entre economia e sociologia, nos textos da década de 1950 Talcott Parsons refere-se explicitamente à divisória entre sociologia e antropologia, deixando afetos a esta disciplina o "sistema cultural" e o imperativo funcional da *latency*, adentro do quadro do "sistema geral da ação", enquanto no mesmo contexto oficialmente de recurso à "análise sistêmica" corresponderiam à sociologia o "sistema social" e o imperativo funcional da integração, respectivamente. Quanto à economia, é assumida como conjunto estrutural concreto adentro do "sistema social". Aplicando o esquema Agil a este último, a economia fica cometida à "adaptação", o imperativo funcional correspondente à menor informação e à maior energia.

A pretensão metateorizadora do Parsons desse período tem, acima de tudo, o inegável problema resultante de corresponder a uma teorização fundamentalmente *post festum*: Parsons e Smelser permitem-nos supostamente compreender em que sentido tal ou tal consenso é viável, como é que tal ou tal problema resulta necessariamente de uma diversidade de perspectivas particulares, mais ou

menos suscetíveis de serem concertadas. Todavia, de modo nenhum antecipam verdadeiros desenvolvimentos teóricos ou mudanças significativas das problemáticas, limitando-se a seguir a corrente dos fatos para, em cima dela, proclamarem a sua alegada superioridade de visão. Se compararmos o panorama da teoria econômica ao qual os dois autores se referem, reportando-se aos anos de 1950, com o atual, facilmente nos apercebemos da verdade disso mesmo. É talvez particularmente válido quanto a matérias econômicas o diagnóstico geral de alguns autores relativamente à obra de Parsons, vendo nela pouco mais do que um imenso quadro geral de classificação e categorização, todavia no fundamental insuscetível de ser testado, dado que incapaz também de quaisquer predições exatas, embora também indefinidamente inclinado para reformulações destinadas a promover a impressão de se tratar de uma "síntese global"...

Por outro lado, e isso é igualmente importante, o *mea culpa* parcial do Parsons da década de 1950 funda-se no reconhecimento, embora apenas implícito, da essencial falta de validade das críticas antes dirigidas por si à generalidade dos autores "heterodoxos", seja acusando-os de idealismo, de tendências "antianalíticas" (*misplaced concreteness*) ou de quaisquer outros "pecados". Tais acusações, repete-se, traduzem sobretudo a tendência do próprio Parsons para simplificar abusivamente o leque de problemas teóricos da sociologia reduzindo-os ao famoso "problema hobbesiano da ordem", permitindo-lhe ao mesmo tempo reconciliar-se com a ciência econômica *mainstream*, através de uma simbólica "entrega da cabeça" dos representantes de tendências "heterodoxas" ou "dissidentes" desta última.

Este estado de coisas veio a traduzir-se num inegável subdesenvolvimento relativo da sociologia econômica no âmbito da teorização parsoniana. Tal como reconhecem autores todavia muitíssimo benevolentes relativamente ao conjunto do seu empreendimento, a principal iniciativa de Parsons nesse período e nos subsequentes suscetível de ser reportado à economia traduz-se, tal como já referido, na tentativa de elaboração de uma teoria sociológica do dinheiro enquanto componente de uma teoria geral dos meios de comunicação, ou *media* (BECKERT, 2006; ZAFIROVSKI, 2006). Segundo este último, "Parsons concebe a sociologia econômica nos termos de uma análise sociológica da economia, incluindo os mercados [...]. Em termos gerais, a sua sociologia econômica é uma análise das relações entre economia e sociedade [...] especialmente do impacto da última na primeira. Adotando o holismo socioeconômico exemplificado numa abordagem sistêmica destas relações, a marca da sociologia econômica parsoniana é o tratamento da economia enquanto sistema social particular, a referir aos outros subsistemas não econômicos da sociedade" (ZAFIROVSKI, 2006, p. 75). Todavia, acrescenta candidamente este autor, "Curiosamente, Parsons raramente usa os termos sociologia econômica e não costuma definir de forma explícita o seu assunto e o seu escopo, usualmente definindo-a apenas por implicação" etc.

Depois de Parsons: a nova sociologia econômica

Temos assim, de forma bem compreensível, que as principais teorizações sociológicas posteriores, relativas à vida econômica, surgem sobretudo no exterior da corrente parsoniana. Para além de várias correntes sociológicas de pendor "marxizante", "institucionalista" ou "eclético", situadas em geral na orla acadêmica, são merecedoras de menção especial, quanto a isto, a chamada "teoria da escolha racional" e a "nova sociologia econômica".

A "teoria das escolhas racionais" (*rational choice theory*, RCT), pretendeu basicamente transpor-

tar o "agente racional" da *economics* para o centro de toda a problemática sociológica (BOUDON, 1977; 1979; COLEMAN, 1990; 1994). Devemos reconhecer que, enquanto proposta alternativa ao parsonismo, a RCT configura uma experiência dotada pelo menos do mérito correspondente aos propósitos de unificação coerente dos diversos corpos acadêmicos. Mas é também necessário registar que os próprios fundamentos do projeto estavam em simultâneo submetidos, e na própria sede disciplinar de que partiram, às críticas de correntes várias da *economics* que vinham recuperando sob diversas formas um feixe de temas associados ao tradicional "institucionalismo": informação imperfeita e assimétrica, relações *agent-principal*, dinâmica das redes sociais, interdependência e caráter "endógeno" das funções-preferência, "reciprocidade forte", ou seja, os temas habitualmente reportados a nomes como Herbert Simon (1957), Joseph Stiglitz, Richard Titmuss, Ronald Burt, Samuel Bowles, Herbert Gintis e outros. Na verdade, se já mesmo na análise econômica em sentido estrito o peso das hipóteses simplificadoras associadas ao modelo do "agente racional" (como é o caso, em particular, com a independência das funções-utilidade dos agentes e com a informação perfeita) sobrecarrega o núcleo dos raciocínios com toda uma série de assunções irrealista, de "*as if*" que apontam para a suprema irrelevância ou "autismo" do esforço intelectual (HODGSON, 1994), em que ao alegado rigor teórico dos raciocínios se acrescenta a completa arbitrariedade dos resultados em termos práticos, tudo isso se torna muitíssimo mais verdadeiro ainda quando se pretende generalizar tal quadro de análise ao conjunto da existência humana.

Já o surgimento da chamada "nova sociologia econômica" (NSE), associado antes de mais aos nomes de Mark Granovetter e de Richard Swedberg, constitui, no contexto daquilo que usualmente se considera a prática sociológica, um fato de primordial relevância e significado. Tratando-se de uma corrente oficialmente auto/percebida como sociológica e estando mesmo parcialmente apoiada na tradição parsoniana, a NSE em todo o caso demarcou-se da estrita tradição da chamada "Grande Teoria" quer pela diversidade de abordagens que reconheceu e pretendeu englobar, quer sobretudo pela irreverência com que proclamou encarar o diálogo com a ciência econômica oficial. Ao contrário da mera divisão de tarefas, com escrupuloso respeito pelas competências disciplinares, como Parsons recomendara, a NSE atreveu-se a contestar diretamente, embora de forma limitada, alguns dos pressupostos e dos métodos da economia acadêmica. Todavia, simultaneamente apressou-se a balizar o âmbito do seu próprio empreendimento de contestação, tendendo uma e outra vez a regressar à tradicional alegação auto/legitimadora da existência de diversos pontos de vista ou ângulos de análise, o seu próprio sendo apenas mais um outro, a justapor mais do que a contrapor, ao da ciência econômica oficial.

Expliquemo-nos melhor. A NSE está, antes de tudo, assente na ideia, decerto sensata mas também assumidamente doutrinária e simultaneamente algo vaga, de um hipotético "justo meio" ou de uma "terceira via" entre a conduta utilitária do "agente racional" da *mainstream economics* – e da RCT, que é o seu correlato sociológico – e o determinismo cultural do parsonismo (MARQUES, 2003). Retomando as questões de ordem geral associadas aos estudos de Mark Granovetter (1973; 1983; 1985; 1987; 1990) que, pode dizer-se, fundaram a NSE: os agentes movem-se em ambientes "puros"? Não, estão intensamente "incrustados" (*embedded*) em redes sociais (GRANOVETTER, 1985). Nem é adequado assumir aí o "agente racional" procedendo num "mercado" que pelo seu lado estaria completamente *disembedded* do resto da existência social, nem supor opostamente os

cultural dopes correspondentes ao "determinismo cultural" da tradição parsoniana. Ao mesmo tempo que procurou obter um *juste milieu* metodológico entre correntes ditas "individualistas" e "holistas", Granovetter sublinhou também que, contrariamente à opinião clássica de Karl Polanyi (2001), o processo de "desincrustação" da economia relativamente à sociedade em geral estaria de fato muito longe de poder ser considerado como fato consumado e concluído. Esta "terceira via" metodológica assume, por conseguinte, agentes sociais que exercitam a sua racionalidade adentro de um quadro institucional ou cultural determinado, o qual simultaneamente os apoia e os condiciona. Sob a égide fundadora de Granovetter, o discurso metodológico da NSE, sugerindo assim um "enquadramento" (*framing*) institucional das decisões, aproxima-a deste modo consideravelmente das recorrentes conversas sociológicas reportando-se aos temas da "reflexividade" e da "agência".

Retenhamos pois, como características definidoras da NSE: a) um certo atrevimento relativamente à *economics* oficial em matéria de disputa da validade do núcleo mesmo da argumentação e dos resultados da investigação desta, atitude em que se distingue da tradição do preceituário parsoniano; b) uma posição proclamada de meio-termo entre o "individualismo metodológico" e os "holismos" sociológicos de pendor culturalista; c) uma indesmentível imprecisão de âmbito em tudo o que pudesse pretender mais do que a noção muito genérica de se estar aqui numa região tendencialmente in/disciplinar, "entre a economia e a sociologia", numa "zona de ninguém" suscetível por isso de ser transformada em "zona de toda a gente", na qual todas as transações – logo também todos os contrabandos – seriam por isso mesmo tornados possíveis.

Entretanto, e para além mesmo das definições "escolásticas" limitando-a à sua variedade NSE, naquela que é decerto a obra crucial no relançamento acadêmico da sociologia econômica Neil Smelser e Richard Swedberg propõem defini-la como o estudo dos fatos econômicos da perspectiva e no âmbito do quadro de referência sociológico. Na verdade, é exatamente esse o título dado à introdução do famosíssimo *Handbook* na primeira edição, de 1994: *The Sociological Perspective on the Economy* (SMELSER & SWEDBERG, 1994, p. 3). E, já no corpo do texto, continua-se: trata-se, segundo se pretende esclarecer, da "perspectiva sociológica aplicada aos fenômenos econômicos"; ou ainda, e em versão mais elaborada, da "aplicação dos quadros de referência, variáveis e modelos explicativos da sociologia a esse complexo de atividades relativo à produção, distribuição, circulação e consumo de bens e serviços escassos" (p. 3).

Esta definição, apenas aparentemente simples, suscita, todavia, diversos problemas importantes. Em primeiro lugar, que pretende dizer-se com a expressão "fenômenos econômicos"? Se percorrermos a definição de economia em manuais seja de *economics* seja de sociologia, facilmente se tropeçará com múltiplas imprecisões, definições circulares, ambivalências... Mas o mais relevante, neste caso, é que a definição da dupla Smelser/Swedberg parece indicar um regresso à atitude "substantivista" que era característica do período pré-parsoniano da sociologia. É verdade que a sociologia econômica se distingue agora da *economics* por uma questão de perspectiva; mas isso não obsta, repare-se, a que se suponha a existência da economia como algo que "está lá", objetivamente, um pouco à maneira dos acima referidos "fatos de nutrição" de certos comteanos, agora denotados como "esse complexo de atividades relativo à produção, distribuição, circulação e consumo de bens e serviços escassos". Todavia, e como vimos, foi antes de mais contra esta concepção do econômico enquanto "departamento" ou "setor" distinto da realidade social, supostamente o relativo ao *business*, que

Parsons (1934, p. 530) se manifestou com veemência nos seus escritos da década de 1930.

Por outro lado, que significam em boa verdade expressões como "quadro de referência sociológico" ou "perspectiva sociológica"? Pretender-se-á com isso regressar à ideia parsoniana do estudo dos "fins últimos" (*ultimate ends*)? Os autores não empreendem esse esclarecimento, limitando-se em vez disso a referir, apoiados em trabalhos anteriores de Smelser, "[...] as perspectivas sociológicas da interação pessoal, grupos, estruturas sociais (instituições) e controles sociais (entre os quais são centrais os valores, as normas e as sanções). Em face de desenvolvimentos recentes, deveríamos acrescentar que as perspectivas das redes sociais, do gênero e dos contextos culturais também se tornaram centrais na sociologia econômica [...]. Para além disso, a dimensão internacional da vida econômica tem assumido maior saliência entre os praticantes desta disciplina, à medida que aquela dimensão tem penetrado as economias reais do mundo contemporâneo" (SMELSER & SWEDBERG, 1994b, p. 3). A edição de 2005, esclareça-se, mantém esta definição, a qual é, como facilmente se reconhece, uma definição que, partindo de fórmulas genéricas muito evasivas, opta entretanto prudentemente pelo método do arrolamento em regime de "lista aberta": é sociologia econômica, em boa verdade, tudo aquilo que se revelar conveniente ir reconhecendo como tal à medida que o tempo for avançando... Todavia, convém reconhecer que estas dificuldades provêm realmente de bem antes, limitando-se os editores do *Handbook* a acolhê-las e suavizá-las tanto quanto possível sem todavia tratarem de as resolver; mas a própria admissão de uma larga pluralidade de abordagens, independentemente das razões que a ela tenham levado, dificilmente poderá deixar de ser reconhecida como algo a acolher.

Entretanto, é em todo o caso necessário sublinhar que, partindo-se da (a) concepção "departamentalizada" do social típica dos comteanos da última viragem de século; substituindo-se essa pela (b) ideia do jovem Parsons da existência de grupos de variáveis diversos segundo a disciplina acadêmica, mas reportando-se a um única realidade; passando-se depois pela (c) noção, típica do Parsons tardio, de uma sociologia "interessada em tudo", sobreposta (pretensamente interpretando-a e integrando-a) a uma *economics* confinada a um grupo limitado de aspetos, pareça enfim regressar-se agora a (d) uma discreta afirmação da existência de uma pluralidade de perspectivas diversas, cada uma delas correspondendo a uma disciplina acadêmica diferente (i. é, no fundamental a ideia do Parsons da década de 1930), sendo que essa afirmação de pluralidade é todavia corrigida quer pela ideia da existência de um "setor" distintamente econômico do social (a ideia dos comteanos), quer pela noção adicional de que a perspectiva sociológica pode, nalguns casos, levar ao confronto direto, correção e aperfeiçoamento, da teorização produzida pela economia acadêmica.

Não parece, entretanto, ser necessária uma mente particularmente propensa à desconfiança para suspeitar, para além destas alegações algo frouxas e oscilantes, de uma preocupação de legitimação institucional: assunto menos de estrita racionalidade, se se quiser, do que de "sociologia da ciência" na plenitude desta última expressão, em todo o caso no sentido em que Charles Camic a entendia quando a referiu à luta pelo reconhecimento acadêmico empreendida pelo jovem Parsons e à lógica da "seleção de predecessores" que obviamente presidiu à sua conduta por esses anos, seleção essa ocorrendo menos baseada na adequação de conteúdos do que na preocupação de colagem àquilo que era o prestígio acadêmico reconhecido (CAMIC, 1987; 1992; GRAÇA, 2008b). Essa suspeita sai claramente reforçada quando se observa que em muita da correspondente literatura de divulgação e

institucionalização da NSE se trata deliberadamente da composição do típico "retrato de família" em que, a partir de legados teóricos imensamente diversos e mesmo largamente opostos (Durkheim *vs.* Weber, Marx contra Pareto etc.), se pretende inventar uma suposta coerência do *métier* sociológico no seu conjunto. Quanto a isso, deve registrar-se que tal problema está evidentemente longe de ser um monopólio da variante econômica da sociologia, apesar das questões suscitadas pelos antepassados ilustres que esta tende a eleger como seus, acrescentando-os ao panteão geral (Karl Polanyi é porventura o caso mais famoso desta operação); mas nem por isso deixa de ser um problema *também* da NSE.

Lidas em confronto com a realidade factual, estas composições são facilmente interpretáveis como racionalizações e exorcismos. A verdade é que a NSE parece destinada a manter um traço característico consistindo – algo paradoxalmente, dado tratar-se supostamente de uma área disciplinar mais limitada que a sociologia geral – no seu caráter fragmentário, na extrema diversidade dos projetos e dos métodos que a definem, e mesmo das questões a que visa responder. Tal como vimos, para Granovetter os agentes econômicos não se movem em ambientes "puros", antes estão intensamente incrustados (*embedded*) em redes sociais. Mas temos também, no âmbito oficialmente da NSE, as investigações de Neil Fligstein (1990; 1996; 2000; 2001) relativas aos elementos "políticos" na conduta dos referidos agentes econômicos: políticos, entenda-se, quer em sentido estrito, quer em sentido amplo, isto é, de "racionalidade estratégica" e de definição de mundivisões em torno da dupla amigos-inimigos, mais do que de simples "racionalidade paramétrica", à maneira do clássico *homo economicus*. A obra de Neil Fligstein tem-se reportado predominantemente ao contexto da trajetória histórica de diversas grandes empresas norte-americanas, bem somo à lenta construção de um sistema jurídico-político europeu: de que formas e em que sentido, interroga-se, são os mercados e os estados não tanto dispositivos alternativos, mas de fato sobretudo mutuamente constitutivos? E como poderemos aplicar esse quadro analítico à consideração do funcionamento dos mercados globais, nos quais os riscos de ausência de regulação e os correlativos esforços para a evitar são traços permanentes?

Devem também ser consideradas, igualmente dentro da NSE mas com um escopo analítico consideravelmente diverso, as sofisticadas elaborações de Viviana Zelizer (1989; 1997) relativas antes de mais ao significado social do dinheiro: ao contrário do que teria sido assumido por diversos comentadores, a influência do dinheiro não implica o predomínio da pura racionalidade instrumental, aquele estando muito longe de poder ser assumido como impessoal, qualitativamente neutro, fungível, infinitamente divisível e homogêneo. Considerando as suas utilizações nos Estados Unidos no período de viragem do século XIX para o XX, Zelizer detecta o recurso a uma multiplicidade de moedas, não raro associado a agudas tensões sociais e políticas: a gênese da utilização contemporânea do dinheiro ocorre de fato no âmbito de complexos processos sociais, nos quais é crucial a intervenção estatal, visando criar uma moeda uniforme. Apesar dos esforços governamentais no sentido da uniformização, continua, entretanto a observar-se uma "marcação" das moedas por parte dos cidadãos, a qual acompanha aliás a diversidade de formas monetárias que corresponde à crescente divisão do trabalho. Ocorre assim uma "diferenciação social do dinheiro", não sendo este social e culturalmente neutro, nem anônimo: pode por vezes corromper os valores, mas as ligações correspondentes à sua utilização sofrem mutações, adquirindo significados inscritos em esquemas culturais e submetidas a diversos controles e restrições. As resistências à

instauração de um sistema de seguros de vida nos Estados Unidos, no século XIX, são seu outro tema forte: introduzir a morte no mercado, argumenta Zelizer (1983), poderia constituir uma ofensa para um sistema de valores assumindo o caráter sagrado e a incomensurabilidade da vida humana, mas este desafio lançado a um poderoso quadro normativo acabou por aceite e ultrapassado, através de diversas incorporações e enquadramentos (*framings*) mentais permitindo estabelecer segmentações e arrumações, diferenças entre os domínios do aceitável e do inaceitável, ou do sagrado e do profano. Se por um lado sublinha os dispositivos de "marcação" simbólica dos diversos comportamentos econômicos, como a utilização de diferentes dinheiros (impedindo-os de comunicar ou de ser transferidos entre si), destacando assim o caráter aparentemente desconcertante e atípico, na verdade a componente simbólica, de práticas em princípio apenas utilitárias (1989; 1997), Zelizer intenta outrossim, e de uma forma que podemos considerar como simétrica, surpreender o cálculo econômico onde era suposto ele estar ausente: por exemplo, como se pode avaliar uma "inestimável" criança? (1994). A verdade é que as atitudes face a um assunto tão delicado não são desprovidas de aspectos correlativos ao cálculo econômico, mas tampouco se verifica aí uma dissolução completa dos quadros valorativos ou uma total irrelevância dos aspectos culturais (2005).

Abordagens análogas quanto a alguns aspectos, e suscetíveis de serem colocadas em paralelo com diversas correntes heterodoxas da ciência econômica, encontramos em múltiplos autores habitualmente reportados à NSE, como sejam as sofisticadas análises de Harrison White (1983; 1991; 2002) relativas a identidades sociais e sistemas de controle. White pergunta-se de onde provêm os mercados e em que condições eles podem existir, definindo-os como estruturas dentro das quais as empresas desempenham papéis diferenciados, permanecendo ligadas entre si por um complexo equilíbrio de observação de interações: cada produtor registra os objetivos que os demais fixam para si mesmos em matéria de quantidades produzidas e de rendimentos obtidos, a prossecução dessas observações determinando a manutenção do mercado ou o seu desaparecimento. A perspectiva sociológica corresponderia, neste caso, a transitar do nível individual para o nível agregado, ligando as decisões individuais ao fato de que os mercados possuem estruturas distintas e estáveis: a conjunção das decisões dos agentes produz, em determinadas condições particulares, profecias autorrealizadas, os mercados antecipados acabando por ser realmente gerados pela interação social. Em boa medida, podemos dizer, esta abordagem interpela a ideia de indispensabilidade ou necessidade "física" correspondente ao modelo tradicional da *economics*, assente nas famosas curvas de oferta e procura. Na verdade, os mercados podem neste registro ser tratados por oposição a redes, mas também a partir de redes: as análises de Harrison White têm inegáveis genealogias nas discussões sobre os temas da incerteza, da concorrência imperfeita e do oligopólio, bem como da importância socioeconômica dos dispositivos de sinalização. Os compradores e os vendedores escolhem nichos e visam mais o ajustamento do que a competição, os mercados afastando-se, pois, do modelo do leilão universal com preços *market-clearing* e correspondendo muito mais a um cruzamento de diversas ordens locais que evoca os modelos de concorrência imperfeita. Harrison White pode, assim, ser pensado enquanto descendente intelectual de Edward Chamberlin: a hipótese neoclássica da homogeneidade dos produtos é substituída por uma teoria assumindo que o bem produzido por cada produtor é específico e alvo de uma avaliação diferente pelos consumidores, ocorrendo nesse contexto diferenciações ditas "vertical" e "horizontal" dos produtos.

Outro caso a considerar é sem dúvida o da obra de Paul DiMaggio, onde é crucial a ênfase atribuída aos dispositivos de "incrustação cultural" e aos "isomorfismos" detectáveis numa sofisticada análise comparativa, permitindo cotejar diversas instituições socioeconômicas. Na sua obra são criticadas as versões mais usuais e sumárias de tratamento do tema da incrustação, contrapondo-lhes DiMaggio (1994) formas diversas de "incrustação política" e de "incrustação cultural". Merecem também referência os trabalhos de Soren Jagd (2004; 2007), movendo-se em boa medida em diálogo ou interface com a chamada "economia das convenções" (THÉVENOT, 2004), e que têm aliás vários pontos de contato com o modelo antes referido quanto a "concorrência imperfeita" e a dispositivos de sinalização. O mesmo é válido ainda para os escritos de Patrik Aspers (2001) sobre a moda e os chamados "mercados estéticos", nos quais se sublinha a noção dos mercados enquanto estruturas sociais que se reproduzem: as empresas operando em clique e os atores orientando-se através de um desempenho de papéis que ocorre em boa medida através da imitação dos demais.

A sociologia econômica tem igualmente assumido as vestes de análise sociológica aplicada aos mercados financeiros: Mitchel Abolafia, Wayne Baker, Susan Shapiro, Bruce Carruthers e Laura Ariovich são exemplos notórios de autores que consideram a realidade dos mercados financeiros em estudos que recorrem à análise das redes e à teoria das organizações. Para Abolafia (1984; 1997) esses mercados estão muito longe de protótipos de concorrência perfeita; correspondem antes a um sistema de organizações em interação, as suas crises constituindo fenômenos fundamentalmente interorganizacionais e falhando assim na sua explicação o modelo neoclássico, ou "modelo da eficiência". Ainda em contraste com a teoria neoclássica, que assume por princípio a impossibilidade de ocorrência de crises e tende a imputar estas a "choques exógenos", Abolafia propõe uma explicação que integra os conflitos endógenos, como as lutas pelo poder entre diversos grupos, incorporando os investidores institucionais e os atores exteriores ao mercado, bem como o contexto histórico. Na sua análise do mercado de ações, Wayne Baker (1984; BAKER et al., 1992; 1998) define este como um conjunto de *networks*: vendedores e compradores de opções constituem redes distintas operando no mercado e exercendo um efeito direto na determinação dos preços, as redes pequenas atenuando a volatilidade dos preços, dados os contatos estreitos entre os respetivos membros. Destaca-se a falsidade da assunção da teoria neoclássica, segundo a qual a maior dimensão dos mercados conduziria estes a um funcionamento mais eficiente: pelo contrário, para Baker quanto maior é a dimensão do mercado, tanto mais a sua estrutura tende para a diferenciação. Já pelo seu lado Susan Shapiro (1984; 2002) sublinha a incrustação cultural da percepção de condutas ilegais e/ou imorais, bem como a importância crucial dessa relatividade institucional, numa linha de pesquisa semelhante à de Bruce Carruthers (1999; CARRUTHERS & ESPELAND, 1998; CARRUTHERS & UZZI, 2000) e Laura Ariovich (CARRUTHERS & ARIOVITCH, 2010), os quais destacam aliás que a moeda e o crédito constituem uma dimensão analiticamente interessante sobretudo quando disfuncional, sendo crucialmente importantes as suas interações com os diversos sistemas legais e morais. As várias dimensões sociais do crédito são objeto de análise: do nível individual ao empresarial e deste ao estatal; das moedas às notas e destas ao "dinheiro de plástico". De que formas, investiga-se, está o conjunto da economia intimamente entrelaçado no funcionamento do crédito? Bem assim, qual a importância dos diversos significados sociais assumidos pela atividade creditícia, nomeadamente quanto à distinção entre dinheiro "limpo" e dinheiro "sujo"?

Mas a lista de autores e obras mapeáveis dentro do quadro da NSE afigura-se, em boa verdade, interminável. A caracterização ou não de vários tipos de trabalhos enquanto "sociologia econômica" parece depender estreitamente do fato de os respetivos protagonistas se considerarem ou não eles próprios sociólogos (e serem reconhecidos enquanto tal pelos demais membros da *network* acadêmica). Poderemos, então, aplicar também superlativamente à NSE um outro dos traços em que ela tem tantas vezes mais recentemente insistido, o da chamada "performatividade"? Pensemos, por exemplo, nos casos de Donald Mackenzie (2006) e de Garcia-Parpet (1986), aliás por formação acadêmica um matemático preocupado com o uso político da estatística e uma economista tornada antropóloga. Os trabalhos de Donald MacKenzie referem-se ao funcionamento dos mercados bolsistas, sublinhando o quanto aqueles constituiriam realmente *"an engine, not a camera"*: um instrumento de produção da realidade social, não uma mera câmara em que aquela viesse neutralmente refletir-se. Numa linha semelhante deve ser considerada a obra de Garcia-Parpet, evidenciando a influência que o próprio estudo da ciência econômica tem frequentemente exercido nas condutas dos agentes e no funcionamento efetivo de diversos mercados realmente existentes.

É importante, quanto a isto, voltar a registrar e sublinhar o quão imprecisas são as fronteiras da sociologia econômica. Várias das linhas de pesquisa referidas têm uma inegável proximidade com agendas disciplinares oficialmente da "antropologia cultural", da "economia das convenções", da "política social" e do "institucionalismo econômico", entre outras possíveis agendas. Neste mesmo contexto de discussão da fluidez dos limites da sociologia econômica é importante referir também o trabalho, oficialmente de "política social" (*social policy*), de Richard Titmuss (1997), acima de tudo a sua forma muito particular de colocar o problema da eficiência, evidenciando como, em certos casos, o mercado está muito longe de constituir a melhor solução. Pelo contrário, o voluntariado e a dádiva são, segundo Titmuss, bem mais eficazes para a obtenção de sangue pelos hospitais, mas o recurso a esses meios pode ele próprio ser ameaçado se nos orientarmos no sentido de procurar "complementar" os recursos disponíveis com apelo a uma componente mercantil, a qual pode de fato, em algumas circunstâncias, induzir uma expulsão (*crowding out*) generalizada dos motivos desinteressados ou altruístas.

Em que sentidos poderá ser legítimo ou congruente considerar os estudos de MacKenzie, Garcia-Parpet e Titmuss como sociologia econômica, e em particular como NSE? A única coisa que parece clara quanto a isso é que, se forem pensados como tais, se o feixe de interações sociais subsequentemente suscitado confirmar através do reconhecimento essas assunções, nesse caso então eles *tornar-se-ão* NSE; mas nesse caso apenas... Devem também, quanto a este tema, ser pelo menos referidos os trabalhos desenvolvidos no Instituto de Santa Fé por Samuel Bowles e Herbert Gintis (1999; 2002; 2003; 2004), com a sua "descoberta" oficial da chamada "reciprocidade forte" (*strong reciprocity*) por detrás da complexidade (cf. tb. MENDES, 2004). Evidenciando aquilo que podemos considerar uma clara "tentação sociológica", Bowles e Gintis defendem ainda assim a alegada irredutibilidade e bondade da *economics* enquanto pretenso estudo dos "efeitos agregados não desejados das ações humanas". Os argumentos de Bowles e Gintis relativos aos supostos universais da "natureza humana" são, porém, insustentavelmente ligeiros e superficiais, evidenciando aqueles autores uma indesmentível tendência para o regresso à mera antinomia "natureza-educação" (*nature-nurture*) ou "ambiente-hereditariedade" (*environment-heredity*). Os estudos

de Bowles e Gintis mantêm estreitas afinidades com os de Gabriel Axelrod (1997; 2006) relativos à chamada "viabilidade evolutiva" da cooperação, as especificidades da cultura e do social encontrando evidentes dificuldades de expressão dentro do quadro analítico da dupla de Santa Fé.

Uma menção é, enfim, devida à redescoberta paralela do "institucionalismo econômico" e àqueles que têm sido os seus problemas definidores. Geoffrey Hodgson (1994; 1997; 2007) move-se aqui assumidamente contra Oliver Williamson (1985; 1993): o modelo de análise da *maistream economics*, resumindo-se à discussão do problema dos chamados "custos de transação", teria inegáveis limites, mercados e hierarquias ficando muito longe de esgotar a panóplia das possibilidades do social. Em que medida, pergunta-se Hodgson, poderão a cultura e as instituições ser tratadas enquanto análogos de cargas genéticas, perpetuando-se através de mutações? O oficial "regresso da vida" ao econômico constituiria, deste modo, o quadro teórico mais adequado ao tratamento das instituições sociais, as evoluções podendo ser divergentes, convergentes e/ou em rede e avançando Hodgson neste contexto, finalmente, o projeto de uma "econologia", pensada como possível disciplina-síntese de economia e sociologia.

Alguns traços adicionais da produção da NSE merecem, todavia, referência explícita e destaque. Um deles, a importância adquirida pelos conceitos de confiança, capital social e redes sociais, atestada pela proliferação de trabalhos girando em torno destes conceitos. Neste âmbito deve ser mapeada a obra já referida de Mark Granovetter, ligada aliás de muito perto à emergência acadêmica da NSE. O seu caso pode na verdade ser conceitualizado enquanto alegada sequela dos temas de Karl Polanyi: o problema da "incrustação" encontra aqui, decerto, uma das suas principais ramificações. Granovetter opera em cima da distinção entre as chamadas "ligações fortes" e as "ligações fracas", deixando, entretanto, várias questões em aberto: poderá existir alguma economia que não seja, por definição mesmo, uma economia "incrustada"? Em que medida serão realmente modernas as sociedades usualmente apresentadas como tal? A procura de uma profissão, por exemplo, em Portugal, não corresponde geralmente a meros procedimentos impessoais; mas isso será realmente uma singularidade ou um atavismo português? Ou verificaremos antes que também nos Estados Unidos isso ocorre, ou algo de fundamentalmente análogo? O questionamento metodológico caraterístico de Granovetter tem o intuito declarado de procurar uma "terceira via" correspondente a um pretenso "justo meio" entre individualismo e holismo: se é verdade que a ação está sempre socialmente enquadrada e não pode ser explicada através da referência estrita aos motivos individuais, por outro lado as instituições sociais não emergem automaticamente, dotadas de formas incontornáveis ou de uma absoluta imperatividade, correspondendo antes a "constructos sociais", inevitavelmente precários. Um dos mais conhecidos temas de investigação de Granovetter, a "procura de uma profissão", pode aliás ser considerado uma alegoria da sua própria importância no meio acadêmico: a obra de Granovetter, bem como as ligações por ela propiciadas, foram evidentemente cruciais do ponto de vista das possibilidades de reconquista da consagração institucional por parte da própria sociologia econômica.

Quanto a redes (e para além do caso já referido da obra de Bowles e Gintis), uma menção deve ser feita aos trabalhos de Ronald Burt (1982; 1992; 2000), quaisquer que sejam as rotulagens acadêmicas oficiais que eles adquirem. A distinção de laços fortes e laços fracos, crucial nos trabalhos de Granovetter, aparece aqui de algum modo reformulada e referida aos conceitos de "empresário social", ou *gatekeeper* (tal como para Bowles e Gintis aparece reportada à importância da chamada "reciprocidade forte", associada às redes ditas *small-world*).

Relativamente à confiança e capital social, devem também ser indicados os trabalhos de Partha Dasgupta (1988), Diego Gambetta (1988) e, enquanto súmula sociológica, Sztompka (1999). Deve notar-se que a generalidade desses trabalhos tende a girar sobretudo em torno das especificidades dos diversos processos de desenvolvimento econômico, em grande medida entroncando na grande corrente de estudos "culturalistas" que discorrem sobre o sucesso das sociedades europeias e norte-americana, por oposição ao insucesso "deles", proclamando explicá-lo com base na suposta singularidade da "nossa" cultura. Proliferando num contexto globalmente "atlantista", é compreensível que muita da sociologia do "capital social" tenha realmente permitido um interminável *blaming the victims*, como já foi definido por um dos vários comentadores das problemáticas dos processos de desenvolvimento econômico (cf. STIGLITZ, 1994; 2003), mas agora sob uma forma declaradamente sociológica, indiscutivelmente mais sofisticada e revestindo formas de abordagem "culturalista": se "eles" (as sociedades não euro-norte-americanas) não prosperaram ou não prosperarem, o "problema" (e/ou a "culpa") é evidentemente "deles", dado tratar-se manifestamente de culturas não indutoras de "capital social" ou "confiança" suficientes, pelo que... De fato, porém, e se pensarmos nas inultrapassáveis dificuldades analíticas de que se reveste a medição rigorosa do "capital social" e da "confiança" (DASGUPTA, 1988), associadas de resto à imprecisão do seu conteúdo e à infindável variedade de circunstâncias em que tais fórmulas são invocadas (KONIORDOS, 2005), já se adivinha que nos aproximamos aqui de um terreno analítico escorregadio, em que tendem a predominar os raciocínios circulares, as petições de princípio e as verdades tautológicas, à maneira da célebre parábola sobre a *virtus dormitiva* do ópio.

Outro traço das investigações levadas a cabo neste âmbito interpela diretamente a condição da sociologia enquanto tal. Procurando caracterizar o projeto associado à NSE através da **detecção** da sua unidade íntima, para além de sublinhar (seguindo Granovetter) os seus postulados metodológicos de "via média", Rafael Marques (2003) aponta no fundamental para algo que constitui, mais do que a ciência de realidades econômicas singulares ou irrepetíveis – à maneira do culto "ideográfico" da *uniqueness*, na tradição weberiana – ou mesmo o empreendimento de captação do feixe de sentidos íntimos associados às mesmas – à maneira da atitude "compreensiva" correspondente à mesma tradição – uma verdadeira economia do raro, do "contraintuitivo" ou do extravagante. Na verdade, pode em boa medida dizer-se que a sociologia econômica é aqui pensada como uma *weird economics*, uma ciência de fatos aparentemente paradoxais ou aberrantes. E a questão epistemológica central é, talvez, que desta forma nos aproximamos verdadeiramente dos antípodas da "ciência dos fatos morais", tal como a generalidade das ciências sociais foi inicialmente pensada. Em vez do quotidiano, do banal e do repetitivo, supostamente pouco atraentes, mas onde as "ciências morais" de finais de setecentos (sociologia e a economia política, pouco importa), ou em geral o projeto das ciências sociais, tinham visto o silencioso motor da evolução social e o objeto central da atenção dos novos saberes, dir-se-ia que nos aproximamos por esta via do culto do excepcional, da extravagância, da proeza e genericamente dos efeitos "contraintuitivos" e paradoxais, tradicionalmente o objeto da historiografia, a qual tinha cedido lentamente o caminho às suas sucessoras na medida em que se tinha tornado *raisonée*, ou seja, sobretudo indicadora de tendências. E como evitar, nesse caso, a objeção (GRAÇA, 2009) de que a sociologia econômica, pretendendo fugir à "positividade" da *economics*, acabou deste modo por ir pura e simplesmente cair nos braços do tradicional culto historiográfico das *res gestae*? Assumindo o intuito de "fuga" do quadro analítico da economia acadêmica, será assim a sua tendência fundamental a de ir cair no extremo oposto, dissolvendo-se na tradicional historiografia do *événementiel*?

Todavia, talvez os problemas de delimitações disciplinares não sejam o mais importante. Pelo menos em parte, a viabilidade do próprio projeto da NSE pode também ser referida à própria inclinação pela transdisciplinaridade, ou mesmo "indisciplinaridade", acarretada ou sugerida por uma certa "de--diferenciação social", neste caso uma de-diferenciação acadêmica, que já foi considerada uma das características definidoras ou indicadoras da Pós--modernidade (ANDERSON, 2005). Mas o assunto está porventura longe de poder ser reconduzido ao culto do efêmero que anda usualmente associado às teorias da referida Pós-modernidade. Talvez a NSE, independentemente das suas incoerências, limitações e inibições, seja finalmente um projeto a apoiar, antes de mais por configurar um projeto em aberto, por nada ou quase nada excluir à partida, por expressar, enfim, aquela possibilidade de "síntese" enriquecedora de patrimônios culturais ou "meméticos" diversos, que é talvez a primeira condição de vitalidade (GRAÇA, 2012a; 2012b).

Note-se que, como já foi observado (HODGSON, 1997), se no plano das realidades biológicas as convergências só são possíveis ao nível dos fenótipos, dado que em matéria de genótipos se impõe de forma implacável a lógica indefinidamente diversificante e afastadora que é a da própria "árvore da vida", já com as realidades culturais, e dada a fundamental indistinção entre genótipo e fenótipo na transmissão cultural ou "memética", as miscigenações e fusões efetivas tornam-se possíveis, sendo pois a imagem da evolução decerto menos a árvore – partindo da unidade e conduzindo ao afastamento irreversível – e muito mais o labirinto – em que afastamentos e reaproximações são, uns e outros, indefinidamente possíveis, mas não necessários. E que disciplina poderíamos encontrar, melhor vocacionada para a evolução no labirinto e pelo labirinto do que aquela que, precisamente, fez da análise das redes sociais um dos seus temas principais, se não mesmo o seu tema por excelência?

Referências

ABOLAFIA, M.Y. *Making Markets*: Opportunism and Restraint on Wall Street. Cambridge, Mas.: Harvard University Press, 1997.

_____. Structured Anarchy: Formal Organization in the Commodities Futures Market. In: ADLE, P. & ADLER, P. (orgs.). *The Social Dynamics of Finantial Markets*. Greenwich/Londres: JAI, 1984, p. 129-150.

ANDERSON, P. *The Origins of Postmodernity*. Londres: Verso, 1998.

ASPERS, P. *Markets*. Cambridge: Polity Press, 2011.

_____. A Market in Vogue: Fashion Photography in Sweden. In: *European Societies*, 3 (1), 2001, p. 1-22.

AXELROD, R.M. *The Evolution of Cooperation* (1984). Nova York: Basic Books, 2006.

_____. *The Complexity of Cooperation*: Agent-Based Models of Competition and Collaboration. Princeton: Princeton University Press, 1997.

BAKER, W.E. The Social Structure of a National Securities Market. In: *American Journal of Sociology*, 89, 1984, p. 775-811.

BAKER, W.E.; FAULKNER, R.R. & FISCHER, G.A. Hazards of the Market: The Continuity and Dissolution of Interorganizational Market Relationships. In: *American Sociological Review*, 63, 1998, p. 147-177.

BAKER, W.E. & JIMERSON, J.B. The Sociology of Money. In: *The American Behavioral*, 35 (6), jul.-ago/1992, p. 678-693.

BECKERT, J. Interpenetration versus Embeddedness: The Premature Dismissal of Talcott Parsons in the New Economic Sociology. In: *American Journal of Economics and Sociology*, 65 (1), 2006, p. 161-188.

BOUDON, R. *La Logique du social* – Introduction à l'Analyse Sociologique. Paris: Hachette, 1979.

_____. *Effets Pervers et ordre sociale*. Paris: PUF, 1977.

BOWLES, S. & GINTIS, H. The Evolution of Strong Reciprocity: Cooperation in Heterogeneous Populations. In: *Theoretical Population Biology*, 61, 2004, p. 17-28.

_____. Persistent Parochialism: Trust and Exclusion in Ethnic Networks. In: *Journal of Economic Behavior and Organization*, 55 (1), 2003, p. 1-23.

_____. Homo Reciprocans: Altruistic Punishment of Free Riders. In: *Nature*, 415 (10) jan./2002, p. 125-128.

_____. Is Inequality Passé? In: *Boston Review*, 23 (6), 1999, p. 4-35.

BURT, R. *The Network Structure of Social Capital* – Working Paper. University of Chicago/Institute Européen d'Administration d'Affaires, 2000.

_____. *Structural Holes*: The Social Structure of Competition. Cambridge, MA: Harvard University Press, 1992.

_____. *Towards a Structural Theory of Action*: Network Models of Social Structure, Perception and Action. Nova York: Academic Press, 1982.

CAMIC, C. Reputation and Predecessor Selection: Parsons and the Institutionalists. In: *American Sociological Review*, 57 (4), 1992, p. 421-445.

_____. The Making of a Method: A Historical Reinterpretation of the Early Parsons. In: *American Sociological Review*, 52 (4), 1987, p. 421-439.

CARRUTHERS, B. *City of Capital*: Politics and Markets in the English Financial Revolution. Princeton: Princeton University Press, 1999.

CARRUTHERS, B. & ARIOVICH, L. *Money and Credit*: A Sociological Approach. Cambridge: Polity Press, 2010.

CARRUTHERS, B. & BRIAN, U. Economic Sociology in the New Millennium. In: *Contemporary Sociology*, 29, 2000, p. 486-494.

CARRUTHERS, B. & ESPELAND, W.N. Money, Meaning and Morality. In: *American Behavioral Scientist*. 41 (10), 1998, p. 384-408.

COLEMAN, J. A Rational Choice Perspective on Economic Sociology. In: SMELSER, N.J. & SWEDBERG, R. (orgs.). *The Handbook of Economic Sociology*. Princeton, NJ: Russell Sage Foundation, 1994, p. 166-180.

_____. *Foundations of Social Theory*. Cambridge: The Belknap Press of Harvard University Press, 1990.

DALZIEL, P. & HIGGINS, J. Pareto, Parsons and the Boundary between Economics and Sociology. In: *American Journal of Economics and Sociology*, 65 (1), 2006, p. 1-18.

DASGUPTA, P. Trust as a Commodity. In: GAMBETTA, D. (ed.). *Trust*: Making and Breaking of Cooperative Relations. Oxford: Basil Blackwell, 1988, p. 49-72.

DIMAGGIO, P. Culture and Economy. In: SMELSER, N.J. & SWEDBERG, R. (org.). *The Handbook of Economic Sociology*. Princeton, NJ: Russell Sage Foundation, 1994, p. 27-57.

DIMAGGIO, P. (org.). *The Twentieth-First Century Firm*: Changing Economic Organization in International Perspective. Princeton, NJ: Princeton University Press, 2001.

FLIGSTEIN, N. *The Architecture of Markets*. Princeton: Princeton University Press, 2001.

_____. *Globalization or Europeanization:* Evidence on the European Economy Since 1980. Berkeley: Center for Culture, Organizations and Politics/University of California, Berkeley, 2000 [Disponível em: http://repositories.cdlib.org/iir/ccop/wps-2000-04].

_____. Markets as Politics: a Political-Cultural Approach to Market Institutions. In: *American Sociological Review*, 61 (4), 1996, p. 656-673.

_____. *The Transformation of Corporate Control*. Cambridge: Harvard University Press, 1990.

GAMBETTA, D. (ed.). *Trust*: Making and Breaking of Cooperative Relations. Oxford: Basil Blackwell, 1988.

GARCIA, M.E. Divisão interna da sociologia. In: *O Instituto.*Coimbra: Imprensa da Universidade, 1882, p. 9s.

GARCIA-PARPET, M.F. La construction sociale d'un marche parfait: le marche aux cadrans de Fontaines-en-Sologne. In: *Actes de la Recherche en Sciences Sociales,* 65, 1986, p. 2-13.

GIDDENS, A. *Capitalismo e moderna teoria social*. Lisboa: Presença, 1976.

GINTIS, H. *Towards a Unity of the Human Behavioral Sciences*. Santa Fé: Institute Working Paper, 2003 [Disponível em http://www.santafe.edu/media/workingpapers/03-02-015.pdf].

GRAÇA, J.C. Acerca da instabilidade da condição da sociologia econômica. In: *Análise social*, vol. 47, mar./2012a, p. 4-27. Universidade de Lisboa [Disponível em http://analisesocial.ics.ul.pt/documentos/1332346101B4nRF0fh4Rb24QU2.pdf].

_____. What is economic sociology? In: ERASGA, D. (org.). *Sociological Landscape* – Theories, Realities and Trends. Rijeka, Croácia: InTech, 2012b, p. 101-126 [Disponível em http://www.intechopen.com/books/sociological-landscape-theories-realities-and-trends].

_____. A condição da sociologia econômica enquanto "ciência dos fatos morais": vários problemas e algumas sugestões. In: MONDADORE, A.P.C. et al. (orgs.). *Sociologia econômica e das finanças:* um projeto em construção. São Carlos: Edufscar, 2009, p. 325-343.

_____. Receções de Malthus no Portugal de Oitocentos. In: *Ler História* – Revista de História e Ciências Sociais, 54, 2008a, p. 163-199.

_____. The Economics-Sociology Divide: the Cost of Parsons as an Academic "Social Entrepreneur". In: *Journal of Classical Sociology*, 8 (4), 2008b, p. 467-499.

_____. Afinal, o que é mesmo a "nova sociologia econômica"? In: *Revista Crítica de Ciências Sociais*, 73, 2005, p. 111-129.

_____. *As ideias económicas e sociais de José Frederico Laranjo*. Universidade de Lisboa, 2002 [Tese de doutorado].

GRANOVETTER, M. The Old and the New Economic Sociology: a History and an Agenda. In: FRIEDLAND, R. & ROBERTSON, A.F. (orgs.). *Beyond the Marketplace*: Rethinking Economy and Society. Nova York: Aldine de Gruyter, 1990, p. 89-112.

_____. On Economic Sociology: an Interview with Mark Granovetter. In: *Research Reports from the Department of Sociology*, 1, 1987, p. 1-26. Uppsala University.

_____. Economic Action and Social Structure: the Problem of Embeddedness. In: *American Journal of Sociology*, 91 (3), 1985, p. 481-510.

_____. The Strength of Weak Ties: A Network Theory Revisited. In: *Sociological Theory*, 1, 1983, p. 201-233.

_____. The Strength of Weak Ties. In: *American Journal of Sociology*, 78 (6), 1973, p. 1.360-1.380.

HODGSON, G.M. Economics of Convention and New Economic Sociology – Mutual Inspiration and Dialogue. In: *Current Sociology*, 55 (1), 2007, p. 75-91.

_____. *Economia e evolução* – O regresso da vida à teoria económica. Oeiras: Celta, 1997.

_____. The Return of Intitutional Economics. In: SMELSER, N.J. & SWEDBERG, R. (org.). *The Handbook of Economic Sociology*. Princeton, NJ: Russell Sage Foundation, 1994, p. 58-76.

INGHAM, G. Some Recent Changes in the Relationship Between Economics and Sociology. In: *Cambridge Journal of Economics,* 20, 1996, p. 243-275.

JAGD, S. Economics of Convention and New Economic Sociology: Mutual Inspiration and Dialogue. In: *Current Sociology*, 55 (1), 2007, p. 75-91.

_____. Laurent Thévenot and the French Convention School: A Short Introduction. In: *Economic Sociology European Electronic Newsletter*, 5 (3), 2004, p. 2-9 [Disponível em http://econsoc.mpifg.de/archive/esjune04.pdf].

KONIORDOS, S. *Networks, Trust and Social Capital*: Theoretical and Empirical Investigations from Europe. Burlington, VT: Ashgate, 2005.

LARANJO, J.F. *Princípios de economia política* (1891). Intr. e ed. de Carlos Bastien. Lisboa: Banco de Portugal, 1997.

MACKENZIE, D. *An Engine, not a Camera*: How Financial Models Shape Markets. Cambridge, Massachusetts: The MIT Press, 2006.

MARQUES, R. Introdução: os trilhos da nova sociologia económica. In: PEIXOTO, J. & MARQUES, R. (orgs.). *A Nova Sociologia Económica*. Oeiras: Celta, 2003, p. 1-67.

MARSHALL, A. *Principles of Economics.* Londres: Macmillan, 1964.

MENDES, R.V. Network dependence of strong reciprocity. In: *Advances in Complex Systems*, 7, 2004, p. 357-368.

MIROWSKI, P. *More Heat than Light.* Cambridge: Cambridge University Press, 1989.

PARSONS, T. *The Early Essays.* Ed. e introdução de Charles Camic. Chicago/Londres: The University of Chicago Press, 1991.

_____. *The Structure of Social Action:* A Study in Social Theory with Special Reference to a Group of Recent European Writers (1937). Nova York: Free Press of Glencoe, 1961.

_____. Sociological Elements of Economic Thought, part I. In: *The Quarterly Journal of Economics,* 49 (3), 1935a, p. 414-453.

_____. Sociological Elements of Economic Thought, part II. In: *The Quarterly Journal of Economics,* 49 (4), 1935b, p. 646-667.

_____. Some Reflections on "The Nature and Significance of Economics". In: *The Quarterly Journal of Economics*, 48 (3), 1934, p. 511-545.

_____. Economics and Sociology: Marshall in Relation to the Thought of His Time. In: *The Quarterly Journal of Economics*, 46 (2), 1932, p. 316-347.

_____. Wants and Activities in Marshall. In: *The Quarterly Journal of Economics,* 46 (1), 1931, p. 101-140.

PARSONS, T. & KROEBER, A. The Profession: Reports and Opinions. In: *American Sociological Review*, 23 (5), 1958, p. 582-590.

PARSONS, T. & SMELSER, N.J. *Economy and Society*: A Study in the Integration of Economic and

Social Theory. Londres/Boston/Melbourne/Henley: Routledge & Kegan Paul, 1956.

POLANYI, K. *The Great Transformation:* The Political and Economic Origins of Our Time (1944). Boston, Mas.: Beacon, 2001.

POWELL, W.W. & DiMAGGIO, P. *The New Institutionalism in Organizational Analysis.* Chicago: The University of Chicago Press, 1991.

SAY, J.B. *Traité d'Économie Politique.* Prefácio de Georges Tapinos (1803). Paris: Calmann-Lévy, 1972.

_____. *Cours Complet d'Économie Politique Pratique* (1828). 2 vol. Osnabrück: Otto Zeller, 1966.

SCHMOLLER, G. *Principes d'économie politique.* 5 vol. Paris: V. Giard/E. Brière, 1905-1908.

SCHUMPETER, J.A. *História da análise econômica* (1954). 3 vol. São Paulo: Fundo de Cultura, 1964.

SHAPIRO, S.P. *Tangled Loyalties:* Conflict of Interest in Legal Practice. Michigan, Ann Arbor: The University of Michigan Press, 2002.

_____. *Wayword Capitalists:* Target of the Securities and Exchange Commission. New Haven, Con.: Yale University Press, 1984.

SIMON, H. *Models of Man, Social and Rational:* Mathematical Essays on Rational Human Behavior in a Social Setting. Nova York: John Wiley, 1957.

SMELSER, N.J. & SWEDBERG, R. Introducing Economic Sociology. In: SMELSER, N.J. & SWEDBERG, R. (orgs.). *The Handbook of Economic Sociology.* Princeton, NJ: Russell Sage Foundation, 2005, p. 3-25.

_____. The Sociological Perspective on the Economy. In: SMELSER, N.J. & SWEDBERG, R. (orgs.). *The Handbook of Economic Sociology.* Princeton, NJ: Russell Sage Foundation, 1994, p. 3-26.

SMELSER, N.J. & SWEDBERG, R. (org.). *The Handbook of Economic Sociology.* Princeton, NJ: Russell Sage Foundation, 2005.

_____. *The Handbook of Economic Sociology.* Princeton, NJ: Russell Sage Foundation, 1994.

SOUSA, J.F.M. *Ciência económica* – 1910. Lisboa: Banco de Portugal, 1997.

_____. *Ciência económica.* Coimbra: França Amado, 1902.

STIGLITZ, J.E. *Globalization and its Discontents.* Londres: Penguin Books, 2003.

_____. *Whither Socialism?* Cambridge, Mas.: Massachusetts Institute of Technology, 1994.

SZTOMPKA, P. *Trust:* A Sociological Theory. Cambridge: Cambridge University Press, 1999.

THÉVENOT, L. The French Convention School and the Coordination of Economic Action, Laurent Thévenot Interviewed by Soren Jagd at the Ehess Paris. In: *Economic Sociology European Electronic Newsletter,* 5 (3), 2004, p. 10-16, 2004.

TITMUSS, R. *The Gift Relationship:* From Human Blood to Social Policy. Londres: LSE Books, 1997.

VELTHUIS, O. The Changing Relationship Between Economic Sociology and Institutional Economics: from Talcott Parsons to Mark Granovetter. In: *American Journal of Economics and Sociology,* 58 (4), 1999, p. 629-649.

WALRAS, L. *Éléments d'Économie Politique Pure.* Paris: R. Pichon/R. Durand-Auzias, 1952.

_____. *Études d'Économie Sociale.* Lausanne/Paris: F. Rouge/R. Pichon/R. Durand-Auzias, 1936.

WHITE, H. *Markets from Networks:* Socioeconomic Models of Production. Princeton: Princeton University Press, 2002.

_____. Markets in Production Networks. In: SWEDBERG, R. (org.). *Explorations in Economic Sociology.* Nova York: Russell Sage Foundation, 1993, p. 161-175.

_____. Where do markets come from? In: *American Journal of Sociology,* 87, 1981, p. 517-547.

WILLIAMSON, O. Calculativeness, Trust, and Economic Organization. In: *Journal of Law and Economics,* 36, 1993, p. 453-486.

_____. *The Economic Institution of Capitalism.* Nova York: Free Press, 1985.

ZAFIROVSKI, M. Parsonian Economic Sociology: Bridges to Contemporary Economics. In: *American*

Journal of Economics and Sociology, 65 (1), 2006, p. 75-107.

_____. The Influence of Sociology in Economics. In: *Journal of Classical Sociology*, 5 (2), 2005, p. 123-156.

_____. Economic Sociology in Retrospect and Prospect: In Search of its Identity Within Economics and Sociology. In: *American Journal of Economics and Sociology*, 58 (4), 1999, p. 583-627.

ZELIZER, V.A. *The Purchase of Intimacy*. Princeton/Oxford: Princeton University Press, 2005.

_____. *The Social Meaning of Money*: Pin Money, Paychecks, Pay Relief and Other Currencies. Princeton: Princeton University Press, 1997.

_____. *Pricing the Priceless Child*: The Changing Social Value of Children. Princeton: Princeton University Press, 1994.

_____. The Social Meaning of Money: "Special Moneys". In: *American Journal of Sociology*, 98 (2), 1989, p. 342-377.

_____. *Morals and Markets*: The Development of Life Insurance in the United States. New Brunswick, NJ: Transaction Books, 1983.

13
Sociologia econômica II
"Métodos quantitativos e pesquisas em mercado de trabalho, desigualdades sociais e processos organizacionais"

Jorge Alexandre Barbosa Neves

Luciana Conceição de Lima

1 Introdução

No Brasil, a transição do século XIX para o século XX foi marcada por importantes mudanças no campo político e socioeconômico. A escravidão foi abolida em 1888, o império teve seu fim em 1889, e com a decadência da produção de açúcar nas áreas ao Norte do país, as regiões produtoras de café do Centro-Sul se consolidaram como principal eixo político-econômico nas primeiras décadas da República (PRADO JÚNIOR, 2006; FURTADO, 2007).

Esse rápido processo de reordenamento econômico brasileiro, em que o Brasil deixou de ser essencialmente agrário para se tornar, em poucas décadas, uma nação do chamado grupo de países de "industrialização tardia", teve dois efeitos sobre o sistema de estratificação social do país. O primeiro deles foi o de intensificar as desigualdades sociais, sobretudo entre as regiões (BÉRTOLA; CASTELNOVO; WILLEBALD, 2009; REIS, 2014). Monastério e Reis (2008) mostram como a imigração internacional subsidiada para São Paulo exacerbou a segmentação regional, diminuindo os efeitos da industrialização dessa localidade sobre os fluxos de migrações internas e, consequentemente, sobre as disparidades regionais nos níveis de salários.

Com relação ao segundo efeito, na medida em que o Brasil deixava de ser essencialmente agrário para se tornar uma nação urbana e com significativa base industrial, a estrutura ocupacional foi reordenada, implicando mobilidade estrutural no país, embora essas ascensões tenham sido de curta distância: uma vez que as ocupações pertencentes às gerações mais velhas (agrárias) cederam espaço para as ocupações industriais, a posição social de destino (ocupação do filho) passou a depender menos da posição social de origem (ocupação do pai) (COSTA RIBEIRO, 2000). Essa transição para uma sociedade urbana com significativa base econômica industrial tornou mais relevante o papel das estruturas organizacionais na segmentação do mercado de trabalho e no sistema de estratificação social.

Abordagens funcionalistas como a de Blau e Duncan (1967) destacam que em sociedades industriais as características adquiridas dos indivíduos predominariam sobre atributos herdados, ou seja, elas seriam mais meritocráticas. Segundo Helal (2015), embora os esforços individuais sejam valorizados nas sociedades modernas, o grau de burocratização das organizações dá a medida dessa valoração. Também segundo esse autor, estudos quantitativos que apontem os padrões de desigualdade que são produzidos e reproduzidos no âmbito das organizações, sobretudo para o caso do Brasil, são de fundamental importância.

Mesmo em termos internacionais, as ciências sociais se ressentem de estudos que conectem a análise organizacional à pesquisa sobre desigualdade (a mais importante revisão da literatura internacional foi feita há algumas décadas; cf. BARON, 1984). No Brasil, em particular, há ainda maior escassez de trabalhos quantitativos voltados para essa temática. Na próxima seção, serão apresentados alguns poucos estudos que empregam metodologia quantitativa avançada para o alcance de seus objetivos propostos e que testam empiricamente hipóteses relacionadas a elementos organizacionais que permeiam o mercado de trabalho, neutralizam, reproduzem ou ampliam as desigualdades sociais existentes na sociedade. Em seguida – até porque há poucos estudos com as características focadas neste capítulo –, haverá uma seção com duas análises inéditas desenvolvidas pelos próprios autores.

2 Estudos quantitativos sobre mercado de trabalho, processos organizacionais e desigualdades sociais

Os estudos brasileiros sobre mercado de trabalho, processos organizacionais e desigualdade com base em análise estatística multivariada não são muito numerosos. De modo geral, podemos dividir esses estudos em dois grupos. O primeiro grupo segue a abordagem mais tradicional, na linha dos trabalhos revisados por Baron (1984), e tentam observar o papel de variáveis organizacionais relacionadas ao mercado de trabalho sobre a desigualdade social. O segundo grupo é composto por trabalhos que buscam identificar as interações e relações entre a participação em organizações sociais (um indicador de capital social) e o processo de estratificação e mobilidade social, na linha do que foi revisado por Lin (1999).

O desenvolvimento de modelagem estatística multivariada de terceira geração na área de pesquisa sobre estratificação e mobilidade social (FREITAS, 2010) tem permitido o avanço dos estudos também sobre os subtemas analisados neste capítulo. Em particular, os Modelos de Regressão Logística Multinomial, os Modelos Multiníveis e os Modelos de Equações Estruturais (completos) são as principais inovações metodológicas aplicadas na área. Os estudos empíricos analisados ou apresentados neste capítulo também têm como base esses modelos.

Neves e Fernandes (2002) analisaram como a estratificação organizacional entre gerentes e demais empregados da indústria de transformação, no Brasil, é um fator determinante na determinação de salários. A partir da abordagem teórica de Erik Wright, eles testam a hipótese de que os ativos organizacionais típicos das ocupações gerenciais são um fator fundamental do sistema de estratificação e têm efeito significativo sobre os salários. Para o teste dessa hipótese – que foi totalmente corroborada pela análise dos dados – os autores estimam uma função minceriana em uma estrutura multinível, a partir de um Modelo Hierárquico, tendo os indivíduos no primeiro nível e as ocupações no segundo, Neves (2004) encontra resultados idênticos analisando o setor agropecuário.

No trabalho de Xavier e Neves (2012)[1] intitulado "Estrutura social e transmissão intergeracional de *status*: uma análise hierárquica", o objetivo proposto foi o de investigar em que medida o *status* ocupacional do indivíduo foi afetado por sua origem social, a depender do período de entrada no mercado de trabalho. Utilizando dados da Pesquisa Nacional por Amostra de Domicílios (Pnad) de 1973, 1982, 1988 e 1996 (que correspondiam,

---

1. Neves, Fernandes e Helal (2007) já haviam desenvolvido uma análise semelhante, porém com uma abordagem metodológica um pouco menos sofisticada.

à época de elaboração do capítulo, as únicas bases de dados possíveis para se captar mobilidade social) para o Brasil, os autores testaram três hipóteses: 1) redução na transmissão de *status* com o crescimento econômico e menor transmissão nas regiões mais industrializadas e nos setores econômicos mais modernos; 2) a transmissão intergeracional de *status* não foi menor com o crescimento econômico ou naquelas regiões mais industrializadas; 3) houve menor transmissão de *status* nas regiões Centro-Oeste e Norte do Brasil.

No que se refere ao método, os autores utilizaram modelos hierárquicos, partindo do suposto de que a pergunta de pesquisa do trabalho era de natureza multinível: qual o comportamento do processo de realização de *status* considerando os mercados de trabalho regionais e setoriais e as características dos indivíduos? O modelo de regressão hierárquico considera que existe uma estrutura complexa na parte aleatória, abandonando assim o suposto de independência entre os termos estocásticos subjacentes aos modelos clássicos de regressão. O modelo básico de estimação volta-se para captar variabilidades produzidas para cada nível e também para a variabilidade total do modelo, propiciando assim observar qual nível contribui mais para a variação na variável resposta (BRYK & RAUDENBUSH, 1992).

Foram consideradas como organizações os seguintes setores ocupacionais no mercado de trabalho: setor rígido ou industrial (indústria da construção civil e indústria de transformação), setor tradicional (atividades agrícolas, pecuária e extrativismo), setor flexível (atividades de prestação de serviços, comércio, transporte e social) e setor público (atividades da administração pública e defesa). Os resultados encontrados por Xavier e Neves (2012) mostram que a segmentação do mercado de trabalho em setores ocupacionais (e o nível de crescimento econômico) funciona como media-

dor de transmissão de *status*: no setor tradicional se observa um efeito maior do *status* do pai (origem) sobre o *status* da ocupação atual do indivíduo (destino) do que nos demais setores, enquanto nos setores flexível e público observam-se menores efeitos do *status* do pai sobre o *status* da ocupação atual do indivíduo (ambos os casos em comparação ao setor rígido ou industrial, destacando-se que o setor público é aquele no qual há o menor efeito de origem sobre destino).

Esses resultados confirmaram parcialmente a primeira hipótese colocada pelos autores, tendo em vista que os setores mais modernos (flexível e público) diminuíram o processo de transmissão intergeracional de *status* ocupacional. Os autores verificaram também que a taxa de urbanização e as regiões do país não impactaram significativamente o efeito da origem sobre o destino ocupacional, confirmando parcialmente a segunda hipótese elencada. A terceira hipótese não foi confirmada já que não houve efeito das regiões de fronteira sobre a origem e destino do *status* da ocupação.

O terceiro trabalho a ser analisado é o de Xavier, Tomás e Candian (2009), cujo título é "Composição ocupacional por gênero, associação a sindicatos e desigualdades de rendimentos do trabalho no Brasil". Ao contrário do estudo anterior, as autoras utilizaram em suas análises modelos de regressão quantílica. Essa técnica permite caracterizar toda a distribuição condicional de uma variável resposta com base em um conjunto de covariáveis, ou seja, ela estima os efeitos das variáveis independentes por quantis. Esses efeitos podem ser estimados simultaneamente, assim como os intervalos de confiança dos parâmetros e do regressando diretamente dos quantis condicionais desejados (YANG et al., 2012).

O objetivo das autoras foi o de obter os padrões de segregação ocupacional por gênero e seus efeitos na remuneração para o Brasil em 2003. Utilizando, também, dados da Pnad, a organização relacionada ao mercado de trabalho considerada nesse estudo foi o sindicato, e o artigo buscou responder a três questões: 1) se a associação a sindicatos afetava os rendimentos de homens e de mulheres; 2) se mulheres sindicalizadas (em relação aos homens não sindicalizados) tinham seus rendimentos aumentados; e 3) qual teria sido o efeito da associação a sindicatos dentro de cada composição ocupacional.

Os resultados indicaram que os sindicatos podem minimizar a conhecida desvantagem feminina nas remunerações, tendo em vista que foram encontrados efeitos positivos e estatisticamente significativos dessas organizações para ambos os sexos e ao longo da distribuição dos rendimentos. E com efeitos maiores para as ocupações tipicamente femininas.

Um quarto estudo analisado é o de Neves e Helal (2007). Neste estudo, eles pesquisam a relação entre participação em organizações sociais e segmentação do mercado de trabalho. A partir da estimação de um Modelo Logístico Multinomial, utilizando dados da Pesquisa por Amostragem Probabilística da Região Metropolitana de Belo Horizonte, eles concluem que a participação em organizações sociais alavanca o acesso ao mercado de trabalho formal, mas não ao informal. Esses resultados indicam o que alguns pesquisadores já haviam encontrando em outros países (cf. o trabalho clássico de LOURY, 1977), ou seja, que a participação em organizações sociais não alavanca as oportunidades socioeconômicas dos mais pobres, isto porque suas redes sociais não têm acesso a indivíduos (*brokers*) que conseguem influenciar positivamente o acesso a posições ocupacionais.

Finalmente, em Fernandes, Helal e Neves (2007), por sua vez, é estimada uma função minceriana para identificar se no setor elétrico – reconhe-

cidamente um setor no qual o conhecimento técnico-profissional tem um peso significativo – os ativos de qualificação seriam mais importantes do que os ativos organizacionais para a determinação dos salários. Os resultados indicaram que o setor elétrico era profundamente marcado pelo modelo organizacional burocrático na determinação de salários.

3 Trabalhos inéditos que avançam a análise quantitativa da relação entre participação em organizações sociais e desigualdade

3.1 Educação, associativismo e sociabilidade

3.1.1 Instituições e o problema da ação coletiva

Os cientistas sociais – incluindo-se entre eles muitos economistas – identificam as instituições como um possível instrumento de solução para o problema da ação coletiva. Arrow (1974), por exemplo, vê nas instituições o papel de regulação das relações econômicas nas situações nas quais são observadas falhas de mercado. Ou seja, na presença de tais falhas, os pressupostos dos mercados eficientes se fazem totalmente implausíveis, o que requer a intervenção institucional. Em outras palavras, para Arrow (1974), em situações nas quais os mercados são ineficientes, a ação institucional evitaria o caos econômico.

Não se focando apenas no aspecto econômico, Elster (1994) também identifica papel semelhante para as instituições. Todavia, para ele, se as instituições representam uma solução, elas são, ao mesmo tempo, parte do problema. Pode-se resumir seu argumento no seguinte trecho (ELSTER, 1994, p. 174):

> As instituições evitam que a sociedade se desmantele, desde que haja algo para evitar que as instituições se desmantelem. Por um lado,

as instituições nos protegem contra as consequências destrutivas da paixão e do autointeresse, mas por outro lado as próprias instituições correm o risco de serem minadas pelo autointeresse, a "ferrugem das sociedades", como o chamou Tocqueville. Uma instituição o apresenta como se fora duas faces. Parece agir, escolher e decidir como se fora um grande indivíduo, mas também é criada e formada por indivíduos.

Portanto, para Elster (1994), as instituições, embora representem uma solução para o problema da ação coletiva, estão também sujeitas a ele. O problema nesse caso pode ser resumido com o breve questionamento apresentado por ele:

> Quem vai guardar os guardiões? Um sistema de vigilância mútua é vulnerável ao conluio. Um indivíduo que detecta uma prática corrupta poderia lucrar mais chantageando as partes corruptas do que as denunciando. Em geral, qualquer mecanismo que seja designado a detectar e agir contra a formação de ferrugem na máquina institucional é por si mesmo sujeito à ferrugem (p. 185).

Se as instituições representam uma solução "problemática", qual então a saída para o problema da ação coletiva, ou como denominado por Elster, o problema da ferrugem social? A primeira alternativa que vem à mente de qualquer cientista social diz respeito à abordagem institucionalista. Ou seja, o desenho institucional (com uso de diferentes mecanismos, tais como o insulamento burocrático) teria o potencial de prevenir a ferrugem social (cf., entre outros, EVANS, 1997; 2004). Elster é absolutamente cético com relação a esta solução. Para ele, a variação na "qualidade" das instituições seria explicada muito mais por fatores fora do âmbito institucional. Falando sobre o problema da corrupção governamental, Elster afirma (1994, p. 185-186):

> Embora seja difícil provar, acredito que a variação em corrupção entre países é explicada em grande parte pelo grau de espírito públi-

co de seus funcionários, não pela inteligência do desenho institucional. A moralidade e as normas sociais parecem contar mais que o autointeresse esclarecido. Os desejos importam mais que as oportunidades.

Esta citação de Elster leva à nossa questão central deste capítulo. Se os indivíduos são racionais, em que condições seus desejos se tornam compatíveis com o interesse coletivo? A partir da próxima sessão, tentar-se-á propor uma resposta teórica a esta questão.

3.1.2 Moralidade e racionalidade

A racionalidade e a moralidade foram temas centrais das obras de dois dos fundadores da Sociologia. De um lado, Durkheim desenvolveu a ideia de densidade moral, sendo esta a variável determinante da capacidade de uma sociedade se manter coesa. Em uma sociedade com alta densidade moral, as normas sociais são altamente eficazes como instrumentos de controle. De outro lado, Weber desenvolveu a mais completa teoria sociológica sobre a ação social e, entre elas, definiu as ações racionais. Na obra weberiana encontram-se dois tipos de ação racional. No primeiro, a ação é motivada por uma racionalidade que se assemelha ao conceito neoclássico, qual seja, o de uma racionalidade instrumental, que guia a ação no sentido da busca da realização de fins objetivos relacionados à satisfação do interesse individual. No segundo, a ação é motivada por valores socialmente compartilhados. Ou seja, na ação racional voltada a valores, o indivíduo age buscando atender a satisfação de um valor coletivamente estabelecido.

Embora a Teoria da Ação Racional praticada pelos sociólogos e cientistas políticos contemporâneos tenha lá suas diferenças em relação ao "imperialismo econômico" dos teóricos neoclássicos (cf. GOLDTHORPE, 2000), ela se distancia sobremaneira da teoria weberiana, ao restringir o conceito de racionalidade a uma concepção apenas instrumental. Ou seja, embora reconheça o comportamento moralmente motivado, esses cientistas sociais, de modo geral, não debruçam suas análises sobre ele.

Recentemente, alguns cientistas sociais adeptos da Teoria da Ação Racional têm tentado incorporar às suas análises – utilizando instrumental da Teoria dos Jogos – a questão do comportamento motivado por fatores morais, para a explicação de fenômenos relacionados ao comportamento político (cf., em particular, FEDDERSEN & SANDRONI, 2006a; 2006b). Estes autores denominam o ator social que decide motivado por fatores morais de "agente ético". Quem seria este agente? Simplesmente, um indivíduo cuja função de utilidade prevê um alto valor para o comportamento ético, moralmente motivado. Ou seja, para eles agentes éticos são aqueles que recebem retornos positivos por agir eticamente (FEDDERSEN & SANDRONI, 2006a; 2006b). Nesta teoria, o comportamento ético ou moral é, portanto, nada mais nada menos do que uma questão de gosto ou preferência, ou, para utilizar a expressão proposta por Elster (1994), desejo. Este ponto nos leva ao argumento central do presente capítulo, que será desenvolvido na próxima sessão.

3.1.3 Capital social e formação de preferências

Segundo Becker (1976), um dos pressupostos fundamentais da teoria econômica (neoclássica) é o de que os gostos e preferências[2] são determinados de forma exógena e são estáveis ao longo do tempo[3]. De fato, a teoria econômica neoclássica assume a exogeneidade e estabilidade dos gostos e das preferências. De modo geral, isto significa para os economistas neoclássicos que gostos e preferências apresentam uma distribuição aleatória em relação às variáveis causais dos processos econômicos. Uma posição mais extrema, contudo, é defendida por Stigler e Becker (1977). Para estes autores, a estabilidade das preferências não significa apenas que os indivíduos mantêm suas preferências imutáveis ao longo da vida, mas também que elas não mudam de pessoa para pessoa. Para eles, portanto, a variação de padrões dos diferentes hábitos individuais – principalmente de consumo – seria explicada puramente por variações de preço e de renda. Desta forma, *De Gustibus Non Est Disputandum*, ou seja, *Gosto não se discute*, mas não se discute porque não haveria o que se discutir, dado que todos os indivíduos teriam essencialmente os mesmos gostos e as mesmas preferências.

Obviamente, embora hegemônica na economia neoclássica, a concepção de que as preferências são exógenas não forma um consenso nas ciências sociais. Na Sociologia, obviamente, há quase um consenso inverso, ou seja, o de que gostos e preferências são determinados de forma endógena, isto é, dependem diretamente de variáveis causais de caráter socioeconômico (cf., em particular, BOURDIEU, 2007). Mesmo entre os economistas, há os "dissidentes" que compartilham da abordagem sociológica sobre a formação endógena dos gostos e das preferências (BOWLS & GINTIS, 2000).

Tanto para os sociólogos quanto para os economistas "dissidentes", a escolaridade (além do estrato social) seria uma forte determinante dos gostos e das preferências. Todavia, outras variáveis

---

2. Para Hirshman (1984), a diferença fundamental entre gosto e preferência é que o primeiro é mais efêmero, enquanto a segunda representa um padrão mais profundo de comportamento.

3. O que ele chama de *Abordagem Econômica do Comportamento Humano* teria três pressupostos: comportamento maximizador, equilíbrio de mercado e **preferências estáveis** (cf. BECKER, 1976, p. 5).

podem desempenhar o mesmo papel, em situações específicas. Desta forma, a *preferência* pelo interesse público, pelo comportamento moralmente motivado pode não ser aleatoriamente distribuída, pode sim ter um padrão determinado por variáveis socioeconômicas. Entre as inúmeras possíveis variáveis de tal padrão de preferências, acredita-se que pode figurar o **associativismo**.

Haveria duas posições teóricas até certo ponto conflitantes que devem ser consideradas em uma discussão a respeito da possível associação entre associativismo e interesse público. De um lado, Granovetter (1973) defende a ideia de que laços sociais de esferas diferentes não estão necessariamente associados e, algumas vezes, podem estar negativamente associados. Por exemplo, para ele, em comunidades nas quais se observa uma grande intensidade do que ele chama de *laços fortes* (fundamentalmente, relações sociais primárias), se pode observar um quase total desinteresse pelos problemas mais amplos da coletividade. Portanto, para ele, se os *laços fortes* são muito fortes, os *laços fracos* podem não se desenvolver[4].

Outra posição teórica que vai na mesma direção da abordagem de Granovetter (1973) pode ser encontrada em Burt (1992; 2001; 2002). A teoria de Burt sobre o capital social propõe que este (o capital social) se concretiza na existência de redes sociais abertas. Para ele, redes precisam ser formadas de tal maneira que existam "buracos estruturais" que requerem indivíduos intermediários (*brokers*) que, por sua vez, fazem a ligação entre uma rede específica e outras redes, ampliando assim ao alcance da rede original. Portanto, fazendo-se um

paralelo com a teoria dos laços fracos de Granovetter, pode-se concluir que para ambos os autores é o desenvolvimento de laços baseados em relações sociais secundárias que ampliam as conexões entre redes que torna o capital social de fato efetivo. Ou seja, ambos identificam maior eficácia em redes sociais mais abertas, em oposição a redes muito fechadas, formadas por indivíduos com relações sociais de caráter primário (laços fortes).

De outro lado, localiza-se Coleman (1988; 1990), que apresenta uma visão bem diferente. Em sua análise dos efeitos do capital social sobre a formação do capital humano, Coleman (1988; 1990) defende a ideia de que em comunidades formadas por famílias nas quais predominam um alto estoque de capital social intrafamiliar se observará também uma maior capacidade de ação coletiva. Para ele, portanto, em sua análise do efeito do capital social sobre a educação, os mesmos pais que apresentam um padrão de comportamento voltado para o interesse na formação educacional dos seus filhos serão os indivíduos que irão se preocupar com a qualidade do ensino na escola. É por esta razão que Coleman identificava nas redes sociais de pais de escolas católicas nos Estados Unidos o sucesso de tais escolas. O relativo "fechamento social" (*social closure*) dessas redes permitiria elevados níveis de coesão e, assim, melhores resultados dos alunos em escolas católicas, quando comparados com os desempenhos dos alunos em escolas públicas. Desta forma, Coleman (1988; 1990) prevê uma relação associativa entre o que se poderia chamar de uma *sociabilidade de curta distância* (relações com parentes, amigos ou vizinhos) – ou laços fortes para utilizar o termo de Granovetter – e associativismo (participação em ações coletivas de maior envergadura).

Pretende-se, então, fazer uma análise empírica, neste capítulo, sobre a relação entre associativismo e sociabilidade. Buscar-se-á avaliar, a partir da

---

4. Um exemplo de caso desse tipo para ele seria o de alguns bairros italianos em grandes cidades dos Estados Unidos, dado que neles se observaria uma grande intensidade nos *laços fortes* (relações de parentesco e amizade) convivendo com um subdesenvolvimento dos *laços fracos*, evidenciado pela incapacidade de organização coletiva para evitar a deteriorização tanto física quanto de vida comunitária neles observada.

análise de dados empíricos de *survey*, se essas duas dimensões das relações sociais que costumam ser identificadas na literatura como capital social apresentam uma associação negativa ou positiva.

3.1.4 Relação entre associativismo e sociabilidade

Os dados para a análise da relação entre associativismo e sociabilidade vêm da Pesquisa por Amostra Probabilística da Região Metropolitana de Belo Horizonte de 2002 (PRMBH-2002). Esta pesquisa, realizada pelo Centro de Pesquisas Quantitativas em Ciências Sociais da Universidade Federal de Belo Horizonte, tem como base uma amostra probabilística estratificada por conglomerados selecionados em três estágios (setor censitário, domicílio e pessoa). No total, foram entrevistados 1.049 indivíduos de todos os municípios da Região Metropolitana de Belo Horizonte. Apenas os entrevistados que responderam às questões centrais para o tema do presente capítulo serão incluídos na análise estatística.

A discussão será feita em duas etapas. Dado que a variável dependente (sociabilidade) é qualitativa, será necessária a aplicação de técnicas estatísticas de análises de dados categóricos. Assim sendo, na primeira etapa da análise será feita uma tabela de contingência com o cruzamento das variáveis *associativismo* e *sociabilidade*, bem como será realizado um Teste de Qui-Quadrado de Independência. Na segunda etapa, será estimado um Modelo de Regressão Logística Multinomial, tendo como variável dependente *sociabilidade* e como variável independente de teste *associativismo*, porém nesta segunda análise serão incluídas variáveis de controle.

Do ponto de vista operacional, as variáveis dependente e independente de teste são definidas da seguinte forma:

a) Sociabilidade: esta variável está sendo representada por uma questão da PRMB-2002 sobre a frequência com a qual o entrevistado costuma trocar favores com os vizinhos. Há quatro respostas possíveis: nunca (código 1), raramente (código 2), às vezes (código 3) e sempre (código 4). Aqueles que responderam "sempre" formarão o grupo de referência na estimação do Modelo de Regressão Logística Multinomial.

b) Associativismo: a PRMBH-2002 conta com uma bateria de questões sobre a participação do entrevistado em um grande número de tipos de organizações sociais (de natureza política, religiosa, cultural etc.). Dado que um número relativamente reduzido de entrevistados participa de mais de um tipo de organização social, a variável aqui utilizada foi operacionalizada de forma dicotômica. Assim sendo, quem não participa de qualquer tipo de associação recebeu código 0 e quem participa de um ou mais tipos de associação recebeu código 1.

A Tabela 3.1 apresenta os resultados do cruzamento das variáveis *associativismo* e *sociabilidade* e do teste de qui-quadrado de independência. O teste estatístico realizado mostra que se deve rejeitar a hipótese nula de que as variáveis são estatisticamente independentes. Ou seja, ele mostra que há uma associação estatisticamente significante entre as variáveis *associativismo* e *sociabilidade* ($p < 0,01$). Todavia, a primeira parte da tabela – referente aos resultados descritivos do cruzamento entre as variáveis – demonstra que a associação entre as variáveis é negativa. Ou seja, os resultados mostram que, quem participa de algum tipo de organização social (associativismo = 1) tende a apresentar um nível mais baixo de sociabilidade (menor frequência de troca de favores com os vizinhos) do que quem não participa de organizações sociais (associativismo = 0).

Tabela 3.1.1 Associativismo X sociabilidade

Associativismo (participação em algum tipo de organização social)	Sociabilidade (frequência de troca de favores com vizinhos)				
	Sempre	Às vezes	Raramente	Nunca	Total
Não participa	62	67	40	20	189
	32,8%	35,4%	21,2%	10,6%	100,0%
Participa	71	49	63	38	221
	32,1%	22,2%	28,5%	17,2%	100,0%
Total	133	116	103	58	410
	32,4%	28,3%	25,1%	14,1%	100,0%
			Resultado do Teste de Qui-quadrado		
χ^2	11,698				
GL	3				
p (bilateral)	0,008				

Fonte: PRMBH-2002.

Este resultado viria a corroborar a proposição de Granovetter (1973) pela qual a intensidade dos *laços fortes* pode dificultar o desenvolvimento dos *laços fracos*, ou ainda a conclusão de que há, de fato, uma oposição entre as concepções de capital social de James Coleman e de Ronald Burt, isto é, de que "fechamento social" e "buracos estruturais" *são inconciliáveis*. Todavia, dado que ambas as variáveis costumam estar associadas a outros fatores socioeconômicos, faz-se necessário controlar a relação observada entre elas por outras variáveis. Embora a PRMBH-2002 conte com um número relativamente grande de variáveis socioeconômicas (escolaridade do entrevistado, renda total da família do entrevistado, renda individual do entrevistado, escolaridade do pai do entrevistado, escolaridade da mãe do entrevistado, posição ocupacional do entrevistado, posição ocupacional do pai do entrevistado, posição ocupacional da mãe do entrevistado, sexo do entrevistado, raça do entrevistado, entre outras), apenas a variável escolaridade apresentou efeito estatisticamente significativo como variável de controle na relação entre as duas variáveis analisadas, o que fez com que o modelo com apenas três variáveis (escolaridade, associativismo e sociabilidade) obtivesse o melhor ajustamento.

O Modelo Logístico estimado foi, então, o seguinte:

$$Ln\ [P(Y = I) / P\ (Y = J)] = \beta_0 + \beta_1 X_1 + \beta_2 X_2 + \varepsilon$$
$$[3.1]$$

Onde:

Y = sociabilidade;

I = uma categoria qualquer da variável sociabilidade (com exceção da categoria de referência;

J = categoria de referência da variável sociabilidade (referência = "sempre");

β_0 = constante;

β_1 = coeficiente de regressão logística da variável escolaridade;

X_1 = variável "escolaridade";

β_2 = coeficiente de regressão da variável associativismo;

X_2 = variável "associativismo" (participa = 1);

ε = erro estocástico.

Optou-se pela estimação de um Modelo de Regressão Logística Multinomial – apesar de que, em função da lógica da relação entre as variáveis, fosse mais recomendável a estimação de um Modelo Loglinear. Tal opção se deu pelo fato de o primeiro ser bem mais utilizado e de compreensão mais fácil. A maior adequabilidade do Modelo Loglinear, por outro lado, se deve ao fato de que tanto o bom-senso quanto a teoria levam à conclusão de que a relação entre associativismo e sociabilidade é recíproca. Ou seja, tanto X_2 é causa de Y quanto Y é causa de X_2. Portanto, utilizar uma como variável independente em uma análise de regressão na qual a outra é dependente pode estar levando à violação do pressuposto da independência dos erros, o chamado problema de endogeneidade. Assim sendo, tomou-se a iniciativa de buscar averiguar até que ponto o Modelo de Regressão Logística Multinomial estimado seria afetado pelo problema da endogeneidade. Como forma de fazer a referida averiguação, fez-se uso do teste de especificação de Hausman (cf. GUJARATI, 2000, p. 676-678)[5]. Este teste foi realizado a partir de dois passos:

No primeiro passo, estimou-se uma função de regressão logística, tendo como regressor a variável categórica – referente ao associativismo – na qual irão se basear os testes de hipóteses (que no presente caso é a variável dicotômica referente à participação em organizações sociais; participa = 1 e não participa = 0), a partir da qual foram estimados os resíduos (erros estocásticos) que serão utilizados como uma das variáveis independentes no segundo passo. Assim sendo, neste primeiro passo, estimou-se a seguinte função de regressão logística:

$$Ln[P(Y = 1)/1 - P(Y = 1)] = \delta + \eta X + \nu$$
$$[3.2]$$

Onde:

Y = variável indicadora (*dummy*) referente ao associativismo (participa = 1);

δ = constante;

η = coeficiente de regressão da variável "escolaridade";

X = variável "escolaridade";

ν = termo residual (erro estocástico).

No primeiro passo, deve-se estimar o termo residual (ν) da primeira equação [3.2]. Sendo "V" o estimador de "ν", no segundo passo procede-se à estimação de uma nova função de regressão, sendo esta agora baseada no Modelo de Regressão Logística Multinomial, tendo como variável dependente as categorias referentes à sociabilidade e como uma das variáveis independentes "V", que será a variável de teste (além das variáveis "escolaridade" e "associativismo"). Caso o coeficiente de regressão da variável "V" seja estatisticamente significante, o modelo sofre de problema de endogeneidade, o que indicaria a possível inadequação da estimação de um Modelo de Regressão Logística Multinomial. Caso o coeficiente de regressão da variável "V" não seja estatisticamente significante, pode-se concluir que a estimação do Modelo de Regressão Logística Multinomial é adequada, ou seja, o modelo não apresenta problema de endogeneidade. Desta forma, neste segundo passo, estimou-se a Função de Regressão Logística Multinomial [3.1], porém com a inclusão de "V" como variável independente. Assim, incluindo-se "V" como variável independente em [3.1] a função estimada foi:

---

5. Para uma aplicação semelhante do Teste de Hausman, cf. Neves, Helal e Fernandes, 2007.

$$\text{Ln} [P(Y = I) / P (Y = J)] = \beta_0 + \beta_1 X_1 + \beta_2 X_2 + \beta_3 V + \varepsilon \qquad [3.3]$$

Onde:

Y = sociabilidade;

I = uma categoria qualquer da variável sociabilidade (com exceção da

categoria de referência;

J = categoria de referência da variável sociabilidade (referência = "sempre");

β_0 = constante;

β_1 = coeficiente de regressão logística da variável escolaridade;

X_1 = variável "escolaridade";

β_2 = coeficiente de regressão da variável associativismo;

X_2 = variável "associativismo" (participa = 1);

B_3 = coeficiente de regressão referente ao erro estocástico estimado em [3.2];

V = variável referente ao erro estocástico estimado em [3.2];

ε = erro estocástico.

Caso "b3" (sendo este o estimador de "β3") seja estatisticamente significante (isto é, significativamente diferente de zero), conclui-se que o modelo tem problema de endogeneidade. Procedeu-se à realização do teste acima e verificou-se que se deve rejeitar a hipótese nula de que "β3" é diferente de zero (p < 0,05). Ou seja, "b3" é estatisticamente significante. Portanto, deve-se concluir que há, de fato, problema de endogeneidade no Modelo Logístico Multinomial. Assim sendo, decidiu-se pela estimação de um Modelo Loglinear, o que propicia contornar o problema de endogeneidade, visto que os Modelos Loglineares não apresentam o pressuposto da independência dos resíduos. Assim, foi estimado o seguinte Modelo Loglinear:

$$\text{Ln}(F_{ij}) = \beta_{00} + \beta_{01} + \beta_{02} + \beta_{10}YY + \beta_{11} X_1 X_1 + \beta_{12} X_2 X_2 + \beta_{21}YX_1 + \beta_{22}YX_2 \qquad [3.4]$$

Onde:

F_{ij} = frequência esperada em uma dada célula;

β_{00} = primeira constante;

β_{01} = segunda constante;

β_{02} = terceira constante;

β_{10} = coeficiente loglinear para a interação da variável "sociabilidade" com ela própria;

YY = interação da variável "sociabilidade" com ela própria;

β_{11} = coeficiente loglinear para a interação da variável "escolaridade" com ela própria;

$X_1 X_1$ = interação da variável "escolaridade" com ela própria;

β_{12} = coeficiente loglinear para a interação da variável "associativismo" com ela própria;

$X_2 X_2$ = interação da variável "associativismo" com ela própria;

β_{21} = coeficiente loglinear para a interação da variável "sociabilidade" com a variável "escolaridade";

YX_1 = interação da variável "sociabilidade" com a variável "escolaridade";

β_{22} = coeficiente loglinear para a interação da variável "sociabilidade" com a variável "associativismo";

YX_2 = interação da variável "sociabilidade" com a variável "associativismo".

A estimação do Modelo Loglinear apresentado acima produziu resultados iguais aos do Modelo de Regressão Logística Multinomial até a terceira casa decimal. Assim, como o Modelo Logístico Multinomial é muito mais conhecido e de compreensão bem mais simples, optou-se por apresentar os resultados deste e não do Modelo Loglinear.

A Tabela 3.2 traz os resultados da estimação do Modelo de Regressão Logística Multinomial.

Os resultados mostram que, quando se controla a relação entre associativismo e sociabilidade pela escolaridade do entrevistado, o efeito da primeira variável sobre a segunda se inverte em relação ao que se tinha observado na Tabela 3.1. Os resultados da Tabela 3.2 referentes às categorias "nunca" e "raramente" mostram que, quando se controla a variável escolaridade, a variável associativismo passa a ter um efeito de elevar o nível de sociabilidade. Os coeficientes de regressão negativos – e estatisticamente significantes ($p < 0,05$) – desta variável independente nas duas primeiras categorias da variável dependente indicam que participar de algum tipo de organização social reduz as chances de o indivíduo estar na categoria "nunca" ou "raramente" em relação à categoria "sempre". Mais especificamente, participar de algum tipo de organização social reduz em cerca de 50% as chances de um indivíduo estar na categoria "nunca" em relação à categoria "sempre" e em 43,2% a probabilidade

de o respondente estar na categoria "raramente" em relação à categoria "sempre". Com relação à última categoria da variável dependente ("às vezes"), observa-se que a variável associativismo não apresenta efeito significativo ($p = 0,212$). Ou seja, conclui-se que, mantendo constante a escolaridade, participar de organizações sociais não interfere na frequência de troca de favores com os vizinhos entre as categorias "às vezes" e "sempre".

Quanto à variável *escolaridade*, observa-se um efeito bastante claro em todas as categorias da variável dependente. Em todas elas, observa-se um efeito estatisticamente significante ($p < 0,05$, em uma categoria e $p < 0,01$ em duas) de a escolaridade elevar a probabilidade de o indivíduo estar em qualquer uma das categorias em relação à categoria "sempre". Ou seja, a variável *escolaridade* apresenta um efeito muito claro de redução da sociabilidade.

Tabela 3.1.2 Resultados da estimação do modelo de regressão logística multinomial

Sociabilidade	b	p	e^b	%
(frequência com que troca favores com vizinhos)				
Nunca				
Escolaridade	0,086	0,038	1,090	9,0
Associativismo	-0,696	0,042	0,499	-50,01
Raramente				
Escolaridade	0,103	0,001	1,109	10,9
Associativismo	-0,566	0,047	0,568	-43,2
Às vezes				
Escolaridade	0,057	0,007	1,058	5,8
Associativismo	0,338	0,212	1,403	40,3
Cox & Snell R^2	0,058			
Nagelkerke R^2	0,062			
McFadden R^2	0,022			
X^2	31,384	0,000		
n	410			

Fonte: PRMBH-2002.

Baseado nos resultados acima, pode-se resumir a relação causal entre as variáveis analisadas, no caso da Região Metropolitana de Belo Horizonte, a partir do seguinte diagrama de causalidade[6]:

Figura 3.1.1 Diagrama de causalidade entre escolaridade, associativismo e sociabilidade

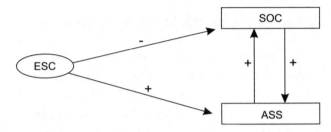

Onde:

ESC = Escolaridade.

ASS = Associativismo.

SOC = Sociabilidade.

Efeito de ESC sobre SOC é negativo.

Efeito de ESC sobre ASS é positivo.

Efeito de SOC sobre ASS é positivo.

Efeito de ASS sobre SOC é positivo.

O diagrama propõe uma estrutura causal que seria observada para o caso dos dados da PRM-BH-2002[7]. O que se observa é que a *escolaridade* tem um efeito positivo sobre o *associativismo* e um efeito negativo sobre a *sociabilidade*. Por sua vez,

---

6. O diagrama leva em consideração um dado não reportado, qual seja, a correlação positiva – e estatisticamente significante – entre escolaridade e associativismo. Ou seja, a escolaridade tende a elevar a probabilidade de participação em algum tipo de organização social.

7. Esta observação é importante, pois em outros países – em particular os Estados Unidos – a relação entre indicadores de *status* socioeconômico (incluindo escolaridade) e sociabilidade tende a ser positiva, enquanto no caso dos dados da PRM-BH-2002 encontra-se o inverso. Para uma demonstração da diferença entre o caso brasileiro e o americano, cf. Villarreal e Silva (2006).

a relação recíproca entre *associativismo* e *sociabilidade*, que era negativa originalmente (cf. Tabela 3.1), torna-se positiva quando controlada pela *escolaridade*. Em outras palavras, controlando-se uma variável antecedente, a *escolaridade*, observa-se a inversão da relação entre *associativismo* e *sociabilidade*, o que leva à conclusão de que, com o controle da escolaridade, essas variáveis influenciam-se de forma positiva. O ponto central para o presente trabalho diz respeito aos efeitos recíprocos positivos do *associativismo* (ASS) sobre a *sociabilidade* (SOC). Assim, tomando como base os resultados da Tabela 3.2, a proposição teórica que se faz aqui é, justamente, a de que **a *escolaridade* transforma as preferências individuais que levam a uma relação positiva entre *associativismo* e *sociabilidade*.** Como é de amplo reconhecimento na Sociologia e entre alguns economistas, a *escolaridade* seria um determinante clássico de formação de preferências. Por exemplo, enquanto Bourdieu (1986) mostra como a *escolaridade* determina os gostos das pessoas (em particular o gosto artístico), Bowls e Gintis (2000) argumentam que a escolaridade forma, entre os trabalhadores, padrões de preferências que são desejáveis por parte dos empregadores.

Os resultados observados acima indicariam um efeito positivo da *escolaridade* sobre o *associativismo*, porém negativo sobre a *sociabilidade*. Dado que o *associativismo* tem um efeito positivo sobre a *sociabilidade*, identifica-se que a *escolaridade* afeta negativamente a *sociabilidade* de forma direta, mas afeta positivamente de forma indireta (através do *associativismo*). Infelizmente, em função da natureza categórica das variáveis, é difícil estimar qual dos dois efeitos é maior. O fato é que os efeitos de sinais contrários da *escolaridade* sobre a sociabilidade tendem a se reduzir mutuamente.

Os resultados, acima, têm duas importantes implicações teóricas centrais, a saber:

a) Representam evidência a favor da abordagem sociológica e da economia institucionalista de que a escolaridade pode, de fato, interferir nas preferências individuais. No capítulo anterior, isso foi colocado como uma hipótese que poderia fundamentar a expectativa de que a mobilidade estrutural ascendente em termos ocupacionais e de classes de renda pode, no médio prazo, levar à formação de uma sociedade de classe média no Brasil, visto que o maior acesso à educação superior teria o potencial de transformar as preferências dos indivíduos. Os resultados da análise estatística multivariada apresentada neste capítulo trazem evidências a favor da hipótese de que, de fato, a escolaridade transforma preferências.

b) Demonstram que, quando se controla a relação entre *associativismo* e *sociabilidade* por uma importante variável de estratificação social, a *escolaridade*, a relação que era negativa se torna positiva. Portanto, na análise dos dados utilizados neste capítulo, a variável escolaridade leva a uma compatibilização entre a concepção "aberta" sobre capital social – defendida por Granovetter e Burt – com a concepção "fechada" proposta por Coleman. Esses resultados corroboram a conclusão de um importante esforço teórico e metodológico desenvolvido por Burt (2001), qual seja, a de que os conceitos de "fechamento social" e de "buracos estruturais" podem ser compatibilizados em um único modelo teórico de análise do capital social. No caso do trabalho de Burt (2001), ele propõe ainda um modelo amplo de análise de redes que levaria à compatibilização empírica dos dois conceitos. No caso do presente estudo, a compatibilização empírica entre concepções "fechadas" e "abertas" de capital social se dá a partir da proposição de um modelo estatístico multivariado, no qual a relação entre o *asso-*

ciativismo (que representaria uma *proxy* para representar uma dimensão mais fechada de capital social) e a *sociabilidade* (que representaria uma *proxy* para representar uma dimensão mais aberta de capital social) é controlada por uma variável de estratificação social.

3.1.5 Comentários finais da análise

O ponto mais importante deste capítulo diz respeito aos resultados empíricos que demonstraram a existência de uma relevante interação entre estratificação e capital social. Mais especificamente, mostrou-se que a *escolaridade* (uma variável de estratificação) interfere nas preferências individuais, invertendo a relação entre duas dimensões do capital social. Este achado contribui para a conclusão de que a interveniência da estratificação social pode levar à compatibilização entre concepções "fechadas" e "abertas" de capital social.

Outro ponto importante é que os resultados da análise dos dados reforçam a conclusão sobre a endogeneidade das preferências substantivas dos indivíduos. Assim, seria tolo insistir na proposição neoclássica da aleatoriedade ou da estabilidade das preferências, ou seja, na sua exogeneidade para a análise socioeconômica, como insistem autores como Feddersen e Sandroni (2006a; 2006b). Em outras palavras, corrobora-se aqui a conclusão de que é possível sim aos cientistas sociais explicar com variáveis clássicas da Sociologia ou da Economia variações nas preferências individuais, inclusive no que diz respeito a padrões éticos ou morais. Obviamente, muito há para ser feito no sentido de aprofundar a linha de análise ora proposta. Todavia, acredita-se que se conseguiu mostrar aqui que há preferências individuais que não são distribuídas de forma aleatória em relação às variáveis socioeconômicas tradicionais. Ou seja, estruturas de preferências individuais de caráter fortemente moral não devem ser consideradas exógenas na análise sociológica, ao contrário, devem ser consideradas endógenas, pois são socialmente determinadas. Esses resultados reforçam o alerta de sociólogos como Goldthorp (2000), a respeito do "imperialismo econômico" dos economistas neoclássicos. Ou seja, o alerta de que, quando os sociólogos assumem o pressuposto da ação racional dos atores em suas análises, eles não precisam incorporar todo o arsenal de pressupostos adicionais que vêm com o "pacote teórico" da abordagem neoclássica.

3.2 Capital social e o processo de estratificação

3.2.1 Capital social e o modelo de realização de *status* socioeconômico

Nesta seção será feita uma análise que segue talvez a abordagem mais clássica de estudos empíricos sobre a relação entre capital social e estratificação. Desde a publicação do trabalho de Granovetter (1974), tem-se fortalecido na Sociologia as pesquisas sobre como o capital social impulsiona as oportunidades ocupacionais dos indivíduos. De modo geral, o principal foco dessas pesquisas é entender como as relações sociais de caráter secundário (laços fracos) dos indivíduos fazem a mediação entre origem socioeconômica e destino socioeconômico e entre educação e destino socioeconômico. Lin (1999; 2001) propôs um modelo de realização de *status* socioeconômico da ocupação com a mediação do capital social e o formalizou em um diagrama de trajetórias (ou um diagrama de equações estruturais, ou ainda um diagrama de causalidade), no qual o capital social, mensurado a partir das redes de relacionamento dos indivíduos, figura como o fator central de mediação entre origem e destino e entre educação e destino socioeconômico (cf. LIN, 1999, p. 473; 2001, p. 83).

Propõe-se, aqui, testar a aplicabilidade do modelo de realização de *status* socioeconômico da ocupação com a mediação do capital social para o caso brasileiro. Todavia, o modelo será testado aqui com duas restrições: a) o Modelo de Equações Estruturais que será estimado tem um número menor de variáveis do que aquele originalmente proposto por Lin (1999; 2001), em função das restrições impostas pela disponibilidade de dados e; b) a amostra que será utilizada para a análise empírica vem da Pesquisa por Amostragem Probabilística da Região Metropolitana de Belo Horizonte de 2002 e, portanto, não tem abrangência nacional. Assim, o modelo que será estimado tem como base o seguinte Diagrama de Equações Estruturais[8]:

Figura 3.2.1 Diagrama de Equações Estruturais do modelo proposto

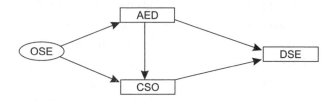

Onde:

OSE: Origem socioeconômica.

AED: Anos de educação.

CSO: Capital social.

DSE: Destino socioeconômico.

Os Modelos de Equações Estruturais (MEE) permitem que a estimação de um modelo causal se dê de forma simultânea à mensuração de variáveis latentes (construtos) a partir de Análise Fatorial

---

8. As variáveis que aparecem no Diagrama de Equações Estruturais apresentado adiante dentro de elipses são variáveis exógenas, ao passo que as variáveis que aparecem dentro de quadriláteros são variáveis endógenas. O mesmo tipo de critério é utilizado por Kupek (2006).

Confirmatória[9] (cf. BYRNE, 2001; SKRONDAL & RABE-HESKETH, 2004; BLUNCH, 2008). A variável OSE resulta de um modelo de mensuração, a partir da Análise Fatorial Confirmatória, e representa um construto resultante da composição de três variáveis: a) a escolaridade da mãe; b) a escolaridade do pai e; c) o *status* socioeconômico[10] da ocupação principal do pai do entrevistado. A variável AED se refere aos anos de escolaridade concluídos com sucesso pelo entrevistado e é, portanto, uma variável observada. A variável CSO é produzida pelo mesmo tipo de mensuração da variável associativismo do Capítulo 3, ou seja, ela é uma variável dicotômica ou indicadora (*dummy*), na qual 0 indica que o entrevistado não é membro de organizações sociais e 1 indica que ele é membro de pelo menos uma organização social. Assim, CSO funciona como uma *proxy* do que Lin (1999; 2001) propõe como eixo central do seu modelo de realização de *status* socioeconômico, ou seja, os recursos sociais dos indivíduos dados pelo grau de sofisticação de suas redes de laços fracos. CSO é uma variável observada, porém, que apresenta uma importante limitação, pelo fato de ser dicotômica. Modelos de Equações Estruturais (MEE) com variáveis endógenas dicotômicas devem ser estimados com os devidos cuidados (cf. KUPEK, 2006). Finalmente, a variável DSE é uma variável latente, cujo construto é resultante da composição – através de Análise Fatorial Confirmatória – de três variáveis

observadas: a) logaritmo neperiano do rendimento do trabalho do entrevistado; b) o *status* socioeconômico da ocupação do entrevistado e; c) uma variável *dummy*, na qual 0 indica que o indivíduo está ocupado de maneira informal e 1 indica que ele está ocupado de maneiro formal[11].

O MEE proposto pode ser, também, representado pelo seguinte Sistema de Equações Estruturais[12]:

$$AED_i = \beta_1 OSE_i + \zeta_1$$

$$[4.1]$$

$$CSO_i = \beta_2 OSE_i + \beta_3 AED_i + \zeta_2$$

$$[4.2]$$

$$DSE_i = \beta_4 AED_i + \beta_5 CSO_i + \zeta_3$$

$$[4.3]$$

Onde os β_i são coeficientes padronizados de regressão (estimados a partir de máxima verossimilhança) e os ζ_i são termos de erro.

No modelo proposto acima, capital social se posiciona como uma variável interveniente da relação entre origem socioeconômico e destino socioeconômico e entre educação e destino socioeconômico. Como foi discutido no Capítulo 1, o padrão relativamente estável de transmissão intergeracional da desigualdade – ou seja, a chamada Hipótese FJH[13] ou Hipótese do Fluxo Constante – tem confirmado que o processo de estratificação social é muito mais estável do que muitos imaginavam até os anos de 1970, o que veio a respaldar o trabalho de Sorokin (1937). O capital social tem sido considerado pela pesquisa sociológica (LIN, 1999; 2001) um dos mais importantes mediadores da re-

---

9. Em todos os MEE desenvolvidos ao longo do capítulo, variáveis observadas só serão introduzidas em modelos de mensuração se tiverem cargas fatoriais adequadas (maior do que 0,7 para variáveis contínuas e maior do que 0,5 para variáveis discretas). Os indicadores da qualidade de ajuste dos modelos não serão reportados, em função da sua grande multiplicidade, mas eles foram utilizados de forma rigorosa para a escolha dos modelos finais. Por exemplo, nenhum MEE reportado ao longo da tese tem um *Adjusted Goodness of Fit Index* inferior a 0,8.

10. A variável referente ao status socioeconômico da ocupação do entrevistado e do seu pai seguiu a tradição iniciada por Blau e Duncan (1964). No caso específico do presente trabalho, utilizou-se a escala desenvolvida por Nelson do Valle Silva.

---

11. Para exemplos de introdução de variáveis indicadoras em Análises Fatoriais, cf. Mingoti (2005).

12. Assumindo coeficientes padronizados.

13. Esse nome da hipótese vem do fato de que ela é atribuída ao trabalho de Feathernan, Jones e Hauser (1975).

lação entre origem e destino e, desta forma, ajudado a explicar por que a transmissão intergeracional do *status* socioeconômico não se reduziu com o processo de modernização[14].

Embora capital social apareça no modelo de Lin (1999; 2001)[15] como um mediador também da relação entre educação e destino socioeconômico, há teóricos do capital social (BOURDIEU, 1980; 1983; COLEMAN, 1988) que propõem a relação inversa, ou seja, o capital social como gerador de capital humano, isto é, como um fator que influencia a educação. É indiscutível que tal efeito existe. Todavia, ele se dá de forma intergeracional, isto é, o capital social dos pais influenciando a realização educacional dos filhos[16]. Essa relação não cabe na presente análise, pois aqui não se conta com informações do capital social dos pais, mas se tem apenas informações sobre escolaridade e *status* ocupacional deles.

É importante, também, esclarecer que o modelo proposto pressupõe uma abordagem do lado da oferta do mercado de trabalho. Ou seja, ele prevê o efeito dos laços sociais dos indivíduos sobre a sua realização ocupacional. Assim, indivíduos que tenham redes mais sofisticadas irão, mantido tudo o mais constante, alcançar níveis ocupacionais mais

elevados. É por isso que se está utilizando o associativismo como indicador do capital social, na presente análise, pois se acredita que a participação em organizações sociais é uma boa *proxy* para o grau de sofisticação das redes individuais.

3.2.2 Resultados da estimação do modelo proposto

A Tabela 4.1 traz os resultados da estimação do MEE proposto acima. Os resultados indicam que o capital social desempenha um importante papel como variável interveniente no processo de estratificação social. O efeito total[17] de OSE sobre DSE é de 0,346 (a elevação de um desvio-padrão em OSE provoca uma elevação de 0,346 desvio-padrão em DSE). Cerca de 43,1% do efeito de OSE sobre DSE se dão através de CSO. No caso do impacto de AED sobre DSE, o efeito total[18] é de 0,608, indicando que a elevação de um desvio-padrão em AED provoca uma elevação de 0,608 desvio-padrão em DSE. Em torno de 21,4% do efeito de AED sobre DSE se dá através de CSO[19]. Tais resultados evidenciam o papel do capital social

---

14. Trieman (1970) formalizou algo que estava posto desde os trabalhos de Talcott Parsons, na primeira metade do século XX, no que ficou conhecido como a Hipótese da Modernização ou Hipótese Industrialista. Tal hipótese propõe que o processo de modernização e industrialização das sociedades levaria, necessariamente, a uma maior fluidez social, ou seja, a uma menor transmissão intergeracional do *status* socioeconômico. As evidências advindas das pesquisas sociológicas baseadas tanto em modelos de mobilidade de classes quanto em modelos de análise da realização socioeconômica não têm respaldado a Hipótese da Modernização, ao contrário, têm corroborado de forma consistente a Hipótese FJH. Para análises do caso brasileiro, ver, em particular, Bills e Haller (1984); Neves, Fernandes e Helal, 2007; e Torche e Ribeiro, 2010.

15. E também do modelo proposto acima.

16. Esse tipo de relação será central para a discussão e a análise dos dados, no próximo capítulo.

17. O efeito total é a soma do efeito direto com todos os efeitos indiretos. No caso da presente análise, OSE não tem efeitos diretos sobre DSE e, portanto, seu efeito total é apenas a soma dos efeitos indiretos que são: a) 0,413. 0,478 = 0,197; b) 0,413 . 0,633 . 0,206 = 0,054; c) 0,461 . 0,206 = 0,095.

18. A decomposição do efeito total de AED sobre DSE é igual à soma do efeito direto (0,478) com o efeito indireto (0,633 . 0,206 = 0,130).

19. Existiria na presente análise a possibilidade do problema da endogeneidade. Afinal, não é indiscutível que a relação entre AED e CSO e entre CSO e DSE sigam os sentidos propostos no modelo. Para dirimir qualquer dúvida, foram realizados dois Testes de Hausman (cf. o Capítulo 3), bem como foi testado o ajustamento de modelos com diferentes sentidos das setas do Diagrama de Equações Estruturais (DEE), bem como modelos não recursivos (com reciprocidade). Os resultados dos Testes de Hausman levaram à não rejeição da hipótese nula. Da mesma forma, os indicadores de qualidade de ajuste dos modelos levaram à conclusão sobre a recursividade da relação entre as variáveis, bem como sobre o sentido que as setas deveriam assumir no DEE.

como variável interveniente, tanto da relação entre origem socioeconômica e destino socioeconômico quanto da relação entre educação e destino socioeconômico. Esse resultado confirma[20] a validade do modelo teórico de realização de *status* socioeconômico proposto por Lin (1999; 2001).

Tabela 3.2.1 Resultados da Estimação do Modelo de Equações Estruturais

Variáveis	Primeira Equação [4.1]	Segunda Equação [4.2]	Terceira Equação [4.3]
OSE	0,413 $p < 0,01$	0,461 $p < 0,01$	
AED		0,633 $p < 0,01$	0,478 $p < 0,01$
CSO			0,206 $p < 0,05$
n	412	412	412
GFI	0,976	0,976	0,976
AGFI	0,928	0,928	0,928

Fonte: PRMBH-2002.

A presente análise corrobora um importante esforço investigativo e teórico na Sociologia, na direção do papel exercido por importantes variáveis de caráter estrutural no processo de estratificação social. Granovetter (1994) chama a atenção para certa convergência entre a abordagem clássica da realização de *status* (BLAU; DUNCAN, 1964) e a concepção neoclássica da economia sobre a determinação da renda representada pela premiada Teoria do Capital Humano. Ambas seriam abordagens totalmente individualistas e, para Granovetter (1994), a Sociologia só se justifica como um campo de conhecimento se consegue demonstrar a relevância empírica de variáveis sociológicas de caráter estrutural. É claro que o tipo de abordagem estrutural dos sociólogos dedicados ao estudo do capital social tem um caráter bem específico, pois se baseia em um modelo de pesquisa que, necessariamente, pressupõe uma síntese entre indivíduo e estrutura social. Ou seja, nessa abordagem, ao contrário dos estruturalismos tradicionais da Sociologia, a estrutura é formada por indivíduos e suas relações, de tal forma que tanto os indivíduos quanto as relações podem ser enxergados de forma bastante clara. O exemplo mais visível se dá nas chamadas análises de redes ou análises sociométricas, nas quais os indivíduos e as relações sociais podem literalmente ser observados através de diagramas. Em menor escala, alguns tipos de análises estatísticas também permitem uma boa síntese analítica dos níveis individual e estrutural. Os MEE têm potencial para tanto (cf. a análise apresentada, acima) e ainda mais os chamados Modelos Hierárquicos ou Multiníveis.

3.2.3 Comentários finais da análise

A pesquisa sociológica sobre estratificação e mobilidade social tem produzido há bastante tempo evidências que corroboram a chamada Hipótese

---

20. É bom ressaltar aqui que os Modelos de Equações Estruturais foram pensados justamente para estudos com caráter confirmatório. É verdade que vários trabalhos já foram feitos seguindo abordagens que relaxam em maior ou menor grau o caráter confirmatório das análises baseadas em MEE. Todavia, abordagens mais ortodoxas viriam com ressalvas aplicações não confirmatórias dos MEE.

FJH. Um importante esforço de pesquisa, contudo, deve ser feito no sentido de identificar e compreender os mecanismos de reprodução social que fazem com que o processo de estratificação social seja tão estável, bem como entender as relativamente poucas variações observadas. No caso das pesquisas sobre estratificação e mobilidade social no Brasil, pode-se encontrar já um conjunto bastante significativo de trabalhos demonstrando essa relativa estabilidade do processo de estratificação social ou dos padrões de mobilidade social. Todavia, não se tem realizado muitas pesquisas para entender os mecanismos responsáveis pela reprodução social (ou pela transmissão intergeracional da desigualdade), nem estudos sobre fatores que potencialmente possam agir no sentido de gerar maior equidade – entendida como igualdade de oportunidade – a partir da redução da reprodução intergeracional da desigualdade.

Em termos internacionais, o que as pesquisas empíricas em Sociologia[21] têm ensinado é que:

a) Os principais fatores mediadores da relação entre origem socioeconômica e destino socioeconômico e entre educação e destino socioeconômico são: capital cultural (como definido por Pierre Bourdieu); capital social familiar (como definido por James Coleman); capital social de redes (como definido por autores como Mark Granovetter e Nan Lin); e fatores psicossociais (como definidos por William Sewell e seus colaboradores), tais como expectativas dos outros significantes e aspirações educacionais e ocupacionais dos indivíduos.

b) As principais diferenças nos padrões de reprodução social ou de mobilidade entre os países se devem a fatores institucionais. Mais especificamente, as pesquisas sociológicas têm demonstrado que alguns países conseguem fugir do padrão estável do processo de estratificação social, alcançando menores níveis de desigualdade e maior permeabilidade da estrutura de estratificação social, ou seja, tanto obtendo menor desigualdade na distribuição de estoques (ex.: menor concentração de renda) quanto obtendo maior fluidez social. O principal fator institucional identificado pelas pesquisas comparativas entre países dizem respeito às políticas sociais fortemente associadas ao chamado Estado de Bem-Estar Social (cf.: BELLER & HOUT, 2006; HOUT & DIPRETE, 2006). Ou seja, as pesquisas sociológicas têm demonstrado que políticas distributivas têm impacto tanto na redução da desigualdade de renda quanto na redução da reprodução intergeracional da desigualdade.

Os achados apresentados aqui podem ser classificados no primeiro conjunto de esforços apresentado acima. Aqui, pode-se observar que uma *proxy* do capital social como entendido por Lin (1999; 2001) de fato desempenha um significativo papel como mediador da relação entre origem socioeconômica e destino socioeconômico e entre educação e destino socioeconômico. Portanto, os resultados da análise estatística de dados apresentada acima indicam que o efeito mediador do capital social entendido como o grau de sofisticação das redes de relações sociais dos indivíduos pode ser um dos fatores a explicar a manutenção de padrões de reprodução social observadas no Brasil, mesmo após tantas décadas de modernização, industrialização e expansão do sistema educacional.

4 Conclusão

O presente artigo voltou-se para um levantamento do estado da arte da pesquisa quantitativa

---

21. Vale a pena ressaltar aqui a extraordinária confluência de resultados de pesquisas produzidas e comunicadas em torno do chamado RC28, o *Research Committee in Social Stratification and Mobility* da *International Sociological Association*.

avançada que relaciona mercado de trabalho, processos organizacionais e desigualdades sociais, e também, para a apresentação de exercícios empíricos inéditos envolvendo a temática. Tendo como principal motivador a escassez de trabalhos dessa linha, não apenas, mas principalmente na literatura nacional, o presente capítulo chama a atenção para um campo das ciências sociais ainda pouco explorado, apesar da disponibilidade razoável de fontes de informações e de métodos estatísticos para o seu desenvolvimento.

Foram identificados cinco estudos desenvolvidos por pesquisadores brasileiros e publicados em periódicos científicos no país na primeira década dos anos de 2000 pertinentes à temática. Esses artigos abordam a relação entre mercado de trabalho, organizações e desigualdades por diferentes prismas – estratificação organizacional no mercado de trabalho, gênero e organizações sociais – e utilizam, sobretudo, modelos estatísticos multivariados de terceira geração para o alcance dos objetivos propostos. Pode ser uma importante agenda de pesquisa futura e de fomento a essa linha de pesquisa, estudos que levem em consideração mudanças recentes tanto nos níveis de desigualdade no Brasil quanto na reestruturação do mercado de trabalho, e que também considerem outros aspectos da realidade social para além dos que foram verificados nos estudos analisados.

Na segunda parte do capítulo, foram apresentados dois exercícios empíricos com os seguintes subtemas: associativismo e sociabilidade, e capital social e o processo de estratificação. Na primeira análise, os achados corroboram a abordagem sociológica e a economia institucionalista no que se refere ao poder da escolaridade em modelar as preferências dos agentes. Foram utilizadas informações de 2002 e para uma localidade do Brasil (Região Metropolitana de Belo Horizonte), o que

pode ser uma limitação, sobretudo pelo tamanho reduzido de sua amostra e por se referir a um período no tempo mais distante. Porém, esse inquérito domiciliar incluiu perguntas que permitem captar dimensões que nem sempre são possíveis de serem acessadas em pesquisas de ampla disseminação no país, como a posse de capital social (no caso, associativismo e relações de vizinhança), e que permitem o teste de importantes hipóteses como o realizado nesse exercício empírico. Portanto, é importante destacar a relevância de se conduzir pesquisas de maior abrangência geográfica e que permitam análises quantitativas robustas para essa linha de pesquisa. Já a segunda análise, que utilizou a mesma fonte de dados da primeira, porém utilizando como modelagem estatística o Modelo de Equações Estruturais (MEE), identificou que uma *proxy* do capital social como entendido por Lin (1999; 2001) de fato desempenha um significativo papel como mediador da relação entre origem socioeconômica e destino socioeconômico e entre educação e destino socioeconômico. Como no primeiro caso, a disponibilidade de fontes de informações mais atuais e abrangentes representam desafios futuros aos pesquisadores interessados em verificar empiricamente as teorias que dão suporte a esses estudos.

Referências

ARROW, K. *The Limits of Organization*. Nova York: W.W. Norton, 1974.

BECKER, G. *The Economic Approach to Human Behavior*. Chicago, IL: The University of Chicago Press, 1976.

BELLER, E. & HOUT, M. Welfare States and Social Mobility: How Educational and Social Policy May Affect Cross-National Differences in the Association Between Occupational Origins and Destinations. In: *Research in Social Stratification and Mobility*, vol. 24, 2006, p. 353-365.

BÉRTOLA, L.; CASTELNOVO, C. & WILLEBALD, H. *Income Distribution in Brazil, 1870-1920* – Paper presented at the Mini-conference: A Comparative Approach to Inequality and Development: Latin America and Europe. Madri: Instituto Figuerola/Universidad Carlos III, 08-09/05/2009.

BILLS, D. & HALLER, A. Socioeconomic Development and Social Stratification: Reassessing the Brazilian Case. In: *Journal of Developing Areas*, vol. 19, 1984, p. 59-69.

BLAU, P. & DUNCAN, O. *The American occupational structure*. Nova York: John Wiley, 1967.

_____. *The American Occupational Structure*. Nova York: John Wiley & Sons, 1964.

BLUNCH, N. *Introduction to Structural Equation Modelling Using SPSS and AMOS*. Los Angeles: Sage, 2008.

BOURDIEU, P. *Distinção*: crítica social do julgamento. São Paulo: Edusp, 2007.

_____. The Forms of Capital. In: RICHARDSON, J.G. (org.). *Handbook of Theory and Research for the Sociology of Education*. Westport, CT: Greenwood Press, 1983, p. 241-258.

BOWLS, S. & GINTIS, H. Does Schooling Raise Earnings by Making People Smarter? In: ARROW, K.; BOWLES, S. & DURLAUF, S. *Meritocracy and Economic Equality*. Princeton, NJ: Princeton University Press, 2000.

BRYK, A.S. & RAUDENBUSH, S.W. *Hierarchical linear models*: applications and data analysis methods. Newbury Park/Londres/Nova Deli: Sage Publications, 1992.

BURT, R. The Social Capital of Structural Holes. In: GUILLÉN, M.F. *The New Economic Sociology:* Developments in an Emerging Field. Nova York: Russel Sage Foundation, 2002.

_____. Structural Holes versus Network Closure as Social Capital. In: LIN, N.; COOK, K. & BURT, R. *Social Capital*: Theory and Research. Nova York: Aldine de Gruyter, 2001.

_____. *Structural Holes*: The Social Structure of Competition. Cambridge, MA: Havard University Press, 1992.

BYRNE, B. *Structural Equation Modeling with AMOS:* Basic Concepts, Applications, and Programming. Mahwah, NJ: Lawrence Earlbaum, 2001.

COLEMAN, J. *Foundations of Social Theory*. Cambridge, MA: Harvard University Press, 1990.

_____. Social Capital in the Creation of Human Capital. In: *American Journal of Sociology*, vol. 94, supl., 1988, p. 95-120. Chicago, IL.

COSTA RIBEIRO, C.A. Dois estudos de mobilidade social no Brasil. In: *Revista Brasileira de Ciências Sociais*, vol. 15, n. 44, 2000, p. 178-183.

ELSTER, J. *Peças e engrenagens das ciências sociais*. São Paulo: Relumé-Dumará, 1994.

EVANS, P. *Autonomia e parceria*: estados e transformação industrial. Rio de Janeiro: UFRJ, 2004.

_____. *State-Society Synergy*: Government and Social Capital in Development. Berkeley, CA: University of California Press, 1997.

FEATHERMAN, D.; JONES, F.L. & HAUSER, R. Assumptions of Social Mobility Research in the US: The Case of Occupational Status. In: *Social Science Research*, vol. 4, n. 4, 1975, p. 329-360.

FEDDERSEN, T. & SANDRONI, A. The Calculus of Ethical Voting. In: *International Journal of Game Theory*, vol. 35, n. 1, 2006a, p. 1-25.

_____. A Theory of Participation in Elections. In: *American Economic Review*, vol. 96, n. 4, 2006b, p. 1.271-1.282.

FERNANDES, D.; NEVES, J. & HELAL, D. Autoridade e capital humano em organizações centradas no conhecimento: o caso do setor elétrico em Pernambuco. In: *Organizações & Sociedade*, vol. 14, 207, p. 121-136.

FURTADO, C. *Formação econômica do Brasil*. 34. ed. São Paulo: Companhia das Letras, 2007.

GOLDTHORPE, J. Rational Action Theory for Sociology. In: *On Sociology*: Numbers, Narratives, and the Integration of Research and Theory. Oxford: Oxford University Press, 2000, p. 115-136.

GRANOVETTER, M. The Sociological and Economic Approaches to Labor Market Analysis: A Social

Structural View. In: FARKAS, G. & ENGLAND, P. (orgs.). *Industries, Firms, and Jobs*: Sociological and Economic Approaches. Nova York: Aldine De Gruyter, 1994, p. 187-216.

_____. The Strength of Weak Ties. In: *American Journal of Sociology*, vol. 78, n. 6, 1973, p. 1.360-1.380. Chicago, IL

HELAL, D.H. Mérito, reprodução social e estratificação social: apontamentos e contribuições para os estudos organizacionais. In: *Organizações & Sociedade*, vol. 22, n. 73, 2015, p. 251-267.

HIRSCHMAN, A. Against Parsimony: Three Easy Ways of Complicating Some Categories of Economic Discourse. In: *The AEA Papers and Proceedings (Psychological and Sociological Foundations)*, vol. 74, n. 2, 1984, p. 89-96. Pitesburgo, PA

HOUT, M. & DIPRETE, T. What We Have Learned: RC28's Contributions to Knowledge about Social Stratification. In: *Research in Social Stratification and Mobility*, vol. 24, 2006, p. 1-20.

KUPEK, E. Beyond Logistic Regression: Structural Equations Modelling for Binary Variables and its Application to Investigating Unobserved Confounders. In: *BMC Medical Research Methodology*, vol. 6, n. 13, 2006, p. 1.471-2.288.

LIN, N. *Social Capital*: A Theory of Social Structure and Action. Nova York: Cambridge University Press, 2001.

_____. Social Networks and Status Attainment. In: *Annual Review of Sociology*, vol. 25, 1999, p. 467-487.

LOURY, G.C. A Dynamic Theory of Racial Income Differences. In: WALLACE, P.A. & LA MOND, A.M. (orgs.). *Women, Minorities, and Employment Discrimination*. Lexington, MA: Heath, 1977, p. 153-186.

MINGOTI, S. *Análise de dados através de métodos de estatística multivariada*. Belo Horizonte: UFMG, 2005.

MONASTERIO, L.M. & REIS, E. Mudanças na concentração espacial das ocupações nas atividades manufatureiras no Brasil: 1872-1920. In: *Ipea – Texto de Discussão*, n. 1.361, 2008.

NEVES, J.A.B.; FERNANDES, D.C. & HELAL, D.H. Region, Industry, and Intergenerational Status Transmission. In: *Urban Brazil Population Review*, vol. 46, 2007a, p. 12.

_____. Associativismo, capital social e mercado de trabalho. In: AGUIAR, N. (org.). *Desigualdades sociais, redes de sociabilidade e participação política*. Vol. 1. Belo Horizonte: UFMG, 2007b, p. 61-72.

PRADO JUNIOR, C. *História econômica do Brasil*. 47. ed. São Paulo: Brasiliense, 2006.

REIS, E. Spatial income inequality in Brazil, 1872-2000. In: *Economia*, vol. 15, mai.-ago./2014.

SKRONDAL, A. & RABE-HESKETH, S. *Generalized Latent Variable Modeling*: Multilevel, Longitudinal, and Structural Equation Models. Boca Raton, FL: Chapman & Hall, 2004.

SOROKIN, P. *Social and Cultural Mobility*. Londres: Free Press, 1937.

STIGLER, G. & BECKER, G. The Gustibus no est Disputandum. In: *The American Economic Review*, vol. 67, n. 2, 1977, p. 76-90. Pitesburgo, PA.

TORCHE, F. & RIBEIRO, C.C. Pathways of Change in Social Mobility: Industrialization, Education and Growing Fluidity in Brazil. In: *Research in Social Stratification and Mobility*, vol. 28, n. 3, 2010, p. 291-307.

TREIMAN, D. Industrialization and Social Stratification. In: LAUMANN, E. (org.). *Social Stratification*: Research and Theory for the 1970s. Indianápolis: Bobbs Merril, 1970.

XAVIER, F.P.; TOMÁS, M.C. & CANDIAN, J.F. Composição ocupacional por gênero, associação a sindicatos e desigualdades de rendimentos do trabalho no Brasil. *Revista Econômica*, 11 (1), 2009, p. 78-113.

XAVIER, F.P. & NEVES, J.A.B. Estrutura social e transmissão intergeracional de *status*: uma análise hierárquica. In: *Revista Brasileira de Estudos Populacionais*, vol. 29, n. 2, dez./2012, p. 259-275. São Paulo.

YANG, T.C. et al. Using quantile regression to examine the effects of inequality across the mortality distribution in the U.S. counties. In: *Social Science & Medicine*, 12, 2012, p. 1.900-1.910.

14
Sociologia da cultura
"Sociologia da cultura no Brasil: elementos para um balanço crítico"

Maria Arminda do Nascimento Arruda

Max Luiz Gimenes

I

Após seguidas análises dedicadas ao tema, talvez o ponto de partida mais frutífero à realização de um balanço da sociologia da cultura no Brasil, à avaliação das suas formas de desenvolvimento, o que implica mapear as tendências, seja problematizar a própria pertinência de reexaminar o estado atual da especialidade. Em última instância, impõe-se perguntar como e em que medida cabe, ainda, construir um novo balanço, que não repise argumentos conhecidos ou simplesmente reproduza o andamento das reflexões existentes, que já muito contribuíram ao entendimento da área. Nessa perspectiva, pensamos ser necessário indicar questões fundamentais que não foram suficientemente exploradas, embora tenham sido, muitas vezes, sugeridas pelos balanços conhecidos, mas cuja formulação é indispensável para que os estudos sociológicos sobre a cultura atinjam outro patamar analítico, que possa orientar as novas pesquisas, apresentar perguntas relevantes e lançar luzes sobre os problemas cruciais da configuração cultural contemporânea.

Desse modo, o presente texto parte do princípio de que o tratamento dos balanços existentes, cuja representatividade em si mesma já é indício de consolidação e amadurecimento da especialidade, permite caracterizar a morfologia do campo próprio à perspectiva sociológica da cultura, visto que tais instrumentos apontam para as principais tendências e reconhecem as matrizes analíticas predominantes. Nossa estratégia será, pois, a de pensar a área a partir dos textos que tratam da estruturação e dinâmica da especialidade, sobretudo aqueles explicitamente identificados com a "sociologia da cultura" em sentido amplo. Afinal, parafraseando Arantes (1997), como não é possível saltar a própria sombra, enxerga-se mais longe quando se está apoiado no acúmulo da tradição anterior. Se tal ponto de vista vale para a tradição intelectual brasileira em sentido amplo, pretendemos argumentar que não seria diferente para avaliar a nossa especialidade disciplinar.

Preliminarmente, chama a atenção o fato de o surgimento de balanços e avaliações da sociologia da cultura coincidir com o seu próprio crescimento, pois as primeiras publicações já têm uma vintena de anos, revelando que as apreciações são parte integral da institucionalização da área. As primeiras avaliações remontam à passagem dos anos de 1990 para os anos de 2000, período de ampla expansão das pesquisas, como resultado da estruturação da pós-graduação nas décadas anteriores. Muito embora os estudos pós-graduados possuam fundamental importância, cujo significado tem sido recorrentemente destacado, em especial quando se aquilata o crescimento da especialidade, consideramos insuficiente ancorar a explicação em um único fator. O entendimento dessa expansão, bem como da amplitude assumida pelos estudos sociológicos da cultura, que se revelam na diversidade dos temas de pesquisa e na multiplicidade e volume da produção – características que justificam a afirmação de Alonso e Pinheiro Filho (2017), que consideram não existir termos de comparação com outros sistemas acadêmicos na América Latina –, pressupõe observar diversas ordens de motivos; não obstante cada uma de *per se* possa preservar características próprias, mantêm relações de mútua inerência, requisito fundamental à compreensão.

Nesse sentido, argumenta-se que a configuração atual da sociologia da cultura no Brasil exige tratar, concomitantemente, tanto dos atributos particulares a cada um dos móveis que estão na base do crescimento do setor quanto revelar a conexão e o peso relativo dos diversos condicionamentos ao longo do tempo. Segundo tal registro, parte-se do princípio de que o significado dos diversos fatores não foi constante; tampouco o modo da interação entre as partes, uma vez que a relação entre elas variou, em função do papel que cada uma desempenhou no conjunto, como fruto das injunções do contexto. Em termos explícitos, o significado da pós-graduação, que, no momento da expansão, foi fundamental, pode em outro cenário ser menos importante, quando a especialidade já está estruturada, a despeito de garantir a reprodução dos trabalhos na área. Finalmente, o tratamento da sociologia da cultura do ângulo dos temas, caminhos e orientações dominantes permite caracterizar o andamento das pesquisas, o perfil das instituições, a difusão e consolidação

de certas disposições interpretativas, os grupos hegemônicos, enfim, perceber a forma de organização do campo acadêmico, bem como a seleção das disciplinas que compõem as grades curriculares, que definem o perfil das novas gerações.

Como argumentam Jackson e Barbosa (2018), uma das maneiras de mapear o desenvolvimento do setor é caracterizá-lo por meio da polarização entre abordagens predominantemente textualistas ou contextualistas, a qual parece estruturar o campo e dar o tom das principais linhas de força que orientam a diversidade temática e situam o universo das disputas acadêmicas[1]. Não obstante tal caracterização ser uma simplificação esquemática, como os próprios autores reconhecem, e não esgotar a questão da estruturação e desenvolvimento da especialidade, essa oposição é um bom ponto de partida para pensar o problema, uma vez que perpassa praticamente todas as tentativas de balanço, seja nas linhas, seja nas entrelinhas. Nossa posição em relação a essa tensão ficará mais clara adiante, mas é conveniente adiantar que pensamos não se tratar puramente de estratégias dos agentes que procuram afirmar a maior legitimidade das suas escolhas analíticas, mas de motivos que se vinculam também a razões de fundo teórico-metodológicas de relevo transmitidas pelos antecessores ou importadas de outras tradições, cuja consideração poderia contribuir para enriquecer a compreensão dos objetos de estudo na área, para além das disputas dos agentes no campo dos estudiosos da cultura.

---

1. Os autores se referem especificamente ao que, dentro da sociologia da cultura, poder-se-ia chamar genericamente de "pensamento brasileiro" e que se subdivide em sociologia da sociologia ou sociologia dos intelectuais, de um lado, e história intelectual ou das ideias, de outro. O raciocínio, contudo, é válido para os demais domínios da especialidade, por isso a opção por mobilizar, neste texto, também esse balanço, porém para tratamento do problema de maneira mais ampla. Discutiremos cada balanço em detalhe mais adiante, sem entrar a fundo, no entanto, em discussões de domínios mais específicos.

II

A força da tensão entre abordagens internas e externas no entendimento dos fenômenos da cultura já era perceptível na primeira tentativa de balanço da área, realizada no bojo de duas publicações contemporâneas, mas diversas entre si, embora tratassem ambas da história intelectual e das interpretações do Brasil, como se percebe nas reflexões de Lúcia Lippi de Oliveira (1999) e Sérgio Miceli (1999). Nesse esforço pioneiro de balanço, impulsionado pelo volume e densidade alcançados pelos trabalhos produzidos, Maria Arminda Arruda (2001) registrou o relevo adquirido no interior da especialidade pelos "estudos sobre a história da vida intelectual", "aparentados da tradicional história das ideias", mas renovados temática, teórica e metodologicamente. A autora identificou dois veios igualmente significativos pelos quais a sociologia da cultura no Brasil fazia então sua trajetória, que correspondem, de certo modo, à referida oposição entre as abordagens textualistas e contextualistas, expressa também nos mapeamentos sugeridos respectivamente por Oliveira e Miceli.

Um desses veios era o de uma sociologia da cultura que buscava então adensar os estudos sociológicos da cultura a partir de concepções que consideravam a esfera cultural como "expressão de contextos mais gerais" e "articulada aos processos de modernização geral em curso", em consonância com as orientações anteriores da denominada "escola paulista de sociologia" em São Paulo e do Instituto Superior de Estudos Brasileiros (Iseb) no Rio de Janeiro, instituições dominantes nos anos de 1950. As análises de Antonio Candido sobre a cultura caipira, por exemplo, são estudos expressivos da propensão a tratar a cultura como parte integrante de um conjunto maior que lhe confere o sentido. Essas abordagens vinculavam a produção cultural a contextos e processos de moderni-

zação mais amplos, embora passassem a privilegiar a interpretação imanente das formas, tomando os fenômenos externos como elementos internos às linguagens, segundo a proposta clássica do próprio Antonio Candido em seu programa concebido a partir dos estudos literários, mas com ambição e fôlego interdisciplinares. Essa tradição já estava viva, de certo modo, nas interpretações de Lourival Gomes Machado sobre o barroco mineiro e sua relação de fundo com o absolutismo, publicadas em meados do século passado. No mesmo sentido, o balanço crítico da literatura sobre a comunicação de massa realizado, posteriormente, por Gabriel Cohn (1973) pode ser visto como uma espécie de continuidade das análises acima aludidas, haja vista a articulação dos processos sociais mais amplos com o tratamento da linguagem[2]. A vinculação dos fenômenos da cultura à modernização do país correspondia à perspectiva sociológica dominante, tributária da reflexão sobre a construção do moderno em países como o Brasil, e coincidia com a ausência de uma pós-graduação rotinizada. Em outras palavras, os estudos sistêmicos, então dominantes, se expressavam a incipiente fragmentação disciplinar que, diga-se de passagem, será desenvolvida com a pós-graduação, espelhavam a relação dos cientistas sociais com as questões do tempo, ainda que revelassem, simultaneamente, a presença de parâmetros analíticos próprios das pesquisas sobre a cultura.

---

2. Como já dissemos anteriormente, não nos deteremos em discussões de domínios mais específicos da área. Aqui vale, contudo, uma nota. Em balanço mais específico, um dos autores deste texto, além de repassar os temas dos mapeamentos anteriores, explora as relações entre a sociologia e os estudos da comunicação, bem como o crescimento destes no bojo da modernização conservadora dos anos de 1970 e da expansão da indústria cultural. Nesse trabalho, são indicadas as aproximações e afastamentos entre essas especialidades em virtude de lutas simbólicas para autoafirmação e como essa falta de diálogo disciplinar foi empobrecedora tanto para os estudos da comunicação em si como para a própria sociologia e sua necessidade de pensar o papel determinante que as novas tecnologias de comunicação desempenham nas sociedades contemporâneas, em especial do ponto de vista da cultura (ARRUDA, 2010).

Posto o problema nesses termos, Maria Arminda Arruda (2010) considera que no trabalho pioneiro de Cohn se percebe a presença da denominada tradição do pensamento brasileiro dedicada à reflexão sobre o tema da formação da nação no bojo da construção da modernidade no Brasil, cuja linhagem intelectual foi identificada por Arantes (1997) como "obsessão nacional", fundamento das obras pelo menos desde as décadas de 1930 e 1940. Recentemente passada em revista, em meio às discussões acerca de seu eventual esgotamento, essa tradição intelectual tem sido posta em questão, dado o processo de mundialização da cultura (ARRUDA, 2017). O registro dos estudos que afirmam a perda de vigor da linhagem das obras que tratam da formação da sociedade brasileira deriva da ideia da ultrapassagem do que Antonio Candido denominou de dialética do localismo e cosmopolitismo como constitutiva da vida cultural no Brasil, formada em contexto colonial, portanto diverso do europeu, mas cujo enquadramento mental, especialmente daqueles dedicados à atividade intelectual, era, inescapavelmente, de origem metropolitana. A crítica aos estudos sobre a formação reflete uma espécie de questionamento do princípio central que embasou o paradigma, cuja problemática referia-se à questão da criação de uma vida intelectual suficientemente densa, capaz de construir uma tradição própria. Nesse sentido, a preocupação com o acúmulo histórico, pressuposto da criação de uma tradição intelectual autóctone, mas em permanente contato com as concepções intelectuais externas mais avançadas, contribuiu para espessar o tratamento das particularidades culturais no Brasil, uma vez que a vida culta brasileira era impelida a se ajustar à tradição local, condição que evitava, em princípio, o artifício da cópia das referências forâneas. Entretanto, atribuir aos estudos sobre a formação a condição de linhagem superada, dada a dinâmica global da cultura, atesta

a internacionalização do ambiente intelectual no país, que absorveu a nova norma sem se indagar mais profundamente sobre todas as consequências daí advindas.

A articulação entre matéria local e referências ilustradas de fora foi a preocupação central de Antonio Candido que, no que diz respeito à investigação científica da realidade no Brasil[3], levou-o a consagrar a geração de 1930, representada por Gilberto Freyre, Caio Prado Jr. e Sérgio Buarque de Holanda, como "intérpretes do Brasil" e inauguradores do ensaísmo modernista entre nós, vistos, desde então, como os nossos modernos clássicos. Nos termos de Antonio Candido, pode-se dizer que esses autores foram capazes de produzir obras expressivas da capacidade de absorver criativamente as teorias externas, uma vez que as puseram a serviço da interpretação da realidade local. A ampla aceitação das concepções de Candido erigiu-se em uma espécie de parâmetro para a avaliação da produção intelectual brasileira. Em outros termos, aliou-se a tradição intelectual interna, que se complexificava em função da necessidade de interpretar as particularidades locais, às teorias construídas nos centros hegemônicos. No caso da obra mais alentada de Antonio Candido, que é *Formação da literatura brasileira*, a proposta analítica combina, como se sabe, a tradição de pensamento local, a exemplo da crítica de Silvio Romero, com o *new criticism* de T.S. Eliot, então em voga nos centros ilustrados e com o qual o autor tinha contato em virtude de seus interesses específicos pelo texto literário como objeto de estudo. Em Gabriel Cohn, por outro lado, o diálogo predominante se deu com a semiologia, especialidade que se desenvolveu no âmbito da chamada "virada linguística" e a estimulou; a inclinação para a "culturalização" de

---

3. Para o domínio da representação literária da realidade, que se antecipou ao das ciências humanas, cf. Candido (2009 [1959]) e Schwarz (2012 [1977]; 2008 [1990]).

todas as esferas da existência sobrelevou a dimensão da linguagem, conferindo-lhe destaque no entendimento da cultura em perspectiva sociológica.

Esse conjunto de autores, por nós considerados, exemplifica como certos princípios de análise no campo da sociologia da cultura foram se firmando e criando, ao mesmo tempo, condições favoráveis à expansão da especialidade no Brasil. A formulação dos problemas de pesquisa, o recorte dos objetos, a definição das hierarquias temáticas, se não são derivações simples dos autores citados, permitem aquilatar a presença marcante entre nós de estudos filiados ao pensamento brasileiro e à história dos intelectuais, visível no volume de trabalhos sobre os "intérpretes do Brasil" e sobre o tratamento da vida intelectual. Em tal cenário, pode-se afirmar que a sociologia da cultura é hoje uma especialidade consolidada e em expansão, como têm demonstrado os balanços, indicações do estado da arte da disciplina, que revelam a prolífera produção oriunda dos inúmeros programas de pós-graduação existentes no país, a orientar e normatizar a formação dos novos cientistas sociais. Apesar de a sociologia da vida intelectual representar uma forte tendência das pesquisas, nota-se característica fragmentação temática, porém em convívio com certo predomínio atual das interpretações inspiradas na sociologia de Pierre Bourdieu, que remetem ao segundo veio observado por Maria Arminda Arruda (2001), em seu já mencionado balanço. A particularidade desse enlace – fragmentação de temas e certa unidade teórica – precisa ser mais bem-examinada, do mesmo modo as razões que explicam certos consensos analíticos. Naturalmente, dentre os motivos encontram-se o papel de cientistas sociais de relevo na difusão de autores e fortalecimento de linhagens interpretativas; no caso da interpretação bourdieusiana, a atuação de Sérgio Miceli foi essencial, vista na publicação de textos do sociólogo francês, em 1974, acompanha-

da de longa e densa introdução que opera como apresentação das ideias de Bourdieu no ambiente intelectual brasileiro, à época constrangido pela censura do regime autoritário, que fragilizava a vida acadêmica.

Nesse sentido, o livro de Sérgio Miceli *Intelectuais e classe dirigente no Brasil* (1979) assenta os parâmetros de uma "sociologia da vida intelectual" mais especializada. O caráter inusual da abordagem no momento de sua emergência, cujo clima da recepção na época pode ser aferido pela reação de Antonio Candido em prefácio à obra, logo se tornaria corrente, após o seu florescimento na passagem dos anos de 1980 para os anos de 1990. Influenciado teoricamente por Bourdieu, Miceli nessa obra inovou ao combinar uma orientação explicativa de entrelaçamento de diferentes dimensões, tais como trajetórias intelectuais, posições de classe, Estado, política e processo de formação de um mercado de cultura, com um recorte temático voltado ao modernismo, mas analisado em outra chave analítica. Apesar da perspectiva incomum, Maria Arminda Arruda considera que, no seu desdobramento, a obra posterior de Sérgio Miceli não é completamente alheia à tradição assentada anteriormente, pois o tratamento do modernismo o obrigou a enfrentar os estudos que já haviam se firmado no país (ARRUDA, 2004). Segundo a análise, há um caminho percorrido de *Intelectuais e classe dirigente no Brasil* a *Imagens negociadas* e *Nacional-estrangeiro*, livro que incorpora outras dimensões ao argumento do autor: a relação dos artistas nacionais com os estrangeiros, a consideração da linguagem e a experiência da imigração. No tratamento da linguagem, Miceli teria se deparado com as ambiguidades do movimento e sido obrigado a retomar a questão central à problemática da formação nacional, combinando a dimensão mais objetiva da análise com certa empatia subjetiva:

A reflexão construída nas páginas desse livro termina perfazendo um caminho curioso. Sergio Miceli acaba retomando um problema crucial à questão da formação: a possibilidade de atividade criativa na periferia e as suas relações com os cânones externamente concebidos, sintetizadas na construção "nacional estrangeiro", que não deixa de ser um olhar oblíquo sobre a dialética "localismo e cosmopolitismo". Desse modo, embora ponha em suspensão o cânone consagrado, pois os artistas "fabricaram a arte modernista que lhes foi possível naquelas circunstâncias" (p. 194), Miceli recupera os princípios programáticos de Antonio Candido sobre a atitude adequada da crítica, construída na aceitação da cultura de seu país, acrescida da necessidade de amá-la, apesar das limitações da nossa vida intelectual (ARRUDA, 2004, p. 114-115).

Ou ainda, estendendo a análise aos livros mais recentes de Miceli, *Vanguardas em retrocesso: ensaios de história social e intelectual do modernismo latino-americano* (2012) e sobretudo *Sonhos da periferia: inteligência argentina e mecenato privado* (2018), Maria Arminda Arruda sublinha o caráter visivelmente enraizado da obra desse sociólogo que, a um só tempo, explora as contribuições relevantes de interpretação na área da sociologia da cultura e experimenta as potencialidades oferecidas pela nossa crítica da literatura e das artes:

> Tais atributos permitem filiá-lo à tradição mais expressiva da nossa crítica da cultura, herdeira dos estudos alinhados ao paradigma da formação, não obstante preserve os predicados típicos da sua autonomia autoral, tornando-se guardador zeloso e retratista de inequívoca personalidade (ARRUDA, 2018).

A contribuição de Miceli para o desenvolvimento e consolidação da sociologia da cultura no Brasil deriva do fato de o sociólogo inaugurar um conjunto de atributos à reflexão: conceber a dimensão simbólica como esfera fundamental da vida social; dessacralizar o papel dos intelectuais; oferecer uma vertente mais estritamente sociológica para a análise da cultura; recusar tanto a submissão da cultura como reflexo da estrutura material quanto tratá-la no crivo da sua irredutibilidade às práticas sociais; legitimar os estudos sociológicos do modernismo, anteriormente vistos como sociologismo redutor. A questão de fundo, no entanto, pressupõe entender os impasses das matrizes dominantes diante do ritmo das transformações sociais em curso, cujo processo de modernização conservadora alterou profundamente o Brasil contemporâneo. O movimento marcante das mudanças fez-se acompanhar da construção de um sistema de indústria cultural com abrangência nacional, instituindo o domínio dos bens simbólicos, levando de roldão antigas formas de sociabilidade, rapidamente substituídas por nova configuração das relações sociais. Nessa medida, a especialização introduzida pela pós-graduação imbuía-se da necessidade de definir os contornos das pesquisas; um autor do porte de Bourdieu convida à delimitação do universo discursivo, sem necessariamente conflitar com a tradição abrangente dos estudos anteriores, ainda que propicie ampla revisão das matrizes herdadas.

III

Já o balanço realizado por João Marcelo Maia (2006), feito regional e institucionalmente de uma outra perspectiva, a partir do Centro de Pesquisa e Documentação de História Contemporânea do Brasil (CPDOC) da Fundação Getúlio Vargas do Rio de Janeiro (FGV-RJ), tem andamento diverso, mas não deixa de tocar as mesmas questões essenciais. Tomando como ponto de partida a análise do impacto, na sociologia da cultura, da já mencionada "virada linguística", sem paralelos em outras especialidades da disciplina, uma vez que lida com as diversas linguagens como objetos de estudo, Maia sustenta a hipótese de que esse impacto teria não apenas implicado uma redefinição de termos e conceitos clássicos da área, mas também um questionamento dos modelos explicativos usuais, perspectiva que orientará a apresentação do que considerou as principais tendências e marcos teóricos do campo no Brasil. Antes de apresentá-las, o autor repassa o papel da "virada linguística", entendida por ele como questionamento da relação de exterioridade entre texto e contexto e ênfase no efeito criativo da linguagem, nas matrizes teóricas centrais que servirão de referência para nosso contexto periférico. Nesse sentido, o autor recupera os trabalhos da filosofia da linguagem de Wittgenstein e Austin e a tradição hermenêutica nas ciências humanas de Dilthey e Gadamer, para discutir seus efeitos no campo de estudos sobre a cultura. Segundo o andamento proposto, percorre a Escola de Cambridge de Skinner e Pocock; a "história dos conceitos" de Koselleck; a antropologia cultural de Geertz e a sociologia cultural de Alexander; a desconstrução pós-estruturalista de Derrida e LaCapra; o marxismo da Escola de Frankfurt, de Lukács e Goldmann e dos britânicos Williams e Thompson; o "novo historicismo" de Greenblatt, inspirado em Auerbach; e a sociologia de Elias e Bourdieu.

Como se percebe, a reconstrução analítica de Maia visa a mapear o campo da sociologia da cultura no Brasil com remissão dos autores listados e comentados como filiados a essas matrizes teórico-metodológicas, indicando as especificidades da recepção e aderindo, assim, à questão tida como incontornável da vida cultural brasileira, ou seja, a já mencionada dialética do localismo e cosmopolitismo. Novamente, a organização dos agentes é perpassada pela tensão entre abordagens textualistas e contextualistas, tendo como ponto de fuga no texto a maior ou menor proximidade com os efeitos da "virada linguística". O autor avalia o significado desse movimento pela adoção de ferramentas teóricas que sofisticaram a análise imanente dos produtos culturais, sem que isso implicasse o descarte da embocadura sociológica. Como se vê,

a perspectiva não difere muito das avaliações anteriores, encaminhando-se para formular veredito também semelhante, que destaca a consideração da linguagem e a preocupação com processos mais amplos como caminho promissor:

> Ademais, a ênfase com que a sociologia da cultura nativa elege a própria tradição das ciências sociais e do pensamento ilustrado como objeto evidencia uma preocupação com análises mais globais a respeito dos intelectuais, suas obras e suas práticas políticas, em detrimento de estudos menos ligados ao problema da formação moderna do país. Nesses termos, pode-se dizer que a análise sociológica da cultura praticada no Brasil é indissociável de uma hermenêutica a respeito da tradição reflexiva nacional e dos modos pelos quais essa tradição informou (e informa) um questionamento constante a respeito do sentido de nossa experiência periférica, problema não colocado nas sociedades modernas centrais. A despeito da diversidade dos registros teóricos, essa condição inescapável parece ter marcado a recepção de temas e problemas da moderna sociologia da cultura em terras brasileiras, e sugere uma agenda de pesquisas mais orientada para o papel formativo das ideias e das representações culturais. Afinal, se a nossa sociedade é tão fortemente marcada pelo conjunto de "interpretações do Brasil" elaboradas pelos intelectuais, talvez seja necessário atentar para o modo pelo qual esses esforços cognitivos informaram práticas e ações (MAIA, 2006, p. 66-67).

Não deixa de ser curioso, nesse balanço, o modo de tratar os autores: de Antonio Candido a Sérgio Miceli agrupados tacitamente como mais "externalistas", termo que Maia prefere para se referir às abordagens contextualistas, em contraste com cientistas sociais situados em instituições cariocas, como Ricardo Benzaquen de Araújo e André Botelho, por exemplo, considerados, por oposição, menos externalistas. Embora o autor chame a atenção para a presença de matizes, a classificação traz à tona as tensões que atravessam a especialidade, subsumidas por pressupostos teóricos, mas que reproduzem também a dinâmica das relações institucionais na área. Nesse registro, vertentes de matriz dialética e bourdieusiana são aproximadas, não obstante sua diversidade na consideração das relações entre as dimensões internas e externas: as obras entendidas como forma simbólica dada ao mundo social tomado como referente, em um caso, ou como produto das disposições e disputas dos agentes em campos específicos da vida social, como os da produção de bens simbólicos, no outro. A menção do autor à "tradição sociológica paulista" incorpora matizes, contudo, em que se aponta um "forte externalismo" em Sérgio Miceli, Heloísa Pontes e Ângela Alonso, e se sugere modalidades de articulação entre texto e contexto em Antonio Candido, Roberto Schwarz e Maria Arminda Arruda.

O balanço realizado por Ângela Alonso e Fernando Pinheiro Filho (2017), por sua vez, parte do desenvolvimento histórico da especialização, enfatizando, sobretudo, a institucionalização de uma "sociologia da cultura propriamente dita", ou de uma "sociologia da cultura em sentido mais estrito", relacionando-a ao contexto institucional e do país, desenvolvimento que, como já foi aludido, não teria encontrado equivalente em países vizinhos latino-americanos. A diferença que permitiu o florescimento da especialidade estaria, de um lado, na vinda da chamada missão francesa, quando da fundação da Universidade de São Paulo, com a consequente implementação de um programa de pesquisa durkheimiano, entre as décadas de 1930 e 1950. Todavia, a orientação recebida convivia com a tradição local oriunda do paradigma da formação e a posterior concorrência representada pela construção do marxismo acadêmico, espécie de resposta aos desafios presentes na modernização, seguida da politização da vida nacional e dos intelectuais, sob o influxo do golpe político de 1964. A figura do intelectual público é corolário do conjunto dos impasses postos em cena. Em contrapartida, a modernização conservadora expande o sistema univer-

sitário e consolida a indústria cultural, em paralelo com a intensidade da urbanização e da metropolização, requisitos da emergência da autonomia e da especialização da área que, de resto, só poderiam se realizar plenamente com a redemocratização.

Nesse cenário, a criação do projeto de pesquisa coletivo sobre a história das ciências sociais no Brasil, coordenado por Sérgio Miceli e que promoveu o convívio entre estreantes e cientistas sociais de reputação firmada, estimulou a recepção da obra de Pierre Bourdieu no país, acrescida de uma forte política editorial que ecoava o sucesso do sociólogo francês na Europa e nos Estados Unidos. A recepção de Bourdieu, segundo os autores igualmente sem paralelos na América Latina, deu-se, sobretudo, pela via da sociologia da cultura e aí a expansão da pós-graduação e a atuação competente dos seus afiliados foram condições propícias à emergência da autonomia e da especialização do campo, movimentos correlatos que se autoalimentavam. A perda da hegemonia teórica das abordagens identificadas com o marxismo, engolfada na vaga da especialização, situação mais propícia a abordagens de outros tipos, não elidiu, todavia, a clivagem das abordagens textualistas e contextualistas, como testemunha o reconhecimento desses autores do fortalecimento dos trabalhos em história intelectual ou das ideias, porém renovados pelo contato com outras abordagens teóricas. A avaliação da área empreendida por Ângela Alonso e Fernando Pinheiro Filho, que resulta de contribuição advinda das abordagens mais contextualistas inspiradas na obra de Sérgio Miceli, não deixa de retomar a mencionada dialética entre localismo e cosmopolitismo, quando eles atribuem aos estudos pioneiros de Roger Bastide papel essencial à formação da sociologia da cultura no Brasil, originada no projeto durkheimiano dos estudos das representações sociais. Afinal, o autor é reconhecido justamente pela felicidade da imbricação dos problemas locais, expressos nas teorias da identidade nacional e no tratamento da questão da miscigenação, com as teorias avançadas dos países centrais.

Em outro balanço da área, Dimitri Fernandes (2018) toma, como ponto de partida para avaliá-la, as dificuldades de definir o próprio universo da cultura. Similarmente a trabalhos anteriores, atribui à "virada linguística" posição importante, por permitir o fortalecimento da sociologia da cultura em relação às décadas anteriores, o que teria sido facilitado, por sua vez, pelo viés sociológico culturalista, desenvolvido à margem da institucionalização e exemplarmente representado por Gilberto Freyre. O diálogo das ciências sociais uspianas com a tradição, voltadas para as pesquisas mais vinculadas à exploração das relações entre capitalismo periférico e sistema simbólico, manifestou-se na crítica à obra de Freyre, vista no prisma de uma visão de mundo de cunho estamental, conservadora nas suas conclusões e cientificamente frouxa, pondo na sombra dimensões pioneiras das análises freyreanas e seu papel na legitimação dos estudos sociológicos. Em concordância com os balanços existentes, para Fernandes a especialização chegou na década de 1970, na esteira da dispersão temática, teórica e metodológica, variando do marxismo ocidental para a sociologia de Pierre Bourdieu:

> O que não quer dizer que algumas linhas mestras não tenham se conservado e se reconfigurado em torno de novos "clássicos" e agendas de pesquisa, sobretudo pautadas no legado e reinterpretações executadas a partir da obra de Pierre Bourdieu, o autor internacional inspirador da sociologia *stricto sensu* no Brasil, dentre os listados, mais importantes até a atualidade (FERNANDES, 2018, p. 124).

No tratamento da crescente especialização, o autor esclarece que o ganho em acurácia se fez acompanhar da perda em abrangência. O predomínio teórico bourdieusiano, contudo, não é posto em escrutínio pelo autor, mas tomado como baliza para o desenvolvimento do texto, revelando a origem

da sua análise e as escolhas do pesquisador[4]. Reafirmando o princípio da ligação entre a sociologia da cultura *stricto sensu,* enquanto produto de um campo especializado, e a influência bourdieusiana, o autor justifica a construção da análise e a eleição de dois dos representantes considerados mais expressivos da recepção do pensamento de Bourdieu no Brasil: Sérgio Miceli e Renato Ortiz. Segundo tal andamento, Fernandes diferencia as contribuições de Ortiz e Miceli, atribuindo ao primeiro a adesão aos paradigmas explicativos mais abrangentes e ao segundo a construção de objetos mais circunscritos e verticalmente analisados. Depreende-se das preocupações do autor certa inclinação para abordagens por assim dizer mais contextualistas, arrefecendo desse modo, em alguma medida, o potencial crítico da avaliação, ela própria, de certa maneira, um sintoma do saber especializado.

Em registro mais específico no interior da sociologia da cultura, entre uma "sociologia da sociologia" e a história das ciências sociais, o já citado balanço de Luiz Jackson e Darlan Barbosa (2018) demonstra fôlego descritivo, cujo apoio nas técnicas de quantificação faculta perceber o vasto panorama dessa vertente de estudos, além da permanência da interdisciplinaridade e da persistência da tensão entre as abordagens textualistas e contextualistas[5]. O reconhecimento do caráter interdisciplinar levou os autores a optar pelo deslocamento de um balanço de "sociologia da sociologia" para

---

4. Para um debate atual sobre os significados e efeitos do predomínio da teoria social de Bourdieu na sociologia contemporânea, com ênfase no caso dos Estados Unidos, cf. polêmica recente suscitada por Riley (2019).

5. Sobre a interdisciplinaridade, ao menos vislumbrada em praticamente todos os balanços, vale indicar que movimentos como de uma "sociologia da sociologia", que buscam especializar ainda mais a área, excluindo outras disciplinas tanto como sujeitos quanto como objetos de estudo, encontram correspondentes em outras áreas, como no caso da ciência política, por exemplo na tentativa de aproximação do pensamento político brasileiro com a teoria política em geral. Sobre este último caso, cf. Lynch, 2016; para um balanço mais interdisciplinar desde a ciência política, cf. Brandão, 2010.

outro mais amplo, sinal da dificuldade de excluir as contribuições de outras disciplinas e ao mesmo tempo sintoma de questionamento da suficiência do saber totalmente especializado para dar conta de questões cruciais emergentes e que remetem para a colaboração disciplinar. A persistir a tendência, é possível reconhecer que o caráter recente da especialização, ainda não totalmente assentado e mais pronunciado no centro do que na periferia do sistema universitário brasileiro, já se encontra entre parênteses, a despeito de nos encontrarmos, segundo a periodização proposta por esses autores, na fase de especialização do desenvolvimento das ciências sociais brasileiras, inaugurada em 1985.

IV

Como vimos, há questões que perpassam toda a constelação de trabalhos dedicados a refletir sobre a área, que compõem um conjunto rico de levantamentos e interpretações sobre a estruturação e desenvolvimento da especialidade. O estado atual da disciplina pode ser apreendido, nos balanços, no modo como a sociologia da cultura reflete sobre a sua própria prática e aborda as outras manifestações da vida cultural no país. A autorreflexão na área erige-se em bom termômetro dos seus caminhos analíticos e das consequências para a disciplina das escolhas realizadas. Percebe-se, no conjunto dos trabalhos discutidos, a presença de fatores variados a explicar a atual configuração dos estudos, como a especialização proporcionada pela expansão do ensino superior, no plano institucional; a maior proximidade com a política, em contextos de polarização social e autoritarismo político; as mudanças de orientações teóricas, passando pelos impactos da "virada linguística". Pensamos que todos esses aspectos, suscitados quando nos debruçamos sobre a vida intelectual brasileira, são elementos pertinentes para a autorreflexão da área, embora o seu peso relativo varie e as combinações entre as partes se altere em razão de modificações

do contexto, visto que o referente da produção são os processos sociais, que, afinal, são os móveis da operação de conhecimento.

Nesse sentido, o já mencionado paradigma da formação nacional acaba por não ser descartável, erigido em lugar de referência direta ou indireta, mesmo por aqueles que o questionam (ARRUDA, 2017).Vimos, por exemplo, como questões próprias às particularidades da formação social brasileira emergem em ambos os lados da polarização entre abordagens, seja a textualista, seja a contextualista, demonstração da insuficiência do ponto de vista exclusivo, quando se trata da cultura. A recorrência da dialética do localismo e cosmopolitismo que atravessa as hermenêuticas da história de nossa vida intelectual é sintomática da necessidade de voltar à tradição, ao menos para considerá-la como componente da problematização, uma vez que há homologia entre a formação da nação e a constituição do campo intelectual brasileiro, apesar de sua dependência do Estado e do caráter inseguro de sua autonomia, inclusive da vida acadêmica (ARRUDA, 2018). As ciências sociais brasileiras possuíam "legitimidade social" previamente à criação da universidade por causa da "forte impregnação das ideias positivistas nas mentes das elites políticas brasileiras" (ARRUDA, 1995, p. 125). Hoje, a progressiva internacionalização das disciplinas acadêmicas que acompanha o processo mais geral de globalização tem inspirado a tendência para o abandono do paradigma da formação da nação, suplantado pela "lógica de redes" observada por Nobre (2012) como "princípio organizador da produção cultural em geral e do conhecimento acadêmico universitário em particular", disseminado em escala mundial a partir dos anos de 1990. A rede de articulação entre agentes diversos em diferentes partes do mundo, para o autor, afigura-se como novo modo de preservar as condições da atividade intelectual crítica, com o consequente arrefecimento do compromisso da atividade letrada com os projetos civilizatórios da nação, cujas elites políticas já não possuem mais a mesma mentalidade. No Brasil, país extremamente desigual em que o trabalho intelectual em sentido amplo é dependente das instituições públicas, especialmente dos recursos financeiros estatais, esse estado de coisas corre o risco de fragilizar a legitimidade social da atividade e aliená-la das decisões políticas dirigidas à comunidade científica, instada recorrentemente a se justificar e assegurar a sua importância pública em escala nacional.

Consideramos que o aprofundamento da especialização não pode excluir o "espaço de comunicação entre passado, presente e futuro" existente no interior da área de sociologia da cultura, para acompanhar uma formulação de Bastos e Botelho (2010). A autorreflexão em perspectiva histórica sobre as próprias condições da vida cultural e da produção intelectual brasileira mapeia o estoque temático, teórico e metodológico de nossa sociologia, permitindo corrigir rumos, aprimorar as pesquisas, responder, em registro próprio, aos compromissos da vida pública, condição fundamental para o reconhecimento da atividade intelectual em tempos de domínio das falsas verdades e das explicações baseadas no senso comum. As palavras de Elide Rugai Bastos explicitam as limitações de uma ciência social alheia ao diálogo com a tradição, ao evidenciar a potência que, no caso brasileiro, esta é capaz de guardar:

> Lembrei [em entrevista] que várias questões atualmente colocadas no âmbito das ciências humanas para o entendimento da sociedade foram, de vários modos, objeto da reflexão dos autores brasileiros ao longo dos anos. Ou seja, a problemática da emancipação, do direito à diferença, dos limites à liberdade, da definição da dignidade como projeto social, do reconhecimento, da exclusão/excludência, foi objeto recorrente dos estudos sobre a formação nacional. A condição não democrática do país – colônia, escravidão, sucessão de ditaduras, extrema desigualdade na distri-

buição de bens – constituiu-se no cenário em que a solução dos impasses político-sociais se impunha à reflexão e exigia um olhar mais atento à realidade. É certo que o interesse e as possibilidades da discussão nos vários períodos foram desiguais. Nos últimos anos o retorno dos estudos sobre o pensamento social brasileiro e sua história permitiu que fossem retomados os debates, avaliados o seu alcance e limites, além de constatar seus efeitos. Ora, as transformações mundiais colocam hoje aquelas questões sob outra ótica e conduzem à produção de diferentes categorias teóricas que buscam apreender os fenômenos, mas não podem desconhecer os caminhos trilhados pelas interpretações anteriores. É a partir dessa situação que a reflexão brasileira se insere, necessariamente, no debate internacional (BASTOS, 2011, p. 52).

Essas questões importantes apontam para futuros desdobramentos. É certo, porém, que a análise do estado da arte das obras identificadas com as abordagens sociológicas da cultura sugere a existência de problemas variados, evidenciando a consolidação e a diferenciação desse campo de estudos no Brasil, cuja solidez é condição para o desenvolvimento de novas pesquisas e para a construção das relações e parcerias com os centros acadêmicos internacionais. Não deixa de ser curioso perceber que a institucionalização da sociologia da cultura entre nós deu-se em momento de intensa fragmentação e volatilidade do tecido cultural contemporâneo, aludindo à presença de novos horizontes abertos à reflexão.

Referências

ALONSO, A. & PINHEIRO FILHO, F. A. Instauración y desarrollo de la sociología de la cultura en Brasil. In: *Sociológica*, n. 90, jan.-abr./2017, p. 259-275. Azcapotzalco

ARANTES, P. Providências de um crítico na periferia do capitalismo. In: ARANTES, O. & ARANTES, P.E. *Sentido da formação*: três estudos sobre Antonio

Candido, Gilda de Mello e Souza e Lúcio Costa. Rio de Janeiro: Paz e Terra, 1997, p. 7-66.

ARRUDA, M.A.N. Sonhos da periferia: o avesso da literatura desmaterializada. In: *Novos Estudos*, 2018. São Paulo [Disponível em http://novosestudos.uol.com.br/sonhos-da-periferia-o-avesso-da-literatura-desmaterializada/ – Acesso em 20/02/2019].

_____. Golpe na cultura: intelectuais, universidade pública e contextos de crise no Brasil. In: *Plural*, vol. 25, n. 1, 2018, p. 32-44. São Paulo.

_____. El concepto de formación en tiempos críticos: esbozo de reflexión. In: *Sociológica*, n. 90, jan.--abr./2017, p. 47-68. Azcapotzalco

_____. Sociologia da cultura e sociologia da comunicação de massa: esboço de uma problemática. In: MARTINS, C.B. & MARTINS, H.H.T.S. (orgs.). *Horizontes das ciências sociais no Brasil*: sociologia. São Paulo: Anpocs/Discurso Editorial/Barcarolla, 2010, p. 253-277.

_____. Pensamento brasileiro e sociologia da cultura: questões de interpretação. In: *Tempo Social*, vol. 16, n. 1, 2004, p. 107-118. São Paulo.

_____. Trajetórias da sociologia da cultura no Brasil: os anos recentes. In: *Revista USP*, n. 50, 2001, p. 100-107, 2001. São Paulo.

_____. A sociologia no Brasil: Florestan Fernandes e a "escola paulista". In: MICELI, S. (org.). *História das ciências sociais no Brasil*. Vol. 2. São Paulo: Sumaré/Fapesp, 1995, p. 107-231.

BASTOS, E.R. Atualidade do pensamento social brasileiro. In: *Revista Sociedade e Estado*, vol. 26, n. 2, mai.-ago./2011. Brasília.

BASTOS, E.R. & BOTELHO, A. Horizontes das ciências sociais: pensamento social brasileiro. In: MARTINS, C.B. & MARTINS, H.H.T.S. (orgs.). *Horizontes das ciências sociais no Brasil*: sociologia. São Paulo: Anpocs/Discurso Editorial/Barcarolla, 2010, p. 475-496.

BRANDÃO, G.M. Ideias e argumentos para o estudo da história das ideias políticas no Brasil. In: MARTINS, C.B. & LESSA, R. (orgs.). *Horizontes das ciências sociais no Brasil*: ciência política. São Paulo: Anpocs/Discurso Editorial/Barcarolla, 2010, p. 367-376.

CANDIDO, A. *Formação da literatura brasileira*: momentos decisivos. Rio de Janeiro: Ouro Sobre Azul, 2009.

COHN, G. *Sociologia da comunicação*: teoria e ideologia. São Paulo: Pioneira, 1973.

FERNANDES, D.C. Sociologia da cultura no Brasil: uma interpretação. In: MICELI, S. & MARTINS, C.B. (orgs.). *Sociologia brasileira hoje*. São Paulo: Ateliê, 2017, p. 99-140.

JACKSON, L.C. & BARBOSA, D.P. Histórias das ciências sociais brasileiras. In: MICELI, S. & MARTINS, C.B. (orgs.). *Sociologia brasileira hoje*. São Paulo: Ateliê, 2017, p. 99-140.

LYNCH, C.E.C. Cartografia do pensamento político brasileiro: conceito, história, abordagens. In: *Revista Brasileira de Ciência Política*, n. 19, abr./2016, p. 75-119. Brasília

MAIA, J.M.E. Ideias, intelectuais, textos e contextos: novamente a sociologia da cultura. In: *BIB*, n. 62, 2006, p. 53-71. São Paulo.

MICELI, S. Intelectuais brasileiros. In: MICELI, S. et al. *O que ler na ciência social brasileira (1970-1995)*. São Paulo/Brasília: Sumaré/Anpocs/Capes, 1999, p. 109-145.

_____. *Intelectuais e classe dirigente no Brasil (1920-1940)*. São Paulo: Difel, 1979.

_____. *A força do sentido* – Pierre Bourdieu: economia das trocas simbólicas. São Paulo: Perspectiva, 1974, p. I-LXI.

NOBRE, M. Depois da "formação": cultura e política da nova modernização. In: *Piauí*, n. 74, nov./2012, p. 1-8. Rio de Janeiro.

OLIVEIRA, L.L. Interpretações sobre o Brasil. In: MICELI, S. et al. *O que ler na ciência social brasileira (1970-1995)*. São Paulo/Brasília: Sumaré/Anpocs/Capes, 1999, p. 147-182.

RILEY, D. A teoria das classes de Pierre Bourdieu. Trad. de Max Gimenes. In: *Revista Estudos de Sociologia*, vol. 24, n. 46, 2019, p. 181-210. Araraquara [Disponível em https://periodicos.fclar.unesp.br/estudos/article/view/12245 – Acesso em 29/07/2019.

SCHWARZ, R. *Ao vencedor as batatas*: forma literária e processo social nos inícios do romance brasileiro. São Paulo: Duas Cidades/Ed. 34, 2012.

_____. *Um mestre na periferia do capitalismo*: Machado de Assis. São Paulo: Duas Cidades/Ed. 34, 2008.

15
Estudos Culturais
"De Coleridge à pós-*punk*, aventuras nos Estudos Culturais"

Luís Mauro Sá Martino

No dia 27 de junho de 2002, a Universidade de Birmingham, na Inglaterra, anunciou o fechamento do Centro de Estudos Culturais Contemporâneos, que seria incorporado ao Departamento de Sociologia. Era o fim de uma tradição iniciada cerca de trinta anos antes, quando os professores Raymond Williams, Edward P. Thompson e Richard Hoggarts fundaram o Centro com o objetivo de pensar a cultura de maneira prática e abrangente. Era o fim, naquele dia, dos Estudos Culturais como um espaço de pesquisa definido, vinculado a uma universidade.

A questão do fechamento do Centro ia além do simbólico, mas indicava um ponto teórico e prático: o que definia os Estudos Culturais? O que os separa da Antropologia Cultural ou da Sociologia da Cultura? Será que, como circula em um comentário irônico em alguns corredores universitários, "eu gosto de Estudos Culturais desde que chamava Antropologia"? Trata-se de uma escola teórica, um método, uma concepção? Seria possível falar de uma "escola" ou "teoria" dos Estudos Culturais da mesma maneira que se fala de "Escola de Frankfurt" ou "Teoria Crítica"? Assim, qual o sentido de manter um espaço autônomo? E o encerramento

das atividades representou apenas o fechamento de um departamento universitário, motivado por questões administrativo-políticas, ou era um indicador de problemas epistemológicos sem solução? Na época alguns desses questionamentos foram feitos, e algumas respostas foram esboçadas, tanto a favor quanto contra a decisão da universidade. Mas isso leva a uma pergunta inicial, que antecede todas as outras: o que são Estudos Culturais?

A definição não é das mais simples: o nome "Estudos Culturais" se refere, de um lado, a um conjunto de pressupostos teóricos, práticas metodológicas, escolha de objetos de pesquisa, modos de conhecimento; de outro, ao grupo de pesquisadoras e pesquisadores reunidos primeiramente em Birmingham e, mais tarde, em Londres – e depois em várias universidades, ao menos no Ocidente.

Alguma genealogia possível

Do modo como se apresentam atualmente, em uma definição inicial, os Estudos Culturais podem ser entendidos como uma escola teórica voltada para o estudo da mídia, comunicação e cultura criada na Inglaterra a partir, mais ou menos, dos anos de 1950-1960. Seus fundadores publicaram nesse período obras que definiriam, nas décadas seguintes, as concepções fundamentais dessa escola: em *Cultura e sociedade*, de Williams, *A formação*

---

1. Ao longo deste texto, reelaboro e utilizo parcialmente trechos apresentados em outros momentos (MARTINO, 2009; 2012), tensionados pelos comentários recebidos em várias instâncias. Agradeço a todas e todos os colegas que, no diálogo crítico, me permitiram delinear outras concepções e corrigir visões redutoras ou equivocadas.

da classe operária inglesa, de Thompson, e *Os usos da cultura*, de Hoggarts, havia uma proposta subjacente de pensar as práticas culturais como parte de contextos mais amplos.

Elas também pareciam delinear alguns aspectos da abordagem dos Estudos Culturais: uma definição ampla de "cultura", incluindo desde a literatura clássica até a televisão; uma raiz na crítica marxista, pensando a cultura nas contradições de seu tempo; uma preocupação em entender como a cultura se articula com as práticas cotidianas, em um complexo jogo de apropriações, reelaborações e resistências.

Esse grupo criou, em 1964, na Universidade de Birmingham, o *Centre for Contemporary Cultural Studies*, "Centro de Estudos Culturais Contemporâneos", que, ao longo dos anos de 1970, se tornou uma referência na investigação de atividades e práticas culturais de sua época. O centro estava vinculado ao Departamento de Estudos Literários da universidade e, por quase toda sua existência, desenvolveu pesquisas apenas no âmbito da pós-graduação.

Traçando um paralelo com outro departamento conhecido nas ciências humanas, o Instituto de Pesquisa Social de Frankfurt, seria possível dizer que o CCCS também se desenvolveu a partir das orientações de seus dirigentes: como primeiro diretor, Hoggart imprimiu ao grupo um desenvolvimento no sentido de compreender a leitura de práticas culturais; a partir da entrada de Stuart Hall na direção são buscados outros direcionamentos, trazendo para a discussão questões relacionadas à imigração, às diásporas, problemas étnicos e à descolonização. Hall, nascido no Caribe, experimenta também algumas dessas contradições. Finalmente, na mesma década, Angela McRobbie traz questionamento do feminismo e das questões de gênero para o Centro.

Um conjunto amplo de livros e artigos é publicado nesse período de efervescência do CCCS. Essas publicações, intituladas *Working Papers*, re-

fletem alguns dos interesses do momento, que se espalham desde questões teóricas sobre conceitos do marxismo até estudos sobre música *pop*, televisão e audiência. O ponto de vista era crítico, mas aberto o bastante para entender a cultura como algo que ultrapassava divisões clássicas como "popular" ou "erudito".

Mais para frente, já nos anos de 1980, Hall se transfere para a Open University, em Londres, criada com uma proposta de ampliar o acesso ao conhecimento universitário, permitindo a novos públicos, tradicionalmente excluídos da educação superior, o acesso ao conhecimento universitário. Ao mesmo tempo, diversas pesquisas ligadas direta ou indiretamente à Universidade de Birmingham ou à Open University engajam-se no estudo das práticas culturais de sua época, como o movimento *punk*, a música *pop*, a cultura dos fãs e à recepção de seriados de televisão. Datam dessa época estudos como *Watching Dallas*, de Ian Ang, um estudo de recepção da série de TV, ou *Subculture*, de Dick Hebdige, voltado para a compreensão de práticas culturais de grupos urbanos.

Ao mesmo tempo, os temas e as abordagens dos Estudos Culturais ultrapassam as fronteiras britânicas e ganham força tanto nos Estados Unidos quanto na América Latina, onde são retrabalhados a partir de diversas outras contribuições e aportes específicos. Em particular, são apropriados nos estudos de mídia e comunicação, apresentando-se como uma alternativa às três principais abordagens do período – o funcionalismo norte-americano, a Teoria Crítica e o Estruturalismo. A novidade trazida não era apenas a inclusão de novos objetos, como a televisão ou a cultura *pop*, mas também o modo de pesquisar, dirigido a entender como essas práticas culturais se relacionavam com o cotidiano.

Mais do que uma teoria ou uma escola, os Estudos Culturais podem ser vistos como uma maneira de olhar e entender a cultura como um conjunto de práticas sociais – isto é, tanto aquilo que sabemos quanto nosso modo de vida, nossos gostos e preferências. O estudo da cultura não se limita a entender essa palavra como sinônimo de instrução (no sentido que às vezes ouvimos "ah, ele tem cultura, estudou muito"), mas como um agrupamento maior de atividades que inclui também nossas vivências, experiências, nossa história como indivíduos e como parte de grupos.

Ninguém teria muita dificuldade para classificar a obra de Rachel de Queiroz como "cultura", e da mais alta qualidade, mas não haveria tanto consenso em relação aos filmes da série *Crepúsculo*. E como caracterizar histórias escritas por fãs, geralmente publicadas na internet, que utilizam personagens de livros *pop* para criar seus próprios enredos – as chamadas "fanfics"? Seria "cultura", no mesmo nível da autora de *O quinze*? Em caso positivo, não se está chegando a um relativismo completo? Mas, se não é, o que define uma como "alta cultura" e a outra como "cultura *pop*"? Essas classificações parecem ser muito mais sociais e históricas do que apenas estéticas – embora, claro, essa dimensão não deixe de estar presente. Mas, para os Estudos Culturais, a ideia de "cultura" pode abranger todas essas produções – sem torná-las equivalentes, mas pensando que cada uma delas diz alguma coisa sobre suas condições de produção e circulação.

A definição ampliada de "cultura"

Desde as obras fundadoras, parece haver uma preocupação em compreender as relações entre cultura e sociedade – não por acaso, essas palavras estão no título de uma das obras principais de Raymond Williams. A esfera da produção cultural não está desligada da sociedade na qual é existe: não há cultura fora de seu tempo e de seu espaço. E, por isso mesmo, está sempre ligada às contradições,

possibilidades e limites de sua época. Mesmo a produção cultural mais, digamos, distante dos problemas de seu tempo não deixa de trazer e refletir as marcas de sua época. Apenas como exemplo, um músico como Beethoven, embora não tivesse uma atividade política ou social em sua época – ele era compositor e, até onde se sabe, nunca se ligou com política – não deixou de sentir as questões de seu tempo: ele rasgou a dedicatória de sua 3a. Sinfonia, dedicada a Napoleão Bonaparte, quando soube que o francês havia se coroado imperador. E, em sua 9a. Sinfonia, escolheu um poema de Schiller sobre a paz e a fraternidade – a "Ode à Alegria", cantada no último movimento. Poderíamos pensar em exemplos semelhantes, digamos, com Madonna e seus desafios às questões de gênero da música *pop*, o surgimento e as transformações do samba ou o Tropicalismo no Brasil. A produção cultural, qualquer que seja seu estilo, nos diz algo sobre sua época ao mesmo tempo em que fala também *para* sua época. A relação é de mão dupla, sempre.

Mas não é apenas no aspecto da produção que a cultura é mais do que o acúmulo de conhecimentos. Os Estudos Culturais, desde seus estudos pioneiros, se preocuparam também com a maneira como a cultura circula na sociedade, é transformada, apropriada e reapropriada por públicos diferentes, podendo ser tanto um elemento de manutenção do poder e da hegemonia quanto de desafios e resistências. E isso não significa necessariamente falar em "arte engajada" ou "arte política": mesmo nos domínios da cultura *pop* a produção simbólica é vista como algo que *gera sentidos* no âmbito da sociedade e, por isso mesmo, é apropriada de maneira diferente por grupos diversos. Em *As utilizações da cultura*, Richard Hoggart vai justamente estudar a maneira como operários e pessoas do que se poderia chamar de "classe média baixa" liam revistas: o que significava para elas essa prática cultural da leitura, porque isso as interessava e, sobretudo, qual era seu modo de articular a leitura e os textos com seu cotidiano. Não em termos de uma "resposta" ou, menos ainda, de "efeitos" das revistas no público mas, ao contrário, como era a *produção de significados* nessas leituras.

Por isso, para os Estudos Culturais, a noção de cultura vai além do saber escolar ou universitário, incluindo todas as nossas práticas culturais – por exemplo, assistir televisão, fazer postagens em redes sociais, ser fã de uma banda, filme ou série. E significa também saber como essas práticas culturais se situam na sociedade em termos de classe social, gênero, etnia e faixa etária, por exemplo. Gostar de algo não é apenas questão de uma escolha completamente aleatória, mas depende de vários fatores – o acesso a determinadas produções culturais, de um lado, mas também o que ela me diz sobre minha realidade, sobre meus projetos, interesses, desejos e vinculações. A cultura é um espaço de representações e, por isso mesmo, também de *disputa* entre maneiras de representar.

Uma das novidades dos Estudos Culturais, além dessa concepção ampliada de cultura, foi ter trazido esses temas e práticas culturais para o ambiente acadêmico, modificando, dessa maneira, a relação que a universidade mantinha com práticas culturais que poderiam ser consideradas, por algumas pessoas – dentro e fora da academia – como "menores" ou "menos importantes". Os Estudos Culturais, ao pensar a cultura dessa maneira, também provocou a academia a repensar sua posição na sociedade: será que ainda fazia sentido se concentrar na chamada cultura "clássica" ou "erudita" enquanto a maior parte da sociedade está assistindo novelas, para pensar no caso brasileiro? E, mais ainda, será que faz sentido pensar a cultura como algo separado em "alta cultura", "cultura popular" e "cultura de massa", se uma das características das práticas culturais é justamente serem híbridas, entrelaçadas, com uma tensão constante entre elementos diferentes?

Dessa maneira, a contribuição dos Estudos Culturais nesse sentido foi elaborar uma noção própria de cultura e, ao mesmo tempo, uma maneira específica de olhá-la como um objeto que revela, esconde e interfere em questões de sua época – e isso incluir desde, digamos, a música clássica ou a alta literatura até o filme comercial de herói com inúmeras explosões e perseguições por minuto. Dessa maneira, não seria de todo errado pensar que os Estudos Culturais, mais do que uma teoria, são um *método* para o estudo de questões contemporâneas.

E, para chegar a essa concepção, os Estudos Culturais, ao longo de sua trajetória, estabeleceram diálogos com várias outras ideias, conceitos e teorias.

Diálogos e matrizes dos Estudos Culturais

É sobretudo Stuart Hall que se dedicará a essa abertura para outras áreas, mantendo o caráter multidisciplinar dos Estudos Culturais: se os "fundadores" vieram da História e da Literatura, Hall vai ampliar esse diálogo para a Política, a Linguística, a Semiologia e a Sociologia, criando uma rede de conceitos que, mais ou menos articulados, vão se constituir também em um "modo de ver" teórico – um "modo de ver", não uma "teoria": essa abertura, e a recusa a pertencer a *uma* matriz conceitual é uma das premissas dos Estudos Culturais.

Um primeiro diálogo estabelecido é com a tradição dos estudos literários britânicos, e talvez fosse mais correto falar, antes, em uma crítica literária, em uma sequência que poderia ter seu ponto inicial localizado em *Cultura e anarquia*, de Mathew Arnold ou Elizabeth Gaskell, seguido dos estudos de I.A. Richards, Virgínia Woolf, F.W. Lewis e T.S. Eliott. Embora bastante diferentes entre si, essas autoras e autores começavam a traçar uma relação entre a escrita, a obra e o contexto no qual ela era criada – a Modernidade, com seu jogo de luzes e sombras, suas promessas de emancipação e a realidade das condições de vida, sobretudo em grandes cidades como Londres e Manchester.

Tanto Raymond Williams quanto Richard Hoggart são formados nessa tradição, mas, longe de se tornarem continuadores, fazem uma outra leitura: nascidos em um estrato social consideravelmente menos privilegiado, a "classe trabalhadora" (*working class*), ambos procuram situar a questão da crítica também em relação às condições da vida cotidiana, largamente ignorada nos estudos anteriores. E o cotidiano, naquele momento – estamos falando das décadas de 1950 e 1960 – via transformações inesperadas na própria noção de cultura: o rádio, o cinema e a imprensa estão plenamente consolidados; a televisão, despontando como novo meio, desafia interpretações imediatas; o mercado da literatura de massa se estabelece a partir da publicação de *paperbacks*, obras de grande tiragem e preço reduzido, que vão desde romances leves até os clássicos – a Editora Penguin, fundada por Allan Lane em 1935, oferece Shakespeare a preços baixos – estabelecem novos contatos com uma população quase totalmente alfabetizada. O que significa, nesse novo cenário, literatura? Ou, em termos mais amplos, cultura? Os Estudos Culturais nascem, dessa maneira, a partir de um diálogo inicial com a Teoria Literária, mas trazendo suas questões para os problemas de uma cultura "popular" (ou "cultura de massa") já plenamente estabelecida como um dos principais referenciais do cotidiano.

Mas seria isso, de fato, "cultura"? O debate sobre "cultura de massa", sobre o próprio conceito de "massa" ou seu correlato "multidão" já vinha assombrando a Filosofia e a recém-criada Sociologia desde o início do século, e seus aspectos principais são delineados em textos clássicos de Walter Benjamin, de um lado, e T.W. Adorno e M. Horkheimer de outro.

O marxismo da Escola de Frankfurt é um segundo ponto de diálogo dos Estudos Culturais. A crítica à cultura de massa é incorporada, mas não em termos apenas de uma oposição com o que seria a "alta cultura": a perspectiva dos Estudos Culturais, sobretudo em Hoggarts, Thompson e Williams, é compreender as articulações dessas produções culturais no cotidiano, fazendo uma leitura política da cultura popular – próximos de Adorno e Horkheimer no viés político, mas distanciando-se de seu viés negativo. Fazer uma leitura crítica e política da cultura significa reconhecer sua existência, suas ambiguidades e contradições, sua presença negociada nas relações sociais.

Não por acaso, outro diálogo estabelecido de maneira ao mesmo tempo mais sutil e mais duradoura, é com a obra de Antonio Gramsci, em particular com sua noção de "hegemonia". O conceito gramsciano, com muitas nuanças e sutilezas para ser esmiuçado aqui, parece oferecer uma alternativa mais dinâmica para pensar os movimentos e contradições da cultura em relação com os poderes: a noção de hegemonia tende a implicar um processo de construção, negociação de sentidos, articulações e resistências dentro da própria esfera cultural, que é vista como relativamente autônoma diante das relações de produção: trata-se de um marxismo não determinista (aproximando-se, nisto, da Escola de Frankfurt) e que encontra na cultura um espaço de luta e conflito, não apenas de dominação (distanciando-se aqui).

Williams, Hoggarts e Thompson notaram esse processo dinâmico em sua experiência profissional. Os dois primeiros, no início de sua carreira, foram professores de educação de adultos, e viam em seus alunos uma relação conflituosa e negociada com os processos culturais ao seu redor. Não havia uma "manipulação de massa" no sentido negativo, mas a contínua elaboração das mensagens, acolhidas ou rejeitadas na formação de modos de vida e formas de compreensão da realidade. Thompson, em particular, fará um grande e elaborado diálogo com o marxismo de seu tempo, e sua perspectiva como historiador o leva a pensar processos culturais em escala maior do que o factual, mas igualmente mais problemáticos em termos políticos. A hegemonia, em sua complexidade, parece demandar um processo contínuo de construção negociada de sentidos, o que significa avanços, recuos, aproximações e distanciamentos entre as partes relacionadas. A produção de sentido era mais contraditória do que poderia parecer à primeira vista.

A ideia de "sentido", aliás, leva ao próximo ponto: o diálogo – agora mais próximo de Stuart Hall – com a linguística estrutural francesa, sobretudo com autoras e autores que, escrevendo entre os anos de 1950 e 1960, estabelecem algumas das bases do que poderia ser reunido sob o nome de "Estruturalismo" – expressão, aliás, tão problemática quanto "Estudos Culturais". Tomando como um dos pontos de partida as obras de Ferdinand de Saussure, em particular seu *Curso de Linguística Geral*, pesquisadores de diversas áreas começaram a observar que as relações de produção de sentido, fundamentais para a vida em sociedade, eram sobretudo baseadas em construções arbitrárias, definidas ao longo de uma história, e sem nenhuma relação necessária entre si.

O mundo social passa a ser visto como um espaço de significados compartilhados, construídos nas relações entre as pessoas e atravessados por relações de poder. No entanto, os portadores dos significados, os signos – em uma definição muito ampla, "algo que representa alguma outra coisa" – nunca revelam o arbitrário de sua construção e, menos ainda, as relações de poder implicadas nisso.

Compreender a cultura era fazer uma leitura não dos signos ou dos significados em si, mas da *construção* desses significados: a relação entre o que é dito em uma mensagem e seu real significado não é sempre evidente ou óbvia, e desmontar essa conexão – talvez fosse possível falar em "desconstrução" – é uma atividade fundamental para entender o mundo cotidiano. É sintomático que datem dessa época algumas das principais leituras da cultura de massa: Roland Barthes, Umberto Eco e Edgar Morin, para citar apenas alguns, vão dedicar textos à análise de histórias em quadrinhos, filmes, revistas de grande circulação e à literatura de massa.

Se a primeira geração dos Estudos Culturais já apontava nesse caminho, a partir do momento em que Hall assume a direção do CCCS essa trilha ganha novos impulsos. Compreender a cultura é desmontar os textos, os signos, observar como a construção de significados é também a elaboração de hegemonias, assim como as reapropriações de significantes, as releituras e apropriações podem ser vistos como atos de resistência. Isso permite, em termos acadêmicos, a incorporação como objeto de estudo de práticas culturais vistas, até então, como menos importantes.

E isso não se refere apenas a trazer produtos da cultura da mídia para a análise acadêmica, mas também a preocupação com práticas e movimentos sociais – questões de classe, identidade, gênero, pertencimento, faixa etária e várias outras, entendidas sob certo ponto de vista como "minoritárias", ganham pleno espaço nos Estudos Culturais: se cultura é um modo de vida, compreender sua produção e circulação dentro de grupos específicos é fundamental não apenas para seu entendimento, mas para a ação e transformação. O tema da identidade, nesse momento, emerge como uma questão política e cultural. A identidade é construída nas relações sociais, dentre outras maneiras, também, a partir de suas práticas culturais.

Essa pluralidade de origens, com a articulação de conceitos elaborados a partir de várias disciplinas, mostrou-se desde cedo uma das características dos Estudos Culturais, mostrando, ao longo do tempo, suas potencialidades, limites e problemas. Daí a dificuldade de falar em uma "teoria" dos Estudos Culturais, mas, sobretudo, em termos de um "olhar" ou "método" que combina – nem sempre de maneira plenamente organizada – referenciais de várias áreas. Ao longo das décadas seguintes, os Estudos Culturais vão estabelecer um diálogo bastante frutífero com outras ideias e modos de pensar, aproximando-se criticamente dos estudos feministas, de concepções do Pós-Estruturalismo, do pensamento Pós-Colonial e dos estudos de mídia e comunicação.

Em termos teóricos, essa abrangência se mostrou tremendamente frutífera na construção de um pensamento conceitual aberto, dinâmico, no qual perspectivas contraditórias se relacionavam em uma articulação tensional para além de qualquer fronteira disciplinar. Na prática, isso criou alguns problemas: o que é fazer uma pesquisa em Estudos Culturais?

A dimensão epistemológica

A dimensão epistemológica da questão talvez fique mais evidente se a pergunta for feita de outra maneira: o que *não* pode ser "Estudos Culturais"? O que os separa, por exemplo, dos estudos de Comunicação ou da Sociologia? Essa questão epistemológica, talvez aparentemente desnecessária quando se pensa a pesquisa como construção arbitrária de uma maneira de ver o mundo, torna-se importante nas dinâmicas do campo acadêmico, indicam, em situações diferentes, Webster (2004) e Johnson (1987). O que significa vincular uma pesquisa à linha teórica dos Estudos Culturais? Aliás, *há* uma "linha teórica" que comporte esse título?

Se os Estudos Culturais veem a cultura como uma prática cotidiana, algo que se faz em vez de

algo que se tem. Ancorado nas reflexões de Mellor (1992) e Baetens (2005), é possível dizer que a ideia da cultura é ligada à perspectiva de um processo social, não imune, portanto, às questões políticas e sociais dos universos nos quais os textos da cultura são produzidos/criados e recebidos/consumidos. As oposições e distinções – consumidor/público; produtor/criador; arte/indústria – não são deixadas de lado, ao contrário: procura-se compreendê-las e questioná-las sob um olhar crítico interessado em desmontá-las, observar como os sentidos são construídos e apreendidos. No entanto, isso significa reconhecer a validade dessas práticas e produtos como objetos da pesquisa acadêmico.

No entanto, há alguns questionamentos que podem ser endereçados a esse ponto de vista. Se a cultura pode ser definida como todas as práticas cotidianas, como não confundir os Estudos Culturais com outras áreas definidas e estabelecidas? During (2005) oferece algumas pistas ao observar a pluralidade de temas de uma edição aleatória da revista acadêmica *Cultural Studies*: em um único número há ensaios sobre literatura, crítica da mídia, análise dos próprios Estudos Culturais e vários outros trabalhos nos quais se cruzam objetos, metodologias e perspectivas teóricas. No entanto, como afirma Jameson (1993, p. 3), as definições negativas dos Estudos Culturais, de alguma maneira, parecem ser mais fiéis à proposta original de não se deixar englobar em nenhuma definição rigorosa. E isso começa a partir da definição.

Como nomear os Estudos Culturais? Área? Escola? Olhar interdisciplinar? Em sua modalidade mais simples, o problema começa no uso da expressão em qualquer texto. Quando se pensa em "Estudos Culturais", do que é exatamente que se está falando? Dos textos escritos pelos fundadores? De um objeto específico? Na medida em que uma vasta gama de trabalhos pode ser realizada em vários departamentos universitários, lembra

Rajan (2001), com metodologias diferentes, pressupostos teóricos que vão da antropologia à psicanálise e têm como objeto do *grafitti* e a mídia até a literatura, faz sentido chamar tudo isso de "Estudos Culturais"?

Mas, por outro lado, pode-se questionar o inverso: se não há definição dos Estudos Culturais, do que se está falando quando se usa essa expressão? E essa difusão de área, objeto e métodos não seria, por outro lado, um impedimentó à sua aplicação em qualquer instância? Dessa maneira, pode-se sugerir que a disciplinarização dos Estudos Culturais, embora indesejada, foi necessária a partir do momento em que esses estudos se estabelecem como uma forma nova de abordar uma série de fenômenos sociais; a linha demarcatória do que constitui essa novidade, no entanto, não parece ter sido estabelecida de maneira conclusiva, nem mesmo em seus aspectos mais simples.

Como lembra Brian Longhurst (2002) se os objetos aparentemente vinculados aos Estudos Culturais podem ser satisfatoriamente estudados em seus campos originais do saber – especialmente a Sociologia, a Comunicação, a Literatura e a Antropologia –, qual é o ponto de sua apreensão por uma nova área? Ou, qual a perspectiva teórica nova aberta pelos Estudos Culturais na investigação do objeto, a não ser pela eleição e incorporação de objetos até então relegados pelo campo acadêmico? Essa questão não é respondida na íntegra nem por During (2005) nem por Couldry (2000) nem por Sardar e Van Loon (1997), o que pode levar a se suspeitar de que talvez não exista uma resposta – ou, pelo menos, não tenha sido formulada. Mas pode-se igualmente sugerir uma ligação entre essa disseminação teórico-epistemológica e a perspectiva de dissolução dos Estudos Culturais.

Ante essas várias definições, começa-se a amarrar algumas proposições, arrumando-as em um discurso: os vários enunciados flutuantes a respeito dos Estudos Culturais são um espaço no qual convivem inúmeras vozes, mas no qual existe uma unidade subjacente, ou pelo menos um grupo de pontos comuns, como identificam Lewis (1997) e Brown (2005). Em linhas gerais, seria possível observar a predominância de alguns objetos (textos da mídia, produção cultural, práticas cotidianas ligadas à recepção da mídia), certos autores (Williams, Hall, Foucault, Derrida) e algumas grandes áreas de trabalho (estudos de gênero, mídia, juventude, culturas urbanas).

Essa questão teórico-metodológica, no entanto, longe de ser um problema, parece de fato se constituir na única definição dos Estudos Culturais. Como recorda Johnson (1987), pode-se compará-los com uma "alquimia": uma vez codificados, as reações param. E aponta que a disciplinarização seria contrária à "abertura" e "versatilidade" dos Estudos Culturais.

A recepção e circulação brasileira

Os Estudos Culturais estão plenamente consolidados, a história de sua recepção no Brasil parece ser bastante acidentada. Durante décadas praticamente não havia textos publicados em Língua Portuguesa, e mesmo hoje em dia é difícil encontrar alguns dos livros e obras fundadoras – em que pese o esforço de pesquisadoras e pesquisadores em sua divulgação, ainda não temos, em circulação, alguns dos textos básicos. Seria possível identificar uma espécie de paradoxo: de um lado, faltam livros e artigos fundadores; de outro, há uma plena circulação de pesquisas representativas dos Estudos Culturais, feitas por autoras e autores brasileiros. Vale, por isso, destacar brevemente o aporte dos estudos originais no Brasil para, em seguida – sem nenhuma intenção de cartografar e, menos ainda, esgotar o assunto – buscar algumas indicações de sua circulação.

Ao que tudo indica, *Cultura e sociedade*, de Raymond Williams, foi o primeiro livro dos Estudos Culturais publicado no Brasil, em 1973, pela Companhia Editora Nacional, foi reeditado em 2011 pela Vozes, mas está esgotado. Em 1979 segue-se, pela Zahar Editores, *Marxismo e literatura*, também nunca mais editado. *O campo e a cidade* é publicado em 1989, pela Companhia das Letras, seguido por *Cultura*, pela Paz e Terra, em 1992. Somente em 2010 aparece *Drama moderno*, pela Cosac e Naify. A partir da primeira década do século XX, a editora da Unesp publica – ou republica – boa parte da obra de Williams, incluindo *Palavras-chave*, *Cultura e materialismo*, *Políticas do modernismo*. E *Televisão* foi lançado em 2016 pela Boitempo.

Se, apesar de algumas lacunas, há um número relativamente satisfatório de obras de Williams, a situação é bem diferente em relação aos outros autores vinculados aos Estudos Culturais – "autores", não "autoras e autores", porque não há traduções em português de livros de nenhuma das pesquisadoras ligadas aos Estudos Culturais.

A formação da classe operária inglesa, de E.P. Thompson, foi publicada em três volumes pela Paz e Terra, em 1987. Em 2001, a editora da Unicamp publicou *As peculiaridades dos ingleses*, coletânea de ensaios, e a Companhia das Letras lança *Costumes em comum*, em 1998. *A miséria da teoria*, longo embate de Thompson contra Althusser, foi publicado em 1979 pela Zahar, e, assim como os outros – exceto *As peculiaridades* –, também está esgotado.

A obra de Richard Hoggart não chegou a ser publicada no Brasil, ao que leva a crer uma exploração bibliográfica. Há uma tradução portuguesa de *The uses of literacy*, publicada em 1973, com o título *As utilizações da cultura*.

O caso de Stuart Hall é, talvez, o mais representativo desse percurso acidentado: seu trabalho mais divulgado no Brasil, ao que parece, é o livro *Identidade cultural na Pós-modernidade*, um longo ensaio publicado pela editora DP&A. Há um texto seu também no livro *Identidade e diferença*, organizado por Tomaz T. da Silva. A única coletânea de seus escritos, muito bem selecionados, por sinal, foi publicada pela editora da UFMG em 2003 como *Da diáspora* e teve algumas reedições. Em 2016, a editora da PUC-RJ lançou *Cultura e representação*, versão do livro *Representation*, editado em conjunto por Hall e Jessica Evans.

Quase a título de curiosidade, em 1980 a Zahar editores lançou *Da ideologia*, tradução integral de uma coletânea do CCCS de mesmo título. É a única, até onde sei, publicação brasileira que acompanhou de perto uma das edições do Centro.

O ritmo de traduções e a relativa escassez de edição não foi um obstáculo, no entanto, para que os Estudos Culturais se afirmassem como uma produtiva vertente de pesquisas no Brasil e, de certa maneira, na América Latina. Mapear todas as autoras e autores que, de modo direto ou tangencial, se relacionam com os Estudos Culturais demandaria um texto específico, provavelmente com algumas centenas de páginas.

É importante assinalar, no entanto, *Cartografias dos Estudos Culturais*, de Ana Carolina Escosteguy, de 2001, como uma das primeiras, se não *a* primeira, publicação exclusivamente dedicada ao assunto. Em 2003, *Dez lições sobre Estudos Culturais*, de Maria Elisa Cevasco, segue um caminho semelhante. Havia também livros entrelaçando as questões dos Estudos Culturais com outras áreas, em particular a educação, como nos livros de Tomaz T. da Silva *Alienígenas na sala de aula*, de 2001, e *Atos impuros*, de H. Giroux, e várias coletâneas, como *Comunicação e Estudos Culturais*, de 2011, organizado por Itania Gomes, ou *Estudos Culturais: uma abordagem prática*, com organização de Tatiana Sanches, de 2006 – mas esta lista está longe de ser completa.

Em linhas bastante gerais, a apropriação dos Estudos Culturais foi complexa e múltipla, espalhando-se por vários campos do saber, da História e da Educação até os estudos de Mídia e Comunicação. Neste último caso, parece ser composto parte de um espaço dos chamados "Estudos de Recepção", juntamente com a obra de Jesus Martin-Barbero, Nestor Garcia Canclini e Guillermo Orozco Gomes, além de inúmeras outras pesquisadoras e pesquisadores brasileiros.

Vale assinalar, neste último caso, que a aplicação indistinta do nome "Estudos Culturais" a essa produção é bastante problemático, e demandaria – novamente – um trabalho só para isso.

Críticas, futuros, perspectivas

Há um texto de Johnson (1987), publicado no Brasil sob a forma de livro, que se propõe responder a algumas dessas questões, intitulado "O que é, afinal, Estudos Culturais?" Seria interessante sublinhar a presença da palavra "afinal", no título (no original inglês, "*anyway*") no título, revelador de uma certa impaciência ante constante indefinição e as ambivalências encontradas na apresentação dos Estudos Culturais. Johnson procura estruturar de maneira coerente os vários textos, enunciados, discursos e práticas acadêmicas que se identificam – ou são identificados – como "Estudos Culturais". Seria o caso de afirmar, seguindo o pensamento de Judith Butler (2003, p. ex.) e Johnatan Culler (1997) na dissolução dos estudos recentes sobre cultura, que agregam contribuições da sociologia à psicanálise, da semiótica à filosofia, em uma área chamada "teoria"?

Terry Eagleton (2004, p. 30) aponta que, até os anos de 1960, um estudante universitário típico passaria horas escrevendo em uma biblioteca sua dissertação ou tese sobre Yeats ou Eliott e, nas horas de lazer, ouviria música ou iria ao cinema. Atualmente, o pesquisador vai ao cinema ou ouve música

como parte das pesquisas para sua tese ou dissertação, acrescenta, talvez não sem alguma ironia. Essa consideração do crítico literário britânico permite entrever, de saída, uma das particularidades dos Estudos Culturais, a inclusão, como objeto legítimo para o estudo acadêmico, das práticas culturais do cotidiano, como ver televisão, assistir a um filme ou ouvir música. Os objetos culturais presentes no cotidiano são eleitos objetos de estudo, sem serem discriminados pelo fato de terem sido produzidos no âmbito da indústria cultural – ou sem a atribuição *a priori* de uma qualidade duvidosa apenas por conta de sua origem. Não se trata da integração por conta das qualidades intrínsecas desses objetos, mas é uma decisão ancorada em uma concepção de cultura particular aos Estudos Culturais.

Por sua vez, em um texto de 1996, *Cultural Studies and its theoretical legacies*, Stuart Hall (1996) já pensa em um "legado" não como um acúmulo de experiências anteriores, mas como aberturas para se pensar o contemporâneo, maneiras na qual a genealogia dos próprios Estudos Culturais não seriam uma maneira de indicar uma tradição, mas de mostrar como ela é subvertida. Mesmo nesse texto, Hall menciona mais a inclusão de temas – as culturas populares, o feminino, a mídia, as práticas culturais – e de autores, sobretudo a inclusão de pensadores como Foucault, Derrida, Bakhtin, Gramsci e Benjamin, que se tornarão referências para uma reflexão cultural dentro da concepção do tema nos Estudos Culturais.

Em *The Future of Cultural Studies*, Williams (1996) refere-se às atividades desenvolvidas por Hoggart, Thompson e por ele mesmo como um "projeto" vinculado a condições sociais, históricas e culturais específicas, não como uma "escola" ou "disciplina"; nesse sentido, ele argumenta, os Estudos Culturais têm um "futuro esplêndido" conquanto se mantenham dentro desse espírito de "projeto", não de mais uma disciplina entre outras. Nascido de necessidades práticas na educação popular, os Estudos Culturais não poderiam perder esse vínculo com a *praxis*.

Referências

BAETENS, J. Cultural studies after the cultural studies paradigm. In: *Cultural Studies*, 19, 2005, p. 11-13.

BROWN, M. How Is Cultural Studies Anyway? – Evidence, Discipline, and the Iconographical Impulse. In: *The Journal of the Midwest Modern Language Association*, vol. 34, n. 3, 2001, p. 54-69.

COULDRY, N. Inside Culture: rethinking method. In: *Cultural Studies*. Londres: Sage, 2000.

CULLER, J. *Literaty Theory*. Oxford: OUP, 1997.

DURING, S. *Cultural Studies*: an introduction. Londres: Routledge, 2005.

EAGLETON, T. *After theory*. Londres, Verso, 2004.

ESCOSTEGUY, A. *Cartografias dos Estudos Culturais*. Belo Horizonte: Autêntica, 2001.

_____. Os estudos culturais. In: HOHFELDT, A.; MARTINO, L.C. & FRANÇA, V.V. *Teorias da comunicação*. Petrópolis: Vozes, 2001.

GROSSBERG, L. The cultural studies' crossroads blues. In: *European Journal of Cultural Studies*, 1 (65), 1998.

HALL, S. Cultural studies and its theoretical legacies. In: MORLEY, D. & CHEN, I. *Stuart Hall*: Critical Dialogues in Cultural Studies. Londres: Routledge, 1996.

HOHFELDT, A. Teoria da comunicação: a recepção brasileira das correntes do pensamento hegemônico. In: MELO, J.M. *O campo da comunicação no Brasil*. Petrópolis: Vozes, 2008.

INGLIS, D. The warring twins: sociology, cultural studies, alterity and sameness. In: *History of the Human Sciences*, 20, 2007.

JAMESON, F. On "Cultural Studies". In: *Social Text*, n. 34, 1992, p. 17-52.

JOHNSON, R. What is Cultural Studies Anyway? In: *Social Text*, n. 16, 1987.

KELLNER, D. Media Communications vs. Cultural Studies: Overcoming the Divide. In: *Communication Theory*, 5 (2), mai./1995.

LASH, S. Power after Hegemony: Cultural Studies in Mutation? In: *Theory Culture Society*, vol. 55, n. 24, 2007.

LEWIS, J. What counts on Cultural Studies. In: *Media, Culture and Society*, 19 (83), 1997.

LONGHURST, B. Introducing and progressing Cultural Studies. In: *Sociology*, n. 36, 2002.

LOPES, M.I.V. O campo da comunicação: sua constituição, desafio e dilemas. In: *Revista Famecos*, n. 30, ago./2006. Porto Alegre.

MARSH, D. Sociology and Cultural Studies at Birmingham and beyond. In: *Cultural Studies*, 19 (3), 2005, p. 388-393.

MARTINO, L.M.S. A área dos Estudos Culturais: consenso genealógico e indefinição epistemológica. In: *Cultura & Sociedade*, vol. 57, n. 33, 2012, p. 1-15.

_____. *Teoria da Comunicação*. Petrópolis: Vozes, 2009.

MELLOR, A. Discipline and punish? – Cultural studies at the crossroads. In: *Media, Culture and Society*, n.14, 1992.

MORLEY, D. & CHEN, I. Stuart Hall: Critical Dialogues. In: *Cultural Studies*. Londres: Routledge, 1996.

NIRANJANA, T. Teaching gender studies as cultural studies. In: *Inter-Asia Cultural Studies*, 9 (3), p. 469-477.

PRESTON, P. The global transportability of cultural studies. In: *Media, Culture, and Society*, 28, 2006.

RAJAN, T. In the Wake of Cultural Studies: Globalization, Theory, and the University. In: *Diacritics*, vol. 31, n. 3, 2001, p. 67-88.

REDFIELD, M. Theory, Globalization, Cultural Studies, and the Remains of the University. In: *Diacritics*, vol. 31, n. 3, 2001, p. 3-14.

TURNER, G. *British Cultural Studies*. Londres: Routledge, 1997.

WEBSTER, F. Cultural studies and sociology at, and after, the closure of the Birmingham school. In: *Cultural Studies*, 18 (6), 2004, p. 847-862.

16
Sociologia da Educação
"Os caminhos da produção acadêmica em Sociologia da Educação no Brasil"

Amurabi Oliveira

Camila Ferreira da Silva

Introdução

A Sociologia da Educação (SE) enquanto campo disciplinar no Brasil possui um percurso bastante caudaloso e um avizinhamento com a área da Educação desde seus primórdios. Estas questões evidenciam-se ao considerarmos elementos como a inauguração das primeiras cátedras de sociologia nas Escolas Normais, ainda no final da década de 1920; a intensa presença da sociologia nas reformas educacionais da primeira metade do século XX (MEUCCI, 2015); e a relevância que ocupou o Centro Brasileiro de Pesquisas Educacionais (CBPE) na década de 1950, como atesta a literatura especializada (NEVES, 2002; MARTINS & WEBER, 2010; OLIVEIRA & SILVA, 2014; 2016; ALMEIDA & HEY, 2018), ainda que não tenha se consolidado completamente como uma experiência exitosa no sentido de constituir a sociologia da educação como uma *policy science* (SILVA, 2002).

A fragmentação institucional que tal percurso acabou por estabelecer é expressa sobremaneira pela sociologia da educação produzida nas Faculdades de Educação e por aquela produzida nos Departamentos de Ciências Sociais/Sociologia – desmembramento que também se mostra como uma marca constitutiva desse campo, com destaque para o que acabou se delineando a partir da Re-

forma Universitária de 1968, com o advento dos Programas de Pós-Graduação, bem como das próprias Faculdades de Educação, localizando-se aí, na leitura de Cunha (1992), o gérmen da posição periférica que a educação passou a ocupar na agenda da sociologia brasileira.

Fugiria do escopo deste capítulo retomar essa reconstrução sócio-histórica, largamente realizada por outros autores; porém, nos interessa compreender que o cenário atual da Sociologia da Educação no Brasil é, em grande medida, reflexo desse processo não linear e segmentário. Interrogamos, pois, este cenário atual por meio da análise da produção recente no campo da SE.

Importante apontar desde já que se por um lado reconhecemos a fragmentação institucional da sociologia da educação, por outro, compreendemos que o que se produz nesta seara nos diversos espaços institucionais constitui partes relevantes para a compreensão do campo. Todavia, realizamos aqui um recorte metodológico que nos possibilitou avançar na discussão, centrando nossa análise exclusivamente na Sociologia da Educação desenvolvida nos programas de pós-graduação em ciências sociais, e mais especificamente em sociologia.

A análise dos dados aqui apresentada circunscreve-se exclusivamente na produção acadêmica difundida por meio de artigos em periódicos no último quadriênio de avaliação da Coordenação de Aperfeiçoamento de Pessoal de Nível Superior (Capes), compreendendo um período que vai de 2013 a 2016, o que nos possibilitaria compreender o movimento recente de produção e institucionalização da pesquisa educacional nos programas de pós-graduação em ciências sociais/sociologia.

Nota metodológica

Em trabalho anterior (OLIVEIRA & SILVA, 2016) realizamos um levantamento em relação às linhas de pesquisa, bem como em relação aos pesquisadores dedicados à Sociologia da Educação em programas de sociologia, promovendo uma combinação de dados obtidos na Plataforma Sucupira e na Plataforma Lattes. Neste momento, os dados levantados referem-se, por um lado, às linhas de pesquisa dos programas de pós-graduação em sociologia, excluindo-se assim os programas de ciências sociais, ou ainda programas híbridos[1], e num segundo movimento, interessou-nos levantar as produções bibliográficas destes programas, difundas por meio de periódicos especializados.

Atenta-se com o fato de que reconhecemos aqui que a escolha estritamente por programas de pós-graduação em sociologia nos leva a alguns limites em termos de amostra, pois, certamente, há parte significativa da produção na área de Sociologia da Educação que se encontra também nos programas de pós-graduação em ciências sociais, ou ainda em programas híbridos. Todavia, a escolha pelos programas de pós-graduação em sociologia nos possibilita pensar de forma mais específica

_____

1. Consideramos aqui programas híbridos aqueles que apontam uma articulação entre duas áreas das ciências sociais, tais como os de Sociologia e Antropologia da UFRJ e da UFPA e de Sociologia Política da UFSC, UENF e da UVV.

como que a questão educacional se insere na agenda da sociologia no sentido estrito.

Com relação à produção bibliográfica levantada, é importante pontuar que a escolha em priorizar os artigos em periódicos, secundarizando em nossa análise a produção em livros, capítulos de livros e anais de eventos, nos possibilita articular a dimensão quantitativa com relação ao volume total da produção existente com a qualitativa, na medida em que há dados mais facilmente disponíveis com relação à avaliação *qualis* dos periódicos. Ademais, é ainda por meio dos periódicos que se pode captar de modo mais imediato o processo de internacionalização da produção acadêmica, tensionando essa produção com uma das questões mais proeminentes que tem se colocado na avaliação institucional da Capes.

Observa-se com isso que o recorte adotado nos possibilitou visualizar a produção total em periódicos destes programas, incluindo aí o que fora produzido pelo corpo docente e discente, além dos discentes egressos dos respectivos programas. Ressalta-se ainda que não fora observada a produção de todos os programas, mas apenas daqueles que indicavam a existência de linhas de pesquisa em diálogo com a educação em algum grau. O trabalho que realizamos com os artigos em questão se deu por meio das seguintes etapas: a) busca, nos dados abertos da Plataforma Sucupira, pelos ficheiros com a produção intelectual dos programas de pós-graduação *stricto sensu* 2013-2016; b) mapeamento dos artigos publicados em periódicos dos programas de sociologia com linhas que estabelecem diálogo com a educação (total de 2.500 artigos), seguida da separação dos artigos sobre educação (total de 228 artigos); c) busca dos artigos na internet e leitura dos resumos para a construção das categorias de análise; d) categorização, organização estatística e análise dos dados.

As linhas de pesquisa

O processo de organização dos programas de pós-graduação (PPGs) por linhas de pesquisa nos possibilita captar como que os diversos PPGs estruturam suas agendas de pesquisa, bem como quais conjuntos de atividades eles buscam visibilizar no processo de estruturação de seus trabalhos.

Em levantamento realizado ainda na década de 1990, Weber (1992) apontara para o parco número de linhas de pesquisa na área de educação no Brasil junto a programas de pós-graduação em sociologia, havendo naquele momento apenas quatro programas (UnB, UFPE, UFRGS, IUPERJ) que possuíam linhas de pesquisa em educação. Por outro lado, Sobral (2013) indicara que em 1999 havia linhas de pesquisa nesta área em seis programas (incluindo de ciências sociais e sociologia política), quais sejam: UFRN, UFPE, UFMG, USP, UFSC e na UnB. Em balanço mais recente, Lima e Cortes (2013) apontam para a dispersão e diversidade das linhas de pesquisa em programas de pós-graduação em sociologia/ciências sociais, cenário no qual foram classificadas 95 diferentes linhas de pesquisa, das quais apenas 4 delas se dedicavam à questão educacional.

Ao compararmos esses balanços poderíamos indicar, em um primeiro momento, que houve um decréscimo da participação da educação na agenda de pesquisa da sociologia, uma vez que o primeiro balanço se refere a um cenário no qual existiam apenas 13 programas, ao passo que o segundo se insere num momento em que havia 53 programas.

Todavia, podemos ainda tensionar esses dados com uma análise mais cuidadosa, na qual considera também as ementas das linhas de pesquisa. Em trabalho anterior (OLIVEIRA & SILVA, 2016), ao considerarmos apenas os programas estritamente em sociologia, tínhamos que 6 deles possuíam linhas de pesquisa específicas em educação, e mais 4 deles indicavam a educação como um dos temas a serem pesquisados em suas linhas de investigação. Esse cenário representa uma expansão significativa da presença da educação na agenda de pesquisas da sociologia brasileira, o que pode ser explicado, ao menos em parte, pela ampliação do acesso à escolarização formal, em especial ao ensino superior – posto que tal ampliação representa, para o mundo acadêmico, não somente uma preocupação renovada em objetivar a educação, mas também uma volumosa renovação dos quadros com novos docentes e pesquisadores, os quais acabam por revolver temas, objetos, teorias, epistemologias, metodologias e os interesses de pesquisa em geral (SILVA & ALVES, 2018).

Esse incremento das linhas de pesquisa dedicadas à investigação em educação nos programas de sociologia também acompanha o movimento de ampliação dos grupos de pesquisa no diretório do CNPq voltados para a Sociologia da Educação (OLIVEIRA & SILVA, 2014), de modo que devemos reconhecer a existência de um movimento difuso e heterogêneo de ampliação do escopo da análise sociológica sobre as questões educacionais.

Observa-se que, ainda que o novo levantamento realizado ocorra após um breve período, houve um considerável número de programas que reformularam suas linhas de pesquisa, passando a incorporar questões relacionadas à educação em suas agendas de pesquisa. No atual cenário contamos com 6 programas de pós-graduação em sociologia que possuem linhas de pesquisa específicas sobre esta temática, cujas ementas seguem-se abaixo:

Complementando os dados do Quadro 1, faz-se importante ressaltar que os dados da Capes trazem ainda a presença de uma linha de pesquisa em educação, denominada "Educação, escola e sociedade", no mestrado profissional em Sociologia em rede nacional da UFC. Porém, neste momento não inserimos este PPG e sua linha em nosso estudo pela sua natureza profissional e também por sua recente estruturação, tendo em vista que seu funcionamento teve início em 2018 e por

Quadro 1 Linhas de pesquisa em educação em PPGSs

Instituição	Linha	Ementa
UFPI	Estado e Sociedade: Trabalho, Educação, Atores políticos e desigualdades sociais	Um aspecto fundamental das sociedades contemporâneas é a articulação entre os mundos do trabalho, a educação e o modo como os diversos atores políticos lidam com estas instituições sociais. Neste sentido, conceitos como desigualdade social, desenvolvimento, empreendedorismo e suas relações com os movimentos sociais têm implicação sobre a compreensão das mudanças sociais que fundamentam nossa existência social contemporânea. As pesquisas desta linha terão como horizonte o estudo desses conceitos e suas significações sociais, especialmente no Nordeste brasileiro e no Piauí, onde as questões da educação, mobilização política e do desenvolvimento econômico podem ter profunda influência sobre a questão da compreensão dos processos que caracterizam a desigualdade social.
UnB	Educação, Ciência e Tecnologia	Pesquisa as novas tendências nas políticas educacionais e de ciência e tecnologia. Acompanha e avalia políticas e programas sociais e suas relações com o processo de desenvolvimento nacional. Investiga as condições e as novas práticas de produção do conhecimento científico e tecnológico, a partir do contexto da globalização, da democratização da sociedade e seus impactos na sociedade brasileira. Discute a participação de diferentes atores sociais na elaboração das políticas: o Estado, o setor produtivo e a comunidade científica. Aborda questões educacionais emergentes, como a diversificação do ensino superior, a evolução do sistema de pós-graduação, a avaliação institucional e a formação de quadros profissionais e científicos.
USP	Sociologia da Educação	A área de concentração abarca o estudo das relações entre a reprodução cultural e a reprodução social, investigando as instituições e as práticas educacionais em suas articulações com outras esferas da experiência social, tanto nas sociedades contemporâneas, em geral, como, especificamente, na sociedade brasileira. Nesse sentido, engloba pesquisas sobre a história dos sistemas institucionais de ensino, a constituição do sistema educacional no Brasil, a experiência acadêmica no Brasil moderno e contemporâneo, a educação na teoria sociológica, as relações entre a escola e as classes sociais, as políticas educacionais, as representações acerca da escola e da educação, os espaços e sujeitos de práticas educacionais externas à escola nas sociedades modernas. Explorando as dimensões sociais, políticas e culturais da educação, os estudos desenvolvidos no âmbito desta área dialogam com outros temas de pesquisa sociológica, como o trabalho, a juventude, a ciência, a cultura e a democracia.
UFG	Práticas Educacionais na Sociedade Contemporânea	Esta linha de pesquisa privilegia estudos sobre a Sociologia da Educação, articulando os referenciais teórico-metodológicos das ciências sociais na educação; Estudos sobre política educacional, abordando as relações entre Estado e sociedade; Estudos das práticas educacionais e os sujeitos contemporâneos; Dos sistemas escolares; Educação e cultura escolar; Desigualdades educacionais e sociais; Teoria crítica e educação; Ensino e os processos de formação docente; O papel social das licenciaturas e do ensino médio, assim como também estudos de experiências em educação não formal.
UFPE	Educação, Trabalho, Ciência e Tecnologia	Busca estudar o impacto de tecnologias recentes na configuração de campos profissionais, bem como sobre o mundo do trabalho. Busca, ainda, compreender as práticas educacionais a partir deste impacto.
UFRGS	Sociedade e Conhecimento	Análise da relação entre conhecimento e sociedade e de sua especificidade no contexto contemporâneo. O foco é a compreensão do caráter social da produção do conhecimento e a investigação das implicações da produção e reprodução do conhecimento para a sociedade. A Linha contempla os seguintes campos de pesquisa: Sociologia da Educação (pesquisas sobre educação, políticas educacionais, educação superior); Sociologia da ciência e da tecnologia (ciência, reflexividade, papel da tecnologia e da inovação); Teoria sociológica (epistemologia, teoria clássica e contemporânea); Sociologia da moral e da religião (análises teóricas e empíricas dos fenômenos morais, dos fenômenos religiosos e da relação entre ambos); Sociologia da cultura (pesquisas sobre cultura e conhecimento).

Fonte: Autores (2019).

isso as informações sobre a sua produção naturalmente ainda não constam na Plataforma Sucupira. Certamente esta experiência constituirá objeto de estudo do campo de produção da sociologia da educação futuramente, propiciando interrogações acerca das expressões deste campo em espaços como os mestrados profissionais.

Avançando no debate, podemos observar, todavia, que o maior incremento em um curto intervalo de tempo se deu com relação às linhas de pesquisa que, embora não indiquem já em seus títulos a relação com a educação, apontam em suas ementas a educação como uma interface possível. Abaixo indicamos as ementas dessas outras 8 linhas de pesquisa.

Quadro 2 Linhas de pesquisa com a presença da educação em PPGSs

Instituição	Linha	Ementa
UFS	Itinerários Intelectuais, Profissão e Mercado de Trabalho	Esta linha de pesquisa envolve estudos que buscam compreender as relações entre conhecimento e sociedade com base em investigações das condições e dos processos sociais de produção de conhecimento e de formação dos saberes em suas diversas formas (intelectual, artística, cultural, científica etc.) e do **desenvolvimento do sistema de ensino e da educação superior**, dos grupos profissionais e do mercado de trabalho. Ela contempla três eixos temáticos: a) Produção do Conhecimento, Sociologia dos Intelectuais e Pensamento Social Brasileiro; b) Processos de Formação dos Grupos Profissionais; Papel dos Títulos Acadêmicos e dos saberes tanto nas profissões e carreiras legitimadas e já consolidadas (sociologia, medicina, direito, engenharia etc.) quanto naqueles novos ofícios ou nos pouco institucionalizados e com fraca credibilidade social; c) Forma de Organização e Dinâmica do Mundo do Trabalho, considerando as transformações recentes, os conflitos por postos e as disputas associadas a este processo, **especialmente aquelas que envolvem o ensino de sociologia** e os agentes envolvidos na relação trabalho e emprego.
Uerj	Desigualdades, Mobilidade social e Trabalho	A desigualdade econômica e social permanece sendo um dos principais problemas no Brasil. Pesquisas sobre as desigualdades são relevantes para entendermos questões tão diversas quanto o sentido e os rumos da democracia contemporânea, a dimensão humana do desenvolvimento econômico, as concepções de justiça social, as políticas públicas e as iniciativas privadas para solucionar problemas sociais mais graves, como a fome e a violência. Atualmente o debate sobre desigualdade tem girado em torno de quais seriam suas principais dimensões, quais seriam níveis socialmente justificáveis ou aceitáveis, quais seus principais determinantes, e quais as melhores formas de combatê-la. **As sociologias do trabalho e da educação, bem como todas as suas ramificações, desempenham papel central neste debate.**
Unicamp	Cultura	Esta linha recobre uma ampla área de interesse quanto à problemática cultural em suas acepções histórica, teórica e empírica. Os interesses que envolvem as pesquisas sobre cultura podem se correlacionar com a investigação de temas e transformações da sociedade contemporânea. Nesta linha estão contemplados estudos que podemos considerar mais clássicos, como sociologia da literatura e da arte, ao lado de uma ampla gama de outros temas e problemas tais como: cultura brasileira, identidade, indústria cultural, cultura e política, e trajetórias intelectuais e artísticas. **Contempla ainda estudos sobre educação e outras intersecções entre cultura e processos sociais contemporâneos.** Acrescem-se investigações e reflexões transversais sobre a produção e circulação de ideias e bens culturais, a diversidade, periferias, gênero, memória social, direitos humanos (memórias coletivas, colonialismo e pós colonialismo, violência de Estado, desaparecidos políticos, processos de reparação e justiça de transição, Comissões de Verdade) subjetividades e capitalismo. O espectro de temas fornece a possibilidade de estudos teóricos e empíricos quanto à acepção do termo cultura e ao mesmo tempo visa estimular reflexões quanto aos processos sociais característicos da contemporaneidade.

UFGD	Políticas Públicas, Teoria Social e Ação Coletiva	Essa linha desenvolve pesquisas sobre as políticas públicas e seus desdobramentos para a organização social dos diversos setores da sociedade civil, e a forma como a teoria social lhe atribui significação. Neste sentido, busca-se aprofundar a reflexão sobre os impactos sentidos nos grupos e nas classes sociais, derivados das ações do Estado, assim como a influência da ação coletiva destes grupos para o desenho das políticas públicas. Compreender as alterações no padrão de relações entre sociedade e Estado e investigar as formas como a teoria social tem interpretado tais processos são objetivos desta linha. Indagam-se, nesse âmbito, as diversas manifestações dos movimentos sociais e organizações civis perante o Estado, tanto em sua estrutura federativa como na sua manifestação na forma de poder local. **Dentre as diversas políticas públicas, esta linha problematiza, dentre outras, aquelas voltadas para educação e mundo do trabalho, tanto no campo como na cidade.**
Ufal	Corpo, cultura e conhecimento	Esta linha visa discutir as experiências e manifestações dos afetos, das expressões simbólicas e do pensamento em diversos contextos e resultantes de múltiplos fenômenos sociais, alicerçando-se em tradições da Sociologia do Corpo, da Cultura e do Conhecimento. **As preocupações se desdobram nas seguintes temáticas: educação e ensino de sociologia;** os intelectuais e o pensamento social; corpo, gênero e sexualidade; experiências intergeracionais; mercados de bens simbólicos e digitais; consumos e políticas culturais.
UFMT	Sociedade, cultura e poder	A linha aglutina pesquisas ancoradas na tradição teórica clássica e nas abordagens contemporâneas da Sociologia, a fim de aprofundar a reflexão crítica sobre o Estado e a sociedade brasileiros no processo mais global de formação e desenvolvimento da ordem moderna, tendo como foco a realização de estudos teóricos e empíricos, preferencialmente, sobre a região Centro-Oeste e Amazônica. Pretende reunir investigações que abordam os processos sociais de configurações e reconfigurações do poder e da cultura em Mato Grosso. No nível regional sobressaem temas relacionados às dinâmicas sociais das cidades agroindustriais e das cidades em que predominam as atividades econômicas tradicionais e experimentam o avanço e presença do agronegócio, das microrregiões com presença de populações tradicionais e da região metropolitana em torno da capital do Estado. Buscando contemplar a formação dos docentes e as diferentes agendas de investigação, a linha reúne as seguintes temáticas:(1) Cultura, diversidades e globalização; (2) Novas ruralidades, processos de ocupação dos espaços e novos mecanismos de urbanização e a questão ambiental; (3) Reconfigurações dos espaços urbanos, poder e novos atores sociais; (4) **Educação, Processos de ensino e aprendizagem, ensino, socialização profissional, ciência e tecnologia;** (5) Esporte, corpo e identidades; (6) Família, saúde e gênero, violência de gênero, Sociologia do corpo e da saúde; (7) Políticas públicas, Estado e governo, Poder e relações políticas, (8) Conflitualidades, violência criminal, Poder Judiciário, Sistemas de segurança pública, (9) Fundamentos metateóricos da sociologia, sociologia da música; (10) Ocupações, profissões, organizações, crenças.
UFMG	Sociologia das desigualdades e da estratificação	Desigualdades de gênero; Desigualdades de Cor/raça e/ou etnia; Desigualdades de Classe; Desigualdade em Saúde; Desigualdades e Políticas públicas; **Estratificação e mobilidade educacional e no mercado de trabalho.**
UFPR	Cultura e Sociabilidades	Articula de forma interdisciplinar perspectivas fundadas na pesquisa empírica em diálogo com a produção teórica sociológica clássica e contemporânea, envolvendo estudos já estabelecidos nos campos da sociologia da cultura, do conhecimento, do pensamento social brasileiro, bem como dos estudos de gênero, do esporte, da saúde, das imagens e dos imaginários. Envolve um escopo amplo de reflexões que passam das estruturas e instituições para a dimensão da subjetividade dos agentes, procurando articular o campo das ideias, valores, percepções, entre expressões práticas e as representações do mundo social. Eixos temáticos: a) Cultura, comunicação e sociabilidades: dedica-se aos estudos sobre processos de produção, difusão e consumo de bens e manifestações culturais na contemporaneidade. Engloba temas do campo da Sociologia da Cultura, da Comunicação, da Música, da Imagem e dos Imaginários, da Saúde e da Sociologia do Esporte;

Continua.

Continuação

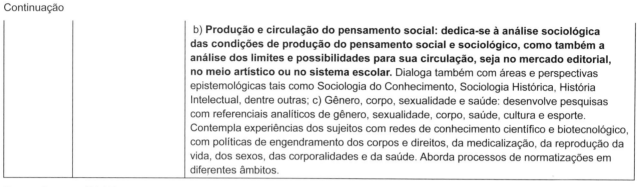

Fonte: Autores (2019).

Este segundo quadro nos leva a confluir com as questões que foram anteriormente apontadas por Sobral (2013), que indicara que a educação persiste como tema na agenda de pesquisa da sociologia brasileira, porém vinculada amiúde a outros grandes temas que abarcam também a educação. Podemos levantar aqui duas hipóteses para esta questão: a) que este cenário reflete a crescente diversidade de temáticas e a fragmentação da agenda de pesquisa das ciências sociais como um todo; b) que os programas tendem a elaborar linhas de pesquisa bastante amplas, seguindo as orientações da Capes e possibilitando assim a incorporação de um maior número de pesquisadores em seus quadros.

Destarte, os dados revelam uma questão significativa: de que a afirmação amplamente difundida de que a educação é um elemento "menor" na agenda da sociologia é no mínimo imprecisa, uma vez que o presente levantamento releva uma presença expressiva de linhas de pesquisa que dialogam com esta questão na maior parte absoluta dos programas da área. Os números podem auxiliar a demonstrar tal cenário: em 2018 a Capes analisou 51 programas de pós-graduação no domínio da sociologia, trata-se aqui da variedade de PPGs em ciências sociais, sociologia e os de caráter híbrido; dentre estes, temos 22 programas especificamente em sociologia; e, no âmbito destes 22 PPGs em sociologia, 14 apresentam linhas de pesquisa direta ou indiretamente ligadas à educação, o que representa aproximadamente 64% dos programas em sociologia.

Podemos afirmar, portanto, que a educação é um tema consolidado nos programas de sociologia no Brasil, ainda que a presença pontual de referências à questão educacional em algumas ementas possa indicar a presença de poucos, ou muitas vezes um único docente que se dedica a esta temática.

A produção acadêmica sobre educação nos PPGSs

Como já indicado anteriormente, realizamos o levantamento por meio da Plataforma Sucupira da produção total de artigos publicados entre 2013 e 2016 (período da última avaliação quadrienal), incluindo aí publicações tanto de docentes quanto de discentes, nos circunscrevendo exclusivamente às produções em periódicos. Esse recorte nos levou a um montante de 2.500 artigos publicados, inseridos nos períodos dos mais diversos estratos do *qualis*.

Ao analisarmos mais atentamente os artigos, observamos que 228 deles são relacionados à temática educacional, o que representa 9% dos trabalhos publicados nesse quadriênio por tais programas.

Novamente aqui podemos retomar o argumento de que a simples afirmação de que a educação constituiria um objeto esquecido da sociologia é uma falsa evidência, uma vez que os sociólogos continuam produzindo sobre essa temática, o que é realizado a partir das mais diferentes aproximações.

Obviamente que estamos aqui analisando a produção daqueles programas que indicaram possuir linhas de pesquisa sobre educação, ou que ao menos dialogam com a educação, mas ainda assim não podemos olvidar que eles são maioria entre os programas de sociologia. Podemos ainda supor que mesmo nos demais programas é possível haver produções bibliográficas nessa seara, e que em muitos casos emergem relacionadas a outros temas que ocupam o eixo central da agenda de pesquisa dos professores destes programas.

A crescente diversidade e fragmentação da agenda de pesquisa da sociologia não nos possibilitaria afirmar a existência de uma grande temática predominante na produção sociológica brasileira, todavia, podemos observar temas que de fato se apresentam como "clássicos" e que amiúde surgem nas produções dos PPGSs, dentre eles estaria a educação.

Entre 2013 e 2016, nos artigos publicados em periódicos, os 14 programas de pós-graduação em sociologia aqui analisados publicaram artigos sobre educação da seguinte forma, quando lidos em ordem por número absoluto de artigos: UnB com 32 artigos (o que equivale a 11% de sua produção nesse período); USP com 28 (ou 9% de sua produção); UFRGS também com 28 artigos (9,5% de sua produção no período correspondente); Uerj com 23 (ou 10% do total de sua produção); UFPE com 21 artigos (ou 10,5% de sua própria produção); UFG com 18 (9% de sua produção neste quadriênio); UFPI com 18 artigos (25% de sua produção); UFPR com 17 (6,5% de sua produção total); UFS com 16 (que equivalem a 15% de sua produção); Unicamp com 8 (ou 3% de sua produção no período); UFGD também com 8 (ou 13% da produção deste programa); UFMT com 5 artigos (que constituem 100% de sua produção neste intervalo temporal); UFMG com 4; e UFAL com 2 artigos (ou 2% de sua produção).

A teia acima representada traz consigo não somente a relação entre o total de artigos publicados e aqueles artigos que versam sobre educação, mas também faz emergir debates em torno do lugar que a educação ocupa em cada um destes programas, de modo mais específico, e em torno das diferenças quanti e qualitativas da produção dos programas de pós-graduação, de modo mais geral (ALMEIDA & GUIMARÃES, 2013).

O trabalho de busca dos 228 artigos e posterior leitura dos seus resumos possibilitou a construção do seguinte *corpus* de análise: dos 228 artigos, foram descartados 2 textos em função de sua indisponibilidade na internet; outros 18 textos revelaram-se como distintos tipos de textos acadêmicos e por isso foram agrupados em uma categoria denominada "Outros", pois tratam-se de resenhas, apresentações de dossiês, debates etc.; e, por fim, nosso principal grupo de artigos analisados corresponde a um total de 208 trabalhos.

Brevemente apresentamos as características dos textos alocados na categoria "Outros", posto que compreendemos que eles fazem parte da produção dos programas que estamos a analisar, mesmo não constituindo artigos propriamente ditos: estamos a falar de 8 resenhas, 4 entrevistas, 3 apresentações de dossiês, 1 debate, 1 texto de divulgação científica e 1 palestra de evento acadêmico; os temas que povoam estes textos são diversos, respectivamente temos a) ações afirmativas, b) ensino de sociologia e c) desigualdade (cada um destes com 17% do total da categoria, ou seja com 3 textos), logo depois temos o tema d) ensino superior (com 11,2% da categoria, ou 2 textos) e os demais temas são trazidos por um único texto, são eles e) educação e religião, f) educação e diferença, g) interdisciplinaridade, h) práticas pedagógicas, i) educação e direitos humanos, j) trabalho e ciência e k) Bernard Lahire.

Já o trabalho que realizamos a partir da leitura dos resumos dos 208 artigos foi responsável pela construção de 5 categorias de análise, a saber: tema, principais discussões, objeto de estudo, sujeitos de pesquisa e espaço/nível. Desse modo, os exercícios de descrição e análise dos dados de cada uma destas categorias nos permite falar de uma agenda de pesquisa da Sociologia da Educação desenvolvida nos programas de sociologia no cenário recente.

Foram contabilizados 24 temas, os quais são reveladores da multiplicidade de preocupações que têm movido os pesquisadores no âmbito da Sociologia da Educação no Brasil. Faz-se mister esclarecer, antes de apresentar os dados relativos a estes temas, que foi fator comum um único artigo ligar-se a mais de um tema, sendo que o máximo de ligações que registramos foi de três temas diferentes.

Gráfico 1 Temas mapeados a partir dos artigos publicados em periódicos sobre educação dos PPGSs

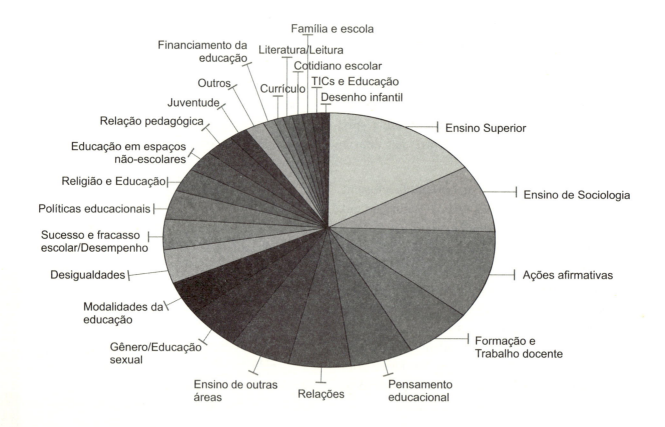

Fonte: Os autores (2019).

O Gráfico 1 traz propositalmente a posição dos temas em forma de pizza e sem a indicação dos respectivos percentuais, pois nosso objetivo consiste em chamar atenção primeiramente para o volume de temas que emergem quando a produção sobre educação dos programas de pós-graduação em sociologia é interrogada. Procederemos um debate que alia a categoria do tema à categoria das principais discussões, de modo a conectá-las e assim demonstrar como cada tema tem sido abordado na literatura proveniente dos programas aqui analisados.

O ensino superior figura como tema de maior expressividade entre 2013 e 2016 com 16,5%, dado que parece indicar *a priori* uma confirmação do argumento de Martins e Weber (2010) de que na "divisão do trabalho" entre as áreas da educação e da sociologia assenta-se na primazia da objetivação do ensino superior pela sociologia – assertiva que retomaremos mais adiante. A temática do ensino superior traz como principais discussões questões como: modelos e conceitos de universidade; universidade e globalização; expansão e interiorização; ensino; pós-graduação; relação entre mercado e universidade; origem social, desigualdade e desempenho neste grau de ensino; relação entre religião e universidade e a questão da laicidade; africanos e afro-brasileiros no ensino superior, seja como estudantes, seja como docentes; pesquisa, produtivismo e internacionalização; extensão; educação a distância; avaliação; e gênero. Interessante é notar como este grau de ensino transfigurou-se em um importante tema de estudo/pesquisa para a Sociologia da Educação ao longo dos anos, posto que se coloca mais uma vez na dianteira deste campo.

Ensino de Sociologia compõe aqui o segundo tema com maior expressividade nos artigos analisados, com 9% do total. Tal dado encontra sentido na importância que vem adquirindo esta temática no campo acadêmico brasileiro nos últimos anos e parece comprovar a seguinte afirmação de Oliveira (2015, p. 16):

> [...] as transformações vivenciadas na Educação Básica possuem impactos diretos sobre o ensino de Ciências Sociais no nível da graduação, bem como sobre as pesquisas realizadas em nível de pós-graduação, o que inclui tanto os Programas de Pós-Graduação em Ciências Sociais/Sociologia quanto os Programas de Pós-Graduação em Educação.

No âmbito das principais discussões que marcam este tema, temos: o papel da sociologia no ensino médio; prática e mediação pedagógica, estratégias e recursos didáticos; formação de professores de sociologia; sociologia nos vestibulares; currículo e obrigatoriedade; livros didáticos; concepções no ensino de sociologia; Programa Institucional de Bolsas de Iniciação à Docência (Pibid); e produção acadêmica sobre o ensino de sociologia.

Logo depois, temos o tema das ações afirmativas, com 8% do total dos artigos, e cujas principais discussões giram em torno das seguintes questões: cotas e transformações no ensino superior; raça, identidade e cotas; aportes teóricos em torno das ações afirmativas; liberalismo e ações afirmativas; tese da democracia racial; mídia e cotas raciais; racismo e ações afirmativas; cotas nos governos do PT; questão legal das ações afirmativas; cotas, desigualdade e justiça; argumentos contrários às cotas; ações afirmativas na ditadura militar; cotistas e preconceito no ensino superior. Vale a pena subverter a ordem aqui neste momento para promover uma correlação entre o tema das ações afirmativas e o tema das relações étnico-raciais (sendo este último o 6º tema na sequência do Gráfico 1 e somando 6%): enquanto as ações afirmativas centram-se naturalmente no ensino superior, o tema das relações étnico-raciais possui maior expressão no contexto escolar, porém juntos estes temas somam 14% do total de artigos e nos falam sobre a emergência de problemas de pesquisa ligados aos debates de cor, raça, etnia, preconceito, racismo, diferença e desigualdade racial e suas relações com a educação.

Ensino de sociologia e ações afirmativas constituem, neste cenário, dois exemplos significativos com relação à emergência de determinadas agendas de pesquisa a partir de meados dos anos de 2000, uma vez que essas mesmas temáticas não apareceram com a mesma força nos balanços realizados por Neves (2002) e por Martins e Weber (2010).

O tema da formação e trabalho docente e o tema do pensamento educacional aparecem com 7% cada, sendo o primeiro marcado por discussões em torno da formação continuada, da formação de professores de sociologia e ainda de questões como valorização, adoecimento, precarização, profissionalização e gênero; enquanto o segundo traz discussões acerca de questões teóricas e autores que se debruçaram sobre a educação, tais como: Pierre Bourdieu, Émile Durkheim, Max Weber e Bernard Lahire.

Por sua vez, o tema das relações étnico-raciais, supracitado quando da correlação com as ações afirmativas, apresenta como discussões principais: a Lei 10.639/2003; o preconceito racial na escola; o papel do professor frente às relações étnico-raciais; composição racial nas escolas; desigualdade e discriminação; identidade racial; literatura africana na escola, identidade e descolonização dos currículos; relação entre preconceito e desempenho escolar; e o direito à educação para as minorias étnico-raciais. Já o tema que se coloca a seguir no Gráfico 1, ensino de outras áreas, aparece com 5,5% e traz discussões em torno das especificidades do ensino de geografia, química, física, matemática, história e inglês na educação básica, de um lado, e do ensino de música, nutrição e psicologia social no ensino superior, por outro. Continuando o movimento descritivo, temos gênero/educação sexual, que com 5% do total de artigos é um tema bastante parecido com o tema das relações étnico-raciais, pois cen-

tra-se primordialmente na educação básica e traz discussões em torno das diferenças, desigualdades e preconceito.

De maneira mais breve apresentaremos os demais temas e suas discussões: modalidades da educação, com 4% e discussões sobre educação inclusiva, quilombola, do campo e de jovens e adultos; desigualdade, com 4% e principais discussões em torno da relação entre origem, classe social e desempenho escolar; sucesso e fracasso escolar/desempenho, com 4% e debates em torno de reprovação, abandono, determinantes sociais e suas relações com o desempenho; políticas educacionais aparece com 3,8% e atravessa os diferentes níveis de educação; religião e educação, com 3% tem principais discussões na relação entre religião e universidade e na discussão do ensino religioso na Base Nacional Comum Curricular (BNCC); educação em espaços não escolares, com 3% traz espaços como penitenciárias, academias militares, hospital e museus; relação pedagógica (3%), marcada por discussões como aprendizagem significativa e comunicação pedagógica; juventude (2%), com discussões sobre as experiências escolares dos jovens; outros (2%), composto por temas como idosos e relação entre escola e mídia; financiamento (1,2%), privilegia discussões sobre a qualidade da educação e o controle de contas; e, por fim, com 1% cada temos os temas de currículo, literatura/leitura, cotidiano escolar, família e escola, TICs e educação e desenho infantil.

Compreendemos, ademais, que a emergência de determinadas temáticas se vincula às mudanças no nível das políticas educacionais, que impactam diretamente a realidade escolar. Com isso queremos dizer que a agenda de pesquisa da Sociologia da Educação vai se constituindo num processo que busca dar respostas a questões que se colocam no debate da esfera pública. E, além disso, a multiplicidade de temáticas que acabamos de apresentar é indicativa das relações entre temas já estabelecidos no campo da Sociologia da Educação e temas emergentes – relações estas que nos falam sobre a "hierarquia dos objetos legítimos, legitimáveis ou indignos" de que nos fala Bourdieu (2013) no âmbito do campo científico.

No sentido de complementar nosso olhar para este cenário das temáticas que vêm sendo privilegiadas na Sociologia da Educação desenvolvida nos programas de sociologia no Brasil, nos ocupamos a partir daqui das demais categorias que já anunciamos no início deste tópico: os objetos de estudo, os sujeitos de pesquisa e os espaços/níveis.

Munidos dos dados relativos aos temas, que discutimos até o momento, interessou-nos então compreender por meio de quais objetos de estudo tais temáticas foram interrogadas pelos pesquisadores dos PPGSs que estamos a analisar. O Gráfico 2 traz a disposição dos objetos de modo a destacar sua recorrência:

Gráfico 2 Objetos de estudos mapeados a partir dos artigos publicados em periódicos sobre educação dos PPGSs

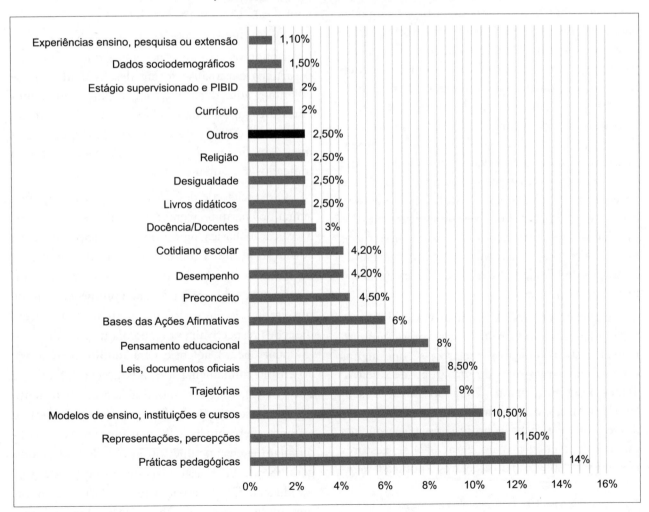

Fonte: Os autores (2019).

Os 24 temas que marcam a produção dos programas de sociologia foram desenvolvidos por meio dos objetos apresentados pelo gráfico acima. Destacam-se aqui a tomada das práticas pedagógicas como principal meio de investigar os problemas sociológicos no âmbito da Sociologia da Educação, seguida das representações e percepções, as quais por sua vez incluem ainda concepções e atitudes dos sujeitos educacionais frente aos mais diferentes elementos que emergem das temáticas.

Destacamos ainda, em meio a esta diversidade de objetos de estudo, as seguintes questões: os modelos de ensino, instituições e cursos atravessam a educação básica, o ensino superior e os espaços não escolares; no que tange às trajetórias, faz-se mister destacar que os artigos trazem basicamente três tipos de trajetórias (pessoais/familiares, escolares e profissionais) e que, em alguns casos, correlacionam estes tipos; o que denominamos aqui de "bases das ações afirmativas" é formado por leis, debates públicos, discursos e teorias que fundamentam as ações afirmativas, encontrando-se aqui posicionamentos favoráveis e contrários; no termo "preconceito" condensam-se situações e experiências; já em "desempenho" temos as instâncias dos estudantes, das instituições, dos municípios e dos estados; em "outros", afinal, temos experiências de migração de brasileiros em Roma e Barcelona e o processo de envelhecimento.

Avançando no exercício de analisar os 208 artigos, mapeamos os sujeitos de pesquisa contemplados nesta produção – esclarece-se que alguns textos anunciaram mais de um grupo de sujeitos. Temos o seguinte quadro: 74% são "sujeitos escolares", dentre os quais temos respectivamente estudantes (68 referências), professores (54), sujeitos escolares/universitários no geral (42)[2] e gestores (7); 4% são "sujeitos não escolares", nomeadamen-

te idosos, médicos residentes, mulheres no cárcere, jovens internos na Fundação Casa, agências multilaterais, ONGs; 16% compuseram a subcategoria "não se aplica", que condensa sobretudo ensaios teóricos e análises de políticas/documentos; e 6% foram colocados na subcategoria "outros", dentre os quais temos dirigentes de sindicatos, empreendedores, secretaria estadual de educação e o Estado enquanto agente social. É possível, desse modo, estabelecer uma relação direta entre os temas dos artigos e seus sujeitos de pesquisa, uma vez que os sujeitos escolares, que aqui representam maioria absoluta, são os atores principais das problemáticas contidas nestes temas.

Nossa última categoria diz respeito ao espaço/nível onde os estudos e pesquisas que originaram os artigos em análise foram desenvolvidos. Já se adiantam aqui duas questões, a partir dos dados anteriores, a) uma parcela dos textos não se encaixa nesta discussão, posto que constituem essencialmente ensaios teóricos e b) em alguns casos foram indicados mais de um espaço.

O exercício de destrinchar os dados do gráfico acima nos permite aventar as seguintes colocações: a educação básica figura como principal nível da educação nacional sobre o qual são desenvolvidos os estudos e pesquisas dos pesquisadores que interrogam a educação provenientes programas de pós-graduação em sociologia, neste nível aparecem menções respectivamente à escola no sentido geral (57 ocorrências), ao ensino médio (30 ocorrências), ao ensino fundamental (9), à educação infantil (6) e à EJA (2); o ensino superior aparece não muito distante da educação básica, com uma diferença de 6 pontos percentuais, e as menções neste caso contemplam o ensino superior/universidade de modo geral (85), a EaD neste nível de ensino (3) e a pós-graduação (2); os espaços não escolares comportam unidade prisional, ONG, museu, hospital, academia militar, comunidade quilombola e empresa.

---

2. Esta subcategoria foi criada para atender aos artigos que indicavam genericamente que seu público-alvo no estudo ou na pesquisa foram sujeitos de determinada escola ou universidade.

Gráfico 3 Espaços/níveis mapeados a partir dos artigos publicados em periódicos sobre educação dos PPGSs

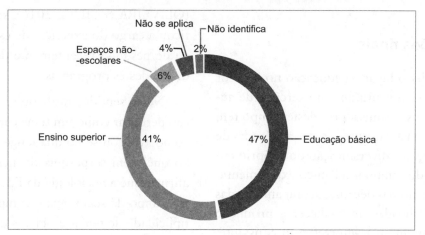

Fonte: Os autores (2019).

O Gráfico 3 traz dados bastante interessantes para o nosso debate, posto que nos permite retomar uma discussão que iniciamos logo na descrição da primeira categoria [os temas]: a divisão do trabalho acadêmico entre sociologia e educação no escopo da Sociologia da Educação no Brasil. A afirmação, portanto, de que a Sociologia da Educação produzida no interior da sociologia estaria mais centrada nos estudos sobre o ensino superior (MARTINS & WEBER, 2010) hoje carece de mais aprofundado exame. De fato, como demonstramos no âmbito das temáticas, o ensino superior constitui principal tema neste campo, porém, quando confrontamos esta questão com os dados acerca dos níveis de ensino sobre os quais as pesquisas são desenvolvidas, a educação básica desponta, o que nos permite refletir nas seguintes direções: a) o ensino superior, enquanto nível da educação brasileira, foi transformado ele próprio em tema da Sociologia da Educação; b) a educação básica, também enquanto nível da educação brasileira, por sua vez, não constitui em si própria um tema da Sociologia da Educação, ela encontra-se, em contrapartida, "diluída" em muitos daqueles temas que compõem o nosso Gráfico 1.

Nesse sentido, um dos principais achados de nosso estudo foi compreender o lugar da educação básica na produção e na agenda da Sociologia da Educação desenvolvida pelos pesquisadores dos programas de pós-graduação em sociologia. A primazia do ensino superior vem sendo tomada quase como um consenso na literatura especializada, mas o cenário mais recente vem nos permitindo observar a preocupação com as questões relativas às mais diferentes esferas da educação básica. O debate sobre o ensino de sociologia no ensino médio certamente constituiu um motor para este interesse renovado neste nível educacional.

Destaca-se também que, em que pese a presença de pesquisadores profundamente consolidados, e com uma intensa circulação internacional, por meio da realização de cursos de doutorado (pleno ou sanduíche), estâncias pós-doutorais etc. (OLIVEIRA & SILVA, 2016), ainda é tímida a internacionalização da produção destes pesquisadores, uma vez que apenas 19 artigos foram publicados em língua estrangeira neste montante, sendo 16 deles em língua inglesa, 2 em espanhol e um em francês, ou seja, apenas em torno de 8% dos artigos foram publicados em língua estrangeira[3].

Considerações finais

Compreender o lugar da educação no interior da sociologia tem constituído um exercício de autorreflexão que os pesquisadores deste campo têm enfrentado sistematicamente desde a década de 1980. A ampliação e diversificação do próprio ensino superior e do campo acadêmico experimentada no Brasil nas últimas décadas, acompanhada das alargadas possibilidades de conhecer a produção científica, permitem uma autorreflexão constante, da qual o presente artigo é fruto. Ao interrogarmos a produção da Sociologia da Educação no panorama recente, interpelamos os programas de pós-graduação no domínio da sociologia e mapeamos sua agenda de pesquisa no último quadriênio de análise da Capes (2013-2016) por meio dos artigos publicados em periódicos.

Demonstramos, primeiramente, como as linhas de pesquisa dos programas de pós-graduação em sociologia são capazes de revelar o lugar da educação no interior da sociologia e, neste sentido, verificou-se uma tendência de incorporação da educação de forma direta ou indireta nestes programas, posto que de 22 programas de sociologia, 14 apresentam alguma ligação com a educação. Programas mais tradicionais e programas recentemente criados comungam, então, desta tendência de integrar em seus escopos demandas de debates, discussões e pesquisas sobre educação. Para além

deste capítulo representar uma atualização destes dados em torno dos programas de pós-graduação (OLIVEIRA & SILVA, 2016), seu caráter inovador ficou a cargo do exercício de esquadrinhar a agenda de pesquisa recentemente desenhada pela produção destes programas.

Nesse sentido, ratificou-se o fato de a educação perdurar como um tema caro à sociologia, bem como avançou-se no que tange ao mapeamento de "o quê" tem se pesquisado neste espaço. Pode-se afirmar que a Sociologia da Educação desenvolvida no campo da sociologia é composta por uma multiplicidade de temas e objetos de pesquisa e que as discussões que circundam estes temas relacionam-se com as principais questões nacionais em torno da educação, mas também com os debates em torno das diferenças (de cor, raça, gênero, classe). O ensino superior se confirma como o principal tema da Sociologia da Educação no escopo próprio da sociologia, contudo, ganha uma necessidade de aprofundar sua compreensão frente ao lugar que a educação básica, mesmo "diluída" em temas outros, vem conquistando nos últimos anos. Para além dos temas estritos, é possível afirmar ainda que a questão da desigualdade continua a atravessar a produção no âmbito da Sociologia da Educação, posto que boa parte dos artigos aqui analisados, mesmo não se referindo explicitamente à desigualdade, tratam de assimetrias de diversas ordens.

Referências

ALMEIDA, A.M.F. & HEY, A.P. Sociologia da Educação: olhares sobre um campo em ascensão. In: MICELI, S. & MARTINS, C.B. (orgs.). *Sociologia brasileira hoje.* São Paulo: Ateliê, 2018, p. 253-310.

ALMEIDA, E.C.E. & GUIMARÃES, J. *A pós-graduação e a evolução da produção científica brasileira.* São Paulo: Senac, 2013.

---

3. Não queremos negar com isso que o processo de internacionalização da produção acadêmica vá para além da publicação em periódicos em língua estrangeira, uma vez que há revistas latino-americanas e mesmo portuguesas nas quais os pesquisadores do campo da Sociologia da Educação também circulam, porém, indicamos aqui como uma questão relevante para captar a internacionalização da produção a publicação de artigos em língua estrangeira.

BOURDIEU, P. Método científico e a hierarquia social dos objetos. In: NOGUEIRA, M.A. & CATANI, A.M. (orgs.). *Escritos de Educação*. 4. ed. Petrópolis: Vozes, 2013, p. 35-42.

CUNHA, L.A. A educação na sociologia: um objeto rejeitado?" In: *Cadernos Cedes*, n. 27, 1992, p. 9-22.

LIMA, J.C. & CORTES, S.M.V. A sociologia no Brasil e a interdisciplinaridade nas ciências sociais. In: *Civitas*, vol. 13, n. 2, set.-dez./2013, p. 416-435. Porto Alegre.

MARTINS, C.B. & WEBER, S. Sociologia da Educação: democratização e cidadania. In: MARTINS, C.B.; WEBER, S. & MARTINS, H.H.T.S. (orgs.). *Sociologia*. São Paulo: Anpocs, 2010, p. 475-496.

MEUCCI, S. *Artesania da sociologia no Brasil:* contribuições e interpretações de Gilberto Freyre. Curitiba: Appris, 2015.

NEVES, C.E.B. Estudos sociológicos sobre Educação no Brasil. In: MICELI, S. (org.). *O que ler na ciência social brasileira (1970-2002)*. São Paulo: Anpocs/Sumaré, 2002, p. 351-438.

OLIVEIRA, A. Um balanço sobre o campo do ensino de sociologia no Brasil. In: *Em Tese*, vol. 12, n. 2, ago.-dez./2015, p. 6-16.

OLIVEIRA, A. & SILVA, C.F. A sociologia, os sociólogos e a educação no Brasil. In: *Revista Brasileira de Ciências Sociais*, vol. 31, n. 91, jun./2016, p. 1-15.

_____. Mapeando a Sociologia da Educação no Brasil: análise de um campo em construção. In: *Atos de Pesquisa em Educação*, vol. 9, n. 2, mai.-ago./2014, p. 289-315.

SILVA, C.F. & ALVES, M.G. As aspirações dos aprendizes: doutorandos em educação no Brasil. In: *Cadernos de Pesquisa*, vol. 48, n. 167, jan.-mar./2018, p. 280-308.

SILVA, G.M.D. *Sociologia da sociologia da educação:* caminhos e desafios de uma *policy science* no Brasil (1920-1979). Braganca Paulista: Universidade São Francisco, 2002.

SOBRAL, F. A educação na pós-graduação em sociologia: um objeto escondido? In: *Estudos de Sociologia [online]*, vol. 1, n. 19, 2013.

WEBER, S. A produção recente na área de educação. In: *Cadernos de Pesquisa*, n. 81, 1992, p. 22-32.

17
Sociologia do Trabalho I
"Trabalho, classe e cultura no Brasil – Uma revisão temática"

Jacob Carlos Lima

Marcia de Paula Leite

Introdução

Já não são poucos os estudos realizados sobre a Sociologia do Trabalho no Brasil. Articulando os temas dominantes com os problemas sobre os quais os autores e autoras se debruçaram, eles consistem em reflexões fundamentais para o avanço da disciplina, ao evidenciar as respostas sugeridas, as dúvidas que permanecem e os novos problemas que emergem.

Evidentemente, estudos desse tipo – ademais como qualquer estudo sociológico – não são desvinculados dos interesses, preocupações e pontos de vista de seus autores/as. Ao contrário, pelas limitações inerentes a pesquisas dessa natureza, qualquer balanço requer muitas opções de temas, autores e questões que serão destacados e analisados. Isso não poderia ser diferente neste texto, motivo pelo qual passamos a apresentar e discutir nossas escolhas.

Em primeiro lugar, seria necessário esclarecer que ele não é propriamente um balanço. A Sociologia do Trabalho consiste em uma disciplina que multiplicou sobremaneira seus temas e olhares a partir da difusão dos programas de pós-graduação pelas universidades públicas do país ocorrida na década de 1970. Pela própria diversidade e amplitude que o campo adquiriu com a multiplicação desses programas, não seria possível fazer um balanço nos dias atuais com a limitação de espaço que possui um texto elaborado para compor uma coletânea. Isso nos levou a fazer um recorte e a eleger alguns temas relacionados à cultura do trabalho que "abarca um conjunto de estratégias e atividades – que se imbricam, se complementam, se diferenciam e, às vezes, se confundem com o que poderíamos chamar de cultura de classe, do capitalismo, do assalariamento, empresarial, empreendedora, social empreendedora – no qual o trabalho configura fortemente as relações entre os atores" (LIMA, 2010, p. 158). Neste recorte, destacaremos o processo de construção dessa cultura entre as classes populares e seus desdobramentos no capitalismo flexível a partir da discussão sobre trabalho imaterial e criativo.

Assim sendo, optamos em começar a análise a partir da ruptura teórica ocorrida durante os anos de 1980 nas análises sobre o operariado e as classes populares no Brasil. Essa escolha tem a ver com o fato de que já existe uma quantidade bastante grande de análises que recobrem os períodos inicias da disciplina[1].

Nossa escolha tem a ver também com o espraiamento acima referido dos cursos de pós-graduação pelo país e o fato de que esse processo teve

---

1. Destacamos as seguintes revisões temáticas: Sorj, 1986-1990; Abramo, 1990; Ramalho, 1991; Castro e Leite, 1994; Abramo e Monteiro, 1995; Leite e Silva, 1996; Abramo, 1998; Sorj, 2000; Leite, 2009; Ramalho, 2011; Lima, 2013; Lima e Araújo, 2016; Bridi, Braga e Santana, 2018.

como resultado a formação de equipes de pesquisa de qualidade em praticamente todo o território nacional, mesmo permanecendo uma produção fortemente concentrada no eixo São Paulo/Rio de Janeiro. Nesse sentido, optamos por uma análise que vai além da produção desse eixo, destacando especificidades que marcaram a incorporação de novos territórios à expansão capitalista no país, especialmente, após a chamada reestruturação produtiva/econômica e as reformas de cunho neoliberal que marcaram a década de 1990.

Finalmente, seria importante lembrar que a Sociologia do Trabalho brasileira, assim como a latino-americana, de forma geral, nasce e se desenvolve por meio de um importante diálogo com a Sociologia do Trabalho europeia (sobretudo a francesa) e norte-americana. Dessa forma, será necessário incorporar na análise não só as influências que a disciplina sofreu, mas a maneira como respondeu a questões colocadas pelas sociedades capitalistas centrais, as quais muitas vezes necessitaram de elaborações mais voltadas a nossa realidade.

Com efeito, a análise, as tematizações, as questões e o quadro teórico que marcou o desenvolvimento da Sociologia do Trabalho nesses países não poderia deixar de alimentar a disciplina no Brasil, como ademais nos vários países da América Latina onde ela dava seus primeiros passos, como Argentina, Chile e México, nos quais a cada período a influência veio mais forte de uma fonte ou de outra. É importante lembrar que o fato de os processos de desenvolvimento, de industrialização e urbanização, assim como de constituição do operariado enquanto classe organizada terem se dado com anterioridade nos países de industrialização mais antiga tornava inevitável não só a comparação, mas também a esperança de que tanto o desenvolvimento econômico como a conquista de direitos sociais pelos trabalhadores – que resultou em uma sociedade mais inclusiva –

fossem processos que também pudessem ser observados aqui.

É nesse quadro que se pode compreender a importância da teoria da modernização que marcou os primórdios da disciplina na explicação de por que nossos processos de desenvolvimento e de formação de classes ocorriam de forma diferente em relação ao dos países industrializados. É também ele que explica os caminhos seguidos pela crítica à teoria da modernização e a busca de entender o proletariado enquanto um sujeito, um agente social, cujas formas de ação não poderiam estar subsumidas nas análises das estruturas, como o fraco desenvolvimento industrial e a origem rural dos atores.

Os estudos de Thompson sobre a formação da classe trabalhadora inglesa serão determinantes no fornecimento dos elementos teóricos desse novo olhar que começa a se difundir nas pesquisas sobre o operariado brasileiro a partir dos anos de 1980, abrindo caminho não só para novas teorizações sobre a ação operária em curso naquele momento, como uma releitura do movimento sindical e operário durante o período do chamado populismo (1945/1964), da Primeira República (1889/1930) e do interregno varguista (1930/1945). Alimentados ao mesmo tempo por um vigoroso movimento social, esses estudos farão uma ruptura interpretativa, na qual a cultura operária passa a ser analisada a partir da experiência dos trabalhadores. Nesse movimento, seu papel de ator social é recuperado e a classe trabalhadora, antes considerada como carente de identidade própria, dependente do Estado, incapaz de uma atuação autônoma, ou de elaboração de um projeto próprio de sociedade, passa a ser compreendida como sujeito de sua própria história.

É essa mudança de foco que estará na base da rica produção sociológica dos anos de 1980 no país. Ao chamar a atenção para a heterogeneidade da classe trabalhadora brasileira, não como algo a explicar sua fraqueza ou heteronomia, mas como elemento constitutivo de sua formação, esse olhar incentivou não só os estudos de gênero, como de imigrantes e grupos específicos de trabalhadores, permitindo o florescimento de questões anteriormente pouco enfocadas, como a das desigualdades de gênero e raça no mercado de trabalho, da inserção ocupacional de grupos LGBTs, do trabalho de jovens etc. Essa nova postura teórica, que trouxe os conflitos de classe para o centro da análise sociológica, marcará para sempre a Sociologia do Trabalho no Brasil. A ela dedicaremos o próximo tópico.

A cultura do trabalho na produção sociológica brasileira

Não retomaremos aqui as várias análises já feitas sobre a produção sociológica da época, que, a partir desse novo olhar não só buscou reinterpretar a história das classes populares no Brasil, como entender o seu acontecer naquele momento histórico (anos de 1980), assim como nas décadas mais recentes; tendo em vista a impossibilidade de recolher todas as contribuições ao tema em um texto desta dimensão, buscaremos apenas ressaltar alguns trabalhos que se tornaram referências importantes na Sociologia do Trabalho brasileira, assim como destacar algumas questões mais recentes, ainda pouco analisadas.

Nessa perspectiva, caberia começar com clássicos como Brandão Lopes estudando a formação do emergente operariado fabril, sua origem, formas de mobilidade e motivação – e posteriormente a coexistência de formas patrimonialistas no interior de uma sociedade industrial em formação (BRANDÃO LOPES, 1964; 1967) – seguido por Rodrigues (1970), com as "atitudes operárias", entendidas como sistema de valores e crenças vinculadas às origens dos trabalhadores e sua qualificação, formas de interação e reação a situações na indústria automobilística paulista nos anos de 1950 e 1960.

Partindo de uma crítica a esses estudos clássicos da Sociologia do Trabalho brasileira por se deterem nos aspectos estruturais da formação de classe, mais do que na sua própria ação, a ruptura teórica a que nos referimos anteriormente deu um impulso singular aos estudos sobre a cultura do trabalho e eles se multiplicaram de forma bastante intensa, especialmente nos anos de 1980 e 1990. Entre os pioneiros, estiveram os dois volumes de documentos de Pinheiro e Hall (1979; 1981) que, no afã de reconstituir uma história da classe operária no Brasil "numa perspectiva mais larga", preocuparam-se não só em fazer a recuperação de documentos sobre o movimento operário (1979), mas também em "abranger a classe operária em seu modo de vida em suas práticas quotidianas, captando a complexidade de sua expressão na sociedade" (1981, p. 9). Abarcando questões tão amplas como "a organização interna das fábricas, informações sobre regime de trabalho, organização 'científica' do trabalho, condições de trabalho nas concessionárias de serviço público, trabalho feminino, horários da jornada" (1981, p. 11 e 12), os autores buscaram também recuperar o "quotidiano da classe: habitação, bairros operários, orçamento das famílias, custo de vida, atividades culturais" (p. 12). Apresentados por um breve comentário, visando à contextualização e análise dos documentos, os livros oferecem uma preciosa compilação de documentos datados da Primeira República sobre o movimento operário (vol. I) e sobre as condições de vida e de trabalho, relações com os empresários e o Estado (vol. II). Esse novo olhar sobre a classe trabalhadora brasileira abriu uma nova trilha para a Sociologia do Trabalho, que frutifica até os dias atuais. Seja retomando a análise da atuação da classe trabalhadora brasileira nos primórdios da sua formação (HARDMAN, 1983; BLÁSS, 1983; PAOLI, 1987), seja reanalisando sua atuação no período pré-1964 (SADER & PAOLI, 1986; PAOLI; SADER & TELLES, 1983; RAMALHO, 2007), seja buscando compreender a movimentação social aberta a partir de 1978 e que se estendeu por toda a década seguinte (SADER, 1988; MARONI, 1981; CACCIA-BAVA, 1982; ABRAMO, 1999; KOWARICK, 1983; SOUZA-LOBO, 1991; HUMPHREY, 1982; HIRATA & HUMPHREY, 1985; VÉRAS DE OLIVEIRA, 2011), seja ainda tentando entender a vivência operária da inovação tecnológica que começa a se impor no final da década de 1980 (ABRAMO, 1988; LEITE, 1994), as pesquisas sobre o movimento operário e a classe trabalhadora de forma geral passaram, de alguma maneira, a inserir em suas análises a cultura, os costumes, as experiências e os sentimentos dos trabalhadores e trabalhadoras, bem como suas reações de consentimento ou resistência à dominação. Nesses estudos, os trabalhadores/as passaram a ser considerados/as como sujeitos de sua ação, analisados em sua heterogeneidade, a partir de suas experiências e suas narrativas. No dizer de Paoli e Sader (1983), não mais a partir da fala dos outros, mas a partir de sua própria fala; de sua própria dinâmica e não a partir da dinâmica do Estado e da classe dominante (LEITE LOPES, 1987, p. 152), como no olhar que predominou nos estudos anteriores sobre a classe trabalhadora brasileira. Nesse movimento, os autores e autoras buscaram não apenas resgatar em suas análises os aspectos políticos e as condições materiais de vida da classe trabalhadora, mas, como ressaltado por Leite Lopes (1987, p. 12), também enfatizar "a sua prática cotidiana, as suas tradições, a sua diferenciação interna, o seu pensamento, a internalização subjetiva de suas condições materiais de existência".

Vale sublinhar o esforço feito por esses estudos no sentido de estender o olhar para outras regiões do país além do eixo Rio/São Paulo, trazendo uma visão mais ampla das formas de dominação, bem como das formas como os trabalhadores foram se sujeitando e se insurgindo contra as mesmas.

Destaque-se, nesse sentido, as pesquisas de Leite Lopes (1979; 1988) e Alvim (1979; 1990; 1998) sobre a formação do sistema fábrica-vila operária, tendo como empiria a fábrica têxtil de Paulista em Pernambuco e a imobilização da força de trabalho pelo "sistema" no qual as famílias dos trabalhadores se envolviam na produção (nas atividades fabris) e na reprodução (atividades rurais voltadas à subsistência do grupo). O sistema garantiu a formação de uma força de trabalho disciplinada – de camponeses a operários – por fatores extraeconômicos – a moradia, as feiras; e garantiu para a fábrica a competitividade de seus produtos no mercado nacional. Por meio da recuperação da memória de velhos trabalhadores, os autores reconstituíram o processo que teve início no final do século XIX e se manteve até os anos de 1970.

Destaque-se também estudos que vão na direção da recuperação de elementos culturais presentes na formação de grupos operários e das redes de sociabilidade que favorecem a reprodução de uma cultura própria desses trabalhadores. Analisando grupos operários no nordeste brasileiro, Lima e Ferreira (1996) discutem a importância dessas redes na formação e permanência no trabalho fabril, numa região onde esse trabalho é restrito comparativamente a centros industriais do sudeste do país, a importância dos laços familiares e da mobilidade social destacando-se implicitamente nessa permanência.

Destaque-se ainda os estudos de Castro e Guimarães sobre a formação de classe na Bahia (GUIMARÃES & CASTRO, 1988; 1990; 1992; GUIMARÃES, 1987; AGIER; GUIMARÃES & CASTRO, 1995) que se detiveram na análise da formação de identidades operárias, das diferenças entre peões e técnicos, da aristocracia operária, tendo como referência os trabalhadores do Polo Petroquímico de Camaçari, um novo operariado resultante de grandes projetos industriais implementados a partir dos anos de 1970 na região.

Convém lembrar que esse tema foi alimentado também por uma série de estudos provenientes principalmente da historiografia e da antropologia os quais, a partir de uma visão ampla dessas áreas do conhecimento, romperam as barreiras disciplinares, trazendo uma contribuição de enorme importância para o estudo da cultura das classes trabalhadoras no Brasil, somando-se com e concorrendo para a análise sociológica. Uma importante amostra dessa contribuição pode ser encontrada nas coletâneas organizadas por José Sérgio Leite Lopes (1987) e Ruth Cardoso (1986), que contam também com a colaboração de sociólogos e historiadores.

Os anos de 1980 foram férteis nos estudos sociológicos que incorporaram em sua análise a questão da cultura e experiência dos trabalhadores, bem como as formas de resistência que elas ensejaram. A multiplicação dos estudos cobriu diferentes empresas, situações, regiões e categorias ocupacionais; associou-se a diferentes temas, como o sindicalismo, as lutas sociais e operárias, as relações entre o movimento operário e os movimentos sociais, as formas de vida, os padrões culturais, a divisão sexual do trabalho, a segregação ocupacional das mulheres e suas formas de resistência, as diferenciações de raça e idade no mercado de trabalho, entre muitos outros. E embora novos temas tenham surgido com força a partir dos anos de 1990, em função do conjunto de transformações econômicas, sociais e políticas que ocorreram a partir de então e suas consequências para a organização das empresas – assim como para a própria organização do trabalho no interior das mesmas, a adoção de novas formas de gestão e a degradação das condições de trabalho promovidas pelas polí-

ticas neoliberais colocadas em prática a partir de então – as questões relacionadas à experiência, à cultura e à resistência dos trabalhadores continuaram presentes nas análises sociológicas do trabalho nas décadas mais recentes. Ainda que inseridas em novos temas – relacionados aos processos de reestruturação produtiva e suas implicações para o trabalho; a degradação do mercado de trabalho provocada por essas mesmas políticas; as formas de inserção diferenciadas no mesmo de mulheres, negros e jovens, que enfrentam, via de regra, situações particularmente difíceis – as questões da cultura, dos conflitos e da resistência continuaram a ser tematizadas nos estudos mais recentes do trabalho.

Nesse sentido, vale a pena destacar as pesquisas sobre o sindicalismo, em especial sobre a prática sindical dos metalúrgicos do ABC paulista, que continuou a fornecer material para um grande número de livros e artigos, entre os quais vale destacar os de Véras de Oliveira (2011) e de Rodrigues (1997; 1998). Um importante momento para as análises sobre esse sindicato se abriu no final dos anos de 1990 e início de 2000, quando ele avançou em direção à construção de uma complexa institucionalidade regional, marcada pela preocupação em discutir e elaborar propostas de desenvolvimento regional, como forma de enfrentar a crise dos anos de 1990 e início de 2000. Esse esforço se consubstanciou na criação de várias instituições voltadas para esse fim, como o Consórcio Intermunicipal do ABC, a Câmara Regional do ABC, e a Agência de Desenvolvimento Econômico do Grande ABC, conforme explicitado nos estudos de Leite (2003) e Rodrigues e Ramalho (2007). Consubstanciou-se também, como analisam Ramalho e Rodrigues (2013), um pouco mais tarde, na realização do seminário "ABC do diálogo e do desenvolvimento", realizado em março de 2009, no qual, recuperando as práticas desenvolvidas na crise dos anos de 1990, os dirigentes sindicais se reuniram com políticos dos níveis federal, estadual e municipal e dirigentes do empresariado para elaborar uma carta de compromisso e sugestões para enfrentar as consequências da crise de 2008 sobre a região. Também o artigo de Rodrigues, Pontes, Ramalho e Santana (2006), comparando a experiência dos operários da indústria automobilística do ABC paulista e do sul fluminense em termos de tradições, culturas e modos de vida distintos, coloca a questão da cultura operária no centro da análise, ao indicar que, em vez de rupturas, o estudo encontrara "sinais de continuidade no fazer-se dessa classe trabalhadora" (RODRIGUES; PONTES; RAMALHO & SANTANA, 2006, p. 76).

A análise da constituição da sociedade do trabalho no Brasil realizada por Cardoso (2010) destacou o caráter excludente presente na formação de uma cidadania salarial e a permanência de uma inércia que resulta na reprodução geracional da pobreza. O autor analisou esse processo recortando períodos históricos para recuperar essa formação: do Império à República Velha com os resquícios escravocratas e pós-governo de Getúlio Vargas, renovando as estruturas do Estado, mas não estendendo direitos aos trabalhadores rurais, mantendo a desigualdade. Além dos dados históricos e quantitativos, o estudo apresenta "retratos sociológicos" a partir de trabalhadores que escaparam da lógica estruturada alcançando certa mobilidade social, já apontando para a nova racionalidade meritocrática que se incorpora na lógica neoliberal.

Face às altas taxas de desemprego provocadas pela política neoliberal, que buscou entre 1994/2002, acompanhar à risca as regras do Consenso de Washington, e ao fechamento de um número significativo de fábricas, sua recuperação pelos trabalhadores/as trouxe à tona o tema da cultura sob uma nova perspectiva, com o ressurgimento das cooperativas e no que vai se constituir, no final

da década dos anos de 1990, no movimento de economia solidária. As pesquisas sobre fábricas recuperadas (ANTEAG, 2000; HOLZMANN, 2001) e das cooperativas de terceirização industrial (LIMA, 2002) vão levantar a questão da cultura do assalariamento e da dificuldade de construir uma cultura autogestionária, sendo que parte dos trabalhadores nunca tinha passado por experiências de trabalho formal assalariado, ou quando tinha, o caráter heterônomo da organização do trabalho formou uma cultura de subordinação que tornou obscura a lógica do trabalho associado, no qual o trabalhador associado na maioria das vezes tinha que trabalhar mais do que um assalariado sem os mesmos direitos (LEITE; ARAÚJO & LIMA, 2015). Mesmo em abordagens mais otimistas (VIEITEZ & DAL RI, 2001; TIRIBA, 2008) evidencia-se a dificuldade representada pela adoção de formas de trabalho em propostas de gestão coletiva que mantêm sua subordinação ao mercado e a necessidade da construção de uma nova cultura do trabalho.

A contribuição nesse momento do campo da história para a análise da cultura das classes trabalhadoras não pode deixar de ser mencionada. Nesse sentido, é mister sublinhar a robusta cooperação do grupo Mundos do Trabalho da Anpuh, criado em 2001, responsável por uma boa parte dos estudos por meio dos quais a história da classe trabalhadora passou a ser reescrita. Muitos dos historiadores do grupo já vinham publicando desde antes da criação do mesmo, alimentando um processo cuidadoso de levantamento de dados e de releitura da história do trabalho e dos trabalhadores, desde a época da escravidão, recuperando a cultura e experiência dos escravos. Nesse processo, eles trouxeram à tona não só suas lutas abertas contra a situação de escravidão, mas também atuações mais complexas e sutis, como as maneiras pelas quais escravos e afro-brasileiros livres usaram ativamente as leis e as cortes a seu favor, influenciando na configuração do Estado brasileiro. De acordo com este novo olhar, a experiência desses trabalhadores foi fundamental para se entender as relações sociais daquele período; não podendo, portanto, ser ignorada na elucidação do processo de formação da classe trabalhadora brasileira (CHALHOUB, 1990; CHALHOUB & TEIXEIRA DA SILVA, 2009; LARA, 1995; NEGRO & GOMES, 2006).

Importante tem sido também a recuperação da atuação dos trabalhadores na Primeira República (MUNAKATA, 2010; DE DECCA, 1981; HALL & PINHEIRO, 1985, p. 95-119), que enriqueceram o estudo da classe trabalhadora no período com muitas informações que permitiram uma nova interpretação sobre sua participação nos acontecimentos políticos, bem como sua luta na construção de movimentos e instituições autônomas em relação ao Estado e às elites.

A pesquisa sobre o período de 1930 a 1964 e a rediscussão do paternalismo/populismo foi outro tema bastante explorado. Entre as várias contribuições, vale destacar a coletânea organizada por Alexandre Fortes et al. (1999), que traz um conjunto de contribuições para a compreensão da atuação da classe trabalhadora no período em que as antigas ideias de uma classe heterônoma – sem consciência de classe, organizada em sindicatos afastados das bases, controlados pelo Estado e que eram mobilizados de acordo com os interesses políticos dos governantes – são substituídas por um sem-número de achados de formas de organização nos locais de trabalho, de experiências de ampliação da representatividade sindical nas bases, de manifestações de luta, sentimento de solidariedade e união, bem como de consciência de seus interesses de classe e de convergência com as lideranças.

Nesse movimento, a ideia de que os piquetes seriam uma demonstração de que as greves não tinham o apoio das bases também é rediscutida e o caráter de instrumento de comunicação e organização do movimento que os piquetes desempenharam naquele contexto histórico é trazido à luz; a ideia de que o ideário nacionalista da liderança era um reflexo de seu distanciamento em relação às bases é reanalisada a partir do achado de que ele se compunha de ideias-força, entre as quais a de que os trabalhadores eram sujeitos de direitos, pelos quais deviam lutar, emerge com força dos achados de pesquisa. Destaque-se que esta visão do comportamento dos trabalhadores no período permitiu não só fazer uma crítica ao conceito de populismo (que já traz consigo a ideia de uma classe sem consciência e manipulada pelo Estado), mas também à noção de que o movimento operário e sindical teria sofrido uma ruptura histórica entre o período pré-1964 e o final dos anos de 1970, quando surge o novo sindicalismo. Em vez de rupturas, os autores vêm muito mais continuidades no comportamento político da classe trabalhadora brasileira ao longo desses dois períodos.

Nos anos mais recentes, centrando-se na questão da resistência dos trabalhadores às propostas de grandes obras de infraestrutura que tiveram lugar no país, especialmente a partir do lançamento do PAC, em 2006, e suas conexões com questões territoriais e ambientais e destruição de formas de vida tradicionais (ou transformações radicais das condições de trabalho), veio à tona um conjunto de estudos sobre essas práticas de contestação política a processos de desenvolvimento, a partir de diferentes formas de cultura e identidade dos trabalhadores, trazendo um novo olhar à Sociologia do Trabalho. Embora tenham se dirigido de forma mais efetiva às novas fronteiras do desenvolvimento, como Amazônia e Nordeste (RAMALHO & CARNEIRO, 2016; VÉRAS DE OLIVEIRA, 2013; 2014; CORREA; VÉRAS DE OLIVEIRA, 2015), estudos voltados para a análise de situações semelhantes no Sudeste (RAMALHO; SANTOS & LIMA, 2013) também foram realizados.

Conforme explicitamos anteriormente, essas referências constituem apenas uma parte da produção sociológica sobre a cultura das classes trabalhadoras no Brasil, recortada a partir de nosso olhar e identificada como significativa para a compreensão do tema na Sociologia do Trabalho brasileira. Produzida em conversa e contando com a contribuição inestimável de outras áreas do conhecimento, em especial a antropologia e a história, essa produção possibilitou e vem possibilitando um novo olhar sobre a cultura das classes subordinadas no Brasil, o qual vem ensejando uma compreensão mais ampla e complexa da sociedade brasileira e das relações sociais que a conformam.

O trabalho imaterial e criativo na Sociologia do Trabalho

Outro filão dos estudos da cultura do trabalho emerge a partir do início do novo século, quando estudos internacionais vão dar conta de que as novas formas de gestão do trabalho significam a adoção de uma nova cultura das empresas, que começa a se difundir junto aos trabalhadores e trabalhadoras (SENNET, 2005; BOLTANSKI & CHIAPELLO, 2009; BARBOSA, 2002; GAULEJAC, 2007). É nesse contexto que surgem também análises mais amplas, como as de Dardot e Laval (2016) que advogam que a cultura do neoliberalismo, que consistiria numa nova forma de hegemonia e de concepção de mundo, se dissemina pelo conjunto da sociedade e, portanto, também entre os trabalhadores e trabalhadoras. Embora a questão da cultura da classe trabalhadora não tenha saído do foco, essas transformações nas formas de dominação terão um profundo impacto sobre a Sociologia do Trabalho, que passará a privilegiar novos temas, como as novas formas de gestão empresarial e as formas de consentimento que elas ensejam, a difusão do espírito do empreendedorismo entre os trabalhadores e trabalhadoras, os novos tipos de trabalho que se disseminam pela sociedade com o advento das novas tecnologias e com a instauração de novas formas de sociabilidade, como os chamados trabalhos criativos ou imateriais.

Alimentando-se da discussão sobre o novo espírito do capitalismo e da nova cultura das empresas, Lima (2010) argumenta que essa cultura é a do trabalho flexível, na qual a instabilidade dos contratos, a mobilidade, a impermanência no emprego, a formação em mudança, o protagonismo exigido dos trabalhadores, o caráter inovador e empreendedor estão no cerne também da nova cultura do trabalho.

A lógica do empreendedorismo compõe essa cultura e está presente nas políticas de formalização de trabalhadores de rua, nas quais o discurso empreendedor é implementado por políticas públicas que têm no Sebrae seu órgão divulgador, e no MEI – o microempreendedor individual, uma das formas de sua concretização. Esse discurso foi analisado por Rangel (2017), que assinala a incorporação da lógica empreendedora entre os trabalhadores. De acordo com os autores, essa lógica não implica a recusa de direitos, mas antes uma nova cultura, na qual a ideia de autonomia e empreendedorismo vêm junto com reivindicações de direito e acesso a serviços sociais (https://fpabramo.org.br/publicacoes/wp-content/uploads/sites/5/2017/05/Pesquisa-Periferia-FPA-040420172.pdf).

A existência de polos produtivos informais em todo o país tem sido objeto de numerosas pesquisas que destacam o discurso empreendedor frente a um assalariamento restrito e os ganhos possibilitados pelo trabalho por "conta própria". Lima e Soares (2002), Véras de Oliveira e Santana (2013), ao discutirem a Feira da Sulanca na região de Caruaru, Santa Cruz do Capibaribe e Toritama no agreste pernambucano, destacam a constituição de um polo de produção de confecções, originalmente voltado a produtos simples e baratos destinados a uma população de baixa renda que, progressivamente, se torna fornecedor desses produtos para o país inteiro. Esse polo, incentivado por políticas estatais de desenvolvimento na Região Nordeste, tornou-se referência nas feiras da madrugada e *shoppings* populares que se formaram no país inteiro e se destaca também pela porosidade presente nas relações de trabalho e de produção, formais, informais, ilícitas que se confundem, tornando a produção competitiva.

Em pesquisa sobre trabalhadores de software, Lima e Pires (2017) retomam a discussão da nova cultura do trabalho, evidenciando a relação entre geração-trabalho flexível-inovação, discutindo a ideia de juventude como típica ideal do trabalho no novo capitalismo e recobrando uma questão clássica nos estudos de mercado de trabalho sobre a idade produtiva do trabalhador. A novidade agora estaria no discurso da inovação vinculada a novas tecnologias, trabalho criativo, empreendedor e móvel, no qual o jovem inserido, obviamente, seria o portador natural. Em vez de um trabalho rotineiro e uma carreira na empresa, esses jovens estariam ligados a uma mobilidade permanente em busca do novo, mesmo que esse novo se esgote temporalmente. Entretanto, é uma categoria que vem envelhecendo. Acompanhando a consolidação do setor, esse envelhecimento tem sido acompanhado por uma mudança do discurso dos trabalhadores/as que começam a ressaltar a importância da estabilidade frente aos novos compromissos familiares da maturidade.

Estudos sobre trabalhadores de software destacam a importância dos dispositivos como tablets, celulares e laptops na intensificação do trabalho, no embaralhamento da separação entre tempos de trabalho e tempo de lazer, da casa e local de trabalho. Isto porque desaparecem fronteiras físicas e temporais para o trabalho, O home office (OLI-VEIRA, 2017; CASTRO, 2017) propicia economia para a empresa e, para o trabalhador, em algumas situações, chega a ser percebido como vantajoso. O controle é pela internet e dispositivos e reduzem-se os deslocamentos. Por outro lado, perde-se a sociabilidade dos coletivos de trabalho, substituídos pela sociabilidade em rede. Essa sociabilidade no trabalho está no compartilhamento de informações, resolução de problemas entre os desenvolvedores e outros profissionais do software, assim como formas de organização ainda em construção. Associações profissionais online funcionam como fonte de informação acerca de aumentos salariais, condições de trabalho e outras, secundarizando, em certa medida, sindicatos organizados (LIMA & OLIVEIRA, 2017; BRIDI & LIMA, 2018; NUNES & SOUZA, 2017). A imaterialidade da produção e o caráter criativo da ocupação alimenta toda uma discussão sobre trabalho e capitalismo cognitivo, o conhecimento entendido como força produtiva, recuperando Marx dos *Grundrisse* (MARX, 2011; LAZARATTO & NEGRI, 2001; GORZ, 2005)

Outra questão levantada pelo trabalho de software é sobre o conceito de flexibilidade, que passa a ser entendido em diversas acepções. Destacaremos aqui as três mais importantes para nossa análise: flexibilidade de jornada, flexibilidade de processos e flexibilidade de contratos. Lima e Oliveira (2017) consideram que as empresas de software no Brasil apresentam algumas especificidades que permitem discutir o caráter "geneticamente" flexível presente nas tecnologias de informação. Uma delas seria o tecnoliberalismo que, conforme Sadin (2016), refere-se ao fato de que essas tecnologias incorporariam o caráter de projetos por tempo determinado. Essa incorporação torna-se clara, por exemplo, na elaboração de um software, com jornadas flexíveis e móveis em termos temporais e espaciais, considerando que é um trabalho que não exige, necessariamente, a presença física do trabalhador, uma vez que dispositivos digitais e a internet, permitem a ação na Web, sem restrições em termos geográficos, estando vinculados temporalmente à localização da empresa que compra os serviços. Nesse processo, desaparecem as referências de dia e noite, ou de jornadas limitadas. Trabalha-se o tempo necessário para atender encomendas no prazo estabelecido. Tendo o Brasil como referência e o caráter da indústria de software voltado majoritariamente ao mercado interno (MIGUEZ & LIMA, 2016), assim como sua expansão a partir da utilização do software em todo tipo de atividade, percebe-se uma situação de formalização do mercado de trabalho, no qual a flexibilização é limitada. Ou seja, na maioria das empresas, os trabalhadores, em torno de 70%, possuem contrato por tempo determinado e cumprem jornadas de trabalho regulares e delimitadas. Essa realidade se aproxima mais de países como a Alemanha do que dos Estados Unidos, Inglaterra ou mesmo Argentina (LIMA & OLIVEIRA, 2017; MIGUEZ & LIMA, 2016). A alta rotatividade desses trabalhadores nessas empresas – similar à da construção civil, refletia (pelo menos até 2014), mais o aquecimento do setor e busca de melhores salários pelos trabalhadores, do que efetivamente decisões empresariais.

Com isso, a flexibilidade aparece mais nos processos de trabalho do que em jornadas ou contratos. No caso dos processos, existe uma diferença entre grandes e pequenas ou médias empresas. Nas primeiras, nota-se a tendência a uma maior divisão do trabalho e hierarquização de funções, o que não acontece nas demais. Ao mesmo tempo, essa flexibilidade aparece em termos de qualificação dos trabalhadores ou certificações que os próprios trabalhadores realizam pela rede. Mesmo com formações graduadas específicas em engenharia de software ou formações técnicas, existe um largo campo de formação propiciado diretamente no desenvolvimento de linguagens e outras ativi-

dades na rede que pode ser acessado pelo próprio trabalhador. Nesse sentido, entende-se a classificação do trabalho de software como "criativo", uma vez que exige que o trabalhador resolva problemas, tenha capacidade de buscar e testar soluções, uma vez que os projetos nem sempre dão certo ou funcionam adequadamente. O software pronto exige manutenção permanente, criando todo um aparato de acompanhamento pelas empresas (LIMA & OLIVEIRA, 2017; LIMA & PIRES, 2017)

O conceito de indústria e trabalho criativo soma-se a essa discussão, embora mais na literatura empresarial-gerencial do que propriamente na sociológica, que se detém na discussão da materialidade/imaterialidade e na hipótese do capitalismo cognitivo (AMORIM, 2014; BRIDI & LIMA, 2018). Entretanto, a Sociologia do Trabalho francesa tem larga tradição no estudo do trabalho artístico (MENGER, 2002; BUSCATTO, 2004; 2008), que tem tido desdobramentos no Brasil. Na sociologia norte-americana, de recorte interacionista, destacam-se as pesquisas de Becker (2009; 2013) sobre músicos da noite, suas relações sociais, seu caráter tido como desviante, dada uma cultura própria desenvolvida por esses profissionais, percebidos como outsiders.

O conceito de indústria criativa foi utilizado originalmente na Austrália no início dos anos de 1990, mas tornou-se conhecido por integrar políticas públicas no Reino Unido nessa mesma década. Num quadro de políticas neoliberais, a indústria criativa incorporou setores econômicos tradicionais dentro da indústria cultural, como rádio, televisão, cinema, teatro, música; arquitetura e *design*; setores da tecnologia da informação e outros que foram redefinidos enquanto tais, incluindo esportes, e atividades de criação no setor de confecções, alimentos etc. O caráter "criativo" encontra-se na ideia de revolução tecnológica, da criação de tendências de consumo da produção enxuta e na valoração do caráter criativo do trabalho, num quadro de reconfiguração das relações de assalariamento e sua crescente casualização através dos contratos por projetos e a valoração da autonomia e empreendedorismo do trabalhador (BENDASSOLI & BORGES ANDRADE, 2011; BENDASSOLI & WOOD JR., 2010; BENDASSOLI; WOOD JR.; KIRCHBAUM; PINA & CUNHA, 2009).

As mudanças neoliberais do período, a terceirização pelo Estado da gestão do social e da cultura para ONGs e entidades da sociedade civil acentuou a tendência à mercantilização da cultura por meio de editais de financiamento de projetos e incentivos de investimentos de empresas privadas a projetos. O mesmo processo ocorreu com os projetos sociais voltados à formação e qualificação da força de trabalho, ocupação de jovens em atividades esportivas e culturais, entendidas agora também como formação para o trabalho. O trabalho criativo torna-se referência nos chamados microempreendimentos culturais, geralmente vinculados a jovens, incluindo moda, *design*, e também a indústria do entretenimento, como os *clubbings*, *promoters* e toda a equipe de produção de festas e eventos. Torna-se sinônimo de autonomia, refletindo primordialmente uma expectativa, que raramente se realiza (MCROBBIE, 2002).

Na indústria cultural tradicional como rádio, tv, cinema, imprensa escrita e virtual inclui-se agora o final dos elencos fixos que já não eram muitos e acentua-se a tradicional remuneração por projetos que a caracteriza como atividade flexível desde sua origem.

Várias dessas atividades agora são vistas como "profissões dos sonhos"[2], chefes de cozinha, estilistas de moda, *designers*, modelos, com forte ape-

lo midiático, mas encobrem trabalho precário de costureiras domiciliares, auxiliares de cozinhas em bares e restaurantes, só para citar os mais visíveis em sua precariedade No Brasil, merecem destaque as pesquisas de Segnini sobre músicos de orquestra, nas quais a autora trabalha a interseccionalidade de classe, gênero e raça (2015), ou ainda a questão das migrações de trabalhadores do Leste Europeu para o Brasil (2018). Suas pesquisas incluem também a dança e as artes visuais, destacando o caráter intermitente desses trabalhos e sua precariedade, dada a ausência de contratos estáveis e/ou com acesso a direitos sociais (2012). Incluem também a comparação entre Brasil e França, situações distintas com relação a esses direitos e processos de precarização (2016). Vale destacar a coletânea "Trabalho artístico e técnico na indústria cultural", organizada por Segnini e Bulloni (2016), que reúne um conjunto de artigos de pesquisas realizadas no Brasil e Argentina, sobre a relação entre técnicos de palco e artistas, o trabalho de músicos numa casa de *show* e o artesanato, entre outras ocupações.

Ainda com músicos, o caráter de seu trabalho e as tensões identitárias e familiares são discutidas por Nunes (2017) e o profissionalismo na atividade por Nunes, Tosta e Freitas (2016). O cantor lírico foi analisado por Coli (2006), retomando a questão do caráter intermitente dos elencos e dos projetos, o que torna a carreira musical um desafio permanente para seus profissionais.

Pina (2014) estudou os "*promoters*" de festas e baladas na cidade de São Paulo, destacando seu processo de trabalho, que inclui a participação em festas e formação de redes sociais como forma de se profissionalizarem e se manterem no mercado. A pesquisa recupera a formação de associações desses profissionais, bem como a divisão entre amadores e profissionais, os primeiros sendo um empecilho ao reconhecimento da atividade enquanto ocupação. Em pesquisa posterior, Pina analisa a situação dos

---

2. Cf. o site coordenado por Vitor Ferreira da Universidade Nova de Lisboa: http://newdreamjobs.wixsite.com/dreamjobs/blank-g6ry6

DJs que tocam na noite paulistana, recuperando também a perspectiva da profissionalização (PINA, 2018). Em ambas as pesquisas, as redes sociais que garantem contratos, marcam a atividade que é intermitente, dependendo de convites e de projetos. Nestes, a instabilidade é a norma, assim como as jornadas de trabalho fora de padrão, geralmente à noite, mas com duração variada e ausência de dias de descanso, dependendo da agenda do profissional.

Em todas essas atividades, a criatividade, o talento do "artista" ou do profissional é a mercadoria principal que se troca no mercado. Mercadoria esta imaterial em sua essência. Os processos criativos podem ser registrados em vários dispositivos que são vendidos ou divulgados em diversas plataformas digitais, mas não são repetitivos. Cada *show*, assim como cada peça de teatro ou trabalho em televisão são projetos com tempo determinado, configurando outras características do trabalho.

Em pesquisa realizada com uma amostra de 455 artistas paulistas e paulistanos sobre os sentidos atribuídos ao trabalho, Bendassoli (2009) destacou positivamente o caráter de autorrealização da atividade, por um lado, com um grande engajamento afetivo, e por outro, em sua negatividade, as condições de reconhecimento propiciadas pelo mercado de trabalho, corroborando os estudos aqui citados, que indicam uma precariedade estrutural, com ganhos insuficientes e intermitência decorrente da "flexibilidade" inerente a esse tipo de trabalho.

O trabalho artístico, historicamente se caracterizou como flexível e precário, sempre vinculado a projetos, temporadas com atividades de complementação de renda e mesmo períodos varáveis de desemprego. No chamado Período Fordista houve mudanças em alguns países com a formação de empresas cinematográficas, de rádio difusão ou mesmo políticas estatais na área de cultura que criaram elencos estáveis com contratos com direitos sociais (HESMONDHALGH & BAKER, 2010; URSELL,

2000). Mas isso foi sendo solapado com as políticas neoliberais, com a saída do estado da cultura, privatização de sistemas de radiodifusão e outros, que trouxeram de volta, ou melhor, voltaram a dar destaque aos contratos temporários por projetos. Nesse processo, as atividades foram sendo incluídas agora nas chamadas indústrias criativas, assim como foi sendo "naturalizado" seu caráter flexível, como vimos anteriormente.

No geral, nessas atividades, a juventude é um elemento privilegiado por seu caráter móvel e flexível, próprio desse momento da vida, na qual a precariedade é percebida como passageira, embora cada vez mais definitiva. Com as inúmeras reformas previdenciárias pelo mundo, os trabalhadores mais maduros caem cada vez mais no que Dejours chama do "fantasma da inutilidade".

O trabalho artístico, com poucas exceções, nunca foi regulamentado, sendo, nesse sentido, inadequado falar que se "precarizou". As atividades que o compõem sempre foram precárias, se considerarmos seu caráter de projeto permanente, ausência de contratos perenes, acesso a direitos trabalhistas e sociais. Isso não significa, contudo, que a difusão desse tipo de trabalho não traga novas questões para a Sociologia do Trabalho, uma vez que temos a ressignificação de trabalhos e ocupações dentro de uma nova racionalidade que exclui a reprodução social, os direitos mínimos de existência do trabalhador/a.

Considerações finais

A difusão do trabalho criativo e imaterial, tal como o artístico e de TI, com as características que acabamos de analisar, apontam para relações de trabalho muito adequadas aos princípios do neoliberalismo: trabalho por projetos, com flexibilidade na contratação, nas jornadas de trabalho, nos locais de execução, na distribuição do trabalho ao longo do ano etc., com pouco ou nenhum acesso a direitos trabalhistas e sociais. Quando levamos em consideração as tendências de reforma trabalhista propostas em praticamente todo o mundo pelos governos neoliberais e, mais ainda, a colocada em vigor no Brasil desde novembro de 2017, o que se percebe é que a busca pela flexibilização do trabalho e desregulamentação dos direitos está no âmago dessas atividades, na forma como o trabalho se organiza nesses casos, ainda que o acesso aos direitos pareça mais difundido no setor de TI do que no trabalho artístico. Nesse sentido, se essas profissões podem ser identificadas como aquelas que mais se difundem nos dias atuais, elas apontam para uma propagação de relações de trabalho flexíveis, instáveis, baseadas em contratos de curto prazo e, sobretudo no setor de trabalho artístico, sem acesso a direitos trabalhistas e sociais, tal como desejado pelo neoliberalismo.

Por outro lado, elas apontam para a difusão de um trabalho que, pela precariedade, se adequa mais à população mais jovem, deixando à sociologia um conjunto de perguntas fundamentais para a compreensão da sociedade que se avizinha: estaríamos nos encaminhando para uma sociedade onde os trabalhadores maduros terão cada vez mais dificuldade de inserção ocupacional? Se levarmos em conta as tendências de aumento da idade média de vida dos cidadãos, juntamente com a de extensão da idade de aposentadoria em praticamente todo o mundo, também como uma exigência das políticas neoliberais, como ficará a questão da sobrevivência desses trabalhadores no médio prazo? Qual o lugar reservado aos/às trabalhadores/as maduros/as no futuro?

Finalmente, retomando a questão da ideologia do empreendedorismo, tão difundida nessas atividades, regressamos à questão da cultura e da formação de classe discutida no tópico anterior e

um outro conjunto de questões se levanta: Seria possível ainda falar de continuidades no fazer-se da classe trabalhadora, tal como Rodrigues, Pontes, Ramalho e Santana (2006, p. 76) encontraram em sua pesquisa na indústria automobilística? É certo que não estamos comparando trabalhadores de uma mesma atividade, como ocorreu no estudo deles, mas quando se pensa na classe trabalhadora em sentido mais amplo é legítimo se questionar quais são as continuidades e rupturas em processo. O *mainstream* da sociologia francesa do trabalho, representado por autores como Beaud e Pialoux, 2009; Dardot e Laval, 2016; Linhart, 2007; Gaulejac, 2007 tende a considerar as transformações ora em curso como inauguradoras de um novo período histórico, em que uma nova concepção de mundo e uma nova cultura do trabalho estariam se impondo, em meio às quais quase não haveria mais lugar para a resistência dos trabalhadores e trabalhadoras. Esses estudos pouco têm focado em questões como a cultura e a resistência dos trabalhadores. E, no entanto, trabalhadores e trabalhadoras continuam promovendo ações de resistência não só no Brasil, como em vários países do mundo, às inovações empreendidas pelo capital. Como explicá-las?

Referências

ABRAMO, L.W. *O resgate da dignidade*: greve metalúrgica e subjetividade operária. Campinas: Unicamp. 1999.

_____. Um olhar de gênero – Visibilizando precarizações ao longo das cadeias produtivas. In: ABRAMO, L.M. & ABREU, A.R.P. (orgs.). *Gênero e trabalho na sociologia latino-americana*. São Paulo/Rio de Janeiro: Alast, 1998

_____. Novas tecnologias, difusão setorial, emprego e trabalho no Brasil: um balanço. In: *BIB* – Boletim Informativo e Bibliográfico de Ciências Sociais, n. 30, 1990, p. 19-65. São Paulo/Rio de Janeiro: Anpocs/Vértice.

_____. A subjetividade do trabalhador frente à automação. In: NEDER, R. et al. *Automação e movimento sindical no Brasil*. São Paulo: Hucitec/Cedec/OIT/Pnud/Ipea, 1988, p. 133-176.

ABRAMO, L.W. & MONTERO, C. A Sociologia do Trabalho na América Latina: paradigmas teóricos e paradigmas produtivos. In: *BIB* – Boletim Informativo e Bibliográfico de Ciências Sociais, n. 40, 2º sem./1995, p. 65-83. São Paulo/Rio de Janeiro: Relume-Dumará/Anpocs.

AGIER, M.; GUIMARÃES, A.S.A. & CASTRO, N.A. *Imagens e identidades do trabalho*. São Paulo: Hucitec/Orstom, 1995.

ALVIM, M.R.B. Notas sobre a família num grupo de operários têxteis. In: Alvim, M.R.B. (orgs.). *Mudança social no Nordeste*. Rio de Janeiro: Paz e Terra, 1979, p. 99-123.

ALVIM, M.R.B. & LEITE LOPES, J.S. *A sedução da cidade* – Os operários-camponeses e a fábrica dos Lundgren. Rio de Janeiro: Graphia, 1998, 206 p.

_____. Famílias operárias, famílias de operárias. In: *Revista Brasileira de Ciências Sociais*, vol. 14, 1990, p. 7-17.

AMORIM, H. O trabalho imaterial em discussão: teoria e política. *Caderno CRH*, vol. 27, 2014, p. 9-12. UFBA.

ANTEAG. *Autogestão* – Construindo uma nova cultura nas relações de trabalho. São Paulo: Anteag, 2000.

BARBOSA, L. *Cultura e empresas*. Rio de Janeiro: Zahar, 2002.

BEAUD, S. & PIALOUX, M. *Retorno à condição operária*. São Paulo: Boitempo, 2009.

BECKER, H.S. Uma carreira como sociólogo da música. In: *Contemporânea* – Revista de Sociologia da UFSCar, vol. 3, n. 1, jan.-jun./2013, p. 131-141.

_____. Carreiras num grupo social desviante: o músico da casa noturna. In: *Outsiders* – Estudos de sociologia do desvio. Rio de Janeiro: Zahar, 2009.

BENDASSOLI, P. *Significado do trabalho e carreira artística*. São Paulo: FGV-Eaesp [GV-Pesquisa – Relatório 28/2009].

BENDASSOLI, P. & BORGES-ANDRADE, J.E. Significado do trabalho nas indústrias criativas. In: *ERA*, vol. 51, n. 2, mar.-abr./2011, p. 143-159. São Paulo.

BENDASSOLI, P. & WOOD JR., T. O paradoxo de Mozart: carreiras nas indústrias criativas. In: *Organizações & Sociedade*, vol. 17, n. 53, abr.-jun./2010, p. 259-277. Salvador.

BENDASSOLI, P. & WOOD JR., T.; KIRSCHBAUM, C.; PINA, E. & CUNHA, M. Indústrias criativas: definição, limites e possibilidades. In: *RAE*, vol. 49, n. 1, jan.-mar./2009, p. 10-18. São Paulo.

BLÁSS, L.S. *Imprimindo a própria história* – O movimento dos trabalhadores gráficos de São Paulo no final dos anos 20. São Paulo: USP, 1983 [Dissertação de mestrado].

BOLTANSKI, L. & CHIAPELLO, E. *O novo espírito do capitalismo*. São Paulo: WMF Martins Fontes, 2009.

BRANDÃO LOPES, J. *Crise do Brasil arcaico*. São Paulo: Difusão Europeia do Livro, 1967.

_____. *Sociedade industrial no Brasil*. São Paulo: Difusão Europeia do Livro, 1964.

BRIDI, M.A. & LIMA, J.C. (orgs.). *Flexíveis, virtuais e precários?* – Os trabalhados em tecnologias de informação. Vol. 1. Curitiba: UFPR, 2018, 325 p.

BRIDI, M.A.; LIMA, J.C.; BRAGA, R. & SANTANA, M.A. Sociologia do Trabalho no Brasil hoje: balanço e perspectivas. In: *Revista Brasileira de Sociologia*, vol. 06, n. 12, jan.-abr./2018, p. 42-64.

BUSCATTO, M. L'art et la manière: ethnographies du travail artistique. In: *Ethnologie Française*, vol. 38, n. 1, 2008, p. 5-13.

_____. De la vocation artistique au travail musical: tensions, compromis et ambivalences chez les musiciens de jazz. In: *OPuS*: Sociologie de l'Art, vol. 3, n. 5, 2004, p. 35-56.

CACCIA-BAVA, S. *A luta nos bairros e a luta sindical*: a experiência de São Bernardo. Cedec, 1982.

CARDOSO, A. *A construção da sociedade do trabalho no Brasil*: uma investigação sobre a persistência secular das desigualdades. Rio de Janeiro: FGV, 2010.

CARDOSO, R. (org.). *A aventura antropológica*: teoria e pesquisa. Rio de Janeiro: Paz e Terra, 1986.

CASTRO, B. *As armadilhas da flexibilidade*: trabalho e gênero no setor de tecnologia da informação. São Paulo: Annablume, 2016.

CASTRO, N.A & LEITE, M.P. A sociologia do trabalho industrial no Brasil: desafios e interpretações. In: *BIB* – Boletim Informativo e Bibliográfico de Ciências Sociais, n. 37, 1º sem./1994, p. 39-60. São Paulo/Rio de Janeiro: Anpocs/Relume-Dumará.

CHALHOUB, S. *Visões da liberdade* – Uma história das últimas décadas da escravidão na Corte. São Paulo, Companhia das Letras, 1990.

CHALHOUB, S. & TEIXEIRA DA SILVA, F. Sujeitos no imaginário acadêmico – Escravos e trabalhadores na historiografia brasileira desde os anos 1980. In: *Cadernos AEL*, 14 (26), 2009, p. 11-49.

COLI, J. A precarização do trabalho imaterial: O caso do cantor do espetáculo lírico. In: ANTUNES, R. (org.) *Riqueza e miséria do trabalho do Brasil*. São Paulo: Boitempo, 2006.

CORREA, S. & VÉRAS DE OLIVEIRA, R. A nova agenda de desenvolvimento pela ótica dos conflitos sociais: o caso de Belo Monte. In: *Revista Pós* – Ciências Sociais, vol. 12, 2015, p. 19-52.

CROBBIE, A. Clubs to companies: notes on decline of political culture in speeded up creative worlds. *Cultural Studies*, 16, 2002, p. 516-531.

DARDOT, P. & LAVAL, C. *A nova razão do mundo*. São Paulo: Boitempo, 2016.

DEDECCA, E.S. *O silêncio dos vencidos*. São Paulo: Brasiliense, 1981.

FUNDAÇÃO PERSEU ABRAMO. *Percepções e valores políticos nas periferias de São Paulo* [Disponível em https://fpabramo.org.br/publicacoes/wp-content/uploads/sites/5/2017/05/Pesquisa-Periferia-FPA-040420172.pdf].

FORTES, A. et al. *Na luta por direitos* – Estudos recentes em história social do trabalho. Campinas: Unicamp, 1999.

GAULEJAC, V. *Gestão como doença social*. São Paulo: Ideias & Letras, 2007.

GORZ, A. *O imaterial*: conhecimento, valor e capital. São Paulo: Annablume, 2005.

GUIMARÃES, A.S. Estrutura e formação das classes sociais na Bahia. In: *Novos Estudos Cebrap*, n. 18, 1987.

GUIMARÃES, A.S.A. & CASTRO, N.A. Trabalhadores afluentes, indústrias recentes: revisitando a tese da aristocracia operária. In: *Dados* – Revista de Ciências Sociais, vol. 35, n. 2, 1992, p. 173-192.

_____. Classes, regimes fabris e mudança social no nordeste brasileiro. In: *Cadernos do CRH*, vol. 12, n. 12, 1990, p. 11-32. Salvador: UFBA.

_____. Espaços regionais de construção da identidade: a classe trabalhadora no Brasil pós-77. In: ANPOCS (org.). *Ciências sociais hoje*. São Paulo: Vértice, 1988, p. 13-49.

HALL, M. & PINHEIRO, P.S. Alargando a história da classe operária – Organização, lutas e controle. In: *Revista Remate de Males*, 5, 1985, p. 95-119.

HARDMAN, F.F. *Nem pátria, nem patrão* – Vida operária e cultura anarquista no Brasil. São Paulo: Brasiliense, 1983.

HARDMAN, F.F. & LEONARDI, V. *História da indústria e do trabalho no Brasil (das origens aos anos vinte)*. São Paulo: Global, 1982.

HESMONDHALGH, D. & BAKER, S. "A very complicated version of freedom": Conditions and experiences of creative labour in three cultural industries. In: *Poetics*, 38, 2010, p. 4-20.

HIRATA, H. & HUMPHREY, J. Economic crisis and the sexual division of labour: the case of Brazil. In: *Capital and Class*, 1985.

HOLZMANN, L. *Operários sem patrão* – Gestão cooperativa e dilemas da democracia. São Carlos: UFSCar, 2001.

LARA, S.H. Blowin in the wind – Thompson e a experiência negra no Brasil. In: *Projeto História*, 12, 1995, p. 43-56.

LAZARATTO, M. & NEGRI, A. *Trabalho imaterial*: formas de vida e produção da subjetividade. São Paulo: DP&A, 2001.

LEITE, M.P. A economia solidária e o trabalho associativo: teorias e realidades. In: *Revista Brasileira de Ciências Sociais*, vol. 24, 2009, p. 31-51.

_____. *Trabalho e sociedade em transformação*. São Paulo: Fundação Perseu Abramo, 2003.

_____. *O futuro do trabalho* – Novas tecnologias e subjetividade operária. São Paulo: Scritta, 1994.

LEITE, M.P.; ARAUJO, A.M.C. & LIMA, J.C. *O trabalho na economia solidária*: entre precariedade e emancipação. São Paulo: Annablume, 2015.

LEITE, M.P. & SILVA, R.A. A sociologia do trabalho frente à reestruturação produtiva: uma discussão teórica. In: *BIB* – Boletim Informativo e Bibliográfico de Ciências Sociais, n. 42, 2º sem./1996, p. 41-58. São Paulo/Rio de Janeiro: Anpocs/Relume-Dumará.

LEITE LOPES, J.S. (org.). *A tecelagem dos conflitos de classe na cidade das chaminés*. São Paulo/Brasília: Marco Zero/UnB, 1988

_____. *Cultura & Identidade Operária* – Aspectos da cultura da classe trabalhadora. Rio de Janeiro: UFRJ-Museu Nacional/Marco Zero, 1987.

_____. Fábrica e vila operária: considerações sobre uma forma de servidão burguesa. In: LOPES et al. *Mudança social no Nordeste*. Rio de Janeiro: Paz e Terra, 1979.

LIMA, J.C. Participação, empreendedorismo e autogestão: uma nova cultura do trabalho? In: *Sociologias*, vol. 12, 2010, p. 158-198. UFRGS.

_____. *As artimanhas da flexibilização*: o trabalho terceirizado em cooperativas de produção. Vol. 1. São Paulo: Terceiramargem, 2002, 160 p.

LIMA, J.C. & ARAÚJO, A.M.C. La sociología del trabajo en un contexto de transformaciones: una revisión de la producción brasileña de las últimas décadas. In: DE LA GARZA TOLEDO, E. (ed.). *Los estudios laborales en América Latina*: orígenes, desarrollo y perspectivas. México: Anthropos/Universidad Autónoma Metropolitana, 2016, p. 76-102.

LIMA, J.C. & FERREIRA, B.C. Trabalhadores urbanos no Nordeste: trajetórias profissionais, mobilidade espacial e experiência associativa. In: *Revista Brasileira de Ciências Sociais*, vol. 30, 1996, p. 83-99. São Paulo.

LIMA, J.C. & OLIVEIRA, D.R. Trabalhadores digitais: as novas ocupações no trabalho informacional. In: *Revista Sociedade e Estado*, vol. 32, n. 1, jan.--abr./2017, p. 115-143.

LIMA, J.C. & PIRES, A.S. Youth and the New Culture of Work: Considerations drawn from digital work. In: *Revista Sociologia & Antropologia*, vol. 07, 2017, p. 773-797.

LIMA, J.C. & SOARES, M.J.B. Trabalho flexível e o novo informal. In: *Cadernos do CRH*, vol. 37, 2002. Salvador: UFBA.

LINHART, D. *A desmedida do capital*. São Paulo: Boitempo, 2007.

MARONI, A. *A estratégia da recusa* – Análise das greves de 78. São Paulo: Brasiliense, 1981.

MARX, K. *Grundrisse* – Manuscritos Econômicos de 1857-1858. São Paulo: Boitempo, 2011.

MENGER, P.M. *Portrait de l'artiste en travailleur*. Paris: Du Seuil, 2002.

MIGUEZ, P. & LIMA, J.C. El trabajo cognitivo en el capitalismo contemporáneo: el surgimiento y la evolución del sector software en Argentina y Brasil. In: *Cuadernos del Cendes*, vol. 33, 2016, p. 35-65.

MUNAKATA, K. O lugar do movimento operário. In: *Revista História e Perspectivas*, 23 (43), 2010, p. 9-40.

NEGRO, A.L. & GOMES, F. Além de senzalas e fábricas – Uma história social do trabalho. In: *Tempo Social* – Revista de sociologia da USP, 18 (1), 2006, p. 217-240.

NUNES, J.H. O trabalho de músicos no Brasil: tensões identitárias e arranjos domésticos. In: *Revista Colombiana de Sociología*, vol. 40, 2017, p. 107-128.

NUNES, J.H. & SOUZA, T.P. Reconhecimento e profissionalismo no campo da tecnologia da informação. In: *Política & Trabalho* – Revista de Ciências Sociais, n. 46, jan.-jun./2017, p. 139-158.

NUNES, J.H.; TOSTA, T.L.D. & FREITAS, R.A. Da *performance* à produção cultural: caminhos do profissionalismo no mundo da música. In: NUNES, J.H.; TOSTA, T.L.D.; FREITAS, R.A. & SANTOS, C.P. (orgs.). *Trabalho, gênero e serviços:* aproximações sociológicas. Vol. 1. Belo Horizonte: Fino Traço, 2016, p. 251-281.

OLIVEIRA, D.R. *Do fim do trabalho ao trabalho sem fim*: o trabalho e a vida dos trabalhadores digitais em *home office*. São Carlos: UFSCar, 2017 [Tese de doutorado].

PAOLI, M.C. Os trabalhadores urbanos na fala dos outros – Tempo, espaço e classe na história operária brasileira. In: LOPES, J.S.L. (org.). *Cultura e identidade operária* – Aspectos da cultura da classe trabalhadora. Rio de Janeiro: UFRJ-Museu Nacional/ Marco Zero, 1987.

PAOLI, M.C.; SADER, E. & TELLES, V.S. Pensando a classe operária: os trabalhadores sujeitos ao imaginário acadêmico. In: *Revista Brasileira de História*, n. 6, 1983, p. 129-149.

PINA, M.R.M. *Work Hard, Party Harder*: o trabalho de DJs no lazer noturno paulistano. São Carlos: UFSCar, 2018 [Tese de doutorado].

_____. *Empreendedores da cena noturna*: uma análise do trabalho dos *promoters* da cidade de São Paulo. São Carlos: UFSCar, 2014 [Dissertação de mestrado].

PINHEIRO, P.S. & HALL, M. *A Classe operária no Brasil: documentos (1889 a 1930)* – Vol. 2: Condições de vida e de trabalho, relações com os empresários e o Estado. São Paulo/Campinas: Brasiliense/ Funcamp, 1981.

_____. *A classe operária no Brasil: documentos (1889 a 1930)* – Vol. 1: O movimento operário. São Paulo: Alfa Ômega, 1979.

RAMALHO, J.R. Fórum Demissão Zero: crise e ação coletiva no Sul Fluminense. In: RAMALHO, J.R. & FORTES, A. (org.). *Desenvolvimento, trabalho e cidadania*: Baixada e Sul Fluminense. Rio de Janeiro: 7 Letras, 2012, p. 225-246.

_____. Sociologia do Trabalho: a necessidade de rever conceitos In: RIBEIRO, G.L. et al. (eds.). *As ciências sociais no mundo contemporâneo*. Vol. 1. Brasília: UnB/Letras Livres, 2011, p. 237-251.

_____. Estado Novo, industrialização e a formação do trabalhador brasileiro: o Caso FNM". In: *Locus*, vol. 13, 2007, p. 119-134.

RAMALHO, J.R. & RODRIGUES, I.J. Sindicato, desenvolvimento e trabalho: crise econômica e ação política no ABC. In: *Cadernos CRH* [online], vol. 26, n. 68, 2013, p. 217-231.

RAMALHO, J.R. & SAMPAIO CARNEIRO, M. Trabalho, sindicatos e contestação a grandes projetos na Amazônia brasileira. In: *Trabajo y Sociedad*, n. 27, 2016, p. 79-92. Santiago del Estero, Arg.: Universidad Nacional de Santiago del Estero.

_____. Controle, conflito e consentimento na teoria do processo de trabalho: um balanço do debate. In: *BIB*, n. 32, 2° sem./1991. Rio de Janeiro/São Paulo: Anpocs/Relume-Dumará.

RAMALHO, J.R.; SANTOS, R.S.P. & LIMA, R. J.C.L. Estratégias de desenvolvimento industrial e dinâmicas territoriais de contestação social e confronto político. In: *Sociologia & Antropologia*, vol. 03 (05), jun./2013, p. 175-200. Rio de Janeiro.

RANGEL, F. Novas experiências, outros significados: repensando o trabalho no comércio popular. In: *Revista Colombiana de Sociologia*, vol. 40, 2017, p. 67-85.

RODRIGUES, I.J. *Sindicalismo e política* – A trajetória da CUT. São Paulo: Scritta, 1997.

RODRIGUES, I.J.; PONTES, C.; RAMALHO, J.R. & SANTANA, M.A. Velhos e novos operários da indústria automobilística: comparações entre o ABC Paulista e o Sul Fluminense. In: *Caderno CRH*, vol. 19, n. 46, jan.-abr./2006. Salvador.

RODRIGUES, I.J. & RAMALHO, J.R. Trabalhadores, indústria automotiva e região: por que comparar o ABC paulista com o Sul Fluminense? In: RODRIGUES, I.J. & RAMALHO, J.R. (orgs.). *Trabalho e sindicatos em antigos e novos territórios produtivos* – Comparações ente o ABC Paulista e o Sul Fluminense. São Paulo: Annablume, 2007.

_____. A trajetória da CUT. In: *Plural* – Revista de Ciências Sociais USP, vol. 5, 1998.

RODRIGUES, L.M. *Industrialização e atitudes operárias*. São Paulo: Brasiliense, 1970.

SADER, E. *Quando novos personagens entraram em cena*. Rio de Janeiro: Paz e Terra, 1988.

SADIN, E. *La silicolonisation du monde*: l'irrésistible expansion du liberalism numérique. Paris: L'Echapée, 2016.

SEGNINI, L.R.P. Trabalho, imigração e relações de gênero no contexto da mundialização: músicos do Leste Europeu no Brasil. In: *Revista Latinoamericana de Estudios del Trabajo*, vol. 23, 2018.

SEGNINI, L.R.P. & BULLONI, M.N. (orgs.). *Trabalho artístico e técnico na indústria cultural*. São Paulo: Observatório Itaú Cultural, 2016.

_____. Superar limites nas carreiras de mulheres musicistas. In: ABREU, A.R.P.; HIRATA, H. & LOMBARDI, M.R. (orgs.). *Gênero e trabalho no Brasil e na França*: perspectivas interseccionais. Vol. 1. São Paulo: Boitempo, 2016, p. 181-190.

_____. Os músicos e seu trabalho: diferenças de gênero e raça. In: *Tempo Social*, vol. 26, 2015, p. 75-86.

_____. Música: arte, trabalho e profissão. In: VALENTE, H.A..D. & COLI, J. (orgs.). *Entre gritos e sussurros* – Os sortilégios da voz cantada. São Paulo: Letra e Voz, 2012, p. 49-64.

SENNETT, R. *A corrosão do caráter*: consequências pessoais do novo capitalismo. 10. ed. Rio de Janeiro: Record, 2005.

SORJ, B. Sociologia e trabalho: mutações, encontros e desencontros. In: *Revista Brasileira de Ciências Sociais*, vol. 15, n. 43, 2000. São Paulo.

_____. O processo de trabalho na indústria: tendências de pesquisa. In: *BIB* – Boletim Informativo e Bibliográfico de Ciências Sociais: O que se deve ler em ciências sociais no Brasil 3, 1986-1990, p. 62-65. São Paulo: Anpocs/Cortez.

SOUZA-LOBO, E. *A classe operária tem dois sexos*. São Paulo: Prefeitura do Município de São Paulo, 1991.

TIRIBA, L. Cultura do trabalho, autogestão e formação de trabalhadores associados na produção: questões de pesquisa. In: *Perspectiva*, vol. 26, n. 1, jan.-jun./2008, p. 69-94. Florianópolis.

URSELL, G. Television production: issues of exploitation, commodification, and subjectivity in UK television labour markets. In: *Media, Culture and Society*, 22, 2000, p. 805-825.

VÉRAS DE OLIVEIRA, R. & SANTANA, M.A. (org.). Brasil em obras, peões em luta, sindicatos surpreendidos. In: *Revista Crítica de Ciências Sociais*, 2014, p. 111-136.

_____. *Trabalho em territórios produtivos reconfigurados no Brasil*. Vol. 1. João Pessoa: UFPB, 2013, 462p.

_____. Suape em construção, peões em luta: o novo desenvolvimento e os conflitos do trabalho. In: *Caderno CRH*, 26 (68), 2013, p. 233-252.

_____. *Sindicalismo e democracia no Brasil*: do novo sindicalismo ao sindicato cidadão. São Paulo: Annablume, 2011.

VIEITEZ, C. & DAL RI, N. *Trabalho Associado* – Cooperativas e empresas de autogestão. São Paulo: DP&A, 2001.

18
Sociologia do Trabalho II
"Sociologia do Trabalho no Brasil: um panorama das pesquisas sobre reestruturação produtiva, sindicalismo e classe trabalhadora"

Geraldo Augusto Pinto

Maria Aparecida Bridi

Sávio Cavalcante

Introdução

Fazer uma abordagem das questões contemporâneas da Sociologia do Trabalho na pós-graduação em Ciências Sociais no Brasil não é tarefa simples. Há uma considerável produção na área, com predomínio de estudos de perfil crítico, isto é, pesquisas cujos fundamentos teóricos e metodológicos, ainda que de diferentes maneiras, desnaturalizam as desigualdades características das relações de trabalho capitalistas. Foram (e são) também diversas as temáticas abordadas, razão pela qual estão presentes, nesta obra coletiva, dois capítulos sobre o assunto, visando abranger as tendências em curso dessa área de estudos desde as últimas décadas do século XX até os dias atuais.

Como é comum nas Ciências Sociais, a produção da Sociologia do Trabalho no Brasil acompanhou de perto a dinâmica concreta da sociedade brasileira. Na medida em que o Brasil pós-redemocratização – ou seja, da década de 1980 em diante – tem sido palco de inúmeras transformações de ordem social, política e econômica, estas, refletindo-se em todos os aspectos da realidade, têm afetado o "mundo do trabalho", provocando uma profusão de estudos a respeito do tema.

As mudanças que, nesse período, atingiram o trabalho e os/as trabalhadores/as, as quais, em seu conjunto, podemos chamar aqui de "crise do trabalho", foram interpretadas por diferentes perspectivas teóricas. Enquanto alguns autores e autoras, sobretudo na Europa, passaram a identificar o fim do trabalho e/ou a perda de sua centralidade na estrutura social contemporânea, inclusive como o agente da criação de valor, outras abordagens buscaram reafirmar a sua centralidade a partir de análises da realidade concreta do trabalho e de formas contemporâneas de exploração do trabalho humano, reconhecendo, contudo, que há mudanças, novas formas de exploração do trabalho, que se mesclam e ou se somam às formas já conhecidas.

Neste capítulo (que compõe, junto ao capítulo anterior, um par de textos sobre a Sociologia do Trabalho no Brasil), serão abordados três temas específicos e inter-relacionados, os quais foram objeto de estudo de diversos livros, artigos, dissertações e teses nos últimos trinta anos no Brasil: a organização dos processos de trabalho – com o advento da chamada reestruturação produtiva, desde meados dos anos de 1980 no país – e suas repercussões sobre a classe trabalhadora; o movimento sindical e as mudanças ocorridas em seu interior (inclusive em decorrência da difusão da própria reestruturação produtiva conjugada ao avanço do neoliberalismo, o qual, com maior ou menor intensidade, vem sendo posto em prática pelos governos desde o início da década de 1990)[1]; e, por fim, o debate em torno da pertinência do conceito de classe trabalhadora para o conjunto dos estudos em Sociologia do Trabalho.

1 A organização e os processos de trabalho

A Sociologia do Trabalho no Brasil foi marcada profundamente pelos estudos acerca das mudanças nos processos de trabalho que assolaram determinados setores econômicos do país mais expostos à concorrência internacional, no contexto de abertura comercial inaugurado na década de 1990, ainda sob o breve e controverso governo de Fernando Collor de Mello. Que mudanças? Em termos gerais, implementações de métodos de organização do trabalho e de disposição dos espaços e aparatos produtivos, apontando para uma superação do modelo fabril taylorista-fordista vigente. Tais mudanças nos processos de trabalho já vinham sendo notadas desde a virada da década de 1970 para a de 1980 (ARAÚJO, CARTONI & JUSTO, 2001).

Costuma-se referir aos anos de 1980 como uma "década perdida" do Brasil para o capital – enquanto, para o trabalho, teria sido uma "década triunfan-

---

1. A continuidade da política neoliberal nos governos petistas ainda é tema controverso nos estudos da área. Do ponto de vista da legislação trabalhista e sindical, o quadro é ambivalente: por um lado, medidas acerca de dispositivos específicos foram tomadas no sentido da flexibilização. Por outro, não houve mudança estrutural de elementos centrais do direito trabalhista e sindical, movimento apenas realizado a partir de 2017 sob a condução do governo de Michel Temer. No que tange às problemáticas de pesquisa, portanto, é preciso o esforço em identificar as diferenças e não tomar todo o período desde os anos de 1990 como um só bloco.

te" em razão do ativismo das lutas sindicais e sociais mais amplas. Essas denominações aludem ao fato de que o país passou durante cerca de dez anos por uma das suas mais profundas recessões (combinando crescimento do Produto Interno Bruto próximo de zero, com uma escalada inflacionária), inibindo investimentos produtivos do capital e incentivando a especulação e financeirização. Paralelamente, a ditadura militar (1964-1985) agonizava em meio à crise econômica, política e social. Destaca-se, nesse sentido, o movimento sindical como uma das principais frentes mobilizadoras da sociedade civil.

O sindicalismo brasileiro entrava num período de reorganização e combatividade, com destaque para as greves que, entre 1978-1980, a princípio concentradas no operariado industrial, foram expandindo-se a outras categorias (desde profissionais liberais ao funcionalismo público, culminando num auge de movimentos grevistas entre 1985-1989), enquanto ocorria um refluxo geral do movimento sindical em várias economias capitalistas ocidentais. Esse processo foi objeto de diversos estudos, como, por exemplo, Antunes (1991, 1998), Jácome Rodrigues (1999) e Rodrigues (2002), caracterizando a emergência do chamado "novo sindicalismo" no Brasil.

Foi, pois, nesse contexto, em face da recessão econômica (o que, para alguns setores, implicava voltar-se ao mercado externo) e de um protagonismo classista do movimento sindical, que setores do empresariado buscaram adotar medidas de reorganização dos processos de trabalho (antes mesmo da adoção de maquinaria mais avançada), visando com isso ampliar a flexibilidade produtiva, ou seja, a capacidade de diversificar a produção, contando com uma força de trabalho mais enxuta, externalizada e flexível, da qual se exigiria maior polivalência.

Caracteriza-se, assim, tal período como o de uma reestruturação produtiva defensiva, nos termos de Araújo, Cartoni e Justo (2001), em vista de que nem todos os elementos dos sistemas de organização do trabalho ditos flexíveis (que despontavam nas economias centrais, como os das plantas da Volvo na Suécia, mas, sobretudo, o conhecido sistema Toyota de produção) foram adotados pelas empresas, seja pela insegurança diante do cenário econômico, seja pela inabilidade das gerências em introduzi-los, seja também pela resistência do sindicalismo nos locais de trabalho, haja vista o surgimento das Comissões de Fábrica – pois, mais de 260 formaram-se entre 1978-1980, sendo 85% no setor metalúrgico, segundo Alves (2000).

Não por acaso, são desse período a implantação dos primeiros programas visando o envolvimento ideológico dos trabalhadores e das trabalhadoras, como o "Trabalho Participativo" na Ford, ou o programa "Qualidade de Vida no Trabalho" na Volkswagen, assim como as primeiras experiências dos Círculos de Controle de Qualidade (ALVES, 2000). Ou, então, a implantação pioneira do Controle Estatístico de Processo (CEP), conforme apontam investigações como Posthuma (1993), presente numa das coletâneas pioneiras de estudos sobre a adaptação do sistema Toyota de produção em diversos setores no Brasil, organizada por Hirata (1993).

Apenas no início da década de 1990 ocorreu, de fato, uma implantação mais consistente dos elementos organizacionais e maquínico-informacionais do toyotismo – para ficarmos nesse modelo como referência –, tal como foi diagnosticado pelas pesquisas sociológicas do mundo do trabalho. Emergia um contexto em que a reestruturação produtiva adquiria um caráter menos defensivo e cada vez mais ofensivo e pelo qual, ao lado dos programas mais amplos de controles de qualidade em processo, das terceirizações de atividades ao longo das cadeias produtivas, da redução das hierarquias internas, do enxugamento de quadros e dos projetos

de cooptação do consentimento dos trabalhadores e das trabalhadoras por meio de metas de qualidade e produtividade, as empresas passaram a implementar também a maquinaria automatizada de base microeletrônica, com a introdução dos conhecidos comandos numéricos computadorizados (CNC).

Estudos como Tauile (1986) já vinham apontando a utilização – ainda que incipientemente, nos anos de 1980 – dessas tecnologias no país, antevendo, em certa medida, suas consequências à classe trabalhadora. Mas é a partir dos anos de 1990 que o capital, em especial nos setores tecnologicamente mais desenvolvidos, passou a automatizar com base microeletrônica seus processos produtivos e, conjuntamente, também a adotar de forma mais profunda (no plano das cadeias produtivas, nas relações entre empresas clientes e fornecedoras) os programas de qualidade.

Uma seara expressiva de estudos sobre esses aspectos brotou nesse momento no Brasil, buscando abranger criticamente as suas várias facetas e consequências. É difícil fazer jus, por limites de espaço, a todas as investigações dedicadas a essas mudanças no Brasil a partir dos anos de 1990. Mas algumas pesquisas são incontornáveis.

Sobre a difusão das ferramentas de gestão da qualidade e suas implicações em termos de exigências de novas qualificações, há que se dar destaque à produção de Gitahy, que elaborou, orientou e coparticipou de diversas investigações no Brasil[2]. Também marcaram essa época os estudos sobre os processos de trabalho na indústria automotiva – como as coletâneas de Guimarães (1995) e Leite e Neves (1998) –, no setor financeiro – como Jinkings (1995) e Segnini (1998) –, e no setor petroquímico – como Druck (1999)[3], assim como as

---

2. Como, p. ex., Gitahy (1994), Gitahy et al. (1997), Gitahy e Rabelo (1992), Gitahy e Rachid (1995).

3. Um significativo compêndio com reflexões destas sociólogas

pesquisas sobre a terceirização, cujos delineamentos no país desde a década de 1990 foram tratados por Ramalho e Martins (1994)[4].

Duas produções marcantes da Sociologia do Trabalho no Brasil da década de 1990 são os livros de Antunes (1995; 1999). Ambos tratam das mudanças nos processos de trabalho postas pela difusão global (não apenas no Brasil) da organização flexível do trabalho e seus vários desdobramentos sobre os empregos, as qualificações e o sindicalismo. O aspecto inovador dessas obras foi a abordagem do tema em um diálogo crítico com a Sociologia do Trabalho em cena nos países centrais, tendo o papel relevante de se contrapor criticamente às teses do fim da centralidade do trabalho e da classe trabalhadora no movimento da história, dado o advento de uma sociedade supostamente fundada apenas no conhecimento. O debate sobre o fim da centralidade do trabalho deu um impulso aos estudos do trabalho no Brasil (BRIDI, BRAGA & SANTANA, 2018). Desse modo, inúmeras pesquisas dessa área buscaram dar conta das nefastas consequências da flexibilização dos processos e das relações de trabalho sob a reestruturação produtiva e o neoliberalismo (GUIMARÃES; HIRATA & SUGITA, 2009; ARAÚJO & OLIVEIRA, 2011; PINTO, 2013).

Os dois livros de Antunes (1995; 1999) anteciparam ao público brasileiro, em sentido teórico-analítico, as crises vividas pela classe trabalhadora nos países centrais em meio à crescente fragmentação etária, de gênero, étnico-racial, formativa,

ideológica e profissional de seus membros e suas formas de representação política. Crises, ademais, que tinham seu reflexo imediato na própria teoria social que, em alguns de seus representantes, como Gorz, Offe, Kurz e Touraine, assumiu a forma de uma crítica à centralidade do trabalho no capitalismo contemporâneo. Antunes apresentou, nesses dois livros, uma resposta densa ao suposto "adeus ao proletariado" (GORZ, 1982) e resgatou a importância das análises de autores como Gounet, Lojkine, Schaff, Harvey, Bihr e Mészáros. Em poucas palavras, pautou no debate da Sociologia do Trabalho brasileira o urgente resgate de conceitos e categorias do materialismo histórico marxiano-engelsiano, baseando-se também nas elaborações do marxista Lukács sobre o sentido ontológico do trabalho na formação do ser social.

Esse debate estimulou uma gama de produções acadêmicas em torno da teoria do valor-trabalho – todas, de uma maneira ou de outra, relacionadas ou pelo menos comprometidas a tanger os processos do trabalho concreto nas organizações, sem deixar de lado a questão da centralidade do trabalho na formação do ser social, e da classe trabalhadora na luta de classes. Investigações empíricas e teóricas sobre o trabalho imaterial (AMORIM, 2006; 2009; 2017; GUIMARÃES, 2009; OLIVEIRA, 2013), sobre a intensificação das jornadas (DAL ROSSO, 2008), sobre tecnologia e trabalho – num patamar de reflexão mais teórico, como em Romero (2005), que tratou do tema em manuscritos de estudo de Marx – emergiram numa profusão imensa.

Investigações empíricas a partir de diferentes abordagens teóricas sobre processos de trabalho em variados ramos da economia do Brasil prosseguiram desde então e constituem parte importante da produção acadêmica da pós-graduação e pesquisas em geral sobre o mundo do trabalho. O labor no ambiente das fábricas (MARCELINO, 2004; OLIVEIRA, 2004; RAMALHO, 2004; RO-

---

e outros autores e autoras é a coletânea Gitahy e Leite (2005). Merece destaque a significativa contribuição das mulheres na Sociologia do Trabalho no Brasil. A esse respeito, vale lembrar também que essas autoras conduziram estudos sobre a condição e as relações do trabalho das mulheres em diversos setores. Destaquem-se Hirata (2002), Nogueira (2004) e coletâneas como Segnini e Hirata (2007), Hirata e Guimarães (2012), Abreu, Hirata e Lombardi (2016), dentre tantos outros estudos.

4. Para uma atualização do debate sobre o tema, cf. Cavalcante e Marcelino (2012).

DRIGUES & RAMALHO, 2007; PINTO, 2011), nos domicílios que vivem nas franjas das indústrias (NAVARRO, 2006), na agricultura (SANTOS, 2010; SILVA, 2009,), no ramo da arte (COLI, 2006; SEGNINI, 2015), nos setores de tecnologias da informação e comunicação (TICs) (WOLFF, 2005; BRAGA & ANTUNES, 2009; 2018; MOCELIN, 2010; BRIDI & LIMA, 2018), são apenas alguns dos inúmeros exemplos. Há coletâneas que trazem pesquisas nos mais variados ramos, como: Antunes (2006; 2013; 2014; 2019); Antunes e Silva (2006); Navarro, Lourenço, Silva, Sant'ana (2010); Navarro e Lourenço (2013; 2017). E, nelas, além da diversificação de setores e atividades, há estudos que correlacionam as mudanças nos processos de trabalho com temas como a segurança e a saúde, a educação e as qualificações, o sindicalismo etc.

São dezenas de grupos de pesquisa registrados no CNPq que se dedicam à temática do trabalho, o que expressa a vitalidade do campo, tal como a existência de sociedades científicas como a Associação Brasileira de Estudos do Trabalho (Abet), a Associação Latino-americana de Estudos do Trabalho (Alast), os grupos de trabalho nos eventos da Associação Nacional da Pós-Graduação em Ciências Sociais (Anpocs) e da Sociedade Brasileira de Sociologia (SBS), além de centros de memória, sítios eletrônicos de pesquisas e estudiosos do trabalho sob a perspectiva de outros campos do conhecimento (tais como do Direito, da Economia, da História, apenas para citar alguns).

Deve-se mencionar a emergência, especialmente na última década, de pesquisas que utilizam categorias advindas dos estudos (ou teorias) marxistas da dependência, com destaque para a "superexploração da força de trabalho", categoria desenvolvida pelo cientista social brasileiro Ruy Mauro Marini, no longo exílio que o afastou do Brasil durante décadas, desde o início da ditadura militar[5]. Veja-se, por exemplo, as considerações de Santana (2013) a respeito das inovações tecnológicas nos processos de trabalho e suas relações com a superexploração da força de trabalho, bem como o estudo de Guanais (2018) que, baseando-se nessa categoria de Marini, analisou as relações entre o pagamento por produção e a intensificação do trabalho na agroindústria canavieira brasileira.

Há, ademais, campos de investigação nos quais se encontram pesquisas que dialogam com outras vertentes teóricas, sejam de base weberiana, durkheimiana e mesmo marxista, por compreenderem que a diversidade do mundo do trabalho exige novos olhares para os paradoxos de uma classe trabalhadora mais fragmentada, com tendências de ação mais individuais e que vivencia a informalidade, as novas modalidades de trabalho em empresas diversas na condição de subcontratados, terceirizados, pessoas jurídicas, cooperativas, entre outras, muitas delas sob o discurso do empreendedorismo. Essa é a riqueza de um campo do conhecimento que se abre para analisar o que é novo, sem perder de vista as estruturas de exploração que perduram, ainda que sob novas roupagens. Atentar para os paradoxos de uma classe trabalhadora que se modificou profundamente desafia a Sociologia do Trabalho e as teorias no âmbito das Ciências Sociais.

Por fim, além destes estudos, cresceram as investigações que buscam compreender como a classe trabalhadora se adapta ou adere a uma "nova" cultura do trabalho, baseada nas formas de contratação flexíveis e no empreendedorismo, ou seja, aquelas formas que podem ser identificadas como próprias de um regime de acumulação flexível. Crescem, nesse contexto, os estudos sobre os tra-

---

5. A respeito das categorias (e mesmo da obra, como um todo) de Marini, cf. Traspadini e Stédile (2005), Martins e Valencia (2009), Guanais e Félix (2018).

balhadores e trabalhadoras no setor público, que também se viram atravessados por formas de gestão e de contratação mais tipicamente neoliberais.

2 O sindicalismo e a ação coletiva

Partindo da perspectiva da centralidade do trabalho na dinâmica da vida social e cujas configurações são vincadas com as condições econômicas, políticas e sociais, os estudos do trabalho no Brasil, nas décadas de 1960, 1970 e 1980, estiveram muito voltados aos temas da formação da classe operária e as dinâmicas de vida e trabalho, as condições laborais e problemas ligados à marginalidade e a questão social nos diferentes contextos (BRIDI; BRAGA & SANTANA, 2018).

Como analisam Abramo e Montero (1995), uma das características da Sociologia latino-americana e brasileira, ao menos até a década de 1980, foi a sua maior proximidade com o sindicalismo, tema que há muito constitui-se em notável desafio teórico e metodológico para as Ciências Sociais. Segundo Bridi (2005), isso se deve tanto ao seu caráter histórico, dinâmico, antagônico quanto também por encontrar-se no centro do dissenso teórico acerca das mudanças no modo de exploração do trabalho, no final do século XX.

De fato, as transformações no mundo do trabalho vêm causando múltiplas crises aos trabalhadores e aos seus sindicatos. Desse modo, podemos afirmar que a própria crise no sindicalismo reflete também uma crise teórica no coração da Sociologia do Trabalho, sobretudo, aquela instalada pelas teses que anunciaram o fim da centralidade do trabalho, o fim do trabalho como categoria explicativa e de formadora de identidade produzidas por autores como Offe, Gorz, Touraine, e tantos outros, quando analisavam a redução do emprego na Europa no início de 1980, como já abordado anteriormente.

Essa crise representou também a crise das organizações de representação dos trabalhadores, isto é, dos sindicatos – órgãos de representação dos interesses de um grupo, de uma categoria. Os principais sintomas dessa crise, apresentados por Rodrigues (1999), ao analisar o sindicalismo internacionalmente, consistem na redução do número de filiados dos sindicatos, a queda na ação da militância, redução das greves e dificuldade de mobilização. Essa perspectiva da crise terminal do sindicalismo analisada por Rodrigues (2002), por exemplo, suscitou inúmeras investigações sobre o sindicalismo, os limites e problemas dessas abordagens que deram adeus ao sindicalismo na esteira do debate da crise em torno da centralidade do trabalho. No Brasil, destacam-se os trabalhos de Cardoso (2003), Ramalho (2002), Leite (2003) Bridi (2005), entre outros, quando discutem o sentido da crise no sindicalismo e a sua relação com as mudanças no mundo do trabalho, pautadas nas configurações das estruturas de produção flexíveis e enxutas. Diversos estudos apontaram para um conjunto de elementos de ordem política, econômica, social e teórico-ideológica que impactaram as organizações dos trabalhadores, o que jogou o movimento sindical na defensiva (BOITO JR., 1999).

Os estudos sobre o sindicalismo com base em pesquisas empíricas e teóricas tenderam a discutir as teses que afirmavam a inviabilidade de aglutinação social e política da classe operária e da própria classe em si. Alguns autores defenderam que o sindicalismo, como um ator em crise, buscou estratégias diferenciadas para manter e ou avançar em suas conquistas, mostrando um sindicalismo em mudança. A maior fragmentação da classe trabalhadora e a sua heterogeneidade são apontadas como uma das causas de crise do sindicalismo (ANTUNES, 1999). Somam-se a essas mudanças, aquelas decorrentes da reestruturação produtiva, no qual as empresas repassaram aos trabalhadores e trabalhadoras os custos da crise capitalista (BIHR, 1999), os ataques sobre o Estado Social e o avanço da ideologia neoliberal com vistas a desmantelar todo o quadro institucional que havia servido de arcabouço regulador ao crescimento fordista.

A crise no sindicalismo passou a ser tratada a partir da grande reorientação política pautada pelo neoliberalismo e pela mundialização do capital. Assim, do ponto de vista político, na nova hegemonia neoliberal, há uma responsabilização dos sindicatos e dos estados pela crise econômica que emergiu a partir dos anos de 1970. Os sindicatos foram acusados, pela sua ação coletiva, de tornar o mercado de trabalho rígido, dificultando um ajuste do nível de salário e emprego. O Estado é considerado culpado por ter aumentado excessivamente os seus gastos e ter regulado a economia inibindo o investimento privado (HARVEY, 1993; BIHR, 1999). Nesta perspectiva, surgiram as propostas de nova regulamentação tanto da economia (comercial e financeira) como do mercado de trabalho, orientadas pela noção de flexibilização. Ademais muitos estados priorizaram a adoção de políticas econômicas centradas na estabilização dos preços e no ajuste das contas públicas, abrindo mais espaço e poder para as grandes corporações capitalistas. Ou seja, a partir dos anos de 1970, temos uma mudança importante na base produtiva, mas também de reorientação política e de condução da economia, que irão afetar os sindicatos e os estados nacionais na regulação do trabalho. Em outros termos, as transformações no mundo do trabalho são ao mesmo tempo sustentáculo e consequência das transformações gerais que ocorrem na forma como o capitalismo efetiva o seu processo de acumulação.

As relações entre flexibilização do trabalho e baixa atividade sindical, filiação sindical e representatividade, filiação sindical e ação política, dessindicalização, heterogeneidade e fragmentação no trabalho, entre outras questões, revelam-se mais complexas do que supõem algumas vertentes teóricas que se fixaram apenas em dados de filiação, sem considerar a história e as trajetórias dos sindicatos.

Há, portanto, um esforço de pesquisa que permitiu recolocar a crise ou as crises do sindicalismo em novos patamares, tanto teóricos quanto empíricos, considerando os diferentes contextos nacionais e internacionais. Enquanto na Europa, por exemplo, a crise no sindicalismo se deu a partir da década de 1970, no Brasil ela aparece a partir dos anos de 1990, como demonstra a literatura sobre sindicalismo (RODRIGUES, 2002; JÁCOME RODRIGUES, 1999; ARAÚJO; CARTONI & JUSTO, 2001; RAMALHO, 1997; ANTUNES, 1997).

Nos anos de 1980, como afirma Oliveira (1994), contrariando a tendência dos sindicatos europeus e americanos, o Brasil vivenciou o crescimento da ação sindical e dos níveis de filiação, ainda que nem sempre isso tenha significado aumento de percentuais de filiados. Em fins dos anos de 1970, o sindicalismo brasileiro experimenta um apogeu, que segundo Sader (1988, p. 182) "impôs-se em suas respectivas categorias, porque conseguiram explorar brechas legais, objetivos e formas de ação considerados legítimos para defenderem os interesses de seus associados – mesmo tendo que se contrapor às autoridades". Nesse sentido, Santana (1998) revisitou o chamado "velho sindicalismo", situando o debate sobre o "novo sindicalismo" e o seu papel nas lutas políticas de combate às políticas conservadoras e restritivas do período ditatorial. Mais do que expressar uma ruptura radical com o velho sindicalismo, o conceito de "novo sindicalismo" passou a servir para marcar as mudanças na ação sindical em fins dos anos de 1970. Assim "a expressão Novo Sindicalismo, quando não tomada em sua literalidade", permite definir "um momento, historicamente localizável, em que o sindicalismo brasileiro ressurge de forma explícita na cena pública nacional" (FERRAZ & BRIDI, 2014, p. 87-88).

As diferenças na temporalidade das crises do sindicalismo em países europeus e brasileiro confirmaram a tese de Cardoso (2003, p. 233) de que a crise "conquanto exista, não é universal". As taxas de filiação e a dinâmica do sindicalismo brasileiro analisadas por Cardoso (1999; 2003) colocam em xeque as teses de fim do sindicalismo[6]. Nesse sentido, Bridi (2006) redimensionou o conceito de crise, afirmando a necessidade se colocar em crise o conceito de crise e pensar a crise no sindicalismo na perspectiva da mudança, da transição, mas não de seu fim, visto que os sindicatos atravessam várias crises (de identidade, de mobilização, de representação etc.), mas como atores buscam saídas para se manterem. Chama a atenção para o desafio teórico e metodológico extraordinário para as Ciências Sociais em analisar o movimento sindical tanto pelo seu caráter histórico, dinâmico e antagônico quanto por estar no centro do dissenso teórico acerca das mutações do modo de produção capitalista. Nesse sentido, como analisam Locke e Thelen (1998), questões aparentemente semelhantes possuem significados muito diversos nos diferentes contextos. Por isso, ao fazermos uma sociologia do sindicalismo, não podemos fazê-la de modo separado das transformações no trabalho ou com abordagens apocalípticas.

É fato que, com as mudanças no mundo do trabalho e o avanço da produção enxuta e flexível, os sindicatos passaram a ter que lidar cada vez mais com novas modalidades de contratos de trabalho, trabalho terceirizado e mesmo novas formas de trabalho ainda mais fragmentadas, que escapam e ou dificultam a ação coletiva. O crescimento da

informalidade e de diversas formas contratuais flexíveis que fogem daquela modalidade da carteira assinada fez crescer o debate sobre a representatividade sindical. Esse debate, no entanto, dadas as condições distintas entre os países, exige outras mediações, pois não se pressupõe uma realidade única, o que requer comparações contextualizadas como afirmam Locke e Thelen (1998).

No caso brasileiro, as centrais sindicais expressam, em certa medida, a fragmentação dos sindicatos. Com importância particular para o contexto brasileiro, diversas obras objetivaram analisar as centrais sindicais, suas configurações e trajetórias políticas e históricas. Entre essas obras, destacamos o estudo de Oliveira (2002) e Ferraz (2013) sobre o sindicalismo cutista (da Central Única dos Trabalhadores – CUT), o de Trópia (2009) sobre a Força Sindical, assim como o de Galvão, Marcelino e Trópia (2015) sobre as novas centrais sindicais.

Nos anos de 2000, tendo o Brasil eleito, pela primeira vez em sua história, um dirigente sindical, um dos debates sobre o sindicalismo se deu em torno da "cooptação" e/ou da "não cooptação" e das relações entre governo e movimento sindical. Enquanto Antunes (2008), por exemplo, interpreta que houve cooptação de dirigentes sindicais pelo governo, identificando uma ação cutista mais parceira do governo do que dos trabalhadores, outros autores remetem as divisões dentro da CUT e outros problemas que levaram à proliferação das centrais sindicais, às diferenças ideológicas no interior da própria CUT (FONTOURA, GINDIN & GENTILI, 2008; FERRAZ & GOUVEIA, 2008; GALVÃO; MARCELINO & TRÓPIA, 2015).

Essa visão de um sindicalismo cooptado não é consensual entre os analistas do sindicalismo. A coletânea de Oliveira, Bridi e Ferraz (2014) de certo modo consegue, no conjunto de seus capítulos, demonstrar os paradoxos e ambivalências vividos por

---

6. Boito, Galvão e Marcelino (2009), em um estudo sobre o sindicalismo na década de 2000, quando identificam o fenômeno do ressurgimento do movimento grevista, também consideraram equivocada a tese do declínio histórico do movimento sindical.

este ator social nos anos de 2000. Contrariando as teses da cooptação, autores como Ladosky, Ramalho e Rodrigues (2014), Krein e Teixeira (2014), e outros, analisam a intensa ação grevista e o balanço das negociações coletivas favoráveis aos trabalhadores, para a maioria das categorias no período. Krein e Teixeira (2014), por exemplo, identificam os movimentos contraditórios que envolveram as relações do movimento sindical com o governo. Depreende-se desses estudos, portanto, a importância de um olhar aberto para os paradoxos, para as ambivalências, para as relações complexas que envolvem as organizações dos trabalhadores.

A partir de 2017, com a Reforma Trabalhista aprovada pelo Governo Temer, um novo capítulo se abre para o sindicalismo, inaugurando, talvez, a sua mais profunda crise. Abrem-se, assim, novas linhas de investigação, um novo campo de pesquisa com vistas a entender e analisar como esse ator age e reage a essa reforma; como a reforma trabalhista impacta o movimento sindical, sua estrutura desde a base até suas federações, confederações e centrais sindicais.

Pensando a crise como mudança, um dos grandes desafios que se colocam para os estudiosos do trabalho consiste em discutir como tal crise afetará os sindicatos. Para discutir essa crise, contudo, é importante que se coloque o sentido da crise como categoria explicativa, mas sem o viés apocalíptico. O sindicato, como uma instituição complexa e parte de um todo igualmente complexo, buscará saídas para a crise, como vem fazendo ao longo de sua história.

3 Classe trabalhadora como problema conceitual e político

Neste item final, propomos uma reflexão mais detida a respeito da relação entre as pesquisas em Sociologia do Trabalho e os fundamentos teóricos e históricos que informam o conceito de classe social, em geral, e de classe trabalhadora, em particular. Como vimos até aqui, tanto na dimensão relativa à organização do trabalho quanto em relação ao movimento sindical, a tendência majoritária das pesquisas, a despeito das diferentes "entradas" a esses debates, pautava-se por um viés crítico, no sentido de que o mundo da produção capitalista era prioritariamente analisado sob a perspectiva da classe trabalhadora. A ênfase nesse ponto de vista certamente não implicava consenso a respeito de questões políticas mais amplas – questões presentes no próprio movimento sindical, que elaborava e discutia projetos de reforma e transformação das relações sociais existentes. Embora o poder econômico esteja concentrado no capital, a própria expressão "mundo do trabalho", recorrente nos estudos da área, sinalizava os sujeitos e a dimensão da esfera produtiva para os quais as principais perguntas eram dirigidas.

Ocorre que essa disposição teórica e analítica foi profundamente impactada por um conjunto de questionamentos que, de diferentes modos e com intenções também distintas, colocaram em xeque modelos que pressupunham experiências comuns ou identidades coletivas construídas em razão da atividade do trabalho. Certa inflexão também pode ser encontrada em razão de discussões mais gerais da Sociologia que, no intuito de superar o que seria um reducionismo de análises estruturais, passaram a valorizar a ação/agência dos sujeitos e os contextos como produtores de relações sociais. Por um lado, relações de trabalho passaram a ser tomadas de forma descurada das relações de dominação e exploração. Por outro, buscou-se reposicionar a compreensão sobre as formas de poder e dominação de forma que fosse possível dimensões micro e mais atentas a determinações não redutíveis aos interesses econômicos. Para concluir este capítulo, discutimos alguns desses questionamentos.

O primeiro deles, já mencionado, refere-se às obras e aos autores que atestavam uma crise estrutural da sociedade do trabalho em razão das transformações organizacionais e tecnológicas e que também repercutiam a fase de declínio de projetos alternativos ao capitalismo baseados no planejamento estatal da produção, especialmente após a dissolução do bloco soviético ou mesmo ao modelo do *Welfare State*. Nessa linha, e incidindo mais diretamente na discussão sociológica, Offe (1989) argumentou que as mudanças que acarretaram a fragmentação do trabalho teriam invalidado modelos teóricos que, de uma forma ou de outra, imaginavam ser possível pensar a sociedade por meio de identidades e experiências comuns vindas da prática do trabalho. A construção social dos valores e expectativas individuais não mais teria no trabalho seu ponto central de formação. Em Gorz (2003), esse diagnóstico significou que os modelos alternativos aos problemas criados pela ampla racionalização do trabalho, bem como os sujeitos que poderiam ensejar transformações, teriam que ser buscados e construídos fora dessa esfera, já que esta estaria fadada à heteronomia. A classe trabalhadora, não mais vista como a antítese – ou seja, como portadora em potencial de uma nova organização –, era agora considerada o duplo do capital (GORZ, 2003). O mundo do trabalho seria, portanto, a cópia necessária do mundo do capital.

Porém, é importante notar que o questionamento da experiência comum e da formação de identidades homogêneas pelo trabalho também era produzido por um movimento de outra ordem, a saber, um conjunto de intervenções, especialmente vindo de diferentes tradições do feminismo e dos estudos sobre raça, que ressaltavam a "diferença" produzida nas experiências e nas práticas de produção e na reprodução social/doméstica, pelo fato de essas relações serem simultaneamente sexuadas (HIRATA & KERGOAT, 1994; SOUZA-LOBO,

2011) ou racializadas (HASELBALG; SILVA & LIMA, 1999). Trata-se de um movimento distinto daquele representando por Offe (1989), pois não pressupunha um passado supostamente "homogêneo"; pelo contrário, buscava dar voz e reconhecimento a um conjunto de experiências e lutas que articulavam sexo/gênero, raça e classe na constituição de diferentes modalidades de agência e de "mundos do trabalho". Nesse sentido, não seria mais possível enfrentar a análise das relações de trabalho sem reconhecer que a esfera produtiva é condicionada pela dimensão reprodutiva e social mais ampla, o que provoca uma complexa articulação de diferentes mecanismos de exploração, dominação e opressão.

Mais recentemente, novos questionamentos e direções irromperam e ganharam força nas discussões da área. Uma linha cada vez mais presente é aquela que retoma, como já mencionado nas seções anteriores, certas teses do adeus ao trabalho, por meio de uma argumentação que enfatiza a dificuldade de se identificar a relação empregador-empregado nas atividades econômicas contemporâneas. Ressalta-se, nesse sentido, a formação do que seriam zonas ou franjas no mercado de trabalho nas quais, supostamente, seria impossível estabelecer normas tradicionais ou a caracterização jurídica de relações de emprego.

Interessante notar que essa caracterização pode assumir tanto feições que flertam com os mesmos pressupostos dos atuais discursos gerenciais – e que se expressam em documentos de organismos como a OIT (2015) – quanto posições críticas que, admitindo a quebra de padrões tradicionais de emprego (como os da era fordista), elaboram projetos que buscam desvincular direitos sociais do pertencimento ao mundo do trabalho, por meio, por exemplo, da criação de políticas de renda básica.

Neste último caso, uma referência que resume essa posição na discussão internacional, com repercussões na sociologia brasileira, é o trabalho de Standing (2013). Ancorado no que seria o potencial crítico do "adeus ao proletariado" declarado a partir dos anos de 1980, o autor identifica a classe trabalhadora construída pelo pacto fordista como atualmente reacionária, pois busca manter um padrão inviável de ser atualmente universalizado. Chama a atenção, então, à constituição do denominado precariado, camada majoritariamente composta de jovens, muitos com alta qualificação, mas posicionados em empregos de baixa qualidade, com alta rotatividade e com pouca relação com a formação adquirida. Esses grupos não teriam interesse, para o autor, em reeditar estratégias políticas tradicionais (seja neoliberalismo ou o trabalhismo social-democrata). A solução passaria, assim, pela desvinculação do estatuto de cidadania à inserção em empregos formais, especialmente por meio de programas de renda básica.

A Sociologia do Trabalho no Brasil participou desse movimento seja repercutindo ou produzindo abordagens originais. É digno de nota que, pela pouca extensão e fragilidade do mercado de trabalho formal, o tratamento da noção de precarização do trabalho, por exemplo, já era mais extenso e consolidado no Brasil do que nos países centrais, nos quais a noção geralmente estava associada à juventude e imigrantes.

Em relação a esse novo cenário, certos estudos, como o de Rosenfield (2015, p. 115), argumentam que as "zonas cinzentas" que embaralham as fronteiras da relação salarial causam um movimento duplo: podem recriar formas precárias de inserção no trabalho, mas também engendram estratégias individuais "criativas, variadas e inovadoras" (p. 116). Ainda, o autoempreendedorismo gerado nesse processo seria avesso a estratégias de ação coletiva. Outra vertente, como nos trabalhos de Braga (2012; 2017), acentua novas formas de exploração

e, em vez de considerar essa nova configuração como obstáculo às ações coletivas contestatórias, identificam uma nova forma de rebeldia e de configurações da ação coletiva. Nessa linha, o precariado não seria uma nova classe em oposição à classe trabalhadora tradicional, mas sua expressão contemporânea nos marcos do capitalismo flexível.

Esse debate expressa, como em outros momentos da discussão acadêmica, que o conceito de classe trabalhadora é, ao mesmo tempo, uma ferramenta analítica e um resultado da luta pela construção de uma identidade política. Tanto as análises quanto a luta política não se dão num vazio social, mas se constroem no interior de relações de poder. Nesse sentido, as conexões entre novas tecnologias, relações de trabalho e disputa ideológica precisam ser pontuadas. Em que sentido?

Vejamos a questão à luz de atividades econômicas que, por meio de aplicativos, oferecem diferentes tipos de serviços e mercadorias. No caso do transporte de pessoas, empresas têm se dedicado à construção de plataformas digitais que conectam usuários a motoristas que trabalham com carros próprios ou alugados. Como em outros casos, nesse serviço amplamente mercadorizado, motoristas detêm a propriedade legal dos meios necessários à prestação do serviço, o que significa que têm simultaneamente uma relativa autonomia para dispor do carro e a responsabilidade completa de arcar com os custos de manutenção, riscos financeiros, acidentes e adoecimentos etc. Em 2018, a Uber, maior companhia deste setor no Brasil, possuía 600 mil motoristas cadastrados em sua base, cobrando 25% de cada corrida realizada pelo aplicativo. O que seriam os motoristas da Uber, em situação comum a inúmeras outras atividades: empreendedores, uma classe média em ascensão, prestadores autônomos de serviço ou expressões das formas contemporâneas de existência da classe trabalhadora?

É importante reconhecer que as respostas a essas perguntas são alvo de intensa disputa política. Embora a construção da identidade de classe não se reduza a dispositivos jurídicos, a tipificação legal do vínculo empregatício cria condições particulares da organização de trabalhadores e, justamente por isso, tem sido refreada por medidas neoliberais que têm por objetivo incentivar princípios do empreendedorismo. Nesse sentido, a tecnologia existente, embora seja fundamental para viabilizar novas práticas econômicas, não determina, em si mesma, a forma social dessas relações, embora possa contribuir para produzir ofuscamentos – como ilustra, novamente, o caso da Uber, que alega serem profissionais autônomos os motoristas cadastrados em sua plataforma, mascarando, dessa forma, a condição de assalariamento.

Um dos impactos para a pesquisa neste campo é o fato de que diversas modalidades de agência dos sujeitos precisam ser analisadas no interior de um contexto que limita estruturalmente – e, em muitos casos, de forma perversa – o sentido de autonomia. No exemplo acima, a posse efetiva dos recursos e da força de trabalho pode ser mantida mesmo sem a propriedade legal dos automóveis, o que acompanha um movimento do capital no sentido de fomentar processos de valorização sem as contrapartidas historicamente conquistadas por forças do trabalho que se identificaram em torno de uma noção classista.

Este parece ser o desafio do presente imposto à Sociologia do Trabalho que se propõe a renovar tanto sua proposta analítica quanto seu pendor crítico.

Considerações finais

Uma das questões fundamentais ensejadas pelo presente capítulo é que as diversas fases e facetas assumidas pelos estudos da Sociologia do Trabalho no Brasil são o resultado da busca, pelos estudiosos e estudiosas da área, de abranger, sob as diferentes abordagens teóricas e metodológicas, as diversas transformações econômicas, sociais e políticas enfrentadas pela classe trabalhadora, postas em curso pelo avanço do modo de produção capitalista no país e, por suposto, na América Latina.

No que tange à organização dos processos de trabalho, os estudos realizados no Brasil nas últimas três décadas refletiram as mudanças na organização das empresas, que, por seu turno, decorreram de transformações pelas quais o país passou com a abertura comercial e a formação de blocos regionais, a privatização e a desnacionalização de determinados setores, a financeirização da economia, entre outros processos que, com distintas intensidades, foram levados a cabo pelos governos desde os anos de 1990 até os dias atuais, implicando sérias repercussões sobre o mundo do trabalho. Ademais, as condições e relações de trabalho, bem como as novas formas de emprego, são também o resultado da condição macroeconômica e política do Brasil e da posição que ocupa na divisão internacional do trabalho e da tecnologia, o que traz à tona a necessidade de se perquirir acerca das mazelas – como a extrema desigualdade social – decorrentes da condição de nação dependente e subdesenvolvida no tabuleiro do mercado mundial.

Tais dinâmicas, para além das mudanças nos processos e nas condições vivenciadas pela classe trabalhadora nos locais de trabalho, tiveram desdobramentos na ação coletiva dos trabalhadores e trabalhadoras, sobretudo no sindicalismo, sendo este um tema de pesquisa bastante profícuo da Sociologia do Trabalho no Brasil, na medida em que se busca compreender como tais sujeitos atuam coletivamente, organizam-se e associam-se para fazer frente às agruras do assalariamento, ou para buscar a repartição dos ganhos que suas atividades criam na sociedade. Desde o momento em que o capitalismo se consolidou no século XIX, os trabalhadores e trabalhadoras, ainda que não de forma homogênea e numa linha contínua, expressaram que somente por meio da ação coletiva poderiam melhorar suas condições gerais de vida e trabalho e a própria participação política no país.

As pesquisas em Sociologia do Trabalho no Brasil dedicadas ao sindicalismo e à ação coletiva demonstram, como buscamos evidenciar neste capítulo, que a classe trabalhadora buscou e tem buscado reagir às contradições postas pela acumulação capitalista lançando mão de diferentes recursos de organização, negociação e mobilização. Se nas décadas de 1970-1980 o movimento sindical nos países capitalistas centrais entrou em um processo de refluxo diante das seguidas ofensivas da reestruturação produtiva e das políticas neoliberais, no Brasil vivenciou-se um avanço da luta sindical, conformando as bases de uma estrutura, que, décadas mais tarde, em meio a um frágil processo de redemocratização, seguido por choques sequenciais de reformas liberalizantes, permitiu uma reação das massas, com a eleição de um presidente metalúrgico, Luís Inácio Lula da Silva.

Não obstante tal feito (que, ademais, não se restringiu ao Brasil), o sindicalismo e a classe trabalhadora não lograram obstacularizar os avanços do neoliberalismo e da reestruturação produtiva no país. Paulatinamente, as crises do capital (como em meados da década de 1990, na virada desta para os anos de 2000 e, recentemente, após 2008), o desemprego, a informalidade e as novas formas de contratação (como as advindas da regulamentação sobre a terceirização, de fins de 2016, e a reforma trabalhista aprovada em meados de 2017), vêm impondo enormes desafios e tornando cada vez mais urgentes uma reorganização do movimento sindical e de suas lutas. Lutas estas que, aliás, devem levar em conta processos que perpassam o mundo do trabalho, mas que estão além da relação entre capital e trabalho, como é o caso das questões de gênero e étnico-raciais.

Vale notar, ademais, que esse cenário resultante das constantes crises do capital, seguidas de retrocessos impostos à classe trabalhadora em suas condições e relações de trabalho, de representação e de mobilização, tem sido acompanhado de uma difusão de ideologias que trazem, explícita ou implicitamente, a concepção de que o êxito ou o fracasso dos trabalhadores e trabalhadoras é algo circunscrito às decisões individuais que tomam e desvinculado da responsabilidade do Estado em regular a assimetria inerente a essas relações. Tal concepção vem ao encontro de uma gama de ocupações que, em meio ao desemprego e à desregulamentação dos direitos trabalhistas, lentamente têm substituído (ou simplesmente mascarado, precarizando) a clássica relação salarial, pondo em curso formas de autoexploração (como ilustra o caso da Uber).

Tal como com os demais temas, a Sociologia do Trabalho no Brasil tem buscado debruçar-se sobre esses paradoxos, por meio de diversos estudos teórico-conceituais e pesquisas empíricas que incidem sobre as complexas formas de labor que emergem da chamada economia de "compartilhamento" (*sharing economy*), do "empreendedorismo" e da "uberização", indagando sobre suas consequências e as novas formas de ser da classe trabalhadora em meio a tais dinâmicas.

Referências

ABRAMO, L. & MONTERO, C. A Sociologia do Trabalho na América Latina: paradigmas teóricos e paradigmas produtivos. In: *BIB*, n. 40, 1995, p. 65-83 [Disponível em: https://anpocs.com/index.php/bib-pt/bib-40/459-a-sociologia-do-trabalho-na-america-latina-paradigmas-teoricos-e-paradigmas-produtivos/file – Acesso em 19/03/2019].

ABREU, A.R.P.; HIRATA, H. & LOMBARDI, M.R. (orgs.). *Gênero e trabalho no Brasil e na França*: perspectivas interseccionais. São Paulo: Boitempo, 2016.

ALVES, G. *A condição de proletariedade*: a precariedade do trabalho no capitalismo global. Londrina: Praxis, 2009.

_____. *O novo (e precário) mundo do trabalho*: reestruturação produtiva e crise do sindicalismo. São Paulo: Boitempo/Fapesp, 2000.

AMORIM, H. *Trabalho (imaterial), valor e classes sociais*: diálogos com pesquisadores contemporâneos. São Carlos: Edufscar, 2017.

_____. *Trabalho imaterial*: Marx e o debate contemporâneo. São Paulo: Annablume, 2009.

_____. *Teoria social e reducionismo analítico*: para uma crítica ao debate sobre a centralidade do trabalho. Caxias do Sul: Editora da Universidade Estadual de Caxias do Sul, 2006.

ANTUNES, R. *O privilégio da servidão*: o novo proletariado de serviços na era digital. São Paulo: Boitempo, 2018.

_____. *Os sentidos do trabalho*: ensaio sobre a afirmação e a negação do trabalho. São Paulo: Boitempo, 1999.

_____. *Adeus ao trabalho?* – Ensaio sobre as metamorfoses e a centralidade do mundo do trabalho. São Paulo/Campinas: Cortez/Unicamp, 1995.

_____. *O novo sindicalismo*. São Paulo: Brasil Urgente, 1991.

ANTUNES, R. (org.). *Riqueza e miséria do trabalho no Brasil IV*. São Paulo: Boitempo, 2019.

_____. *Riqueza e miséria do trabalho no Brasil III*. São Paulo: Boitempo, 2014.

_____. *Riqueza e miséria do trabalho no Brasil II*. São Paulo: Boitempo, 2013.

_____. *Riqueza e miséria do trabalho no Brasil*. São Paulo: Boitempo, 2006.

_____ *Neoliberalismo, trabalho e sindicatos*. São Paulo: Boitempo, 1998.

ANTUNES, R. & SILVA, M.A.M. *Avesso do trabalho*. São Paulo: Expressão Popular, 2006.

ARAÚJO, A.M.C.; CARTONI, D.M. & JUSTO, C.R.D.M. Reestruturação produtiva e negociação coletiva nos anos 90. In: *Revista Brasileira de Ciências Sociais*, vol. 16, n. 45, fev./2001, p. 85-112. [Associação Nacional de Pós-graduação em Ciências Sociais (Anpocs)] [Disponível em http://www.scielo.br/pdf/rbcsoc/v16n45/4332.pdf – Acesso em: 19/03/2019].

ARAÚJO, A.M.C. & OLIVEIRA, R.V. (orgs.). *Formas de trabalho no capitalismo atual*: condição precária e possibilidades de reinvenção. São Paulo: Annablume, 2011.

BIHR, A. *Da grande noite à alternativa*. São Paulo: Boitempo, 1999.

BRAGA, R. & ANTUNES, R. (orgs.). *A rebeldia do precariado*: trabalho e neoliberalismo no Sul global. São Paulo: Boitempo, 2017.

_____. *A política do precariado*: do populismo à hegemonia lulista. São Paulo: Boitempo, 2012.

_____. *Infoproletários*: degradação real do trabalho virtual. São Paulo: Boitempo, 2009.

BRIDI, M.A. *Sindicalismo e trabalho em transição e o redimensionamento da crise sindical*. Curitiba: UFPR, 2005 [Dissertação de mestrado] [Disponível em https://acervodigital.ufpr.br/bitstream/handle/1884/2545/tese%20maria%20aparecida%20bridi.pdf?sequence=1&isAllowed=y – Acesso em 19/03/2019.

BRIDI, M.A.; BRAGA, R. & SANTANA, M. Sociologia do Trabalho no Brasil hoje: balanço e perspectivas. In: *Revista Brasileira de Sociologia*, vol. 6, n. 12, jan.-abr./2018, p. 42-64 [Disponível em: http://www.sbsociologia.com.br/rbsociologia/index.php/rbs/article/view/341/197 – Acesso em 19/03/2019.

BRIDI, M.A. & LIMA, J.C. (orgs.). *Flexíveis, virtuais e precários?* – Os trabalhadores em tecnologias de informação. Curitiba: UFPR, 2018.

CARDOSO, A.M. *Ensaios de sociologia do mercado de trabalho brasileiro*. Rio de Janeiro: FGV, 2013.

_____. *A década neoliberal e a crise dos sindicatos no Brasil*. São Paulo: Boitempo, 2003.

_____. *Sindicatos, trabalhadores e a coqueluche neoliberal*. Rio de Janeiro: FGV, 1999.

CAVALCANTE, S. & MARCELINO, P. Por uma definição de terceirização. In: *Caderno CRH*, vol. 25, 2012, p. 331-346. UFBA [Disponível em http://www.

scielo.br/pdf/ccrh/v25n65/v25n65a10.pdf – Acesso em 19/03/2019].

COLI, J. *Vissi d'arte por amor a uma profissão*: um estudo sobre a profissão do cantor no teatro lírico. São Paulo: Annablume, 2006.

DAL ROSSO, S. *Mais trabalho!* – A intensificação do trabalho na sociedade contemporânea. São Paulo: Boitempo, 2008.

DRUCK, M.G. *Terceirização*: (des)fordizando a fábrica. São Paulo: Boitempo, 1999.

FERRAZ, M.A. *Disritmia*: sindicalismo e economia solidária no interior da CUT. Dourados: UFGD, 2013.

GALVÃO, A.; MARCELINO, P. & TRÓPIA, P.V. *As bases sociais das novas centrais sindicais brasileiras.* Curitiba: Appris, 2015.

GITAHY, L. (org.). *A new paradigm of industrial organization*: the diffusion of technological and managerial innovations in the Brazilian industry. Uppsala Universitet, Suécia, 2000 [Tese de doutorado] [Disponível em https://uu.diva-portal.org/smash/get/diva2:165978/FULLTEXT01.pdf – Acesso em 19/03/2019].

_____. *Reestructuración productiva, trabajo y educación en America Latina.* Campinas, SP: IG/Unicamp; RED CIID-Cenep: Buenos Aires, 1994.

_____. *Arbetsprocessens dubbelkaraktär*: en kritik av Bravermans degraderings teser [O duplo caráter do processo de trabalho: uma crítica às teses de degradação de Braverman]. Uppsala Universitet, Suécia, 1980 [Dissertação de mestrado].

GITAHY, L. & LEITE, M.P. *Novas tramas produtivas*: uma discussão teórico-metodológica. São Paulo: Senac, 2005.

GITAHY, L. & RABELO, F. Educación e Desarrollo Tecnológico: el caso de la indústria de autopartes. In: GALLART, M.A. (org.). *Educación y trabajo*: desafios e perspectivas de investigacion y politicas para la decada de los noventa. Montevidéu: Red Latinoamericana de Educación y Trabajo/CIID-Cenep/Cinterfor, 1992, p. 107-141.

GITAHY, L. & RACHID, A. Programas de qualidade, trabalho e educação. In: *Em Aberto*, ano XV, 65, jan.-mar./1995, p. 63-93. Brasília, Inep/MEC [Disponível em http://www.emaberto.inep.gov.br/index.

php/emaberto/article/viewFile/2011/1980 – Acesso em 19/03/2019].

GITAHY, L. et al. Relações interfirmas, eficiência coletiva e emprego em dois *clusters* da indústria brasileira. In: *Revista Latinoamericana de Estudios del Trabajo*, ano 3, n. 6, 1997, p. 39-78. Campinas: Associação Latino-Americana de Estudos do Trabalho (Alast).

GORZ, A. *Metamorfoses do trabalho*. São Paulo: Annablume, 2003.

_____. *Adeus ao proletariado*. Rio de Janeiro: Forense Universitária, 1982.

GUANAIS, J.B. *Pagamento por produção, intensificação do trabalho e superexploração na agroindústria canavieira brasileira*. São Paulo: Outras Expressões/Fapesp, 2018.

GUANAIS, J.B. & FELIX, G. *Superexploração do trabalho no século XXI*: debates contemporâneos. Bauru: Praxis, 2018.

GUIMARÃES, N.A. (org.). *A máquina e o equilibrista*: inovações na indústria automobilística brasileira. Rio de Janeiro: Paz e Terra, 1995.

GUIMARÃES, N.A.; HIRATA, H.S. & SUGITA, K. (orgs.). *Trabalho flexível, empregos precários?* – Uma comparação Brasil, França, Japão. São Paulo: Edusp, 2009.

GUIMARÃES, S.M.K. *Trabalho, emprego e relações laborais em setores intensivos em conhecimento*: Brasil, México, Canadá. Porto Alegre: UFRGS, 2009.

HASELBALG, C.; SILVA, N.V. & LIMA, M. *Cor e estratificação social*. Rio de Janeiro: Contra Capa, 1999.

HIRATA, H.S. (org.). *Nova divisão sexual do trabalho?* – Um olhar voltado para a empresa e a sociedade. São Paulo: Boitempo, 2002.

_____. *Sobre o "modelo" japonês*: automatização, novas formas de organização e de relações de trabalho. São Paulo: Edusp, 1993.

HIRATA, H.S. & GUIMARÃES, N.A. (orgs.). *Cuidado e cuidadoras*: as várias faces do trabalho do *care*. São Paulo: Atlas, 2012.

HIRATA, H.S. & KERGOAT, D. A classe operária tem dois sexos. In: *Estudos Feministas*, vol. 2, n. 3, 1994, p. 93-100 [Disponível em https://periodicos.

ufsc.br/index.php/ref/article/viewFile/16291/14832 – Acesso em 19/03/2019].

JÁCOME RODRIGUES, I. *O novo sindicalismo*: vinte anos depois. Petrópolis: Vozes/Educ/Unitrabalho, 1999.

JINKINGS, N. *O mister de fazer dinheiro*: automatização e subjetividade no trabalho bancário. São Paulo: Boitempo, 1995.

KREIN, J.D. & TEIXEIRA, M. As controvérsias das negociações coletivas nos anos 2000 no Brasil. In: OLIVEIRA, R.V.; BRIDI, M.A. & FERRAZ, M. (orgs.). *O sindicalismo na era Lula*: paradoxos, perspectivas e olhares. Belo Horizonte: Fino Traço, 2014, p. 213-245.

LADOSKY, M.H.G.; RAMALHO, J.R. & RODRIGUES, I.J. A questão trabalhista e os desafios da ação sindical nos anos 2000. In: OLIVEIRA, R.V.; BRIDI, M.A. & FERRAZ, M. (orgs.). *O sindicalismo na era Lula*: paradoxos, perspectivas e olhares. Belo Horizonte: Fino Traço, 2014, p. 61-85.

LEITE, M.P. & NEVES, M.A. (org.). *Trabalho e sociedade em transformação*: mudanças produtivas e atores sociais. São Paulo: Perseu Abramo, 2003.

_____. *Trabalho, qualificação e formação profissional*. São Paulo/Rio de Janeiro: Alast/Sert-SP, 1998.

LESSA, S. *Trabalho e proletariado no capitalismo contemporâneo*. São Paulo: Cortez, 2007.

LOCKE, R. & THELEN, K. Comparações contextualizadas: uma abordagem alternativa para a análise da política sindical. In: *Revista Latinoamericana del Trabajo*, ano 4, n. 8, 1998, p. 109-149.

MARCELINO, P.R.P. *A logística da precarização*. São Paulo: Expressão Popular, 2004.

MARTINS, C.E. & VALENCIA, A.S. (orgs.). *A América Latina e os desafios da globalização*: ensaios dedicados a Ruy Mauro Marini. São Paulo: Boitempo, 2009.

MELO, M.C.O.L. & NETO, A.M.C. *Negociação coletiva e relações de trabalho*: o debate atual. São Paulo: Abet, 1998.

MOCELIN, D.G. Mudança tecnológica e qualidade do emprego nas telecomunicações. *Sociologias*, ano 12, n. 23, jan.-abr./2010, p. 304-339. Porto Alegre [Disponível em http://www.scielo.br/pdf/soc/n23/11.pdf – Acesso em 19/03/2019].

NAVARRO, V. *Trabalho e trabalhadores do calçado*: a indústria calçadista de Franca. São Paulo: Expressão Popular, 2006.

NAVARRO, V. & LOURENÇO, E.A.S. *Avesso do trabalho IV: terceirização* – Precarização e adoecimento no mundo do trabalho. São Paulo: Expressão Popular, 2017.

_____. *Avesso do trabalho III*: saúde do trabalhador e questões contemporâneas. São Paulo: Expressão Popular, 2013.

NAVARRO, V.; LOURENÇO, E.A.S.; SILVA, J. & SANT'ANA, R. *Avesso do trabalho II*: trabalho, precarização e saúde do trabalhador. São Paulo: Expressão Popular, 2010.

NOGUEIRA, C.M. *A feminização no mundo do trabalho*. Campinas: Autores Associados, 2004.

OFFE, C. Trabalho como categoria sociológica fundamental? In: *Trabalho e Sociedade*. Rio de Janeiro: Tempo Brasileiro, 1989, p. 13-41.

OLIVEIRA, E. *Toyotismo no Brasil*: desencantamento da fábrica. São Paulo: Expressão Popular, 2004.

OLIVEIRA, R.V. *Sindicalismo e democracia no Brasil*: atualização do novo sindicalismo ao sindicato cidadão. São Paulo: USP, 2002 [Tese de doutorado].

OLIVEIRA, R.V.; BRIDI, M.A. & FERRAZ, M. (orgs.). *O sindicalismo na era Lula*: paradoxos, perspectivas e olhares. Belo Horizonte: Fino Traço, 2014.

OLIVEIRA, V. *Trabalho imaterial e teoria do valor em Marx*: semelhanças ocultas e nexos necessários. São Paulo: Expressão Popular, 2013.

OIT (Organização Internacional do Trabalho). *World employment and social outlook 2015*: the changing nature of jobs. Genebra: International Labour Office, 2015 [Disponível em https://www.ilo.org/wcmsp5/groups/public/–dgreports/–dcomm/–publ/documents/publication/wcms_368626.pdf – Acesso em 19/03/2019].

PINTO, G.A. *A organização do trabalho no século 20*: taylorismo, fordismo e toyotismo. 3. ed. São Paulo: Expressão Popular, 2013.

_____. *A máquina automotiva em suas partes*: um estudo das estratégias do capital na indústria de autopeças. São Paulo: Boitempo, 2011.

POSTHUMA, A.C. (org.). *Abertura e ajuste do mercado de trabalho no Brasil*: políticas para conciliar os desafios de emprego e competitividade. Brasília/Genebra: OIT//Ministério do Trabalho e Emprego, 1999.

RAMALHO, J.R. Novas fábricas, velhas práticas: relações trabalhistas e sindicais na indústria automobilística brasileira. In: *Cadernos do CRH*, vol. 17, n. 41, mai.-ago./2004, p. 199-210. Salvador: UFBA [Disponível em https://portalseer.ufba.br/index.php/crh/article/view/18489/11865 – Acesso em 19/03/2019].

_____. A precarização do trabalho e impasses da organização coletiva no Brasil. In: ANTUNES, R. (org.). *Neoliberalismo, trabalho e sindicatos*. 2. ed. São Paulo: Boitempo, 2002.

RAMALHO, J.R. & MARTINS, H. (orgs.). *Terceirização*: diversidade e negociação no mundo do trabalho. São Paulo: Hucitec, 1994.

RODRIGUES, I.J. Relações de trabalho e ação sindical no ABC paulista nos anos 1990. In: NABUCO, R.M.; NEVES, M. & CARVALHO NETO, A. (orgs.). *Indústria automotiva*: a nova geografia do setor produtivo. Rio de Janeiro: DP&A, 2002, p. 273-299.

RODRIGUES, I.J. & RAMALHO, J.R. (orgs.). *Trabalho e sindicato em antigos e novos territórios produtivos*: comparações entre o ABC paulista e o Sul fluminense. São Paulo: Annablume, 2007.

RODRIGUES, L.M. *Destino do sindicalismo*. São Paulo: Edusp/Fapesp, 2002.

ROMERO, D. *Marx e a técnica*: um estudo dos manuscritos de 1861-1863. São Paulo: Expressão Popular, 2005.

ROSENFIELD, C. Autoempreendedorismo: forma emergente de inserção social pelo trabalho. In: *Revista Brasileira de Ciências Sociais*, vol. 30, n. 89, out./2015, p. 115-128 [Disponível em http://www.scielo.br/pdf/rbcsoc/v30n89/0102-6909-rbcsoc-30-89-0115.pdf – Acesso em 19/03/2019].

SANTANA, M.A. O "novo" e o "velho" sindicalismo: análise de um debate. In: *Revista de Sociologia e Política*, 10/11, 1998, p. 19-35 [Disponível em: https://revistas.ufpr.br/rsp/article/view/39274/24094 – Acesso em 19/03/2019].

SANTANA, P.M. O capitalismo e a sua negação: novos paradigmas tecnológicos e superexploração do trabalho. In: *Dependência e superexploração do trabalho no capitalismo contemporâneo*. Brasília: Ipea/Abet, 2013, p. 108-124 [Disponível em http://repositorio.ipea.gov.br/bitstream/11058/5499/1/Depend%C3%AAncia%20e%20superexplora%C3%A7%C3%A3o%20do%20trabalho%20no%20capitalismo%20contempor%C3%A2neo.pdf – Acesso em 19/03/2019].

SANTOS, A.P. *A usinagem do capital e o desmonte do trabalho*: reestruturação produtiva nos anos de 1990, o caso da Zanini S/A de Sertãozinho, SP. São Paulo: Expressão Popular, 2010.

SEGNINI, L.R.P. *Mulheres no trabalho bancário*: difusão tecnológica, qualificação e relações de gênero. São Paulo: Edusp, 1998.

SEGNINI, L.R.P. & HIRATA, H. (orgs.). Os músicos e seu trabalho: diferenças de gênero e raça. In: *Tempo Social*, vol. 26, n. 1, 2015, p. 75-86 [Disponível em http://www.revistas.usp.br/ts/article/view/84980/87744 – Acesso em 19/03/2019].

_____. *Organização, trabalho e gênero*. São Paulo: Senac, 2007.

SILVA, M.A.M. Condições de trabalho nos canaviais: o que mudou? In: *Teoria e Debate*, 84, 01/09/2009 [Disponível em https://teoriaedebate.org.br/2009/09/01/trabalho-nos-canaviais-o-que-mudou/ – Acesso em 19/03/2019].

SOUZA-LOBO, E. *A classe operária tem dois sexos*: trabalho, dominação e resistência. São Paulo: Perseu Abramo, 2011.

STANDING, G. *O precariado*: a nova classe perigosa. Belo Horizonte: Autêntica, 2013.

TAUILE, R. Microeletrônica e automação: a indústria automobilística no Brasil. In: *Revista de Economia Política*, vol. 6, n. 3, jul.-set./1986, p. 69-81 [Disponível em http://www.rep.org.br/PDF/23-6.PDF – Acesso em 19/03/2019].

TRASPADINI, R. & STÉDILE, J.P. *Ruy Mauro Marini*: vida e obra. São Paulo: Expressão Popular, 2005.

TROPIA, P. *Força sindical*: política e ideologia no sindicalismo brasileiro. São Paulo: Expressão Popular, 2009.

WOLFF, S.V. *Informatização do trabalho e reificação*: uma análise à luz dos Programas de Qualidade Total. Campinas: Unicamp/Eduel, 2005.

19
Sociologia da intelectualidade
"Intelectuais, cultura e poder: uma agenda brasileira de pesquisa"

Antônio Brasil Jr.

A cultura sempre ocupou um lugar central nas ciências sociais brasileiras. Ainda antes de sua institucionalização universitária, iniciada na década de 1930, uma importante literatura sociológica sobre a formação da cultura brasileira em perspectiva comparada e de longa duração surgiu nos chamados "ensaios de interpretação do Brasil", em que se destacam, dentre outros, *Casa grande & senzala* (1933) e *Sobrados e mucambos* (1936), de Gilberto Freyre, e *Raízes do Brasil* (1936), de Sérgio Buarque de Holanda. Eles analisaram, de diferentes perspectivas, as transformações da cultura ibérica ao longo do processo de colonização, a formação de uma sociedade agrária de novo tipo nos trópicos e os efeitos duradouros do legado colonial na modernização da sociedade brasileira. Estes temas ajudaram a conformar uma agenda de investigação que enlaçou sucessivas gerações de pesquisadores universitários das mais variadas disciplinas, como a sociologia, a antropologia, a ciência política, a história e os estudos literários (ARANTES, 1992; ARRUDA, 2004; BOTELHO, 2007; 2010; CANDIDO, 2006; LIMA, 2013; SANTOS, 1978).

A despeito da pressão crescente pela especialização e definição das fronteiras disciplinares nas ciências sociais brasileiras, este legado de uma reflexão interdisciplinar, comparativa e historicamente orientada sobre a cultura é o nexo central de uma área de pesquisa chamada "Pensamento social no Brasil". Especialização de difícil tradução para outros contextos nacionais, ela toma como objeto de análise as "interpretações do Brasil" codificadas nos mais variados registros culturais – ensaios, obras de arte, monografias científicas etc. –, os intelectuais (em sentido amplo) que as produzem e os seus efeitos sociais e políticos no processo social (BASTOS, 2002; BRANDÃO, 2007; MICELI, 1999; OLIVEIRA, 1999; BASTOS & BOTELHO, 2010a). Dito de outra maneira, a área de "Pensamento social no Brasil" visa a perscrutar as relações entre intelectuais, cultura e poder na sociedade brasileira, bem como as tradições intelectuais que nela foram se formando historicamente. Se é verdade que parte expressiva dos pesquisadores da área de "Pensamento social no Brasil" atua na sociologia, ela igualmente abriga antropólogos, historiadores e cientistas políticos, o que abre a possibilidade de cruzamentos teórico-metodológicos entre distintas abordagens sobre a cultura (SCHWARCZ & BOTELHO, 2011; BOTELHO, 2015). Não por acaso, uma agenda de pesquisas que vem emergindo neste campo nos últimos anos é a análise das ideias como forças sociais reflexivas, o que exige a combinação de distintas perspectivas a fim de indagar o modo pelo qual elas se configuram como recursos abertos à criatividade cultural grupos sociais em suas práticas e disputas (BASTOS & BOTELHO, 2010b; BRASIL JR., 2015).

Com o intuito de demostrar o potencial desta agenda de pesquisas emergente, vamos discutir aqui brevemente três livros lançados há pouco no mercado editorial brasileiro: *Médicos intérpretes do Brasil* (2015), organizado por Gilberto Hochman e Nísia Trindade Lima; *Flores, votos e balas: o movimento abolicionista brasileiro (1868-1888)* (2015), de Angela Alonso; e *Lima Barreto: triste visionário* (2017), de Lilia Moritz Schwarcz. Esses três livros, ainda que de diferentes modos, assumem o desafio de analisar como as ideias importam nas direções assumidas pelo processo social, não sendo, portanto, simples epifenômenos de outras dimensões mais "estruturais"; além disso, cada livro procura alargar as fronteiras da área de pesquisa em "Pensamento social no Brasil" ao conectá-las com outras especializações das ciências sociais e humanas. Hochman e Lima fazem uma aproximação com a história das ciências e da saúde pública no Brasil; Alonso repensa o estatuto das ideias e da cultura a partir da literatura recente sobre movimentos sociais; e Schwarcz, historiadora e antropóloga de formação, dialoga com a crítica literária ao escrever a biografia de um dos mais importantes escritores brasileiros. Em suma, estes três livros aprofundam em novas direções a tendência interdisciplinar que constitui este campo de pesquisa.

A opção por analisar as abordagens sociológicas da cultura no Brasil a partir da área de "Pensamento social no Brasil" significa que não pretendo fazer um levantamento exaustivo. Afinal, há outros projetos alternativos e/ou concorrentes de definição de uma agenda de pesquisa em torno da cultura através da reivindicação de marcadores disciplinares mais consolidados na comunidade científica internacional, como "sociologia da cultura" (ARRUDA, 2001; FARIAS, 2016; PINHEIRO & ALONSO, 2017), "sociologia da arte" (VILLAS BÔAS & QUEMIN, 2016) e "estudos culturais"

(MIGLIEVICH-RIBEIRO et al., 2017). O verdadeiro *boom* de balanços de área nos últimos vinte anos é revelador da densidade do tema na sociologia e nas ciências sociais brasileiras e de seu pluralismo teórico-metodológico, assim como dos conflitos em torno de suas fronteiras, alcances e limites. Como veremos a seguir, as ciências sociais brasileiras têm analisado as várias dimensões da vida cultural, seguindo as orientações mais gerais dessas disciplinas em contexto internacional. Porém, é patente a força que a pesquisa sobre os intelectuais e os efeitos de sua atuação na sociedade brasileira assume em nossa comunidade científica.

Um mapa da cultura nas ciências sociais brasileiras

Antes de começar a discussão mais sistemática dos três livros selecionados, cabe mapear de modo bastante sintético a discussão sobre cultura nas ciências sociais brasileiras. Para tal, mobilizo aqui dois materiais distintos: um levantamento dos Grupos de Trabalho sobre cultura no principal evento científico do país e uma exploração bibliométrica das redes de palavras-chave e de autores mais citados nos artigos científicos brasileiros referidos ao tema. Isso ajudará a visualizar o peso e o lugar que a pesquisa sobre ideias e intelectuais assume neste contexto.

O encontro anual da Associação Nacional de Pós-graduação e Pesquisa em Ciências Sociais (Anpocs) vem, desde 1977, organizando a discussão das ciências sociais no país a partir de seus Grupos de Trabalho (BOTELHO et al., 2017). Refletindo o padrão histórico de institucionalização dessas disciplinas no Brasil, que desde sua origem até hoje são ensinadas de modo integrado na maioria dos cursos de graduação em ciências sociais, a Anpocs abriga GTs de sociologia, antropologia, ciência política e interdisciplinares. Dentre os interdisciplinares, encontra-se o de "Pensamento social no Brasil",

19 Sociologia da intelectualidade — Seção II 341

Quadro 1 Grupos de Trabalho da Anpocs

Grupo de trabalho	Período
Elites Políticas	1978 a 1989, 1991, 1992 e 1994 a 1996
Cultura Popular e Ideologia Política	1979 a 1984
Sociologia da Cultura Brasileira	1979 a 1989, 1991, 1992, 1994 a 1996
Pensamento Social no Brasil	1983 a 1989, 1991, 1992, 1994 a 1996, 1998 a 2000, 2002, 2003, 2005, 2006, 2008, 2009, 2011, 2012, 2014, 2015
Cultura e Política	1994 a 1996
Teoria Política e História das Ideias	1994 a 1996
Rituais, representações e violência na política	1998 a 2000, 2002, 2003
Esporte, política e cultura	2002, 2003
Violência, Sociedade e Cultura	2002, 2003
Dilemas da modernidade periférica	2005, 2006, 2008, 2009
Cidades: sociabilidades, cultura, participação e gestão	2005, 2006
Performance, drama e sociedade	2005, 2006
Os regimes de subjetivação ameríndios e a objetivação da cultura	2005, 2006
Violência, conflito e práticas culturais	2005, 2006
Cultura brasileira: modos e estilos de vida	2008, 2009
Cultura, Economia e Política	2008, 2009
Ciberpolítica, ciberativismo e cibercultura	2011, 2012, 2014, 2015
Intelectuais, cultura e democracia	2014, 2015
Pensamento social latino-americano	2011, 2012, 2014, 2015
Teoria política e pensamento político brasileiro	2011, 2012, 2014, 2015
Arte e cultura nas sociedades contemporâneas	2014, 2015
Democracia na América Latina: política, cultura, sociedade	2014, 2015

Fonte: Anpocs, 2016.

o mais longevo de toda a história da associação. No quadro abaixo é possível ver a presença dos grupos voltados à discussão da cultura (em sentido amplo) e seus períodos de vigência na Anpocs.

No quadro, vemos uma maior concentração dos eixos temáticos ou analíticos em um primeiro momento (1978-1996) e uma maior dispersão e especialização em um momento posterior (1998-2015), o que acompanha o próprio processo de expansão e diferenciação disciplinar da pós-graduação no país. Os títulos dos GTs com maior presença no primeiro momento remetem a um arco de problemas que conecta os seguintes eixos: elites políticas[1], intelectuais, interpretações do Brasil,

---

1. O GT "Elites políticas", em suas primeiras edições, abrigou a discussão sobre intelectuais brasileiros.

Imagem 1 Mapa de rede de palavras-chave associadas a "cultura" nos artigos científicos das ciências sociais brasileiras

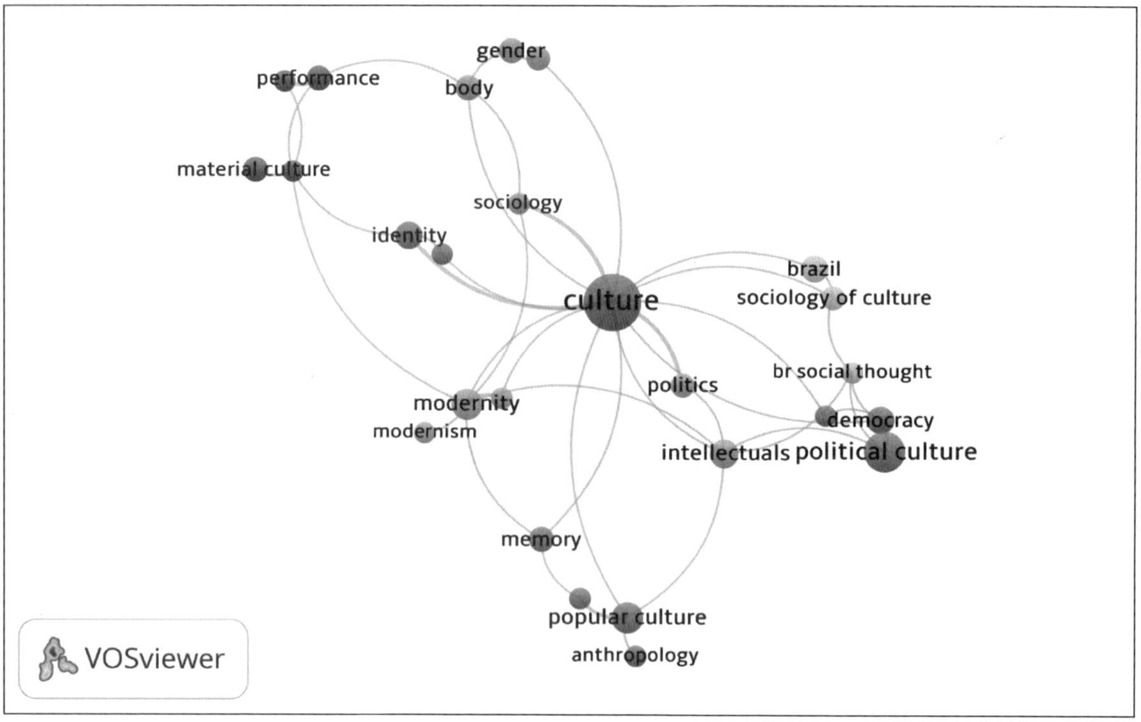

Fonte: SciELO Citation Index.

cultura brasileira e cultura popular. Esta conexão aponta para o peso que se confere, de um lado, ao trabalho simbólico dos intelectuais e suas articulações com o espaço do poder (MICELI, 1999), e, de outro, à importância das "interpretações do Brasil" (Oliveira, 1999), duas questões centrais da agenda de pesquisas sobre a cultura no Brasil. Já no segundo momento, vemos uma maior pluralização disciplinar e temática, com GTs mais claramente voltados à antropologia ou à ciência política, por exemplo, bem como uma menor duração dos GTs, à exceção de "Pensamento social no Brasil". Embora seja notável a presença de novos temas – como esportes, cidades, cibercultura, rituais, arte, *performance*, violência etc. –, continua a existir um forte interesse pelas relações entre intelectuais, cultura e poder no Brasil, ainda que a partir de recortes mais específicos ou através de sua ampliação para o espaço latino-americano.

Outro modo de se demonstrar o peso da relação entre intelectuais, cultura e poder nas ciências sociais brasileiras é através da exploração bibliométrica de sua produção científica. A partir da busca pelo termo "cultura" em periódicos brasileiros de ciências sociais indexados na SciELO Citation Index, encontramos 359 artigos que continham o termo em seu título, resumo ou palavras-chave entre 2002 e 2017. Com as informações coletadas foi possível construir dois mapas de rede com o software VOSviewer: um com as associações entre as palavras-chave (atribuídas pelos próprios autores dos artigos) citadas mais de cinco vezes (Imagem 1) e outro com as associações entre os autores citados mais de quinze vezes no conjunto dos artigos[2] (Imagem 2).

Nesta rede de palavras-chave (Imagem 1), há diferentes *clusters* de termos associados. Quanto maior a proximidade dos termos, maior a possibilidade de uma palavra-chave estar citada junto a outra. Apesar das limitações do uso de palavras-chave para desenhar um mapa temático[3], creio que elas ao menos podem oferecer algumas pistas sobre a semântica de um campo científico. O nó central da rede é o próprio termo "cultura", o que é inevitável, uma vez que foi a palavra selecionada para a extração da lista dos 359 artigos.

Na parte superior da rede, concentram-se os termos que se ligam às discussões mais gerais sobre cultura na antropologia e na sociologia, como "identidade", *"performance"* e "gênero". Na parte inferior da rede também aparecem termos disseminados na literatura sociológica internacional, mas ganham evidência especialmente os termos ligados à cultura no Brasil, como "Brasil", "pensamento social brasileiro", "modernismo", bem como suas associações com os termos "intelectuais", "cultura política" e "cultura popular". O marcador subdisciplinar "sociologia da cultura" também figura na parte inferior da rede, revelando sua maior conexão com temas ou objetos localizados na sociedade brasileira.

A fim de termos algum parâmetro de contraste com outros contextos nacionais, fizemos o levantamento – sem intenção de comparação estrita – dos 359 artigos mais citados na sociologia estadunidense que igualmente contivessem o termo "cultura" em seu título, resumo ou palavras-chave, de acordo com o Social Science Citation Index. Isso nos permite gerar o seguinte quadro, colocando lado a lado o *ranking* das palavras-chave nas ciências sociais brasileiras e na sociologia estadunidense[4]:

Das 25 palavras-chave em cada contexto, apenas sete se repetem, mas em distintas posições. O principal aspecto a ser destacado no quadro é a maior recorrência, nas ciências sociais brasileiras, dos termos "cultura política", "modernidade", "cultura popular", "intelectuais", "Brasil" e "democracia". No caso estadunidense, "gênero", "identidade", "raça" e "sexualidade" aparecem nas primeiras posições, sinalizando para a relevância destes marcadores sociais de diferença e desigualdade, bem como dos termos ligados à classe e à estratificação social, que aparecem mais abaixo com diferentes nomes. Portanto, por contraste, vemos que os dois contextos pesam de modo diverso a conexão entre cultura e sociedade: nas ciências sociais brasileiras, como exposto anteriormente no mapa com a rede de palavras-chave (Imagem 1), há uma significativa associação entre "intelectuais", "política", "cultura política", "pensamento social brasileiro", "modernidade" e "cultura popular"; já na sociologia estadunidense, esse feixe semântico parece pouco relevante, com mais ênfase mais nas relações da cultura com as várias ordens de dife-

---

2. Uma vez que a "cultura", sobretudo depois da chamada "virada cultural" das ciências sociais, é transversal às especializações disciplinares, é possível que os resultados encontrados também sejam algo representativos do conjunto das ciências sociais brasileiras, e não só de sua variante assumidamente "cultural". Para mais informações sobre o software VOSViewer, cf. Van Eck e Waltman (2010).

3. É possível que alguns temas estejam sub-representados devido à possível dispersão de suas palavras-chave. No entanto, a recorrência de palavras-chave pode ser um bom termômetro do vocabulário compartilhado de um campo científico.

4. Não é possível gerar uma comparação estrita por vários motivos, especialmente porque os artigos brasileiros são de ciências sociais – que, no Brasil, abrigam a sociologia, a ciência política e a antropologia –, seguindo a política editorial de nossos principais periódicos. Já os artigos estadunidenses são os mais citados da categoria "Sociology" (resultando em 2.660 artigos). Nos dois conjuntos, os artigos científicos (excluímos registros de pesquisa, resenhas etc.) são do período 2002-2017. No quadro 2, apresentamos as 25 palavras palavras-chave mais recorrentes de um total de 1.202 palavras-chave nos periódicos brasileiros e de 829 nos periódicos estadunidenses.

Quadro 2 Palavras-chave mais frequentes no Brasil e nos Estados Unidos nos artigos científicos relacionados a "cultura"

Palavras-chave (Brasil)	Quant.	Palavras-chave (Estados Unidos)	Quant.
culture	34	culture	52
political culture	17	gender	22
modernity	10	identity	9
popular culture	10	race	9
intellectuals	9	sexuality	9
Brazil	8	globalization	8
democracy	8	ethnicity	7
identity	8	education	6
body	7	leisure	6
gender	7	masculinity	6
material culture	7	ethnography	5
memory	7	immigration	5
performance	7	meaning	5
politics	6	religion	5
sociology of culture	6	social class	5
violence	6	social movements	5
anthropology	5	social networks	5
brazilian social thought	5	stratification	4
ethnography	5	organizations	4
folklore	5	cognition	4
globalization	5	politics	4
Modernism	5	human rights	4
Ritual	5	gender inequality	4
social movements	5	social capital	4
Sociology	5	intercultural sensitivity	4

Fonte: SciELO Citation Index e Social Sciences Citation Index.

rença e de desigualdade que constituem os grupos sociais e suas relações de poder.

Outra forma de visualizar a configuração da produção das ciências sociais brasileiras referidas à cultura é o mapeamento dos autores mais citados nos 359 artigos selecionados (Imagem 2). De modo análogo à rede de palavras-chave, há uma área superior referida basicamente a autores europeus e estadunidenses, diferenciando-se em três *clusters* disciplinares – antropologia à esquerda, sociologia ao centro e ciência política (e sociologia política) à direita – e uma área inferior com autores brasileiros, divididos em dois *clusters*. A forte proximidade dos autores brasileiros – isto é, eles tendem a ser citados juntos nos artigos – indica a existência de um campo significativo dedicado não só à cultura no Brasil, mas também às tradições intelectuais locais. Basta ver que Gilberto Freyre, com 80 citações, é o segundo autor mais citado em todo o conjunto de 359 artigos, além da forte presença de Florestan Fernandes e Antonio Candido, cada qual com posições clássicas sobre a formação da sociedade e da cultura brasileiras. Ainda compõem estes *clusters* Mário de Andrade, liderança fundamental do movimento modernista de 1920-1930 e militante do "abrasileiramento" da cultura brasileira, e Roger Bastide, sociólogo francês que, em sua atuação no Brasil, renovou os estudos sociológicos da cultura em ambiente universitário em forte diálogo com os artistas e críticos modernistas locais. Também se destacam pesquisadores da área de "Pensamento social no Brasil" e afins, como Elide Rugai Bastos, Lilia Schwarcz, Marcelo Ridenti, Maria Arminda Arruda e Heloísa Pontes. Por fim, cabe registrar o peso das contribuições de Sergio Miceli e de Renato Ortiz, dois dos principais promotores da sociologia da cultura no país e mediadores decisivos da entrada de Pierre Bourdieu nas ciências sociais brasileiras (BORTOLUCI et al., 2015). Aliás, como em vários outros contextos, Bourdieu também é o autor mais citado no Brasil (158 citações), país central de sua recepção internacional (SAPIRO & BUSTAMANTE, 2009).

Imagem 2 Mapa de redes de autores mais citados nas ciências sociais brasileiras nos artigos científicos relacionados a "cultura"

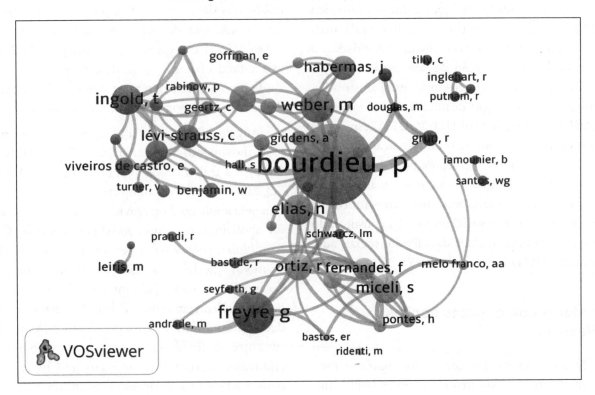

Fonte: SciELO Citation Index.

Esta centralidade das relações entre intelectuais, cultura e poder nas análises sociológicas da cultura no Brasil, conforme revelamos rapidamente a partir da consulta aos títulos dos GTs da Anpocs e da análise bibliométrica de artigos científicos, não indica uma simples idiossincrasia de um grupo de pesquisadores. Antes, parece ser um sintoma do próprio processo histórico de formação do Estado-nação no Brasil, que mobilizou fortemente seus intelectuais para a difícil nacionalização das formas de solidariedade e pertencimento social numa sociedade de origem colonial, ou seja, com níveis altos de violência, desigualdades e fragmentação social. Como certa vez assinalou Elide Rugai Bastos (2002, p. 183), "sem compreender tanto as ideias quanto o lugar desses intelectuais é impossível apreender o movimento geral da sociedade brasileira". Se a atuação dos intelectuais na construção do Estado-nação é decisiva em todo e qualquer contexto histórico (BENDIX, 2017), aqui ela se revelou ainda mais central, dado peso dos recursos de autoridade no processo de modernização do país (REIS, 1998) e do forte ativismo dos intelectuais instalados no Estado na criação das bases de uma "cultura brasileira" (BOMENY, 2001; BOTELHO, 2005). As especificidades do processo histórico de formação da sociedade brasileira também ensejam, por isso mesmo, a permanente reavaliação teórica dos clássicos nacionais das ciências sociais, outro tema constitutivo da área de "Pensamento social no Brasil", constituindo um índice da reflexividade das ciências sociais aqui praticadas (BOTELHO et al., 2017).

As ideias como forças sociais reflexivas

Nos três livros que comentarei agora, o foco nos intelectuais e dos efeitos de seu trabalho simbólico na dinâmica social é fundamental. Além disso, estes livros contribuem para o alargamento ou

mesmo descentramento dos autores considerados canônicos na agenda de pesquisa em "pensamento social no Brasil". Isso porque promovem articulações inovadoras, do ponto de vista teórico-metodológico, das relações entre texto e contexto, evitando os modelos mais habituais de contextualização em torno de uma única obra ou autor, como se estas constituíssem unidades analíticas autoevidentes. Antes, perseguem o imbricamento das ideias no universo dinâmico e complexo de um movimento social (Alonso); sua vinculação a um vasto repertório de interpretações do Brasil construído por profissionais médicos (Hochman e Lima); ou a relação múltipla, complexa e processual entre os escritos e a trajetória de um escritor negro, que fazia das margens um ponto de observação da sociedade brasileira (Schwarcz). Ainda, concentram-se em um período fundamental da modernização do país – fins do século XIX e primeiras décadas do século XX, quando ocorrem a abolição da escravidão (1888) e a queda da monarquia (1889) –, explicitando como a força de determinadas ideias ajudam a entender o caráter conservador e excludente assumido por este processo no Brasil.

Angela Alonso, que já pesquisou anteriormente o movimento intelectual de 1870 (ALONSO, 2002) e a trajetória de Joaquim Nabuco (ALONSO, 2007) – político e intelectual central da campanha pela abolição da escravidão –, agora faz análise do abolicionismo como movimento social. Com isso, *Flores, votos e balas* permite explicitar melhor os nexos que ligam a agitação de ideias no final do Império e a atividade intelectual a ela associada com a clivagem moral, cultural, social e política decisiva do último quartel do século XIX no Brasil: entre abolicionistas e escravistas. Mobilizando criativamente os aportes teóricos de Charles Tilly (e outros) sobre as relações entre cultura e práticas de confronto, Alonso dá inteligibilidade às *performances* dos abolicionistas levando em conta simultaneamente os recursos materiais e as oportunidades políticas disponíveis, de um lado, e também o repertório de práticas, imagens e símbolos acionados ao longo da campanha pela emancipação dos escravizados, de outro.

A literatura sobre movimentos sociais acionada pela autora impede que a cultura seja operacionalizada na chave do consenso; pelo contrário, os recursos culturais são disputados e têm seus sentidos definidos em relações de conflito. Do mesmo modo, a forma-movimento não pressupõe um "ator coletivo orgânico com voz uníssona", mas uma "rede de interações entre pluralidade de ativistas, associações e eventos", tornando usual "a flutuação de membros e sua heterogeneidade de posição social e crenças" (ALONSO, 2015, p. 385). Isso permite tratar as transformações culturais operadas pelo abolicionismo sem descuidar da diversidade interna do movimento, bem como situá-lo no quadro social mais amplo da deslegitimação política e simbólica do *status quo* imperial.

Três elementos centrais do argumento de *Flores, votos e balas* permitem enxergar o procedimento analítico de Alonso: (a) o caráter inovador do abolicionismo brasileiro em relação aos outros ativismos nacionais, como o anglo-saxão e o europeu continental; (b) a politização da arte – especialmente do teatro – como instrumento fundamental de difusão do abolicionismo e de desnaturalização do senso comum escravista que pautava a cultura política imperial; e (c) o poder das ideias, que pode ser divisada na sua eficácia retórica, construída sempre em relação a outras retóricas no conflito político.

Em relação ao primeiro ponto, Alonso mostra como as *performances* dos ativistas foram extraídas de um repertório já extenso de movimentos abolicionistas presentes em diferentes países e conectados em uma rede transnacional. No entanto, a adaptação deste repertório à realidade brasileira

levou a uma série de deslocamentos simbólicos e práticos importantes: entre os mais significativos, seu caráter mais laico do que religioso quando comparado ao pioneiro movimento abolicionista anglo-americano. Sem acesso aos recursos simbólicos e institucionais da religião – aqui, o catolicismo era religião de Estado, logo escravista –, o abolicionismo no Brasil teve que mobilizar o léxico do romantismo, nas artes, e a retórica do progresso, típica do cientificismo, o que foi possível graças ao surgimento mais tardio do movimento brasileiro, que se organizou depois da metade do século XIX. Alonso registra que este caráter "secular, na organização e na retórica, conferiu ao movimento brasileiro caráter mais moderno do que teve o anglo-americano, de raiz religiosa". Já contrastado com o abolicionismo francês, pouco mobilizador e basicamente restrito a um ativismo de elite, o abolicionismo brasileiro teria organizado o primeiro movimento social brasileiro, numa experiência pioneira de participação popular em uma sociedade oligárquica e muito desigual. "A apropriação da experiência estrangeira – ajustes de retórica, estratégias e espaços de ação – culminou uma reinvenção, num estilo nacional peculiar de ativismo" (p. 356-357), completa a autora. Ou, em outros termos, a sequência histórica e os contextos locais importam para a dinâmica das seleções culturais.

Em relação ao segundo, Alonso destaca que, em um contexto de relativa abertura e tolerância política durante o gabinete liberal na virada dos anos de 1870 para a década seguinte, os abolicionistas usaram o espaço dos teatros para fazer intensa campanha de proselitismo político. Para tal, foi crucial a atuação de dois ativistas, ambos afrodescendentes: André Rebouças, engenheiro ligado à família imperial e aos círculos da elite carioca, e José do Patrocínio, ex-estudante da Faculdade de Medicina e jornalista, próximo do meio artístico e boêmio da capital. Daí surgiu uma inovação poderosa e com grande poder de difusão, as "conferências-concerto", misto de discurso político e evento artístico, em que se apresentavam bandas de música e eram encenadas óperas e operetas, tudo entremeado de discursos, aplausos e, com forte carga dramática, libertação "ao vivo" de negros escravizados. Se este tipo de evento político-artístico ampliou o recrutamento e as adesões ao movimento, ele também levou a processos de relativa democratização cultural e de contato estreito entre a arte erudita e popular. Assim Alonso descreve a dinâmica de algumas das "conferências-concerto":

> O elo sentimentalismo-indignação das falas ia como mão na luva com a parte concertante. Um entreato cômico de membros das companhias italianas ou do proverbial Francisco Correia Vasques desanuviava o público. Depois vieram quatro artistas. Num dia, quinteto de cordas e duas bandas; noutro, canto, quartetos, trios, valsas italianas, árias do *Fausto* de Gounod ou da *Carmen*, de Bizet. A cantora lírica Luísa Regadas era o "rouxinol abolicionista". Campanhas líricas, como a Del-Negro, dedo de Rebouças, conviviam com quem Patrocínio levasse pela mão: tangos, zarzuelas, lundus e o maxixe, que Chiquinha Gonzaga inventava (p. 136).

Alonso destaca ainda que a politização da arte extravasou os muros dos teatros e também atingiu romances, as peças de teatro e mesmo as caricaturas, colocando o repertório moral do abolicionismo ao alcance das camadas médias e populares das principais cidades do país. Se os "romances atingiam os setores médios letrados, a charge ia, com as peças de teatro e os versos declamados, aos estratos sociais mais baixos", a ponto de Joaquim Nabuco definir a "*Revista Ilustrada* como a bíblia abolicionista dos iletrados". O centro do argumento da autora é que o "uso das artes operou a deslegitimação do escravismo", e o "uso político de fórmulas artísticas familiares desestabilizou convenções sociais ao incitar ao estranhamento contra a ordem natural das coisas" (p. 143). O par concei-

tual *performances*/repertório, de Tilly (2008), guia a análise de Alonso em relação à mobilização dos recursos artísticos pelos abolicionistas: a partir do repertório disponível, os atores sociais improvisam continuamente, levando de modo incremental à transformação do próprio repertório.

Terceiro ponto: a importância das ideias no processo da abolição. Último país a abolir a escravidão no Ocidente, o fim deste regime nada teve de automático. O trabalho de Alonso registra de modo bastante detalhado a força das ideias e a importância da cultura na constituição do abolicionismo brasileiro, cujo repertório moral logrou modificar as "estruturas de sentimento" que enraizavam o escravismo na "moralidade e sensibilidade médias" (p. 385). A eficácia do movimento, no plano das ideias, envolveu a constituição de uma "retórica da mudança" construída em relação e em oposição à retórica escravista, que preferia atacar os efeitos possíveis ou imaginários da abolição a defender abertamente o regime, tido por "mal" necessário ou inevitável. Em termos sintéticos, para Alonso:

> O efeito principal veio da mistura e do reforço mútuo dos [...] esquemas [interpretativos] numa *retórica da mudança*, que difundiu nova sensibilidade, nova moralidade e nova cognição com respeito a escravidão, transformando-a em indignidade, injustiça, atraso. Considerada produto de forças sociais – nem obra da natureza, nem vontade divina –, tornava-se alterável por ação política. A retórica da mudança deu, nesse sentido, as bases discursivas para o ativismo em favor dos escravos. Com ela, o abolicionismo afrontou a retórica da reação do escravismo de circunstância: contra a futilidade da reforma, apontou o temerário da protelação; contra o efeito perverso, desfiou as virtudes do trabalho livre, os progressos econômico, político e moral da nação; e contra a tópica da ameaça, asseverou que a catástrofe nasceria do imobilismo (p. 102).

Ao confrontar estas duas retóricas, "que dividiram o país em dois lados" e que forjaram "duas identidades políticas contrastivas" (p. 102-103), Alonso consegue tratar de modo econômico e elegante a enorme variedade de material textual compulsado ao longo da pesquisa, que vão de simples panfletos e artigos de jornal a ensaios e livros. Preocupada mais com a eficácia contextual do que com a articulação interna dos textos, a autora mostra como os principais líderes dos dois lados se apropriavam seletivamente destes dois repertórios em confronto, que no embate também se transformavam em conjunto. Esta abordagem tem o mérito de mostrar a plena adequação dos textos aos seus contextos, pois eles são tratados mais como recursos políticos do que como recursos cognitivos – o que, por outro lado, pode minimizar a tensão que também pode existir entre textos e contextos e seus usos em momentos posteriores. No entanto, como o foco da análise está na estrutura das retóricas, largamente informada pelo trabalho de Albert Hirschman (1992), e não tanto em seu conteúdo textual, o livro de Alonso permite que nos perguntemos se estas retóricas não teriam continuidade mesmo depois da dispersão do movimento abolicionista e de seu campo contrário, ainda que com outros nomes e personagens. O que ajudaria a elucidar por que, em que pese a incrível energia democratizante liberada na luta pela emancipação dos escravizados, a retórica conservadora tenha persistido com força no contexto imediatamente posterior, dificultando a integração da população negra à nova sociedade de classes emergente – problema tratado por *Lima Barreto: triste visionário*, de Lilia Schwarcz.

O livro de Schwarcz é resultado de longa pesquisa e também de duradoura dedicação da autora à questão racial no Brasil. Tendo já publicado livros e artigos sobre o debate intelectual e as instituições que promoveram o chamado "racismo científico" no país na virada do século XIX para o século XX (SCHWARCZ, 1993), agora o foco se volta para a reconstrução biográfica de um escritor afrodescendente e que reivindica uma literatura "negra" e "militante" nesse mesmo período. A trajetória de Lima Barreto seria heurística para se demonstrar, de um lado, o peso das estruturas de dominação e de desigualdade sobre a população negra mesmo após a abolição da escravidão – bem como de todo o arsenal cultural e simbólico que contribuía para sua naturalização – e, de outro, o espaço da agência e da reflexividade dos atores sociais, capturada nos textos de um escritor sensível aos vários aspectos das relações raciais no Brasil. A escolha pela biografia não leva à redução da análise ao nível individual ou microssociológico. Pelo contrário, até pelas especificidades da vida de Lima Barreto e de sua literatura, ela seria capaz de capturar as várias dimensões sociais da passagem da Monarquia à República na antiga capital do país e os paradoxais processos de inclusão e exclusão que a acompanharam, sobretudo para as classes populares.

Essa dimensão paradoxal fica bem evidenciada no capítulo 12, dedicado à biblioteca de Lima, mas que também faz um contraponto entre as trajetórias de Machado de Assis e de Lima Barreto, dois escritores afrodescendentes que conseguiram chegar ao mundo da literatura graças à estabilidade do emprego público e das ordens de favores a ele associadas, embora o último tenha tido origem familiar mais favorável. O pai de Lima era tipógrafo e a mãe professora e proprietária de um pequeno colégio de moças, ao passo que os familiares de Machado só chegaram a ocupações manuais muito modestas – isso em um contexto no qual parcela considerável da população negra continuava escravizada. Porém, se Machado conseguiu forte reconhecimento ainda em vida, fundando e presidindo a Academia Brasileira de Letras, Lima Barreto, por sua vez, além de ficar às margens das instituições literárias "oficiais", acabou convivendo com os efeitos do alcoolismo e das internações compulsórias no hospital de alienados da capital. Nos termos de Schwarcz (2017, p. 328), "o destino de cada um deles parece ligado às diversas perspectivas abertas às populações afro-brasileiras que viveram no tempo do Império e da Primeira República", pois, depois da abolição,

> é no novo regime que o conceito de raça passa a delimitar e criar hierarquias sociais rígidas e deterministas. Uma coisa era "ser negro" no Segundo Reinado [do Império], regime que, de certa maneira, buscou invisibilizar tal distinção – bem guardada pela vigência "segura" do sistema escravocrata. Outra era advogar tal condição na República, que, junto com o sistema de classes, incluiu outros marcadores de diferença, como raça e cor. Talvez esses dados contextuais e a mudança na situação social e cultural verificada nas histórias desses grupos no período da República ajudem a entender por que, com um início tão promissor, os Lima Barreto conheceram um "triste fim". E por que, com uma origem tão mais modesta, portanto, uma socialização tão mais precária, Machado conseguiu galgar postos durante o Império, embora sua ascensão tenha sido mais de *status* que de classe (p. 328-329).

Esta dimensão paradoxal de um processo social que parece amarrar mais fortemente os destinos da população negra após a abolição não escapou aos textos de Lima Barreto, que o capturou de modo múltiplo e ambivalente – inclusive em relação ao próprio Machado de Assis, igualmente afrodescendente e modelo de excelência literária. De um lado, pelas oportunidades que teve e pelas expectativas que alimentou, Lima almejava a consagração de sua literatura, chegando mesmo a se candidatar, sem sucesso, à Academia Brasileira de Letras. De outro, criou uma literatura extremamente crítica aos escritores consagrados de então e às elites brancas "europeizadas", reivindicando uma prosa "negra", realista e atenta à vida dos setores populares. Segundo Schwarcz, Lima foi "um escritor que sempre viveu entre dois mundos, espaciais, culturais e sociais" (p. 11), sem jamais se sentir à vontade

em nenhum deles. Após experimentar um declínio social acentuado, passou a viver nos subúrbios cariocas, embora todos os dias viajasse até o centro da cidade para o seu trabalho na secretaria da guerra. Nos círculos culturais oficiais, não se sentia acolhido por sua "origem diferente", como se dizia de acordo com a "política de eufemismos tão própria da retórica das elites brasileiras" (p. 326); mas também sua "educação diferenciada fazia dele um deslocado" (p. 474) em seu bairro – sua enorme biblioteca despertava ora curiosidade, ora desprezo entre seus vizinhos. "Pode-se dizer que Lima se sentia 'estrangeiro' onde quer que estivesse" (p. 261), completa a autora.

Esta condição de "estrangeiro", de estar à margem, mas simultaneamente conectado aos mundos da alta cultura e da cultura popular, do centro europeizado e do subúrbio negro – daí a importância da viagem de trem em sua narrativa, que está sempre em "trânsito" (cf. cap. 6) –, sugere Schwarcz, faz de Lima Barreto um poderoso intérprete da sociedade brasileira e da questão racial no país. Pois isso lhe permitiu capturar de modo ímpar a formulação clássica de Florestan Fernandes a respeito do tema, isto é, de que "existiam certas labilidades na ordem social, as quais favoreciam, de forma atenuadíssima e ocasional, indivíduos pertencentes a uma categoria social [os negros] para a qual a sociedade de classes era 'fechada'" (FERNANDES, 2008, p. 96). Dito de outro modo, o paradoxo de uma ordem social que admite negociação dos termos que classificam os indivíduos em "raças" ou "cores" diferentes, mas que, ao mesmo tempo, mantém estáveis e naturalizadas as assimetrias entre brancos e negros. Lima teria registrado de modo vivo tanto o caráter relacional, situacional e instável das categorias "branco", "negro" e suas variações intermediárias – era possível um personagem ser "branco" nos subúrbios e "negro" nos bairros de elite, tudo a depender das relações de desigualdade em jogo –, quanto as persistentes cláusulas de exclusão impostas à população negra em seu conjunto, visíveis especialmente nas práticas de encarceramento e de internação compulsória em prisões e manicômios. Os capítulos 10 e 14, dedicados às suas duas internações no Hospital Nacional de Alienados, são sintomáticos a respeito.

Aliás, em relação aos seus períodos de internação, fica patente como Schwarcz busca articular a atenção cerrada à agência e à reflexividade de Lima Barreto e também o peso simbólico e coercitivo das estruturas de dominação vigentes. Ao analisar a "Limana", nome carinhoso dado pelo escritor à sua biblioteca, a autora assinala que, além da vasta coleção de obras literárias, Lima também guardava vários documentos relativos à questão racial, incluindo alguns dos principais livros do chamado "racismo científico" – que se difundia a partir da Europa desde fins do século XIX – e dos quais fortemente discordava. Em uma entrada de 1904 de seu *Diário íntimo* (publicado postumamente), por exemplo, ele assinala: "A capacidade mental dos negros é discutida *a priori* e a dos brancos, *a posteriori*. A ciência é um preconceito grego; é ideologia" (p. 277). E mesmo depois da primeira internação, em conto de 1915, "As teorias do doutor Caruru", ironiza as conclusões de um famoso médico que teria demonstrado a verdade de suas teorias a respeito da degeneração "por [um paciente] apresentar um pé maior que o outro" – só depois, "alertado pelo servente", é que o médico "se dá conta de que a irregularidade não vinha da biologia, mas de um acidente prévio" (p. 287). Apesar de ridicularizar a ciência médica de seu tempo, sua força institucional era tamanha que não deixava de ter rebatimentos internos na própria subjetividade do escritor, gerando ambivalências e ressentimentos. Afinal, a concepção difundida de que o alcoolismo era "tara hereditária" típica das raças mestiças era reforçada, no caso de Lima, pelo fato de que seu pai apresentava

"neurastenia" e sua mãe morrera tuberculosa, outros sinais de "degenerescência" – e devidamente anotados em seus prontuários médicos. Durante sua segunda internação, Lima se propôs a escrever ao mesmo tempo um diário e um romance, em que testemunho e ficção se mesclam e anotam os vários ângulos de sua situação no hospital:

> No *Diário* [*do Hospício*] e no romance [*O cemitério dos vivos*] fica clara a certeza de que escritor e personagem eram apenas "mais um" no manicômio. Neste jogo de afirmar e negar, impressiona sua declaração em determinado trecho do *Diário*: "Sou instruído, sou educado, sou honesto". Já na ficção, nenhuma concessão: "O destino me nivelara. Sofri, com resignação [...] Esqueci-me da minha instrução, da minha educação, para não demonstrar, com uma inútil insubordinação" (p. 399).

Lilia Schwarcz assinala que essa multiplicação de registros da experiência pessoal do escritor, em que nunca se mostrava pacífica a distinção entre o real e o imaginário, era também uma forma de experimentação literária que rebatia sua posição social ambígua, situada entre vários mundos opostos. Lima inventou-se e se reinventou, de maneira reflexiva, em extensa galeria de personagens, que iam ao mesmo tempo exprimindo, alargando ou subvertendo sua experiência individual e, no mesmo passo, capturando os múltiplos prismas da realidade social.

Por isso mesmo, apesar do recorte biográfico, Schwarcz é persuasiva em mostrar como nos textos de Lima estão cifrados uma poderosa interpretação do Brasil para a qual não tínhamos ainda prestado atenção. Não porque estivessem além de seu tempo, embora seus textos possam ser sempre lidos e relidos em diferentes contextos. Mas porque Lima, com seus textos, enfrentava publicamente uma questão que nunca ganhou plena legitimidade política no Brasil, senão muito recentemente e com alta dose de conflito: a questão racial. Se o sentido da produção textual deste escritor que reivindicava uma "literatura negra" – a própria categoria é mais recente entre nós – pôde vir mais claramente à tona agora, é também porque há um crescente questionamento do mito da "democracia racial", depois de décadas de lutas e reivindicações por parte dos movimentos sociais. O que mostra que os textos do passado podem oferecer recursos cognitivos para além de seu contexto imediato, interpelando o nosso presente. No caso de Lima Barreto, especificamente, sua percepção relacional das identidades sociais e dos marcadores sociais da diferença que estruturam as formas de dominação pode contribuir para o debate a respeito da interseccionalidade entre classe e raça no Brasil (SCHWARCZ, 2012).

Se os livros de Angela Alonso e Lilia Schwarz têm uma inscrição contextual mais definida, posto que ligados à análise empírica de objetos localizados no tempo e no espaço, a coletânea organizada por Gilberto Hochman e Nísia Trindade Lima aposta em um registro de longa duração. Os "médicos intérpretes do Brasil" que dão o título ao livro são médicos de formação que, desde fins do século XIX até as últimas décadas do século XX, igualmente forjaram poderosas imagens a respeito da sociedade brasileira. Seja através de suas práticas médicas, seja através de seu engajamento cívico, político ou educacional, seja ainda em suas atividades literárias, os 29 médicos presentes no livro – cada um analisado por um pesquisador especializado – ajudam a visibilizar as continuidades e as inflexões nas formas de se imaginar o Brasil a partir de categorias oriundas da medicina.

Apesar da dispersão temporal, a maioria dos médicos analisados se concentra na Primeira República (1889-1930), momento ainda de "pouca diferenciação intraelites" e com "forte interseção entre medicina, política, periodismo e literatura" (HOCHMAN & LIMA, 2015, p. XXII). Em particular, conteúdo significativo discutido no livro envolve o debate relativo aos "males" do Brasil, em que o discurso médico operou forte sobreposição entre doença e os vários marcadores sociais de classe, raça e região. Porém, longe de quaisquer consensos substantivos, o que o livro registra é a variedade e a dissonância quanto aos "diagnósticos" da sociedade brasileira, que oscilaria entre uma condenação absoluta – dada a suposta degenerescência de sua população mestiçada – e um forte ativismo médico-sanitarista – destinado a "higienizar" e integrar à civilização uma população que não seria inferior, mas doente.

Uma das principais inovações teórico-metodológicas do livro advém do esforço coletivo de conectar a história e a sociologia da ciência com a agenda de pesquisa da área de "Pensamento social no Brasil". Assim, a relação entre medicina e sociedade não se detém na investigação dos processos de institucionalização da prática médica em faculdades ou centros de pesquisa – embora eles sejam decisivos e estejam presentes nas análises –, mas busca elucidar a via de mão dupla que há entre o pensamento médico e as interpretações do Brasil. Se, de um lado, as imagens como a da "doença do Brasil" (Carlos Chagas) ou do Brasil como "imenso hospital" (Miguel Pereira) tiveram ampla ressonância nas formas de se imaginar – e de se atuar – na sociedade brasileira, por outro, as próprias interpretações do Brasil, com suas formas próprias de hierarquizar os grupos sociais, também contribuíram para dar verossimilhança e eficácia simbólica ao jargão médico e às distinções entre saúde e doença, ciência e superstição. Em sua análise do livro, Andre Bittencourt (2017, p. 4) assinalou, com razão, que "interpretações e práticas médicas, portanto, se interpenetram mutuamente".

Uma coletânea sempre apresenta uma pluralidade de perspectivas de análise, ainda mais quando ela é composta por 30 pesquisadores de diferentes formações. Por isso, longe de exaurir o conteúdo do livro, vou explicitar aqui seu duplo movimento: (a) a ênfase na heterogeneidade do pensamento médico em seus vários contextos, bem como nos efeitos sociais e políticos diferenciados que ele opera na sociedade; e (b) a forte disseminação do pensamento médico ao longo do tempo e em várias modalidades culturais, capaz de se fazer presente não apenas na literatura e nas artes em geral mas também nas ciências sociais que emergem a partir dos anos de 1930.

Em relação ao primeiro ponto, é patente a variedade interna nas concepções médicas sobre as relações entre doença e grupos raciais. Nina Rodrigues, por exemplo, liderou as investigações feitas na Faculdade de Medicina da Bahia em torno da criminologia e dos estudos sobre loucura e alienação mental no final do século XIX, com forte impregnação das noções do chamado "racismo científico". Na análise feita por Lilia Schwarcz (2015, p. 12), ela destaca como sua discussão sobre os estigmas dos criminosos seguia de perto as formulações do italiano Cesare Lombroso: "não foi difícil associar os traços lombrosianos ao perfil dos mestiços e aí encontrar um modelo para explicar a nossa 'degenerescência racial'" – eles seriam instáveis e, logo, precisavam de controle. Além disso, Rodrigues veria as distintas raças não em termos de diferenças culturais, e sim em termos de diferenças ontológicas radicais, o que o levava a negar as crenças iluministas do progresso ou da igualdade entre indivíduos e grupos. Esta visão negativa a respeito da miscigenação brasileira, especialmente das populações afrodescendentes, seria levada ao seu extremo limite com o médico paulista Renato Kehl, que organizou e liderou o movimento eugênico no Brasil nos anos de 1920 e 1930, com forte impregnação das concepções alemãs e arianistas de "higiene da raça". De acordo com Vanderlei de Souza (2015, p. 269-270), para Kehl, "caberia

ao Estado a criação de uma política eugênica que pudesse intervir eficientemente a fim de evitar a proliferação de 'indivíduos indesejáveis', como os mestiços, criminosos, delinquentes e doentes mentais". Em contraposição a estas teses, Juliano Moreira – afro-brasileiro de origem popular que, graças a redes de proteção e favor, formou-se médico na Bahia –, buscou questionar, ao lado de outros médicos e intelectuais, a legitimidade da crença nas desigualdades raciais. Conforme aponta Magali Engel (2015, p. 159), Moreira "defendeu posturas críticas em relação às concepções que afirmavam a inferioridade dos mestiços, resultantes segundo ele, de observações unilaterais da questão". O médico, que também renovou a psiquiatria em sua longeva atuação no Hospital Nacional de Alienados – contribuindo para o processo de "medicalização da loucura" no país –, chegou a fazer pesquisas com ascendentes europeus de mestiços brasileiros estudados por Nina Rodrigues, com o intuito de criticar a "tese segundo a qual a mestiçagem era um fator degenerativo" (p. 161). Talvez não seja por acaso que, durante a segunda internação de Lima Barreto, tenha sido Moreira o responsável por um tratamento mais humanizado (SCHWARCZ, 2017, p. 387).

Já em relação ao segundo ponto, foi justamente a pluralidade e a força do debate médico quanto às raças no Brasil e sobre a própria viabilidade do país como nação civilizada que pavimentou o caminho, podemos assim argumentar, à difusão e à sistematização das modernas ciências sociais na primeira metade do século XX. Não apenas porque o movimento sanitarista, ao questionar os determinismos geográficos e racial, chamou a atenção para as péssimas condições de saúde e de educação no interior do país, incluindo relatos de expedições científicas com forte impacto público, como o de Belisário Penna e Arthur Neiva de 1916. Mas especialmente porque ele foi decisivo para que as explicações baseadas na raça cedessem lugar para as explicações baseadas na cultura e nas condições sociais (HOCHMAN & LIMA, 2000). Já na introdução ao livro, os organizadores lembram do impacto do debate médico em *Casa grande & senzala*, livro de Gilberto Freyre que foi peça fundamental na sistematização da sociologia no Brasil (BASTOS, 1998). Foi a derrota intelectual da eugenia por autores como o médico-antropólogo Roquette-Pinto que teria indicado "a doença e não a mestiçagem como o verdadeiro problema nacional" (HOCHMAN & LIMA, 2015, p. XIX). Nas décadas seguintes, a pressão pela especialização científica não implicou o fim do impacto duradouro do movimento sanitarista e do pensamento médico na imaginação do país. Basta lembrar que médicos de formação, como Arthur Ramos e Thales de Azevedo, por exemplo, passaram a atuar profissionalmente nas ciências sociais – o primeiro, inclusive, valorizando em novas bases as contribuições de Nina Rodrigues. Do mesmo modo, as mazelas do "Brasil doente" agora serão relidas nas distinções sociológicas entre sociedades tradicionais e modernas, repondo uma visão dualista com forte lastro histórico no país (LIMA, 2013).

Cabe, por fim, mencionar a original proposta de *Médicos intérpretes do Brasil*, que coloca lado a lado as análises sobre os médicos selecionados e os textos por eles produzidos. Isso permite uma combinação tensa entre as várias propostas de contextualização estabelecidas pelos pesquisadores e a leitura diacrônica dos textos médicos ao longo das várias gerações – o que leva o leitor a perceber não só rupturas, mas também certas tradições científico-intelectuais neste vasto repertório textual. Portanto, a própria forma de composição do livro parece sugerir que os textos não se esgotam em suas circunstâncias de produção; antes, são recursos abertos, capazes de animar as apropriações com os mais variados sentidos intelectuais e políticos em diferentes contextos.

Nos três livros analisados aqui – cada um condensando trajetórias de pesquisa individuais ou coletivas de vários anos –, temos diferentes abordagens das relações entre cultura e sociedade no Brasil. Porém, em todos os casos, as ideias e os intelectuais que as promovem são vistos como parte fundamental da dinâmica da sociedade brasileira, e sua análise, articulada às mudanças estruturais mais amplas, ajuda a compreender o sentido (reiteradamente conservador) assumido pelo processo social aqui.

Em artigo recente sobre ideias e intelectuais, Jeffrey Alexander (2016, p. 341) dizia que "explaining [...] intellectuals does mean explaining something about the form and formation of their ideas, but much more as well – why their ideas had large effect". A provocação é muito boa para pensarmos a questão no Brasil, onde há uma longeva discussão sobre intelectuais e poder, dado justamente o perfil histórico pouco democrático da sua sociedade. Podemos dizer que que esta nova agenda em torno das ideias como forças sociais reflexivas, que surgiu de modo relativamente descentrado na área de "Pensamento social no Brasil" nos últimos anos, seria o capítulo brasileiro da passagem de uma sociologia da cultura para uma sociologia cultural, recuperando aqui o termo usado (embora não exclusivamente) pelo próprio Alexander? Esse é um tema que exigiria maiores investigações. Minha intenção aqui foi outra, ainda que possa ser um primeiro passo naquela direção: mostrar que, de modo muito próprio, e mobilizando também as suas tradições intelectuais locais – que valorizam o cruzamento interdisciplinar e uma perspectiva histórico-comparada –, as ciências sociais brasileiras contemporâneas vêm enfrentando o desafio analítico de não reduzir a cultura unicamente às suas condicionantes estruturais, perseguindo antes o espaço reflexivo que há entre recursos culturais e práticas sociais.

Referências

ALEXANDER, J.C. Dramatic intellectuals. In: *International Journal of Politics, Culture, and Society*, 29 (4), 2016, p. 341-358.

ALONSO, A. *Flores, votos e balas*: O movimento abolicionista brasileiro (1868-1888). São Paulo: Cia. das Letras, 2015.

_____. *Joaquim Nabuco*. São Paulo: Companhia das Letras, 2007.

_____. *Ideias em movimento*: a geração 1870 na crise do Brasil-Império. São Paulo: Anpocs, 2002.

ANPOCS. *Livro dos nomes da Anpocs (1977-2016)*. São Paulo: Anpocs, 2016.

ARANTES, P.E. *Sentimento da dialética na experiência intelectual brasileira* – Dialética e dualidade segundo Antonio Candido e Roberto Schwarz. São Paulo: Paz e Terra, 1992.

ARRUDA, M.A.D.N. Pensamento brasileiro e sociologia da cultura: questões de interpretação. In: *Tempo Social*, 16 (1), 2004, p. 107-118.

_____. Trajetórias da sociologia da cultura no Brasil: os anos recentes. In: *Revista USP*, 50, 2001, p. 100-107.

BASTOS, E.R. Pensamento social da escola sociológica paulista. In: MICELI, S. (org.). *O que ler na ciência social brasileira*: 1970-2002. [s.n.t.], 2002, p. 183-230.

_____. Florestan Fernandes e a construção das ciências sociais. In: MARTINEZ, P.H. (org.). *Florestan ou o sentido das coisas*. São Paulo: Boitempo, 1998, p. 143-156.

BASTOS, E.R. & BOTELHO, A. Pensamento social brasileiro. In: MARTINS, C.; MARTINS, H. (ed.). *Horizontes das ciências sociais no Brasil*. São Paulo: Anpocs, 2010a, p. 475-496.

_____. Para uma sociologia dos intelectuais. In: *Dados*, 53 (4), 2010b, p. 889-919.

BENDIX, R. *Nation-building and citizenship*: Studies of our changing social order. Routledge, 2017.

BITTENCOURT, A. Diagnosticar e prescrever médicos que formaram o Brasil. In: *Revista Brasileira de Ciências Sociais*, 2017, 32 (95), p. 1-5.

BOMENY, H. (ed.). *Constelação Capanema*: intelectuais e políticas. Rio de Janeiro/Bragança Paulista: Fundação Getúlio Vargas/USF, 2001.

BORTOLUCI, J.H.; JACKSON, L.C. & PINHEIRO FILHO, F.A. Contemporâneo clássico: a recepção de Pierre Bourdieu no Brasil. In: *Lua Nova*, 94, 2015, p. 217-256.

BOTELHO, A. Un programa fuerte para el pensamiento social brasileño. In: *Prismas*, 19 (2), 2015, p. 151-161.

_____. Passado e futuro das interpretações do país. In: *Tempo Social*, 22 (1), 2010, p. 47-66.

_____. *O Brasil e os dias*: Estado-nação, modernismo e rotina intelectual. Edusc, 2005.

BOTELHO, A. et al. Cosmopolitism and Localism in the Brazilian Social Sciences. In: *Canadian Review of Sociology*, 54 (2), 2017, p. 216-236.

BRANDÃO, G.M. *Linhagens do pensamento político brasileiro*. Aderaldo & Rothschild/Hucitec, 2007.

CANDIDO, A. A sociologia no Brasil. In: *Tempo Social*, 18 (1), 2006, p. 271-301.

ENGEL, M. Psiquiatria, questão racial e identidade nacional no pensamento de Juliano Moreira. In: HOCHMAN, G. & LIMA, N.T. *Médicos intérpretes do Brasil*. São Paulo: Hucitec, 2015, p. 152-170.

FARIAS, E. Agenda da sociologia da esfera cultural contemporânea? In: *Caderno CRH*, 29 (78), 2016, p. 421-426.

FERNANDES, F. *A integração do negro na sociedade de classes*. Vol. 1. São Paulo: Globo, 2008.

HIRSCHMAN, A.O. *A retórica da intransigência*: perversidade, futilidade, ameaça. São Paulo: Companhia das Letras, 1992.

HOCHMAN, G. & LIMA, N.T. Médicos e intérpretes do Brasil: uma introdução. In: *Médicos intérpretes do Brasil*. São Paulo: Hucitec, 2015, p. XVII-XXV.

_____. Pouca saúde, muita saúva, os males do Brasil são... Discurso médico-sanitário e interpretação do país. In: *Ciência & Saúde Coletiva*, 5 (2), 2000, p. 313-332.

HOCHMAN, G. & LIMA, N.T. (eds.). *Médicos intérpretes do Brasil*. São Paulo: Hucitec, 2015.

LIMA, N.T. *Um sertão chamado Brasil*. Hucitec, 2013.

MICELI, S. (1999). Intelectuais brasileiros. In: *O que ler na ciência social brasileira* (1970-1995). Vol. 2. São Paulo: Sumaré/Anpocs, 1999, p. 109-145.

MIGLIEVICH-RIBEIRO, A. et al. Cultura, crítica e democratização: o estado da arte dos Estudos Culturais. In: *Revista Brasileira de Sociologia*, 5 (11), 2017, p. 142-164.

OLIVEIRA, L.L. Interpretações sobre o Brasil. In: MICELI, S. *O que ler na ciência social brasileira* (1970-1995). Vol. 2. São Paulo: Sumaré/Anpocs, 1999, p. 147-181.

PINHEIRO, F. & ALONSO, A. Instituição e desenvolvimento da sociologia da cultura no Brasil. In: *Sociologica*, 90, 2017.

REIS, E.P. *Processos e escolhas*: estudos de sociologia política. Rio de Janeiro: Contra Capa, 1998.

SANTOS, W.G.D. Paradigma e história: a ordem burguesa na imaginação social brasileira. In: *Ordem burguesa e liberalismo político*. São Paulo: Duas Cidades, 1978, p. 15-63.

SAPIRO, G. & BUSTAMANTE, M. Translation as a measure of international consecration – Mapping the world distribution of Bourdieu's books in translation. In: *Sociologica*, 3 (2-3), 2009.

SCHWARCZ, L.M. *Lima Barreto*: triste visionário. São Paulo: Cia. das Letras, 2017.

_____. "Os povos não sentem da mesma maneira": Nina Rodrigues e o Direito Penal. In: HOCHMAN, G. & LIMA, N.T. (orgs.). *Médicos intérpretes do Brasil*. São Paulo: Hucitec, 2015, p. 3-26.

_____. Racismo no Brasil: quando inclusão combina com exclusão. In: BOTELHO, A. & SCHWARCZ, L.M. (ed.). *Cidadania, um projeto em construção*: minorias, justiça e direitos. São Paulo: Claro Enigma, 2013, p. 94-107.

_____. *O espetáculo das raças*: cientistas, instituições e questão racial no Brasil. São Paulo: Companhia das Letras, 1993, p. 99-133.

SCHWARCZ, L.M. & BOTELHO, A. Simpósio: cinco questões sobre o pensamento social brasileiro. In: *Lua Nova*, 82, 2011, p. 139-159.

SOUZA, V.R.K. O eugenista do Brasil. In: HOCHMAN, G. & LIMA, N.T. (org.). *Médicos intérpretes do Brasil*. São Paulo: Hucitec, 2015, p. 262-284.

TILLY, C. *Contentious performances*. Cambridge: Cambridge University Press, 2008.

VAN ECK, N.J. & WALTMAN, L. Software survey: VOSviewer, a computer program for bibliometric mapping. In: *Scientometrics*, 84 (2), 2010, p. 523-538.

VILLAS BÔAS, G. & QUEMIN, A. (ed.). *Arte e vida social*: pesquisas recentes no Brasil e na França. Marseille: Open Edition Press, 2016.

20
Sociologia urbana
"Sociologia urbana: das construções teóricas do espaço ao direito à cidade"

Maura Pardini Bicudo Véras

> Uma cidade é construída por diferentes tipos de homens, pessoas iguais não podem fazê-la existir.
>
> SENNETT. *Carne e pedra*, 1997, epígrafe.

Introdução

À guisa de introdução, a frase de Aristóteles (384-322 a.C.) em *Política*, e retomada por Sennett no limiar do século XXI, parece sintetizar o destino inelutável das cidades na história: a de serem palco da desigualdade entre os homens. Hoje, é indiscutível que o mundo todo caminha para urbanização acelerada e as cidades nos trazem sua complexidade, bem como suas potencialidades. As cidades, de um ponto de vista histórico, constituíram-se em utopias para alguns, enquanto distopias para outros. Vistas como "civilização", em oposição ao campo, eram apresentadas como fonte de conhecimento, de arte, de produção de vida moral. Em utopias não elitistas, a cidade pode ser lugar de encontro, onde distintas origens, regiões, religiões, classes sociais, gêneros, em um certo cosmopolitismo, igualitária e inclusiva e em que até nacionalidades, cores e opções políticas poderiam transcender-se. Por outro lado, há visões distópicas da cidade, como lugar de congestionamento, pobreza e perigo para as pessoas respeitáveis e merecedoras, face à presença de multidões sem moralidade, delinquentes e sem condições de contribuir para a sociedade de forma positiva, as chamadas "classes perigosas", como foram retratadas nos primeiros passos da Modernidade, tanto na Europa quanto no Brasil (GLEDHILL; HILA & PERELMAN, 2017).

Sob a égide do capital, a cidade ou como é chamada "ambiente construído" carrega as problemáticas marcas da desigualdade, das questões sociais da convivência entre os diferentes, dos processos ligados à insustentabilidade de seu ambiente. A razão instrumental e pragmática do capital transformou as cidades de espaços qualitativos, onde o homem podia se reconhecer, para espaço quantitativo e abstrato, tornando-as "valores de troca", obedecendo aos mecanismos mesmos do processo de trabalho, que também se tornou trabalho abstrato-tempo materializado. Portanto, desvendar o campo e os problemas da Sociologia da Cidade é também percorrer os deslizamentos conceituais, o debate metodológico, e as diversas posturas ideais e ideológicas constitutivas dessa área do conhecimento, desde sua emergência no panorama científico[1].

---

1. Este é um daqueles assuntos em que nunca se consegue parar de escrever. Inicio um aspecto e logo volto a retomar uma nova face, uma frase e às vezes toda uma página. São-me claras as razões e desejaria que o fossem para os leitores também. Durante cerca de cinquenta anos volto-me ao ensino e à pesquisa das Ciências Sociais, em especial sobre a natureza das cidades, suas relações com outros saberes e aspectos da realidade

O século XIX inaugurou um ponto de vista científico chamado Sociologia, e é preciso situar que esse berço se constituiu dividido, com diversas raízes epistemológicas, suas origens ideológicas ou metanarrativas, para então, depois, dizer como se pode revelar um campo denominado Sociologia urbana, ou seja, uma Sociologia das Cidades. Castells (1975) caracterizou muito acertadamente que o campo de estudos que se convencionou chamar de Sociologia urbana deve ao positivismo tal recorte, pois esta ótica, ao acreditar que é o objeto empírico que se dá a conhecer, pode dividi-lo em fatias para que cada ciência se encarregue de sua parte específica e que nenhuma outra delas se incumba na divisão de trabalho científico Desde que o mundo conheceu o modo de produção capitalista, as cidades se configuraram como o *locus* da produção, da acumulação e da política. Quando a Sociologia como ponto de vista científico inaugurou-se em meados do século XIX, sob a matriz comteana da Física Social (quer pela Estática quer pela Dinâmica, ou seja, pugnando-se por leis da ordem e as do progresso), forçou-se a buscar leis do desenvolvimento das sociedades na direção de controle da grave situação social trazida pelas revoluções liberais do século anterior. Essas, pois, haviam ocasionado o surgimento da turba, da malta mal-alimentada, miserável, sem emprego, uma multidão que não se dissipava, pois, sem espaço de moradia; enfim, classes perigosas se amontoavam nas cidades, nas sujas ruas, nos bairros malditos. A resposta desses intelectuais conservadores foi a necessidade de domar tais contingentes, por meio da descoberta de leis gerais obtidas do conhecimento

científico e do chamado método positivo. Londres e Paris eram emblematicamente mostradas como o inferno da época: e o início do ponto de vista sociológico surgia para dar conta de entender, explicar e controlar tal organismo enigmático e ameaçador (BRESCIANI, 1982; FERNANDES, 1990; TRINDADE, 1978; ENGELS, 1975; VÉRAS, 2014).

Isso ocorreu do ângulo do pensamento conservador, carente do equilíbrio rompido da ordem medieval hierarquizada, autoritária, religiosa, disciplinada, buscando e empenhando-se pela a manutenção do *status quo*. A palavra balizadora de Florestan Fernandes (1990) apontou o lado conservador da herança clássica da Sociologia oscilando entre o polo conceitual da dominação dentro dos aspectos recorrentes estruturais e os voltados à transformação, em torno do conceito de conflito. No grupo conservador estariam, sem dúvida, os autores Émile David Durkheim e Max Weber, mesmo que cada um com posições teóricas e metodológicas diferentes. Na transição para o século XX a figura francesa de Durkheim (1858-1917) representou o aspecto voltado à manutenção com seu sociologismo e sua fixação pela coerção do fato social visto como institucional, herança acumulada de sabedoria coletiva, responsável pela saúde do organismo social. Daí ter privilegiado temas de estudo nitidamente da sociedade urbano-industrial europeia, como o direito, o crime, o suicídio, a educação. Também nessa transição do século XIX ao XX, na Alemanha a figura de Max Weber (1964-1920) nos traz uma visão típico-ideal da cidade, de ótica liberal e compreensiva, situando-a como dominação ilegítima e sugerindo atributos pelo método de interpretação da cidade do "ocidente" (VÉRAS, 2000; 2014).

Contudo, a mesma realidade, originada do modo de produção de mercadorias e da mais-valia, fraturada por classes sociais antagônicas, viria a provocar outra forma de compreender e intervir na socie-

---

social. Percorri vários pontos de vista teórico-metodológicos na construção desse objeto de estudo que é também espaço de luta e conquista dos direitos de viver. Nunca parei de me questionar sobre a natureza e as relações da cidade para com a sociedade, suas contradições e também suas potencialidades de mudança. Este capítulo contém tais conjeturas que se ligam a outras considerações e dificuldades que, por sua vez, carregam diversas conjunturas históricas e respectivas problemáticas.

dade, na ótica do conflito (FERNANDES, 1990) e, na cidade, partindo da crítica à dialética hegeliana, ao socialismo utópico francês e à economia liberal inglesa, propondo forma dinâmica de conhecer as contradições do concreto, e descobrindo a potencialidade da mudança de forma revolucionária (MARX & ENGELS, 1974) que se dedicaram a mostrar que cada parte do real revela a totalidade contraditória, e assim ocorre com a questão urbana. Na leitura marxista, a cidade deve ser entendida em sua existência como parte do modo de produção, das formas de produzir e trocar, das relações sociais e da divisão do trabalho. A sociedade capitalista, portanto, é desvendada com a indústria e de aglomeração de pessoas e de meios de produção nas cidades, onde capital e Estado jogam papel determinante na distribuição e vida dos trabalhadores (LEFEBVRE, 1973; 1991). Dessa forma, o conceito de cidade e sua interpretação não podem ser vistos desvinculados da ótica teórica sobre a sociedade de que faz parte, o que, por sua vez, depende das posições de classe, de seu ideário e dos componentes ideológicos ali constitutivos.

Uma rápida pesquisa sobre os temas que compõem o campo da chamada Sociologia da Cidade poderá delinear os contornos do universo a ser desvendado. O primeiro desafio está no fato de que a cidade requer, para seu desvendamento, o concurso multidisciplinar e até pretensões transdisciplinares: a História, a Política, a Economia, a Geografia, a Antropologia, Arquitetura e o Urbanismo sem estabelecer qualquer hierarquia nessa ordenação. Embora tudo isso deva ser visto em conjunto, temos aqui de explicitar a contribuição da Sociologia, ou seja, um campo disciplinar, o que implica, sem dúvida, algum reducionismo de sua complexidade. Há certo consenso que a cidade compõe-se de pelo menos três eixos: aglomeração da população, em um determinado território, e a gestão econômica, política e cultural de seus artefatos e equipamentos no ambiente construído: formas de habitar, produzir, circular, trocar, viver, enfim nesse espaço. A cada um desses aspectos desdobram-se novas coordenadas descritivas e explicativas, o que comprova a dita complexidade.

O encadeamento dos citados eixos pode iniciar-se pela questão do território, tema dos mais polêmicos nas Ciências Sociais, sem pretender esgotar seus conceitos, aqui será tratado no âmbito do espaço/território, incorporando aspectos da Geografia Humana e da Sociologia. Mais que espaço de jurisdição e de poder de um Estado, ele expressa a base de apoio de vida de seus ocupantes: espaço de identificação, de seu "lugar" no mundo. Por sua vez, a concentração de habitantes, motivada por apelos da sobrevivência econômica e necessidade de moradia e de circulação, revela seus ganhos e perdas de escala. No capitalismo, o espaço de viver se separou do espaço de produzir, bem como se separou também o tempo de trabalho e o tempo de vida. Dessa maneira, há núcleos espaciais mais compactos, outros mais espalhados no tecido, e em geral, marcados pela desigualdade social. Justamente no último eixo, a gestão urbana, se revela a distribuição desigual de poder pois o Estado e a gestão dos equipamentos e o que se convencionou chamar de políticas urbanas se implantam diferencialmente, acentuando e determinando a inequidade dessa distribuição. Muitos modelos foram utilizados para descrever e explicar as causas da desigualdade no espaço/território e deverão ser tratadas ao longo desta exposição. Esta é a complexidade do campo da Sociologia urbana:

> O problema não é meramente acadêmico. Saber se a cidade é simplesmente um objetivo real a reconstituir a partir de objetos de investigação propriamente científicos ou se possui uma entidade propriamente sociológica é uma questão prévia inevitável que condiciona toda a estratégia da investigação [...] devemos recorrer ao que efetivamente se fez em

> Sociologia urbana até agora [...] (CASTELLS, 1975, p. 27).

Outra aproximação ao elenco de questões ligadas à cidade, portanto, pode ser um sobrevoo sobre diversos programas de disciplinas acadêmicas da atualidade que se titulam de Sociologia Urbana em várias universidades brasileiras. Isso feito permitiu vislumbrar os ingredientes tratados nesse campo de conhecimento[2]. Indiscutivelmente se iniciam pelo binômio *aglomeração/urbanização*, ou seja, a presença das pessoas na cidade, a fixação no espaço, seu adensamento, o deslocamento, a instalação das condições necessárias à vida: a habitação, os equipamentos e serviços de infraestrutura, energia elétrica, saneamento e esgotamento sanitário, o comércio, formas de transporte, sistema viário, a gestão política e do território. Nesse sentido, e correlato a este aspecto, surge a discussão e caracterização dos processos de crescimento, seu ritmo, seu alcance, de núcleos mais concentrados ou dispersos, pois assim se insere a periferização, espraiamento das cidades com altos custos de implantação dos equipamentos e serviços e que em geral representam o acesso de pessoas empobrecidas à vida citadina[3]. Também, toda a mobilidade da população, muito tempo ocorrida no processo inicial da extração da mais-valia, quer na manufatura quer na industrialização significou o êxodo do campo para os centros urbanos. Hoje, com a reestruturação produtiva e globalização econômica, deslocamentos planetários de pessoas em busca de sua sobrevivência, refúgio ou expatriação, introduzem a discussão da *(e)-(i)-migração* como constitutiva do campo do estudo das cidades[4].

Tal concentração de habitantes em um território *demanda políticas públicas: na implantação de infraestrutura urbana, os chamados meios de consumo coletivos*, abastecimento de água e esgotamento sanitário, energia elétrica, serviços de correio e comunicação, sistema viário e de transportes, postos de saúde, ambulatórios e hospitais, escolas, creches e educação básica, secundária e superior, tudo que possa garantir a reprodução da força de trabalho[5]. Importante apontar a preocupação com o planejamento urbano, ou o urbanismo – os urbanistas preocupam-se com práticas, leis, restrições de uso do solo, regras de transporte, ocupação do solo, políticas urbanas de maneira geral. E, os arquitetos, em particular, além do urbanismo, com o estoque construído, paisagem, regulação e arte. Em especial o espaço da reprodução da força de trabalho, por excelência como se revela é a habitação chamada popular, para a maioria das classes trabalhadoras, pois é vista como mercadoria cara e quase inacessível à maioria que vive de salários a não lhes possibilitarem aquisição do solo urbano, ocasionando os bairros malditos (desequipados e assim denominados desde o século XIX)[6]. O Estado pode facilitar ou dificultar esse acesso por meio das políticas urbanas de uso do solo, implantação de infraestrutura e equipamentos, e *políticas habitacionais* propriamente ditas, além de políticas salariais mais ou menos igualitárias ou restritivas. A desigualdade no espaço resulta em zonas segregadas, separação no espaço urbano por renda, por culturas e origens, de cor e étnicas[7].

---

2. Evidentemente, cada um dos aspectos que serão arrolados a seguir foram tratados na literatura especializada por autores referenciais, com as respectivas metodologias e pontos de vista correlatos. Não serão aqui citados, pois o seriam de forma preliminar, e deverão ser retomados oportunamente quando de nossa reconstrução do ponto de vista sociológico sobre a cidade.

3. Muitos autores se dedicaram a analisar o padrão de crescimento das cidades, desde a Escola de Chicago, Burgess (1948), com seus círculos concêntricos, aos da leitura marxista, explicando tais processos à luz do movimento do capital. Lefebvre, 1991; Castells, 1983; Harvey, 1982.

4. Sayad, 1998; Bourdieu, 2008.

5. Lojkine, 1997.

6. Engels, 1975, entre outros.

7. Véras, 2016; Marques, 2005, 2015.

Outro componente das preocupações urbanas é a *mobilidade e seus conceitos correlatos*, iniciando-se pelo *deslocamento diário pendular* para o trabalho. Constitui outro ponto básico da vida das cidades, em geral refletindo os estrangulamentos de trânsito, com precariedade dos eixos de *transporte coletivo*, congestionamentos que fazem o trabalhador perder tempo considerável no cotidiano, em particular, nas grandes cidades. Outra grande participação do Estado em suprir tais demandas, não apenas nas obras do sistema viário como em provisionamento do transporte de qualidade para os trabalhadores.

E ainda, mas não menos importante, um dos aspectos apontados pelos estudiosos é o *modo de vida urbano*, novos hábitos provocados pela proximidade e afastamento entre os citadinos[8], O formigueiro dos fluxos nas ruas da cidade, transeuntes se cruzando sem que haja interação significativa, relações de *alteridade*, o que separa o "nós" daquilo que passamos a considerar como " Outros", o "não nós", que pode significar rejeição , ameaça, distanciamento que a proximidade espacial não resolve, e por vezes, acentua. Há uma cultura urbana, relações de *sociabilidade*, em uma dialética alteridade/identidade que se constitui verdadeira tessitura do ambiente urbano. Os movimentos culturais urbanos, artísticos, que incluem desde a música, o *hip-hop*, o *rap*, como o grafite às pichações nos muros da cidade, revelam linguagens profundas desse viver, há as fronteiras, a territorialidade, as poesias das "margens", os refrões, ditos populares a espelharem sentimentos, protestos dos "lugares" de onde emergem (AGIER, 2017; BIN, 2018).

E, contemporaneamente, um tema emergiu da participação de algumas cidades nos fluxos eco-

nômicos mais importantes do capitalismo internacional, como é a questão polêmica das *cidades globais*. Tais estudos se escoram, de um lado, que embora todas as cidades, de algum modo estejam conectadas aos fluxos globalizados, algumas assumem funções de base de telecomunicações e gestão planetária da vida econômica atual, como sedes de bancos, firmas multi e transnacionais, e devem preparar-se para cumprir essas funções estratégicas como oferecer recursos humanos qualificados, infraestrutura, centros de negócios e convenções e assim por diante. Um dos aspectos perversos desse quadro está em que ao oferecer recursos competitivos internacionalmente podem esquecer-se das demandas locais e seu débito social acumulado, priorizando áreas privilegiadas em detrimento da pobreza, como é o caso de São Paulo, metrópole ainda característica de nosso "subdesenvolvimento industrializado"[9].

Importante o registro da tomada de consciência e das mobilizações sociais, ou movimentos sociais que tomam as ruas, fazem reivindicações em amplo espectro que pode caracterizar-se por medidas reformistas por equipamentos, pavimentação, infraestrutura, moradia, até aquelas mais amplas de luta pelo direito à cidade como direito coletivo. Este é um ingrediente presente nas disciplinas ligadas ao campo da Sociologia urbana que transitou historicamente no Brasil, por exemplo, nos tempos da ditadura militar e que insinuava potenciais transformadores nos anos de 1970 e 1980, para declinar em sua ênfase depois da chamada transição democrática nos anos de 1990 e recrudescer a partir de 2010, inclusive surgindo no mundo todo[10].

O elenco, sucintamente exposto, não resolve a questão: a Sociologia urbana pode ser resumida como o campo que trata do direito à cidade pe-

---

8. Desde o já debatido *"ar blasé"* do homem urbano, amortecido pela profusão de contatos descritos por Simmel ainda no século XIX e repetido nos trabalhos de L. Wirth, da Escola de Chicago em 1925.

---

9. Sassen, 1991; Kowarick, 2001; Véras, 2000; Carvalho, 2001.
10. Cf. Gohn, 1997; Castells, 2013; Harvey, 2014.

las classes sociais? Os temas compõem um campo científico? Existem várias maneiras de responder a essas indagações, percorrendo as diversas divisões da própria sociologia (VÉRAS, 2000; GOTTDIENER, 1992; EUFRASIO, 1999; CASTELLS, 1975; 1983; LEFEBVRE, 1973; 1978; 1991; HARVEY, 1998; 2003; 2014; 2018). Por considerar das mais fundantes, vamos percorrer a emergência do ponto de vista que se pode denominar de Sociologia urbana por meio da análise de dois paradigmas: a chamada escola ecológica – Escola de Chicago, e a abordagem marxista[11].

Trata-se, como sabemos, da questão da construção do objeto nas Ciências Sociais, tema sobre o qual diria Bourdieu (1989) como o "ápice das artes" nesse campo do conhecimento. Segundo nos dizem Frehse e Leite (2010), é muito grande a complexidade do olhar urbano e sociológico, especialmente no Brasil, parafraseando Lícia do Prado Valladares e Bianca Freire-Medeiros em texto de 2002, mas já distinguindo sua abordagem em que o espaço urbano se constitui objeto de conceituação, ou seja, mobilização teórico-metodológica de maior ou menor densidade, sobre tudo que se abrigou sob a rubrica Cidade ou Metrópole. Frehse e Leite buscam, a seu turno, identificar as diferentes conceituações sociológicas empregadas para explanar características de cidades e metrópoles no Brasil nos inícios do século XXI.

A primeira indagação recuada no tempo do livro que leva por título *Problemas de investigação em sociologia urbana*, de 1975, é justamente se "há uma Sociologia urbana?" (CASTELLS, 1975). Por-

que, de um lado, a existência empírica de questões que emanam da vida crescente nas cidades carrega e exige que a ciência se debruce sobre ela, como diz o autor acontecer na França, e, menos nos países anglo-saxões; por outro lado, a profusão de estudos técnicos sobre planejamento de cidades, não significa avanço na área de conhecimento. Realizando breve balanço dos estudos na área do "urbano" nesse período, essa mesma fonte aponta que se dirigem, *grosso modo*, para análises demográficas, ou para perspectivas ecológicas, de desorganização social e aculturação, e outros ainda, aos estudos de comunidade, quer ingleses quer norte-americanos. O que sublinha nessa obra é que, se aparentemente há uma profusão de textos sobre o urbano, ao contrário, carecia-se nos anos de 1960 de um campo configurado como de Sociologia urbana, uma verdadeira crise intelectual à época, que acabou provocando uma reflexão francesa importante a partir da leitura marxista, abrangendo os estruturalistas, os historicistas, seus sucedâneos e seus críticos.

A Escola de Chicago

Os principais representantes dessa linha de investigação são Robert Park (1916), Ernest Burgess (1925); Pierson (1948), com enfoques distintos e que serão aqui tratados em separado. Em visão panorâmica, Castells, ao esquematizar alguns pontos de inflexão na literatura, localiza essa como denominando-a de *cidade como variável sociológica*. Ou seja, remonta aos pioneiros desse tipo de investigação sob a rubrica de Sociologia urbana, que foi a Escola de Chicago, nos inícios do século XX[12].

---

11. Embora o destaque a essas abordagens decisivas, não se podem ignorar outras posturas conceituais como a Escola da economia marginalista (RICHARDISON, 1973), os teóricos da localização, as teorias do lugar central (CHRISTALLER, 1933), a discussão compreensiva e tipológica de M. Weber e dos neo-weberianos (REX, apud GOTTDIENNER, 1993), além de outros autores contemporâneos como Aglietta (1976; 1979) e tantos outros. Cf. Gottidiener, 1993; Véras, 2000.

12. Sobre tal tendência, deve-se atentar para o fato de que se constituiu como uma reação diante das questões que aconteciam nas cidades norte-americanas que provocaram esse ponto de vista, voltou-se ao estudo das tendências do crescimento das cidades e dos problemas sociais que traziam, como desorganização familiar, alcoolismo, imigração massiva e aglomeração nos centros urbanos; tais fatos impressionaram os técnicos e

Nesses estudos podem-se identificar duas preocupações fundamentais: a da urbanização entendida como relação do homem e seu meio mediante um dado padrão de processo de ida à cidade (BURGESS, 1948), e o novo modo de vida desses habitantes citadinos, no que Castells denominou de cidade como variável independente, em outros termos, a causa dos processos sociais ali observados. Seus pressupostos foram analisados e avaliados de diferentes ângulos, desde pela simplicidade de generalização amplificadora de casos observados localmente, aos conceitos utilizados a mostrar que as ocupações dos espaços da cidade se pautariam por invasão, sucessão, competição como processos ecológicos semelhantemente aos biológicos (VILLAÇA, 1975; 1986; VÉRAS, 2000). Burgess propôs um modelo de crescimento da cidade por círculos concêntricos, refletindo um padrão que se verificava na cidade americana, mas acreditando ser esse o modelo universal de expansão urbana. O modelo de Burgess pode ser descrito de forma simples como se a cidade crescesse como mancha de óleo, espraiando-se do centro para a periferia, e pode ser esquematizada como círculos em torno do centro, representando uma expansão/sucessão em zonas distintas e com características diferentes. De início o centro da cidade continha todas as zonas, era o polo dinâmico do comércio, dos hotéis, estação ferroviária, teatros, museus, prefeitura, para onde convergiam as linhas de transporte local, pulsavam a vida econômica e política e cultural – o Loop. Com o tempo vão se criando subcentros mais distantes, reorganiza-se e descentraliza-se a cidade com a expansão em direção às bordas, surgindo um anel concêntrico ao centro como zona de transição. Em seguida vem outro círculo, colado à zona de transição, representado pelas moradias de operários; em seguida, outro círculo ocupado pelas residências de alta renda, e, finalmente, mais na periferia, zona de "*commuters*" – aqueles que viajam diariamente para ir ao trabalho – o subúrbio. A descrição do crescimento físico da cidade, nestes termos, parece obedecer a processos biológicos, ou seja, na relação dos habitantes com o meio físico-natural – e também urbanos, haveria quase uma filtragem fazendo que os mais aptos ocupem as melhores áreas da cidade, processos descritos como anabólicos e catabólicos do metabolismo no corpo humano, de absorção e banimento, de modo que vão sendo expulsos do centro para a periferia aqueles "perdedores" dessa competição pelo espaço. Gottdiener (1993) aponta esse traço de referência a processos biológicos, a subordinação a princípios darwinianos (VÉRAS, 2000; GOTTDIENER, 1992). Há outras abordagens que destacam a Escola de Chicago por suas contribuições aos estudos da segregação, inclusive de natureza racial (VALLADARES, 2005; 2018).

Destaca-se, da Escola de Chicago, a figura de Robert Park, por muitos considerado o pai da Sociologia urbana (VALLADARES, 2018). Seu artigo sobre o comportamento humano no meio urbano lançou temas e desafios ao estudo sociológico com diversas e instigantes questões a serem reveladas por esse novo laboratório e espaço social para a investigação da vida no século XX, mesmo que ainda nos seus inícios. Como já mencionado, Park debruçou-se também sobre a migração e a situação desse indivíduo deslocado entre dois mundos, à época visto como estrangeiro, em plena crise da chegada à sociedade receptora sem conseguir integrar-se, sem esquecer a cultura de origem, situação que se-

---

intelectuais a operarem no planejamento urbano. A cidade de Chicago cresceu, entre 1900 e 1930, à razão de meio milhão de habitantes a cada dez anos, a maioria provinda da imigração. Cf., entre outros, VÉRAS, 2000; Eufrasio, 1999; Gottdiener, 1992; Grafmayer e Joseph, 1984.

ria mais tarde chamada por Sayad de "paradoxos da alteridade" (SAYAD, 1998). A cidade, entendida como oposta ao meio rural, revela-se nessa fase da chamada Escola de Chicago como uma máquina de filtrar, pois os indivíduos com seus talentos naturais competem pelas melhores localizações e, em analogia aos processos bióticos, o cenário é de competição no mercado em que para cada tarefa surge alguém capacitado para exercê-la. Um ambiente de políticas liberais, um espaço determinado, resultam desse quadro delineado (GOTTDIENER, 1993; VÉRAS, 2000).

Reconhecendo a importância de Park, muitos autores costumam citar o elenco de temas pertinentes à análise urbana contido em sua abordagem, no citado "Sugestões para investigação do comportamento humano no meio urbano" (VELHO, 1967). A sugestão de Park para a investigação do comportamento humano no meio urbano significou um destaque para o objeto do que se convencionava considerar como o campo da Sociologia urbana: à primeira vista, *tudo que sucede em um contexto urbano*. Assim, muitos estudos de comunidade voltaram-se para uma direção etnográfica, descrevendo sociedades locais, muitas vezes os conhecidos processos de desorganização social, a falta de integração de subculturas autônomas, resistência individual. Sua abordagem foi valorizada por Harvey (2014), um dos mais destacados geógrafos marxistas contemporâneos dedicados aos estudos urbanos:

> A cidade é a tentativa mais coerente e, em termos gerais, mais bem-sucedida de refazer o mundo em que se vive, e de fazê-lo de acordo com seus mais profundos desejos. Porém, se a cidade é o mundo criado pelo homem, segue-se que também é o mundo em que ele está condenado a viver. Assim, indiretamente e sem nenhuma consciência bem definida da natureza de sua tarefa, ao criar a cidade o homem recria a si mesmo (PARK, R., apud HARVEY, 2014, p. 28).

Contudo, ainda parece que não chegamos atualmente a construir novos paradigmas que nos permitam inteligir uma sociedade e um espaço em suas múltiplas relações nesse processo de mudança, dando razão ao que Park predissera em 1916. Entretanto, há uma vertente culturalista importante na primeira fase da escola: a visão de Louis Wirth que escreveu sobre *urbanismo como modo de vida*, ainda em 1938. Segundo o autor, o estabelecimento de uma coletividade humana com determinada densidade e suficientemente heterogênea, provocaria "a aparição de um tipo de cultura" (CASTELLS, 1975, p. 28). Isso resgatou a cidade, mais que uma área de estudo e um laboratório de análises, como uma cultura urbana. São descritos aqui os novos hábitos e relações sociais, isolamento, passagem das formas primárias de contato para secundárias, diversidade e fugacidade de papéis sociais e assim por diante, quase lembrando o "*ar blasé*", de que falava Simmel, sobre a *vida mental* do homem urbano, em seus escritos de finais do século XIX. Foram muitas as críticas feitas a essa abordagem, inclusive de que ela possuía um caráter "passadista", focando a passagem da sociedade rural para urbana.

Na verdade, os observadores do campo da Sociologia urbana acabam por caracterizar essa fase de estudos como uma análise dos processos de industrialização e efeitos urbanizadores modernizadores, uma certa ocidentalização aos moldes da civilização americana. Essa leitura distingue a Sociologia urbana da Sociologia industrial, indicando uma verdadeira *sociologia da integração*, ou seja, algo que não se limita ao contexto urbano: "*Não se trata, pois, apenas de uma não especificidade do objeto científico* (tudo que acontece num quadro urbano)*, mas da existência de um objeto científico diferente e não explícito: o processo de aculturação na 'sociedade moderna', isto é, na sociedade americana*" (CASTELLS, 1975, p. 30 – grifos do autor).

Assim, se utilizarmos o conceito de urbano como variável independente, isso demandará entender a influência desse contexto sobre o tipo de comportamento e as pesquisas que se fizeram nesse sentido não lograram resultados convincentes, dando maior destaque a outros fatores como os demográficos de sexo, idade, o estrato socioeconômico, as classes sociais no que tange à participação e não segundo o tipo de zona urbana de residência. Não se ignora o peso dos fatores espaciais sobre a sociabilidade humana, mas este aspecto tem de ser entendido no seu cruzamento com as estruturas sociais e culturais (CASTELLS, 1975). Este mesmo autor refere-se a Burgess, classificando de irritante o fato de ele apresentar, como traço universal, aquilo que observou em uma determinada realidade, mas que pode auxiliar a examinar processos urbanos, como o fizeram alguns autores (CASTELLS, 1975, p. 32ss.; GOTTDIENER, 1992).

Ao citar pesquisa de Schnore (1965), Castells constata que o modelo de crescimento dos círculos concêntricos de Burgess não se aplicava às cidades latino-americanas estudadas. O sistema de anéis urbanos, previstos por Burgess, pressupunha certa heterogeneidade social, propriedade privada, ausência de diferença significativa dos meios de transporte, cidade comercial-industrial, e espaços de terra disponíveis a baixos preços nas periferias, além de liberdade de implantação em obediência a leis do mercado. Nos 50 casos analisados na América Latina surgiu outro modelo urbano, resumido como a localização da classe superior no centro da cidade e a dos "marginais" na periferia. Mesmo que não se abandone totalmente a ideia de que os fatores ecológicos importem no crescimento das cidades, cabe reconhecer que alguns desses autores acrescentaram mais um fator, os valores sociais a operarem na formação do espaço urbano (CASTELLS, 1975).

Castells reconhece, assim, que agora está se aproximando de uma abordagem francesa, historicista que considera a cidade como produto da História, "reflexo da sociedade, ação do homem sobre o espaço para construir sua morada" (CASTELLS, 1975, p. 33). A prosseguir nessa direção, cabe ainda questionar na relação entre o processo social e o espaço urbano, qual o sentido dessa relação? Seria o espaço urbano uma página em branco sobre a qual a ação social se expressa? Ou os acontecimentos produzidos espacialmente se refletem sobre a ação social?

É ainda Park que nos previne de visões simplistas ou naturalizadas da sociedade – e da cidade:

> A cidade tem uma organização moral e física e essas duas organizações estão englobadas por um processo de interação que as vai formando (e transformando) uma em relação a outra. O que atrai imediatamente a nossa atenção, por causa da sua dimensão e complexidade, é a estrutura da cidade. Mas esta estrutura assenta na natureza humana e é uma das suas formas de expressão. Por outro lado, essa vasta organização surgiu como resposta às necessidades de seus habitantes, mas uma vez formada, impõe-se-lhes como um fato bruto exterior e influencia-os, por seu lado, em função da intenção e dos interesses que lhe são próprios e que manifesta de diferentes maneiras. Estrutura e tradição não são, pois, senão aspectos diferentes de um complexo cultural único, determinação do que é característico e específico da cidade (PARK, 1967, apud CASTELLS, 1975, p. 34).

Nessa primeira fase da Escola de Chicago, a importância e o impacto dos descritos processos de invasão, sucessão análogos aos do metabolismo do corpo humano, na linguagem de Burgess, e mesmo o complexo leque de temas ligados aos valores simbólicos e à diversidade cultural do homem citadino – a depender do tamanho, densidade e heterogeneidade de sua população, nos termos de Park e Wirth) –, foram criticados e apreciados de diversas formas, como se depreendeu do exposto até aqui. Entretanto, após a Segunda Guerra Mundial, surge um recrudescimento da abordagem, impulsionada pela extensa e intensa urbanização e metropolização americanas. Também de caráter biogênico, a postura ecológica de Amos Hawley, nos anos de 1950, uma segunda fase enfocando a relação homem e meio ambiente, mostrando o espaço urbano sem suas desigualdades e condicionantes sociais e econômicos, suas heterotopias. A ele referiu-se Gottdiener como uma retomada da Escola de Chicago original – utilizando o aparato conceitual de Burgess e McKenzie – e apontando uma interdependência dos seres humanos na "trama da vida" – retomando, também, princípios darwinianos –, e, pela convivência no mesmo *habitat* comunitário, haveria processos simbióticos, uma visão conservadora já apontada por Gottdiener (1993, p. 49).

Nossas questões contemporâneas nos indagam: até que ponto a Escola de Chicago nos ajuda a entender e intervir nas cidades? As descrições dos anéis, das zonas concêntricas, traiam explicações sobre o comportamento humano? O binômio invasão/sucessão permite explicar as causas do racismo, por exemplo, ou da segregação étnica? A reflexão brasileira incorporou tais estudos?

Frehse e Leite (2010) destacam – entre a enorme variedade de estudos urbanos no Brasil no século XXI, dentro da problemática interessada em identificar e conceituar padrões de produção do espaço urbano no país em meio às transformações socioeconômicas políticas, sociais e culturais ligadas ao processo histórico de globalização econômica –, entre diversas vertentes, que se dedicaram ao estudo dos sujeitos sociais, às condições periféricas da acumulação, e citam diversos autores: "há ainda quem se preocupe com processos sociais

que combinam ambos [sujeitos sociais e processos macrossociais] em escalas espaciais diferentes (RIBEIRO & LAGO, 1999; CALDEIRA, 2000; TASCHNER & BOGUS, 2000)"[13] (FREHSE & LEITE, 2010, p. 212).

Como ilustração ao crescimento da cidade em círculos concêntricos, as autoras Taschner e Bogus (apud FREHSE & LEITE, 2010) apontam que a cidade de São Paulo – se analisada mediante suas características demográficas, de renda e de perfis ocupacionais – poderia apresentar a configuração em anéis de Burgess, mas ainda como contraponto, isto é:

> como uma remissão conceitual apenas pontual a eles, em conjunto com outros, sem que tal interlocução acarrete assimilação das implicações teórico-metodológicas implícitas nesses mesmos aportes. Assim, quando importa associar conceitualmente São Paulo à "cidade dos anéis" (TASCHNER & BOGUS, 2000) , a noção de "cidadela" aparece em conjunto com referenciais tributários de uma concepção outra, apenas pontualmente insinuada no *corpus*, e que chamamos de espaço urbano concêntrico, subjacente que é à análise feita pelo sociólogo americano Ernest Burgess (1929) da dinâmica concêntrica de crescimento socioespacial de Chicago. Dado seu caráter esparso no *corpus*, tal concepção não receberá aqui destaque maior" (FREHSE & LEITE, 2010, p. 222).

Dessa maneira, o recurso às concepções da Escola de Chicago, no caso de Burgess, por exemplo, são utilizadas, mediante categorias auxiliares e ilustrativas, mas não cabalmente explicativas no

---

13. São muitos os autores citados nesse completo e instigante inventário do assunto publicado pela Anpocs de autoria de Frehse e Leite. Por limite de espaço selecionamos algumas das referências dentro das possibilidades deste trabalho. Cf. Frehse; LEITE, 2010, p. 212 e 213. Os autores trazem os seguintes textos, além daquele aqui comentado, Taschner e Bogus (2000), Ribeiro e Lago (*Espaço social, hierarquia e diferenciação na metrópole brasileira*. Caxambu: Encontro Anual da Anpocs, 1999) e Caldeira (*Cidade dos muros*. São Paulo: Edusp, 2000).

caso da maioria dos sociólogos brasileiros. O referido trabalho sobre São Paulo irá utilizar outros conceitos como o de *segregação*, referências a formas de estruturação socioespacial das metrópoles (em meio a processos da globalização econômica) e seus efeitos comuns a outras cidades do planeta, recorrendo a *outros paradigmas* como a interlocução com Veltz (1996) e Preteceille (1993).

No que tange à interpretação das desigualdades raciais no espaço urbano, Cunha (2018), entre outros, cita diversos autores dessa tendência teórica como Harris (2003, p. 75) mostrando que a segregação racial é essencial para a manutenção da supremacia racial. Utilizando o paradigma da "invasão-sucessão", Cunha reporta-se a Bowdery (1951) ao afirmar, entre outras ideias, que

> os processos ecológicos de invasão e sucessão são ilustrados quando um setor particular de uma grande cidade, que num momento é de residências de pessoas brancas de classe média, é gradualmente "invadido" por negros, [...] dentro de um intervalo de poucos anos, mudam-se, deixando a área exclusivamente para os negros (BOWDERY, 1951, apud CUNHA, 2018).

Tal modelo analítico completa-se com o conceito de *"the tipping point"*, ou seja, o ponto da virada, cunhado por Gladwell (2001) como um ponto-limite para redefinição da situação, pois grupos considerados "invasores" acabam por desalojar os antigos moradores (CUNHA, 2018, p. 215-216). Este mesmo autor, entretanto, recorre a outros autores de vertente teórica distinta da Escola de Chicago, como Villaça (2011). Torres (2003), Rolnik (1981), entre outros.

Uma dialética da cidade

Da riqueza de argumentos marxistas sobre o espaço urbano, por sua relevância, teremos de fazer escolhas dentro dos limites deste trabalho[14]. A seleção possível dessa fecunda abordagem será realizada centrada nos autores Henri Lefebvre e David Harvey.

A opção pela teoria marxista como forma de conhecimento, enseja chegar à totalidade do processo social abrangente – sendo capaz de captar/abranger, inclusive, as ideologias burguesas que se declaram racionais e/ou científicas – em suas origens e transformações. Permite atingir a essência – para além das aparências – da cidade capitalista, como síntese das atividades práticas dos homens, que moldam o espaço urbano e são por ele condicionadas, no dizer de Milton Santos, espaço determinante/determinado (SANTOS, 1980).

Falar de Henri Lefebvre nos induz recuar provocativamente até Paris, nos anos de 1960. Alguns autores, inclusive artistas, descrevem tal cidade na época vivendo uma crise existencial, apresentada como uma repentina mudança de seus espaços, deixando para trás seu modo de vida urbano, com ruas animadas por vida comunitária, flores nas sacadas, praças cheias de pessoas e crianças, lugares para desfrutar uma conversa, uma profusão de cafés, fontes e jardins. Ao invés disso, demolições e

---

14. A iniciar pelo clássico de 1845, *A situação da classe trabalhadora na Inglaterra* (de F. Engels), e pelas obras de Marx nas quais a cidade surge como *locus* da produção manufatureira e industrial – desde o marco inicial com Engels: *A ideologia alemã*. Ainda, sobretudo em *O capital* e nos trabalhos históricos de *As lutas de classes na França*, especialmente *Guerra civil na França* (a Comuna de Paris). Sempre a cidade esteve presente, mesmo que não realizada a explicitação de seu papel na realidade social (cf. LEFEBVRE, 1973; 1978; 1991; GOTTDIENER, 1993; VÉRAS, 2000; HARVEY, 1981; 2014; FREHSE & LEITE, 2010). Também é relevante a leitura de Castells (1975; 1983), Lojkine (1997). Como se sabe, o método dialético é capaz de apreender o devir histórico das sociedades humanas, abrangendo a ontologia do ser humano, as transformações estruturais e conjunturais das formações sociais concretas. Os pressupostos do materialismo histórico dialético conduzem a ver a realidade em contínua mutação, uma totalidade articulada com base na vida concreta e material, nas contradições necessárias à sua superação. É nesse conjunto do modo de produção que a cidade deve ser compreendida (cf. VÉRAS, 2000).

construções de grandes e altos edifícios de apartamentos (HLM)[15] nos subúrbios, vias expressas, desintegração dos modos e valores anteriores, do pequeno artesanato, um constante demolir e construir, aumento do consumismo em meio aos arranha-céus e lojas gigantescas. A descrição é feita por Harvey, ilustrada com fotos de retroescavadeiras "devorando vorazmente todos os antigos bairros de Paris" (HARVEY, 2014, p. 10).

Em 1967, Lefebvre escreveu *O direito à cidade* (1991) trabalho de referência que abrigava uma queixa e uma exigência. Esse direito era visto enquanto queixa diante da dor provocada pela descaracterização devastadora da vida cotidiana em curso; e a exigência se voltava ao imperativo de se encarar e superar a crise. Trata-se de um grito das ruas, dos bairros, de pessoas oprimidas pelo cotidiano hostil, possibilitado pelo método dialético de investigação, que pode fornecer inspiração para responder ao problema (HARVEY, 2014). Antes, em 1965, Lefebvre publicara um estudo sobre a Comuna de Paris de 1871, e isso o levou a perceber as dimensões urbanas dos movimentos revolucionários, o que resultou em debater teses do marxismo convencional, ampliando que tais movimentos não seriam exclusivamente formados por operários fabris e sim por trabalhadores urbanos. Essa tese ainda é forte contemporaneamente e, à época, ganhou adeptos como Castells. Outros entenderam que seriam teses reformistas e não de fato revolucionárias. Pode-se afirmar, entretanto, que atualmente há a tese de que o precariado urbano substituiu o proletariado tradicional, dadas as transformações econômicas em curso na industrialização e fragmentação da classe trabalhadora (HARVEY, 2004; 2014).

Centrando-se na crítica ao modelo urbano imposto nos anos de 1960, é ilustrativa a nostalgia da aldeia medieval diante do que chamou a "cidade nova", resultante do "urbanismo oficial" (VÉRAS, 2000):

> ...dormita minha velha aldeia, [...] eu conheço cada pedra. Sobre essas pedras eu leio os séculos um pouco como os forasteiros nos círculos dos troncos cortados leem as idades das árvores. Mas a analogia que se impõe, como a muitos outros lugares, aldeias ou cidades, é a imagem do molusco. Um ser vivo segregou lentamente uma estrutura; considerai à parte esse ser vivo, separai-o da forma que ele possui segundo as leis de sua espécie, ele está ali, mole, pegajoso, disforme; não compreendeis mais sua relação com esta estrutura fina, com estas estrias, estas simetrias, estas ranhuras [...]. É a relação que é preciso esforçar-se para compreender, resumida numa imensa vida da espécie e num longo esforço dessa vida para se manter e reter o que lhe convém. Curto de história e de civilização, o burgo indica as formas e a ação de uma comunidade milenar, ela mesma inscrita numa sociedade, numa cultura cada vez mais largas e mais distantes. Esta comunidade trabalhou, organizou, reorganizou, modificou e remodificou, segundo suas necessidades, sua concha. Antigamente, a cotidianidade existia. Ela vivia. O animal pegajoso segregava sua concha mais bela do que ele [...] depois os tempos mudaram. As técnicas penetraram na cotidianidade; houve novos problemas [...]. Agora o que tem? A vida cotidiana esmagadora, reduzida, à sua essência, às suas funções banais [...]" (LEFEBVRE, 1969, p. 137-148).

Ao recolocar o tema da cidade no centro das preocupações, Lefebvre o faz como parte do pensamento filosófico, ao situar que este nasceu da cidade, com a divisão do trabalho e suas múltiplas modalidades. No exercício filosófico, o interesse fundamental é ver a totalidade, tendo em vista a unidade do pensamento, do ser e do discurso, da natureza, do mundo, da reflexão e da realidade. Isso inclui a meditação sobre as diferenças entre

---

15. HLM (Habitation à Loyer Moderé): habitações de aluguéis médios, ao alcance de estratos de renda mais baixos, subsidiadas pelo poder público, ou seja, habitações de interesse social.

o ser e o pensamento, entre o que é natureza e o que vem da cidade (LEFEBVRE, 1991). A filosofia, nascida na cidade, tornou-se ela própria uma atividade especializada, mas não pode manter-se fragmentada. E é assim que deve compreender a cidade como totalidade e como prática, além da palavra, dos signos e semantemas, pois só dessa forma o filósofo poderá captar-lhe o sentido, superando posturas ingênuas (imediatas) e parcelares. Uma reflexão mais avançada sobre o urbano se faz sobre uma totalidade transcendente a ela, incluindo a história, o homem, a sociedade, o Estado e ainda poderá alcançar uma racionalidade urbana e práticas urbanísticas[16].

Um ponto central em sua ponderação é a relação do urbano e a industrialização. Lefebvre tenta religar os aspectos culturais e simbólicos, em cenário em que cada um se define *na e pela consciência dos habitantes em relação ao outro, contra o outro*", pois no sistema capitalista, em que predomina a mercantilização universal, a cidade apresenta a contradição fundamental entre o valor de uso e o valor de troca, uma relação conflituosa porque, em um primeiro momento, o capital saqueia e assalta a realidade preexistente. Em um segundo momento, a realidade urbana reage, expande-se, deixando-se reconhecer como vida socioeconômica própria. No terceiro momento, a cidade passa a ser encarada como centro de decisões, carregando uma nova racionalidade, organizatória, tecnicista. Durante o século XX, tal racionalidade manifestou-se como onipotente e pragmática, várias vezes por meio do planejamento urbano (VÉRAS et al., 1994).

---

16. Lefebvre distingue três tipos de urbanismo: o "urbanismo dos homens de boa vontade", como um certo humanismo que acabou por resultar em formalismo de modelos; o "urbanismo dos administradores do setor público", que enfatiza aspectos voltados à circulação , fluidez, fórmulas tecnocráticas de rodoviarismo; e, o " urbanismo de promotores de venda", que propagam a ilusão de novo estilo de vida, geralmente pelo valor de troca no setor imobiliário (LEFEBVRE, 1991).

Por conceber a cidade como totalidade, Lefebvre afirma ser ela mais que "projeção da sociedade sobre o local", mais que "lugar sensível", ou "conjunto de diferenças", ou mesmo "espaços de confronto", pois estes são níveis da realidade que são enfatizados separadamente e torna-se imperativo combiná-los em reflexão complexa, agregando criticamente forma, função, estrutura, níveis, dimensões, texto e contexto, escrita e leitura, significante e significado. É emblemático o que diz: "A cidade pode apoderar-se das significações existentes, políticas, religiosas, filosóficas. Apoderar-se delas para dizer, [...] pela voz dos edifícios, dos monumentos e também pelas ruas, praças, pelos vazios, pela teatralização espontânea dos encontros [...]" (LEFEBVRE, 1991, p. 57-58).

Dando valor à cotidianidade como luta contra o Estado e a repressão das instituições, vê a forma urbana como suporte material que possa dar base à utopia social. É este aspecto que se quer destacar, no avanço teórico de Lefebvre sobre o papel da cidade na transformação da sociedade, em harmonia com Harvey, quando aponta, por exemplo, que o potencial revolucionário dos movimentos urbanos nem sempre é reconhecido. Algumas críticas, contudo, os nomeiam como tentativas reformistas de lidar com questões específicas (HARVEY, 2014). Algumas restrições dirigiram-se diretamente às reflexões lefebvrianas. Entre outros, Castells diz que Lefebvre partiu de uma análise marxista do fenômeno urbano e caiu em uma "teorização urbanística marxista", dando prioridade à crise urbana sobre qualquer outra (CASTELLS, 1983, p. 113). Por outro lado, o autor é reconhecido como um filósofo que foi capaz de encarar o urbano como multifacetado, dando ênfase ao espaço e às potencialidades da ação do que chamou de "revolução urbana", como uma fase decisiva do mundo contemporâneo, impondo-se à discussão em escala mundial. Entretanto, a realidade urbana modifica as relações de produção, mas não é suficiente para transformá-las. Assim como a ciência, o urbanismo acabou por tornar-se "força de produção. "O espaço e a organização política do espaço expressam as relações sociais, mas também reagem de volta sobre elas" (LEFEBVRE, apud HARVEY, 1980). Há, portanto, um conflito entre a dialética do processo social e a geometria estática da forma espacial, e chega-se, assim, a uma conceituação abrangente: processo social/formação espacial.

Lefebvre também se pronunciou sobre as relações campo/cidade que vinham se alterando radicalmente, pois desaparecia o campesinato tradicional e havia intensa urbanização, e, de certa forma, esse panorama favorecia o consumismo e certa abordagem produtivista no que tange a suprimentos de mercadorias agrícolas; essa situação acontecia na França, mas o mundo todo veria coisa semelhante, embora o ritmo se diferencie de país para país, pois a humanidade cada vez mais está sendo absorvida pela efervescência da vida urbanizada.

Nesse contexto, o direito à cidade se alterou mais para o direito à vida urbana, tema que foi retomado no livro produzido a seguir, em 1974, *A produção do espaço* (2000). Ressignificando, pois, o direito à cidade, é preciso considerar quem está reivindicando: os financistas e empreiteiros têm todo direito de fazê-lo, mas também o têm os "*sans-papier*" (estrangeiros sem documentação), os sem-teto, os "excluídos" em geral. Como dizia Marx, "entre direitos iguais, o que decide é a força" (apud HARVEY, 2014, p. 20). E, por sua vez, a própria definição de direito é objeto de luta, e esta se desenrola concomitantemente à luta para materializá-lo.

A cidade tradicional foi morta pelo capitalismo voraz, vitimada pela incessante necessidade de dispor da acumulação de capital capaz de financiamento da própria expansão urbana, sem pensar nas suas consequências sociais, políticas ou ambientais. Sugere Lefebvre que a missão política seria reconstituir um tipo totalmente novo de cidade a partir do "repulsivo caos de um desenfreado capital globalizante e urbanizador" (apud HARVEY, 2014, p. 20). Para isso, contudo, há necessidade de um vigoroso movimento anticapitalista com o objetivo de transformar a vida urbana no cotidiano. Com base na história da Comuna de Paris, Lefebvre reconhecia que o socialismo, o comunismo e mesmo outras opções contestadoras são proposições quase impossíveis em uma cidade. É fácil para forças da reação burguesa cortar canais de abastecimento, dominar pela fome, sitiar a cidade, quando não invadir e dizimar os insurgentes (como ocorreu em 1871 em Paris). Isso não quer dizer que tenhamos de abandonar a ideia da cidade como incubadora de ideais e movimentos revolucionários, que apenas depois de a política se concentrar na produção e reprodução da vida urbana, será viável concretizar lutas anticapitalistas. É necessário entender que há um direito inalienável de criar uma cidade de acordo com os reais e verdadeiros desejos de seus habitantes. Assim, mesmo que a cidade esteja morta, Lefebvre parece dizer que ainda assim deve-se desejar longa vida à cidade. Há exemplos contemporâneos que atestam as lutas dos citadinos animados tanto por questões práticas quanto visionárias (lutas por moradia, por segurança nos espaços públicos, pela igualdade de gênero e outras).

As ações políticas fazem parte do ideário das cidades, elas têm papel histórico simbólico na conquista da cidadania – a cidade como utopia, como lugar de pertencimento –, tudo a mobilizar um imaginário político e, para Lefebvre, há no urbano uma proliferação de práticas múltiplas e plenas de possibilidades alternativas. Contudo, se essa concepção pode parecer romântica quanto a reais possibilidades revolucionárias, Lefebvre é fortemente realista quanto à realidade capitalista e sua força para desmobilizar, combater mudanças substantivas. É preciso saber o momento certo. O mesmo vale para as concepções de heterotopia, em que são delineados espaços sociais limítrofes de possibilidades distintas de ações revolucionárias. Fazer algo diferente decorre das práticas cotidianas – aquilo que as pessoas "fazem, sentem, percebem e terminam por articular", à medida que buscam sentido em suas rotinas. Não derivam necessariamente de um projeto consciente, mas das práticas cotidianas, ou seja, pode haver um momento de irrupção quando grupos heterotópicos, repentinamente, dão-se conta das alternativas possíveis de ação coletiva em direção a algo novo[17]. Os espaços heterotópicos de diferença são encarados como verdadeira "sementeira" para movimentos revolucionários.

Em *A revolução urbana* (1978), originalmente publicada na França em 1970, Lefebvre acentua as práticas heterotópicas em tensão dupla, com a isotopia (ordem espacial determinada racionalmente pelo capitalismo e pelo Estado) e ainda com as utopias como desejo expressado. Dizia que a diferença isotopia-heterotopia só será compreendida dinamicamente e que os grupos podem construir espaços heterotópicos, mas que estes poderão ser retomados pela práxis dominante. Tendo clareza do poder dominante, admitia que só um movimento revolucionário de grande amplitude poderia ter efeito transformador. A totalidade do capitalismo e seu sistema de acumulação infinita – da dominação de classe e do Estado – teriam de ser eliminados, e nesse contexto, reivindicar o direito à cidade seria uma estação intermediária nesse percurso. O direito à cidade não poderia ser um objetivo em si mesmo, mesmo que pareça cada vez mais um atalho possível a seguir.

Continuando o debate sobre o papel do urbano na sociedade, David Harvey (1980; 1982; 2004; 2014) dá contribuições ao princípio do direito à cidade, como um dos direitos humanos fundamentais, um direito coletivo que emerge contemporaneamente no mundo todo. Como geógrafo, atualizado sobre as questões em curso, contribui para a compreensão do papel do espaço urbano nas crises do capitalismo, assim como as potencialidades transformadoras que podem advir desse cenário.

Já em 1980, Harvey escreve *A justiça social e a cidade* e de pronto nos oferece visão ampla e integradora ao conceituar espaço urbano, onde a cidade surge, como resultante de um dado modo de produção e o urbano como dimensão concreta dependente e articuladora dessa prática social. Em seus próprios termos:

> [...] não há resposta filosófica para as questões filosóficas que surgem sobre a natureza do espaço – as respostas estão na prática humana. A questão "o que é o espaço" é, portanto, substituída pela questão "como é que distintas práticas humanas criam e fazem uso de distintos conceitos de espaço (HARVEY, 1980, p. 5).

Dessa forma, Harvey vê a cidade como totalidade, como entidade autossuficiente, a expressar e modelar as relações com outras estruturas, conceituando amplamente o que seria o espaço, pois o processo social se expressa no espaço urbano e é afetado por ele. Os recursos urbanos se diferenciam pelo espaço criado por meio da distribuição de investimentos fixos de capital – quando o capital constante comanda o processo –, a força do mercado mundial e a divisão internacional do trabalho eliminam estilos de vida regionais/locais. Em termos marxianos "o espaço criado passa a dominar o espaço efetivo como consequência da mudança da composição orgânica do capital" (HARVEY,

---

17. Harvey (2014), comentando Lefebvre no Prefácio do livro *Cidades rebeldes*, aponta que a centralidade deve ser restaurada, mesmo que tenha sido destruída na cidade tradicional, pois haveria um impulso para sua recuperação, gerando efeitos políticos de projeção. Cita os exemplos de ocupação de praças centrais do Cairo, de Madri, Atenas, Barcelona e também nos Estados Unidos, como em Madison, Wisconsin e em Nova York. E conclui: "De que outra maneira e em que outros lugares podemos nos reunir para articular nossas queixas e exigências coletivas?" (p. 23).

1980, p. 267). O espaço tem também profundos significados de recriação simbólica; na cidade moderna tem embutida uma proposta ideológica: "as ideias da classe dominante na sociedade, forças do mercado, domínio étnico, e às vezes o complexo significativo da cultura em seus símbolos e sinais" (VÉRAS, 2000, p. 97).

A urbanização oportuniza ao capital industrial oferecer seus produtos, criar necessidades, manter a demanda efetiva e, ao mesmo tempo, é estimulada por ele. Por outro lado, a produção, apropriação e circulação da mais-valia comandam o urbanismo, predominando a propriedade, a especulação e a circulação da mais-valia: "Os padrões de circulação da mais-valia estão mudando, mas eles não alteram o fato de que as cidades – essas oficinas de civilizações – estão fundadas na exploração de muitos por poucos. Um urbanismo genuinamente humano ainda está por surgir" (HARVEY, 1980, p. 270-271).

A conceituação de Harvey permite apreender as relações entre espaço urbano, processo social e a classe trabalhadora: é em torno do "ambiente construído" que se desenrolam os conflitos entre as classes sociais, em processo que abrange desde a produção até o consumo. A criação do espaço atinge desde a produção até o consumo, mas é plena de tensões e contradições. No capitalismo, o trabalhador necessita dos valores de uso para sobreviver e as lutas urbanas espelham os choques dessa busca no ambiente construído, pois parcelas do capital – proprietários de terra, da construção civil, capitalistas financeiros, empresas imobiliárias, capital em geral – e a força de trabalho se enfrentam no mercado e no embate na cidade. Trata-se de manifestações mediatizadas do *conflito capital e trabalho* que se revelam no espaço urbano. Harvey cita a ciência – uma teoria revolucionária – para desmistificar o que for ilusório e transformar a realidade (HARVEY, 1980; 1982).

A orquestração entre o Estado e o capital submete a cidade e as relações entre as classes sociais em vários níveis: a) no que tange à reprodução da força de trabalho, pode impedir lucros excessivos das empresas para facilitar a aquisição da casa própria ao trabalhador, para amortecer as contradições e evitar questionamento ao estatuto da propriedade privada; b) o Estado pode funcionar como promotor da indústria da construção civil ou regulador, para baixar custos e favorecer a diminuição do custo de vida – sempre com o intuito de diminuir os custos e facilitar o consumo –, evitando crises e reivindicações; c) o Estado organiza o consumo coletivo dos trabalhadores favorecendo a acumulação protegendo das oscilações do mercado, canalizando na direção pretendida, utilizando-se de recursos de mídia e até induzindo tal consumo para os setores mais lucrativos; d) o capital e o Estado promovem uma nova disciplina de trabalho e novos valores de uso, hábitos de consumo, enfim, um novo estilo de vida sempre visando a extração da mais-valia. Isso se refere ao combate ao álcool, ao desregramento e ao estímulo à disciplina ao regime de trabalho e aos processos que vão sofrendo uma moldagem, com normas disciplinares dentro e fora da fábrica e o ambiente construído faz parte dessa estratégia.

> [...] um movimento, por parte do capital no sentido de inculcar na classe trabalhadora a "ética do trabalho" e os "valores burgueses" da honestidade, confiabilidade, respeito pela autoridade, obediência às leis e, às vezes, respeito à propriedade e dos acordos contratuais... O assalto aos valores da classe trabalhadora foi em parte conduzido através de canais religiosos, educacionais e filantrópicos, e frequentemente o paternalismo dos industriais era jogado na balança. Existe, porém, um outro componente desse fenômeno, que é de particular interesse para nós aqui, os primeiros industriais tinham que lidar com os trabalhadores tanto dentro quanto fora da fábrica (HARVEY, 1982, p. 21).

As verdadeiras intenções do Estado, no ambiente construído, portanto, revelam-se, fazendo claro o que realmente se expressa na cidade, a nova modalidade do conflito de classes.

As reivindicações sobre o direito à cidade, testemunhadas por inúmeros movimentos sociais que surgem em todo o mundo contemporâneo, traduzem no fundo aquilo que desde os anos de 1960 fora tratado por Lefebvre, e que é reiterado por Harvey, que é um direito humano lutar para ter a cidade dos desejos, pois são inequívocos os descontentamentos e as ansiedades urbanos presentes hoje. Entendendo o direito à cidade como um direito humano coletivo, e que contrasta com direitos individuais, como o de propriedade – este sim, respeitado em primeiro plano e que se sobrepõe aos outros, como exemplifica quanto a função social da propriedade que nunca é priorizada. Se esse direito é coletivo é também fundamental porque é mais que o acesso aos bens da cidade. É o direito de mudar, a cada um dos citadinos, a cada um de nós, o direito de se reinventar; entretanto todos são modelados por forças poderosas, as quais há mais de um século os sociólogos pressentiam e com as quais se preocupavam, enfocando o tipo de homem que seria característico das e nas cidades. Com o enorme desenvolvimento das cidades hoje, em um mundo de concentração de riquezas e privilégios, pouco se impediu que o mundo se tornasse um "planeta favela" (DAVIS, 2006), não se logrou uma urbanização que permitisse dar voz aos trabalhadores, aos sem-teto, aos pobres, aos migrantes, às minorias de gênero e etnias, *gays*, LGBT (lésbicas, *gays*, bissexuais, transexuais), aos perseguidos, aos refugiados e tantos outros.

O verdadeiro impulso e a razão dos investimentos na cidade são explicáveis pela necessidade contínua do capital em obter o excedente da produção e da mais-valia e reinvestir, em expansão contínua e perene. A urbanização absorve as mercadorias excedentes que não pode parar de produzir na busca da acumulação. Toda a reconfiguração das cidades, as ferrovias, as vias expressas, a drenagem dos pântanos, as reformas de Hausmann em Paris, as de Moses em Nova York (BENEVOLO, 1983; BERMAN, 1987), as demolições, as construções, modernizações, todos os investimentos na cidade, não deixam de ser um sistema keynesiano de criar obras e absorver mão de obra em momentos de crise, e um novo estilo urbano, novos valores a favorecer a circulação de bens em fluxo perene de mercadorias, inclusive a força de trabalho (HARVEY, 2014).

A presença da abordagem dialética da cidade entre os sociólogos brasileiros é vasta e se volta para temas relevantes como a desigualdade social, a pobreza, as iniquidades das políticas sociais e urbanas, sobre as questões ambientais, sobre a exclusão de grandes contingentes da população dos benefícios gerados e retidos pela acumulação. Não seria possível realizar aqui um balanço completo de toda a bibliografia sobre a cidade do ângulo das matrizes marxianas[18]. É importante destacar que a produção sobre as cidades nem sempre se circunscreveu à abordagem sociológica, pois há considerável contribuição de arquitetos e urbanistas, geógrafos, economistas, historiadores, inclusive há textos escritos em parcerias (VÉRAS & BONDUKI, 1986), o que reforça a importância dos olhares cruzados e interdisciplinares. Entretanto, brevemente, podem-se citar temas e autores com inequívoca contribuição à intelecção de nossas cidades

---

18. Diversos levantamentos foram realizados sobre o assunto como a própria criação do UrbanData, por Valladares (1997) e mesmo o mais recente trabalho (FREHSE & LEITE, 2010) da Anpocs em que se comentam temas, abordagens metodológicas e conceituação coerentemente. Entre tantos e significativos trabalhos tem-se de destacar em São Paulo: Maricato (2011; 2014), Rolnik (1981; 2003; 2015), Marques e Torres (2005), Marques (2015), Telles (2006), Parlato e Villaça (2001), Ferreira (2011), Bonduki (1994).

de enfoque marxista[19]. Dessa forma, são relevantes as contribuições do trabalho de Lucio Kowarick (1975; 1979; 1988; 2016), desde quando se voltou a pensar as relações do conceito de *marginalidade* no contexto do desenvolvimento latino-americano. Em especial *em A espoliação urbana* (1979), a cidade surge como ambiente a expulsar os pobres para a periferia, vista como reprodução da força de trabalho. Assim, define a espoliação como: "a somatória de extorsões que se operam através da inexistência ou precariedade de serviços de consumo coletivo, apresentados como socialmente necessários em relação aos níveis de subsistência, e que agudizam ainda mais a dilapidação realizada no âmbito das relações de trabalho" (KOWARICK, 1979, p. 62).

Em todos seus trabalhos, conceitos aplicados dialeticamente se voltam à questão da moradia, da precariedade, das lutas e movimentos sociais. Também é válido referir-se a Maricato (1979) com *A produção da casa (e da cidade) no Brasil industrial*, com visões marxistas – a partir do ângulo da arquitetura e urbanismo sobre a cidade capitalista –, a autoconstrução como estratégia de reprodução da força de trabalho. Não poucos trabalhos brasileiros dialogaram com a produção marxista europeia e internacional, como os já citados neste trabalho,

revelando a fecundidade desse debate na busca de explicar e transformar nossas cidades.

Nesse cenário, em meio a crises do sistema produtivo e financeiro, as populações citadinas se debatem no ambiente urbano, com poucos habitando áreas adequadas e a maioria vivendo nos subúrbios ou periferias desequipadas, sem moradia adequada, em regiões degradadas, enfrentando altos custos de transporte e deslocamento etc. Mas a expansão capitalista prossegue, hoje em escala global, atingindo todo o planeta, Europa, Estados Unidos, Ásia, China, Japão, América Latina. Assim, todo o mundo mudou e as consequências são conhecidas, em breve quadro impressionista: financeirização da economia e da habitação (mesmo a de interesse social), explosão imobiliária, ondas massivas de migrantes errando de país em país (buscando asilo, apoio e melhores condições de vida), ao mesmo tempo, hipotecas a retirarem as propriedades de pequenas moradias, expulsão e brutalidades, contrastando com projetos urbanos assombrosos, faraônicos na competitividade de cidades (SASSEN, 2001; 2016; ROLNIK, 2015; HARVEY, 2004; 2014).

Nesse mundo fragmentado e propenso a conflitos, as classes sociais se defrontam, pois as elites privilegiadas pelo neoliberalismo (que só protege a propriedade privada), com altos rendimentos, executivos de altos escalões se autossegregam (nos condomínios fechados em enclaves fortificados), enquanto evitam os espaços públicos (em verdadeira agorafobia, devido às multidões pauperizadas), que é o que resta às camadas pobres que trabalham no centro das metrópoles, mas habitam e frequentam os espaços periféricos (CALDEIRA, 2000; MARQUES, 2005, entre outros).

> [...] a cidade está se dividindo em partes distintas, com a formação aparente de muitos "microestados". Os bairros ricos, que contam com todos os tipos de serviços, como escalas

---

19. Pedro Arantes (2009) realiza balanço sugestivo e completo sobre os autores marxistas em busca do urbano na década de 1970. Dando destaque à produção bibliográfica de São Paulo, cita importantes referências como Maricato (1979), Kowarick, Caldeira e Brant (1975), Singer (1973), Oliveira (1982). Em especial, este autor é interpretado por Arantes (2009), dirigindo-se às relações entre o Estado e a vida da sociedade civil, nos seguintes termos: "em interpretação posterior, Francisco de Oliveira irá definir essa ação provedora do Estado, que colabora para desmercantilizar a mercadoria força de trabalho, como "direitos do antivalor" (em oposição à lógica do valor, que a mercantiliza). A sua forma mais acabada teria se dado nos países europeus que constituíram um verdadeiro "modo social-democrata de produção". No texto de 1982, sem adotar o termo, o autor já apresenta a cidade como manifestação concreta dos direitos do antivalor (ou, no nosso caso, da sua negação). Cf. *Os direitos do antivalor*. Petrópolis: Vozes, 1998; Arantes (2009, nota 44).

exclusivas, campos de golfe, quadras de tênis e patrulha de policiamento privado ininterrupta nas ruas, veem-se cercados por assentamentos ilegais onde a água só é disponível nas fontes públicas, não há serviços básicos de saneamento, a eletricidade é pirateada por poucos privilegiados, as estradas se transformam em lamaçais sempre que chove, e onde o compartilhamento de uma mesma casa por várias famílias é a norma. Cada segmento parece viver e funcionar automaticamente, agarrando-se com todas as forças ao que conseguiu para si na luta cotidiana pela sobrevivência (BALBO, 1993, apud HARVEY, 2014, p. 48).

Jane Jacobs dizia, na década de 1970, que ruas vazias de pessoas (à semelhança de Jan Gehl que propõe a cidade para as pessoas) destruíam a vida comunal e também a vida das cidades. Diante das pressões das elites, das empreiteiras, do Estado, como será possível recuperar e propor uma nova cidade? Harvey adverte sobre um terrível efeito de propostas já acontecidas, que é a "destruição criativa" (HARVEY, 2024, p. 49), visando o novo mundo urbano: Haussmann usou de violência para pôr abaixo os velhos bairros pobres de Paris, suas ruas estreitas e tortuosas, usando os argumentos de "qualidade ambiental e renovação urbana", mas expulsou pobres e, com sua reforma, permitiu o controle estatal e militar, em suas largas e retas avenidas. A transformação de lugares insalubres, dos guetos e da precariedade é a solução burguesa que significa apenas transferir seus moradores para outros lugares, mais distantes. Muitas dessas expulsões e substituições são vistas hodiernamente como *enobrecimento* de áreas por substituição da pobreza por classes de renda mais alta, ou "gentrificação". Esse processo ocorre no mundo todo e são estudados também no Brasil, como é o caso de remoções de favelas, áreas encortiçadas ou, mesmo, para obras públicas de projetos como a Copa do Mundo e outros eventos de grande porte (RIBEIRO, 2000; DINIZ, 2015).

Tais ingredientes fazem parte dos grandes problemas com os quais nos debruçamos hoje para entender e melhorar nossas cidades no sentido de fazê-las mais igualitárias, justas e com o direito universal ao espaço urbano de qualidade. Quais seriam as exigências do direito à cidade hoje?

Considerações finais

Se as cidades representam a absorção do excedente capitalista, nessa fase neoliberal, pós-modernista e consumista, como recuperar os ideais da Comuna? Se as elites e o Estado monopolizam lucros, colocando o direito à vida urbana nas mãos de poucos, o que se nota é que pululam reações aqui e ali no mundo todo, em movimentos sociais urbanos diferenciados, mas sem haver unidade de propósitos entre eles. Surgem inúmeros movimentos no mundo (HARVEY, 2014; CASTELLS, 2014). Esses dois autores sugerem, sem dúvida, a importância do controle democrático da produção e do uso do excedente para combater a "cidade dos excluídos" que continuará a existir, se nada for tentado. É cabal a conclusão de Harvey a respeito:

> [...] estamos ainda por ver, no século XXI, que um movimento coerente de oposição a tudo isso venha a ocorrer. É de conhecimento geral que já está em andamento um grande e diversificado número de lutas e movimentos sociais urbanos (no sentido mais amplo do termo...). Em muitas partes do mundo são abundantes as inovações urbanas acerca da sustentabilidade ambiental, da incorporação cultural dos imigrantes e do desenho urbano dos espaços habitacionais públicos. Contudo, elas ainda precisam se concentrar no objetivo único de adquirir maior controle sobre os usos do excedente [...]. Um passo rumo à unificação dessas lutas – ainda que de maneira alguma o último – consistiria em concentrar-se clara e inequivocamente nesses momentos de destruição criativa nos quais a economia de acumulação de riquezas se transforme violentamente na economia de espoliação e ali pro-

clame, em nome dos espoliados, seu direito à cidade – seu direito de mudar o mundo, a mudar a vida e a reinventar a cidade de acordo com seus mais profundos desejos. Esse direito coletivo [...] (HARVEY, 2014, p. 65).

Permitam-me concluir este ensaio, para completar a visão sociológica, recorrendo à antropologia das cidades. Como dito ao início, a cidade exige esse olhar múltiplo e complexo do trânsito entre fronteiras tênues na descoberta do enigma urbano. Nestes termos, a antropologia possui "disposições epistemológicas e metodológicas capazes de contribuir para um descentramento desse olhar sobre o mundo e sobre o lugar nele ocupado pelas cidades, atuais e futuras [...]" (AGIER, 2017, p. 422). À pergunta – como seriam as cidades do amanhã? – Agier (2017) responde que será preciso superar a cidade histórica, clássica, mercantil ou industrial, e mesmo a formação de megalópoles desterritorializadas. Será necessário encarar as múltiplas formas de deslocamento e mobilidades em escalas nacional, regional e internacional, algo também pensado como "espaços de assentamento", nos termos de Gottdiener (1992), que busca um olhar multifacetado, interdisciplinar, abrangente e adequado à complexidade do urbano (VÉRAS, 2000, p. 107).

Agier diz que a cidade dos novos tempos tem de dar conta de dois traços fundamentais: estar preparada para as mobilidades em escala global e para as fronteiras urbanas *"onde estabelecimentos precários transformam-se em rascunhos da cidade"* (AGIER, 2011), referindo-se aos inúmeros deslocamentos atuais em escala planetária – mas também nacionais, regionais, e que envolvem desterritorialização –, geralmente provocados pela pobreza, por desequilíbrios econômicos, por guerras, violências internas ou externas, e ainda por catástrofes naturais. A magnitude de tais mobilidades espaciais pode ser avaliada por algumas estimativas: perto de cinquenta milhões de "vítimas de deslocamentos forçados" (refugiados basicamente) – Alto comissa-

riado das Nações Unidas para refugiados – Acnur) –, aos quais se somam os "expulsos" de suas moradias por espoliação de terras para obras e infraestrutura, empreendimentos florestais, de mineração ou agroindustriais e ainda os deslocamentos internos por catástrofes como inundações, terremotos, tempestades e outros (AGIER, 2017).

Parece configurar-se um repovoamento do mundo, quer no eixo Sul-Sul, ou mesmo Norte-Norte, mas também Norte-Sul e em menor dimensão de Sul-Norte. Essa mundialização humana tende a oferecer cada vez menos garantias de retorno aos lugares antropológicos, em seu sentido de herança e identificação ao território. A localidade como conceito é destruída, também dificultada pela migração e a perda das raízes e matrizes culturais nas sociedades receptoras, despojando seu território, agora em um "não lugar", restando em narrativas nostálgicas, contexto merecedor de estudo das Ciências Sociais no panorama da deslocalização (AGIER, 2017; AUGÉ, 1994).

Em escala mundial, portanto, temos necessidade de uma *topografia do exílio*, mais que a monografia dos lugares perdidos, pois, hoje, a desigualdade social mundial é, também, essa mobilidade de redes, com circulação provisória, transitória, intermediária, sem duração previsível, como trânsito que pode estabilizar-se ou não. Quais seriam esses espaços emergentes?

> Os acampamentos e conjuntos habitacionais para trabalhadores temporários; as zonas de trânsito de longa duração para agrupamentos de estrangeiros "em situação irregular" e dos que pedem asilo; as antigas áreas industriais, prédios em ruínas ou abandonados, habitações vazias, invadidas ou ocupadas de forma duradoura como *squats*, *campings* habitados por viajantes estabilizados, mas sem endereço fixo; os campos de deslocados criados na periferia das grandes cidades africanas; os campos e aldeias de refugiados vivendo sob o regime de governo humanitário e do controle poli-

cial; os acampamentos autoestabelecidos e autodenominados *jungles* (selva ou *ghetos*), geralmente considerados como os mais "clandestinos" e constantemente ameaçados de desaparecimento (AGIER, 2017, p. 414).

Tais situações estão fora das estruturas da cidade oficial, quer nos espaços abandonados dos centros históricos, quer longe dos limites urbanos, resultantes de políticas do abandono, da relegação, derivados de exclusão dos circuitos de "governança urbana", em uma topografia de vazios socialmente considerados. São as margens urbanas, periferias, favelas, *invasiones* da América Latina, os "*déguepis*" (despejados) da África. A relação de seus ocupantes com o Estado não se configura como de cidadania, mas sim profilática, biopolítica, securitária e humanitária, nos termos de Agier (2017). Os habitantes dessas margens urbanas são vistos como "outros", em uma alteridade biopolítica e urbana. O afastamento é o que marca essas fronteiras urbanas, e Agier chama assim, utilizando Foucault (1994) de que se trata de um regime "outro para fundar espaços outros", em termos de heterotopia (AGIER, 2017, p. 415). Como ilustração desses processos, Agier utiliza três exemplos retirados de suas pesquisas etnográficas: a fronteira urbana situada na África Ocidental, em Lomé, no Togo, bairros chamados de *zongo* (língua *haiçá*)[20]. O segundo exemplo citado é a fronteira urbana do acampamento dos migrantes de Patras na Grécia[21].

A terceira referência de fronteira urbana é o *squat* de Gaza Hospital, em Beirute, no Líbano[22].

A situação de fronteira urbana traz consequências para a vida dos sujeitos citadinos. Trata-se de uma extraterritorialidade, sofrida ou desejada, sem escapar dos limites do Estado-nação, mas aquém do exercício da cidadania. Como um dos efeitos da globalização, portanto, pode-se inquirir, se "será possível alguma ancoragem urbana duradoura nesses espaços de mobilidade precária e marginal, na medida em que parece ser a tendência a se reproduzir nas cidades contemporâneas e no futuro?"

Se os acampamentos, campos de refugiados, as invasões, ocupações transitórias surgem e desaparecem, vai firmar-se uma "cultura das margens", tornando necessária uma *antropologia da relega-*

---

20. São bairros de estrangeiros, parte vindos de Gana, que se estabeleceram desde a segunda metade do século XIX e lá estão até hoje, ao longo das antigas estradas mercantis. São construções provisórias, palhoças, situadas fora dos limites das cidades muradas. Bairro julgado insalubre, denso, foi despejado para cada vez mais longe. Esses estrangeiros vivem em tensão permanente entre não poderem se deslocar, o sedentarismo e a itinerância, em posição ambígua, pois são estrangeiros que não abriram mão de se deslocarem, mas não seguiram seu caminho, continuam estrangeiros, estabelecidos na capital togolesa com esta condição.

21. A partir de uma pesquisa feita em 2009 e 2010 sobre migrantes que circulavam pela Europa, Agier desvendou este acampamento perto do porto da cidade, em torno de 200 a 500 ocupantes, tendo

um líder com formação em serviço social. O agrupamento parece datar de 12 anos de existência, e é considerado um *hors-lieux* (lugar de fora), mas é ponto de referência para migrantes do lugar, como encruzilhada cosmopolita, à margem do contexto urbano, que pode oferecer algum apoio aos transeuntes, trazendo histórias de conflitos e também solidariedade. "Lugar estável em meio a percursos incertos – uma extensão da larga fronteira onde se encontram os migrantes em errância às portas da Europa, sem conseguir atravessá-la" (AGIER, 2017, p. 419).

22. Trata-se da ocupação de um prédio de onze andares, construído na década de 1970 pela OLP (Organização de Libertação da Palestina), como hospital que depois foi abandonado. Após invasões israelenses o prédio foi parcialmente destruído, depois pelas guerras internas do Líbano, e contam alguns relatos que a ocupação se deu em 1987 por três mulheres palestinas fugindo da violência do campo e, paulatinamente, foi recebendo novos moradores e hoje com perto de 500 habitantes, a maioria de origem palestina, mas há egípcios e sírios. A ocupação contém situações combinando a locação, com alguns se dizendo "proprietários", com a aparência de uma favela verticalizada, e já atraiu ONGs interessadas, apoiadas pelas Agência Europeia de Ação Humanitária, para melhoria e saneamento das condições de moradia. Funciona quase como uma extensão do campo de Chatila, de refugiados mantendo vínculos fortes com familiares e de amizade entre seus habitantes. O *squat* representa uma presença urbana duradoura e precária para refugiados e migrantes desfavorecidos, o lugar de uma alteridade renovada e um lugar representativo da mobilidade, pois muitos se sentem em trânsito; refugiados palestinos e mesmo sírios esperam pelo retorno de onde tiveram que fugir, e os migrantes, usam sua passagem pelo hospital como etapa em um ciclo maior de deslocamento (AGIER, 2017).

ção, do *ban-lieu* (lugar do banido) – lugar do confinamento do banido, cujo afastamento é físico e político e favorece todas as dominações quer econômicas, culturais ou raciais. Uma alteridade será definida pela separação da cidade e do Estado. O gueto, como estudado por Wacquant (2005), ou mesmo a margem urbana, significarão estarem à margem dos direitos sociais.

Para compreender o cenário contemporâneo de nossas cidades, é preciso um descentramento do olhar em três dimensões: cultural, sobretudo epistemologicamente, saber despojar-se de conceitos e saberes arraigados na razão ocidental, sendo capaz de captar outros regimes de urbanidade e sentidos nos hábitos, arquitetura, modos de vida. O segundo deslizamento seria o desnudamento do aparente caos das margens e das fronteiras em sua relação com o centro, seus conflitos na dinâmica urbana. E finalmente, um terceiro descentramento se voltaria à compreensão interna dos sujeitos que fazem a cidade e sua relação com os outros – sua identidade estigmatizante em relação à ética, racial ou social – e aos lugares, territórios e cidades.

Conclui Agier:

> É desse modo que o acampamento, a favela, o bairro – *déguerpi* – movem constantemente os limites da ordem urbana, espacial e social, a partir do próprio limite onde se estabelecem e em direção a uma expansão contínua da cidade, sem início nem fim, concebida como movimento. Nesses lugares que parecem ser "de fora", mas estão exatamente na fronteira, os gestos de ajustamento, de enredamento, de bricolagem ou de montagem, seguram o conjunto heterogêneo e inventam as cidades, [...] ancorando-as na desordem do presente e no equilíbrio instável entre imposições e recursos, rechaços e desejos, margens e centralidades (AGIER, 2017, p. 425).

O espaço urbano é, assim, um revelador de todas as complexidades sociais do mundo contemporâneo. Desigualdades urbanas se acentua-

ram graças às políticas neoliberais implantadas, mesmo com algumas tentativas de equidade de governos locais; manifestações de resistência ocorrem, a financeirização e a valorização do capital imobiliário, o consumismo e grandes eventos se inserem na dinâmica da globalização, trazendo expulsões e exclusões. Guerras, catástrofes, miséria, criminalidade, racismo e violência trazem deslocamentos pelo planeta e a acomodação desses contingentes são as fronteiras urbanas, em que as transformações do mundo laboral descentralizam o trabalho no seu papel estruturador da inserção social. A busca pela segurança é acompanhada pela estigmatização, segregação, banimento e relegação. Assim, há um cruzamento das questões sociais e espaciais. Como entender as desigualdades urbanas e sociais? Ensaiando uma resposta a essa questão:

> [...] as desigualdades urbanas são produto da distribuição desigual de oportunidades sobre o mundo do trabalho, do acesso ao uso do solo urbanizado que depende das relações entre Estado e mercado e do estágio da acumulação de capital, hoje globalizado, sobre o ambiente construído; e, por sua vez, as contradições urbanas pesam sobre as configurações sociais, sobre reivindicações, formas de consciência e potencialidades de associação. Entende-se aqui, portanto, que a desigualdade social tem seu correlato territorial; a desigualdade é um fenômeno socioterritorial, é socialmente produzida e tem manifestações e articulações espaciais nítidas e, por sua vez, se alimenta delas (VÉRAS, 2018, p. .35).

Retorne-se aqui à epígrafe inicial retirada da *"Política"* de Aristóteles. Em sua filosofia, o objetivo da ciência "Política" seria a felicidade humana; se voltada a obter felicidade individual na *polis*, ter-se-ia a "Ética". Já a política propriamente dita seria uma ação baseada em conhecimento científico que deveria preocupar-se com a felicidade coletiva da e na *polis*. Com tais intentos Aristóteles dedicou-se às formas de governo e demais instituições para que ações práticas tornassem felizes os cidadãos. Segundo Aristóteles:

> Vemos que toda cidade é uma espécie de comunidade, e toda ela se forma com vistas a algum bem (o bem comum), pois todas as ações de todos os homens são praticadas com vistas ao que lhes parece um bem; se todas as comunidades visam a isso, é evidente que a mais importante de todas elas, e que inclui todas as outras, tem mais que todas este objetivo e visa ao mais importante de todos os bens; ela se chama *cidade* e é a comunidade política (POL., 1252a – grifo nosso).

Buscou-se até agora interpretar as cidades; trata-se, agora, de transformá-las. Alguém disse algo semelhante, ainda no século XIX. Temos de retomar o direito humano coletivo que é o direito à cidade, como já foi dito no século XX. Resta-nos enfrentar tais desafios no século XXI.

Referências

AGIER, M. Onde se inventa a cidade do amanhã? – Deslocamentos, margens e dinâmicas das fronteiras urbanas. In: GLEDHILL, J.; HITA, M.G.& PERELMAN, M. (orgs.). *Disputas em torno do espaço urbano* – Processos de (re)/construção e apropriação da cidade. Salvador: Edufba, 2017.

_____. *Antropologia da cidade*: lugares, situações, movimentos. São Paulo: Terceiro Nome, 2011.

ARANTES, P.F. Em busca do urbano: marxistas e a cidade de São Paulo na década de 1970. In: *Revista Estudos Cebrap*. n. 83, mar./2009.

AUGÉ, M. *Os não lugares*: introdução a uma antropologia da supermodernidade. Campinas: Papirus, 1994.

BENEVOLO, L. *História da cidade*. São Paulo: Perspectiva, 1983.

BERMAN, M. *Tudo que é sólido desmancha no ar.* São Paulo: Companhia das Letras, 1987.

BIN, M.A. O espaço segregado e as culturas das margens em São Paulo. In: VÉRAS, M.P.B. (org.). *Desi-*

gualdades urbanas: segregação, alteridade e tensões em cidades brasileiras. Jundiaí: Paco, 2018.

BONDUKI, N.G. Origens da habitação social no Brasil. In: *Análise Social* – Revista do Instituto de Ciências Sociais da Universidade de Lisboa, vol. XXIX, n. 27, 1994.

BOURDIEU, P. *O poder simbólico*. Rio de Janeiro: Difel, 1989.

BOURDIEU, P. et al. (orgs.). *A miséria do mundo*. 7. ed. Petrópolis: Vozes, 2008.

BOWDERY, B.K. *The Sociology of Robert E. Park* – Urban Community and Ecology. Nova York. Columbia University, 1951 [Tese de doutorado].

BRESCIANI, M.S.M. *Londres e Paris no século XIX* – O espetáculo da pobreza. São Paulo: Brasiliense, 1982.

BURGESS. E. O crescimento da cidade: introdução a um projeto de pesquisa. (1916). In: PIERSON, D. (org.). *Estudos de ecologia humana*. São Paulo: Martins, 1948.

CASTELLS, M. *Redes de indignação e esperança*: os movimentos sociais na era da internet. Trad. Carlos Alberto Medeiros. Rio de Janeiro: Zahar, 2014.

_____. *A questão urbana*. Rio de Janeiro: Paz e Terra, 1983.

_____. *Problemas de investigação em sociologia urbana*. Trad. de Lemos de Azevedo. Lisboa: Presença, 1975.

CUNHA, M.F. Teoria de transição étnico-racial em vizinhanças: um estudo de caso sobre a degradação urbana. In: VÉRAS, M.P.B. (org.). *Desigualdades urbanas*: segregação, alteridade e tensões em cidades brasileiras. Jundiaí: Paco, 2018.

DAVIS, M. *Cidade de Quartzo*: escavando o futuro em Los Angeles. São Paulo: Boitempo, 2009.

_____. *Planeta favela*. São Paulo: Boitempo, 2006.

DINIZ, L.S. *Reestruturação urbana e processo de gentrificação em Venda Nova, Belo Horizonte/MG*. São Paulo: PUC-SP, 2015 [Tese de doutorado].

DI VIRGILIO, M. & PERELMAN, M. (coords.). *Ciudades latino-americanas* – Desigualdad, segregación y tolerância. Buenos Aires: Asdi/Clacso, 2014.

ENGELS, F. *A situação da classe trabalhadora na Inglaterra*. Porto: Afrontamento, 1975.

EUFRÁSIO, M.A. *Estrutura urbana e ecologia humana* – A Escola de Chicago (1915-1940). São Paulo: Ed. 34, 1999.

FERNANDES, F. *A natureza sociológica da sociologia*. São Paulo: Ática, 1990.

FREHSE, F. & LEITE, R.P. Espaço urbano no Brasil. In: MARTINS, C.B. (coord.). *Horizontes das Ciências Sociais no Brasil*. São Paulo: Anpocs, 2010.

FERREIRA, J.S.W. São Paulo: cidade da intolerância ou o urbanismo "à brasileira". In: *Revista de Estudos Avançados*, vol. 25, n. 71, jan.-abr./2011. São Paulo: USP.

GLADWELL, M. *The tipping point*: how little things can make a big difference. Nova York: Back Bay Books, 2001.

GLEDHILL, J.; HILA, M.G. & PERELMAN, M. Introdução: a questão urbana hoje. In: GLEDHILL, J.; HILA, M.G. & PERELMAN, M. (orgs.). *Disputas em torno do espaço urbano* – Processos de (re)produção/construção e apropriação da cidade. Salvador: UFBA, 2017.

GOHN, M.G. *Teoria dos Movimentos Sociais* – Paradigmas clássicos e contemporâneos. São Paulo: Loyola, 1997.

GOTTDIENER, M. *A produção social do espaço urbano*. Trad. de Geraldo Gerson de Souza. São Paulo: Edusp, 1992.

GRAFFMAYER, Y. & JOSEPH, I. (orgs.). *L'école de Chicago* – Naissance de l'Ecologie urbaine. Paris: Champ Urbain/Aubier, 1984.

HARRIS, L. *In the shadow of slavery* – African americans in New York City (1626-1863). Chicago: The University of Chicago Press, 2003.

HARVEY, D. *Cidades rebeldes, do direito à cidade à revolução urbana*. São Paulo: Martins Fontes, 2014.

_____. *Os limites do capital*. São Paulo: Boitempo, 2013.

_____. *Espaços de esperança*. São Paulo: Loyola, 2004.

_____. *A condição pós-moderna*. São Paulo: Loyola, 1992.

_____. O trabalho, o capital e o conflito de classes em torno do ambiente construído nas sociedades capitalistas avançadas. Trad. de Flávio Villaça. In: *Revista Espaço e debates*, ano II, n. 7, set./1982. São Paulo.

_____. *A justiça social e a cidade*. São Paulo: Hucitec, 1980.

JACOBS, J. *Morte e vida de grandes cidades*. São Paulo: Martins Fontes, 2014.

KOWARICK, L.F. *Viver em risco*. São Paulo: Ed. 34, 2009.

_____. *A espoliação urbana*. Rio de Janeiro: Paz e Terra, 1993.

_____. *Capitalismo e marginalidade na América Latina*. Rio de Janeiro: Paz e Terra, 1975.

KOWARICK, L.F. (org.). *As lutas sociais e a cidade*. Rio de Janeiro: Paz e Terra, 1988.

KOWARICK, L.F.; BRANT, V.C. & CAMARGO, C.P. (orgs.). *São Paulo 1975*: crescimento e pobreza. São Paulo: Loyola, 1975.

KOWARICK, L.F. & FRUGOLI, H. (orgs.). *Pluralidade urbana em São Paulo* – Vulnerabilidade, marginalidade, ativismos. São Paulo: Ed. 34, 2016.

KOWARICK, L.F. & MARQUES, E.C.L. (org.). *São Paulo*: novos percursos e atores – Sociedade, cultura e política. São Paulo: Ed. 34/CEM, 2011.

LEFEBVRE, H. *La production de l'espace*. 2. ed. Paris: Anthropos, 2000.

_____. *O direito à cidade*. São Paulo: Moraes, 1991.

_____. *La revolución urbana*. Madri: Alianza, 1978.

_____. *O pensamento marxista e a cidade*. Póvoa de Varzim: Ukissea, 1973.

_____. *Introdução à Modernidade: sétimo prelúdio* – Notas sobre a Cidade Nova. Rio de Janeiro: Paz e Terra, 1969.

LOJKINE. J. *O Estado capitalista e a questão urbana*. São Paulo: Martins Fontes, 1997.

MARQUES, E. & TORRES, H. (orgs.). *A metrópole de São Paulo no século XXI* – Espaços, heterogeneidades e desigualdades. São Paulo: Unesp, 2016.

_____. *São Paulo*: segregação, pobreza e desigualdades sociais. São Paulo: Senac, 2005.

MARX, K. *O capital*. São Paulo: Boitempo, 2016.

_____. *Guerra civil na França*. São Paulo: Boitempo, 2011.

MARX, K. & ENGELS, F. *La ideologia alemana*. Buenos Aires: Pueblos Unidos, 1974.

OLIVEIRA, F. Crítica à razão dualista. In: *Crítica à razão dualista/O ornitorrinco*. São Paulo: Boitempo, 2003 [Publicado originalmente em *Estudos Cebrap*, n. 2, 1972].

PARK, R. A cidade: sugestões para a investigação do comportamento humano no meio urbano (1915). In: VELHO, O.G. (org.). *O fenômeno urbano*. Rio de Janeiro: Zahar, 1967.

PIERSON, D. (org.). *Estudos de ecologia humana*. São Paulo: Martins, 1948.

PRETECEILLE, E. Cidades globais e segmentação social". In: RIBEIRO, L.C.Q. & SANTOS JR., O. (orgs.). *Globalização, fragmentação e reforma urbana das cidades brasileiras em crise*. Rio de Janeiro: Civilização Brasileira, 1994.

RÉMY, J. & VOYÉ, L. *A cidade*: rumo a uma nova definição? Trad. de José Domingues de Almeida. Porto: Afrontamento, 1994.

RIBEIRO, L.C.Q. (org.). *O futuro das metrópoles*. Rio de Janeiro: Revan/Fase, 2000.

ROLNIK, R. *Guerra dos lugares* – A colonização da terra e da moradia na era da finança. São Paulo: Boitempo, 2015.

____. *A cidade e a lei* – Legislação, política urbana e território na cidade de São Paulo. São Paulo: Nobel, 1997.

_____ *Cada um no seu lugar!* – São Paulo, início da industrialização: Geografia do poder. São Paulo: USP, 1981 [Dissertação de mestrado].

SANTOS, M. *O espaço do cidadão*. São Paulo: Nobel, 1987.

_____. *Por uma geografia nova*. São Paulo: Hucitec, 1980.

_____. *A cidade nos países subdesenvolvidos*. Rio de Janeiro: Civilização Brasileira, 1965.

SASSEN, S. *The global city*: Nova York/Londres/Tóquio/Princeton: Princeton University Press, 1991.

SAYAD, A. *A imigração ou os paradoxos da alteridade*. São Paulo: Edusp, 1998.

SENNETT, R. *Construir e habitar* – Ética para uma cidade aberta. Rio de Janeiro/São Paulo: Record, 2018.

_____. *Carne e pedra* – O corpo e a cidade na civilização ocidental. Rio de Janeiro: Record. 1997.

SIMMELL, G. A metrópole e a vida mental. In: VELHO, O.G. (org.). *O fenômeno urbano*. Rio de Janeiro: Zahar, 1967.

SCHNORE, L.F. On the spatial structure of cities in the Two Americas. In: HAUSER, P. & SCHNORE, L. *The study of urbanization*. Nova York: Joe Wiley, 1965.

TASCHNER, S.P. & BOGUS, L.M.M. A cidade dos anéis: São Paulo. In: RIBEIRO, L.C.Q. (org.). *O futuro das metrópoles*: desigualdades e governabilidade. Rio de Janeiro: Revan/Fase, 2000.

TELLES, V.S. & CABANES, R. (orgs.). *Nas tramas da cidade* – Trajetórias urbanas e seus territórios. São Paulo: Humanitas, 2006.

TORRES, H.G. et al. Pobreza e espaço – Padrões de segregação em São Paulo. In: *Revista de Estudos Avançados*, vol. 17, n. 47, abr./2003. São Paulo: USP.

TRINDADE, L.S. *As raízes ideológicas das teorias sociais*. São Paulo: Ática, 1978.

VALLADARES, L.P. & FREIRE-MEDEIROS, B. *A sociologia urbana de Robert Park*. Rio de Janeiro: UFRJ, 2018.

_____. *A Escola de Chicago*: impacto de uma tradição no Brasil e na França. Belo Horizonte: UFMG, 2005.

_____. Olhares sociológicos sobre o Brasil Urbano: uma visão a partir do UrbanData. In: OLIVEIRA, L.L. (org.). *Cidade, história e desafios*. Rio de Janeiro: FGV, 2002.

VELHO, O.G. (org.). *O fenômeno urbano*. Rio de Janeiro: Zahar, 1967.

VELTZ, P. *Mondialisation, ville et territoire* – L'economie d'archipel. Paris: PUF, 1996.

VÉRAS, M.P.B. Desigualdades urbanas: algum marco conceitual? In: VÉRAS, M.P.B. (org.). *Desigualdades urbanas*: segregação, alteridade e tensões em cidades brasileiras. Jundiaí: Paco, 2018.

_____. Dimensões sociais das desigualdades urbanas: moradias da pobreza e a produção do "Outro". In: *Revista Brasileira de Sociologia,* vol. 4, 2016.

_____. *Introdução à Sociologia* – Marx, Durkheim, Weber, referências fundamentais. São Paulo: Paulus, 2014.

_____. *Trocando olhares* – Uma introdução à construção sociológica da cidade. São Paulo: Educ/Nobel, 2000.

_____. A vida social e sua concha: notas sobre Henri Lefebvre e a cidade. In: *Revista Margem*, n. 2, nov./1993. São Paulo: Educ/PUC-SP.

VÉRAS, M.P.B. & BONDUKI, N.G. Política habitacional e luta pelo direito à habitação. In: COVRE, M.L.M. *A cidadania que não temos*. São Paulo: Brasiliense, 1986.

VÉRAS, M.P.B. et al. Desejada ou temida: a participação da sociedade civil no planejamento urbano. In: *Revista São Paulo em Perspectiva*, vol. 8, n. 3, 1994. São Paulo: Fundação Seade.

VILLAÇA, F. São Paulo, segregação urbana e desigualdade. In: *Revista de Estudos Avançados*, vol. 25, n. 71, jan.-abr./2011. São Paulo: USP.

_____. *Espaço intraurbano no Brasil*. São Paulo: Nobel/Fapesp, 2011.

WACQUANT, L. *Os condenados da cidade*. Rio de Janeiro: Revan, 2005.

21
Antropologia urbana
"Experiências antropológicas na cidade: desafios contemporâneos para os estudos do urbano"

Patricia Birman

Sandra de Sá Carneiro

O trabalho acadêmico, bem sabemos, não pode ser desconectado das condições sociais em que é produzido. Mas não basta saber, é preciso investigar como as variadas tendências e debates antropológicos foram encarnados pelos antropólogos. Todos, de modo geral, mergulhados em seus mundos acadêmicos e em suas vidas cotidianas, sem se aperceberem inteiramente o quanto o mundo em que vivem se relaciona com seus pensamentos, horizontes e expectativas.

Textos e contextos merecem ser destacados por intermédio dos nexos que se deixam revelar. Como nos lembra Peirano (1995, p. 11) a antropologia abriga estilos bastante diferenciados, "uma vez que fatores como contexto da pesquisa, orientação teórica, momento sócio-histórico e até personalidade e *ethos* dos pesquisados influenciam o resultado obtido". Paradoxalmente, como nos alerta a autora, a antropologia talvez seja, entre as Ciências Sociais a mais artesanal e a mais ambiciosa, particularmente, ao questionar conceitos preestabelecidos à experiência de contextos diferentes e particulares.

Conexões relevantes entre a experiência de vida, os textos escritos, os estudantes orientados, as intervenções públicas efetivadas e os horizontes cultivados é do que se trata neste texto no âmbito

dos estudos urbanos no Rio de Janeiro. O que nos induz a começá-lo por uma menção ao contexto intelectual e político em que fazemos as nossas reflexões. Uma certa nostalgia, na medida em que nós avançávamos no texto, passou a nos acompanhar. Como se o período inicialmente abordado, por intermédio da trajetória de Gilberto Velho – figura central da antropologia urbana no Rio de Janeiro, como apontaremos aqui – revelasse uma quase inocência pela forma despreocupada em que ele (e muitos outros) viviam no Rio de Janeiro. Despreocupação talvez não seja um bom termo. Na verdade, queremos nos referir a um sentimento forte entre nós nos dias de hoje que diz respeito à devastação da cidade e à falta de horizontes que contrasta com a nossa experiência anterior, a saber, associada a uma cidade vivida por muitos como acolhedora, ainda que raramente tenha sido experimentada dessa forma por todas as classes e grupos sociais.

Como se, nessa época, entre os anos de 1970 e meados dos anos de 1980, estivéssemos aprendendo sobre a cidade, embebidos pelo meio intelectual em que circulava Gilberto Velho, situado sobre uma terra estável e garantida. Como se os precursores da antropologia urbana se percebessem em um mundo no qual não se duvidava da permanência conquistada de alguns de seus aspectos positivos. Explorar circuitos pouco conhecidos, conviver com grupos e valores diferenciados era também uma aventura saborosa que se fruía, partilhando a vida entre seus diferentes segmentos urbanos. A pluralidade, a heterogeneidade, malvista e estigmatizada, claro, não foi encarada nesses tempos como mortífera, de um lado, e política, de outro, o que veio acontecer crescentemente no final da década de 1980 e intensamente a partir dos anos de 1990.

Hoje, o eixo da morte e da destruição viraram políticas de Estado e são abertamente defendidas por variados segmentos e atores governamentais. Políticas de extermínio como forma de gestão dos pobres veio se consolidando e tem alterado profundamente a relação de todos com a cidade e com a forma de refletir sobre seus movimentos. Há uma ruptura inegável com o ordenamento jurídico e político da cidade quando as políticas de extermínio deixam de ser simplesmente toleradas para se transformarem em políticas oficialmente assumidas pelos governos estaduais e federais.

Registramos assim a perspectiva do presente que, em parte, ordena a construção que fazemos do passado. Escolhemos percorrer a antropologia urbana dando uma atenção especial a certas rupturas sociais e políticas, fortemente relacionadas à violência, à crescente produção de mortes e de estigmas nas camadas populares que transformaram não somente a cidade, mas a prática antropológica que se fazia aqui, de algum modo embebida nos seus problemas. Esse texto pretende assim fazer um relato muito parcial dos estudos urbanos na medida em que vai privilegiar os antropólogos cujos trabalhos refletiram um viés que nós consideramos revelador de certas interlocuções com as dinâmicas que se instauraram na cidade.

Escolhemos, de início, nos inclinarmos sobre o percurso do personagem professor, escritor, e membro das instituições científicas mais relevantes do país, o antropólogo Gilberto Velho, cujas obras são incontornáveis para a antropologia urbana feita no Rio de Janeiro, particularmente, mas também no Brasil. O percurso de Gilberto, entre as décadas de 70, 80 e até a primeira década dos anos de 2000, atravessa mais de um momento importante de transformação da cidade. Cabe, consoante à nossa perspectiva, destacar como a sua figura pública criou e consolidou uma maneira de conceber a cidade que foi praticada por muitos antropólogos formados e/ou nutridos pela antropologia consolidada por ele e abriu caminho para pensar as rupturas que viveu como um citadino do Rio de Janeiro.

Sempre destacando as inter-relações entre o *pensar* e o *fazer* a cidade, vamos analisar como a antropologia urbana veio a se desenvolver por intermédio de problematizações que revelavam o quanto os pesquisadores também agiam como atores e protagonistas mediante às relações que entretinham com seus interlocutores de pesquisa. Esses, ao se transformarem na dinâmica da cidade, mudavam também os seus antropólogos.

Gilberto Velho, percurso acadêmico de um morador de Copacabana e carioca de Ipanema

O legado de Gilberto Velho, que faleceu precocemente em 2012, é bastante amplo e diversificado. Talvez o mais importante seja a sua contribuição à formação do campo da Antropologia urbana no Brasil a partir de seu interesse de pesquisar as camadas médias, moradoras das metrópoles brasileiras[1].

---

1. Há muitos trabalhos que tratam da obra e do percurso de Gilberto Velho, alguns em forma de homenagem que foram publicados antes e depois de seu encantamento. Não podemos aqui nos reportarmos a cada um. Mas, sem dúvida, foram todos inspiradores, como exemplo citamos: Coelho, 2009; Duarte, 2012; O'Donnel, 2013; Castro, Kuschnir e Vianna, 2013; Patriota de Moura e Coradini, 2016. Em diversas entrevistas que foram realizadas com Gilberto ao longo de sua trajetória (cf. algumas

Seus orientandos desenvolveram, na maioria dos casos, pesquisas articuladas aos temas constantes de seus estudos. Incentivou diálogos interdisciplinares no seio dos estudos urbanos e fomentou a criação de uma rede de cientistas, inspirando teórica e metodologicamente um grande contingente de pessoas.

A *utopia urbana* (VELHO, 1973), livro baseado em sua dissertação de mestrado, defendida no Museu Nacional em 1970, veio a ser um marco nos estudos sobre camadas médias urbanas no Brasil. Para construir um objeto de pesquisa antropológico na cidade, Gilberto direciona o foco de sua pesquisa a um segmento das camadas médias, delineado por meio de três variáveis: a estratificação social, o lugar de residência e a ideologia, que se conjugavam de diferentes maneiras. A experiência social de morar em um prédio de apartamentos conjugados em Copacabana foi assim descortinada, revelando os horizontes de vida e as escolhas daquele universo de moradores. No seu trabalho de doutorado, Gilberto Velho (1998) radicalizou a sua experiência da cidade tomando um grupo de conhecidos e amigos como foco empírico de uma pesquisa sobre o sentido social das drogas. A proximidade pouco usual na época com os seus pesquisados lhe possibilitou uma reflexão ainda mais densa sobre o primado da distância como norma do fazer etnográfico.

A atenção para a pluralidade de estilos de vida à disposição dos indivíduos norteou desde sempre seus trabalhos, iniciados naquele prédio nada chique de Copacabana. Desde seus primeiros estudos fica evidente a influência de Georg Simmel[2] no que

diz respeito a análise da experiência individual na metrópole, vista como uma forma de organização espacial marcada pela fragmentação, ou seja, pela convivência de seus moradores com códigos múltiplos e contraditórios no mesmo espaço social.

Gilberto mostrou-se também, como todos nós, fortemente influenciado em suas escolhas e interesses pelo seu contexto de vida e de trabalho. Viver no Rio de Janeiro e ter como atividade o estudo da cidade impôs a ele estar submetido aos debates e controvérsias locais, estar embebido por seus horizontes e seus repertórios, sempre reverberados pelas mídias. O diálogo com a antropologia em âmbito internacional conjugou-se com múltiplas formas de interlocução e presença na sociedade nacional pela via da problematização das cidades.

A antropologia *feita em casa* é predominante no Rio de Janeiro e atenta, como não poderia deixar de ser, aos temas que mobilizam os segmentos sociais aos quais pertencem seus moradores, e também aqueles outros, bem variados, sobre os quais se debruçam como profissionais do urbano. A clássica discussão antropológica sobre proximidade e distância entre pesquisador e grupo pesquisado também é um dos temas primordiais que norteou quase toda a sua obra. A questão da familiaridade em especial e as condições do pesquisador que realiza trabalho de campo na cidade sempre foram temas caros a Gilberto Velho, desde que publicou pela primeira vez *Observando o familiar* (1978). Assunto que é retomado tanto no texto *O antropólogo pesquisando em sua cidade: sobre conhecimento e heresia*, que integra o livro *Desafio da cidade* (1980), quanto em *O desafio da proximidade*, capítulo introdutório do livro *Pesquisas urbanas: desafios do trabalho antropológico* (2003), que organizou com Karina Kuschnir. Nesse livro, Gilberto ressalta que o que permite ao antropólogo desenvolver pesquisa no meio urbano é o fato de ele conseguir – devido à sua própria formação

---

em referências bibliográficas), ele sempre destacou com muito orgulho que frequentou o primeiro curso de Antropologia Urbana oferecido pelo PPGAS, no Museu Nacional, ministrado por Anthony Leeds da Universidade do Texas, oferecido em 1969.

2. Cabe destacar que os primeiros textos traduzidos para o português de Simmel e de professores que fizeram parte da chamada Escola de Chicago como Park e Wirth, foram publicados na coletânea organizada por Otavio Velho (1967) intitulada *O fenômeno urbano*.

intelectual e exigência profissional – transitar por diversos mundos e, ao mesmo tempo, não ser encompassado por nenhum. Esse multipertencimento do pesquisador é o que faz com que ele obtenha um "estranhamento crítico diante do próximo" (VELHO, 2003, p. 18). Em todos os artigos desta coletânea vemos problematizados as tensões, os conflitos, os desafios, os dilemas e as reflexões que os pesquisadores – que atuam no interior da realidade complexa e multifacetada do meio urbano – estão sujeitos a passar. Seguindo de certa forma um certo padrão nas apresentações dos problemas tratados em seus livros/coletâneas como *Desafio da cidade* (1980) e *Desvio e divergência* (1974) – as discussões metodológicas e teóricas levantadas por Gilberto no primeiro capítulo, indicam as linhas norteadoras que estão presentes em todos os artigos que compõem as coletâneas.

A ênfase na interação entre indivíduos e suas redes de relações levou Gilberto a desenvolver a noção de *negociação da realidade* em múltiplos planos. Essa perspectiva de análise é fruto do diálogo que sempre estabeleceu entre a abordagem fenomenológica de Alfred Schutz (1979) e o interacionismo de Georg Simmel (1967, 1971, 1983), enfatizando a distinção e a autonomia de diferentes mundos e províncias de significados, níveis e dimensões do real.

Cabe lembrar que em 1902, Simmel (1967) já chamava a atenção para a especificidade da vida social nos grandes centros urbanos surgidos com a Revolução Industrial, com a formação dos grandes estados nacionais e de um complexo mercado internacional. Um dos objetivos nesse texto é contrastar um estilo de vida metropolitano com o modo de vida tradicional, rural. Para o autor a grande cidade caracterizar-se-ia, sobretudo, pela grande quantidade e diversidade de estímulos. Isso geraria um excesso, provocando uma adaptação no nível individual que definiu como *blasé*. Nestas condições os indivíduos desenvolveriam uma *indiferença*, como defesa diante da ameaça de fragmentação. Simmel (1967) via na multiplicidade e diferenciação de domínios e níveis de realidade da sociedade moderna um desafio à integridade do indivíduo psicológico.

A motivação de estudar as camadas médias copacabanenses sempre esteve associada ao interesse em conhecer as visões de mundo desses segmentos, que passaram a ser o eixo central em vários de seus estudos por meio da exploração de diversas instâncias e contextos de relacionamento entre os moradores da cidade.

Nosso autor desenvolveu alguns estudos na área de desvio e comportamentos desviantes (VELHO, 1971; 1974; 1981; 1998), mas seu interesse não eram os comportamentos em si mesmos, mas o sistema de relações que envolvia limites e fronteiras simbólicas e sociais. As problemáticas do desvio e das acusações podem ser analisadas levando em conta, de modo mais sistemático, linguagem, códigos e redes de significado permeando a experiência dos sujeitos. Por isso mesmo, parte de sua obra foi dedicada ao significado de grupos e categorias desviantes. Nesses trabalhos é estabelecido um forte diálogo com dois dos principais interacionistas simbólicos, Becker (1982; 2008) e Goffman (1974; 1988), que influenciaram bastante a obra de Gilberto. Para ele, através das pesquisas sobre desvio, era possível questionar fronteiras e relações em que valores morais e regras sociais constituíam e marcavam as interações. O ponto crucial era perceber através do jogo de identificações os seus padrões dominantes e a eficácia que detinham em determinados contextos históricos e sociais. Trata-se, na verdade, de valorizar a necessária referência a um sistema de relações para avançar no conhecimento de seus temas fundamentais. Ao lado disso, Gilberto chamava também atenção para o fato de os pesquisadores, ao serem chamados a lidar com os chamados grupos desviantes, teriam de ficar atentos também para aqueles que poderiam ser classificados como *cruzados*, ou seja, aqueles que seriam os defensores dos valores e dos padrões que estavam em jogo.

As grandes cidades, em suas numerosas e densas redes, apresentavam-se como um desafio ao trabalho antropológico mas, com o autor, aprendemos que ter familiaridade com fatos, situações, e mesmo pessoas, não significava conhecê-las, pois se tratava muito possivelmente de pessoas que partilhavam de outra ordem de significados, alheia ao estudioso. Conhecer significava um esforço de aproximação e de distanciamento que poderia fornecer indicações para uma compreensão mais complexa dos fenômenos estudados e com os quais estamos frequentemente envolvidos, através de experiências, emoções, sentimentos e formas de classificação internalizadas. E para conhecer como estes sujeitos próximos/distantes constroem as suas realidades era fundamental dar voz a eles e a melhor maneira de fazer isso era através da observação participante.

Na apresentação do livro *Antropologia urbana: cultura e sociedade no Brasil e em Portugal* (1999), Gilberto ressalta que "a construção da antropologia urbana em geral [...] envolve um vasto e diversificado espaço de diálogo com diferentes disciplinas e tradições que lidam com cultura e sociedade". De fato, a ênfase na forte dimensão interdisciplinar da antropologia urbana atravessa toda a obra do autor.

Para ele não era satisfatório nos contentarmos com a afirmação de que antropologia urbana é a pesquisa que os antropólogos fazem nas cidades. Isto parecia empobrecedor embora verdadeiro. O mais importante seria salientar que existe uma questão antropológica de análise e reflexão sobre a especificidade da vida urbana, particularmente da metrópole.

A presença de Simmel, mas também de Park (1967) e Wirth (1967) era uma constante em muitos de seus trabalhos, bem como nas pesquisas de seus orientandos. Os textos desses autores sempre foram caros para a antropologia que ele desenvolveu, particularmente no que diz respeito às percepções sobre os tipos de individualismo e a natureza das interações na sociedade moderno-contemporânea. "Embora de dimensões distintas, tanto o Rio de Janeiro quanto Lisboa (que ele também pesquisou) apresentam-se como *laboratórios para a investigação social* por sua heterogeneidade e complexidade socioculturais" (VELHO, 1999, p. 9 e 10). Por isso, destaca que:

> seja em relação ao Rio ou a Lisboa, com suas múltiplas facetas, estaremos trazendo e discutindo questões que, de algum modo, contribuem para uma reflexão mais geral sobre o fenômeno urbano contemporâneo, sem reificá-lo e percebendo-o com suas dimensões históricas e culturais. Rio e Lisboa, mas também Bombaim, Amsterdã, Los Angeles, Buenos Aires etc. devem ser compreendidos a partir de seus quadros sócio-históricos particulares, sem deixarem de ser vistas, no entanto, também como expressão, produtos de processos mais amplos de dimensão internacional.

Por essa razão, o outro foco de atenção do autor sempre recaiu sobre as relações entre vida metropolitana, individualismo e anonimato. A impessoalidade nas relações sociais ganha importância na medida em que prevalece a perspectiva da *interação* sob a forma de um *processo*: os indivíduos estão permanentemente interagindo e, portanto, sempre submetidos a conflitos e a tensões variadas. Seja de forma mais harmônica, seja por via de tensões e conflitos, as relações sociais são sempre as unidades da vida social, e não o indivíduo visto isoladamente.

É interessante perceber que Gilberto aproxima a perspectiva de Simmel a de Dumont (1985 e 1997) em certo momento de seu percurso, principalmente por influência, por ele mesmo reconhecida, de Luiz Fernando Dias Duarte (1986) que muito cedo migrou da condição de orientando para de interlocutor privilegiado. Luiz Fernando, que partilhou muitas das suas preocupações acadêmicas, construiu, no entanto, uma abordagem própria e um percurso original do campo do urbano, direcionada à especificidade social e moral de certos segmentos sociais, como famílias e juventude das camadas médias e populares. O tema da hierarquia e do individualismo ganhou um potencial heurístico significativo nos trabalhos dos dois (VELHO & DUARTE, 2009, 2010).

Dos textos de Gilberto escritos em parceria, um deles se destacou pela ressonância que adquiriu como referência no campo. Nesse artigo elaborado em conjunto com Machado da Silva (1977) chama-se a atenção para o modo através do qual os indivíduos internalizam as ideologias individualistas, que estarão evidentemente associadas a situações, contextos e trajetórias específicas. Trata-se de um texto pioneiro sobre organização social no meio urbano no Brasil, onde os autores fazem uma discussão entre esferas privada e pública, bem como os modos de relacionamento dos indivíduos com a cidade (VELHO; MACHADO DA SILVA, 1977)

A ideia de trânsito por diferentes mundos sociais e sua relação com o individualismo apontam para outro aspecto central da obra de Gilberto, a importância da ideia de heterogeneidade como elemento fundamental para a análise em contexto urbano.

No texto *Antropologia urbana: encontro de tradições e novas perspectivas*, Velho escreve: "estou convencido de que um dos maiores interesses e fontes de estímulo para o que denominamos de antropologia urbana é o fato de ser inevitavelmente inter e multidisciplinar" (VELHO, 2009, p. 11).

As reflexões do autor sobre a experiência individual na metrópole se constituíram no principal eixo norteador dessa concepção de antropologia urbana que foi desenvolvida no Museu Nacional, principalmente a partir dos anos de 1980, sob sua orientação intelectual. Além disso, o foco na existência de rede de relações – *networks* – que atravessam o mundo social de modo horizontal e vertical também orientou grande parte desses estudos. Justamente através da análise das interações entre os indivíduos e suas redes de relações que buscou analisar o que nomeou como *negociação da realidade*. Isto porque, considerando a coexistência de diferentes sistemas cognitivos, o ponto fundamental seria perceber os significados que são conferidos a esses e entender como são acionados por indivíduos e grupos em diferentes momentos e interações.

Complementar à experiência do heterogêneo, tem-se a importância que concedeu à noção de *metamorfose* (VELHO, 1994). Esta permitiria compreender o trânsito dos indivíduos entre diferentes domínios e situações sem maiores danos ou custos psicológicos sociais, ao contrário do que se poderia esperar, a partir de uma visão mais estática da identidade.

Valorizar diferentes trânsitos, entre eles os acadêmicos, foi considerado como muito positivo: deslocar-se entre diferentes correntes teóricas e interpretativas também poderia ajudar os cientistas sociais a complexificar suas ideias e formulações. Para ele, não se tratava apenas de mostrar a variedade e riqueza possível das relações, mas, sobretudo, explorar os significados que lhes são atribuídos, bem como as suas repercussões sobre a vida de cada um, incluindo, evidentemente, a vida do pesquisador. Talvez por isso tenha chamado atenção para a importância das emoções, desejos e afetos. Segundo Koury (2015), Gilberto pode ser considerado um precursor importante desse novo campo analítico que lida com as relações entre emoções, a cultura e a sociedade.

A tradição dos estudos urbanos, nesse sentido, apreciava a qualidade e a especificidade do citadino, esse ser capaz de conviver com manifestações públicas que fariam parte de um repertório social e cultural que ele reconhecia como próprio do lugar em que habitava. Ao contrário do que seria, frisava-se, uma relação provinciana que os moradores de um vilarejo imaginário entreteriam com o seu lugar, no qual todos conheciam todos e recusavam os *outsiders* (BECKER, 2008) que se aventuravam em seus domínios e experiências restritas. Essa imagem, evidentemente, pode ter sido o pano de fundo na forma de uma oposição entre o camponês e o citadino, entre o mestre-escola e o dirigente de uma escola de samba, entre o padre da paróquia e os pais de santo em espaços periféricos. Em suma, cultivou-se a cidade como uma metrópole, como uma totalidade imaginada, lugar do progresso, da liberdade e do individualismo cosmopolitas, lugar da complexidade, em suma. A imagem de Gilberto Velho como um explorador da metrópole, amante de suas diferenças e professor da sua heterogeneidade, sem dúvida é, entre as muitas existentes, aquela que mais apreciamos enfatizar.

Mencionemos, *grosso modo*, a multiplicidade dos assuntos abordados por Gilberto Velho: a questão da organização social de distintos grupos, dos mapas das cidades, dos bairros com suas particularidades e seus sistemas de relações, da construção de fronteiras simbólicas, das regiões morais, das inúmeras formas de sociabilidade, dos níveis de cultura e de suas relações, a problemática das gerações e dos grupos de idade, a vida política e os modos de construção da realidade, as especificidades da vida metropolitana, a questão dos sentidos e sua relação com racionalidades, as representações e dinâmica de gêneros, formas distintas de lazer, identidades, religiosidade no meio urbano, das religiões populares, dos desvio e divergências, dos diversos tipos de transgressões e a complexa

temática da cidadania política e cultural. Esses que destacamos certamente não esgotam os temas aos quais se dedicou. Atravessando todas essas temáticas persiste a relevância do par conceitual *indivíduo e sociedade* como referência teórica no estudo das sociedades complexas. A questão da mudança individual dentro e a partir de um quadro sociocultural também está no centro de suas preocupações.

Os seus orientandos exploraram, cada qual, um ou mesmo mais de um desses temas privilegiados, o que resultou em um grande e significativo leque de trabalhos sobre os grupos que constituem a vida urbana em uma metrópole como a do Rio de Janeiro, o que chama atenção para, de um lado, a presença de uma variedade de temas, e de outro, a clara expressão de uma linha investigativa com seus instrumentos teóricos e metodológicos[3].

O heterogêneo como fonte de inquietação e perigo: novos contextos e outros horizontes

No entanto, a partir dos anos de 1980, a experiência citadina mudou a olhos vistos através da intensa propagação de uma imagem da cidade como lugar da desordem provocada pelos seus primitivos "de dentro", os favelados, considerados violentos e destruidores. Mudou não somente porque a cidade se tornou mais complexa, como se dizia, mas porque emergiu, principalmente para as camadas médias, alimentadas pela grande mídia, um medo

---

3. Mencionaremos alguns poucos (diante da impossibilidade de elaborar aqui um levantamento completo, o que seria ideal). Cf. as teses de doutorado de Duarte (1985), Lins e Barros (1986), Salem (1987), Dauster (1987), Russo (1991), Heilborn (1992), Vianna (1994), Vilhena (1995), Castro (1995), Travassos (1996) e Kuschnir (1998) e, as dissertações de mestrado, Guimarães (1977), Ferreira dos Santos (1979), Lins de Barros (1980), Carneiro (1982), Contins (1983), Heilborn (1984), Gaspar (1984), Vianna (1987), Vilhena (1988). Esse conjunto, certamente, compõe de forma relevante o legado de Gilberto Velho. Ao todo Gilberto orientou cerca de 100 teses e dissertações.

crescente do que veio a ser, cada vez mais tematizado como a *violência* na cidade que *descia* das *favelas* na forma de desordens perturbadoras: *ameaças, assaltos, homicídios* e *tráfico de droga*. Assinalemos o fenômeno de grande impacto designado pela mídia como *arrastões nas praias,* que, ao menos desde 1993, passaram a ser tema de todos os verões, perturbados por aqueles que vinham em bandos "ocupar" a cidade branca, composta por moradores das camadas médias.

Grupos de jovens negros, provenientes das favelas e da zona norte da cidade, vinham, nos fins de semana, criar *tumulto* nas areias do Arpoador, de Ipanema. Percebidos como emblemas vivos da desordem e da violência, seus corpos negros apanhando da PM, correndo em bandos pelas areias, roubando, levando tiros no meio de banhistas em pânico, se configurou como um *must* da mídia televisiva. Aventou-se, como se continua fazendo até hoje, impedir a chegada desses bandos de bárbaros nos "cartões-postais" da cidade. A forte campanha da mídia conservadora contra essa população, tida como perigosa e externa à cidade, intensificou os sentimentos de repulsa e medo que os moradores da chamada "zona sul" cultivavam sobre a face quase invisível da grande população da metrópole.

A experiência da violência, no entanto, não se resumia ao medo e à aversão manifesta a essa população devido aos estigmas que a cercavam como habitantes de zonas periféricas, as favelas e também a zona norte, os subúrbios e os vários municípios da Baixada Fluminense. Essa experiência foi mobilizada também por meio de sentimentos menos nobres, a saber, o desejo de excluir e de eliminar à força aqueles que pareciam estragar a festa dos mais bem-nascidos: as mortes de jovens que se banalizavam, os assaltos constantes nos bairros da cidade legal, as balas perdidas, as manchetes sobre as ações espalhafatosas de traficantes para reafirmarem seus poderes (mandar fechar o comércio

em Ipanema, na Tijuca, p. ex.) chacinas realizadas pelas forças policiais, os assassinatos e torturas praticados pelo tráfico e pela polícia em diferentes *comunidades*.

A violência se banalizou como um problema reconhecido, até mesmo pelos brados das ruas, mas de difícil resolução analítica para os antropólogos que se negavam assumir grandes teorias genéricas por meio de totalidades abstratas que, como sempre, favoreciam as percepções negativas dos grupos populares. Destaquemos o impacto causado pela Chacina de Acari, em 1990, e o calvário das mães em busca dos corpos de seus filhos – nunca encontrados, aliás. Lembremos também da conhecida Chacina da Candelária, em 1993, em que dez jovens foram assassinados.

O medo, a insegurança e a perplexidade diante da violência que tomaram as camadas médias, interlocutoras dos antropólogos, foram, evidentemente, compartilhados por eles como moradores da mesma cidade, leitores dos mesmos (ou quase os mesmos) jornais e público televisivo da mesma mídia. O repertório, *grosso modo*, que alimentava a perspectiva dos moradores das camadas médias em relação à cidade, foi elaborado pelas mesmas mediações e se expandiu em forte interlocução com os atores e grupos diferenciados de moradores da cidade, para além do diálogo de praxe com o campo acadêmico sobre os recursos teóricos e metodológicos da época. É muito interessante o trecho do reconhecido livro de Alba Zaluar, *A máquina e a revolta* (1985, p. 10) em que ela discorre sobre o medo que sentiu ao entrar, pela primeira vez, na favela Cidade de Deus:

> A sensação mais forte que tive naquele momento foi a de medo. Não o medo que qualquer ser humano sente diante do desconhecido, mas um medo construído pela leitura diária dos jornais que apresentavam os habitantes daquele local como definitivamente perdidos para o convívio social, como perigo-

sos criminosos, assassinos em potencial, traficantes de tóxicos etc. Apesar de saber que essa campanha não era senão a continuidade de um processo de longa data de estigmatização dos pobres, eu tinha medo. Um medo realista de me enredar em malhas cujo controle me escapasse ou de enfrentar a morte nas mãos de um bandido raivoso. Duvidei que pudesse permanecer por lá e me relacionar com as pessoas. Mas isso pouco tinha a ver com a possibilidade real de deparar com um assaltante, possibilidade esta cada vez mais comum a qualquer habitante do Rio de Janeiro, mesmo sem sair de casa.

Apesar do medo que sentiu, Alba Zaluar não tratou da violência na Cidade de Deus como a chave capaz de abarcar a totalidade da vida local. Sua etnografia discorre sobre diferentes aspectos da vida social de vários lugares e segmentos dessa tão midiatizada favela do Rio (graças, inclusive, à disseminação do seu trabalho). Mas, como observa Lícia Valadares (2005), a partir dos anos de 1990 o tema da violência juntou-se ao tema da favela, e esse ao tema da exclusão social dos pobres daqui para frente:

> Muitos trabalhos coletivos importantes [...] procuram analisar o papel da pobreza e das desigualdades sociais e sua contribuição para o aumento da violência em suas diferentes formas. Machado da Silva (1994, p. 150) defende a ideia de que se desenvolveu entre os jovens uma sociabilidade violenta, ou seja, uma transformação da violência em uma forma nova de sociabilidade, para satisfazer seus interesses. Essa forma de interpretar os fatos explicaria a difusão e aceitação da violência por uma grande parcela da população pobre. Nas análises acadêmicas, a chave de leitura da exclusão tornou-se frequentemente utilizada por quase todos os estudos sobre a pobreza e, por extensão, pelos estudos realizados sobre as favelas ou centrados em seus habitantes. As favelas adquirem uma nova dinâmica social, caracterizada em particular pelo papel crescente do tráfico de drogas, inclusive no financiamento dos serviços locais, no domínio das associações dos moradores e na vida local (VALLADARES, 2005, p. 143).

A tematização da violência, nesse sentido, levou certos antropólogos a buscarem em nexos políticos aquilo que poderia ser considerado como as bases culturais das diferenças que tanto medo provocava em seus interlocutores. É possível supor que a ideia de "culturalizar" a política, isto é, de incluir um viés relacionado aos valores e aos estilos de vida para propiciar um diálogo com o medo teria, supomos, um desejo de manter no campo do *humano* os que, cada vez mais, eram vistos como os "outros" inimigos da cidade.

Áreas contaminadas pelo medo e pela ideia de cerco construíram nos bairros habitados pelas camadas médias a noção de favela como lugar de encontro entre aqueles que seriam os marginais existentes na máquina do Estado com os que se reconheciam como os marginais da cidade, os habitantes dos morros. Encontro entre marginais, portanto, o que não comprometia a ordem citadina e seus cidadãos de bem como um todo. Provocava, no entanto, fortes sentimentos de impotência e de desespero e adesões cada vez mais frequentes a soluções de força.

A dissociação entre a micropolítica e a "grande política" foi durante muito tempo a regra nas ciências sociais e faziam parte da divisão de competências e de hierarquias do campo acadêmico. Os efeitos dessas clivagens foram muitos. Geraram muitos mal-entendidos e desconfianças sobre as formas de lidar com as representações da violência disseminadas no grande público. Não é sem importância que um conhecido sociólogo do Rio de Janeiro lance, em 1999, um livro cujo título é *Socorro!* (escrito na capa em letras vermelhas sob um fundo negro). O dia a dia governamental visto com olhos sombrios, por intermédio da grande imprensa, constitui o material empírico e analítico do livro. O pedido de socorro, enunciado por Carlos Alberto Medina (2000), já foi um eco sociológico do que tinha se espraiado fortemente nas camadas médias, dilaceradas e com medo, que buscavam uma "solução" quase milagrosa para o cerco de violência que sentiam a cada manchete de um assalto, a cada jovem negro de cabeça erguida, com o qual cruzavam nas ruas, nas praias, nos transportes. A impotência face à "grande política" era a tônica, como assinalou o autor.

Acreditamos que a "grande política", aquela parlamentar e empresarial, presente nos jornais, com seus jogos de interesse e disputas variados, não se constituía como objeto analítico dos antropólogos até então, salvo algumas exceções, como o trabalho de Kushnir (1999), orientanda do Gilberto Velho, que acompanha o cotidiano de parlamentares da Câmara Municipal do Rio de Janeiro. E não se insistia, em consequência, nos elos que essa face reconhecida da esfera pública cultivava com a micropolítica nos territórios de favela, dos subúrbios e nos municípios supostamente distantes, salvo em poucas análises em que o tema do clientelismo ganhava destaque e renovava um veio clássico da antropologia urbana iniciado por A. Leeds e E. Leeds (1978).

No entanto, no Museu Nacional, no Rio de Janeiro, forjou-se uma vertente acadêmica que renovou o olhar antropológico da política: a expressão *antropologia da política* designou um movimento acadêmico para considerar o objeto (quase exclusivo) da ciência política em novas bases, relativizando os contornos do seu campo como um domínio à parte, referido à esfera pública e à alta política. A antropologia, aqui e internacionalmente, passou a desrespeitar as clivagens entre esses domínios de estudo. Nesse sentido, ampliou-se o seu campo, incluindo a *política* como uma categoria a ser relativizada nos seus contextos específicos de análise. Para além da divisão ortodoxa de domínios nas ciências sociais, passou-se a analisar tudo aquilo que aparentemente não seria *político*,

mas que demandava a inclusão no campo de análise das etnografias urbanas e rurais. Formas de uma micropolítica sem limites e fronteiras previamente estabelecidas foram certamente uma virada conceitual fundamental para desfazer algumas restrições impeditivas ao trabalho antropológico. Os trabalhos de Moacir Palmeira orientaram essa perspectiva[4] que gerou impactos importantes por tratar das diferenças através de uma chave que insistia em distinções sociais a partir de oposições de classe, também tributários de culturas próprias. Modos de vida e suas relações de sentido a partir das experiências dos trabalhadores rurais e urbanos, dos sindicatos, da juventude nas cidades, dos pobres urbanos, dos movimentos sociais foram fundamentais para uma passagem que veio a se realizar no campo da antropologia urbana, a saber, a exploração mais sistemática das oposições e antagonismos que qualificava a heterogeneidade da cidade através de sistemas de distinção, calcados em diferenças estruturais e suas clivagens na vida corrente. Essa perspectiva analítica tem sido proficuamente relacionada com aquela também desenvolvida no âmbito da antropologia no Museu Nacional, a saber, a antropologia que toma o Estado no seu fazer como seu objeto (SOUZA LIMA, 2002). Ambas têm tido efeitos significativos entre os pesquisadores de gerações subsequentes orientados para os estudos urbanos no Rio de Janeiro.

---

4. Cf. não só os trabalhos iniciais de Palmeira mas do grupo de estudos de campesinato que se consolidou no PPGAS a partir do final dos anos de 1970, através dos estudos de Velho, O. (1976), Leite Lopes (1976), Sigaud (1979), Heredia (1979), Novaes (1978), Garcia, M.F (1977) e Garcia, A. (1983). Posteriormente, na linha do projeto Antropologia da Política podemos ver Palmeira e Barreira (2004), e Palmeira e Heredia (2010). Adriana Vianna (2015), como mencionaremos adiante, a partir dos trabalhos de Souza Lima (2002), também impulsionou largamente os estudos sobre o Estado, associando-os à cidade, à violência e às questões de gênero.

A consolidação dessas vertentes analíticas no Museu Nacional contribuiu significativamente para os estudos urbanos[5], fertilizando, a partir de vertentes teóricas diferenciadas, reflexões sobre os conflitos e antagonismos na cidade. Um diálogo com as reflexões produzidas em São Paulo, através dos trabalhos sobre movimentos sociais e sobre as mudanças nas relações de trabalho[6], mais claramente direcionadas para pensar sobre a imersão desses grupos e movimentos na cidade, alimentou o campo da antropologia e sociologia urbanas de modo mais amplo.

O conhecido livro de Tereza Caldeira, *Cidade de muros* (2000), teve o mérito de desvelar as percepções incômodas e preconceituosas, defendidas por uma certa classe média paulista. Essa não se distinguia da sua equivalente no Rio e de outros centros urbanos. Raivosa, manifestava-se em prol de uma guetização crescente de seu grupo e de um tratamento excludente dos seus "outros" – uma vida entre muros, em condomínios, entre arames farpados, submetida a guardas, vigilantes e milicianos nas ruas para controlar o medo que tinham dos pobres urbanos, quase, sem exceção, identificados como perigosos bandidos.

A antropologia urbana buscou, em certa medida, se contrapor a perspectivas estigmatizantes como essa, usando as armas analíticas da cultura, humanizando aqueles já percebidos como bandidos sem direitos, para se contrapor aos ataques mortíferos de uma guerra desigual e assimétrica, direcionada ao extermínio dos pobres periféricos e favelados. Não é preciso dizer qual foi o ponto

de vista vencedor que passou a ser hegemônico na cidade. *Bandido bom é bandido morto* virou lema político nas grandes metrópoles. Ganhou eleições, conduziu as políticas de segurança pública e, sobretudo, provocou e provoca muitos extermínios, que tiveram jovens negros como suas vítimas maiores. Até hoje continua. Como sabemos, de forma ainda pior do que no passado recente, o que gerou consequências terríveis para o trabalho antropológico como veremos a seguir.

A violência como cultura, pelas mãos analíticas de antropólogos, buscava destruir perspectivas essencialistas que serviam para alimentar os estigmas já antigos sobre as chamadas classes perigosas. Assim, analisar os valores dos jovens traficantes, por exemplo, como a honra associada à masculinidade, os vínculos familiares, as crenças religiosas (e o campo de oposições que se desenhava entre *crentes* e *macumbeiros*), os gostos musicais (o samba, o *funk*, o forró, entre outros) permitiria que se revelasse outras faces da vida cotidiana de diferentes grupos existentes na cidade. No entanto, as culturas das favelas e dos subúrbios, e as culturas das camadas populares, com algumas exceções, sofreram um deslizamento progressivo, fortemente incentivado pela mídia, que veio com o tempo se sobrepor às análises antropológicas mais compreensivas, associando-as às práticas da violência.

Podemos sugerir que a chave analítica que permitiu incluir a *violência* como uma *expressão cultural,* entre outras, foi objeto de uma apropriação midiática eivada de ambivalências quanto ao princípio da relativização aplicado às manifestações culturais das periferias, trazendo para dentro dos trabalhos antropológicos as questões relacionadas à segurança pública. O livro de Marcos Alvito (2001), de grande repercussão, aborda, com propriedade os elos entre a "grande" e a "pequena" política em Acari. A pequena política estaria submetida a valores tradicionais e modernos que se conjugavam

---

5. Cf. coleção do Núcleo de Antropologia da Política, que teve 32 livros publicados entre 1998 a 2010 pela Editora Relumé-Dumará. São estudos que reuniram pesquisadores de várias instituições como UnB, UFC, UFRJ e UFRGS e tratam de diversas temáticas como campanhas eleitorais, política e religião, clientelismo e favor, entre outras.

6. Cf. Paoli (1987), Paoli e Telles (2000), Oliveira (2003), Rizek (2007) e Cabanes et al. (2011).

contraditoriamente nas camadas populares. Alvito descreve como a honra, a masculinidade e o individualismo teriam sido postos em relação a segmentos sociais relacionados à violência.

Os importantes trabalhos de Alba Zaluar (1985; 1994) foram fundamentais para a ampliação do âmbito de discussão sobre a violência. Ceccheto (1997; 2004), Facina (2010) e Facina e Lopes (2012), entre outros, exploraram o fenômeno mais escandaloso e exótico das periferias: o baile *funk* que ditava a moda e a *performance* altamente sexualizada dos jovens. Esses estudos mostraram como o *funk* vem sendo ressignificado no contexto das transformações da cidade do Rio de Janeiro, particularmente ao revelar aspectos bastante complexos do que significa a vida nas favelas e nas periferias, em relativo contraste com aqueles analisados por H. Vianna (1988), precursor nesse campo, que se preocupou também em explorar a diversidade cultural e territorial como fonte de conflitos (cf. 1995).

Esses trabalhos, consoantes com o contexto político de cada época, indicaram também um processo contínuo de transformação da cidade que se impôs por intermédio do crescimento do tráfico de drogas e da criminalidade: da cultura associada indevidamente à violência passou-se a estudos que atribuíam cada vez mais preeminência à *violência como cultura*. A sociabilidade masculina dos jovens de favela, as relações mantidas com o tráfico de drogas, o exercício de poder das facções nos territórios, as práticas de tortura, de extermínio e as formas de coação vigentes estavam associadas às práticas modernas e individualistas e também a valores tradicionais que assim ganhavam, entrelaçados, uma configuração que tinha certo sabor de conformismo cético e de desgosto com os rumos da vida social. Algumas influências teóricas se destacaram na antropologia urbana na medida em que respondiam de certo modo à percepção de que se estava diante de uma configuração específica envolvendo princípios tradicionais e modernos.

Louis Dumont (1985 e 1997) ofereceu em sua obra os princípios teóricos que, sugeriu-se, poderiam ser acionados para compreender a complexidade social de países como o Brasil, comparável à Índia, em termos de sua modernidade periférica: o individualismo crescente do Ocidente que estava, mal ou bem, associado aos valores hierárquicos embebidos na vida social dos grupos sociais populares, sobretudo nas sociedades consideradas menos submetidas a uma modernidade abrangente. A dicotomia tradicional/moderno, suas nuanças, seus tons de cinza ganharam um grande poder explicativo por intermédio de análises que buscavam esmiuçar os sentidos associados a esses princípios onipresentes e/ou contraditórios na sociedade. Os temas da família, das relações de gênero, da religião cresceram em importância com essa chave de leitura[7]. Essa também propiciou um entendimento do que estaria acontecendo com as camadas populares submetidas ao tráfico de drogas em seus locais de moradia. Não estaria havendo um efeito de anomia propiciado pelo individualismo, em um quadro hierárquico tradicionalmente dominante? Esse individualismo não estaria se impondo como valor maior, operando no sentido de desfazer laços religiosos, familiares e afetivos que se contrapunham à violência associada ao consumo, à competição e à perda de enraizamento das pessoas mais jovens?

---

7. Luiz Fernando Dias Duarte, Tania Salem, Maria Luiza Heilborn, Maria Laura Viveiros de Castro, Myrian Lins de Barros, já referidos, entre outros, exploraram mais detidamente essas premissas dumontianas para melhor compreender as esferas de valores do ponto de vista dos laços familiares, da sexualidade e das mulheres, cuja heterogeneidade se revelava principalmente por intermédio das diferenças entre as camadas populares e camadas médias.

A chave teórica oferecida pela perspectiva de Dumont permitiu abrir uma porta que a grande imprensa buscava grosseiramente arrombar através de acusações criminalizantes sobre os jovens. Assim, ao invés de afirmar o caráter somente negativo dos jovens populares, a antropologia discutia o caráter conflituoso e também moralmente complexo de movimentos que inventavam uma cultura própria associada à cidade. Mas a noção de anomia, ao ser acionada, permitia que se entrasse, pela porta dos fundos, as práticas acusatórias que tanto se queria evitar. Um artigo de Gilberto Velho aponta para possíveis efeitos anômicos do individualismo na cultura urbana e juvenil:

> A indiferença, o egoísmo, o narcisismo, aparecem como expressão do individualismo associados à especificidade da vida metropolitana, à separação de domínios, à fragmentação de papéis, à perda de laços de comunidade, a deformações do capitalismo competitivo, à massificação, entre outros. Portanto, de um lado temos o individualismo(s) como força positiva de transformação, vinculado às ideias de liberdade e igualdade, rompendo com a opressão e rigidez de sistemas tradicionais de dominação e organização social como o feudalismo. De outro, o individualismo aparece como produtor de situações de desagregação e anomia sociais, rompendo com valores e redes de reciprocidade e de atuação pública (VELHO, 2000, p. 21).

Tudo aquilo que em uma metrópole moderna indicava formas de pertencimento, modos de vida e horizontes sociais diversificados foi valorizado como temas ainda não explorados de uma antropologia que sublinhava a importância da heterogeneidade social em suas composições particulares, também submersas nos aglomerados opacos, pouco ou nada conhecidos, das metrópoles. Contudo, essa heterogeneidade foi paulatinamente associada à chave da violência urbana, com ressonância crescente.

Quando o heterogêneo se transforma em valor: diversidade e identidade de gênero e de raça na antropologia

Lembremos que a temática da violência ganhou um estatuto importante na antropologia em um momento em que entrava em cena a Constituição de 1988 e os movimentos sociais que renovaram a cena pública. O processo que engendrou a Constituição de 1988 transformou o país e, sem dúvida, os seus antropólogos. Engajamentos mais explícitos com as causas sociais e políticas dos grupos que estudavam, os antropólogos tiveram na Constituição de 1988 um instrumento importante que ampliou a sua presença na esfera pública defendendo a presença dos movimentos sociais e valorizando a noção de *direitos* e de *cidadania*.

De *objeto* de estudo, os *nativos* antropológicos passaram, mais amplamente, à condição de *sujeitos e interlocutores*. Os que sofriam da *Miséria do mundo* (título de um livro de Bourdieu, 1997) se constituíram como sujeitos que, em processos políticos com muitos embates, se faziam presentes no cenário público reivindicando direitos. Vera Telles (2006) descreve esse processo de mobilização:

> A partir do final dos anos de 1980 e mais intensamente nos anos de 1990, multiplicaram-se as organizações de defesa dos direitos humanos e de luta contra formas diversas de discriminação e racismo; as lutas em defesa de crianças e adolescentes desdobram-se na implantação de conselhos de direitos e conselhos tutelares, e movimentos sociais se constituíram em interlocutores constantes nas secretarias sociais... O fato é que esse processo organizativo, certamente desigual e muito diferenciado conforme cidades e regiões do país, ocorre em um terreno fertilizado pelos inúmeros movimentos sociais que, desde a década de 1970, fazem parte da realidade política das cidades. Mais recentemente e tendo por referência possibilidades de uma cidadania ativa abertas pela Constituição de 1988, essa movimentação ampla e multiface-

tada desdobrou-se em uma tessitura democrática, construída na interface entre Estado e sociedade, aberta às práticas de representação e interlocução pública: nos anos recentes multiplicaram-se fóruns públicos nos quais questões como direitos humanos, raça e gênero, cultura, meio ambiente e qualidade de vida, moradia, saúde e proteção à infância e adolescência se apresentaram como questões a serem levadas em conta numa gestão partilhada e negociada da coisa pública. Sob formatos diversos e representatividade também desigual, nesses fóruns políticas sociais alternativas vêm sendo elaboradas e debatidas: alternativas para a construção de moradia popular são discutidas em fóruns que articulam organizações populares, ONGs, empresários da construção civil, profissionais liberais e representantes governamentais; medidas efetivas contra a discriminação racial ou de gênero são igualmente discutidas, desde políticas sociais pautadas pelo princípio da ação afirmativa até a elaboração de instrumentos políticos e jurídicos que permitam dar efetividade a direitos garantidos (e conquistados) na Constituição de 1988; ONGs, grupos de defesa dos Direitos Humanos e até mesmo sindicatos se mobilizam em torno de programas de intervenção junto às crianças de rua, buscando alternativas que escapem à polaridade entre tutela e repressão que sempre caracterizou a ação pública junto a essa população (TELLES, 2006, p. 12).

Vera Telles critica severamente o que se apresentou nos idos dos anos de 1990 como o Terceiro Setor. Este foi amplamente valorizado no Rio de Janeiro sob a liderança política, empresarial e estatal de Rubem César Fernandes, antropólogo, por intermédio da ONG Viva Rio que ele fundou. Essa ONG teve um poder de agenciamento sobre setores universitários por intermédio da elaboração de projetos assistenciais voltados para os jovens em situação de risco. O debate sobre o Terceiro Setor e os movimentos sociais envolveu, no Rio de Janeiro, a questão da violência como o domínio por excelência de atuação nos problemas da cida-

de. Novas formulações que privilegiavam trabalhos assistenciais e projetos filantrópicos em detrimento dos ativismos direcionados pela pauta de direitos e da cidadania tornaram-se a via privilegiada para tratar de soluções para a violência nos meios intelectuais das camadas médias universitárias. Mas não sem conflitos.

Cabe dizer que a tradição dos movimentos sociais no Rio de Janeiro permitiu que muitos atores universitários se posicionassem a favor das lutas por justiça para as vítimas da violência estatal em contraposição a uma política de pacificação cujo alvo era a educação e controle dos jovens favelados, os sujeitos definidos como pobres e potencialmente sujeitos da criminalidade (cf. BIRMAN & LEITE, 2004). Foi seguramente uma época de crescimento de movimentos orientados por políticas das diferenças que associavam a demanda por direitos a políticas públicas relacionadas às identidades raciais e de gênero (cf. COSTA, 2015; PIEVESAN, 2006; DAGNINO, 1994; CEPESQ, 2009; SANTOS, 1999). Contudo, os antropólogos não ficaram insensíveis ao debate público e participaram ativamente de outra virada importante no devir da cidade. Com efeito, a bandeira dos direitos humanos passou a ser progressivamente declinada por intermédio da valorização crescente das políticas de diferenças. Foi penoso (como ainda é hoje em dia) e cada vez mais difícil escapar dos dualismos e antagonismos que reinavam nos espaços públicos. A invisibilidade da vida nas favelas e a variedade de domínios sociais e existenciais que atravessavam o cotidiano dos seus moradores fez parte de muitas etnografias. No entanto, essa virada antropológica acompanhou os movimentos crescentes da população das periferias por meio dos cotidianos que apontavam para políticas de afirmações identitárias. Falar de direitos a partir dos sujeitos, de novos lugares de fala e de novas formas de interlocução garantia o caráter político assumido pela noção de diversidade. Se as favelas eram conhecidas como locais da criminalidade, os favelados passaram a afirmar a positividade do *funk*, de ser preto e ser bonito, de ser *gay* e favelado, de se afirmar pela diferença e valorizar a diversidade, fonte de construção identitária como lugar de pretos, de *gays*, de trans e de outros circuitos transformadores. Em suma, a noção de cultura foi um instrumento poderoso para os antropólogos se confrontarem com as dicotomias que marcavam a separação criminalizante entre as "duas cidades". As temáticas do gênero, do racismo e da desigualdade ganharam mais espaço na agenda antropológica, por intermédio principalmente dos seus jovens que participavam desses muitos movimentos de afirmação de identidade que tinham lugar nas favelas e periferias. O impulso a favor dos direitos, que a Constituição de 1988 operou, ganhou um valor maior na medida em que se veiculou e se acumulou através de pautas identitárias nos embates territoriais da cidade. Os marcadores sociais da diferença inauguram novos modos de promover a heterogeneidade, como forma de ser plural e a favor da diversidade. As diferenças culturais se constituíram cada vez mais através de uma pauta política em que gênero e raça não poderiam ser dissociados da condição de pobre e/ou mulher, e/ou jovem e negro, sempre sujeitos às arbitrariedades da polícia e às condições precárias de moradia, transporte e educação. Vemos que essas novas formas de tematizar a diferença são inseparáveis dos conflitos urbanos, calcados nas experiências correntes do cotidiano, atravessados pela violência.

A heterogeneidade, ao invés de ser signo de construção de um citadino *blasé*, como se depreendeu dos trabalhos de Simmel (op. cit.), transformou-se em engajamento a favor da diferença por meio de pautas antirracistas, anti-homofóbicas, antimisóginas que passaram a circular também em função da maior presença dos movimentos negros, feministas e LGBTs, além dos processos de globalização relacionados a novas tendências poéticas e musicais das periferias.

Também, nessa conjuntura de múltiplas forças em presença, surgiram e ganharam cada vez mais presença as *ONGs de projetos*. Lícia Valladares (2005) chama atenção para a equação que se armou nesse período. As favelas, lugar dos pobres e parte de regiões morais estigmatizadas, despertaram um crescente interesse dos cientistas sociais, e um engajamento por meio de projetos, ONGs e assistência social em "parcerias" com o Estado.

O trabalho precursor de Leilah Landin (1998) discorre sobre esse fenômeno, reiterado por Lícia Valladares (2005, p. 141): Como assinala Landin (apud VALLADARES, 1998, p. 69), essas ONGs são, de fato, bastante ligadas ao mundo universitário: além dos programas de cooperação com instituições acadêmicas, muitos de seus militantes são universitários, docentes e discentes, sendo bastante numerosos os estudantes que nelas fazem estágios e participam de suas múltiplas atividades. Além disso, as ONGs também priorizam as favelas, fazendo-se intensamente presentes nesses territórios, em detrimento das outras áreas de pobreza da cidade. A produção das ONGs tornou-se, de fato, substancial e integra, hoje, grande parte da bibliografia sobre as favelas do Rio de Janeiro.

A responsabilidade dos favelados e do Estado (visto como conivente ou ausente) nas práticas da violência direcionaram as camadas médias mais participativas para valorizar o trabalho de educar e civilizar os jovens favelados para retirá-los da cultura da violência, marca identitária cada vez mais naturalizada. A perspectiva que assim se afirmou teve como um momento inicial importante aquele que propiciou uma forte participação universitária no campo das favelas, a saber, o Projeto Favela-Bairro, em 1993, que visava a urbanização das favelas. Segundo Valladares (2005, p. 233):

Uma centena de profissionais, professores e pesquisadores responderam a essas diferentes iniciativas, obtendo financiamentos para suas atividades de pesquisa ou de estudo. Suas equipes, também compostas por alunos de pós-graduação, utilizavam métodos consagrados das ciências sociais: estudos de caso com entrevistas semidiretivas, observação participante, ou pesquisas por amostragem, combinados com entrevistas junto aos diversos atores sociais e representantes da população local. Estas 15 propostas iniciais se multiplicaram em inúmeras teses de mestrado e de doutorado, livros, artigos e comunicações em congressos, alimentando o fluxo das publicações sobre as favelas do Rio.

Um ativismo social que, ao contrário dos movimentos sociais baseados primordialmente nas demandas por direitos, valorizava principalmente as ações político-educativas e de gestão, baseadas em projetos com participação local, e vinculadas ao chamado Terceiro Setor. Projetos de polícia de proximidade, projetos de pacificação de moradores, projetos culturais e religiosos surgiram junto com o Viva Rio, ONG que ganhou uma enorme projeção nesse campo como mediadora de atividades *contra a violência*.

O controle do risco passou a ser direcionado para os jovens, percebidos como a fonte maior de violência da cidade. Marcia Leite (2001) apontou pioneiramente a metáfora da guerra como a representação dominante que os governos faziam das relações entre a cidade do asfalto e a cidade dos morros. A oposição à guerra se configurou como políticas públicas de gestão dos perigosos e também de transformá-los em objetos acadêmicos e sujeitos do processo educativo que os levaria a uma integração à cidade: os "jovens de projeto", em contato estreito com as ONGs e com os jovens universitários, circulavam nesse mercado instável de pequenas inserções nos processos educativos propostos pelas ONGs (cf. ROCHA, 2015). Os projetos se constituíram como uma nova entrada acadêmica no mundo dos pobres e em um mercado precário nos quais jovens poderiam ingressar. Os universitários das camadas médias, estudiosos do urbano, eram os principais ativistas de ONGs, como auxiliares dessas políticas civilizatórias transformaram muitas vezes o ativismo político e filantrópico em temas de teses e de dissertações.

Luiz Eduardo Soares (1996) foi um dos intelectuais no Rio de Janeiro que mais incentivou a emergência de um novo campo acadêmico, a ser elaborado com o concurso das universidades. Emerge a categoria *segurança pública* como um tema de investigação e organização institucional nas universidades. Esse tema passou a ser encampado pelos trabalhos universitários e deu origem a linhas de pesquisa importantes em alguns centros acadêmicos (Uerj, UFF e UFRJ). Estudar as formas de gerir a população favelada e de controlar a violência deu lugar à exploração da *segurança pública* como um campo tanto de reflexão teórica quanto prática que auxiliava os agentes do Estado a se orientar por meio dos valores da democracia e dos direitos, por um lado, e a gestar programas público/privados nessas áreas de moradia, as favelas, onde estariam os pobres. A educação para os direitos humanos se constituiu como programa de formação universitária oferecida tanto a *jovens de projetos* quanto a policiais rudes e supostamente ignorantes. Fortaleceram-se também, ao lado dos projetos de assistência aos jovens, linhas de pesquisa direcionadas à compreensão da violência na cidade, as relações políticas envolvendo a segurança pública juntamente com trabalhos de extensão direcionados à gestão, ao acompanhamento e ao aconselhamento das práticas policiais (MISSE; 1997; 2006; 2007).

O dualismo que historicamente acompanhou a construção da cidade, opondo os bairros e a cidade formal às favelas, cortiços e zonas degradadas onde viviam os pobres, não parou de se intensificar. Produziu-se na esfera pública um antagonismo cuja formulação mais difundida opunha os considerados cidadãos de bem e os ditos bandidos, cada vez mais identificados com os moradores das periferias da cidade. Os antropólogos ficaram conhecidos como aqueles que defendiam os "direitos humanos" em suas pesquisas, sujeitos que, em última análise, não reconheciam as dificuldades vividas pela população carioca.

Os herdeiros da antropologia urbana, alguns dentre eles, antigos orientandos de Gilberto Velho, passaram a revelar em seus estudos esses deslizamentos temáticos em torno das diferenças na metrópole, que também sinalizam para a emergência de uma antropologia que não recusa o engajamento com seus interlocutores, do ponto de vista afetivo, cultural e político (VIANNA, 1987; DIAS BENITEZ, 2010; FACINA, 2010; MIZRAHI, 2014). Trata-se de uma pauta que explora a sexualidade, os estilos culturais da juventude e de moradores de favela que emergiu vigorosamente nos estudos urbanos.

Reflexões sobre a necropolítica

Crises econômicas, financeirização do mundo, globalização, miséria, desemprego e subempregos provocados pelo processo de desindustrialização; migrações, novas guerras e novas fronteiras passaram a integrar a agenda pública em muitos países e também as agendas de pesquisa da sociologia e da antropologia no Brasil e no mundo (ORTNER, 2016). Os antropólogos dedicados ao estudo das cidades não passaram incólumes pelos efeitos das políticas neoliberais que atingiram as populações de suas áreas urbanas. Valorizemos os precursores de uma antropologia crítica que se produziu a partir de diferentes ambientes universitários e tem aberto caminho para a renovação dos estudos urbanos. Seria talvez abusivo colocar sob o selo da antropologia urbana os estudos sobre a ordem neo-

liberal e suas consequências no Brasil. No entanto, cabe observar que linhas de pesquisa importantes, direcionadas por pontos de vista mais críticos, sem dúvida, ampliaram o escopo de reflexões no campo do urbano. Não somente passou-se a tematizar de outra maneira a política, mas também o Estado, como assinalamos, mas também a emergência do neocapitalismo que liquidou com o trabalho como fonte de estabilidade econômica e social (e também como esteio do chamado progresso). Os trabalhos de Harvey (2005; 2011), entre outros, sobre o capitalismo na cidade apontam criticamente para as questões que emergem das dimensões mais estruturais dessa ordem neoliberal. A antropologia e a sociologia, pelo viés da micropolítica, abriram um campo de novas conexões que passou a ser explorado mais intensamente. Inter-relações locais, diversidade e pluralismo de variadas zonas da metrópole, circuitos de comércio e de drogas foram trabalhados por intermédio de mais de uma perspectiva que, no essencial, valorizou a emergência de novos atores em um mundo também mais devastado, sem as antigas fronteiras separando o legal e o ilegal, o lícito do ilícito, incluindo, de um lado, os sujeitos e suas trajetórias e, de outro, os dispositivos do Estado e suas conexões (TELLES, 2013). A positividade do chamado *desmanche* passou a ser sociologicamente trabalhada dando lugar a muitos trabalhos com novos objetos de pesquisa, no interior de marcos teóricos explorados pioneiramente por Cybele Rizek (2011), Robert Cabanes (2011), Vera Telles (2011; 2013) e seus colaboradores, entre eles destaquemos Daniel Hirata (2010) e Gabriel Feltran (2009; 2018), em um primeiro momento (já seguidos por muitos outros pesquisadores que infelizmente não temos condições de explorar aqui).

Ressaltemos a apropriação dos trabalhos de Michel Foucault (2008a; 2008b; 2010), de Giorgio Agamben (2002; 2007), Das e Poole (2004) e Das (2007) para os estudos sobre as políticas e subjetividades relacionadas aos *indesejáveis*. Achilles Mbembe (2006) é o autor a quem devemos o uso atualíssimo do termo necropolítica, bem como análises sobre ordem mortífera pós-colonial, que se somaram a esses quadros de referência para compreender o inexplicável: o extermínio cotidiano dos moradores de periferias e territórios de favela, bem como as novas formas de viração e contornamento (FERNANDES, 2013; 2015) em que outros imperativos relacionados ao crime e à prisão são fundamentais. Mencionemos o estatuto político e jurídico dos chamados autos de resistência que legalizavam e legitimavam os homicídios provocados pelos policiais militares nas favelas e periferias, amplamente denunciados em trabalhos antropológicos e sociológicos fundamentais (VIANNA & FARIAS, 2011; VIANNA, 2014; 2015; FARIAS, 2008).

Como chamou atenção Sherry Ortney (2016), uma *dark anthropology* se forjou a partir dos anos de 1990 ao apontar primordialmente para a destruição das populações periféricas, principalmente nos países pós-coloniais, ou como no caso do Brasil, pós-escravistas. Os temas de uma ordem essencialmente injusta e fundamentalmente responsável, através do neoliberalismo, pela miséria crescente do mundo, foi adotada por muitos antropólogos que passaram a pesquisar as políticas de extermínio e a produção racializada e generificada de suas vítimas. Foi espraiando-se e ganhando paulatinamente mais importância o tema do poder, da miséria, da dominação e da morte que estariam entranhados nos modos próprios de viver na cidade, de se constituir as agências do Estado nesses mundos invisibilizados e cada vez mais desiguais, violentos e globalizados. Chama-se atenção para a militarização das cidades, onde armas de guerra são utilizadas e amparadas pelas armas de uma retórica da guerra e da defesa da cidade mais abastada em luta contra seus inimigos. A violência que se destacou não foi aquela (tão ao gosto da mídia) dos chamados bandidos, desconectados das suas conexões sociais e políticas. Ao contrário, visou-se cada vez mais análises de um conjunto de dispositivos em que o Estado e sociedade se produziam e reproduziam as suas margens através do extermínio e da mortificação no cotidiano de seus indesejáveis, dando lugar também a revoltas e a formas de resistência das populações assim submetidas em cotidianos violentos. *Vidas sob o cerco* é o sugestivo título da coletânea, organizada por Luiz Antônio Machado (2008), cujos artigos exploram a vida nas favelas cercada pela violência do tráfico e do Estado em uma infinita produção de mortes e de violência. Surge não somente com esse livro, que citamos como um exemplo significativo, uma antropologia e uma sociologia da violência, do sofrimento, da morte, dos cercos, dos abrigos, das prisões, da tortura, dos aparatos jurídicos que legitimam as ilegalidades correntes. Cresce também uma antropologia das resistências, das virações, da luta cotidiana, dos enfrentamentos, das ocupações, das formas difusas de habitar o cotidiano onde as mobilidades, as inter-relações e as micropolíticas em circuitos diversos, em suas inextricáveis relações com segmentos do Estado, constroem o mundo onde se vive[8]. Os temas da opressão da pobreza, da desigualdade e das diferenciações políticas e religiosas e das práticas de extermínio se impuseram como temáticas inextricavelmente ligadas aos temas do gênero e da raça em um mundo cada vez mais mortífero, orientado pelas políticas globais do neoliberalismo, tributárias das heranças coloniais e escravistas, consolidadas no "sul global". Uma interlocução constante com os sociólogos e antropólogos do Rio de Janeiro que, de certo modo, sempre existiu, hoje explora os dispositivos,

---

8. Cf. Pierobon, 2018; Fernandes, 2018; Miagusko, 2016; Magalhães, 2018; Araújo, 2015; Ferreira, 2013 e 2014; Birman, 2015; Leite, 2015 e Machado, 2013, entre outros.

os espraiamentos relacionados aos comércios legais e ilegais, as formas crescentes de aprisionamentos e de gestão da morte, a organização militar e paramilitar, envolvendo política, polícia e governo da pobreza e também da riqueza.

Por intermédio das conexões entre esses termos elaborou-se uma agenda de pesquisa que não aceita limites temáticos que excluam dos movimentos do *fazer a cidade* o seu mercado, a sua economia, as suas ruas, os seus circuitos, os seus estilos de vida, os seus espaços interiores: como os indivíduos conectam, sobrepõem, ultrapassam, desviam-se, fortalecem e constituem-se em um mundo em que são atores e também coautores, ainda que minoritários, pela sua construção que envolve, nas suas filigranas, obstáculos que articulam a vida e a morte?

Ao finalizar este capítulo queremos afirmar claramente: os tempos do extermínio e da violência praticados por agentes do Estado ganham, hoje, uma legitimidade e um poder de enunciação que não tinham até há pouco tempo atrás. Uma antropologia da morte, da tortura e da guerra já está hoje a perscrutar as práticas de guerras que se generalizam e se afirmam como forma de governar as populações no país (ARAÚJO, 2015). No entanto, essa antropologia direcionada à militarização da vida social, hoje, precisa se indagar sobre o papel crescente dos dispositivos paramilitares que se espraiam cada vez mais, dissolvendo, ainda mais, o solo que acreditávamos estável, como comentamos no início deste texto. Por essas razões vemos se constituir como preocupações acadêmicas esse campo ampliado de novas devastações e possibilidades de resistência. Cabe destacar, que não se trata da *Dark Anthropology* (ORTNEY, 2016) que mencionamos acima. Busca-se apontar analiticamente mais do que isso: como lidar, hoje, com as ameaças de uma volta (?) cruel (um pouco minorada, mas jamais desativada nas periferias da cidade)

aos piores momentos (e atores) da ditadura no nosso país, somadas a um quadro internacional que se agravou? Não acreditamos que essa observação pessimista, efeito do quadro atual, derrote os nossos horizontes de observar as revoltas e resistências. Queremos mais que alimente, com as dúvidas, tristezas e perplexidades as nossas formas de pensar e compartilhar, solidariamente, junto com os nossos interlocutores das periferias, favelas e universidades, novos modos de existir.

Referências

AGAMBEN, G. *O Estado de Exceção*. São Paulo: Boitempo, 2007.

_____. *O poder soberano e a vida nua*. Belo Horizonte: UFMG, 2002.

ALVITO, M. *As cores de Acari*: uma favela carioca. Rio de Janeiro: FGV, 2001.

ALVITO, M. & ZALUAR, A. (org.). *Um século de favela*. Petrópolis: Vozes, 1998.

ARAÚJO, F. *Das "técnicas" de fazer desaparecer corpos*: desaparecimentos, violência, sofrimento e política. Rio de Janeiro: Lamparina, 2014.

BECKER, H.S. *Outsiders* – Estudos da sociologia do desvio. Rio de Janeiro: Zahar, 2008.

_____. *Art Worlds*. Londres/Berkeley/Los Angeles: University of California Press, 1982.

BIRMAN, P. Narrativas seculares e religiosas sobre a violência: as fronteiras do humano no governo dos pobres. In: *Sociologia e Antropologia,* vol. 9, n. 1, abr./2019, p. 111-134.

_____. Cruzadas pela paz: práticas religiosas e projetos seculares relacionados à questão da violência no Rio de Janeiro. In: *Religião e Sociedade*, vol. 32, n. 1, 2012, p. 209-226.

_____. Favela é comunidade? In: MACHADO DA SILVA, L.A. (org.). *Vidas sob cerco*: violência e rotina nas favelas do Rio de Janeiro. Rio de Janeiro: Nova Fronteira, 2008.

BIRMAN, P. & LEITE, M.P. (orgs.). *Um mural para a dor*: movimentos cívico-religiosos por justiça e paz. Porto Alegre: UFRGS, 2004.

BIRMAN, P.; LEITE, M.P.; MACHADO, C. & CARNEIRO, S. (orgs.). *Dispositivos urbanos e trama dos viventes*: ordens e resistências. Rio de Janeiro: Faperj/FGV, 2015.

BOURDIEU, P. *A miséria do mundo*. Petrópolis: Vozes, 1997.

CABANES, R.; GEORGES, I.; RIZEK, C. & TELLES, V. *Saídas de emergência*. São Paulo: Boitempo, 2011.

CALDEIRA, T.P.R. *Cidade de muros*: crime, segregação e cidadania em São Paulo. São Paulo: Ed. 34/Edusp, 2000.

CARNEIRO, S.M.C.S. *Balão no céu, alegria na terra*: um estudo sobre representação e organização social dos baloeiros. Rio de Janeiro: PPGAS/UFRJ, 1982 [Dissertação de mestrado].

CASTRO, C.C.P. *Os militares e a República*. Rio de Janeiro: PPGAS/UFRJ, 1995 [Tese de doutorado].

CASTRO, C., KUSCHNIR, K. & VIANNA, H. *Um antropólogo na cidade*. Rio de Janeiro: Zahar, 2013.

CECCHETTO, F.R. *Violência e estilos de masculinidade* – Violência, cultura e poder. Rio de Janeiro: FGV, 2004.

_____. Galeras *funk* cariocas: entre o lúdico e o violento. In: VIANNA, H. (org.). *Galeras cariocas*. Rio de Janeiro: PPGAS/UFRJ, 1997.

CEPESQ. *Gênero e diversidade na escola*: formação de professores/as em gênero, orientação sexual e relações étnico-raciais – Livro de conteúdo, versão 2009. Rio de Janeiro/Brasília: Cepesq/SPM, 2009.

COELHO, M.C. Uma certa antropologia urbana: a experiência subjetiva em ambientes fragmentados. In: CARNEIRO, S.S. & SANT'ANNA, M.J.G. *Cidade*: olhares e trajetórias. Rio de Janeiro: Garamond, 2009, p. 293-308.

CONTINS, M.V. *O caso da pomba-gira*: reflexões sobre crime, possessão e identidade feminina. Rio de Janeiro: PPGAS/UFRJ, 1983 [Dissertação de mestrado].

COSTA, S. Da desigualdade à diferença: direito, política e a invenção da diversidade cultural na América Latina contemporânea. In: *Revista de Sociologia da Ufscar*, vol. 5, n. 1, 2015.

DAGNINO, E. Os movimentos sociais e a emergência de uma nova noção de cidadania. In: DAGNINO, E. (org.). *Os anos 90*: política e sociedade no Brasil. São Paulo: Brasiliense, 1994, p. 103-118.

DAS, V. *Life and Words*: violence and the descent into the ordinary. Califórnia: University of California, 2007.

DAS, V. & POOLE, D. (eds.). *Anthropology in the Margins of the State*. Oxford: School of American Research Press/James Currey, 2004.

DAUSTER, T. *Nome de família*: maternidade fora do casamento e o princípio da filiação patrilinear. Rio de Janeiro: PPGAS/UFRJ, 1987 [Tese de doutorado].

DÍAZ-BENÍTEZ, M.E. *Nas redes do sexo* – Os bastidores do pornô brasileiro. Rio de Janeiro: Zahar, 2010.

DUARTE, L.F.D. Gilberto Velho (1945-2012) – Um virtuoso no burburinho da cidade. In: *Revista Brasileira de Ciências Sociais*, vol. 27, n. 79, jun./2012, p. 5-8.

_____. *Da vida nervosa nas classes trabalhadoras urbanas*. Rio de Janeiro: Zahar/CNPq, 1986.

_____. *Da vida nervosa*: pessoa e modernidade entre as classes trabalhadoras. Rio de Janeiro: PPGAS/UFRJ, 1985 [Tese de doutorado].

DUMONT, L. *Homo hierarchicus*: o sistema de castas e suas implicações. São Paulo: Edusp, 1997.

_____. *O individualismo*: uma perspectiva antropológica da ideologia moderna. Rio de Janeiro: Rocco, 1985.

FACINA, A. "Eu só quero é ser feliz": quem é a juventude funkeira no Rio de Janeiro. In: *Revista Epos* [eletrônica], vol. 1, 2010, p. 218.

FACINA, A. & LOPES, A.C. Cidade do *funk*: expressões da diáspora negra nas favelas cariocas. In: *Revista do Arquivo Geral da Cidade do Rio de Janeiro*, vol. 6, 2012, p. 193-206.

FARIAS, J. Da atualização dos mecanismos de controle: a transformação dos favelados em população matável. In: *Revista Digital de Antropologia Urbana*, vol. 7, 2008, p. 5. [Disponível em http:www.osurbanitas.org].

FELTRAM, G. *Irmãos*: uma história do PCC. São Paulo: Companhia das Letras, 2018.

_____. *Debates no "mundo do crime"*: repertórios da justiça nas periferias de São Paulo: Anpocs, 2009.

FERNANDES, A. Imagens da precariedade, governo dos pobres e implicações etnográficas. In: *Sociedade & Cultura*, vol. 21, n. 2, jul.-dez./2018, p. 219-240. Goiânia.

_____. *Escuta ocupação*: arte do contornamento, viração e precariedade no Rio de Janeiro. Rio de Janeiro: Uerj, 2013 [Tese de doutorado].

FERREIRA, L.C.M. Arquivos de silêncio e anonimato: classificação de cadáveres e gestão da morte indigente no Brasil. In: SOUZA LIMA, A.C. (org.). *Tutela*: formação de Estado e tradições de gestão no Brasil. Rio de Janeiro: E-Papers, 2014, p. 343-366.

_____. O desaparecimento de pessoas no Brasil contemporâneo: a ausência como matéria-prima de um problema social. In: VIANNA, A. (org.). *O fazer e o desfazer dos direitos*: experiências etnográficas sobre política, administração e moralidades. Rio de Janeiro: E-Papers, 2013, p. 36-67.

FERREIRA DOS SANTOS, C.N. *Três movimentos sociais urbanos no Rio de Janeiro*. Rio de Janeiro: PPGAS/UFRJ, 1979 [Dissertação de mestrado].

FOUCAULT, M. *O governo dos vivos*. São Paulo: Centro de Cultura Social, 2010.

_____. *Nascimento da biopolítica*. São Paulo: Martins Fontes, 2008a.

_____. *Segurança, território e população*. São Paulo: Martins Fontes, 2008b.

GARCIA JR., A. *Terra de trabalho*: trabalho familiar de pequenos produtores. Rio de Janeiro: Paz e Terra, 1983.

GARCIA, M.F. O *Bacurau:* étude de cas d'un marché situé dans une usina. Rio de Janeiro: PPGAS/UFRJ, 1977 [Dissertação de mestrado].

GASPAR, M.D.B. *Garotas de programa*: um estudo sobre a prostituição e identidade social. Rio de Janeiro: PPGAS/UFRJ, 1984 [Dissertação de mestrado].

GOFFMAN, E. *Estigma* – Notas sobre a manipulação da identidade deteriorada. Rio de Janeiro: Guanabara Koogan, 1988.

_____. *Manicômios, prisões e conventos*. São Paulo: Perspectiva, 1974.

GUIMARÃES, C.D. *O homossexual visto por entendidos*. Rio de Janeiro: PPGAS/UFRJ, 1977 [Dissertação de mestrado].

HARVEY, D. *O enigma do capital e as crises do capitalismo*. São Paulo: Boitempo, 2011.

_____. *A produção capitalista do espaço*. São Paulo: Anablume, 2005.

HEILBORN, M.L.A. *Dois é par*: conjugalidade, gênero e identidade. Rio de Janeiro: PPGAS/UFRJ, 1992 [Tese de doutorado].

_____. *Conversa de portão*: juventude e sociabilidade em um subúrbio carioca. Rio de Janeiro: PPGAS/UFRJ, 1984 [Dissertação de mestrado].

HEREDIA, B. *A morada da vida*. Rio de Janeiro: Paz e Terra, 1979.

HIRATA, D. Vida Loka. In: CABANES, R. & RISEK, C. (orgs.). *Saídas de emergência*. São Paulo: Boitempo, 2011.

_____. *Sobreviver na adversidade*: entre o mercado e a vida. São Paulo: FFLCH/USP, 2010 [Tese de doutorado].

KOURY, M.G.P. Gilberto Velho e a antropologia das emoções no Brasil. In: *Revista Brasileira de Sociologia da Emoção*, vol. 14, n. 41, ago./2015, p. 22-37.

KUSCHNIR, K. *Eleições e representações no Rio de Janeiro*. Rio de Janeiro: Relume-Dumará/Nuap, 1999.

_____. *Política e sociabilidade*: um estudo de Antropologia Social. Rio de Janeiro: PPGAS/Museu Nacional/Universidade Federal do Rio de Janeiro, 1998 [Tese de doutorado].

LANDIM L. *Ações em sociedade*. Rio de Janeiro: Nau, 1998.

LARAIA, R. *In memoriam*, Gilberto Velho (1945-2012). In: *Anuário Antropológico*, 2011/I, Jul./2012, p. 319-324. Brasília.

LEEDS, A. & LEEDS, E. *A sociologia do Brasil Urbano*. Rio de Janeiro: Zahar, 1978.

LEITE, M.P. De territórios da pobreza a territórios de negócios: dispositivos de gestão das favelas cariocas em contexto de "pacificação". In: BIRMAN, P.; LEITE, M.; MACHADO, C. & CARNEIRO, S.S. (orgs.). *Dispositivos urbanos e trama dos viventes*: ordens e resistências. Rio de Janeiro: FGV, 2015, p. 377-401.

_____. Da "metáfora da guerra" ao projeto de "pacificação": favelas e políticas de segurança pública no Rio de Janeiro. In: *Revista Brasileira de Segurança Pública*, vol. 6, n. 2, 2012, p. 374-389.

_____. *Para além da metáfora da guerra* – Percepções sobre cidadania, violência e paz no Grajaú, um bairro carioca. Rio de Janeiro: PPGSA/IFCS/UFRJ, 2001 [Tese de doutorado].

_____. Entre o individualismo e a solidariedade: dilemas da política e da cidadania no Rio de Janeiro. In: *Revista Brasileira de Ciências Sociais*, vol. 15, n. 44, 2000, p. 73-90.

LEITE LOPES, J.S. *O vapor do diabo:* o trabalho dos operários do açúcar. Rio de Janeiro: Paz e Terra, 1976.

LINS DE BARROS, M.M. *Avós: autoridade e afeto* – Um estudo de família em camadas médias. Rio de Janeiro: PPGAS/UFRJ, 1986 [Tese de doutorado].

_____. *Testemunho de vida*: um estudo antropológico de mulheres na velhice. Rio de Janeiro: PPGAS/UFRJ, 1980 [Dissertação de mestrado].

MACHADO, C. "É muita mistura": projetos religiosos, políticos, sociais, midiáticos, de saúde e segurança pública nas periferias do Rio de Janeiro. In: *Religião e Sociedade*, vol. 33, n. 2, dez./2013, p. 13-36.

MACHADO DA SILVA, L.A. Violência e sociabilidade: tendências na atual conjuntura no Brasil. In: MOREL, R. (org.). *Globalização, fragmentação e reforma urbana*. Rio de Janeiro: Civilização Brasileira, 1994, p. 147-168.

MACHADO DA SILVA, L.A. (org.). *Vida sob cerco*: violência e rotina nas favelas do Rio de Janeiro. Rio de Janeiro: Nova Fronteira, 2008.

MAGALHÃES, A.A. *Remoções de favelas no Rio de Janeiro*: entre formas de controle e resistências. Curitiba: Appris, 2019.

MBEMBE, A. Necropolitique. In: *Raisons Politiques*, n. 21, 2006, p. 29-60.

MEDINA, C.A. *Socorro!* – Rio de Janeiro, 1999-2000. São Paulo: Vida & Consciência, 2000.

MIAGUSKO, E. Esperando a UPP: circulação, violência e mercado político na Baixada Fluminense. In: *Revista Brasileira de Ciências Sociais*, vol. 31, n. 91, 2006.

MISSE, M. Mercados ilegais, redes de proteção e organização local do crime. In: *Revista Estudos Avançados da USP*, vol. 21, n. 61, 2007, p. 139-158.

_____. *Crime e violência no Brasil contemporâneo* – Estudos de sociologia do crime e da violência urbana. Rio de Janeiro: Lumen Juris, 2006.

_____. As ligações perigosas: mercado informal ilegal, narcotráfico e violência no Rio. In: *Contemporaneidade e Educação*, vol. 1, 1997, p. 93-116. Rio de Janeiro.

MIZRAHI, M. *A estética* funk *carioca*: criação e conectividade em Mr. Catra. Rio de Janeiro: 7 Letras, 2014.

NOVAES, R. Juventude e sociedade: jogos de espelhos, sentimentos, percepções e demandas por direitos e política pública. In: *Revista Sociologia Especial*: ciência e vida, 2007. São Paulo.

_____. *Os escolhidos de Deus*: doutrina religiosa e prática social. Rio de Janeiro: PPGAS/Universidade Federal do Rio de Janeiro, 1978 [Dissertação de mestrado].

O'DONNELL, J. Caminhos de uma antropologia urbana: trajetória e projeto nos primeiros escritos de Gilberto Velho. In: *Anuário Antropológico 2012*. Brasília: UnB, 2013.

OLIVEIRA, F. de. *Crítica à razão dualista* – O ornitorrinco. São Paulo: Boitempo, 2003.

ORTNER, S.B. Dark Anthropology and its others – Theory since the eighties. In: *HAU*: Journal of Etnographia Theory, 6 (1), 2016, p. 47-73.

PALMEIRA, M. & BARREIRA, C. (orgs.). *Política no Brasil*: visões de antropólogos. Rio de Janeiro: Relume-Dumará/Nuap, 2004.

PALMEIRA, M. & HEREDIA, B. *Política ambígua*. Rio de Janeiro: Relume-Dumará/Nuap, 2010.

PAOLI, M.C. Os trabalhadores urbanos na fala dos outros. In: LOPES, J.S.L. (org.). *Cultura e identidade operária*. Vol. 1. São Paulo: Marco Zero, 1987, p. 53-102.

PAOLI, M.C. & TELLES, V.S. Direitos sociais: conflitos e negociações no Brasil contemporâneo. In: ALVAREZ, S.; DAGNINO, E. & ESCOBAR, A. (org.s). *Cultura e política nos movimentos sociais latino-americanos*: novas leituras. Belo Horizonte: UFMG, 2000, p. 103-148.

PARK, R.E. A cidade: sugestões para a investigação do comportamento humano no meio urbano. In: VELHO, O. (org.). *O fenômeno urbano*. Rio de Janeiro: Zahar, 1967, p. 26-67.

PATRIOTA DE MOURA, C. & CORADINI, L. (orgs.). Trajetórias antropológicas: encontros com Gilberto Velho. Natal: EDUFRN, 2016.

PEIRANO, M. *Gilberto* – Academia Brasileira de Ciências, homenagem a Gilberto Velho, 28/08/2012 [Disponível em http://www.marizapeirano.com.br/diversos/gilberto_velho.pdf – Acesso em 01/04/2019].

_____. *A favor da etnografia*. Rio de Janeiro: Relume-Dumará, 1995.

PIEROBON, C. *Tempos que duram, lutas que não acabam*: o cotidiano de Leonor e sua ética de combate. Rio de Janeiro: Uerj, 2018 [Tese de doutorado].

_____. Ocupações: territórios em disputa, gêneros e a construção de espaços comuns. In: LEITE, M.; BIRMAN, P.; MACHADO, C. & CARNEIRO, S.S. *Dispositivos urbanos e trama dos viventes*: ordens e resistências. Rio de Janeiro: FGV, 2015.

PIOVESAN, F. Ações afirmativas e direitos humanos. In: *Revista USP*, n. 69, mar.-mai./2006, p. 36-43.

RIZEK, C. Nas tramas da cidade. In: *Caderno CRH*, vol. 20, n. 50, mai.-ago/2007, p. 355-357. Salvador.

ROCHA, L.M. O "repertório dos projetos sociais": política, mercado e controle social nas favelas cariocas. In: BIRMAN, P.; LEITE, M.; MACHADO, C. & CARNEIRO, S.S. *Dispositivos urbanos e trama dos viventes*: ordens e resistências. Rio de Janeiro: FGV, 2015, p. 319-341.

RUSSO, J.A. *O corpo contra a palavra*: as terapias corporais no campo psicológico dos anos 80. Rio de Janeiro: PPGAS/UFRJ, 1991 [Tese de doutorado].

SALEM, T.R. *Sobre o casal grávido*: incursão em um universo ético. Rio de Janeiro: PPGAS/UFRJ, 1987 [Tese de doutorado].

SANTOS, B.S. A construção multicultural da igualdade e da diferença. In: *Oficina do CES*, n. 135, 1999. Coimbra [Disponível em http://www.ces.uc.pt/publicacoes/oficina/135/135.pdf – Acesso em 28/01/2019].

SCHÜTZ, A. *Fenomenologia e relações sociais* – Textos escolhidos de Alfred Schütz. Rio de Janeiro: Zahar, 1979.

SIGAUD, L.M. *Os clandestinos e os direitos*. São Paulo: Duas Cidades, 1979.

SIMMEL, G. In: MORAES FILHO, E. (org.). *Simmel*: sociologia. São Paulo, Ática, 1983.

_____. *On individuality and social forms*. Chicago/Londres: The University of Chicago Press, 1971.

_____. A metrópole e a vida mental. In: VELHO, O. (org.). *O fenômeno urbano*. Rio de Janeiro: Zahar, 1967, p. 10-24.

SOARES, L.E. *Violência e política no Rio de Janeiro*. Rio de Janeiro: Relume-Dumará, 1996.

SOUZA LIMA, A.C. (org.). *Gestar e gerir* – Estudos para uma Antropologia da Administração Pública no Brasil. Rio de Janeiro: Relume-Dumará/Nuap, 2002.

TELLES, V. Jogos de poder nas dobras do legal e do ilegal: anotações de um percurso de pesquisa. In: *Serviço Social & Sociedade*, n. 115, set./2013, p. 443-461.

_____. *A cidade nas fronteiras do legal e ilegal*. Belo Horizonte: Argvmentvm, 2010.

_____. Mutações do trabalho e experiência urbana. In: *Tempo Social*, vol. 18, n. 1, jun./2006, p. 173-195.

TRAVASSOS, E. *Os mandarins milagrosos*: ideologia da arte, modernismo e cultura popular. Rio de Janeiro: PPGAS/UFRJ, 1996 [Tese de doutorado].

VALLADARES, L.P. *A invenção da favela*: do mito de origem à favela.com Rio de Janeiro: FGV, 2005.

VALLADARES, L.P. & FREIRE-MEDEIROS, B. Olhares sociológicos sobre o Brasil urbano: uma visão a partir do Urbandata-Brasil. In: OLIVEIRA, L.L. (org.). *Cidade*: história e desafios. Rio de Janeiro: FGV/CNPq, 2002.

VELHO, G. *A utopia urbana*: um estudo de antropologia social. Rio de Janeiro: Zahar, 1973.

_____. O estudo do comportamento desviante: a contribuição da Antropologia Social. In: *Desvio e divergência*: uma crítica da patologia social. Rio de Janeiro: Zahar, 1974.

_____. Estigma e comportamento desviante em Copacabana. In: *Desvio e Divergência*: uma crítica da patologia social. Rio de Janeiro: Zahar, 1974.

_____. Observando o familiar. In: NUNES, E.O. (org.). *A aventura sociológica*: objetividade, paixão, improviso e método na pesquisa social. Rio de Janeiro: Zahar, 1978, p. 36-46.

_____. O antropólogo pesquisando em sua cidade: sobre conhecimento e heresia". In: *O desafio da cidade*. Rio de Janeiro: Campus, 1980.

_____. Duas categorias de acusação na cultura brasileira contemporânea. In: *Individualismo e cultura*: notas para uma antropologia da sociedade contemporânea. Rio de Janeiro: Zahar, 1981.

_____. *Projeto e metamorfose* – Antropologia das sociedades complexas. Rio de Janeiro: Zahar, 1994.

_____. *Nobres & Anjos*: um estudo de tóxicos e hierarquia. Rio de Janeiro: FGV, 1998.

_____. Individualismo, anonimato e violência na metrópole. In: *Horizontes Antropológicos*, 6 (13), 2000, p. 15-29. Porto Alegre.

_____. Antropologia urbana: encontro de tradições e novas perspectivas. In: *Sociologia, problemas e práticas* [online], n. 59, 2009, p. 11-18.

VELHO, G. (org.). *Desvio e divergência*: uma crítica da patologia social. Rio de Janeiro: Zahar, 1974.

_____. (org.). *Antropologia urbana* – Cultura e sociedade no Brasil e em Portugal. Rio de Janeiro: Zahar, 1999.

VELHO, G. & KUSCHNIR, K. (org.). *Pesquisas urbanas* – Desafios do trabalho antropológico. Rio de Janeiro: Zahar, 2003.

VELHO, G. & DUARTE, L.F.D. (orgs.). *Juventude contemporânea*: culturas, gostos e carreiras. Rio de Janeiro: 7 Letras, 2010.

_____. *Gerações, família, sexualidade*. Rio de Janeiro: 7 Letras, 2009.

VELHO, G. & MACHADO DA SILVA, L.A. Organização social do meio urbano. In: *Anuário Antropológico 76*, 1 (1), 1977, p. 71-82.

VELHO, O. *Capitalismo autoritário e campesinato*. São Paulo: Difusão Europeia do Livro, 1976.

_____ *O fenômeno urbano*. Rio de Janeiro: Zahar, 1967.

VIANNA, H. *O mistério do samba*. Rio de Janeiro: Zahar/UFRJ, 1995.

_____. *O mundo* funk *carioca*. Rio de Janeiro: Zahar, 1988.

_____. *O baile* Funk: festas e estilos de vida metropolitanos. Rio de Janeiro: PPGAS/UFRJ, 1987 [Dissertação de mestrado].

VIANNA, H. & FARIAS, J. A guerra das mães: dor e política em situações de violência institucional. In: *Cadernos Pagu*, vol. 37, 2011, p. 79-116. Unicamp.

VIANNA, H.; KUSCHNIR, K. & CASTRO, C. (org.). *Gilberto Velho, um antropólogo na cidade*. Rio de Janeiro: Zahar, 2013.

VIANNA, H.P. *A descoberta do samba*: música popular e identidade nacional. Rio de Janeiro: PPGAS/UFRJ, 1994.

VILHENA, L.R.P. *Missão e projeto*: o movimento folclórico brasileiro (1947-1964). Rio de Janeiro: PPGAS/UFRJ, 1995 [Tese de doutorado]

_____. *Astrologia*: um estudo de antropologia social. Rio de Janeiro: PPGAS/UFRJ, 1988 [Dissertação de mestrado].

WIRTH, L. O urbanismo como modo de vida. Org. de O. Velho. *O fenômeno urbano*. Rio de Janeiro: Zahar, 1967, p. 90-113.

ZALUAR, A. *Integração perversa*: pobreza e tráfico de drogas. Rio de Janeiro: FGV, 2004.

_____. *Condomínio do diabo*. Rio de Janeiro: Renavan/UFRJ, 1994.

_____. *A máquina e a revolta*: as organizações populares e o significado da pobreza. Rio de Janeiro: Brasiliense, 1985.

Entrevistas com Gilberto Velho

BASTOS, C. & CORDEIRO, G.I. Desafios e metamorfoses da antropologia contemporânea: entrevista com Gilberto Velho. In: *Etnográfica*, 1 (2), 1997, p. 321-327.

CASTRO, C.; FERREIRA, M. & OLIVEIRA, L.L. Entrevista com Gilberto Velho. In: *Revista Estudos Históricos*, 2 (28), 2002, p. 183-210.

SANTANA, G.V. & SILVA, L.C. (2006). Entrevista com Gilberto Velho. In: *Revista Estudos e Pesquisas em Psicologia*, 6 (2), 2006, p. 152-158.

SEÇÃO III

Campos emergentes

22
Capital social
"Como mensurar o capital social? Proposta de tipologia"[1]

Silvio Salej Higgins

Introdução

Já se passaram quase quarenta anos da publicação do breve artigo *Le capital social: notes provisoires* (BOURDIEU, 1980). Mas o que era provisório, terminou tendo vida própria. Nele, Pierre Bourdieu, talvez sem suspeitar o futuro impacto de suas breves linhas, sentou as bases do que seria um dos mais importantes programas de investigação em ciências sociais. Por que esta noção, definida de forma parcial, terminou sendo o ponto de fuga de uma multiplicidade de agendas de investigação? Responder esta questão imporia o desafio de desenhar uma pesquisa sobre a dinâmica de difusão das ideias sociológicas, seus canais de contato, seus agentes, os círculos institucionais, seus impactos práticos, enfim, um complexo trabalho de sociologia do conhecimento. Dentro do escopo da presente coletânea, queremos contribuir de forma mais modesta no esclarecimento das múltiplas perspectivas sobre o capital social. Porém, o fio condutor será metodológico[2]. Pelas formas de medir os conhecereis! Isto é, focaremos as diversas formas de medição como o indicador de problemas e formas de conceituação diferenciadas dentro do guarda-chuva do que veio a ser conhecido como capital social. Não é fácil identificar o que há de comum e diferente ao mesmo tempo entre Pierre Bourdieu, Francis Fukuyama, Alejandro Portes, Robert Punam, Samuel Coleman, Elinor Ostrom, Ronald Burt, os técnicos do Banco Mundial, o *Latinobarómetro* e pesquisadores brasileiros como Marcelo Baquero (2005) quando estudam e/ou mensuram o capital social.

Nossa contribuição está estruturada como segue. Num primeiro momento, fazemos uma breve resenha da tensão analítica que esconde a própria nomeação além de apontar o contexto onde começa a ganhar audiência a noção do capital social. Num segundo momento, sintetizamos as situações-problema às quais se aplica esta noção. Finalmente, apresentamos vários exemplos das diversas estratégias de medição conforme o problema-tipo ao qual o pesquisador visa responder. Até aqui, o leitor terá notado que temos falado de noção e não de conceito. O propósito é deslindar o capital social *latu sensu*, a noção genérica e polissêmica, do capital social *stricto sensu*, a definição e o uso específico em cada pesquisador.

1 Suspeita de partida: falar de capital social sem socializar o capital?

O que primeiro deve ser salientado é a nomeação mesma do conceito. O que subjaz à adjeti-

---

1. Com o apoio financeiro da Fundação de Amparo à Pesquisa de Minas Gerais (FAPEMIG, APQ-02260-14).

2. Este não é um trabalho didático, no sentido de ensinar técnicas de coleta de dados e análises estatísticas para mensurar o capital social. Em cada um dos exemplos da tipologia proposta, damos por sabido que o leitor possui um conhecimento básico dos modelos utilizados.

vação "social" do substantivo "capital"? Entender este ponto implica captar a tensão que encerra o conceito a qual se prolonga na teorização e nos programas de pesquisa que se nutrem de suas hipóteses fundantes. Aqui, o retorno a Karl Marx é inevitável. *Das Kapital,* no pensamento marxiano, significa uma relação social de exploração que fica encoberta no sistema de produção da sociedade burguesa. Vemos os processos de produção e circulação da riqueza na forma de mercadorias, mas não vemos as formas específicas de realização do trabalho humano. Percebemos os valores de troca, mas não percebemos os produtores dos valores de uso. O trabalhador percebe seu salário, mas é incapaz de captar a sua interdependência com os outros seres humanos no processo produtivo. Enfim, ficamos cegos perante o brilho e o acúmulo de riqueza e tecnologia sem poder ver a miséria das relações humanas. Em que sentido, podemos, então, predicar o social do capital? Ben Fine (1999), economista inglês e experto em economia colonial do continente africano, decifra o nó górdio do problema. Ou predicamos o social como uma restituição do que está reprimido e explorado na vida social, ou simplesmente continuamos na nuvem da mistificação sem ver a miséria do mundo. Em outras palavras, se isso que denominamos capital social não conduz à socialização do capital, à redistribuição da riqueza social, continuaremos na lógica da reprodução da desigualdade basilar da sociedade burguesa.

Até aí, podemos pensar que a conclusão de Marx é lapidária e que as ciências sociais não trouxeram nada novo em matéria de teorização sobre o capital. Porém, uma contrapergunta se impõe: como socializar o capital? Insurge assim o outro polo do problema. Pois a superação das desigualdades socioeconômicas, ancorada em formas de solidariedade, não obedece a uma receita única de cooperação social. Neste ponto, Karl Polanyi

(2002) foi certeiro ao tipificar a institucionalização dos processos econômicos a partir de três lógicas básicas: a reciprocidade, a redistribuição e a alocação mercantil. Neste sentido, a superação de antagonismos e desigualdades sociais não tem por que obedecer a um padrão único de ação humana. Não implica necessariamente nem a estatização nem a coletivização dos processos econômicos e muito menos a supressão do pluralismo político. Como invocar a solidariedade após a crítica de Marx? Como gerar círculos virtuosos onde coexista a elevação do produto social, o mutualismo comunitário e a redistribuição centralizada da riqueza pela intervenção compulsória do Estado? Basta lembrar as análises premonitórias de Émile Durkheim sobre as formas anômicas da divisão do trabalho social. Devemos estar atentos tanto à perda de coesão social pelas antinomias de classe como à intervenção excessiva da sociedade política, o Estado, sobre os corpos intermediários da vida social, isto é, organizações profissionais, gremiais e comunitárias. Desta forma, temos numa única pergunta a nota melódica que nos permite afinar as duas perspectivas básicas que subjazem no programa de investigação sobre o capital social: como redistribuir a riqueza social gerando coesão e solidariedade?

1.1 Os primeiros usos do conceito em seu contexto

Alejandro Portes (1998) apontou de forma certeira que a massificação da fala sobre capital social teve como alavanca o receituário e o jargão das instituições multilaterais de Breton Woods. Mas este novo mantra deu-se num contexto específico de instabilidade econômica global na última década do século XX. Com a queda do Muro de Berlim, a tarefa de reconstrução dos sistemas políticos e econômicos da Europa ex-comunista, somada ao desafio de mercados financeiros sem controle, exigia a reformulação de velhas receitas de ajuste estrutural inspiradas no tatcherismo e aplicadas de forma draconiana em países do Terceiro Mundo. Como renovar o pensamento econômico e político *mainstream* de instituições como o Banco Mundial e o Fundo Monetário Internacional? Aí é onde entram em cena figuras como Francis Fukuyama e Robert Putnam. Resulta importante destacar como as pesquisas sobre a eficiência do Estado em sociedades democráticas, sendo emblemático o trabalho de Robert Putnam (1996) sobre a Itália, foram ao encontro da guinada institucionalista da economia e a ciência política norte-americana. Ecoando o que foram os debates do marxismo francês sobre a autonomia relativa da ação política perante os processos econômicos, o novo receituário de Breton Woods apelava para um fator esquecido, pois não se devem combater as desigualdades econômicas ao custo de destruir o pluralismo político, dividir a sociedade em guerras fratricidas e erodir as bases da produção da riqueza.

Como promover o crescimento econômico sem ter que arcar com os custos de um Estado perdulário? Como garantir a eficiência do crédito multilateral sem ter de pagar altos custos de transação? O novo foco das receitas deslocou-se para o desenho das instituições e a compreensão da cultura na qual estão inseridos os processos econômicos. Por esta via, técnicos do *staff* econômico do Banco Mundial descobrem o santo gral de um fator produtivo esquecido: o capital social (WOOLCOCK, 2000). Um fator devia ser acrescido à teoria clássica dos fatores de produção. Além da terra, do capital e do trabalho, agora deveria ser levado em conta o capital social. Isto é, a estrutura institucional e organizacional com os seus elementos mais intangíveis. Quando Fukuyama (1996) afirma que a confiança é o chão fértil da prosperidade dos povos não faz mais que vulgarizar os achados de Robert Putnam sobre a democracia italiana. Lembremos o achado básico de *Comunidade e democracia* (1996): não

há Estado forte, isto é, eficiente, sem sociedade forte, isto é, densamente coesa. Ao estudar a descentralização do Estado italiano, Putnam encontra evidências de que não é a qualidade do desenho burocrático que garante a eficiência dos serviços públicos, e sim o engajamento cívico dos cidadãos. Só regiões com uma longa tradição de civismo conseguem sustentar ciclos longos de prosperidade econômica e bons índices de qualidade de vida. Putnam invoca Alexis de Tocqueville (1997; 2000) para vincular seus achados na Itália com as observações do aristocrata francês sobre as raízes cívicas da democracia nos Estados Unidos. Duas formas de democracia estariam em antagonismo, a jacobina, ou estatista, e a cívica, ou norte-americana. Nesta última, a quadratura do círculo entre redistribuição da riqueza e pluralismo político estaria resolvida. A suspeita de partida não faria mais sentido, pois países com uma sociedade civil forte, rica em formas de ação coletiva voluntária, estariam imbuídos simultaneamente da ética do trabalho, necessária para a produção da riqueza (WEBER, 2002), e da virtude cívica, necessária para cuidar dos assuntos públicos. Um cidadão trabalhador, informado e participativo fará com que as burocracias públicas e os políticos de ofício cumpram cabalmente com seus deveres.

Concomitante a esta convergência entre institucionalismo econômico e culturalismo político, sociólogos de convicções liberais entraram em cena. James Samuel Coleman dedica um capítulo inteiro ao capital social em suas *Foundations of Social Theory* (1992). Atrelado à guinada do individualismo metodológico, considera que diferentes elementos de uma estrutura social podem funcionar como recursos ao serviço dos interesses individuais e do processo social. Obrigações e expectativas, normas e sanções efetivas, canais de informação, formas de autoridade e tipos organizacionais. Coleman raciocina na mesma linha do revisionismo neoinstitucional contra o pensamento dos economistas neoclássicos. Inspira-se na busca do economista Glen Loury (1987, p. 197) pelos recursos sociais úteis para o desenvolvimento do capital humano. Em síntese, a sociologia do capital social de Coleman compartilha os implícitos do pensamento instrumental e utilitário da guinada neoinstitucional contra a teoria neoclássica dos mercados que operam no vazio social.

1.2 Pierre Bourdieu vs. os economistas neoclássicos

Enquanto a ciência política e os neoinstitucionalistas louvavam o capital social em sua vertente culturalista, cujo fator-chave é a moralidade social que se traduz em confiança interpessoal horizontal, de cidadão a cidadão, e vertical, entre o cidadão e seus governantes/servidores públicos, Pierre Bourdieu insistia em criticar o que considerava o imperialismo epistêmico da microeconomia sobre o campo das ciências sociais. Em seu breve artigo sobre as três formas do capital cultural (1979), Bourdieu lança sua artilharia contra os estudos de Gary Becker, e os economistas neoclássicos em geral, sobre o capital humano. Resulta inaceitável, para o irredutível *gaulois,* que o sistema educacional seja estudado em termos de investimento para elevar a capacidade produtiva da população, o qual se traduz em crescimento econômico. Bourdieu toca novamente a ferida apontada por Marx, pois os sistemas escolares não são inócuos em matéria de reprodução das desigualdades. A teoria do capital humano encobre o mecanismo que torna a escola uma correia de transmissão do capital cultural, em suas três formas diferenciadas de habilidades, bens culturais e títulos, que a família entrega em herança a seus filhos. Mas Bourdieu vai mais longe ainda, a instituição escolar é uma fábrica de relações sociais, em forma de redes duradouras e vínculos simbólicos, para a inserção produtiva. Desta for-

ma, Bourdieu aponta na direção de construirmos uma teoria sociológica ampla do capital em todas suas formas (financeiro, imobiliário, cultural, social, simbólico etc.) para disputarmos a hegemonia com a qual os economistas visam explicar a vida em sociedade. A questão central, nesta teoria ainda não elaborada pelas gerações de sociólogos posteriores a Bourdieu, consiste em entender como são conversíveis entre si as formas do capital, de tal forma que multiplicam o processo de acumulação social de uns grupos sobre outros.

2 Capital social: uma tipologia das situações-problema e das estratégias metodológicas

O panorama anterior revela um debate político de raiz na forma como irrompe a noção de capital social. Mas de qualquer forma, para que possa ser de utilidade científica, urge definir quais seriam as situações-problema às quais se aplica esta noção, para assim transformá-la num conceito claro. Neste ponto nada melhor que invocar a estratégia de Max Weber para construir conceitos polares ou tipos puros.

Muitas das ambiguidades e confusões na aplicação e operacionalização do capital social são o resultado de uma indistinção básica entre ação social minimalista e maximalista (OSTROM & AHN, 2003). Enquanto a primeira foca o investimento, com fins estratégicos, feito pelos indivíduos na construção de relações sociais, a segunda foca os mecanismos sociais que permitem resolver dilemas da ação coletiva (OLSON, 1989). O minimalismo está na base dos usos teóricos do capital social como fator que eleva o produto social ou torna eficientes os processos produtivos. O maximalismo está na base dos conflitos redistributivos, pois a luta pelo produto social envolve sempre um problema cooperativo. Na continuação apresen-

Quadro 1 Tipologia metodológica do capital social

	Pesquisas econômicas *Amostragem probabilística*	
Agir social minimalista	Modelos de regressão para Modelos de regressões para mensurar o impacto da participação associativa dos indivíduos em seu nível de renda (NEVES & HELAL, 2007), ou para mensurar o impacto das relações pais-filhos no rendimento escolar (COLEMAN, 1988).	Estudos sobre autonomia estrutural dos atores, buracos estruturais e *brokers* (BURT, 2005). Mobilização de recursos e apoio afetivo por parte dos indivíduos inseridos em redes sociais (LIN, 2005).
Agir social maximalista	*Survey* mundial de valores (INGLEHART, 2013). Correlações entre variáveis da comunidade cívica (PUTNAM, 1996). Barômetro de capital social (SUDARSKY 2001).	Apelo de Ostrom e Ahn (2003) para a construção de teorias da racionalidade e da ação coletiva de segunda geração. Estudos sobre a conversão do capital relacional dos atores em controle social lateral em organizações colegiais (LAZEGA, 2001).

Fonte: Higgins (2012).

tamos uma tipologia, com alguns exemplos, que sintetizam as estratégias metodológicas no estudo do capital social:

Nas linhas da matriz distinguimos entre agir social minimalista e maximalista. Nas colunas distinguimos entre metodologias que procedem por agregação de atributos individuais ou monádicos, denominadas como econométricas, e metodologias que procedem pela reconstrução de atributos relacionais ou diádicos, denominadas como sociométricas. É preciso insistir aqui que a diferença metodológica fundamental está na raiz da coleta do dado e perpassa o tipo de modelagem estatística pertinente em cada caso. As pesquisas que aqui denominamos econométricas, em falta de uma melhor denominação, operam com dados probabilísticos, cujo pressuposto fundamental é a equiprobabilidade proporcional das observações no processo de amostragem, o que implica a independência das observações. Se este pressuposto não é respeitado, falamos de viés de seleção. O caso emblemático é dado pelas pesquisas tipo *survey* que visam reproduzir a heterogeneidade do universo social tentando garantir, até onde for possível, que os casos observados, do ponto de vista de algum atributo, tenham a mesma proporção que se en-

contra no seu universo. Por exemplo, se um plano de amostragem prevê cotas que correspondam às "raças" de um universo populacional, espera-se que a amostra reproduza proporcionalmente as diferentes "cores" do universo. Os bancos de dados coletados por amostragem probabilística são passíveis de serem analisados por uma ampla gama de métodos multivariados que visam captar associações latentes ou explícitas entre variáveis e isolar efeitos causais entre elas. Entre o vasto mundo dos modelos disponíveis, mencionamos, em primeiro lugar, os procedimentos de mineração estatística (*inter alia*, análises de correspondência, análises de componentes principais), cuja função é captar padrões latentes entre os dados, previamente a qualquer inferência hipotético-dedutiva. Em segundo lugar, há toda uma bateria de modelos para detectar relações de causalidade, desde os mais complexos, como as equações estruturais, até as regressões múltiplas, sejam logísticas ou contínuas.

No caso das pesquisas sociométricas, o dado em rede não procede pela amostragem equiprobabilística habitual. Aqui o pressuposto é o contrário, parte-se da interdependência das observações. Isto é, o mundo das escolhas e interações entre seres humanos não acontece como consequência de lançarmos moedas não viciadas ao ar. A escolha de um amigo, por exemplo, é um longo processo de interações onde os encontros prévios condicionam os subsequentes. Ainda mais, se Maria é uma amiga em comum de João e Pedro, isto eleva as chances para que estes últimos se tornem amigos entre si.

Munidos destas distinções, podemos situar as principais pesquisas de referência em matéria de capital social. O trabalho de Coleman (1988) sobre o capital social intrafamiliar pode ser situado no quadrante superior esquerdo. Pais fazem um investimento em relações sociais densas em prol do êxito escolar de seus próprios filhos. Para testar a sua hipótese, Coleman trabalhou com modelos de regressão logísticos. As pesquisas de referência sobre associativismo cívico, feitas por Putnam (1996) e seus seguidores (SUDARSKY, 2001), estão situadas no quadrante inferior esquerdo. O problema-chave consiste em explicar o engajamento do cidadão na resolução dos problemas comuns, desvendando os mecanismos horizontais da superação dos dilemas da ação coletiva. No quadrante inferior direito situamos os avanços metodológicos no entendimento de como operam os mecanismos horizontais de participação. Lazega (2001) aplica a análise de redes sociais ao mundo das organizações colegiadas, intensivas em conhecimento, para desvendar os processos de interação que são relevantes na coesão e eficiência organizacional.

No vértice superior direito destacamos pesquisas minimalistas que têm utilizado ferramentas da análise de redes sociais. Por exemplo, Lin (2005) tem pesquisado de que forma os indivíduos conseguem mobilizar vantagens, recursos e apoio afetivo de suas redes de relações. Ronald Burt (1995; 2000; 2005) foi mais longe ao identificar o tipo de estruturas relacionais que facilitam o agir estratégico dos indivíduos na hora de obter vantagens, em especial informações úteis. Nessa perspectiva, Burt desenvolve três conceitos operatórios: (a) autonomia estrutural, ou grau de pressão e limitação que sofrem os atores por parte de seus pares inseridos numa rede de relações; (b) buraco estrutural ou setor de baixa densidade relacional onde um ator está em condição de obter informações não redundantes; (c) *broker* ou ator que ocupa uma posição de ponte entre dois setores mais densos dentro de uma rede social, este pode com antecedência obter informações mais ricas e privilegiadas ou cortar o fluxo informativo que não seja de sua conveniência.

2.1 Ronald Burt: duas hipóteses do capital social

Do ponto de vista da sociologia neoestrutural (LAZEGA & HIGGINS, 2014), mais conhecida como análise de redes, os *insights* fundamentais de Bourdieu (1980) e Coleman (1988) têm sido operacionalizados sob a forma de duas hipóteses bem-estabelecidas (BURT, 1995). Por um lado, segundo a hipótese da densidade ou do *closure*, postulada por Coleman, as estruturas relacionais densas, fechadas e estáveis operam como um recurso que favorece a criação de normas, a confiança interpessoal e a circulação de informação. Por outro lado, um grupo coeso terá melhor desempenho na concorrência intergrupal.

Figura 1 Hipótese da densidade

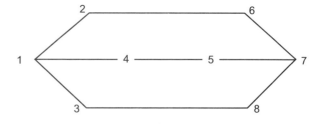

Imaginemos que o grafo anterior representa o sistema de trocas de um mercado popular. A densidade da rede permitirá que qualquer atuação oportunista de nodo 1, por exemplo, pagar com um cheque sem fundos, seja conhecida com rapidez pelo nodo 7. A diversidade de caminhos de relação de 1, através de 2, 4 e 3, facilita o controle social do oportunismo. Nesse caso, o grupo possui a capacidade de separar uma troca legítima de uma troca ilegítima.

Por outro lado, segundo a hipótese do buraco estrutural, postulada por Burt (1999), as estruturas relacionais abertas, diversificadas e porosas, favorecem o ganho individual. Esta hipótese trabalha com um axioma básico: as redes densas, com laços redundantes e fortes, degeneram a informação (GRANOVETTER, 1973).

Figura 2 Hipótese do buraco estrutural

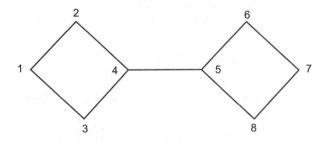

Imaginemos que o grafo anterior representa a situação-tipo estudada por Burt (1999), isto é, a rede completa de amizade entre gerentes de uma grande empresa. Caso uma informação útil saia do setor esquerdo da rede, o nodo 5, ou *broker*, estará em posição de guardar para si a informação não redundante. As análises de Burt complementam o achado fundamental de Granovetter (1973) sobre a força dos laços sociais. Laços fracos constituem pontes, inter-redes, por onde circulam informações não degeneradas. Enquanto Burt analisa a posição de vantagem dentro da estrutura, Granovetter qualifica o tipo de relação.

2.2 Mark Granovetter: a ação coletiva e a hipótese dos laços fracos

Em seu artigo seminal, *The strength of weak ties* (1973), Mark Granovetter introduz uma variante importante nas hipóteses sobre o capital social: a força dos laços. Desta forma, a sociologia de redes traz uma inferência contraintuitiva sobre o efeito da coesão na cooperação do mundo social: grupos locais coesos por relações afetivamente intensas geram fragmentação no nível global, dando lugar a conglomerados desconexos e pouco aptos a agir coletivamente.

Granovetter propõe uma perspectiva sociométrica para o velho problema da passagem do micro ao macro em sociologia. No centro da questão está a dinâmica de transitividade. Até então, a sociometria tinha estudado o problema da transitividade em redes com pressupostos que operam só em pequenos grupos. A sua proposta consiste em superar o modelo DHL (DAVIS; HOLLAND & LEINHARDT, 1970) focado na escolha das relações:

> Escolhas interpessoais tendem a ser transitivas – se P escolhe O e O escolhe X, então P provavelmente escolherá X (GRANOVETTER, 1973, p. 1.376 – tradução nossa).

Em seu lugar, Granovetter propõe focar na força da relação:

> Deixa X escolher O e O escolher P, então eu sustento que a transitividade – P escolher X ou X escolher P – é mais provável quando os ambos laços P-O e O-X são fortes do que quando são débeis (GRANOVETTER, 1973, p. 1.377 – tradução nossa).

A transitividade, geradora de estruturas mais amplas, não é *per se* uma característica da estrutura social, ela deve ser identificada e explicada como um elemento-chave no processo da ação coletiva. Sendo assim, Granovetter mobiliza a hipótese da força dos laços como um elemento-chave na compreensão dos processos organizativos de nível macro. Lembremos seu o axioma sociométrico básico:

Figura 3 A tríade interdita

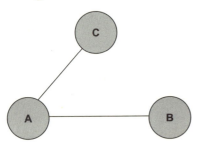

Fonte: Granovetter (1973).

Se A, B e C estão unidos por laços fortes (frequentes e afetivamente intensos) não é possível que aconteça uma tríade aberta, a força dos laços fará com que a tríade se feche. Esta triangulação, fruto de um processo transitivo, não é inócua do ponto de vista sociológico. Grupos coesos, mas fechados sobre si, tendem a degenerar a informação e a qualidade dos recursos que circulam pela rede. Granovetter (1973) testa esta hipótese a partir de sua pesquisa sobre o mercado de trabalho, na qual consegue demonstrar que as melhores oportunidades de emprego (as mais bem-remuneradas e mais gratificantes) circulavam como informação através de contatos com os quais os beneficiários da informação pouco se frequentavam (lapsos de meses).

Uma inferência hipotética importante que resulta do axioma da tríade interdita é a de que somente laços fracos constituem pontes entre redes sociais. Uma ponte haverá de ter como tamanho mínimo um grau d=2. Dos axiomas e hipóteses propostos por Granovetter, quais são os ganhos analíticos para uma sociologia da ação coletiva? Ele mesmo o ilustra com uma comparação entre duas comunidades urbanas da cidade de Boston, uma de classe média composta por população de migrantes e outra de trabalhadores. As duas enfrentaram de forma diferente e com resultados opostos a reforma urbana dos anos de 1950. A geração de ação coletiva pressupõe que existam vínculos entre lideranças e habitantes. Uma comunidade de muitas panelinhas fechadas não facilita a construção de confiança entre as lideranças e seus potenciais seguidores. Sem laços intermediários, veiculadores de confiança entre lideranças e habitantes, a comunidade se fragmenta.

Nos casos comparados, Granovetter pergunta por que fracassou a comunidade italiana de *Boston West End*? Segundo os etnógrafos (GANS, 1962, apud GRANOVETTER, 1973), só as comunidades de classe "média" geravam suficiente confiança em suas lideranças e conseguiam ativar uma prática organizativa na busca de objetivos comuns, de tal forma que facilitavam a formação de uma organização efetiva. Porém esta explicação não resulta suficiente:

> Além disso, duas fontes comuns de laços fracos, organizações formais e ambientes de trabalho, não os proviam para *West End*; a membresia em organizações formais era quase nula e poucos trabalhavam na própria área da vizinhança, de tal forma que os laços construídos no espaço de trabalho não eram relevantes para a comunidade (GRANOVETTER, p. 1.375 – tradução nossa).

Já a comunidade de Charlestown (de classe trabalhadora), à diferença de West End sim tinha uma rica vida organizativa e muitos trabalhavam dentro da própria área da comunidade. Porém, Granovetter só indicou um programa de pesquisa, e cabe a nós desenvolvê-lo: "Na ausência de dados em rede, tudo é especulação. Não temos em mãos a informação pertinente para demonstrar se a comunidade de West End era fragmentada ou se as que se organizaram eficazmente o eram, porém esses dados não são fáceis de coletar" (p. 1.375 – tradução nossa).

2.3 *Exemplos de mensurações*

Em continuação, apresentaremos vários exemplos emblemáticos de cada um dos tipos puros antes expostos. Em primeiro lugar, apresentamos de forma sucinta o esquema causal e os resultados do trabalho de Coleman (1988), *The social capital in the creation of human capital*.

2.3.1 Capital social minimalista – Abordagem econométrico-probabilística

Quadro 2 O capital social evita a erosão do capital humano)

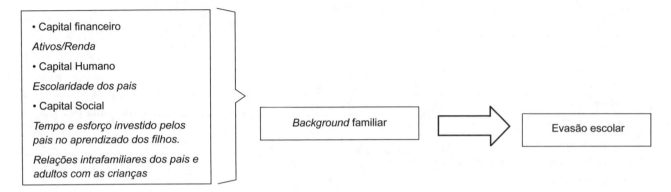

Fonte: Elaboração própria a partir de Coleman (1988).

Coleman operacionaliza o capital social a partir de variáveis *proxy* que captam o tempo e o esforço dos pais com ocasião de aprendizado dos filhos. O quadro 2 apresenta a relação causal geral. A variável resposta é a evasão escolar explicável a partir de um conjunto de variáveis vindas do *background* familiar. A função geral e as respectivas variáveis são as seguintes:

F (evasão esperada) = $\alpha + \beta X_1 + \beta X_2 + \beta X_3 + \beta X_4 + \beta X_5 + \beta X_6 + \beta X_7 + \beta X_8 + \varepsilon$

X_1 = *Status* socioeconômico (escolaridade dos pais, renda dos pais, *status* ocupacional, dotação de capital proprietário familiar)

X_2 = Raça

X_3 = Etnicidade hispânica

X_4 = Número de irmãos

X_5 = Mudanças de domicílio familiar

X_6 = Expectativa da mãe com o aprendizado dos filhos

X_7 = Frequência de conversa com os pais sobre assuntos pessoais

$X8$ = Presença dos pais em casa

Pelos resultados da tabela 1, fica claro que o dispêndio e a dedicação dos pais com o aprendizado dos filhos, o que Coleman entende por capital social, opera como um antídoto contra a evasão escolar. Quando comparados os três fatores juntos (item 5), o risco de evasão em famílias monoparentais, com quatro filhos e sem maiores expectativas de sucesso escolar, incrementa em 22,5% a probabilidade de evasão. Lembremos que a regressão logística, cujo nome procede de que estima o lógito ou logarítmo natural, é a função adequada para variáveis dependentes binárias (um, zero), neste caso a evasão escolar (evade, não evade). No caso da tabela 2, devemos salientar que o *status* socioeconômico é tão significante (coeficiente negativo e mais do que o dobro do erro tipo) como os indicadores *proxy* do capital social. Isto é, famílias com alto *status* socioeconômico, biparentais e com altas expectativas escolares sobre os filhos, correm menos risco terem casos de evasão escolar. Já as famílias monoparentais com um elevado número de filhos correm o risco de terem casos de evasão escolar. Resulta curioso que a variável raça, negros e hispâ-

Tabela 1 Taxa de evasão nas séries 10 e 12, para estudantes cujas famílias diferem em Capital Social, controlado pelo Capital Humano e Capital Financeiro da família*

	Percentagem de evasão	Diferença percentual
1) Presença dos pais		
Biparental	13,1	
Monoparental	19,1	6,0
2) Filhos adicionais		
Um filho	10,8	
Quatro filhos	17,2	6,4
3) Pais e filhos		
Biparental, um filho	10,1	
Monoparental, quatro filhos	22,6	12,5
4) Expectativa da mãe com a educação dos filhos		
Espera que atinja o college	11,6	
Não espera que atinja o college	20,2	8,6
Os três fatores juntos		
Biparental, um filho, mãe espera o college	8,1	
Monoparental, quatro filhos, mãe não espera o college	30,6	22,5

* Estimativas feitas partir de uma regressão logística.

Fonte: Coleman (1988).

Tabela 2 Coeficientes de regressão logística e desvio tipo assintótico que mensuram o efeito das características do *background* dos estudantes sobre a evasão no *highschool* entre o *sophomore* e os anos *seniors*, 1980-1982, amostra em escolas públicas

Intercepto	-2,305	0,169
Status socioeconômico	-0,460	0,077
Negros	-0,161	0,162
Hispânicos	0,104	0,138
Número de filhos	0,180	0,028
Mãe trabalhadora quando os filhos são jovens	-0,012	0,103
Família biparental	-0,415	0,112
Expectativa da mãe com o *college*	-0,685	0,103
Fala com os pais	0,031	0,044
Número de mudanças	0,407	0,040

Fonte: Coleman (1988).

nicos, não faz diferença na evasão. Por problemas de espaço, não incluímos aqui as tabelas comparativas entre escolas públicas e privadas, sendo estas últimas confessionais e não confessionais. Os resultados apresentam que as escolas católicas enfrentam menos problemas de evasão escolar. Coleman interpreta este dado como uma *proxy* que corrobora a hipótese da densidade sobre o capital social. Isto é, escolas que fomentam relações interfamiliares, através de atividades de formação, cogestão escolar, mutirões e festas em prol da escola, constroem relações de controle social benéfico.

Em síntese, este trabalho exemplar de Coleman é um caso emblemático do que aqui chamamos de capital social minimalista mensurado de forma econométrica. Isto é, o efeito benéfico das relações intrafamiliares, com ocasião do aprendizado escolar dos filhos, é apropriado pelas crianças em termos do sucesso escolar. Claro está, alguém pode extrapolar dizendo que no agregado o capital social interfamiliar é uma forma de ação coletiva que protege as crianças da evasão escolar. Porém, o problema redistributivo, de ordinário encoberto pela noção do capital social, reaparece como um fantasma, pois o *status* socioeconômico das famílias não está igualmente distribuído na sociedade como um todo. A afeição de Coleman pelo liberalismo de John Locke impede-lhe contestar a desigual repartição dos capitais na esfera privada da família.

2.3.2 Capital social maximalista – Abordagem econométrica-probabilística

Continuando com o vértice inferior esquerdo da tabela 1, apresentamos a operacionalização da

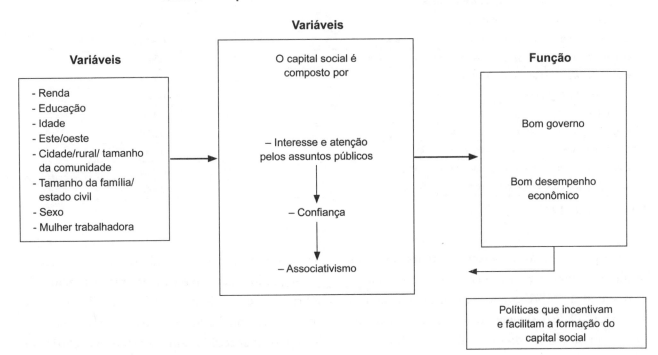

Quadro 3 Capital Social cívico: marco conceitual e hipótese

Fonte: Offe e Fuchs (2002), apud Putnam (2002).

teoria do capital social no âmbito da vida política. Aqui é incontornável o trabalho exemplar de Robert Putnam (1996, 2002). Na escala de um Estado-nação, Offe e Fuchs (2002), inspirados no estudo de Putnam na Itália, esquematizam o marco conceitual e a hipótese central de seguinte forma:

Lembremos o mantra do capital social a partir da experiência da descentralização do Estado italiano: sociedade forte, Estado forte. O bom desempenho do governo e a senda de crescimento econômico de um povo está ancorada na cultura cívica, na tradição de participação cidadã. Isto ficou conhecido com a neotocquevilea, o associativismo é a chave do sucesso da vida pública. Os governos são eficientes, não só porque estejam dotados de corpos burocráticos profissionais, mas sim porque o cidadão cuida dos assuntos públicos e fiscaliza a gestão dos governantes e dos burocratas. Dentre as inúmeras estratégias de mensuração de Putnam, selecionamos o cálculo sobre o desempenho de governos regionais e locais da Itália, para exemplificar como são utilizadas variáveis *proxy* para testar a hipótese geral de que a cultura cívica explica o bom desempenho público e econômico de uma sociedade.

Tabela 3   Componentes do índice de desempenho do governo local 1982-1986

Conteúdo	Carga fatorial
Implementação de instalações desportivas comunais	0,939
Implementação de sistemas de esgoto comunais	0,930
Implementação de bibliotecas comunais	0,919
Implementação de serviços de coleta de lixo comunais	0,917
Implementação de serviços técnicos comunais	0,912
Implementação de creches comunais	0,883
Implementação de serviços de abastecimento de água comunais	0,850
Implementação de serviços de transporte escolar comunais	0,806
Capacitação administrativa comunal	0,673
Mobilidade de pessoal comunal	0,640
Implementação de salões de convenção	0,546
Reorganização da administração comunal	0,528
Implementação de cantinas escolares comunais	0,499
Comunidades com secretaria de planejamento urbano	0,375
Comunidades com secretaria técnica	0,342

Fonte: Putnam (1996).

Vários comentários devem ser feitos sobre os resultados anteriores. Em primeiro lugar, chamamos a atenção sobre como Putnam operacionaliza a sua variável de desempenho governamental a partir da mineração de dados. Utilizando quinze variáveis diferentes, constrói um índice fatorial com pesos diferenciados para cada variável incluída. E, em segundo lugar, merece destaque seu raciocínio sobre a necessidade de correlacionar desempenho em nível regional e local. Se os governos regionais fossem bem-sucedidos em decorrência exclusiva de fatores "endógenos", tais como as suas agendas de

Figura 3 Desempenho dos governos regional e local

Abruzos (Ab), Basilicata (Ba), Calábria (Cl), Campânia (Cm), Emília-Romagna (Em), Friuli-Veneza-Giulia (Fr), Lácio (La), Ligúria (Li), Lombardia (Lo), Marche (Ma), Molise (Mo), Piemonte (Pi), Puglia (Pu), Sardenha (As), Sicília (Si), Toscana (To), Trentino – Alto Adige (Tr), Úmbria (Um), Vale d'Aosta, Venécia (Ve)

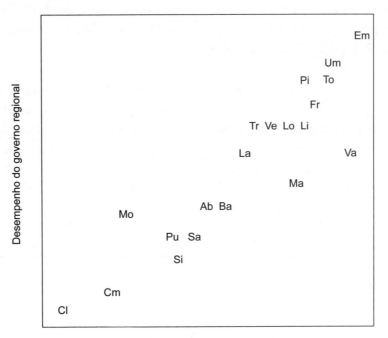

Fonte: Putnam (1996).

governo e o desenho de programas sociais, então não haveria nenhuma associação estatística com o desempenho em nível local. Se a associação existe, como de fato demonstra a forte correlação positiva de 0,89, então fatores culturais e históricos, em particular um tipo de cultura cívica, podem ser postulados como um fator explicativo para ser levado em conta. Putnam é cauto, não está falando de causalidade, simplesmente postulando que a sua hipótese da tradição cívica é plausível.

Encerramos, apontando o limite desta estratégia de mensuração. No final de *Comunidade e democracia* (1996), o capital social é definido como um composto de normas de reciprocidade, confiança e sistemas reticulares de participação, porém o leitor não encontra ao longo do livro nenhuma operacionalização que capte a forma, o como emergem os três mecanismos sociológicos presentes na comunidade cívica. A pesquisa de Putnam permanece no estágio de análise pré-estrutural.

2.3.3 Capital social minimalista – Abordagem sociométrica

Apresentamos em continuação uma pesquisa que combina a perspectiva minimalista, ou instrumental, do capital social com uma abordagem metodológica sociométrica. Neste caso, a questão central reside em saber de que forma uma estrutura de interações favorece os ganhos individuais, ou de que forma a posição estrutural alavanca vantagens para os agentes do sistema. Seguindo a hipótese do buraco estrutural (BURT, 1995; cf. seção 2.1, acima), apresentamos o desenho de pesquisa e os resultados de um trabalho sobre colaboração acadêmica e científica (BARBOSA et al., 2016). O trabalho visa testar o impacto da rede de coautoria dos professores e pesquisadores das ciências contábeis do Brasil na qualidade da produtividade. Trata-se de um trabalho no campo dos *science studies*, visto que encara a tendência colaborativa da ciência contemporânea. Em sequência, as três figuras seguintes traçam o panorama das ciências contábeis no Brasil. A figura 4 retrata o crescimento no número de cursos de pós-graduação reconhecidos pelo órgão regulador do Ministério da Educação, a Coordenação de Aperfeiçoamento de Pessoal de Nível Superior (Capes), no período de 1970 a 2009. Da mesma forma, segundo a figura 5, este crescimento de programas alavancou o número de publicações indexadas entre 2002 e 2010, período para o qual há dados que permitem fazer comparações. Também fica claro, na figura 6, como foi-se impondo a tendência colaborativa da coautoria ao longo dos períodos de avaliação da Capes.

Figura 4 Evolução da quantidade de cursos *stricto sensu* no Brasil

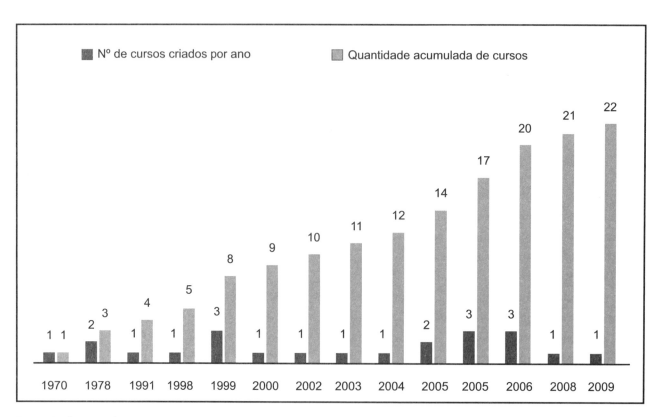

Fonte: Barbosa et al. (2015).

Figura 5 Publicação de artigos pelos docentes dos programas de pós-graduação *stricto sensu* em Ciências Contábeis do Brasil

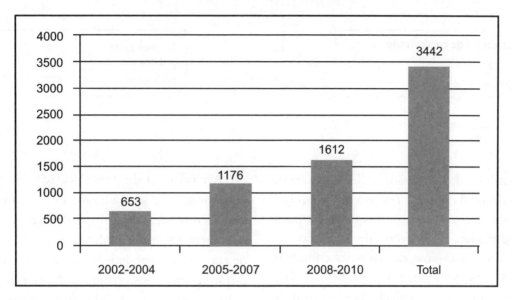

Fonte: Barbosa et al. (2016).

Figura 6 Evolução da quantidade de autores por artigo no período de 2002 a 2010

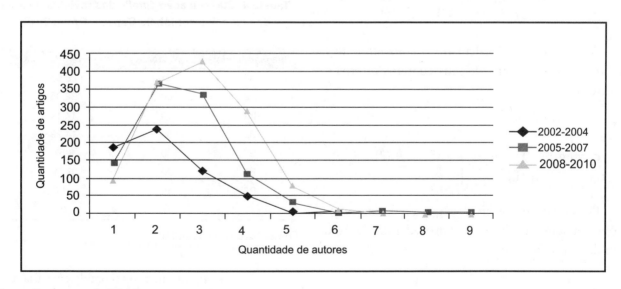

Fonte: Barbosa et al. (2016).

Quadro 4 Capital social científico, associação entre estrutura de colaboração e qualidade da produtividade

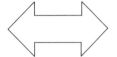

Estrutura de colaboração		Qualidade da publicação
Hipótese do buraco estrutural *Score C*	⇔	Pontuação *Qualis*-Capes

Fonte: Elaboração própria.

O esquema anterior associa duas variáveis, uma que procede da posição relativa dos pesquisadores na rede de coautoria e outra que se mensura no nível individual, pelo critério de avaliação das revistas adotado pela área das ciências contábeis no sistema Capes. Sem entrar em muitos detalhes técnicos, basta dizer que o cálculo de C mensura a vantagem relativa de um ator que ocupa as bordas de um buraco estrutural. É calculado em três momentos. Seja o número de contatos de i em direção de j. Burt (1995) mensura inicialmente a proporção de relações que i investe no contato q:

$$p_{iq} = (z_{iq} + z_{qi} / \sum_{j \neq i} (z_{ij} + z_{ji}) \quad (1)$$

Posteriormente é calculado o *constraint* de j sobre i, isto é, a soma de seus contatos diretos e indiretos:

$$c_{ij} = \left[p_{iq} + \sum_{q \neq i,j} p_{iq} p_{qj} \right]^2 \quad (2)$$

Finalmente, o *constraint* C que a rede exerce sobre i é a soma de todos os c procedentes de cada um de seus contatos:

$$c_i = \sum_i c_{ij} \quad (3)$$

A covariável de produtividade foi construída como uma média ponderada dos estratos em que são classificadas as revistas da área das ciências contábeis do Brasil, onde A1 é o estrato superior de revistas de qualidade internacional e C o menor estrato com menos qualidade. Resta dizer que essa métrica não é um indicador cientométrico internacionalmente reconhecido, mas tem pelo menos o mérito de incorporar critérios de indexação amplamente reconhecidos, como o fato de uma revista estar incluída no Scopus ou no JCR.

Tabela 4 Classificação *Qualis* das revistas da área das ciências contábeis Capes – Brasil/2010

Qualis da revista	Pontuação	Fator de ponderação (%)
A1	100	28,57
A2	80	22,86
B1	60	17,14
B2	50	14,29
B3	30	8,57
B4	20	5,71
B5	10	2,86
C	0	0

Fonte: Barbosa et al. (2016).

O *score* padronizado foi obtido em várias etapas. Primeiro, foi ponderada a pontuação de cada categoria (de A1 até C) no total de 350 pontos possíveis. Este fator aparece na tabela

n. 4 (cf. acima). Segundo, foi contabilizado o número máximo de artigos publicados por um único autor numa categoria determinada, logo foi dividido o fator ponderado do primeiro passo pelo número máximo de artigos obtidos no segundo. Desta forma, obtivemos a pontuação específica que recebeu cada artigo em cada categoria. Este número, no final do *score*, torna comparáveis as pontuações de cada autor, pois sempre foi tido como ponto de referência o autor com o maior número de artigos em cada categoria. Terceiro, foi calculada a pontuação total de cada autor multiplicando seu número de artigos, em cada categoria, pela pontuação específica obtida no passo segundo. Ao final, a pontuação individual foi dividida por 100 para expressar uma grandeza entre 0 e 1 (BARBOSA et al., 2016).

A figura 7 representa o grafo de coautoria entre professores dos programas de pós-graduação em ciências contábeis do Brasil ao longo de três períodos de avaliação Capes. Dois esclarecimentos metodológicos são necessários. O primeiro, a rede inclui de forma simultânea os três períodos. Portanto, não está sendo controlado o efeito intertemporal na formação dos laços. O segundo, o dado original é o que se conhece como um *two-mode*, isto é, uma matriz de afiliação onde as linhas, segundo convenção do pesquisador, representam os artigos e as colunas os autores. Posteriormente, é feita uma transformação para uma matriz *one-mode*, na qual se dá por sabido que os vínculos de coautoria representam relações de colaboração entre os professo-

Figura 7 Grafo de coautoria entre os docentes dos programas de pós-graduação *stricto sensu* em Ciências Contábeis – 2002-2010 (Brasil)

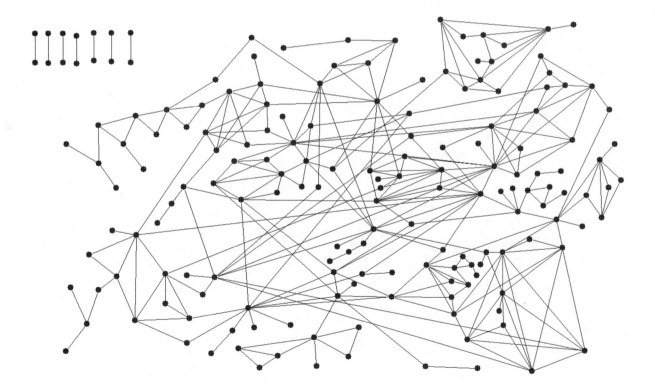

Fonte: Barbosa et al. (2016).

res-pesquisadores. Desta forma, os nodos do grafo representam os autores e os arcos representam os artigos. De ordinário, este procedimento é questionado porque parte de uma pressuposição muito forte: assumir relações de colaboração que não foram observadas diretamente, além do que deturpa a morfologia da estrutura, como é o caso de gerar grupos coesos a partir de uma ego-estrela.

Para além dessas possíveis objeções, consideramos válido este exercício, pois não visamos explicar aqui a formação endógena da rede, o que demandaria um modelo longitudinal que isole o efeito de agregação entre períodos; simplesmente testamos um bivariado entre uma métrica da morfologia estrutural, o algoritmo C para cada nodo, e uma variável produto da estrutura, como é o *score qualis* de produtividade para cada um dos nodos da rede. Qualquer acusação de estarmos trabalhando com um dado *one-mode* deturpado não procede na medida em que todos os dados foram transformados pelo mesmo critério, bastava ter como mínimo uma relação de coautoria para considerá-la uma relação de colaboração entre pesquisadores; se houver um viés, este é igual para todos. A alteração morfológica seria problemática caso estivéssemos estimando a formação endógena da rede através de um modelo exponencial randômico, o que aqui não está em foco.

A figura 8 representa o *brokerage* pelo algoritmo C. Esta varia entre 0 e 1, quanto mais próximo

Figura 8 Grafo de *brokerage* entre os docentes dos programas de pós-graduação *stricto sensu* em Ciências Contábeis – 2002-2010 (Brasil).

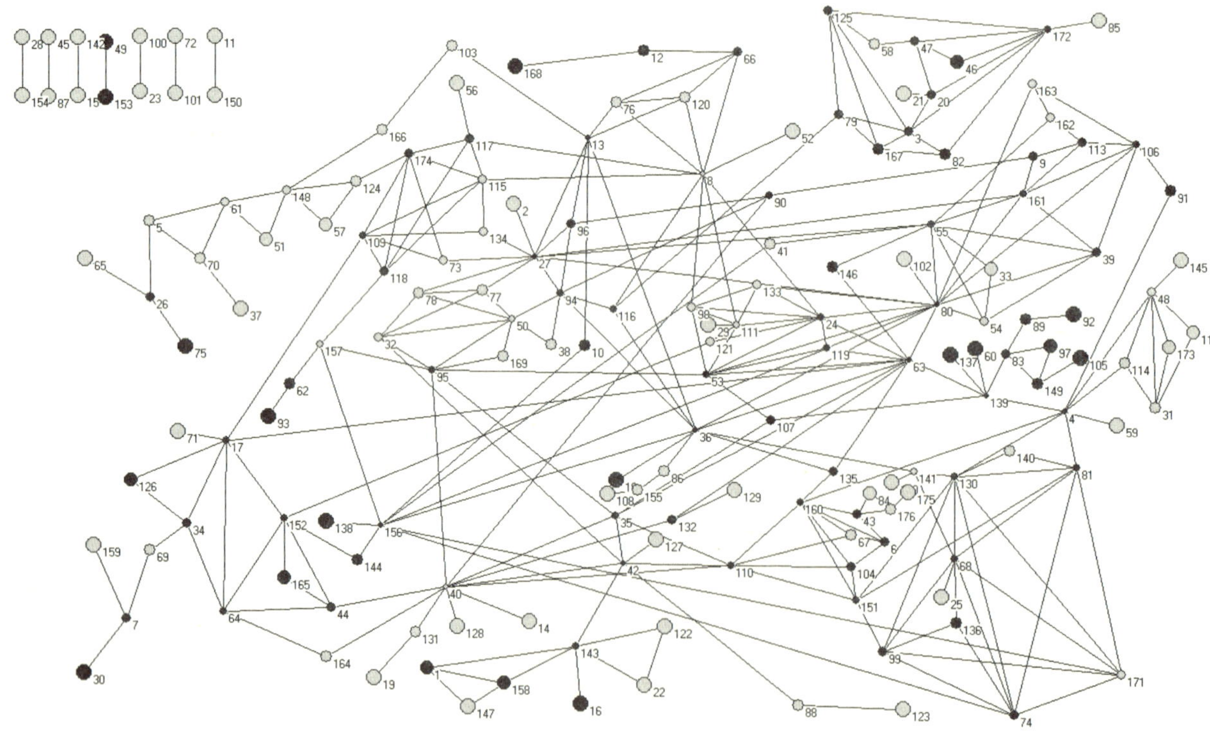

Fonte: Barbosa et al. (2016).

Figura 9 Grafo de dispersão entre a autonomia estrutural e produtividade

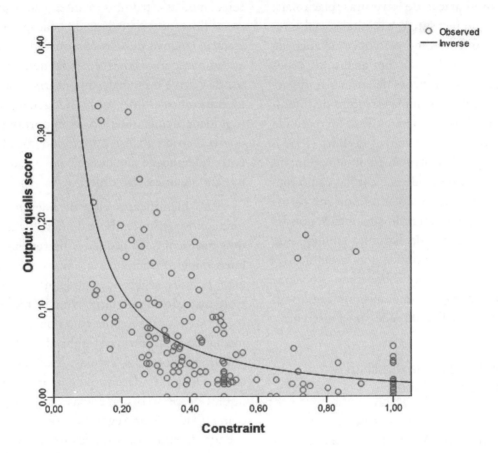

Fonte: Barbosa et al. (2016).

de zero maior autonomia estrutural e quanto mais próximo de uma menor autonomia. O tamanho dos nodos é proporcional a seu *score* C. Intuitivamente, isto significa que os nós menores possuem a vantagem estrutural de serem os *brokers* ou intermediadores que tiram vantagens do sistema de troca. De forma substantiva, representam pesquisadores com trocas acadêmicas mais variadas, escrevendo em coautorias mais ricas em termos de habilidades, metodologia e experiências. A hipótese básica diz que, quanto maior a autonomia estrutural, isto é, menor o algoritmo C, maior a qualidade das publicações. Isto é, pesquisadores com agendas de relações mais variadas enriquecem a qualidade de seus artigos.

A figura 9 representa a associação não linear entre o *brokerage* e a produtividade. De forma substantiva, e conforme a previsão hipotética, permite observar que pesquisadores mais autônomos na rede são mais produtivos. A função exponencial negativa ajusta os dados com uma constante de -0.009 e um coeficiente beta de 0.026, sendo significante no intervalo de confiança de 99%. O coeficiente de determinação é de 0.434.

Finalmente, salientamos o que há nesta abordagem metodológica que não existe nas duas primeiras. Nem em Coleman (1988), nem em Putnam (1996), há representação de estruturas relacionais; não há dados que mensurem o capital social e relacional propriamente dito. Só com o avanço da sociometria, hoje conhecida com análise de redes sociais, estamos em condições de estimar o impacto das posições relativas numa estrutura de interações sobre os ganhos dos agentes. Esse foi o grande avanço metodológico e operativo de Burt (1995). As variáveis *proxy* de Coleman e Putnam apontam por que certo tipo de famílias e escolas estão menos expostas à deserção escolar ou por que certos governos são mais eficientes do que outros, pois há fatores de entrosamento da estrutura familiar e de participação na cultura política que fazem a diferença. Porém, nada sabemos sobre como isto acontece, não conhecemos os mecanismos causais. É neste ponto que a análise de redes faz a diferença.

2.3.4 Capital social maximalista – Abordagem sociométrica

Em continuação, encerramos nosso percurso, encarando o problema maiúsculo de como mensurar formas de cooperação mediante dados de redes sociais. Apresentamos os resultados de uma pesquisa inédita que visa entender as formas de coesão social entre a elite de lideranças em duas comunidades populares da cidade de Belo Horizonte (HIGGINS et al., 2018). Os casos selecionados apresentam um perfil semelhante quanto a baixos salários e infraestrutura de equipamentos públicos, como, por exemplo, escolas e postos de saúde, mas com uma diferença fundamental em relação a sua trajetória histórica: a comunidade Alfa, a diferença da Beta, possui um histórico de violência e homicídios decorrentes das guerras entre gangues de traficantes de drogas. O objetivo consiste em comparar o tipo de coesão estrutural que há na elite de lideranças de cada comunidade.

Inspirados em Sampson (1997; 2012), que correlacionou as estruturas de interação *high order* entre as lideranças da cidade de Chicago e o nível de eficácia coletiva de suas comunidades (disposições atitudinais para o controle social de comportamentos de risco e o cuidado do entorno comunitário), identificamos as lideranças endógenas em cada comunidade acima referida. É importante salientar que o foco da análise é o círculo social de trocas entre lideranças e não destas com as suas bases. Isto é o que significa *high order*.

Para identificar a elite de lideranças foi feita uma amostragem em bola de neve de acordo com dois protocolos. O primeiro diferenciava oito âmbitos onde as lideranças atuavam: educação, religião, política, segurança, saúde, negócios, esportes e organização comunitária. Num primeiro momento, gerou-se uma semente com nomes de lideranças mediante uma entrevista aplicada a informantes-chave em hospitais, escolas, lojas, igrejas e associações locais. Cada respondente mencionou cinco nomes de pessoas percebidas como influentes na comunidade. Num segundo momento, uma nova rodada de entrevistas foi realizada com cada uma das pessoas que conformava a lista inicial. O processo parou quando não encontramos novos nomes. O Segundo protocolo, uma vez completada a lista com as lideranças de cada comunidade, estava composto por três questões sociométricas relativas a diferentes processos sociais-chave em termos de trocas sociais.

Os seguintes foram os processos observados e as respectivas questões:

- *Status* percebido entre lideranças

  Pensando no último ano. Dentre as pessoas que figuram nesta lista, quais você considera como lideranças que estão trabalhando de forma útil em benefício da comunidade?

Você pode escolher até dez nomes. Por que escolheu cada um deles?

Com que frequência você fala com cada uma delas?

Semanalmente

Quinzenalmente

Mensalmente

Semestralmente

Anualmente

- Trocas de informação útil

Pensando no último ano. Dentre as pessoas que figuram nesta lista, quais você procurou para obter algum tipo de informação que fosse útil em suas atividades comunitárias? Você pode escolher até dez nomes. Por que escolheu cada um deles?

- Coordenação/colaboração

Pensando no último ano. Dentre as pessoas que figuram nesta lista, quais você procurou para organizar alguma atividade em benefício da comunidade (tais como manutenção da escola, campanha de limpeza, campanha de vacinação etc.) Você pode escolher até dez nomes. Por que escolheu cada um deles?

Quadro 5 Esquema causal da pesquisa

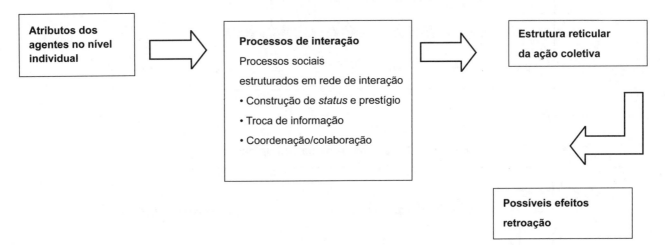

O fato de termos coletados três relações para os mesmos atores é conhecido como dado multiplexo. Este é o dado mais rico sobre o mundo relacional, pois permite entender simultaneamente vários domínios ou círculos sociais. Entre as inúmeras perguntas teóricas que podem ser feitas a estes dados, optamos por testar aqui a hipótese dos laços fracos proposta por Mark Granovetter (1973).

Em primeiro lugar, eis os resultados sobre a frequência das relações. Vai de um, anualmente, até cinco, semanalmente, conforme a questão formulada (cf. acima). Comparativamente, as lideranças da comunidade Alfa se frequentam menos do que aquelas da comunidade Beta. Na primeira, o 60% das relações acontece entre mensal e semanalmente, já na segunda a frequência é do 76,11%. Conforme o dado disponível, assumimos esta variável categórica ordinal como uma *proxy* da força dos laços. Com a ressalva de que para Granovetter a força dos laços é função tanto da frequência como da reciprocidade e da intensidade afetiva.

Para ilustrar de forma geral a estrutura relacional das duas elites de lideranças, apresentamos dois grafos nos quais os nodos foram colapsados, isto é, agregados conforme o âmbito de atuação dos entrevistados (Figuras 12 e 13). Observamos que há diferenças marcadas quanto ao sistema de

Figura 10 Força dos laços na comunidade Alfa

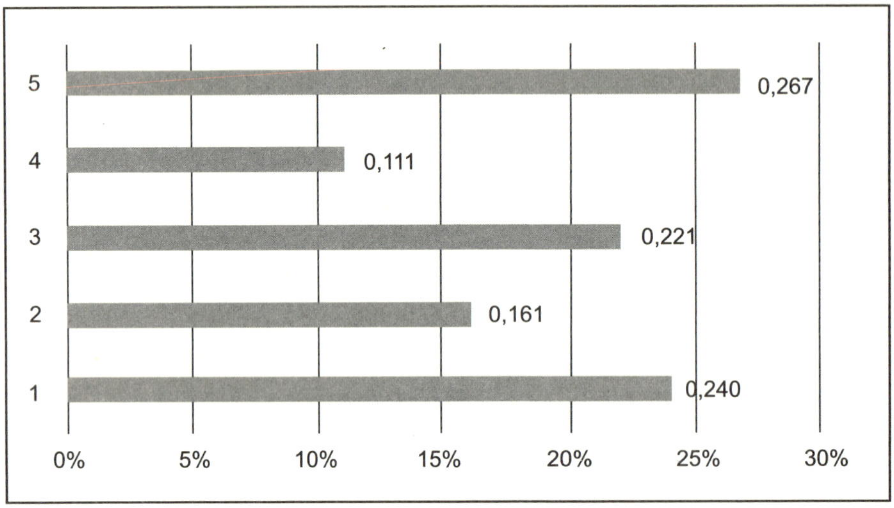

Categoria	Valor
5	0,267
4	0,111
3	0,221
2	0,161
1	0,240

Fonte: Elaboração própria.

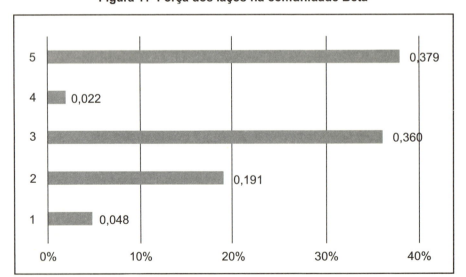

Figura 11 Força dos laços na comunidade Beta

Categoria	Valor
5	0,379
4	0,022
3	0,360
2	0,191
1	0,048

Fonte: Elaboração própria.

Figura 12 – Comunidade Alfa – *Status* reconhecido entre lideranças

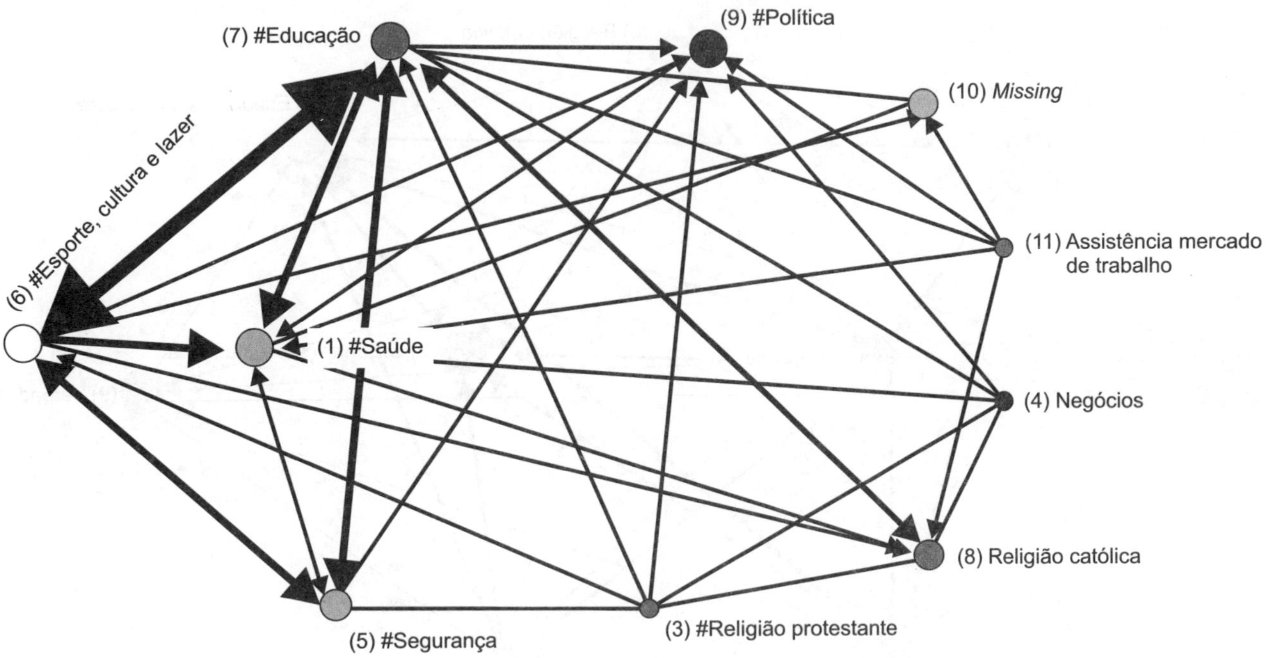

Fonte: Elaboração própria com Pajek (NOOY et al., 2014).

status. Os grafos representam o reconhecimento entre lideranças a partir da percepção sobre a influência na vida da comunidade. Em Alfa, os âmbitos de atuação e de influência mais importantes correspondem à díade entre educação e cultura: esporte/lazer, havendo uma conexão simultânea e importante também com a saúde e a segurança. Lembremos que esta comunidade tem sido afetada de forma mais intensa pela violência e a criminalidade. Já em Beta, a dinâmica é um tanto diferente. Se levamos em conta o número de relações por âmbito (espessura das setas), novamente os âmbitos da educação e da cultura: esporte/lazer se destacam, mas ao mesmo tempo as suas conexões com a segurança e saúde aparecem menos expressivas. Cabe destacar que os âmbitos dos negócios, a organização comunitária e a religião protestante aparecem em destaque. Temos assim um perfil ge-

ral de quais são as ênfases do ativismo das lideranças em cada comunidade.

2.3.4.1 Modelo de grafo exponencial aleatório (*Exponential Random Graph Model* – ERGM)

Com a finalidade de testar a hipótese dos laços fracos, construímos um modelo ERGM. Aqui uma breve explicação é necessária. O estudo de estruturas de interação, mediante técnicas de representação gráfica (sociogramas), aos poucos foi-se dotando de ferramentas probabilísticas que permitissem captar as dinâmicas de construção das relações entre agentes de um determinado sistema social (LAZEGA & HIGGINS, 2014). Neste campo, a matemática aplicada a grafos cumpriu um papel importantíssimo. O primeiro passo consistiu em tratar uma rede observada como um fenômeno não determinístico e sim probabilístico

Figura 13 – Comunidade Beta – *Status* reconhecido entre lideranças

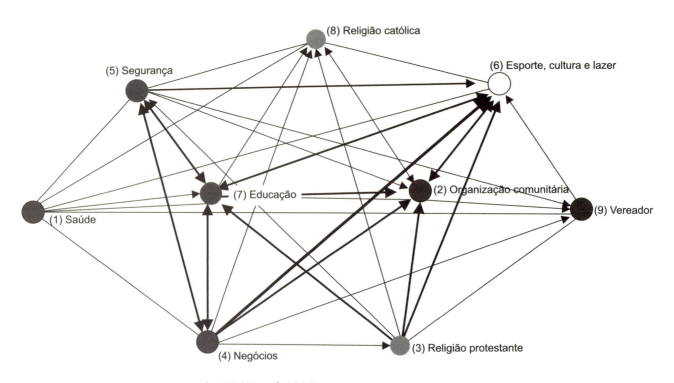

Fonte: Elaboração própria com Pajek (NOOY et al. 2014).

através de modelos de Bernoulli, ou de equiprobabilidade, e Erdos Renyi de probabilidade predeterminada. Por notação, toda a família de modelos leva o prefixo P (*probability*). Neste nível, trata-se de determinar se as relações observadas são fruto do acaso ou não. A segunda geração de modelos P visou captar a dinâmica básica da reciprocidade numa rede orientada; surgiu o modelo $P_{kp\ (Rho\ KP)}$. A terceira geração dos modelos P_1 foi desenhada para captar simultaneamente a densidade da rede como um todo e no nível diádico, a reciprocidade, a popularidade e o grau de atividade dos nodos. A quarta geração dos modelos P_2 acrescentou os atributos dos agentes de uma rede como preditores de relações no nível diádico, fenômenos como a homofilia e heterofilia podiam ser captados. Mas a sociometria deu um pulo vertiginoso nos últimos 10 anos com a consolidação de equações que permitem captar processos de formação e emergência de uma rede tanto a partir de isomorfismos (subestruturas) para além da tríade como de atributos dos agentes. No primeiro caso temos uma perspectiva endógena e no segundo uma perspectiva exógena. Esta última geração é conhecida como modelos exponenciais randômicos (ERGMs pela sua sigla em inglês) ou P* (estrela) apontando para as subestruturas para além da tríade. Hoje temos variações destes modelos para análises longitudinais e hierárquicas.

A fórmula geral do P* é a seguinte (WASSERMANN & PATTISON, 1996; PATTISON & ROBINS, 2002):

$$\Pr(X = x) = \frac{1}{\kappa} \exp \{\Sigma_Q \lambda_Q Z_Q (\chi)\} \quad (4)$$

X é o espaço amostral, ou conjunto de todas as variáveis possíveis, x é a rede observada, Pr denota a distribuição de probabilidade do grafo; Q denota uma configuração ou subestrutura (díade, tríade, *up star* etc.) que faz parte da constituição do grafo; Z_Q *(x)* denota o número de configurações Q na rede x; λ_Q denota um parâmetro associado indicando a importância de Q no modelo e k uma constante de normalização, a soma da probabilidade de todos os grafos deve ser igual a 1. A equação opera de forma semelhante a uma regressão logística que visa estimar a probabilidade com a qual se observa ou não uma relação (dado binário), porém com pressupostos de dependência markoviana das variáveis preditivas (probabilidade condicional) e de semidependência para além das tríades. O leitor interessado pode aprofundar consultando o manual de Lusher et al. (2013).

Tabela 5 Configurações usadas com frequência em modelos P* (Grafos direcionados)

Nível diádico	
	Arco ou existência de uma relação [*Arc*]
	Reciprocidade [*Reciprocity*]
	Estrela de três pontas – grau de entrada [*In 3 star*]
Nível triádico ou markoviano	
	Tríade transitiva [*Transitive triad*]
Nível do circuito social ou para além da traide	
	Tríade transitiva com relações alternas [*Alternating transitive triad*]

De forma sucinta, destacamos que em ambas comunidades os resultados foram compatíveis com a hipótese de Granovetter (1973), no sentido de que os laços fortes degeneram informação útil de que precisam as lideranças em sua atividade comunitária. Visto pelo inverso, os laços fracos estão associados com a busca de informação útil. Para tanto, foram construídos grafos que entraram no modelo como covariáveis das relações de busca de informação. O critério de corte, na escala de respostas, foram as relações de menor frequência (anualmente). Porém, algumas diferenças devem ser destacadas. Na comunidade Alfa, tabela 6, modelos A e B, apresentam-se duas configurações significantes na busca de informação: reciprocidade e a popularidade e iniciativa simultâneas. Isto significa que nesse sistema social há uma tendência a buscar informações de forma recíproca ao tempo de que aqueles mais consultados são por sua vez pessoas com iniciativa para buscar informação.

Tabela 6 Modelo P* Trocas de informação na comunidade Alfa

Model A

Effects	Parameter	Stderr	t-ratio
ArcA	-29.459	0.351	0.032*
ReciprocityA	24.608	0.344	0.019*
In3StarA	0.0094	0.007	0.042
AinAoutSA	-0.8582	0.286	0.038*
A2PA-D	0.107	0.058	0.036
Weak ties	16.176	0.23	0.033*

Model B

Effects	Parameter	Stderr	t-ratio
ArcA	-30.732	0.359	0.075*
ReciprocityA	22.597	0.427	0.078*
In3StarA	0.0094	0.009	0.095
AinAoutSA	-0.8386	0.309	0.073*
A2PA-D	0.1146	0.055	0.061*
Realms_MatchA	0.7341	0.37	0.052
Realms_MatchRec	0.1367	0.786	0.033
Weak ties	15.201	0.222	0.033*

Model C

Effects	Parameter	Stderr	t-ratio
ArcA	-50.343	0.588	0.063*
ReciprocityA	13.267	0.497	0.087*
In3StarA	0.0136	0.012	0.055
Out3StarA	-0.0095	0.03	0.048
AinAoutSA	-0.3991	0.382	0.072
ATA-T	0.2223	0.155	0.048
A2PA-D	0.2529	0.166	0.053
Realms_MatchA	0.3973	0.414	0.069
Realms_MatchRecip	0.8452	0.873	0.085
Weak ties	-13.572	0.368	0.053*
Collaboration_ArcA	19.430	0.317	-0.002*
*Status*_ArcA	35.132	0.405	0.051*

* Significante pelo teste de Wald (O parâmetro é maior que dois desvios-tipo).

Tabela 7 Modelo P* Trocas de informação na comunidade Beta

Model A

Effects	Parameter	Stderr	t-ratio
ArcA	-22.892	0.224	0.035*
ReciprocityA	-0.3927	0.494	-0.02
Transitive-TriadA	-0.1922	0.185	0.019
ATA-T	10.670	0.32	0.017*
A2PA-T	-0.193	0.032	0.016*
realms_MatchA	0.3574	0.233	-0.048
realms_MatchReciprocityA	12.098	0.714	-0.019
Weak ties	10.594	0.179	0.001*

Model A*

Effects	Parameter	Stderr	t-ratio
ArcA	-23.971	0.229	-0.052*
ReciprocityA	-0.5942	0.487	0.003
Transitive-TriadA	-0.224	0.185	-0.035
ATA-T	10.502	0.32	-0.042*
A2PA-T	-0.178	0.031	-0.048*
realms_MatchA	0.3623	0.236	0.038
realms_MatchReciprocityA	15.097	0.71	0.038*
Strong ties	21.835	0.213	-0.064*

* Significante pelo teste de Wald (O parâmetro é maior que dois desvios-tipo).

No modelo C, quando o *status* e a colaboração foram introduzidos como covariáveis, a reciprocidade permanece como um parâmetro significante, porém, os laços fracos ficam com um parâmetro negativo, o que significa que seu efeito preditivo é decrescente na formação das relações em busca de informação.

Em relação com a comunidade Beta, encontramos uma combinação interessante de configurações. Na tabela 7, modelo A, observamos que os laços fracos são bons preditores na busca de informação útil. Também testamos o efeito dos laços fortes (covariável construída com as relações de frequência semanal), tabela 7, modelo A*, obtendo um resultado consistente: os laços fortes são bons preditores de busca de informação, porém restritos às trocas recíprocas dentro dos âmbitos de trabalho. Este resultado vai ao encontro da hipótese sobre a degeneração da informação, laços fortes são preditores de informações restritas a círculos sociais homogêneos.

Conclusões e desafios

Encerramos esta panorâmica sobre as estratégias de mensuração do capital social com algumas notas conclusivas e apontado um desafio para o programa de pesquisa. Em primeiro lugar, consideramos que não há um conceito politicamente neutro do capital social. Como bom kantiano que era Max Weber, a sua separação de juízos de fato e de valor não foi obstáculo para ele reconhecer que o mundo das preferências condiciona a escolha do problema por parte do pesquisador. Daí em diante deverá submeter-se ao rigor dos métodos de investigação disponíveis, de tal forma que possa aceitar fatos incômodos e contrários às suas expectativas. Nesse sentido, o capital social tem sido invocado para pesquisar como as estruturas sociais alavancam a eficiência econômica, no que podemos chamar de programa de pesquisa econômico-liberal, mas ao mesmo tempo tem sido mobilizado para desvendar como as mesmas estruturas reproduzem desigualdades que estão no ponto de partida da concorrência entre os indivíduos, no que podemos chamar de programa de pesquisa redistributivo. Não estamos afirmando, aqui, que em matéria de capital social cada um encontra o que quer, ou que podemos impunemente fazer pseudociência ao serviço de um programa político. Somente apontamos que uma vez recortado o problema, o investigador, se é rigoroso com seu método, poderá encontrar fatos contrários às suas hipóteses e expectativas de eficiência e equidade.

Em segundo lugar, vimos como não há dado científico teoricamente neutro. Isto é, se a minha teoria pressupõe que há indivíduos sem estruturas de proximidade, isto condiciona a minha formatação do problema e impõe determinados modelos matemático-formais que sejam adequados. Denominamos este enfoque de estratégia econométrica. Agora, se a minha teoria pressupõe que há estruturas de proximidade fruto das interações entre os agentes, então tenho que optar por modelos matemático-formais de tipo sociométrico.

Destaco alguns desafios para a pesquisa sobre o capital social, em sentido maximalista, no contexto brasileiro. De que forma as redes de contato são preditores das soluções que demandam dilemas da ação coletiva em grande escala? Por exemplo, como comunidades tradicionais, em grandes agregados demográficos, fazem uma apropriação ecologicamente sustentável de recursos naturais ao tempo que elevam as suas capacidades humanas? Isto implica resolver seus conflitos cooperativos e de distribuição levando em conta estruturas de proximidade que garantam o controle social do comportamento oportunista. Para tanto, é preciso construir modelos de análise multinível que permitam entender as relações complexas entre sistemas sociais locais, arranjos burocráticos de Estado e ecossistemas. Nessa hierarquia analítica é vital captar como opera o caminho de mão dupla que há entre as dinâmicas regulatórias e os processos sociais que envolvem *status*, colaboração e afeto. Nesse sentido, apontamos para um refinamento da pesquisa neoinstitucional em direção de explicar a emergência dos sistemas de regulação política no campo ambiental. Mas o mesmo problema se levanta para âmbitos tradicionais do processo decisório na arena democrática. Este é um convite para cientistas políticos, sociólogos e todos aqueles ocupados em entender a forma como emerge e evolui a regulação social, fonte da autoridade, a partir das diversas formas do capital, isto é, do poder social.

Referências

BAQUERO, M. Sem confiança a democracia se torna inerte: é o capital social uma resposta? – Um estudo sobre América Latina. In: *Educação Unisinos*, 9 (2), 2005, p. 84-98.

BARBOSA, J.; HIGGINS, S.S.; VENEROSO, J. & RIBEIRO, A. Capital social e seletividade em redes de coautoria acadêmica: o caso das ciências contábeis no Brasil. In: *Brazilian Business Review*, 13 (6), 2015, p. 239-269.

BOURDIEU, P. Le capital social: Notes provisoires. In: *Actes de la Recherche en Sciences Sociales*, 31, 1980, p. 2-3.

_____. Les trois états du capital culturel. In: *Actes de la Recherceh en Sciences Sociales*, 31, 1979, p. 3-6.

BURT, R. Structural Holes versus Network Closure as Social Capital. In: LIN, N.; KAREN, C. & BURT, R. (eds.). *Social capital*: Theory and Research. NJ: Aldine Transaction, 2005.

_____. The network structure of social capital. In: *Research in Organizational Behaviour*, 20, 2000, p. 345-423.

_____. Le capital social, les trous structuraux et l'entrepreneur. In: *Revue Française de Sociologie*, 36, 1995, p. 599-628.

COLEMAN, J. Social capital int the creation of human capital. In: *American Journal of Sociology*, 93, supl., 1988, p. 95-120.

_____. *Foundations of Social Theory*. Cambridge/Londres: Belknap Harvard, 1994.

FINE, B. The developmental State is dead – long live social capital? In: *Development and Change*, 30 (1), 1999, p. 1-19.

FUKUYAMA, F. *Confiança*: as virtudes sociais e a criação da prosperidade. Rio de Janeiro: Rocco, 1996.

HIGGINS, S.S. A difícil construção do capital social. In: *Latin American Research Review*, 47 (3), 2012, p. 83-108.

HIGGINS, S.S.; CÁSSIO, Í.; BRAGA, M.; COATA, J. & DE OLIVEIRA, V. *Capital social e ação coletiva em setores populares urbanos*: uma abordagem neoestrutural [Projeto financiado pela Fundação de Amparo à Pesquisa de Minas Gerais (Fapemig). APQ-02260-14 – Inédito].

HOLLAND, P. & LEINHARDT, S. Detecting structure in sociometric data. In: *American Journal of Sociology*, 76, nov./1970, p. 492-513.

INGLEHARDT, R. *World Values Survey* [Disponível em www.worldvaluessurvey – Acesso em dez./2013].

LAZEGA, E. *The Collegial Phenomenon*: The Social Mechanisms of Cooperation among Peers in a Corporate Law Partnership. Oxford: Oxford University Press, 2001.

LAZEGA, E. & HIGGINS, S.S. *Redes sociais e estruturas relacionais*. Belo Horizonte: Fino Traço, 2014.

LIN, N.; COOK, K. & BURT, R. *Social Capital*: Theory and Research. Nova Jersey: Aldine Transaction, 2005.

LOURY, G. A dynamic theory of racial income differences. In: WALLANCE, P.A. & LE MUND, A. (eds.). *Women, minorities, and employment discrimination*. Lexington, Mass.: Lexington Books, 1977, cap. 8.

LUSHER, D.; KOSKINEN, J. & ROBINS, G. *Exponential Random Graph Models for Social Networks* – Theory, Methods, and Applications. Cambridge: Cambridge University Press, 2013.

_____. Why should we care about group inequality? In: *Social Philosophy and Policy*, 5, 1987, p. 249-271.

NEVES, J. & HELAL, D.H., Associativismo, capital social e mercado de trabalho. In: AGUIAR, N. (org.). *Desigualdades sociais, redes de sociabilidade e participação política*. Belo Horizonte: UFMG, 2007.

NOOY, W.; BATAGELJ, V. & MRVAR, A. *Exploratory Social Network Analysis with Pajek*. Nova York: Cambridge University Press, 2011.

OFFE, C. & FUCHS, S. A decline of social capital? In: PUTNAM, R. (ed.). *Democracies in Flux*. Nova York: Oxford University Press, 2002.

OLSON, M. *A lógica da ação coletiva*. São Paulo: USP, 1989.

OSTROM, E. & AHN, T.K. Una perspectiva del capital social desde las ciencias sociales: capital social y acción colectiva. In: *Revista Mexicana de Sociología*, 65 (1), 2003, p. 155-233.

PATTISON, P. & ROBINS, G. Neighborhood-based models for social networks. In: *Sociological Methodology*, 32, p. 300-337.

POLANYI, K. *A grande transformação*: as origens da nossa época. 2. ed. Rio de Janeiro: Elsevier/Campus, 2000.

PORTES, A. Social capital: its origins and applications in contemporary sociology. In: *Annual Review of Sociology*, 24, 1998.

PUTNAM, R. *Comunidade e democracia*. Rio de Janeiro: FGV, 1996.

PUTNAM, R. (ed.). *Democracies in Flux*. Nova York: Oxford University Press, 2002.

SAMPSON, R. *Great American City*: Chicago and the Enduring Neighborhood Effect. Chicago: The University of Chicago Press, 2012.

SAMPSON, R.; RAUDENBUSH, S. & EARLS, F. Neighborhoods and Violent Crime: A Multilevel Study of Collective Efficacy. In: *Science*, 277, ago./1997.

SUDARSKY, J. *El Capital social de Colombia*. Bogotá: DNP, 2001.

TOCQUEVILLE, A. *A democracia em América*: sentimentos e opiniões. São Paulo: Martins Fontes, 2000.

_____. *O Antigo Regime e a revolução*. Brasília: UnB, 1997.

WASSERMAN, S. & PATTISON, P. Logit models and logistic regressions for social networks, I: an introduction to Markov graphs and p*. In: *Psychometrica*, 61, 1996, p. 169-193.

WEBER, M. *L'Éthique Protestante et l'Esprit du Capitalisme*. Paris: Flammarion, 2002.

WOOLCOK, M. The place of social capital in understanding social and economic outcomes. In: *Development Research Group* – The World Bank, 2001 [Disponível em www.worldbank.org].

23
Sociologia do lazer
"Desafios da sociologia do lazer"

Luiz Octávio de Lima Camargo

Introdução

O lazer como tema de um capítulo de uma obra de sociologia certamente é algo para comemorar e agradecer aos editores. A simples lembrança do tema é algo para ser registrado e que torna ainda mais delicada a questão: como dar conta da tarefa?

Como os autores dos demais capítulos, penso eu, vi-me diante de várias alternativas. Poderia simplesmente expor uma teoria sociológica do lazer, tal como eu a entendo, o que, de certa forma, já fiz isso em entrevista recentemente publicada (ROCHA & OLIVEIRA 2018), mas sem jamais insistir que é a "minha" concepção de uma sociologia do lazer. Uma segunda alternativa seria estabelecer uma história da aplicação das ciências sociais e da sociologia em particular ao lazer. Dumazedier (1974) e Pronovost (1983), entre outros, já o tentaram. O resultado é que sempre falta alguém. Ou simplesmente elencar os autores e comentá-los cronologicamente.

O resultado deste texto é uma mistura de todos esses caminhos. Um pouco de história, um pouco dos autores e um pouco dos conceitos centrais. Começo por me perguntar por que o termo lazer e não outro da constelação de termos sobre o não trabalho. No mesmo item, pergunto-me por que a sociologia assumiu a dianteira dos estudos de lazer.

A seguir, faço um histórico das ideias dos chamados pioneiros e precursores, uma espécie de pré-história dos estudos do lazer, para chegar ao ponto de maior interesse, aquele que pode ser considerado o criador da sociologia do lazer, meu mestre e orientador do doutorado, Joffre Dumazedier seguidos dos autores atuais, os aqui chamados de instituidores.

O passo seguinte foi colocar o problema da sociologia do lazer em países como o Brasil, e o faço adotando o mesmo problema que elegi para a minha tese de doutorado: se a sociologia do lazer é um produto de sociedades industriais avançadas, como se coloca o tema nas sociedades em vias de desenvolvimento, como o Brasil?

Qual é o futuro do estudo do lazer? É o último item, antes das considerações finais, e nele tentarei explicitar minhas hipóteses sobre o futuro do estudo do lazer aqui e em outros países.

Por que lazer? Por que sociologia?

Quando alguém se propõe a falar de sociologia do lazer, essas perguntas são necessárias. Comecemos pela maior visibilidade do termo lazer.

Por que esse termo erudito e fora do léxico das pessoas menos letradas foi privilegiado entre os demais termos concorrentes – recreação, tempo livre, jogo, ócio, entretenimento? Pergunta associada: por que a sociologia do lazer desenvolveu-se apenas em países cujos léxicos incluem uma derivação do termo latino *licere*?

Para muitos, alguns desses termos podem até ser considerados sinônimos e em muitas publicações o são efetivamente[1]. É o caso de lazer e recreação e de lazer e ócio. Na verdade, mesmo nos dicionários, ócio e lazer podem ter significados diferentes e até contrários: ócio indica o não fazer nada (tarefa, aliás, impossível para um ocidental e somente possível para um místico oriental que sabe o que é pensar sem palavras) e lazer sempre significa fazer alguma coisa.

Esses termos tiveram trajetórias diferentes no mundo acadêmico e a escolha do termo lazer em alguns países parece em grande parte determinada por motivos linguísticos: o *licere* latino (ser permitido) somente sobreviveu em poucas línguas, como o francês (*loisir*), o inglês (*leisure*) e o português. É nos países marcados por essa característica que a atividade se tornou objeto de estudo sociológico. Portugal foi uma exceção inexplicável.

A internacionalização da língua inglesa na vida acadêmica serviu para, de certa forma, universalizar o termo lazer, sobretudo nos eventos internacionais. Mas o problema permanece. Como as línguas que não dispõem deste termo ocupam-se da realidade que, como diz Flusser (2007), essa palavra cria, forma e propaga.

Isto tem a ver especialmente com o recente interesse demonstrado pelo tema nas sociedades asiáticas. Hoje, inclusive, seus representantes são os mais numerosos no Comitê de Lazer da Associação Internacional de Sociologia e da Organização Mundial do Lazer, o que é motivo de muito ruído: ao lê-los ou ouvi-los, nunca se tem certeza de estar falando a mesma coisa. Para indianos, por exemplo, o termo lazer é associado a ideias místicas do

hinduísmo. Para chineses, o lazer lembra a importância de parques, áreas verdes etc.

Na Itália e nos países hispânicos, o uso da palavra ócio é corrente, merecendo serem citados Frederic Munné (1996) e Domenico de Masi (2000), na Itália. De Masi merece um comentário à parte por ter popularizado o termo ócio no Brasil. Sociólogo do trabalho, consultor de grandes empresas e dono de um forte carisma como conferencista, suas ideias sobre a importância do lazer tiveram grande impacto na mídia do país. Confessou mais de uma vez que não conhecia e muito menos dialogava com nomes desta área. Como italiano, conhecia apenas a palavra ócio. Curiosamente, embora tenha publicado vários livros sobre ócio no país, teve apenas um na Itália – *Economia dell'ozio* – publicado em 1992, um ano depois da edição brasileira. A seu favor, diga-se que, como especialista e consultor de megaempresas globalizadas, ele teve a estatura suficiente para sensibilizar a sociedade em geral para o tema.

Já "tempo livre", tanto na tradição sociológica francesa como na anglo-saxã, traduz a herança da redução da jornada de trabalho. Sua carta de nobreza é a tradição de lutas operárias para conseguir a jornada diária de oito horas, o fim de semana, as férias e a aposentadoria. Às vezes, é utilizado como sinônimo de lazer, mas a preferência (GUTIÉRREZ, 2007) sinaliza um desconforto com a ideia de que esse tempo seja espaço de liberdade suficiente para se poder chamá-lo de lazer, limitando-se à reposição do desgaste do trabalho.

Já os termos *lúdico* e *recreação* acompanham os estudos do lazer. A experiência lúdica (note-se que o termo ludicidade nem existe nos dicionários Houaiss e Michaelis) está sempre associada ao lazer e à recreação e a palavra lúdico deve aparecer bastante neste texto. Mas não se confundem. O lúdico é a qualidade da experiência vivida em qual-

---

1. Cf. a revista n. 2 do Centro de Pesquisa e Formação do Sesc, maio/2016 [Disponível em file:///C:/Users/LUIZ/Downloads/REVISTA%20DO%20CENTRO%20DE%20PESQUISA%20E%20FORMACAO%20N02%20ISSN%2024482773%20(1).pdf].

quer atividade, inclusive no trabalho, na família, na religião. Por outro lado, o lazer é um tempo tão artificial como o trabalho e o lúdico até faz parte da lógica da escolha de uma atividade, mas – e este é o problema da educação para o lazer – nem sempre se realiza (CAMARGO, 1998).

Seja como for, o lúdico tem uma carreira acadêmica substantiva. Foi objeto de diversos estudos clássicos – de Johan Huizinga (1974), Walter Benjamin (1990), Roger Caillois (1990) – com desdobramentos, além da inesgotável produção americana sobre o *play,* na França – Michel Manson (2002), Gilles Brougère (1997), Jean Château (1987) – e no Brasil, com três núcleos de estudos de educação liderados por Tizuko Kishimoto (1995), Cleomar Gomes (2016), Cipriano Luckesi (2000).

Devem ser mencionados, também, os teólogos mais atentos ao papel da ludicidade na vida humana e que mantêm distância da teologia do sacrifício. Jurgen Moltmann (1997) afirma assertivamente que a única categoria humana compatível com a divindade é o brincar e não o trabalho. O trabalho é o reino da necessidade, categoria que não se ajusta à figura divina, muito menos o tédio. No sétimo dia da criação, Deus descansa, brinca com a sua criação e convida os homens feitos à sua imagem e semelhança a brincar no mundo, como uma criança que joga um pião e assiste maravilhado às suas evoluções. Harvey Cox (1976) lamenta que entre as maiores perdas da Modernidade esteja exatamente a capacidade de brincar, exaltando a Idade Média como o momento mais intenso de exercício da ludicidade humana.

O termo recreação também tem uma trajetória paralela e às vezes concomitante em relação ao lazer. Nos Estados Unidos, a formação dos profissionais de lazer acontece dentro de universidades sob a rubrica *Recreation and Parks.* Mas também no Brasil, embora não se possa falar de concorrência, os dois termos caminham juntos.

Na verdade, tanto ludicidade como recreação terminaram por privilegiar, em nosso país, o âmbito da educação escolar. No caso da ludicidade, embora alguns, especialmente Gomes e Luckesi, interessem-se pela experiência lúdica em si, o termo tem tido um uso mais instrumental, associado à aprendizagem escolar. Já a recreação é o termo preferido na educação física e, embora vários autores como Christianne Gomes (2008) e Helder Isayama (2018) o entendam além da escola, a verdade é que, nos seus desdobramentos, continua preso no âmbito da educação física escolar, para os egressos da área, lazer é o jogo informal.

É como Marcellino (1998) fala também da concorrência entre os termos de cultura e lazer. Segundo ele, nos órgãos públicos, cultura e lazer significam respectivamente atividades formalmente organizadas e informais. A noção de cultura ainda tem outro problema. Estiolou! Como desabafou certa vez o filósofo e antigo ministro da Cultura Sérgio Rouanet: "se tudo é cultura, o que é mesmo cultura?"

Sem um estudo mais aprofundado, tudo o que se pode dizer é que o termo lazer hoje concentra a maior parte dos estudos sobre o tempo fora do trabalho devido à sua maior difusão no âmbito das disciplinas acadêmicas. O termo refere-se com mais propriedade ao largo contexto da cidade que se diverte, tendo-se afirmado na educação, no urbanismo, na comunicação, no trabalho, mais do que os demais.

A mesma pergunta pode ser feita sobre a dianteira da sociologia sobre as demais disciplinas e a resposta é a mesma. As aspirações e necessidades de lazer colocam em xeque o trabalho, a escola, a família, a religião, o urbanismo, a arquitetura. Além disso, são parte integrante das políticas públicas, da gestão como o demonstram didaticamente Pacheco & Santos (2018). São problemas do domínio da sociologia. A evolução da urbanização pergunta sobre o significado do entretenimento nas cidades, o que é uma questão sociológica. A importância do folguedo na sociabilidade contemporânea é também uma questão sociológica.

A psicologia tem alguns nomes como os já citados Csikszentmihalyi (1992), Neulinger (1974) e Stebbins (2008), mas a dificuldade maior dessa disciplina é que atividade e personagem não se articulam como no caso do turismo. Como notou Pronovost (2018), diferentemente do turismo, em que existe o estudo do turismo e do turista e neste personagem a psicologia encontra espaço de ação, existe o lazer mas não existe o "lazerento" e a psicologia do lazer só pode trabalhar a noção de estado de espírito – para Neulinger (1974) a "liberdade percebida" e Csikszentmihalyi (1992) o fluir, traduzido ousadamente no Brasil como felicidade.

Na antropologia, a disciplina-irmã mais próxima, a noção de lazer não cabe integralmente. Caillois (1990) trabalha a noção de jogo e como tal é muito frequentado pelos estudiosos do lazer. Entre nós, José G. Magnani (2004) trabalha com noções de vida cotidiana, sociabilidade etc., que não remetem a um tempo ou atividade específica. De qualquer forma, a antropologia, dentre as demais ciências sociais, é a que mais permite um olhar diferente sobre o lazer. O antropólogo pode captar as cenas em que aparece o protagonismo do lazer como agente vivificador das relações sociais na cidade.

A filosofia, por seu lado, pode discutir a vida cotidiana do ponto de vista ético e estético e, com isso, trazer grandes contribuições. Além de Huizinga (1974), devem ser citados Bertrand Russel (1957), que fala do direito ao lazer, Pieper (1969), para quem o lazer é a condição para o exercício da filosofia e, mais modernamente, Michel Bellefleur (2002), para quem o lazer tem uma presença cada vez mais estruturante da experiência da vida humana.

Também nas ciências exatas, existem abordagens enriquecedoras do lazer. Hans Selye (1959) é a demonstração de que se o homem não sabe o que é descanso, conhece ao menos seu verso, o estresse, conceito que ele criou e desenvolveu. Quando a interdisciplinaridade finalmente acontecer, veremos que, como disse Eunice Durhan (2003) em seu artigo sobre os chimpanzés, as ciências sociais ganhariam muito se estudassem o que existe nas ciências exatas como a etologia antes de colocar seus problemas e hipóteses sobre o homem.

Os pioneiros

Mais uma sátira política do que um livro sociológico, Paul Lafargue, apesar de ter preferido e justificado o uso do termo preguiça em lugar de lazer, deve ser lembrado por inspirar sociólogos de todas as gerações seguintes. Em seu manifesto *O direito à preguiça* (2000), publicado em 1880, sugere que os operários ao invés de lutar pelo direito ao trabalho e de trocar mão de obra por salário para ter dinheiro para se entreter, deveriam lutar diretamente pelo direito ao lazer então exclusivo dos patrões. Afinal, trabalhando 15 horas diárias todos os dias da semana, da tenra infância até a morte, como ter tempo para o lazer?

Lafargue tece longas críticas aos positivistas pelo apoio incondicional ao trabalho, sob o pretexto do progresso. Mostra o quão benéfico seria a diminuição das horas de trabalho, não somente para o proletariado, mas para a própria burguesia. Em seguida, denuncia o vício do trabalho, dos muitos que foram levados a sentir a necessidade de se trabalhar cada vez mais.

Lamente-se que sua herança só recentemente tenha sido resgatada pela sociologia brasileira mais próxima das ideias marxianas. Até pouco tempo, a simples ideia de falar em lazer para a população sempre ecoou entre esses sociólogos como um resgate da ideologia do "panem et circenses" dos romanos, ou seja, uma forma de alienar a população de seus reais problemas.

Na verdade, pode-se dizer que os sociólogos, mais uma vez os mais próximos do pensamento de Karl Marx, sempre colocaram em relevo o pensamento de Thorstein Veblen e a *leisure class* no seu livro *A teoria da classe ociosa* (1969). Nessa obra, publicada em 1899, considerava trabalho apenas o labor manual do operário e das funções subalternas. Nem empreendedorismo, nem esporte, nem arte, nem pesquisa eram considerados trabalho, o que reflete a formação puritana recebida dos pais norugueses. Segundo ele, estes formavam a classe ociosa de sua época. Os símbolos *status* desta classe são o privilégio de poder viver sem trabalhar, sem usar as mãos e mesmo de lhes ser vedada qualquer forma de trabalho. Veblen associou o consumo conspícuo e o lazer ao surgimento desta nova classe ociosa e, para muitos, resume toda a sociologia do lazer.

Os precursores

David Riesman é o primeiro nome a ser lembrado. Seu livro de maior interesse para a sociologia do lazer é *A multidão solitária* (1975), um estudo sobre a mudança do que chamou de caráter americano. Traz o conceito de "caráter social", definido como "a parte do 'caráter' que é compartilhada por grupos significativos, e que [...] é o produto da experiência destes grupos" (RIESMAN, 1975, p. 68). Trabalha também a noção de tipos ideais representativos das três fases da sociedade humana: a sociedade tradicional, de rápido crescimento populacional em que há o predomínio de pessoas traditivo-dirigidas (*tradicion-directed*) com um caráter social de conformidade que é assegurada por uma tendência a seguir a tradição, com pequeno estímulo à mudança, tendo vigorado até o Renascimento e o início da Idade Moderna; as sociedades industriais (de produção) com crescimento de transição em que as pessoas são introdirigidas (*inner-directed*), desenvolvendo um caráter social dependente de introdireção, no sentido de que agem como se tivessem claro o caminho a seguir, tendo vigorado da Modernidade até o final da Segunda Guerra Mundial; e a sociedade de consumo, em declínio incipiente de população, em que as pessoas são alterdirigidas (*otherdirected*), que corresponde à época atual, no sentido de que desenvolvem um caráter social marcado pela tendência a sensibilizar-se com as expectativas e preferências dos grupos de iguais.

Ele foi acusado de fazer o elogio dos introdirigidos, cujo ícone é o *cowboy*, aquele que efetua suas escolhas como se tivesse uma bússola dentro de si. Os alterdirigidos para ele, ao invés de uma bússola que olhava o mundo interno, eram presas de sua tendência a buscar afinidades.

> Ah se os indivíduos alterdirigidos descobrissem que seus próprios pensamentos e suas próprias vidas valem tanto quanto o pensamento e a vida dos outros, e que, na verdade, não lhes é dado mitigar sua solidão dentro de uma multidão, mais do que se pode mitigar a sede bebendo água do mar! Então poderíamos esperar que eles se tornassem atentos a seus próprios sentimentos e aspirações (RIESMAN, 1975, p. 378).

O grande mérito de Riesman foi ligar a temática dos lazeres de massa à cultura midiática, cuja visibilidade cresceu com a chegada da televisão.

Outro precursor é Georges Friedmann. Foi um intelectual marxista que dedicou a maior parte de seu trabalho para o estudo das relações do homem com a máquina, nas sociedades industriais da primeira metade do século XX. Seu curso de Sociologia do Trabalho e do Lazer teve alunos importantes, tais como Joffre Dumazedier, Jean Duvignaud,

Alain Touraine, Pierre Naville, Henri Wallon, Jean Fourastié e Georges Magnane.

A humanização da sociedade industrial sempre foi seu foco. No seu único livro traduzido entre nós, *O trabalho em migalhas* (1972), ele mostra que o trabalho parcelado da linha de montagem, de certo modo, "tira" a liberdade do ser humano e o desumaniza. Transforma as pessoas em, praticamente, máquinas. Movimentos predefinidos e repetitivos fazem parte dessa rotina de máquina. A sua crítica ao trabalho industrial não se atém ao parcelamento das atividades cotidianas nas fábricas. A maior divisão é entre quem planeja e quem executa com a consequente a alienação do indivíduo. O lazer tinha, para ele, o sentido compensatório de tempo para o resgate da polivalência do homem.

Qual é o futuro do trabalho? Como superar a alienação do operário na indústria? Visitou Stalingrado (na época, o mais moderno centro industrial soviético) para verificar se o problema era o capitalismo; a Yugoslávia, para verificar se a autogestão introduzida no país levava os trabalhadores a interessarem-se mais pelo produto de seu trabalho; a Suécia, para observar a experiência efêmera de eliminação da linha de montagem da Volvo. A sua decepção o levou a sonhar que, no Brasil, o samba e o carnaval iriam dar nova forma à linha de montagem, que sabe ao ritmo do samba, e humanizar a relação com a máquina. Não veio verificar sua hipótese. Curiosamente, mais ou menos duas décadas depois, na Fiat em Betim, quando as greves ainda eram proibidas, os operários desenvolveram uma operação-padrão executando os movimentos ao ritmo do samba. Foi no máximo um gesto simbólico.

Ao final de sua vida, viu no consumo o grande problema: a conversão do *ter* para o *ser* pareceu-lhe a única saída.

Entre os precursores deve ser mencionado também um nome pouco lembrado, mas decisivo

para o lento desvelar da consciência sobre a necessidade do estudo do lazer. Embora economista, Jean Fourastié, com suas pesquisas sobre a redução da jornada de trabalho, deu um fôlego importante às reflexões sociológicas.

Em seu principal livro, *As 40.000 horas: um perfil do futuro* (1967), Jean Fourastié analisa as alterações que irão facilitar a vida do homem nos próximos 20 anos, inclusive também as dificuldades que necessitará superar. As 40.000 horas são baseadas em cálculos onde o autor leva em consideração a jornada diária (6 horas), semanal (30 horas), que, ao longo de 40 semanas perfazem um total de 1.200 horas trabalhadas por ano. Multiplicando pelos 35 anos de trabalho durante a vida, chegamos às 42.000 horas de trabalho, podendo ser avaliada em 40.000 horas a duração média de atividade profissional efetiva de um homem durante a vida.

Ele também insistia na necessidade de diminuição do consumo, acreditando que, se os franceses aceitassem reduzir em 10% seu poder de consumo, a jornada anual de 40 mil horas poderia ser introduzida imediatamente. A crise do petróleo, de 1973, colocou por terra suas previsões.

Outro nome importante é Sebastian de Grazia. Ele foi um cientista político e filósofo americano. Sua principal obra sobre o lazer foi *Of Time, Work, and Leisure* (1962) , no qual ele caminha a contracorrente dos demais sociólogos do lazer da época e sobretudo de Joffre Dumazedier, cujo primeiro livro de repercussão sobre o lazer tinha sido lançado um ano antes, como veremos mais adiante.

Pensando o lazer na sociedade americana da época, ele se pergunta se realmente houve aumento de tempo livre após a redução da jornada de trabalho, com o avanço industrial e o "auxílio" das máquinas para o aumento da produção. Em tese, dizia ele, o homem deveria trabalhar menos;

entretanto, em alguns casos, o homem passou a trabalhar até mais.

> A cada meio século, a partir da Revolução Industrial, surge um sábio predizendo um futuro tempo livre. O que nos faz olhar com precaução para tais profecias sobre o futuro do tempo livre é que até o presente, todas tenham sido equivocadas. [...] Todas elas refletiam um mesmo sonho (mais tempo livre), e na origem desse sonho sempre havia um mesmo impulso: a máquina (DE GRAZIA, 1962, p. 264).

Diferentemente de outros autores, ele não entende o lazer como produto da Revolução Industrial, pois, para ele, a vida social dos filósofos da antiga Grécia representa o ponto inicial para discussões acerca do lazer. Mas hoje as pessoas trabalham para ter dinheiro para consumir mais, e assim vai se tornando um ciclo vicioso, onde a prioridade é consumismo e o trabalho vai consumindo o tempo livre. À medida que o tempo livre surge, com ele mais obrigações aparecem, devorando assim o lazer e o tempo livre. "Os compromissos e as obrigações da existência normal tendem a aumentar, enquanto a semana de trabalho regular se reduz" (DE GRAZIA, 1962, p. ix).

Joffre Dumazedier

Este sociólogo francês (1915-2002) foi sem dúvida o que mais laborou no sentido de afirmar internacionalmente a sociologia do lazer. Além de uma intensa produção acadêmica, teve uma atividade militante, incentivando a formação de grupos de pesquisa nos Estados Unidos, Canadá, Reino Unido, Bélgica, na então URSS e em todo o Leste Europeu e no Brasil. Foi sob sua militância que o lazer converteu-se em um dos primeiros comitês de pesquisa (n. 13) da Associação Internacional de Sociologia. Não contente com isso, como intelectual que integra organicamente reflexão e ação, empe-

nhou-se na afirmação do movimento do lazer – criou e dirigiu durante 22 anos a florescente associação *Peuple et Culture* – e da animação cultural em diferentes países. De 1976 a 1982, no Brasil, assessorou a política de lazer do Sesc e a pesquisa dentro da instituição.

Ainda jovem, Dumazedier envolveu-se com o movimento operário francês, tendo sido um dos principais animadores do nascente movimento *Auberges de la Jeunesse*, ponta de lança da parcela do movimento operário que via, no tempo livre crescente, um espaço para a afirmação do direito dos operários ao lazer.

Engajado na Resistência, durante a Segunda Guerra Mundial, reencontrou seus antigos amigos deserdados da escola e, mesmo atuando na linha de frente e na retaguarda (serviços de meteorologia para informações aos aliados), o que mais lhe interessou era a formação dos deserdados. Ali ele iniciou o seu método de Treinamento Mental, baseado em quatro perguntas: O que vai mal? Que critérios de melhoria escolher? O que fazer e com quais meios? Que resultado esperar? Tal método, com essas questões centrais, que ele divulgou em diferentes países após a guerra, sob os auspícios da Unesco, foi em 1988 recomendado pela organização como base para a educação de adultos.

Finda a guerra, percebeu que sua formação em Letras pouco o ajudaria na missão que se lhe afigurava como a mais clara para sua vida: a educação de adultos. Essa ambição o levou aos Estados Unidos, onde estudou com Lazarsfeld, Katz e David Riesman.

De 1956 a 1990, Dumazedier teve uma importante atividade acadêmica, da qual resultaram a criação da equipe de *Loisirs et Modèles Culturels*, no Conselho Francês de Pesquisa Científica (CNRS); a criação da cadeira de Sociopédagogie de L'éducation des Adultes, des Loisirs et de L'animation Socioculturelle, na Sorbonne, e do Comitê de Lazer da Associação Internacional de Sociologia.

Sua formação durkheimiana o levou a procurar obsessivamente modelar o conceito de lazer sociologicamente como um fato social. Para tanto, empreendeu uma larga pesquisa longitudinal (1955-1975) na cidade de Annecy, nos Alpes Franceses, então uma cidade média e que constituía um polo cultural na região, condições por ele reconhecidas como ideais para se estudar as práticas do tempo livre, pesquisa formatada de molde a permitir uma posterior análise multivariada.

Sua pesquisa mostrou que esse tempo, longe de ser um simples tempo acessório ao trabalho, que servia apenas para a recuperação da fadiga do trabalho, como se entendia até então, cada vez mais se desligava do trabalho e constituía um espaço para atividades variadas de lazer sob a forma de prática, de assistência ao vivo e na mídia, de busca de informação de atividades variadas como caminhada, corrida, ginástica, esportes, bricolagem, decoração doméstica, visitar e receber amigos, parentes, vizinhos, amigos, cuidado com plantas e animais, visitas a museus, bibliotecas, centros culturais, estudos informais, participação em grupos, que classificou segundo o interesse cultural como físicas, manuais, intelectuais, artísticas e sociais.

Seu primeiro livro produto dessa pesquisa também foi o mais próximo de um *best-seller* acadêmico: *Vers une societé de loisir?* (1961)[2], título cujo ponto de interrogação ele sempre lembrava e que era esquecido pelos críticos que o acusavam de ufanista. Num de seus últimos livros, traduzido e publicado no Brasil como *A revolução cultural do tempo livre* (1995), pode explicar o sentido da interrogação no título. O mundo caminha para uma civilização do lazer? Respondeu que, infelizmente,

caminha para uma sociedade do tempo livre, no qual esse lazer responsável pelo descanso, divertimento e desenvolvimento pessoal e social tende a ser apenas o do entretenimento inconsequente, que ia pouco além da simples, ainda que necessária, evasão das preocupações da vida cotidiana.

Em *Loisir et culture* (1966), ele explorou a fundo sua pesquisa, mostrando os diferentes aspectos da vivência dessas atividades pelos indivíduos e que mostravam cabalmente que não se tratavam de um apêndice do trabalho e muito menos de uma preparação para o trabalho. A única ligação com o trabalho era o desejo de compensar as vivências monótonas e repetitivas do trabalho. Mas o interesse maior era desenvolver outros aspectos de seu corpo e mente.

O lazer sempre existiu? Para ele, obviamente sempre existiram tanto um tempo fora do trabalho (quando havia trabalho) como a necessidade de se divertir. Mas nas sociedades primitivas não havia trabalho, tal como começou a ocorrer com a agricultura e a pecuária. A caça e a pesca mesclam ocupação e diversão mesclados. Nas sociedades pré-industriais, diferente de Grazia, ele pensa que o lazer também não existia. O trabalho inscrevia-se nos ciclos naturais das estações e dos dias, marcados por uma sucessão de domingos e festas, nas quais culto e festa estão mesclados. "Assim, embora as civilizações tradicionais da Europa tenham conhecido 150 dias sem trabalho por ano, não nos parece possível aplicar o conceito de lazer para analisa-los" (DUMAZEDIER, 1978, p. 26-27). Igualmente, "não se pode aplicar o conceito de lazer ao modo de vida aristocrático dos gregos e de todas as civilizações seguintes, que faziam pagar sua ociosidade com o trabalho dos escravos, dos camponeses ou dos valetes" (DUMAZEDIER, 1978, p. 27).

Segundo ele, o lazer se tornou uma realidade para a maioria dos trabalhadores porque o lazer

---

2. Traduzido no Brasil como *Lazer e cultura popular* (Perspectiva, 1974).

e o trabalho, ao menos, escaparam das obrigações rituais impostas pela comunidade e tornarem-se tempos específicos para as práticas neles inseridas. Essa condição só existe nas sociedades industriais e pós-industriais. Assim, a gênese do lazer, para ele, é produto de duas revoluções que acompanharam a Revolução Industrial:

• A revolução técnico-científica que permitiu produzir mais trabalhando menos e abriu espaço para a redução das jornadas absurdas de trabalho da Revolução Industrial, resultando no tempo livre moderno: ao final do dia, no fim de semana, nas férias e na aposentadoria.

• A revolução ético-estética, que sob o efeito da urbanização acelerada desencadeada na Modernidade pela indústria, bem como do movimento iluminista, abriu espaço para a reivindicação de novas relações dos indivíduos consigo mesmo (a valorização do cuidar de si, estudado por Michel Foucault (1985), a valorização estética do corpo, a liberação da mulher da escravidão doméstica), com os outros (valorização das relações informais e autênticas) e com a natureza (a busca da parceria com a natureza).

A primeira revolução, segundo ele, foi a responsável para que as jornadas anuais de trabalho operárias de 3.500 a 4.000 horas de trabalho fossem reduzidas para as atuais 1.600 a 1.800 horas nos países desenvolvidos. É importante lembrar, acrescenta ele, que todos os que laboraram para essa redução imaginaram que esse tempo livre seria utilizado para fins precisos: escolarização de crianças e adultos, frequência aos cultos religiosos, cuidados com a família, maior participação política.

A revolução ético-estética contrariou esses planos. O tempo livre passou a constituir um tempo a parte, de uso discricionário pelos indivíduos e foi transformado em sua quase totalidade em tempo de lazer. Nunca se notou que esse tempo tenha resultado numa explosão dos "bicos", maior frequência a cultos religiosos ou partidos políticos. As pessoas decidiram basicamente utilizá-los para si mesmos.

Seu trabalho foi objeto de críticas variadas. O esquematismo de sua teoria sociológica era a crítica recorrente. Mas o principal de seus críticos foi exatamente um membro de sua equipe, Marie-Françoise Lanfant. Seu livro *Les théories du loisir* foi adotado como bíblia por todos os que se incomodam com a ideia do lazer. Suas críticas tiveram repercussão e até hoje encontra seguidores, inclusive no Brasil.

Segundo ela, o próprio conceito de lazer é por demais impreciso para se tornar objeto teorizável e baseado num encadeamento de proposições que parece lógico mas que é ideológico; os teóricos muitas vezes buscam legitimar tais teorias por meio de pesquisas empíricas cujos dados são selecionados *a priori* e direcionados de modo a endossar (de maneira forçada) a teoria previamente elaborada.

Este é o caso, para ela, da ideia do tempo livre separado do tempo de trabalho: uma ficção operatória, cômoda e necessária para a análise quantitativa da alocação de tempo, mas que não poderia ser transposta para o plano da realidade. Ademais, as atividades de lazer se desenvolvem em função da indústria do lazer e dos aparelhos de produção e de controle cultural. São propostas ao indivíduo por meio de incitações publicitárias e simbólicas/ideológicas. Estão ligadas aos sistemas econômicos, sociais e culturais.

Para Dumazedier, suas críticas "eram as mais pertinentes escritas sobre a fragilidade de certas 'previsões' aparentemente científicas e sobre o pano de fundo ideológico de certas éticas apolíticas do lazer" (1978, p. 85), mas também eram ideológicas. E arremata (p. 84):

Levada ela própria pela sua representação ideológica da dinâmica do lazer, a autora taxa de "ideologia" todo esforço de pesquisa para inserir os determinantes econômicos do lazer numa relação dialética com os outros determinantes socioculturais. [...] Ela ignora o movimento de valorização social do eu através do lazer (DUMAZEDIER, 1978, p. 84).

Dumazedier nunca negou as vinculações do lazer ao trabalho, à família, à religião e à política (militância partidária). Ao contrário: para ele, um dos desafios da educação para e pelo lazer, é que este não se transforme em concorrente. Ele fala de relativa autonomia em relação às demais dinâmicas daquelas áreas. Mais ainda: insiste na tese de que o lazer, em contrapartida, tem impacto poderoso naquelas esferas. Para ele, os novos métodos (menos formalidade nas relações da empresa) e ambientes de trabalho (ele nem chegou a conhecer os modernos escritórios da Google, que mais parecem um parque temático), as relações mais democráticas na família, os cultos religiosos com música e dança (ele nem chegou a conhecer a conhecer a famosa Aeróbica do Senhor do Padre Juarez), os show-mícios que buscavam equilibrar a monotonia dos comícios, podem ser entendidos como invasão de modelos de lazer.

No livro que encerra a pesquisa de Annecy – *Société éducative et pouvoir culturel* (1976), seu mais instigante e de menor repercussão – ele defende que a sociedade democrática caminha inevitavelmente para uma nova divisão de poderes. Afinal, a cultura não pode estar no domínio dos ministérios da Justiça e muito menos da polícia. Usando como exemplo a organização da rede britânica BBC e seu conselho democraticamente repartido entre diversas instituições da sociedade, ele vê emergindo mesmo na modesta Annecy, um novo poder, o cultural, que seria o responsável por pensar os desafios da civilização e da cultura no âmbito de uma sociedade. Finaliza o livro com um

pensamento desafiador: "O poder cultural, como qualquer outro poder, antes de ser o produto inovador de uma revolução triunfante, é o produto incerto de uma reivindicação militante" (1976, p. 24 – tradução livre).

Os instituidores

O pensamento de Dumazedier encontrou eco em muitos pesquisadores em diferentes países. Podem ser citados os nomes de Gilles Pronovost, hoje, sem dúvida, seu principal sucessor, Christian Lalive d´Épinay, Roger Sue, entre muitos outros. Ele ainda é a referência clássica dos estudos sobre lazer. Mas hoje há necessidade de citar ao menos quatro estudiosos que buscaram outros caminhos: Stanley Parker, Michel Maffesoli, Chris Rojek e Geoffrey Godbey,

Pioneiro dos estudos do lazer na Grã-Bretanha, Stanley Parker foi um dos fundadores da *Leisure Studies Association* (LSA) na Grã-Bretanha e coeditor da Diretoria de Estudos e Pesquisas de Lazer, em 1973, da Universidade de Salford. Mais do que pela criação de uma teoria do lazer, Parker teve o mérito de traduzir a sociologia de Dumazedier para a sociologia anglo-saxã. Como Dumazedier, foca na sua gênese a partir da Revolução Industrial, entendendo que o lazer foi a resposta às desumanas condições de vida e de trabalho dos operários na sociedade industrial.

Entre suas considerações originais, uma das principais foi seu esforço em mostrar que trabalho e lazer nascem da mesma dinâmica da lógica capitalista – produzir para consumir (lazer), produzir mais para consumir mais (lazer) – donde suas semelhanças: são regrados por parâmetros externos ao indivíduo (ex.: relógio de ponto), tendem à padronização e são instrumentos de controle social. Também não enxerga no lazer um caminho para a democracia, também sujeito às diferenças de classe social. De certa forma, o despreparo das pessoas para o trabalho é igual ao despreparo para viver o lazer.

Nas décadas de 1960 e 1970, o Canadá anglo e francófono e os Estados Unidos produziram um grande número de sociólogos voltados ao tema do lazer. Como nota Pronovost (1983), já em 1906 foi criada a *Playground Association of America*, mais tarde *Playground and Recreation Association of America* e hoje a poderosa *National Recreation and Park Association*. Operando basicamente numa perspectiva funcionalista, atentavam à emergência do lazer como problema urbano. Godbey e Robinson (1997) assumiram um certo protagonismo na sociologia americana ao promover importantes pesquisas sobre o orçamento-tempo dos americanos, inclusive contestando estudo de Juliet Schor (1992), bastante divulgado naquele país, sobre o aumento do tempo de trabalho do americano. Com pesquisas longitudinais sobre o uso do tempo mostraram que o tempo de trabalho estava diminuindo.

Não há como deixar de incluir nesta reflexão o nome do polêmico Michel Maffesoli. Numa tentativa de resumir seu pensamento, pode-se estabelecer o seguinte arrazoado: depois de uma Modernidade (1750-1950) marcada pela sombra de Prometeu e por uma *epistème* centrada no trabalho e no futuro, iniciamos dois séculos sob a sombra de Dioniso e de uma *epistème* centrada no prazer e no presente. Nesse cenário, a socialidade (a essência do social) desloca-se do indivíduo para o grupo; essa desindividualização nasce com a sociedade das tribos, onde alteridades são transpostas: não é mais a tradição que nos orienta, mas as tribos em que estamos inseridos. Nessa formulação estão incluídos dois dos seus principais livros (MAFFESOLI, 2005; 2006). Tendo insurgido contra a sociologia dominante, criticou a falta de ousadia, o burocratismo, a preguiça intelectual, sempre vivendo às turras com os confrades.

Finalmente, cabe falar do sociólogo inglês, Chris Rojek (2009). Ele explora o significado de lazer no contexto das principais formações sociais de nosso tempo baseando-se em clássicos como Marx, Weber, Elias, Simmel, Nietzsche, Baudrillard, Foucault, Bourdieu e Durkheim, apresentando uma crítica ao conceito de lazer relacionado a "fuga", "liberdade" e "escolha". Para ele, como produto do capitalismo, ao invés de uma forma de libertar o indivíduo da vida do trabalho, trabalho e lazer estão funcionalmente inter-relacionados.

Rojek aponta a necessidade de uma perspectiva teórica mais inclusiva para considerar o lazer na sociedade contemporânea. A dialética da Modernidade simplesmente não pode mais explicar o caráter contingente e fragmentado da experiência de lazer na atualidade. Além disso, o autor fala que a ordenação da atividade social e do lazer sob a Modernidade vê espaço apenas para formas "normais" de lazer, ignorando as ditas formas de lazer "desviantes", tais como sadismo ou masoquismo sexual e uso de drogas ilícitas. Outro problema: os grupos de desempregados não são devidamente contabilizados sob a Modernidade; sem trabalho, eles não podem ter tempo de lazer. O lazer desviante é hoje o seu principal foco de pesquisa.

O lazer nos países em desenvolvimento: o caso do Brasil

Se o lazer é um produto da industrialização e a sociologia do lazer é um produto de sociedades desenvolvidas, faz sentido uma sociologia do lazer em países em desenvolvimento? Este foi o problema em minha tese de doutorado (CAMARGO, 1982) e me foi sugerido pelo próprio Dumazedier em 1977.

O ponto de partida da tese foi que a noção corrente do lazer o tornava tributário da Revolução Industrial. Ora, o Brasil conheceu a Revolução

Industrial tardiamente (apenas no início do século XX) e nunca chegou a ter uma população operária significativa. Ademais, sempre teve uma alta taxa de trabalho informal (sempre acima de 50%, com algumas exceções como a capital de São Paulo, as regiões de Campinas, Sorocaba e São José dos Campos e mais alguns locais específicos do país). No conjunto do país, estimava-se em não mais de 50% da média[3]. Ou seja, o tempo livre liberado do trabalho ao longo do dia era excessivo para parte do mercado informal que vivia de bicos, reduzido para os que se obrigavam a várias tarefas para dar conta das necessidades pessoais e familiares e reduzido mesmo para os trabalhadores que, dadas as más condições de mobilidade e transporte das capitais e grandes cidades, tinham seu tempo livre diário consideravelmente reduzido e, em alguns casos mais graves, inexistente.

Nas teorias econômicas, sociais e culturais do desenvolvimento brasileiro, nota-se apenas que consideravam inadequados para o desenvolvimento industrial os modelos de vivência do tempo pelas sociedades rurais que migravam para a cidade; para os antropólogos, o que interessava era também a vivência do tempo das sociedades tradicionais mas como pista para a identidade do brasileiro e, para os sociólogos, tudo o que podia ser ligado a lazer era tratado simplesmente como consumo.

O problema central foi, então, desdobrado em dois:

a) O lazer é um fato social observável também na sociedade brasileira?

b) Como varia esse lazer em função do tempo social que o produz – o liberado do trabalho formal e o inocupado do trabalho informal?

_____

3. Hoje, segundo o IBGE, entre os 210 milhões de brasileiros, a população economicamente ativa é de 92 milhões e apenas 32 milhões têm carteira assinada, sendo que 65 milhões não estão trabalhando e nem procurando emprego.

Para responder à primeira questão, lançou-se mão de sondagem realizada numa cidade média moderna e polo cultural (Americana) nos moldes da pesquisa realizada em Annecy por Dumazedier e por ele assessorada. Os resultados confirmaram a existência de um tempo livre cujo uso cada vez mais se assemelhava ao observado nos países ditos avançados, ou seja, basicamente pelo lazer (CAMARGO, 1984; 1978), que se traduzia tanto em atividades modernas de lazer como em adaptação de práticas lúdicas tradicionais.

Anos depois, Nestor Garcia-Canclini (1997) permitiu-me afirmar com ele que o lazer e a cultura em geral no Brasil e na América Latina são produto da hibridação entre o tradicional e o moderno e entre o local e o global, com todos os conflitos decorrentes. Em outras palavras: a Modernidade ainda não chegou inteiramente e a tradição ainda não se foi. Lançou-se mão também da única pesquisa de orçamento-tempo recentemente realizada no Brasil pelo Iuperj por Amauri de Souza (1976) no Rio de Janeiro e que referendavam os resultados da sondagem de Americana.

A segunda questão foi tratada na tese mas tiveram seus resultados destacados em publicação posterior (CAMARGO, 1982a), mostrando que, embora o tempo livre de um trabalhador que tem o lazer pago pelo trabalho (repouso semanal remunerado, férias remuneradas e aposentadoria remunerada) seja diferente daquele que tem um tempo livre ocioso, quer dizer, inaproveitado pela debilidade da economia do país, sua ocupação em nada difere substancialmente. Tudo se passa como se a urbanização e não a industrialização fosse o motor da homogeneização de costumes, muito antes de se falar em mundialização. Ou, como ilustrou Vilmar Faria (1978), a industrialização aqui promove a urbanização acolá.

Como o lazer pode ser lido hoje dentro da dinâmica da cultura brasileira? Há poucas pesquisas cujos resultados podem ser extrapolados, ao menos para parte do universo. Duas delas foram por mim conduzidas: a primeira em 1978, na cidade de Americana, SP[4]; a segunda, na cidade de São Paulo em 1997[5]. A terceira, na região metropolitana de São Paulo, foi realizada pelo Centro Brasileiro de Análise e Planejamento, em 2005[6].

A comparação dos resultados é certamente prejudicada pela diferença das bases amostrais: a primeira em uma cidade média, a segunda numa metrópole e a terceira numa região metropolitana. Não é o mesmo que sondagens realizadas dentro de uma mesma concepção, uma mesma amostra e um mesmo universo. Não obstante, os dados colocados em perspectiva podem ao menos prevenir certos preconceitos ainda correntes no meio acadêmico sobre o campo de estudos do lazer.

Destaque-se que recentemente um grupo de pesquisadores liderados por Ricardo Uvinha (2017) realizou extensa pesquisa em todo o país. A informação serve para consulta dos interessados, mas como trabalha com um universo e amostra ainda mais diferentes e seus resultados não podem ser cotejados com as citadas. Mas, quando a totalidade dos dados for divulgado, será um espelho da prática do lazer em todo o território nacional.

As sondagens de lazer são objeto de várias críticas. Magnani bem o demonstrou em sua pesquisa sobre a periferia de São Paulo: há uma enorme distância entre as atividades que as pessoas declaram praticar, conforme seu prestígio (*shoppings*, cinemas, parques etc.), no mais das vezes conhecidas através da televisão e das novelas, e sua prática efetiva, circunscritas ao "pedaço", que pouco tem a ver com as práticas codificadas pela sociologia do lazer.

O protocolo utilizado por Joffre Dumazedier em sua pesquisa em Annecy, em parte replicado pela sondagem realizada em Americana, SP, minimiza essas dificuldades, levando em conta as seguintes características do lazer:

• A prática, a assistência e a informação sobre as práticas do lazer do ponto de vista dos interesses culturais físicos (caminhada/corrida, ginástica e esporte), manuais (bricolagem doméstica, decoração, cuidados com animais e plantas), artísticos (atividades em que ele é o personagem, quando ele se identifica com o personagem e quando não há personagem), intelectuais (conversação, busca informal de conhecimento e pesquisa individual sobre temas de interesse pessoal) e sociais (participação em grupos informais, formais fechados nos participantes e formais voltados à comunidade).

• A sondagem deve ser precedida de entrevistas em profundidade para elaborar o questionário e, após sua aplicação, deve ser seguida de entrevistas em profundidade para investigar a relação entre lazer e vida cotidiana.

• As variáveis independentes recomendadas a serem utilizadas são: gênero, condição familiar, faixa etária, grau de escolaridade, classe social, local de moradia, com especial atenção a esta última que se revela mais importante até mesmo do que classe social (diz-se que um indivíduo pobre vivendo no centro de uma metrópole tem uma vida cultural de

---

4. Práticas e aspirações culturais no tempo livre da população de cidade média moderna brasileira – Sondagem realizada pelo Sesc em Americana em 1979, junto a uma amostra probabilística de 1.298 habitantes acima de 14 anos. A pesquisa foi assessorada por Joffre Dumazedier e realizada em moldes semelhantes à de sua pesquisa clássica em Annecy, igualmente uma cidade média francesa (DUMAZEDIER, 1974).

5. Práticas e aspirações culturais da população da cidade de São Paulo (SESC, 1995), Sondagem realizada junto a uma amostra de 1.233 habitantes acima de 15 anos, em moldes semelhantes à anterior.

6. O uso do tempo livre e as práticas culturais na Região Metropolitana de São Paulo (2005). Sondagem realizada pelo Cebrap junto a uma amostra probabilística de 2.002 habitantes.

lazer mais rica do que um empresário que mora longe de qualquer centro de irradiação de cultura), relação do indivíduo com a vida socioprofissional, sociorreligiosa e socioprofissional e sociofamiliar.

A segunda é a pesquisa de orçamento-tempo, que se pode dizer que nasce dentro dos estudos do lazer e que investiga ao longo de uma semana como o sujeito gastou suas 24 horas e 1.440 minutos diários e 168 horas semanais como ele gastou o seu tempo com marcações a cada 15 minutos. É uma pesquisa custosa. Apesar dos 35 anos que nos separam dos resultados da pesquisa de Souza (1976), algumas reflexões ainda são importantes e certamente deverão ser confrontadas às futuras, se um dia formos capazes de criar uma sistemática de pesquisa de uso do tempo como as inúmeras que existem para os gastos financeiros.

Perspectivas para o futuro

O estudo do lazer no Brasil está em pleno crescimento. O programa de mestrado e doutorado na Unicamp, após quase 20 anos de existência, foi extinto, mas reabriu na UFMG. Lembre-se também o Laboratório de Estudos Sobre Ócio, Trabalho e Tempo Livre, do Programa de Pós-Graduação (Mestrado e Doutorado) em Psicologia, da Universidade de Fortaleza – Ceará/Brasil. Temos uma Associação Nacional de Pesquisa e Pós-Graduação em Lazer e vários periódicos científicos voltados especificamente ao lazer ou interessados no tema. O ensino profissionalizante tem crescido e, se os programas de graduação não se afirmaram e foram extintos, o tema continua sendo estudado nos programas de turismo, educação física, comunicação e educação (como educação não formal). Como mostra Uvinha (2018), grupos de pesquisa e associações temáticas estão em franco crescimento.

Da mesma forma, observa-se um crescimento do tema nas sociedades orientais. O crescimento da participação de latino-americanos, africanos e orientais no Comitê de Lazer da Associação Internacional de Sociologia e na Organização Mundial do Lazer-WLO não deve impressionar, já que estão ocupando os espaços deixados pelos europeus e americanos.

Entre estes, a tendência é oposta. Centros de pós-graduação fecham ou fundem-se com outros programas. Mesmo no seu auge, nos anos de 1970-1990, nunca foi aceita nos programas de ciências sociais, tendo sempre de se refugiar em áreas de ciência aplicada, como educação, estudos culturais, administração, educação física e, mais recentemente, de turismo.

Além do fim de programas, pesquisadores da área migram para outras áreas, sendo o mundo digital um dos principais temas buscados. Assim sendo, soa como exceção (a exceção que prova a regra ou, mais otimistamente, quem sabe, o sinal ainda impreciso de uma nova tendência) a criação do Instituto de Estudios de Ocio na Facultad de Ciencias Sociales y Humanas da Universidade de Deusto (Bilbao, Espanha).

Lamente-se o fato de o lazer nunca ter sido devidamente aceito como ramo relevante da sociologia. Quando, pela primeira vez, o tema foi debatido em São Paulo[7], em 1969, vozes sociológicas expressaram pela mídia seu desconforto, tachando o tema de inoportuno e até mesmo escandaloso[8].

A sociologia do lazer parece ter sido sempre uma filha postiça, talvez porque coloque em xeque a base do pensamento sociológico que é o trabalho

---

7. *Seminário sobre o lazer: perspectivas para uma cidade que trabalha*, organizado pela Secretaria Municipal de Bem-Estar e pelo Sesc-SP.

8. "Programa para lazer requer ampla pesquisa". In: *Folha de S. Paulo*, 29/10/1969.

e a forma como o trabalho é decisivo diretamente na concepção das classes sociais – empresários, executivos, profissionais liberais; trabalhadores de escritório (colarinho branco); operários qualificados (colarinho azul); e operários não qualificados e trabalhadores braçais – e indiretamente no conceito de classe socioeconômica.

Vários estudiosos do lazer já se deram conta da situação. Como nota o próprio Pronovost (1991, p. 85):

> A sociologia carrega a herança de categorias de análise herdadas da sociedade industrial do século XIX. Isto nos parece crítico no caso da sociologia do trabalho e da sociologia da cultura. Como pensar uma sociedade na qual "a semana de lazer" é igual e mesmo maior do que a de trabalho?

Esta vinculação da sociologia do lazer tributária da do trabalho também foi notada por outros dois pesquisadores. O sociólogo francês Roger Sue abre sua reflexão exatamente nessa direção: "a sociologia do trabalho foi e ainda continua sendo a grande matriz da sociologia moderna. Suas categorias de análise, seus conceitos e determinismos vêm irrigando poderosamente as diferentes correntes sociológicas, inclusive a do lazer" (1991, p. 173).

Na mesma direção, caminha o pensamento do sociólogo suíço Christian Lallive d'Épinay. Também logo na abertura de seu texto, ele constata:

> Define-se classicamente classe social como o conjunto de indivíduos que ocupam uma posição análoga na organização da produção de bens e serviços. Deduz-se, então, que estes indivíduos apresentam interesses comuns e tendem a desenvolver uma visão homogênea da sociedade, a dividir, a partilhar um certo nível de vida e também um estilo de vida. Assim, a classe seria o suporte de uma (sub)cultura própria (1991, p. 173).

Mesmo assim, o lazer ganhou força como tema de pesquisa enquanto foi um tempo socialmente diferenciado dos demais, o que favorecia sua visibilidade. Hoje essa percepção vem sendo derrubada em duas frentes: em primeiro lugar, na civilização digital, não há mais um tempo específico para nenhuma atividade humana. No tempo supostamente de lazer, trabalha-se com o celular e o computador, para desespero dos legisladores do trabalho que não sabem como caracterizar a ocupação, ocupa-se da família e da casa, com os aplicativos de conversa. Inversamente, no trabalho a busca das redes sociais torna-se o desespero das chefias. Há uma porosidade dos tempos sociais, diz Pronovost, que derruba a antiga divisão clara entre as atividades humanas.

Em segundo lugar, a diferenciação cultural também diminui. Em 1951, Wright-Mills (1969) já anunciava de forma não muito otimista que o trabalho tende a ser explicado segundo os critérios do lazer. O lazer continua sendo o campo privilegiado da vivência do lúdico, mas hoje, lembrando Maffesoli, a sombra de Dioniso recobre todas as atividades humanas. Num critério de qualidade, o administrador, o padre, o político, todos ganham pontos sendo lúdicos. O importante, parece, não é mais ter momentos lúdicos; é ser lúdico simplesmente.

E se as atividades ditas "sérias" são contaminadas pelo lúdico, o lazer ainda investe em mais ludicidade. Para compensar o pouco interesse do público, alguns equipamentos culturais – notadamente museus e bibliotecas – investem no digital, fazendo uso da chamada realidade aumentada, sempre tentando propor uma experiência lúdica (donde o lazer de experiência e o turismo de experiência que se afiguram como as grandes tendências do futuro).

Uma pergunta resta do que foi dito: seria a sociologia do lazer um ramo em risco de desaparecimento? A rigor, as modas vão e vêm e nenhum tema está livre do risco de ser substituído por uma moda concorrente. Mas, e aqui mais uma vez, exponho meu ponto de vista muito particular: se tal acontecer, os estudos do lazer terão cumprido sua função de apresentar-se ao pensamento moderno como profeta dos novos tempos. Adicionalmente, pôde também contribuir para uma nova perspectiva da análise sociológica, não mais centrada no trabalho e sim num cotidiano povoado de motivações e incentivos ao lúdico.

Considerações finais

Na década de 1970, quando se começou a falar do tema, quem o trouxesse à baila numa palestra, por exemplo, teria de ouvir poucas e boas. Eram comuns expressões como "arauto do capitalismo", "sabujo do poder econômico" e outras menos publicáveis. O meu desconforto em particular, para designar eufemisticamente o medo que eu sentia da reação dos sociólogos, era tal que, mesmo com uma linha editorial à minha disposição[9] e com a tradução encaminhada, eu não tive coragem de publicar minha tese. Hoje já se pode falar com tranquilidade do tema, mas ainda há que se explicar por que o tema foi trazido. Não só na sociologia! José Guilherme Magnani (2004) conta as explicações que teve de fornecer para que a vetusta FFLCH da USP aceitasse sua tese sobre lazer na periferia.

De onde vinha essa resistência? Certamente não, como se alegava, pelo grande percentual da população vivendo abaixo da linha de pobreza, com problemas de alimentação, saúde, vestuário, escola etc. O verdadeiro motivo, penso eu, vem da reflexão do criador da neuroendocrinologia, um estudioso do prazer humano da alimentação, do sexo, das drogas, o francês Jean-Didier Vincent. Para ele, embora todas as reflexões acadêmicas emanem de uma espécie de epistemologia pessoal, relativizadas por histórias de vida, costumes,

ideologias pessoais da qual o pesquisador extrai e formata seu objeto, isso é ainda mais evidente na abordagem de qualquer tema que suscita a ideia de prazer – e o lazer é um deles (o tema da liberação das drogas é outro, mais atual). Essa epistemologia pessoal suscita uma reação de aceitação ou recusa que caracteriza um pré-conceito, quando não um preconceito puro e simples. Em outras palavras: mais do que da pretensa vinculação aristocrática, o que caracteriza a recusa do tema do lazer é o conteúdo de prazer que o embala.

A sociologia do lazer, qualquer que seja o seu entendimento ou orientação, teve o mérito de chamar a atenção não apenas dos pesquisadores como do público em geral para a importância das categorias que falam da qualidade de vida. Não é por acaso que o lazer sempre é invocado entre as políticas públicas de elevação da qualidade de vida.

Contribuiu ainda para relativizar a noção de que o lazer é um produto do capitalismo. É verdade que está inteiramente mergulhado na sua lógica – produzir para consumir e consumir para produzir e, inconscientemente, as pessoas traduzem consumo como o conspícuo de Veblen. Na verdade, como disse em minha tese, o lazer não pode ser reduzido ao consumo monetizado, o consumo monetizado não pode ser reduzido ao estandardizado, o consumo estandardizado não pode ser reduzido ao conspícuo. Embora um campo privilegiado para a distinção social é também um tempo marcado pela valorização do bem-viver, mais do que do viver bem, um tempo mais propício que os demais à sociabilidade humana.

Ademais, a relação quase automática que se estabelece entre capitalismo e lazer deve ao menos tentar entender a importância que se atribuía à vida cultural fora do trabalho nos países comunistas na segunda metade do século XX. Os documentos do Comitê de Lazer da Associação Internacional de

---

9. Biblioteca Científica do Sesc-Série Lazer.

Sociologia mostraram a inquietação dos sociólogos daqueles países com os problemas do tempo de lazer, os mesmos do lado ocidental, mas sem a presença da categoria exploração do trabalho. Ademais, foram os países da esfera da antiga União Soviética e a própria Rússia os principais utilizadores da técnica de orçamento-tempo.

A "indústria" do entretenimento segue a lógica capitalista, mas é às boas práticas de lazer que muitas pessoas recorrem para dela fugir. Marcuse (1999) trata direta e indiretamente desta questão. Ele tornou-se uma espécie de guru do mundo *hippie* por mostrar que é exatamente nas contradições do capitalismo que se deve buscar o caminho para a luta. Segundo ele, ao privilegiar o lazer como espaço de consumo, aos poucos aconteceu a inversão histórica – mais tempo de lazer do que tempo de trabalho – e, com esta, abriu-se um enorme campo de reflexão para os indivíduos sobre a relação entre prazer e obrigação e lazer e trabalho, sendo que, com exceção de uma minoria de *workahoolics*, a escolha do lazer é inevitável e as axiologias anticonsumo formam a linha que, puxada, vai destruir a meada consumista, o fundamento do capitalismo.

É de se lamentar finalmente que a grande fonte dos estudos do lazer continue sendo apenas Dumazedier. Afinal, ele foi o único capaz de propor uma teoria. Sua morte, em 2002, deixou um vazio que até agora não foi preenchido. Ciente de que ele estava listado entre os principais sociólogos franceses contemporâneos (DUVIGNAUD, 1970), perguntei-lhe como ele próprio julgava a repercussão de seu pensamento na sociologia. A resposta não foi a autocomplacente tão comum. Com objetividade e frieza impressionantes, ele me disse que os contemporâneos (Alain Touraine, Pierre Bourdieu, Georges Balandier, Edgar Morin etc.) não o citavam; que sentia maior receptividade na minha geração e que nós, os estudiosos da linha de frente,

talvez soubéssemos, melhor do que ele, defender suas hipóteses com as quais concordássemos ou que simplesmente as discutíssemos. E arrematou, como que pensando no próprio fim, na sociologia do lazer e nos jovens estudiosos que despontam: "meu futuro está no passado, no que eu fiz e no que farão com isso".

Referências

BELLEFLEUR, M. *Le loisir contemporain*: essai de philosophie sociale. Québec: Presses Universitaires du Québec, 2002.

BENJAMIN, W. *Reflexões*: a criança, o brinquedo, a educação. São Paulo: Summus, 1984.

BROUGÈRE, G. *Jeu et Éducation*. Paris: Harmattan, 1995.

CAILLOIS, R. *Os jogos e os homens*: a máscara e a vertigem. Lisboa: Cotovia, 1990.

CAMARGO, L.O.L. *Educação para o lazer*. São Paulo: Moderna, 1998.

_____. *Genèse du loisir dans les pays em voie de développement*: le cas du Brésil. Universidade Sorbonne Réné Descartes (Paris 5), 1982 [Tese de doutorado].

_____. Temps libre, temps innocupé dans les sociétés em voie de développement – le cas du Brésil. In: *Loisir & Société/Leisure & Society*, vol. 5, n. 2, 1982, p. 295-306.

_____. *O que é lazer*. São Paulo: Brasiliense, 1978.

_____. Temps libre et culture dans les aires urbaines des pays en voie de développement. In: *Tiers Monde*, vol. 25, n. 97, p. 125-138.

COX, H. *A festa dos foliões*. Petrópolis: Vozes, 1976.

CSIKSZENTMIHALYI, M. *A psicologia da felicidade*. São Paulo: Saraiva, 1992.

DE GRAZIA, S. *Of time, work, and leisure*. Nova York: The Twentieth Century Fund, 1962.

DE MASI, D. *Ócio criativo*. Rio de Janeiro: Sextante, 2000.

DUMAZEDIER, J. *A revolução cultural do tempo livre*. São Paulo: Studio Nobel, 1995.

_____. *Sociologia empírica do lazer*. São Paulo: Perspectiva, 1979.

_____. *Société éducative et pouvoir culturel*. Paris: Seuil, 1976.

_____. *Loisir et culture*. Paris: Seuil, 1966.

_____. *Vers une civilization du loisir?* Paris: Seuil, 1961 [Traduzido no Brasil como *Lazer e cultura popular*. São Paulo: Perspectiva, 1974].

DURHAN, E. Chimpanzés também amam: a linguagem das emoções na ordem dos primatas. In: *Revista Antropologia*, vol. 46, n. 1, 2003. São Paulo.

DUVIGNAUD, J. *Anthologie des sociologues français contemporains*. Paris: PUF, 1970.

FARIA, V. O processo de urbanização no Brasil: algumas notas para seu estudo e interpretação. In: *Anais do Primeiro Encontro Nacional da Abep*, 1978, p. 89-110.

FLUSSER, V. *Língua e realidade*. São Paulo: Annablume, 2004.

FOUCAULT, M. *História da sexualidade III*: o cuidado de si. Rio de Janeiro: Graal, 1985.

FOURASTIÉ, J. *As 40.000 horas*: um perfil do futuro. Rio de Janeiro: Forense, 1967.

FRIEDMAN. G. *O trabalho em migalhas*. São Paulo: Perspectiva, 1972.

GARCIA-CANCLINI, N. *Culturas híbridas* – Estratégias para entrar e sair da Modernidade. São Paulo: Edusp, 1997.

GODBEY, G. & ROBINSON, J. *Time for life*: the surprising ways americans use their time. The Pennsylvania State University Press, 1997.

GOMES, C.F. As brincadeiras e os jogos na educação infantil – A Educação Física na rede municipal de Cuiabá: uma proposta de educação coletiva. In: *Revista EdUFMT*, vol. 1, 2016, p. 13-23.

GOMES, C.L. Lazer urbano, contemporaneidade e educação das sensibilidades. In: *Revista Itinerarium*, vol. 1, 2008, p. 1-18.

GUTIÉRREZ, G. Entrevista com o Prof.-Dr. Paulo de Salles Oliveira. In: *Revista Conexões*, vol. 5, n. 1, 2007.

HUIZINGA, J. *Homo Ludens*: o jogo como elemento da cultura. São Paulo: Perspectiva, 1974.

ISAYAMA, H. *Formação e atuação profissional em políticas públicas de esporte e lazer*. Belo Horizonte: UFMG, 2018.

KISHIMOTO, T. *Jogos infantis*: o jogo, a criança e a educação. Petrópolis: Vozes, 1995.

LAFARGUE, P. *O direito à preguiça*. São Paulo: Hucitec, 2000.

LALIVE D'EPINAY, C. Loisir: dynamique et differentiation socials. In: *Revista Sociétés*, n. 32. 1991, p. 163-171. Paris: Dunod.

LANFANT, M.-F. *Les théories du loisir* – Sociologie du loisir et idéologies. Paris: PUF, 1972.

LUCKESI, C.C. *Educação e ludicidade*. Salvador. Ufba, 2000 [Programa de Pós-Graduação em Educação].

MAFFESOLI, M. *O tempo das tribos*: o declínio do individualismo nas sociedades de massa. Rio de Janeiro: Forense Universitária, 2006.

_____. *À sombra de Dioniso*. Porto Alegre: Zouk, 2005.

MAGNANI, J.G. *A festa no pedaço*: cultura popular e lazer na cidade. São Paulo: Hucitec, 2004.

MANSON, M. *História do brinquedo e dos jogos*: brincar através dos tempos. Lisboa: Teorema, 2002.

MARCELLINO, N. Lazer: concepções e significados. In: *Licere*, vol. 1, n. 1, set./1998, p. 9-17. Belo Horizonte.

MARCUSE, H. *Eros e civilização*. Rio de Janeiro: LTC, 1999.

MOLTMANN, J. *Le seigneur de la danse*. Paris: Le Cerf/Marne, 1997.

MUNNÉ, F. & CODINA, N. Psicología Social del ocio y el tiempo libre. In: ALVARO, J.L.; GARRIDO, A. & TORREGROSA, J.R. *Psicología social aplicada*. Madri: McGraw Hill, 1996.

NEULINGER, J. *The Psychology of Leisure* – Research Approaches to the study of leisure. Springfield: Charles C. Thomas Publisher, 1974.

OLIVEIRA, P.S. *Brinquedos artesanais & expressividade cultural*. São Paulo: Sesc/Centro de Estudos do Lazer, 1982.

PACHECO, R. & SANTOS, R. *Lazeres*: para fazer melhor é preciso compreender. São Paulo: Senac, 2019.

PIEPER, J. *Lazer*: a base da cultura. São Paulo: EPU, 1969.

PRONOVOST, G. A construção da noção de "turista" nas ciências sociais. In: *Revista Hospitalidade*, vol. 15, n. 2, 2018.

_____. Pour um renouveau de la sociologie du loisir. In: *Sociétés*, n. 32, 1991, p. 183-188.

_____. *Temps, culture et société* – Essai sur le processus de formation du loisir et des sciences du loisir dans les sociétés occidentales. Québec: Presses de l'Université du Québec, 1983.

RIESMAN, D. *A multidão solitária*. São Paulo: Perspectiva, 1975.

ROCHA, P.G. & OLIVEIRA, R.C.S. Entrevista com Luiz Octávio de Lima Camargo: diálogos com a sua obra. In: *Revista Brasileira de Estudos do Lazer*, vol. 5, n. 2, 2018.

ROJEK, C. *The labor of leisure*: The culture of free time. Londres: Sage, 2009.

RUSSELL, B. O elogio do lazer. São Paulo: Cia. Ed. Nacional, 1957.

SCHOR, J. *The overworked american*: the unexpected decline of leisure. Nova York: Basic Books, 1992.

SELYE, H. *O stress, a tensão da vida*. São Paulo: Ibrasa, 1959.

SOUZA, A. *As 24 horas do carioca*. Rio de Janeiro: Iuperj, 1976 [mimeo.].

STEBBINS, R. *Serious Leisure*: a perspective for our time. Nova Jersey: Transaction, 2008.

SUE, R. De la sociologie du loisir à la sociologie des temps sociaux. In: *Revista Sociétés*, n. 32, 1991, p. 173-181.

UVINHA, R. *Lazer no Brasil*: grupos de pesquisa e associações temáticas. São Paulo: Sesc, 2018.

UVINHA, R. et al. Leisure pratices in Brazil: a national survey on education, income and social class. In: *World Leisure Journal*, 2017, p. 1-12.

VEBLEN, T. *A teoria da classe ociosa*. São Paulo: Pioneira, 1965.

VINCENT, J.-D. *Biologia das paixões*. Lisboa: Europa-Americana, 2000.

WRIGHT-MILLS, C. *A nova classe média*. Rio de Janeiro: Zahar, 1969.

24
Sociologia da violência
"Sociologia da violência e da conflitualidade: temas, pressupostos e situação atual do campo"

Melissa de Mattos Pimenta

Introdução

O campo da sociologia da violência e da conflitualidade vem se consolidando há alguns anos no Brasil, sobretudo a partir da divulgação periódica de dados sobre homicídios, mortes violentas, acidentes de trânsito, suicídios, estupros e violência policial, anualmente publicados no Mapa da Violência (WAISELFISZ, 2016) desde 1998, e também, mais recentemente, em outros volumes como o Anuário Estatístico do Fórum Brasileiro de Segurança Pública (FBSP, 2018) e o Atlas da Violência no Brasil (IPEA & FBSP, 2018). Os dados destacam, em especial, o fenômeno dos homicídios e das mortes violentas não identificadas, que estão entre os indicadores mais utilizados internacionalmente para medir violência, devido à sua gravidade e padronização jurídica, e o fato de contabilizarem uma cifra oculta inferior aos outros delitos (SCHABBACH, 2016, p. 178). Partindo dessa premissa, o panorama atual é cada vez mais preocupante: o número absoluto de homicídios vem crescendo ano a ano, tendo chegado à marca de 62.517 mortes por esse tipo de crime em 2016, segundo dados do Ministério da Saúde (IPEA & FBSP, 2018, p. 3). Esse dado corresponde a uma taxa de 30,3 mortes por 100 mil habitantes, o que situa o Brasil entre os dez países com mais homicídios no mundo. As análises segundo variáveis como região, unidade da federação, faixa etária, sexo e cor/raça revelam que existem especificidades nas características gerais dos homicídios e enormes disparidades na sua distribuição. De forma sintética, com base nos dados de 2016, podemos dizer que: 71,1% dos homicídios foram cometidos com uso de arma de fogo; 57.872 (92,6%) das vítimas eram homens e 4.645 (7,4%) eram mulheres. Chama a atenção o fato de que a maioria (53,7%) tinha entre 15 e 29 anos. Considerando o total de jovens, a taxa de homicídios em 2016 era 65,5 por 100 mil habitantes, mais que o dobro da taxa para a população em geral. Quando consideramos apenas os jovens do sexo masculino, a taxa sobe para 122,6 homicídios por 100 mil habitantes. Um outro dado que vem se tornando objeto de investigação está relacionado à violência contra a mulher, em especial, o feminicídio[1]. Os dados referentes ao intervalo entre 2006 e 2016 indicam um aumento das

---

1. O feminicídio consiste na perseguição e morte intencional de pessoas do sexo feminino e está tipificado na Lei 13.104, de 9 de março de 2015, que altera o Código Penal (art.121 do Decreto-lei 2.848/40), incluindo o feminicídio como uma modalidade de homicídio qualificado, entrando no rol dos crimes hediondos. Embora ainda não haja um consenso em torno do conceito, podemos entender "por feminicídio as agressões cometidas contra uma pessoa do sexo feminino no âmbito familiar da vítima que, de forma intencional, causam lesões ou agravos à saúde que levam a sua morte" (WAISELFISZ, 2015, p. 7) Os dados sobre feminicídio são estimativas com base na contagem dos óbitos de mulheres por agressões e intervenções legais, mas a forma como são registradas as mortes por causas externas torna difícil identificar esse tipo específico de crime.

mortes de mulheres de 6,4%, especialmente em alguns estados do Norte e Nordeste, como Roraima, Maranhão e Rio Grande do Norte, onde se registraram os maiores aumentos. A desigualdade na distribuição dos homicídios se torna ainda mais agravada quando negros e não negros são comparados: segundo o Atlas da Violência (IPEA & FBSP, 2018, p. 40), em 2016 a taxa de homicídios de negros foi duas vezes e meia superior à de não negros (16,0% contra 40,2%). Entre 2006 e 2016, enquanto a taxa de homicídios entre não negros teve uma redução de 6,8%, a taxa de homicídios de negros cresceu 23,1%. Entre mulheres negras, a taxa foi 71% superior à de mulheres não negras.

Embora esses indicadores sejam crescentes, é possível verificar variações importantes entre as regiões e as unidades da federação. No período entre 2006 e 2016, enquanto alguns estados apresentaram queda na taxa de homicídios, outros estados, especialmente nas regiões Nordeste e Norte, apresentaram variações positivas e, em alguns casos, como Sergipe, Alagoas e Rio Grande do Norte, superando 100%. Essas variações revelam diferenças nas políticas de segurança pública executadas pelos governos estaduais, bem como os alcances e limites de programas de prevenção e redução da violência, traduzidos nalguns casos na diminuição e noutros, no recrudescimento da violência letal, das mortes por intervenção legal e da insegurança, especialmente nos meios urbanos.

Um outro dado alarmante se refere às mortes por intervenção legal e as mortes de policiais. Segundo o FBSP (2018), em 2017 houve um crescimento de 21% nas mortes por intervenção legal em comparação com o ano anterior. Um total de 5.159 pessoas morreram em 2017 em ações da polícia no Brasil, contra 4.240 em 2016. Apesar da redução de quase 5% das mortes de policiais, em 2017 um policial civil ou militar morreu por dia. Esses números, contudo, não refletem a reali-

dade com precisão, tendo em vista que nem todos os estados registram da mesma forma e fornecem dados sobre a mortalidade de policiais, tampouco desagregam os dados referentes às mortes de policiais em serviço e fora dele. Segundo Lima, Bueno e Mingardi (2016): "As polícias brasileiras atuam a partir de um padrão de policiamento que comporta um número de mortes em confronto muito superior aos observados em vários países desenvolvidos do mundo" (p. 52).

Esse fato coloca o Brasil entre os países com as maiores taxas de mortes violentas intencionais do mundo e, também, entre aqueles onde mais policiais morrem.

O incremento da violência homicida foi acompanhado pela elevação das taxas de encarceramento, colocando o Brasil em terceiro lugar entre os países com as maiores populações carcerárias no mundo, atrás apenas dos Estados Unidos e da China. Em junho de 2016, segundo o Levantamento Nacional de Informações Penitenciárias (Infopen)[2], havia 726.712 pessoas privadas de liberdade no Brasil, sendo 689.510 no sistema penitenciário, 36.575 em secretarias de segurança e carceragens de delegacias e 437 no sistema penitenciário federal. Proporcionalmente à população brasileira, esse total representa uma taxa de encarceramento de 352,6 apenados por 100 mil habitantes. Esse número, contrastado com os dados sobre homicídios e outros crimes associados à violência urbana, vem aumentando de forma ininterrupta e consistente há pelo menos duas décadas e revela uma importante contradição: apesar do crescente volume de pessoas presas, a criminalidade no Brasil não diminuiu. Pesquisadores do campo da sociologia da violência têm afirmado que essa contradição reve-

---

2. O relatório é elaborado pelo Departamento Penitenciário Nacional, que integra o Ministério da Justiça e Segurança Pública e reúne os dados sobre a população carcerária no Brasil [Disponível em http://depen.gov.br/DEPEN/depen/sisdepen/infopen].

la que o sistema prisional, longe de se constituir um mecanismo de controle social da violência e da criminalidade, atua como elo importante na reprodução dessa mesma violência e criminalidade, quadro esse que apresenta características sistêmicas. Nesse sentido, juntamente com o sistema de justiça criminal, o sistema prisional e a forma como são atribuídas e distribuídas as penas no contexto brasileiro, não apenas se mostram ineficazes, como constituem fatores relevantes para o agravamento das tensões e conflitos que geram e reproduzem um conjunto de violações e injustiças.

Para compreender o papel do sistema prisional no processo de reprodução e incremento da violência, é importante atentar para algumas questões: em primeiro lugar, as condições de encarceramento são extremamente precárias. Para abrigar os mais de 700.000 presos, o sistema prisional como um todo dispõe de apenas 368.049 vagas, o que representa um déficit de 358.663 vagas. Em outras palavras, a taxa de ocupação é praticamente o dobro das vagas disponíveis e, em alguns estados, como o Amazonas, há quase cinco presos por vaga. Considerando todos os estabelecimentos penais do país, 78% apresentam superlotação. Em segundo lugar, em média, no Brasil, 40,2% dos presos encontram-se em privação de liberdade sem terem sido condenados, o que representa gravíssima violação de direitos constitucionais. Em Sergipe e no Amazonas, esse percentual chega a 65%. Em terceiro lugar, o perfil da população carcerária apresenta características muito semelhantes ao perfil predominante entre as vítimas de homicídios e mortes violentas intencionais: 55% tem entre 18 e 29 anos, 91,5% são do sexo masculino, 64% são negros e 51% não havia concluído o ensino fundamental. Somando-se o percentual de analfabetos (4%) e alfabetizados sem cursos regulares (6%), mais de 60% não tinha escolaridade ou tinha escolaridade muito baixa. Trata-se, portanto, de uma

população predominantemente jovem, do sexo masculino, com baixa escolaridade, de cor negra. Quando analisamos a distribuição dos tipos penais que mais levam ao encarceramento, observamos que são os crimes contra o patrimônio, o roubo e o furto, que mais levaram à pena de privação de liberdade (37%), seguidos pelo tráfico de entorpecentes (28%). Somente 11% dos apenados haviam sido condenados ou aguardavam julgamento pelo crime de homicídio. Essa contradição revela que o sistema de justiça criminal, em conjunto com as políticas de segurança pública, tem sido ineficaz na redução das taxas de criminalidade, especialmente os homicídios. Além disso, as características da população prisional e a distribuição dos tipos penais evidenciam tanto a sobrerrepresentação de determinados segmentos sociais entre os encarcerados, como a predominância de processos transitados em julgado que incidem sobre determinados tipos de delito – crimes comuns e ligados ao tráfico de drogas. Esses dados revelam importantes características das políticas de segurança pública que vêm sendo implementadas no Brasil nas últimas duas décadas e que se tornaram objeto de análise e produção científica no campo da sociologia da conflitualidade e da violência.

Estudos de fluxos da justiça criminal, analisando a capacidade do sistema de responder às demandas por punição, embora ainda novos, destacam o elevado grau de ineficiência do sistema de justiça, uma vez que a grande maioria dos crimes não é processada. Segundo Costa (2015), isso se deve a pouca capacidade das polícias brasileiras, especialmente a polícia civil, de investigar os casos e elaborar adequadamente os inquéritos policiais e à morosidade da justiça em processar esses crimes (COSTA, 2015, p. 14). Apesar das altas taxas de encarceramento e da prevalência do uso da pena privativa de liberdade como instrumento de controle social, pode-se afirmar que o sistema também é ineficaz no sentido de que sua capacidade de evitar que novos crimes ocorram é muito baixa. Além disso, trata-se de um sistema seletivo, isto é, que atua de forma diferente de acordo com as características dos tipos sociais processados criminalmente e condenados. Para Azevedo e Cifali (2015), isso se deve ao fato de que as políticas de segurança pública não tiveram o seu enfoque punitivista modificado, privilegiando o encarceramento como a principal medida de controle social da violência e da criminalidade. Por essa razão, "o retorno à democracia efetivou-se com a intensificação sem precedentes da criminalidade" (AZEVEDO & CIFALI, 2015, p. 106) que se traduz no aumento expressivo do sentimento de insegurança dos moradores das grandes e médias cidades e no declínio da confiança no sistema de justiça criminal[3]. Além disso, o país vem observando o crescimento de organizações criminosas que se estabelecem dentro e fora do sistema prisional, reforçando os vínculos dos apenados com a criminalidade e deslegitimando a própria atuação do Estado no âmbito da segurança pública, contribuindo assim para tornar o próprio sistema criminógeno (p. 117).

Para dar conta deste cenário, pesquisadores e especialistas em segurança pública têm mobilizado um conjunto de dados estatísticos, além de leituras teóricas e análises criminais, sociológicas, antropológicas e historiográficas, no sentido de produzir explicações com base em pesquisas empíricas para a escalada da violência homicida e do encarceramento em massa e orientar formuladores de políticas públicas, a fim de impulsionar uma mudança de paradigma no interior deste campo de investigação. Para os fins deste capítulo, não será possível elaborar uma síntese abrangente o suficiente para dar conta de todas as dimensões sobre as quais esse campo de pesquisa tem se desenvolvido. Optou-se, em vez disso, por produzir um recorte a partir da seleção de alguns temas que, de forma mais ou menos inter-relacionada, possibilitarão ao leitor formar uma visão introdutória do campo de pesquisa atual.

Violência como fenômeno e conceito

No campo da sociologia da violência e da conflitualidade há certo consenso de que o fenômeno social da violência é anterior e mais amplo do que "crime" e "criminalidade" e, apesar de os estudos sobre violência utilizarem amplamente indicadores baseados em estatísticas criminais, trata-se de um fenômeno que não pode ser reduzido ou circunscrito às condutas delituosas, tipificadas na lei como crime[4]. A dificuldade de encontrar uma definição precisa está no fato de que a concepção que temos atualmente do que é violência nem sempre foi a mesma, ou seja, ela vem se modificando historicamente. Além disso, a percepção que uma população tem dela muda com o tempo, conforme a sociedade, o Estado e as instituições responsáveis pela segurança se organizam para controlá-la. As leis que regulam as relações entre as pessoas em uma sociedade também se modificam histórica e

---

3. Segundo o último relatório da Fundação Getúlio Vargas sobre o Índice de Confiança na Justiça, de 2016, "Cerca de um terço dos brasileiros afirmou confiar no Poder Judiciário, número ligeiramente abaixo à confiança nas emissoras de TV (33%) e um pouco superior à confiança na polícia (25%). Tal percentual encontra-se bastante abaixo de outras instituições como a Igreja Católica (57%) e as Forças Armadas (59%). Os brasileiros também confiam mais na imprensa escrita, Ministério Público e grandes empresas, do que no Judiciário" (FGV, 2016, p. 15) [Disponível em http://bibliotecadigital.fgv.br/dspace/bitstream/handle/10438/17204/Relatorio-ICJBrasil_1_sem_2016.pdf?sequence=1&isAllowed=y].

---

4. Segundo Adorno (2002), o crime é um conceito jurídico que "Diz respeito à violência codificada nas leis penais. Sabe-se, porém, que nem todo fenômeno socialmente percebido como violento é categorizado como crime. Do mesmo modo, há modalidades de violência que, embora codificadas como crime, não encontram adequado enquadramento na legislação penal correspondente" (p. 88).

culturalmente, de modo que o que é considerado uma forma de violência contra a pessoa, em um determinado país ou cultura, pode não ser em outra, e vice-versa. Porto (2010) considera que muitos dos distúrbios e desordens anteriormente não nomeados como violência hoje são. Cita como exemplo o estupro ou o espancamento de mulheres, fenômenos anteriormente tratados na esfera privada, ao qual podemos acrescentar o tipo criminal recém-criado do feminicídio. Essas mudanças apontam para o reconhecimento de violências específicas contra as mulheres, as quais são violações graves dos seus direitos.

Yves Michaud (1989), filósofo francês, explicitou a dificuldade de se definir violência e a diversidade de definições possíveis, desenvolvendo uma conceituação que desse conta do caráter complexo das situações de interação nas sociedades contemporâneas, da multiplicidade de meios de produção e reprodução da violência advinda do progresso tecnológico, da distribuição temporal da violência e dos diferentes tipos de danos que podem ser impostos, os quais também podem não ser clara e imediatamente identificáveis no curto prazo, mas muito tempo depois de terem sido infligidos.

De modo geral, entendemos a violência como ação ou ações, individuais e/ou coletivas, perpetradas contra uma pessoa ou grupo a fim de causar danos a elas. As ações violentas podem ser diretas e atingir imediatamente a(s) vítimas(s), ou indiretas, quando suas consequências impõem prejuízos à integridade física, psíquica e material da(s) vítima(s), colocando sua sobrevivência em risco e, no limite, levando-a(s) à morte. A sociologia da violência ocupa-se das diferentes dimensões e formas de manifestação da violência, como a violência física, que gera danos – permanentes ou não – à integridade do corpo das vítimas; a violência psicológica, que gera transtornos de natureza psíquica, ao constranger a vítima a adotar comportamentos contra

a sua vontade ou, ao contrário, privá-la de sua liberdade; e a violência sexual, quando a pessoa é constrangida a manter relações de natureza sexual contra a sua vontade. Essas dimensões não necessariamente são percebidas e identificadas por quem sofre violência como tais, e o fato de não serem reconhecidas significa que esse fenômeno opera, ainda, na dimensão simbólica, quando as relações de dominação entre grupos sociais encontram-se tão enraizadas e naturalizadas que a violência exercida de uns sobre os outros é vista como uma parte "natural" da ordem social estabelecida. Nesse caso, tanto o grupo social dominado como o dominante pensa e se relaciona de modo semelhante, aceitando padrões de comportamento que tendem a reproduzir a dominação e, consequentemente, a violência de uns sobre outros.

> A violência simbólica se institui por intermédio da adesão que o dominado não pode deixar de conceder ao dominante (e, portanto, à dominação) quando ele não dispõe, para pensá-la e para se pensar, ou melhor, para pensar sua relação com ele, mais que de instrumentos de conhecimento que ambos têm em comum e que, não sendo mais que a forma incorporada da relação de dominação, fazem esta relação ser vista como natural; ou em outros termos, quando os esquemas que ele põe em ação para se ver e se avaliar, ou para ver e avaliar os dominantes (elevado/baixo, masculino/feminino, branco/negro etc.), resultam da incorporação de classificações, assim naturalizadas, de que seu ser social é produto (BOURDIEU, 2003, p. 47).

Essa dimensão impõe, para a sociologia da violência, um deslocamento na análise social do fenômeno não mais para o que ele apresenta de mais concreto, de mais objetivo, mas para as percepções que sobre ele circulam e as representações que o descrevem. É essa perspectiva que orienta Porto (2010) a privilegiar a análise do "fenômeno da violência a partir dos conteúdos dos valores e das normas que, na condição de representações sociais, informam práticas sociais e orientam condutas de indivíduos em seu cotidiano" (p. 17). Amplia-se o escopo de análise pelo alcance e variedade de formas de manifestação da violência em meio às profundas transformações tecnológicas e econômicas no contexto da globalização e de ascensão do individualismo. Nesse sentido, Wievorka (1997) identifica a emergência de um novo paradigma da violência nas sociedades contemporâneas:

> Não somente hoje a violência não possui legitimidade no espaço público das democracias ocidentais, em seus debates políticos e intelectuais, em sua capacidade de também se engajar em intervenções armadas que poderiam fazer mortos de seu lado, mas além disso, e essa é uma segunda característica importante da época contemporânea, ela funciona cada vez mais como categoria geral para apreender a vida social, bem como as relações internacionais. Ela constitui assim uma categoria bem mais central do que era para pensar o interno e o externo, a sociedade e o meio que a cerca (WIEVORKA, 1997, p. 10).

Para o autor, a mundialização da economia e a fragmentação cultural e social que ela produz contribuem também para a *mundialização da violência*, em todas as suas formas. Assim, a tarefa da sociologia da violência é mostrar como a falta ou o enfraquecimento das mediações através dos sistemas de relações abrem espaço para a violência, renovando-a tanto em suas percepções subjetivas quanto em suas realidades históricas (p. 25). Com efeito, a violência está em toda parte, nos meios de comunicação, nas notícias sobre crimes e ações policiais, na opinião pública, no espaço escolar, no âmbito doméstico, nas relações familiares, no trânsito, nas chamadas "incivilidades" cotidianas que contribuem para aumentar a sensação de insegurança e romper a consciência coletiva da integração social. Nessa perspectiva, a violência encontra-se "difusa" em todos os âmbitos do cotidiano. Para compreendê-la, Tavares-dos-Santos (2014) insere a prática da violência no interior de processos de fragmentação

e exclusão econômica e social, que a transformam em "norma social particular de amplos grupos da sociedade, presentes em múltiplas dimensões da violência social e política contemporânea" (p. 22). Essa configuração da violência, compreendida da perspectiva foucaultiana da microfísica do poder, está alicerçada em uma sociedade dividida, que se realiza numa inter-relação entre mal-estar, violência simbólica e sentimento de insegurança.

> A prática da violência vai se inserir em uma rede de dominações, de vários tipos – classe, gênero, etnia, por categoria social e violência simbólica –, que resultam na fabricação de uma teia de discriminações, estigmas e exclusões, possivelmente sobrepostas, portadora de uma racionalidade específica (TAVARES-DOS-SANTOS, 2014, p. 23).

A dimensão tomada pelo fenômeno da violência, explicitada na evidência das estatísticas criminais alarmantes e, também, na enorme visibilidade dada ao problema pela mídia, na televisão, rádio, jornais impressos e ambientes na internet, contribui igualmente para a sua centralidade na vida cotidiana, interferindo diretamente na forma como as manifestações de violência são percebidas e compreendidas pelo senso comum. É importante salientar que a tarefa da sociologia torna-se, assim, um desafio na medida em que se faz necessário identificar conceitualmente violência e crime e estabelecer os nexos causais entre as variáveis que contribuem para a sua produção e reprodução a realidade social, reconhecendo o estado de crise – porém, abdicando de uma análise restrita ao âmbito da moral (PORTO, 2010).

Dimensões da violência no Brasil

Nos conteúdos midiáticos veiculados diariamente é comum associar a violência ao crime, especialmente aquele que ocorre em territórios urbanos: o furto, o roubo, o latrocínio, o sequestro, o assalto a banco e, principalmente, o homicídio. Porém, é preciso ampliar esse escopo a fim de dar conta das múltiplas modalidades de violência que estão difusas na cotidianidade e nem sempre são percebidas desta forma, sobretudo pelo senso comum. Adorno (2002) se refere a quatro tendências que podem ser apreendidas sob a ótica da conflitualidade contemporânea: a) o crescimento da violência urbana, especialmente os crimes contra o patrimônio (furtos, roubos e extorsões mediante sequestro) e contra a pessoa (em particular os homicídios dolosos e feminicídios); b) os crimes e violências associados à criminalidade organizada, geralmente em torno do tráfico de drogas; c) as violações aos direitos humanos, incluindo os linchamentos, as execuções sumárias e a violência policial, que comprometem a consolidação da democracia; e d) os conflitos nascidos nas relações interpessoais e intersubjetivas, que muitas vezes levam à violência letal.

A primeira modalidade está relacionada ao crescimento da violência urbana, associada principalmente ao crime cotidiano, tendência evidenciada nas estatísticas de criminalidade, já mostradas anteriormente neste capítulo. A segunda tendência se refere à expansão da criminalidade organizada, que combina uma diversidade de práticas delituosas, como tráfico de drogas, armas e pessoas, sequestros, roubos a banco, roubos de carga, fraudes fiscais, estelionatos, entre outros. Entre as razões que explicam essas duas tendências está a inserção do Brasil nas rotas internacionais do tráfico de drogas, a emergência de "facções" criminosas e as dinâmicas de interação entre esses grupos, que apontam para mudanças significativas no perfil das pessoas envolvidas com o crime. Um outro conjunto de fatores que contribui para o entendimento da escalada de violência se refere às escolhas políticas dos diferentes governos, tanto nos níveis federal e estadual como também municipal, na articulação entre os atores e instituições sociais responsáveis pelas ações de segurança pública e o direcionamento da legislação penal.

A terceira tendência se refere às violências contra grupos estigmatizados que, em razão de serem portadoras de determinadas identidades socialmente desvalorizadas e deslegitimadas, são objeto de ações que ferem sua dignidade e direitos, inclusive à vida. É esse o caso das mulheres vítimas de violência sexual, doméstica e feminicídio, das crianças vítimas de violência doméstica, dos jovens negros vítimas de violência policial, de *gays*, lésbicas e transexuais vítimas de crimes de ódio, devido ao preconceito em relação à sua identidade de gênero e orientação sexual.

Finalmente, há os conflitos interpessoais que se dão também no bojo da intolerância em relação ao outro e à diversidade. Trata-se de um sentimento que se origina do não reconhecimento de direitos universais, válidos para todos os cidadãos, mas do desejo de manutenção de uma ordem hierárquica que privilegia as diferenças sociais entre indivíduos. Nessa perspectiva, o outro perde a sua condição de humanidade e, no limite, sua vida se torna descartável.

Esse conjunto de tendências, embora relacionadas entre si, não encontram sua origem nas mesmas causas, tornando bastante complexa a elaboração de hipóteses explicativas que deem conta desta realidade. Para os fins deste capítulo, optamos por desdobrar algumas das principais perspectivas analíticas desenvolvidas no campo da sociologia da violência e da conflitualidade para compreender as origens, a persistência e o agravamento dessas tendências.

Raízes da violência no Brasil

Um dos caminhos percorridos no esforço de se compreender a violência nas relações cotidianas no contexto brasileiro é por meio da análise dos processos históricos de formação nacional e organização do Estado democrático. Nesse processo, historiadores, antropólogos e, também, sociólogos vêm se debruçando sobre documentos muito variados e produzindo uma leitura diversificada das narrativas oficiais sobre o "encontro harmonioso" dos povos nativos, africanos e brancos que teriam contribuído, cada qual com suas características, para forjar a brasilidade. O enfoque nos conflitos entre indígenas, jesuítas e bandeirantes, entre senhores de engenho e escravos, tropas portuguesas e quilombolas, produz um quadro onde vem à tona a violência das formas de dominação empreendidas no dramático processo de colonização e exploração dos recursos naturais e da mão de obra submetida ao trabalho forçado e à catequização pela Igreja Católica. Neste quadro estão expostas as mais diferentes formas de violência física e simbólica às quais os povos originários, e aqueles que aqui foram trazidos de forma compulsória, foram submetidos ao longo dos três séculos de colonização – práticas essas perpetuadas até muito depois da abolição da escravidão e da proclamação da República. Segundo Schwarcz e Starling (2015), "[...] a violência esteve presente desde o início do 'encontro', quando os colonizadores tomaram portos e saquearam povoados, tendo sido recebidos por guerreiros com largo aparato bélico local: canoas equipadas, flotilhas com setas envenenadas" (p. 44). Os indígenas não foram vitimados apenas pelas doenças trazidas de outro continente, contra as quais não possuíam resistência imunológica, como foram escravizados, por um longo período, que se estendeu posteriormente à introdução da mão de obra africana, bem como foram submetidos à catequização pelos jesuítas, prática hoje reconhecida como de enorme violência simbólica pela imposição da cosmologia cristã sobre as cosmologias nativas.

Assim, a relação que se estabeleceu entre senhores proprietários e escravos sempre foi violenta, pois, o escravismo moderno só se enraíza com o exercício da violência:

> A atividade produtiva, repetitiva, cansativa e extremamente laboriosa já era em si violenta. O trabalho compulsório impunha a introjeção da autoridade do senhor e uma sensação constante de medo, lograda pelo castigo disciplinar muitas vezes aplicado coletivamente. Punições públicas, o tronco exemplar, a utilização do açoite como forma de pena e humilhação, os ganchos e pegas no pescoço para evitar as fugas nas matas, as máscaras de flandres para inibir o hábito de comer terra e assim provocar o suicídio lento e doloroso, as correntes prendendo ao chão; a figura do senhor como autoridade máxima, cujas marcas, e a própria lei, ficavam registradas no corpo escravo (SCHWARCZ & STARLING, 2015, p. 92).

As sevícias aplicadas aos cativos e as perseguições aos fugitivos tiveram como objetivo a sujeição e obediência para o trabalho, mas também garantir o controle de uma minoria branca sobre uma maioria de cativos que, não raro, reagiam com todo tipo de pequenas insubordinações, grandes revoltas e organização em localidades remotas e fortificadas, os chamados quilombos[5]. Tanto indígenas como negros africanos resistiram ao domínio português, seja por meio das armas – que serviu de pretexto para que os europeus empreendessem a chamada "guerra justa" –, seja por meio de fugas e rebeliões, nem sempre reconhecidas como movimentos de resistência e recusa à dominação, tampouco como de reivindicação do direito à terra, à liberdade e à preservação de sua língua, identidade e religiosidade.

---

5. Segundo Schwarcz e Starling (2015), o termo quilombo "foi utilizado em algumas regiões do continente africano, especialmente em Angola, para caracterizar um tipo de acampamento fortificado e militarizado, composto de guerreiros que passavam por rituais de iniciação, adotavam uma dura disciplina e praticavam a magia". Passou a designar agrupamentos de cativos fugidos especialmente depois de Palmares (p. 98).

Dessa perspectiva se depreende a visão de um país que sempre foi muito violento e constantemente recorreu à violência como instrumento de dominação e controle social dos grupos subalternos, os quais, por sua vez, também recorreram à violência como forma de resistência à dominação. Os padrões de sociabilidade violenta encontram suas raízes no sistema escravocrata e, portanto, não devem ser entendidos na atualidade como fenômenos desconectados de sua historicidade. A escravidão no Brasil tomou o território todo e se tornou tão disseminada que era praticada até mesmo por libertos. Ela estabeleceu padrões de relacionamento entre grupos sociais antagônicos, moldando condutas, definindo desigualdades sociais, criando hierarquias sociais marcadas por diferenças percebidas e atribuídas com base nas noções de "raça" e "cor". Se, inicialmente, os limites entre "nós" e "eles" se dava a partir da perspectiva eurocêntrica – que colocava em lados opostos brancos europeus cristãos, tementes a Deus e populações "pagãs", cuja condição de humanidade era debatida em torno da sua capacidade de serem "salvos" –, posteriormente as divisões sociais foram naturalizadas no século XIX pelas doutrinas racistas, que estabeleciam "cientificamente" a existência de raças humanas e as situavam hierarquicamente segundo critérios eurocêntricos (GUIMARÃES, 2004).

Desse caldo cultural emergiu uma sociedade baseada em relações hierárquicas de tipo estamental, que estabelecia diferenças rígidas entre brancos, negros, senhores, libertos e escravos, dominada por grandes produtores rurais que detinham extensas propriedades, mão de obra escrava e grande poder político, cujo apoio era assegurado por relações patrimonialistas, nas quais as trocas de favores garantiam a legitimidade desses grupos sobre os demais. Essa estrutura de poder transportou suas marcas para o Brasil moderno, inaugurado com a proclamação da República e o início da industria-

lização, no final do século XIX. Nesse processo o país constituiu um mercado de trabalho livre e instaurou um novo pacto constitucional que instituiu um modelo liberal-democrático de poder político (ADORNO, 1996). Assim, caminhou das relações hierárquicas estamentais para a formação de uma sociedade de classes, evidenciada pela formação de grupos de empresários industriais e um proletariado urbano, agravando a polarização social (ADORNO, 2002). A partir do elevado crescimento econômico iniciado ao final da Segunda Guerra, o Brasil passou por um processo de modernização de sua infraestrutura tecnológica, especialmente nos anos de 1970, e de extensa expansão urbana.

> Ao mesmo tempo, a sociedade brasileira tornou-se mais densa e mais complexa nas suas relações de classe, nas suas relações intersubjetivas, nas lutas sociais pelo reconhecimento de identidades e de direitos; mais reivindicativa, mais participativa, cada vez mais inconformada com a persistência de seus problemas, entre os quais a violência urbana cotidiana (ADORNO, 2002, p. 87).

A ênfase nos processos de transformação social mais recentes na sociedade brasileira não deve, portanto, obliterar a histórica relação de dominação violenta das populações nativas e oriundas de imigrações forçadas, escravizadas durante o período colonial. Os conflitos sociais decorrentes de diferenças étnico-raciais, de classe e gênero só foram percebidos como fatores sociais estruturantes da conflitualidade muito recentemente. Tais conflitos deram vazão a movimentos reivindicatórios e formas de resistência, duramente reprimidas ao longo da história brasileira. A persistência do uso "da violência na sociedade brasileira como forma de resolução de conflitos, seja nas relações entre classes sociais, seja nas relações intersubjetivas" (ADORNO, 1996, p. 49), é um tema que intriga pesquisadores brasileiros do campo da sociologia da violência e da conflitualidade. Apesar da abolição da escravidão, da instauração da República como forma de ordenamento do Estado, da gradual inserção do país no contexto das modernas economias produtivas capitalistas, a violência permaneceu atravessando todo o tecido social, inclusive as instituições sociais destinadas à garantia de segurança e proteção dos cidadãos no Brasil, convergindo para aquilo que Adorno (1996) denominou de "subjetividade autoritária" na sociedade brasileira. A hipótese explicativa mobilizada por Adorno para a continuidade de um conjunto de práticas cotidianas de violência e dominação, exercidas sobre grupos sociais dominados e subalternos, é de que a constituição da cidadania brasileira se deu de forma inconclusa. Ainda que o Brasil tenha ingressado na sociedade capitalista moderna e adotado a forma republicana de governo, tendo consolidado um conjunto de leis universais válidas para todos os cidadãos,

> [...] a violência em suas múltiplas formas de manifestação permaneceu como modo costumeiro, institucionalizado e positivamente valorizado – isto é, moralmente imperativo – de solução de conflitos decorrentes das diferenças étnicas, de gênero, de classe, de propriedade e de riqueza, de poder, de privilégio, de prestígio (ADORNO, 1996, p. 51).

Um exemplo de como essas formas de violência institucionalizadas são reificadas na atualidade pode ser identificado nas ações da polícia, que aborda muito mais negros do que brancos, antes suspeitos de serem "escravos fugitivos", hoje suspeitos de atividades delituosas (GUIMARÃES, 2004). Embora não se possa estabelecer uma linha de continuidade direta entre as práticas violentas utilizadas no período colonial para subjugar escravizados, fugitivos, rebeldes, quilombolas e outros grupos dominados, é possível perceber a sobreposição dos códigos interpretativos dos sujeitos considerados "perigosos" e "ameaçadores" para novas categoriais sociais, emergentes após a abolição da escravatura em 1888. Dentre esses tipos encontravam-se aqueles que não foram integrados à emergente sociedade do traba-

lho, denominados por um longo período de "vadios", "indivíduos sem emprego e moradia que perambulavam pelas ruas das cidades" (PEDROSO, 2006, p. 18). Recaíam nessa categoria escravos, ex-escravos, mendigos, bêbados e prostitutas, mas também capoeiras e estrangeiros, os quais durante o Império e posteriormente, durante a República, eram alvo de controle social do Estado. A "ociosidade" daqueles não integrados como trabalhadores passou a ser vista como ameaçadora da ordem e da lei e, especialmente, da propriedade.

> Denunciar, perseguir e controlar a vadiagem, além de referir à modulação de comportamentos das categorias sociais alvo do controle social, também respondia ao conjunto de transformações que o país atravessava, expresso na emergência do trabalho livre, da nova ordem econômica e do processo de urbanização (TEIXEIRA; SALLA & MARINHO, 2016, p. 386).

A criminalização e perseguição às novas camadas populares, representadas sobretudo pelos negros libertos, é inequivocamente ligada ao fenômeno da escravidão. Estudos recentes (SINHORETTO & MORAIS, 2018; SINHORETO; SCHLITTLER & SILVESTRE, 2016; CERQUEIRA & MOURA, 2014) evidenciam o viés racial das mortes violentas no Brasil, especialmente na população jovem, no perfil específico das vítimas da letalidade policial e na distribuição espacial das mortes, para além das diferenças socioeconômicas entre brancos e não brancos.

Assim, embora a economia brasileira tenha se modernizado e diversificado, a democratização das instituições jurídicas e políticas não acompanhou essa modernização (ZALUAR, 2007). Pode-se dizer que o recrudescimento das formas violentas de interação social, processo do qual participam, ativamente, o Estado e as instituições encarregadas da distribuição da justiça e do controle social, dizem respeito à permanente dificuldade da sociedade brasileira de se integrar à "marcha civilizatória" (ELIAS, 1994) que acompanhou a formação dos estados modernos ocidentais europeus. A profunda contradição entre a incorporação dos valores fundamentais que embasam os princípios dos direitos humanos universais em nossa Constituição de 1988 e a continuidade das sistemáticas violações de direitos, especialmente das populações mais vulneráveis social e economicamente, é reveladora da insuficiência da atuação do Estado e sociedade civil na preservação e garantia desses mesmos direitos. Esse processo, entretanto, só pode ser compreendido quando se considera a permanência das profundas desigualdades sociais e econômicas no Brasil.

Violência urbana e desigualdade social

Embora nos últimos anos o Brasil tenha apresentado resultados positivos nos esforços de redução da pobreza, a desigualdade social persiste, o que interfere diretamente na produção e reprodução da violência. Nessa interpretação há uma associação entre desigualdade social e violência, explicada, por um lado, pelo crescimento exponencial e desregrado dos grandes centros urbanos e, por outro, pela precariedade histórica do Estado nas áreas urbanas periféricas.

A partir da segunda metade do século XX, o Brasil passou por profundas transformações em sua matriz econômica, representadas por

> [...] novas formas de acumulação de capital e de concentração industrial e tecnológica; mutações substantivas nos processos de produção, nos processos de trabalho, nas formas de recrutamento, alocação, distribuição e utilização da força de trabalho com repercussões consideráveis nos padrões tradicionais de associação e representação sindicais (ADORNO, 2002, p. 101).

O quadro que se desenhou em meados dos anos de 1990, após a redemocratização, foi de crescentes gastos públicos em políticas sociais, especialmente do governo federal. Segundo o Atlas do Desenvolvimento Humano no Brasil, houve um avanço consistente entre 1991 e 2010 nos indicadores de desenvolvimento humano municipais (IDHM), com melhoras acentuadas nos municípios com índices mais baixos. Se, em 1991, 85,1% dos municípios apresentavam IDHM muito baixo, em 2010 esse indicador caiu para 0,6%[6]. Apesar do crescimento econômico observado na década de 2000, especialmente do componente renda, que teve uma elevação de mais de 14% no período entre 1991 e 2010, as disparidades entre unidades da federação e também entre municípios revelam a permanência de profundas desigualdades sociais. Enquanto as regiões Sul e Sudeste concentravam os maiores percentuais de municípios com alto IDHM (65% e 54%, respectivamente), nas regiões Norte e Nordeste não havia nenhum município com IDHM muito alto. No Nordeste, 61% dos municípios apresentavam IDHM baixo. Os efeitos benéficos do crescimento econômico da década de 2000 sobre o mercado de trabalho, traduzidos na elevação da renda do trabalhador assalariado, refletiram-se nas sucessivas quedas no índice de Gini, que mede a desigualdade social, até 2010. Porém, essa tendência não foi suficiente para alterar o quadro histórico de desigualdades sociais e econômicas no Brasil (AZEVEDO & CIFALI, 2015, p. 113). A concentração de renda se manifesta nas disparidades no acesso à moradia. As metrópoles brasileiras são marcadas por processos de ocupação e expansão heterogêneos, nos quais recursos públicos tendem a ser canalizados para regiões economicamente mais favorecidas, em detrimento daquelas menos favorecidas, gerando o fenômeno de "periferização". A periferização é o resultado

---

6. Atlas do Desenvolvimento Humano no Brasil de 2013 [Disponível em http://atlasbrasil.org.br/2013/data/rawData/idhm-do-brasil.pdf].

de um processo de urbanização contraditório, no qual os investimentos públicos e privados tendem a se concentrar nas áreas urbanas mais valorizadas economicamente, em contraposição às áreas menos valorizadas, ocupadas predominantemente por trabalhadores de baixa renda, na maioria das vezes migrantes de outras regiões.

> As contradições verificadas ao longo do processo de urbanização – baseado na auto-construção, em favelas e loteamentos sem infraestrutura, pautada pela prevalência da especulação imobiliária sobre o direito à cidade – foram denominadas de espoliação urbana, a qual se intensificou em função da dinâmica econômica regressiva nos anos de 1980 e 1990 (HUGHES, 2004, p. 94).

Uma característica desse processo foi a permanente pressão sobre os mais pobres em direção às piores localizações, mais distantes, com menos infraestrutura urbana e, muitas vezes, com riscos geotécnicos de desmoronamento e inundação, levando à explosão demográfica crescente das periferias. No movimento de segregação socioespacial observa-se a formação de áreas urbanas onde se concentram elevados índices de coabitação e adensamento excessivo, cujos habitantes são, sobretudo, jovens, pobres, não brancos. Porém, a leitura de que essas regiões periféricas se caracterizam pela "ausência" do Estado, isto é, por serviços públicos insuficientes (creches, escolas, postos de saúde), falta de infraestruturas essenciais (como saneamento básico) e de transporte e acessibilidade adequados, é equivocada. O Estado se faz presente de formas peculiares, especialmente pela atuação das polícias na repressão e no controle social das populações moradoras de periferias urbanas. A justificativa para a atuação controvertida do Estado nas periferias seria a prevalência dos conflitos cotidianos que resultam em violências e crimes comuns. Trata-se de uma interpretação que se apoia na tese de que "a população pobre, especialmente a que vive em sociedades injustas, teria maiores chances de se

engajar em comportamentos criminosos violentos" (CANO & SANTOS, 2007, p. 81). Segundo Cano e Santos (2007) essa tese, contudo, não leva em consideração os efeitos da urbanização desigual que segrega espacialmente os mais pobres, que têm menor mobilidade inclusive dentro do próprio território urbano e, portanto, estão mais sujeitos a serem vítimas de violência letal quando habitam regiões mais violentas. Além disso, os efeitos perversos da urbanização desigual também se dão no plano simbólico, na formação de um imaginário social em torno das "periferias" que as situam na condição de "submundos", "em que convivem misturados 'trabalhadores' e 'bandidos', que despertam piedade e insegurança" (FELTRAN, 2010, p. 571) e produzem a sujeição a algumas essências valorativas dos moradores dessas localidades.

Para Azevedo e Cifali (2015), os avanços das políticas de distribuição de renda desde os anos de 2000 não foram suficientes para deter ou interromper o crescimento dos indicadores de violência e crime. Entre as razões apontadas para essa contradição está a persistência de enormes desigualdades sociais e econômicas na sociedade brasileira. Porém, as hipóteses explicativas que associam a pobreza e a desigualdade social à violência e à criminalidade perderam centralidade no campo da sociologia da conflitualidade. Para Misse (2006) a tese da associação entre pobreza e criminalidade é equivocada, não apenas porque a questão criminal não pode ser reduzida a uma causa única e determinante (no caso a pobreza ou as condições estruturais que levam à desigualdade social), como os argumentos utilizados (custos de oportunidade, cálculo racional, revolta social) são insuficientes para dar conta da complexidade do problema. Esse quadro é agravado pela incapacidade do Estado, na figura das instituições policiais, do Ministério Público, dos tribunais de justiça e do sistema penitenciário, de efetivamente exercer o controle social sobre o crime e dissuadir as condutas violentas no contexto de um Estado de direito democrático. Uma das dificuldades em dar conta desse cenário é a invisibilização dos fatores sociais estruturantes que geram e reproduzem a violência e sua consequente naturalização como fenômeno social, atribuindo o comportamento criminoso antes ao indivíduo e à sua consciência, a responsabilidade (exclusiva) por sua conduta. Nessa perspectiva, a inadequação ou incapacidade de se adequar às leis e normas sociais vigentes colocam o delinquente à margem da condição de cidadania, onde deixam de ser sujeitos de direitos e passam a ser objetos de punição. Porém, esse processo se dá de formas tão profundas que opera no âmbito da subjetividade dos sujeitos, interferindo nos modos como interpretam a realidade em que estão inseridos e moldando suas ações e condutas.

Outra interpretação considerada insuficiente para explicar o fenômeno de escalada da violência, especialmente nos contextos urbanos periféricos, é aquela que atribui as causas da violência urbana predominantemente aos fatores estruturais, especialmente a ineficácia dos órgãos de controle social em manter a ordem e distribuir a justiça, associada a uma profunda crise de autoridade que gera impunidade e corrupção e torna ineficaz o funcionamento das agências estatais.

Nessa perspectiva, o debate público tem atribuído aos "baixos custos de oportunidade" as razões para o aumento exponencial das práticas criminosas. Um dos argumentos mobilizados em oposição a essa ideia é o fato de que as atividades criminais envolvendo violência têm risco altíssimo para todos os envolvidos. Além disso, a ênfase nas deficiências do Estado retira do enfoque das políticas públicas a atenção aos criminosos, relegados ao tratamento punitivo-penal, quase sempre em condições precárias e em violação de direitos constitucionais. Por essa razão, Machado da Silva (2004) ressalta a importância de se analisar a formação

das condutas criminosas. A própria concepção de "violência urbana" tornou-se objeto de pesquisa e análise. Segundo Machado da Silva (2008), trata-se de uma representação coletiva sobre um conjunto de atitudes, condutas e práticas definidas como crime, que dá sentido à experiência vivida nos espaços urbanos, "cujo ponto em comum é a presença da força física aplicada ilicitamente, ameaçando as pessoas e seu patrimônio" (p. 37) e que é "interpretada como responsável pelo rompimento da 'normalidade' das rotinas cotidianas" (p. 36), isto é, da ordem social. Geralmente, o ator social responsável pelas rupturas cotidianas é o traficante de drogas, figura social cujos marcadores sociais são a pobreza, a exclusão social e a cor.

Na interpretação de Machado da Silva (2004), a representação social da violência urbana emerge em um processo no qual os padrões convencionais de sociabilidade, regulados no âmbito do Estado, são substituídos segundo disposições subjetivas e coerções reciprocamente articuladas, formando um conjunto de práticas hierarquicamente articuladas que subsidiam um determinado tipo de sociabilidade – a que o autor denomina "sociabilidade violenta". O que confere especificidade histórica à violência nos grandes centros urbanos é sua capacidade de promover rupturas na vida cotidiana. O tipo de violência que se tornou objeto de análise sociológica teria se transformado, na visão de Machado da Silva (2004), no centro de um padrão de sociabilidade que opera em ligação com o Estado, e não contra ele.

Para além da estigmatização dos moradores das periferias como oriundos de locais "perigosos" – territórios associados à criminalidade e à violência –, alguns pesquisadores têm se debruçado sobre os processos de subjetivação de identidades deterioradas, especialmente a categoria social do "bandido". Segundo Misse (2010), o "bandido" é "o sujeito criminal que é produzido pela interpelação da polícia, da moralidade pública e das leis penais" (p. 17) Trata-se de um sujeito socialmente desvalorizado, cuja condição enquanto pessoa é desumanizada até o ponto de se desejar a sua morte ou o seu desaparecimento.

> Ele é agente de práticas criminais para as quais são atribuídos os sentimentos morais mais repulsivos, o sujeito ao qual se reserva a reação moral mais forte e, por conseguinte, a punição mais dura: seja o desejo de sua definitiva incapacitação pela morte física, seja o ideal de sua reconversão à moral e à sociedade que o acusa (MISSE, 2010, p. 17).

Trata-se de uma espécie de "clivagem moral que opõe a figura do trabalhador, compreendido então como um "homem de bem", partícipe da comunidade em seus anseios de progresso, daquela do "bandido" ou do "drogado", do "noia", do "presidiário", enfim, do inimigo que, em sua simples existência, ameaça essa mesma comunidade" (FELTRAN, 2014, p. 499). A cisão que separa essas representações sociais no senso comum contribui para a percepção de que é na "periferia" que se encontram esses sujeitos em sua maioria, mesmo quando nesses territórios apenas uma pequena parcela dos indivíduos criminosos e violentos aí opere. A territorialização da sujeição criminal se estende, portanto, ao conjunto dos moradores, incluindo crianças e adolescentes, sobre os quais são colocadas expectativas sociais negativas. No limite, segundo Misse (2010), restam tão poucas alternativas para que os sujeitos se desvinculem da identidade social deteriorada e publicamente estigmatizada, que os próprios indivíduos acabam por subjetivá-la. Os processos de sujeição criminal foram alavancados com a emergência do novo mercado de varejo de drogas ilegais, especialmente a cocaína, que introduziu, no âmbito dos crimes convencionais, modalidades de operação semelhantes à de empresas, altamente lucrativas, que modificaram profundamente a dinâmica criminal no Brasil. A

emergência de novos mercados ilegais e o aumento dos delitos associados ao tráfico abriu espaço para o desenvolvimento de novas áreas de pesquisa e evidenciou a necessidade de perspectivas e explicações mais abrangentes para o fenômeno da violência, especialmente nas metrópoles e grandes centros urbanos.

Criminalidade organizada e atuação do Estado

As transformações na estrutura produtiva brasileira, especialmente a partir dos anos de 1990, com o início da automação e o consequente aumento do desemprego, coincidem com a expansão dos mercados ilegais ligados ao narcotráfico. Essas transformações repercutem nas formas como opera a criminalidade organizada, que passa a atuar segundo moldes empresariais, expandindo suas ações para além das fronteiras do Estado brasileiro, alterando o alcance de sua influência e as dinâmicas dos grupos delinquentes locais, por meio do emprego de violência excessiva e armas de fogo de alto calibre. Essas atividades, na maioria das vezes, necessitam da cooperação ativa e intencional de agentes do Estado, para existir e se expandir.

A criminalidade organizada tem sido objeto de investigação de sociólogos e criminalistas brasileiros desde os anos de 1980, quando o tráfico de drogas se tornou um problema social e a cocaína e seus derivados passaram a ser comercializados em larga escala, seguindo novas rotas internacionais. O tráfico, especialmente da cocaína, também potencializa a ocorrência de outros crimes, nomeadamente a lavagem de dinheiro, o roubo e o furto de veículos, além de contrabando, extorsão, suborno e corrupção. Uma das principais mudanças introduzidas nesse cenário é a arregimentação de largos segmentos de adolescentes e jovens, recrutados como trabalhadores assalariados para atuar nas mais variadas funções em torno do tráfico de drogas. Trata-se de um fenômeno de "juvenilização" do mercado ilegal de drogas, impulsionado pela prisão e morte de traficantes que são substituídos por indivíduos cada vez mais jovens.

Do ponto de vista da segurança pública e da justiça criminal, a criminalidade organizada é identificada como o principal fator explicativo para o crescimento das práticas violentas em certos espaços sociais, nomeadamente favelas e bairros de periferias urbanas (SCHABBACH, 2013, p. 280). Trata-se de um objeto de pesquisa complexo e de difícil definição, não havendo consenso sobre quais as características que diferenciam a criminalidade organizada da criminalidade comum. Mingardi (2007) elenca cinco características que servem para identificar se as atividades delituosas partem de uma organização criminosa: a hierarquia entre lideranças e membros subalternos, a previsão de lucros, a divisão do trabalho, o planejamento empresarial e a simbiose com o Estado (p. 56). Além dessas características, as organizações criminosas também utilizam de intimidação, ameaças e violência para assumir e manter nichos de mercados ilegais diante de grupos concorrentes; utilizam de corrupção – nomeadamente suborno e extorsão – para garantir a imunidade diante da interferência governamental e da justiça criminal; possuem grande capacidade para lidar com as mudanças no fornecimento, na demanda, na competição com outros grupos, ou na efetividade da aplicação da lei e possuem conexões regionais, nacionais e internacionais (ALBANESE; DAS & VERMA, 2003, apud SCHABBACH, 2013, p. 283-284). As organizações emergem de circunstâncias muito específicas: no interior de instituições prisionais, por meio da união entre detentos; da unificação de pequenas quadrilhas; de laços de consanguinidade e identidade étnica entre indivíduos *outsiders*, geralmente imigrantes estrangeiros; pela união de grupos interessados na

manutenção do monopólio de uma mercadoria ou serviço (MINGARDI, 2007, p. 57).

A dificuldade de definir com precisão as fronteiras entre "o mundo do crime", onde supostamente atuariam as organizações criminosas, e a "legalidade" é um dos fatores que têm levado pesquisadores a questionarem as definições de crime "organizado", tendo em vista que existem práticas tratadas socialmente como delito ou crime e outras que são toleradas como mercados informais ou ilegais. Misse (2007) argumenta que é possível identificar trocas toleradas e não toleradas que transitam entre mercados formais e informais, legais e ilegais. A importância de se distinguir essas práticas, de um ponto de vista sociológico, está no fato de que não necessariamente aquilo que está previsto no código penal encontra ressonância nas valorações de uma dada sociedade acerca do que é socialmente ou moralmente aceito ou recusado. Assim, a noção de "crime organizado" obscurece a diversidade de atores, redes de sociabilidade e práticas incrimináveis segundo as previsões legais (MISSE, 2007, p. 140).

Há sobre o tráfico uma perspectiva particular, que confere a esse tipo de crime uma dimensão moral distinta de outros, como os crimes contra a administração pública, por exemplo, os quais resultam em um número muito pequeno de condenações e sentenças de prisão. A análise da legislação em relação à posse, consumo e comercialização de "entorpecentes" mostra que as medidas penais vêm endurecendo desde os anos de 1970, com o aumento do tempo de reclusão, do valor das multas e das penas para o caso de vendas feitas por quadrilhas. Apesar de a legislação distinguir usuários de traficantes desde 1976, coube aos últimos as penas mais duras. A Lei 11.343 de 23 de agosto de 2006 mantém essa distinção e introduz penas alternativas para consumidores; porém, tal como as leis anteriores, não especifica claramente as quantidades que tipificam o "consumo para uso pessoal" e "tráfico de drogas". Com isso, permanece como responsabilidade dos policiais, sobretudo militares, encarregados da maioria dos flagrantes, determinar quem é "usuário" e quem é "traficante". Acrescente-se a isso o fato de que as expectativas sociais negativas recaem com mais frequência sobre determinados tipos do que outros, por vezes aglutinando, por vezes excluindo de certas categorias, indivíduos que poderiam ser igualmente tratados como membros de organizações criminosas. No que diz respeito à figura do "traficante", por exemplo,

> [...] a acusação social parece privilegiar mais aqueles que operam nas favelas, conjuntos habitacionais de baixa renda ou bairros periféricos das grandes cidades brasileiras do que os que agem com base em agendas telefônicas e redes de relações de confiança entre usuários da mesma classe média de onde provêm, moradores de apartamentos e casas de bairros de renda média ou alta (MISSE, 2007, p. 141).

Para Lembruger e Boiteux (2014), a subjetividade do exame das "circunstâncias sociais e pessoais" dos indivíduos processados por porte ou tráfico de drogas funciona como "uma brecha para a rotulagem segundo atributos econômicos e socio-raciais". Como consequência disto, o encarceramento por tráfico vem se mostrando discricionário, uma vez que "jovens com a mesma quantidade de drogas, mas com melhores 'circunstâncias sociais e pessoais', são enquadrados como usuários" (LEMBRUGER & BOITEUX, 2014, p. 360). A seletividade penal segundo critérios de procedência social, cor de pele e outros estereótipos (RODRIGUES, 2012, p. 30) também incide sobre mulheres jovens, mães de mais de um filho ou de mais de uma filha, em vulnerabilidade social, com relatos de abuso de drogas e chefes de famílias monoparentais (CORTINA, 2015). A seletividade penal é um objeto de estudo no campo da sociologia da conflitualidade, que vem ganhando força com as pesquisas sobre o papel do aparelho judiciário na elaboração dos inquéritos, na abertura e andamen-

to dos processos e na promulgação de sentenças condenatórias (LIMA, 2004; AZEVEDO, 2004; ADORNO, 1995).

Conforme explicitado anteriormente, a expansão dos mercados de drogas alterou profundamente as dinâmicas relacionais da criminalidade. Destaca-se, em particular, o tipo de relação estabelecida no interior de grupos rivais, de extrema competitividade, que leva à "guerra" com consequências letais. A gramática da "guerra" foi bastante analisada e desenvolvida no trabalho seminal de Alba Zaluar sobre o "*ethos* guerreiro", um tipo de *habitus* observado entre jovens do sexo masculino membros de quadrilhas que disputam o domínio de territórios dentro de zonas urbanas e envolvem alterações na sensibilidade na capacidade de tolerância à violência. Trata-se de um sintoma social da intensa exposição à lógica da vingança, na qual o uso exacerbado da violência é potencializado pela competitividade entre grupos concorrentes pelo comércio varejista de drogas e pela difusão do uso de armas de fogo para resolver desavenças. A exposição de crianças e adolescentes moradoras de favelas à exibição ostensiva de armas como símbolos de poder e o seu uso para punir ou vingar quem se indispunha contra eles – fossem traficantes armados ou policiais – propiciou a interiorização progressiva do *ethos* guerreiro, entendido como uma forma de hipermasculinidade ou virilidade agressiva e destrutiva, característica dos contextos sociais em que o monopólio da violência pelo Estado não teria se efetivado integralmente (ZALUAR, 2014, p. 45).

Embora seja essa "[...] parcela inferior, formada por um pequeno exército de vendedores, mão de obra barata, despreparada e armada, que concentra a maior parte da violência da extensa rede de tráfico de drogas" (MANSO & DIAS, 2018, p. 171), a "guerra" não se circunscreve aos atores sociais que participam ativamente dela, na dinâmica perversa dos denominados "envolvidos" com o tráfico, mas opera igualmente entre cidadãos e agentes do Estado. O permanente "combate" à criminalidade organizada ligada ao tráfico de drogas se desdobra em múltiplas formas de atuação do aparato legal do Estado que hoje se traduzem num quadro mais amplo de altas taxas de letalidade nas ações policiais e também de mortalidade de policiais, além de crise do sistema penitenciário e do sistema de justiça criminal. Na perspectiva de pesquisadores da segurança pública, os dilemas herdados da dificuldade de se definir segurança pública e na manutenção do modelo de polícias estaduais separadas em uma polícia judiciária (civil), encarregada dos processos de investigação, e uma polícia militar, encarregada tanto da prevenção quanto da repressão ao crime, não foram adequadamente enfrentados pela Constituição Federal de 1988 (LIMA; BUENO & MINGARDI, 2016, p. 57). Em consequência, as polícias estaduais continuam a ser regidas por lógicas organizacionais pautadas pela segurança interna e defesa dos interesses do Estado.

> Assim, os enunciados legitimados continuam a ser os provenientes do universo jurídico-penal e do combate ao inimigo. No primeiro caso, trata-se apenas da redução de conflitos sociais a tipos penais, desprezando a natureza dos conflitos e suas configurações, que engendram regras e padrões de sociabilidade, constituem e põem em confronto identidades individuais e coletivas. No segundo caso, segmentos sociais são vistos como intrinsecamente perigosos e objeto constante de vigilância e neutralização (LIMA; BUENO & MINGARDI, 2016, p. 57).

Segundo Azevedo e Cifali (2015), há uma dificuldade política de se enfrentar as resistências corporativas das instituições policiais, no sentido de "construir uma política de segurança pública comprometida com a garantia dos direitos civis e o controle da atividade policial, e voltada para a qualificação das funções de investigação policial e policiamento preventivo" (AZEVEDO & CIFALI,

2015, p. 109). A lógica do "combate ao inimigo" tem colocado as forças policiais em permanente confronto com os sujeitos cujos atributos sociorraciais os situam na categoria de "marginais", promovendo, juntamente com os fatores institucionais que legitimam práticas arbitrárias e abusos no uso da força, as altas taxas de vitimização em confrontos com a polícia[7].

No centro desta crise está a emergência de um número enorme de "facções" ou "coletivos criminais"[8], fenômeno intrinsecamente ligado à gestão do sistema prisional. Segundo Dias (2017), nas últimas décadas o Brasil vem passando por uma intensa ampliação da prisão como instrumento de controle social e político. Isso pode ser observado não apenas na evolução crescente do encarceramento, mas também nos efeitos que a forma como o encarceramento vem sendo produzido e incrementado teve sobre pessoas, territórios urbanos e as políticas de segurança pública.

A importância deste campo de estudos se revela no amplo conjunto de pesquisas dedicadas a compreender as formas de operação do tráfico de drogas em favelas e periferias urbanas, suas relações com as polícias e as instituições de segurança pública e, mais recentemente, com a formação de "comandos", "facções" ou "coletivos" criminais,

---

7. O estudo de Sinhoretto, Schlittler e Silvestre (2016) sobre violência policial em São Paulo mostrou que, apesar do declínio no número absoluto de policiais mortos em operações e fora de serviço, a letalidade policial aumentou na medida em que o número de pessoas mortas em confrontos cresceu e se manteve maior do que número de feridos. A maior proporção de mortos em confronto do que feridos é um indicador de que nas situações em que o uso do armamento foi necessário, houve menos atitudes de preservação da vida na atividade policial.

8. O termo "facção", de apelo midiático e já apropriado pela imprensa e pelo senso comum, vem sendo substituído pelo termo "coletivos criminais" na medida em que há um entendimento, entre pesquisadores da área, de que as facções "não podem ser reduzidas por sua atuação criminosa, pois engendram identidades, fornecem ferramentas para que seus integrantes articulem o estigma social a que estão sujeitos, e produzem relações de pertencimento coletivo (SANTOS, 2017, p. 45).

especialmente no interior do sistema prisional, mas também fora dele (HIRATA & GRILLO, 2017; CIPRIANI, 2016; DIAS, 2013; ADORNO & SALLA, 2007). Os primeiros desses grupos surgiram ainda no final dos anos de 1970, no Rio de Janeiro. Em 1979 surgiu o "Comando Vermelho", no interior do presídio da Ilha Grande, numa forma que os presos daquele instituto, dominado por quadrilhas extremamente violentas, encontraram para resistir e sobreviver (DIAS, 2017, p. 18-19). No caso do Rio de Janeiro, a organização se deu entre "donos" de diversas áreas do varejo que se expandiu entre os presídios de segurança máxima, formando redes baseadas em acordos entre criminosos hierarquicamente superiores que expediam "ordens" para fora dos presídios. A lógica subjacente à organização é baseada em vínculos pessoalizados, mantidos sob o rígido controle de seus membros por meio da aplicação de sanções extremamente violentas, que incluem a execução sumária de devedores e traidores. O Comando Vermelho (CV) supria seus agentes com recursos (dinheiro, armas e drogas) para manter o tráfico do varejo em funcionamento e permanente expansão, em troca da fidelidade às suas principais lideranças (MISSE, 2007). Os "comandos" não se organizaram apenas para alavancar o domínio sobre o varejo de drogas, mas também para canalizar as demandas dos presos para a administração penitenciária (HIRATA & GRILLO, 2017). Isso fica evidente no caso do Primeiro Comando da Capital (PCC), grupo que surgiu em São Paulo, num contexto de intensificação da violência institucional e de aumento expressivo das taxas de encarceramento. O PCC foi criado em 1993 na unidade prisional anexo da Casa de Custódia de Taubaté, palco de uma série de arbitrariedades e violações de direitos, desde agressões e espancamentos a formas de tortura, como o emprego intensivo de solitárias. O PCC protagonizaria uma série de megarrebeliões e ataques, que eclodiram em 2001 e depois em 2006, quando as rebeliões

abrangeram 74 unidades prisionais do Estado de São Paulo e uma série de ataques foi perpetrada contra as forças de segurança e alvos civis (DIAS, 2017). Cipriani (2016), entretanto, alerta para a importância de considerar a diversidade de aspectos que interseccionam os processos de formação e expansão das "facções", que dizem respeito às territorialidades específicas das metrópoles e cidades brasileiras. No caso de Porto Alegre, por exemplo, o primeiro grupo criminal, a "Falange Gaúcha", se originou de uma reorganização das quadrilhas criminosas, antes dedicadas a assaltos a bancos e carros-fortes, em torno do tráfico de drogas, constituindo-se primeiramente, fora dos presídios e somente a partir da prisão de seus membros, controlando então as galerias do Presídio Central da capital.

A forma como o Estado, na figura de suas instituições de justiça e segurança pública, vem lidando com a questão prisional coloca no centro do problema o quanto as estratégias políticas enfatizam a perspectiva da "guerra" permanente contra o crime, especialmente contra o tráfico de drogas. Trata-se de um modelo proibicionista e repressivo, cujo principal resultado é o encarceramento em massa de jovens do sexo masculino, mas também de mulheres jovens, socialmente vulneráveis. A expansão das "facções" e "coletivos" criminais no interior do sistema prisional, cujas articulações se estendem extramuros e possuem alcance nacional e internacional, é reveladora do quanto as políticas de enfrentamento ao tráfico contribuem para o agravamento dos problemas de segurança pública no contexto atual.

Considerações finais

Os estudos sobre crime e violência ganharam espaço considerável na sociologia brasileira nos últimos 40 anos. Desde meados das décadas de 1970 e 1980, um conjunto de pesquisadores vem desenvolvendo uma reflexão sistemática e continuada, focada não apenas nas questões sobre violência e criminalidade, mas também no estudo das organizações policiais, do sistema de justiça e das políticas públicas de segurança (LIMA & RATTON, 2011, p. 11). O campo de pesquisa tem sido alavancado pela sistematização continuada de dados estatísticos e pela composição de indicadores mais bem calibrados para articular as diversas dimensões da violência, com base na combinação de indicadores sociais sobre escolaridade, desemprego, moradia, desenvolvimento humano e estatísticas criminais, que buscam traduzir, por exemplo, as vulnerabilidades de grupos específicos (mulheres, negros, jovens) à violência. Acrescente-se a isso as pesquisas sobre vitimização e as análises focadas em recortes por faixa etária, sexo, cor ou raça, região, tamanho dos municípios, entre outros. Ainda que a produção de dados sobre violência e criminalidade seja dificultada pelos problemas de gestão e modernização tecnológica do Estado e requeiram um esforço grande no sentido de aumentar a capacidade de integração entre as múltiplas fontes e a construção de indicadores cada vez mais confiáveis, houve avanços consideráveis, que propiciaram a formação de um quadro realista e alarmante o suficiente do grau de violência extrema existente em nossa sociedade. A publicização e a exigência por maior transparência na produção de estatísticas criminais têm fomentado a reflexividade sobre as causas da escalada de violência, apesar das sucessivas medidas tomadas por diferentes governos, tanto nos níveis federal e estadual como municipal. Contraditoriamente, a cada vez mais ampla divulgação de dados sobre criminalidade e violência também é apropriada pelo senso comum, por meio da imprensa televisiva, dos jornais de grande circulação e das mídias eletrônicas, contribuindo para uma crescente sensação de insegurança. Essa sensação de insegurança é agravada pela descrença nas insti-

tuições de justiça e na capacidade do Estado e das instituições de segurança pública, nomeadamente as polícias militar e civil, de exercer o controle social e dissuadir as práticas delituosas, especialmente aquelas que atentam contra o patrimônio e a vida. As recentes iniciativas do governo federal de flexibilizar o acesso às armas de fogo, com o apoio de parcela significativa da sociedade civil, apenas reforçam a constatação de que a resposta aos conflitos sociais permanece pautada pela violência.

Esse amplo quadro de crise reforça a importância de se desnaturalizar a violência no cotidiano, atentando-se não apenas para as ocorrências de delitos e as oscilações periódicas dos indicadores, mas para os fatores subjacentes a esses fenômenos, como as enormes disparidades sociais e econômicas entre indivíduos e as diferenças sociais pautadas pelo gênero, raça, cor, orientação sexual e condição de moradia, entre outros atributos sociais que ordenam hierarquicamente pessoas e grupos em uma sociedade plural e desigual como a brasileira. A percepção sobre a importância desses fatores se deve à ampliação, no campo da sociologia da conflitualidade, da percepção sobre as formas de violência difusas no tecido social, que vem produzindo novas interpretações sobre o passado antes da organização do Estado democrático de direito e posteriormente à Constituição de 1988.

Permanece, contudo, o desafio de construir hipóteses e encontrar explicações que deem conta das especificidades da realidade brasileira, nomeadamente a permanência das práticas violentas nas relações sociais e na atuação do Estado, traduzidas no tipo de "subjetividade autoritária" que caracteriza as relações de dominação entre a sociedade civil e os atores institucionais e os grupos que ocupam e centralizam o poder e detêm prerrogativa do uso da violência para a garantia da segurança e a manutenção da ordem pública. O esforço para superar as explicações que reduzem ou circunscrevem as causas da violência à pobreza e à desigualdade social encontram como principal obstáculo as representações coletivas sobre o crime que conferem centralidade ao tráfico de drogas na reprodução da violência urbana. Nesse sentido, pesquisadores brasileiros têm percebido as limitações e insuficiências das teorias sociológicas e criminológicas produzidas em contextos estrangeiros para dar conta das particularidades de nossa sociedade, especialmente a continuidade das práticas de discriminação e violação sistemática de direitos, cujas bases históricas se enraízam num longo e perverso passado escravocrata. Mas também têm encontrado obstáculos por parte do poder público em incorporar os resultados de suas pesquisas no desenho de iniciativas e na formulação de políticas eficazes, informadas por constatações empíricas e, principalmente, que colocam em questão variáveis e aspectos muito naturalizados no Brasil, como o sexismo, o racismo e as interpretações centradas unicamente nos indivíduos e na sua capacidade de escolha e decisão. Parte dessas dificuldades se deve à perda de espaço da agenda de direitos humanos na formação de uma perspectiva de segurança pública verdadeiramente cidadã, que combine práticas efetivamente preventivas às estratégias de repressão e controle social.

Referências

ADORNO, S. Exclusão socioeconômica e violência urbana. In: *Sociologias*, ano 4, n. 8, jul.-dez./2002, p. 84-135. Porto Alegre.

_____. *A gestão urbana do medo e da insegurança* – Violência, crime e justiça penal na sociedade brasileira contemporânea. São Paulo: USP, 1996 [[Tese de livre-docência] [Disponível em http://www.nevusp.org/downloads/down187.pdf [Tese de livre-docência].

_____. Discriminação racial e justiça criminal em São Paulo. In: *Novos Estudos Cebrap*, n. 43, nov./1995, p. 45-63. São Paulo.

ADORNO, S. & SALLA, F. Criminalidade organizada nas prisões e os ataques do PCC. In: *Estudos Avançados*, vol. 21, n. 61, 2007, p. 7-29. São Paulo.

ALBANESE, J.S.; DAS, D.K. & VERMA, A. *Organized Crime*: World Perspectives. Nova Jersey: Prentice Hall, 2003.

AZEVEDO, R.G. Tendências do controle penal na época contemporânea. In: *São Paulo em Perspectiva*, 18 (1), 2004, p. 39-48.

AZEVEDO, R.G. & CIFALI, A.C. Política criminal e encarceramento nos governos Lula e Dilma. In: *Civitas* – Revista de Ciências Sociais, vol. 15, n. 1, jan.-mar./2015, p. 105-127. Porto Alegre.

BOURDIEU, P. *A dominação masculina*. Rio de Janeiro: Bertrand Brasil, 2003.

CANO, I. & SANTOS, N. *Violência letal, renda e desigualdade no Brasil.* Rio de Janeiro: 7 Letras, 2007.

CERQUEIRA, D.R.C. & MOURA, R.L. Vidas perdidas e racismo no Brasil. In: *Publicatio UEPG*: Ciências Sociais Aplicadas, 22 (1), jan.-jun./2014, p. 73-90. Ponta Grossa.

CIPRIANI, M. Segregação socioespacial e territorialidades do tráfico de drogas: as "facções criminais" diante do espaço urbano. In: *Revista Conversas e Controvérsias*, vol. 3, n. 2, 2017, p. 5-28. Porto Alegre.

CORTINA, M.O.C. Mulheres e tráfico de drogas: aprisionamento e criminologia feminista. In: *Estudos Feministas*, 23 (3), set.-dez./2015, p. 406. Florianópolis.

COSTA, A.T.M. A inefetividade da justiça criminal brasileira: uma análise do fluxo de justiça dos homicídios no Distrito Federal. In: *Civitas* – Revista de Ciências Sociais, vol. 15, n. 1, jan.-mar./2015, p. 11-26.

DIAS, C.C.N. Encarceramento, seletividade e opressão – Fundação Friedrich-Ebert-Sitfung (FES). In: *Análise*, n. 28, 2017.

_____. *PCC*: hegemonia nas prisões e monopólio da violência. São Paulo: Saraiva, 2013.

ELIAS, N. O *processo civilizador*. Vol. 1 e 2. Rio de Janeiro: Zahar, 1994.

FBSP. *Anuário Brasileiro de Segurança Pública 2014-2017* – Ed. esp. 2018 [Disponível em http://www.forumseguranca.org.br/wp-content/

uploads/2018/09/FBSP_ABSP_edicao_especial_esta
dos_faccoes_2018.pdf].

FELTRAN, G.S. O valor dos pobres: a aposta no dinheiro como mediação para o conceito social contemporâneo. In: *Caderno CRH*, vol. 27, n. 72, set.-dez./2014, p. 495-512. Salvador.

_____. Periferias, direito e diferença: notas de uma etnografia urbana. In: *Revista de Antropologia*, vol. 53, n. 2, 2010. São Paulo: USP.

FGV. *Relatório ICJ Brasil, 1º semestre de 2016*. São Paulo: FGV, 2016 [Disponível em http://biblioteca digital.fgv.br/dspace/bitstream/handle/10438/17204/Relatorio-ICJBrasil_1_sem_2016.pdf?sequence =1&isAllowed=y].

GUIMARÃES, A.S.A. *Preconceito e discriminação*. São Paulo: Ed. 34, 2004.

HIRATA, D.V. & GRILLO, C.C. Sintonia e amizade entre patrões e donos de morro – Perspectivas comparativas entre o comércio varejista de drogas em São Paulo e no Rio de Janeiro. In: *Tempo Social* – Revista de sociologia da USP, vol. 29, n. 2, ago./2017, p. 75-98.

HUGHES, P.J. A. Segregação espacial e violência na cidade de São Paulo. In: *São Paulo em Perspectiva*, 18 (4), 2004, p. 93-102.

IPEA e FBSP. *Atlas da violência 2018*. Brasília, 2018 [Disponível em http://www.ipea.gov.br/portal/images/stories/PDFs/relatorio_institucional/180604_atlas_da_violencia_2018.pdf].

LEMBRUGER, J. & BOITEUX, L. O fracasso da guerra às drogas. In: LIMA, R.S.; RATTON, J.L. & AZEVEDO, R.G. (orgs.). *Crime, polícia e justiça no Brasil*. São Paulo: Contexto, 2014.

LIMA, R.S. Atributos raciais do funcionamento do sistema de justiça criminal paulista. In: *São Paulo em Perspectiva*, 18 (1), 2004, p. 60-65.

LIMA, R.S.; BUENO, S. & MINGARDI, G. Estados, polícia e segurança pública no Brasil. In: *Revista Direito FGV*, vol. 12, n. 1, jan.-abr./2016, p. 49-85.

LIMA, R.S. & RATTON, J.L. (orgs.). *As ciências sociais e os pioneiros nos estudos sobre crime, violência*

e direitos humanos. São Paulo: Fórum Brasileiro de Segurança Pública/Urbânia/Anpocs, 2011.

MACHADO DA SILVA, L.A. Violência urbana, sociabilidade violenta e agenda pública. In: SILVA, L.A.M. (org.). *Vida sob cerco*: violência e rotina nas favelas do Rio de Janeiro. Rio de Janeiro: Nova Fronteira, 2008.

_____. Sociabilidade violenta: uma interpretação da criminalidade contemporânea no Brasil urbano. In: *Sociedade e Estado*, vol. 19, n. 1, jan.-jun./2004, p. 53-84. Brasília.

MANSO, B. & DIAS, C.C.N. *A guerra*: a ascensão do PCC e o mundo do crime no Brasil. São Paulo: Todavia, 2018.

MICHAUD, Y. *A violência*. São Paulo: Ática, 1989.

MINGARDI, G. O trabalho da inteligência no controle do crime organizado. In: *Estudos Avançados*, vol. 61, n. 21, 2007.

MISSE, M. Crime, sujeito e sujeição criminal: aspectos de uma contribuição analítica sobre a categoria "bandido". In: *Lua Nova*, 79, 2010, p. 15-38. São Paulo.

_____. Mercados ilegais, redes de proteção e organização local do crime no Rio de Janeiro. In: *Estudos Avançados*, vol. 61, n. 21, 2007.

_____. Crime e violência no Brasil contemporâneo: estudos de sociologia do crime e da violência urbana. Rio de Janeiro. In: *Lumen Juris*, 2006.

NONATO, C. Sergio Adorno: reflexões sobre a violência e a intolerância na sociedade brasileira. In: *Comunicação & Educação*, 20 (2), 2015, p. 93-100.

PEDROSO, R. *Violência e cidadania no Brasil*. São Paulo: Ática, 2006.

PORTO, M.S.G. *Sociologia da violência*. Brasília: Verbena, 2010.

RODRIGUES, T. Narcotráfico e militarização nas Américas: vício de guerra. In: *Contexto Internacional*, vol. 34, n. 1, jan.-jun./2012, p. 9-41. Rio de Janeiro: PUC.

SANTOS, J.V. Presídio central de Porto Alegre e o início dos coletivos criminais no RS – Marcelli Cipriani analisa como a estratégia de omissões e violação de Direitos Humanos do Estado na cadeia se configura em disputas que reverberam em todo o território da capital gaúcha. In: *Revista IHU Online*, n. 506, ano XVII, 05/06/2017.

SCHABBACH, L.M. Desigualdade, pobreza e violência metropolitana. In: HEIDRICH, A.L. et al. (orgs.). *Estrutura e dinâmica socioespaciais urbanas no Rio Grande do Sul:* transformações em tempos de globalização (1991-2010). Porto Alegre: Letra 1, 2016.

_____. O crime organizado em perspectiva mundial [Resenha], apud ALBANESE, J.S.; DAS, D.K. & VERMA, A. Organized Crime: World Perspectives. Nova Jersey: Prentice Hall, 2003. In: *Sociologias*, ano 15, n. 34, set.-dez./2013, p. 278-293. Porto Alegre.

SCHWARCZ, L.M. & STARLING, H.M. *Brasil*: uma biografia. São Paulo: Companhia das Letras, 2015.

SINHORETTO, J. & MORAIS, D.S. Violência e racismo: novas faces de uma afinidade reiterada. In: *Revista de Estudios Sociales*, 64, 2018, p. 15-26.

SINHORETTO, J.; SCHLITTLER, M.C. & SILVESTRE, G. Juventude e violência policial no município de São Paulo. In: *Revista Brasileira de Segurança Pública*, vol. 10, n. 1, fev.-mar./2016, p. 10-35. São Paulo.

TAVARES-DOS-SANTOS, J.V. Modernidade tardia e violência. In: LIMA, R.S.; RATTON, J.L. & AZEVEDO, R.G. (orgs.). *Crime, polícia e justiça no Brasil.* São Paulo: Contexto, 2014.

_____. Violências e dilemas do controle social nas sociedades da "modernidade tardia". In: *São Paulo em Perspectiva*, 18 (1), 2004, p. 3-12.

TEIXEIRA, A.; SALLA, F. & MARINHO, M.G.S.M. Vadiagem e prisões correcionais em São Paulo: mecanismos de controle no firmamento da República. In: *Estudos Históricos*, vol. 29, n. 58, mai.-ago./2016, p. 381-400. Rio de Janeiro.

WAISELFISZ, J.J. *Mapa da violência 2016* – Homicídios por arma de fogo no Brasil. Flacso, 2016 [Disponível em https://www.mapadaviolencia.org.br/pdf2016/Mapa2016_armas_web.pdf].

WIEVORKA, M. O novo paradigma da violência. In: *Tempo Social* – Revista de Sociologia da USP, vol. 9 (1), mai./1997, p. 5-41.

ZALUAR, A. *Ethos* guerreiro e criminalidade violenta. In: LIMA, R.S.; RATTON, J.L. & AZEVEDO, R.G. (orgs.). *Crime, polícia e justiça no Brasil.* São Paulo: Contexto, 2014.

_____. Democratização inacabada: fracasso da segurança pública. In: *Estudos Avançados*, vol. 21, n. 61, 2007, p. 31-49.

25
Sociologia da moral
"Sociologia da moral: temas e problemas"

Simone Magalhães Brito

Alyson Thiago Fernandes Freire

Carlos Eduardo Freitas

A moralidade é objeto de investigação de muitos campos de conhecimento. Da filosofia à economia, da antropologia à neurociência passando pela psicologia e biologia, todos têm um histórico, antigo ou recente, de preocupação e interesse sobre este complexo de normas, valores, sentimentos, reações e comportamentos sobre o que é certo e errado que intitulamos como moral. Na história da ciência, poucos temas são capazes de fazer convergir diferentes áreas do saber para a um campo mútuo de estudo. A moralidade se tornou um desses.

A intensa atratividade que a moralidade incita à curiosidade humana talvez possa ser explicada por duas razões, *grosso modo*. Primeiro, uma razão antropológica: somos seres fundamentalmente morais. Nossa constituição como agentes, isto é, como seres capazes de agir, refletir e descrever o mundo e a nós mesmos, ocorre no interior de um espaço valorativo e moral, formado de noções e sentidos compartilhados acerca do certo e errado, bem e mal. Por isso, nós, seres humanos em sociedade, somos, inescapavelmente, portadores de linguagens morais por meio das quais avaliamos e distinguimos sentidos qualitativos diversos para significar, compreender e comunicar o que somos, fazemos e queremos. Dito de outro modo, a vida e

a identidade humana são realidades profundamente morais (TAYLOR, 1997).

Em segundo lugar, um argumento histórico-sociológico: a vida em sociedade, a construção e a historicidade de instituições, normas e significados compartilhados, nos impele a assumir posições justificadoras e normativas acerca dos sentidos dessas construções. Em sociedades tradicionais elas podem ser mais homogêneas e naturalizadas, ao passo que nas sociedades complexas podem ser mais diferenciadas, reflexivas e conflitivas. Seja como for, o mundo social, como a esfera da pluralidade e dos negócios humanos, para utilizar a expressão consagrada da filósofa Hannah Arendt, não pode existir sem valores morais internalizados e justificadores e sem posições morais valorativas sobre os seus sentidos e rumos (SMITH, 2009). Não é gratuito, portanto, que a moralidade constitua um dos mais instigantes campos de disputas e conflitos das sociedades humanas e de sua história. Daí o intenso e premente interesse que desperta para o seu estudo e investigação.

De partida, essa introdução já nos mostra por si só a complexidade do problema moralidade para o saber humano e, ao mesmo tempo, a imprescindibilidade da perspectiva sociológica sobre o fenômeno moral. No entanto, como veremos, o lugar da moralidade na agenda de pesquisa sociológica é oscilante, tangencial e, somente muito recentemente, assumiu centralidade e protagonismo como um campo de especialidade próprio.

A sociologia da moral ontem: os clássicos

A sociologia é mais um dos ramos da ciência que se lançaram ao desafio de elucidar o tecido moral da vida humana. Atualmente, menos badalada e conhecida do público especializado e em geral do que a filosofia moral e os estudos em psicologia e neurociência, a reivindicação da sociologia sobre as dimensões sociais da moralidade humana não é, contudo, recente[1].

Os clássicos da sociologia já nutriam especial atenção para dimensões e consequências morais da formação do mundo moderno. A moralidade foi, também, uma categoria analítica central para abordar as diferenças societárias e culturais entre as sociedades tradicionais e as sociedades modernas. Nos clássicos, a explicação da singularidade da Modernidade passava, em alguma medida, pela apreensão das mudanças em termos de valores e moralidade.

Nesse sentido, se colocarmos em tela os principais aportes e temáticas das sociologias de Émile Durkheim, Max Weber e Georg Simmel, encontraremos o problema dos valores e da moralidade de modo proeminente, como uma condição necessária e privilegiada para abordar, de maneira fundamentada, o mundo social. Não por acaso, nos três sociólogos encontraremos o mundo dos valores como um tópico de investigação.

Já em Karl Marx, encontramos em sua crítica e análise da emergência da sociedade burguesa um tratamento profundamente sociológico dos sistemas de ideias e valores. Para o pensador alemão, estes são historicamente contingentes e expressam, de modo abstrato, relações opacas de poder e dominação de classe que estão atreladas à produção da vida material das sociedades. Os conceitos de ideologia e de superestrutura são contundentes das conexões entre dominação, vida material e moralidade.

Entre os produtos que o processo de produção das relações materiais e os antagonismos de classe engendram estão, conforme Marx, os códigos morais e as concepções compartilhadas de vida, em suma, a moralidade: "Os mesmos homens que estabeleceram as relações sociais de acordo com a sua produção material produzem, também, os princípios, as ideias e as categorias de acordo com as suas relações sociais" (MARX, 1985, p. 106).

Desde os primeiros trabalhos, estudar a moral foi um dos principais objetivos de Émile Durkheim e sua obra. Sua sociologia é, em grande medida, um empreendimento para demonstrar cientificamente a natureza objetiva dos valores morais e seu papel crucial para a gênese e coesão dos vínculos sociais humanos[2]. Por isso, a moral, no sociólogo alsaciano, está intimamente relacionada com a religião e a educação.

---

1. Na verdade, a história da formação da disciplina se confunde com um projeto de uma ciência moral e da moral, como atestam as sociologias de August Comte e Émile Durkheim. A sensibilidade do mal-estar com as transformações do mundo moderno enquanto sintoma de uma crise moral e a contraposição crítica às pressuposições utilitaristas e instrumentais das teorias econômicas, assim como o forte acento da filosofia moral de Kant e da genealogia dos valores de Nietzsche, são alguns dos fatores que explicam por que o problema dos valores e da moralidade assumiu, desde o início, um lugar proeminente como tema sociológico.

---

2. Durkheim desenvolveu um projeto de estudo que seria específica e aprofundadamente dedicado à moralidade, *La Morale*. Lamentavelmente, o projeto e livro não foram concretizados. No entanto, graças a Marcel Mauss, conhecemos o plano desse projeto, pois a introdução e o índice foram, depois da morte de Durkheim, editados e publicados. Cf. DURKHEIM, É. Introduction à la Morale. In: *Revue Philosophique*, vol. 89, 1920, p. 79-97.

Com Durkheim a moralidade ganha, com efeito, um estatuto firmemente sociológico. Ela é a manifestação da coletividade, desloca-se dos planos abstratos e universais da consciência e da razão humana para a esfera da organização social. Por isso, a moralidade pode ser estudada positivamente como qualquer outro fato social, especialmente através dos seus sistemas de códigos de comportamento e das sanções sociais que a transgressão de regras morais implicam.

A teoria durkheimiana dos tipos de solidariedade social e a compreensão da natureza coercitiva dos fatos sociais são impensáveis sem a referência ao problema da moralidade. Os principais conceitos durkheimianos, como "consciência coletiva", "fato social", "representações coletivas", "individualismo moral", "efervescência coletiva", "anomia", todos eles descrevem e referem-se, em alguma medida, à força e à dimensão moral da vida social. Durkheim é, desse modo, categórico: "a moralidade é o mínimo indispensável, o estritamente necessário, o pão cotidiano sem o qual as sociedades não podem viver" (DURKHEIM, 1997, p. 16).

Em Max Weber, o mundo dos valores é uma temática teórica e empírica decisiva para a constituição de uma ciência social. Suas principais inquietações metodológicas e o seu programa sociológico acerca do significado cultural do racionalismo ocidental são quase que inteiramente perpassados pela análise e reflexão acerca da questão dos valores: a preocupação acerca dos sentidos e motivações da ação social, o diagnóstico sobre o "politeísmo de valores e perda de sentido" como fonte das antinomias modernas, a tensão entre valores e objetividade que aflige a atividade dos cientistas, os paradoxos éticos da convicção e da responsabilidade, as raízes morais do processo de racionalização do mundo e da conduta no Ocidente atestam o argumento. Para Weber, "todo indivíduo histórico está arraigado, de modo logicamente necessário, em 'ideias de valor'" (WEBER, 1999, p. 130).

Por último, analisando as consequências da institucionalização da economia monetária, Georg Simmel não deixou passar despercebido as conexões desse fenômeno com os valores. Em sua ambivalência, o dinheiro reforçou valores de autodeterminação individual e impessoalidade e uniu os opostos como o avaro, o asceta e o pródigo, os quais têm na relação moral com o dinheiro um fator definidor de suas identidades. Simmel abordou o dinheiro como um mecanismo sociocultural de redução dos valores a um único valor, o monetário: "o cálculo necessariamente contínuo do valor em dinheiro faz com que este apareça, finalmente, como único valor" (SIMMEL, 2005, p. 31).

A despeito da acentuada presença da moralidade e dos valores nos clássicos, não há propriamente uma sociologia da moral nesses autores. O mesmo pode-se dizer com respeito a autores posteriores que trataram a moralidade como problema sociológico em seus trabalhos. Pensamos aqui em dois nomes: Talcott Parsons, para quem os valores morais são elementos vitais para a integração nos sistemas da personalidade, cultural e social, e Norbert Elias, para quem os códigos morais são cruciais para as relações de interdependência, a dinâmica de poder e a autoimagem dos grupos. Em todos esses autores existe sim uma sociologia "latente" da moralidade, ou melhor, uma problematização sociológica dos valores como um tópico inseparável da análise e explicação sociológica da realidade social.

O fato de a moralidade ter sido um tema sociológico coetâneo à formação da sociologia, presente em alguns dos nomes mais importantes da disciplina, não impediu, entretanto, que o seu estudo adentrasse num período de ostracismo acadêmico, o qual durou até pelo menos as décadas de 1980 e 1990. Uma das razões desse ostracismo foi, certamente, engendrada pela reação crítica à sociologia parsoniana. A temática dos valores e da moralidade, levada à reboque pela crítica ao funcionalismo de Parsons, foi então, identificada com as teorias orientadas para o consenso e a integração social (HITLIN & VAISEY, 2013, p. 52).

O crescimento da fragmentação e da tendência cientificista da disciplina, que conduziu a sociologia para temas mais especializados e positivos e menos abstratos e filosóficos, como a moralidade, foi outro componente na secundarização do tema. Portanto, nesse contexto, que combina intensa crítica ao funcionalismo e à ascensão de abordagens sociológicas mais fragmentadas, como as teorias do desvio e os estudos da religião, do conflito, da estratificação, das comunidades, a referência à moralidade como categoria teórica e campo de estudo legítimo e pertinente na sociologia foi drasticamente reduzida. Esse vácuo deixado pela sociologia contribuiu, em certa medida, para que ramos da filosofia, da psicologia e da neurociência avançassem cada vez mais e assumissem posições destacadas e grande visibilidade acadêmica e midiática sobre o assunto.

A moralidade retorna à cena sociológica: as bases da nova sociologia da moral

Como apontam Steven Hitlin e Stephen Vaisey (2013), o interesse sociológico acerca da problemática da moral e dos valores ressurgiu no último *fin de siècle* e no começo do século XXI. A partir do fim dos anos de 1980 e começo dos anos de 1990, um conjunto de trabalhos dentro e na fronteira com a sociologia "redescobrem" a moralidade, e passam a explorar, teórica e empiricamente, as relações entre valores morais e as mais diversas esferas e contextos sociais.

Nas intersecções entre filosofia e sociologia, cabe destacar duas obras em particular, quais sejam: *Sources of the Self* (As fontes do *self*), do filósofo

social canadense Charles Taylor, e *Kampf um Anerkennung* (Luta por reconhecimento), do filósofo e sociólogo alemão Axel Honneth. Ambas contribuíram imensamente para recolocar a moralidade, como categoria teórica e dimensão inescapável da vida humana, no primeiro plano da teoria social.

Publicado em 1989, o livro de Charles Taylor realiza um estudo seminal que estabelece, numa perspectiva histórica e hermenêutica, as interligações opacas entre o desenvolvimento da identidade moderna e uma estrutura moral de valores e significados compartilhados tacitamente no Ocidente moderno, especialmente quanto aos sentidos de interioridade, liberdade, individualidade e autenticidade. "Entender no que consiste a força de certas ideias (morais) é saber algo de relevante a respeito de como chegaram a ser essenciais para uma sociedade histórica" (TAYLOR, 1997, p. 265).

Por sua vez, o livro de Honneth, publicado em 1992, não apenas apresenta como a moralidade permeia os relacionamentos humanos em diferentes contextos de interação (família, direito, esfera pública), mas desenvolve uma inspiradora teoria dos conflitos sociais e da mudança social com base nas motivações morais dos sujeitos. Com isso, o filósofo e sociólogo alemão abre caminho para um olhar mais atento para os significados sociais e políticos dos sentimentos morais (HONNETH, 2003).

No campo mais propriamente da sociologia, nesse mesmo período, surgiram abordagens e novos problemas empíricos que ajudaram a alçar a dimensão moral dos fenômenos sociais a um princípio e variável analítica crucial para a investigação sociológica. Os estudos de Robert Bellah, Viviana Zelizer, Luc Boltanski e Michèle Lamont são representativos desse movimento de impulso em direção à moralidade.

Robert Bellah, um dos mais importantes nomes da sociologia nos Estados Unidos, é responsável por investigações cruciais acerca dos valores morais na sociedade norte-americana. Em livros como *Civil Religion In America*, Bellah analisa símbolos da sacralidade civil estadunidense. O *problema da* crise de valores e o problema de perda de sentido na sociedade estadunidense formam o pano de fundo de outras duas de suas obras fundamentais, *Habits Of The Heart* e *The Good Society*.

Em *Habits of the Heart* (1987), seu livro mais conhecido, Bellah organiza uma pesquisa qualitativa longitudinal de cinco anos (1979 a 1984) com aproximadamente 200 pessoas, cruzando entrevistas face a face com observação participante, a respeito dos modos como as pessoas da classe média e trabalhadora dos Estados Unidos se relacionam com os valores como liberdade, individualismo, ideais de vida cívica e comunidade. A questão-problema que guiava a pesquisa era saber quais recursos culturais os estadunidenses acionavam para atribuir sentido às suas vidas.

As pesquisas da socióloga argentina Viviana Zelizer sobre os vínculos estreitos e mutuamente significativos entre economia, mercado e valores morais são, decididamente, um dos grandes promotores desse impulso sociológico em direção à moralidade. Seus estudos sobre processo de aceitação social dos seguros de vida (1983), o mercado de adoção de crianças (1985), as doações de caridade (1994), os cuidados pessoais e litígios familiares e afetivos (2011) mostram como a vida social moderna é atravessada por situações em que os indivíduos veem-se impelidos a estabelecer equivalências monetárias, inclusive a propósito daquilo que consideram, moralmente, como inalienável do ponto vista da definição de um valor de troca. O que, de acordo com Zelizer, demanda um processo social de definição e redefinição dos significados morais implicados nas atividades e transações econômicas em que os indivíduos estão imersos.

Na França, os trabalhos do Grupo de Sociologia Política e Moral (GSPM), liderado por Luc Boltanski e Laurent Thévenot, desenvolveram um profícuo programa de sociologia das lógicas normativas dos atores em suas ações e interações do qual duas obras são paradigmáticas: *De la justification: Les économies de la grandeur,* de 1991, e a segunda, escrita por Boltanski e Eve Chiapello, *Le nouvel esprit du capitalisme*, publicada em 1999.

A sociologia pragmática francesa realizou diversas pesquisas em que estuda o social a partir da premissa segundo a qual os indivíduos comuns constroem, avaliam e reagem aos princípios de justificação da vida social, política e econômica da sociedade. Dessa maneira, ela trouxe para o campo da pesquisa sociológica a moralidade presente tanto nas microssituações sociais cotidianas e leigas de crítica, desacordo e conflito normativo entre os atores, como denúncias públicas, litígios, quanto, também, numa escala mais macro, a moralidade atuante nas transformações institucionais e ideológicas do capitalismo contemporâneo e em suas formas históricas de engajamento e crítica (BOLTANSKI & THÉVENOT, 1991; BOLTANSKI & CHIAPELLO, 2009).

Na intersecção com a sociologia da cultura, as pesquisas da socióloga Michèle Lamont sobre as classes trabalhadoras e médias francesas e estadunidenses destacam-se por colocar em primeiro plano a moralidade enquanto uma prática social significativa para o estabelecimento de fronteiras simbólicas entre as classes. Em estudos comparativos França-Estados Unidos, Lamont analisa etnograficamente e através de entrevistas a circulação de significados, a construção de "mapas morais" balizadores das autocompreensões de grupo em termos de dignidade, autonomia, autoestima, iniciativa e desigualdade. Além de diferenças nacionais, no que tange aos valores, Lamont constatou diferenças relativas aos cortes étnico-raciais: enquanto trabalhadores brancos estadunidenses valorizam e se reconhecem na "autodisciplina" um ideal moral fundante, os trabalhadores negros, nos Estados Unidos, por sua vez, enfatizam valores mais orientados ao "cuidado de si" (LAMONT, 1992; 2000).

O Holocausto e o problema do universalismo moral

A contextualização da retomada da moralidade na análise sociológica requer mencionar o estudo de Zygmunt Bauman sobre o Holocausto, o qual, ressalte-se, costuma receber pouca atenção e crédito no âmbito da sociologia da moralidade, apesar de sua importância para o desenho dos limites teóricos desse campo.

No primeiro, *Modernidade e Holocausto*, publicado em 1989, Zygmunt Bauman, a partir do exame das estratégias burocráticas e tecnologias desenvolvidas e utilizadas pelo nazismo e suas práticas genocidas, realiza um meticuloso estudo da relação entre sociedade e comportamento moral. Nele, Bauman explora as consequências morais da racionalidade moderna e os limites e aporias da sociologia diante da moralidade.

Para Bauman, a experiência nazista exprime, de maneira quase laboratorial, como a burocracia, a ciência e a tecnologia, expressões máximas da civilização moderna e de alguns de seus ideais mais valorizados, podem conduzir a desresponsabilização moral e a eliminação da empatia: "O sucesso técnico-administrativo do Holocausto deveu-se em parte à hábil utilização de 'pílulas de entorpecimento moral' que a burocracia e a tecnologia modernas colocavam à disposição" (BAUMAN, 1998, p. 46).

No livro, o sociólogo polonês ainda aporta uma intrigante e crítica visão das relações entre sociologia e moralidade. O Holocausto expõe as debilidades e aporias da ciência da sociedade dian-

te do fenômeno moral. Esta última não seria, segundo Bauman, redutível à cultura e às instituições não morais da sociedade, como pretende a sociologia, mas sim uma capacidade e impulso inerente à pessoa humana em virtude da condição existencial primária de "estar com os outros". Ao tratar a moralidade como produto de forças societárias, a sociologia se mostra incapaz tanto de compreender a natureza do comportamento moral (a responsabilidade pelo outro), revelada pelas ações daqueles cujos atos morais desafiam as normas e consenso vigentes da coletividade, quanto de rejeitar eticamente a imoralidade de comportamentos e práticas sociais como as promovidas pelo genocídio nazista (BAUMAN, 1998).

É verdade que, em 1948, Everett Hughes já buscava entender o desenvolvimento de "programa de crueldade e assassinato" e pergunta: "como é possível que um trabalho tão sujo tenha sido feito em meio a e, de certo modo, *por* esses milhões de alemães comuns e civilizados? (HUGHES, 2013, p. 94). Sua hipótese, a de que a vida social é marcada por distinções nós/eles, dentro/fora que organizam as redes de obrigação moral, claramente ressoa nos estudos contemporâneos sobre fronteiras morais. Contudo, Helen Fein, num famoso artigo de 1979, a partir de um levantamento da produção sociológica, argumenta que "os sociólogos não exploraram o significado do Holocausto", nem se interessaram por pesquisar sistematicamente os genocídios (FEIN, 1979). O problema da obrigação moral, como tematizado por Hughes, apesar de ter se tornado questão central nas pesquisas da filosofia e psicologia do pós-guerra, não teve grande impacto na sociologia. Nesse sentido, o trabalho de Bauman é responsável por retomar não apenas o debate sobre os genocídios e, na esteira de Fein, sobre como tratá-los analítica e empiricamente, mas, principalmente, por tentar devolver a "constituição moral da sociedade" (HUGHES, 2013, p.

108) à ordem das questões mais relevantes da disciplina. Também se destaca o fato de que a obra de Bauman também ajudou a "traduzir" para a pesquisa sociológica o principal debate da filosofia moral dos anos de 1990 – entre universalistas e comunitaristas (CRONE, 2008, p. 60)[3]. Diante disso, como explicar que a proposta presente em *Modernidade e Holocausto* não tenha se tornado um paradigma importante de pesquisa na sociologia da moral?

Há muitas razões para o esquecimento ou "ambiguidade" da teoria de Bauman na sociologia da moral contemporânea. Primeiro, podemos destacar os problemas na interpretação da obra posterior à ética pós-moderna, quando o autor se aposenta do trabalho acadêmico e passa a escrever para um grande público. O projeto de "hibridização entre sociologia e imaginação poética" (JACOBSEN & MARSHMAN, 2008, p. 27) foi considerado um instrumento importante na construção da própria sociologia como uma forma moral – que incorpora diferentes vozes (p. 27), mas também recebeu muitas críticas pela preponderância de questões estéticas sobre a precisão conceitual, pelo pequeno embasamento em pesquisa e excesso de teoria (DE SWAAN, 2015, p. 44). Segundo, a proposta de que sociólogas e sociólogos devem assumir tanto o problema da verdade moral quanto posições substantivas nesse debate, incorporar os debates filosóficos sobre a ética, não foi muito bem recebido no campo. Ainda, em conexão com essa abertura ao campo filosófico, há um terceiro problema: o fato de que a vida moral em Bauman, a partir da leitura de Lévinas, é uma obrigação para além das lógicas de reciprocidade, coloca o seu projeto fora da pró-

pria definição de ação social (JUNGE, 2001). Ou seja, em última instância, a interpretação da vida moral em Bauman já não pode ser pensada sociologicamente se nos atermos aos limites estabelecidos pelos clássicos da disciplina. Todavia, é interessante notar que a crítica ao trabalho de Bauman e, principalmente, a tentativa de demonstrar que a sociologia possuía instrumentos teóricos para lidar com a questão do Holocausto (sem precisar recorrer à ideia de formas pré-sociais) alimentou três perspectivas importantes com impacto no desenho atual da sociologia da moral.

A sociologia figuracional é uma das principais fontes de crítica sistemática à perspectiva de Bauman. Ao construir seu argumento contra uma sociologia evolucionista e cúmplice das formas de violência sistemática características da Modernidade, o autor de *Modernidade e Holocausto* indica Norbert Elias como exemplo do pensamento sociológico que justifica a violência moderna. Ao mesmo tempo, a discussão sobre surtos de violência e os processos descivilizadores desenvolvida em *Os alemães* e, especialmente, a chave de leitura que tensiona psicanálise e sociologia ao tratar da excitação produzida pela violência (ELIAS & DUNNING, 1986), são deixadas de lado. Para a primeira geração de eliasianos, como Eric Dunning e Stepenh Mennel (1979), Bauman interpretou mal a obra de Elias – como um elogio da civilização – e, principalmente, cometeu um erro grave ao tratar da produção da vida moral e dos valores que permitiram a violência nazista através de uma mobilização tipicamente moderna de "valores primeiros" – pré-sociais, desconsiderando o caráter histórico/processual das formas de extermínio. De modo mais direto, Richard Kilminster (2013) afirma que Bauman realiza um movimento sociológico "inconcebível", trazendo uma moralidade "de fora" da vida social, exterior a sua história e tensões, numa espécie de "rendição ao transcenden-

---

3. Por suas críticas ao universalismo, Bauman é, geralmente, classificado como um comunitarista. Contudo, destacamos como seu interesse de indicar uma experiência moral, "humana", anterior e independente das relações sociais termina por reconstruir um sentido de universalidade.

tal" que negaria as origens da disciplina sociológica. Em sua sociologia dos genocídios, De Swaan utiliza a teoria dos processos civilizadores para confrontar diretamente a perspectiva de Bauman: o que é tipicamente moderno não é o genocídio, mas sentir vergonha pelos atos genocidas e identificar-se com vítimas que nunca conhecemos (DE SWAAN, 2015, p. 258). Para o sociólogo holandês, tanto a produção da identificação moral que evita a violência quanto o distanciamento – ou "compartimentalização" – que permite os assassinatos brutais precisam ser entendidos através das simetrias de poder e mobilização das emoções.

Outra crítica importante à sociologia da moral de Bauman é a abordagem construtivista de Jeffrey Alexander (2003; 2009) que analisou o Holocausto na perspectiva dos traumas culturais, se perguntando como é possível que pessoas se traumatizem com experiências que elas não viveram. Ele investigou como a construção de discursos sobre a experiência do genocídio na Segunda Guerra Mundial produziu uma identificação gradual e uma sensibilidade moral poderosa, no Ocidente, com o sofrimento e o trauma dos judeus, inclusive generalizando um conjunto de significados e valores morais universais em nossa cultura. Para Alexander (2001), os problemas da análise de Bauman sobre o Holocausto são: (1) a crença de que os horrores da Modernidade são resultado de uma ausência de valores, o que impede uma compreensão substantiva do mal como elemento necessário dos rituais de punição e purificação que organizam a vida social (ALEXANDER, 2001, p. 162); (2) atribuir sua realização à máquina burocrática nazista e não compreender a motivação das ações, seu aspecto desejado e valorizado. Para Alexander, o bem e o mal são categorias que precisam ser compreendidas através de seu enraizamento em formulações simbólicas e práticas institucionais. É da normalidade do mundo social que sempre exista o mal – nesse

sentido, a ética pós-moderna de Bauman (1997) seria muito mais uma utopia política do que uma sociologia consequente. Nessa perspectiva, a repulsa ao sofrimento perpetrado pelos nazistas é entendida como produto de um processo cultural, resultado da mobilização de valores entre cultura e ação política, e não resultado de uma reação pré-social como postula Bauman (1997).

Por fim, temos a crítica de Hans Joas. Em termos gerais, Joas (1998) é sensível ao diagnóstico de Bauman sobre a perda de capacidade de expressão de sentidos morais e a importância da relação com a alteridade para o alívio desses problemas. Contudo, sua crítica articula um caminho radicalmente diferente daquele seguido por Bauman; (1) existe uma perda da linguagem que articula as intuições morais, mas as intuições morais permanecem (JOAS, 1998, p. 53); (2) o encontro com o outro (que, nos termos de Bauman, definiria a vida ética), não é uma experiência pré-social: é uma relação intersubjetiva que se estabelece em atos de amor, compaixão, na experiência religiosa e nas formas de efervescência moral (p. 53); (3) as categorias da vida moral em Bauman seriam estáticas porque operam numa distinção estanque entre *self*, valores e estruturas sociais. Para pensar o processo de produção dos sentidos morais, Joas indica a necessidade de pensar os processos de adesão a valores – como, empiricamente, os atores se engajam em processos de autoformação e autotranscendência? A partir da leitura de Joas poderíamos fazer uma provocação: as sociologias da moral de Bauman e de Alexander são, de um lado, experiência moral (obrigação com o Outro) sem estruturas sociais; do outro, estruturas (binárias de representação social) sem experiências morais.

Essas três linhagens de crítica a Bauman indicam parcialmente por que seu projeto não se desenvolveu numa agenda de pesquisa consistente para a sociologia da moral. Em suma, a perspectiva transcendental de Bauman busca um duplo feito: estabelecer a universalidade da obrigação moral de resistir às formas de eliminação do outro e, ao mesmo tempo, incorporar essa obrigação ao fazer sociológico – como um imperativo. Para Bauman, não é possível pensar uma sociologia em que "o comportamento moral vira sinônimo de conformidade e obediência social às normas observadas pela maioria" (BAUMAN, 1998, p. 203), portanto, toda sociologia da moral deveria ser também uma reflexão filosófica sobre os imperativos morais e sobre a própria moralidade das ações sociais. Mais do que uma sociologia *da* moral, sua ambição é a construção de uma sociologia moral que é, ao mesmo tempo, uma estética e uma utopia. As críticas ao pensamento de Zygmunt Bauman indicadas acima, ainda que em contextos acadêmicos distintos, revelam não só as reações à ideia de uma sociologia moral, mas a centralidade do problema do universalismo na fundamentação teórica da sociologia da moral. Em todas elas, podemos perceber a recusa de caracteres aprioristicos da experiência moral (verdade moral) e a ênfase nos aspectos históricos ou processuais da gênese de valores.

Sociologia e "desordem moral"

A história da problematização tardia do Holocausto em nossa disciplina lança luzes sobre aspectos importantes do desenvolvimento recente da sociologia da moral. Todavia, temos aí apenas algumas das linhas que compõem a trama dessa "nova" área de pesquisa. Um quadro mais completo precisaria incluir ainda um conjunto de outras linhagens de problemas atuais, tais como: (1) o diagnóstico das patologias da Modernidade e suas implicações para o problema da justiça (HABERMAS, 2003; HONNETH, 2003; 2010; FORST, 2014); (2) o papel da capacidade crítica dos atores na dinâmica dos debates morais contemporâneos (como

tematizado pela sociologia pragmatista francesa, especialmente Boltanski e Thévenot (1991); BOLTANSKI, 1999; 2012); (3) a relação entre classes sociais e vida moral (LAMONT, 2000; SAYER; 2011); (4) a retomada do sagrado como chave de compreensão da vida moral na contemporaneidade (SMITH, 2003; WEISS, 2013); (5) a construção de novas sínteses teóricas que, a partir da problematização da agência moral, buscam desreificar o debate ação/estrutura (WERNECK, 2012; 2013; ABEND, 2008). Essa sobreposição de linhagens de problemas se torna ainda mais densa se enfatizarmos os pontos de contato entre elas e, especialmente, como questões típicas da sociologia da moral – como normas, valores e obrigações – estão distribuídas nos diversos subcampos da sociologia.

Nesse sentido, há um grande problema em delimitar tanto o objeto quanto os fundamentos teóricos da sociologia da moral num conjunto coerente e unificado. A confusão de perspectivas parece ser explicada pelos termos de Walzer (1993) de que o mundo social e o mundo moral são mais ou menos coerentes. Portanto, para nós, haveria tantas sociologias da moral quanto há sociologias. Contudo, o próprio Michael Walzer indica os riscos do caráter funcionalista dessa afirmação e busca acrescentar que esses mundos nunca são mais que *apenas* "mais ou menos coerentes", destacando como a moralidade pode subverter estruturas de classe e poder. Assim como Bauman, Walzer tem o problema de atribuir capacidades subversivas à vida moral, mas sua ideia de que a coerência entre vida social e vida moral é instável e problemática pode nos levar a entender melhor as características da nova sociologia da moral.

Em 1974, ao resenhar o livro organizado por Robert Bellah: *Emily Durkheim on Morality and Society*, Edward Tiryakian chamava atenção para o fato de que, se o interesse sobre os problemas da vida moral teriam causado embaraço aos sociólogos uma década antes, naquele momento, "a crescente amoralidade e imoralidade dos setores públicos e privados de nossa sociedade podem estar tacitamente nos levando de volta às questões importantes como os fundamentos morais da sociedade moderna" (TIRYAKIAN, 1974, p. 769). Chama nossa atenção, primeiro, o reconhecimento de que, num dado momento, era vergonhoso tratar da moralidade na sociologia. Segundo, deixando de lado o fato de que não há evidências sociológicas de aumento de ações amorais ou imorais, interessa a percepção de uma crise em curso e o fato de que até mesmo um grande sociólogo confundia mudanças nos valores com decadência dos valores. Anos mais tarde, Richard Sennett (2014 [1999]) trataria dessas mudanças como uma ampliação do sentido de vulnerabilidade que acompanha as transformações do capitalismo na segunda metade do século XX, demonstrando como transformações nas lógicas de confiança, responsabilidade e compromisso produziram uma "corrosão do caráter", uma situação que revela a própria dialética da moralidade moderna: "as organizações que celebram independência e autonomia [...] podem despertar esse senso de vulnerabilidade" (SENNETT, 1999, p. 170).

Parece claro que transformações na ordem econômica e política produzem ansiedade coletiva na medida em que as fronteiras do certo e do errado, bem e mal, justo e injusto são confrontadas e precisam ser redesenhadas. Entretanto, não é possível seguir o caminho funcionalista e estabelecer uma correlação simples entre mecanismos sociais e os valores que lhe são úteis. Reformulando Walzer, o problema é que há uma constante incoerência entre a vida social e o mundo dos valores, entre as práticas de interação e a compreensão do que "deve ser". Isso ocorre porque as economias de valor possuem uma autonomia relativa e nem sempre podem responder de modo direto às lógicas e necessidades materiais. A ideia bourdieusiana de que

a recorrência a formas universais de justificação, uma demonstração de "interesse no desinteresse" (BOURDIEU, 2011, p. 153), permite aos atores em disputa produzir/redistribuir valores no campo é um bom exemplo de como o mundo moral está tanto numa relação de função quanto de contradição com os jogos sociais estabelecidos.

Nesse sentido, os exemplos de diagnóstico sobre a vida moral elaborados por Tiriakyan e Sennett, indicados acima, são problemáticos porque figuram apenas uma relação de função entre ordem social e ordem moral, onde as crises sociais produzem um déficit de moralidade.

Na trilha dos diversos diagnósticos sobre uma ordem moral que vai se tornando supérflua, a ideia de MacIntyre de que estaríamos vivendo uma época de "desordem moral" parece uma síntese mais adequada para o problema. A sua perspectiva não atribui os problemas da vida moral contemporânea a uma falta de substância moral, à perda de sentidos morais, mas a uma confusão: "os conceitos que empregamos mudaram de caráter [...] as expressões normativas que usamos mudaram de significado. Na transição da diversidade de contexto dos quais se originaram até nossa cultura contemporânea, 'virtude', 'justiça', 'piedade', 'obrigação' e até 'dever' tornaram-se diferentes do que eram" (MACINTYRE, 2001 [1981] p. 28). É desnecessário enfatizar que essa perspectiva está inserida no debate mais amplo da filosofia moral e na defesa de um comunitarismo que, em última instância, também terminaria por lamentar as falhas da moralidade de nossa época. MacIntyre descreve os problemas da vida moral em termos de muitas perspectivas morais em disputa, da sobreposição de universos morais, como se os códigos de muitas épocas brigassem por sua legitimidade e capacidade de dar sentido às ações. Transposta para a sociologia, essa perspectiva revela que não estamos diante de uma falta de valores, mas do seu excesso. Tal perspectiva nos interessa porque produz uma síntese da natureza dos argumentos morais nas sociedades contemporâneas, indicando um ponto de partida da filosofia moral – uma mudança na linguagem moral – que possui grande afinidade com diversas perspectivas sociológicas atuais: "a característica mais marcante da expressão moral contemporânea é ser muito utilizada para expressar discordância; e a característica mais marcante dos debates que expressam essa discordância é seu caráter interminável" (MACINTYRE, 2001, p. 21). Assim, temos que, se a sociologia sempre tratou dos dilemas da vida moral, a sociologia da moral que se desenha contemporaneamente é resultado de um problema mais específico e situado historicamente: as tentativas de refletir sobre as fontes de valor e a linguagem num contexto de desordem moral – onde se destaca a impossibilidade de consenso. Os diversos diagnósticos produzidos pela sociologia da moral contemporânea (perda de autoridade, produção sistemática da indiferença, crise da confiança, reificação etc.) podem ser reunidos sob o problema da desordem moral ou dos limites na produção do consenso.

Fronteiras e processos: pânico moral, cruzadas e escândalo

Indicar que o problema de nossa experiência moral é a incapacidade de produzir consenso é um movimento delicado para o pensamento crítico. Um efeito não esperado desse diagnóstico pode ser a afinidade com projetos de reconstrução de sentimentos morais de unidade e semelhança. Contudo, evitando escolher modelos ideais de fundamentação do normativo, o que nos interessa aqui é a natureza das transformações na linguagem moral ou, como MacIntyre o faz a partir da ideia de desordem moral, retratar o problema fundamental da ordem da justificação dos valores morais na Modernidade:

o fato de que convivemos com muitos ideais distintos, oriundos de mundos morais não mais presentes mas que ainda disputam lealdade e interferem nos processos de normatividade e adesão a valores. Porém, o que mais interessa ao pensamento sociológico contemporâneo é como o aprofundamento do desacordo moral está associado a uma retração na ordem do político. Nesse sentido, entendemos que o caráter interminável das disputas morais está relacionado a um processo em que os embates políticos são substituídos por disputas morais.

Segundo Didier Fassin (2012), o aprofundamento das desigualdades, a recorrência de injustiças e tragédias têm encontrado como solução uma espécie de fantasia – de construção de uma comunidade moral –, uma razão humanitária. Essa lógica se desenvolve como uma tentativa de governo através dos sentimentos morais, de um modo que mantém intactas as estruturas reprodutoras de exclusão, os problemas da desigualdade e dominação passam a ser tratados como uma questão de solidariedade e assistência. Adorno (2000) já havia argumentado que a importância da ética para o sujeito burguês está no modo como produz as ilusões de controle e escolha, enquanto mantém intacta a ordem que produz injustiça. A razão humanitária de Fassin sintetiza o processo pelo qual os resultados da exploração econômica são interpretados como problema de escolhas morais; o sofrimento produzido de modo sistêmico é transformado num problema de compaixão. As recorrentes catástrofes humanitárias e ambientais são "resolvidas" no plano da assistência e, ainda que não minimizem a produção sistemática de sofrimento, possuem a vantagem de estabilizar e reforçar as divisões estabelecidas de poder, o mundo civilizado e racional que socorre os incivilizados em terras distantes.

A razão humanitária é um dos exemplos de como a crise da vida política vem sendo sistematicamente preenchida com o recurso a ordens morais. Mas, a nova sociologia da moral pode ser lida como o esforço de compreensão das consequências desses dois processos que se sobrepõem a partir da segunda metade do século passado: a incapacidade de acordo sobre os fundamentos da ação moral e o processo de substituição da política pelo governo dos sentimentos morais. A partir dessa perspectiva podemos entender como os objetos aparentemente dispersos da sociologia da moral se reúnem. Indicamos alguns exemplos:

a) Fronteiras morais: as pesquisas sobre fronteiras morais costumam analisar as lógicas de classificação e identificação que organizam hierarquias, produzindo mapas ou gramáticas morais que, ao destacar as lógicas de construção de superioridade e inferioridade, permitem perceber como os valores são utilizados para dar sentido a disputas de classe, raça e gênero (LAMONT, 2000; LAMONT & MOLNAR, 2002; EDGELL; GERTEIS & HARTMANN, 2006; OLAZ & ALMEIDA, 2018). Algumas vezes inspirado na tensão entre estabelecidos e *outsiders* (ELIAS & SCOTSON, 2000), esse modelo de pesquisa busca entender as bases morais da produção de solidariedade e da exclusão.

b) Pânico moral, cruzadas morais e escândalos: esses processos são tipos de uma ordem mais fundamental de mobilização da moralidade: o **moralismo**. Este é um processo fundamental para compreensão das lógicas de julgamento moral pela sua capacidade coercitiva e de (des)organizar percepções e prioridades. O moralismo opera como um conjunto de estratégias para transformar as tensões da agenda política em escolhas morais, especialmente para fins de estigmatização e manutenção de ordens normativas estabelecidas. Como os estudos sobre pânico moral já demonstraram, o seu interesse é sempre da ordem das políticas conservadoras (COHEN, 2002). O conceito de pânico moral se refere especificamente àqueles períodos em que uma *"condição, episódio, pessoa ou grupo de pessoas passa a ser definido como uma ameaça"* à organização da sociedade, e também passa a ser representado de maneira *"estilizada e estereotipada"* pelos meios de comunicação de massa. São situações em que rapidamente uma cruzada se forma, grupos e indivíduos se sentem lesados e requerem "reparação". Mas, fechando o ciclo deste movimento, rapidamente o assunto também desaparece do cotidiano e é esquecido (GOODE & BEN YEHUDA, 1994; TESTER, 2001). O pânico moral compartilha com as lógicas de escândalo e cruzadas uma preocupação moral (com a organização da vida social) que aparece na forma de medo e crescente consciência dos riscos envolvidos na experiência social (THOMPSON, 1998). Enquanto o pânico moral problematiza uma noção genérica de como se deve viver, as cruzadas morais e escândalos, por sua vez, estão mais relacionados à necessidade de interferências pontuais na esfera pública, desenvolvendo processos de tematização, publicização e denúncias que buscam reordenar os campos de poder a partir de incentivos à ação coletiva através de sentidos e experiências morais (GUSFIELD, 1981; FREIRE 2013; LOPES JR., 2010; GRÜN, 2011).

c) Tecnologias de governo. As pesquisas em sociologia da moral têm se voltado para o estudo do mundo corporativo, do Estado e tecnologias de governo enfatizando as disputas e projeções de valores morais (JACKALL, 2009; SCOTT, 1998; FASSIN, 2012; GUPTA; 2012; BRITO, 2019). O que está em jogo nesse conjunto de pesquisas é compreender como as ficções e valores, as projeções e imaginação de uma ordem justa, se tornam efetivas. Assim, a compreensão sociológica se move para uma problematização do poder estatal e das burocracias onde se torna necessário conhecer as práticas de validação de seu discurso, a construção de redes de apoio ao seu estabelecimento e a geração de gramáticas morais que pretendem organizar a vida pública, assim como os modos pelos quais movimentos e práticas de sua contestação e/ou resistência são efetivados.

Não é nossa intenção realizar uma apresentação exaustiva dos objetos de pesquisa da nova sociologia da moral. Contudo, a pequena amostra indicada permite perceber tanto a intrínseca relação entre experiência moral e dispositivos de poder quanto os processos de moralização das disputas políticas que lhe caracteriza.

Em busca de um lugar próprio: a nova sociologia da moral hoje

Nos últimos anos, sociólogos que trabalham de maneira mais detida com a moralidade têm se esforçado para elaborar balanços do estado de arte dessa especialidade redescoberta do campo sociológico. Os trabalhos de Steven Hitlin (2010; 2013; 2015) e Gabriel Abend (2008; 2009; 2010) são exemplares a esse propósito. Por isso, para aqueles mais interessados em um mapeamento das pesquisas e abordagens atuais em sociologia da moral, recomendamos sua leitura. Aqui, nos interessa apresentar os temas, problemas e, sobretudo, a perspectiva definidora dessa especialidade.

Nesse sentido, mais do que reunir autores sob uma mesma escola e movimento, a alcunha de "nova sociologia da moral" é mais para acentuar uma diferença de perspectiva e enfoque quanto à "antiga" sociologia da moralidade. Sua orientação teórico-metodológica e temas de pesquisa são, com efeito, bastantes plurais e heterogêneos. Ao invés da ênfase na internalização, integração e consenso e nas escalas macrossociológicas da mudança de valores, a nova sociologia da moralidade se volta para um tratamento multidimensional e estratificado da vida moral. Por isso, explicam Hitlin e Vaisey, ela dirige seus esforços para o estudo das moralidades de grupos, instituições e identidades sociais específicas, para as dinâmicas morais de inclusão, negociação e exclusão, para as narrativas e autocompreensões socialmente moldadas que os atores elaboram sobre si mesmos como "pessoas morais".

Desse modo, e a despeito da diversidade temática e da existência de "muitas sociologias da mora-

lidade", a abordagem sociológica dos valores e dos fenômenos morais aporta demarcadores consistentes que a singularizam em relação a outras ciências (HITLIN & VAISEY, 2013).

> 1) Ênfase no estudo dos valores e códigos morais tais como se manifestam na vida cotidiana de organizações coletivas: classes sociais, categorias profissionais, nações, instituições.
>
> 2) Em vez de visões substantivistas acerca da moralidade, a sociologia baseia-se num tratamento variacionista e contextual da moralidade. As especificidades históricas, culturais, políticas e sociais dos contextos são constituintes das dinâmicas morais e do que se entende por moral.
>
> 3) A moralidade abordada como uma variável dependente. O que exige dos sociólogos interessados pelo estudo da moralidade a investigação dos processos sociais constituintes de concepções particulares de moralidade, por exemplo, como a religião, as culturas de classe, as sociabilidades, as desigualdades sociais moldam as perspectivas morais.
>
> 4) Quando estudada como variável independente, os sociólogos buscam entender como a moralidade afeta diversos processos da vida social: as estratégias e cursos de ação dos atores ao longo do tempo e em determinados contextos, a distribuição de bens, atividades e recursos de poder, os relacionamentos sociais entre grupos (HITLIN & VAISEY, 2013).

Como se pode concluir, de um modo geral, a sociologia da moralidade se afasta das preocupações universalistas, naturalistas e holistas de outras ciências, como a psicologia e a biologia evolucionista, sobre fenômeno moral. A sociologia da moralidade insiste e enfatiza, portanto, que as relações sociais constituem um quadro de referência fundamental para investigar e explicar a moralidade.

Referências

ABEND, G. Two main problems in the sociology of morality. In: *Theory and Society,* 37 (2), 2008, p. 87-125.

ADORNO, T.W. *Minima Moralia* – Reflexões a partir da vida lesada. Rio de Janeiro: Azougue, 2008.

_____. *Problems of Moral Philosophy.* Cambridge: Polity Press, 2000.

ALEXANDER, J. *Remembering the Holocaust*: A Debate. Nova York: Oxford University Press, 2009.

_____. *The Meanings of Social Life*: A Cultural Sociology. Nova York: Oxford University Press, 2003.

_____. Towards a Sociology of Evil. In: LARA, M.P. (ed.). *Rethinking Evil*: contemporary perspectives. Berkeley: University of California Press, 2001, p. 153-172.

BAUDRILLARD, J. *The transparency of evil*: essays on extreme phenomena. Londres/Nova York: Verso, 1993.

BAUMAN, Z. *Modernidade e Holocausto.* Rio de Janeiro: Zahar, 1998.

_____. *Ética pós-moderna.* São Paulo: Paulus, 1997.

BOLTANKSI, L & THÉVENOT, L. *Love and justice as competences.* Cambridge: Polity Press, 2012.

_____. *Distant Suffering*: Morality, Media and Politics. Cambridge: Cambridge University Press, 1999.

_____. *De la justification*: Les économies de la grandeur. Paris: Gallimard, 1991.

BOURDIEU, P. *Razões práticas* – Sobre a Teoria da Ação. Campinas: Papirus, 2011.

BRITO, S.M. Menos política, mais eficiência – Uma análise sociológica das práticas de auditoria e produção de sentidos morais no campo burocrático. In: *Revista Brasileira de Sociologia*, vol. 7, 2019, p. 215-234.

COHEN, S. *Folk Devils and Moral Panics*: Creation of Mods and Rockers. Londres/Nova York: Routledge, 2009.

CRONE, M. Bauman on Ethics – Intimate Ethics for a Global World? In: HVIID, M. & PODER, P. (ed.). *The sociology of Zygmunt Bauman*: challenges and critique. Hampshire: Ashgate, 2008.

DE SWAAN, A. *The killing compartments*: the mentality of Mass Murder. New Haven/Londres: Yale University Press, 2015.

DUNNING, E. & MENNELL, S. Figurational Sociology: Some Critical Comments on Zygmunt Bauman's The Phenomenon of Norbert Elias. In: *Sociology,* 13 (3), 1979, p. 497-501.

DURKHEIM, É. *Da divisão do trabalho social.* São Paulo: Martins Fontes, 1997.

EDGELL, P.; GERTEIS, J. & HARTMANN, D. Atheists As "Other": Moral Boundaries and Cultural Membership in American Society. In: *American Sociological Review,* 71 (2), 2006, p. 211-234.

ELIAS, N. & DUNNING, E. *Quest for Excitement*: Sport and Leisure in the Civilizing Process. Oxford: Basil Blackwell, 1986.

ELIAS, N. & SCOTSON, J.L. *Os estabelecidos e os outsiders*: sociologia das relações de poder a partir de uma pequena comunidade. Rio de Janeiro: Zahar, 2000.

FASSIN, D. *Humanitarian Reason* – A moral history of the present. Berkeley/Los Angeles: University of California Press, 2012.

FASSIN, D. (ed.). *A companion to moral anthropology.* Oxford: Wiley-Blackwell, 2012.

FEIN, H. Is Sociology Aware of Genocide? – Recognition of Genocide in Introductory Sociology Texts in the United States, 1947-1977. In: *Humanity & Society,* 3 (3), 1979, p. 177-193.

FEIN, M. *Hardball Without an Umpire*: The Sociology of Morality. Westport: Praeger, 1997.

FORST, R. *Justification and Critique* – Towards a Critical Theory of Politics. Malden: Polity Press, 2014.

FREIRE, J. Uma caixa de ferramentas para a compreensão de públicos possíveis: um arranjo de sociologias pragmatistas. In: *Revista Brasileira de Sociologia da Emoção* [Online], vol. 12, 2013, p. 720-736.

_____. Direitos humanos e vida cotidiana: pluralidade de lógicas e "violência urbana". In: *4° Seminário de Pesquisa do Instituto de Ciências da Sociedade e Desenvolvimento Regional.* Universidade Federal Fluminense, 2010.

GOODE, E. & BEN YEHUDA, N. *Moral Panics*: The Social Construction of Deviance. Willey Blackwell, 1994.

GRÜN, R. Escândalos, tsunamis e marolas – Apontamentos e desapontamentos sobre um traço recorrente da atualidade. In: *Revista Brasileira de Ciências Sociais*, vol. 26, n. 77, 2011.

GUPTA, A. *Red tape*: bureaucracy, structural violence, and poverty in India. Durham: Duke University Press, 2012.

GUSFIELD, J.R. *The Culture of Public Problems – Drinking-Driving and the Symbolic Order*. Chicago: University of Chicago Press, 1981.

HABERMAS, J. *Consciência moral e agir comunicativo*. Rio de Janeiro: Tempo Brasileiro, 2003.

HITLIN, S. & VAISEY, S. The new sociology of morality. In: *Annual Review of Sociology*, 39, 2013, p. 51-62.

HITLIN, S. & VAISEY, S. (eds.). *Handbook of the Sociology of Morality*. Nova York: Springer, 2010.

HONNETH, A. Dissolutions of the Social: On the Social Theory of Luc Boltanski and Laurent Thévenot. In: *Constellations Journal*, vol. 17, set./2010, p. 376-389.

_____. *Luta por reconhecimento*: a gramática moral dos conflitos sociais. São Paulo: Ed. 34, 2003.

HVIID, M. & MARSHMAN, S. Bauman on Metaphors – A Harbinger of Humanistic. In: HVIID, M.; PODER, P. (ed.). *The sociology of Zygmunt Bauman*: challenges and critique. Hampshire: Ashgate, 2008.

JACKALL, R. *Moral Mazes*: The World of Corporate Managers. Oxford: Oxford University Press, 2009.

JOAS, H. Bauman in Germany. In: *Theory, Culture & Society*, 15 (1), 1998, p. 47-55.

LAMONT, M. *The Dignity of Working Men*: Morality and the boundaries of race, class, and immigration. Cambridge, MA. Harvard Univeristy Press, 2000.

LAMONT, M. & MOLNAR, V. The Study of Boundaries in the Social Sciences. In: *Annual Review of Sociology*, vol. 28, 2002, p. 167-195.

LOPES JR., E. As gramáticas morais da corrupção: aportes para uma sociologia do escândalo. In: *Mediações*, vol. 15, n. 2, 2010, p. 126-147. Londrina.

LUKES, S. *Moral Relativism*. Nova York: Picador. 2008.

MACINTYRE, A. *Depois da virtude*. Bauru: Edusc. 2001.

MARX, K. *A miséria da filosofia*. São Paulo: Global, 1985.

OLAZ, K. & ALMEIDA, A.M. Fronteiras sociais e simbólicas em um clube de elite. In: *Revista Brasileira de Ciências Sociais* [online], vol. 33, n. 98, 2018 [Disponível em: http://www.scielo.br/scielo.php?script=sci_arttext&pid=S0102-690920 18000300512&lng=pt&nrm=iso].

SAYER, A. *Why Things Matter to People*: Social Science, Values and Ethical Life. Cambridge: Cambridge University Press, 2011.

SCOTT, J.C. *Seeing like a State* – How certain schemes to improve the human condition have failed. New Haven/Londres: Yale University Press, 1998.

SENNETT, R. *A corrosão do caráter*: as consequências pessoais do trabalho no novo capitalismo. Rio de Janeiro: Record, 1999.

SIMMEL, G. O dinheiro na cultura moderna. In: SOUZA, J. & ÖELZE, B. (orgs.). *Simmel e a Modernidade*. Brasília: UnB, 2005.

SMITH, C. *Moral, Believing Animals*: Human Personhood and Culture. Nova York: Oxford University Press, 2003.

TAYLOR, C. *As fontes do self*. São Paulo: Loyola, 1997.

TESTER, K. *Compassion, morality, and the media*. Filadélfia: Open University, 2001.

THOMPSON, E.P. *Costumes em comum* – Estudos sobre a cultura popular tradicional. São Paulo: Cia. das Letras, 2015.

THOMPSON, K. *Moral panics*. Londres/Nova York: Routledge, 1998.

TIEDEMANN, R. (ed.). *Can one live after Auschwitz?* – A philosophical reader. Stanford University Press, 2003.

TIRYAKIAN, E.A. Émile Durkheim on Morality and Society. In: *American Journal of Sociology*, 80, n. 3, nov./1974, p. 769-771.

WALZER, M. *Interpretation and Social criticism.* Cambridge: Harvard University Press, 1993.

WEISS, R. A. Efervescência, dinamogenia e a ontogênese social do sagrado. In: *Mana*, vol. 19, 2013, p. 157-179.

WERNECK, A. "Dar uma zoada", "Botar a maior marra": dispositivos morais de jocosidade como formas de efetivação e sua relação com a crítica. In: *Dados*, vol. 58, n. 1, mar./2015, p. 187-222. Rio de Janeiro.

_____. Sociologia da moral como sociologia da agência. In: *Revista Brasileira de Sociologia da Emoção* [Online], vol. 12, 2013, p. 704-718.

_____. *A desculpa* – As circunstâncias e a moral das relações sociais. Rio de Janeiro: Civilização Brasileira, 2012.

26
Relações internacionais
"Nova luz sobre as relações internacionais: situando o social no internacional"

Tatiana Vargas Maia

O subtítulo deste texto, "Nova luz sobre as relações internacionais", é uma referência explícita ao livro de Clifford Geertz (2001), no qual o antropólogo explora as interfaces, diálogos e tensões entre a Antropologia e outros campos das Ciências Sociais e das Humanidades. Falar de uma "nova luz" ao explorar o diálogo interdisciplinar parece assumir uma postura parcialmente otimista que antecipa as potencialidades que perspectivas inspiradas por tal diálogo podem proporcionar, sobretudo a promessa de novas perspectivas teóricas e metodológicas que podem oxigenar discussões estagnadas. A reflexão avançada neste capítulo, uma exploração do campo (recente) da Sociologia das relações internacionais[1], participa desse movimento, ainda que o estabelecimento desse diálogo

se prove uma tarefa mais árdua do que um exame inicial parece indicar.

Apesar do mito fundador das Relações Internacionais declamar uma narrativa de uma nova área de conhecimento definida tematicamente (dedicada a estudar os fenômenos que extrapolam as fronteiras dos estados) e pautada necessariamente por uma interdisciplinaridade (justificada pela complexidade dos fenômenos analisados), angariando contribuições de diferentes disciplinas das Ciências Sociais e das Humanidades, a realidade de ensino e pesquisa desta área não traduz essa prometida pluralidade. Desenvolvida no início do século XX com o propósito de decifrar as variáveis envolvidas nos fenômenos da guerra e da paz entre os estados, ao longo dos últimos cem anos[2] observamos o desenvolvimento de uma persistente especificidade disciplinar das Relações Internacionais, o que provocou uma derrota empírica da promessa interdisciplinar de 1919. Essa tendência, explícita sobretudo na ortodoxia das Relações Internacionais, produziu um esvaziamento das explicações acerca das relações internacionais de todo e qualquer conteúdo social presente em fenômenos internacionais, sub-

---

1. Cabe destacar aqui uma distinção importante para a compreensão do campo das Relações Internacionais para este capítulo: quando falamos de Relações Internacionais, com as iniciais em maiúsculo, estamos nos referindo à disciplina acadêmica. Por sua vez, relações internacionais, com as iniciais em minúsculo, referem-se ao campo de estudo dessa disciplina, ou seja, os fenômenos que ultrapassam as fronteiras dos estados, e que se configuram na intersecção de questões políticas, econômicas, sociais, culturais, ambientais e legais em âmbito global. Este capítulo analisa a sociologia das relações internacionais, ou seja, a maneira como a perspectiva sociológica contribui para a compreensão e explicação de fenômenos globais. Seria possível também fazer uma sociologia da disciplina das Relações Internacionais, pensando em seu desenvolvimento acadêmico, difusão institucional e geográfica, e em suas dinâmicas e características regionais. Para algumas considerações a esse respeito, cf. Waever, 1998.

---

2. Enquanto disciplina acadêmica, as Relações Internacionais são estabelecidas formalmente em 1919, com o estabelecimento simultâneo de cátedras dedicadas a este campo de investigação na Grã-Bretanha e nos Estados Unidos (ABADÍA, 2015; BARBÉ, 1987; 1989; GONZÁLES, 2001).

linhando e enfatizando um estruturalismo oco de qualquer tipo de conteúdo específico, que favorece explicações de cunho generalista e não situado.

Refletir a respeito de uma sociologia das relações internacionais significa, em grande medida, explorar o contrapelo das teorias predominantes desse campo, que tradicionalmente apresentam uma imagem dos fenômenos internacionais como eminentemente associais; uma perspectiva que, apesar de nos presentear com explicações bastante elegantes e relativamente objetivas, simplifica excessivamente as realidades analisadas. Para Wendt (2014, p. 19), "o neorrealismo e o neoliberalismo são "subsocializados" no sentido de que não prestam suficiente atenção às maneiras pelas quais os atores da política mundial são socialmente construídos". Uma sociologia das relações internacionais representa, em grande medida, uma alternativa à tendência da ortodoxia disciplinar que se consolidou ao longo do século XX. A sociologia das relações internacionais, assim, é uma abordagem que destaca os aspectos sociopolíticos da realidade internacional, superando a característica insulação teórica da disciplina (LAWSON & SHILLIAM, 2010, p. 69).

A abordagem da sociologia das relações internacionais explorada neste capítulo[3] está relacionada ao que é comumente chamado do quarto grande debate das relações internacionais, estabelecido

entre racionalistas e reflexivistas (SMITH, 2007, p. 10), que focou especificamente nas questões de segunda ordem (WENDT, 2014, p. 20), quais sejam, indagações a respeito da epistemologia e da ontologia da disciplina. Essas questões de segunda ordem definem não apenas o escopo de uma disciplina, como também a forma como essa disciplina se desenvolve. Thomas Kuhn (2000, p. 23) sublinha que

> A pesquisa eficaz raramente começa antes que uma comunidade científica pense ter adquirido respostas seguras para perguntas como: Quais são as entidades fundamentais que compõem o universo? Como interagem essas entidades umas com as outras e com os sentidos? Que questões podem ser legitimamente feitas a respeito de tais entidades e que técnicas podem ser empregadas nas buscas de soluções?

De maneira mais objetiva, Hansen (2010, p. 17) observa que toda e qualquer abordagem acadêmica estabelece três definições que definem e limitam seu universo de estudo, quais sejam: uma decisão sobre ontologia, que define o que existe e é passível de ser investigado, uma decisão sobre epistemologia, que define o que pode ser conhecido, e como pode ser conhecido, e uma decisão sobre metodologia, que estabelece os passos e técnicas que nos permitem acessar a realidade pesquisada e articular uma análise a seu respeito.

É a partir da abertura proporcionada por esse quarto debate que podemos falar de uma "virada sociológica" nas Relações Internacionais, uma mudança relacionada sobretudo a dois pontos específicos a respeito da forma como concebemos a configuração e a explicação dos fenômenos internacionais que eu gostaria de explorar neste texto: 1) a chegada do debate pós-estruturalista nas RI, representado pontualmente na superação da dicotomia estabelecida entre agência e estrutura, e 2) a atenção dedicada à questão das identidades sociais, sejam elas individuais, de grupos, ou estatais. Em suma, explorar uma sociologia das relações inter-

---

3. É importante sublinhar que a perspectiva da sociologia das relações internacionais explorada no presente capítulo está relacionada ao avanço das perspectivas reflexivistas nas RI a partir da última década do século XX, e não necessariamente ao que a academia francesa denomina de uma sociologia das relações internacionais que representa uma tentativa de dotar um campo até então excessivamente empírico de uma profundidade teórica e metodológica, que acontece a partir da década de 1960, sobretudo com os esforços conduzidos por Marcel Merle (1981) e Raymond Aron (2018). Ademais, cabe destacar a atitude de pano de fundo que informa este capítulo: aqui, adoto a perspectiva de Fearon e Wendt (2002), assumindo a ótica de que esse debate (e a virada sociológica que o acompanha) enriquece e não prejudica a disciplina.

nacionais significa falar de relações internacionais "como se as pessoas importassem" para a descrição e compreensão dos fenômenos e fatos internacionais (TÉTREAULT & LIPSCHUTZ, 2009), qualificando e emprestando nuança à abordagem excessivamente estruturalista que caracteriza a ortodoxia das Relações Internacionais.

Uma disciplina oca: a herança do neorrealismo

Compreender o domínio paradigmático que o neorrealismo exerce sobre a análise e a explicação das relações internacionais é essencial para entendermos as bases e as perspectivas que são propostas e avançadas pela chamada "virada sociológica" do campo, tendo em vista que essa virada se dá, em grande medida, em contraposição aos pressupostos dessa teoria, que serviram para estruturar o campo de investigação das relações internacionais[4]. Ainda que o neorrealismo não seja a única teoria que compõe a abordagem ortodoxa das relações internacionais, dividindo esse espaço com o neoliberalismo, ele é a teoria que efetivamente estabelece os pressupostos "duros", não negociáveis da disciplina. Essa base epistemológica, de caráter eminentemente economicista, reflete a ambição de tornar o estudo das relações internacionais mais "científico" e objetivo.

Richard Ashley (1984) destaca quatro elementos fundamentais para a composição da explicação do neorrealismo: estatismo, utilitarismo, positivismo e estruturalismo. Estes quatro elementos auxiliam na definição do quadro ontológico, epistemológico e metodológico mencionado anteriormente. A definição do que conta como relações internacionais estabelecido pelo neorrealismo é significativamente discreta e conservadora em seus pressupostos[5].

O estado-centrismo, ou estatismo, do neorrealismo traduz um modelo de explicação que adota os estados como protagonistas das relações internacionais. Todavia, estados são compreendidos pelo neorrealismo de maneira singular: unidades soberanas (autônomas), funcionalmente indiferenciadas, e que têm como base de ação a sua própria sobrevivência (WALTZ, 2002, p. 137). Aqui, Waltz toma uma decisão crucial para a composição do neorrealismo que comunica para a simplicidade e elegância dessa teoria, mas que resulta no esvaziamento de conteúdo social característico da explicação do neorrealismo: a abstração das características específicas dos estados. De acordo com Waltz (2002, p. 114):

> Abstrair-se dos atributos das unidades significa deixar de lado questões sobre os tipos de líderes políticos, instituições econômicas e sociais, e compromissos ideológicos que os estados possam ter. Abstrair-se das relações significa deixar de lado questões sobre as interações culturais, econômicas, políticas e militares dos estados.

Ou seja: o neorrealismo assume que estados são unidades funcionalmente indiferenciadas porque escolhe ignorar as características domésticas – sociais! – que os individualizariam.

A segunda característica do panorama teórico do neorrealismo é o seu utilitarismo que, de acordo com Ashley (1984, p. 274), esposa um individualismo e uma epistemologia racionalista. Aliada ao estatismo, esse utilitarismo traduz uma compreensão de que os estados agem como atores individuais (e

---

4. O grande marco dessa reestruturação se dá com a publicação do livro *Teoria da política internacional*, de Kenneth Waltz, em 1979.

5. Lawson e Shilliam (2012, p. 70) caracterizam esse panorama teórico como "menos um corpo coerente de pensamento do que uma miscelânea de política, diplomacia, história e direito", comparando a disciplina a uma bala *Soft*, ou seja, "uma iniciativa sem um centro".

não coletivos sociais) obedecendo uma lógica instrumental, orientada por um cálculo instrumental de meios e fins (os fins sendo entendidos minimamente como a sobrevivência dos estados). O comportamento dos estados, assim, é descrito de forma profundamente objetiva, apagando possíveis tensões, conflitos, disparidades ou até mesmo interações entre eles. Ademais, esse utilitarismo reforça a descrição associal das relações internacionais, uma vez que desconsidera a relevância da interação entre os estados como determinante do comportamento desses atores. Legro e Moravcsik (1999, p. 12) descrevem esse pressuposto ressaltando que realistas compreendem estados como "grupos de conflito" organizados como atores políticos unitários que agem de maneira convencionalmente racional, ou seja, "eles selecionam uma estratégia por meio dos meios mais eficientes para atingir seus fins, considerando constrangimentos impostos por incertezas ambientais ou informações incompletas".

Aliado à epistemologia racionalista, a terceira característica desse paradigma, seu positivismo, presume um "mundo natural", independente das nossas teorias, cujas regularidades podem ser observadas (KEOHANE, 1988; THICKNER, 2001, p. 26), uma realidade que pode ser apreendida cientificamente, independente da subjetividade humana, e que pode ser utilizada para orientar nossas ações e decisões (ASHLEY, 1984, p. 281). Esse positivismo reforça a assepsia social que marca a descrição prevalente das relações internacionais e que salienta a externalidade dos fenômenos internacionais. Ainda que não destacado por Ashley de maneira explícita, esse positivismo, que esposa um realismo científico, imprime o neorrealismo de um forte materialismo, que enfatiza variáveis tangíveis, mais facilmente mensuráveis, em detrimento de elementos ideacionais.

Por fim, o último elemento do neorrealismo destacado por Ashley é seu estruturalismo. A principal característica da descrição waltziana da estrutura do sistema internacional é a sua independência. Aqui, a estrutura é compreendida como sendo externa e independente de suas partes, os estados, e serve para limitar e condicionar o comportamento desses atores. Para Waltz (2002, p. 115), "definir uma estrutura requer ignorar como as unidades se relacionam entre si (como elas interagem) e concentrar a atenção na sua posição em relação umas às outras (como estão organizadas ou posicionadas)". Wendt (1987, p. 335), por sua vez, caracteriza a compreensão neorrealista do estruturalismo como definida "em termos dos atributos observáveis de seus estados-membros (a 'distribuição de capacidades')", de modo que neorrealistas "entendem o papel explicativo dessas estruturas em termos individualistas como constrangendo as escolhas de atores estatais preexistentes". Aqui, Wendt reforça o casamento entre uma estrutura superimposta aos estados, desprovida de qualquer dinâmica social entre tais atores, que seguem agindo de forma predominantemente isolada, respondendo apenas aos condicionamentos apresentados pela estrutura do sistema internacional. Aliado à epistemologia materialista destacada anteriormente, esse estruturalismo postula "que o comportamento do Estado é amplamente moldado pela estrutura material do sistema internacional" (MEARSHEIMER, 1995, p. 91). Esse último elemento completa o quadro de uma teoria que é indubitavelmente elegante (tem um número reduzido de variáveis que ela articula para explicar grandes eventos), mas que todavia resulta em um arcabouço oco, rígido e estático, uma descrição que representa os fenômenos internacionais não apenas como associais, mas também como a-históricos; uma explicação que é indiferente a variáveis e dinâmicas que complexificam a compreensão das relações internacionais. Para Ashley (1984, p. 258):

> O que emerge é um estruturalismo positivista que trata a ordem dada como natural, limita

ao invés de expandir o discurso político, nega ou trivializa a significância da variedade através do tempo e lugar, subordina toda prática a um interesse em controle, se curva ao ideal de poder social para além de responsabilidade, e assim depriva a interação social daquelas capacidades práticas que possibilitam o aprendizado social e a mudança.

Nesse sentido, não é surpreendente constatar que essa proposta teórica, que domina o campo das relações internacionais, teve significativa dificuldade para prever e explicar o fim da Guerra Fria (WENDT, 2014, p. 20), um dos eventos internacionais mais significativos das últimas três décadas. A "virada sociológica" das relações internacionais responde, de maneira direta, a boa parte dessas inquietações e insuficiências. Ainda que eminentemente associada à ascensão do construtivismo como um paradigma de análise das relações internacionais (HOBSON, 2002, p. 4), essa virada é mais ampla que uma única teoria, e abarca também outras abordagens de cunho pós-estruturalista que não apenas atualizam a discussão agência/estrutura para o âmbito das RI, como também interpelam as questões relativas a identidades, interesses e poder nesta disciplina.

Pensando as relações internacionais para além de um estruturalismo materialista

A virada sociológica das relações internacionais responde à predominância de modelos de inspiração econômica, buscando atenuar a influência do estruturalismo materialista, positivista, racionalista e estatista provocada pela predominância do neorrealismo por meio de uma reconsideração de dois pontos específicos: 1) do problema da agência/estrutura, e 2) da abordagem materialista por meio da consideração do conteúdo social e cultural ignorado pelo paradigma neorrealista. Ela representa uma "rebelião [...] contra o raciocínio economicista que dominou o campo nas últimas duas décadas" (BARNETT, 2002 p. 99-100).

O debate agência/estrutura define, em grande medida, o panorama teórico das Ciências Sociais. A pergunta que tem sido feita, há mais de um século, é: Afinal, o que determina o comportamento individual – as estruturas sociais ou a agência humana?

> À medida que um dos polos do dualismo estrutura/agência é tomado como elemento explicativo do outro, o pensamento social clássico e contemporâneo pode ser, *grosso modo*, dividido em dois conjuntos de perspectivas teóricas: de um lado, o conjunto de enfoques objetivistas e holistas, que, a despeito de discordarem sobre questões como a importância do consenso ou do conflito no fluxo da vida social, centram sua análise nas coerções exercidas pelas estruturas sociais sobre a conduta dos atores individuais, caracterizando as propriedades de tais arranjos sociais como operando à revelia da vontade dos indivíduos; de outro lado, o conjunto de abordagens subjetivistas e individualistas, que focam nas diversas orientações subjetivas e procedimentos práticos de conduta intencionalmente mobilizados pelos indivíduos na produção da ação e da interação social, concebendo a ordem societária e suas instituições mais amplas como produtos contínuos e contingencialmente modificáveis das ações de tais agentes reflexivos (DE SOUZA PINTO, 2016, p. 196).

Esse debate busca, efetivamente, definir modelos de explicação de fenômenos sociais em termos da identificação clara de variáveis independentes e de relações causais na configuração da realidade social. Assim, explicações que focam na estrutura enfatizam o poder de hierarquias e de dinâmicas de socialização para a explicação do comportamento de atores específicos. Por outro lado, um foco na agência enfatiza a capacidade e a autonomia de atores sociais em (re)construir suas realidades sociais. A ortodoxia neorrealista das relações internacionais tradicionalmente optou pelo primeiro viés de explicação, concentrando a explicação do comportamento dos estados na própria estrutura do Sistema Internacional. Dessa forma, uma descrição do Sistema Internacional como intrinsecamente e invariavelmente anárquico foi cristalizada na explicação das relações internacionais, reduzindo toda análise do comportamento dos estados a um eterno dilema do prisioneiro[6], no qual a comunicação entre atores é interditada e uma profunda insegurança permeia qualquer interação. Essa abordagem, apesar de sua utilidade para a explicação de fenômenos como a guerra, nega aos estados qualquer grau de agência internacional (HOBSON, 2002, p. 66), e reduz drasticamente o universo temático de análise das relações internacionais. No esquema teórico do neorrealismo, que é incorporado por boa parte da teoria das relações internacionais contemporâneas, a estrutura do Sistema Internacional age como uma profecia autorrealizável – não existe qualquer espaço no arcabouço ortodoxo para sequer imaginar um comportamento por parte de um Estado que não se alinhe ou se conforme com a estrutura anárquica do Sistema Internacional. A virada sociológica nas relações internacionais busca, efetivamente, amenizar o peso da estrutura na explicação dos fenômenos internacionais, abrindo um espaço para a consideração da atuação autônoma de estados e da agência de outros atores do Sistema Internacional.

O segundo ponto de ruptura que a virada sociológica produz na disciplina das Relações Internacionais é o abandono do excessivo enfoque materialista da abordagem neorealista em prol de uma abordagem que admita "que a estrutura é constituída não só pelas condições materiais, mas por ideias compartilhadas" (WENDT, 2014, p. 225), e que essas ideias criam e constroem identidades e interesses dos atores internacionais (WENDT, 2014, p. 17). Esse abandono do naturalismo explícito no materialismo neorrealista – ou seja, a pressuposição que as características dos atores internacionais e os interesses que pautam suas escolhas e ações estão dadas na natureza – possibilita um resgate do conteúdo social e histórico das relações internacionais. Esse resgate desempenha um papel fundamental para o panorama contemporâneo da teoria das relações internacionais: ele não apenas enriquece esse campo específico mas, principalmente, habilita uma explicação dos fenômenos internacionais que é simultaneamente relacional (ou seja, contempla as relações entre os atores como sendo constitutiva dos próprios fenômenos estudados, com uma função ativa, e não apenas reativa à estrutura) e processual (i. é, o histórico de interação entre os atores é importante para a compreensão de interações presentes).

Assim, ao combinar essas duas mudanças – a abertura para a agência dentro do debate agência-estrutura, e a consideração de variáveis de cunho ideal na explicação internacional – a virada sociológica responde aos dois problemas centrais da ortodoxia das relações internacionais, quais sejam: o cunho a-social e a-histórico das explicações convencionais dos fenômenos internacionais, quebrando o molde de explicações profundamente estruturalistas e materialistas que roubam estados e outros atores internacionais de qualquer agência e esterilizam a descrição do Sistema Internacional de qualquer elemento não material. A virada sociológica das relações internacionais cria um novo panorama de investigação, análise e explicação dos fenômenos internacionais, um panorama no qual identidades (questões de raça, religião e gênero, p. ex.) e ideologias ganham um valor explicativo real no que diz respeito a dinâmicas de poder, e que permite uma explicação mais matizada de fenômenos e processos, e que contempla a possibilidade efetiva de mudança no Sistema Internacional.

---

6. Para maiores detalhes nessa discussão, cf. Alexandra (1992) e Crawford (2006).

Um dos exemplos mais notáveis dessa virada sociológica, sobretudo no que diz respeito ao seu impacto na discussão teórica das relações internacionais, é o artigo de Alexander Wendt publicado em 1992, "Anarchy is what States Make of it: The Social Construction of Power Politics" ("A anarquia é o que os estados fazem dela: a construção social da política de poder"). O argumento avançado por Wendt ataca um dos núcleos da ortodoxia teórica das relações internacionais: a anarquia do Sistema Internacional não é uma característica essencial e inerente a esse sistema, mas sim uma construção social, que emerge e é reproduzida por meio das interações estabelecidas entre os estados nacionais[7]. Para o construtivismo social de Wendt, a estrutura do sistema internacional não possui uma existência alheia aos atores internacionais, de modo que qualquer inferência de causalidade nesse sentido é falaciosa. A anarquia comumente descrita por neorrealistas e as dinâmicas de insegurança e autoajuda derivadas delas são também instituições internacionais, ou seja, regras e parâmetros socialmente construídos, e inerentemente relacionais. Os interesses e identidades dos atores também são definidos durante tais interações, de modo que nada é dado ou inferido *a priori* nas dinâmicas internacionais. É por isso que "a anarquia é o que os estados fazem dela": ao abdicar do primado da estrutura na explicação das relações internacionais, Wendt possibilita, finalmente, uma abertura para explicações acerca da mudança e da variabilidade das relações internacionais.

A promessa da sociologia das relações internacionais

Ainda que tenha sido alçado a uma posição de destaque na discussão que envolve a virada sociológica nas relações internacionais, Alexander Wendt não participa de maneira isolada desse movimento de abertura. Como destaca Devin (2009, p. 12), uma sociologia das relações internacionais busca destacar as "continuidades e descontinuidades nos modos de ação, os constrangimentos e as dinâmicas que os atores contribuem para criar, mas nos quais eles também se encontram envolvidos mais ou menos involuntariamente". Seguindo essa definição, a partir do final da década de 1980[8] o campo teórico das relações internacionais testemunha uma proliferação de propostas que buscavam estabelecer alternativas à ortodoxia desse campo que fossem mais diversas, menos ingênuas e mais críticas na análise dos fenômenos internacionais (BALZACQ & BAELE, 2014).

Dessa forma, pensar em uma sociologia das relações internacionais, significou, nas últimas três décadas de desenvolvimento da disciplina, acompanhar uma diversificação de abordagens teóricas e metodológicas para os temas convencionais deste campo. Temas como guerra e paz, conflito e cooperação, regimes e organizações internacionais, segurança internacional, e a economia política internacional ganharam novos tratamentos, que revisitaram e reconsideraram o *status quo* das literaturas nesses assuntos. Participam desse esforço, além do construtivismo social, já mencionado anteriormente, a sociologia histórica, bem como diversas cor-

---

7. Cabe destacar aqui a clara influência que a teoria da estruturação de Anthony Giddens exerce sobre o pensamento de Alexander Wendt. A ideia de dualidade da estrutura, de Giddens, que traduz uma percepção da estrutura social como simultaneamente um meio e um produto de práticas sociais recursivas é fundamental para o desenvolvimento do argumento wendtiano de que o Sistema Internacional não antecede a existência dos estados nacionais e não está isolado das interações estabelecidas entre tais atores. Para maiores detalhes a respeito dessa discussão, cf. Giddens (1979; 2013).

---

8. Mais especificamente, o ano de 1988, data de publicação do artigo de Robert Keohane intitulado "International institutions: two approaches" ("Instituições Internacionais: Duas abordagens"), no qual o autor, então como presidente da International Studies Association (ISA), aborda a discussão entre racionalistas e reflexivistas, colocando-a sob os holofotes do debate teórico das Relações Internacionais.

rentes abarcadas sob a alcunha do pós-positivismo nas relações internacionais (SMITH; BOOTH & ZALEWSKI, 1996), tais como o feminismo, a teoria crítica e a teoria pós-colonial das relações internacionais. Apesar da heterogeneidade existente entre estes enfoques, elas encontram-se alinhadas através da proposta compartilhada por todas de compreender os fenômenos internacionais como realidades intrinsecamente sociais. Ao enfatizar a dimensão internacional de variáveis como gênero, ideologias, identidades étnicas, raciais ou nacionais, religiosas e de classe, e ao compreender essas variáveis como constitutivas dos próprios fenômenos internacionais estudados pela disciplina, e não como exógenas a eles, essas novas abordagens renovam e complexificam a compreensão de um dos conceitos centrais do estudo das relações internacionais – o conceito de poder e, ao fazer isso, desafiam convicções antigas e sedimentadas.

Se o excessivo estruturalismo materialista do neorrealismo, em sua ambição cientificista, esvaziou o estudo das relações internacionais de toda sua carga histórica e de todo seu conteúdo social, a promessa da virada sociológica das relações internacionais repousa justamente na possibilidade de repovoar essa disciplina em abordagens que contemplem uma consideração processual e relacional, aberta para a possibilidade de mudança, e que enxergue e analise a realidade internacional, finalmente, como uma realidade social.

Referências

ABADÍA, A. Del liberalismo al neo-realismo – Un Debate en torno al realismo clásico. In: *Telos – Revista de Estudios Interdisciplinarios en Ciencias Sociales,* 17 (3), 2015, p. 438-459.

ALEXANDRA, A. Should Hobbes's State of Nature Be Represented as a Prisoner's Dilemma? In: *The Southern Journal of Philosophy*, vol. 30, n. 2, 1992, p. 1-16.

ANIEVAS, A.; MANCHANDA, N. & SHILLIAM, R. (eds.). *Race and racism in international relations*: Confronting the global colour line. Londres: Routledge, 2014.

ARON, R. *Paz e guerra entre as nações*. São Paulo: Martins Fontes, 2018.

ASHLEY, R.K. The Poverty of Neorealism. In: *International Organization*, vol. 38, n. 2, 1984, p. 225-286.

BALZACQ, T. & BAELE, S.J. The Third Debate and Post-Positivism. In: *Oxford Research Encyclopedia of International Studies*, 2014 [Disponível em http://oxfordre.com/internationalstudies/view/10.1093/acrefore/9780190846626.001.0001/acrefore-9780190846626-e-104 – Acesso em 15/03/2019].

BARBÉ, E. El estudio de las relaciones internacionales: ¿crisis o consolidación de una disciplina? In: *Revista de Estudios Políticos*, n. 65, 1989, p. 173-196.

_____. El papel del realismo en las relaciones internacionales (La teoría política internacional de Hans J. Morgenthau). In: *Revista de Estudios Políticos*, n. 57, 1987, p. 149-176.

BARNETT, M. Historical Sociology and Constructivism: an estranged past, a federated future? In: HOBDEN, S. & HOBSON, J. *Historical Sociology of International Relations*. Cambridge: Cambridge University Press, 2002.

CALLIS, H.G. The Sociology of International Relations. In: *American Sociological Review*, vol. 12, n. 3, 1947, p. 323-334.

CRAWFORD, S. *The Prisoner's Dilemma in Detail* [Disponível em https://www.open.edu/openlearn/history-the-arts/culture/philosophy/the-prisoners-dilemma-detail# – Acesso em 15/03/2019].

DE SOUZA PINTO, J.R. O problema da relação estrutura/agência na Teoria Social e a possibilidade de convergência entre Habermas e Bourdieu. In: *Temáticas*, n. 41, 2016.

DEVIN, G. *Sociologia das relações internacionais.* Salvador: Edufba, 2009.

FEARON, J. & WENDT, A. Rationalism vs. constructivism: a skeptical view. In: CARLSNAES, W.;

RISE, T. & SIMMONS, B.A. *Handbook of international relations*. Londres: Sage, 2002, p. 52-72.

GEERTZ, C. *Nova luz sobre a antropologia*. Rio de Janeiro: Zahar, 2001.

GIDDENS, A. *A constituição da sociedade*. São Paulo: Martins Fontes, 2013.

_____. *Central problems in social theory*: Action, structure, and contradiction in social analysis. Oakland: University of California Press, 1979.

GONZÁLEZ, M.S. La teoría de las relaciones internacionales en los albores del siglo XXI: diálogo, disidencia, aproximaciones. In: *Revista Cidob d'Afers Internacionals*, 2001, p. 7-52.

HALLIDAY, F. For an International Sociology. In: HOBDEN, S. & HOBSON, J. *Historical Sociology of International Relations*. Cambridge: Cambridge University Press, 2002.

_____. *Repensando as relações internacionais*. Porto Alegre: Editora da Universidade, 1999.

HANSEN, L. Ontologies, epistemologies, methodologies. In: *Gender Matters in Global Politics*. Routledge, 2010, p. 43-53.

HOBSON, J.M. What's at Stake in "Bringing Historical Sociology Back into International Relations?" – Transcending "Chronofetishism" and "Tempocentrism" in International Relations. In: HOBDEN, S. & HOBSON, J. *Historical Sociology of International Relations*. Cambridge: Cambridge University Press, 2002.

KEOHANE, R.O. International institutions: Two approaches. In: *International Studies Quarterly*, vol. 32, n. 4, 1988, p. 379-396.

KUHN, T. *A estrutura das revoluções científicas*. São Paulo: Perspectiva, 2000.

LAWSON, G. & SHILLIAM, R. Sociology and international relations: legacies and prospects. In: *Cambridge Review of International Affairs*, vol. 23, n. 1, mar./2010, p. 69-86.

LEGRO, J.W. & MORAVCSIK. Is anybody still a realist? In: *International Security*, vol. 24, n. 2, 1999, p. 5-55.

LINKLATER, A. & LISTON, K. "Sociology and International Relations: The Future?" In: *Human Figurations*: Long-term perspectives on the human condition, vol. 1, jul./2012. Disponível em https://quod.lib.umich.edu/h/humfig/11217607.0001.201/--editor-s-introduction-sociology-and-international--relations?rgn=main;view=fulltext – Acesso em 15/03/2019].

MEARSHEIMER, J. "A Realist Reply". In: *International Security*, 20, 1995, p. 82-93.

MERLE, M. *Sociologia das relações internacionais*. Brasília: UnB, 1981.

SMITH, S. Introduction. In: DUNNE, T.; KUKI, M. & SMITH, S. (eds.). *International Relations Theories*: Discipline and Diversity. Oxford: Oxford University Press, 2007.

SMITH, S.; BOOTH, K. & ZALEWSKI, M. (eds.). *International theory*: positivism and beyond. Cambridge: Cambridge University Press, 1996.

TÉTREAULT, M.A. & LIPSCHUTZ, R.D. *Global politics as if people mattered*. Lanham: Rowman & Littlefield, 2009.

TICKNER, J. *Gendering world politics*: Issues and approaches in the post-Cold War era. Nova York: Columbia University Press, 2001.

_____. *Gender in international relations*: Feminist perspectives on achieving global security. Columbia University Press, 1992.

WAEVER, O. The sociology of a not so international discipline: American and European developments in international relations. In: *International Organization*, vol. 52, n. 4, 1998, p. 687-727.

WALTZ, K.N. *Teoria das relações internacionais*. Lisboa: Gradiva, 2002.

WENDT, A.E. *Teoria Social da Política Internacional*. Rio de Janeiro: PUC-Rio, 2014.

_____. Anarchy is what states make of it: the social construction of power politics. In: *International Organization*, vol. 46, n. 2, 1992, p. 391-425.

_____. The agent-structure problem in international relations theory. In: *International Organization*, vol. 41, n. 3, 1987, p. 335-370.

27
Sociologia do esporte I
"Sociologia do esporte: temas, pressupostos e situação do campo"

Ronaldo George Helal

Leda Maria da Costa

A Sociologia do Esporte é uma disciplina relativamente recente no Brasil. Em seu início ela teve que superar o ceticismo de parte da academia que entendia o esporte de massa – principalmente o futebol – simplesmente como "ópio do povo" ou como um tema menor das ciências sociais. Assim, era comum que os primeiros trabalhos sobre o assunto lamentassem o descaso das ciências sociais para um fenômeno de tamanha abrangência no país[1].

O antropólogo Clifford Geertz em sua obra clássica *A interpretação das culturas* nos oferece uma pista de análise importante para os estudos sociológicos sobre o esporte. No artigo "Notas sobre a briga de galos balinesa", que finaliza a referida obra, Geertz (1978) sugere entendermos a cultura de um povo "como um conjunto de textos". Nesse sentido, entendemos o esporte como um texto privilegiado de entender melhor nossa cultura devido a sua abrangência e informalidade. Eventos como Jogos Olímpicos, Copa do Mundo de Futebol e a final do campeonato estadunidense de futebol americano – Superbowl –, por exemplo, demonstram a força do esporte no mundo contemporâneo.

Ao entendermos o esporte como expressão da cultura, observamos que essas expressões podem aparecer em supostos estilos de jogo, nas distintas formas de torcer e no sistema de organização administrativa, entre outros aspectos. A socióloga Janet Lever, em seu livro *A loucura do futebol*, chega a afirmar que "nosso sistema esportivo reflete o caráter nacional. Pode-se tirar conclusões sobre um povo através de seu esporte, porque este geralmente se ajusta a todo um padrão cultural" (LEVER, 1983, p. 70).

Mas com o fenômeno da globalização e da emergência de uma "cultura internacional popular (ORTIZ, 1994) mediada pelo consumo, o campo esportivo se complexificou, assim como tornou-se necessária a renovação das perspectivas teóricas acerca desse fenômeno chamado esporte.

1 Breve histórico sobre a literatura acadêmica sobre futebol e seus debates no Brasil

A literatura acadêmica sobre o futebol brasileiro começou a se constituir alguns anos após a publicação do livro *Universo do futebol: esporte e sociedade brasileira*, organizado por Roberto DaMatta e publicado em 1982. Até aquele momento, os

---

1. Cf., p. ex., Rodrigues (1992), Helal (1990), Santos (1978), DaMatta (1982) e Vogel (1982).

estudos eram escassos e havia uma tendência a se utilizar uma perspectiva "apocalíptica" (nos termos de ECO, 1979), influenciada pelo marxismo, que considerava o futebol uma variante do ópio dos povos, uma poderosa força de alienação dos dominados. Mais adiante, a perspectiva apocalíptica deu lugar a uma outra que pretendeu entender o fenômeno esportivo sob a perspectiva "dos que sentem paixão ou amor pelo esporte" (LOVISOLO, 2011, p. 14). E, nessa virada, os trabalhos de DaMatta tanto em *Carnavais, malandros e heróis* quanto em *Universo do futebol* foram preponderantes. Ainda naquele período, era comum que os escritos sobre a temática lamentassem o descaso das ciências sociais sobre um fenômeno tão abrangente no país. Passadas mais de três décadas desde a publicação da obra supracitada, podemos dizer que o descaso inexiste e que hoje proliferam estudos e grupos de trabalhos em congressos científicos que tratam do tema.

É notável no Brasil, uma crescente produção acadêmica que aborda a dimensão social dos esportes, assunto que tem recebido atenção de variadas áreas do saber como, por exemplo, a História, Antropologia, Educação Física, Geografia, Letras e Comunicação, área para a qual este capítulo dará maior atenção. Grande parte das temáticas esportivas são alvo de debate e análises produzidos por pesquisadores vinculados a grupos e núcleos muitos dos quais fundados a partir do ano de 2000 (GIGLIO, 2010).

Dentre os grupos, podemos destacar o Núcleo de Sociologia do Futebol da Universidade do Estado do Rio de Janeiro (Uerj) fundado em 1990, dirigido por Mauricio Murad e que foi muito importante para a posterior consolidação do campo dos estudos acadêmicos sobre o futebol brasileiro. Em 1998 foi criado, por Ronaldo Helal e Hugo Lovisolo, o grupo Esporte e Cultura vinculado à Faculdade de Comunicação Social da Uerj. Em 2005, o historiador Marcos Alvito, da Universidade Fe-

deral Fluminense, fundou o Núcleo de Estudos e Pesquisas sobre Esporte e Sociedade (Nepess). No ano seguinte surgiu, no Instituto de História da Universidade Federal do Rio de Janeiro (UFRJ), o Sport: Laboratório de História do Esporte e do Lazer, coordenado por Victor Andrade de Melo. Em 2006, formou-se o Núcleo de Estudos e Pesquisas em Sociologia do Futebol, vinculado à Universidade Federal de Pernambuco (UFPE) e coordenado por Josimar Jorge Ventura de Morais e Túlio Velho Barreto. Nesse mesmo ano foi fundado o Grupo de Estudos sobre Futebol e Torcidas (GEFuT) da Escola de Educação Física, Fisioterapia e Terapia Ocupacional da Universidade Federal de Minas Gerais (UFMG), coordenado por Silvio Ricardo da Silva. Já o Núcleo Interdisciplinar de Estudos sobre Futebol e Modalidades Lúdicas (Ludens) foi formado em 2010, na Universidade de São Paulo (USP), sendo coordenado por Flávio Campos. Nesse mesmo ano foi criado o Núcleo de Estudos sobre Futebol, Linguagem e Artes da Faculdade de Letras (Fulia) da UFMG. Finalmente, destacamos a fundação do Laboratório de Estudos em Mídia e Esporte (Leme) no Programa de Pós-graduação em Comunicação (PPGCOm) da Uerj, coordenado por Ronaldo Helal.

Em relação à divulgação acadêmica, chamamos atenção para o papel precursor da revista *Pesquisa de Campo* derivada da iniciativa do, acima mencionado, Núcleo de Sociologia do Futebol da Uerj. Também merece destaque a *Revista USP* que, em 1994, organizou o Dossiê Futebol, do qual participaram jovens e consagrados nomes dos estudos sobre o esporte. Roberto DaMatta, por exemplo, publicou o seu *Antropologia do óbvio*, dando desdobramento a temas abordados em suas pesquisas anteriores. Outra importante contribuição foi o texto de José Sérgio Leite Lopes (1994), "A vitória do futebol que incorporou a pelada", que abordou aspectos ligados ao amadorismo das primeiras décadas do século XX, ao posterior profissionalismo e ao papel de Mário Filho na história do jornalismo brasileiro. Lopes também se refere a Mário Filho como o autor de um importante livro "sobre a história do futebol brasileiro – história cuja dinâmica seria dada pelo processo de emancipação social dos negros e das classes populares pelo esporte" (1994, p. 65).

O livro em questão é *O negro no futebol brasileiro*, que foi ao longo dos anos de 1980 e 1990 a principal fonte utilizada para as análises empreendidas por grande parte dos pesquisadores sobre esporte no Brasil. O que, de certa forma, não se constituía exatamente em um problema, tendo em vista, principalmente, o início da consolidação de um campo de estudos, momento em que a difusão de trabalhos se torna mais imperiosa e que, por conta disso, minimizam-se e perdoam-se alguns "equívocos". Sobre esse momento, Lovisolo (2011, p. 4) faz o seguinte comentário crítico:

> O futebol passou a ser exaltado por popular, participativo e expressão autêntica da cultura ou ser nacional. [...] Os autores que trabalham de acordo com tal perspectiva se situam dentro de seus efeitos, sobretudo com sentimentos e emoções positivas em relação ao esporte que retomam e expressam os sentimentos populares e nacionais (LOVISOLO, 2011, p. 15).

Esta perspectiva, denominada de "romântica" por Lovisolo, sofreu críticas severas e detalhadas de Soares (1998; 1999; 2001), que, em uma análise sobre os trabalhos acadêmicos que se nutriam de forma acrítica do livro de Mário Filho, fonte inspiradora dos "românticos", iniciou uma polêmica que fez o campo avançar analiticamente nas formas de se estudar os processos de construção do "nacional" por meio do futebol.

De acordo com Soares, *O negro no futebol brasileiro* não deveria ser considerado uma fonte legítima da história, mas, sim, um romance jorna-

lístico. Fazendo uso do trabalho de Wladimir Propp (1984), acerca da estrutura do conto, Soares demonstra que na obra de Mário Filho "constrói-se" uma narrativa mítica em torno do "herói negro" que, com seu estilo, teria categoricamente marcado nosso futebol. Soares fez também observações sobre as mudanças introduzidas por Mário Filho na segunda edição do livro, publicada em 1964. Apesar de escrever no prefácio que teria mantido o texto na íntegra, apenas incluindo dois novos capítulos, atualizando a narrativa, Soares mostra que trechos sobre o "poder democrático do futebol e o fim do racismo foram suprimidos na segunda edição [...]" e que "as supressões dos textos, que indicam a realização da democracia racial na primeira edição, poderiam ser interpretadas como uma releitura de Mário Filho sobre o racismo brasileiro" (SOARES, 2001, p. 23). A partir de uma rigorosa análise do livro *O negro no futebol brasileiro*, nas suas duas edições, Soares conclui que o mesmo deve ser assimilado pelas ciências sociais como um "romance de tipo realista que pode fornecer o clima ou certa visão da sociedade traduzida em termos de arte" (SOARES, 2001, p. 45). Sendo assim, o autor insiste na necessidade imperiosa de os pesquisadores acadêmicos buscarem outros documentos e fontes primárias, para se evitar a promoção de um "discurso romântico de construção de nação" (SOARES, 2001, p. 45). Além disso, Soares ressalta a necessidade de se considerar o contexto do período em que a obra foi escrita: "[...] a utilização acrítica de dados e interpretações do NFB faz com que os 'novos narradores' acabem por incorporar o viés nacionalista que inspirou Mário Filho, embora desejem atacar a democracia racial e acentuar o racismo ou a segregação na sociedade brasileira" (SOARES, 2001, p. 15).

Helal e Gordon (1999; 2001) não discordam do fato apontado por Soares de que o livro de Mário Filho "constrói" uma narrativa mítica do futebol brasileiro. No entanto, estes autores questionam a "dureza" no tratamento dado por Soares ao valor de "testemunho histórico" da obra. Além disso, Helal e Gordon partem do princípio de que as dramatizações de um fato são, do ponto de vista sociológico ou da teoria da comunicação, frequentemente mais relevantes do que o "fato em si", na compreensão da produção de sentidos oriundos das narrativas jornalísticas. Compartilham com Orlandi (2003, p. 13) no sentido de que não estão pensando "a história dos fatos, e sim o processo simbólico, no qual, em grande medida, nem sempre é a razão que conta: inconsciente e ideologia aí significam. Não é a cultura ou a história factual, mas a das lendas, dos mitos, da relação com a linguagem e com os sentidos". Assim, eles questionam:

> [...] a "versão oficial" da trajetória do negro neste esporte tal qual narrada por Mário Filho, isto é, dentro da moldura integracionista da democracia racial brasileira, não estaria revelando alguma coisa do sentimento de ser brasileiro? Não seria interessante procurar investigar por que o mito da democracia racial, da mistura como valor, tem uma eficácia tão grande? (HELAL & GORDON, 2001, p. 68).

E ainda:

> Restaria perguntar se todas as histórias oficiais sobre formação de identidades nacionais não seriam, de fato, construções que, mesmo que incentivadas por uma elite, só fazem sentido, só se tornam oficiais, quando "colam" com os anseios da população. [...] Não existiria uma relação dialética entre elite (discurso erudito) e povo (discurso popular)? O que percebemos, enfim, é que essas essencializações, das quais a construção de uma identidade nacional faz parte, são eficazes, possuem "materialidade", mesmo sendo simbólicas [...] (HELAL & GORDON, 2001, p. 69).

Lovisolo (2001, p. 78), ao comentar brevemente esse debate, afirma que, embora reconheça no jornalismo uma "fonte de conhecimento empírico e compreensão de processos", entende que "a história e as sociologias dos esportes não podem se reduzir a dizer em linguagem sociológica [...] o dito pelos jornalistas naquela linguagem que é dirigida à emoção e imaginação dos amantes dos esportes, atletas e torcedores". E, de forma mais contundente, sentencia que: "uma das fontes da 'crise' das ciências sociais talvez esteja em que se produzem muitos trabalhos de difícil distinção das matérias jornalísticas" (LOVISOLO, 2001, p. 78).

O debate publicado, originalmente, na revista *Estudos Históricos*, n. 23, da Fundação Getúlio Vargas, em 1999, entre Soares e Helal e Gordon teve uma expressiva repercussão nos estudos acadêmicos que lidavam com a historiografia do futebol brasileiro. Essa repercussão se fez presente nos debates travados no grupo de trabalho "Esporte, Política e Cultura" da Associação Nacional de Pós-graduação e Pesquisa em Ciências Sociais (Anpocs), no seio do já mencionado grupo Esporte e Cultura e no cuidado que os pesquisadores passaram a ter ao lidar com o livro de Mário Filho. Concisamente, podemos dizer que o debate se fundamentava em uma análise, em última instância, das formas de se compreender os mecanismos utilizados por agentes sociais (da imprensa, do meio acadêmico, da política) para integrar o país utilizando-se da força aglutinadora do futebol, principalmente da seleção brasileira em períodos de copas do mundo. O material jornalístico deveria, portanto, ser utilizado como objeto de estudo, de análise crítica das narrativas, e não somente ser reproduzido em outra linguagem.

Nesse processo evidencia-se a importância de se entender de que modo os recursos acionados por agentes sociais (seja da imprensa, do meio acadêmico ou da política) foram eficazes na "construção" de uma identidade nacional por intermédio do futebol. Ao formular questões relativas às narrativas jornalísticas sobre formação de identidades, torna-se fundamental procurarmos compreender o processo de constituição de uma determinada "construção". O trabalho de Pereira (2000), por exemplo, mesmo centrando-se no futebol do Rio de Janeiro e abarcando somente o período entre 1902 e 1938, caminha nesta direção.

Os estudos sobre questões identitárias por meio do esporte passaram a tratar de forma mais cuidadosa e crítica as fontes, incluindo não somente o livro de Mário Filho, mas também o material jornalístico de diversos períodos e até anúncios publicitários.

2 O crescimento da produção acadêmica sobre esporte no país

Além desse importante debate, pode-se dizer que nos últimos anos assistimos a "um *boom* de trabalhos sobre esporte no Brasil" (TOLEDO, 2001, p. 135). Algumas outras inciativas valem a pena ser mencionadas. A revista *Antropolítica*, vinculada ao Programa de Pós-Graduação em Antropologia e Ciência política da Universidade Federal Fluminense, em 2003, editou um pequeno dossiê voltado para o esporte. Essa publicação contou com artigos de Roberto DaMatta, Eduardo Archetti e Carmen Rial. Mais que dossiês, ao longo deste século, assistimos ao surgimento de revistas acadêmicas especificamente voltadas para a temática esportiva estudada sob a perspectiva das Ciências Sociais e Humanas. Em 2005, foi criada a *Revista Esporte e Sociedade*, produção do Núcleo de Estudos e Pesquisas sobre Esporte e Sociedade (Nepess) e ao Programa de História da Universidade Federal Fluminense. Três anos depois veio a *Recorde – Revista de História do Esporte*, vinculada ao Programa de Pós-Graduação em História Comparada da UFRJ e ao Grupo Sport: Laboratório de História do Esporte e do Lazer coordenado pelo Professor Victor Andrade de Melo. Nesse mesmo 2008, o Programa de Pós-Graduação *Stricto Sensu* do Departamento de Educação Física da Universidade Federal de Vi-

çosa (UFV) lançou a *Revista Brasileira de Futebol*. No ano de 2016, o Núcleo de Estudos sobre Futebol, Linguagem e Artes da Faculdade de Letras da UFMG lançou a revista *Fulia*, sob coordenação do Professor Elcio Cordeiro Cornelsen.

Importante ressaltar que o XXV Congresso Brasileiro de Ciências da Comunicação – Intercom 2012 – teve como tema "Esportes na Idade Mídia: diversão, informação e educação". Além disso, nos últimos anos, várias revistas acadêmicas da área tiveram como tema "comunicação e esporte". Registre-se, por exemplo, a *Revista Logos* da FCS/Uerj, por duas vezes, em 2010 e 2016, a *Revista Comunicação, Mídia e Consumo* da ESPM, em 2011 e a *Revista Organicom* da ECA/USP, em 2011, entre outras.

Em relação à publicação de livros, variados foram os trabalhos tanto de pesquisadores nacionais quanto internacionais editados no Brasil, destacando-se o *História do Esporte no Brasil* (2009) organizado por Victor Andrade Melo e Mary Del Priori. Dando mostra da importância da temática esportiva, em 2012, foi criada a coleção Visão de Campo, coordenada por Bernardo Buarque de Hollanda e Victor Andrade de Melo e que se propõe a observar "o esporte visto pelas lentes das ciências humanas e sociais"[2]. Desde aquele ano já foram editadas 21 coletâneas, a começar por *O esporte na imprensa e a imprensa esportiva no Brasil*, passando por outros temas importantes na produção de conhecimento sobre o esporte, como é o caso das questões vinculadas às torcidas (REIS & HOLLANDA, 2014), às relações políticas no esporte (DRUMMOND, 2014), às vinculações entre esporte e escola (SOARES, 2016), entre outros assuntos, muitos dos quais analisados sob uma perspectiva comparativa como é o caso de *O Esporte no cenário ibero-americano* (MELO, 2015) e o recente *Torcidas organizadas na América Latina*:

---

2. Essa frase acompanha toda publicação do referido selo.

estudos contemporâneos (HOLLANDA & AGUILAR, 2017).

Esse breve panorama dá mostras do quanto o campo de estudos acadêmicos sobre os esportes vem sendo ampliado e consolidado ao longo das últimas três décadas. Recentemente, há de se considerar o impacto gerado pelo fato de o Brasil ter sido sede de megaeventos esportivos como o Pan-2007, a Copa do Mundo de 2014 e os Jogos Olímpicos e Paralímpicos de 2016. O "Brasil no horizonte dos megaeventos" (DAMO & OLIVEN, 2014) proporcionou o surgimento de renovadas perspectivas a respeito de temas recorrentes. Tem-se levado em consideração a complexidade do campo esportivo no qual estão em jogo os capitais dos atores nele envolvidos, seu *status* e seu poder, incluindo a definição de categorias-chave da sociedade em que acontece o evento. Sociedade transpassada pelos fluxos da globalização (APPADURAI, 2008), associados aos contextos locais, afinal como já afirmou Alabarces, os esportes obedecem às demandas locais, o que no caso no futebol significa dizer que "as dinâmicas esportivas locais continuam tendo significados relevantes e obrigam, continuamente, a reescrever o relato global do futebol" (ALABARCES, 2012).

Além desses aspectos, vale destacar o surgimento de pesquisas voltadas para outros esportes, além do futebol, como por exemplo uma mirada sobre os Jogos Olímpicos, evento visto sob perspectiva histórica e política (GIGLIO, 2013), no que se refere à memória e participação de atletas brasileiros (RUBIO, 2015), assim como no que diz respeito à representação da imprensa (AMARO, 2018). É importante mencionar valiosos trabalhos que abordam o esporte adaptado (ARAÚJO, 2011) e os jogos Paralímpicos e (HILGEMBERG, 2017), o que implica a percepção de mudanças ocorridas nos significados e representações do

corpo na sociedade contemporânea. Além disso, é perceptível uma maior problematização da imediata associação entre esportes e sociedades urbano-ocidentais que durante muito tempo orientou o horizonte de muitos trabalhos acadêmicos (TOLEDO, 2001). Dessa problematização derivaram estudos sobre, por exemplo, os "Etnoesportes" (FERREIRA ROCHA, 2008; FASSHEBER, 2006), destacando-se abordagens sobre os coletivos indígenas Kaingang, Kadiwéu e Xavante e os Jogos abertos e Olímpiadas indígenas.

Os estudos das relações de gênero e sexualidade no esporte também ganharam fôlego nos últimos dez anos. O resgate da história das mulheres nas práticas esportivas (GOELLNER, 2003), seu papel como torcedora, as dificuldades em se tornar árbitra, dirigentes ou treinadoras (MOURÃO, 2015) e os obstáculos referentes a sua inserção em outras funções no futebol são temas que inspiram produções diversificadas e estimulantes. Seguindo o caminho dos questionamentos lançados sobre o esporte enquanto prática historicamente vinculada à exaltação de masculinidades, nasceram análises sobre os Jogos Olímpicos *Gays* (CAMARGO, 2012; 2016) e a participação da comunidade LGBT no universo esportivo que tem fomentado profícuos trabalhos que recorrem, sobretudo, à teoria *queer* voltada para a análise dos esportes (CAUDWELL, 2006).

Especificamente em relação ao esporte mais popular do país, tem-se atentado para "os futebóis" (DAMO, 2007), ou seja, para a pluralidade das formas de representação, apreciação e prática desse esporte. Sendo assim, o futebol de várzea (HIRATA, 2005; SPAGGIARI, 2015), o amador (FONTES, 2014), aquele praticado no subúrbio (SANTOS JÚNIOR, 2001) e em diferentes regiões do país têm recebido a atenção de pesquisas que nos possibilitam ver essa prática para além do circuito midiatizado e espetacularizado. Esse tipo de futebol, aliás, tem sido alvo de problematizações e críticas (CAMPOS, 2014; MASCARENHAS, 2014) que dão ênfase aos perigos dos intensos processos de mercadorização que estaria, segundo alguns autores, promovendo uma gradativa exclusão da participação popular. Seguindo essa tendência, as torcidas, que frequentemente foram abordadas a partir da sua relação com a violência (MURAD, 2012), passam a ser estudadas menos sob essa ótica, mas sim como *locus* de análise das reações, adaptações e resistência às mudanças ocorridas no cenário futebolístico, sobretudo em diálogo com as transformações geradas pelo intenso processo de mercadorização e midiatização dos eventos esportivos (HOLLANDA; REIS, 2014; TEIXEIRA, 2017; SIMÕES, 2017).

Alguns autores têm atentado para a existência de um "global media-sport complex" que seria derivado da interdependência entre as organizações esportivas, as corporações de mídia e o *marketing* vinculado a empresas transnacionais (MAGUIRE, 2011). Sendo assim, a análise do papel exercido pelas mídias tem sido fundamental para a compreensão dos esportes que segundo Bourdieu (1997) podem ser considerados como programas televisivos. Mas, além da televisão, destaca-se a atuação das novas mídias digitais e de uma "cultura da convergência" (JENKINKS, 2009) que tem amplificado nossas formas de interação com os esportes. Os atletas se transforam em ícones globais cuja imagem se associa nem tanto às suas nacionalidades, mas às marcas que os patrocinam (GUMBRECHT, 2006). O universo do esporte tem sido composto por uma miríade de ídolos e heróis que, por sua vez, passaram a ser categorias construídas em diálogo com um repertório de representações típicas das celebridades, o que pressupõe a elaboração de um arsenal publicitário sedutor e bem-sucedido (HERSCHMAN & PEREIRA, 2003).

3 Esporte, literatura acadêmica e teoria da comunicação

O esporte é um fenômeno social que permeia a vida do homem moderno. Dentre os esportes, o futebol é o mais popular do mundo. Apesar de o Brasil não estar sozinho na paixão pelo futebol, a intensidade das comemorações e o entusiasmo que permeia o domínio deste esporte no Brasil são conhecidos em todo o mundo. Por isso, e por suas conquistas em copas do mundo, o Brasil tornou-se conhecido como "o país do futebol", apesar de que Helal (2010; 2011), Helal e Gordon (2001), Helal e Soares (2004) vêm demonstrando como as metáforas oriundas do futebol bem como seu papel totalizador estão perdendo ímpeto no país nos últimos 30 anos, concomitantemente com o declínio dos "estados-nação".

A Teoria da Comunicação, com sua vocação interdisciplinar, pode e deve se apropriar do fenômeno do futebol na nossa cultura, não somente para nos ajudar a compreendê-lo melhor, mas também para enriquecer o campo teórico da própria disciplina. Em geral, os estudos voltados para o tema da comunicação de massa falam de questões que frequentemente se adequam às manifestações ocorridas nos esportes modernos. No cerne deste debate estão polêmicas que envolvem discussões gerais a respeito da trivialização da vida moderna *vs.* maior riqueza cultural ao alcance do "homem comum", alienação do artista *vs.* satisfação pessoal, função narcotizante da mídia *vs.* agentes conscientizadores, público passivo *vs.* produção ativa, espaço público *vs.* espaço privado etc.

Todas estas discussões estão presentes também na literatura clássica a respeito do esporte de massa moderno e consequentemente aparecem no caso específico do futebol no Brasil, tema cada vez mais explorado na academia. Afinal de contas, o esporte é um dos produtos da indústria cultural. Senão vejamos.

Na maioria dos clássicos da literatura da sociologia do esporte (HUIZINGA, 1938; EITZEN, 1984; WEISS, 1969; TALAMINI & PAGE, 1973; DUNNING & SHEARD, 1979; GUTTMAN, 1978; 1986) encontramos uma discussão sobre o fim do elemento lúdico e sobre a secularização e racionalização dos esportes modernos.

Johan Huizinga argumenta em seu clássico *Homo Ludens: o jogo como elemento da cultura* que o esporte moderno está destruindo um dos aspectos fundamentais para o prazer e satisfação dos grupos humanos: o elemento lúdico. Para Huizinga (1980, p. 219) "o espírito do profissional não é mais o espírito lúdico, pois lhe falta espontaneidade, a despreocupação". Stanley Eitzen (1984, p. 1) em uma análise sobre o esporte nos Estados Unidos critica a "corrupção do esporte", afirmando que este, ao transformar-se em um espetáculo, substitui o prazer do atleta "por aquilo que dá prazer aos torcedores, dirigentes, televisão e empresas que pagam os comerciais televisivos". Gregory Stone (apud TALAMINI & PAGE, 1973, p. 83) faz uma crítica parecida. Ele critica o fato de que a "exibição" (*display*) para os espectadores é "des-brincadeira" (*dis-play*), destruidora do "puro" elemento lúdico. Segundo Stone, o fato de o esporte ter se transformado em um espetáculo da indústria cultural, jogado para os espectadores e não para os participantes, contribuiu para a erosão do lúdico, ao subordiná-lo à produção de prazer das massas. Seguindo esta tendência, Magnane (1969, p. 159) expressa sua crítica ao esporte moderno afirmando que este "corre o risco de perder o seu caráter lúdico para tornar-se uma empresa comercial, sujeita às regras da propaganda e da publicidade".

O conjunto dessas críticas nos remete à ideia de que a transformação do esporte em um "espetáculo" das multidões é responsável pelo declínio do elemento lúdico e que a erosão deste é acompanhada pelo advento da comercialização do esporte,

transformando-o em um negócio e, consequentemente, em um evento profano.

Da mesma forma que o debate sobre a indústria cultural dividiu os contadores em dois grupos alcunhados por Umberto Eco (1979) de "apocalípticos" e "integrados", o debate clássico em torno do esporte moderno também poderia ser dividido em dois grupos semelhantes. E da mesma forma como aquele debate se mostrou mais adiante inapto para a compreensão do impacto e do papel da mídia na sociedade, no universo do esporte o mesmo também ocorreu. A ideia de que os espectadores são passivos, por exemplo, foi refutada por vários estudiosos (LASCH, 1983; SODRÉ, 1977; DUNNING & SHEARD, 1979) que os consideram, inclusive, como parte inseparável do espetáculo. A ideia de que a erosão do lúdico foi acompanhada pelo advento da comercialização e de que os esportes modernos se tornaram atividades totalmente seculares e racionais também foi alvo de críticas. As afirmações de Huizinga, por exemplo, foram questionadas por Dunning e Sheard (1979) que não acreditam que os esportes pudessem ter mantido a sua popularidade se o elemento lúdico inerente a eles tivesse sido atrofiado na extensão colocada por Huizinga, ou se eles tivessem se transformado em uma atividade profana: "na verdade, o que parece estar ocorrendo é justamente o contrário, a centralidade cultural do esporte tem crescido de tal forma que hoje ele parece ser um fenômeno social de proporções quase que religiosas" (1979, p. 14).

O caso do futebol no Brasil confirma as asserções de Dunning e Sheard. Apesar da crescente comercialização do esporte, ainda encontramos espaço para manifestações "sagradas". Em jogos entre rivais tradicionais, os torcedores cantam, reverenciam seus ídolos, símbolos e cores de seus times. Apesar da invasão comercial (profana), certa "aura" sagrada permanece, ou melhor, é recriada. É como se a crescente comercialização do futebol fosse absorvida pela "necessidade" da "sacralidade", fazendo com que os limites entre o sagrado e o profano não sejam bem definidos neste universo.

A inserção do futebol na lógica da indústria cultural e seus impactos sobre o futebol é fenômeno sobre o qual Charles Critcher teceu algumas considerações no texto *Football Since the War: Study in Social Change and Popular Culture*, publicado em 1973. Nesse estudo, Critcher aponta para algumas mudanças ocorridas no futebol inglês na direção de uma maior mercantilização. Para o autor, nos anos de 1960, uma nova geração de diretores de clubes estaria imbuída em tornar o futebol um produto passível de competir com outros da indústria do entretenimento. Para que isso fosse possível, compreendeu-se ser necessária uma modificação do perfil de público torcedor, visando a renovação do ambiente dos estádios. Segundo Critcher, o tipo de público desejado era aquele formado por indivíduos não mais da classe trabalhadora e sim da classe média interessada em consumo e diversão (1973).

Embora essas observações sejam relativas ao contexto inglês, poderíamos estendê-las para outros países. Jhally (1984) nos mostra que nos Estados Unidos, também na década de 1960, os esportes eram uma espécie de obsessão das redes de televisão interessadas em atrair audiência e patrocinadores. Essa obsessão se fundava no fato de que os esportes seriam capazes de atrair um público jovem, masculino, urbano e com poder de consumo (1984). Práticas como o futebol americano e o beisebol possibilitavam a combinação de diversas maneiras de se ganhar dinheiro com propaganda e venda de produtos, maneiras essas ampliadas com a chegada dos canais pagos nos anos de 1970. Os direitos de transmissão aumentavam exponencialmente de temporada em temporada e as ligas como a NFL estavam atentas aos ganhos advindos das cotas televisivas. Em 1964, a rede de TV CBS renovou seu contrato com a NFL pelo valor de

$14.000.000,00 três vezes a mais que o valor do contrato anterior (JHALLY, 1984).

Em 1992, 20 clubes que compunham a FA Premier League receberam direitos de transmissão de seus jogos. O dinheiro foi usado para o saneamento de problemas financeiros, assim como para a remodelação de estádios visando sua adequação às exigências das autoridades. O contrato com a BSkyB ampliou as possibilidades de globalização dos principais clubes ingleses, viabilizado pela cobertura televisiva via satélite (GIBBONS & DIXON, 2010). Atentos às oportunidades, os clubes da Premier League buscaram a expansão comercial de suas marcas, sobretudo na direção dos países asiáticos como a China. Quatorze anos mais tarde os direitos de transmissão do campeonato inglês das primeira e segunda divisões atinge números incríveis. Para as temporadas de 2016 a 2019, as emissoras BskyB[3] e a BT[4] pagaram um total de 5,1 bilhões de libras, o equivalente a R$ 22 bilhões.

No futebol passamos por um processo de hipermercantilização, que para Giullianotti (2012) apresenta natureza diversa dos estágios mercadológicos anteriores, pois é marcado pela injeção de uma quantidade de capital como nunca antes visto, incluindo novas formas de se incrementar o consumo de produtos e ídolos do futebol (GIULIANOTTI, 2012). Ao longo da década de 1990, tradicionais clubes foram convertidos em uma espécie de multinacional, sustentados por capital estrangeiro e alvo de investidores oriundos do mundo inteiro. Adotando padrões de gerenciamento de empresas, diversos clubes passaram a ser administrados tendo como objetivo principal a obtenção de lucros imediatos e cada vez maiores (WALSH & GIULIANOTTI, 2001, p. 56).

---

3. British Sky Broadcasting Group

4. British Telecom

No que concerne à racionalização do esporte, o futebol brasileiro é conhecido por ser o polo oposto da rigidez e formalidade deste processo – o celebrado "futebol-arte". Aqui a racionalização tem enfrentado certa resistência por parte da mídia e dos torcedores. De acordo com vários observadores (GUTTMAN, 1978; GOLDGRUB, 1990) a obsessão pela quantificação, especialização e imposição de táticas rígidas tenderia a reduzir o nível de prazer – elementos lúdicos – tanto para os atletas quanto para os torcedores. No Brasil, a resistência a esse processo merece uma análise mais cuidadosa sobre a relação entre modernidade e cultura popular.

Notemos que estamos diante de uma "construção" que teve muita eficácia até a década de 1970. Este debate – "futebol-arte" *vs.* "futebol-força" – vem enfraquecendo-se nas últimas décadas, talvez por conta do processo de globalização que atingiu o esporte, fazendo com que jogadores de toda a parte do planeta atuem no futebol europeu, proporcionando um alto grau de "intercâmbio de estilos". Se foi possível (se é que tenha sido) identificar um estilo de jogo brasileiro nas décadas de 1950 e de 1960, hoje em dia isto se restringe a um discurso romântico e saudosista verificado em algumas crônicas esportivas. O esmaecimento deste debate pode ser verificado inclusive nas narrativas da imprensa sobre a seleção brasileira, conforme análise de Helal e Soares (2005; 2004).

O que importa aqui é perceber como o esporte, de uma forma geral, e o futebol em particular, é também um fenômeno específico da comunicação de massa, proporcionando os mesmos debates e sofrendo os mesmos questionamentos suscitados pelo impacto da mídia na Modernidade. Mais do que isso, o futebol – foco maior de nossa análise – é rico em imagens e mensagens representativas da comunidade, podendo ser entendido como um sistema de comunicação capaz de unir diferenças e proporcionar um espetáculo ritual de grande significado para aqueles que dele participam.

4 Mídia, idolatria, identidade e futebol

Um fenômeno de massa não consegue se sustentar por muito tempo sem a presença de "heróis", "estrelas" e "ídolos". Eles são fundamentais na identificação das pessoas com o evento. Suas "narrativas" falam frequentemente de superação de "obstáculos" aparentemente "intransponíveis".

Uma diferença básica entre ídolos do esporte e ídolos de outros universos, como música e dramaturgia, se mostra reveladora. Enquanto os primeiros frequentemente possuem características que os transformam em heróis, os do outro universo raramente possuem estas qualidades. A explicação para este fato reside no aspecto agonístico, de luta, que permeia o universo do esporte. O "sucesso" de um atleta depende do "fracasso" do seu oponente. É uma competição que ocorre dentro do próprio universo do espetáculo. Ambos, ídolos do esporte e ídolos da música, se transformam em celebridades, porém só os ídolos do esporte são considerados "heróis". Edgar Morin (1980) e Joseph Campbell (1995) chamam a atenção para a diferença entre celebridades e heróis. Enquanto os primeiros vivem somente para si, os heróis devem agir para "redimir a sociedade". A saga clássica do herói fala de um ser que parte do mundo cotidiano e se aventura a enfrentar obstáculos considerados intransponíveis, vence-os e retorna a casa. Conforme colocou Campbell (1995, p. 36), "o herói parte do mundo cotidiano e se aventura numa região de prodígios sobrenaturais; ali encontra fabulosas forças e obtém uma vitória decisiva; o herói retorna de sua misteriosa aventura com o poder de trazer benefícios aos seus semelhantes". O herói é assim, em última instância, um referencial para a comunidade. Na figura do herói se encontram agrupadas várias representações distintas da coletividade.

Esta característica do "ídolo-herói" acaba por transformar o universo do futebol em um terreno fértil para a produção de mitos e ritos relevantes para a comunidade. Dotados de talento e carisma, o que os singulariza e os diferencia dos demais, estes "heróis" são paradigmas dos anseios sociais e através das narrativas de suas trajetórias de vida, uma cultura se expressa e se revela (HELAL & MURAD, 2000; 1995).

Estas narrativas da vida e saga dos heróis, se antes eram "elaboradas" a partir de uma relação mais próxima e "amadora" com o público, hoje elas são "midiatizadas" e "elaboradas" de uma forma mais "distante" e "profissional". Longe de reproduzir uma perspectiva "apocalíptica", o que pretendo aqui é mostrar o impacto da mídia nesta relação entre ídolos e fãs, torcedores. A mídia é o instrumento básico da sociedade moderna para a "edição" da saga dos heróis. Por isso, podemos nos referir à idolatria no esporte a partir dos anos de 1990 como uma idolatria "midiatizada", sem nenhum sentido pejorativo quanto às qualidades destes ídolos. O próprio futebol, como disse anteriormente, é atualmente um fenômeno "midiatizado".

Em relação à questão envolvendo imprensa e futebol, de uma forma geral, a junção entre estes elementos foi preponderante no processo de "construção" da identidade nacional. Desde sua introdução no país, o futebol passou por um processo de incorporação cultural até se constituir no que os brasileiros chamam de "a paixão nacional", como se com isso quisessem afirmar que o futebol é quase uma propriedade nossa, que fomos talhados para o futebol, que não só o nosso futebol é o melhor do mundo, como o Brasil é o lugar do mundo onde mais se ama e se entende o futebol. Tudo isso está bem sintetizado no epíteto "Brasil, país do futebol", que foi solidificado não só no imaginário nacional, mas também fora do Brasil, principalmente em decorrência da supremacia brasileira em copas do mundo, após as cinco conquistas (1958, 1962, 1970, 1994 e 2002).

Mais do que uma paixão, o futebol foi um elemento primordial na história recente do país, em sua transição de uma sociedade rural para uma moderna sociedade urbana e industrial. Como vários estudiosos destacaram, o futebol no Brasil foi um poderoso mecanismo de integração social, de solidificação de uma identidade nacional, além de revelar certas características imaginadas da "alma brasileira" (LEVER, 1983; DAMATTA, 1982; LEITE LOPES, 1994; HELAL, 1997). Toda esta "construção" se deu em um período de formação e consolidação dos estados-nação em vários países do Ocidente em um determinado período do século passado. Entre os anos de 1930 e 1950, a popularização do futebol acelerou-se de modo notável, efeito da profissionalização, mas também graças à atuação de setores da intelectualidade e da imprensa, que ajudaram o futebol a se constituir em um espetáculo de massa e em elemento da cultura popular. Nesse aspecto, a participação de Mário Filho foi central, pois é ele quem "inventa" o jornalismo esportivo como gênero no Brasil e fomenta o surgimento de um público de massa para o futebol, através de sua atuação em vários jornais importantes do Rio de Janeiro – *O Globo*, *O Mundo Esportivo*, *Jornal dos Sports* (LEITE LOPES, 1994; SOARES, 1998). Por esse canal, Mário Filho promoveu continuamente eventos públicos em torno do futebol, participou ativamente do debate sobre o fim do amadorismo, e, em suas crônicas esportivas, passou a descrever as partidas de futebol como verdadeiros épicos, e não apenas disputas esportivas. Mais do que isso, Mário Filho, e no seu rastro, todo um setor da vida intelectual brasileira, sobretudo jornalistas e cronistas, acabaram por transformar o futebol num esporte intimamente próximo dos gostos e das expectativas do povo. De fato, como observa Leite Lopes, essa nova forma de comunicação com as classes populares através do futebol logo é aproveitada na linguagem do corporativismo do Estado Novo. As maiores intervenções públicas do Presidente Vargas, dirigidas aos trabalhadores, aproveitando a popularidade adquirida pelo futebol, aconteceram no estádio de futebol São Januário (de propriedade do clube Vasco da Gama, e até 1950 o maior estádio do Rio de Janeiro). Foi ali, por exemplo, que o governo anunciou a adoção do salário-mínimo, em 1940.

Ao mesmo tempo, no campo intelectual, entre os cientistas sociais que se propunham a pensar e explicar a sociedade brasileira, a década de 1930 reservava, paralelamente, uma nova forma de conceituar o Brasil. É importante notar que nesse mesmo contexto e, curiosamente, no mesmo ano em que se instaurava o profissionalismo no futebol (1933), Gilberto Freyre lançava o livro *Casa grande & senzala*, obra que teria enorme influência na forma de representar, para si e para o mundo, a sociedade brasileira. Freyre era amigo de Filho e assina o prefácio do clássico livro dele: *O negro no futebol brasileiro*. Além disso, Freyre tinha uma coluna semanal no *Diário de Pernambuco* e publica durante a Copa do Mundo de 1938 um artigo intitulado "*Foot-ball* mulato", onde é notória a tentativa de "construção" de uma identidade nacional brasileira que se manifestaria por meio do futebol. A partir desse momento, detectaríamos o surgimento da ideia de um "estilo" próprio de jogar futebol no Brasil. E que esse estilo expressaria determinados traços do "caráter" ou do "espírito" brasileiro. Assim é que o futebol brasileiro – tal qual a sociedade brasileira – começava a ser decantado como uma maravilhosa obra de arte, fruto da mistura. A integração brasileira estava, segundo o pensamento desses intelectuais, expressa no futebol e seria alcançada através do futebol. A se-

leção brasileira de futebol, por exemplo, era vista, nas palavras do escritor José Lins do Rego, um dos admiradores e incentivadores do esporte na época, como "retrato da nossa democracia racial", onde jogadores oriundos de classes abastadas se uniam a negros e mulatos filhos de gente sem nome em busca da vitória comum. Foi nas copas do mundo (inicialmente com a derrota em 1950, mas depois com as seguidas vitórias de 1958, 1962, 1970) que, pudemos enxergar com bastante clareza a eficácia do amálgama que se construiu entre "raça, identidade nacional e futebol".

Nas últimas décadas, por conta da globalização e de outros processos pelo qual o Brasil passou, como a estabilização da moeda e a consolidação da democracia, tenho observado um enfraquecimento do epíteto "Brasil, país do futebol". Este epíteto merece uma investigação mais cuidadosa. Primeiro, porque contém uma expressiva força simbólica que contribuiu para a construção da nossa identidade. Por meio desta representação nos sentimos membros de uma nação singular, diferente das demais, supostamente mais "bonita" e "alegre". Segundo, porque nos recusamos a enxergar outra forma de nos reconhecer como nação, mesmo diante de evidências que nos levam a especular ser esta singularidade mais global do que se imagina.

Até algum tempo atrás soaria como heresia perguntar: somos mesmo o país do futebol? Certamente os meios de comunicação de massa dedicam ao futebol um espaço considerável. Ele é o assunto mais discutido nas segundas-feiras após partidas importantes dos campeonatos estaduais e brasileiro. E o que dizer de nosso envolvimento em época de copas do mundo? Aqui presenciamos uma intensa manifestação coletiva em torno deste esporte. Mas é certo também que coisa muito semelhante ocorre em outras nações. Itália e Argentina também não poderiam ser vistos como outros "países do futebol"? O comportamento da mídia, dos aficionados e da população de uma forma geral não seria parecido com o que ocorre no Brasil?

A mobilização de uma nação por intermédio do esporte não é uma exclusividade brasileira. Nos Estados Unidos, por exemplo, país que se orgulha de seu sistema político, econômico e educacional, presenciamos a difusão de três modalidades esportivas: o basquete, o futebol americano e o beisebol (sem contar o hóquei no gelo, muito difundido no norte da costa leste do país). A televisão e os jornais americanos dedicam um espaço considerável aos eventos esportivos; a final do futebol americano (*superbowl*) movimenta uma soma fantástica de dinheiro e ocupa um tempo considerável do cotidiano dos americanos; Holywood é rica em filmes e referência aos esportes populares do país. Mas nem por isso escutamos os americanos referirem-se a si mesmos como o "país do beisebol, do basquete ou do futebol americano".

Estas breves evidências nos ajudam a concluir que o "país do futebol" foi uma "construção" histórica que teve um papel importante na formação da nossa identidade. Não negamos a sua força nem tampouco sua eficácia simbólica, mas começamos a questionar seu papel na virada do século, bem como a atual intensidade de seu impacto no cotidiano brasileiro.

Como vimos, a paixão pelo futebol é um fenômeno que ocorre em diversos países do mundo. Não estamos sozinhos neste aspecto. O que nos diferencia é a forma como nos utilizamos deste esporte para construirmos nossa identidade e as nossas conquistas em competições internacionais. Observemos, no entanto, que a metáfora unindo futebol e nação brasileira não é onipresente no universo futebolístico. Há todo um conjunto de práticas e representações que não transcendem o universo esportivo, não deslizam para outras séries semânticas mais inclusivas como o estado ou a identidade

nacional: elas fazem parte do espetáculo em si e do cotidiano dos que acompanham o futebol. E mais: é provável que elas sejam semelhantes às manifestações coletivas que ocorrem em outros esportes e em outros países.

Certamente algo diferente ocorre em época de Copa do Mundo. Aqui estamos diante de um confronto esportivo internacional que ganha ares de um "duelo entre nações", fazendo com que muitas manifestações transcendam o universo do futebol e passem a falar da sociedade como um todo. Porém, mesmo aqui, temos percebido que muitos torcedores encaram a Copa do Mundo como um expressivo evento esportivo, emocionante e de uma qualidade superior devido ao alto nível técnico dos jogadores que compõem as seleções, mas não fazem necessariamente da seleção a "pátria de chuteiras", expressão cunhada pelo dramaturgo e escritor Nelson Rodrigues para "explicar" a relação entre identidade nacional e seleção brasileira. Hoje em dia, observamos até que alguns torcedores preferem ver o seu time ser campeão brasileiro ou de um torneio internacional (como a Taça Libertadores) do que a seleção ganhar uma Copa do Mundo. Acontece que, em períodos de Copa do Mundo, uma legião de torcedores ocasionais, que só costumam aparecer de quatro em quatro anos, se junta aos outros torcedores e fazem do evento uma competição que transcende o universo esportivo, transformando-a em uma disputa simbólica entre as nações e encarando a seleção como "a pátria de chuteiras".

Portanto, questionar se o Brasil ainda é o "país do futebol" não significa desmerecer a popularidade e as intensidades das manifestações coletivas oriundas deste esporte, mas sim lançar um olhar mais cuidadoso sobre as razões que nos levaram a construir nossa identidade por meio do futebol e o peso que este esporte tem atualmente neste processo.

É importante ressaltar também que as manifestações populares ocorridas em junho de 2013, durante a Copa das Confederações, suscitaram algumas reflexões relativas a uma suposta opinião "culta" que considera o futebol um fator de alienação das massas, bem como ao esmaecimento da equação futebol-nação.

As manifestações confrontaram a sentença de que o futebol seria o "ópio do povo". Nossa hipótese é que, com todo o descontentamento em relação ao fantasma da inflação, à possibilidade de aprovação da PEC 37 – medida que retiraria do Ministério Público a atribuição de realizar investigações criminais –, às obras superfaturadas dos estádios para a Copa do Mundo e ao aumento das tarifas das passagens de ônibus, pode ser que as manifestações não tivessem ocorrido de maneira tão intensa e com tanta adesão. Talvez tenha sido justamente a Copa das Confederações o estímulo que faltava para que as pessoas fossem às ruas protestar, já que a visibilidade das manifestações ganharia, assim, mais facilmente, o noticiário nacional e internacional[5].

O que isto significaria? Não seríamos mais o "país do futebol" e a seleção não seria mais "a pátria de chuteiras"? É importante refletir mais em cima destes questionamentos, sob o risco de sermos tragados por um raciocínio simplista e com forte carga maniqueísta que foi observado nas redes sociais do tipo "quem gosta de futebol é contra as manifestações". A relação do brasileiro com a seleção mudou há décadas, por conta principalmente de fatores como a globalização, êxodo de jogadores para o exterior e melhor organização e valorização do campeonato brasileiro. A seleção ainda seria a "pátria de chuteiras", mas não nos moldes como alcunhou o dramaturgo e jornalista Nelson Rodrigues no final dos anos de 1950. O Brasil também mudou, com a implantação do regime democrático em meados da década de 1980, uma maior organização da sociedade civil e certa liderança política e econômica na América do Sul. Como o "país do futebol" foi uma "construção" exitosa realizada por agentes do meio jornalístico e acadêmico como Mário Filho e Gilberto Freyre, por exemplo, em um momento de consolidação do Estado-nação, podemos questionar se ainda seríamos e/ou gostaríamos de ser vistos desta forma, em um momento de transformações sociais e políticas na sociedade.

Referências

ALABARCES, P. Futebol e globalização: as formas locais das mercadorias globais. In: *Revistafaac*, vol. 1, n. 2, out./2011-mar./2012, p. 195-200. Bauru.

AMARO, F. *Os Jogos Olímpicos e a metrópole carioca*: campo esportivo e mídia no Rio de Janeiro (1890 a 1939). Rio de Janeiro: Uerj, 2018 [Tese de doutorado].

APPADURAI, A. *A vida social das coisas*: as mercadorias sob perspectiva cultural. Niterói: EdUFF, 2008.

ARAÚJO, M. *O corpo atlético da pessoa com deficiência*: uma etnografia sobre corporalidade, emoção e sociabilidade entre nadadores paraolímpicos. Rio de Janeiro: UFRJ, 2011 [Tese de doutorado].

ARCHETTI, E. Transforming Argentina: sport, modernity and national buil-ding in the periphery. In: *Antropolítica*, n. 14, 2003. Niterói.

BOURDIEU, P. *Sobre a Televisão, seguido de A influência do jornalismo e Os Jogos Olímpicos*. Rio de Janeiro: Zahar, 1997.

CAMARGO, W.X. Esporte, cultura e política: a trajetória dos *Gay Games* nas práticas esportivas contemporâneas. In: *Revista USP*, n. 108, jan.-mar./2016, p. 97-114. São Paulo.

_____. *Circulando entre práticas esportivas e sexuais*: etnografia em competições esportivas mun-

---

5. Para uma visão mais acurada a respeito dos sentidos das manifestações de junho de 2013, cf. Souza (2016).

diais LGBTs. Universidade de Santa Catarina, 2012 [Tese de doutorado].

CAMPBELL, J. *O herói de mil faces*. São Paulo: Cultrix, 1995.

CAMPOS, F. *Futebol objeto das ciências humanas*. São Paulo: LeYa, 2014.

CAUDWELL, J. *Sport, sexualities and queer theory*. Londres/Nova York: Routledge, 2006.

COELHO, M.C. & HEAL, R.G. A indústria cultural e as biografias de estrelas: as histórias de Babe Ruth e Tina Turner. In: *Cadernos Pedagógicos e Culturais*. Rio de Janeiro: Centro Educacional de Niterói, 1996.

CRITCHER, C. *Football Since the War*: Study in Social Change and Popular Culture. University of Birmingham, 1974.

DAMATTA, R. (org.). *O universo do futebol*: esporte e sociedade brasileira. Rio de Janeiro: Pinakotheke, 1982.

_____. *Carnavais, malandros e heróis* – Para uma sociologia do dilema brasileiro. Rio de Janeiro: Zahar, 1978.

DAMO, A.S. *Do dom à profissão*: formação de futebolistas no Brasil e na França. São Paulo: Aderaldo & Rothschild/Anpocs, 2007.

DAMO, A.S. & OLIVEN, R.G. O Brasil no horizonte dos megaeventos esportivos de 2014 e 2016: sua cara, seus sócios e seus negócios. In: *Horizontes Antropológicos*, ano 19, n. 40, jul.-dez./2013, p. 19-63. Porto Alegre.

DEL PRIORE, M. & MELO, V.A. *História do esporte no Brasil*. São Paulo: Unesp, 2010.

DRUMOND, M. *Estado novo e esporte*: a política e o esporte em Getúlio Vargas e Oliveira Salazar (1930-1945). Rio de Janeiro: 7 Letras, 2014.

DUNNING, E. & SHEARD, K. *Barbarians, Gentlemen and Players*: A Sociological Study of the Development of Rugby Footbal. Nova York: New York University Press, 1979.

ECO, U. *Apocalípticos e integrados*. São Paulo: Perspectiva, 1979.

EITZEN, D.S. The Structure of Sport and Society. In: EITZEN, S. (ed.). *Sport in Contemporary Society*: An Anthology. Nova York: St. Martin's Press, 1984.

FASSHEBER, J.R.M. *Etno-desporto indígena*: contribuições da Antropologia Social a partir das experiências entre os Kaingang. Campinas: Unicamp, 2006 [Tese de doutorado].

FILHO, M. *O negro no futebol brasileiro*. Rio de Janeiro: Civilização Brasileira, 1964 [cf. tb. a 4. ed. publicada pela Mauad em 2003].

FREYRE, G. *Casa grande & senzala*. Rio de Janeiro: José Olympio, 1987.

_____. *Football* mulato. In: *Diário de Pernambuco*, 18/06/1938.

GEERTZ, C. *A interpretação das culturas*. Rio de Janeiro: Zahar, 1978.

GIBBONS, T. & DIXON, K. "Surf's up!": A call to take English soccer fan Interactions on the Internet more seriously. In: *Soccer & Society*, 2010. Londres.

GIGLIO, S.S. *COI x Fifa*: a história política do futebol nos jogos olímpicos. São Paulo: USP, 2013 [Tese de doutorado].

_____. A produção das ciências humanas sobre futebol no Brasil: um panorama (1990-2009). In: *Revista de História*, n. 163, jul.-dez./2010, p. 293-350, 2010. São Paulo.

GIULIANOTTI, R. & WALSH, A. This Sporting Mammon: A Normative Critique of the Commodification of Sport. In: *Journal of the Philosophy of Sport*, 2001.

_____. Fanáticos, seguidores, fãs e flaneurs: uma taxonomia de identidades do torcedor no futebol. In: *Recorde* – Revista de História do Esporte, vol. 5, n. 1, jun./2012.

GOELLNER, S. *Bela, maternal e feminina* – Imagens da mulher na *Revista Educação Physica*. Ijuí: Unijuí, 2003.

GOLDGRUB, F. *Futebol*: arte ou guerra? Rio de Janeiro: Imago, 1990.

GUMBRECHT, H. *Elogio de la belleza estética*. Buenos Aires: Katz, 2006.

GUTTMANN, A. *From Ritual to Record*: The Nature of Modern Sports. Nova York: Columbia University Press, 1978.

HELAL, R. As novas fronteiras do país do futebol. In: *Pesquisa Rio*, vol. 1, 2010, p. 37-40. Faperj.

_____. Identidade nacional por meio do esporte. In: MELO, J.M. *Enciclopédia de comunicação da Intercom*, vol. I. São Paulo: Intercom, 2010, p. 645-646.

_____. Idolatria esportiva. In: MELO, J.M. *Enciclopédia de comunicação da Intercom*. Vol. I. São Paulo: Intercom, 2010, p. 638-639.

_____. Mitologia esportiva. In: MELO, J.M. *Enciclopédia de comunicação da Intercom*. Vol. I. São Paulo: Intercom, 2010, p. 840-841.

_____. Sociologia da comunicação esportiva. In: MELO, J.M. *Enciclopédia de comunicação da Intercom*. Vol. I. São Paulo: Intercom, 2010, p. 1.128-1.129.

_____. De la magia a la merde: la mirada de la prensa argentina sobre la Selleción Brasileña de Fútbol en el Mundial 2002. In: *Razón y Palabra*, 2009. Cidade do México.

_____. Jogo Bonito: el Fútbol Brasileño en la prensa argentina. In: *Revista Lecturas*, n. 88, ano 10, set./2005. Buenos Aires.

_____. As idealizações de sucesso no imaginário futebolístico brasileiro: um estudo de caso. In: ALABARCES, P. (org.). *Peligro de gol*: estudios sobre deporte y sociedade en America Latina. Buenos Aires: Clacso, 2000.

_____. *Passes e impasses*: futebol e cultura de massa no Brasil. Petrópolis: Vozes, 1997.

_____. *O que é sociologia do esporte*. São Paulo: Brasiliense, 1990.

HELAL, R.; AMARO, F.; AUGUSTA, C. & VIEIRA, J.P. A construção de um ídolo futebolístico na imprensa: estudo de caso. In: *Organicom*, vol. 8, 2011, p. 233-246. São Paulo: USP.

HELAL, R. & CATALDO, G.A Morte e o mito: as narrativas da imprensa na cobertura jornalística da morte de Ayrton Senna. In: FREITAS, R. & NACIF, R. (orgs.). *Comunicação, arte e cultura*. Rio de Janeiro: Eduerj, 2005.

HELAL, R.; FREITAS, F. & PIZZI, F. Indústria cultural. In: LUCE GOMES, C. *Dicionário Crítico do Lazer*. Belo Horizonte: Autêntica, 2004.

HELAL, R. & GORDON, C. Pelé e Maradona: núcleos da retórica jornalística. In: HELAL, R.; LOVISOLO, H. & SOARES, A.J.G. (orgs.). *Futebol, jornalismo e ciências sociais*: interações. Rio de Janeiro: Eduerj, 2011, p. 137-148.

_____. Tango, samba e identidades nacionais: semelhanças e diferenças entre os mitos fundadores de "Mi Noche Triste" e "Pelo Telefone". In: *Revista Logos*, vol. 17, 2010, p. 165-175.

_____. Tango, samba e identidades nacionales: semejanzas y diferencias en los mitos fundadores de "Mi Noche Triste" y "Pelo Telefone". In: *Anais da VIII Reunión de Antropología del Mercosur*. Buenos Aires: Universidad de San Martín, 2009.

_____Futebol: mitos e representações do Brasil. In: VILLAÇA, N. & GOÉS, F. (orgs.). *Nas fronteiras do contemporâneo*: território, identidade, arte, moda, corpo e mídia. Rio de Janeiro: Mauad, 2001a.

_____. A crise do futebol brasileiro e a Pós-modernidade: perspectivas para o século XXI. In: *ECO-PÓS*, vol. 5, n. 1, 2001b. Rio de Janeiro: ECO/UFRJ.

_____ [com César. G. Júnior]. Sociologia, história e romance na construção da identidade nacional através do futebol. In: *Estudos históricos*. Rio de Janeiro: FGV, 1999.

HELAL, R.; LOVISOLO, H. & SOARES, A.J.G. *Futebol, jornalismo e ciências sociais*: interações. Rio de Janeiro: Eduerj, 2011.

HELAL, R. & MURAD, M. El Ocaso de "La Patria de Botines": periodismo, fútbol e identidad nacional en el Mundial de 2002. In: *Revista Lecturas*, vol. 86, ano 10, jul./2005. Buenos Aires.

_____. O declínio da Pátria de Chuteiras: imprensa, futebol e identidade nacional na Copa do Mundo de 2002. In: PEREIRA, M.; GOMES, R. & FIGUEIREDO, V. *Comunicação, representação e práticas sociais*. Rio de Janeiro: PUC-Rio, 2004.

_____. Alegria do povo e Don Diego: reflexões sobre o êxtase e a agonia de heróis do futebol. In: NEPOMUCENO, J.; RECTOR, M. & NEIVA, E. (orgs.). *Cultura e modernidade*: um estudo discursivo. Belém: Universidade Federal do Pará, 2000.

_____. Alegria do povo e Don Diego: um ensaio sociológico sobre o êxtase e a agonia de heróis do futebol. In: *Pesquisa de Campo*. Rio de Janeiro: Uerj, 1995.

HELAL, R.; SOARES, A.J.G. & LOVISOLO, H. *A invenção do País do Futebol*: mídia, raça e idolatria. Rio de Janeiro: Mauad, 2001 [2. ed., 2007].

HELAL, R.; SOARES, A.J.G. & SALLES, G. Futebol. In: DACOSTA, L. *Atlas do Esporte no Brasil*. Rio de Janeiro: Shape, 2004.

HELAL, R.; SOARES, A.J.G. & SANTORO, M. Futebol, imprensa e memória. In: *Revista Fronteira*, vol.6, 2004. São Leopoldo: Unisinos.

HELAL, R. & VIEIRA, J.P. O racismo no futebol carioca na década de 1920: imprensa e a invenção das tradições. In: *Revista de Ciências Sociais*, vol. 42, 2011, p. 77-88. Fortaleza.

HERSCHMANN, M. & PEREIRA, C.A.M. (orgs.). *Mídia, memória e celebridades*: estratégias narrativas em contextos de alta visibilidade. Rio de Janeiro, E-Papers, 2003.

HILGEMBERG, T. *Atleta real x atleta de papel* – A perspectiva individual dos atletas paralímpicos e sua representação na mídia impressa. Rio de Janeiro: Uerj, 2017 [Tese de doutorado].

HIRATA, D.V. *Futebol de várzea*: práticas urbanas e disputa pelo espaço na cidade de São Paulo. São Paulo: USP, 2005 [Dissertação de mestrado].

HOLLANDA, B.B.B. & AGUILAR O.R. *Torcidas organizadas na América Latina*: estudos contemporâneos. Rio de Janeiro: 7 Letras, 2017.

HOLLANDA, B.B.B. & MELO, V.A. *O esporte na imprensa e a imprensa esportiva no Brasil*. Rio de Janeiro: 7 Letras, 2012.

HOLLANDA, B.B.B. & REIS, H.H.B. *Hooliganismo e Copa de 2014*. Rio de Janeiro: 7 Letras, 2014.

HUIZINGA, J. *Homo ludens*: A Study of the Play Element in Culture. Londres: Routledge & Kegan Paul, 1938.

JENKINS, H. *Cultura da convergência*. São Paulo: Aleph, 2009.

JHALLY, S. The Spectacle of Accumulation: Material and Cultural Factors in the Evolution of the Sports/Media Complex. In: *Critical Sociology*, 12 (3), jun./1984.

LEITE LOPES, J.S. A vitória do futebol que incorporou a pelada. In: *Revista USP*, 22, 1994.

LEVER, J. *A loucura do futebol*. Rio de Janeiro: Record, 1983.

LOVISOLO, H. Sociologia do esporte (futebol): conversões argumentativas. In: HELAL, R.; LOVISOLO, H. & SOARES, A.J.G.S. *Futebol, jornalismo e ciências sociais*: interações. Rio de Janeiro: Eduerj, 2011.

_____. Saudoso futebol, futebol querido: a ideologia da denúncia. In: HELAL, R.; SOARES, A.J. & LOVISOLO, H. *A invenção do País do Futebol*: mídia, raça e idolatria. Rio de Janeiro: Mauad, 2001.

MAGNANE, G. *Sociologia do esporte*. São Paulo: Perspectiva, 1969.

MAGUIRE, J.A. The global media sports complex: keyissues and concerns. In: *Sport in Society*: Cultures, Commerce, Media, Politics, 2011.

MASCARENHAS, G. *Entradas e bandeiras*: a conquista do Brasil pelo futebol. Rio de Janeiro: Uerj, 2014.

MELO, V.A. *O esporte no cenário ibero-americano*. Rio de Janeiro: 7 Letras, 2015.

MORIN, E. *As estrelas de cinema*. Lisboa: Horizonte, 1980.

MOURÃO, L. et al. O perfil das árbitras brasileiras do futebol profissional. In: *Livro de Atas do 1º Congresso da Associação Internacional das Ciências Sociais e Humanas em Língua Portuguesa* [XII Congresso Luso-Afro-Brasileiro – Conlab], fev./2015, p. 4.958-4.971. Lisboa.

_____. *A violência no futebol*. Rio de Janeiro: Benvirá, 2012.

ORLANDI, E.P. (org.). *Discurso fundador*: a formação do país e a construção da identidade nacional. Campinas: Pontes, 2003.

ORTIZ, R. *Mundialização e cultura*. São Paulo: Brasiliense, 1994.

PEREIRA, L.A.M. *Footballmania*: uma história social do futebol no Rio de Janeiro. Rio de Janeiro: Nova Fronteira, 2000.

PROPP, W. *Morfologia do conto maravilhoso*. Rio de Janeiro: Forense Universitária, 1984.

RIAL, C.S.M. Futebol e mídia: a retórica televisiva e suas implicações na identidade nacional, de gênero e religiosa. In: *Antropolítica*, n. 14, 2003. Niterói.

ROCHA FERREIRA, M.B. et al. Jogos indígenas, realizações urbanas e construções miméticas. In: *Revista Ciência e Cultura*, vol. 60, n. 4, 2008, p. 47-49. São Paulo.

RUBIO, K. *Atletas olímpicos brasileiros*. São Paulo: Sesi-SP, 2015.

SANTOS, J.R. Na CBD até papagaio bate continente. In: *Encontros com a Civilização Brasileira*, n. 5, 1978. Rio de Janeiro.

SANTOS JUNIOR, N.J. *A construção do sentimento local*: o futebol nos arrabaldes de Andaraí e Bangu (1914-1923). Rio de Janeiro: Multifoco, 2014.

SIMÕES, I. *Clientes* versus *rebeldes*. Rio de Janeiro: Multifoco, 2017.

SOARES, A.J.G. História e a invenção de tradições no campo de futebol. In: HELAL, R.; SOARES, A.J.G. & LOVISOLO, H. *A invenção do País do Futebol*: mídia, raça e idolatria. Rio de Janeiro: Mauad, 2001.

_____. História e a invenção de tradições no campo de futebol. In: *Estudos Históricos*, n. 23, 1999. Rio de Janeiro, FGV.

_____. *Futebol, raça e nacionalidade no Brasil*: releitura da história oficial. Rio de Janeiro: Universidade Gama Filho, 1998 [Tese de doutorado].

_____. *Futebol, malandragem e identidade*. Vitória: SPDC/Ufes, 1994.

SOARES, A.J.G.; CORREIA, C.A.J. & DE MELO, L.B.S. *Educação do corpo e escolarização de atletas*: debates contemporâneos. Rio de Janeiro: 7 Letras, 2016.

SOARES, A.J.G. & LOVISOLO, H. Futebol: a construção histórica do estilo nacional. In: *Revista Brasileira de Ciências do Esporte*, vol. 25, n. 1, set./2003. Campinas: Autores Associados.

SOARES, A.J.G.; SALVADOR, M.A.S. & BARTHOLO, T.L. Copa de 1970 – O Planejamento México. In: GASTALDO, E.L. & GUEDES, S.L. (orgs.). *Nações em campo*: Copa do Mundo e identidade nacional. Niterói: Intertexto, 2006.

SODRÉ, M. Futebol, teatro ou televisão? In: *O monopólio da fala*. Petropolis: Vozes, 1977.

SPAGGIARI, E. *Família joga bola* – Constituição de jovens futebolistas na várzea paulistana. São Paulo: USP, 2015 [Tese de doutorado].

SOUZA, J. *A radiografia do golpe*. São Paulo: LeYa, 2016.

TALAMINI, J. & PAGE, C. (orgs.). *Sport & Society*: An Anthology. Boston/Little: Brown and Company, 1973.

TEIXEIRA, R. Associativismo juvenil e mediação política: as torcidas organizadas de futebol no Brasil e a construção de suas arenas públicas através da FTORJ e Anatorg. In: *Antropolítica*, n. 42, 1º sem./2017. Niterói.

TOLEDO, L.H. Futebol e teoria social: aspectos da produção científica brasileira (1982-2002). In: *Revista Brasileira de Informação Bibliográfica em Ciências Sociais*, n. 52, 2001, p. 133-165. São Paulo.

TONE, G.P. American Sports: Play and Display. In: TALAMINI, J. & PAGE, C. (eds.). *Sport & Society*: An Anthology. Boston, Little: Brown & Company, 1973.

WEISS, P. *Sport*: a philosophical Inquiry. Illinois, Southern Illinois University Press, 1969.

28
Sociologia do esporte II
"Institucionalização, desenvolvimento e perspectivas teóricas da sociologia do esporte no Brasil"

Juliano de Souza

Wanderley Marchi Júnior

1 Introdução

A Educação Física é uma área que historicamente se fortaleceu e vem se fortalecendo, em medida significativa a partir de interfaces com outras disciplinas acadêmicas. Contudo, isso não quer dizer que a área não tenha procurado caminhar autonomamente. Longe disso. Ao mobilizar ou tomar por empréstimo conhecimentos de outras ciências, os pesquisadores buscaram imprimir maior rigor em seus estudos, procurando trazer indicativos de uma ciência comprometida no que concerne às suas características como tal. Foi nesse percurso que a Educação Física, ao se deparar com as Ciências Humanas e Sociais, não só pôde, em alguma medida, se descobrir ou se revisitar pela Sociologia do Esporte, como também desde então vem contribuindo sistematicamente com esse campo de conhecimento.

Ao visualizar na Sociologia do Esporte uma de suas subáreas de pesquisa, os agentes da Educação Física perceberam que deviam imergir no campo das Ciências Sociais de modo que pudessem se apropriar de seus fundamentos e conceitos, estendendo-os para a leitura de seus objetos de estudos e delimitação dos fenômenos a serem investigados. Assim sendo, tomaram contato com o trabalho de muitos sociólogos, a exemplo dos autores mais clássicos como Émile Durkheim, Karl Marx e Max Weber, até os mais contemporâneos como Michel Foucault, Norbert Elias e Pierre Bourdieu, entre outros. Chamamos atenção em específico para esses dois últimos, pois nas últimas décadas tornaram-se os principais referenciais teóricos em estudos da Sociologia do Esporte no Brasil (OLIVEIRA, 2018; BRASIL, 2018).

Em termos mais precisos, a contribuição teórica de autores como Pierre Bourdieu e Norbert Elias ajudou a ampliar a discussão do esporte em sua via sociológica no campo da Educação Física brasileira. Dessa forma, desde meados do século XX, quando modelos teóricos de análise da sociedade começaram a fazer parte dos estudos socioculturais da Educação Física, a Sociologia do Esporte progressivamente conquistou seu espaço, deflagrando importantes avanços teóricos na área, sobretudo, na forma relacional de compreender e tratar o fenômeno esportivo. Portanto, diante desse quadro sumariamente exposto, nosso objetivo neste capítulo se concentra em realizar uma diagnose acerca do desenvolvimento dessa área de conhecimento no Brasil, destacando, a rigor, as contribuições da Educação Física e da Sociologia nesse processo.

Assim sendo, na primeira parte do texto, nos propomos a elencar algumas das conexões entre

Educação Física e Sociologia do Esporte. Na sequência, na seção 2, evidenciamos os movimentos figuracionais em relação ao processo de recepção e incorporação do referencial teórico de Bourdieu e Elias no campo da Sociologia do Esporte, demonstrando a importância desses teóricos para as pesquisas e para os estudos socioculturais da Educação Física. Por fim, na última seção, realizamos uma breve digressão em torno das principais barreiras encontradas pela Sociologia do Esporte, bem como nos arriscamos a tecer algumas projeções para a área.

2 Contribuições da Educação Física para a Sociologia do Esporte

Quando falamos sobre Sociologia do Esporte no Brasil é inevitável mencionar a contribuição advinda da Educação Física. Em linhas gerais, o desenvolvimento da Sociologia do Esporte, em grande parte, deve-se ao campo da Educação Física, que não somente incorporou esta disciplina, como também impulsionou o campo dos estudos socioculturais do esporte (MARCHI JÚNIOR & CAVICHIOLLI, 2008; FERREIRA, 2009; 2014; SOUZA & MARCHI JÚNIOR, 2010a; MARCHI JÚNIOR., 2015).

Como disciplina acadêmica, dados da literatura sugerem que a Sociologia do Esporte é proveniente dos anos de 1970 (BETTI, 2001), período em que pesquisadores puderam imergir mais sistematicamente no campo das Ciências Humanas e Sociais a fim de encontrarem e produzirem respostas mais amplas e consistentes para suas pesquisas. Dessa forma, ao mobilizarem os conhecimentos dessas áreas, os investigadores puderam encaminhar com mais rigor teórico suas ações e seus empreendimentos sobre o fenômeno esportivo.

Recorrendo a uma linha diacrônica, é possível observar alguns dos momentos mais representativos em relação ao que podemos denominar de uma

constituição pré-científica da Sociologia do Esporte no Brasil. Talvez o esforço pioneiro no tocante à demarcação dessa disciplina no país encontra ancoragem no trabalho de Inezil Penna Marinho, intitulado *Educação Física e Sociologia: obra social da Educação Física*, publicado em 1942. Na oportunidade, Inezil começava a pensar em empreendimentos para a área por via do prisma sociológico. Além das obras do pesquisador, outros livros considerados fundantes foram *Introdução à sociologia dos desportos*, de autoria de João Lyra Filho, no ano de 1973; o livro de Georges Magnane intitulado *Sociologia do Esporte*, de 1969; e a obra *Carnavais, malandros e heróis: para uma sociologia do dilema brasileiro*, de Roberto DaMatta, em 1979.

Nas décadas seguintes ganham relevo outros empreendimentos teóricos no país, como aquele levado a cabo por Mauro Betti ao reunir esforços no sentido de definir o que seria a Sociologia do Esporte e, em 2001, publicar um capítulo de livro intitulado "Educação Física e Sociologia: novas e velhas questões no contexto brasileiro", tornando-se referência importante para a compreensão dos rumos dessa disciplina no país. Além de Betti, outras contribuições decisivas se materializam nos esforços de Ronaldo Helal com sua obra *O que é Sociologia do Esporte*, publicada em 1990, e com Valter Bracht através do livro *Sociologia crítica do esporte*, de 1997. Cabe destacar que esse processo remete a dinâmicas de resistências e polarizações, uma vez que a maioria das disciplinas curriculares da Educação Física estavam e, de certa forma, ainda estão voltadas ao domínio das Ciências Biológicas (LOVISOLO, 2006; ALABARCES, 2012; MARCHI JÚNIOR, 2013; 2015).

No decorrer desse processo explicitado, evidenciamos que os estudos em Sociologia do Esporte desenvolveram-se por via de esforços de profissionais da área que, numa primeira fase, começaram trabalhando dentro de uma tradição *marxista* e receberam forte influência de autores da teoria crítica, momento este em que o esporte foi objeto de intensa criticidade em torno de sua suposta condição alienadora e desmobilizadora (MARCHI JÚNIOR., 2015). Não obstante, nas últimas décadas, parece existir uma intensidade na produção a partir de um outro paradigma, mais direcionado para a reflexividade da ciência.

É nesse sentido que os estudos dos esportes mantêm, em certa medida, uma conexão íntima com as produções críticas acerca de artefatos culturais da sociedade. Essas críticas são tecidas dentro do campo acadêmico e nas demais esferas de produção cultural. Para além disso, parece haver uma espécie de comunicação entre a mentalidade intelectual e o espaço das posições sociais, pois é possível observar que esse estilo de pensar, assim como ocorre com outras correntes de pensamento, corresponde aos anseios de determinado grupo social empiricamente observável (SOUZA; OLIVEIRA & MARCHI JÚNIOR, 2018).

Ademais, esse estilo próprio de pensamento acaba conferindo margem de segurança ontológica nas rotinas de pesquisa. Disso talvez decorre a dificuldade dos investigadores se distanciarem de formas de pensamento semiprontas, de maneira a não exercitarem um olhar criticista *a priori* sobre o fenômeno em questão (SOUZA; OLIVEIRA & MARCHI JÚNIOR, 2018). Em que pese essa lógica, é inegável, contudo, a contribuição da tradição crítica para o desenvolvimento da Sociologia do Esporte no Brasil, muito embora um dos efeitos da rotinização desse tipo de abordagem tenha sido o acirramento das lutas teóricas no campo, uma vez que outros referenciais passaram a disputar espaço com o último. Por conseguinte, como dinâmica não planejada, autores que não se reconheciam nessa estrutura convergiram esforços no sentido de

expandirem a Sociologia do Esporte para além da área de Educação Física, estabelecendo conexões mais amplas, inclusive, em frentes internacionais.

Soma-se a esse cenário epistemológico esboçado a inserção de uma série de docentes pesquisadores da realidade esportiva em programas de Pós-Graduação *Stricto Sensu* nas áreas da Sociologia, História, Educação, entre outras, de modo a contribuir com a consolidação de linhas de pesquisa referentes à Sociologia do Esporte ou que, em alguma medida, as contemplavam (FERREIRA, 2009). Há que destacar também a entrada do Brasil no grande circuito dos megaeventos esportivos (SOUZA & MARCHI JÚNIOR, 2010b) como fator potencializador das discussões e debates fundamentados em torno do fenômeno esportivo no país, especialmente no que diz respeito à Copa do Mundo da Fifa realizada no Brasil em 2014 e aos Jogos Olímpicos e Paralímpicos do Rio de Janeiro, ambos realizados em 2016 (MARCHI JÚNIOR, 2016).

Além desses elementos pontuados, fóruns, instituições e grupos de pesquisas também têm contribuído consideravelmente para o desenvolvimento e consolidação da Sociologia do Esporte no Brasil. Em relação aos eventos científicos, podemos citar o Congresso Brasileiro de Ciências do Esporte (Conbrace), o Congresso Brasileiro de História do Esporte, Lazer e Educação Física (Chelef) e, sobretudo, os Congressos da Asociación Latinoamericana de Estudios Socioculturales del Deporte (Alesde), instituídos bianualmente desde 2008 e que têm potencializado um espaço de discussão qualificada em torno do esporte na América Latina.

Em se tratando da Alesde, cabe ressaltar seu protagonismo como associação que demarca a inserção institucionalizada da América Latina no campo da Sociologia do Esporte mundial, ampliando as redes de relações acadêmicas e inserindo o debate teórico-metodológico da Sociologia do Esporte tal como estruturado nos países da América Latina no cenário da discussão internacional. Tais esforços não se encerram em si mesmos; ao contrário, congregam outras parcerias e esforços similares. No caso do Brasil, é oportuno sublinhar os empreendimentos em torno da legitimação de espaços de discussão para a Sociologia do Esporte nos congressos da Associação Nacional de Pós-Graduação e Pesquisa em Ciências Sociais (Anpocs), da Sociedade Brasileira de Sociologia (SBS) e da Associação Brasileira de Antropologia (ABA).

Quanto aos grupos de pesquisa que têm contribuído para a consolidação dos estudos sociológicos do esporte no Brasil, destaca-se o Centro de Pesquisa em Esporte, Lazer e Sociedade (Cepels) da Universidade Federal do Paraná (UFPR) com três linhas de pesquisa (História e Sociologia do Esporte, Lazer e Sociedade e Políticas Públicas para o Esporte). Desde o ano de 2002, o referido grupo tem concorrido para a formação de novos pesquisadores e a divulgação acadêmico-científica da Sociologia do Esporte no país. Mais recentemente, e como parte do processo da formação de pesquisadores no contexto do Cepels, destaca-se a criação do Observatório de Educação Física e Esporte (Oefe) na Universidade Estadual de Maringá (UEM). Entre as ações investigativas desenvolvidas no Oefe, ganha relevo as incursões teóricas revisionistas no campo da Educação Física a partir de duas linhas de pesquisa articuladoras, a saber, Epistemologia da Educação Física e do Esporte e Sociologia do Esporte.

Evidentemente que outros centros investigativos podem ser citados na construção do cenário contemporâneo da Sociologia do Esporte no Brasil, a exemplo dos grupos e linhas de pesquisa existentes e alojados na Universidade Federal do Rio Grande do Sul (UFRGS), na Universidade Estadual de Campinas (Unicamp), na Universidade Federal de Minas Gerais (UFMG) e, em termos mais pontuais, na Universidade de São Paulo (USP), na Universidade Federal do Rio de Janeiro (UFRJ), na Universidade Federal do Espírito Santo (Ufes), na Universidade Federal de Santa Catarina (UFSC) e na Universidade Federal de Pernambuco (UFPE) (FERREIRA et al., 2013; FERREIRA, 2009; 2014).

De qualquer maneira, esses esforços institucionais e teóricos consolidados ou em vias de consolidação, são expressivos de que o desenvolvimento da Sociologia do Esporte no país é processual e conta decisivamente com a participação de agentes e estruturas do campo acadêmico-científico da Educação Física. Essa disposição relacional entre as áreas fica mais evidente ao atentarmos para o fato de que, por um lado, pôde a Sociologia do Esporte se ancorar na área de Educação Física para uma maior disseminação e expansão, porém, pôde também a Educação Física e os pesquisadores desse campo buscarem, por intermédio da Sociologia do Esporte, aportes teóricos para responder e embasar suas investigações.

Sobre o percurso de desenvolvimento histórico-institucional da Sociologia do Esporte, tal como aqui brevemente remontado, é importante destacar que não foi possível apreender com total abrangência os principais pesquisadores e centros investigativos envoltos nesse processo. Em todo caso, foi possível fornecer um panorama que contempla os esforços de alguns dos principais agentes responsáveis pela estruturação da disciplina no país, agentes esses que, em sua maioria, atuam em instituições públicas geograficamente situadas no sul e sudeste brasileiro (MARCHI JÚNIOR, 2016). Ademais, pudemos também inferir que os avanços epistemológicos se deram, em medida significativa, pela incorporação de bases teóricas consistentes do campo da Sociologia, dentre as quais, destacam-se as respectivas teorias sociológicas de Norbert Elias e Pierre Bourdieu, tal como indicaremos a seguir.

3 Instituições, produções e modelos teóricos: Pierre Bourdieu e Norbert Elias

É possível verificar que a demarcação do esporte como objeto de estudo sociológico no campo da Educação Física é um fenômeno recente. No início dos anos de 1980, o esporte era visto como um objeto prescindível e periférico, não gozando do mesmo capital ou relevância de pesquisa de temas caros às Ciências Humanas e Sociais, como a economia ou política. Tendo em vista essa recente construção e afirmação da Sociologia do Esporte no Brasil, podemos inferir que a produção do conhecimento, se comparada com países de maior tradição acadêmica, ainda tem caminho a percorrer (FERREIRA, 2009; 2014; MARCHI JÚNIOR, 2015), embora os avanços teóricos da última década tenham sido significativos.

Contudo, devido às questões sobre a mercantilização e espetacularização do esporte no contexto do mundo globalizado, as quais inclusive subsidiaram em grande parte as discussões acerca dos megaeventos, o estudo do esporte, em regra, também se intensificou. Por conseguinte, uma ampla agenda de pesquisa desenvolveu-se contemplando, dentre outras investidas, os estudos de gênero, sobretudo a respeito da inserção da mulher no esporte; os processos de violência sociais inerentes ao esporte; a posição social das diversas modalidades esportivas no campo esportivo; os estudos históricos e sociais com vista à compreensão da gênese do esporte; enfim, um acervo significativo de empreendimentos investigativos. Dessa forma, o esporte passa a figurar na pauta das principais problematizações no campo científico. Esse contexto fica evidente ao avaliarmos as produções de teses, dissertações e artigos produzidos nas últimas três décadas (FERREIRA, 2009; FERREIRA et al., 2013).

Interessante destacar, frente à formação de investigadores nas Ciências Humanas e Sociais na área de Educação Física, que o esporte passou a ser tratado teoricamente com base em teorias gerais da sociedade que davam um maior suporte para o denominado trabalho de "artesania intelectual", quer dizer ao *modus operandi* caro à Sociologia tal como entende Mills (2009). Em outras palavras, ao utilizarem modelos teóricos de explicação dos problemas sociais, os pesquisadores puderam imprimir maior rigor em suas pesquisas, trazendo interpretações mais sofisticadas sobre o universo esportivo. Dentre as teorias que se fizeram distribuir com maior força no campo acadêmico contemporâneo, encontram-se os referenciais de Pierre Bourdieu e Norbert Elias, ambos os autores amplamente utilizados no domínio de investigações sociológicas do fenômeno esportivo (BRASIL, 2018; OLIVEIRA, 2018).

A propósito, Pierre Bourdieu foi um intelectual inventivo, que tinha a capacidade de articular pesquisas que envolviam desde as grandes interpretações teóricas até o domínio de técnicas estatísticas. Por sua decisiva e original contribuição ao campo da ciência, Bourdieu entrou para o restrito rol dos grandes cientistas sociais da humanidade, na condição de clássico contemporâneo. Importante reconhecer que Bourdieu se dedicou, sobremaneira, a identificar ao longo de sua obra leis de reprodução social, desvelar mecanismos ocultos de dominação e, a partir do estudo dos diferentes campos, verificar a posição que os agentes ocupam nesses espaços de poder e dominação simbólica (MARCHI JÚNIOR, 2004; SOUZA, 2011; 2014; SOUZA & MARCHI JÚNIOR, 2010c; 2011; 2017). Mais do que isso, Bourdieu elaborou uma teoria geral da sociedade que permite fazer um diagnóstico de inúmeros problemas que nos cercam, deflagrando uma contribuição teórica distinta e distintiva dentre os sociólogos contemporâneos (SOUZA & MARCHI JÚNIOR, 2010c; 2017).

Ao compreender e identificar o legado intelectual de Pierre Bourdieu no campo acadêmico-científico da Educação Física brasileira e da Sociologia do Esporte em específico, podemos, em primeira instância, destacar as principais instituições de Ensino Superior que recepcionaram e apropriaram-se da obra do autor francês. Assim sendo, compete incialmente ressaltar a centralidade da Unicamp, local em que foram produzidas as primeiras teses e dissertações que mobilizaram o referencial teórico de Bourdieu (BRASIL, 2018).

Por sinal, a primeira obra a se apropriar dos textos de Pierre Bourdieu no campo da Educação Física foi a dissertação de mestrado de Mara Lúcia Cristán, com o título *O papel do trabalho na transformação do homem em macaco: estudo sobre a disciplina do trabalho do jogador profissional do Sertãozinho F.C.*, apresentada em 1992 no programa de Pós-Graduação em Educação Física da Unicamp, sendo orientada pelo pesquisador Ademir Gebara. Já a primeira tese de doutorado defendida no programa de Pós-Graduação da Unicamp a mobilizar a teoria sociológica de Pierre Bourdieu deu-se com Édison Francisco Valente, através da pesquisa intitulada *Esporte para todos: a desescolarização da Educação Física e do Esporte e o universalismo olímpico*, defendida no ano de 1996 e também orientada por Ademir Gebara (BRASIL, 2018).

Além da Unicamp, outro centro que se destaca em relação à utilização do referencial teórico de Bourdieu é o Programa de Pós-Graduação em Educação Física da UFPR. Essas instituições configuram-se como os principais polos de recepção, apropriação e disseminação da teoria *bourdieusiana* no campo da Educação Física brasileira (BRASIL, 2018). Além desses nichos, podemos destacar ainda outros programas da área de Educação Física

em que há uma grande mobilização das obras de Pierre Bourdieu para levar a cabo o desenvolvimento de dissertações e teses, a exemplo dos programas da UFRGS e da Universidade Estadual Paulista (Unesp) (BRASIL, 2018).

Oportuno mencionar que a relação da mobilização do referencial teórico de Pierre Bourdieu nos programas de Pós-Graduação *Stricto Sensu* em Educação Física parece estar diretamente influenciada por uma dinâmica geracional. Um caso instrutivo se verifica no programa da Unicamp, com o pesquisador Ademir Gebara que, como dito, foi o primeiro orientador de dissertações (Mara Lúcia Cristán, 1992; Victor Andrade de Mello, 1996) e teses (Édison Francisco Valente, 1996; Marcelo Weishaupt Proni, 1998; Luiz Alberto Pilatti, 2000; Fernando Marinho Mezzadri, 2000; Wanderley Marchi Júnior, 2001) na área de Educação Física em que é possível encontrar referências a Bourdieu. Ademais, foi no seio deste programa que surgiu uma disposição ou, em termos *bourdieusianos*, um *habitus científico* decisivo para deflagrar o que aqui estamos qualificando como uma transmissão geracional da teoria de Pierre Bourdieu (BRASIL, 2018).

Dando seguimento a essa dinâmica geracional é que podem ser lidos e dimensionados os esforços teóricos que Fernando Marinho Mezzadri e, sobretudo, Wanderley Marchi Júnior empreenderam com a teoria de Bourdieu no propósito de estudarem o fenômeno esportivo no Brasil. Ambos os pesquisadores, cabe reiterar, foram orientados por Gebara e, atualmente, encontram-se credenciados no Programa de Pós-Graduação *Stricto Sensu* em Educação Física UFPR – outro importante centro de mobilização efetiva do referencial teórico de Bourdieu no Brasil. Por sinal, esses dois pesquisadores orientaram inúmeros alunos de mestrado e de doutorado que também desenvolveram dissertações e teses a partir da teoria sociológica de Pierre Bourdieu, dando continuidade à herança cultural das gerações que fazem uso dessa teoria no campo acadêmico-científico da Educação Física brasileira (BRASIL, 2018).

Já no que se refere à recepção da obra de Norbert Elias na área de Educação Física no Brasil, os movimentos figuracionais levados a efeito no correspondente campo acadêmico-científico se demonstram muito semelhantes à dinâmica com que se fez circular os escritos de Bourdieu na área. Na verdade, apresenta quase que a mesma conformação, estando bem demarcado, portanto, a transição de um legado geracional que interliga pesquisadores da Unicamp e UFPR. No topo desta genealogia acadêmica, novamente, tem-se a figura de Ademir Gebara que foi um dos responsáveis por introduzir o referencial teórico *eliasiano* não só para seus alunos, mas também no Brasil (OLIVEIRA, 2018).

Em linhas gerais, o movimento inicial que aconteceu na Unicamp no interior do "Grupo de Pesquisa em História e Sociologia do Esporte" na década de 1990 foi de grande importância para o processo de recepção e difusão do trabalho de Norbert Elias no Brasil. Foi por via desse grupo de pesquisa que substanciais iniciativas de divulgação puderam ser pensadas e gestadas, como a criação do "Grupo de Pesquisa Processos Civilizadores" e o "Simpósio Internacional Processos Civilizadores" (Sipc) (GEBARA, 2014). Essas duas iniciativas, em grande medida, se demonstram centrais no processo de entrada e divulgação do referencial teórico *eliasiano* em território nacional.

Outra significativa iniciativa, que confere a Unicamp um estatuto de pioneirismo na divulgação do referencial *eliasiano* no país, foi a aproximação dos pesquisadores brasileiros com os colaboradores internacionais da primeira geração que trabalharam diretamente com Elias. Nessa esteira, ao estabelecerem contato com os sociólogos Eric Dunning, Stephen Mennell, Johan Goudsblom, Cas Wouters, entre outros, os pesquisadores puderam estabelecer importantes redes relacionais que ajudaram a intensificar o processo de recepção do trabalho de Elias no Brasil. O mais interessante deste quadro é que os esforços primários partiram, com grande intensidade, por via de agentes do campo da Educação Física.

Dessa forma, foi por meio das configurações iniciais no interior da Unicamp que o legado *eliasiano* pôde ser transmitido para outros locais no Brasil, sobretudo, por meio do trabalho de Ademir Gebara, responsável por formar inúmeros profissionais que se valeram do referencial de Elias, dentre os quais ganham relevo os docentes da UFPR que, uma vez formados por Gebara no âmbito da Pós-Graduação *Stricto Sensu*, deram continuidade a essa linhagem intelectual em seus grupos de pesquisa correspondentes. Nesse quadro, podemos citar, por exemplo, as dinâmicas de trabalho desenvolvidas pelos pesquisadores Fernando Renato Cavichiolli e os já mencionados Fernando Marinho Mezzadri e Wanderley Marchi Júnior, todos pertencentes ao Cepels, grupo que aloja o maior número de pesquisadores e estudantes que mobilizaram/mobilizam a teoria sociológica de Norbert Elias no campo da Educação Física no Brasil (OLIVEIRA, 2018).

Importante frisar, nessa esteira, que a UFPR é a instituição que mais concentra artigos em revistas científicas da Educação Física em que Elias aparece citado (OLIVEIRA, 2018). Além disso, os docentes da UFPR também formaram pesquisadores que já se encontram trabalhando em outras instituições, a exemplo de Fernando Augusto Starepravo e Juliano de Souza, ambos orientados por Marchi Júnior, sendo atualmente esses agentes investigativos aqueles que mais citam Elias entre os artigos publicados nas principais revistas de divulgação científica do campo da Educação Física no Brasil (OLIVEIRA, 2018). Dessa forma, podemos inferir que a genealogia constituída a partir da Unicamp foi central para que o legado *eliasiano* chegasse até a UFPR e continuasse se transmitindo para outras instituições.

Cabe, entretanto, reconhecer que, embora os movimentos figuracionais de recepção do trabalho de Elias na área de Educação Física tenham se dado com maior intensidade nas trocas acadêmicas entre Unicamp e UFPR, outras instituições acadêmicas, a exemplo da UFPE, da Unesp e da Universidade Estadual de Londrina (UEL), também assumem algum tipo de protagonismo nessa dinâmica. Não por acaso, nessas três universidades há três grupos de pesquisas que têm em suas coordenações ex-alunos de Gebara, a saber, Edilson Fernandes de Souza (à frente do Laboratório de Sociologia do Esporte), Dagmar Aparecida Cynthia França Hunger (com o Grupo de Estudos e Pesquisas Históricas, Sociológicas e Pedagógicas em Educação Física) e Tony Honorato (líder do Grupo de Pesquisa Processos Civilizadores) (OLIVEIRA, 2018). Nesses termos, é possível então sustentar que a constituição de grupos e laboratórios de pesquisa nessas e em outras instituições aponta para o fato de que as redes figuracionais de pesquisadores *eliasianos* continua a se expandir no Brasil.

Há que se notar, todavia, que esse crescimento em torno da disseminação do trabalho de Norbert Elias no campo da Educação Física não se deu de forma espontânea ou aleatória. Pelo contrário, há razões objetivas que levaram o referencial do autor a ser mobilizado nas pesquisas socioculturais da área. Entre os principais fatores, se inclui sua contribuição singular e pioneira para o campo da Sociologia do Esporte, que reporta à década de 1960, quando Elias passou a orientar os estudos de Eric Dunning sobre futebol no mestrado (SOUZA; STAREPRAVO & MARCHI JÚNIOR, 2014). Nesse período, Elias dedicou parte significativa de sua agenda de pesquisa ao estudo do esporte e do lazer, apresentando uma teoria geral que contempla esses dois fenômenos sociais historicamente tão caros ao campo da Educação Física. Foi, inclusive, através desse contributo à Sociologia do Esporte e do Lazer que o trabalho de Norbert Elias, segundo argumentou Dunning (2011), pôde ganhar mais em visibilidade e repercussão no campo acadêmico internacional.

Argumentado em outros termos, pode-se afirmar que os pesquisadores da área de Educação Física, ao se depararem com o trabalho de Elias, avistaram em seu referencial um forte aliado para levarem a efeito a construção de suas pesquisas científicas, sobretudo em relação aos estudos do esporte (SOUZA; STAREPRAVO & MARCHI JÚNIOR, 2014). A bem da verdade, não só o referencial de Elias como também o de Bourdieu ou, mais precisamente, a "dobradinha Elias-Bourdieu" tão presente em alguns estudos, a exemplo daqueles que nós próprios pudemos desenvolver em ocasiões específicas (MARCHI JÚNIOR, 2004; SOUZA, 2010; 2014), correspondem aos principais avanços teóricos no campo da Sociologia do Esporte no Brasil. Ademais, esses dois marcos teórico-metodológicos, a rigor, se constituem nos mais importantes pontos de inflexão para o estudo sociologicamente orientado do esporte no campo da Educação Física brasileira, contribuindo para rever a hierarquia das explicações científicas dominantes sobre o fenômeno esportivo na área ao proporcionarem olhares mais reflexivos e relacionais para a realidade esportiva, olhares propícios, inclusive, de fornecerem apontamentos para uma prática pedagógica de qualidade e aderência ao campo.

4 Desenvolvimentos e cenários para a Sociologia do Esporte no Brasil

Conforme até aqui discorrido, o estudo do esporte como parte daquelas investigações de interesse sociocultural na área de Educação Física tem crescido exponencialmente nas duas últimas décadas. Mais que isso, foi possível visualizar que a emergência dessa realidade tem alguma espécie de dívida com a circulação dos referenciais teóricos de Bourdieu e Elias no campo acadêmico-científico da Educação Física brasileira e, mais amplamente, no âmbito das Humanidades no país. Vimos, portanto, que o dimensionamento sociológico do esporte insurge com uma temática de inquietação e preponderância no cenário acadêmico-científico associado às Ciências Humanas e Sociais. Ao menos esse é o quadro que pode ser esboçado a partir de recentes pesquisas sobre a recepção e apropriação de Pierre Bourdieu e Norbert Elias na área da Educação Física no Brasil (OLIVEIRA, 2018; BRASIL, 2018).

Em linhas gerais, estudos como os aqui mencionados demonstram que a comunidade científica que desenvolve seus empreendimentos por via das Ciências Humanas e Sociais tem procurado estabelecer conexões com as teorias sociológicas de grande alcance, sejam elas clássicas ou contemporâneas, a fim de obter leituras mais sistemáticas e rigorosas em suas investigações empíricas. Nesses termos, ao mobilizarem referenciais teóricos na literatura sociológica, os pesquisadores ambicionaram atribuir maior credibilidade às suas investidas no campo acadêmico, podendo-se dizer que a apropriação das teorias nos estudos tornou-se um dos elementos centrais no processo de "artesania intelectual" (MILLS, 2009).

Todavia, a leitura sociológica do esporte não surgiu apenas com o intuito de conferir maior rigor e consistência às investigações que envolvem a temática. Devido à complexidade e a importância desse fenômeno para a humanidade, a própria disciplina de Sociologia incluiu espaços na agenda investigativa da área para a compreensão desse objeto, sobretudo ao reconhecer que o esporte era um produto social com profundo significado para seus agentes. Partindo desse contexto, há que se destacar a figura de Norbert Elias, um dos pioneiros a defender com afinco a importância do esporte no processo de desenvolvimento das sociedades humanas, identificando e sistematizando uma teoria geral para a gênese do esporte moderno (ELIAS & DUNNING, 1992). Foi por meio de iniciativas dessa natureza que a Sociologia do Esporte emergiu e ganhou repercussão no mundo acadêmico, sobretudo naquelas áreas que possuem aderência histórica com o trato do esporte, a exemplo da Educação Física.

Na tentativa de apresentar cenários e projeções para a Sociologia do Esporte no Brasil, cabe reiterar o seu processo de estruturação que já permitiu-lhe superar a posição de disciplina secundária e dirigir-se para um posto de reconhecimento e consolidação acadêmica (SOUZA & MARCHI JÚNIOR, 2010; SOUZA et al., 2012; MARCHI JÚNIOR, 2015). Contudo, trata-se de uma área jovial que ainda não atingiu a maturidade teórica necessária para impor o seu lugar de destaque no espaço acadêmico mais amplo (MARCHI JÚNIOR, 2016). Nesses termos, pode-se dizer que a Sociologia do Esporte, embora venha se inserindo em várias universidades brasileiras e em diferentes níveis de formação, tem acomodado suas dinâmicas de desenvolvimento mais em virtude de suas relações históricas constituídas com o campo da Educação Física do que propriamente com a Sociologia (MARCHI JÚNIOR, 2015).

Nessa esteira, é necessário reconhecer que embora não estejam plenamente elucidadas as portas pelas quais se deu a entrada da Sociologia do Esporte no Brasil, é bastante razoável assumir, em diálogo com o que pontuaram Souza e Marchi Júnior (2010), que três tenham sido os fios condutores que iluminaram esse percurso, a saber, os estudos socioantropológicos do futebol; os estudos críticos do esporte; e a historicização das práticas esportivas. São essas três frentes teóricas que inicialmente impulsionaram, por assim dizer, as discussões em torno do fenômeno esportivo pelo aporte das Ciências Humanas e Sociais no país.

Além das três vias mencionadas, cabe ressaltar a crescente inserção e comunicação dos profissionais da Educação Física com outras áreas do conhecimento, em especial, com a Antropologia, História, Educação, Ciência Política, dentre outras (MARCHI JÚNIOR, 2016). Nesse particular, o trânsito dos pesquisadores da Educação Física nas Ciências Humanas e Sociais foi e continua sendo uma alternativa extremamente viável e promissora, uma vez que permite expandir o arcabouço de conhecimentos direcionados à temática do esporte. Nesse percurso, entretanto, é necessário que os pesquisadores da Sociologia do Esporte lotados no campo da Educação Física não percam de vista a aderência com a área e, ao mesmo tempo, não prescindam de uma imersão criteriosa nos referenciais teóricos.

Nessa linha argumentativa, entende-se que um cenário favorável para a disciplina de Sociologia do Esporte se construirá na medida em que os pesquisadores puderem articular mais reflexivamente os referenciais teóricos com a realidade empírica. Em outras palavras, ao dominarem e entenderem o estatuto da teoria nas pesquisas científicas, os cientistas do fenômeno esportivo não só poderão apresentar empreendimentos mais qualificados do ponto de vista dos resultados científicos como também contribuirão para o desejável progresso da Sociologia do Esporte. Mas que isso, ao se elevarem os níveis de produção em especialidade segundo a imagem *popperiana* de ciência (POPPER, 2013),

os investigadores poderão fazer a área passar por avanços científicos progressivos, permanentes e não dogmáticos.

Além dessa vigilância epistemológica no processo de apropriação dos referenciais teóricos com vistas à obtenção de padrões de consistência científica mais confiáveis, entende-se que um cenário promissor para o avanço da Sociologia do Esporte se demarca na medida em que as tentativas de explicação não perdem de vista as conexões com a realidade social. Em outros termos, é preciso pensar no esporte em sua relação com a sociedade que existe e não com a sociedade que se gostaria que existisse (ELIAS & DUNNING, 1992). É nesse contexto que nos últimos anos observamos um crescimento no número de estudos atrelados ao impacto dos grandes eventos esportivos no Brasil (ALMEIDA; MEZZADRI & MARCHI JÚNIOR, 2009; SOUZA & MARCHI JÚNIOR, 2010b; ROMERA, 2014; CAVALCANTI et al., 2016; ANDRETTA DIEDER et al., 2016), se bem que essa própria agenda tem sido, em alguma medida, também motivo de tensão entre os investigadores que procuram criticar essa realidade, reforçá-la ou, simplesmente, reunir elementos reflexivos para compreendê-la.

Oportuno reconhecer que não só a discussão sociológica sobre megaeventos esportivos aumentou na última década no campo da Educação Física tal como configurado no Brasil, mas as leituras sociológicas do esporte como um todo (BRASIL, 2018; OLIVEIRA, 2018). Com o aumento no número de produções sobre o esporte pelo aporte teórico-metodológico das Ciências Humanas e Sociais, as próprias revistas científicas, em especial aquelas que concorrem no campo da Educação Física, passaram a oferecer um espaço mais significativo para o escoamento dessas investigações. Periódicos como a *Revista Brasileira de Ciências do Esporte* (RBCE), *Journal of Physical Education* (JEP/UEM), *Revista Motriz*, *Revista Brasileira de Edu-*

cação Física e Esporte (RBEFE), *Revista Brasileira de Ciência e Movimento* (RBCM), entre outras, ampliaram seus escopos para não só atenderem as Ciências Biológicas como também as Humanidades (BRASIL, 2018; OLIVEIRA, 2018). Nota-se, portanto, que os próprios periódicos científicos foram estruturalmente demandados a se ajustarem para acolher a oferta crescente de estudos socioculturais do esporte no campo.

Em que pese, no entanto, esse cenário de destinação de um espaço expressivo para a divulgação da produção vinculada à Sociologia do Esporte, já se começa a identificar uma necessidade de mais periódicos para absorção da produção acadêmica correspondente a essa área. Ainda que se trate de um tema investigativo recente quando comparado a outros mais tradicionais no campo da Educação Física, constata-se uma limitação de revistas diretamente direcionadas a esse escopo. Diante dessa situação, muitos pesquisadores têm talvez preferido enviar suas investigações mais consistentes para revistas internacionais. Não que isso seja desabonador. Pelo contrário, a internacionalização permite a universalização do trabalho, porém, ao mesmo tempo, demonstra a insuficiência de bons periódicos para abrigar e escoar esse tipo de produção no contexto brasileiro. Nesse sentido, se espera que nos próximos anos tenhamos mais periódicos para abrigar os trabalhos em Sociologia do Esporte. Mais que isso, espera-se que possamos ter revistas especializadas dentro desse tipo de produção.

Adicionalmente a essa ampliação dos fluxos editoriais, é necessário também que haja um maior nível de comunicação entre as entidades que respondem pelo desenvolvimento da Sociologia do Esporte no Brasil. Embora seja louvável os esforços de organizações a exemplo do CBCE, Anpocs, ABA, Alesde etc. fica em evidência a falta de iniciativas conjuntas, no sentido de ampliar as redes de interdependências no campo acadêmico tanto em esfera nacional quanto também internacional. Nesse sentido, os passos iniciais da Alesde são instrutivos no esforço de proposição de uma rede de colaboração na América Latina nucleado em torno do esporte (ALMEIDA et al., 2012) e que procura articular essa rede no contexto mais amplo de progresso científico da Sociologia do Esporte em escala internacional.

Nessa linha de raciocínio, espera-se que no futuro, o Brasil possa abrigar mais ações conjuntas no sentido de fazer a Sociologia do Esporte prosperar dentro e fora da área de Educação Física. Em outros termos, na medida em que a atividade acadêmico-científica for se expandindo nas universidades para além das diferenças teóricas, mais iniciativas, em seus diferentes níveis, local, regional, nacional, internacional, poderão ser somadas ao progresso dessa disciplina no Brasil e no mundo. Sabemos, evidentemente, que não é estrada fácil e que existe um longo caminho de comunicação e dialogia que só poderá ser trilhado pelos próprios profissionais e pesquisadores que fazem as ações da área acontecer.

De qualquer maneira, tal como discutido no texto, a Sociologia do Esporte ainda está em curso no campo acadêmico, tendo um processo de inserção relativamente recente e convidativa, portanto, aos diálogos. Nessa senda, está claro que, no momento, não podemos defender que o Brasil é uma referência internacional ou muito menos que é uma "escola da Sociologia do Esporte". Porém, é notório que estamos caminhando em um ritmo adequado para a consolidação desse campo em termos de pesquisa e produção científica (MARCHI JÚNIOR, 2016). Se há alguma dúvida disso, podemos verificar o crescimento do número de cursos de pós-graduação com docentes que voltaram-se para a Sociologia do Esporte, assim como o aumento no número de grupos de pesquisa que oxigenam a produção de dissertações, teses, artigos, bem como alimentam a profusão de iniciativas voltadas ao desenvolvimento da área (FERREIRA; 2009, 2014; BRASIL, 2018; OLIVEIRA, 2018).

Todavia, para que a comunidade científica responsável pelos rumos da Sociologia do Esporte continue avançando e prosperando, é necessário, em termos de futuro desejável, que sejam destinados mais recursos e fomentos para conceder uma melhor infraestrutura de trabalho para os pesquisadores. Se comparado nosso quadro com centros de pesquisa da América do Norte e Europa, o Brasil encontra-se em um nível bastante crítico e limitado devido à falta de investimento financeiro, sendo a escassez de recursos a maior obstrução que os pesquisadores da Sociologia do Esporte estão tendo que superar no país.

Outro aspecto de relevância e que merece ser sublinhado diz respeito à "missão" do pesquisador em convencer a sociedade sobre a importância do esporte. Através de evidências acumuladas em nossa trajetória, pudemos constatar que o esporte no imaginário popular, em grande medida, é compreendido como uma atividade de entretenimento que vai em direção contrária às tarefas tidas como respeitáveis do cotidiano, ou seja, o esporte é colocado em um patamar de inferioridade quando comparado com outras manifestações sociais (ELIAS & DUNNING, 1992). Dessa forma, a falta de reconhecimento pela sociedade em torno do esporte é uma das dificuldades que também precisam ser enfrentadas pelos pesquisadores para que a Sociologia do Esporte possa alcançar maiores projeções (MARCHI JÚNIOR, 2016). Portanto, torna-se imprescindível solidificar a conexão do esporte com as tendências paralelas da sociedade, algo já corroborado e demonstrado por autores como Norbert Elias e Pierre Bourdieu (BOURDIEU, 1983; ELIAS & DUNNING, 1992).

Em consonância ao que está sendo colocado em perspectiva, é oportuno sinalizar para outro fator que deve ser levado em conta pelos pesquisadores da Sociologia do Esporte, principalmente no que tange às temáticas estudadas no Brasil. Ao longo das últimas décadas, as pesquisas no cenário nacional orbitaram com grande ênfase em torno do estudo do futebol, o que não incorre em nenhuma heresia. Entretanto, a grande demanda desses estudos tem ofuscado e limitado a exploração de novas temáticas e possibilidades no campo acadêmico. Esse cenário se obscurece quando comparado a outros países, já que, em certa medida, podemos inferir que há uma maior diversidade de enfoques e escopos de pesquisa, sendo que no Brasil vem se rotinizando a tendência em utilizar ou fomentar apenas uma perspectiva de objeto de estudo. Portanto, em termos de projeção, é importante que os pesquisadores brasileiros também direcionem esforços para outros objetos e problemas de pesquisa objetivando alcançar uma maior visibilidade e reconhecimento internacional (SOUZA, 2010; 2011).

Nesse fluxo de ação estratégica, é fundamental ainda que parcerias internacionais sejam firmadas para que intercâmbios de experiências sejam consolidadas e fortalecidas no campo acadêmico-científico globalizado. Destaca-se, portanto, a necessidade de domínio da língua inglesa por parte dos pesquisadores brasileiros, a fim não só de firmarem suas alianças como também se apropriarem de conteúdos para além da produção em sua língua natal. Essa, sem dúvida, é uma das barreiras que necessitam ser superadas, de modo que a Sociologia do Esporte brasileira possa ganhar maior evidência no cenário internacional.

Em síntese, nesse trabalho não ambicionamos esgotar os elementos que demandam reflexão e trato para impulsionar a Sociologia do Esporte brasileira a novos patamares. Através das análises empreendidas, pudemos constatar que a referida área de estudos está em progresso, assumindo a perspectiva de um futuro potencialmente promissor.

No entanto, para que isso, de fato, venha a ocorrer, é fundamental que não deixemos de lado os problemas desse campo científico, já que o futuro da Sociologia do Esporte no Brasil só será favorável se conseguirmos superar ou amenizar as dificuldades que atualmente nos deparamos.

5 Considerações finais

Ao traçar uma síntese geral sobre o presente capítulo, podemos destacar inicialmente os esforços e contribuições de agentes como Inezil Penna Marinho, João Lyra Filho, Georges Magnane, Roberto DaMatta, Ronaldo Helal, Mauro Betti, Valter Bracht, entre outros autores que, interessados em novas formas de fazer científico e hierarquização científica dos objetos, foram decisivos para a expansão da Sociologia do Esporte no Brasil. Em outros termos, esses autores, ao circunscreverem seus trabalhos dentro de uma tradição crítica ou cultural, deram os primeiros passos em direção ao desenvolvimento da Sociologia do Esporte no país.

Outros elementos que foram significativos para o desenvolvimento da Sociologia do Esporte no Brasil estão relacionados ao aumento dos estudos sobre o futebol, além da inserção de docentes em Programas de Pós-Graduação nas áreas de Sociologia, História e Educação. Destacam-se também os fóruns, instituições e grupos de pesquisas que passaram a contribuir com agendas de pesquisas que melhor contemplam a reflexividade dos agentes sociais face à temática do esporte moderno.

No centro dessa configuração acadêmica de maior reflexividade se encontram dois dos referenciais teóricos mais importantes da Sociologia – o de Pierre Bourdieu e Norbert Elias – com seus respectivos conceitos e categorias teóricas que permitem pensar e apreender de maneira mais dinâmica a participação dos agentes nas relações sociais. Além

disso, esses referenciais oferecem amplo suporte teórico-metodológico para tratar questões que envolvem a mercantilização e espetacularização do esporte tanto do ponto de vista simbólico quanto das emoções. Assim, ao se valerem desses novos pressupostos teóricos, os pesquisadores puderam abordar o fenômeno esportivo a partir de outras variáveis, até então pouco tematizadas nas teorias críticas da sociedade e, mais designadamente, na Sociologia crítica do esporte.

Por seu turno, ao nos remetermos à centralidade de Pierre Bourdieu e Norbert Elias no campo dos estudos sociológicos da Educação Física e do esporte no Brasil, destacamos a importância dos movimentos teóricos geracionais que envolveram, sobretudo, investigadores e grupos de pesquisa da Unicamp, UFPR e, de forma mais recente, da UEM nesse percurso. Trata-se, a rigor, de esforços teóricos que, ao menos desde o início dos anos de 2000, têm proporcionado leituras alternativas do fenômeno esportivo no país, contribuindo, inclusive, para compensar alguns dos efeitos colaterais do excessivo dimensionamento crítico e criticista do fenômeno esportivo no campo da Educação Física brasileira.

À maneira de fechamento, apontamos que a Sociologia do Esporte no Brasil está em franco processo de desenvolvimento e apropriação mais rigorosa de matrizes teóricas de comprovada notoriedade e dirigindo-se para uma posição de reconhecimento e consolidação como disciplina e área de investigação acadêmico-científica. Em que pesem esses avanços, alguns demarcados ao longo do capítulo, é necessário que os pesquisadores e estudantes em formação que desejam se aventurar nessa área de conhecimento, continuem adotando uma postura de comprometimento e rigor, procurando mobilizar os referenciais teóricos de forma inventiva e não dogmática, no intuito não só de investirem em programas de pesquisa reflexivos sobre o esporte como também qualificarem as perspectivas teóricas correlacionais existentes na sociedade contemporânea. Fica aqui lançada essa tarefa para todos nós.

Referências

ALABARCES, P. Veinte años de ciencias sociales y deportes, diez años después. In: ROLDÁN, D.L.Q. (org.). *Estudios socioculturales de deporte*: desarollos, trânsitos y miradas [Asociación Colombiana de Investigación y Estudios Socioculturales del Deporte – Asciende]. Armenia: Kinesis, 2012, p. 119-127.

ALMEIDA, B.S.; MARCHI JÚNIOR, W. & CORNEJO, M. La Asociación Latinoamericana de Estudios Socioculturales de Deporte (Alesde): Su trayectoria inicial. In: ROLDÁN, D.L.Q. (org.). *Estudios socioculturales de deporte*: desarollos, trânsitos y miradas [Asociación Colombiana de Investigación y Estudios Socioculturales del Deporte – Asciende]. Armenia: Kinesis, 2012, p. 87-91.

ALMEIDA, B.S.; MEZZADRI, F.M. & MARCHI JÚNIOR, W. Considerações sociais e simbólicas sobre sedes de megaeventos esportivos. In: *Motrivivência*, n. 32-33, out./2009, p. 178-192. Florianópolis.

ANDRETTA DIEDER, J.; FELTES, A.F.; SANFELICE, G.R.; JACQUES JUNIOR, M.A.S. & KUHN JUNIOR, N. O fracasso da seleção brasileira/2014 retratado pela *Folha de S. Paulo*. In: *Movimento*, vol. 22, n. 4, out.-dez./2016, p. 1.177-1.194. Porto Alegre.

BETTI, M. Educação Física e Sociologia: novas e velhas questões no contexto brasileiro. In: CARVALHO, Y.M. & RUBIO, K. (org.). *Educação Física e Ciências Humanas*. São Paulo: Hucitec, 2001, p. 155-169.

BOURDIEU, P. Como é possível ser esportivo? In: *Questões de sociologia*. Rio de Janeiro: Marco Zero, 1983, p. 136-153.

BRASIL, M.R. *Os usos da teoria sociológica de Pierre Bourdieu na área de Educação Física no Brasil (1977-2017)*. Maringá: Universidade Estadual de Maringá, 2018, 228 f. [Dissertação de mestrado].

CAVALCANTI, E.A.; SOUZA, J.; CAPRARO, A.M. & MARCHI JÚNIOR, W. Do céu ao inferno: narrativas sobre a *performance* da seleção brasileira de futebol no jornal *Folha de S. Paulo* (2013-2014). In: *Movimento*, vol. 22, n. 2, abr.-jun./2016, p. 365-377. Porto Alegre.

DUNNING, E. "Figurando" o esporte moderno: algumas reflexões sobre esporte, violência e civilização com referência especial ao futebol. In: *Revista de Ciências Sociais*, vol. 42, n. 1, jan.-jun./2011, p. 11-26. Fortaleza.

ELIAS, N. & DUNNING, E. *A busca da excitação*. Trad. de Maria Manuela Almeida e Silva. Lisboa: Difel, 1992.

FERREIRA, A.L.P. *O campo acadêmico-científico da Sociologia do Esporte no Brasil (1980-2010)*: entre a institucionalização, os agentes e sua produção. Curitiba: Universidade Federal do Paraná, 2014, 205 f. [Tese de doutorado].

_____. *O estado da arte da Sociologia do Esporte no Brasil*: um mapeamento da produção bibliográfica de 1997 a 2007. Curitiba: Universidade Federal do Paraná, 2009 [Dissertação de mestrado].

FERREIRA, A.L.P.; VLASTUIN, J.; MOREIRA, T.S.; MEDEIROS, C.C.C. & MARCHI JÚNIOR, W. Notas sobre o campo da sociologia do esporte: o dilema da produção científica brasileira entre as ciências humanas e da saúde. In: *Movimento*, vol. 19, n. 2, abr.-jun./2013, p. 251-275. Porto Alegre.

GEBARA, A. Norbert Elias no Brasil. In: GEBARA, A.; COSTA, C.J. & OLIVEIRA, M.S. (orgs.). *Leituras de Norbert Elias*: processo civilizador, educação e fronteiras. Maringá: Eduem, 2014.

LOVISOLO, H. Sociologia do Esporte: do Iluminismo ao Romantismo. In: *Revista Brasileira de Educação Física e Esporte*, vol. 20, set./2006, p. 194-196. São Paulo.

MARCHI JÚNIOR, W. Sociology of Sport: Brazil. In: YOUNG, K. (ed.). *Sociology of Sport*: A Global Subdiscipline in Review, 2016, p. 391-404. Emerald Group Publishing.

_____. Assessing the sociology of sport: On Brazil and Latin American perspectives. In: *International Review for the Sociology of Sport*, vol. 50, n. 4-5, mai./2015, p. 530-535.

_____. Can the North explain the South? – American Sport Sociology and its influence in Brazil. In: *The World Congress of Sociology of Sport/Issa*, jun./2013. Vancouver.

_____. *"Sacando" o voleibol*. São Paulo/Ijuí: Hucitec/Unijuí, 2004.

MARCHI JÚNIOR, W. & CAVICHIOLLI, F.R. Diagnóstico da Sociologia do Esporte no Brasil: para a consolidação de um campo de conhecimento. In: CORNEJO, M.A. & MARCHI JÚNIOR, W. (org.). *Estudios y Proyectos en Sociología del Deporte y la Recreación en América Latina*. Concepción: Trama, 2008, p. 102-112.

MILLS, C.W. *Sobre o artesanato intelectual e outros ensaios*. Rio de Janeiro: Zahar, 2009.

OLIVEIRA, V.M. *A recepção da obra de Norbert Elias no Brasil*: movimentos figuracionais a partir da área de Educação Física. Maringá: Universidade Estadual de Maringá, 2018, 372 f. [Dissertação de mestrado].

POPPER, K.R. *A lógica da pesquisa científica*. Trad. de Leonidas Hegenberg e Octanny Silveira da Mota, 2. ed. São Paulo: Cultrix, 2013.

ROMERA, L.A. Copa do mundo e cerveja: impactos intangíveis de um megaevento. In: *Movimento*, vol. 20, n. 2, abr.-jun./2014, p. 775-798. Porto Alegre.

SOUZA, J. O *"esporte das multidões" no Brasil:* entre o contexto de ação futebolístico e a negociação mimética dos conflitos sociais. Curitiba: Universidade Federal do Paraná, 2014, 433 f. [Tese de doutorado].

_____. A reflexividade metodológica de Pierre Bourdieu como modelo heurístico para leitura do esporte no Brasil: potencialidade e contribuições. In: MARCHI JÚNIOR, W. (org.). *Ensaios em Sociologia do Esporte*. São Paulo: Factash, 2011, p. 29-53

_____. *O xadrez em xeque*: uma análise sociológica da "história esportiva" da modalidade. Curitiba. Curitiba: Universidade Federal do Paraná, 2014, 191 f. [Dissertação de mestrado].

SOUZA, J. & MARCHI JÚNIOR, W. Bourdieu e a Sociologia do Esporte: contribuições, abrangência e desdobramentos teóricos. In: *Tempo Social*, vol. 29, n. 2, mai.-ago./2017, p. 243-286. São Paulo.

_____. Por uma sociologia da produção científica no campo acadêmico da Educação Física no Brasil. In: *Motriz*, vol. 17, n. 2, abr.-jun./2011, p. 349-360. Rio Claro.

_____. Por uma gênese do campo da Sociologia do Esporte: cenários e perspectivas. In: *Movimento*, vol. 16, n. 2, abr.-jun./2010a, p. 45-70. Porto Alegre.

_____. Os "legados" dos megaeventos esportivos no Brasil: algumas notas e reflexões. In: *Motrivência*, n. 34, jun./2010b, p. 245-255. Florianópolis.

_____. Por uma sociologia reflexiva do esporte: considerações teórico-metodológicas a partir da obra de Pierre Bourdieu. In: *Movimento*, vol. 16, n. 1, 2010c, p. 293-315. Porto Alegre.

SOUZA, J.; MEDEIROS, C.C.C.; ALMEIDA, B.S. & MARCHI JÚNIOR, W. Metodologia do Ensino e Pesquisa em Sociologia do Esporte da Universidade Federal do Paraná: o programa investigativo do Centro de Pesquisa em Esporte, Lazer e Sociedade. In: *Motrivência*, vol. 24, n. 38, 2012, p. 247-261. Florianópolis.

SOUZA, J.; OLIVEIRA, V.M. & MARCHI JÚNIOR, W. A "família intelectual" *marxista* e os estudos sociais do esporte no Brasil: recepção, rotinização e implicações epistemológicas. In: *Revista Brasileira Ciência e Movimento*, vol. 26, n. 2, jan.-mar./2018, p. 103-112.

SOUZA, J.; STAREPRAVO, F.A. & MARCHI JÚNIOR, W. A sociologia configuracional de Norbert Elias: potencialidades e contribuições para o estudo do esporte. In: *Revista Brasileira de Ciências do Esporte*, vol. 36, n. 2, abr.-jun./2014, p. 429-445. Florianópolis.

29
Sociologia do turismo
"Sociologia do turismo: temas de investigação"

Noémi Marujo

Introdução

O turismo é um fenômeno de dimensões múltiplas que assume, cada vez mais, um peso significativo nas relações entre países, regiões, cidades e vilas. O turismo é o grande veículo atual do contato entre culturas, o instrumento privilegiado das relações interpessoais, o elo potenciador da ligação com estranhos, forasteiros, hóspedes e estrangeiros. O turismo incorpora o estranho, acelera a integração e, também, acultura o nativo e o forasteiro (RAMOS & MARUJO, 2011).

Vários investigadores (sociólogos, economistas, geógrafos, psicólogos, antropólogos e historiadores) procuraram conceptualizar o fenômeno turístico e, ainda hoje, continuam nessa discussão, dado que ele remete inevitavelmente para uma complexidade e uma abrangência. Por um lado, o turismo é complexo porque não existe uma definição consensual para o turismo, mas sim um conjunto de várias investigações para responder à questão: o que é o turismo? (PRZECLAWSKI, 1993). Por outro, o turismo é abrangente porque trata-se de um fenômeno que penetra no campo de várias ciências sociais. Logo, o fenômeno turístico está relacionado com múltiplas conceptualizações que assentam nas conceções ontológicas, epistemológicas e paradigmáticas do observador (HALL et al., 2004). Ou seja, cada investigador terá uma ten-

dência para analisar o fenômeno turístico através dos paradigmas da ciência em que foi formado. Assim, cada ciência que se cruza com o turismo terá sempre uma tendência para analisar o fenômeno de acordo com a sua perspectiva, ou seja, com os seus instrumentos metodológicos e visões teóricas.

A sociologia foi uma das ciências pioneiras na abordagem do fenômeno turístico. É óbvio que a visão sociológica é insuficiente para compreender, em toda a sua profundidade, a riqueza e a diversidade da atividade turística. No entanto, ela tem dado e continua a dar um contributo fundamental para a análise da oferta e da procura turística. De fato, o papel da sociologia nos estudos do turismo "é uma evidência que não precisa de justificação adicional" (MARUJO, 2005, p. 21). Se o turismo é um "fenômeno social" (DE LA TORRE, 1992, p. 19), e se a sociologia estuda a realidade social ou as mudanças produzidas nas diferentes sociedades, então, a sociologia é uma ciência essencial para os estudos do turismo.

A sociologia e o turismo

O turismo é, na sociedade contemporânea, uma atividade com um significado de importância indiscutível. O extraordinário desenvolvimento do fenômeno turístico deu origem a um crescimento concomitante nos estudos acadêmicos e no conhecimento do turismo (TRIBE, 2010). É um fato que o turismo, dentro de uma sociedade, exerce um papel socializador, pois ele permite o encontro entre pessoas de diferentes culturas, diminui as distâncias étnicas ao permitir um maior conhecimento dos outros e dos seus costumes, e contribui para uma maior compreensão entre as mais distintas populações. Daí a importância da sociologia para esta área de conhecimento.

A sociologia, através das suas teorias e dos seus métodos de investigação, procura compreender e analisar as estruturas em diversas sociedades. Percebida como o estudo da vida social humana, dos grupos e sociedades (GIDDENS, 2010), e tendo como objeto de estudo os "fatos sociais" (DURKHEIM, 1990) ou a "ação social" (WEBER, 1991), a sociologia assume na atualidade um papel fundamental na pesquisa em turismo.

Franklin (2009) formula que a Sociologia foi uma disciplina-chave na emergência do estudo acadêmico sobre o turismo. Lanfant (1993, p. 70), por sua vez, argumenta que "a relação entre a sociologia e o turismo é evidente, pois é um fato bem conhecido que o turismo como uma prática social e uma representação, bem como um sistema de ação e tomada de decisão, está a tornar-se uma dinâmica cada vez mais importante nas sociedades contemporâneas".

Se o turismo é uma atividade que se realiza em sociedade (DAMIÁN, 2009), então, "a sociologia capta o turismo como um fator de desenvolvimento no âmbito econômico e sociocultural, observando junto com outras ciências sociais a incidência que este fenômeno exerce nas sociedades" (ANDRADE, 2010, p. 90). A sociologia detém um grande campo de intervenção no campo do turismo, dado que ele é um fenômeno social moderno (MAZÓN, 2001), e que tem interferência em diversos temas

como, por exemplo, no estilo de vida de uma comunidade, na cultura e no encontro entre sociedades diferentes. De fato, a sociologia teve e tem um particular interesse sobre as interações que ocorrem entre os visitantes e residentes, principalmente quando estes têm diferentes valores, expectativas e comportamentos-padrão que podem ser expressos ou não em normas sociais (JAFARI & RITCHIE, 1981). Aliás, Giddens (2010) sublinha que os sociólogos deram um contributo importante para o estudo das interações sociais entre indivíduos dos mais distintos países. Para o autor, o aumento do turismo internacional traduz-se num incremento do número de interações face a face entre sujeitos de países diferentes. Por isso, esta temática continua a ser alvo de pesquisa de muitos sociólogos. No entanto, Giddens (2010, p. 80) considera que os sociólogos devem "observar detalhadamente os padrões de interação que emergem entre turistas e habitantes locais, para determinar, entre outras coisas, se essas interações são tendencialmente amistosas ou hostis". Para além do interesse da sociologia pela interação social entre turistas e anfitriões, outros estudos importantes recaem sobre as manifestações das relações de poder, hierarquia, funções, papéis, níveis e classes nas possíveis estruturas das viagens em grupo ou individuais (ASCANIO, 1992).

Na abordagem sociológica, e segundo Dias (2003), o fenômeno turístico tem interesse por diversos motivos: provoca mudanças no comportamento dos indivíduos e agrega conhecimento àqueles que o praticam; causa forte impacto nas pessoas e grupos familiares que se deslocam para distintos lugares; permite comparação entre diferentes culturas, contribui para o fortalecimento da identidade grupal; contribui para a formação e educação daqueles que praticam turismo; é um meio de difusão de novas práticas sociais. Por isso, e "independentemente do turismo ser considerado ou tratado como uma hospitalidade mercantilizada, uma viagem democratizada ou atividade de lazer moderna... continua sendo um fenômeno sociocultural, político e econômico complexo que requer uma investigação sociológica sistemática" (APOSTOLOPOULOS, 2001, p. 4).

O tratamento sociológico do turismo tem, naturalmente, contribuído mais para o estado atual do conhecimento do turismo como um fenômeno social do que qualquer outra disciplina (DANN, 2005). Uma das razões pelas quais a sociologia demonstrou ser valiosa para o estudo do turismo prende-se, fundamentalmente, pelo "seu interesse em saber como e por que o turismo surge na sociedade moderna e como as suas várias interações se relacionam e podem ser explicadas pelas mudanças sociais nos séculos XIX e XX" (FRANKLIN, 2009, p. 66). O autor realça que a sociologia procura saber como o turismo se relaciona com sociedades específicas, contextos e culturas, e como as mudanças sociais e culturais mudam a sua expressão e o seu impacto. Sublinhe-se, no entanto, que não existe uma perspectiva sociológica única que reclame para si o monopólio da compreensão e análise do fenômeno turístico, pois o turismo é um fenômeno multidimensional sobre o qual se aplicam diversas aproximações teóricas (DANN & COHEN, 2001). No entanto, os autores consideram que o turismo requer uma compreensão e explicação sociológica. Portanto, "...a Sociologia apresenta apenas uma interpretação parcial do fenômeno multifacetado do turismo. Para um quadro mais completo, é necessário combinar os resultados obtidos com aqueles que foram conseguidos em outras disciplinas do campo das ciências sociais" (DIAS, 2003, p. 18). Aliás, as funções que o turismo exerce sobre as diversas dimensões da sociedade implicam uma investigação interdisciplinar, multidisciplinar ou transdisciplinar.

Nos estudos turísticos, e em alguns casos, a sociologia surge associada à antropologia. Esta situação deve-se, essencialmente, ao fato de ambas abordarem algumas temáticas que são comuns às duas como, por exemplo, os impactos socioculturais do turismo ou o encontro entre indivíduos de diferentes regiões ou países. Isto significa que, de certa forma, nos estudos do turismo, "os antropólogos e os sociólogos estão especialmente inclinados a minar o campo do outro" (NASH & SMITH, 1991, p. 13). Sublinhe-se que a cooperação entre a sociologia e a antropologia nos estudos do turismo tem sido produtiva em algumas temáticas nas últimas décadas, mas esta aliança também "pode ameaçar e tornar-se demasiado óbvia e redutora" (DANN & PARRINELLO, 2009, p. 18).

Noutros casos, a sociologia aparece aliada à economia. Refira-se que alguns dos primeiros estudos sociológicos sobre as questões do turismo foram realizados por economistas. Cite-se, a título de exemplo, a obra *Sociologia do turismo – Para uma nova compreensão do lazer e das viagens,* editada em 1984, do economista Jost Krippendorf, onde sublinha que o turismo funciona como uma terapia para a sociedade, como uma válvula que de certa forma procura manter o funcionamento do mundo de todos os dias. Segundo o autor, o turismo exerce um efeito estabilizador sobre o indivíduo, a sociedade e a economia (KRIPPENDORF, 1989). No que concerne aos estudos sociológicos e econômicos do turismo, alguns autores consideram que a primeira ciência em termos hierárquicos é a Economia, enquanto outros realçam que é a Sociologia. "Para uns, a primeira é a Economia...Para outros, a ciência matriz do turismo é a Sociologia, mas a verdade é que esta ciência, que acredita que pode explicar a propensão que os seres humanos têm para se deslocar de um lugar para outro, não explica as razões que levam os empresários a satisfazer com bens e serviços as necessidades daqueles que se movem" (MUÑOZ DE ESCALONA, 2007, p. 52-53).

Segundo Cohen (1984), os primeiros estudos da aproximação da sociologia com o turismo surgiram com o italiano Luigi Bodio que, em 1899, publicou o primeiro artigo científico com conteúdo social intitulado "Sul movimento dei foresteri in Italia e sul dinero chi vi spendono". Mas as maiores contribuições surgiram na Alemanha por volta de 1920, quando o sociólogo alemão Hans-Joachim Knebel definiu o estudo sociológico do turismo como a "sociologia da ciência do movimento de forasteiros" (GIL et al., 2003, p. 18). A partir daí, e segundo os autores, desenvolveram-se várias pesquisas com a necessidade de compreender o fenômeno turístico desde uma perspectiva sociológica, tais como: as relações interpessoais de George Simmel, em 1923, e Leopold von Wiese, em 1930; as viagens das pessoas de Arthur Bormann, em 1931, e os estudos de Benscheid, em 1933, relacionados com as motivações da viagem (GIL et al., 2003). Em 1935, também houve aproximações da sociologia ao turismo, quando Glucksmann definiu o turismo "não como trânsito de pessoas, nem como uma expedição ou viagem de negócios, mas sobretudo como um fenômeno social, ligado às relações interpessoais e à comunicação humana" (LANQUAR, 1985, p. 4).

O primeiro estudo especificamente sociológico sobre turismo surgiu em 1960, com o trabalho "Soziologische Strukturwandlungen in Modernen Tourismus", realizado por Hans-Joachim Knebel, que "investigava pela primeira vez o turismo em função da mudança social" (MUELA, 2003, p. 44). A contribuição da sociologia do turismo de Hans-Joachim Knebel está relacionada especialmente com a mudança social que o turismo pode provocar nas sociedades (MUELA, 2003). Para ele, o ponto de partida para o estudo do fenômeno turístico é o turista e há quatro critérios que o caracterizam: a existência ou inexistência de inter-relações entre turistas e residentes; a necessidade de

conforto e segurança física; a necessidade de mobilidade; a satisfação do consumo de necessidades de luxo no destino (DIAS, 2003).

Os estudos sociológicos do turismo ocorreram com mais intensidade, por volta dos anos de 1970, com as tipologias de Erik Cohen, onde o autor apresenta um modelo baseado nas experiências turísticas e nos papéis: o turista de massa organizado; o turista de massa individual; o explorador e o nômade (COHEN, 1972). Para este sociólogo, o turismo provoca alguns efeitos sociais sobre a sociedade receptora. Assim, o autor considera que "à medida que o papel do turista se torna institucionalizado, um conjunto de outros papéis e instituições desenvolve-se na comunidade anfitriã para atender às suas necessidades" (COHEN, 1972, p. 178). Outro autor que contribuiu nesta época para a investigação sociológica em turismo foi Dean MacCannell, em 1973, com as primeiras sínteses teóricas sobre a questão da autenticidade encenada nos cenários turísticos. O autor mostrou-se particularmente interessado no carácter das relações sociais que surgem a partir do fascínio que as pessoas demonstram pela vida quotidiana dos outros, e argumentava que essas vidas reais se apresentavam aos turistas como uma "autenticidade encenada" (MACCANNELL, 2003). A partir de meados dos anos de 1970, e nos países desenvolvidos, a abordagem sociológica do turismo cresceu de uma forma muito rápida, o que pode ser confirmado com a publicação de uma série de livros e artigos em diversas revistas (COHEN, 2001). Nessa época, houve também uma preocupação dos sociólogos em desenvolver um modelo geral para o desenvolvimento do turismo num destino e, também, um esforço para compreender as relações entre os turistas e residentes (COHEN, 1979).

Nos anos de 1980, e apesar de se terem realizado muitas pesquisas sobre a atividade turística, o estudo do turismo não se integrou totalmente na sociologia acadêmica (MUELA, 2003). Todavia, alguns autores contribuíram para o desenvolvimento dos estudos como, por exemplo, Erik Cohen, que no seu artigo "The Sociology of Tourism: Approaches, Issues and Findings", publicado em 1984 na revista *Annual Review of Sociology*, apresentou quatro áreas de estudo relacionadas com a sociologia do turismo: o turista (as suas motivações, atitudes, reações e papéis); as relações e perceções dos turistas e residentes; a estrutura do sistema turístico; os impactos socioculturais e socioeconômicos do turismo (COHEN, 1984). Refira-se, também, à obra de Robert Lanquar *Sociologie du tourisme et des voyages*, publicada em 1985, em que o autor afirma que a natureza complexa do fenômeno turístico converte a sociologia do turismo num campo com várias dimensões como, por exemplo, o bem-estar e o quadro da vida, a cultura e a comunicação, os grupos sociais, o desenvolvimento, o encontro de sociedades diferentes, a psicologia dos indivíduos, os estudos de impacto ou de mercado e a gestão do tempo de trabalho (LANQUAR, 1985).

Nos anos de 1990, as tendências da sociologia do turismo tomaram outra dimensão. Nessa época, um dos primeiros autores a atribuir uma modificação ao modelo de investigação tradicional na sociologia do turismo foi John Urry que, na sua monografia *The Tourist Gaze – Leisure and Travel in Contemporary Societies*, publicada em 1990, se preocupou, para além dos estudos tradicionais sobre o impacto nas sociedades receptoras, com o comportamento do turista. A análise desse sociólogo centra-se especialmente no processo do "olhar" do turista em que, segundo ele, "não existe um único olhar do turista enquanto tal. Ele varia de acordo com a sociedade, o grupo social e o período histórico. Tais olhares são construídos por meio da diferença" (URRY, 1996, p. 16).

Nos últimos anos, e no campo do turismo, os estudos sociológicos têm dedicado a sua atenção às questões da mobilidade, da globalização e às influências das tecnologias de informação e comunicação, nomeadamente à análise do turismo no ciberespaço. Ou seja, "a nova sociologia do turismo analisa, em termos gerais, os padrões de consumo, as mudanças na hierarquia social e representações visuais projetadas através dos meios de comunicação" (SMITH et al., 2010, p. 158).

Sociologia do turismo: objeto de estudo

Dann e Cohen (1991) afirmam, no artigo "Sociology and Tourism", publicado em *Annals of Tourism Research*, que a sociologia do turismo requer contextualização. Para os autores, os estudos desenvolvidos no campo da sociologia do turismo apresentavam um sinal claro que a investigação ainda estava na sua "infância teórica" (DANN & COHEN, 1991, p. 158). Dann (2000) aponta quatro razões que evidenciavam esta situação: Em primeiro lugar, existia alguma incerteza sobre o domínio sociológico pelo qual o turismo deveria enveredar. Alguns investigadores consideravam que a sociologia do turismo deveria ser contextualizada dentro da "sociologia do lazer", enquanto outros sublinhavam que ela deveria ser integrada no contexto da "sociologia da migração" (COHEN & DANN, 1991). Em segundo lugar, a natureza multifacetada do turismo exigia um tratamento multidisciplinar. Terceiro, os sociólogos tinham alguma dificuldade em definir a melhor perspectiva teórica para sustentar a sua pesquisa. Quarto, os primeiros estágios dos estudos turísticos caracterizavam-se mais pela sua postura ideológica do que pela sua percepção teórica.

Outros autores consideram também que a sociologia do turismo é uma disciplina social e científica jovem (HUETE, 2007; ANDRADE, 2010). Todavia, nos últimos anos, ela tem tido um progresso bastante positivo na investigação turística. De fato, a crescente atenção dada à cultura das sociedades, às diversas imagens e significados transmitidos pelos diferentes destinos, às rápidas mudanças da atividade turística (URRY & LARSEN, 2011), às redes sociais, à migração, e às relações sociais que se estabelecem entre os turistas e residentes têm, de certa forma, contribuído para uma maior aplicação da sociologia do turismo na investigação turística.

Segundo Lanquar (1985), a sociologia do turismo está em formação através de um processo de integração e diferenciação, e procura integrar as suas contribuições num sistema simultaneamente sincrônico e diacrônico onde enuncia alguns princípios gerais sobre o comportamento dos atores turísticos, bem como os efeitos sobre as sociedades onde o fenômeno se desenvolve. O autor considera que a natureza complexa do fenômeno turístico torna a sociologia do turismo um campo com várias dimensões: "o bem-estar e o quadro de vida, a cultura, a comunicação, os grupos sociais, o desenvolvimento, o encontro de sociedades diferentes, a psicologia dos indivíduos, as sondagens, os estudos de impacto ou de mercado, a gestão do tempo de trabalho..." (LANQUAR, 1985, p. 6). Segundo este sociólogo, "o objeto de estudo da sociologia do turismo e das viagens não se pode afirmar numa definição, mas sim pela ação crítica e por uma análise direta de correspondência entre a realidade social do turismo e das viagens e os conceitos da sociologia" (LANQUAR, 1985, p. 8).

Cohen (1979), realça que não existe uma sociologia do turismo como campo separado da teorização sociológica. O que existe é "...a aplicação de teorias sociológicas gerais ao campo específico do turismo" (COHEN, 1979, p. 31). Assim, e segundo o autor, a sociologia do turismo é uma especialidade interessada no estudo das motivações turísticas, nos papéis e relações sociais dos turistas, na natureza das atrações e das suas representações,

e no impacto do turismo nas sociedades receptoras (COHEN, 1979). O autor, em 1979, define uma estratégia de investigação para a sociologia do turismo, onde sugere que ela deve ser: processual (levar em conta os impactos do turismo); contextual (considerar a circunstância política e ecológica do estudo); comparativa (realizar uma análise das várias situações turísticas); "emic" (considerar a perspectiva dos vários atores no processo turístico). A estratégia de investigação proposta pelo autor visa cortar caminho entre uma presunçosa tentativa de criar uma monolítica "teoria do turismo" e uma investigação fragmentária de discretos problemas empíricos. O autor considera que, "embora reconhecendo que o turismo não é um subcampo da sociologia, e que muitas e diversas abordagens podem ser aplicadas na sua investigação, deve-se, no entanto, procurar estabelecer um estilo comum de investigação através do qual a continuidade da pesquisa e a generalização das descobertas será facilitada" (COHEN, 1979, p. 32).

Para Fuster (1974), a sociologia do turismo deve estudar as relações e os fenômenos causados pela presença do turista num determinado destino e, portanto, "nisso residiria a aplicação central da sociologia como teoria de gênese turística, cabendo-lhe ainda um papel importante, o pedagógico: aconselhar os visitantes sobre as idiossincrasias dos visitados" (MOESCH, 2002, p. 22). A sociologia do turismo é definida por Knebel, como "a ciência que estuda o comportamento social do homem, que transforma durante as férias o seu papel social, deixando para trás os diferentes papéis que desempenha (profissional, econômico e social) e assumindo o papel de turista" (DIAS, 2003, p. 18-19). Pode-se afirmar, portanto, que à sociologia do turismo cabe o estudo sistemático das relações sociais e da interação entre indivíduos e grupos relacionados com a atividade turística, bem como os impactos sociais que o turismo provoca nas diferentes sociedades.

Cohen e Cohen (2017, p. 153) afirmam que o "estudo sociológico do turismo nunca foi tão rico e diverso como é hoje". Para os autores, algumas perspectivas teóricas limitadas (autenticidade, olhar do turista, tipologias dos turistas, motivações, interação social) dominaram em décadas anteriores o campo turístico. Mas hoje o turismo é analisado e compreendido a partir de um conjunto muito mais amplo de perspectivas modernistas e pós-modernistas que refletem cada vez mais a profundidade e a riqueza sociológica (COHEN & COHEN, 2017). De acordo com Franklin e Crang (2001), a abertura do turismo a uma análise sociológica mais ampla está associada, especialmente, ao fato de vários investigadores considerarem que o turismo deve ser visto como um fenômeno central da vida social contemporânea, e não delimitado apenas a uma atividade discreta. Segundo os autores, o turismo é hoje uma dimensão importante para a vida social global e, portanto, a nova agenda para os estudos do turismo precisa refletir sobre esta importância (FRANKLIN & CRANG, 2001).

Para Cohen e Cohen (2017), há sete tópicos que estão nos desenvolvimentos atuais no estudo sociológico do turismo: emoções, experiências sensoriais, materialidades, gênero, ética, autenticação e fundamentos filosóficos das teorias do turismo. Naturalmente que há outros temas de investigação que continuam a ter a atenção da sociologia e, por isso, ela terá sempre um papel central nos estudos em turismo.

Conclusão

Na atualidade, a necessidade de fazer turismo é criada pelas sociedades e marcada pela vida quotidiana das pessoas. De fato, o turismo como prática social faz cada vez mais parte da nossa sociedade de consumo e, portanto, ele é um fenômeno social que produz mudanças estruturais nas sociedades emissoras e receptoras do turismo.

O turismo é visto como um agente social nas sociedades onde se desenvolve e, por isso, temas como a migração, a globalização, a família, a religião, o gênero, não devem ser ignorados nos estudos sociológicos. Aliás, após a breve análise sobre os percursos da investigação sociológica no campo do turismo, é possível verificar que a pesquisa passou por diferentes tendências, mas que a relação que existe entre ambas (sociologia e turismo) é bastante evidente.

Pode-se concluir que, se a Sociologia é a ciência que estuda os fenômenos sociais e as mudanças produzidas na sociedade, então, o turismo pode ser compreendido como um fenômeno social, onde a sociologia do turismo se dedica "a estudar o turismo nos seus aspetos sociais" (DIAS, 2003, p. 11). Ou seja, "a sociologia do turismo apresenta teorias e pesquisas sobre os fenômenos sociais" (HUETE, 2007, p. 84). Assim sendo, a sociologia do turismo e o seu objeto sociológico deve capturar a multipluralidade do turismo como um fenômeno social (LANFANT, 1993). Desse modo, a sociologia vai progressivamente incorporando o turismo, em algumas das suas dimensões, como objeto de estudo indispensável para a compreensão das mudanças sociais que ocorrem globalmente ou localmente na sociedade de informação e do conhecimento (MARUJO, 2005).

Referências

ANDRADE, N. Los orígenes de la sociología del turismo, sociología del deporte y sus vinculaciones con la sociología del medioambiental. In: *Anuario de Estudios en Turismo* – Investigación y Extensión, vol. 10, 2010, p. 85-101.

APOSTOLOPOULOS, Y. Introduction: reinventing the sociology of tourism. In: APOSTOLOPOULOS,

Y.; LEIVADI, S. & YIANNAKIS, A. (eds.). *The sociology of tourism* – Theoretical and empirical investigations. Londres/Nova York: Routledge, 2001, p. 1-14.

ASCANIO, A. Turismo: la ciencia social de los viajes. In: *Estudios y Perspectivas en Turismo*, vol. 1, n. 3, 1992, p. 185-197. Buenos Aires.

COHEN, E. The sociology of tourism: approaches, issues, and findings. In: APOSTOLOPOULOS, Y.; LEIVADI, S. & YIANNAKIS, A. (eds.). *The sociology of tourism* – Theoretical and empirical investigations. Londres/Nova York: Routledge, 2001, p. 51-71.

_____. The Sociology of Tourism: Approaches, Issues, and Findings. In: *Annual Review of Sociology*, vol. 10, 1984, p. 373-392.

_____. Rethinking the sociology of tourism. In: *Annals of Tourism Research*, vol. 6, n. 1, 1979, p. 13-14.

_____. Toward a Sociology of international tourism. In: *Social Research*, vol. 39, n. 1, 1972, p. 164-182.

COHEN, S. & COHEN, E. New directions in the sociology of tourism. In: *Current Issues in Tourism*, vol. 22, n. 2, 2017, p. 153-172.

DAMIÁN, A. El turismo desde un enfoque de sociología constructivista. In: *Teoría y Praxis*, n. 6, 2009, p. 107-122.

DANN, G. Theoretical State-of-the-Art in the Sociology and Anthropology of Tourism. In: *Tourism Analysis*, vol. 10, n. 1, 2005, p. 1-13.

_____. Theoretical advances in the sociological treatment of tourism. In: QUAH, S. & SALES, A. (eds.). *The International Handbook of Sociology*. Londres: Sage, 2000, p. 367-384.

DANN, G. & COHEN, E. Sociology and tourism. In: APOSTOLOPOULOS, Y.; LEIVADI, S. & YIANNAKIS, A. (eds.). *The sociology of tourism* – Theoretical and empirical investigations. Londres/Nova York: Routledge, 2001, p. 301-314.

_____. Sociology and tourism. In: *Annals of Tourism Research*, vol. 18, 1991, p. 155, 169.

DANN, G. & PARRINELLO, G. *The Sociology of Tourism*: European Origins and Developments. United Kingdom: Eemrald, 2009.

DE LA TORRE, Ó. *El turismo, fenómeno social*. México: Fondo de Cultura Económica, 1992.

DIAS, R. *Sociologia do turismo*. São Paulo: Atlas, 2003.

DURKHEIM, É. *As regras do método sociológico*. São Paulo: Nacional, 1990.

FRANKLIN, A. The Sociology of Tourism. In: JAMAL, T. & ROBINSON, M. (eds.). *The sage handbook of tourism studies*. Londres: Sage, 2009, p. 65-81.

FRANKLIN, A. & CRANG, M. The trouble with tourism and travel theory. In: *Tourist Studies*, vol. 1, n. 1, 2001, p. 5-22.

FUSTER, L. *Teoría y técnica del turismo*. Madri: Nacional, 1974.

GIDDENS, A. *Sociologia*. Lisboa: Fundação Calouste Gulbenkian, 2010.

GIL, A.; LUCAS, F. & CUEVA, M. Introducción. In: GIL. A. (coord.). *Sociología del turismo*. Barcelona: Ariel, 2003, p. 17-22.

HALL, C. et al. Turismo: conceitos, instituições e temas. In: LEW, A. et al. (ed.). *Compêndio de turismo*. Lisboa: Instituto Piaget, 2004.

HUETE, R. Tourism Studies in Spain: the role of sociology in degree programmes. In: *Journal of Teaching in Travel & Tourism*, vol. 7, n. 2, 2007, p. 73-92.

JAFARI, J. & RITCHIE, B. Toward a Framework for tourism education: problems and prospects. In: *Annals of Tourism Research*, vol. 8, n. 1, 1981, p. 13-34.

KRIPPENDORF, J. *Sociologia do turismo* – Para uma nova compreensão do lazer e das viagens. Rio de Janeiro: Civilização Brasileira, 1989.

LANFANT, M. Methodological and conceptual issues raised by the study of international tourism – A test for sociology. In: PEARCE, D. & BUTLER, R. (eds.). *Tourism research*: critiques and challenges. Londres: Routledge, 1993, p. 70-87.

LANQUAR, R. *Sociologie du tourisme et des voyages*. Paris: Press Universitaires de France, 1985.

MACCANNELL, D. *El turista*: una nueva teoría de la clase ociosa. Madri: Melusina, 2003.

MARUJO, M. A sociologia e o turismo. In: RAMOS, F. & DA SILVA, C. (orgs.). In: *Sociologia em Diálogo*, 2, 2005, p. 21-33. Évora: Cisa-AS, 2005, p. 21-32.

MAZÓN, T. *Sociología del turismo*. Madri: Centro de Estudios Ramón Areces, 2001.

MOESCH, M. *A produção do saber turístico*. São Paulo: Contexto, 2002.

MUELA, G. La sociología del turismo como disciplina. In: GIL. A. (coord.). *Sociología del turismo*. Barcelona: Ariel, 2003, p. 43-81.

MUÑOZ DE ESCALONA, F. *El turismo explicado con claridad*, 2007 [Disponível em: www.eumed.net/libros/2007c/310/ – Acesso em 11/09/2012].

NASH, D. & SMITH, V. Anthropology and Tourism. In: *Annals of Tourism Research*, vol. 18, n. 1, 1991, p. 12-25.

PRZECLAWSKI, K. Tourism as the subject of interdisciplinary research. In: PEARCE, D. & BUTLER, R. (eds.). *Tourism Research*: critiques and challenges. Londres: Routledge, 1993, p. 9-19.

RAMOS, F. & MARUJO, N. Reflexões socioantropológicas sobre o turismo. In: *Revista Turismo & Desenvolvimento*, n. 16, 2011, p. 25-33.

SMITH, M.; MACLEOD, N. & ROBERTSON, M. *Key concepts in tourist studies*. Londres: Sage, 2010.

TRIBE, J. Tribes, territories and networks in the tourism academy. In: *Annals of Tourism Research*, vol. 37, n. 1, 2010, p. 7-33.

URRY, J. *O olhar do turista* – Lazer e viagens nas sociedades contemporâneas. São Paulo: Studio Nobel, 1996.

URRY, J. & LARSEN, J. *The tourist gaze 3.0*. Londres: Sage, 2011.

WEBER, M. *Economia e sociedade*: fundamentos da sociologia compreensiva. Brasília: UnB, 1991.

30
Sociologia dos movimentos sociais
"Sociologia dos movimentos sociais: um balanço do campo"

Nildo Viana

Um dos temas contemporâneos mais debatidos na sociologia atual é o dos movimentos sociais, começou a ser trabalhado na sociologia de forma mais ampla a partir dos anos de 1950. Com o passar dos anos foi ganhando cada vez mais espaço na produção sociológica e hoje configura um dos principais temas da sociologia. O nosso objetivo no presente texto é realizar um apanhado geral da produção sociológica sobre os movimentos sociais e, após isso, colocar as questões centrais e fundamentais a respeito desse fenômeno social.

As abordagens pioneiras dos movimentos sociais

A produção sociológica sobre movimentos sociais é volumosa e conta com inúmeras abordagens. O grande volume dessa produção nos faz selecionar apenas alguns dos mais influentes e discutidos autores no âmbito da sociologia. Antes, porém, é importante discutir as primeiras formas de percepção dos movimentos sociais. A palavra "movimento social" é bem anterior a este processo. No entanto, o seu significado era bem distinto do existente atualmente. Alguns elegem Karl Marx e Lorenz von Stein como os primeiros a abordar o tema (SOBOTTKA, 2002).

No entanto, esse é um equívoco, pois o que ambos abordam é a luta de classes (com apenas Marx usando tal termo) e não movimentos sociais. Para compreender isso seria necessário realizar a diferenciação entre movimentos de classe e movimentos sociais, elemento já abordado em algumas obras (VIANA, 2016a; VIANA, 2016b). A diferença fundamental consiste na distinta base social de cada um, pois num caso são as classes sociais e noutro são os grupos sociais. Dessa diferença derivam diversas outras (na ação política, nas reivindicações etc.).

O problema aqui é de conceituação. Nem Max nem Von Stein usam o termo movimento social no sentido atual do mesmo. Marx nem sequer usou o termo num sentido próximo, pois em que pese tenha usado a palavra uma ou duas vezes, estava se referindo ao processo de distinção entre o econômico e o político na análise do movimento operário, sem nenhuma relação com movimentos sociais (MARX, 1989)[1]. É possível afirmar que, mesmo sem usar o termo ou dar-lhe o significado assumido posteriormente, Marx tratou de movimentos so-

---

1. Um conjunto de autores trata da suposta contribuição de Marx para a sociologia dos movimentos sociais (SCHERER-WARREN, 1989; GOHN, 2002), mas descontextualizam o uso do termo pelo autor (GOHN, 2002) e não observam que ele trata do fenômeno específico da luta de classes (SCHERER-WARREN, 1989) e que é bem distinto dos outros autores trabalhados posteriormente por essas autoras (VIANA, 2017a).

ciais. Ora, ele fez, sem dúvida, algumas referências ao nascente processo de desenvolvimento das lutas femininas, tal como Flora Tristan (MARX, 1979), mas não como algo separado e autônomo e sim como parte do movimento operário. Todo o pensamento de Marx parte de uma concepção cujo eixo é a luta de classes, e se considerarmos isso como movimentos sociais, seríamos constrangidos a entender por movimentos sociais movimentos de classe e, logo, não analisar o que contemporaneamente se denomina movimento social. Por isso, o mais correto é reconhecer que Marx não abordou os movimentos sociais. Se ele contribuiu com tal discussão, foi no plano metodológico e teórico, e não em uma análise direta desse fenômeno – a não ser algumas poucas passagens que podem ser resgatadas para pensar algo a partir delas (VIANA, 2017a).

Von Stein, por sua vez, não definiu o termo movimento social e o discutiu no contexto de uma análise global da sociedade, da qual queria compreender "seus elementos e movimentos" (VON STEIN, 1957). O que ele analisou, efetivamente, foi a luta política durante o processo da Revolução Francesa que envolvia as classes sociais. Nesse contexto, a sua discussão é muito distante do que a tradição sociológica posterior passou a tratar como movimento social. Se não é em Marx e Von Stein que encontramos a primeira formulação sobre movimentos sociais, onde a encontraremos? Os movimentos sociais emergem embrionariamente no século XIX e vão se constituindo e desenvolvendo no início do século XX. Porém, sua importância social aumenta a partir dos anos de 1950, época em que também vão se desenrolar as primeiras discussões mais desenvolvidas sobre os movimentos sociais na sociologia.

A partir de 1945 ocorrem mudanças sociais que significam uma nova fase do capitalismo. Além de mudanças mais profundas, como a passagem de um regime de acumulação para outro, ocorrem diversas outras mudanças no conjunto da socieda-de, o que atinge a sociedade civil e os movimentos sociais. O regime de acumulação conjugado é implantado e marca o momento de ascensão do Estado integracionista (mais conhecido como "Estado do Bem-estar Social", "keynesiano" ou "Estado-providência"), do fordismo e da expansão do capital oligopolista transnacional[2]. Outras mudanças ocorrem, como a emergência de um novo paradigma nas ciências humanas, que denominamos reprodutivismo (VIANA, 2018a), que constituirá novas concepções holistas, como o estruturalismo, o funcionalismo, a teoria dos sistemas etc. Nesse momento, ocorre também a ampliação e consolidação do capital comunicacional, a chamada "indústria cultural", analisada por Adorno e Horkheimer (1985), bem como a importância da juventude no interior da sociedade, novos bens de consumo (automóvel, televisão), e a lista de alterações sociais seria extensa.

É neste contexto que emergem as produções da chamada "Escola de Chicago", especialmente de Herbert Blumer e Neil Smelser, sobre "comportamento coletivo" e movimentos sociais (termo pouco usado e em algumas obras ganhando mais destaque)[3]. O contexto histórico ajuda a entender as novas percepções sobre os movimentos sociais e sua dinâmica. Nessa época, que alguns denominaram "sociedade de consumo" (BAUDRILLARD, 1991; PIETROCOLLA, 1986; TECGLEN, 1980) e o sociólogo Henri Lefebvre (1992) denominou como "sociedade burocrática de consumo dirigido", temos um período de estabilidade econômica

---

2. Não poderemos aprofundar essa discussão, mas existe uma bibliografia que trabalha essas mutações do capitalismo (VIANA, 2009; ORIO, 2014; VIANA, 2015; BRAGA, 2018). Além dessas abordagens, existem outras, com alguns pontos semelhantes e alguns pontos distintos, que usam outra terminologia, como Harvey (2002), que trabalha com a ideia de regime de acumulação fordista.

3. O foco é mais o comportamento coletivo, sendo os movimentos sociais algo secundário e derivado.

e política nos países imperialistas (Europa e Estados Unidos, principalmente) e do que se convencionou chamar de "integração da classe operária", tema amplamente discutido por diversos autores durante o regime de acumulação conjugado.

Para entender as abordagens sobre os movimentos sociais desse período, é interessante entender o fenômeno que era analisado e também o que efetivamente denominamos movimentos sociais. Uma parte dos pesquisadores trabalhavam com as grandes explosões sociais, as comoções sociais, as revoltas populares. É por isso que as teses do psicólogo Gustave Le Bon reaparecem no final do século XIX, do psicólogo Gustave Le Bon[4] reaparece como influência nos novos pesquisadores desses fenômenos. A preocupação com as crenças, tematizada por Le Bon, será forte nos autores desse período (SMELSER, 1989; GOHN, 2002). No entanto, essa preocupação deixa de ser apenas com as crenças das classes trabalhadoras e passa a ser também com outros setores da sociedade, especialmente os que foram ativos durante a ascensão do nazifascismo. Num momento de estabilidade econômica e política, por um lado, e de hegemonia de concepções holistas (tal como o funcionalismo), por outro, gera uma tendência analítica de certos movimentos sociais. Assim, muitos colocam as ações explosivas, a contestação social etc., como "irracionais"[5]. Essa preocupação com a questão das crenças, com o irracional etc.,

estará presente em diversas abordagens, tais como a de Smelser (1989), Kornhauser (1969), Hoffer (1968)[6], entre outros.

Porém, não devemos pensar que estes autores compartilhavam exatamente a mesma concepção. Blumer e Smelser, por exemplo, desenvolveram uma abordagem que podemos denominar comportamentalista, sendo que ambos eram integrantes da chamada "Escola de Chicago". Kornhauser e Hoffer, por sua vez, desenvolveram uma abordagem que pode ser denominada irracionalista (no sentido de atribuir uma irracionalidade aos movimentos de massas), e ambos eram pesquisadores do que denominaram "movimentos de massas". Blumer e Smelser partiam de análises mais amplas do comportamento coletivo e colocavam os movimentos sociais como uma variante no seu interior. Smelser aborda o que denomina "movimentos normativos" e os distingue dos movimentos sociais gerais. O primeiro é permeado por crenças, valores, explosões coletivas, e o segundo por formas mais organizadas e estabilizadas. Segundo Smelser:

> Devemos distinguir os movimentos orientados para normas específicas, dos movimentos que têm programas mais gerais. Em geral, estes últimos não possuem crenças suficientemente cristalizadas nem um grau de mobilização suficiente para cair na categoria das explosões coletivas. Ao invés disso, eles fornecem um ambiente do qual emanam muitos movimentos normativos específicos (SMELSER, 1989, p. 296).

---

4. Gustave Le Bom escreveu obras como *As opiniões e as crenças* (1957) e *Psicologia das multidões* (1954) e sua grande preocupação eram as lutas proletárias e camponesas, as explosões revolucionárias, especialmente a partir de 1848, que é quando o proletariado aparece de forma autônoma e independente, tal como já apontava Marx nos seus escritos sobre essa época na França (1986). No entanto, a posição de Le Bon é oposta à de Marx, pois partia da preocupação da ocorrência de ações revolucionárias, ao invés de apoiá-las.

5. Rosa (2017) recorda a relação entre a abordagem que foca na irracionalidade ou na disfunção com a ideia de anomia, de Durkheim.

---

6. Alguns colocam Erich Fromm (GOHN, 2002) como representante da tendência de Hoffer e Kornhauser, o que é equivocado. Fromm, como "freudomarxista" se distingue radicalmente dos dois outros autores, representantes de uma concepção conservadora, politicamente falando. A obra de Fromm citada pela autora para fazer tal vinculação é dedicada não aos movimentos sociais, e sim ao fenômeno específico do nazismo (no interior de uma discussão mais ampla sociopsicanalítica do processo de desenvolvimento da autonomia e do medo à liberdade), sendo que ele não usou e nem considerava tal fenômeno como um movimento social (FROMM, 1981).

Os movimentos sociais seriam estes "movimentos que têm programas mais gerais" e se distinguem das explosões coletivas. Blumer discute a questão dos movimentos sociais numa perspectiva semelhante. Para ele, o comportamento coletivo é algo mais amplo e os movimentos sociais são processos secundários. No entanto, não abordaremos a concepção de Blumer por questão de espaço e por ter semelhanças com a de Smelser, apesar das visíveis diferenças também existentes.

Uma outra concepção desenvolvida nessa época, e que alguns autores apontam como sendo uma teoria dos movimentos sociais, é a abordagem irracionalista, que tem em Hoffer e Kornhauser seus grandes representantes. Aqui a influência de Gustave Le Bon aparece de forma mais intensa. No entanto, apesar destes autores serem enquadrados por alguns como teóricos dos movimentos sociais, eles não usam tal conceito e sim movimento de massas. Eles partiram da ideia de "sociedade de massas" e dos efeitos negativos da massificação para entender as explosões sociais, as revoltas populares etc. Hoffer (1968) busca entender os movimentos de massas e seu atrativo, a conversão ao ativismo, a "ação unida" e o "autossacrifício", entre outros processos. Ele afirma que os movimentos de massas não são idênticos, mas possuem elementos comuns que perpassam todos eles, incluindo a tendência ao fanatismo. Segundo Hoffer (1968, p. 137):

> Quando o momento está maduro, apenas o fanático pode criar um autêntico movimento de massa. Sem ele, a desafeição engendrada pelo homem de ação militante permanece desorientada e pode extravasar apenas em desordens inúteis e prontamente reprimidas. Sem ele, as reformas iniciadas, mesmo que sejam drásticas, deixam a antiga maneira de vida intacta, e qualquer mudança de governos geralmente não é mais do que uma transferência de poder de um grupo de homens da ação para outro. Sem ele, talvez não haja um novo começo.

Essas concepções conviviam com diversas outras que começavam a refletir sobre os movimentos sociais. Destacaremos a concepção de Rodolf Heberle, antes de passar para as abordagens mais prestigiadas sobre movimentos sociais que emergem posteriormente. Heberle (2017) define movimentos sociais como as tentativas coletivas de gerar mudanças em determinadas instituições sociais ou produzir uma nova ordem. Isso inclui desde movimentos de mulheres e jovens quanto movimentos religiosos e políticos. Trata-se, portanto, de uma concepção extremamente ampla de movimento social. Contudo, Heberle alerta que os movimentos sociais formam um tipo específico de ações coletivas e que estão entre as ações menos organizadas (turbas, massas, multidões) e as mais organizadas (partidos, clubes políticos, associações). O seu grau de organização é intermediário entre essas duas formas e pode "ser constituído por grupos organizados, sem ter uma organização formal que os englobe (p. ex., o movimento operário, que inclui sindicatos, partidos políticos, cooperativas de consumidores e muitas outras organizações" (HEBERLE, 2017, p. 168). Heberle também destaca que os movimentos sociais possuem duas funções principais: formação de opinião pública e formação de líderes. Quando um movimento social consegue efetivar seu objetivo, torna-se uma instituição, tal como ocorreu na Rússia em 1917.

A abordagem institucionalista

Outras concepções sobre os movimentos sociais foram produzidas nessa época, mas foi a partir da década de 1960 que emergiu uma das mais prestigiosas abordagens desse fenômeno, a abordagem institucionalista, também conhecida como "teoria da mobilização de recursos" (GOHN, 2002; ALONSO, 2009; VIANA, 2017b). O contexto histórico é o mesmo, mas nos anos de 1960 ocorrem algumas mudanças no seu interior, tal como o avanço dos movimentos sociais, que passam a ocupar um espaço maior, devido, em parte, ao recuo do movimento operário. O processo de burocratização da sociedade moderna se amplia (LAPASSADE, 1989; LEFEBVRE, 1992) e surgem mais organizações voltadas para questões sociais, especialmente nos Estados Unidos. Assim, as mobilizações se fortalecem e a burocratização também. Nos Estados Unidos ocorre a ascensão do movimento negro e do movimento feminino, entre outros, bem como a formação de organizações específicas ligadas aos movimentos sociais. Esse contexto ajuda a entender a abordagem institucionalista e a centralidade que promovem para a questão organizacional.

Os principais representantes dessa abordagem foram Olson, Zald, McCarthy, Oberschall, Gusfield, entre outros. A partir de um conjunto de influências (escolha racional, escola marginalista em economia, Max Weber, sociologia da organização) os institucionalistas analisam os movimentos sociais sob uma nova forma, enfatizando a questão das organizações. Segundo Zald e McCarthy, "um movimento social é um conjunto de opiniões e crenças em uma população que manifesta preferência pela mudança em alguns elementos da estrutura social e/ou na distribuição de recompensas em uma sociedade" (McCARTHY & ZALD, 2017). Esse conceito de movimentos sociais ajuda a entender que a interpretação da abordagem institucionalista realizada por vários autores é problemática, pois afirmam que eles confundem movimentos sociais com organizações e empresas. Essa interpretação problemática é derivada da desatenção com os termos trabalhados pelos institucionalistas. Eles definem dessa forma um movimento social, mas o distinguem do que chamam "organização do movimento social" e "indústria do movimento social". O foco dos institucionalistas é a organização do movimento social e não os movimentos sociais.

A delimitação do domínio temático específico da organização do movimento social e da indústria do movimento social é realizada pelos autores e eles trabalham com diversas organizações em suas pesquisas empíricas. Entre estas organizações, eles citam as seguintes: SNCC (Comitê de Coordenação Estudantil Não Violento), Core (Congresso da Igualdade Racial), Naacp (Associação Nacional para a Promoção de Pessoas de Cor) e SCLC (Congresso das Lideranças Cristãs do Sul) (McCARTHY & ZALD, 2017). Uma organização de movimento social é formal/complexa, e identifica seus objetivos com as preferências de um movimento social[7]. Eles definem uma indústria de movimento social pelo conjunto das organizações do movimento social.

Ao perceber que os institucionalistas tomam como domínio temático as organizações e a indústria dos movimentos sociais, fica mais fácil compreender as influências e a escolha das organizações concretas que eles analisaram, incluindo sua ênfase nos recursos. A questão financeira e os demais recursos demandados pelas organizações dos movimentos sociais são determinantes nas ações e sua elaboração de estratégias. Os autores explicam a dinâmica interna dessas organizações e sua relação com outras organizações. É nesse sentido que se percebe que os movimentos sociais disputam o público consumidor, adeptos, financiadores, fontes de recursos. Essa competição interna é comum e generalizada, sendo efetivada com outras organizações, instituições etc.

Assim, a abordagem institucionalista efetiva um amplo leque de pesquisas que trazem diversas problemáticas para a análise das organizações dos movimentos sociais, mobilizando um arcabouço temático que envolve a dinâmica interna, tal como a distinção entre seus membros (constituintes, aderentes, não aderentes, público espectador benefi-

---

7. Ou de um contramovimento. Os institucionalistas usam esse último termo para qualificar o movimento oposto a um determinado movimento social. Assim, o movimento negro teria no movimento racista um contramovimento.

ciário ou consciente e oponentes). Porém, o elemento fundamental da abordagem institucionalista é a questão dos recursos. E nesse contexto ganha importância não apenas a competição por recursos, mas a relação com agências governamentais, uso dos meios oligopolistas de comunicação, propaganda etc.

Apesar das críticas que recebeu (GOHN, 2002; VIANA, 2017b), é necessário reconhecer que a abordagem institucionalista trouxe algumas contribuições importantes para pensar as organizações vinculadas aos movimentos sociais. Embora seja possível destacar os limites de como realizaram as suas análises, é preciso reconhecer que houve uma real contribuição para a análise de tais organizações e seu impacto nos movimentos sociais. Em outros termos, as análises institucionalistas se aproximam da questão da mercantilização e burocratização dos movimentos sociais, permitindo, assim, desvendar certos aspectos que ficam ocultos quando se analisa apenas os discursos ou as mobilizações de um movimento social específico.

A abordagem neoinstitucionalista

A abordagem neoinstitucionalista é uma derivação da abordagem institucionalista. Os institucionalistas apontam para a ênfase nas organizações e recursos, e por isso foram objeto de críticas por parte de vários autores de outras tendências. Isso fez com que alguns buscassem novos elementos e reformulassem a sua concepção de movimentos sociais, bem como outros autores de outras tendências também apontaram para uma nova abordagem que acabou se unificando no neoinstitucionalismo. A abordagem neoinstitucionalista é também conhecida como "teoria das oportunidades políticas", "teoria do processo político", "teoria da mobilização política", "teoria do confronto político" (VIANA, 2017b). Ela é uma das mais prestigiadas abordagens dos movimentos sociais (GOHN, 2002; ALONSO, 2009).

A abordagem neoinstitucionalista coloca a centralidade na política institucional para realizar a análise dos movimentos sociais. Porém, ela emerge num outro contexto histórico, que é o dos anos de 1990. Enquanto a abordagem institucionalista vigorou durante os anos de 1960/1970, a sua herdeira nasce posteriormente, num outro contexto social. A partir de 1980 emerge uma nova fase do capitalismo, através de um novo regime de acumulação. O regime de acumulação conjugado entra em crise no final dos anos de 1960[8] e começa a sofrer modificações (ainda em situação crítica) nos anos de 1970, sendo que a partir dos anos de 1980 emerge um novo regime de acumulação, o integral. O regime de acumulação integral é marcado por uma mutação da forma estatal, na organização do trabalho e nas relações internacionais.

A partir de 1980 ocorre o que ficou conhecido como "reestruturação produtiva", que implanta o toyotismo como forma hegemônica de organização do trabalho em substituição ao fordismo, bem como surge uma nova forma estatal, o neoliberalismo, e, por fim, ocorre uma intensificação do processo de exploração internacional com um hiperimperialismo, que ficou mais conhecido como "globalização"[9]. Nesse contexto, temos um avanço

---

8. Não será possível discutir aqui o processo de crise do regime de acumulação conjugado, que pode ser visto em algumas obras, apesar das diferenças analíticas entre algumas delas (HARVEY, 2002; VIANA, 2009; ÓRIO, 2014; BRAGA, 2018).

9. Também não será possível desenvolver uma discussão mais aprofundada sobre o novo regime de acumulação, que recebeu tratamento em diversas obras, tanto em abordagens que seguem a mesma linha teórica aqui apresentada (VIANA, 2009; BRAGA, 2018, ÓRIO, 2014), quanto em outras que possuem maior ou menor proximidade (HARVEY, 2002; BENAKOUCHE, 1980). A respeito da globalização, muitas obras foram dedicadas a esse fenômeno, bem como muitas críticas, mas focalizaremos aqui os elementos do novo regime de acumulação que tiveram impacto mais direto nos movimentos sociais e nas análises dos mesmos, o neoliberalismo e o novo paradigma hegemônico, o subjetivismo.

da mercantilização e da burocratização das relações sociais e uma intensificação do uso mercantil e doméstico da tecnologia. O uso de computadores e celulares amplia-se cada vez mais e as redes sociais via uso da internet permitem novas possibilidades comunicativas.

A transformação de um regime de acumulação gera, por sua vez, uma mutação cultural, uma renovação hegemônica, que é marcada pela substituição do paradigma reprodutivista para o paradigma subjetivista, no qual o construto de sujeito acaba se sobrepondo e se tornando o eixo analítico de várias ideologias (pós-estruturalismo, neoliberalismo etc.). O sujeito se torna o elemento explicativo fundamental, seja o indivíduo, como na concepção neoliberal em suas diversas variações, seja o grupo, tal como aparece em várias ideologias vigentes na filosofia e ciências humanas.

Esses elementos ajudam a explicar a emergência da abordagem neoinstitucionalista. No fundo, essa concepção começa a ser gestada a partir da crise da abordagem institucionalista e vai ter sua formulação mais desenvolvida nos anos de 1990 e continua se desenvolvendo após esse período. Ao contrário da abordagem culturalista, que analisaremos a seguir, o novo paradigma hegemônico não exerceu uma influência tão poderosa sobre essa concepção, que mantém vários elementos do paradigma hegemônico anterior[10]. Mas o processo de internacionalização expressa a preocupação dos seus representantes com a globalização, bem como é derivada das críticas endereçadas à abordagem institucionalista. Através de congressos, publicações internacionais, articulação de pesquisadores de vários países, eles conseguiram incluir em seu grupo alguns sociólogos europeus, além

dos norte-americanos que saíram da abordagem institucionalista.

Os principais representantes da abordagem neoinstitucionalista são Sidney Tarrow, Charles Tilly[11], bem como alguns que fizeram parte da abordagem institucionalista, como Zald e outros. Consideramos Tarrow (2009; 1999) o principal representante dessa abordagem. É por esse motivo que iremos nos basear em sua obra para apontar algumas características do neoinstitucionalismo. Tarrow retoma diversas concepções para estruturar sua concepção de movimentos sociais. Ele explicitamente retoma elementos de Marx, Lenin, Gramsci, Tilly, abordagem institucionalista, entre outros.

Não há uma única definição de movimentos sociais na abordagem neoinstitucionalista, pois depende do autor e até mesmo nesse caso há mudanças na definição. Essas definições sempre colocam em evidência a interação e conflito entre setores da sociedade numa situação de demanda de detentores e desafiantes do poder. Por isso, a definição de Charles Tilly parece dar conta da concepção de movimentos sociais da abordagem neoinstitucionalista: uma interação contenciosa envolvendo demandas mútuas entre desafiantes e detentores do poder, que é realizada em nome de uma população em litígio (ALONSO, 2009)[12]. Essa é uma definição extremamente ampla e que engloba uma diversidade enorme de fenômenos. Isso possibilita a confusão entre movimentos sociais e movimentos políticos, revoltas sociais etc.

---

10. Elementos do novo paradigma podem ser vistos em elementos extraídos da obra de Gramsci, a discussão sobre frame, repertório e outros elementos culturais inseridos na sua análise dos movimentos sociais.

---

11. Alguns colocam Charles Tilly na abordagem institucionalista, o que julgamos problemático, mesmo na época de vigência desta, enquanto que outros o colocam na abordagem neoinstitucionalista, do qual ele tem mais proximidade tanto no nível intelectual quanto no institucional, tal como se observa em suas publicações em conjunto com os representantes desta.

12. Outras definições diferentes, embora tenham semelhanças, podem ser vistas em Tilly (2010), McAdam, Tarrow e Tilly (2009).

A abordagem neoinstitucionalista utiliza alguns construtos fundamentais para explicar os movimentos sociais: "estruturas de oportunidades políticas", "oportunidades políticas", "estruturas de mobilização", "quadros interpretativos", "repertórios" etc. As oportunidades políticas ganham prioridade e centralidade nessa concepção e são compreendidas como "dimensões consistentes mas não necessariamente formais ou permanentes – do ambiente político que fornecem incentivos para a ação coletiva ao afetarem as expectativas quanto ao sucesso ou fracasso" (TARROW, 2009, p. 105). Assim, o exemplo da Perestroika ajuda a entender um momento de ampliação das oportunidades políticas em determinado contexto. A estrutura das oportunidades políticas remete aos elementos estruturais mais estáveis (tal como a força ou a fraqueza do Estado) ou às formas de repressão usadas. As estruturas de mobilização incluem organizações informais (família, vizinhos etc.) e formais (organizações de apoio, partidos, grupos de interesses etc.) e sua amplitude pode ser maior ou menor dependendo de quem é o autor em questão.

Outros dois construtos importantes nessa abordagem são os quadros interpretativos (ou "frames")[13] e o repertório. Esses foram elementos adicionados devido às críticas à abordagem institucionalista e à influência do paradigma subjetivista. Também nesses casos não há uma única definição, pois ela varia dependendo do autor ou do momento em que foi apresentada a definição. Os quadros interpretativos teriam como melhor definição a ideia de que eles são um "esquema interpretativo que simplifica e condensa o 'mundo lá fora', salientando e codificando seletivamente objetos, situações, eventos, experiências e sequências de ações num ambiente presente ou passado"

(SNOW & BENFORD, apud TARROW, 2009). O termo "repertório" foi criado por Charles Tilly, que lhe forneceu distintos nomes e definições (ALONSO, 2012)[14]. Em síntese, o repertório pode ser considerado como um certo número de rotinas aprendidas, compartilhadas e efetivadas através de um processo de escolha relativamente consciente (ALONSO, 2009). No entanto, é preciso esclarecer que o repertório de um movimento social não é o mesmo de outros fenômenos políticos, como o sindicalismo e as campanhas eleitorais (TILLY, 2010).

Um último construto importante dessa abordagem é o de "ciclo de protesto" (que depois foi alterado para ciclo de confronto). Os ciclos de confronto expressam uma fase de conflito mais intenso que perpassa um sistema social e acaba tendo uma difusão veloz da ação coletiva dos setores mais mobilizados para os menos mobilizados, gerando uma situação complexa de inovação nas formas de confronto, constituição de quadros interpretativos novos ou alterados, combinação de participação mais organizada e não organizada, fluxos de informação e interação entre desafiantes e detentores de poder (TARROW, 2009). Os ciclos de confronto geram a necessidade de resposta do Estado e diferem dos ciclos revolucionários devido ao seu caráter reformista e não revolucionário.

Tal como os institucionalistas, os neoinstitucionalistas receberam várias críticas (GOHN, 2002; VIANA, 2017b), entre elas a centralidade concedida à política institucional (afinal, o confronto é entre detentores e desafiantes do poder). Assim, a centralidade da política institucional é um ponto problemático, mas tratar da relação entre aparato estatal e movimentos sociais foi um mérito dessa abordagem e algo esquecido por outras análises

---

13. Os frames são traduzidos sob outras formas: "marcos interpretativos" (McADAM, GAMSON & MEYER, 1999); "marcos referenciais significativos" (GOHN, 2002),

14. Ele, inclusive, alterou os termos derivados de acordo com a época: 1970: repertórios de ação coletiva; 1990: repertórios de confronto; 2000: repertórios e *performance* (ALONSO, 2012).

dos movimentos sociais. Outra crítica é a imprecisão e constante alteração terminológica, bem como a própria definição de movimentos sociais, extremamente ampla. De qualquer forma, os autores dessa abordagem trouxeram várias análises dos movimentos sociais e alguns elementos, como os quadros interpretativos e o repertório, merecem reflexões mais aprofundadas no sentido de permitir compreender melhor os movimentos sociais com sua utilização refletida e crítica.

A abordagem culturalista

No Brasil e na América Latina houve uma outra abordagem dos movimentos sociais que foi mais prestigiada, assim como na Europa, a partir dos anos de 1990. Trata-se da concepção que ficou conhecida como "teoria dos novos movimentos sociais", que, no fundo, é um conjunto variado de concepções, a que preferimos denominar abordagem culturalista. Essa abordagem foi se formando nos anos de 1970, ainda não exatamente "culturalista", mas que assim se torna a partir dos anos de 1980 e se consolida a partir dos anos de 1990. O paradigma subjetivista começa a emergir nos anos de 1970 e se torna hegemônico a partir da década seguinte, e isso explica a mudança no pensamento de alguns dos autores europeus que abordavam os movimentos sociais (Touraine, Mellucci etc.).

A ligação da abordagem culturalista dos movimentos sociais com a mutação ideológica que ocorre nesse período é muito mais intensa do que nos casos anteriores. A ideia de uma "sociedade pós-industrial" ou "pós-moderna" emerge ainda nos anos de 1960, mas só ganha força nas décadas seguintes, especialmente a partir de 1980[15]. O subjetivismo

surge combatendo as concepções fundamentadas no holismo (funcionalismo, estruturalismo) e na totalidade (marxismo), e, no plano político, especialmente este, que teve grande influência durante a década de 1970. Assim, Lyotard (1993) criticará as "metanarrativas" em 1980, mas já tinha sido antecedido por Foucault (1989) e Guattari (1981), que já haviam questionado a "totalidade"[16].

A abordagem culturalista se distingue das demais por sua maior diversidade ideológica. Os movimentos sociais são abordados diferentemente por autores diferentes, tais como Touraine, Mellucci, Offe, Habermas, entre diversos outros. Cada um gera seu próprio sistema construtal, ou seja, uma linguagem própria. Isso significa diversas definições de movimentos sociais e diversas explicações e ênfases distintas. Essa diversidade (ideológica e, por conseguinte, terminológica) traz maiores dificuldades para a análise da abordagem culturalista. Apesar disso, existem elementos comuns que permitem analisar tal abordagem como um todo. Algumas autoras já colocaram essa possibilidade (GOHN, 2002; ALONSO, 2009). Concordamos com alguns pontos levantados por estas autoras

---

15. Alguns pioneiros na defesa da ideia de uma "sociedade pós-industrial" foram Daniel Bell (1969) e Alain Touraine (1970). Posteriormente, outros passaram a tematizar o que ficou conhecido como "sociedade pós-moderna", bem como outros,

utilizando outros termos, passaram a perceber a mutação do capitalismo, embora equivocadamente, pensando se tratar de um "pós-capitalismo", como se pode observar em Toni Negri (LAZZARATO & NEGRI, 2001) e outros autores. Isso assume as mais variadas formas, inclusive o questionamento da "centralidade do trabalho" ou da "sociedade do trabalho", tal como se vê em Offe (1989) e Habermas (1987).

16. Existem várias concepções de totalidade, assim como existem várias concepções de "sujeito". No caso, o paradigma hegemônico anterior, o reprodutivismo, era holista, o que significa uma concepção específica de totalidade. O marxismo, por sua vez, possui outra concepção de totalidade, embora muitos supostos marxistas acabam confundindo tal concepção com o holismo. A respeito das diferentes concepções de totalidade, embora numa análise que não contempla todas elas, é possível consultar a obra de Kosik (1986). Sem dúvida, diversos autores buscaram unir elementos dos dois paradigmas, através da discussão entre "estrutura" e "ator" (ou agência), tais como Bourdieu (1994) e Giddens (2009) e até mesmo entre os ditos "marxistas" apareceu tal discussão, como se vê em Perry Anderson (1984) e Agnes Heller (1982).

e discordamos de outros, apesar da proximidade maior com Alonso (2009).

Os elementos comuns na abordagem culturalista são: a) a ideia de que estamos numa "nova sociedade" (pós-moderna, pós-industrial, complexa etc.); b) crítica ao que se entende por "marxismo" (geralmente confundido com o holismo e tendo como base mais o leninismo do que as ideias de Marx, que aparecem através da interpretação leninista ou sua simplificação/vulgarização por intérpretes diversos; c) crítica ao reprodutivismo e suas ideologias (funcionalismo, estruturalismo etc.); d) o resgate de ideologias anteriores de tendência subjetivista ou próxima (Nietzsche, Weber, fenomenologia etc.), que varia de acordo com os autores; e) a ideia de politização da vida cotidiana, marcada por discussões sobre "microfísica do poder" (FOUCAULT, 1984), "mundo da vida" (HABERMAS, 1990) etc.; f) a concepção de emergência de "novos movimentos sociais", o que gerou uma tradição interpretativa que denomina tal abordagem como "teoria dos novos movimentos sociais", embora o entendimento sobre isso também varie de acordo com o autor; g) o culturalismo, que é a base geral de todas essas concepções em comum.

Essa diversidade dificulta a análise e crítica da concepção culturalista dos movimentos sociais. Por questão de espaço, não poderemos abordar vários autores e nem mesmo um que seja de maior destaque, pois demandaria muito espaço abordar de forma mais completa qualquer um deles. Assim, vamos tomar o que há de comum nas diversas concepções culturalistas para analisar o seu diferencial em relação às demais abordagens dos movimentos sociais. A ideia de que vivem numa nova fase da Modernidade ou numa nova sociedade é uma das justificativas da ideia de "novos movimentos sociais". Isso também justifica a crítica ao "marxismo" e ao reprodutivismo e seu resgate de ideologias anteriores para fundamentar uma interpretação culturalista dos movimentos sociais. A renovação linguística aparece com os termos "sujeito" (ou semelhantes, como "ator", subjetividade, identidade etc.).

Os novos movimentos sociais emergiriam na nova sociedade (OFFE, 1989) ou então por se utilizar uma nova "categoria analítica" ao invés da realidade empírica (MELUCCI, 2001). Os movimentos sociais são entendidos, em alguns autores, como o conjunto de movimentos, como o feminino, o negro, o ecológico, entre outros (TOURAINE, 1997). Eles seriam diferentes dos "movimentos clássicos" (entendido aqui principalmente como o movimento operário), o que também justificaria o afastamento do marxismo, pois sua dinâmica agora se dá em torno de outras questões, que alguns chamaram de "pós-materiais" (INGLENHART & WELZEL, 2009). Desta forma, podemos entender o raciocínio culturalista da seguinte forma: nova sociedade (ou nova fase dela), novos movimentos sociais, novas reivindicações etc.

Em síntese, a abordagem culturalista trouxe a ênfase na cultura, dando maior importância a ela do que as demais abordagens mais prestigiadas, e trouxe como fenômeno a ser pesquisado os movimentos de grupos sociais. Isso ajudou a tornar mais claro a percepção do fenômeno real que mostra os significado do conceito de movimentos sociais. No entanto, tal abordagem também recebeu críticas, tanto em nível geral (VIANA, 2017b) quanto em cada caso particular. A supervaloração da cultura em detrimento de outros elementos, como a relação com o Estado, a questão da mercantilização, a ausência das classes sociais etc. renderam críticas e objeções.

O conceito de movimentos sociais

Depois deste apanhado geral sobre as principais abordagens dos movimentos sociais, é necessário apresentar os elementos fundamentais para uma análise dos mesmos a partir de nossa perspectiva. O ponto de partida é a definição de movimentos sociais, o que significa explicitar qual conjunto de fenômenos assim denominamos e quais suas características. Uma definição é uma síntese de um conceito, que, por sua vez, remete a diversos outros conceitos. Esse é um elemento fundamental para entender que diversas definições de movimentos sociais são problemáticas (VIANA, 2016a), pois são apenas descrições de um fenômeno que acaba sendo generalizado para outro fenômeno ou então mera definição sem base teórica, o que mostra seus limites.

A princípio, os movimentos sociais podem ser definidos como "movimentos de grupos sociais" (JENSEN, 2016). Um primeiro ponto a destacar é que é uma forma específica de movimento. A especificidade reside em sua base social, os grupos sociais. O que são grupos sociais? Partiremos das contribuições de Lapassade (1989) e Jensen (2016) e suas reflexões sobre grupos sociais para chegar a um conceito próximo e que seja útil para entender os movimentos sociais. Um grupo social é um conjunto de indivíduos que carregam semelhanças entre si que os integra de forma peculiar na sociedade (VIANA, 2016). No entanto, os grupos sociais assumem inúmeras formas e por isso podemos distingui-los em grupos primários e grupos secundários. Os grupos primários, termo inaugurado por Charles Cooley (1977), também denominado como grupos elementares (MENDRAS, 1975), são aqueles de maior proximidade, tendo como caso exemplar a família[17]. Os grupos secundários são mais complexos e podem ser divididos em agregados ou desagregados[18]. Os grupos sociais agregados são aqueles que estão presentes num mesmo local ou território, e os desagregados são aqueles que estão dispersos espacialmente. Em alguns casos, é possível que o grupo social esteja dividido em dois setores, um agregado e outro desagregado, assumindo uma forma mista.

Os grupos sociais que geram os movimentos sociais podem ser tanto agregados quanto desagregados e podem ser divididos em: grupos de vínculo corporal, grupos de vínculo situacional, grupos de vínculo cultural. Os grupos de vínculo corporal são os marcados por semelhança de sexo ou raça; os grupos de vínculo situacional são caracterizados pela semelhança de situação social, tal como estudantes e moradores de favela; os grupos de vínculo cultural são aqueles que possuem em comum uma determinada causa específica, tal como ecologistas, pacifistas etc.[19]

Porém, não basta a existência de um grupo social para que exista um movimento social. Um movimento social não é um grupo social. O movimento social existe quando o grupo se torna efetivo como grupo, quando ele entra em fusão (VIANA, 2016). O "grupo em fusão", para utilizar expressão de Sartre (2002), é o setor ativista do grupo social e é o que forma o movimento social. Assim, todo movimento social possui um grupo social de base e o setor ativista desse grupo social é que o forma. Portanto, a questão mais importante passa a ser: como um grupo social será um movimento social?

Assim, a definição de movimentos sociais como "movimento de grupos sociais" gera a necessidade de novos conceitos. E esses novos conceitos tornam possível a elaboração de um conceito de movimentos sociais. Os movimentos sociais são

---

17. "Por grupos primários, refiro-me aos que são caracterizados por uma associação e por uma cooperação íntimas e 'face a face'" (COOLEY, 1977, p. 84).

18. A concepção de grupos sociais secundários aqui é distinta da elaborada por Davis (1961), apesar de algumas semelhanças.

19. Note-se que alguns grupos sociais de vínculo situacional podem ser agregados ou desagregados; os de vínculo corporal também variam, sendo que os fundados no sexo estão desagregados; os de vínculo cultural também podem assumir as três formas (agregados, desagregados, mistos).

movimentos de grupos sociais gerados a partir de uma situação social que promove insatisfação social e, derivado disso, mobilização (ação coletiva e/ou compartilhada), sendo de pertencimento e objetivos. Cada um desses elementos demandaria uma ampla discussão e remeteria a diversos outros aspectos. Não será possível realizar isso no presente capítulo e parte dessa discussão já foi realizada em outros momentos (VIANA, 2016a; 2016c) e é preciso um aprofundamento em cada um desses elementos. No entanto, uma síntese breve deve ser realizada para permitir sua compreensão.

Um elemento fundamental para entender o surgimento de um movimento social é a insatisfação social. O que significa insatisfação social? Não quer dizer um descontentamento por questão individual e sim por uma razão social, no caso, grupal. Assim, um indivíduo do sexo feminino pode estar descontente com o seu emprego, e isso é uma insatisfação individual. Mas se a mesma pessoa estiver descontente por causa do tratamento diferencial que recebe no emprego por ser mulher, então é uma insatisfação social. Porém, não existe insatisfação sem motivo. No exemplo acima, o motivo é um tratamento diferenciado gerado pelo pertencimento a um grupo social. Se o tratamento fosse igualitário, não haveria descontentamento. Logo, a situação social é fundamental para explicar a insatisfação social. A questão da insatisfação social foi, de certa forma, tematizada pelas abordagens pioneiras dos movimentos sociais (usando outros termos, como "tensões", "descontentamento", "frustração") e foi geralmente abandonada pelas abordagens posteriores.

A situação social gera insatisfação. Mas qual situação social é esta? Ela também deve ser grupal, ou seja, uma situação que atinge ao grupo social, seja na totalidade (situação grupal) ou setores de um grupo social. No entanto, é necessário entender que tanto a situação quanto a insatisfação não são "dados imediatos", "objetos" empiricamente identificáveis. A insatisfação é medida por valores, concepções, sentimentos etc., que formam uma determinada cultura, teoria ou ideologia. Assim, o assassinato de jovens negros nas periferias das grandes capitais é uma situação social que tende a gerar insatisfação social no grupo social dos negros, bem como o uso de batom por mulheres também pode gerar o mesmo efeito. Assim, a existência da insatisfação social não significa que ela é justa ou injusta, correta ou incorreta, boa ou má. As mulheres usarem batom é algo que muitas delas, devido seus valores, concepções etc., julgam normal e sem problemas, bem como outras poderão considerar algo ruim e algumas podem achar algo sem importância ou de decisão individual. Assim, se o movimento racista nos Estados Unidos defende que os negros não usem os mesmos banheiros que os brancos, é por considerar que tal situação (de uso compartilhado de banheiro por brancos e negros) é algo insatisfatório. A insatisfação com determinadas situações sociais pode ser produto da difusão de ideologias, doutrinas, concepções, que assim a interpretam, e que pode ou não ser algo que realmente expresse alguma injustiça, necessidade real etc. Em certos casos, a insatisfação social pode gerar um grupo social, como podemos ver no caso dos pacifistas, ecologistas, defensores dos animais, que, graças a seus setores ativistas, geram um movimento social (VIANA, 2016a).

Assim, situação e insatisfação sociais são fundamentais para explicar os movimentos sociais, mas insuficiente. É preciso também avançar no sentido de entender que se não houver insatisfação, não haverá movimento, mas também que apenas ela não gera o movimento social. A subordinação da mulher não gerou um movimento feminino na sociedade feudal, nem na sociedade escravista. Sem dúvida, muitas mulheres estavam insatisfeitas nessas épocas. Isso não foi suficiente para gerar um movimento feminino. O que mais é necessário? Um senso de pertencimento ao grupo social, pois a insatisfação ou busca de solução pode ser individual. Um estudante que é prejudicado por um professor neurótico que o persegue e tenta resolver o problema trancando a disciplina e esperando sua oferta por outro professor, não tem senso de pertencimento. O senso de pertencimento pressupõe determinado nível de consciência e organização (VIANA, 2016a). Os indivíduos que são integrantes do grupo devem ter um certo grau de consciência para desenvolver o senso de pertencimento, bem como devem gerar alguma forma coletiva de ação, o que pressupõe organização. É isso que permite a passagem do potencial para a efetividade, a fusão. O senso de pertencimento é o que permite ao indivíduo integrante do grupo se unir com os demais e se sentir parte de um grupo social.

A mobilização é outro elemento fundamental sem o qual não existe movimento social. A mobilização pode ser ação coletiva ou ação compartilhada. A ação coletiva é aquela realizada por um conjunto de indivíduos reunidos presencialmente ou integradas através de determinadas doutrinas ou ideologias, enquanto que a ação compartilhada é aquela realizada por indivíduos isolados que, no entanto, compartilham o mesmo senso de pertencimento. Existem as mais variadas formas de mobilização e não será possível aqui elencá-las ou discuti--las. O que é fundamental é entender que só existe movimento social havendo mobilização.

O último elemento que caracteriza um movimento social é o objetivo (VIANA, 2016a; 2016c). A questão do objetivo já foi abordada por vários autores (MELLUCI, 1989; BERGER, 2015; TARDIEU, 2014) e alguns inclusive definem os movimentos sociais por seus objetivos (BOTTOMORE, 1981; TOURAINE, 1997). O objetivo mais geral dos movimentos sociais tende a ser a transformação situacional do grupo, embora alguns setores e

tendências articulem isso com a transformação social total e radical. É através dos objetivos que se gera as reivindicações e "bandeiras de luta" de um movimento social. A mobilização não tem sentido se não houver um objetivo a ser alcançado, bem como a insatisfação não tem solução sem buscar superá-la. O objetivo do movimento social é outro elemento sem o qual não é possível sua existência.

Por fim, é necessário explicitar algumas distinções nos movimentos sociais. Destacaremos a distinção entre: a) movimentos sociais e ramificações; b) as variedades de movimentos sociais; c) movimentos sociais em geral e movimentos sociais específicos. Os movimentos sociais são os movimentos de grupo sociais, e assim temos uma longa lista: movimento negro, movimento feminino, movimento estudantil, movimento ecológico, para citar apenas alguns dos mais destacados. Isso traz a necessidade de distinguir entre o movimento social e suas ramificações, pois estas são muitas vezes chamadas e confundidas com um movimento social. No caso do movimento estudantil, a União Nacional dos Estudantes ou a Associação dos Moradores de Casas de Estudantes, o grêmio de uma escola secundarista ou o diretório central de uma universidade não são, cada um, um movimento social. Todas estas organizações são ramificações do movimento estudantil. Da mesma forma, o pensamento conservacionista, o ecologismo social, o socialismo ecológico, não são o movimento ecológico e sim ramificações dele. Em síntese, um movimento social é o conjunto das organizações, concepções etc., do grupo social de base que o gera, e as ramificações são estes derivados: tendências, organizações, concepções etc.[20]

Os movimentos sociais também podem ser divididos em três variedades: os movimentos sociais

---

20. Isso torna necessário a ampliação da discussão conceitual e de pesquisas sobre as organizações mobilizadoras (VIANA, 2017c).

conservadores, os movimentos sociais reformistas e os movimentos sociais revolucionários. Os movimentos sociais conservadores são relativamente escassos e se fortalecem mais em determinados países, contextos e épocas. Esse é o caso do movimento racista nos Estados Unidos, que gerou algumas ramificações, como, por exemplo, a Ku Klux Klan (que aglutina várias organizações), White Power Skinhead (Poder Branco Skinhead), Nação Ariana, entre outras. Os movimentos sociais reformistas são a maioria esmagadora e são os mais pesquisados, como o movimento negro, o movimento feminino, o movimento estudantil, o movimento ecológico, entre diversos outros. Eles são assim denominados por serem hegemonicamente reformistas, ou seja, no interior deles o reformismo (via reivindicações de reformas, mudanças etc.) é hegemônico[21], mas existem, também, tendências conservadoras e revolucionárias, que são, no entanto, minoritárias. No caso do movimento negro, um exemplo norte-americano de tendência conservadora é o Nação do Islã e um de tendência revolucionária é os Panteras Negras, mas é hegemonicamente reformista, tal como se vê na maioria das organizações negras existentes nos Estados Unidos (e no Brasil). Os movimentos sociais revolucionários são praticamente inexistentes, só tendo existência prática em momentos revolucionários. Antes disso, eles existem como tendências revolucionárias no interior dos movimentos sociais reformistas. Assim, no interior do movimento feminino, do movimento negro, entre outros, quando há uma radicalização das lutas

---

21. Isso vale também para os movimentos sociais populares, que tendem a ser meramente reivindicativos (VIANA, 2016d). Os movimentos sociais populares foram aqueles estudados no âmbito do que convencionou chamar "movimentos sociais urbanos" (BORJA, 1975; CASTELLS, 1988; SANTOS, 2008) e "movimentos sociais rurais" ou "do campo" (GRZYBOWSKI, 1990), englobando geralmente indivíduos das classes trabalhadoras. Alguns autores discutiram conceitualmente os movimentos sociais e os movimentos sociais populares (VIANA, 2016d; CAMACHO, 1987).

de classes, suas tendências revolucionárias podem ser tornar majoritárias e hegemônicas, tornando estes movimentos, temporariamente, revolucionários. O exemplo clássico disso foi o movimento estudantil na França, que se tornou momentaneamente revolucionário durante o Maio de 1968. Nesse momento, a tendência revolucionária passou de minoritária para majoritária e hegemônica (VIANA, 2015b).

Uma outra distinção importante é entre os movimentos sociais em geral (tema que estamos discutindo aqui) e os movimentos sociais específicos (movimento negro, movimento feminino, movimento estudantil, movimento ecológico etc.). Uma coisa é uma teoria dos movimentos sociais em geral, outra coisa abordar cada movimento social específico, com suas especificidades. O conceito de movimentos sociais expressa o que é comum e essencial em todos os movimentos sociais específicos. Porém, é necessário entender cada movimento social específico (VIANA, 2016e). Dizer que um movimento social precisa de uma situação e insatisfação sociais para existir não explica qual é a situação social específica que gera cada movimento específico e nem a insatisfação ligada a ela. A situação social específica que gera insatisfação nos ecologistas difere bastante da que o faz no caso do movimento feminino ou de libertação dos animais. O racismo é uma situação específica que pode gerar o movimento negro, que é distinto de todos estes casos. Da mesma forma, os objetivos, o senso de pertencimento e a mobilização possuem diferenças, pois uma coisa é lutar contra o sexismo, outra é lutar pela conservação do meio ambiente, bem como ter consciência de pertencimento à raça negra é diferente de pertencer à juventude e as formas de mobilização são distintas (os estudantes estão geralmente próximos e com vínculos temporários, ao contrário dos negros, para citar apenas um exemplo). Assim, é importante avançar na teoria dos movimentos sociais, mas também em teorias sobre movimentos sociais específicos, além de pesquisas concretas sobre estes que contribuem com o aprofundamento teórico.

A dinâmica dos movimentos sociais na sociedade moderna

A compreensão dos movimentos sociais seria limitada sem inseri-la na dinâmica real da história e da sociedade na qual eles emergem. Sem dúvida, não será possível aqui desenvolver uma análise de tal dinâmica, seja no plano histórico, seja no caso específico da contemporaneidade ou mesmo no plano teórico. Assim, o que poderemos apresentar aqui, de forma extremamente breve e sintética, são alguns elementos teóricos que ajudam a compreender a relação entre movimentos sociais e sociedade capitalista, destacando os elementos mais importantes para sua compreensão.

A análise dos movimentos sociais requer uma compreensão do processo de mercantilização das relações sociais[22]. A "mercantilização de tudo", para retomar a expressão de Wallerstein (1984), se espalha pela sociedade e torna todos os indivíduos submetidos a ela, incluindo os movimentos sociais (VIANA, 2016a). Como tudo se transforma em mercadoria, cada vez mais o dinheiro se torna necessário para a efetivação de mobilização (mesmo nas ações mais modestas, como uma manifestação de rua estudantil, são necessários recursos para sua realização, tais como cartazes, carro de som etc.). Isso, por sua vez, gera vínculos entre determinadas organizações mobilizadoras com o aparato estatal, com outras organizações (partidos, fundações etc.), e que varia de acordo com a ramificação do movimento social, sendo mais ou menos intensa. Os movimentos sociais populares, por exemplo, possuem uma dificuldade maior de mobilização por suas condições financeiras inferiores, enquanto que certas ramificações de outros movimentos sociais possuem muito maior capacidade financeira e facilidade de mobilização[23].

A dinâmica da acumulação de capital é outro elemento fundamental para explicar os movimentos sociais na sociedade moderna. O movimento cíclico do capital é intimamente relacionado com as lutas de classes (a taxa de exploração, a força de pressão dos trabalhadores e da burguesia etc.) e adquire uma forma diferente em cada regime de acumulação. Por outro lado, as formas estatais se alteram a cada regime de acumulação, e isso tem impacto sobre os movimentos sociais e suas lutas. A relação entre Estado e movimentos sociais é outro elemento fundamental[24] que contribui para a explicação dos avanços e recuos dos mesmos, bem como para compreender o fortalecimento ou enfraquecimento de ramificações, tendências etc. O Estado pode lançar mão da cooptação, repressão, criminalização, burocratização, entre outros processos, em sua relação com os movimentos sociais (VIANA, 2017d). Da mesma forma, os movimentos sociais podem assumir distintas iniciativas diante do Estado, tanto os que buscam maior proximidade como os que mantêm maior distanciamento (que varia com as tendências dos movimentos sociais reformistas) e aqueles que buscam sua abolição (no caso das tendências revolucionárias).

---

22. A mercantilização das relações sociais é um processo típico da Modernidade (VIANA, 2018b) e que a abordagem institucionalista (McCARTHY & ZALD, 2017; GOHN, 2002; ALONSO, 2002) foi a que mais lhe dedicou atenção, embora usando bases analíticas distintas das nossas e focalizando as organizações. Um esboço analítico desse processo já foi realizado em outras oportunidades (VIANA, 2016a; VIANA, 2019).

23. Nunca é demais recordar que mobilização não significa apenas "manifestação de rua", como alguns ingenuamente pensam. Ela ocorre nos mais variados âmbitos, incluindo a produção intelectual e sua difusão via meios oligopolistas de comunicação.

24. Nesse caso, a abordagem neoinstitucionalista, apesar de sua definição demasiadamente ampla de movimentos sociais, foi a que mais aprofundou sobre essa questão (TARROW, 2009; 1999).

Não poderíamos deixar de destacar a importância da análise da relação entre movimentos sociais e sociedade civil, bem como com a cultura em geral. Em relação à sociedade civil, é nesse espaço que surgem e se desenvolvem os movimentos sociais e todas as suas ramificações. Nesse sentido é importante analisar os processos sociais no âmbito da sociedade civil e sua relação com os movimentos sociais, tal como o problema da competição, da burocratização, das classes sociais etc. A história da sociedade civil acompanha a história da sociedade moderna e as mutações desta exercem fortes impactos sobre os movimentos sociais.

A cultura é outro elemento complexo que é fundamental para entender os movimentos sociais. Presente em todas as instâncias da sociedade moderna (Estado, sociedade civil etc.) e tendo uma enorme complexidade (envolvendo ideologias, teorias, produções artísticas, representações cotidianas etc.), a compreensão da relação da cultura com os movimentos sociais (e que varia de acordo com qual é movimento social e qual ramificação deste) é essencial[25]. Os movimentos sociais são envolvidos pelo paradigma hegemônico (em graus distintos, segundo suas diferentes manifestações e ramificações), bem como eles geram doutrinas que, por sua vez, constituem "quadros interpretativos" (*frames*, para utilizar expressão em inglês da abordagem neoinstitucionalista), e gera clichês que são importantes nas práticas cotidianas de mobilização. Da mesma forma, os movimentos sociais são atingidos pelas correntes de opinião. Eles são reprodutores, reforçadores de uma corrente de opinião em detrimento de outra (basta ver o processo eleitoral em 2018 no Brasil para ver o funcionamento dessa dinâmica cultural nas ramificações dos movimentos sociais). A questão cultural e sua relação com os movimentos sociais é bastante complexa e por isso nos limitamos a apontar sua importância e complexidade, fazendo algumas breves referências, pois isso seria material para todo um processo analítico, tanto teórico quanto concreto, extremamente amplo.

Considerações finais

O nosso objetivo no presente texto foi apresentar uma síntese da produção sociológica sobre os movimentos sociais e seus elementos analíticos e teóricos mais importantes de forma introdutória. Sem dúvida, não seria possível um tratamento mais profundo e detalhado de aspectos importantes, alguns que foram apenas citados e outros relativamente desenvolvidos. Da mesma forma, é perceptível certas ausências, como, por exemplo, a da abordagem histórico-estruturalista[26]. Não seria possível, pela extensão e complexidade do tema dos movimentos sociais, realizar uma análise tão ampla que abarcasse todos os elementos envolvidos em tal discussão.

Como o objetivo aqui era uma análise sintética e introdutória, consideramos que ele foi concretizado. As indicações bibliográficas permitem consultas e aprofundamentos, enquanto que novas investigações que tendem a ser realizadas apontam

---

25. Aqui temos novamente uma contribuição da abordagem neoinstitucionalista e também da abordagem comportamentalista e da culturalista, sendo esta última a que ofereceu maior ênfase para tal questão, sendo, portanto, sob diferentes perspectivas e ângulos, a questão mais debatida sobre os movimentos sociais dentre a que elencamos acima.

26. A abordagem histórico-estruturalista, denominada "enfoque histórico-estrutural" por Santos (2008), é uma concepção que trabalha fundamentalmente os movimentos sociais urbanos e que se constituiu através de uma tentativa de síntese entre estruturalismo e leninismo, tendo e teve como grandes representantes Castells (1988), Lojkine (1981), Borja (1975), entre outros. Essa é uma abordagem menos prestigiada do que as três principais que abordamos, tanto por ter se desenvolvido numa época de transição de regime de acumulação (a passagem do regime de acumulação conjugado para o integral), quanto por focalizar determinadas manifestações específicas (os movimentos sociais urbanos e não os movimentos sociais em geral) e sua matriz ideológica ter perdido espaço na contemporaneidade.

para possíveis desdobramentos e desenvolvimentos. As abordagens sociológicas sobre os movimentos sociais já acumularam um volume expressivo de teses, reflexões, pesquisas concretas, que tendem a avançar e se consolidar em âmbito mundial e nacional. O presente trabalho apenas fornece uma síntese introdutória que pode ser um bom guia para os iniciantes e para aqueles que pretendem ter uma concepção mais global da produção sociológica sobre os movimentos sociais.

Referências

ADORNO, T.W. & HORKHEIMER, M. *Dialética do esclarecimento*. 2. ed. Rio de Janeiro: Zahar, 1985.

ALONSO, A. Repertório, segundo Charles Tilly: história de um Conceito. In: *Sociologia e Antropologia*, vol. 02 (03), 2012.

_____. As teorias dos movimentos sociais: um balanço do debate. In: *Lua Nova*, n. 76, 2009.

ANDERSON, P. *A crise da crise do marxismo*. São Paulo: Brasiliense, 1984.

BAUDRILLARD, J. *A sociedade de consumo*. Lisboa: Ed. 70, 1991.

BELL, D. *O advento da sociedade pós-industrial*. Lisboa: Difel, 1969.

BENAKOUCHE, R. *Acumulação mundial e dependência*. Petrópolis: Vozes, 1980.

BERGER, P. Movimentos sociais, futuro e utopia. In: *Marxismo e Autogestão*, 02 (03), jan.-jun./2015.

BORJA, J. *Movimentos sociais urbanos*. Buenos Aires: Nueva Vision, 1975.

BOTTOMORE, T. *Sociologia política*. Rio de Janeiro: Zahar, 1981.

BOURDIEU, P. *Razões práticas* – Sobre a teoria da ação. Campinas: Papirus, 1994.

BRAGA, L. A teoria do regime de acumulação integral. In: MARQUES, E. & MAIA, L. (orgs.). *Nildo Viana*: dialética e contemporaneidade. Lisboa: Chiado, 2018.

CAMACHO, D. Movimentos sociais: algumas discussões conceituais. In: SCHERER-WARREN, I. & KRISCHKE, P. *Uma revolução no cotidiano?* – Os novos movimentos sociais na América do Sul. São Paulo: Brasiliense, 1987.

CASTELLS, M. *Movimientos sociales urbanos*. 10. ed. México: Siglo XXI, 1988.

COOLEY, C. Os grupos primários. In: BIRBAUM, P. & CHAZEL, F. (orgs.). *Teoria sociológica*. São Paulo: Hucitec, 1977.

FOUCAULT, M. *Microfísica do poder*. 8. ed. Rio de Janeiro: Graal, 1989.

FROMM, E. *O medo à liberdade*. 13. ed. Rio de Janeiro: Zahar, 1981.

GIDDENS, A. *A constituição da sociedade*. São Paulo: Martins Fontes, 2009.

GRZYBOWSKI, C. *Caminhos e descaminhos dos movimentos sociais no campo*. 2. ed. Petrópolis: Vozes, 1990.

GUATTARI, F. *Revolução molecular*: pulsações políticas do desejo. São Paulo: Brasiliense, 1981.

HABERMAS, J. Soberania popular como procedimento – Um conceito normativo de espaço público. In: *Novos Estudos Cebrap*, n. 26, mar./1990.

_____. A nova intransparência – A crise do Estado de Bem-estar Social e o esgotamento das energias utópicas. In: *Novos Estudos Cebrap*, n. 18, set./1987.

HARVEY, D. *Condição pós-moderna*. São Paulo: Loyola, 1992.

HELLER, A. *Para mudar a vida*. São Paulo: Brasiliense, 1982.

HOFFER, E. *Fanatismo e movimentos de massas*. Rio de Janeiro: Lidador, 1968.

INGLEHART, R. & WELZEL, C. *Modernização, mudança cultural e democracia* – A sequência do desenvolvimento humano. São Paulo: Francis, 2009.

JENSEN, K. *Que fazer?* Goiânia: Redelp, 2016.

KORNHAUSER, W. *Aspectos políticos de la sociedad de masas*. Madri: Amorrortu, 1969.

KOSIK, K. *Dialética do concreto*. 4. ed. Rio de Janeiro: Paz e Terra, 1986.

LAPASSADE, G. *Grupos, organizações e instituições.* 3. ed. Rio de Janeiro: Francisco Alves, 1989.

LAZZARATO, M. & NEGRI, A. *Trabalho imaterial, formas de vida e produção de subjetividade.* Rio de Janeiro: DP&A, 2001.

LE BON, G. *As opiniões e as crenças.* São Paulo: CDB, 1957.

_____. *Psicologia das multidões.* Rio de Janeiro: Brigulet, 1954.

LEFEBVRE, H. *A vida cotidiana no mundo moderno.* São Paulo: Ática, 1992.

LOJKINE, J. *O Estado capitalista e a questão urbana.* São Paulo: Martins Fontes, 1981.

LYOTARD, J.-F. *O pós-moderno.* 4. ed. Rio de Janeiro: José Olympio, 1993.

MARX, K. *Miséria da filosofia.* 2. ed. São Paulo: Global, 1989.

_____. *As lutas de classes na França.* São Paulo: Global, 1986.

_____. *A Sagrada Família.* Lisboa: Estampa, 1979.

McADAM, D. & GAMSON, M. Marcos interpretativos. In: McAdAM, D.; McCARTHY, J. & ZALD, M. (orgs.). *Movimientos sociales*: perspectivas comparadas. Madri: Istmo, 1999.

McADAM, D.; TARROW, S. & TILLY, C. Para mapear o confronto político. In: *Lua Nova*, 76, 2009.

McCARTHY, J. & ZALD, M. Mobilização de recursos e movimentos sociais: uma teoria parcial. In: *Movimentos Sociais*, vol. 01, n. 02, 2017 [Disponível em http://redelp.net/revistas/index.php/rms/article/view/692/pdf_10 – Acesso em 14/10/2017].

MELUCCI, A. *A invenção do presente* – Movimentos sociais nas sociedades complexas. Petrópolis: Vozes, 2001.

_____. Um objetivo para os movimentos sociais? In: *Lua Nova*, 10 (17), 1989.

MENDRAS, H. *Princípios de sociologia.* 4. ed. Rio de Janeiro: Zahar, 1975.

OFFE, C. *Trabalho e sociedade.* Rio de Janeiro: Tempo Brasileiro, 1989.

ÓRIO, M. O desenvolvimento capitalista na sucessão de regimes de acumulação. In: *Ciências Humanas* – Revista da Faculdade Estácio de Sá, vol. 2, n. 09, jan./2014. Goiânia.

PIETROCOLLA, L. *Sociedade de consumo.* 2. ed. São Paulo: Global, 1986.

ROSA, F.J.U. *Teorías sociológicas de los movimientos sociales.* Madri: Catarata, 2016.

SANTOS, R.B. *Movimentos sociais urbanos.* São Paulo: Unesp, 2008.

SARTRE, J.-P. *Crítica da razão dialética.* Rio de Janeiro: DP&A, 2002.

SCHERER-WARREN, I. *Movimentos sociais* – Ensaio de interpretação sociológica. 3. ed. Florianópolis: UFSC, 1989.

SOBOTTKA, E. Organizações e movimentos sociais. In: *Civitas* – Revista de Ciências Sociais, ano 2, n. 1, jun./2002.

TARDIEU, S. Crítica ao especifismo. In: *Marxismo e Autogestão*, 01 (02), 2014.

TARROW, S. *O poder em movimento* – Movimentos sociais e confronto político. Petrópolis: Vozes, 2009.

_____. Estado y oportunidades: la estruturación política de los movimientos sociales. In: McAdAM, D.; McCARTHY, J. & ZALD, M. (orgs.). *Movimientos sociales*: perspectivas comparadas. Madri: Istmo, 1999.

TECGLEN, E. *A sociedade de consumo.* Rio de Janeiro: Salvat, 1980.

TILLY, C. Movimentos sociais como política. In: *Revista Brasileira de Ciência Política*, n. 3, 2010. Brasília.

TOURAINE, A. Os movimentos sociais. In: MARTINS, J.S. & FORACCHI, M. (orgs.). *Sociologia e sociedade.* Rio de Janeiro: LTC, 1997.

_____. *A sociedade post-industrial.* Lisboa: Moraes: 1970.

VIANA, N. A mercantilização dos movimentos sociais. In: *Cadernos do Campo* – Revista de Ciências Sociais, n. 24, 2019.

_____. *O modo de pensar burguês* – Episteme burguesa e episteme marxista. Curitiba: CRV, 2018a.

_____. *A mercantilização das relações sociais* – Modo de produção capitalista e formas sociais burguesas. Curitiba: Appris, 2018b.

_____. *Marx e os movimentos sociais*. Pará de Minas: Virtualbooks, 2017a.

_____. Abordagens sociológicas dos movimentos sociais. In: *Movimentos Sociais*, vol. 2, n. 03, 2017b.

_____. Movimentos sociais e organizações mobilizadoras. In: *Revista Espaço Livre*, v. 12, n. 23, 2017c [Disponível em http://redelp.net/revistas/index.php/rel/article/view/653/562 – Acesso em 14/10/2017].

_____. Estado e movimentos sociais – Efeitos colaterais e dinâmica relacional. In: *Revista Café com Sociologia*, vol. 6, n. 3, jul.-dez./2017b [Disponível em https://revistacafecomsociologia.com/revista/index.php/revista/article/view/902/pdf – Acesso em 31/12/2017].

_____. *Os movimentos sociais*. Curitiba: Prismas, 2016a.

_____. Movimentos sociais e movimentos de classes: semelhanças e diferenças. In: *Revista Espaço Livre*, vol. 11, 2016b, n. 22.

_____. Os objetivos dos movimentos sociais. In: *Movimentos Sociais*, 01, 2016c.

_____. Os movimentos sociais populares. In: VIANA, N. (org.). *Movimentos sociais*: questões teóricas e conceituais. Goiânia: Redelp, 2016d.

_____. Movimentos sociais: unidade e diversidade. In: *Revista Café com Sociologia*, vol. 5, n. 3, ago.-dez./2016e.

_____. *Estado, democracia e cidadania*. 2. ed. Rio de Janeiro: Rizoma, 2015a.

_____. *Juventude e sociedade* – Ensaios sobre a condição juvenil. São Paulo: Giostri, 2015b.

_____. *O capitalismo na era da acumulação integral*. São Paulo: Ideias e Letras, 2009.

VON STEIN, L. *Movimientos sociales y monarquia*. Madri: Instituto de Estudios Politicos, 1957.

WALLERSTEIN, I. *O capitalismo histórico*. São Paulo: Brasiliense, 1984.

31
Sociologia de gênero
"Sociologia de gênero e da sexualidade: contextos, conceitos e desafios"

Marlene Tamanini

Tratar de sociologia de gênero e da sexualidade, em certos contextos históricos, como ocorre na temporalidade em que vivemos, exige olhar com atenção para os fatos, pessoas, instituições, fenômenos, relações e posições. No que tange aos conteúdos que envolvem as epistemologias e as práticas discursivas, religiosas, sociais, políticas e até de ensino, relativas aos estudos de gênero, sobretudo, quando sua focalização é articulada com a sexualidade e é recortada por diversos pânicos morais, geradores de apagamentos da multiplicidade de sujeitos, faz-se necessário vigilância.

Estes conteúdos, que envolvem a construção de campos de pesquisa e a produção de conhecimento relativo aos estudos de gênero[1] e da sexualidade, são complexos. Eles impõem resgatar um rol de questões teórico-metodológicas, de proposições conceituais e de práticas para desnaturalizar o conhecimento, bem como resgatar aspectos de respostas heterogêneas, como o são e como o foram as

vozes feministas. Estas vozes que foram instituídas para dar suporte, em contextos diversos, à produção da igualdade de gênero, frente à invisibilização das mulheres, regatando-as como sujeitos e agentes de si, da ciência e da história, especialmente, visibilizando sua agência como sujeitos de direitos.

Os mesmos processos de invisibilização e de silenciamento das mulheres se aplicam às pessoas que não cabem na heteronormatização instituída com base na biologia tomada como natureza da política e da moral que, por assim ser, ferem direitos fundamentais do existir em suas dimensões pessoais, culturais, antropológicas, subjetivas e éticas. Tornar menor, invisibilizar, patologizar, regular os corpos, produzir a transgressão e a patologia são poderes que se fizeram, por vezes, à revelia das descobertas da ciência. Seguidamente, também consolidaram discursos, analogias, metáforas científicas e a estruturação de práticas clínicas, jurídicas, sociais e socioculturais, das quais muitas são de posição ardilosa e ideológica em seu sentido negativo e se estabelecem, de maneira sutil, em diferentes âmbitos socioantropológicos e de saberes. Estas concepções e práticas dizem respeito a modelos únicos de família, ideias hegemônicas de masculinidade e feminilidade, da sexualidade e da reprodução. Elas têm enfoque nas genitálias macho e fêmea como modelo teórico das instituições, da

---

1. Como definição conceitual, estudos de gênero são campos de saberes a respeito das feminilidades, masculinidades, diferenças, diversidade, das *performances* de gênero, das sexualidades como construto social, histórico e cultural e do reconhecimento de que a orientação sexual inclui o sentir a respeito de si. Pensar o que foi chamado sistema sexo-gênero, conforme definido por diferentes autoras, é entendê-lo como constituição simbólica e interpretação sócio-histórica das diferenças anatômicas entre os sexos e como uma rede de significados na qual as sociedades e as culturas reproduzem os indivíduos (BENHABIB, 1990; 1987).

ciência da medicina e das condutas, portanto, frequentemente aprisionam os conteúdos de gênero no sexo gonodal, tomado como a fixidez da diferença expressa na genitália e/ou nos cromossomos. Assim tem sido, pelo menos, desde a construção da diferença dos corpos, nos seus órgãos e em suas partes, realizada a partir do século XVIII, e com a construção dos seus respectivos lugares morais, consolidados na segunda metade do século XIX. Esses lugares foram essencializados e bem demarcados, não rompendo o ideário iluminista branco, androcêntrico, abstrato e universal. Nele o masculino branco é tomado como englobante[2] dos demais sujeitos, que nesta ordenação lógica são sempre instituídos como o outro, como a derivação do modelo; portanto, menores.

A base desta construção foi a produção de um modelo espelho, de natureza fixa, incrustado no discurso biomédico e político do século XVIII e de sua consolidação no XIX[3], o que contrariou concepções de similaridade para os corpos masculino e feminino, existentes desde os gregos. Tomada a diferença biológica como a ordem das funções e dos deveres complementares, valorados negativamente no caso feminino, contrapondo-se à valoração positiva no caso masculino, esta ordem simbólica se legitima, torna-se condescendente com a desigualdade e, com fundamentos conceituais como encaixe e desencaixe, padrões de ordenamento privado e social, ativo e passivo e identidades constituídas por demarcações biológicas hierarquizadas, com lugar de demarcação de poder diminuído para o corpo feminino e para homossexuais. É uma constituição política, filosófica, religiosa, biológica e de saberes científicos, propositada e útil, que se aninha sempre que há tensão entre o chamado específico e universal, quando a estruturação estabelecida está em risco, ou quando envolve questões do governo de si e da governabilidade das instituições.

Este ordenamento marcado pela construção da diferença, fundada em representações e tipificações biológicas e em formas definidas de conduta, legitima os valores relativos à normalidade e à patologia, à família funcional, à reprodução como norma e destino e ao cuidado como privado e feminilizado; fora, portanto, de qualquer parâmetro democrático. Mesmo se modificados os contextos argumentativos, essas representações fortalecem estratégias contemporâneas de ação, nas quais a própria construção do gênero, presa à naturalização da fixidez da natureza, se converte facilmente em uma violência já implícita na sua construção.

---

2. Esta construção vale para o modo com que o pensamento atuou por meio da contraposição indivíduo e sociedade. Cf., p. ex., a perspectiva dumontiana, a qual orienta-se pela oposição entre o holismo e individualismo como forma de estruturação do social. O antropólogo francês Dumont identifica dois modos de configuração ideológica da sociedade: o tipo holista, organizado a partir de um princípio hierárquico, e o tipo moderno, moldado pelo princípio da igualdade. Na primeira categoria, a ordenação hierárquica traduz-se pela diferenciação do valor instituinte das entidades sociais, conduzindo a uma postulação dos sujeitos como diferentes, complementares e hierarquizados; nela vigoram a precedência e a transcendência da totalidade sobre as partes. Para Dumont, a hierarquia é uma necessidade lógica do ordenamento do social. O universo simbólico, matriz da ordenação, estrutura-se e move-se a partir de oposições; e aqui ecoam os pioneiros franceses; no entanto, está submetido à ordem da preeminência. O igualitarismo, que funda a configuração individualista, cujo nome sinaliza para o enfraquecimento da noção de totalidade, coincide com a afirmação da categoria de indivíduo como valor estruturante e firma-se por uma lógica de indiferenciação, que aplaina as diferenças entre as entidades sociais (DUMONT, 1977, p. 13; 1970). Cf. tb. Marquié e Hèlène (2003); Heilborn (1993; 1999); Héritier (1996).

3. No século XIX, a natureza é identificada com uma realidade exterior e imutável que deve ser estudada por métodos científicos. Torna-se indiferente em si mesma, sem nenhum objetivo moral, a não ser aquele que é determinado pelos cientistas como capazes de produzir um saber considerado verdadeiro. Uma natureza pré-definida é atribuída às mulheres, a partir do seu corpo, e sobre essa atribuição, particularmente a biologia e a medicina, constroem-se os parâmetros científicos, que serão as bases sobre as quais a educação se pautará para domesticar, hierarquizar, binarizar e valorar, a partir dos limites e dos interesses impostos como importantes em cada época. A natureza feminina, assim estabelecida, pode ser mostrada, escondida, entravada e sobrevalorizada, significada e ressexualizada, a partir de um jogo complexo sobre o corpo das mulheres (LOWY, 1995, p. 528 – tradução nossa).

A procriação como condição do casamento, as metáforas e as analogias como modelos autorreferenciados são marcas da racionalidade ocidental a respeito da natureza e de suas formas. Elas embasaram pressupostos de neutralidade e de objetividade absolutamente falsos, que acabam por assentar naturalizadores de desigualdades em que o gênero é tomado como linear com a biologia e, a partir desta idealização, se aciona o controle e a vigilância dentro da regra, para não perder o poder que ela engendra e, fora dela, para patologizar e excluir. Neste fazer se passa por cima de toda uma série de práticas violentas dentro da normatividade e transversais à norma, para diferentes orientações sexuais, inclusive para o masculino e feminino, na experiência com a diversidade.

Trata-se da constituição artificial da natureza como consolidação de uma base científica que pressupõe binários, com valores opostos e complementares, essencializados pelas diferenças biológicas, sexuais e genitais, que hierarquizam lugares e instituem subjetividades e poderes a partir de corpos biológicos. A invenção do natural *é bem útil* para nomear, classificar, separar e normatizar, contudo, muitas vezes, fundamenta exclusões e invisibilizações que servem à estruturação de violências e de normatividades para gênero e para sexualidade que, ao pretenderem-se abarcadoras de toda a multiplicidade da experiência humana, marcam um profundo desrespeito fundamentado na abjeção à diversidade das vidas e de suas coexistências.

Embrenhar-me, portanto, na apresentação deste campo, implica, nesta escrita, reconhecer que a articulação teórica necessária já está marcada pelo lugar científico e institucional que a ocupa. A narrativa dos estudos de gênero é um lugar de perspectiva analítica e de práticas políticas, que estão preocupadas em mostrar a exclusão, a discriminação e a negação de um conjunto de pessoas, por causa de sua genitália, de sua sexualidade e de sua orientação sexual, ou por causa da não escuta das mulheres, porque a elas se negou sua capacidade reflexiva, negou-se seu lugar, sua autonomia, sua racionalidade e, como consequência, foram abjetadas do reconhecimento do seu eu como sujeito, de sua intimidade, de sua participação nas decisões das instituições, na cultura, no trabalho, na esfera do poder e nas decisões políticas.

Posicionar-me neste lugar indica também um compromisso de mostrar a construção destes estudos como qualitativamente vinculada à desnaturalização da voz única. Esta voz única foi instituída por escolhas de poderes e saberes cujas abordagens negaram a multiplicidade das experiências humanas e reduziram as diversas narrativas a uma só.

Este escrito, portanto, não é neutro, mas não assume comprometimento, no sentido negativo daquilo que, ultimamente, se constitui como crítica ao campo dos estudos de gênero, dos que o chamam irresponsavelmente de ideologia de gênero. Não é neutro, porque meu lugar é de quem se assume teoricamente dentro da crítica feminista, para visibilizar sujeitos múltiplos e lugares de narrativas às vezes esquecidas, ou que são construídas como tuteladas, menores, desnecessárias e dependentes, tanto no construto da heterossexualidade quanto na patologização da homossexualidade. Muitas teorias oficialmente postas foram legitimadas porque são tributárias desta construção sexista e masculinista, derivando por isso que sejam incapazes de dar voz e de ouvir, ou de perceber os diferentes sujeitos humanos, porque, se o fizessem, desorganizar-se-ia o seu ordenativo lógico e a sua construção semiótica. Outras epistemes seguem caminhos que buscam fundamentos religiosos, morais e transcendentais para relações de poder, pautadas em certezas a respeito da existência de uma natureza humana fixa, originada em uma lei natural, completamente imutável, criada por Deus, e que se diz comprovada cientificamente pela biologia.

Desta forma, este processo assim fundamentado está acima de tudo e de todos, de todas e, a partir deste lugar, promove-se uma cultura da família, da educação, da religião e do direito, como se essas fossem entidades naturais e teocentradas e que, portanto, teriam existências em si mesmas e, assim sendo, não cabendo descontinuação.

Minha posição não é neutra, assim como não o é qualquer teoria; o que distingue as teorias umas das outras é seu comprometimento com a dignidade das pessoas, superando preconceitos, fobias e estigmatizações de raça, sexo, cor, idioma, religião, classe, ou sua conformidade com *bullying*, homofobia, lesbofobia, transfobias, violência doméstica, pedofilia e tantas outras violências autorizadas por moralidades heterocentradas e por vieses morais, ou de modelos de ciência ou de religião metafísicos. Estes fundamentos ordenativos, que invisibilizam vozes e inviabilizam sujeitos, ressaltam uma ordem simbólica e prática incapaz de tratar a multiplicidade da diversidade humana e que se nega a ver as dinâmicas gendrificadas que podem escamotear discriminações ligadas à origem nacional, de raça ou étnica, ou por orientação sexual e de identidade de gênero[4].

Esta construção marcada pelo determinismo da diferença dos corpos e de suas partes, de sua cor, e que foi instituída pelos códigos da essencialização da diferença biológica, psíquica e moral, conformada na tessitura dos séculos XVIII e XIX, é ainda projetada contemporaneamente como complementar e necessária. Deslocada para a contemporaneidade, tem inviabilizado muitos sujeitos e/ou instituído corpos e sexualidades deduzidos da lógica das regularidades que servem de álibi para manter a dominação como constitutiva das relações.

Escrever a respeito destes processos não é, portanto, colocar em ação e/ou enunciar, quaisquer respostas, mas aquelas que são reflexivas; que talvez ajudem a produzir novos imaginários, e quiçá novas práticas, à medida da releitura dos contextos das relações históricas passadas, das teorias e do olhar para a contemporaneidade e seus desafios.

Esta postura reflexiva me vigia e vigia quem pesquisa relações de gênero, para que não se produzam acoplamentos teóricos atemporais e/ou viciados, frente à revisão dos desafios enfrentados no passado e às necessidades impostas pelo momento presente à conquista da igualdade e à superação das violências expressas em poderes verticalizados.

Estes desafios teóricos e práticos exigem manter a diversidade de posição dos sujeitos e dar voz a práticas sociais que sejam libertadoras das violências de gênero, para seguir a epistemologia do campo, a fim de recompor os lugares destas narrativas diante dos grandes desvirtuamentos realizados em diferentes contextos, no que tange aos estudos de gênero e sexualidade, na conjuntura atual.

Construir um texto com esta dupla entrada[5], sociologia de gênero e da sexualidade, obriga-me,

---

4. Definidas pelos princípios de Yogyakarta como: La orientación sexual se refiere a la capacidad de cada persona de sentir una profunda atracción emocional, afectiva y sexual por personas de un género diferente al suyo, o de su mismo género, o de más de un género, así como a la capacidad de mantener relaciones íntimas y sexuales con estas personas. La identidad de género se refiere a la vivencia interna e individual del género tal como cada persona la siente profundamente, la cual podría corresponder o no con el sexo asignado al momento del nacimiento, incluyendo la vivencia personal del cuerpo (que podría involucrar la modificación de la apariencia o la función corporal a través de medios médicos, quirúrgicos o de otra índole, siempre que la misma sea libremente escogida) y otras expresiones de género, incluyendo la vestimenta, el modo de hablar y los modales (CORRÊA & MUNTARBHORN, 2007, p. 6).

5. Faz um apanhado significativo desta questão o texto de Sonia Corrêa, intitulado *Gênero e sexualidade como sistemas autônomos: ideias fora do lugar?* Nele a autora analisa como sexualidade e gênero estão relacionados e como por vezes, como é o caso das teorias de Parker, são tratados distintamente como: sistemas de gênero e os sistemas erótico que ele também chama de sexualidade. A autora desenvolve os argumentos de sua dissociação (CORRÊA, 1996).

desde o seu ponto de partida, a tratar a sexualidade no conjunto das questões relativas às relações de gênero e dos seus imbricamentos para a construção gendrificada dos corpos e dos seus lugares; portanto, não como um sistema de representações e ou de vivências externo aos estudos de gênero.

O que dizer a partir da sociologia?

Estudar estas relações envolvidas com gênero e sexualidade sempre foi circunscrito em dificuldades diversas para a sociologia, tampouco, o campo foi facilmente aceito ou entendido nas disputas temáticas e práticas no passado. Ainda não o é contemporaneamente. Depois de 50 anos de tradição, independentemente de algumas aproximações com alguns autores, como Foucault, Giddens, Bourdieu, Hall, que, a partir dos anos de 1990, são frequentemente acionados na sociologia, ou por pessoas dos estudos decoloniais e culturais, minoritariamente de gênero, quando se trata de falar em sexualidade, sujeitos, processos de subjetivação, identidade, agência, reflexividade, a partir da sociologia, sempre existem pausas e exigências.

Estes lugares teóricos e estas narrativas, que foram e são construídas pelas feministas, como interseccionalidade, decolonização e desnaturalização dos saberes, a partir do feminismo, estão preocupadas com as desigualdades de gênero, raciais, étnicas e culturais. Também são marcadores da diferença, da diferença dentro da diferença[6], sobretudo quando esta perspectiva analítica se abre para

a experiência das pessoas em sua subjetividade, que é muitas vezes vivida pelo desfazer o gênero, problematizando a diferença. Outrossim, visibilizam a perspectiva de gênero, como crítica da ciência que se pretende neutra (LONGINO, 2008; HARDING, 1993). Trata-se de vozes e lugares contrapostos aos modelos lógicos dedutivos, que se expressam por oposição e ou por complemento; de construção binária, tais como dominante e dominado, indivíduo e sociedade, natureza e cultura, estrutura e ação, masculino e feminino, tão comuns em várias áreas; e também na sociologia[7].

Os estudos de gênero e de sexualidade na sociologia e, igualmente, em muitas de suas interfaces com as ciências sociais, foram marcados a partir da teoria dos papéis, dos perfis de sexo ou das análises chamadas de estudos da condição feminina, ou dos estudos de mulheres e da dominação patriarcal; pouco avançaram na discussão da diferença dentro da diferença, nas abordagens pós-estruturalistas e nas questões contemporâneas das demandas lésbicas, *gays*, bissexuais, travestis, transexuais, transgêneros, *queer*, expressos na sigla (LGBTQIA)[8].

Na sociologia, a perspectiva analítica dos estudos de gênero não está isolada do que ocorreu

---

6. A noção de diferença, a partir dos anos de 1990, é pensada por diferentes feministas da diferença como pluralidade ou multiplicidade de posicionalidades relacionais, nas quais os marcadores de gênero, classe e raça são tomados como interseccionais. Esta perspectiva metodológica se afasta dos binários e da noção de identidade fixa, permite a visibilização nas teorias de novos tipos de arranjos, já existentes, e de novas formas de coalizão, as quais se traduzem em novas formas de fazer política e de fazer teoria (HITA, 2002, p. 340).

7. Categorias hoje consideradas portadoras de fundacionismos e de fixidezes não suficientes à análise (NICHOLSON, 2001). Contudo, estes estudos e seus desdobramentos, jamais abandonaram seu lugar de denúncia teórica e o desafio de dar voz às mulheres na construção de novos olhares e da visibilização de outros sujeitos, tanto para o proceder científico quanto para a intervenção política em diferentes âmbitos.

8. LGBTQIA é a sigla para definir Lésbicas, *Gays*, Bissexuais, Travestis, Transexuais, Transgêneros, *Queer* (atua com a ideia que abrange as pessoas de ambos os gêneros, que possuem uma variedade de orientações, preferências e hábitos sexuais, ou seja, é um termo neutro que possa ser utilizado por todos os adeptos desse movimento). Intersexo (pessoas em que a sua característica física não é expressa por características sexuais exclusivamente masculinas ou femininas) e assexual (pessoa que não possui atração sexual nem por homens nem por mulheres ou que não possua orientação sexual definida) [Disponível em: http://prceu.usp.br/uspdiversidade/lgbtqia/o-que-e-lgbtqia/ – Acesso em 30/12/2018].

nas diferentes áreas do conhecimento em termos metodológicos e epistêmicos, sobretudo nos anos de 1970 e 1980, e tampouco ficou imune às re-naturalizações pelos binários, que nela ainda persistem. Ela frequentemente se inscreve em duas tensões: 1) no âmago das oposições dos usos filosóficos que a antecederam e/ou acompanharam sua fundação, tais como objetividade *vs.* subjetividade, individual *vs.* coletivo, voluntário e involuntário, consciente e inconsciente, interior e exterior, condicionantes materiais e representações, idealismo e materialismo, teoria e prática, estrutura e ação, segredo e revelação; 2) e na dimensão epistemológica de entalhar nexos entre o ponto de vista externo do observador e as formas em que os atores percebem e/ou experimentam o que fazem durante o transcurso de suas ações. Esta última posição a incita a colocar em prática a reflexividade sociológica; contudo, a mesma não é, por isso, marcada pela perspectiva de gênero, nem permite sempre discutir a posição de sujeito, herdeira da analítica pós-estruturalista advinda particularmente dos estudos *queer*.

Os estudos *queer* caracterizam importantes críticas aos estudos sociológicos, sobretudo a respeito de termos como minorias sexuais e identidade, ainda que tanto os estudos de gênero, os *queer* e os sociológicos compartilhem a compreensão da sexualidade como construção social e histórica, parafraseando Miskolci (2009).

Olhar as relações entre os estudos de gênero e a sociologia obriga a observar que a tradição dos estudos de gênero é muito diferente, se ela é francesa, ou se é anglo-saxônica. No caso do Brasil, recebemos influência das duas. A abordagem francesa não incorporou o termo gênero, assumiu o termo relações sociais de sexo, por longo tempo (LOBO, 1992), e esta produção fica muito mais demarcada, no interior de abordagens marxistas e da sociologia do trabalho, em autoras como

Kergoat (1987), Haicault e Combes (1987), Lobo (1992), em que é forte nas discussões do cuidado e do uso do tempo.

Até o final dos anos de 1960 e parte dos anos de 1970, no Brasil, segundo Bruschini (1992), em trabalhos pioneiros como os de Aguiar (1978), Saffioti (1969) e Blay (1975), o foco central foi a incorporação ou a expulsão do trabalho feminino, no contexto da expansão do capitalismo. Temas ligados à classe e sua desnaturalização, problematizações a respeito da divisão sexual do trabalho, do uso do tempo e do cuidado, e da polarização entre trabalho produtivo e reprodutivo, trabalho doméstico e fora de casa, da condição feminina, patriarcado, liberdade sexual foram intensos. Estes aspectos se desenvolveram no interior de um forte debate entre igualitaristas e diferencialistas[9].

---

9. Considere-se que desde o final da década de 1970, com o lento e gradual processo de abertura política, muitas mulheres ligadas às esquerdas ou aos partidos progressistas, que estavam no exílio, retornaram ao país, atuando em movimentos pela anistia e pelo fim da ditadura. Eram mulheres de formação universitária, na sua maioria, que já exerciam atividades intelectuais e acadêmicas antes de partirem para o exílio em países europeus ou nos Estados Unidos. Segundo Martins (2017), muitas delas tiveram contato com os debates feministas no exílio e, ao retornarem ao Brasil, trouxeram essa experiência política e reflexiva para o movimento de mulheres que se organizava em coletivos e grupos que debatiam questões importantes como o aborto, a violência, a saúde, a divisão sexual do trabalho, entre outras questões da pauta política feminista. Esta experiência coletiva do feminismo brasileiro e de seus enfrentamentos ideológicos com grupos e partidos políticos conservadores, como também com os grupos e partidos da esquerda, contribuiu decisivamente para a organização de espaços reflexivos nas universidades brasileiras. Este processo de institucionalização não foi linear nem homogêneo, dependendo, em grande parte, da mobilização de professoras e pesquisadoras feministas nas universidades (MARTINS, 2017, p. 17-18). Os primeiros grupos de estudos sobre mulheres surgiram na década de 1980, sendo o primeiro o Núcleo de Estudos da Mulher, na Pontifícia Universidade Católica do Rio de Janeiro, liderado pela socióloga e feminista Fanny Tabak. Ao longo desta década, outros grupos de estudos sobre mulheres foram criados em universidades do Nordeste e do Sudeste brasileiro. Segundo estimativas de Costa e Sardenberg (1994, apud MARTINS, 2017, p. 17), foram criados 40 grupos com esta temática, entre 1980 e 1990, nas universidades brasileiras.

Gênero, ao contrário do termo relações sociais de sexo de tradição francesa, segundo Peyre, Wiels e Fonton (2002), é construído na tradição anglo-saxônica. Seu uso foi gradativamente tornando-se hegemônico nas ciências sociais, ainda que o ponto de partida no caso da sociologia tenha sido tributário da influência funcionalista, ou culturalista, na antropologia. Segundo Heiborn e Sorj (1999), Parsons e Bales (1995) tiveram impacto considerável sobre a sociologia dos anos de 1950 e 1960, porque conceberam a diferença de gênero no interior da família nuclear moderna em termos de papéis "expressivos" (feminino) e papéis "instrumentais" (masculino). Desta perspectiva de base dual e oposta, portanto bastante mecânica, à família monogâmica, atribui-se funções socializadoras e também a responsabilidade na manutenção do funcionamento da sociedade e da ordem social. Esta construção se fazia a partir do sexo de que os indivíduos eram portadores e sua linear correspondência em gênero.

Durkheim, na tradição sociológica francesa, também havia demarcado a família por esta perspectiva. Segundo Chabaud-Rychter, Descoutures e Varikas (2010), as análises das interações e da ordem social igualmente são encontradas nos textos de Crozier, Touraine, Boudon, Ginzburg, Boltanski e Latour. Estes autores da sociologia versam a respeito de teorias, saberes e regimes de ação, o que poderia demarcar uma base relacional para gênero, dentro das teorias sociológicas. Contudo, esta concepção, ainda que possa ressaltar interações e interdependências como em Elias, faz-se de modo tal que gênero não aparece ou, quando irrompe, recai prisioneiro de *aprioris* que não integram os avanços feministas.

Segundo Chabaud-Rychter, Descoutures e Varikas (2010), a posição destes autores lhes cai confortável, porque constroem seu reconhecimento dentro de um quadro teórico que já está em conformidade com a sua trajetória intelectual e seu

status; e falar de mulheres, como é o caso de Touraine, não é necessariamente reconhecer vivências e processos de gendrificações capazes de mudar o olhar das teorias; são textos circunscritos a mulheres como condição feminina, ou como artistas de si, e isso não é um diálogo necessariamente com o feminismo e com as críticas já produzidas.

Em Comte, Durkheim, Mauss, no estruturalismo de Lévi-Strauss, e até mesmo em Bourdieu[10], se apresentam bases fixas, binárias e heteronormativas para sexo e também para gênero. Segundo Mathieu (2005), estas se produzem como consequência de um sexo biológico que é conhecido como determinante, ou a determinar. O referente é então uma bipartição absoluta do sexo. Neste arranjo entre sexo e gênero é estabelecida uma correspondência homológica natural, que se faz como perspectiva construcionista estruturalista. A diferença dos sexos é então conhecida como fundadora de identidade pessoal da ordem simbólica e política[11]; não há espaço para quem não segue a linearidade sexo biológico igual a gênero correspondente a genitália e desejo heterossexual; homem ama mulher e mulher ama homem.

Desestabilizar posições teóricas existentes, outorgando ao gênero o valor de uma categoria central, envolvida com relações de poder, conforme analisa Scott (1995), só seria possível se as teorias sociológicas fossem colocadas sob o olhar autocrítico e desnaturalizador das teorias feministas, particularmente das teorias *queer*, e quando a cate-

---

10. Importante análise ao livro *Dominação masculina*, de Bourdieu, é construída por Nicole-Claude Mathieu, sua mestra, e sistematizada por Falquet (2014).

11. A autora Mathieu (2005), que possui uma dupla ancoragem disciplinar na Antropologia e na Sociologia, analisa como o modelo da heterossexualidade, conhecido no Ocidente como expressão da natureza, frequentemente apresenta o gênero traduzindo o sexo, ainda que nas práticas culturais possam ser encontrados muitos processos de adequação e inadequação entre sexo e gênero. E que, seguidamente, o sexo pensado e as práticas sejam contraditórias.

goria experiência em diálogo com o feminismo da diferença se tornasse igualmente central.

Nas ciências humanas, uma grande parte da psicologia e da psicanálise é colocada dentro deste modo de conceituação. Nessa ótica naturalista, o julgamento realizado a respeito da homossexualidade é o de que ela é uma anomalia, uma perversão, embora, por outro lado, seja reconhecida a sua existência na natureza entre os animais[12]. Cultura e gênero são tomados como derivados do sexo, em bases binárias fixas, ontologizadas, mesmo quando é para mostrar processos de dominação como o é, no livro de Bourdieu, a dominação masculina.

Para o campo das ciências sociais, Rubin (1975) produziu importantes desconstruções em relação aos clássicos, no que diz respeito a tomar a sexualidade enquanto resultado de relações sociais marcadas pelo sexo, na qualidade de desencadeador dos arranjos sociais, políticos e institucionais. A autora preconiza que qualquer sistema sexo-gênero está sempre intimamente ligado a fatores políticos e econômicos de cada sociedade; ligado, portanto, sistematicamente, à desigualdade social e necessitando de desnaturalização[13]. A autora responde à subordinação, mostrando a necessidade de desvelar a parte da vida social que é o *locus* da opressão das mulheres.

Rubin estava pensando dentro do quadro da diferenciação entre natureza e cultura e se perguntava quais seriam as relações sociais que convertiam as "fêmeas" em "mulheres (domesticadas)". Ela procurou a resposta numa leitura crítica de Marx, Lévi-Strauss e Freud, prestando atenção à diferença sexual, na qual se discutia como se produzia a passagem da natureza à cultura[14].

A autora observou como essas relações que eram pautadas na ordem complementar entre natureza e cultura e na dominação da sexualidade pelos acordos de exogamia celebrados entre homens era um aspecto frequentemente invisibilizado na releitura das obras clássicas. Analisa como aliança, exogamia, parentesco, divisão sexual do trabalho, demarcam um conjunto de convenções, mediante as quais uma sociedade transforma a sexualidade biológica em um produto da atividade humana, e o faz por meio dos significados e do negligenciamento de muitas possíveis combinações e vivências de família e intimidade.

Nesta forma de entender demarcam-se relações de invisibilização das mulheres como participantes da estruturação social, sendo ou não, as mesmas,

---

12. Tamanini (2008) faz uma resenha crítica do livro de Isabel Delgado Echeverría sobre *El descubrimiento de los cromosomas sexuales – Un hito en la historia de la Biología*, publicado pelo Consejo de Investigaciones Científicas, em Madri, no ano de 2007, com 734 p., é onde estas problematizações aparecem. Echeverría analisa os trabalhos científicos publicados entre 1870 e 1940 em relação aos problemas biológicos da determinação do sexo. A autora mostra como o descobrimento dos cromossomos sexuais em 1905 fez com que as teorias morfológicas se impusessem sobre as demais, ao mesmo tempo em que o estudo da herança relacionada com os cromossomos sexuais foi o ponto de partida da genética cromossômica que Morgan e seus colaboradores desenvolveram a partir de 1910, considerada a segunda revolução genética, se tomada a de Mendel como a primeira. O tema do dimorfismo sexual normativo constitui o eixo da preocupação central do livro, embora existam outros focos que tornam esse material fascinante. O seu apanhado histórico seria já em si uma grande contribuição para os estudos sobre a história da ciência, se considerada a forma como a autora trabalha com a riqueza documental e como elabora o seu método de coleta, armazenamento, organização e interpretação dos dados. Mas sua riqueza se amplia muito ao considerar-se a original contribuição que ela oferece para os estudos de gênero e ciência. A primeira razão a demarcar é o fato de que a autora inclui neste seu trabalho a trajetória de várias mulheres pesquisadoras, como Nettie Maria Stevens. Além disso, é de extrema relevância e muito instrutivo o modo como põe em destaque os traços do androcentrismo, presente nos discursos da maior parte dos trabalhos analisados.

13. O sistema sexo-gênero, categoria lançada por ela em 1975, se definia "como um conjunto de acordos sobre os quais a sociedade transforma a sexualidade biológica em produtos da atividade humana e nos quais essas necessidades sexuais são satisfeitas". (RUBIN, 1998, p. 17).

14. Nas palavras da autora, "a passagem de fêmea, como se fosse matéria-prima, à mulher domesticada".

colocadas em sistemas de gênero binários, estáticos, universalizantes, pouco ou nada explicativos das múltiplas experiências do seu vivido[15].

A manutenção desta ordem linear e dicotômica pode ser encontrada também, se analisarmos Elias, Ariés, Habermas e Weber. Exceção se faz à Marianne Weber, que mesmo que não rompa com a binariedade de papéis, tem importantes discussões a respeito da propriedade, herança, divórcio e do acesso ao estudo e profissão para as mulheres, compartilhando das bandeiras feministas liberais da Alemanha do seu tempo. Ela problematiza estes temas, ao mesmo tempo em que compartilha do rigor ético em relação aos valores morais, da família, da sexualidade e da responsabilidade para com o outro, aspectos que muito influenciaram a obra de Weber. Apesar disso, ela raramente foi e é reconhecida como autora, nos programas de formação sociológica. Valores, ambiguidades, autoridade, subordinação, ética, crítica ao patriarcado e a visão sociológica adotada por Weber em *Economia e sociedade* devem muito a Marianne e às ideias feministas da época. As publicações de Marianne trouxeram importantes polêmicas com Durkheim, Pulsen, Simmel, com quem os Weber travaram diversos debates sobre temas como antimilitarismo, coquetismo, cultura feminina, prostituição e movimento feminista (DIGGINS, 1999); mas ela, lamentavelmente, não aparece na formação dos estudantes.

Simmel, Mannheim, Adorno e Arendt, mesmo que teçam importantes críticas à Modernidade, operam com as mesmas separações e não chegam a problematizar a invisibilização das mulheres. É ilustrativo o exemplo simmeliano, no qual se interpõem cultura objetiva como um produto da externalização masculina e cultura subjetiva como um produto feminino. O operador de gênero binário, dual e excludente fica ainda mais circunscrito na tentativa simmeliana de criar uma ontologia feminina – bem como a lógica grega do público e do privado, em Arendt – são alguns dos importantes aspectos que necessitam de releituras pela perspectiva de gênero.

Autores como Hughes, Schütz, Strauss, Garfinkel, Goffman, Becker têm alguma afinidade com a metodologia empírica epistemológica de produção feminista. Garfinkel em particular, com suas incursões no famoso caso de Agnes; contudo, o tema da transexualidade só voltou quase uma década depois de Garfinkel, com Kessler e McKenna (2000). As obras sobre sexualidade em Foucault marcaram importantes diálogos e foram acionadas pelo feminismo e também por teorias *queer*, que nelas encontraram aspectos contrapostos à hipótese repressiva; assim como encontraram em Derrida, o conceito de suplementaridade e a perspectiva metodológica da desconstrução.

Giddens (1993), em *A transformação da intimidade: sexualidade, amor e erotismo nas sociedades modernas*, considera que a possibilidade da intimidade significa a promessa de democracia, proposta por meio de conceitos como autonomia, autorreflexividade e autodeterminação dos indivíduos, no sentido de deliberar, julgar, escolher e agir diante de diferentes cursos de ação possíveis. A autonomia não poderia ser desenvolvida enquanto os direitos e as obrigações estivessem intimamente vinculados à tradição e às prerrogativas da propriedade. Estes novos tipos de relacionamento, baseados numa escolha do sujeito pela busca da felicidade individual, que exigem igualdade sexual e emocional, libertos de compromisso pessoal ou implicação de laço afetivo, Giddens conceitua como "sexualidade plás-

---

15. A autora, participando do debate feminista com o marxismo, afirma que as necessidades satisfeitas pela atividade econômica não esgotam requerimentos humanos fundamentais, tais como a reprodução, geração após geração. Rubin considera sexualidade e procriação como necessidades que os humanos não podem satisfazer de maneira natural. Cf. tb. PISCITELLI, A. "Nas fronteiras do natural: gênero e parentesco". In: *Estudos Feministas*, vol. 6, n. 2, 1998, p. 305-321. Rio de Janeiro: IFCS/UFRJ.

tica" e "relacionamento puro". Eles são a expressão mais evidente do processo da "transformação da intimidade" (GIDDENS, 1993). Estes aspectos abririam relações de igualdade na Modernidade, como ele desenvolve no conceito de sexualidade plástica, de amor confluente, relacionamento puro. Não se trata mais de uma condição natural, mas de uma escolha com seus riscos, sua reflexividade, seu prazer e sua confiança responsável.

Dito isto, vale ressaltar o importante lugar dos estudos culturais para a sociologia, como também para os estudos de gênero e sexualidade. As noções de multiplicidade e provisoriedade dos sujeitos trouxeram desconstruções das relações de funcionalidade, semelhança ou divergência. Permitiram repensar a voz e a narrativa, em contraposição às construções identitárias homogeneizadoras. Apresenta-se nelas a ideia da diferença, articulada contextualmente, nas lacunas de sentido entre as fronteiras culturais[16].

Por último, importa fazer menção à teoria *queer*, construída a partir dos estudos culturais norte-americanos, que é tomada como contraponto crítico aos estudos sociológicos sobre minorias sexuais e à política identitária dos movimentos sociais, conforme já sinalizado. Oferece-se, deste modo, uma possibilidade criativa à compreensão da forma como a sexualidade estrutura a ordem social contemporânea e produz-se a crítica ao fato de que, até a década de 1990, as ciências sociais tratavam a ordem social como sinônimo de heterossexualidade. Nas palavras de Miskolci (2009,

p. 150), os estudos *queer* sublinham a centralidade dos mecanismos sociais relacionados à operação do binarismo hetero/homossexual para a organização da vida social contemporânea[17].

Ajustando a lente: sexualidade para heranças e interfaces com gênero

Os estudos de gênero a partir da década de 1960, conforme já dissemos, adotaram a distinção entre sexo e gênero para colocar em evidência a variabilidade socioantropológica e cultural do gênero e sua construção histórica, relacional e datada. Neste contexto, as narrativas se contrapunham aos essencialismos e aos determinismos, que eram conduzidos como se fossem estruturantes do conjunto das percepções políticas (VARIKAS, 2003), culturais, religiosas e científicas, fundadas pelas categorizações das diferenças propostas a partir do século XVIII e que se consolidaram no século XIX (STEPAN, 1994). Na passagem do século XVIII para XIX, seguindo concepções iluministas, a biologia e a representação do corpo estável e a-histórico instituem-se como bases epistêmicas para prescrições da ordem social. O dimorfismo sexual marcará uma divergência biológica, política e moral entre homens e mulheres e entre heterossexualidade e homossexualidade[18].

---

16. Diferença aqui, segundo Costa (2006), não tem o sentido de herança biológica ou cultural, nem de reprodução de uma pertença simbólica conferida pelo local de nascimento, de moradia ou pela inserção social e cultural. A diferença é construída, no processo mesmo de sua manifestação; ela não é uma entidade ou expressão de um estoque cultural acumulado; é um fluxo de representações, articuladas *ad hoc*, nas entrelinhas das identidades externas totalizantes e essencialistas, e deve ser tratada como parte da performatização da diferença, no sentido linguístico do ato enunciativo e no sentido dramatúrgico da encenação.

17. Paul B. Preciado e Eve K. Sedgwick são importantes autores para compreender as teorias *queer*.

18. Segundo Weeks (2001), os termos "heterossexualidade" e "homossexualidade" foram criados pelo escritor austro-húngaro Karl Kertbeny e usados pela primeira vez em 1869. Para este escritor, homossexualidade descreveria uma forma benigna da normalidade e heterossexualidade descreveria a norma. No entanto, com o passar do tempo, no final do século XIX e começo do XX, houve a busca pela definição mais precisa das identidades sexuais e formas de comportamentos, o que fez com que os termos se tornassem absolutamente opostos e passassem a determinar que uma pessoa fosse "correta" ou não, pelo modo como se relacionava afetiva e sexualmente, ou seja, aqueles que tinham uma orientação homossexual passaram a ser vistos como doentes ou portadores de alguma espécie de problema; eram vistos como transgressores, pecadores e pessoas que viviam de forma errada.

No espaço social e moral, serão reconhecidos dois corpos e dois lugares, um para o público e outro para o privado, com valoração desigual; diferente do modelo do sexo único que perdurou até o século XVIII. A construção de um corpo unissexuado (modelo do sexo único), com diferentes versões atribuídas ao menos a dois gêneros, foi formulada, na Antiguidade, como um modelo metafísico ideal para dar valor à afirmação cultural do patriarcado; a mulher era entendida como um homem invertido.

O sistema era homológico, e nele a ordenação de homens e mulheres ocorria segundo o grau de perfeição metafísica, o calor vital (masculino) de base aristotélica. Essas ideias, segundo Laqueur (2001), deram lugar, no final do século XVIII, a outro tipo de dimorfismo radical, baseado em uma fisiologia e anatomia do incomensurável. É uma construção do sexo, no Ocidente, atinente a interesses culturais, políticos e ideológicos que interferiram nas descobertas científicas e nas interpretações do que era observado (LAQUEUR, 2001; MARTINS, 2004; RAGO, 1999).

Como consequência das mudanças da realidade social, da revolução epistemológica, política e social, o modelo da sexualidade bipolar masculino/feminino do final do século XVIII serviu para justificar e para impor diferenças morais que incidem sobre os comportamentos femininos e masculinos da sociedade burguesa.

Marcar o corpo com a diferença dos sexos deu significação à desigualdade, à descontinuidade sexual, à oposição dos corpos (catálogos das diferenças atribuídas à natureza dos corpos) e à complementaridade natural, em que se anunciava uma incômoda igualdade jurídica-política, instituída pelo Iluminismo.

A demarcação entre público e privado, homem e mulher, política e família acentuou-se de forma constante. O corpo sexual foi tomado como o motivo e a justificativa das desigualdades supostamente naturais entre homens e mulheres, entre interesses públicos e privados, dando suporte ao julgamento das condutas morais privadas que se mantêm até hoje.

O conhecimento da existência de dois sexos biológicos, a partir do século XVIII, colocou os órgãos reprodutivos na centralidade da definição das diferenças entre homens e mulheres. "Aos poucos, as genitálias, cuja posição marcou um lugar do corpo em um grau teleologicamente masculino, passaram a ser apresentadas para revelar a diferença incomensurável" (LAQUEUR, 2001, p. 197).

Tratava-se de um contexto político, no qual havia disputas de poder e de espaço nas representações de âmbito público, científico, moral e religioso, e o corpo era o ponto decisivo para apoiar ou negar exigências nos campos sociais, econômicos, políticos, culturais e eróticos. Estas concepções iluministas produziram, para a ciência, para a vida moral e política, a negação de lugar às mulheres e a negação da homossexualidade. Negou-se o lugar das mulheres como sujeito e como agentes de si. Elas podiam ser objeto da razão e da observação masculina, nunca seus sujeitos[19]; e nega-se a homossexualidade, circunscrevendo-a à tensão entre segredo e revelação, contraposta à heterossexualidade como investimento e positivação desejada.

Os homens eram vistos como formuladores ideais do conhecimento; e, entre eles, apenas os

---

19. Anatomia, fisiologia, biologia evolucionária, antropologia física, psicologia e sociologia construíram teorias da diferença sexual. Apesar das distinções entre as disciplinas, imperava o consenso de que as mulheres eram intrinsecamente diferentes dos homens, em sua anatomia, fisiologia, temperamento e intelecto. No desenvolvimento da espécie, elas teriam ficado para trás, em relação aos homens, o que as colocaria em uma posição mais próxima dos primitivos e das crianças. Isso teria ocorrido porque, para a espécie, era prioritário o desenvolvimento dos órgãos reprodutivos da mulher, cabendo aos homens o cultivo da força física e da inteligência (ROHDEN, 2001, p. 25).

que pertenciam à classe, raça e cultura corretas. Eles eram vistos como detentores de capacidade inata para o raciocínio e à observação socialmente transcendentes (HARDING, 1993).

Esta construção não era apenas teórica e isolada; ela atendia à legitimização dos processos de pesquisa, das metodologias utilizadas e as lutas políticas; localizava-se também no campo da ciência pela problematização da epistemologia do conhecimento (LONGINO, 2008; GERGEN, 1993; HASLANGER, 2001), e era fundada no dimorfismo do sexo como base para toda a forma descarteana de pensar.

O conjunto destas questões marcadas pelos determinismos abrigou um contexto de posicionalidades e controvérsias, que se desenvolveram gradativamente, sobre dois pilares importantes no século XX, o paradigma da identidade de gênero e o sistema sexo/gênero.

Segundo Haraway (1991), o paradigma da identidade de gênero se construiu dentro dos discursos médicos como ferramenta analítica na concepção de ciência da metade do século XX, sobretudo, voltava-se para os hermafroditas e para pessoas intersexo.

Dorlin (2008) analisa a historicidade do sexo e como os médicos engajados com tratamentos cirúrgicos e hormonais no século XX se ocuparam de protocolos de redesignação de sexo aos quais chamaram de papéis de gênero. O intuito destes procedimentos médicos era o de redesignar a um sexo crianças nascidas com genitália ambígua.

Contudo, o problema destas intervenções biomédicas não era a função dos órgãos, sequer era o processo físico-anatômico em si. O problema era a impossibilidade de classificação, para lhes dar uma identidade sexual confiável como macho e fêmea que fosse inconteste para a ordem da diferença em gênero. Tratava-se de construir o sexo adequado,

bom, correto e inteligível, a fim de atender à ordem de ser dois, de ser gênero, infundindo-lhes a genitália pensada como boa e adequada, para ocupar o lugar certo no masculino e no feminino.

Por meio do pensar e deste fazer o bom sexo, graças a intervenções cirúrgicas e hormonais e aos tratamentos psicológicos, a pessoa era tornada o macho ou a fêmea plausível, mas os processos eram realizados para atender a expectativas a respeito de comportamento sexual e desejo, que deveria ser heterossexual, logo calcado no gênero binário. As decisões clínicas e cirúrgicas, nos processos de intervenção, uma ação muitas vezes incompatível com o sentir de si da pessoa que passava pela intervenção, também produziam o modelo heterossexual e homossexual, embora este último ocupasse o lugar do contraditório invisibilizado.

Estas práticas, durante o século XX, levaram vários especialistas da intersexualidade a considerar que o sexo biológico era um fator relativamente flexível, passível de construção, aleatório e pouco obrigatório em matéria de identidade sexual. Neste contexto, havia maior flexibilidade para gênero, a materialização do sexo atendia a expectativas gendrificadas, servindo à tecnologia cirúrgica, à redução da pessoa aos papéis de gênero e de comportamento sexual. Busca-se o gênero, o que faz Dorlin (2008) afirmar que o conceito de gênero não foi inventado pelas feministas e sim pelas equipes médicas que se ocuparam de pessoas hermafroditas.

John Money (1952, apud FAUSTO-STERLING, 2000, p. 46), por exemplo, declara que o comportamento sexual ou orientação em direção ao sexo macho ou ao sexo fêmea não tem fundamento inato; ele reconhece assim a cultura e o lugar de constituição do desejo.

John Money e Anke Ehrhardt, publicam a obra *Um homem e uma mulher, um filho e uma filha* em 1972, uma obra que, segundo Dorlin (2008), suscita muitas polêmicas, porque nela ele se reporta ao caso de um menino de 2 anos tratado no hospital, segundo os métodos de tratamento de crianças intersexo. Esta criança não havia sido diagnosticada como intersexo. Ocorreu que, em seguida a um acidente de circuncisão, com a idade de 9 meses, ele ficou sem o pênis e seus pais pedem solução a Money que entende ser a melhor solução torná-lo uma menina. Depois de uma castração e de tratamentos hormonais, Bruce, o menino, é tornado Brenda, um pouco antes de 3 anos. Money teria usado Bruce/Brenda como cobaia para sua teoria. Ele operou uma troca de sexo sobre um indivíduo, considerado biologicamente normal, em um contexto em que os intersexos eram considerados anormais, por causa de uma dificuldade em definir a genitália. Money realiza uma cirurgia dentro do quadro do que será mais tarde o tratamento médico para a transexualidade.

Para ele, a experiência realizada com esta criança deveria demonstrar a flexibilidade da divisão sexo/gênero. Nesta concepção, o sexo biológico não determina a identidade de gênero nem a sexualidade. O sexo pode ser construído por uma intervenção externa ou por alguma tecnologia. Money é relativamente indiferente à biologia, o que lhe interessa é manter a binaridade de gênero. O biológico lhe interessa na medida em que pode garantir plasticidade para a binaridade da identidade sexual. Ele se interessa por papéis e comportamentos sexuais. Para Money, o que chamamos de sexo biológico nos reenvia sempre aos papéis e, portanto, comporta um elemento a mais, faz a sexuação dos corpos pelo sexo biológico; o que chamamos de sexo dos indivíduos é o sempre marcado culturalmente como macho e fêmea, portanto, faz-se por uma bicategorização de sexo, que nos reporta igualmente à binaridade de gênero.

Na mesma direção do reconhecimento das relações, ainda que marcadas por aspectos biológicos,

caminha o psiquiatra Stoller. Ele funda em 1954 a pesquisa clínica sobre identidade de gênero e, em 1955, propõe distinguir o sexo biológico da identidade de gênero, teoria que ele reformula em 1968 em termos de sexo e gênero.

Stoller (1992), no campo da psicanálise, distingue dois momentos na construção da identidade nuclear de gênero dos indivíduos. Um desses momentos foi teorizado por Freud. Refere-se ao primeiro objeto de amor da criança – a mãe – o que significa que o menino[20] inicia a vida como um heterossexual, porque se apega à mãe e que a menina tem problemas desde o início, pois seus genitais são inferiores aos de seu pai e seu objeto de amor original é homossexual.

Seguindo esta relação com o primeiro objeto de amor, é que a criança alcançará o Complexo de Édipo, caracterizado no caso do menino pelo complexo de castração e na menina pela inveja do pênis; o modo como se manejam essas questões marcará a sexualidade futura da criança.

A identidade de gênero, nestas teorias, se inicia com a percepção de que se pertence a um sexo e não a outro. Esta percepção será dada inicialmente pelo processo de socialização enfatizado pelos pais; posteriormente, pelos amigos e por aquilo que a cultura vai definir como papéis masculinos e femininos. Já o núcleo da identidade de gênero dá a convicção de que a atribuição de seu sexo foi correta. Ela impõe-se antes dos dois anos de idade e vai persistir até a idade adulta, quando a escolha do

---

20. Os desvios coerentemente heterossexualizados requerem que as identificações se efetuem sobre a base de corpos similarmente sexuados e que o desejo se desvie através da divisão sexual para membros do sexo oposto. Mas, se um homem pode identificar-se com sua mãe e desejar, partindo dessa identificação, de algum modo, ele já confundiu a descrição psíquica do desenvolvimento de gênero estável. E se esse mesmo homem deseja outro homem ou uma mulher, será que o seu desejo é homossexual, heterossexual ou mesmo lésbico? E o que significa restringir qualquer indivíduo dado a uma única identificação? (BUTLER, 1993, p. 99).

objeto sexual do sujeito estará mais ou menos definida. Em Stoller, masculinidade ou feminilidade é uma convicção – mais precisamente, uma densa massa de convicções, não um fato incontroverso.

Em suma, essa releitura freudiana, seguida de uma nova visão sobre a identidade de gênero, considera que a feminilidade nas mulheres não é apenas inveja do pênis, negação, aceitação ou resignação, frente à suposta castração; uma mulher não é um homem fracassado como postula Freud[21]. A masculinidade nos homens não é simplesmente um estado natural que precisa apenas ser preservado para desenvolver-se normalmente; ao contrário, a masculinidade é conquistada.

O que nos interessa ressaltar nestes relatos biomédicos é como a socialização se imbrica com gênero, e como a materialização do sexo ocorre por meio de muitas intervenções. Este aspecto nos leva imediatamente para os estudos de sexualidade e gênero que tomaram o pressuposto da dimensão cultural para problematizar os fundamentos da biologia, embora tenham em geral, mantido a prevalência da construção lógica heterossexual[22].

O século XX institui o tema da sexualidade, no campo teórico de abordagem sociológica e de outras áreas das ciências humanas, e o demarca no interior da existência de duas percepções distintas: o construtivismo social e o essencialismo. Nesses dois conjuntos, a sexualidade é frequentemente vinculada à reprodução e à família, a partir da diferença sexual fixa em seus corpos. Sua base é uma estrutura dual e binária e tem como resultado uma leitura determinista do sexo e de sua função social como instituição normativa.

A sexualidade é circunscrita à reprodução, portanto, pertence à necessidade de se ter genitálias diferentes; e para a reprodução persiste, no caso dos humanos e de alguns animais e vegetais, a necessidade de gametas diferentes; construção esta, demarcada dentro de um olhar essencializado pela diferença, ainda que em práticas múltiplas[23].

A este aspecto, somam-se as alianças de casamento entre homens e mulheres, construídas como naturais e propostas para todas as pessoas hete-

---

21. Smirgel (1988) tece importantes considerações críticas a respeito destas teorias, considerando-as infantis e pouco condizentes com a realidade de meninos e meninas. Tampouco poderiam ser aplicadas à vida adulta de homens e mulheres.

22. A primeira ocorrência do termo heterossexual é do século XIX, para se contrapor ao que era considerado uma perversão sexual: a bissexualidade. Segundo Krafft Ebing, apud Dorlin (2008), o termo heterossexual designa o contrário de instinto sexual patológico; trata-se do instinto sexual finalizado pela procriação. A finalidade procriativa é inconsciente, dentro do ato sexual, mas permite distinguir o ato sexual desviante e patológico e o ato sexual natural e normal, assim como as personalidades que lhe são associadas. Todas as patologias sexuais, começando pela homossexualidade, mas também as existentes na heterossexualidade, como os fetichismos ou todos os atos não procriativos, serão definidas como uma perversão do instinto sexual, como uma inversão da identidade de gênero. A heterossexualidade, por sua vez, designa a reprodução do desejo erótico e a predisposição para a reprodução baseada na diferença. É, portanto, a partir de Krafft Ebing que o pensamento médico compreende, dentro do sexo biológico, os processos de sexuação, a procriação (órgãos reprodutores macho e fêmea) e a sexualidade.

23. Hoje, na falta de gametas, busca-se a reprodução assistida, que pode envolver doação dos mesmos. Cf. Machin (2016), em "Tecnologias reprodutivas e material genético de terceiros: reflexões em torno de regulação, mercado e iniquidades". Nesse capítulo aborda o tema da expansão e do funcionamento do mercado das tecnologias reprodutivas que envolvem a utilização de material genético de terceiros, a partir de uma perspectiva global. Também destaca, criticamente, o estabelecimento de uma indústria global da fertilidade, que analisa desde uma perspectiva sociopolítica e ética dos processos que envolvem e reatualizam velhas questões, como a institucionalização das desigualdades de gênero, a estratificação e a exploração de grupos vulneráveis, a realização de práticas que implicam riscos, como no caso das doadoras de óvulos. Algumas mulheres são convertidas em fontes de mercadorias disponíveis para outras mulheres que se tornam consumidoras destes corpos ou de suas partes. Amorim (2016), em seu texto *Óvulos, sêmens e certidões: maternidades lésbicas e tecnologias reprodutivas no Brasil*, estimulada por um episódio etnográfico, analisa as estratégias que seguem os casais de mulheres lésbicas cissexuais (pessoa cuja identidade de gênero corresponde ao sexo que lhe foi atribuído ao nascer) que recorrem à reprodução assistida para assegurar a participação da biologia mútua na filiação. A partir deste foco, apresenta as tramas de sentido que circundam estes procedimentos e os impactos que eles têm sobre as pessoas, os corpos, as relações sociais e as concepções de parentesco no Brasil.

rossexuais; principalmente é destino reservado às mulheres, já que sua função primeira, nesta perspectiva, é pôr filhos no mundo. Hoje, embora se perceba algumas mudanças, apontadas tanto pelos estudos de gênero e sexualidade quanto por autores da sociologia, como Giddens, já citado; sabe-se que esta visão a respeito do casamento e do sexo ainda é dominante no senso comum e no discurso do contraditório, como mostram as linguagens discursivas contemporâneas relativas a esta invenção argumentativa política intitulada ideologia de gênero e defesa da família.

No caso da sexualidade, ela se manteve, epistemologicamente falando, em todo o pensamento clássico, posta no contexto das instituições focadas ou na família, ou na reprodução, ou como objeto de controle do Estado, da polícia, da Igreja ou da medicina; mais por razões de moralidade.

Contudo, é preciso dizer que a partir dos anos de 1960, a sexualidade começa a ser dissociada de sua redução à reprodução e ao casamento, com a criação de um contexto mais amplo de questões, das quais faz parte a criação dos anticoncepcionais. As mulheres e a sociedade passam a aceitar outras possibilidades em relação ao sexo, que não apenas a maternidade.

Nos anos de 1970, os sociólogos americanos John Gagnon e William Simon, no seu livro *Sexual Conduct* (1973), argumentam que a sexualidade está sujeita à modelagem sociocultural em um nível que é comparado a poucas outras formas de comportamento humano. Isso contraria bastante a nossa crença comum de que a sexualidade nos diz a verdade definitiva sobre nós mesmos e sobre nossos corpos: ao invés disso, ela nos diz algo mais sobre a verdade de nossa cultura.

Os meados dos anos de 1980 trouxeram a discussão sobre a maternidade voluntária e a discriminalização do aborto. Questões de fundo, como

desigualdade, direito, sujeito de decisão, agência – "Meu corpo me pertence, um filho se eu quiser, quando eu quiser ou puder" – marcaram a luta das mulheres relativa aos direitos sexuais e reprodutivos. Concomitantemente, produziu-se individuação e construção de direitos como possiblidade de escolher não ter filhos, se não houver desejo de tê-los (TAMANINI, 2013).

Já nos anos de 1980, com o súbito aparecimento da Aids, começou-se a estudar o comportamento sexual das populações, de forma a investigar suas práticas e, ainda que minoritariamente, suas representações; esses estudos deram um novo olhar ao campo, dotando-o de certa legitimidade.

Pierret (1998) analisa que a sexualidade não esteve ausente da sociologia, quando pensada dentro de processos de institucionalização e de comportamentos, sobretudo em sua conexão com a família como instituição, casamento, propriedade e patriarcado. Assim, para a autora, a sociologia só se interessou pela temática da sexualidade como relação social e afeto de forma distante e circunstancial com a irrupção da Aids.

Levou-se, portanto, algum tempo até que os sociólogos resolvessem encarar essa realidade de modo mais amplo, e o fizeram ora na lógica da intimidade, ora na sociologia das emoções ou da vida privada. No entanto, isso ainda não pode ser considerado uma mudança de olhar em direção à compreensão da sexualidade. O tema na sociologia seguiu pensado como da saúde, das condutas, do matrimônio, do coletivo, das epidemias e pandemias.

Assim, pode-se afirmar que, embora a sociologia esteja fundada sobre um postulado antinaturalista e antimédico, em relação a muitos temas (PIERRET, 1998), ainda é um desafio à disciplina desnaturalizar as relações relativas à sexualidade.

Weeks (1999), como sociólogo e historiador, talvez seja o maior nome, para o contexto dos anos de 1980 e 1990, no pensamento sociológico; como um autor que segue a perspectiva construcionista do sexo, ele traz uma abordagem historicamente orientada, evidenciando os elementos culturais e as relações de poder presentes na sociedade no que tange à sexualidade. Nessa proposta, o autor questiona a relação do corpo com as identidades e comportamentos sexuais e quanto o corpo representa o limite da sexualidade, que está além do corpo. Evidentemente, também são inegáveis as contribuições foucaultianas para estes contextos de construção também feminista e, sobretudo, do feminismo da diferença.

Os anos de 1990 visibilizaram noções mais fluidas de gênero e de sexualidade, trouxeram, com muita propriedade, a problematização da construção de gênero. Inicialmente sobreposta à fixidez do sexo, lembrando que, se há uma construção, esta também atua por meios excludentes, assim como pensada por Butler (2003), de forma que o humano é não apenas produzido sobre e contra o inumano, mas através de um conjunto de apagamentos radicais, aos quais se recusa a possibilidade de articulação cultural.

Butler se torna fundamental para reposicionar o humano como construído, mas também como uma construção que é uma operação diferenciada, na qual se produz o mais e o menos humano, o inumano, o humanamente impensável.

No campo da sexualidade, as problematizações como um trabalho de tradução cultural serão, portanto, um esforço para expor as teorias pós-estruturalistas a uma reformulação especificamente feminista (BUTLER, 2010). E, para resgatar a própria materialidade do sexo. Esta não é um simples fato biológico, é efeito dissimulado do poder, das normas regulatórias heterossexistas (sexismo e norma heterossexual), como uma categoria normativa que produz, circunscreve e regula o corpo, permitindo ou interditando certas identificações,

para produzir um corpo sexuado, culturalmente inteligível, segundo Butler (2003).

Com esta posição, a autora não permanece com sua teoria circunscrita à construção cultural para o gênero, aspectos que tanto marcaram as teorias feministas, no seu processo de desnaturalização dos determinismos biológicos. Butler se propõe a sair do debate entre construcionismo e essencialismo para poder visibilizar a desconstrução do próprio sexo e retornar à noção de matéria, não como local ou superfície, sobre a qual a cultura trabalha, mas como um processo de materialização que se estabiliza ao longo do tempo para produzir o efeito de fronteira, de fixidez e de superfície; daquilo que chamamos de matéria. Volta-se, para tanto, à noção de abjetado. Ao perguntar por meio de que normas o próprio sexo é materializado, é preciso ouvir os seres abjetos, aqueles que ainda não são sujeito, mas que formam o exterior constitutivo do sujeito. O abjeto designa aquelas zonas "inóspitas" e inabitáveis da vida social – que são habitadas por aqueles que não gozam do *status* de sujeito – mas que habitam sob o signo do inabitável; é necessário adentrar nelas, para que o domínio do sujeito seja circunscrito.

Desse ponto de vista, o eu não é situado antes de se instituir, mas, segundo Butler, constituído por posições e essas posições não são meros produtos teóricos, mas princípios organizadores totalmente embutidos de práticas materiais e arranjos institucionais, aquelas matrizes de poder e discurso que me produzem como sendo viável.

A título de encerrar a reflexão para este capítulo, evidentemente sem esgotar todas as relações possíveis e a complexa e sutil teia de questões que o envolve, considero que o texto que se lê não obedeceu a critérios cronológicos rígidos e tem muitos outros subtextos. Escolhi pontuar relações em certos contextos e mostrar conteúdos constituidores dos campos, mas devo dizer que o desafio para a sociologia é o de pensar-se como uma teoria social comprometida com a disputa democrática dentro de um horizonte decolonizador.

Ela precisa constantemente reencontrar maneiras de pôr em suspense muitos dos seus fundamentos, para sentir as experiências e o que não é obrigada a estabelecer como espelho do passado. Por exemplo, ela própria necessita de um processo de desconstrução das fixidezes, que possa contrapor-se a muitos dos seus *a prioris,* como o são o dos corpos teóricos binários, como o é a ideia de uma identidade fixa, presente no indivíduo.

Estes supostos fundamentos precisam ser colocados em perspectiva, assim como o é para gênero, para percorrer o caminho da sua própria desconstrução. Não se trata só de saber teoria, é preciso fazer teoria, deixar o conteúdo das realidades sociais e humanas falar com a teoria, desfazer a teoria, interpor novas perguntas às teorias e produzir respostas pertinentes.

Ainda que, tradicionalmente, a sociologia tenha se alimentado de uma tendência de articulação com a teoria feminista e de gênero, considerada no interior de reflexões políticas e sociais conjunturais, cabe dizer que a tarefa sociológica talvez deva incluir maiores sutilezas, dentre elas, como recomenda Butler, considerar a ameaça de perturbação, não como um questionamento permanente das normas sociais condenado ao fracasso, mas como um recurso crítico, na luta para articular os próprios termos da legitimidade e da inteligibilidade simbólica e política.

Fazer isto é cansativo, às vezes, mas, no caso da sexualidade, exige claramente recolocar em discussão a problemática que a vincula a gênero e o jogo político que se faz com ela contemporaneamente. Sua universalidade precisa voltar a ser problematizada, para que se possa caminhar em direção aos parâmetros da justiça social e para que a mesma seja incluída nos temas que tocam de perto os direitos humanos, o combate às fobias de gênero, de sexo, de orientação sexual e das multidões *queer,* expressão de Preciado (2011).

Referências

ADELMAN, M. *A voz e a escuta*: encontros e desencontros entre a teoria feminista e a sociologia contemporânea. São Paulo: Blucher Acadêmico, 2009.

AGUIAR, N. *Casa e modo de produção* – Trabalho apresentado no seminário "A Mulher na Força de Trabalho na América Latina". Rio de Janeiro: Iuperj, 1978.

AMORIM, A.C.H. Óvulos, sêmens e certidões: maternidades lésbicas e tecnologias reprodutivas no Brasil. In: STRAW, C.; VARGAS, E.; CHERRO, M.V. & TAMANINI, M. (orgs.). *Reprodução assistida e relações de gênero na América Latina.* Curitiba: CRV, 2016, p. 169-188.

ARENDT, H. *The Human Condition.* Chicago: University of Chicago Press, .1958.

BENHABIB, S. El outro generalizado y el outro concreto. In: BENHABIB, S. & CORNELL, D. (eds.). *Teoría feminista y teoría crítica.* Valencia: Alfons el Magnanim, 1990.

BENHABIB, S. & CORNELL, D. (org.). *Feminismo como crítica da Modernidade* – Releitura dos pensadores contemporâneos do ponto de vista da mulher. Rio de Janeiro: Rosa dos Tempos, 1987.

BLAY, E. *Trabalho industrial x trabalho doméstico* – A ideologia do trabalho feminino. São Paulo: Fundação Carlos Chagas, 1975 [Disponível em http://www.fcc.org.br/pesquisa/publicacoes/cp/arquivos/276.pdf – Acesso em mai./2017].

BRAIDOTTI, R. *Feminismo, diferencia sexual y subjetividad nómade.* Barcelona: Gedisa, 2004.

_____. *Sujetos nómades.* Buenos Aires: Paidós, 2000.

BRUSCHINI, C. O uso de abordagens quantitativas em pesquisas sobre relações de gênero. In: COSTA, A.O. & BRUSCHINI, C. (orgs.). *Uma questão de gênero.* Rio de Janeiro/São Paulo: Rosa dos Tempos/ Fundação Carlos Chagas, 1992, p. 289-309.

BUTLER, J. *Marcos de guerra:* las vidas lloradas. Barcelona: Paidós, 2010.

_____. *Problemas de gênero*: feminismo e subversão da identidade. Rio de Janeiro: Civilização Brasileira, 2003.

_____. Corpos que pesam: sobre os limites discursivos do sexo. In: LOURO, G.L. *O corpo educado*: pedagogias da sexualidade. Belo Horizonte: Autêntica, 1999, p. 150-172.

_____. *Bodies that Matter* – On the discursive limits of "sex". Nova York: Routledge, 1993.

CHABAUD-RYCHTER, D.; DESCOUTURES, V.; DEVREUX, A.-M. & VARIKAS, E. (orgs.). *Sous les sciences sociales, le genre* – Relectures critiques de Max Weber à Bruno Latour. Paris: La Decouvert, 2010.

CORRÊA, S.C. Gênero e sexualidade como sistemas autônomos – Ideias fora do lugar? In: PARKER, R. & BARBOSA, R.M. *Sexualidades brasileiras*. Rio de Janeiro: Relume & Dumará, 1996, p. 149-159.

CORRÊA, S.O. & MUNTARBHORN, V. *Principios de Yogyakarta* – Principios sobre la aplicación de la legislación internacional de derechos humanos en relación con la orientación sexual y la identidad de género, 2007 [Disponível em http://fundacionjuntoscontigo.org/legal/Principios%20de%20Yogyakarta.pdf – Acesso em 23/12/2018].

COSTA, A.A.A. & SARDENBERG, C.M.B. Teoria e práxis feministas na academia – Os núcleos de estudos sobre a mulher nas universidades brasileiras. In: *Estudos Feministas*, ano 2, 1994, p. 387-400.

COSTA, C.L. O tráfico no gênero. In: *Cadernos Pagu*, n. 11, 1998, p. 127-140. Campinas: Unicamp.

COSTA, S. Desprovincializando a sociologia: a contribuição pós-colonial. In: *Revista Brasileira de Ciências Sociais*, vol. 21, n. 60, 2006, p. 117-134. São Paulo [Disponível em http://www.scielo.br/scielo.php?script=sci_arttext&pid=S0102-9092006000100007&lng=en&nrm=iso – Acesso em 12/08/2018].

DIGGINS, J.P. *Max Weber:* a política e o espírito da tragédia. Trad. de Liszt Vieira e Marcus Lessa. Rio de Janeiro/São Paulo: Record, 1999, p. 192-218.

DORLIN, E. *Sexe, genre et sexualités*. Paris: PUF, 2008.

DUMONT, L. *Homo aequalis*. Paris: Gallimard, 1977.

_____. *Homo hierarchicus*. Chicago/Londres: University of Chicago Press, 1970.

FALQUET, J. Por uma anatomia das classes de sexo – Nicole-Claude Mathieu ou a consciência das oprimidas. In: *Lutas Sociais*, vol. 18, n. 32, jan.-jun./2014, p. 9-23. São Paulo.

FAUSTO-STERLING, A. Dualismos em duelo. In: *Cadernos Pagu*, vol. 17/18, 2001/2002. São Paulo: Unicamp.

_____. *Sexing the Body*: Gender Politics and the Construction of Sexuality. Nova York: Basic Books, 2000.

GAGNON, J. & SIMON, W. *Sexual Conduct*: The Social Sources of Human Sexuality. United States of American: Transaction Publishers, 1973.

GERGEN, K. A Crítica feminista da ciência e o desafio da epistemologia social. In: GERGEN, M.M. (ed.). *O pensamento feminista e a estrutura do conhecimento*. Rio de Janeiro/Brasília: Rosa dos Tempos/Edunb, 1993, p. 48-69.

GIDDENS, A. *A transformação da intimidade*: sexualidade, amor e erotismo nas sociedades modernas. São Paulo: Unesp, 1993.

GOUGES, O. Declaração dos Direitos da Mulher e da Cidadã. In: *Interthesis* – Revista Internacional Interdisciplinar, vol. 4, n. 1, jan.-jun./2007. Florianópolis: UFSC.

HAICAULT, M. & COMBES, D. Produção e reprodução – Relações sociais de sexo e de classe. In: VV.AA. *O sexo do trabalho*. Rio de Janeiro: Paz e Terra, 1987, p. 23-43.

HALL, S. *A identidade cultural na Pós-modernidade*. Rio de Janeiro: DP&A, 1999.

HARAWAY, D. *Simians, Cyborgs, and Women*: The Reinvention of Nature. Nova York, Routledge, 1991.

HARDING, S. A instabilidade das categorias analíticas na teoria feminista. In: *Estudos Feministas*, n.1, 1993, p. 7-31. Florianópolis.

HASLANGER, S. El feminismo en la metafísica: Gestionando lo natural. In: FRICKER, M. & HORNSBY, J. *Feminismos y filosofia*. Barcelona: Idea Books, 2001, p. 121-140.

HAYA, L.T. *Orígenes del feminismo* – Textos de los siglos XVI al XVIII. Madri: Narcea, 2008.

HEILBORN, M.L. Gênero e hierarquia: a costela de Adão revisitada. In: *Estudos Feministas*, vol. 1, n. 1, 1993, p. 50-82 [Disponível em https://periodicos.ufsc.br/index.php/ref/article/view/15989/14485 – Acesso em 10/01/2018].

HEILBORN, M.L. (org.). *Sexualidade:* o olhar das ciências sociais. Rio de Janeiro: Zahar, 1999. p. 7-17.

HEILBORN, M.L. & SORJ, B. Estudos de gênero no Brasil. In: MICELI, S. (org.). *O que ler na ciência social brasileira (1970-1995)*. São Paulo: Anpocs/Capes/Sumaré, 1999, p. 183-221.

HERITIER, F. De Aristóteles aos Inuit – A construção provada de gênero; O sangue do guerreiro e o sangue das mulheres: controle e apropriação da fecundidade. In: *Masculino feminino:* o pensamento da diferença. Lisboa: Instituto Piaget, 1996, p. 181-222.

HITA, M.G. Igualdade, identidade e diferença(s): feminismos na reinvenção de sujeitos. In: DE ALMEIDA, H.B.; COSTA, R.G.; RAMIREZ, M.C. & SOUZA, E.R. (orgs.). *Gênero em Matizes*. Bragança Paulista: CDAPH/ Universidade São Francisco, 2002, p. 319-351.

KERGOAT, D. Em defesa de uma sociologia das relações sociais – Da análise crítica das categorias dominantes à elaboração de uma nova conceituação. In: VV.AA. *O sexo do trabalho*. Rio de Janeiro: Paz e Terra, 1987, p. 79-93.

KESSLER, S. & MACKENNA, W. Who put the "trans" in transgender? – Gender theory and everyday life. In: *The International Journal of Transgenderism*, vol. 4, n. 3. Londres [Disponível em http://www.wpath.org/journal/ – Acesso em 16/12/2018].

LANGNOR, C. & SOUZA, L. *Novos feminismos* – Perspectivas sobre o movimento estudantil feminista na Universidade Federal do Paraná. Curitiba: Universidade Federal do Paraná, 2017, 128 f. [Dissertação de mestrado].

LAQUEUR, T. *Inventando o sexo:* corpo e gênero dos gregos a Freud. Rio de Janeiro: Relume-Dumará, 2001.

LAURETIS, T. A tecnologia de gênero. In: HOLANDA, E.B. (org.). *Tendências e impasses*: o feminismo como crítica da cultura. Rio de Janeiro: Rocco, 1994, p. 206-242.

LOBO, E.S. O trabalho como linguagem – O gênero do trabalho. In: COSTA, A.O. & BRUSCHINI, C. (orgs.). *Uma questão de gênero*. Rio de Janeiro: Rosa dos Tempos/Fundação Carlos Chagas, 1992, p. 193-206.

LONGINO, H.E. Epistemologia feminista. In: GRECO, J. & SOSA, E. (orgs.). *Compêndio de epistemologia*. **São Paulo: Loyola, 2008**, p. 505-545.

LOWY, I. Le genre dans l' histoire sociale et culturelle des sciences. In: *Annales* – Histoire, Sciences Sociales, n. 3, mai.-jun./1995, p. 523-529. Paris: École des Hautes Etudes en Sciences Sociales.

MACHIN, R. Tecnologias reprodutivas e material genético de terceiros. In: STRAW, C.; VARGAS, E.; CHERRO, M.V. & TAMANINI, M. *Reprodução assistida e relações de gênero na América Latina*. Curitiba: CRV, 2016, p. 31-54.

MARQUIÉ, H. Assimetria de gêneros e aporias da criação – Como sair de um imaginário androcêntrico? Trad. de Tania Navarro Swain. In: *Labrys, estudos feministas*, n. 3, jan.-jul./2003. Brasília: UnB [Disponível em http://www.labrys.net.br/labrys3/web/bras/helene1.htm – Acesso em 09/12/2018].

MARTINS, A.P.V. Institucionalização dos estudos de gênero no Brasil – A contribuição do Núcleo de Estudos de Gênero da Universidade Federal do Paraná para a memória de um desafio. In: TAMANINI, M.; BOSCHILIA, R. & SCHWENDELER, S.F. *Teorias e políticas de gênero na contemporaneidade*. Curitiba: UFPR, 2017, p. 15-37.

_____. *Visões do feminino*: a medicina da mulher nos séculos XIX e XX. Rio de Janeiro: Fiocruz, 2004, 287 p.

MATHIEU, N.-C. ¿Identidad sexual/sexuada/de sexo? – Tres modos de conceptualización de la relación entre sexo y género. In: GILLAUMIN, C.; TABET, P. & MATHIEU, N.-C. *El patriarcado al desnudo*: três feministas materialistas. Org. de O. Curiel e J. Falquet. Buenos Aires: Brecha Lésbica, 2005, p. 130-175.

MISKOLCI, R. A Teoria Queer e a sociologia: o desafio de uma analítica da normalização. In: *Sociolo-*

gias, ano 11, n. 21, jan.-jun./2009, p. 150-182. Porto Alegre.

MONEY, J. & EHRHARDT, A.A. *Man & woman, boy & girl*: the differentiation and dimorphism of gender identity from conception to maturity. Johns Hopkins University Press, 1972, 311 p.

NICHOLSON, L. Interpretando o gênero. In: *Estudos Feministas*, vol. 8, n. 2, 2000, p. 9-41. Florianópolis: CFH-CCE/UFSC.

_____. Feminismo e Marx: integrando o parentesco com o econômico. In: CORNELL, D. & BEHABID, S. *Feminismo como crítica da Modernidade* – Releitura dos pensadores contemporâneos do ponto de vista da mulher. Rio de Janeiro: Rosa dos Tempos, 1987, p. 23-37.

PEYRE, E.; WIELS, J. & FONTON, M. Sexe biologique et sexe social. In: HURTIG, M.-C.; KAIL, M. & ROUCH, H. (coords.). *Sexe et genre*: de la hièrarchie entre les sexes. Paris: CNRS, 2002, p. 27-50.

PIERRET, J. Elementos para reflexão sobre o lugar e o sentido da sexualidade na sociologia. In: LOYOLA, M.A. (org.). *A sexualidade nas ciências humanas*. Rio de Janeiro: Eduerj, 1998, p. 49-68.

PISCITELLI, A. Nas fronteiras do natural: gênero e parentesco. In: *Estudos Feministas*, vol. 6, n. 2, 1998, p. 305-321. Rio de Janeiro: IFCS/UFRJ.

PRECIADO, B. Multidões *queer*: notas para uma política dos anormais. In: *Estudos Feministas*, vol. 19, n. 1, 2011, p. 11-20. Florianópolis: CFH-CCE/UFSC.

RAGO, M. Os mistérios do corpo feminino, ou as muitas descobertas do clitóris. In: *Revista Brasileira de Ciências do Esporte*, vol. 1, n. 21, 1999, p. 61-69. Florianópolis: UFSC.

ROHDEN, F. *Uma ciência da diferença*: sexo e gênero na medicina da mulher. Rio de Janeiro: Fiocruz, 2001.

RUBIN, G. El tráfigo de mujeres: notas sobre la "economía política" del sexo (1975). In: NAVARRO, M. & STIMPSON, C.R. (eds.). *Qué son los estudios de mujeres?* México/Argentina/Brasil/Colômbia/Chile/España/Estados Unidos/Peru/Venezuela: Fondo de Cultura Económica, 1998, p. 15-74.

SAFFIOTI, H.I.B. *A mulher na sociedade de classe*: mito e realidade. São Paulo: Artes, 1969, 404 p.

SCOTT, J. Gênero: uma categoria útil de análise histórica. In: *Educação & Realidade*, vol. 2, n. 20, jul.-dez./1995, p. 71-100. Porto Alegre.

SEDGWICK, E.K. A epistemologia do armário. In: MISKOLCI, R. & SIMÕES, J.A. (orgs.). Quereres. In: *Cadernos Pagu*, vol. 28, 2007, p. 19-63. Campinas: Unicamp.

SMIRGEL, J.C. *As duas árvores do jardim*. Porto Alegre: Artes Médicas, 1988.

STEPAN, N.L. Raça e gênero: o papel da analogia na ciência. In: HOLLANDA, H.B. (org.). *Tendência e impasses*: o feminismo como crítica da cultura. Rio de Janeiro: Rocco, 1994, p. 72-96.

STOLLER, R. *Masculinidade e feminilidade*: apresentações do gênero. Porto Alegre: Artes Médicas, 1993.

TAMANINI, M. Politicas de derechos sexuales y reproductivos en Brasil. In: RAMOS, I.C.; DELGADO, J.O. & CORTÉS, C.H. (orgs.). *Políticas públicas y gubernamentales*: reflexiones teóricas y evidencias empíricas. Vol. 1. México: EYC/Universidad Autônoma de Tlaxcala, 2013, p. 121-144.

_____. A instabilidade da díade XY: circuitando o dimorfismo sexual normativo. In: *Estudos Feministas*, vol. 16, n. 1, 2008, p. 260-265. Florianópolis: CFH-CCE/UFSC.

VARIKAS, E. Naturalização da dominação e poder legítimo na teoria política clássica. In: *Estudos Feministas*, vol. 11, n. 1, 2003, p. 171-193. Florianópolis: CFH-CCE/UFSC.

_____. Naturalisation de la domination et pouvoir légitime dans la théorie politique classique. In: GARDEY, D. & LOWY, I. *L'invention du naturel*: les sciences et la fabrication du feminine et du masculine. Paris: Éditions des Archives Contemporaines, 2000, p. 89-108.

WEBER, M. Introdução. In: *Weber, uma biografia*. Niterói: Casa Jorge, 2003, p. XI-LXV.

WEEKS, J. O corpo e a sexualidade. In: LOURO, G.L. (org.). *O corpo educado:* pedagogias da sexualidade. 2. ed. Belo Horizonte: Autêntica, 2001, p. 35-82.

WOLLSTONECRAFT, M. *Reivindicação dos direitos da mulher*. São Paulo: Boitempo, 2016.

32
Sociologia ambiental
"A sociologia ambiental e as ciências sociais no Brasil: uma breve introdução ao caso brasileiro"

Leila da Costa Ferreira

Lucia da Costa Ferreira

Marilia Giesbrecht

Marcela Feital

João Carlos de Campos Feital

Introdução

A natureza tem sido um fator decisivo na "construção da América Latina Ocidental", tratando-se de uma questão-chave tanto para o imaginário do Ocidente em relação ao subcontinente quanto aos próprios latino-americanos na construção de suas identidades em face aos seus antigos colonizadores. Nos anos de 1500, quando os primeiros europeus desembarcavam no "Novo Mundo", traziam consigo grande dose de expectativas com relação aos dotes naturais aos quais se depararam (HOLANDA, 2002). Os metais preciosos, uma flora encantadora e uma desconhecida e surpreendente fauna foram elementos determinantes na constituição de um certo olhar do mundo ocidental sobre a América Latina e que perdurou nos séculos que se seguiram (COLOMBO, 1991). Em certa medida, é possível dizer que a natureza foi um atributo fundamental para a construção de estereótipos e estigmas sobre a América Latina: uma terra selvagem, de maravilhas e territórios surpreendentes à espera de serem adequados e devidamente explorados (e eventualmente expoliados).

Em verdade, o encontro dos europeus com as populações nativas não mudou em nada essas primeiras impressões quanto ao caráter rico e selvagem do subcontinente, ao contrário, isso fascinou ainda mais o olhar ocidental. O suposto primitivismo das tribos indígenas, combinado com a sua aparentemente harmonioza e organizada relação com a natureza, estimulou ainda mais o Ocidente para que este reservasse um lugar especial para a América Latina em sua visão eurocêntrica do mundo: um lugar a ser explorado, expoliado, domesticado, classificado, investigado e dominado, ou seja, civilizado (HEGEL, 1956). É surpreendente que alguns dos estereótipos e estigmas constituídos para a América Latina a séculos revelaram-se bastante resilientes.

Apesar da massiva colonização europeia nos séculos que se seguiram a 1500, a onda de independência que varreu a maior parte dos países latinos na primeira metade do século XIX – e em grande medida determinou, a adoção majoritária das políticas europeias e os seus modelos econômicos pelas populações locais –, assim como os processos de urbanização e industrialização no século XX, conferiu um forte sentido de peculiaridade e singularidade que ainda permanece central na forma como o Ocidente concebe a América Latina (PRATT, 1999). Embora percebidas como herdeiras diretas do mundo europeu, as populações latinas, suas culturas e instituições ainda são vistas, na sua maior parte, a partir de um retardamento quanto às realizações da Modernidade, como se não tivessem sido totalmente capazes de recuperar o seu atraso com relação ao estilo de vida ocidental (ESCOBAR, 1995).

Não é portanto supreendente que o "dilema da Modernidade" tenha intrigado fundamentalmente pensadores latinos e formuladores de opinião: afinal qual é o *status* de modernidade na América Latina? Em que medida os latino-americanos recuperaram seu atraso com relação ao epicentro do mundo moderno? Estão as sociedades latinas e suas populações em sintonia com os europeus e seus vizinhos do Norte quanto aos seus estilos de vida, padrões morais e institucionais? Pode-se afirmar que tais questões verdadeiramente orientaram as ciências sociais latinas por algum tempo.

Curiosamente, entretanto, a natureza ainda tem grande responsabilidade neste imaginário ocidental sobre o subcontinente, atribuindo-lhe uma espécie de estatuto híbrido do mundo moderno. De um lado, enquanto o bem natural contido em território latino-americano é largamente positivado tanto por sua valoração estética quanto pela própria riqueza potencial da sua biodiversidade e recursos chegando a ser reeinvidicado como patrimônio da humanidade e cuja a preservação se faz fundamental.

Por outro, a América Latina é também vista como um subcontinente cujas populações e instituições (políticas, econômicas e culturais) são portadoras de certa fragilidade e subdesenvolvimento, que em grande medida impede a produção de um conhecimento capaz de lidar com essa natureza bem como de preservá-la.

Uma questão que este capítulo pretende indicar é que um olhar atento sobre o tratamento com que a temática ambiental tem recebido por parte de universidades e centros de pesquisas latino-americanos contradizem tais estereótipos e estigmas que ainda se fazem presentes.

Em outras palavras, não apenas a América Latina tem produzido conhecimento e investigações que procuram dar conta dos diversos desafios ambientais, como também apresenta, com certa originalidade, abordagens multifacetadas da relação natureza-sociedade. Tal tese se confirma levando em consideração as muitas associações de pesquisa e suas instituições científicas devotadas ao tema, o grande número de cientistas envolvidos, bem como a surpreendente quantidade e diversidade dos trabalhos desenvolvidos na área em questão (FERREIRA, 2011).

Nas páginas que se seguem, pretende-se fornecer uma espécie de panorama da produção intelectual, sobretudo aquela que se forja no campo das ciências sociais, **focando no caso brasileiro**. Mais especificamente, a atenção concentra-se nos dados sobre a produção nacional de teses e dissertações em sociologia ambiental, segundo a base de dados do portal Capes, no período de 1987 até 2018.

A investigação aqui conduzida, buscou: 1) em primeiro lugar, a identificação das principais linhas de pesquisa no conjunto dessa produção científica, 2) identificação dos principais temas que são abordados por este tipo de produção, e 3) lançar luz sobre o que foi produzido em termos de teoria social e estudos ambientais nas universidades brasileiras e demais centros de investigação.

Antes de iniciar, contudo, dois aspectos devem ser destacados. Em primeiro lugar, embora exista uma forte tendência em se considerar a comunidade acadêmica científica brasileira, bem como suas instituições, fora do que se convencionou chamar uma "produção de ponta", a pesquisa em tela revela que ao contrário, ao menos no que tange a temática ambiental, a produção aqui analisada supera as expectativas tanto do ponto de vista quantitativo quanto qualitativo. Com efeito, as principais perspectivas analíticas brasileiras na abordagem da relação sociedade-natureza revelam-se afinadas àquelas assumidas pela comunidade científica internacional.

Isto significa que, embora as instituições científicas locais sejam, em certa medida, mais frágeis do que seus pares norte-americanos e/ou europeus, por exemplo, dificilmente se pode dizer que uma tal fragilidade (embora isto nem sempre se confirme) conduza os cientistas sociais brasileiros a operarem dentro uma espécie de "casulo epistêmico", apartados dos debates científicos mais amplos e atualizados. Em outras palavras, parece não haver diferença entre a produção científica brasileira social e aquele que é geralmente considerado como sendo exclusiva da "comunidade científica do Primeiro Mundo".

O segundo aspecto que gostaríamos de chamar a atenção é o vasto leque de temas que são tratados por cientistas sociais brasileiros dedicado às questões ambientais. Estamos cientes de que para a comunidade científica internacional em geral há uma certa expectativa que cientistas brasileiros dediquem a maior parte de sua energia na investigação de problemas e questões relacionadas com as áreas naturais, rigorosamente falando. Afinal, o Brasil tem sido imaginado como uma espécie de "paraíso natural" violado e contaminado depois de séculos de influência ocidental indesejada.

Neste sentido, a variedade de temas e preocupações que estão no centro das agendas de pesquisa de cientistas sociais brasileiros pode ser bastante surpreendente, destacam-se alguns deles: além de temas amazônicos, encontra-se um número expressivo de obras que lidam com os conflitos sociais, questões urbanas, com a temática agrária, riscos, ciência e tecnologia, saúde pública, democracia, participação local nos processos políticos, mudanças climáticas, entre outros. Isto significa dizer, que como no "primeiro mundo" há aqui uma agenda de pesquisa própria, que reflete e reverbera temas e problemas que tanto a comunidade científica quanto a sociedade da qual esta faz parte pensam ser relevantes.

Até ao final deste capítulo, pensamos que o leitor irá perceber o Brasil e seus cientistas como mais próximos e menos estranhos do que se poderia esperar. Isto não quer dizer, porém, que não existam problemas e preocupações que, se não únicos, são mais caros ao Brasil do que para outras comunidades científicas e seus decisores políticos. Neste sentido, é absolutamente compreensível que temas como a desigualdade social, biodiversidade e democracia façam frequentemente parte das investigações aqui consideradas. Mas pensamos que isso não é suficiente para conduzir a comunidade científica brasileira para uma situação de excepcionalidade no cenário mais amplo do mundo científico.

Ambiente e sociedade no Brasil: metodologia e resultados

Em face ao objetivo mais deste capítulo, que versa sobre a institucionalização e o desenvolvimento da subdisciplina sociologia ambiental no Brasil, realizou-se um levantamento na base de dados nacional de dissertações e teses da Capes[1] dos trabalhos enquadrados no campo da sociologia ambiental, no período de 1987 a 2017, des-

---

1. Coordenadoria de Aperfeiçoamento de Pessoal no Nível Superior, órgão do Ministério da Educação que regula e gerencia os programas de pós-graduação nas universidades brasileiras. O órgão disponibiliza um catálogo virtual de todas as teses e dissertações produzidas em universidades brasileiras entre 1987 até o presente momento.

considerando o ano de 2018, por não estar ainda completo.

Buscou-se, com isso, tanto quantificar a produção de teses e dissertações em sociologia ambiental nas universidades brasileiras quanto qualificar o volume e o conteúdo temático desta produção acadêmica, ao longo do tempo.

Para o efeito deste levantamento: utilizou-se o termo de busca *Sociologia Ambiental* que apontou um total de 98.137 ocorrências. Como refino de busca, tratou-se de assinalar as opções Sociologia em "áreas de conhecimento", o que restringiu as ocorrências em 16.845.

Finalmente, foram analisadas as ocorrências anuais, de 1987 – o primeiro ano de ocorrências de pesquisas pela busca "sociologia ambiental", segundo a Capes – até 2018. Desta forma, ano a ano, buscou-se classificar os trabalhos a partir de seus títulos, a fim de esquadrinhar a evolução da subdisciplina nos programas de pós-graduação brasileiros.

É evidente que não desconsideramos a possibilidade de haver produção científica relevante antes desse período selecionado, em vista de um processo de surgimento e institucionalização da disciplina que foi iniciado em 1960, quando grupos de sociólogos começaram a dar importância à problemática ambiental e perceber sua relevância e abrangência, passando a ocupar a agenda dos governos, organismos internacionais, movimentos sociais e setores empresariais em todo o mundo (FERREIRA & LEILA, 2004). No entanto, para os caminhos da subdisciplina nos programas de pós-graduação, foi considerado válido e importante analisar os dados a partir do momento em que este termo surge nas produções científicas.

Entre os anos de 1987 e de 1997 foram analisados os títulos das produções científicas integralmente devido ao número total de ocorrências desses anos ainda ser pequeno e a fim de definir a amostragem a ser utilizada nas décadas subsequentes com volume de produções elevado. Baseadas no levantamento censitário realizado nessa primeira década, constatou-se que a produção em Sociologia Ambiental corresponde em média a 6,8% do total da produção média anual do período.

Para as décadas seguintes, este valor é considerado o percentual máximo de elementos com uma dada característica (produção significativa para Sociologia Ambiental) a ser provavelmente encontrado nas etapas de pesquisa amostral. Foi considerado um erro amostral de 3%, um nível de confiança de 95%, e o maior valor de produções anuais observado sendo 1.096 produções em 2016.

Com isso, utilizando a fórmula de cálculo amostral a seguir, a amostra para as décadas subsequentes foi definida em 198 teses e dissertações por ano.

$$n = \frac{N.Z^2.p.\,(1 - p)}{Z^2.p.\,(1 - p) + e^2.\,(N - 1)}$$

Onde: n – amostra calculada; N – população; Z – variável normal padronizada associada ao nível de confiança; p – verdadeira probabilidade do evento; e – erro amostral.

Desse modo, a seguir serão analisados os resultados referentes a essa análise bibliométrica anual. No entanto, é preciso ressaltar que este levantamento revela resultados aproximados, tendo em vista a imprecisão da base de dados Capes, observou-se em diversas ocasiões, por exemplo, a repetição de registros, mas também certa precariedade em sua própria organização, que é ainda bastante restrita no que diz respeito as opções classificatórias de buscas – em parte, isso se dá por conta da forma como eram realizadas as inserções de dados nos seus anos inicias e as mudanças sofridas ao longo dos anos. No entanto, os dados apurados se mostraram interessantes para o exercício de análise que aqui se pretende.

Década de 1987 a 1997

Observamos que até o ano de 1989 as dissertações e teses elencadas não aparentam tratar diretamente da chamada sociologia ambiental, no entanto, sabendo da importância dos estudos rurais e urbanos para a formação e institucionalização da subdisciplina, quantificamos e qualificamos essas áreas e seus temas recorrentes dentro do total dos trabalhos. Também encontramos trabalhos que qualificamos como "temática amazônica", que são estudos que tematizam questões de migração, planejamento, desenvolvimento ou estudos de comunidades na região amazônica, que tiveram e têm impacto importante nos trabalhos ambientais no Brasil. Assim, temos que, segundo a Capes, no ano de 1987, do total de trabalhos elencados pelo portal conforme nossas opções de busca, 32% são de temáticas ligadas à sociologia rural, 25% à sociologia urbana (SUR), 16% a temáticas amazônicas e 27% outros.

No ano de 1988, 29% correspondem à sociologia rural, 11% à sociologia urbana, 2% aos estudos amazônicos e 58% outros.

Em 1989, já aparecem trabalhos de sociologia ambiental, que representavam apenas 2,5% do total de teses e dissertações, e em 1990, os trabalhos em sociologia ambiental correspondem a 1,6% do total de trabalhos. Já em 1991, 5,5% dos trabalhos são identificados com a sociologia ambiental, em 1992, 3,2% e em 1993, sobe para 7,4% do total.

Gráfico 1 Produção de teses entre 1987 e 1997

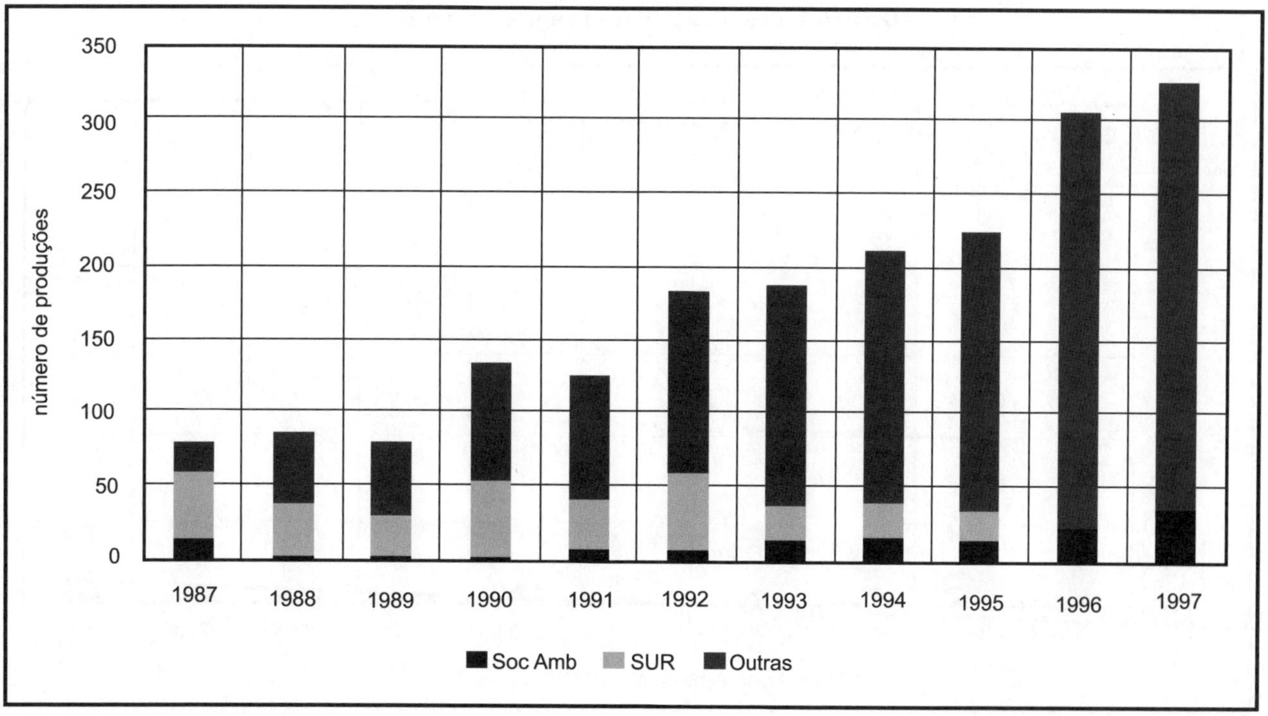

Fonte: Elaborado pelos autores.

No ano de 1994 se mantém em 7% do total dos trabalhos, em 1995, 5,75%, em 1996 representam 7,1% das teses e dissertações e, finalmente em 1997, as pesquisas correspondentes à sociologia ambiental são 10,6% do total.

Podemos afirmar que esta primeira década é um período de formação de um campo de estudos ambientais no interior da sociologia ambiental brasileira, ainda que incipiente, se comparado as especialidades "tradicionais" da sociologia como sociologia do trabalho, sociologia rural e urbana. Estas duas últimas, em especial, influenciaram fortemente as reflexões da chamada sociologia ambiental, isso se verifica tanto nos trabalhos brasileiros quanto na produção internacional (conforme afirmam BUTTEL, 1987; FERREIRA, 2001; HERCULANO, 2000). Aqui, temas como "ocupação de terras", "campesinato", "comunidades extrativistas", relacionados em princípio às abordagens da chamada sociologia rural, começaram a ganhar outras inflexões teóricas e investigativas a partir de abordagens sociológicas ambientais. O mesmo acontece com temas como o "movimento social", "desenvolvimento" e "planejamento do espaço", notabilizados no interior da sociologia urbana clássica.

Observando as teses e dissertações de sociologia ambiental produzidas em 1989 e em 1990, temos, por exemplo, desenvolvimento e custos ambientais, movimento ecológico, qualidade de vida, conflitos envolvendo uso de recurso, como temas centrais. Nos demais anos, conforme aumenta a produção na área, os estudos abarcam novos temas como ciência, política ambiental, conservação de recursos, novas tecnologias, energia, Ong, educação, risco, entre outros, bem como começam a

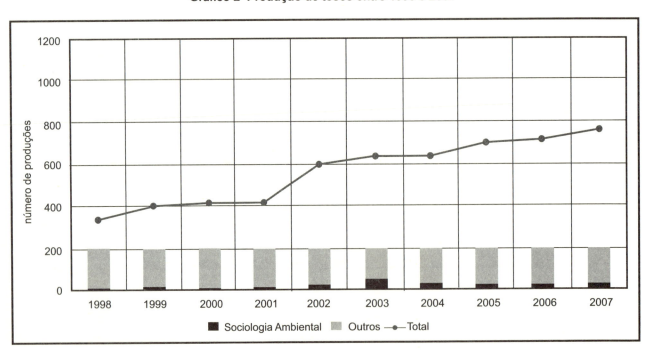

Gráfico 2 Produção de teses entre 1998 e 2007

Fonte: Elaborado pelos autores.

Gráfico 3 Produção de teses entre de 2008 e 2017

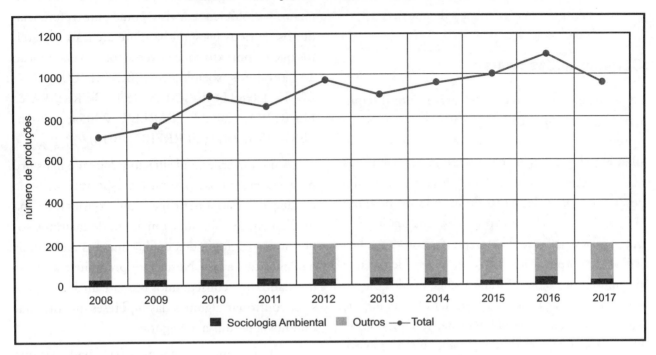

Fonte: Elaborado pelos autores.

Gráfico 4 Visão geral, 1999 a 2017

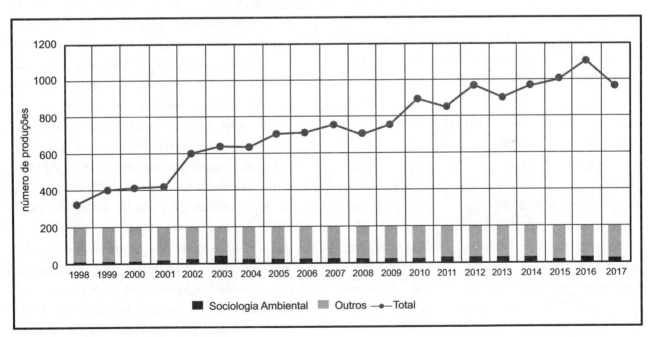

Fonte: Elaborado pelos autores.

surgir trabalhos que tematizam e teorizam sobre a própria subdisciplina (cf. tabelas de anos).

Considerações finais

Certamente, devido a seu caráter interdisciplinar único, a temática ambiental tem o mérito de apresentar novos problemas e desafios não contemplados pelos clássicos da disciplina aos cientistas sociais contemporâneos. Estes desafios acabaram resultando na redefinição da agenda de pesquisa de sociólogos, cientistas políticos, antropólogos e economistas na medida em que estes foram obrigados a incorporar nos seus estudos problemas que durante muito tempo foram negligenciados ou colocados de lado por serem considerados de importância marginal. Uma questão que se impõe nesta altura é se esta resistência considerável por parte das ciências sociais para lidar com relações natureza/sociedade também pode ser aplicada ao tipo de ciência social que se pratica na América Latina, como explicar a súbita popularidade de preocupações ambientais entre cientistas sociais latino-americanos dentre a grande variedade de temas e problemas que compõem sua produção recente?

É possível pensarmos em dois tipos de abordagens relativas à lógica de produção de conhecimento de maneiras bastante contrastantes entre si. Por um lado, as teorias que sustentam que a produção científica está enraizada no contexto social no qual os cientistas trabalham e que enfatizam a importância das relações internas que tanto teorias como comunidades científicas estabelecem entre eles (MANNHEIN, 1974; MERTON, 1973). Por outro lado, e de uma maneira bastante diferente, temos as teorias que enxergam o conteúdo do conhecimento como algo extremamente influenciado e afetado pelo contexto social no qual são produ-

zidos. Neste segundo caso, mesmo que o conhecimento sociológico seja visto como autorreferenciado, os teóricos prestam bastante atenção aos efeitos que o contexto social exerce sobre a elaboração dos produtos sociológicos (BOURDIEU, 1997; BECK, 1998; HABERMAS, 1999; FERREIRA & FERREIRA, 2002; YEARLEY, 2005a; 2005b; FERREIRA, 2011; FERREIRA, 2018).

A nosso ver, esta última abordagem é mais útil para entendermos as supostas especificidades da produção latino-americana, aqui considerada, na medida em que é a única maneira de falarmos sobre uma sociologia dos conhecimentos ambientais na América Latina. Nesta fase preliminar a partir dos dados que conseguimos reunir e analisar é possível confirmar algumas das hipóteses que orientaram nossa pesquisa até agora:

1) Em primeiro lugar não há dúvida alguma que a produção científica latino-americana na área de relações ambiente-sociedade tem acompanhado o debate internacional. Além de usar recursos epistemológicos semelhantes (como, p. ex., o corpo epistêmico compartilhado) consideramos mais relevante o fato de a produção latino-americana ter introduzido inovações interessantes à cena acadêmica. Até certo ponto, esta capacidade de inovação pode ser relacionada à perspectiva especial que cientistas latino-americanos desenvolveram em consequência do lugar "periférico" que ocupam na Modernidade (LANDER, 2005). Ao mesmo tempo, na nossa perspectiva, isto não deve dar a impressão de que cientistas locais habitam um território cognitivo diferente quando comparados aos seus iguais europeus ou norte-americanos na medida em que, como enfatizamos anteriormente, cientistas latino-americanos compartilham com estes das mesmas

referências epistemológicas o que torna seus esforços científicos totalmente comunicáveis e mutuamente compreensíveis.

2) Ainda, pela mesma razão, foi possível identificar algumas especificidades na produção latino-americana. Identificamos como peculiaridades não só a diversidade de contextos empíricos contemplados pela produção que analisamos, mas também a amplitude temática que os trabalhos em questão abarcam. Em outras palavras, alguns temas revelaram-se mais relevantes e recorrentes na produção dos cientistas latino-americanos sobre relações ambiente-sociedade quando comparados à produção de seus pares do "Primeiro Mundo". Neste sentido, pobreza, desigualdades sociais, biodiversidade, entre outros temas, aparentemente refletem problemas particulares e dificuldades inerentes à região numa escala e intensidade desconhecida nas partes do globo cuja produção é tomada como bússola para a comunidade acadêmica.

Bourdieu (1997) distingue dois tipos de capital simbólico que caracterizam o campo acadêmico. O primeiro denominado de capital científico/acadêmico puro pode ser acumulado por meio de contribuições acadêmicas que resultam da publicação de artigos e livros ou de apresentações de *papers* em congressos onde temas diretamente relacionados à realidade científica são debatidos. A segunda forma, que Bourdieu denomina de capital institucional científico, é acumulada através da ocupação de posições-chave em associações acadêmicas, centros de pesquisa e outras instituições. Apesar de cada tipo de capital acadêmico gerar diferentes tipos de reconhecimento social, geralmente ocorre uma troca de influências entre as duas formas de capitais acima mencionados.

O ponto a ser enfatizado aqui, é que cientistas sociais latino-americanos, estudiosos de temas ambientais, deram um passo importante em ambas as direções. E é justamente este tipo de "desenvolvimento acadêmico" que permite explicar o progresso que a área realizou nas últimas duas décadas nos fóruns acadêmicos do subcontinente. Diferentemente do passado, quando o preconceito e a resistência contra a exploração desta área de estudos eram predominantes no *mainstream* das ciências sociais, pode-se dizer que hoje sociólogos dedicados ao estudo de assuntos ambientais acumulam tanto prestígio quanto seus pares que elaboram pesquisas sobre temas mais tradicionais. O futuro – os próximos dez anos – poderá demonstrar quão fortemente esta produção está inserida nas instituições que na América Latina alcançaram sua maturidade na segunda metade do século XX. Além do mais, será uma boa oportunidade também para medir até que ponto as preocupações ambientais estão enraizadas no imaginário popular do subcontinente latino-americano. Acredita-se desta forma que deu-se início a um estudo sobre a internalização da temática ambiental nos outros países da América Latina que não fossem o Brasil.

O objetivo fundamental deste texto foi analisar – de forma breve – qualitativamente alguns dados. Desta forma foi possível perceber que nos dois últimos anos da década anterior, 1996 e 1997, houve um claro discernimento da temática Sociologia Ambiental em relação às principais temáticas precursoras dessa disciplina, Sociologia Rural e Sociologia Urbana. Isso sinaliza a consolidação do processo de institucionalização da disciplina nos programas de pós-graduação do Brasil.

Mesmo institucionalizada, essa disciplina sempre foi bastante porosa em relação as suas temáticas e diálogo com outras disciplinas. Seu surgimento não se deu no intuito de criar barreiras claras que pudessem impedir o diálogo entre disciplinas científicas a partir de uma definição do objeto dessa disciplina. Desde sua formação, a Sociologia Ambiental se manteve fiel ao objetivo de ampliar a explicação dos objetos de conhecimento disciplinares, buscando interagir teoricamente em alguns temas de convergência (FERREIRA, 2004).

Isso pôde ser notado ao analisarmos os títulos das produções científicas, principalmente nas décadas de 1998-2007 e 2008-2017. Estas teses e dissertações foram se mostrando bastante abertas em colocar em diálogo diferentes temas que conversavam em algum ponto com a questão ambiental. Isto é, foi possível perceber como essa produção é híbrida, colocando em debate questões para além de uma busca romântica de um objeto de estudo científico exclusivo, assumindo uma posição significativa para estudar as divergências e conflitos sobre os diferentes usos da natureza (entendida aqui em seu sentido mais amplo, ou seja, tanto o ambiente natural quanto o construído) e as causas e a extensão dos problemas ambientais e os diversos atores envolvidos (FERREIRA, 2004).

Assim, os principais temas das duas últimas décadas relacionam a questão ambiental com conflitos sociais, questões de desenvolvimento e progresso nacional, aspectos da agroindústria, identidade cultural e populações tradicionais, conservação, mudanças climáticas, turismo, hábitos de consumo, cultura e religião, dentre vários outros. Isso mostra o quanto essa disciplina nos ajuda a entender a complexidade da realidade contemporânea sem negligenciar suas nuances.

Após a institucionalização dessa subdisciplina, não foi notável um subsequente *boom* de produções na área de Sociologia, sendo mantida uma média de 12,5% de produções de teses e dissertações nas duas últimas décadas. Isso não presume que não

houve aumento de produções após esse movimento de estabelecimento da subdisciplina. Na verdade, isso é reflexo de um processo de surgimento de programas interdisciplinares que se deram ao longo dos anos de 1990, e que também ganharam lugar de fala sobre temas da sociologia ambiental.

Referências

BECK, U. *Risk Society* – Towards a New Modernity. Londres: Sage, 1998.

BOURDIEU, P. *Os usos sociais da ciência* – Por uma sociologia crítica do campo científico. São Paulo: Unesp, 1997.

BUTTEL, F. New directions in environmental sociology. In: *Annual Review of Sociology*, 13, 1987, p. 465-488.

COLOMBO, C. *Diários da descoberta da América:* as quatro viagens e o testamento. Porto Alegre: L&PM, 1991.

ESCOBAR, A. *Encountering development*: the making and unmaking of the Third World. Princeton: Princeton University Press, 1995.

FERREIRA, L.C. *The Sociology of Environmental Issues*: Theoretical and Empirical Investigations. Curitiba: CRV, 2018.

_____. *A questão ambiental na América Latina.* Campinas: Unicamp, 2011.

_____. *Ideias para uma sociologia da questão ambiental no Brasil.* São Paulo: Annablume, 2006.

_____. Ideias para uma sociologia da questão ambiental – Teoria social, sociologia ambiental e interdisciplinaridade. In: *Desenvolvimento e Meio Ambiente*, n. 10, jul.-dez./2004, p. 77-89. UFPR.

_____. Sociologia ambiental, teoria social e a produção intelectual no Brasil. In: FERREIRA, L. (org.). *A questão ambiental e as ciências sociais.* Apud *Ideias* – Revista do Instituto de Filosofia e Ciências Humanas. Campinas, 2001.

FERREIRA, L.C. & FERREIRA, L. (2002). Águas revoltas – Um balanço provisório da sociologia ambiental no brasil. In: *Revista Brasileira de Informação Bibliográfica em Ciências Sociais*, 2002. São Paulo: Anpocs.

HABERMAS, J. Emancipatory Knowledge – Social Analysis and Communicative Competence. In: LEMERT, C. (ed.). *Social Theory* – The Multicultural and Classic Readings. Westview Press, 1999.

HEGEL, G.W.F. (1956). *The Philosophy of History*. Nova York: Dover Publication, 1956.

HERCULANO, S. et al. Introdução – Qualidade de vida e riscos ambientais como um campo interdisciplinar em construção. In: HERCULANO, S. *Qualidade de vidas & riscos ambientais*. Niterói: Eduff, 2000.

HOLANDA, S.B. *Visão do paraíso:* os motivos edênicos no descobrimento e colonização do Brasil. São Paulo: Brasiliense, 2002.

LANDER, E. (org.). *A colonialidade do saber*: eurocentrismo e ciências sociais. Buenos Aires: Claco, 2005.

MANNHEIM, K. O problema da sociologia do conhecimento. In: BERTELLI, A. et al. *Sociologia do conhecimento*. Rio de Janeiro: Zahar, 1974.

MERTON, R. (1973). *The Sociology of Science* – Theoretical and Empirical Investigations. Chicago: Chicago University Press, 1973.

PRATT, M.L. (1999). *Os olhos do império*: relatos de viagem e transculturação. Bauru: Edusc, 1999.

TOURAINE, A. *Crítica da Modernidade*. Petrópolis: Vozes, 1997.

YEARLEY, S. *Making Sense of Science* – Understaing the Social Study of Science. Londres/Nova Delhi: Sage Publications/Thousand Oaks, 2005a.

_____. *Cultures of Environmentalism* – Empirical Studies in Environmental Sociology. Nova York: Palgrave Macmillan, 2005b.

33
Estudo sobre empresa
"Estudos sobre empresa no Brasil: abordagens, pressupostos e estado da arte"

Priscila Erminia Riscado

Introdução[1]

Ao longo da constituição da disciplina, os estudos sobre empresa no Brasil não ocuparam um papel de centralidade nas análises das ciências sociais. A empresa se constituiu como objeto tradicional de análise de disciplinas como Administração e Economia. O objeto, todavia, se apresenta de forma distinta em contextos analíticos internacionais. Este contexto influenciou os estudos produzidos pela disciplina no Brasil, ampliando a produção de trabalhos sobre a referida temática.

Torna-se mister trazer uma distinção que visa auxiliar o leitor, de forma geral, acerca do objetivo central do presente trabalho: este artigo visa tratar dos estudos sobre empresa no Brasil. Estes estudos são distintos dos estudos sobre empresariado[2] brasileiro. Esta distinção torna-se importante porque, ainda que por vezes correlatas, trata-se de temáticas singulares. O presente artigo busca analisar o papel da empresa, entendida aqui como um ator social de grande relevância para a compreensão do contexto democrático liberal contemporâneo.

Este artigo está organizado em três partes. Em um primeiro momento apresenta-se um breve panorama dos caminhos traçados pelas Ciências Sociais nos estudos recentes sobre empresa no Brasil, destacando duas vertentes significativas: a chamada "sociologia econômica" e a "antropologia do consumo". Em seguida, volta-se a atenção para dois momentos marcantes do campo de estudos sobre empresa na literatura especializada no Brasil. O primeiro é fortemente influenciado pela abordagem dos estudos relativos à sociologia da empresa de tradição francesa, a saber: a empresa como um "objeto sociológico". O segundo talvez seja a principal contribuição da nossa literatura especializada para os estudos de empresa, o tema da "responsabilidade social corporativa". Os estudos sobre responsabilidade social corporativa no Brasil se constituem como um campo de análise relacionado às empresas que foi explorado de forma incipiente, se comparados aos trabalhos realizados em outras partes do mundo, no campo das Ciências Sociais. Por esta razão, dedica-se a seguir atenção aos referidos temas no presente trabalho.

---

1. Gostaria de agradecer a atenta e carinhosa revisão deste artigo, feita por Paulo M. d'Avila Filho. Suas sugestões, curiosidades, contribuições e correções contribuíram para tornar este trabalho possível. Por isso, dedico a ele meus mais sinceros agradecimentos.

2. Existem inúmeros trabalhos de grande relevância produzidos sobre o tema no país. Para saber mais, ver, por exemplo, os estudos seminais de Eli Diniz e Renato Boschi sobre o tema, tal como o artigo "Lideranças empresariais e problemas da estratégia liberal no Brasil" (1993).

Análise das empresas no contexto atual

Falar sobre a trajetória, o contexto e o futuro das pesquisas sobre a temática das empresas no Brasil é um exercício desafiador. Isto se deve ao caráter dual das interpretações acerca do campo. Por um lado, observarmos o baixo número de estudos produzidos nos últimos dez anos no Brasil e, por outro, o crescimento de estudos acerca da temática em outros países; ao mesmo tempo podemos observar a importância que a temática ganha no bojo de práticas que recebem importância crescente no país, entre políticas que visam o desenvolvimento do Estado, tais como as parcerias público-privada. As empresas aparecem como ator de destaque nestas ações, tornando-se um importante aspecto a ser observado em estudos que contemplem essas relações.

É importante destacar que existem significativas diferenças na forma como as áreas das ciências sociais interpretam e observam a empresa. As análises que representam estudos de caso parecem possuir espaço garantido entre os trabalhos produzidos em disciplinas como Sociologia e Antropologia, por exemplo. Notadamente, a temática relacionada à empresa nunca foi alvo de análise destacada no campo das ciências sociais brasileiras. Se no passado recente a sociologia – influenciada em especial pelos estudos da sociologia das organizações desenvolvidos na Europa (sobretudo na França) – se dedicou à realização de pesquisas no âmbito da referida temática, hoje estes estudos são cada vez mais escassos. Podemos identificar duas "linhas" de estudos na área: de um lado, trabalhos que flertam com o que podemos identificar como uma "sociologia econômica" e trabalhos etnográficos sobre empresas, de cunho notadamente antropológico[3].

No primeiro grupo de trabalho, identificado de forma um tanto simplificada de "sociologia econômica", encontramos majoritariamente artigos relacionados a estudos de caso que têm como foco analítico as mudanças gerenciais das empresas no contexto recente. É importante salientar que nesta linha é possível identificar muitos trabalhos voltados à análise das organizações educacionais.

Já no segundo grupo foi possível observar que há uma maior concentração de trabalhos produzidos no campo que convencionou-se chamar de "antropologia do consumo". Nesta área podemos identificar algumas subáreas analíticas, tais como: consumo e gênero, cultura política e consumo, cultura organizacional, entre outros. Estes trabalhos analisam as empresas, ainda que de forma indireta, pois privilegiam um aspecto das organizações de forma geral – as relações de consumo por estas produzidas e seus impactos sociais, de forma geral.

É importante salientar dois aspectos observados ao longo das pesquisas realizadas com vistas a mapear o estado da arte dos estudos sobre empresa no país. Destaco dois principais. O primeiro deles diz respeito à pequena quantidade de trabalhos produzidos acerca da temática no âmbito das ciências sociais em geral nos últimos dez anos. A título de informação, utilizamos a base do *scielo* como exemplo. Verificou-se que no ano de 2017 foram publicados oito artigos relacionados à temática da empresa. Destes oito, um tratava das relações empresariais em Portugal. Entre os oito artigos, foi possível ainda observar que estes encontram-se publicados em quatro revistas. Destas revistas, uma delas está classificada pela Capes como um periódico da área de administração. Outras duas são da

---

3. O levantamento que dá origem a esta afirmação foi realizado pela autora com base em duas das principais plataformas de trabalhos científicos utilizadas no país: o portal de periódicos Capes (http://www.periodicos.capes.gov.br) e o portal Scielo

(http://www.scielo.org/php/index.php). As bases de dados foram utilizadas para observar as publicações acerca da referida temática produzidas nos últimos 10 anos em periódicos brasileiros, compreendendo o período de 2008 a 2018.

área de sociologia. E apenas uma da área de ciências sociais.

Este é um dado que nos parece relevante quando observado a partir de uma perspectiva comparativa. Se fizermos nova busca na mesma base de dados, utilizando como "pista" outras temáticas – como, por exemplo, "movimentos sociais", percebe-se que os resultados dos estudos publicados sobre empresas são bastante tímidos no Brasil. A saber, a título de exemplo para comparação, no mesmo ano de 2017 foram publicados 25 trabalhos em periódicos nacionais das áreas de ciências sociais voltados a temática dos movimentos sociais.

Outro aspecto que podemos observar é que, contemporaneamente, os estudos produzidos acerca da temática relativa às empresas no Brasil seguem sendo produzidos em maior número em outras áreas temáticas, tais como a administração. Vejamos então quais os caminhos traçados pelas ciências sociais nos estudos recentes sobre empresa na produção brasileira.

A empresa como objeto sociológico no Brasil

O trabalho de Ana Maria Kirschner e Cristiano Monteiro (KIRSCHNER & MONTEIRO, 2002) aponta que ganham força na França dos anos de 1980 os estudos que buscaram tomar a empresa como um objeto sociológico. Autores como Renaud Sainsaulieu e Denis Segrestin foram, segundo Kirschner e Monteiro, pioneiros na proposição de análises da empresa a partir de uma abordagem deliberadamente institucional desta, de forma a contemplar simultaneamente a cultura e a relação entre empresas e mudança no contexto social em que estas se encontram inseridas.

Em estudo anterior, Kirschner (1998) já abordara a temática da sociologia da empresa, tomando como foco analítico o papel das empresas e dos empresários relacionado às transformações ocorridas no contexto social contemporâneo a partir do fenômeno da globalização. A autora busca mostrar com seu trabalho quais os elementos que permitiram que a empresa ressurgisse como objeto sociológico.

Inicialmente Kirschner ressalta o contexto de crise econômica e o crescimento do desemprego na Europa na década de 1980, que segundo a autora acabaram por contribuir para a valorização da capacidade da empresa de salvaguardar o emprego – que é entendido por Kirschner como um valor essencial da socialização na sociedade contemporânea. O papel da empresa então iria além do econômico. Esta seria, além de provedora do emprego, um agente de estabilização social (KIRSCHNER, 1998).

Kirschner, a partir de Bernoux, lembra que a sociologia das empresas não poderia se desenvolver enquanto se pensasse que certas limitações impunham um determinado tipo de organização. Até que se admitisse a legitimidade de lógicas diferentes na empresa, não seria possível conhecer a empresa através de uma abordagem sociológica.

A autora destaca a importância de pesquisas sobre as práticas de trabalhadores em seu ambiente de trabalho e de temas ligados à cultura das empresas que acabaram por emergir na sociologia dentro do contexto descrito acima. Estes estudos fizeram a empresa aparecer na sociologia como um lugar em que se tece uma teia social particular, onde se desenvolve uma criação social autônoma. Nos estudos da sociologia das empresas passou-se a admitir a existência de racionalidades e lógicas diferentes no seio da empresa. A técnica, o econômico e a cultura começaram a ser considerados como elementos determinantes da organização, e esta passou a ser vista como um *construto*, resultado da agregação de decisões individuais. Pensar e analisar sociologicamente a empresa como *construto* social e objeto sociológico significa ser capaz de entender a empresa como capaz de ser autônoma e criadora do social, no sentido literal do termo, isto é, daquilo que une os indivíduos e constitui uma sociedade. A partir do estudo de Sainsaulieu, Kirschner ressalta que, ao entender a empresa como *construto* social considera-se esta como um lugar autônomo de criação e regulação de relações sociais. Esta é também um lugar de identidade, cultura e convenções. A empresa apresenta uma certa autonomia em relação aos meios ambientes econômico, sociopolítico e institucional em que está inserida. Para Sainsaulieu os diferentes meios ambientes constituem a realidade à qual a empresa não só se adapta, como também transforma (SAINSAULIEU, 1987, apud KIRSCHNER, 1998).

Ainda segundo Kirschner, a empresa também pode ser entendida como um sistema aberto, ou seja, como um sistema que faz constantes trocas com seu meio, que tem necessidade destas trocas para existir. Entretanto, estas trocas não dependem apenas do meio. Um sistema não é aberto a qualquer tipo de influência, ele possui uma fronteira seletiva que filtra o que deixa passar. Em contrapartida, exporta para seu meio ambiente produtos muito controlados.

Como dito inicialmente, a autora entende como sendo de grande importância as mudanças no contexto em que as empresas estão inseridas. Por isso, Kirschner destaca a importância dos efeitos sociais da atuação da empresa e apropria-se da noção de transformação social para representar estes efeitos. Segundo a autora, esta noção mostra que a empresa modifica seu meio escolhendo o que lhe interessa. Ela apropria-se de determinados elementos, impondo a marca de sua especificidade. Esta transformação conjuga múltiplos aspectos da situação, técnicos, jurídicos, econômicos e humanos, cujas consequências são inseparáveis. Estas consequências, a curto prazo, gerariam efeitos perversos ou inesperados em relação aos objetivos proclamados, e a longo prazo contribuiriam para modificar o meio ambiente, o que pode acarretar evoluções ou ruptura macroeconômica para toda a sociedade.

Kirschner finaliza seu estudo citando Sainsaulieu para destacar o papel da empresa como sendo um *locus* de produção, de sociabilidades, de projetos, de articulação da diversidade dos sistemas de representação. Para a autora, a Sociologia da Empresa vai além dos modelos que definem o espaço fabril como espaço de relações antagônicas de classe. A empresa tem uma função identificadora na sociedade e constitui, portanto, verdadeira instituição social: ela instaura um conjunto de relações sociais e culturais e produz, assim, novas identidades. Nela se desenvolvem relações de oposições e de alianças, e o ator vivencia as relações de trabalho de forma interativa e estratégica (KIRSCHNER, 1998). Com isso foi aberto um espaço para reflexões mais complexas sobre a responsabilidade social, sem superar um dos aspectos mais complexos da responsabilidade social: o debate entre o público e o privado, questão a ser debatida mais adiante.

A responsabilidade social corporativa em foco

Dada a origem do fenômeno nos anos de 1960 e 1970 como uma problemática empresarial e dado o surgimento do fenômeno no Brasil conjugado a questões ligadas a redemocratização política do país, a responsabilidade social empresarial tem sido estudada predominantemente pela área da Administração como uma prática gerencial, um estilo de administração mais "humana".

O trabalho de Howard R. Bowen[4] (1957) é uma contribuição significativa em direção aos esforços

---

4. Trata-se da obra de Bowen intitulada *Responsabilidades sociais do homem de negócios*, cuja primeira edição foi publicada nos Estados Unidos em 1953. Todavia, sua edição no Brasil ocorreu alguns anos depois, em 1957.

para maior compreensão acerca da responsabilidade social corporativa, com ênfasc na tentativa do autor de conceituar o tema, além de apresentar suas principais motivações e objetivos. Ele publicou em 1953 o livro *Responsabilidades sociais do homem de negócios*. Sua obra serviu de base inicial para posteriores estudos sobre o tema.

Em primeiro lugar, é importante situar historicamente a obra de Bowen, contextualizando a mesma. O autor escreve este livro em 1953[5], oito anos após o término da Segunda Guerra Mundial. É sabido que os Estados Unidos foram considerados um dos grandes – se não o maior – vencedores da Segunda Guerra Mundial, uma vez que o seu território não fora alvo de massivas destruições e o esforço de guerra proporcionou crescimento econômico. Entre 1939 e 1945, os Estados Unidos entraram num período de desenvolvimento resultante do aumento do produto interno bruto, do incremento da produtividade agrícola e industrial e da redução das taxas de desemprego. Esse crescimento econômico foi mais notório a partir de 1945, porque os Estados Unidos, além de abastecerem seu mercado interno, foram também os principais fornecedores de produtos e financiadores dos países devastados pela Segunda Guerra[6].

Ao longo dos anos de 1950, a sociedade americana era vista no exterior como a terra da abundância: de pessoas, de bens e de meios técnicos, e afirmava-se já como uma superpotência capitalista na corrida pela liderança do mundo ocidental. O próprio Bowen diz, em seu livro, que o contexto posterior à Segunda Guerra nos Estados Unidos simbolizou o "renascimento do respeito" em todo o país. Todavia, é sabido também que os problemas

relacionados à desigualdade e à pobreza configuravam-se como um problema ascendente na sociedade americana nessa época. Verifica-se, nesse período, por exemplo, o aumento do número de idosos com mais de 65 anos entre a população. Observou-se também o crescimento das demandas dos produtores agrícolas, insatisfeitos com os subsídios estatais – que consideraram baixos. Neste contexto surgia também o que talvez possamos considerar como o maior problema social americano da época: os problemas relativos à conquista dos direitos cívicos por toda a população americana, com ênfase na luta pela igualdade racial. Esse movimento teve seu auge nas décadas de 1960 e 1970 nos Estados Unidos. Bowen é analista e também espectador que demonstra preocupação frente a essa situação, sobretudo porque se encontra inserido nela. Ele tenta, então, através de sua obra, apontar alguns caminhos para a superação desses problemas. A chave desse caminho era, para o autor, o homem de negócios, o empresário no âmbito do contexto norte-americano.

No livro *Responsabilidades sociais do homem de negócios*, Bowen trata especificamente do papel do homem de negócios em uma economia baseada na livre-iniciativa. O autor parte do pressuposto de que as várias centenas de firmas comerciais mais importantes são centros vitais de poder e de decisão e que seus atos influenciam de muitas maneiras a vida do povo norte-americano. Propõe-se, então, a considerar algumas questões, tais como: quais responsabilidades para com a sociedade são razoáveis esperar que os homens de negócios assumam? Quais benefícios tangíveis poderiam advir se fosse completamente disseminada por toda a estrutura comercial a preocupação de muitos homens de negócios com as consequências sociais de seu trabalho? Que passos podem ser dados, na prática, para aumentar o efeito dos aspectos sociais mais importantes das decisões comerciais? Quais são os

---

5. A obra em questão, escrita em 1953, foi posteriormente publicada no Brasil em 1957.

6. Para saber mais sobre este episódio, cf. HOBSBAWN, Eric. *A era dos extremos* – O breve século XX: 1914-1991. São Paulo: Companhia das Letras, 1995.

outros problemas éticos fundamentais com que se defrontam naquele momento os homens de negócio norte-americanos?

O que seria, então, responsabilidade social para Bowen? Na definição do autor, ela "se refere às obrigações do homem de negócios de adotar orientações, tomar decisões e seguir linhas de ação que sejam compatíveis com os fins e valores de nossa sociedade" (BOWEN, 1957, p. 54). Essa definição nos chama a atenção por imprimir à adoção de uma postura socialmente responsável o caráter de obrigatoriedade. Bowen aponta que o certo caráter de "obrigação" da responsabilidade social não deve ser entendido, por exemplo, como algo imposto pelo poder do governo. O autor considera os homens de negócios como membros da sociedade e que, portanto, detêm o direito de criticar os valores nela aceitos. Entretanto, tendo em vista seu grande poder e ascendência, a adoção de uma postura socialmente responsável poderia ser considerada como uma obrigação sua. Os sinônimos de responsabilidade social são: responsabilidade pública, obrigações sociais e moralidade comercial.

Ao longo do texto, o autor revela outros aspectos que seriam responsáveis pelo caráter obrigatório do fenômeno: o receio de transformações históricas e políticas profundas que levassem a imposições de governo ou até mesmo à mudança da própria ideologia do Estado. Como descrito anteriormente, Bowen está escrevendo em um momento posterior à Segunda Guerra Mundial, em que o mundo assiste ao crescimento do comunismo como uma ideologia que irá se opor e fazer frente ao sistema capitalista. Por isso, podemos perceber sua preocupação em entender e valorizar as ações de responsabilidade social, pois esta poderia ser uma forma de reestruturar o sistema capitalista.

De forma geral, o fim último da responsabilidade social dos homens de negócios seria a obtenção de uma produção constantemente ascendente.

Em outras palavras, isso significa, para Bowen, eficiência de funcionamento da empresa, estímulos aos trabalhadores para que se obtenha aumento de sua produtividade e preços baixos. Dessa forma, as boas relações humanas transformam-se não somente em uma finalidade desejável para o interesse social geral como igualmente em uma condição para o funcionamento eficiente da empresa, que atende aos interesses desta sob o ponto de vista restrito de obtenção de lucros. Uma orientação sábia quanto a relações humanas é considerada como uma boa política social e um bom negócio.

Outro ponto importante para o autor é o fato de que um número cada vez maior de homens de negócios tem percebido que a opinião pública e o que ele chama de "forças políticas" interferem drasticamente nas empresas, muito mais fortemente do que teria ocorrido 20 anos antes. O autor ressalta que a experiência da depressão, da guerra e da inflação, aliadas à observação do crescimento do socialismo e do comunismo no estrangeiro modificou os critérios de julgamento que a sociedade possuía das atividades dos negócios privados. Por essas razões, Bowen defende que o homem de negócios, no âmbito das ações de responsabilidade social, deve desenvolver projetos para a sociedade de forma geral. Essas ações devem se dar através do desenvolvimento de um programa educacional permanente e em grande escala. O autor acredita que, quando o empresário se demonstra socialmente responsável por via de suas ações junto ao público interno (acionistas, funcionários) e externo (consumidores, comunidade), a empresa ganha visibilidade, podendo até mesmo elevar sua participação de vendas no mercado. Para ele, a empresa deve considerar os interesses do público externo com o qual se relaciona.

Bowen também percebe as mudanças ocorridas na administração de empresas, a qual, já naquela época, era percebida por ele como uma arte complexa que exige formação técnica e sensibilidade pessoal. Bowen observa que, naquele contexto, os interesses na gestão da empresa já não eram tão homogêneos quanto antes, pois a personalidade e os interesses particulares do administrador profissional também passaram a fazer parte do processo de gestão empresarial. O dono da empresa ou acionista foi levado a perceber que seria preciso adotar outra postura; esses "homens de negócios" iriam perceber que os diretores de uma empresa são curadores, considerados assim não apenas pelos acionistas ou proprietários, mas também pelos empregados, fornecedores, consumidores, pela comunidade vizinha e pelo público em geral. Com isso, a administração dos negócios inicia um processo de mudança de mentalidade e novos pontos de vista passam a fazer parte de suas atenções.

Ainda no que diz respeito às motivações dos homens de negócios em adotar uma postura socialmente responsável, que vai além da filantropia e é desenvolvida no âmbito do negócio, Bowen enumera alguns dos "esforços" feitos pelas empresas individualmente, tais como diminuição da jornada de trabalho, conceder férias aos empregados, redução da discriminação entre trabalhadores fundamentados em diferenças de sexo, raça e religião. Essas ações nos chamam a atenção, pois são hoje não só nos Estados Unidos como na maior parte dos países capitalistas ocidentais direitos garantidos por lei a todos os trabalhadores, e um dos mais importantes aspectos da responsabilidade social – como veremos mais adiante em diversos trabalhos, tais como o de Zairo Cheibub e Richard Locke[7] (2002) – reside no fato de que esta representa um conjunto de ações que extrapola os benefícios concedidos por lei.

Bowen não vê a empresa como uma organização passiva, mas como algo que reage às pressões do meio ambiente. A responsabilidade social pode ser entendida, então, entre outras coisas, como uma "resposta" às pressões oriundas da sociedade. Segundo Bowen, o próprio fato de o homem de negócios estar tão interessado na opinião pública e de querer tanto modificá-la é uma indicação nítida do poder dessa opinião pública em sua conduta. Para o autor, é uma opção natural que a empresa desempenhe papel ativo na construção de um ordenamento institucional que favoreça sua sobrevivência e seus interesses econômicos, além da conservação de poder e justificativa para o mesmo por parte dos homens de negócios.

A obra de Bowen tem um forte cunho religioso, e esse caráter pode ser percebido desde sua publicação até o desenvolvimento de seu conteúdo. O escrito em questão faz parte de um grande estudo sobre ética e vida econômica cristã, iniciado em 1949 pelo Conselho Federal das Igrejas de Cristo da América[8]. Para o autor, o homem de negócios deve estar imbuído de respeito pela dignidade e pelo valor essencial de todos os homens e de um espírito de compaixão revelado em suas relações com os operários, fornecedores, fregueses e outros com quem tenha transações comerciais. Esse seria, então, um dos pontos de estímulo para as ações de responsabilidade social. Nos di-

---

7. CHEIBUB, Z. & LOCKE, R. Valores ou Interesses? – Reflexões sobre a responsabilidade social das empresas. In: KIRSCHNER, A.M.; GOMES, E.R. & CAPPELLIN, P. (orgs.). *Empresa, empresários e globalização*. Rio de Janeiro: Relume Dumará/Faperj, 2002.

---

8. Conselho Federal das Igrejas de Cristo na América: federação oficial dos órgãos nacionais da maior parte das maiores e algumas pequenas igrejas evangélicas dos Estados Unidos, projetado "para manifestar a unidade essencial das igrejas cristãs da América em Jesus Cristo como seu Senhor e Salvador divino". Durante as I e II Guerras, o Conselho Federal formou comissões que enviam representantes para vários encontros patrocinados pelo Conselho da Comissão Internacional sobre a Boa Vontade e a Justiça. Em 1950, o Conselho Federal fundiu-se com várias outras entidades interdenominacionais para formar o Conselho Nacional das Igrejas de Cristo na América (Fonte: Global Anabaptist Mennonite Encyclopedia Online [Disponível em http://www.gameo.org/encyclopedia/contents/federal_council_of_the_churches_of_christ_in – Acesso em 24/01/2017]).

zeres do próprio Bowen sobre a responsabilidade social dos homens de negócios, ela se refere às "obrigações" que têm estes de adotar orientações, tomar decisões e seguir linhas de ação que sejam compatíveis com os fins e valores de nossa sociedade. Essa contradição de Bowen (com relação ao caráter obrigatório e religioso da responsabilidade social) fica mais clara quando o autor, como dito anteriormente, relaciona como sinônimos da responsabilidade social as ideias de "obrigações sociais e moralidade comercial" e complementa que não se lhes deve impor responsabilidades das quais não seja lícito esperar que se desincumbam satisfatoriamente. Bowen também recorre à expressão "aceitação voluntária", o que só mostra como, para esse autor, as ideias de obrigação e dever social estão relacionadas à integridade moral e ao "dever cristão" do empresário. O caráter religioso na obra de Bowen mostra-se particularmente interessante quando observamos que no Brasil a Associação de Dirigentes Cristãos de Empresas (Adce) teve papel pioneiro e de grande relevância para o início do desenvolvimento do fenômeno da responsabilidade social no país[9].

_____

9. A Associação de Dirigentes Cristãos de Empresas (Adce) foi criada no Brasil em 1957, em São Paulo, com o incentivo da Union Internationale des Patrons Catholiques. No ano seguinte criou-se a Adce do Rio de Janeiro, que tinha um sentido mais ecumênico, também envolvendo a participação de empresários não católicos, mas abertos a ensinamentos da Doutrina Social da Igreja (DSI). Expandiu-se depois para outros estados e é hoje particularmente atuante nos estados sulinos, de modo especial no Rio Grande do Sul. A associação ministra cursos de DSI aos empresários-membros e tem por objetivo incentivá-los na aplicação dos princípios dessa doutrina em suas empresas, particularmente no que concerne às relações entre capital e trabalho. Participam da Adce chefes e executivos de empresas, na sua grande maioria, de porte pequeno ou médio, dos setores industrial, comercial e bancário. Os principais obstáculos que enfrenta a expansão de uma iniciativa tão conforme à doutrina das grandes encíclicas sociais são: de um lado, a radicalização político-ideológica que critica a posição reformista da Adce e, de outro, a dependência de muitas empresas do capital multinacional, avesso à DSI (ÁVILA, 1991, p. 25).

As responsabilidades sociais do homem de negócios seriam, sobretudo, parte de um processo inexorável. Bowen sublinha o fato de ser um aspecto positivo o interesse que move a adoção de uma postura socialmente responsável por parte da empresa também ser o do empresário. Isso se deve ao fato de que o interesse do próprio homem de negócios inspira confiança, simboliza comprometimento de longo prazo e, por conseguinte, assegura a evolução das ações de responsabilidade social. Em especial a esse respeito, é importante dizer que Bowen teve razão. Não por acaso o presente trabalho se debruça décadas após a realização de seu estudo buscando maior compreensão sobre o mesmo fenômeno. Veremos a seguir alguns dos muitos estudos que também se dedicaram à análise desse tema, tal como Bowen, preocupando-se também em privilegiar o contexto no qual o fenômeno da responsabilidade social é desenvolvido.

É notório que o mundo passa por um constante processo de transformação desde o fim do comunismo – especialmente entre os países que integravam a antiga URSS. Esse processo, mormente quando analisado sob o ponto de vista da economia mundial, é moldado a partir do desenvolvimento de fenômenos como a globalização e a privatização. Isso nos mostra uma ruptura significativa com o momento histórico anterior: com o fim do comunismo, economias que antes eram fechadas se abrem a empresas e marcas transnacionais.

O fenômeno da responsabilidade social pode ser observado sob diversos aspectos. Entender os espaços de atuação da empresa no âmbito do desenvolvimento do fenômeno tem produzido inúmeros debates acerca do incremento da responsabilidade social atualmente. Contudo, as análises e avaliações acerca do tema apresentam importantes distinções. Se até agora observamos análises em que a responsabilidade social é entendida como um aspecto favorável ao negócio e aos *stakeholders*[10] como um todo, os trabalhos que virão a seguir representam uma cisão com apreciações anteriores do tema: a marca das análises apresentadas a seguir é, sobretudo, a crítica e o questionamento a respeito das necessidades e benefícios que essas ações provocam na realidade junto à sociedade em geral.

Em artigo pioneiro da Ciência Política, tratando pontualmente sobre o tema da responsabilidade social, Cheibub e Locke[11] (2002) destacam que o conceito de responsabilidade social corporativa não deve apenas incluir as obrigações legais das mesmas – sejam estas de qualquer natureza: tributária, fiscal, trabalhista ou ambiental, entre outras – mas também ir além dos requisitos econômicos e legais. Os autores argumentam que não faz sentido denominar de responsabilidade social o cumprimento da lei. Para os autores, não podemos chamar de responsabilidade social as ações, programas e benefícios que foram adotados pelas empresas como resultado de negociação trabalhista, visto que, nesse caso, se está diante de uma questão de poder, barganha política, e não de responsabilidade social.

Cheibub e Locke (2002) classificam a responsabilidade social em quatro modelos básicos, baseados nas diferentes formas pelas quais as empresas podem se inserir de forma socialmente responsável. Na visão dos autores, esses modelos têm por base duas dimensões: a primeira seriam os grupos ou atores beneficiários da gestão da empresa; a segunda se refere aos motivos das ações sociais em-

presariais. A primeira dimensão pode ser entendida com um contínuo que vai do modelo dos acionistas ou donos (*stockholders*) ao modelo das partes interessadas (*stakeholders*). Na segunda dimensão figuram os motivos das ações empresariais. De um lado, há as motivações de ordem moral, valorativa, ações com objetivo mais amplo que os ligados aos interesses da empresa. Do outro lado, tomam lugar as ações instrumentais, que têm por finalidade atender aos interesses imediatos das empresas. Os quatros modelos de responsabilidade social identificados pelos autores e citados aqui são: Produtivismo, Idealismo Ético, Filantropia e Progressista.

O modelo denominado "Produtivismo" é baseado no interesse da própria empresa e de seus acionistas (*stockholders*), definindo os potenciais beneficiários da ação social. As ações só se realizam se houver benefícios para a empresa O modelo chamado "Filantropia" caracteriza-se por uma gestão empresarial para os acionistas, no qual as ações sociais se realizam por conta de uma motivação moral. Estas não necessariamente trazem benefícios para a empresa. Já o modelo do Idealismo Ético caracteriza-se por uma gestão empresarial centrada nos benefícios para o público mais amplo (*stakeholders*) e também propõe uma motivação moral para as ações extraempresa. Por último, o modelo Progressista, que se caracteriza por uma gestão empresarial para o público mais amplo, possui um instrumental para as ações sociais. Nele, as ações só se realizam se puderem se converter em benefícios claros para a empresa.

A ideia proposta pelos autores a partir do modelo denominado produtivista parece ser a mais oportuna para a compreensão do fenômeno, sobretudo quando levamos em consideração o contexto democrático capitalista contemporâneo.

Todos os modelos são considerados como formas de responsabilidade social das empresas. A discussão que resta com relação a eles é quanto a

---

10. *Stakeholders* são as partes interessadas que se relacionam com a empresa. São elas: sociedade: trabalhadores; consumidores; indústria; governo; ONGs, organizações não governamentais; meio ambiente, entre outros. Essa definição é dada por Patrícia Ashley em artigo intitulado "Será que estamos diante de uma disputa de paradigmas em responsabilidade social?" [Disponível em http://www.plurale.com.br/noticias-ler.php?cod_noticia= 9158 – Acesso em 25/09/2018].

11. Trata-se de artigo intitulado "Valores ou interesses? – Reflexões sobre a responsabilidade social das empresas", publicado em 2002.

sua desejabilidade, viabilidade e eficácia. Ainda segundo os autores, há na literatura sobre a questão, especialmente na brasileira, uma tendência de se privilegiar a filantropia e o idealismo ético. Assim, o discurso do movimento pela responsabilidade social das empresas assume um caráter eminentemente normativo. Os autores apontam que, em qualquer um dos modelos adotados, a empresa adquire poder adicional sobre a sociedade, quando é de alguma forma socialmente responsável.

Todavia, contrariando o discurso expresso pela maior parte da literatura sobre o tema, que atribui às empresas obrigações morais e éticas na prática da responsabilidade social empresarial, Cheibub e Locke rejeitam a reivindicação de ações de responsabilidade social empresarial por parte das empresas com base em argumentos morais e políticos. Os autores consideram que não há, em princípio, base moral e política para que as empresas assumam responsabilidades sociais, ações que excedam suas responsabilidades legais e que não interessem, imediata e diretamente, aos negócios desenvolvidos por elas. Assim, não se pode ter expectativas legítimas de que as empresas assumam essas responsabilidades. Ninguém teria o direito de exigir que as empresas pratiquem alguma forma de responsabilidade social empresarial; logo, não há a obrigação por parte delas de fazê-lo. Não temos fundamentos para exigir essas ações de empresas e empresários, da mesma forma que não os temos para exigir que professores, advogados, médicos, engenheiros ou quaisquer outros agentes sociais excedam os ditames legais. Neste sentido, atos de filantropia e de responsabilidade empresarial podem ser louvados e mesmo incentivados, mas o fundamental é que não se tem o direito de esperar que empresários e empresas sejam obrigados a praticá-los.

Para os autores, a responsabilidade social, portanto, implica ações que vão além da "letra da lei" e que não resultam de um embate político com sindicatos ou organizações de trabalhadores. É, na verdade, apenas e necessariamente um conjunto de ações que ultrapassam o que é requerido por lei, obrigação ou necessidade. Contudo, a responsabilidade social empresarial é entendida pelos autores como autointeresse, já que não há bons argumentos morais que justifiquem a participação das empresas, empresários e executivos em projetos ou programas de responsabilidade social, privilegiando estes a quaisquer outros atores sociais. Ou seja, a responsabilidade social deve ser do interesse econômico das empresas.

Os autores consideram analiticamente supérfluo e, talvez, até mesmo prejudicial inquirir sobre os motivos que levam as empresas a assumirem determinadas responsabilidades sociais. Dizer se os determinantes da responsabilidade social são interesses ou valores (fazendo referência ao título do artigo) é, na opinião de Cheibub e Locke, uma questão política e moralmente irrelevante, além de malformulada. Para eles, as empresas podem e/ou devem ter responsabilidades sociais apenas se essa conduta for algo de seu interesse, do interesse de seu negócio, e trouxer benefícios para sua atividade e sua posição de mercado.

Ir além da compreensão acerca dos significados da adoção de uma postura socialmente responsável das empresas é a tarefa eleita pelo trabalho de David Vogel[12] (2006). O estudo em questão traz à tona profundas críticas às análises sobre o tema da responsabilidade social. O autor destaca, em sua reflexão, as contradições vividas pelas empresas no sistema capitalista atual, em que adotar uma postura socialmente responsável é prática corrente em um número cada vez maior de instituições.

A análise de Vogel sobre o fenômeno da responsabilidade social traz à tona as dimensões que

---

12. Trata-se do livro *The Market for Virtue: The Potential and Limits of Corporate Social Responsibility*, publicado em 2006.

compõem a responsabilidade social corporativa. Vogel não entende a responsabilidade social a partir de um conceito único, mas sim como um fenômeno que possui diferentes dimensões, que podem ou não dialogar entre si.

O autor ressalta que ainda hoje podemos observar muitas divergências no que diz respeito ao entendimento que muitos dos *stakeholders* têm da responsabilidade social. Vogel entende que isso pode ser um sinal de que os estudos e as interpretações sobre o fenômeno ainda precisam avançar muito, visto que este não está amplamente debatido pela sociedade. Ao olhar para os consumidores, a partir de pesquisas realizadas sobre o comportamento destes nos Estados Unidos e na Europa, o autor observa profundas divergências no que diz respeito à influência que a postura socialmente responsável de uma empresa tem no momento da compra de um produto. Na Europa, por exemplo, observou-se que 75% dos consumidores declararam estar dispostos a modificar seu comportamento em favor de uma postura socialmente responsável. Todavia, apenas 3% do total o fizeram efetivamente.

A observação feita por Vogel das empresas é bastante similar à dos consumidores: a falta de clareza é também uma característica importante na adoção de uma postura socialmente responsável. O autor verifica, também através de pesquisas e análises de empresas atuantes no mercado – sobretudo no mercado americano –, que muitas investem na transformação de produtos e processos sem comprovações de que a adoção de uma postura socialmente responsável irá fortalecer sua posição no mercado, no curto ou longo prazos, ou até mesmo garantir aumento nos lucros. Vogel, baseado em estudos de caso e observação de diversas empresas, defende que, em termos de obtenção de lucro, a certeza que podemos ter até agora é a

de que adotar uma postura socialmente responsável não compromete o resultado final da empresa – ou seja, mesmo que não a ajude, não irá prejudicá-la.

O autor investiga também os jovens que ingressam no mercado de trabalho e sua relação com as empresas. Vogel observa que, também entre esses *stakeholders*, há uma divergência entre o discurso e a prática socialmente responsável. O autor apresenta dados de uma pesquisa realizada nos Estados Unidos, na qual 97% dos alunos formados em pós-graduações alegaram estarem dispostos a reduzir sua perspectiva de ganho para trabalhar em organizações modernas e afinadas com preocupações socioambientais. Todavia, o que ocorreria na prática é que os postos mais disputados por jovens no mercado de trabalho encontram-se em empresas que não desenvolvem ações e/ou programas de responsabilidade social.

Um dos principais diferenciais analíticos de Vogel é seu entendimento de que a responsabilidade social é um fenômeno complexo, com inúmeras dimensões próprias. Ao analisarmos a adoção desse fenômeno nas empresas, devemos entendê-lo como ocorre caso a caso, visto que as evidências mostram, sob o ponto de vista do autor, que os resultados obtidos variam de empresa para empresa. A investigação feita por Vogel a partir de aspectos tais como o desempenho financeiro dos fundos de investimento social das empresas aponta que estes não são melhores do que outras modalidades de fundos de investimentos. O autor também compara dois grupos de empresas que obtiveram bom desempenho financeiro: um grupo é formado por empresas com forte reputação na atuação socialmente responsável e outro com fraca reputação nessa área. Não foram verificadas, nessas análises, diferenças entre os ganhos dessas empresas. A principal ideia do autor é que ainda que se tenha evidência de que a responsabilidade social possa gerar maior rentabilidade para a empresa, isso não significa que necessariamente renda, na realidade, para todas, ou para sua maioria.

Ademais, Vogel aponta uma necessidade para o sucesso da responsabilidade social, no que diz respeito à potencialidade transformadora do fenômeno: para que a responsabilidade social corporativa tenha um impacto real e efetivo sobre as pessoas e instituições, é fundamental que ocorra também o fortalecimento das políticas públicas. O autor acredita que, ao escolher uma causa para apoiar em suas ações e/ou projetos de responsabilidade social, a empresa deseja que esta obtenha sucesso. Na concepção de Vogel, a melhor forma para que isso aconteça é a empresa tentar influenciar a formulação de políticas públicas em favor da mesma causa. Assim, a empresa teria muito mais chances de provocar a transformação social de fato entre as comunidades em que desenvolve suas ações.

Considerações finais

Diante dos desafios apresentados para uma apresentação do estado da arte da produção sobre empresas na literatura especializada brasileira optamos por destacar neste texto os seguintes aspectos. Apontamos duas vertentes do campo nas ciências sociais; a "sociologia econômica" e a "antropologia do consumo". Destacamos que os estudos sobre empresa se concentraram mais na área de administração do que nas ciências sociais. Apresentamos dois momentos importantes na constituição do campo de estudos de empresa no Brasil: o primeiro momento é marcado pela construção da empresa como objeto sociológico, de forte influência da tradição de estudos francesa, e o segundo se refere ao que designamos como a principal contribuição da nossa literatura aos es-

tudos sobre empresa, o tema da responsabilidade social corporativa, desde seus estudos pioneiros até as teses e debates no terreno nacional.

Não há dúvida de que a empresa se constitui como um importante ator para auxiliar na compreensão do contexto capitalista democrático contemporâneo, tendo em vista seu papel central nesta dinâmica. Buscou-se aqui contribuir, ainda que de forma breve, nesta direção: destacar a importância da análise da empresa para as ciências sociais. Delegar este campo de análise a outras disciplinas – tais como a Administração – é, acima de tudo, uma perda para nosso campo disciplinar. Pesquisar empresas se estabelece como ganho mútuo, tanto para os pesquisadores envolvidos e para o próprio objeto, pois os estudos sobre o tema ganham com as contribuições oriundas das análises das ciências sociais.

Referências

BOWEN, H.R. *Responsabilidades sociais do homem de negócios.* Rio de Janeiro: Civilização Brasileira, 1957.

CHEIBUB, Z. & LOCKE, R. Valores ou Interesses? – Reflexões sobre a responsabilidade social das empresas. In: KIRSCHNER, A.M.; GOMES, E.R. & CAPPELLIN, P. (orgs.). *Empresa, empresários e globalização.* Rio de Janeiro: Relume Dumará/Faperj, 2002.

DINIZ, E. & BOSCHI, R. Lideranças empresariais e problemas da estratégia liberal no Brasil. In: *Revista Brasileira de Ciências Sociais,* n. 23, 1993, p. 101-119. Rio de Janeiro.

HOBSBAWN, E. *A era dos extremos* – O breve século XX: 1914-1991. São Paulo: Companhia das Letras, 1995.

KIRSCHNER, A.M. Empresários brasileiros dos anos 90: sucessão e mudança de mentalidade? In: KIRSCHNER, A.M. & GOMES, E.R. (orgs.). *Empresa, empresários e sociedade*. Rio de Janeiro: Sete Letras/ Fundação José Bonifácio, 1999, p. 20-36.

_____. A sociologia diante da globalização: possibilidades e perspectivas da sociologia da empresa. In: *Revista Contemporânea de Antropologia e Ciência Política*, n. 4, 1º sem./1998, p. 30-47. Niterói.

KIRSCHNER, A.M. & MONTEIRO, C.F. Da sociologia econômica à sociologia da empresa – Para uma sociologia da empresa brasileira. In: *Sociedade e Estado*, vol. 17, n. 1, jun./2002, p. 80-103. Brasília.

PIMENTEL, D. *Sociologia da empresa e das organizações –* Uma breve introdução a problemas e perspectivas. Lisboa: Zamboni, 2012.

SAINSAULIEU, R. & KIRSCHNER, K. *Sociologia da empresa*: organização, poder, cultura e desenvolvimento no Brasil. Rio de Janeiro: DP&A, 2006.

VOGEL, D. *The Market for Virtue*: The potential and limits of corporate social responsibility. Washington: The Brookings Institution, 2006.

34
Sociologia das emoções
"A antropologia e a sociologia das emoções no Brasil: breve incursão"

Mauro Guilherme Pinheiro Koury

Este capítulo objetiva delinear um cenário sobre a emergência e o atual estado de arte da antropologia e da sociologia das emoções no Brasil. O seu desenvolvimento e montagem satisfarão a dois momentos específicos. O primeiro aborda a categoria emoções na antropologia e sociologia brasileira, buscando situar os precursores desse campo temático. O segundo apresenta os anos de 1990 no Brasil e o desenvolvimento da antropologia e da sociologia das emoções na academia brasileira. Situa deste modo os esforços analíticos de delimitação deste campo disciplinar, ao mesmo tempo em que faz uma incursão breve nos grupos de pesquisa que desenvolvem trabalhos usando a categoria das emoções como categoria central ou auxiliar nas pesquisas e estudos científicos.

Os precursores da antropologia e da sociologia das emoções no Brasil

A antropologia e a sociologia das emoções se constituíram como subárea de conhecimento das disciplinas Antropologia e Sociologia, como resultado de um processo iniciado nos Estados Unidos nos anos de 1970 (ORTNER, 2011; KOURY & BARBOSA, 2016). No Brasil o seu surgimento e luta pelo reconhecimento e processo de consolidação aconteceu um pouco mais tarde, quase duas

décadas depois, nos anos de 1990 (KOURY, 2004; 2005; 2009; 2014; 2014a). A constituição dessas novas áreas se deu como um processo de busca de rejuvenescimento da teoria social, através de uma releitura das tradições sociológica e antropológica, desde os clássicos.

A revisão da teoria social que permitiu os passos iniciais da antropologia e da sociologia das emoções nos Estados Unidos teve início concomitante à redescoberta das filiações pragmatistas e interacionistas da Escola de Chicago (JASPER, 2016), e de uma revisão crítica do estrutural-funcionalismo parsoniano então dominante, no pensamento social local, desde o final da década de 1940. Esta nova leitura foi influenciada também pela filosofia francesa de Derrida e Foucault, pela filosofia social de Simmel, pelas análises pragmatistas de Charles Cooley e George Herbert Mead, pela sociologia compreensiva de Weber, pela antropologia cultural de Boas e seus discípulos, pela antropologia interpretativa de Geertz, e pela antropologia da prática de Shalins (ORTNER, 2011), pela teoria crítica alemã e pela sociologia de Norbert Elias e Richard Sennett (SCHEFF, 2001), entre outros. A sociologia e a antropologia das emoções, destarte, se espalharam pelo mundo, com construções teórico-metodológicas diversas e mesmo conflitantes, na procura de posicionar as emoções como categoria central para se pensar a inter-relação entre indivíduo, cultura e sociedade: fundamento da constituição das ciências sociais (LUTZ & WHITE, 1986; MILTON & SVA-SEK, 2006; TURNER & STETS, 2006; TURNER, 2009; KEMPER, 1978; 1990; HOCHSCHILD, 1975; JASPER, 2016, entre outros).

No caso brasileiro, a antropologia e a sociologia das emoções se desenvolvem – como já mencionado – a partir de meados dos anos de 1990. A discussão e as análises sobre emoções e as suas interfaces com a cultura e a sociedade, porém, tem uma vida mais longa e podem ser vinculadas às obras de clássicos das ciências sociais no país, como Gilberto Freyre, Paulo Prado, Sérgio Buarque de Holanda, entre outros. Estes autores já colocavam as emoções e as relações intersubjetivas na construção social como uma das problemáticas definidoras das bases compreensivas da constituição da realidade brasileira, muito embora, sem as utilizar como objeto de pesquisa próprio. Elas operaram, no máximo, como variável interveniente da análise social.

De uma forma equivalente aos clássicos das ciências sociais, a cultura emocional foi trabalhada pelos precursores brasileiros de forma abstrata e subsumida nas análises estruturais sobre a cultura e sociedade local. Quadro analítico este que predominou – com um breve intervalo entre os anos de 1937 a 1960 – até a segunda metade da década de 1980.

As ciências sociais feitas no Brasil, no seu processo de formação e consolidação como ciência, procuraram se afastar dos *espectros* da subjetividade. Desta forma elas delimitaram a objetividade das relações sociais como fundamento de análise. Cabe aqui salientar, contudo, que entre os anos de 1937 a 1960 a sociologia e a antropologia nascentes tiveram na Elsp (Escola Livre de Sociologia e Política de São Paulo) uma grande influência interacionista. Influência esta advinda da presença marcante de Donald Pierson no país e sua vinculação a Elsp.

A presença de Pierson marcou um cenário de pesquisas urbanas e de estudos de comunidades, dentro de uma perspectiva ecológica (PIERSON, 1947; 1948; 1970; HERRMANN, 1939) – típica da Escola de Chicago – em que pequenas cidades, e o desenvolvimento de bairros e radiais no processo de urbanização das cidades em crescimento eram investigados, e onde se exercitava o olhar do pesquisador para o processo subjetivo e a cultura emocional dos universos pesquisados: comunidades, bairros, radiais etc. Os estudos precursores sobre a cidade e os estudos de comunidades desenvolvidos por Donald Pierson e seus alunos e orientandos podem ser considerados, assim, de um lado, como precursores de pesquisas urbanas e culturas emotivas no país, tanto na antropologia como na sociologia[1]. Pode-se afirmar, do mesmo modo, de outro lado, que estes estudos devem ser computados como precursores da antropologia e da sociologia das emoções, pelo seu interesse no cotidiano e da importância do olhar do pesquisador no processo subjetivo nas interações sociais.

O resgate de Pierson e da primeira geração de cientistas sociais formados na Elsp, e sua inserção para e na história da pesquisa urbana e para a história da pesquisa sobre as emoções e culturas emotivas no Brasil, portanto, se faz de maior importância enquanto agenda para as ciências sociais

---

1. Estes estudos e pesquisas passam, por outro lado, por uma fase de esquecimento, no decorrer dos anos de 1960, e são retomados e adquirem a sua modernidade e busca de consolidação a partir dos anos de 1970, com o artigo-manifesto de Gilberto Velho e Luis Antônio Machado da Silva, intitulado "Organização social do meio urbano", e publicado no *Anuário Antropológico* em 1976 (VELHO & MACHADO DA SILVA, 1976). Gilberto Velho, como se verá no decorrer deste artigo, caminhará seus trabalhos urbanos dentro de uma perspectiva interacionista, e caminha para uma aproximação com a antropologia das emoções, ao enfrentar a categoria de indivíduo psicológico e o papel das emoções como articuladora central das ações sociais em sociedades complexas.

brasileiras, sobretudo a antropologia e sociologia[2]. Principalmente, ao se considerar o esforço empreendido de compreensão da agência intersubjetiva entre os indivíduos, na configuração de modos e estilos de vida, e formas de percepção, representações sociais, acomodações, tensões, conflitos e resistências no cotidiano; fazer-se de situações e figurações da vida no urbano, em seus diversos recortes, nas cidades pequenas, médias e grandes; nas metrópoles em expansão e conformação de então; e ou nos processos de mudança social, tanto quanto de estagnação; seja em comunidades e pequenas e médias cidades, e suas vinculações a microrregiões, ou regiões; seja na configuração do moderno conservador que então se moldava e se encaminhava no Brasil.

Estes anos, muito produtivos, formaram um mosaico compreensivo do urbano, da cultura emotiva e dos modos de vida urbano em construção no país, e uma agenda de pesquisa para o presente, principalmente nos recursos metodológicos pioneiros utilizados, em que os estudos desenvolvidos por esses precursores se ligam ao interesse pela interação face a face, pela agência individual na construção social e seus reflexos nas migrações internas, nos processos de estagnação e modernização do meio rural com a expulsão em massa de trabalhadores para os núcleos em desenvolvimento de então em nível regional ou nacional; e no processo de imigração externa, com a chegada de trabalhadores estrangeiros ao país, naqueles anos, ou nas primeiras vindas logo após o final da escravidão e de suas entradas nas cidades, entre os anos de 1920 até o final da Segunda Guerra Mundial.

O novo Brasil e a consolidação do urbano como modo de vida refinaram o olhar desses precursores e encaminharam suas pesquisas para a compreensão desse movimento novo no país. Seus olhares se voltaram para o uso do método ecológico e etnográfico produzindo monografias sobre esse processo e seus impasses sobre a cidade que se construía, e os embaraços surgidos entre os sentidos existentes da cidade que se queria e se habitava. Essas pesquisas realizaram leituras compreensivas baseadas em dados qualitativos, e mescla de dados quantitativos, de acordo com Mendonza (2005, p. 470) sobre as redes de "vizinhança, bairros, radiais, habitações, operários e ruas" a que se debruçavam para perceber as vinculações dos indivíduos em interação social nas diversas situações sociais por eles enfrentadas, experimentadas e debatidas e que conformavam trajetórias pessoais, e de grupos que, por sua vez, deixavam marcas no formato e conformação tensa do lugar habitado em que se acomodavam ou conflitavam, mas que entendiam como *sua* cidade.

Nesses estudos e pesquisas a imersão no cotidiano era a tônica principal. Neles, o cotidiano de pequenas cidades, de ruas, bairros e radiais, o processo de estagnação, ou o crescimento das cidades, e os modos e estilos de vida no urbano emergente de então foram enfatizados[3]. O olhar, embora sem usar de forma direta a expressão, se direcionava para as *culturas emotivas*[4] de onde os projetos indi-

---

2. Isto já está sendo feito, ainda que timidamente. Cf., nesse sentido, os trabalhos de Corrêa (1987), Cavalcanti (1995; 1996; 1999), Ciacchi (2007) e outros.

3. Cf., p. ex., os estudos e pesquisas de (PIERSON, 1942; 1944; 1951; 1966; 1970; 1970a) (PIERSON et al., 1952); (WILLEMS, 1940; 1941; 1946; 1947; 1952; 1953; 1961), (WAGLEY, 1953; 1954; 1964), HELLER (1941; 1942; 1943 [2018], 1945); HERRMANN (1938; 1939 [2017]; 1944; 1948); CRUZ (1951; 1953; 1954; 1959; 1961); LOPES (1956; 1957; 1957a; 1959; 1961; 1964; 1964a; 1967); NOGUEIRA (1949; 1950; 1955), entre outros.

4. Por cultura emotiva se entende o processo de troca entre indivíduos e grupos, de recepção e de reelaboração dos seus conteúdos em ações comunicativas, de modo a possibilitar a continuidade de procedimentos sociais na conformação de alianças e de critérios que permitam o andamento ou que consolidem um saber comum e a permanência das relações, de forma sempre tensiva. Este processo é próximo a noção simmeliana de *sociação*, isto é, a predisposição para o outro, enquanto movimento para estabelecimento de vínculos sociais temporários ou permanentes, que dá início a troca humana e às bases para se pensar a cultura e a sociabilidade (KOURY, 2017).

viduais e societários dos indivíduos em seu interior eram vividos, retrabalhados, ou dissolvidos; e de onde novos formatos eram arquitetados nos processos interativos que acomodavam tensivamente os desenhos pessoais e coletivos, armando situações e cenários sociais que configuravam a vida pessoal e coletiva no urbano em mudança social acelerada.

Esses estudos e pesquisas traçaram um mapa compreensivo das formas sociais, político-econômicas e das culturas emotivas que despontavam e que iam sendo assumidas pelo ainda incipiente processo de modernização no Brasil. Pintaram cenários das situações vividas por cada cidade, vila, ou bairros estudados – quer *internamente*, em relação às formas de convivência entre vizinhos, hierarquias, estilos de vidas, formas de enquadramento profissional, mobilidade urbana, distâncias entre o trabalho e moradia, comportamento político e percepções e formas de participação no social mais geral, histórias de vida, origem dos moradores, etnicidade, entre outros aspectos, dentro de um olhar microanalítico; quer *externamente*, isto é, sem se esquecer de enquadrá-las historicamente, e traçar os aspectos marcantes das redes de sociabilidade sócio-político-econômicas e sua vinculação à microrregião e à região onde se situavam e ao Brasil como um todo, atentando do mesmo modo ao processo macro onde as interações singulares se constituíam e dialogavam ou tensionavam.

O interesse era, sobretudo, o de entender o processo de mudança social, pelo acompanhar do processo de estagnação de pequenas cidades no interior do Brasil, ou de sua modernização conservadora; tanto quanto no seguir compreensivamente o nascimento da industrialização no país, com o interesse centrado no desenvolvimento do trabalho urbano e nos modos de vida dos trabalhadores nas cidades e mapear o processo migratório do campo para a cidade e os impasses no processo de adaptação ao novo modo de vida e trabalho dessa população migrante. Faziam parte desse esforço compreensivo a busca de saber sobre as origens e quem eram esses trabalhadores, suas trajetórias na cidade, a expansão dos bairros populares, mas também os de classes médias e altas, traçando o panorama ecológico das cidades e dos bairros pesquisados, os formatos de moradia, relações entre vizinhos, relações de trabalho, expectativas e aspirações sociais, participação política, compadrios, matrimônios, estratificação social, mobilidade social, regiões morais, entre outros tantos aspectos. Nessa rede de pesquisadores e seus estudos ecológicos e de comunidade se desenvolveu uma rica tradição de pesquisas sobre o urbano brasileiro[5] e sobre a cultura emotiva tensa que se configurava no país: junto aos fatos sociais objetivos, estavam presentes questões referentes à subjetividade e às emoções nas redes cotidianas constituídas por esse advento recente às cidades em expansão e ao modo de viver urbano no país.

---

5. Marisa Peirano (2000), usa a metáfora de que – pensa "não ser exagero usar" – entre os anos de 1940 e 1950, "a antropologia ter se desenvolvido como uma *costela* da sociologia, então hegemônica". Havendo uma interface muito grande entre as duas disciplinas, o que forçou a antropologia desenvolver aos poucos caminhos e objetos próprios que mais tarde levaram a uma autonomia maior da disciplina em relação à hegemonia sociológica. Neste mesmo caminho, Eunice Durham informa, referindo-se aos estudos urbanos deste período, que antropologia feita no Brasil de então, ainda em grande geminação com a sociologia, não conseguiu desenvolver uma antropologia da cidade, trabalhando questões vinculadas ao método ecológico e dirigidas para o estudo dos habitantes nas cidades (DURHAM, 1986, p. 19). Nesse caminho, segundo Durham, a *cidade* nesta época da proeminência da rede de pesquisadores vinculados a Donald Pierce, nunca foi objeto direto das pesquisas desenvolvidas, porém, o seu universo, ou como ela denomina *o lugar da investigação*. Ainda segundo Eunice Durham, nesses estudos a *cidade* era como que *revelada empiricamente*, seja através da descrição dos hábitos, costumes e práticas ordinárias dos seus moradores, ou pela descrição minuciosa do interior das casas e sua organização interna e, ainda, pela compreensão do processo de formação de ruas, radiais e seus cenários e ambientes constituídos e palco de interações cotidianas da vida prática. E que, só mais tarde, nos anos de 1970, viria a montar questões próprias originando uma *antropologia da cidade* e uma antropologia urbana.

No interior desta rede de pesquisa é possível destacar alguns autores, além de Donald Pierson[6], todos direta ou indiretamente influenciados pela agenda de pesquisas sociais e culturais construída por ele através dos seus seminários de método e técnica de pesquisa social – aberto não apenas aos alunos da Elsp, mas a todos os interessados em pesquisa social. Entre os frequentadores dos seminários podem ser nominados, por exemplo, os nomes de Emilio Willems[7], Charles Wagley[8],Oracy Nogueira[9], Levy Cruz[10], Lucila Herrmann[11], Frederico Heller[12], Gioconda Mussolini[13], Juarez Brandão Lopes[14], entre muitos outros.

Essa trajetória de estudos sobre uma base analítica interacionista, contudo, entra em declínio na academia brasileira principalmente após o golpe militar de 1964. Já no final dos anos de 1950 e início dos anos de 1960, porém, a sociologia funcionalista, sob o olhar de Talcott Parsons, se amplia no país e passa a ideia dos estudos ecológicos e de comunidade desenvolvidos pela Escola de Chicago, como não científicos e de cunho mais reformista, os fazendo subsumir no cenário de pesquisa nacional. A tradição acadêmica seguida pela geração treinada por Donald Pierson, não obstante, começou a ser retomada na academia brasileira nos anos de 1970 na antropologia, através dos trabalhos de Gilberto Velho, e, desde o final dos anos de 1980 e, sobretudo, após os anos de 1990, por pesquisadores brasileiros nos campos da antropologia e sociologia. Estes iniciaram uma revisão crítica das bases analíticas de pesquisa nas ciências sociais brasileiras dos anos de 1960 a 1980, especialmente nas questões relacionadas à cultura emocional, aos modos de vida e cotidiano, às relações raciais e étnicas, às relações de trabalho, ao urbano e às cidades no Brasil.

Nesta revisão apontaram a atualidade de suas pesquisas sobre a dinâmica das cidades no Brasil contemporâneo, sobre as relações entre pequenas e grandes cidades brasileiras, sobre questões relacionadas ao processo de mobilidade social, aos modos e estilos de vida, às relações tensas entre assimilação, ajustamento e conflito, e às questões relacionadas à agência humana e ao papel das emoções nas dinâmicas de moralidades nas conforma-

---

6. Sobre Donald Pierson, cf., entre outros, Vila Nova (1998), Guimarães (2011) e Corrêa (1987).

7. Sobre Emílio Willems, cf., entre outros, Corrêa (1987) e Pereira (1994).

8. Sobre Charles Wagley, cf., entre outros, Pace (2014) e Zarur (1993).

9. A importância de Oracy Nogueira é ímpar em relação ao alcance teórico e metodológico para a antropologia e sociologia brasileiras. Segundo Castro Faria, no período de formação de Oracy Nogueira, na Elsp, a sociologia floresceu junto e concomitante a antropologia, isto é, obra de um movimento em duas mãos, o que ocasionou, por um lado, "uma sociologização da antropologia, mas também [de outro lado], sem dúvida, uma antropologização da sociologia" (CASTRO FARIA, 1993, p. 90-91). Como caso exemplar do que Castro Faria chama de *incorporação germinativa*, Oracy Nogueira é apontado como modelo do que chama de "antropologização da sociologia": por sua "sensibilidade etnográfica" e seu esmerado trabalho de campo expresso. A obra de Oracy Nogueira é, destarte, de importância singular, não apenas para os campos da sociologia e da antropologia urbana (NOGUEIRA, 1942; 1942a; 1949) e para os estudos de comunidades e pesquisa em pequenas cidades (NOGUEIRA, 1955; 2018). Neste artigo, principalmente, destaco a obra de Oracy Nogueira entre os pioneiros do período entre 1937 a 1960 da sociologia e antropologia feita no Brasil, e no conjunto de sua obra dou relevo, principalmente, aos seus estudos relacionados às emoções e formas de sociabilidade, em que abordou temas como o estigma (NOGUEIRA, 1946; 1950 [2009]), o preconceito (NOGUEIRA, 1983; 1992; 1998), e questões relacionadas à família e parentesco (NOGUEIRA, 1962). Além dos seus importantes estudos sobre metodologia e técnicas de pesquisa (NOGUEIRA, 1964). Sobre Oracy Nogueira ver entre outros, Cavalcanti (1995; 1996; 1999); Castro Faria (1993) e Gonçalves (2018), o que o aproxima das análises do subjetivo e das emoções como caminho analítico para se pensar a cultura e a sociedade no país.

10. Sobre Levy Cruz, cf., entre outros, Souto Maior (2003).

11. Para uma apresentação de Herrmann, cf. Koury (2017a).

12. Para uma apresentação de Heller, cf. Koury (2018a).

13. Sobre a importância de Gioconda Mussoline para a Antropologia feita no Brasil, cf. Ciacchi (2007).

14. Sobre Juarez Brandão Lopes, cf., entre outros, Paoli (1997); RBCS (2011); Lopes, Pessanha e Ramalho (2012).

ções sociais, entre outros interesses. A atualidade e a eficácia das temáticas e dos caminhos teórico-metodológicos seguidos pelos integrantes da primeira geração de cientistas sociais formados pela Elsp, de influência interacionista, despertaram o interesse de pesquisadores contemporâneos, e têm servido de base para um revigoramento dos novos caminhos a serem explorados pela pesquisa nas ciências sociais brasileiras, especificamente a antropologia e a sociologia.

Essa revisão tem servido para renovar a pesquisa nas ciências sociais no Brasil e ampliar o olhar teórico-metodológico para a pesquisa qualitativa, de base etnográfico-ecológica, principalmente nos novos campos disciplinares, entre eles os da antropologia e da sociologia das emoções.

Os anos de 1970 e 1980: Roberto DaMatta e Gilberto Velho

Nos anos de 1970, uma agenda ainda cautelosa e atenta à subjetividade e às emoções nas relações sociais volta a ter uma presença nas ciências sociais feitas no Brasil, iniciando um processo de retomada crítica à análise funcionalista que pairava hegemônica no país, mas ainda preso às suas bases estruturais de análise. É através da antropologia que essa ainda incipiente e tímida agenda desperta o interesse das novas gerações de pesquisadores em formação no país.

Um dos nomes importantes nesse caminhar é o de Roberto DaMatta. Os seus estudos convocam os pesquisadores e os estudiosos a prestarem atenção às emoções como variável importante na agência humana no processo de organização cultural e social, embora, contudo, sem estabelecer um parâmetro próprio para o uso das emoções como categoria analítica.

Em seus trabalhos e discussões sobre o Brasil, e sobre o dilema do ser e de ser brasileiro, DaMatta (1979) levanta hipóteses nas quais os sentimentos e suas formas de expressão no social perpassam a constituição do público e do privado no país[15]. Em *A casa e a rua*, DaMatta (1987) discute os conceitos de sociedade relacional e de sociedade individualista, opondo os dois tipos de organização social delas oriundas. Imputa nessa análise a sociedade relacional à lógica brasileira.

Este parâmetro analítico o acompanhará por quase toda a sua obra, na qual buscará entender o cotidiano brasileiro, seus rituais e modelos de ação, seus dilemas dentro de um método estrutural baseado, em amplos termos, na leitura de Marcel Mauss (2003) e, sobretudo, Louis Dumont (1985), sobre o problema do individualismo e de pessoa no social. No esforço de compreensão da realidade brasileira e de seus dilemas, DaMatta parte da análise do cotidiano e dos rituais, e dos modelos de ação social, a partir de uma costura analítica que coloca em tensão a relação entre as noções de indivíduo e de pessoa, como categorias que se articulam de modo peculiar na formação do social e da cultura do país. Elabora, assim, uma leitura antropológica e sociológica da realidade brasileira, no interior de um modelo dual de análise, que contrapõe a pessoa em relação ao indivíduo, em um processo contínuo de distopia[16] (PINA CABRAL, 2007, p. 98).

---

15. Para uma análise crítica contemporânea à obra de DaMatta e para uma revisão das interpretações do dilema brasileiro, cf. Pina Cabral (2007); Souza (2001); Maciel (2007), entre outros.

16. I. é, como um lugar onde os parâmetros básicos de orientação são distorcidos e as regras básicas de direitos e de convívio humano estão sempre em tensão entre a lógica clientelista, relacional, e uma lógica sempre ansiada, mas nunca realizada de individualidade e direitos básicos de ação. Esse espaço de distopia brasileiro se realiza sempre como um sentimento de se estar fora do lugar, em que o homem comum pobre vive em condições de extrema opressão, desespero ou privação, e os cidadãos em uma rede de clientela e em uma visão do outro, pobre, como potencialmente perigoso e que se tem de estabelecer mecanismos de distanciamento, pela exclusão permanente, mas também por vínculos de apadrinhamento e outras formas perversas de domesticação. O que pode ser expresso no dito usado por DaMatta, para expressar essa distopia brasileira, "você sabe com quem está falando?!"

Os modelos de ação e rituais cotidianos no Brasil, deste modo, para DaMatta, envolvem uma oposição e, de modo concomitante, uma espécie de aprisionamento, entre as duas lógicas presentes na sociabilidade local. Para esse autor, este constrangimento se dá entre uma lógica institucional, visível e superficial, da qual o indivíduo emerge como sujeito estatístico e é submetido a leis impessoais; e uma lógica culturalista, estruturante do imaginário e do inconsciente brasileiro, onde a pessoa emerge como ser relacional e se encontra submetido a esferas hierárquicas do sistema social. Esta oposição e aprisionamento ou constrangimento fazem do dilema brasileiro uma relação sempre tensa. Tensão resolvida, contudo, através de um sistema de dominância do componente *pessoa* sobre o outro componente, individualizante e abstrato, que restaura a harmonia dos conflitos entre a casa e a rua, através de uma lógica hierárquica inerente à atitude relacional, com referência ao sistema social presente na noção de pessoa.

Para DaMatta, deste modo, a compreensão da realidade social brasileira, e o entendimento do dilema brasileiro, da cultura e da trama das emoções e sentimentos deles emersos se dão através de uma leitura estrutural da sociedade via distopia, isto é, utilizando as suas palavras "a de ser um indivíduo numa sociedade que tem seu esqueleto numa hierarquia..." (DaMATTA, 1979, p. 188). DaMatta, assim, rejeita uma análise que valorize as relações subjetivas entre os sujeitos relacionais, e parte de uma troca entre os indivíduos e a sociedade para a compreensão de um social. Pare ele, é através das leis, das normas e dos valores de um sistema social que se pode compreender o comportamento relacional entre os indivíduos nele presentes.

Gilberto Velho foi outro autor importante na configuração de uma antropologia e de uma sociologia das emoções no Brasil. Velho, em seus estudos e pesquisas enfatizou, sem chegar a assim denominar, a cultura emocional das classes médias, no Brasil urbano contemporâneo. Usando, para tal, como universo de análise, o bairro de Copacabana, da zona sul de sua cidade, o Rio de Janeiro.

Como DaMatta, parte de uma dualidade estruturante da realidade brasileira entre os sistemas hierárquicos e os sistemas individualistas. O seu aporte para a construção e o entendimento da lógica da hierarquia no Brasil, assim, se baseou na análise dumontiana entre sistemas holistas e individualistas.

Diferente de DaMatta, contudo, que busca uma espécie de padrão único para a interpretação do ser social e cultural brasileiro, Velho partiu do pressuposto de uma diversidade de padrões comportamentais e de sistemas individualistas e holistas na sociedade nacional, e enfatizou a procura pela compreensão do social brasileiro das classes médias urbanas através da lógica individualista. Discute a emergência do indivíduo psicológico no Brasil urbano, e o individualismo crescente nas camadas médias urbanas das grandes metrópoles.

Enfatizou, também, os rearranjos familiares e de amizade, e a lógica individualista dos projetos de vida, em contraposição aos projetos societários e coletivos. Tais relevos e destaques aconteceram no interior de uma leitura teórico-metodológica, de grande influência simmeliana, que mistura a análise fenomenológica com a análise interacionista dos dois momentos importantes da Escola de Chicago. Nesta última, principalmente, através de autores como Robert Park, George Mead, Herbert Blumer, Erving Goffman e Howard Becker, sem desprezar, contudo, a leitura atenta e atenciosa de autores da escola francesa, como, por exemplo, Marcel Mauss, Claude Lévi-Strauss e Louis Dumont.

Velho elaborou, assim, uma análise profunda e profícua sobre as questões ligadas à relação entre as formas de subjetividade e a objetividade na análise da cultura e do social, bem como, sobre a problemática das emoções e da cultura emocional urbana na contemporaneidade brasileira. Assim, problematizou a tensa relação entre os indivíduos e a cultura e sociedade, fazendo desta tensão um tema recorrente em sua obra.

As relações entre indivíduo, cultura e sociedade, tal como analisadas em Velho, contudo, marcam uma dualidade que parece manifestar-se e expressar-se de diferentes formas, em outras relações, como, por exemplo, nas relações entre o grupo e seus membros ou, nas relações existentes, ou não, entre os projetos individuais e os campos de possibilidade oferecidos para o seu aparecimento e realização. Do mesmo modo, nas tensões entre a questão das unidades individual e social, e da fragmentação nas sociedades complexas, ou, ainda, nas questões relacionadas às tensões permanentes entre o consenso e o conflito, e entre as normas e o desvio, na busca de demonstrar o caráter heterogêneo do urbano, onde diferentes projetos, individuais e coletivos, chocam-se e interpenetram-se em rearranjos sempre em movimento.

A noção de *projeto* é um de seus conceitos fundamentais, no tratamento da questão da heterogeneidade mencionada, e das tensões relacionais entre indivíduos e a cultura em uma sociedade complexa. Para ele, seguindo de perto a análise realizada por Alfred Schütz (1970), a noção de projeto implica uma avaliação dos meios e dos fins das ações humanas coletivas e individuais, estando, portanto, fortemente vinculada a uma realidade objetiva e externa (VELHO, 1981; 1986). O que leva o pesquisador, também, para uma avaliação consciente das condições subjetivas de elaboração dos projetos, estratégias montadas, e busca de caminhos para a sua concretização.

Assim, o conceito de projeto individual, para Velho, não é um fenômeno puramente interno e subjetivo, mas, formulado e elaborado dentro de um campo de possibilidades e circunscrito histórica e culturalmente, tanto em termos da própria noção de indivíduo no social quanto às temáticas, prioridades e paradigmas culturalmente existentes. Para ele, seguindo uma lógica simmeliana, cada indivíduo é um *locus* de tensão entre os constrangimentos da cultura, que solicitam de um lado, o enquadramento a padrões específicos, e do outro lado, que demandam ao indivíduo autonomia e singularidade.

O equilíbrio entre estes constrangimentos faz parte da carga de pressões cotidianas e das tarefas diárias dos indivíduos nas sociedades ocidentais contemporâneas. O que o leva a desenvolver as temáticas sobre o ser no mundo, das ideologias individualistas, das alianças, das diferenças individuais, da questão geracional, da problemática da família, da psicologização das sociedades urbanas contemporâneas, da relação entre a racionalidade e as emoções, das relações entre a cultura objetiva e a cultura subjetiva – esta última cara à análise simmeliana –, onde a questão ascende como elemento compreensivo fundamental no jogo ambivalente de formação dos sujeitos sociais e individuais para a análise da sociabilidade urbana contemporânea. Além e principalmente, para o entendimento da emergência, da fundação e dos modos de agir e de significar dos indivíduos pertencentes às camadas médias urbanas, com ênfase na sociabilidade carioca, onde concentrou os seus estudos e pesquisas, de modo particular.

Elaborou, destarte, uma análise profunda e profícua sobre as questões ligadas à relação entre as formas de subjetividade e da objetividade na análise da cultura e do social, bem como, sobre a problemática das emoções e da cultura emocional urbana na contemporaneidade brasileira. Problematizou, portanto, a tensa relação entre os indivíduos e a cultura e sociedade, fazendo desta tensão um tema recorrente em sua obra.

Gilberto Velho, neste sentido, pode ser considerado como um dos autores fundamentais para a compreensão da questão das relações entre a subjetividade e a sociabilidade, que movimenta quadros teóricos e dá suporte interpretativo ao pensamento recente e estruturador de uma sociologia e de uma antropologia das emoções no Brasil. Pode ser avaliado, desse modo, um precursor importante – e, talvez, o principal – deste novo campo analítico que lida, desde os anos de 1990, com as relações entre as emoções, a cultura e a sociedade no país (KOURY, 2015).

A breve incursão histórica até aqui tratada dos caminhos analíticos da antropologia e da sociologia que abriram as portas para a análise das emoções como categoria analítica central e possibilitou a emergência das disciplinas de antropologias e de sociologia das emoções no Brasil, pode ser resumida em processo com momentos singulares específicos. O primeiro momento pode ser o das análises dos chamados precursores da sociologia e antropologia acadêmica no Brasil, como Gilberto Freyre e Sergio Buarque de Holanda, entre outros, que demandaram olhares analíticos ao processo subjetivo nas trocas interacionais conformadoras do homem brasileiro e do processo histórico que conformou a ideia do Brasil como nação.

O segundo momento significativo foi a experiência da Elsp, dinamizada pelos esforços formadores de pesquisadores no Brasil, seguindo os ensinamentos da Escola de Chicago, que inaugura um olhar analítico voltado para a ação humana na conformação dos lugares de cultura e sociabilidade que habitam. Experimento este que deu atenção à cidade e aos estudos urbanos no Brasil, sem esquecer as pequenas cidades e comunidades urbanas, de um lado; e, de outro, à cultura emotiva, tensiva, que agencia os processos de sociabilidade e estilos de vida dos habitantes de cidades em expansão, ou de pequenas cidades em estagnação ou mudança. E,

além, no uso do método ecológico, e dos estudos de comunidade, de base etnográfica, onde a análise qualitativa era a tônica do olhar reflexivo, sem esquecer-se de complementar com dados quantitativos, como complemento à compreensão do processo formativo do objeto estudado. Época em que a sociologia e a antropologia ainda se misturavam e havia uma *auspiciosa compenetração*, como se referiu Antonio Cândido (1958), no fazer das ciências sociais no país.

O terceiro momento se dá com a quebra dessa experiência da Elsp, e a entrada da análise estrutural-funcionalista de cunho parsoniano, que coincide com a emergência e consolidação do golpe militar de 1964 no Brasil, e com a reestruturação do ensino universitário e o crescimento da pós-graduação no país. Nos anos de 1970, como se tentou demonstrar com os caminhos traçados por dois antropólogos cariocas, Roberto DaMatta e Gilberto Velho, se verifica, ainda sem se fazer um balanço crítico do conjunto dos estudos sociais no Brasil, um movimento onde a subjetividade no processo interativo é retomado e as emoções, enquanto categoria analítica, visualizada. No caso de DaMatta, a partir de uma leitura ainda de base estrutural; no caso de Velho, abrindo a porta para as experiências da Escola de Chicago, com a qual travou conhecimento em sua estada nos Estados Unidos nos anos de 1970, mas ainda associando o pragmatismo e interacionismo em suas análises, com a tradição estrutural francesa, principalmente, de Marcel Mauss e Louis Dumont, e com a Escola Estrutural-Funcionalista de Manchester.

Essa dimensão aberta por esses dois autores é assumida por uma nova geração de pesquisadores, nos anos de 1980, que partem agora para uma retomada do caminho brasileiro das ciências sociais, e buscam aprofundar o pensamento social brasileiro e a formação da antropologia e da sociologia acadêmicas de um modo dinâmico e crítico. Onde a experiência da Elsp é passada por um novo olhar, e com descobertas significativas dos seus trabalhos e autores como *agenda* para uma retomada contemporânea dos estudos urbanos no Brasil – através da antropologia e da sociologia urbana; e, a partir dos anos de 1990, da antropologia e sociologia das emoções.

Anos de 1990 em diante: o desenvolvimento da antropologia e da sociologia das emoções

Apenas a partir da década de 1990 se pode afirmar o surgimento de uma sociologia e de uma antropologia das emoções como interesse e linha de pesquisa no Brasil, possível em razão da retomada do acúmulo de experiência dos dois momentos anteriores: o interacionismo no Brasil dos anos de 1937 a 1960; e as leituras críticas dos anos de 1970, e retomadas de forma mais aprofundada nos anos de 1980, construindo pontes para a emersão das emoções na antropologia e na sociologia como áreas específicas no interior das disciplinas gerais (antropologia e sociologia), bem como embate pela consolidação destes campos disciplinares na academia brasileira.

Este empenho apresenta duas interconexões: 1) a busca de abertura de canais de comunicação e debate em redes sociais, revistas, congressos e encontros; e 2) a criação de grupos de pesquisa com interesses principais de investigação centrados nas *emoções*. Estas duas interconexões convergiram para a abertura de um espaço de acolhimento nas linhas de pesquisa no interior das ciências sociais hegemônicas no país, como um espaço próprio e consolidado do pensamento social local. Processo que gerou tensões, conflitos, mas, também, um crescente interesse sobre a área e vem conseguindo afirmar as emoções como campo legítimo na estruturação das ciências sociais no país.

Tal interesse de afirmação, historicamente, teve por trás de si dois grupos de pesquisa, situados em duas instituições acadêmicas brasileiras. Estes dois grupos agendaram esforços no sentido de divulgar, debater, fortalecer e concretizar a sociologia e a antropologia das emoções no cenário acadêmico nacional. Os dois grupos de pesquisa que deram início ao processo de consolidação da área relativa aos estudos e pesquisas em antropologia e sociologia das emoções foram: 1) O Grem – Grupo de Pesquisa em Antropologia e Sociologia das Emoções, criado em 1994, na Universidade Federal da Paraíba [UFPB]; 2) O GPTI – Grupo de Pesquisa Transformações da Intimidade, que funciona na Universidade Estadual do Rio de Janeiro [Uerj], desde 1998.

O Grem, criado em 1994, pelo autor deste capítulo, na Universidade Federal da Paraíba, é o grupo mais antigo e oficializa um núcleo onde as emoções são consideradas como categoria-chave para a análise sociológica e antropológica. Tem por objetivo a compreensão e análise da emergência da individualidade e do individualismo no Brasil urbano contemporâneo, enfatizando a questão da formação das emoções, enquanto cultura emocional. O Grem vem desenvolvendo pesquisas sobre processos de formação e experiência em emoções específicas nos planos societal como: estilos de vida e individualidade; processo de luto e da morte e do morrer; medos corriqueiros; formas de sociabilidades e das etiquetas sociais que envolvem as relações de amizade; processos de ressentimento e humilhação; e formas de afirmações de laços de confiança e desconfiança entre as camadas médias e populares urbanas no país.

O GPTI, sob a liderança de Maria Claudia Coelho e Claudia Barcellos Rezende, da Universidade do Estado do Rio de Janeiro, é outro grupo de pesquisa que tem tido o compromisso com o processo de desenvolvimento do campo disciplinar da antropologia das emoções no Brasil, desde 1998. Este grupo tem por objetivo o exame das formações da subjetividade constitutivas do mundo contemporâneo, e o refletir sobre as formas de articulação entre os níveis micro e macro da vida social a partir da análise dos limites e das possibilidades de construção das esferas tradicionalmente entendidas como restritas à experiência individual, tais como a subjetividade, o corpo e as emoções.

Esses dois grupos de pesquisa e seus pesquisadores e estudantes, situados nos estados da Paraíba e Rio de Janeiro, se somam aos demais grupos de pesquisa atuais que hoje assumem mais diretamente o processo de consolidação e o desenvolvimento da antropologia e da sociologia das emoções no Brasil. É bom frisar a existência de um número crescente de monografias, dissertações e teses isoladas defendidas desde o final da década de 1990 e com maior ênfase, a partir do ano de 2005, em vários programas de pós-graduação do país, fruto desse esforço de consolidação da área de emoções, que já apontam a antropologia ou a sociologia das emoções como eixo temático central.

Atualmente, no Brasil, já existem, deste modo, pesquisas e ensaios que tentam compreender o processo de formação do campo que traz as emoções para o debate social e cultural. Nesta direção, se tem a tese ainda inédita de Torres (2009), os livros e artigos de Koury (2004; 2005; 2009; 2014; 2014a), de Rezende; Coelho (2010) e a coletânea organizada por Coelho; Rezende (2011), que buscam situar o debate e os caminhos da antropologia e da sociologia das emoções no interior da tradição antropológica e sociológica brasileira e mundial . O trabalho coletivo em prol do desenvolvimento das áreas disciplinares das ciências sociais, com ênfase na antropologia e na sociologia das emoções na academia brasileira nesses últimos vinte e quatro anos tem tido resultado positivo. Isto se manifesta, quer no interesse crescente de pesquisadores e estudantes, quer na ampliação dos fóruns de debate e grupos e centros de pesquisa, quer pela delimitação de linhas de pesquisa no interior de departamentos

e cursos, ou pela oferta regular de disciplinas em sociologia e antropologia das emoções nos cursos de graduação e pós-graduação.

É importante também ressaltar o trabalho ininterrupto de pesquisadores ligados às áreas aqui trabalhadas, de produção e manutenção nos congressos e encontros nacionais e internacionais de grupos de trabalho, oficinas, mesas redondas e fóruns nas áreas de antropologia e de sociologia das emoções. Desde o ano de 1994, os encontros nacionais, regionais e locais em ciências sociais, com especificidade para a antropologia e a sociologia têm aberto espaço para o desenvolvimento de grupos de trabalho sobre a temática, com uma presença intensiva de estudantes pós-graduados e de pesquisadores interessados na área[17].

Nota-se ainda um grande esforço na composição de dossiês em revistas acadêmicas direcionados a balanços e estados de arte, além da publicação de coletâneas com interesse específico na relação emoções, cultura e sociedade. Em um breve levantamento na produção de dossiês temáticos, onde a categoria emoções desponta como eixo central aglutinador, se nota que várias revistas nacionais lançaram e estão programando dossiês nesta direção. Entre outros se pode mencionar os Dossiês: *Sociologia e antropologia dos corpos e das emoções* (KOURY & SCRIBANO, 2012); *Emoções, política e trabalho – Estudos em antropologia das emoções* (COELHO & DURÃO, 2017); *As razões e as emoções das imagens* (KOURY; SCRIBANO & CÁRCEL, 2017); *Antropologia e sociologia das emoções: lugares e memórias* (KOURY, LISDERO & BARRETTO, 2018); (VICTORA & COELHO, 2019), entre outros.

De forma concomitante, a partir do ano de 2000, os programas de pós-graduação, principalmente, mas também os cursos de graduação têm

---

17. Para um balanço dos grupos de trabalho em congressos nacionais e latino-americanos, cf. Koury (2014; 2014a).

ofertado disciplinas sobre antropologia das emoções, sociologia das emoções ou vinculando as duas áreas disciplinares, como por exemplo, antropologia e sociologia das emoções, ou as invertendo, sociologia e antropologia das emoções. Nestas duas décadas do século XXI, se pode afirmar que as emoções enquanto categoria central para a análise da cultura e da sociedade, em suas instâncias disciplinares na antropologia e na sociologia, principalmente, se fortaleceu e ganhou o interesse dos pesquisadores e relativa autonomia e respeito nas áreas já consolidadas das ciências sociais no Brasil.

Este acontecimento, contudo, ainda se encontra longe de tornar as áreas de antropologia e de sociologia das emoções em áreas consolidadas e com fronteiras, mesmo que móveis, mas claras para quem adentra em seu campo. O crescimento, interesse e relativa autonomia de fato se produziram e vêm se fortalecendo, do mesmo modo que vem se dando um aumento perceptível e ascendente no número de trabalhos publicados, em forma de artigos, ou em formato de dissertações e teses, com a rubrica emoções.

Este aumento no interesse pelo uso do conceito emoções, porém, se verifica ainda dentro de um campo temático aberto, em que as emoções enquanto categoria analítica aparece subsumida em diversos outros recortes analíticos e, em muitos casos, como um dado a mais, e pouco explorado, nos estudos e pesquisas a que se encontra vinculada. O que evidencia, de um lado, o crescente interesse pela categoria emoções, mas, ao mesmo tempo, de outro lado, que ainda se encontra uma dificuldade de ascendê-la à categoria central de análise.

Em conversas informais com alguns pesquisadores que têm trabalhado com a categoria emoções, eles informaram que acham melhor indicar a categoria emoções como uma categoria auxiliar em suas pesquisas e estudos. Para tal, se sentem mais confortáveis associando o termo emoções a

outros mais abalizados, ou demarcados, na pesquisa cultural e social da antropologia ou sociologia em que trabalham.

Uma pergunta, contudo, vem à tona: o que fazer para canalizar e organizar a demanda crescente de interesse sobre a questão das emoções, vistas no aumento do interesse demonstrado pela categoria nos grupos de estudos e nos encontros e congressos que contêm grupos de trabalho sobre a temática, com fins de discussão, organização e consolidação destas áreas disciplinares? O debate nas problemáticas das emoções-cultura, emoções-sociedade e emoções-subjetividade aparece em um grande número de trabalhos, mas as emoções se lançam como que subsumidas em discussões correlatas de gênero, de corpo, de moralidade, de arte, de religião, de análises institucionais, de trabalho, de violência, de modos de vida entre tantos outros, e apenas como uma relação objetificada, quase um esforço desejante, mas ainda sem uma conceituação precisa, com respeito às emoções e suas relações com a sociedade e cultura, embora presente e lá desperta como interesse conexo.

As emoções, destarte, se encontram sempre associadas a outras categorias, consideradas mais delimitadas e servem, na maior parte das vezes, de noção auxiliar de análise. Desta forma é possível ver nas análises e disposições dos grupos de pesquisa e de profissionais que lidam, hoje, com a categoria emoções, uma proliferação de cruzamentos, como, por exemplo, os encontros entre emoções e trabalho; emoções e saúde/doença; emoções e políticas públicas; emoções e religião, emoções e gênero etc., onde as emoções aparecem, quando muito, como variável interveniente, e não a análise dessas temáticas a partir dos campos analíticos da antropologia e da sociologia das emoções.

Este modo de proceder parece ser o que vem tomando forma no uso da categoria emoções nos estudos e pesquisas nas ciências sociais no Brasil atual. As emoções aparecem, de um lado, no máximo como uma noção complementar às categorias mais tradicionais das ciências sociais, dificultando assim a diligência maior de consolidação da área da antropologia e da sociologia das emoções nas ciências sociais no país. Este modo de proceder, por outro lado, cria um vasto campo de interesse conexo, que, se se atenta, são fundamentais para a discussão da relação subjetividade e emoções na análise da cultura e sociedade, e são o fundamento da constituição disciplinar de uma antropologia e de uma sociologia das emoções. É através deles que os profissionais mais ativos na área têm que provocar medidas objetivas para o encaminhamento do debate para a grande questão atual desse campo disciplinar, que é a sensibilização sobre a *centralidade* da categoria emoções na análise social e cultural.

Pode-se perceber, em outra direção, igualmente, nas últimas décadas, uma ampliação dos estudos e pesquisas que incluem a categoria emoções em outras áreas, no conjunto das ciências sociais, fora da antropologia e sociologia, se estendendo para a ciência política e, além, para as disciplinas da grande área de ciências humanas, do CNPq, como a história, a educação, a filosofia e a psicologia. Uma rápida incursão sobre os grupos de pesquisa com a palavra *emoção*, no singular ou no plural, na Base dos Grupos de Pesquisa do CNPq, Conselho Nacional de Pesquisa e Desenvolvimento Tecnológico, apresentou 17 grupos de pesquisa nas ciências sociais, incluindo os dois pioneiros acima mencionados: 8 grupos na área da antropologia; 8 grupos na área da sociologia; e 1 grupo na área de ciência política.

No Quadro 1, abaixo, estão relacionados, por disciplina científica nas Ciências Sociais, isto é, Antropologia, Sociologia e Ciência Política, os Grupos de Pesquisa cadastrados na Base de Grupos de Pesquisa da Plataforma Lattes do CNPq. O que parece confirmar o crescimento significativo dos estudos e pesquisas da categoria emoções nas ciências sociais.

Quadro 1 Relação dos 17 grupos de pesquisa, nas três disciplinas das Ciências Sociais, cadastrados na Base de Grupos de Pesquisa da Plataforma Lattes do CNPq

Grupos de pesquisa em ciências sociais registrados ao CNPq
Antropologia (8)
Núcleo de Estudos das Religiões Populares, 1980; UFPE – Universidade Federal de Pernambuco. (Apesar de antigo, esse núcleo só recentemente abriu uma linha de pesquisa em Religião, Corpo e Emoções.)
GPTI – Grupo de Pesquisa Transformações da Intimidade; Uerj – Universidade Estadual do Rio de Janeiro, 1998.
LEC – Laboratório de Estudos Avançados de Cultura Contemporânea; UFPE – Universidade Federal de Pernambuco, 2000. (Apesar de antigo, esse laboratório abriu apenas em 2015 uma linha de pesquisa sobre Self e Emoções e um Observatório sobre Religiões e Emoções, o Ocre.)
Gepacs – Grupo de Estudos e Pesquisas em Cultura, Gênero e Saúde; UFSM – Universidade Federal de Santa Maria, 2002. (Possui uma linha sobre emoções e relações de gênero.)
(R)existências e metaquestões dos marcadores de diferença; UEL – Universidade Estadual de Londrina, 2013. (Possui uma linha de pesquisa em Antropologia das Emoções.)
MotirõNhãdereko – Grupo de Pesquisa em Memória e Cultura; UFF – Universidade Federal Fluminense, 2013. (Possui uma linha de pesquisa intitulada Memórias sociais, histórias de vida, emoções e análise de discursos.)
Corpostrans – Grupo de Pesquisa Transdisciplinar sobre Corpo, Saúde e Emoções; UFPI – Universidade Federal do Piauí, 2016.
Gpeducem – Grupo de Pesquisa Educação e Cultura das Emoções; UFPA –Universidade Federal do Pará, 2018.

Sociologia (8)
Nupec – Núcleo de Pesquisas sobre Crianças, Adolescentes e Jovens; UFPI – Universidade Federal do Piauí, 1992. (Possui uma linha de pesquisa em emoções.)
Grem – Grupo de Pesquisa em Antropologia e Sociologia das Emoções; UFPB – Universidade Federal da Paraíba, 1994. (Linhas de pesquisa: Cultura emotiva e Moralidade; Emoções e Sociabilidade Urbana; Estudos Teóricos em Antropologia e Sociologia das Emoções.)
Necef – Núcleo de Estudos em Ciência, Espiritualidade e Filosofia; Urca – Universidade Regional do Cariri, 2007. (Possui uma linha de pesquisa em Cultura de Paz, Sociabilidade, Emoções e Interações Humanas.)
Cidades, espaços públicos e periferias; UFF – Universidade Federal Fluminense, 2010. (Possui uma linha de pesquisa em Emoções, conação e acesso ao espaço público.)
GPCSSU – Cultura, Sociabilidades e Sensibilidades Urbanas; UFBA – Universidade Federal da Bahia, 2010. (Possui uma linha de pesquisa sobre emoções, indivíduo e sociedade.)
GruPPAES – Periferias, Afetos e Economia das Simbolizações; UFAL – Universidade Federal de Alagoas, 2012. (Possui uma linha de pesquisa sobre Economia dos Símbolos, Política dos Afetos e Economia das Emoções.)
Gepalc – Gênero e Poder na América Latina e Caribe; Unila – Universidade Federal da Integração Latino-Americana, 2015. (Possui uma linha de pesquisa sobre Corpo, Sexualidades, Emoções e Processos de Subjetivação.)
Gepse – Grupo de Estudo e Pesquisa Sociologia e as Emoções; IFPB – Instituto Federal de Educação, Ciência e Tecnologia da Paraíba, 2016.
Ciência Política (1)
NECE – Núcleo de Estratégia e Comunicação Eleitoral; UFPE – Universidade Federal de Pernambuco, 2010. (Possui linha de pesquisa sobre Emoções, Sentimentos e Escolhas Eleitorais.)

Fonte: Base de grupos de pesquisas, CNPq; acervo do Grem – Consulta em 20/08/2018.

A Tabela 1, por sua vez, indica a importância crescente da categoria emoções nas pesquisas e estudos não só das ciências sociais, mas também na grande área das ciências humanas. Grande área esta que inclui, além da antropologia, sociologia e ciência política, as disciplinas de história, filosofia, educação e psicologia.

Nesta grande área – chamada ciências humanas –, como se pode verificar na Tabela 1, os grupos de pesquisa que disponibilizam a palavra emoções na nomenclatura do grupo, ou em suas linhas de pesquisa, perfazem o total de 70 grupos, distribuídos em número de 17 nas ciências sociais (8 na antropologia, 8 na sociologia e 1 na ciência política). Nas áreas afins às ciências sociais, que perfazem a grande área das ciências humanas, têm-se o número de 53 grupos de pesquisa (3 na história, 5 na filosofia, 12 na educação, e 33 na psicologia). Do mesmo modo que existe um interesse crescente em torno da categoria emoções que se espraia por todas as grandes áreas delimitadas pelo CNPq para as ciências no país.

Tabela 1 Total dos grupos de pesquisa com a palavra emoção – Grande área "Ciências Humanas"

Grande Área: Ciências Humanas			
Disciplina	**Total**	**Áreas afins**	**Total**
Antropologia	8	História	3
Sociologia	8	Filosofia	5
Ciência Política	1	Educação	12
Ciências Sociais	17	Psicologia	33
		Áreas afins	**53**
Total geral			**70**

Fonte: Base de grupos de pesquisas, CNPq; acervo do Grem – Consulta em 20.08.2018.

No levantamento realizado na Base de Grupos de Pesquisa do CNPq[18], os grupos lá abrigados que contêm a palavra emoção/ões no seu título ou em suas linhas de pesquisa perfazem o total de 144 grupos de pesquisa. Estes se encontram espalhados por todas as grandes áreas do CNPq (Tabela 2).

De uma forma específica, contudo, no tratamento dado pelas disciplinas científicas a que se identificam, abre um leque amplo de uso desta categoria, e acende uma fogueira de possibilidades para importantes incursões interdisciplinares. De um lado, abre possibilidades de abertura, para um futuro breve, de grandes projetos guarda-chuvas entre vários campos disciplinares das ciências no país. Ao mesmo tempo em que, de outro lado, reforça ainda mais a necessidade de uma delimitação das fronteiras, mesmo que tênues e porosas, no campo da antropologia e da sociologia das emoções, como espaço específico de estudos e pesquisas.

A relação entre emoções, cultura e sociedade, e entre subjetividade e emoções, como vimos no decorrer deste artigo vem se consolidando como área de interesse de ensino e pesquisa no Brasil há cerca de quase trinta anos, sendo puxada, principalmente pela antropologia e sociologia das emoções. Ao longo desse percurso, além do aumento da produção acadêmica em todos os recantos do país, nas áreas de antropologia e sociologia, sobretudo, atualmente este interesse ultrapassa as ciências sociais e abrange toda a grande área das ciências humanas, como vimos na Tabela 1.

E, como demonstra a Tabela 2, expande-se pelos grupos de pesquisa das demais grandes áreas do CNPq. O que parece gerar uma arena vasta de reflexão e uma grande abertura temática, apesar de não de todo clara e ainda difusa, no uso da categoria emoções.

Tabela 2 Total dos grupos de pesquisa com a palavra emoção – Grandes Áreas – CNPq

Grandes Áreas – CNPq	Total	%
Ciências Humanas	70	48,6
Ciências da Saúde	23	16,0
Linguística, Letras e Artes	18	12,5
Ciências Sociais Aplicadas	14	9,7
Ciências Exatas e da Terra	9	6,3
Ciências Biológicas	8	5,6
Engenharias	2	1,3
Total geral	144	100

Fonte: Base de grupos de pesquisas, CNPq; acervo do Grem – Consulta em 20.08.2018.

Contudo, e ao mesmo tempo, aponta para um cenário profícuo de possibilidades aproximativas entre os diversos campos científicos, que poderiam – em um futuro breve – organizar-se em projetos multidisciplinares em que as emoções apareceriam como eixo central e objeto. Cenário em que se desenvolveriam e se consolidariam em plataformas comuns e, respectivamente, em singularidades específicas de demarcação e baliza para cada disciplina científica envolvida.

Embora as emoções, estejam presentes e venham se ampliando enquanto pano de fundo das propostas de interesses nos grupos de pesquisa, a sensação presente é a de que, no Brasil, ela tem se apresentado mais como uma variável a ser observada na pesquisa do que uma categoria central e norteadora das análises. Assim, em uma rápida olhada na listagem das áreas de interesses apresentadas nos grupos de pesquisa das grandes áreas do CNPq (Quadro 2), é possível identificar vários conjuntos

---

18. Dados recolhidos na Plataforma Lattes em 20 de agosto de 2018. Agradeço a Williane Juvêncio Pontes, minha orientanda junto ao PPGA – Programa de Pós-Graduação em Antropologia da Universidade Federal da Paraíba pelo recolhimento dos grupos de pesquisa com a palavra emoção no nome do grupo ou em linhas de pesquisa junto à base de dados dos Grupos de Pesquisa do CNPq.

Quadro 2 Linhas de pesquisa nos grupos de pesquisa com a palavra emoções, por Grandes Áreas – base CNPq

Grupos de pesquisa cadastrados no CNPq por Grandes Áreas (Ciências Humanas, Ciências Sociais Aplicadas, Linguística, Letras e Artes, Ciências Biológicas, Ciências Exatas e da Terra, Engenharias e Ciências da Saúde)

Ciências Humanas: Antropologia, Sociologia e Ciência Política – Áreas de interesse: Educação e cultura das emoções; Construção de subjetividades: emoções, corpo, identidades e as relações interpessoais; Gênero e emoções; Antropologia das emoções e experiência cotidiana; Corpo, saúde, religiosidade e emoções; Geração, emoções e políticas da intimidade; *Self* e emoções; Memórias sociais, histórias de vida, emoções e análise de discursos; Emoções, carisma, moralidade e gênero; Cultura emotiva e moralidade; Emoções e cultura emotiva; Emoções e sociabilidade urbana; Estudos teóricos em antropologia e sociologia das emoções; Cultura emoções e subjetividade; Emoções e formação social da pessoa; Emoções e cultura; Emoções e sociedade; Emoções, conação e acesso ao espaço público; Sofrimento social; Cultura, sociabilidades e sensibilidades urbanas; Emoções, indivíduo, cultura e sociedade; Corpo, sexualidades e processos de subjetivação; Emoções e contemporaneidade; Espiritualidade, emoções e interações humanas; Emoções e religiosidades; Periferias, afetos e economia das emoções; Emoções, sentimentos, escolhas eleitorais.

Ciências Humanas: Áreas Afins I: História e Filosofia – Áreas de interesse: Políticas do corpo; Sensibilidades e Emoções; História e sensibilidades; Emoções, sentimentos e intersubjetividade; Emoções, sentimentos morais e religiosos; Entrelaçamento linguagem/emoções; Sensibilidades e narrativas na história; O papel das emoções públicas na política cultural da democracia; Epistemologia social, neurociência e emoções; Emoções e sentimentos morais; Emoções políticas, afetos, reconhecimento e instituições; Retórica, argumentação e teoria das emoções.

Ciências Humanas: Áreas Afins II: Psicologia, Educação – Áreas de interesse: Cognição, emoção e comportamento; Modulação do sono, cognição e emoção; Emoções, processos motivacionais e saúde; Estresse pós-traumático; Processos emocionais e expressões faciais em transtornos mentais; Emoções, sentimentos e afetos em contextos de trabalho; Gerenciamento das emoções; Impacto das emoções na tomada de decisão em situações de risco; Emoção e memória; Emoção e consciência nos contextos do vivido; Emoções e violência; Atenção, emoção e seus efeitos sobre o comportamento; Emoções e vida cotidiana; Ritmo e emoção; Emoção e ideologia; Emoção intergrupal; Processos de socialização da emoção; Emoções, interações sociais e subjetividade; Cartografia das emoções; Estados subjetivos, emoções e esportes; Emoções, tempo subjetivo e estética experimental; Didática clínica, educação e saúde; Educação, emoções, afetividade e participação; Educação emocional e grupos populares; Educação emocional, espiritualidade e saúde; Educação emocional e práticas pedagógicas; Neurociências: emoções, cognição e comportamento; Memória emocional.

Ciências Sociais Aplicadas – Áreas de interesse: Comunicação, emoção e conflito; Emoção, visibilidade e subjetivação; Emoções, gênero e poder; Imaginários do sucesso e gestão da vida afetiva; *Performance* e política das emoções em rede; *Design*, emoções, cultura e sociedade; Práticas, emoções e organizações; Consumo e emoções; Aspectos cognitivos e afetivos na tomada de decisão; Motivações, emoções, intenções comportamentais dos consumidores e turistas; Emoções racionais e a formação de juristas.

Linguística, Letras e Artes – Áreas de interesse: Identidades, motivação e emoção no ensino/aprendizado de línguas; Construção desubjetividades; Corpo, emoção, família e gênero; Neurociência; Cérebro: estrutura e funcionamento; Neurolinguística; Crenças, afetividade, prazer e emoções; Estratégias identitárias; Emoções no discurso; Emoções, sentimentos e intersubjetividade nas relações entre o léxico e a opinião; Representações discursivas, perspectivações e emoções; Gênero, emoção e memória; Autobiografia; Discurso, emoção e memória; Linguagem, identidade e emoção; Emoção e música; Expressão musical; Corpo e *performance*; Neurociência cognitiva e música; Neurociência; Percepção e emoção estética; Arte e ciência; Música e emoção; Música e neurociências.

Ciências Biológicas – Áreas de interesses: Neurociência; Psicofisiologia da emoção; Fisiologia da emoção; Cognição e memória; Fisiologia sensorial e cognitiva; Neuroanatomia.

Ciências Exatas e da Terra – Áreas de interesse: Computação afetiva; Interação mediada por computador; Interação homem-máquina; Emoções e afetos em/de máquina.

Engenharias – Áreas de interesse: Computação afetiva; Modelos computacionais de emoção e personalidade; Processamento, síntese de voz e emoção.

Ciências da Saúde – Áreas de interesse: Corpo/mente, percepção e emoção no ensino do movimento humano; *Biofeedback*, emoção, *stress* e saúde mental; Esporte, emoção, processo civilizador e violência; Aspectos afetivos e emocionais do comportamento humano; Afetividade, emoções e prática pedagógica em educação física; Neurociência: emoções e esporte; Reclusão esportiva, as novas tecnologias midiáticas e os estados emocionais; Movimento corporal na cultura humana; Jogos e emoções; Neurociência da dor, das emoções e do comportamento; Tecnologia assistiva emocional; Teatro, neurociência e tecnologia; Estresse, emoção e as doenças; Emoções e espiritualidade na saúde; Emoções em saúde; Equilíbrio emocional e bem-estar subjetivo; Cognição, emoção e comportamento; Psicopatologia das emoções e do trauma; Emoções e comportamento de risco; Relação da dor com as emoções; Emoção e alimentação; Motivação e emoção.

Fonte: Base de grupos de pesquisas, CNPq; acervo do Grem – Consulta em 20/08/2018.

de temáticas que se entrecruzam e aparecem como um possível e vasto campo multidisciplinar a partir da categoria emoções.

Arena multidisciplinar esta que se movimentada pela antropologia e sociologia das emoções, pode permitir uma abertura de temas e questões novas que serviriam de promoção para fóruns permanentes de discussão e de pesquisa entre os diversos campos científicos que trabalham as emoções. O que abalizaria, nesse sentido, uma agenda comum de pesquisa, de um lado. De outro lado, contudo, e de forma simultânea, promoveria uma discussão sobre a singularidade de cada campo disciplinar presente e a montagem de fronteiras que permitissem uma consolidação das emoções como eixo norteador de campos singulares a cada ciência envolvida.

Esta abertura nos diversos campos científicos no país para as emoções como categoria central ou como variável interveniente nas pesquisas e análises, como mostrado nas Tabelas 1 e 2, e o leque de linhas de pesquisa e áreas de interesse apresentados nos Quadros 1 e 2, com temas conexos que poderão se abrir em projetos multidisciplinares futuros, apesar de não ter espaço para aprofundar a questão neste capítulo, deve ser pauta de uma agenda a ser posta em prática pela antropologia e sociologia das emoções no Brasil. Trazer as emoções como centro do debate não apenas nas ciências sociais, contudo aberta às diversas disciplinas científicas que hoje as campeiam ou as tomam como variáveis analíticas, deste modo, é o grande desafio dos que fazem a antropologia e a sociologia das emoções no Brasil.

Referências

CÂNDIDO, A. Informações sobre a sociologia paulista. In: *Ensaios paulistas*. São Paulo: Anhembi, 1958.

CASTRO FARIA, L. *Antropologia*: espetáculo e excelência. Rio de Janeiro: EdUFRJ, 1993.

CAVALCANTI, M.L.V.C. Preconceito de marca, etnografia e relações raciais. In: *Tempo social*, vol. 11, n. 1, 1999, p. 97-110.

_____. Oracy Nogueira e a antropologia no Brasil – O estudo do estigma e do preconceito racial. In: *Revista Brasileira de Ciências Sociais*, vol. 11, n. 31, 1996, p. 5-28.

_____. Oracy Nogueira: esboço de uma trajetória intelectual. In: *História, ciência, saúde*, vol. 2, n. 2, 1995, p. 119-134. Manguinhos.

CIACCHI, A. Gioconda Mussolini: uma travessia bibliográfica. In: *Revista de Antropologia*, vol. 50, n. 1, 2007, p. 181-223.

COELHO, M.C. & DURÃO, S. Dossiê: emoções, política e trabalho – Estudos em antropologia das emoções. In: *Interseções*, vol. 19, n. 1, 2017.

COELHO, M.C. & REZENDE, C.B. (orgs.). *Cultura e sentimentos*: ensaios em antropologia das emoções. Rio de Janeiro: Contra Capa/Faperj, 2011.

CORRÊA, M. *História da antropologia no Brasil: 1930-1960* – Testemunhos. São Paulo/Campinas: Vértice/Edunicamp, 1987.

CRUZ, L. *As migrações para o Recife*: caracterização social. Recife: IJNPS, 1961.

_____. Funções do comportamento político numa comunidade do São Francisco. In: *Revista Brasileira de Estudos Políticos*, vol. 3, n. 5, 1959, p. 139-160.

_____. Aspectos da formação e desintegração da família em Rio Rico. In: *Sociologia* – Revista Didática e Científica, vol. 16, n. 4, 1954, p. 390-412.

_____. Papel e uso da hipótese nos "Estudos de Comunidade". In: *Anais do II Congresso Latino-americano de Sociologia*. Rio de Janeiro, 1953, p. 260-265.

_____. *Estudo ecológico de uma vila brasileira*. São Paulo: Elsp, 1951 [Dissertação de mestrado].

DaMATTA, R. *A casa e a rua* – Espaço, cidadania, mulher e morte no Brasil. Rio de Janeiro: Guanabara, 1987.

_____. *Carnavais, malandros e heróis*: para uma sociologia do dilema brasileiro. Rio de Janeiro: Zahar, 1979.

DUMONT, L. *O individualismo*: uma perspectiva antropológica da ideologia moderna. Rio de Janeiro: Rocco, 1985.

DURHAM, E. A pesquisa antropológica com populações urbanas: problemas e perspectivas In: CARDOSO, R. (org.). *A aventura antropológica*. Rio de Janeiro: Paz e Terra, 1986, p. 17-37.

GONÇALVES, R.S. A emergência dos estudos no meio urbano da antropologia brasileira. In: GONÇALVES, R.S. & FERRO, L. (orgs.). *Cidades em mudança*: processos participativos em Portugal e no Brasil. Rio de Janeiro: Mauad X, 2018, p. 57-72.

GUIMARÃES, R.E.M. Os estudos de comunidade e urbanos coordenados por Donald Pierson na Escola Livre de Sociologia e Política de São Paulo. In: *Cadernos do Ceru*, vol. 22, n. 1, 2011, p. 221-238.

HELLER, F. História natural de uma rua suburbana. In: *RBSE – Revista Brasileira de Sociologia da Emoção*, vol. 17, n. 49, abr./2018, p. 133-144.

_____. História natural do Bairro Novo. In: *Sociologia – Revista Didática e Científica*, vol. 6, n. 2, 1945, p. 101-110.

_____. História natural de uma rua suburbana. In: *Sociologia – Revista Didática e Científica*, vol. 5, n. 3, 1943, p. 199-217.

_____. Um caso de desorganização familiar. In: *Sociologia – Revista Didática e Científica*, vol. 4, n. 2, 1942, p. 151-156.

_____. Um caso de desorganização familiar. In: *Sociologia – Revista Didática e Científica*, vol. 3, n. 1, 1941, p. 44-47.

HERRMANN, L. O método ecológico em sociologia. In: *RBSE – Revista Brasileira de Sociologia da Emoção*, vol. 16, n. 48, dez./2017, p. 149-165.

_____. *Evolução da estrutura social de Guaratinguetá num período de trezentos anos*. São Paulo: Revista de Administração, 1948.

_____. Estudo do desenvolvimento de São Paulo através de uma análise de uma radial: a Estrada do Café, 1935. In: *Revista do Arquivo Municipal de São Paulo*, vol. XCIX, n. 10, 1944, p. 7-44.

_____. Método ecológico na sociologia. In: *Sociologia – Revista Didática e Científica*, vol. 1, n. 3 1939.

_____. Grupos sociais de Guaratinguetá. In: *Revista do Arquivo Municipal de São Paulo*, vol. XLIX, n. 5, 1938, p. 71-92.

HOCHSCHILD, A.R. The Sociology of Feeling and Emotion: Selected Possibilities In: MILLMAN, M. & KANTER, R.M. (eds.). *Another Voice:* Feminist Perspectives on Social Life and Social Science. Garden City, NY: Anchor/Doubleday, 1975, p. 280-307.

JASPER, J.J. The Sociology of Face-to-Face Emotions, In: COICAUD, J.-M.; POPOVSKI, V. & ARIFFIN, Y. (eds.). *On Emotions and Passions in International Politics*: Beyond Mainstream International Relations. Cambridge: Cambridge University Press. 2016, p. 65-79.

KEMPER, T.D. *A social interactional theory of emotion*. Nova York: Wiley, 1978.

KEMPER, T.D. (ed.). *Research agendas in the sociology of emotions*. Albânia: State University of New York Press, 1990.

KOURY, M.G.P. *Etnografias urbanas sobre pertença e medos na cidade* – Estudos em antropologia das emoções. Recife/João Pessoa: Bagaço/Grem, 2017 [Coleção Cadernos do Grem, n. 11].

_____. Interacionistas no Brasil – Seção Documentos, Série 1: Lucila Herrmann. In: *RBSE – Revista Brasileira de Sociologia da Emoção*, vol. 16, n. 48, dez./2017a, p. 145-147.

_____. Gilberto Velho: um precursor da antropologia das emoções no Brasil. In: KOURY, M.G.P. & BARBOSA, R.B. *Da subjetividade às emoções* – A antropologia e a sociologia das emoções no Brasil. Recife/João Pessoa: Bagaço/Grem, 2015, p. 19-59 [Coleção Cadernos do Grem, n. 7].

_____. Pela consolidação da sociologia e da antropologia das emoções no Brasil. In: *Sociedade & Estado*, vol. 29, n. 3, p. 2014, p. 841-866.

_____. A antropologia e a sociologia das emoções no Brasil: breve relato histórico do processo de consolidação de uma área temática. In: *Anais do II Simpósio Interdisciplinar de Pós-Graduação em Ciências Sociais e Humanas*. Mossoró: PPGCISH/UERN, 2014a, p. 383-400.

_____. *Emoções, sociedade e cultura* – A categoria de análise emoções como objeto de investigação na sociologia. Curitiba: CRV, 2009.

_____. A antropologia das emoções no Brasil. In: *RBSE* – Revista Brasileira de Sociologia da Emoção, vol. 4, n. 12, 2005, p. 239-252.

_____. *Introdução à sociologia da emoção*. João Pessoa: Manufatura/Grem, 2004 [Coleção Cadernos do GREM, n. 3].

KOURY, M.G.P. & BARBOSA, R.B. A abordagem de Thomas Scheff sobre a vergonha na sociologia das emoções. In: KOURY, M.G.P. & BARBOSA, R.B. (org. e trad.). *A vergonha no self e na sociedade* – A sociologia e a antropologia das emoções de Thomas Scheff. Recife/João Pessoa: Bagaço/Grem, 2016 [Coleção Cadernos do Grem, n. 10].

KOURY, M.G.P.; LISDERO, P.M. & BARRETTO, M.C.R. (orgs.). Dossiê: antropologia e sociologia das emoções: Lugares e memórias; apresentação. In: *Revista Ciências da Sociedade*, vol. 2, n. 3, 2018, p. 9-13.

_____. Seção documentos – Interacionistas no Brasil, Série 2: Frederico Heller. Uma apresentação. In: *RBSE* – Revista Brasileira de Sociologia da Emoção, vol. 17, n. 49, p. 129-131, abril de 2018a.

KOURY, M.G.P. & SCRIBANO, A. Sociologia e antropologia dos corpos e das emoções. In: *RBSE* – Revista Brasileira de Sociologia da Emoção, vol. 11, 2012, n. 33

KOURY, M.G.P.; SCRIBANO, A. & CÁRCEL, J.A.R. (orgs.). Dossiê: as razões e as emoções das imagens. In: *RBSE* – Revista Brasileira de Sociologia da Emoção, vol. 16, n. 47, 2017.

LEITE LOPES, J.S.; PESSANHA, E. & RAMALHO, J.R. Esboço de uma história social da primeira geração de sociólogos do trabalho e dos trabalhadores no Brasil. In: *Educação e Sociedade*, vol. 33, n. 118, 2012, p. 115-129.

_____. *Crise do Brasil arcaico*. São Paulo: Difusão Europeia do Livro, 1967.

_____. *Relações industriais na sociedade tradicional brasileira*: estudo de duas comunidades mineiras. São Paulo: USP, 1964 [Tese de doutorado].

_____. *Sociedade industrial no Brasil*. São Paulo: Difusão Europeia do Livro, 1964a.

_____. Relations industrielles dans deux communautés brésiliennes. In: *Sociologie du Travail*, vol. 3, n. 1, 1961, p. 18-33.

_____. Estrutura social e educação no brasil. In: *Educação e Ciências Sociais*, vol. 4, n. 10, 1959, p. 53-78.

_____. Zonas ecológicas no Estado de São Paulo. In: *Educação e Ciências Sociais*, vol. 2, n. 5, 1957, p. 11-178.

_____. A fixação do operário rural na indústria. In: *Educação e Ciências Sociais*, vol. 2, n. 6, 1957a, p. 293-322.

_____. Escolha ocupacional e origem social de ginasianos em São Paulo. In: *Educação e Ciências Sociais*, vol. l, n. 2, 1956, p. 43-62.

LUTZ, C. & WHITE, G.M. The anthropology of emotions. In: *Annual Review of Anthropology*, vol. 15, 1986, p. 405-436.

MACIEL, F. *O Brasil-nação como ideologia*: a construção retórica e a sociopolítica da identidade nacional. São Paulo: Annablume, 2007.

MAUSS, M. *Sociologia e antropologia*. São Paulo: Cosac Naify, 2003.

MILTON, K. & SVASEK, M. (eds.). *Mixed emotions*: Anthropological Studies of Feeling. Oxford: Berg, 2005.

NOGUEIRA, O. Os estudos de comunidade no Brasil – Série Interacionistas no Brasil. In: *RBSE* – Revista Brasileira de Sociologia da Emoção, vol. 17, n. 50, 2018, p. 125-135.

_____. *Vozes de Campos do Jordão*: experiências sociais e psíquicas de tuberculoso pulmonar no Estado de São Paulo. 2. ed., com introdução, revisão e organização de Maria Laura Viveiros de Castro. Rio de Janeiro: Fiocruz, 2009.

_____. *Preconceito de Marca*: as relações raciais em Itapetininga. Org. de Maria Laura Viveiros de Castro Cavalcanti. São Paulo: Edusp, 1998.

_____. *Negro político, político negro*, São Paulo: Edusp, 1992.

_____. *Pesquisa social*: introdução às suas técnicas. São Paulo: Companhia Editora Nacional, 1964.

_____. *Tanto preto quanto branco*: estudos de relações raciais no Brasil. São Paulo: T.A. Queiróz, 1983.

_____. *Família e comunidade no Brasil*: um estudo sociológico de Itapetininga. Rio de Janeiro: Centro Brasileiro de Pesquisas Educacionais, 1962.

_____. Os estudos de comunidade no Brasil. In: *Revista de Antropologia*, vol. 3, n. 2, 1955, p. 95-103.

_____. *Vozes de Campos do Jordão*: experiências sociais e psíquicas de tuberculoso pulmonar no Estado de São Paulo. São Paulo: Revista de Sociologia, 1950.

_____. Distribuição residencial de operários de um estabelecimento industrial de São Paulo. In: *Sociologia* – Revista Didática e Científica, vol. IX, n. 1, 1949, p. 32-53.

_____. Relações entre médicos e doentes. In: *Sociologia* – Revista Didática e Científica, vol. 8, n. 3, 1946, p. 161-171.

_____. Experiência de um pesquisador encarregado de entrevistas para um estudo de habitação. In: *Sociologia* – Revista Didática e Científica, vol. 4, n. 1, 1942, p. 36-48.

_____. Atitude desfavorável de alguns anunciantes de São Paulo em relação aos empregados de cor. In: *Sociologia* – Revista Didática e Científica, vol. 4, n. 4, 1942a, p. 328-358.

ORTNER, S.B. Teoria na antropologia desde os anos 60. In: *Mana*, vol. 17, n. 2, 2011, p. 419-466.

PACE, R. O legado de Charles Wagley: uma introdução. In: *Boletim do Museu Paraense Emílio Goeldi – Ciências Humanas*, vol. 9, n. 3, 2014, p. 597-615.

PAOLI, N.J. Reflexões sobre uma experiência de trabalho com história oral na área de educação. In: *Tópicos em Educação*, vol. 15, n. 3, 1997, p. 89-104.

PARK, R.E. The City: Suggestions for the Investigation of Human Behavior in the City Environment. In: *American Journal of Sociology*, vol. XX, n. 5, 1915, p. 577-612.

PEIRANO, M.G.S. A Antropologia como ciência social no Brasil. In: *Etnográfic*, vol. IV, n. 2, 2000, p. 219-232.

PEREIRA, J.B.B. Emilio Willems e Egon Schaden na história da antropologia. In: *Estudos Avançados*, vol. 8, n. 22, 1994, p. 249-253.

PIERSON, D. *Estudos de ecologia humana*. São Paulo: Martins, 1970.

_____. *Estudos de organização social*. São Paulo: Martins, 1970a.

_____. *Cruz das almas*. São Paulo: José Olympio Editora, 1966.

_____. *Cruz das almas*: a brazilian village. Washington: Smithsonian Institution, 1951.

_____. Exame crítico da ecologia humana. In: *Sociologia* – Revista Didática e Científica, vol. X, n. 4, 1948, p. 227-241.

_____. Ecologia Humana. In: *Sociologia* – Revista Didática e Científica, vol. IX, n. 2, 1947, p. 153-163.

_____. *Teoria e pesquisa em sociologia*. São Paulo: Melhoramentos, 1945.

_____. Hábitos alimentares em São Paulo. In: *Revista do Arquivo Municipal*, LCVIII, 1944, p. 45-79.

_____. Habitações em São Paulo: estudo comparativo. In: *Revista do Arquivo Municipal*, n. LXXXI, 1942, p. 199-238.

_____. *Negroes in Brazil*: a study of race contact at Bahia. Chicago: University of Chicago Press, 1942a.

PIERSON, D. [com a colab. de: Alceu Maynard Araújo, Afonso Trujillo Ferrari, Esdras Borges Costa, Fernando Altenfelder Silva, Levy Cruz, Octávio da Costa Eduardo e outros]. *O homem no Vale do São Francisco*. 3 vols. Rio de Janeiro: Suvale, 1972.

PINA CABRAL, J. A pessoa e o dilema brasileiro: uma perspectiva anticesurista. In: *Novos Estudos*, n. 78, p. 95-111, 2007.

RBCS [Editorial]. Homenagem: Juarez Brandão Lopes, 1925-2011. In: *RBCS* – Revista Brasileira de Ciências Sociais, vol. 26 n. 77, 2011, p. 7-9.

REZENDE, C.B. & COELHO, M.C. *Antropologia das emoções*. Rio de Janeiro: FGV, 2010.

SCHEFF, T.J. Três pioneiros na sociologia das emoções. Trad. de Mauro Guilherme Pinheiro Koury. In: *Política e Trabalho*, n. 17, 2001, p. 115-127.

SCHÜTZ, A. *Collected Papers* – Vol. I: The problem of social reality (Phenomenological). Norwell: Kluwer Academic Publishers, 1970.

SOUTO MAIOR, H.P. Para uma história da Sociologia em Pernambuco: uma tentativa de periodização. In: *Estudos de Sociologia*, vol. 1, n. 9, 2003, p. 7-29.

SOUZA, J. A sociologia dual de Roberto Da Matta: descobrindo nossos mistérios ou sistematizando nossos autoenganos? In: *Revista Brasileira de Ciências Sociais*, vol. 16, n. 45, 2001, p. 47-67.

TURNER, J.H. The Sociology of Emotions: Basic Theoretical Arguments. In: *Emotion Review*, vol. 1, n. 4, 2009, p. 340-354.

TURNER, J.H. & STETS, J.E. Sociological theories of human emotions. In: *Annual Review of Sociology*, vol. 32, 2006, p. 25-52.

TORRES, M.R. *Hóspedes incômodas*: as emoções na sociologia norte-americana. Salvador: PPGCS/UFBA, 2009 [Tese de doutorado].

VELHO, G. & MACHADO DA SILVA, L.A. *Subjetividade e sociedade*. Rio de Janeiro: Zahar, 1986.

_____. *Individualismo e cultura*. Rio de Janeiro: Zahar, 1981.

_____. Organização social do meio urbano. In: *Anuário Antropológico*, vol. 1, n. 1, 1976, p. 71-82.

VÍCTORA, C.G. & COELHO, M.C. Dossiê Antropologia e Emoções. In: *Horizontes Antropológicos*, ano 25, n. 54, mai./2019.

VILA NOVA, S. *Donald Pierson e a Escola de Chicago na sociologia brasileira*: entre humanistas e messiânicos. Lisboa: Veja, 1998.

WAGLEY, C. Luso-Brazilian Kinship Patterns: The Persistence of a Cultural Tradition. In: MAYER, J. & WEATHERHEAD, R. (eds.). *Politics of Change in Latin America*. Nova York: Praeger, 1964.

_____. *Itá*: uma comunidade amazônica. São Paulo: Cia. Editora Nacional, 1957.

_____. *Uma comunidade amazônica* – Estudo do homem nos trópicos. São Paulo: Ci. Ed. Nacional, 1957a.

_____. Estudos de comunidades no Brasil sob perspectiva nacional. In: *Sociologia* – Revista Didática e Científica, n. 2, 1954, p. 3-22.

_____. *Amazon Town, a study of man in the tropics*. Nova York: Macmillan, 1953.

WILLEMS, E. *Uma vila brasileira*: tradição e mudança. São Paulo: Difusão Europeia do Livro, 1961.

_____. The Structure of the Brazilian Family. In: *Social Forces*, vol. 31, n. 4, 1953, p. 339-345.

_____. *Cunha*: tradição e transição em uma cultura rural no Brasil. São Paulo: Secretaria da Agricultura do Estado de São Paulo, 1947.

_____. *A aculturação dos alemães no Brasil*: um estudo antropológico dos imigrantes alemães e seus descendentes no Brasil. São Paulo: Cia. Ed. Nacional, 1946.

_____. Contribuição para uma sociologia da vizinhança. In: *Sociologia* – Revista Didática e Científica, vol. 3, n. 1, 1941, p. 29-43.

_____. *Assimilação e populações marginais no Brasil*. São Paulo: Cia. Ed. Nacional, 1940.

WILLEMS, E. [com a colab. de Gioconda Mussoline]. *Buzios island*: a caiçara community in southern Brazil. Seatle: University of Washington Press, 1952.

ZARUR, G.C.L. A contribuição de Charles Wagley para a antropologia brasileira e para a ideia de Brasil. In: *Anuário Antropológico/91*. Rio de Janeiro: Tempo Brasileiro, 1993.

SEÇÃO IV

Teoria política e democracia

35
Ciência política
"A ciência política no Brasil está em apuros? Ilações assistemáticas sobre a consagração de um campo"

João Trajano Sento-Sé

Isadora Vianna Sento-Sé

Marcele Frossard

I – Introdução

A pergunta que dá título a este trabalho foi retirada da passagem de um artigo de Giovani Sartori, em que o autor italiano discute a singularidade da ciência política enquanto campo disciplinar distinto da sociologia política e da sociologia da política (SARTORI, 1972). Na ocasião, o cientista político assume que a ciência política não está em apuros, o que significa, no contexto de sua análise, que nela encontramos um solo firme em que um campo disciplinar autônomo tem consolidados objetos de pesquisas realizadas por profissionais especializados e dotados de identidade intelectual definida e reconhecida socialmente.

Compartilhamos a mesma impressão quanto ao cenário brasileiro. A base de nosso otimismo encontra-se em dois nichos. O primeiro se fundamenta na leitura de uma parcela importante dos trabalhos publicados sobre a ciência política no Brasil e a história de sua consagração como campo disciplinar específico das ciências sociais brasileiras. Um campo de conhecimento pode ser considerado sólido quando é capaz de voltar-se para si mesmo, exercer o salutar trabalho de reflexividade, olhar

para sua própria história e para os postulados que a constituem de forma crítica. Embora ainda de forma incipiente, não restam dúvidas que, sobretudo nos últimos quinze anos, a ciência política, ou ao menos alguns de seus representantes, começam a efetivamente fazer esse exercício. O resultado é um conjunto relativamente pequeno, mas extremamente rico em informações e *insights* sobre a ciência política, em geral, e as ciências políticas praticadas por aqui.

Em segundo lugar, reforça nossa impressão o cenário extraído da consulta de nove publicações científicas nacionais e o que nelas cientistas políticos brasileiros publicaram entre os anos de 2013 e 2017. Percebemos, numa exploração rápida desse material, duas tendências não convergentes que, associadas, revelam um quadro interessante da ciência política brasileira. Em primeiro lugar, é notável o volume expressivo de artigos dedicados ao estudo das diferentes instituições políticas radicadas no Estado, artigos estes desenvolvidos por variadas perspectivas e angulações. Dessa forma, constatamos a solidez de uma tendência de origem da ciência política e uma complexificação teórica, temática e conceitualmente falando. Simultaneamente a isso, percebemos que há sinais de uma diversificação temática para além dos estudos institucionais, o que torna esse campo um foco que merece atenção e monitoramento.

O presente capítulo está dividido em três seções. Na primeira delas, situamos o leitor no processo mais geral de surgimento e consagração da ciência política enquanto um campo singular de conhecimento. Dizemos singular por reconhecermos os indiscutíveis avanços do ponto de vista de sua institucionalização e reconhecimento públicos. Diríamos autonomização se a par disso tivéssemos segurança sobre seu equivalente amadurecimento como um campo epistêmico distinto. Não estamos seguros de que isso foi logrado e sequer consideramos que seja propriamente desejável. Voltaremos mais de uma vez a esse ponto.

Na segunda seção apresentamos a literatura, ou parte dela, dedicada a fazer balanços sobre a história da institucionalização (e sua eventual autonomização) da ciência política no Brasil. Fazemos tal exposição tentando estabelecer o que seriam os diferentes e divergentes ângulos acerca de dois aspectos da literatura a respeito do processo de construção do campo. As diferentes ênfases em aspectos substantivos-temáticos e institucionais é um deles. O segundo ponto refere-se a supostas divisões e marcadores históricos e metodológicos entre produções positivas e normativas no interior do campo.

Tentamos apresentar a literatura disponível hoje sem que esta parecesse um conjunto chapado, imune a tensões e potenciais conflitos sobre o que deve ser priorizado quando falamos da singularização e autonomização de um campo do conhecimento científico. Com essa escolha, corremos o risco de omitir uma ou outra contribuição importante, assim como nos abstivemos de detalhar minúcias dos argumentos e informações acionados. Em con-

trapartida, sugerimos trilhas para se pensar criticamente o campo de dentro de suas fronteiras heurísticas. Torcemos para que a aposta faça sentido para o leitor.

Finalmente, a última seção é dedicada a apresentar, de modo um tanto genérico e exploratório, quais têm sido as áreas prioritárias de produção na ciência política brasileira, tendo por referência o conjunto de artigos coletados em nove periódicos científicos editados entre 2013 e 2017. Os procedimentos metodológicos e os critérios de escolha desse material são explicitados na abertura da seção correspondente.

II – A consagração de um campo equivale à sua autonomia epistêmica?

Do ponto de vista de sua institucionalização, a ciência política é, no Brasil e alhures, a mais jovem dentre todos os campos disciplinares convencionalmente elencados entre as chamadas ciências sociais. Apenas no pós-guerra, no caso europeu[1], e no final dos anos de 1960, no caso brasileiro, temos a notícia de formalização dos primeiros centros de ensino e pesquisa especificamente destinados a formar profissionais desse campo e, consequentemente, assumi-lo como disciplina singular, dotada de temas, objetos, métodos, *ethos* profissionais e vocações próprias.

Trata-se de um caso curioso. Sobretudo quando pensamos que em geral, ao menos no Brasil, é exatamente a ciência política que retorna, na formação básica de seus estudantes, mais longinquamente, do ponto de vista histórico, para buscar suas matrizes originais. A teoria sociológica tende

---

1. Estamos cientes de que a afirmação é genérica e não leva em conta especificidades da história de diferentes centros. Em geral, contudo, consideramos que, a despeito de seu caráter generalista, não há imprecisão nesse tipo de afirmação.

a recuar no máximo ao século XVIII, para buscar em Montesquieu, no caso de Aron (ARON, 1987), ou em Rousseau, no caso de Lévi-Strauss (LÉVI-STRAUSS, 1983), seus ancestrais. Em seu percurso inicial de formação, o estudante de Antropologia não realiza recuo muito mais longo. Já a formação básica em teoria política costuma se reportar a períodos bem mais distantes. É comum que o neófito, quando estudante dos ciclos básicos, vá até a filosofia helênica para tomar contato com as formulações originais não de uma, mas duas ou três de suas linhagens teóricas fundadoras. É interessante, portanto, contrastar a antiguidade das formulações destinadas à análise crítica da política com o caráter tardio de sua assunção como campo específico de investigação.

Um segundo traço que interessa destacar é uma espécie de coincidência entre a institucionalização dos estudos da política via consagração de um campo específico e o contexto em que se dá. O imediato pós-guerra é o momento em que a institucionalização da ciência política se torna uma questão, em centros como a França, por exemplo. É possível que a base desta tendência seja a mesma que no campo da filosofia política, segundo Heller, leva a retomada do pensamento de Kant e Hegel (HELLER, 1991). Este é o contexto para a admissão da complexidade do conceito do político, para enfrentar a assunção, duramente reconhecida a partir do entreguerras, de que um duplo deslocamento se impunha. Em primeiro lugar, do ponto de vista filosófico, desnaturalizar a ideia de política vinculada a uma classe específica, ideia esta superada pelo advento da política de massas. Desloca-se, assim, o foco de reflexão da política para o político, entendido enquanto um fenômeno particular. Um segundo deslocamento, não dissociável do primeiro, se impõe na substituição da pergunta quem é o Estado para uma outra, bem mais dramática: qual a natureza do Estado e o quê o constitui.

Como sugere Heller, os estragos da Segunda Guerra colocam em questão paradigmas longamente consolidados, ainda que já problematizados por gente como Marx ou Rousseau, por exemplo. Acrescentaríamos: os estragos da Segunda Guerra colocam em questão a democracia liberal tanto quanto seus críticos originais. Não postulamos uma relação propriamente causal entre esse ambiente intelectual e político e a autonomização da ciência política propriamente dita no contexto europeu. Há, contudo, uma coincidência digna de nota.

No caso brasileiro, outra coincidência. Do ponto de vista substantivo, consideramos que, quando em meados dos anos de 1960 é criado o primeiro curso de ciência política *stricto sensu* na Universidade Federal de Minas Gerais, já havia uma bela coleção de obras de ciência política no Brasil. Lançamos esta última sentença cientes dos possíveis reparos a que está sujeita, mas não entraremos nessa discussão, pois ela nos desviaria de nosso foco. Sendo ou não cientistas políticos, os autores de tais obras careciam de um abrigo em que pudessem desenvolver suas teses, receber apoio em suas investigações, travar diálogos e polêmicas com outros atores reconhecidos como seus pares. Eram, na maior parte das vezes, identificados profissionalmente como bacharéis em direito. A partir de dado momento, aumenta o número de sociólogos, mas decididamente, não importando a natureza e o conteúdo de seus trabalhos, não costuma serem encarados como cientistas políticos.

As bases para que o reconhecimento de um novo campo de saber são lançadas, acreditamos, concomitantemente ao advento de um novo ator, um novo personagem destinado a habitar este campo, compartilhar práticas, transmiti-las a outros, instituir uma identidade coletiva, bem como rascunhar suas brechas e flancos. A invenção da ciência política brasileira, enquanto instituição, começa a se dar exatamente no momento em que a primeira experiência de democracia de massa no Brasil entra em colapso. De novo, não há razão para que se estabeleçam quaisquer relações causais, mas parece-nos inegável que tal coincidência deve ser lembrada como uma espécie de marca de origem.

As singularidades dos processos contam. Tomando, sobretudo, o caso francês como referência, salta aos olhos a ascendência exercida até hoje pela forte tradição filosófica e sociológica no processo de formação da ciência política. A história passada nos Estados Unidos é um pouco diversa. A despeito de sua institucionalização mais longeva, a ciência política erra ao longo de sua história sob a influência sucessiva do pragmatismo em suas diferentes configurações práticas e disciplinares, a psicologia, a sociologia, o pensamento econômico e, na maior parte das vezes, sob o fascínio dos métodos estatísticos e seu rendimento de largo alcance (RUNCIMAN, 1966; ALMOND, 1996). No Brasil, foram basicamente de bacharéis, de homens ilustrados devotados ao serviço público e/ou à política prática e de sociólogos que aqueles que se tornariam os cientistas políticos tiveram e têm buscado se diferenciar. Já é lugar-comum a sentença segundo a qual identidades são basicamente estabelecidas pela definição do Outro, por aqueles que estão fora e de quem se quer diferenciar.

No caso brasileiro, ao menos a julgar por depoimentos e artigos publicados, havia basicamente dois Outros proeminentes, segundo representantes da geração fundadora: a tradição ensaística e não científica das ciências sociais praticadas no Brasil de maneira geral (sobretudo aquela sujeita a interferências político-ideológicas no Rio de Janeiro) e a sociologia radicada na FFCLH da USP. Voltaremos a esse ponto na próxima seção. O que gostaríamos de reforçar aqui é a coincidência que a ciência política brasileira carrega em suas origens: a marca do colapso da primeira experiência de democracia de massas brasileira e, muito precoce-

mente, os desafios para a instauração de uma nova ordem democrático-liberal.

Identificado normalmente como seu período original, as duas décadas que vão de 1965 a 1985 são caracterizadas pela baixa capacidade de expansão da ciência política, pouco compatível com a atuação intensa de seus titulares em alguns dos principais debates públicos sobre os rumos do Estado brasileiro. Não se trata de pouca coisa se lembrarmos que nesse espaço de tempo temos, sucessivamente, o açodamento autoritário, o início da liberalização do regime fundado em 1964, as campanhas pela Anistia, o retorno do pluripartidarismo, sucessivas mudanças nas leis eleitorais, a campanha pelas diretas e o retorno do executivo federal a mãos civis. A então exígua e regionalmente concentradíssima comunidade de cientistas políticos produziu e atuou intensamente. Diagnosticou fatores intrainstitucionais que concorreram para a queda do regime de 1946, prescreveu caminhos e perspectivas para a construção de uma nova ordem democrática, projetou desenhos e formatos institucionais que fossem pautados pela estabilidade e inclusão. Cresceu pouco, contudo. Sobretudo quando pensamos que este foi um momento-chave de expansão da pós-graduação no país, em geral, e das ciências sociais, em particular (MICELI, 1995).

A história já está bem documentada. Apenas em 1986 temos a criação de uma associação própria da ciência política (a Associação Brasileira de Ciência Política). São 38 anos que separam a criação da ABCP de sua similar de sociologia (1948) e 31 anos da Associação Brasileira de Antropologia (1955). Foram dez anos que se passaram entre a criação da ABCP e a realização de seu primeiro congresso nacional. O aprendizado original, imposto pelas circunstâncias políticas implicadas no momento de seu advento, parece ter deixado sua marca no campo: as instituições contam. Se elas podem ser melhor compreendidas quando situadas histórica, cultural e sociologicamente, cabe entender, por outro lado, as dinâmicas pelas quais elas próprias incidem sobre os ambientes que as engendrou orientando escolhas e pautando os atores. Esse aprendizado vale para o próprio campo tomado como objeto de inquirição.

Após cerca de três décadas relativamente tímidas, mesmo em comparação a seus vizinhos epistemológicos, tivemos o início de um processo de crescimento, principalmente com a criação de programas de pós-graduação no interior de São Paulo e em outros estados do país, para além do centro original de Rio de Janeiro, Minas Gerais, São Paulo, Brasília e Rio Grande do Sul. Finalmente, destaque-se, na última década e meia, uma expansão significativa do campo, a criação de núcleos de pós-graduação e de cursos de graduação específicos em ciência política (AMORIM NETO & SANTOS, 2015). Com o aperfeiçoamento dos sistemas de avaliação dos programas de pós-graduação e um novo *upgrade* nas formas de estabelecer classificações de excelência, temos, mais uma vez, a julgar por ao menos uma parte da comunidade, um estímulo positivo de consagração da ciência política (LEITE & CODATO, 2013). Trata-se, portanto, de uma área que está hoje, institucionalmente falando, consolidada.

No último relatório de avaliação da Capes, contabilizamos um total de 23 programas de pós-graduação em ciência política ou políticas públicas[2]. São doze programas com mestrado e doutorado, seis somente com mestrado acadêmico e cinco mestrados profissionalizantes. Eles estão espalhados por treze unidades federativas (doze estados

e mais Brasília)[3] e, ainda que claramente concentrados no eixo sul/sudeste (16 deles), temos razões para entrever uma tendência de maior dispersão (CAPES, 2017).

A questão que se coloca e que, provavelmente, não dispõe de resposta conclusiva é se, de fato, a singularização da ciência política como campo específico e institucionalizado do espectro mais amplo das ciências sociais no Brasil equivale a sua autonomização. Entendemos por autonomia não apenas a institucionalização, mas, simultaneamente, a consagração substantiva de um corpo teórico-metodológico e temático de um campo claramente circunscrito.

Do ponto de vista substantivo, não estamos inclinados a apostar que a existência de marcos definidores de um campo de conhecimento se verifica de fato na vida real em qualquer que seja a disciplina em questão. Como assinala Weber, tendo Bachelard como ponto de partida, a tendência moderna aponta para a problematização das fronteiras cognitivas que demarcam territórios epistemológicos e definem campos disciplinares autonomamente em relação a temas, problemas, perguntas e formas de inquirição (WEBER, 1987). Esta é, a rigor, uma boa pista para a verificação dos limites da ciência política e demais ciências sociais (fiquemos apenas com elas, ainda que a formulação aludida incorpore também as chamadas ciências duras) e a verificação se é cabível falar de autonomia epistemológica.

No que tange à ciência política e suas inumeráveis possibilidades de expansão cognitiva, esta é uma tarefa que está para ser cumprida. Não se pode negar que um duro caminho já foi percorrido. Foi instituído um campo de trabalho, foram lançadas as primeiras incursões para nacionalizá-lo

---

2. O comitê é responsável pela avaliação de programas de ciência política, relações internacionais, políticas públicas e alguns outros, com perfis mais específicos. Os 23 mencionados são aqueles definidos exclusivamente como programas de ciência política e políticas públicas.

---

3. Os estados em que estão distribuídos esses programas são: São Paulo (4), Rio Grande do Sul (4), Rio de Janeiro (3), Pernambuco (2), Paraná (2), Brasília (1), Goiás (1), Minas Gerais (1), Pará (1), Paraíba (1), Espírito Santo (1), Bahia (1) e Piauí (1).

e envidados os primeiros esforços para seu reconhecimento e de sua produção. Temos um campo profissional consolidado. Uma área de estudos, no entanto, jamais se revela suficientemente amadurecida sem colocar a si mesma em questão, duvidar de sua pertinência, colocar suas fronteiras a prova. Firmar uma relação de reflexividade com seu próprio legado. É a esse aspecto da trajetória recente da ciência política que gostaríamos de nos dedicar na próxima seção. Vamos verificar o que tem sido escrito sobre a ciência política no Brasil por seus próprios protagonistas e como eles entendem o campo em que atuam.

III – Da literatura brasileira

Embora não seja propriamente extensa e esteja longe de se pretender conclusiva, já há uma razoável literatura sobre o processo de consolidação da ciência política como disciplina singular das ciências sociais brasileiras. Do ponto de vista de seu formato mais geral, existem três linhagens de textos. O primeiro deles reúne os trabalhos que se têm dedicado a reconstruir o processo histórico de institucionalização formal da ciência política no Brasil. Essa perspectiva tem assumido, em geral, abordagens comparadas à institucionalização de outras áreas das ciências sociais no Brasil e de processos semelhantes ocorridos em outros países. Uma segunda linhagem prioriza a evolução substantiva do campo, destacando as questões e os temas mais estudados ao longo das décadas. Note-se que essas duas primeiras abordagens são frequentemente combinadas, tendo em comum a perspectiva histórica de evolução do campo. A terceira linhagem é aquela que reúne trabalhos monográficos sobre a constituição e produção no interior das áreas de especialização. Nesse caso, encontramos precioso material de referência não somente quanto à produção especializada nacio-

nal, mas às matrizes e focos internacionais de interlocução em cada uma delas.

Salvo engano, existem quatro coletâneas de artigos destinados a fazer um balanço da ciência política no Brasil. O primeiro deles, organizado por Bolívar Lamounier, foi editado em 1982 e resulta de um seminário internacional sobre o processo de institucionalização da ciência política numa perspectiva comparada (LAMOUNIER, 1982).

Além de ser empreendimento inédito até então, o trabalho guarda outras características que fazem dele uma fonte preciosa ainda hoje. Entre elas, destaque-se a participação de vários autores importantes na construção da ciência política nacional (Simon Schwartzman, Wanderley Guilherme dos Santos, Fábio Wanderley Reis, Maria Teresa Sadeck, entre outros), a perspectiva comparada (há estudos sobre os processos ocorridos em Portugal, França, Espanha, Colômbia, México e Itália) e a análise de algumas das questões-chave da ciência política em seu momento de consolidação no Brasil. O balanço feito pelo próprio Lamounier é especialmente importante e voltaremos a ele posteriormente.

Um segundo livro a ser destacado foi a coletânea publicada pela Anpocs, em 1999, sob a coordenação de Sergio Miceli (MICELI, 1999). Nesse caso, tratou-se de empreendimento coletivo em três volumes, O que ler na ciência social brasileira 1960-1995, sendo cada um deles dedicado a uma das áreas das ciências sociais. No volume destinado à ciência política temos quatro resenhas, cada uma delas tratando de um eixo temático específico, e um quinto artigo consistindo de um comentário crítico a uma das resenhas. Em 2010, a Anpocs repete a experiência, desta feita sob a coordenação de Carlos Benedito Brandão e Renato Lessa (BRANDÃO & LESSA, 2010). É importante aqui destacar um ponto que diferencia as duas publicações da Anpocs.

No primeiro, além do número reduzido de artigos, temos uma clara predominância do que poderíamos chamar de estudos sobre instituições políticas. Os artigos versam sobre partidos, eleições e poder legislativo; Estado, governo e políticas públicas; institucionalização política e relações internacionais (transcrevemos aqui literalmente os títulos dos referidos artigos). A segunda publicação da Anpocs apresenta um cenário bastante distinto. Além do número maior de artigos, há trabalhos sobre teoria política *stricto sensu*, sociedade civil e a experiência dos conselhos temáticos, *welfare state*, direitos humanos, história das ideias, política comparada, além daqueles dedicados a temas "clássicos" de nossa ciência política. Não acreditamos que a pluralidade temática se deva exclusivamente ao maior espaço e, consequentemente, ao maior número de artigos. Consideramos que ao longo da década que separa as duas publicações ampliou-se consideravelmente o entendimento sobre o que trata a ciência política, o que se traduz na diversificação de temas e campos que lhe concernem.

Finalmente, o quarto livro a ser mencionado, dedicado exclusivamente à ciência política brasileira, foi uma coletânea divulgada a propósito dos trinta anos da criação da ABCP, editada em 2016. Nesse novo empreendimento, verificamos outras inovações bastante interessantes. O livro traz um balanço histórico do processo de institucionalização desse campo disciplinar, conferindo destaque não somente aos centros tradicionalmente reconhecidos como referências – Rio de Janeiro, Minas Gerais e, como que no outro lado do ringue, São Paulo – mas também incorpora as menos divulgadas, mas igualmente relevantes, experiências levadas a termo no Rio Grande do Sul e em Brasília. Além das análises regionais, o livro traz importantes contribuições mais gerais dessa mesma história e, finalmente, traz um número não muito extenso, mas bastante plural, de textos sobre áreas relevan-

tes de pesquisa, como os estudos institucionais, estudos parlamentares, pensamento político brasileiro, estudos de gênero e teoria política normativa. Uma quinta coletânea foi editada pela Anpocs, em 2005, sobre o ensino na pós-graduação em ciências sociais no Brasil, com três artigos dedicados à ciência política acompanhados de quatro artigos sobre antropologia, quatro de sociologia e um sobre ciências sociais em geral.

Desde o trabalho seminal de Bolivar Lamounier, a produção bibliográfica sobre a ciência política ganhou força, sobretudo nos últimos anos, também sob a forma de artigos publicados em periódicos científicos. Embora não seja propriamente extensa, a consulta a esta literatura atesta alguns traços importantes da produção nesse novo campo dedicado a este jovem objeto, a ciência política no Brasil.

Inicialmente é importante apontar a importância conferida ao processo de institucionalização desse campo disciplinar. Com ênfases e pesos diferenciados, como destacaremos mais adiante, existe consenso sobre a importância da criação do departamento de ciência política da UFMG (1965) e dos programas de pós-graduação em ciência política da mesma UFMG e do Iuperj (em 1966 e 1969, respectivamente). Pode-se dizer que esses são assumidos como os marcos fundadores da ciência política do ponto de vista de sua institucionalização e profissionalização por praticamente toda a literatura especializada, com nuanças que incorporam outros centros, como Rio Grande do Sul e Brasília, e/ou destacam com cores mais vivas as singularidades do processo paulista. Note-se, também, a importância do suporte conferido pela Fundação Ford às ciências sociais em geral, mas, muito especialmente, à ciência política, em particular.

Dada a importância do marcador histórico, deve-se destacar como segundo traço dessa literatura o fato de que, com alguma frequência, ela se revela uma combinação entre história e memória. Isso porque temos o raro privilégio de desfrutar ainda do convívio de alguns dos principais protagonistas do processo original. Eles não somente foram professores, orientadores, referências e bibliografia para todas as gerações posteriores como seguem no campo, para sorte nossa, atuando com desenvoltura. Se incorporarmos à descrição do movimento de criação do campo as etapas posteriores, como a fundação da ABCP, em 1985, a rotinização de seus encontros a partir da promoção de congressos nacionais anuais, a criação de comitês de avaliação etc. estaremos falando das gerações que estão em plena maturidade profissional e funcional nesse exato momento. A despeito dos inegáveis ganhos de dispormos dos depoimentos e memórias dessa geração "fundadora", e das gerações fundadoras posteriores (na vida real, dificilmente um campo de pesquisa tem apenas um momento fundador), há de se reconhecer que nossa descrição e análise crítica desse processo é, simultaneamente, uma espécie de prestação de contas com nossa própria biografia profissional e intelectual. Temos, portanto, um caso exemplar em que história e memória parecem não se distinguir facilmente.

Uma terceira característica do conjunto de trabalhos dedicados à emergência e evolução da ciência política no Brasil diz respeito à existência de pelo menos dois eixos de discrepâncias quanto a marcos identitários do campo. Chamaremos o primeiro de disjunção entre um marco estritamente institucional e outro de caráter substantivo. O segundo diz respeito a uma suposta distinção entre produção normativo-prescritiva e outra propriamente positiva-científica. É sobre essa terceira característica, e os dois eixos que a constituem, que gostaríamos de traçar alguns rápidos comentários a seguir.

Não julgamos que haja propriamente conflitos quanto a cada um dos dois eixos destacados. Na verdade, talvez pelo caráter relativamente recente dessa produção, ela parece indicar muito mais

convergências do que dissensos. A despeito disso, contudo, consideramos que as dissonâncias de tons e ênfases quanto às bases da singularização da ciência política no campo das ciências sociais e aos parâmetros do caráter científico de sua produção podem nos indicar tensões de fundo, que tornam a leitura desse material mais interessante do que seria, caso a aparência de convergência fosse entendida como mera tendência ao consenso. Rigorosamente, se nossa percepção procede, ela se remete a diferentes concepções do que é ou deve ser a prática científica, de modo geral, e sua configuração no campo dos estudos da política, em particular. Vejamos como cada uma delas se apresenta.

III.1 – Abordagem institucionalista/ abordagem substantivo-temática

À primeira vista, a diferença entre a abordagem da evolução da ciência política pela via de sua institucionalização formal ou pela definição dos eixos temáticos e estratégias metodológicas atenderia à mera escolha de recorte, que definiria certa divisão intelectual do trabalho historiográfico. Nesse caso, não haveria motivo para identificarmos qualquer tipo de tensão ou problematização a respeito. Há bons esforços que chegam mesmo a conjugar ambas as abordagens, colocando-as em diálogo. O que sugerimos aqui, no entanto, é um pequeno deslocamento desse tipo de visão.

Em artigo seminal sobre a criação da ciência política no Brasil, Forjaz concentra sua análise exatamente sobre o núcleo situado em Minas Gerais e no Rio de Janeiro, sob a justificativa de que nele havia a motivação e o propósito de conferir autonomia ao campo, sobretudo em relação à sociologia e ao direito (FORJAZ, 1997). Nesse movimento, a diferenciação através da definição de métodos de pesquisa empírica centrados na adoção de modelos estatísticos de análise e na circunscrição temática de temas de natureza institucional seriam os *issues* pelos quais esse novo campo científico se distinguiria da sociologia, de modo geral, e da sociologia política, em particular aquela praticada em São Paulo.

Embora reconhecendo a qualidade da produção intelectual em ciências sociais no período que remonta à década de 1930, Forjaz supõe que as ingerências políticas sobre os centros de pesquisa carioca (o Iseb, sobretudo) e a influência da sociologia francesa na USP foram decisivas para o retardamento da consagração de estudos dos fenômenos propriamente políticos no Brasil. Daí a ciência política se tornar uma espécie de irmã caçula das ciências brasileiras, só dando o ar de sua graça a partir de meados da década de 1960. A datação não é gratuita. Forjaz estabelece uma correlação direta entre a emergência de estudos de ciência política no Brasil e o início da institucionalização por ela identificado ao núcleo Rio de Janeiro-Minas Gerais. A despeito da qualidade da produção anterior e de sua importância para o cenário político e intelectual, o que se praticava até então não era ciência política estritamente falando.

Embora apresentado em artigo relativamente curto, sem dispor de outras perspectivas como interlocutores e seja decorrente de trabalho de pesquisa realizado nos anos de 1990, a perspectiva assumida por Forjaz deita raízes e se encontra na base, implícita ou explicitamente, do que poderíamos considerar a leitura predominante da evolução da ciência política no Brasil. Alguns dos mais importantes trabalhos recentes sobre o tema são dedicados ao processo de institucionalização formal e mesmo quando incorporam discussões substantivas temáticas o fazem tendo a institucionalização como marco de fundação do campo.

Em relação aos trabalhos mais focados nas questões institucionais, cabe destacar, por exemplo, o exaustivo mapeamento por Marenco (MAREN-

CO, 2014). Ao comparar a evolução da pós-graduação em ciência política com suas vizinhas mais próximas, a sociologia e a antropologia, Marenco destaca as longas duas décadas e meia – entre 1970 e meados dos anos de 1990 – em que a difusão da ciência política fica estagnada, enquanto a antropologia e, sobretudo, a sociologia, se expandem. Destaca, também, o caráter tardio da criação de uma associação própria da ciência política e a igual demora para que ela efetivamente funcionasse a contento, promovendo encontros anuais e consolidando um espaço coletivo de consagração de um *ethos* profissional próprio reconhecido entre pares e externamente.

Do caráter tardio das etapas de institucionalização, Marenco deriva os três pontos fracos do campo, seus três "calcanhares de Aquiles": a escassa presença da ciência política no Brasil de forma geral, o déficit de profissionais treinados para dar conta de uma difusão mais ampla e o baixo impacto de sua produção no plano internacional. Todos decorrem das dificuldades enfrentadas em função do processo lento, precário e insuficiente de sua institucionalização. Mesmo quando se dedica à produção acadêmica estritamente falando, o corte estabelecido por Marenco está lá (MARENCO, 2016). A escolha da fonte está diretamente atrelada ao processo de institucionalização e, consequentemente, invenção da ciência política nacional. O mesmo se dá com outros trabalhos voltados para o mapeamento da produção científica em ciência política.

Em artigo sobre os textos de ciência política publicados em seis periódicos científicos, Nicolau e Oliveira (NICOLAU & OLIVEIRA, 2017) tomam como marco fundador o primeiro número da *Revista Dados*. Mesmo admitindo que a *Dados* é reconhecida como a mais importante publicação do campo, o marcador temporal converge para a versão institucionalista que temos apontado aqui. Também nesse caso, ainda que num tom menos crítico do que o de Marenco, as deficiências do campo, sua baixa capacidade de difusão nacional e, sobretudo, internacional merecem destaque. O tom é diferente numa outra abordagem que também compartilha do mesmo marcador e da mesma associação entre institucionalização e criação substantiva do campo. Pensamos, aqui, na posição assumida por Limongi, Almeida e Freitas (LIMONGI; ALMEIDA & FREITAS, 2016).

Nesse caso, e ainda que devamos lembrar que a análise por eles desenvolvida tem como mote um campo específico, os estudos institucionais e o neoinstitucionalismo, a avaliação dos avanços e da qualidade do campo da ciência política no Brasil é bastante positiva. Segundo os autores, a produção no Brasil se encontra, presentemente, em altíssimo nível e em ótima posição, seja comparativamente a outros campos domésticos, seja no âmbito internacional, em relação a seus semelhantes de outros centros. Do mesmo modo, a posição por eles assumida é claramente otimista quanto aos desdobramentos do campo de estudos da política posteriores a sua institucionalização disciplinar. A correlação entre a esfera institucional e substantiva se destaca claramente quando eles atestam ser o abrigo institucional importante insumo para estimular uma produção de alto nível que se desenvolve em crescente especialização cognitiva, por um lado, e em diálogo estreito com os processos políticos passados no país, por outro lado. Nesse caso, a recente e curta história da ciência política brasileira, em geral, e do campo específico de atuação dos autores, em particular, acumula uma produção qualificada e respeitável.

Perceba-se com o exemplo dado no último parágrafo que a disjuntiva que vimos estabelecendo não deve ser remetida às três linhagens interpretativas destacadas no início dessa seção. É claro que os estudos que enfocam a evolução institucional tendem a estabelecer uma relação quase automática entre a institucionalização e a profissionalização do

campo e a criação da ciência política propriamente dita como esfera de saber singular. Mas podemos perceber essa correlação também em trabalhos pertencentes à terceira linhagem. Vale dizer, também em pesquisas dedicadas a campos de especialização específicos, a correlação entre dimensões institucionais e substantivas pode ser observada. Acreditamos que esse é o tom predominante, mas não o único.

Uma abordagem que pode ser entendida como alternativa às relações entre institucionalização e construção substantiva do campo é encontrada, por exemplo, em Leonardo Avritzer (AVRITZER, 2016). Em consonância à visão predominante, Avritzer reconhece o caráter tardio da formação do campo da ciência política no Brasil, inclusive comparativamente a outras experiências latino-americanas, como a argentina e a mexicana. Ele também admite a importância das instituições mineira e carioca nessa história. Sua datação, porém, antecede às iniciativas patrocinadas pela Fundação Ford e radica no final dos anos de 1950, e já no início da década posterior, a consolidação de um repertório de problemas e abordagens que possibilita o reconhecimento de um campo em gestação, passível de ser acolhido e potencializado por um equipamento institucional próprio. Segundo ele, já nos anos de 1950 é possível verificar os primeiros estudos institucionais e análises eleitorais que marcariam substantivamente o advento da ciência política brasileira, processo este que seria reforçado e consagrado não somente pela criação dos programas do Iuperj e da UFMG, mas, também, por iniciativas levadas a termo no Rio Grande do Sul e em Brasília. Nesse aspecto, a dimensão substantiva do campo da política antecede e viabiliza que se fossem lançadas bases institucionais para ela florescer, como efetivamente ocorreria, num ambiente próprio para seu desenvolvimento posterior.

A introdução da abordagem de Avritzer representa o início de uma inflexão na abordagem aqui assumida. Ela pode ser aprofundada com o auxílio de personagens destacados do movimento inicial de institucionalização. A julgar pelos depoimentos de Reis (REIS; REIS & VELHO, 1997), reiterados pelas descrições acerca dos movimentos iniciais de criação dos programas de pós-graduação em ciência política, a ambição prevalecente era impactar a produção em ciências sociais a partir da análise sistemática de dados empíricos com o uso de recursos próprios de pesquisa científica. Por vezes, tem-se a clara impressão de que o problema central de pelo menos uma parte da geração fundadora era de natureza metodológica, mais do que propriamente temática ou teórica (ainda que devamos admitir que a distinção entre essas três dimensões seja em si mesma problemática).

Desse ponto de vista, a distinção entre a ciência política e a sociologia, por exemplo, pode ser encarada como um problema menor, ou mesmo um falso problema, como para o próprio Reis (REIS, 2016). Diferentemente do que se deu para alguns politólogos norte-americanos, por exemplo, que encararam a dissociação entre o estudo da política e o da sociedade como uma batalha a ser vencida para a delimitação de uma raia própria à ciência política, a distinção disciplinar, para alguns dos membros da geração fundadora brasileira, diferenciar a ciência política de outros campos não era tão importante. O que estava em questão era substituir uma tradição de produção de conhecimento tida como puramente especulativa, normativa e/ou ideológica, por outra, baseada nos preceitos próprios da ciência positiva. Nesse sentido, não haveria qualquer problema que uma ciência da política seguisse de braços dados com a sociologia, por exemplo, compartilhando com ela espaços institucionais, epistemológicos e cognitivos.

A partir dessa posição, poderíamos extrapolar para a intuição segundo a qual ao menos para uma parcela dos pesquisadores da "geração fundadora"

a tarefa enfrentada ficou pelo caminho. As avaliações a respeito do rigor metodológico dos trabalhos produzidos no campo que se institui a partir do movimento original costumam ser duramente negativas, sobretudo quando partem dos membros dessa geração. De novo, segundo Reis, a indigência metodológica em ciência política é de tal ordem que boa parcela da produção se aproxima a pouco mais, ou menos, de versões malfeitas de trabalhos de natureza historiográfica ou de um jornalismo em que o pesquisador é "engolido" por depoimentos ou conteúdos extraídos de documentos mal-explorados (REIS; REIS & VELHO, 1997). Vaticínio semelhante foi repetidamente assumido por Soares, como em artigo fartamente citado, e endossado, acerca do calcanhar de Aquiles da ciência política no Brasil ser exatamente sua indigência metodológica (SOARES, 2005).

Nesse último caso, Soares desenvolve ponto importante sobre a indisposição para com os métodos ditos quantitativos que se estenderiam, também, para os outros modos sistemáticos de coleta e análise de dados empíricos. A sentença é encampada de diferentes maneiras por representantes importantes de gerações posteriores. Em artigo já citado sobre a produção veiculada em periódicos especializados, Nicolau e Oliveira destacam o escasso uso de recursos estatísticos e matemáticos mais sofisticados no material recolhido. A despeito da avaliação geral bem mais positiva do que aquela assumida por Soares, também temos aqui a identificação de um problema de natureza substantiva que parece caracterizar o campo. Em exercício propositivo sobre o que se ensinar em programas de pós-graduação em ciência política, Araújo e Reis (ARAÚJO & REIS, 2005) assumem a escassez de atenção conferida ao ensino de metodologia e a importância de reversão desse quadro como um dos traços mais importantes a serem contemplados nos desenhos de treinamento para os profissionais da área. Posição semelhante é assumida por Almeida, quando postula que nenhum programa dá a atenção devida ao ensino de métodos de pesquisa (ALMEIDA, 2005).

Há aí, portanto, em relação à questão metodológica, um importante ponto de discussão sobre o rendimento das expectativas originais da criação do campo e de sua singularização frente a outras formas de se pensar a política. Mas há de se destacar também as abordagens que não condicionam a vigência de uma produção robusta em ciência política à criação de seus abrigos institucionais. Adicionalmente, ao contrário da perspectiva crítica, elas assumem tal postura de modo positivo, tanto no que tange ao passado quanto aos desdobramentos pós-institucionalização.

Esse é o caso, por exemplo, de Bolivar Lamounier, em seu artigo editado na publicação seminal anteriormente mencionada. Ele não hesita em remontar aos anos de 1920 como momento original de produção de trabalhos de ciência política no Brasil. Sem negar a importância e o impacto decorrentes dos processos de institucionalização e, consequentemente, de profissionalização da ciência política brasileira a partir do final dos anos de 1960, Lamounier dissocia ambas as tendências (a substantiva e a institucional) para fins analíticos, e conclui que quando se dá a distinção formal já havia um vasto, consistente e razoavelmente variado legado substantivo de produção em ciência política no Brasil. Tal legado se traduz num conjunto de temas que vão se consolidando e se desdobrando em especialidades que, ao longo do tempo, configuram não somente um campo de trabalho singular, mas, sobretudo, autônomo e especializado no interior das ciências sociais brasileiras. O reconhecimento, portanto, da influência e da inflexão representadas pela institucionalização não equivale a colocar sob sua égide a formação e consagração da ciência política. A institucionalização é, na verdade, posterior

à definição de um conjunto de problemas, procedimentos e concepções da natureza do trabalho de pesquisa sobre questões políticas, ainda que esse antigo campo seja fortemente impactado e redefinido pela institucionalização.

Como se pode ver, as versões sobre o advento e as condições para a consagração da ciência política como um campo científico singular não estão propriamente em um choque de morte, ou numa disputa epistemológica propriamente dita. Reconhecer as diferenças entre algumas das abordagens mais importantes para o campo, contudo, nos ajuda a divisar matizes importantes sobre estatutos conferidos não somente ao campo específico – a ciência política –, mas à própria concepção do que é o saber científico. Nesse aspecto, devemos reconhecer que estamos diante de um campo sobre o qual há dissensos importantes acerca de sua história e, sobretudo, a respeito daquilo que deveria ser encarado como sua pré-história. Consideramos, contudo, que há mais do que isso em disputa. E esse elemento a mais pode ser explorado a partir de uma quase sutileza: o lugar atribuído à teoria. Mais especificamente, ao lugar reservado ao que se supõe ser um certo tipo de teoria que, por vezes de forma pejorativa, é tratada como normativa. É a essa segunda disjunção que gostaríamos de dedicar algumas poucas linhas a seguir.

III.2 – Abordagem normativa/abordagem positiva

Em artigo cuja primeira versão é de 1974, Santos propõe estudar a *práxis* do liberalismo no Brasil, entendendo o conceito como campo de articulação entre teoria e ação política e, consequentemente, como a noção privilegiada para vertebrar um programa de pesquisa a ser traçado (SANTOS, 1978). Personagem crucial da institucionalização da ciência política brasileira, autor de alguns dos mais importantes trabalhos na área, Santos ecoa paradigma que remonta a uma tradição de raiz aristotélica. A reflexão sobre a política é invariavelmente indissociável da ação, que é por ela racionalizada ao mesmo tempo em que a orienta e lhe confere sentidos, mesmo que precários e provisórios. Décadas após, Lessa reverbera esse mesmo postulado, ainda que um tanto ironicamente, fazendo notar que, diferentemente de antropólogos ou sociólogos, que jamais enfrentam seus objetos com o intuito de agir sobre eles e modificá-los, existe uma vocação de intervenção que é indissociável das análises políticas (LESSA, 2011). Faz sentido. Mais do que pelos recursos metodológicos acionados ou mesmo pela configuração dos objetos tratados, seria pela vocação de abordagem que a ciência política se diferenciaria de seus vizinhos epistêmicos. Dessa perspectiva, seria da própria natureza da ciência política, mesmo em seus experimentos mais rigorosos e sofisticados metodologicamente falando, mesmo em suas realizações estritamente empiristas, uma vocação normativa e prescritiva.

Diante dessa asserção, parece sem sentido uma das divisões mais repetidas durante anos no interior do campo da ciência política: aquela que supõe que há em seu interior um campo de trabalhos normativos distinto de outro, em que predominariam os procedimentos e as pesquisas de natureza empírica ou heuristicamente "neutra". Essa é, contudo, uma divisão que parece gozar de reconhecimento, mesmo quando não são colocados sinais valorativos em quaisquer dos lados. Rigorosamente falando, ela se encontra na base daqueles que aceitando postulados científicos da geração fundadora, admitem uma inflexão de natureza substantiva a partir de meados dos anos de 1960 e identificam nesse momento a invenção da ciência política no Brasil.

Daí, a produção da geração da década de 1920, as teorias do Estado que se desenvolvem a partir de 1930, as formulações e debates em torno da modernização e do desenvolvimento nos anos de 1950, as discussões travadas a partir de Marx no interior da Faculdade de Filosofia Letras e Ciências Humanas da USP (SALLUM, 2002) são expressões de uma tradição respeitável, historicamente relevante, mas do ponto de vista da ciência política teriam o lugar de ensaios, de prefigurações do campo. Na melhor das hipóteses, estariam habilitadas a figurarem entre representantes de um modo peculiar de sociologia política, ainda quando abordassem questões de natureza institucional.

É interessante destacar que, transpostas para a contemporaneidade dos debates no interior da ciência política, tais definições não estão necessariamente acompanhadas de sinal negativo. Basta pensar, a título de exemplo, na abordagem de Lynch (LYNCH, 2016). Ao fazer o que talvez seja o mais completo e exaustivo exercício de reflexão sobre o campo de estudos dedicado ao pensamento político brasileiro, ele define as gerações anteriores à institucionalização do campo não exatamente como sujeitos, mas como objetos privilegiados de um dos campos de investigação teórica da ciência política brasileira: a área denominada Pensamento Político Brasileiro. Mais ainda, faz do estudo desses clássicos específicos da política, o elemento diferenciador desse campo para seus similares, como o pensamento social brasileiro ou o de história do pensamento brasileiro.

Dessa perspectiva, os representantes do pensamento político brasileiro seriam aquelas gerações que produziram grandes quadros interpretativos da política, da formação do Estado e das instituições brasileiras. Foram, em geral, juristas, homens da administração pública, atores vinculados à atuação política e, em escala bem menor, sociólogos. Escreveram na maior parte das vezes fora da universidade e suas obras têm natureza ensaística com fortes colorações prescritivas.

O mesmo ocorre quanto aos estudos estritamente conceituais. Nos principais inventários e levantamentos analíticos sobre a produção brasileira dessa linhagem específica, a distinção entre teoria política normativa e teoria positiva ou explicativa é assumida como um dado que, embora sujeito a questionamentos, é aceitável para definição e diferenciação de duas formas de produção de teoria (ARAUJO & ASSUMPÇÃO, 2010; FERES; CAMPOS & ASSUMPÇÃO, 2016). Os trabalhos dedicados estritamente à teoria seriam, em tese, nesse mapeamento do campo, aqueles cuja natureza seria não propriamente descrever ou analisar criticamente os processos políticos, fornecer as bases para a interpretação de problemas objetivos, mas estabelecer juízos e prescrever procedimentos.

A tensão de fundo quanto a tal distinção diz respeito exatamente à suposição de neutralidade objetiva de um conjunto de áreas e linhagens frente a outra, cuja natureza seria definida exatamente por seus componentes comprometidos e valorativos. Julgamos que para ser procedente, essa distinção deve falsificar a marca engajada da ciência política, aludida anteriormente através das definições de Santos e de Lessa. Além disso, deve-se notar que no processo de construção da identidade da ciência política brasileira e de sua institucionalização, a participação de seus profissionais nos debates em torno da redemocratização, da definição dos novos contornos institucionais da política nacional e das diferentes maneiras de definir o ordenamento político foi um insumo importante de valorização simbólica e reconhecimento funcional. Postular tal participação sem que seus protagonistas tenham assumido simultaneamente posições normativas a partir de formulações positivas é bastante difícil.

Como foi dito anteriormente, as duas disjuntivas aqui destacadas não chegam a se traduzir em tensões ou disputas rasgadas sobre a natureza e a vocação da ciência política como campo de conhecimento singular e autônomo. É claro que as tensões existem e dizem respeito a disputas de várias naturezas. Nos casos aqui tratados, contudo, elas se remetem a efetivamente questões de fundo, sobre o que definiria em sua base um campo de conhecimento distinto de outros campos próximos.

No quadro atual, além de consolidada institucionalmente, a ciência política no Brasil parece ser um campo razoavelmente plural do ponto de vista temático e ecumênico metodologicamente falando. O mais provável é que os problemas apontados que obstruem sua evolução sejam procedentes, mas não comprometem a configuração de um cenário razoavelmente diversificado e com potencial para um maior alargamento futuro. Vejamos o que desse quadro nos sugere a produção de profissionais da área veiculada em periódicos científicos entre os anos de 2013 e 2017.

IV – O que se tem publicado por cientistas políticos no Brasil

A apresentação a seguir é meramente descritiva e exploratória. Sua finalidade é estabelecer um quadro parcial do que se tem produzido no Brasil nos últimos anos. Para tanto, utilizamos um recurso bastante convencional e que tem sido usado regularmente: a observação do que foi publicado em algumas das principais revistas científicas da área entre 2013 e 2017. Embora não haja qualquer grande inovação nos procedimentos por nós adotados, julgamos desejável explicitar cada passo que percorremos até definirmos o desenho e o alcance de nosso levantamento.

A primeira fonte de escrutínio utilizada foi o conjunto de programas dos encontros da ABCP. Através desses documentos, foi possível acompanhar a evolução dos temas que se tornaram relevantes na ciência política no Brasil e se mantêm consolidados como grupos de trabalho nos encontros anuais. A análise das programações da ABCP é um indicador importante das mudanças observadas no campo, bem como do surgimento de novos temas e áreas. Inicialmente, a pesquisa tinha como objetivos mapear os últimos dez anos de encontros da ABCP. Entretanto, não foi possível fazê-lo, tendo em vista que as programações disponíveis no site, quando de nossa busca, remontavam até o ano de 2008. Note-se que não se trata de pouca coisa e deve-se louvar o esforço de registro e sistematização levado a termo para tornar a memória da associação pública e acessível.

Em seguida, buscamos na Plataforma Sucupira da Capes a lista dos periódicos e suas respectivas avaliações. Desse conjunto relativamente extenso, fizemos um primeiro filtro para aqueles periódicos que têm avaliação A1, A2 e B1. A partir daí, realizamos novo filtro e selecionamos nove periódicos: *Revista Brasileira de Ciências Sociais*, *Revista Brasileira de Ciência Política*, *Lua Nova*, *Revista de Sociologia Política*, *Brazilian Political Science Review*, *Dados*, *Teoria e Sociedade*, *Novos Estudos Cebrap* e *Revista Opinião Pública*. Nesses periódicos foram analisados os artigos publicados a partir do primeiro número de 2013 até o último número de 2017 (para as revistas com mais de um número por ano). A ideia era montar um pacote de publicações dos últimos cinco anos, mas como o levantamento foi realizado ainda em 2018, definimos o ano de 2017 como referência, para dispormos de todas as coleções completas.

A escolha das revistas impõe dois problemas metodológicos importantes. Em primeiro lugar, deve-se notar que estão concentradas regionalmente, estando todas elas no eixo Sul-Sudeste. Isso pode conferir um viés, deixando de lado algumas discussões importantes desenvolvidas em outros centros. Estamos lidando com uma revista de Brasília, uma do Paraná, uma do Rio de Janeiro, uma de Minas Gerais, duas nacionais vinculadas a associações científicas (ABCP e Anpocs) e três de São Paulo. Esse dado mostra uma forte hegemonia do Sudeste no campo, acompanhado pelo Sul e pelo Distrito Federal. Ou seja, não há uma representatividade das regiões Norte, Nordeste e Centro-Oeste, a despeito, por exemplo, da forte tradição de Pernambuco. Há pouco a fazer quanto a esse viés regional e algo a dizer sobre ele, o que deixaremos para algumas páginas adiante.

O segundo problema traz algumas alternativas de solução. A maior parte desses periódicos não se define como revistas específicas de ciência política. Diga-se, a propósito, que as mais tradicionais são reconhecidas por englobar trabalhos de ciências sociais de diferentes filiações disciplinares. A escolha que fizemos foi incluir em nosso universo todos os artigos que tivessem ao menos um autor filiado a um programa em qualquer nível acadêmico de ciência política ou com alguma passagem num programa desse campo disciplinar em sua trajetória de formação. Julgamos, desse modo, ser o mais abrangente sem descartar algum critério seletivo que nos permitisse qualificar aqueles que estariam dentro ou fora de nosso universo.

Selecionando, portanto, os artigos publicados entre 2013 e 2017 por autores que atendessem aos critérios acima estabelecidos, chegamos a um total de 609 trabalhos. Após verificarmos os grupos de trabalho da ABCP e realizarmos uma rápida exploração em dois anos das revistas *Dados* e *Lua Nova*, definimos seis áreas de concentração que nos pareceram suficientemente autônomas entre si e capazes de oferecer uma descrição fiel da variedade de campos de pesquisa e especializações. Após, definimos para cada grande área um conjunto de eixos temáticos, que chamamos de subáreas. Assim, pelo primeiro critério conseguimos uma razoável agregação sem obscurecer singularidades de áreas de estudo. Pelo segundo critério, somos capazes de traçar um quadro mais fino de temas. Vejamos, rapidamente, a distribuição que estabelecemos por área temática.

A primeira delas é teoria/método. Nessa área se encaixam todos os artigos que discutem teoria política, filosofia política, história das ideias, pensamento político brasileiro ou aqueles que discutem os métodos mais adequados para os diferentes tipos de abordagem e temas do campo. A segunda é governo e políticas públicas, área que contempla as discussões sobre políticas específicas, composição de agenda etc. A terceira, partidos e eleições, é uma das mais tradicionais áreas de pesquisa na ciência política não apenas no Brasil e contempla, por definição, estudos sobre eleições e partidos. A quarta, chamamos de atores coletivos e atuação política, e engloba estudos mais ligados a movimentos da sociedade civil, interesses organizados e questões identitárias. A quinta área temática é Estado e instituições. Bastante tradicional, discute especialmente questões ligadas à atuação dos três poderes e a estudos sobre padrões de interação entre eles. Chamamos a última área de políticas e relações internacionais, agregando aí artigos ligados a um campo que se autonomizou nos últimos anos e que para ter real expressão no nosso universo mereceria uma atenção à parte.

Essas seis áreas temáticas, representam, para nós, o conjunto mais agregado, por um lado, e mais expressivo, por outro lado, das grandes áreas de trabalho na ciência política brasileira. Sabemos da existência de critérios e definições alternativas, algumas mais abrangentes com número menor de áreas, outras mais restritivas, com maior dispersão nominal. Após os exercícios descritos anteriormente, esse quadro nos pareceu satisfatório. Para uma descrição mais fina, definimos eixos temáticos para cada área tal como descrito no quadro a seguir. Em nossa análise, categorizamos cada artigo por um campo de pesquisa e uma área temática.

O passo seguinte foi a criação de categorias que comtemplassem os métodos mais frequentemente utilizados nas pesquisas em ciência política. Os métodos listados para categorização foram: história, estudo comparado, análise de discurso, modelos matemáticos, análise conceitual, análise qualitativa e análise documental. Julgamos que a maior parte das definições são autoexplicativas. Desse modo, ficamos aqui com duas considerações de caráter mais geral. A primeira delas diz respeito ao não uso da dicotomia *quali* e *quanti* que, muitas vezes, para fins meramente expositivos, engessam artificialmente procedimentos de pesquisa como se tratassem de antagonismos substantivos. Desse modo, definimos como métodos qualitativos um conjunto bem restrito de procedimentos metodológicos tais como uso de entrevistas com roteiros semiestruturados ou observação participante. Não usarmos a definição quanti para trabalhos que recorrem a modelos estatísticos foi a maneira de explicitarmos nossa rejeição à citada dicotomia. Dentro desse universo alocamos todos os trabalhos que faziam uso de dados estatísticos e utilizaram qualquer técnica, por mais simples que fosse, desse procedimento de análise. Feitos os alertas procedimentais necessários, vejamos o que encontramos.

Com alguma surpresa, observamos que a grande área com maior incidência é aquela que reúne trabalhos definidos como teoria/método. Veremos, mais adiante, como esse grande universo se define internamente, mas antes devemos chamar a atenção para o segundo grande campo: partidos e eleições. Como já foi dito, esse é um campo privilegiado de estudos em ciência política de maneira geral. No caso brasileiro, diríamos que foi um dos carros-chefe no processo de institucionalização do campo. Pode-se dizer que essa grande área não somente sobrevive no tempo, mas se constitui como um espaço privilegiado de investigação e produção. Se pensarmos que a área designada para reunir tra-

Quadro I

Categorias	
Área temática	Categorias
Teoria/método	Pensamento político brasileiro
	História do pensamento político
	Teoria política
	Estudos de cultura política
	Pensamento político latino-americano
	Metodologia
Governo e políticas públicas	Políticas públicas
	Mecanismos participativos
	Processos decisórios
	Burocracia
	Processos de composição de agenda
Partidos e eleições	Estudos monográficos sobre partidos
	Sistema eleitoral
	Sistema partidário
	Financiamento de campanha
	Eleições
Atores coletivos e atuação política	Sindicatos
	Grupos de pressão
	Estudos de gênero
	Estudos raciais
	Intelectuais
	Movimentos de massa
	Mídia
	Sociedade civil
Estado e instituições	Estudos sobre o judiciário/ministério público
	Estudos sobre poder local/estados
	Arquitetura do Estado
	Corrupção
	Estudos legislativos
Políticas e relações internacionais	Estudos de caso
	Processos internacionais
	Políticas regionais
	Direitos humanos

Gráfico I

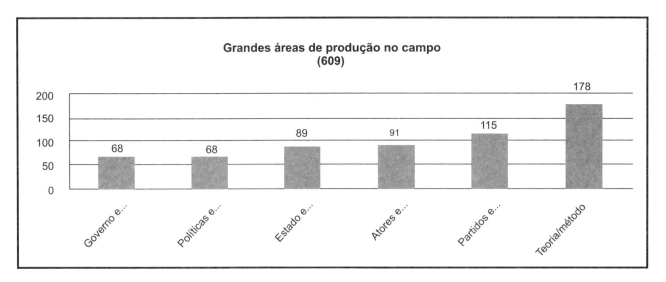

balhos estritamente sobre instituições políticas (excluindo, evidentemente, os estudos sobre partidos e sua atuação) ocupa a terceira posição, e somadas as duas (partidos e instituições) chegamos a cerca de um terço dos artigos levantados (204 artigos), temos boas razões para inferir que há aí um campo de estudos que se mantém ao longo do tempo e se firmou como referência substantiva e predominante da ciência política praticada no Brasil.

Por outro lado, cabe notar a grande incidência de artigos elencados na grande área de atores coletivos e atuação política. Esse dado é importante porque pode estar sugerindo certa capacidade da ciência política de incorporar temas e questões "estranhas" àquelas originalmente definidas como próprias da ciência política, muitas delas, inclusive, convencionalmente identificadas a outros campos das ciências sociais como a sociologia e a sociologia política.

A baixa incidência de estudos em relações internacionais não chega a surpreender. É notável que esse campo se expandiu muito nas últimas duas décadas a ponto de se institucionalizar e ganhar razoável autonomia profissional, cognitiva e institucional. Um dos efeitos disso é que, a despeito da manutenção de laços com a ciência política (a Capes dispõe de um único comitê de avaliação dos dois campos, por exemplo), cada vez mais os profissionais dessa área constroem nichos próprios e veículos mais especializados para a publicização de seus trabalhos. Por outro lado, salta aos olhos que, a despeito desse processo, a frequência de artigos em relações internacionais seja a mesma da verificada na área governo e políticas públicas. Ecoa nessa coincidência observações críticas já antigas sobre a necessidade de maior atenção para essa área de trabalhos que, possivelmente, vem sendo colonizada por vizinhos dos campos da economia, da administração e da sociologia.

Feitas essas observações iniciais, vejamos como algumas das grandes áreas estão configuradas internamente. Começamos pela que apresenta maior frequência.

Há em nosso julgamento um novo dado surpreendente na configuração apresentada pelo campo teoria/método, cuja expressividade por si só já surpreendera. Um dos reparos feitos ao campo da

Gráfico II

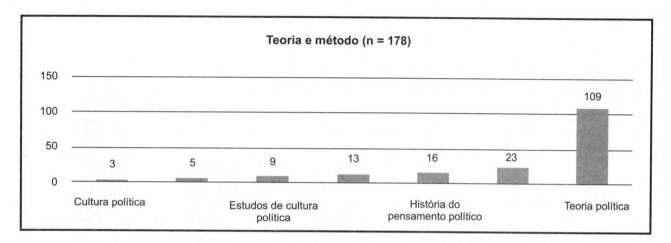

ciência política por seus próprios profissionais destaca a baixa produção teórica nessa área temática, o que reduziria seu potencial de internacionalização. Note-se que o resultado alcançado problematiza, ao menos parcialmente, tal julgamento. Essa é a temática que prevalece nesse campo temático, superando mesmo o somatório de todas as demais. Desse modo, a descrição sugere, se confrontada às análises e avaliações mais gerais sobre o campo, a necessidade de investigações mais finas, sobre a natureza dos trabalhos aí realizados e seu potencial de difusão e consagração da ciência política brasileira como referência nessa área. "Segunda força" de Teoria/Método, o tema pensamento político brasileiro se ressente (ou se beneficia?) de ser um eixo temático de fronteiras fluidas e com muitos pontos de interseção com pesquisadores que atuam na sociologia ou na história, por exemplo. Ainda assim, é digno de nota o registro de 23 trabalhos inscritos nessa área temática. Finalmente, cabe observar a baixíssima incidência de estudos referentes a autores e obras da tradição latino-americana, um traço que persiste ao longo das décadas, a despeito de ser recorrentemente apontado como eixo-chave de estudos e de interlocução regional. Este não é o único, mas consiste certamente um indicador do escasso interesse em estudos voltados para nossos vizinhos regionais.

O gráfico seguinte não traz novidades quanto à grande incidência de estudos sobre processos eleitorais, secundados por aqueles dedicados à análise de aspectos dos sistemas eleitorais. Esses têm sido os focos privilegiados que conferem conteúdo à área identificada aos estudos de partidos no Brasil. Por outro lado, cabe destacar a exiguidade dos trabalhos monográficos destinados à investigação de partidos específicos. Não podemos deixar de lembrar a boa tradição de nossa ciência política dedicada ao estudo de partidos como PRP, UDN, PTB, PCB, PMDB, PT etc. Notemos que esse foi um campo preciso em que diferentes recursos metodológicos nos proporcionaram conhecimento qualificado sobre os partidos e representação partidária ao longo de nossa experiência republicana, com destaque para o período a partir de 1946. A julgar pelos números obtidos, esse parece ser um empreendimento em baixa, o que gostaríamos de checar, mediante a verificação de outras fontes tais como livros publicados e dissertações e teses defendidas.

Gráfico III

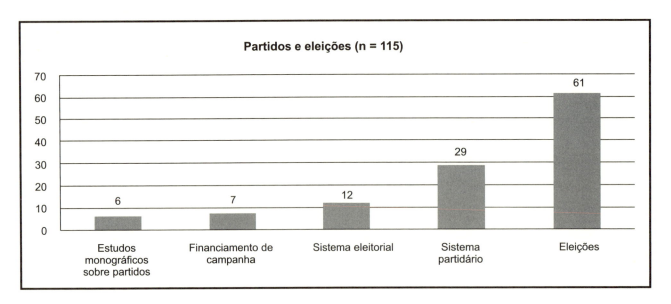

De todo modo, a impressão obtida da grande área de partidos e eleições é reforçada quando verificamos a configuração da área de Estado e instituições. Nela também constatamos a solidez de duas frentes de trabalho: uma delas que remonta às origens da institucionalização da ciência política no Brasil e outra, embora mais recente, já reconhecida como tema central dos debates políticos brasileiros. Referimo-nos, como atesta o gráfico a seguir, aos chamados estudos do legislativo e aos estudos dedicados às instituições do sistema de justiça.

Gráfico IV

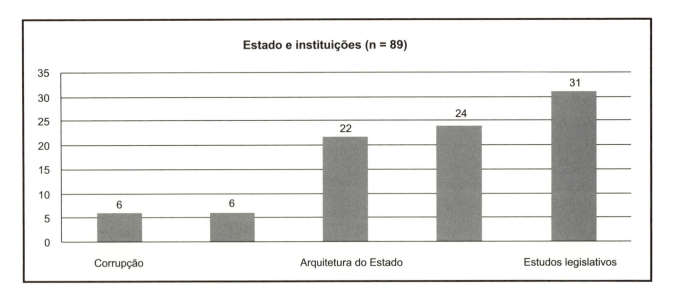

Embora se reporte, sobretudo, ao período posterior à promulgação da Constituição de 1988, o campo de investigação temática voltado para as instituições do sistema de justiça tem se consolidado e ganhado proeminência, o que atesta certa capacidade de incorporação temática combinada à perenidade patenteada pela área de estudos legislativos. Por outro lado, destaque-se a relativa escassez dos estudos voltados para as instituições subnacionais, marca que, para muitos, deveria ser superada no campo. A prevalência dos estudos de alcance nacional permanece dando o tom e predomina do nos estudos propriamente institucionais na ciência política brasileira. Talvez ainda esteja distante a consagração de estudos focados nas relações de poder em nível local ou estadual.

No que diz respeito aos eixos temáticos, cabe destacar que embora com menor expressão numérica, é na área de atores políticos que divisamos alguns dos auspiciosos sinais de vascularidade e porosidade do atual campo da ciência política à incorporação de temas não identificados como seus numa perspectiva mais tradicional.

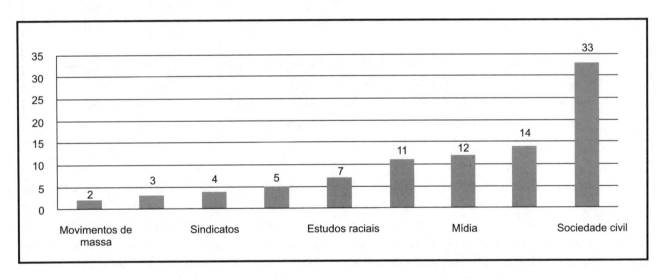

Gráfico V

Perceba-se que, segundo o Gráfico V, temos a persistência de publicações sobre sociedade civil, tema que se consagrou nos anos de 1990 e, desde então, parece se firmar na agenda de pesquisas. Há, também, por outro lado, a incorporação de estudos de gênero e estudos raciais como temas que até pouco tempo atrás eram estranhos à ciência política tal como definida mais convencionalmente.

No âmbito dos recursos metodológicos preferencialmente utilizados, deparamo-nos com um universo que também merece atenção mais detida e substantiva em estudos futuros. Como já foi dito, supostas deficiências metodológicas têm sido apontadas recorrentemente como um calcanhar de Aquiles do campo. Em nosso apanhado, contudo, pudemos constatar o uso predominante do que chamamos, por razões já explicitadas, de recursos matemáticos de análise. Ele predomina, como o Gráfico VI apresenta, entre os métodos apurados. Tal incidência pode indicar uma alteração de tendência nos últimos anos ou resultar de uma definição nossa que seria identificada como frouxa por aqueles mais ciosos dos usos de recursos metodológicos sofisticados. De fato, incorporamos a essa categoria todos os trabalhos cujos argumentos centrais estivessem centrados em análises quantitativas, excluídas, naturalmente, aqueles cujo uso se limitasse a descrição de frequência, cálculos de medianas e rudimentos dessa natureza.

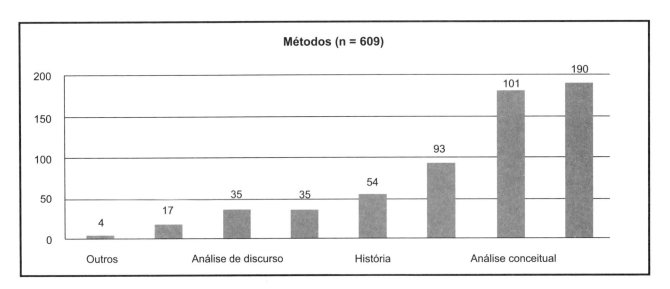

Gráfico VI

Igualmente merece menção a grande incidência de estudos fundamentalmente conceituais. Estão nesse grupo artigos baseados em discussão bibliográfica focada em conceitos específicos, sobre o pensamento de um autor específico ou sobre a articulação entre dois ou mais autores em torno de algum problema. A recorrência desse tipo de discussão parece pôr em dúvida a escassez de discussão teórica postulada regularmente em relação ao campo. Escusado dizer que a maioria dos trabalhos aí elencados, embora não propriamente todos, encontram-se na subárea de teoria/método. Por outro lado, vale notar a escassez do uso da perspectiva comparada, ponto fraco e pouco explorado por nossa literatura, como frequentemente destacado em balanços e avaliações produzidos nos últimos quinze anos.

Uma última informação que gostaríamos de apontar diz respeito às autorias. Tomando todos os artigos, independentemente da repetição de vários nomes que aparecem em mais de um artigo do total apurado, temos o registro de 230 autorias de pesquisadores radicados em instituições de São Paulo. Minas Gerais aparece com 130, seguido de perto por Rio de Janeiro com 127. Fica atestada a concentração de instituições desses três estados representadas no conjunto de publicações. Um pouco abaixo vêm os estados do Paraná, com 95, e o Rio Grande do Sul, com 61. A reunião de todos os estados do Nordeste resulta em 83 assinaturas de profissionais ali radicados. De todo o universo de autorias de artigos, encontramos 109 de profissionais, estrangeiros ou não, radicados em instituições de outros países.

Temos, assim, um quadro geral do campo tal como expresso pelos periódicos por nós selecionados. Provavelmente o quadro não seria o mesmo, caso agregássemos outras fontes como teses de doutorado e dissertações de mestrado. A escolha das fontes, porém, é mais do que defensável. Estamos lidando com os principais periódicos do país e de mais longa tradição. Publicações cujos conteúdos são sujeitos a pareceres e que dispõem de perenidade no campo e reconhecimento junto à comunidade acadêmica. Por outro lado, não devemos subestimar que tais critérios não são imunes a vieses. Podemos concordar com eles, chancelá-los, até reverenciá-los, mas jamais esquecer que se tratam, ao fim e ao cabo, de vieses.

Queremos dizer, com isso, que o que encontramos como o perfil da ciência política no Brasil seria melhor definido como o *mainstream* da ciência política. Não restam dúvidas de que ele consagra tendências historicamente sedimentadas, ao mesmo tempo em que se abre à incorporação de novos temas e modos de se pensar a política. Talvez isso seja mais viável agora a partir da percepção de que já consolidado o campo, não haja risco de perda de identidade. Ao menos por ora.

V – Conclusão

Ao se constituir, uma comunidade científica tende a fechar-se defensivamente e abrir-se seletiva e estrategicamente. Esse é o caso da ciência política, como o é de todos os demais campos do saber institucionalizados. Quando os primeiros balanços começam a ser feitos, temos o sinal sobre o início do amadurecimento e as pistas sobre a identidade instituída e as aberturas nela contida. O material aqui trabalhado nos ensina algo sobre tais aspectos.

Está clara a centralidade concedida ao processo de institucionalização formal. Ela é reco-

nhecida como marco para viabilização do campo, mas também como condição de possibilidade de demarcação de um modo específico de produção intelectual. Ele se diferenciaria da produção anterior não somente pelo abrigo de que dispõe, mas pela própria natureza, rigor e vocação que definem sua marca. Este parece ser o principal marcador da autopercepção de uma parte significativa dos praticantes de ciência política que escrevem sobre o campo. De certo modo, ela parece confirmada pelo perfil das publicações em periódicos.

Por outro lado, pode-se notar a persistência de dissonâncias, tanto nas leituras sobre o campo quanto nos temas abordados nos periódicos. Nas primeiras, destaque-se a visão da ciência política como um campo investido de certa vocação militante na e da esfera pública. Destaque-se também a admissão de linhas de continuidade com uma nada desprezível vocação de pensar a política em suas diferentes dimensões. Nos periódicos identificamos a incorporação de novos temas, se lembrarmos das linhas de pesquisa dos primeiros tempos. Divisamos, também, a presença de uma literatura de caráter teórico, por vezes voltada para a discussão das bases conceituais e epistemológicas do próprio campo. Está aí, a nosso ver, uma fonte importante para que se dê um passo adiante no exercício de reflexividade, salutar e necessário a qualquer campo do conhecimento, que aparentemente começa a ser feito de forma mais continuada.

Referências

ALMEIDA, M.H.T. Ciência política no Brasil, avanços e desafios. In: MARTINS, C.B. (org.). Para onde vai a pós-graduação em Ciências Sociais no Brasil. Bauru: Edusc/Anpocs, 2005, p. 105-122.

ALMOND, G. Political Science: the history of discipline. In: GOODIN, R. & KLINGMANN, H.-D. (eds.). *Introduction on political Science*. Oxford: Oxford University Press, 1996.

AMORIM NETO, O. & SANTOS, F. La ciencia política em Brasil en la última década: la nacionalización e la lenta superación del paroquialismo. In: *Revista de Ciencia Política*, vol. 35, n. 1, 2015.

ARAÚJO, C. & ASSUMPÇÃO, S.R. Teoria política no Brasil hoje. In: MARTINS, C.B. & LESSA, R. *Horizontes das ciências sociais no Brasil*. São Paulo, Anpocs/Instituto Ciência Hoje/Discurso Editorial/Barcarolla, 2010.

ARAÚJO, C. & REIS, B.P.W. A formação do pós-graduando em ciência política. In: MARTINS, C.B. (org.). *Para onde vai a pós-graduação em Ciências Sociais no Brasil*. Bauru: Edusc/Anpocs, 2005, p. 13-50.

ARON, R. *As etapas do pensamento sociológico*. São Paulo/Brasília: Martins Fontes/UnB, 1987.

CAPES/Ministério da Educação. *Avaliação quadrienal de ciência política e relações internacionais*, 2017.

FERES JR., J.; CAMPOS, L.A. & ASSUMPÇÃO, S.R. Teoria política normativa. In: AVRITZER, L.; MILANI, C.R.S. & BRAGA, M.S. (orgs.). *A ciência política no Brasil*. Rio de Janeiro: FGV, 2016.

FORJAZ, M.C.S. A emergência da ciência política no Brasil. In: *Revista Brasileira de Ciências Sociais*, vol 12, n. 35, set./1997.

HELLER, A. The concept of political revisited. In: HELD, D. (ed.). *Political theory today*. Cambridge: Polity Press, 1991.

LAMOUNIER, B. (org.). *A ciência política nos anos 80*. Brasília: UnB, 1982.

LEITE, F. & CODATO, A. Autonomização e institucionalização da ciência política no Brasil: o papel do sistema Qualis-Capes. In: *Revista dos Discentes de Ciência Política da Ufscar*, vol 1, n. 1. 2013.

LESSA, R. O campo da ciência política no Brasil: uma aproximação construtivista. In: *Estudos Hum(e)anos*, n. 2, 2011/1, p. 3-31.

LÉVI-STRAUSS, C. *Le regard éloigné*. Paris: Plon, 1983.

LIMONGI, F.; ALMEIDA, M.H.T. & FREITAS, A. Da sociologia política ao (neo)institucionalismo: 30 anos que mudaram a ciência política no Brasil. In: AVRITZER, L.; MILANI, C. & BRAGA, M.S. (orgs.).

A ciência política no Brasil: 1960-2015. Rio de Janeiro: FGV, 2016.

LIPSET, S. (org.). *Política e ciências sociais*. Rio de Janeiro: Zahar, 1972.

LYNCH, C.E.C. Cartografia do pensamento político brasileiro: conceito, história, abordagens. In: *Revista Brasileira de Ciência Política*, n. 19, jan.-abr./2016. Brasília.

MARENCO, A. Cinco décadas de ciência política no Brasil: institucionalização e pluralismo. In: AVRITZER, L.; MILANI, C. & BRAGA, M.S. (orgs.). *A ciência política no Brasil*: 1960-2015. Rio de Janeiro: FGV, 2016.

_____. The three Achille's heels of brazilian political science. In: *Brazilian Political Science Review*, vol. 8, n. 3, 2014.

MARTINS, C.B. (org.). *Para onde vai a pós-graduação em Ciências Sociais no Brasil*. Bauru: Edusc/Anpocs, 2005.

MARTINS, C.B. & LESSA, R. (orgs.). *Horizontes das ciências sociais no Brasil*. São Paulo: Anpocs/Instituto Ciência Hoje/Discurso Editorial/Barcarolla, 2010.

MICELI, S. (org.). *O que ler na ciência social brasileira (1970-1995)*. São Paulo: Sumaré/Anpocs/Capes, 1999.

_____. *História das ciências sociais no Brasil*. São Paulo: Sumaré/Idesp/Fapesp, 1995.

NICOLAU, J. & OLIVEIRA, L. Political Science in Brazil: an analysis of academic articles. In: *Revista de Sociologia e Antropologia*, vol. 7, 2, ago./2017, p. 371-393.

_____. *A produção da ciência política brasileira*: uma análise dos artigos acadêmicos [Trabalho apresentado no 37º Encontro Anual da Anpocs. Águas de Lindoia, 23-27/09/2013].

REIS, E.; REIS, F.W. & VELHO, G. As ciências sociais nos últimos 20 anos: três perspectivas. In: *Revista Brasileira de Ciências Sociais*, vol. 12, n. 35, fev./1997. São Paulo.

REIS, F.W. Huis Clos no Chile e ciência política no Brasil. In: AVRITZER, L.; MILANI, C. & BRAGA,

M.S. (orgs.). *A ciência política no Brasil*: 1960-2015. Rio de Janeiro: FGV, 2016.

RUNCIMAN, W.G. *Ciência social e teoria política*. Rio de Janeiro: Zahar, 1966.

SALLUM JR., B. Notas sobre o surgimento da sociologia política em São Paulo. In: *Política & Sociedade*, set./2002.

SANTOS, W.G. A práxis liberal no Brasil: propostas para reflexão e pesquisa. In: *Ordem burguesa e liberalismo político*. Rio de Janeiro: Duas Cidades, 1978.

SARTORI, G. Da sociologia da política à sociologia política. In: LIPSET, S. (org.). *Política e ciências sociais*. Rio de Janeiro: Zahar, 1972, p. 106-148.

SOARES, G.A.D. O calcanhar metodológico da ciência política no Brasil. In: MARTINS, C.B. (org.). *Para onde vai a pós-graduação em Ciências Sociais no Brasil*. Bauru: Edusc/Anpocs, 2005, p. 73-104.

WEBER, S. *Institution and interpretation*. Mineápolis: University of Minnesota Press, 1987.

36
Representação política
"Representação política e suas ressignificações"

Eduardo Silva

1 Introdução

A literatura relativa à representação política é vasta na teoria política. Evidentemente, não é obra do acaso esta abundância de estudos sobre o tema. Um dos motivos centrais é, provavelmente, o fato de os *governos representativos* terem se tornado unanimidade nas democracias contemporâneas (HIRST, 1993; MANIN, 1997; PITKIN, 1967). O diagnóstico recente da *crise da representação* rejuvenesceu os debates e polêmicas em torno do conceito (ALMEIDA, 2015; SINTOMER, 2010).

Por outro lado, há muitos estudos sobre a participação e a atuação política dos movimentos sociais (MS) e das organizações da sociedade civil (OSC). Estes estudos foram introduzidos nos debates sobre a democratização na América Latina, sobretudo, a partir da década de 1980 (AVRITZER & WAMPLER, 2004). Eles, entretanto, se preocupam basicamente em entender como estes atores se constituem e passam a agir na esfera pública contribuindo para o aprofundamento da democracia. Recentemente, parte expressiva desses autores dedica-se, ainda, à formulação de proposições teóricas e analíticas capazes de ampliar as bases interpretativas da representação política. Neste sentido, sugerem analisar as dimensões relacionais estabelecidas entre aquelas duas categorias analíticas – participação e representação (AVRITZER, 2007; LAVALLE; HOUTZAGER & CASTELO, 2006;

2006a; ABERS & KECK, 2008; ROSANVALLON, 2009; URBINATII, 2006).

Argumentamos neste capítulo que são complexas as possibilidades de estabelecer ligações entre os mecanismos de representação e a discussão cerca das identidades e do pertencimento[1]. A última, parece ser mais facilmente relacionada à questão da *participação* do que à *representação*. Este é o argumento central do texto. Estamos partindo do princípio que a *representação* e a *participação* podem ser vistas como duas categorias analíticas nas quais se distribuíam os teóricos da democracia, mas que se aproximaram nas recentes *ressignificações* do conceito de representação. As definições relacionais buscam introduzir as dimensões participativas contidas no amplo processo representativo, desde a autorização que a inicia, até os processos de controle e *accountability* desenvolvidos ao longo do tempo (ALMEIDA, 2015; SAWARD, 2010; ROSANVALLON, 2009; URBINATI, 2006). Por

---

1. Entendido como um sentimento de pertença de um indivíduo a uma determinada identidade coletiva. É possível, analiticamente, distinguir duas dimensões do pertencimento. Uma que parte do representante e outra dos representados. Estaremos tratando da segunda, ou seja, um sentimento através do qual o representado se sente ligado, de alguma maneira, as ações tomadas pelo representante. O pertencimento é uma categoria muito citada nos estudos da comunicação social, sobretudo nas análises do Rádio e TV. Nas teorias da justiça aparece na discussão das relações com as identidades dos grupos minorizados (YOUNG, 2001; HONNET, 2014). A segunda acepção é mais próxima ao uso que estamos fazendo do conceito.

fim, a *virada construtivista* radicaliza a autonomia dos representantes e sugere um modelo de legitimidade específico para as atividades desempenhadas por aqueles (SAWARD, 2010; ALMEIDA, 2017).

Para tanto, apresentaremos inicialmente uma revisão da literatura para indicar a emergência do conceito de representação na teoria política, estabelecendo uma correlação entre o modo como ele foi concebido por Hobbes, considerado o primeiro autor a refletir sistematicamente sobre o conceito nas condições de vida moderna, e a forma com que é entendido na teoria democrática contemporânea.

Pretendemos enfatizar, em seguida, que os *governos representativos*[2] podem ser vistos como um procedimento que foi adotado, em determinados contextos históricos, para solucionar o problema da soberania popular em sociedades complexas. Boa parte do debate atual, no interior da teoria democrática, se refere exatamente ao esforço para se construir procedimentos que sejam capazes, se adotados, de aprofundar, aperfeiçoar e aprimorar a democracia já existente. Um grande número de autores concorda com a necessidade de criar possibilidades de ampliar a participação dos cidadãos nos processos decisórios (AVRITZER, 2009; ROSANVALLON, 2009; SANTOS & AVRITZER, 2002; PATEMAN, 1970; MACPHERSON, 1977; WAMPLER, 2015).

Deste modo, apresentaremos a diferença entre as concepções procedimentalistas propostas por Schumpeter (1961), Dahl (1989; 2001) e Habermas (1983; 1985; 2006), pensadores centrais para a teoria democrática contemporânea. A obra de cada um destes autores, se seguirmos do primeiro ao último, nos permite explicitar um trajeto que

parte da ênfase exclusiva em mecanismos de *representação* para chegar na tentativa de conjugar tais mecanismos com formas ampliadas de *participação*. Em outros termos, parte-se de uma concepção restrita para uma mais ampliada do exercício da soberania política.

No tópico seguinte explora-se as relações estabelecidas entre os modelos participativo e representativo de democracia (SANTOS & AVRITZER, 2002). Na parte seguinte, defende-se um conceito relacional e circular de representação política. Nesses termos, a representação é pensada com um processo iniciado pelas práticas participativas, que estabelecem relações entre representantes e representados, capazes de se prolongar no tempo, por meio do recebimento de um *mandato* e das ações de *accountability*.

Em seguida apresentamos os limites da *virada construtivista*, sobretudo, com o intuitivo de sugerir mecanismos de *accountability* propulsores e tensionadores dos limites da *autonomia* dos representantes, tal como formulada pelo modelo. Sustentamos que, a despeito dos avanços teórico e analíticos da *virada construtivista*, a questão das identidades e do pertencimento permanece subteorizada. Ademais, o pertencimento parece se relacionar mais fortemente àquelas dimensões participativas daquele amplo processo de relações estabelecidas, ao longo do tempo, entre representantes e representados.

2 Breve apanhado do conceito de representação na teoria política

Hobbes pode ser considerado um dos fundadores do conceito de representação na teoria política moderna. Tal fato pode ser explicitado tanto ao consultarmos o verbete relativo ao termo no dicionário de política de Norberto Bobbio quanto se observar-

---

2. Hirst afirmava que a democracia representativa é tão inquestionável na atualidade que virou sinônimo de democracia. Embora tenhamos, hoje, vários indícios de sua crise (MANIN, 1997; MIGUEL, 2003; SINTOMER, 2010).

mos a clássica obra de Pitkin (1983) a este respeito. Os compêndios mais recentes sobre o conceito (VIEIRA & RUCIMAN, 2008; SHAPIRO et al., 2009; ALMEIDA, 2015) reafirmam a centralidade do autor. Pitkin (1967) afirma textualmente que Hobbes, mais conhecido como o teórico do Estado absoluto, é também o fundador da representação.

O conceito de representação em Hobbes é composto por dois elementos: o agente e a autorização (HOBBES, 2002). Segundo ele, o representante é uma pessoa artificial que age por meio de uma autorização que lhe foi concedida por outro(s). É um ator que personifica uma ação que não pertence a ele, ou seja, que é da autoria de outro(s). Esse representante age unificadamente, representando um todo, e este é o modo pelo qual uma multidão é transformada em um corpo único. A soberania do representante é constituída a partir do pacto social, no qual o representante é autorizado a exercê-la, com a condição de manter a ordem, garantindo a vida e a integridade dos indivíduos. Para Hobbes, a soberania é indivisível. O conteúdo do pacto social que funda o Estado, portanto, é exatamente o estabelecimento de um representante.

Hobbes, porém, não considera a forma e o momento de constituição desse pacto, que é estabelecido de maneira fictícia e não é renovável. Temos aí os principais pontos em que o modelo de representação de Hobbes diverge da visão hegemônica que se afirmou nos *governos representativos* contemporâneos. Estes caracterizam-se pela existência de um *governo* constituído por meio de eleições livres, justas e periódicas[3]. Exige-se dos representantes constituintes do governo, ao contrário do modelo hobbesiano, responsabilidades para com os representados, devendo, os primeiros, prestar contas aos últimos.

Dessa forma, fica claro que o modelo de representação hobbesiano não é, exatamente, compatível com o modelo que se afirma nos *governos representativos* contemporâneos (MANIN, 1997). Uma vez autorizado a representar, o Leviatã pode fazer o que bem entender, com o limite de não atingir a vida do indivíduo. Em outros termos, o mandato do representante é ilimitado (tanto no tempo quanto no alcance), uma vez que ele foi autorizado para agir, e a autoridade para Hobbes é exatamente "*o direito de praticar qualquer ação* (HOBBES, 2002, p. 123). Assim, ele não possui obrigações além de ser o mantenedor da ordem, ao contrário das democracias atuais em que o Estado deve garantir os direitos dos cidadãos e é cobrado para que isto faça. Também não faz sentido no modelo de Hobbes a existência de mecanismos de controle das ações do representante, um dos objetivos da divisão dos poderes nas democracias contemporâneas[4].

Segundo Pitkin (1983), a Revolução Francesa trouxe a representação como um direito universal do homem. No século XIX foram buscadas formas de institucionalização deste direito. Assim, procurou-se "introduzir instituições representativas onde elas não existiam, estender o sufrágio de forma cada vez mais ampla, tornar os governos responsáveis perante os corpos representativos, e subordinar as assembleias hereditárias às eleitas" (PITKIN, 1983, p. 11). Estas características apresentadas nos permitem visualizar melhor as diferenças em relação ao modelo proposto por Hobbes, no qual nenhum destes elementos esteve presente.

---

3. Este é um dos critérios apresentados por Dahl (2001) como necessário à existência de um regime democrático. Sugerimos, para simplificar o argumento, esta definição como requisito minimalista para se definir um regime democrático.

---

4. Faz-se necessário contextualizar o modelo hobbesiano no contexto de guerra civil que marcava a Inglaterra no período. O livro é publicado em 1852, quando o autor estava exilado, exatamente, em função da guerra civil. O representante forte seria a possibilidade de restauração da ordem. Por esta razão, Renato Janine Ribeiro afirma que obra hobbesiana foi muito influenciada pelo contexto, resumido na expressão que dá subtítulo ao seu livro sobre Hobbes: *Um filho do medo* (RIBEIRO, 2006).

A questão da responsabilização dos representantes perante o povo é um elemento fundamental nas democracias contemporâneas e que não se colocava no conceito hobbesiano. "O que define a representação não é o ato da autorização, que a inicia, mas o ato de assumir a responsabilidade, que a termina. Enquanto o representante de Hobbes é um homem livre para agir como quiser, esses autores [críticos de Hobbes] veem o representado como tendo novos deveres, ou responsabilidades especiais" (PITKIN, 1983, p. 14).

Pitkin afirma que a representação pode ser pensada enquanto *forma* ou enquanto *substância*. O modelo hobbesiano, assim como o apresentado por seus críticos, se enquadraria na primeira situação, ou seja, pensa a representação enquanto uma forma, um meio de se constituir representantes. Conceber a representação enquanto *substância* significa pensar no conteúdo das ações dos representantes, isto é, a tentativa de buscar uma correspondência entre os desejos e os interesses dos governados e as ações dos representantes. Trata-se do caráter inovador do modelo sugerido por Pitkin, isto é, a representação *substantiva*. Este é ponto que mais nos interessa nesta discussão, na medida em que a dimensão do *pertencimento* se torna, a partir de então, uma questão crucial.

Kinzo (1980) apresenta, de forma sistemática, um histórico do conceito de representação que parte de Hobbes e chega na divisão sugerida por Pitkin entre os teóricos que enfatizam o *mandato imperativo*, por um lado, e, por outro, os que defendem o *mandato independência*[5]. As conclusões de Kinzo sustentam que a representação é um

pouco de cada uma das visões. Estas, vistas separadamente, são limitadas na medida em que, apesar de corretas, apresentam de forma parcial a representação. Ela enfatiza, ao final, a importância dos partidos para as democracias atuais, tendo em vista que as eleições são os principais meios de controle dos representantes sobre os representados.

As críticas de Hirst (1993) à democracia representativa são justamente em função do controle excessivo dos partidos e da burocracia sobre o poder, em detrimento da participação dos cidadãos. Fatores que, segundo ele, fazem com que a democracia representativa deixe de cumprir o seu papel fundamental, qual seja, "obrigar efetivamente o governo a prestar contas e se abrir à influência da população". O autor aponta também que a "participação limitada é uma característica institucional da democracia de massas [...]" (HIRST, 1993, p. 10).

Faremos uma breve digressão para mostrar que os pontos criticados por Hirst constituem o núcleo do argumento desenvolvido por Schumpeter, que chega à conclusão de que a participação do cidadão comum deve mesmo ser limitada nas sociedades complexas contemporâneas. Habermas, ao contrário, é um autor que enfatiza as formas de participação ampliada. Demonstramos, no próximo tópico, que um pequeno panorama pela teoria democrática nos permite explicitar diferentes visões críticas à democracia, que têm como consequência, diferentes propostas para transformá-la.

3 Três concepções da soberania popular

Schumpeter, Dahl e Habermas são autores que produziram obras importantes que, em certo sentido, pautaram boa parte das discussões que se desenrolaram no campo de debate da teoria democrática. Além de produzir conhecimento a respeito do que é a democracia, estes autores propõem *pro-*

---

5. Vale justificar aqui a importância da obra de Kinzo, uma vez que foi produzida no meio do longo interstício que marca a publicação da obra de Pitkin (1967), por um lado, e o livro de Manin (1997), por outro. Nesse longo período, há apenas um livro de Giovanni Sartori que aborda indiretamente o tema da representação política nos anos de 1970 e o livro de Hirst (1993). Isto é, não há produção muito expressiva nesses 30 anos.

cedimentos a serem adotados para alterar os modelos de democracia vigentes. Deste modo, passar pela teoria destes pensadores nos permite explicitar um certo trajeto seguido pela teoria política da segunda metade do século XX aos dias atuais.

A diferença entre as concepções dos três autores em questão em relação aos procedimentos que sejam capazes de solucionar o problema da soberania popular, em sociedades complexas, se fundamenta no fato de que eles apresentam posições distintas em relação ao que é a *soberania popular*. Neste sentido, pode-se dizer que, se percorrermos as teorias do primeiro ao terceiro, aumenta progressivamente a importância deste conceito.

Em outros termos, se o papel da *soberania popular* é reduzido na obra de Schumpeter (1961) – o que se explicita a partir de sua crítica às teorias clássicas –, por outro lado ela assume um lugar central na teoria habermasiana, por meio da ênfase nos processos deliberativos argumentativos que ocorrem na *esfera pública*. A obra de Dahl (1989; 2001), por sua vez, estaria em uma posição intermediária, na medida em que enfatiza a importância de condições sociais que extrapolam as eleições – para além de Schumpeter, portanto – mas não chega a pensar em mecanismos capazes de absorver o exercício da soberania popular, além da capacidade de *organização* e *pressão* dos grupos, como o faz Habermas (1983; 1995; 2006).

3.1 Schumpeter e a restrição da participação

Schumpeter é um autor originário da tradição europeia, mas que inicia uma transição para a teoria democrática norte-americana. Ele sai da Europa no momento em que a democracia estava sendo questionada. Havia, nessa época, grandes movimentos de massas mobilizadas pelos líderes carismáticos do nazifacismo contra as instituições democráticas[6]. Neste contexto ele constrói a sua teoria para dar respostas a dois problemas: o da racionalidade/irracionalidade da ação política e o do idealismo/realismo.

Por um lado, a teoria schumpeteriana estabelece um diálogo com as teorias clássicas a partir do qual ele tenta estreitar a noção de soberania e de democracia. Por outro lado, resgata a teoria das elites, que estava sendo utilizada por uma tradição teórica mais adepta ao autoritarismo, para o interior do debate da teoria democrática.

Schumpeter empreendeu críticas às teorias clássicas da democracia, principalmente, em relação à vinculação que estas estabeleciam entre a democracia e a soberania popular. Deste modo, enxerga com ceticismo o conteúdo ético da democracia que perpassava as teorias democráticas até o início do século XX.

Schumpeter afirma que a definição clássica de democracia se sustenta em dois pontos que podem ser refutados com facilidade: o *bem comum* e a *vontade do povo*. Primeiramente, ele afirma que não existe o bem comum, pois as pessoas são muito diferentes, portanto, desejam coisas diferentes sendo impossível que todos aceitem ou concordem racionalmente com uma dada situação. E mesmo que existisse o bem comum, isto não garantiria que os indivíduos fossem tomar as mesmas decisões para cada questão isolada. Consequentemente, não existe também a vontade do povo, uma vez que ela dependeria da existência das duas condições anteriores.

O que Schumpeter demonstra com esta primeira crítica às teorias clássicas é a inviabilidade de se definir a democracia em termos *substantivos*.

---

6. Hirst também se refere a estes movimentos que representavam ameaças à democracia representativa. Ele afirma que o fato atual de a democracia representativa ser inquestionável se deve ao motivo de que mesmo aqueles que antes a combatiam – como os atores de esquerda – hoje a aceitam.

Diante desta impossibilidade ele sugere pensar o *conteúdo formal* da democracia, ou seja, arranjos institucionais que possibilitem chegar em decisões políticas e que não dependam da existência de um consenso que representaria o bem comum ou a vontade do povo. Abandona-se um conteúdo moral (ético) para se chegar a uma concepção da democracia como uma competição pela liderança política. O eleitor passa a ter como função primária a produção de um governo. Consequentemente, a representação é o mecanismo sugerido para se alcançar este objetivo.

Para as teorias clássicas a democracia justificava-se por ser a forma de se alcançar o bem comum e a vontade do povo, ou seja, o importante é o conteúdo moral-ético. Quando Schumpeter esvazia a democracia de tal conteúdo e passa a concebê-la como um acordo institucional, que tem por objetivo produzir decisões políticas, o papel do povo reduz-se à ação de produzir um governo.

Fica claro que esta concepção reduz a participação popular, e é este o objetivo de Schumpeter, pois considera que o cidadão comum é desinformado, o que o leva a agir de forma drástica no campo da política. Duas são as implicações desta posição. Primeiramente, a ênfase passa a ser dada nos processos eleitorais. Em segundo lugar, o cidadão não é dotado de "racionalidade política" por isto transfere poder de decisão para os governantes, que constituem uma elite capaz de tomar as decisões políticas.

Resumindo, os procedimentos sugeridos por Schumpeter para o método democrático explicitam bem o fato de que ele retira quase por completo a noção de soberania popular do conceito de democracia, que passa a ser um método para se alcançar decisões políticas. Desta forma, limita-se a participação dos cidadãos por dois motivos. Primeiramente, porque o pressuposto da soberania entra em conflito com as formas variadas de manifestações dos valores individuais, ou seja, uma contradição entre o pluralismo da sociedade moderna e a necessidade de formação de uma vontade comum. Segundo, porque a complexa forma de organização do estado moderno, ou seja, as burocracias, tal como foram tratadas por Weber, também vão na contramão da soberania.

3.2 *Dahl como um autor de transição*

Se Schumpeter pode ser considerado um autor de transição entre a teoria democrática europeia e a norte-americana, Robert Dahl é o autor que completa esta transição. Este processo é realizado por Dahl (1989; 2001) através de três elementos: uma discussão sobre a racionalidade, que tem um papel menos significativo na teoria política norte-americana; a substituição do problema da irracionalidade pelo problema da apatia política; e a substituição do papel desempenhado pela categoria dos valores pela dos interesses.

Os procedimentos sugeridos por Dahl para resolver o problema da soberania política estão relacionados aos procedimentos eleitorais, assim como em Schumpeter, mas não se restringem a eles. Dahl se preocupa também com as condições dos períodos anteriores e posteriores ao processo eleitoral. Tanto assim que, quando elenca as oito condições que existem em grau significativo nas poliarquias, Dahl apresenta uma diferenciação entre aquelas que se referem ao período de votação, bem como as relativas ao período entre as votações e por fim, os períodos pós-votações.

De forma resumida pode se dizer que a preocupação central de Dahl é com a dispersão do poder entre os vários grupos da sociedade, para que a eleição não seja um processo de ratificação das maiorias. A democracia seria, assim, equilíbrio entre os diversos grupos que disputam o poder. Em outros termos, o procedimentalismo de Dahl é uma tentativa de pensar em condições capazes de garantir um equilíbrio entre os diversos grupos que disputam o poder, ao passo que o procedimentalismo de Schumpeter se restringe ao período eleitoral.

Os procedimentos sugeridos por Dahl são limitados na medida em que não teorizam sobre os instrumentos de controle da sociedade sobre os governantes e não incluem uma forma de conexão entre os governantes e os governados além do processo eleitoral. Esses dois problemas são pretensamente solucionados pelo procedimentalismo de Habermas.

3.3 Habermas e a ampliação da participação

Habermas (1983) inicia o texto *Participação política* criticando Schumpeter por ter reduzido a democracia a um conjunto de instituições objetivas e por ter alijado do conceito de democracia a soberania popular. "Trata-se de uma concepção tecnicista que considera a democracia como um modelo que pode separar-se do processo real de sua origem social e, com algumas adaptações, pode aplicar-se a qualquer população" (HABERMAS, 1983, p. 375).

Na concepção de Habermas "a democracia trabalha a favor da autodeterminação da humanidade", daí a necessidade dos processos argumentativos que se desenrolam na *periferia* poderem alcançar o *centro* do sistema político. A democracia aparece como um meio para a emancipação humana, portanto, seria central para o processo o estabelecimento dos processos de comunicação capazes de migrar da esfera pública para o sistema político (parlamentos e cortes). Assim os fluxos comunicativos permitiram a inclusão da pluralidade de atores e discursos oriundos da periferia para o centro.

Habermas aponta saídas para os problemas do pluralismo e da burocratização por meio de pro-

cedimentos diferentes dos sugeridos por Schumpeter. A existência de duas racionalidades, uma instrumental e outra comunicativa, está no centro da proposição habermasiana. Ele parte do princípio que a Modernidade é constituída de três dimensões distintas: o Estado, o mercado e a esfera pública[7].

A *racionalidade instrumental* está presente na esfera do *Estado* e do *mercado*. No primeiro os indivíduos agem estrategicamente com vistas a alcançar o poder. Na esfera do mercado os indivíduos agem em busca do lucro, para isto, calculam os meios mais adequados.

Já a *racionalidade comunicativa* seria própria da *esfera pública* onde predominam mecanismos de sociabilidade distintos tanto do Estado quanto do mercado. "A racionalidade comunicativa não estruturaria a esfera do Estado e sim a esfera pública, entendida enquanto uma arena discursiva na qual os valores democráticos se formam e se reproduzem" (AVRITZER, 1996, p. 121; HABERMAS, 2006).

O problema para Habermas passa a ser outro, qual seja, o fato de que as esferas do mercado e do Estado colonizam constantemente a esfera pública. Como estas duas esferas estão marcadas por relações hierárquicas interferem no processo de igualdade necessário ao mundo da vida. Se esta última esfera for preservada enquanto um lugar de entendimento entre os cidadãos, que se consideram como iguais, está aberta a possibilidade de manutenção dos valores democráticos, que incluem a participação dos cidadãos que interagem para che-

---

7. No clássico estudo sobre a participação política Pizzorno (1995, p. 35) distingue os *sistemas de interesse* e os *sistemas de solidariedade* que parece se basear no mesmo princípio aqui exposto por Habermas. Este ponto é interessante de ser mencionado, principalmente pelo fato de que Pizzorno (1995, p. 43) afirma em seguida que a participação depende da formação de áreas de igualdade. Habermas reformula o modelo em seguida. Trabalharemos aqui com o seu influente *two-track model*, no qual as relações entre a periferia e o centro do sistema político podem ser democratizadas por meios dos processos comunicativos e deliberativos.

gar a um entendimento. Desta forma, considera-se o problema da pluralidade sem que com isto se limite a participação dos cidadãos como foi feito por Schumpeter.

Habermas reintroduz o conteúdo ético-moral da democracia na medida em que enfatiza que o mundo da vida é o *locus* da argumentação e, enquanto tal, promove o entendimento entre os indivíduos. Os indivíduos devem se entender por meio da linguagem que é comum a todos que são também iguais, uma vez que nenhum outro princípio (poder ou lucro) os diferencia.

O bem comum não existe previamente, uma vez que o pluralismo da Modernidade não permite uma visão predominante sobre o mundo e que se estenda a todos os membros de um coletivo. Diante da impossibilidade de se unificar o bem comum é necessário que as decisões públicas sejam tomadas por meio do processo argumentativo entre iguais, que seria assim um princípio ético discursivo.

Para Habermas, "na medida em que inexiste uma verdade objetiva no campo da política, esse passa a ter apenas um critério de validade possível: a qualidade do processo de argumentação e de discussão próprio à democracia". Em função disto, a definição habermasiana de democracia denota um "processo de institucionalização dos procedimentos e das condições de comunicação [...]" (AVRITZER, 1996, p. 122).

Pode-se perceber que Habermas oferece uma solução ao problema da participação a partir da "existência de públicos não institucionalizados capazes de se organizar no nível da sociedade e forçar a compatibilização entre esfera pública e sistema político" (AVRITZER, 1996, p. 122). Constitui-se, assim, uma nova maneira de participação política por meio da crítica-argumentativa. Em função disso afirmamos que a soberania popular é um conceito importante na teoria habermasiana. A con-

cepção normativa da democracia descartada por Schumpeter é retomada por Habermas. "A teoria do discurso, que associa ao processo democrático conotações mais fortes do que o modelo liberal, porém mais fracas do que o modelo republicano, toma elementos de ambos e os articula de uma forma nova e distinta" (HABERMAS, 1995, p. 47).

Observando os argumentos expostos por Habermas percebe-se que a ênfase na necessidade de ampliar a participação dos cidadãos é um ponto fundamental. Na medida em que ele entende que a democracia é uma forma de "autodeterminação dos povos", não faz muito sentido um processo democrático sem a participação dos cidadãos. No próximo tópico abordamos as reformulações da representação realizadas a partir da incorporação da participação como uma das etapas de um processo mais amplo.

4 Articulação entre mecanismos participativos e representativos

As reflexões e análises sobre o tema do suposto déficit democrático dos regimes políticos contemporâneos têm levado à reelaboração do tradicional conceito liberal de representação política. O diagnóstico da *"crise da representação"* na contemporaneidade está assentado em um conjunto variado de indicadores tais como: 1) os elevados índices de abstenção eleitoral nas democracias originárias e nas mais recentes; 2) o descrédito dos cidadãos nas instituições políticas; 3) uma queda na identificação dos eleitores com os partidos políticos, que é reforçada pela ação da mídia ao possibilitar um contato direito do eleitor com os candidatos (MIGUEL, 2003); 4) a redução da capacidade dos partidos de mobilizar seu eleitorado; 5) a perda do caráter representativo e do elemento ideológico dos partidos (POGREBINSCHI et al., 2010, p. 11); 6), bem como a fragilidade ou inexistência de mecanismos de controle dos representantes nos períodos compreendidos entre uma eleição e outra (MANIN; PREZWORSKI & STOKES, 2009).

Além destes, Sintomer (2010) apresenta outras razões estruturais para a persistência da *crise da representação*. A primeira delas seria o que ele denominou de *uma política impotente*, cujo fundamento estaria na incapacidade da política de enfrentar a crise socioeconômica que assola diversos países desde meados de 1970. A segunda seria o *desengajamento político das classes populares*, que se expressa na dissolução das identidades de classe mesmo diante de um quadro de desigualdades sociais crescentes. A terceira seria a *emergência de uma sociedade de risco*, que abalou os pilares das relações da sociedade com a ciência e com a técnica, que fundamentaram a ação do Estado por um longo período. A quarta seria *a crise da ação pública burocrática*, que se evidencia na ineficiência de inúmeros serviços prestados à população e no crescente processo de privatização dos mesmos. A quinta seria o *obstáculo ideológico*, ou seja, a inexistência de ideais de identificação potencialmente mobilizatórios que tornem possível vislumbrar um mundo mais justo. Por fim, *as causas internas ao próprio sistema político*, que apresenta uma dinâmica própria de funcionamento que o distancia da realização dos anseios da sociedade.

Uma derivação importante da literatura que lida com o diagnóstico da crise da representação é a relação entre os mecanismos de participação e de representação. Esses dois elementos foram vistos, por muitos autores, como dois polos antitéticos, passam agora a serem tratados como formas complementares de ação política. Nádia Urbinati, ao se propor a "entender aquelas formas de presença política *indireta* que tornam os governos contemporâneos democráticos", nos mostra que se focarmos a atenção na *presença por meio de ideias e falas* é possível constatar que a participação e a representação não são formas alternativas de democracia, e sim formas relacionais que constituem um *continuum* das formas de julgamento e ação política nas democracias modernas (2006, p. 3).

Young (2000) adota uma perspectiva similar à de Urbinati ao propor um conceito relacional de representação política. De acordo com a autora, "sob o ideal normativo de uma democracia comunicativa, instituições representativas não se mantêm em oposição à participação cidadã, mas requerem tal participação para funcionar bem" (YOUNG, 2000, p. 1.581-1.591 – tradução livre). Na base de seu conceito de *representation as relationship* está o suposto de que ele seria "um processo de expectativas e recordações correntes entre representantes e participantes de um distrito eleitoral nas atividades de autorização e *accountability*".

Urbinati (2006, p. 18) enfatiza ainda que a teoria democrática tem pouco a ganhar quando utiliza somente a linguagem da representação na medida em que tudo aquilo que seria necessário para a teoria poderia ser expresso nos seguintes termos: (a) legisladores (tomadores de decisão) são aqueles (b) legitimados ou autorizados a formular políticas públicas e estão (c) sujeitos ou podem ser responsabilizados por meio do controle público em eleições livres. Em outras palavras, o ponto principal a ser destacado pelos teóricos da democracia deveria ser a oportunidade dos cidadãos de "praticar a democracia direta" no regime representativo, mais que a representação propriamente.

De forma similar, Plotke (1997) nos lembra que os defensores da *democracia radical* tendem equivocadamente a se opor à democracia representativa. Ele sugere, ao contrário, que a representação e participação sejam compreendidas de forma relacional, de tal modo que os esforços de aperfeiçoamento dos regimes democráticos poderiam se concentrar em criar formas de fortalecer e aperfeiçoar a representação com disponibilização de canais que viabilizem a participação dos cidadãos nas decisões políticas.

Ainda nesta perspectiva complementar, Urbinati e Warren (2008) propõem o conceito de "autorre-presentação" para expressar a ação de organizações de *advocacy,* grupos de interesse, organizações da sociedade civil, fundações filantrópicas, organizações internacionais etc., que desempenham atividades em prol de determinadas causas ou outros indivíduos sem que tenham sido autorizados por esses. A ação deste tipo teria a virtude de complementar a representação eleitoral e reduzir as desigualdades desse sistema.

Hoschstetler e Friedman (2008) ao analisarem um contexto de hipotética crise no sistema partidário em três países latino-americanos – Argentina, Brasil e Bolívia – perguntam se, na falta de uma representação partidária satisfatória, as Organizações da Sociedade Civil (OSC) poderiam exercer um papel de intermediação entre Estado e sociedade, ou seja, uma representação não partidária. Primeiramente, os autores diferem as OSC dos partidos por meio de dois pontos cruciais: "elas não são escolhidas pelo eleitorado, e elas não governam" (HOSCHSTETLER & FRIEDMAN, 2008, p. 4). A conclusão dos autores é de que as "OSC têm dado ao cidadão outro meio de representação no sistema político, bem além daquelas expectativas da teoria pluralista" (HOSCHSTETLER & FRIEDMAN, 2008, p. 24 – tradução livre).

A este diagnóstico, segue-se, em diversas partes do mundo, a criação de mecanismos institucionais que viabilizam a participação e o controle da população nas decisões políticas (SILVA, 2013; CUNHA 2010; SINTOMER, 2010; ROSANVALLON, 2009). De alguma forma, esses novos espaços institucionais que viabilizam a participação direta e/ou a representação dos cidadãos estão transformando o governo representativo. Se tomarmos o caso brasi-

leiro dos orçamentos participativos, dos conselhos gestores de políticas, das conferências de políticas públicas, das audiências públicas, das comissões de participação popular etc., é possível afirmar que houve uma alteração no exercício da soberania popular. Se antes desses espaços o povo exercia a soberania apenas nas eleições, no ato do voto, hoje ele tem a possibilidade de compartilhar o poder decisório e praticar o controle público com mais frequência.

Esses novos espaços podem aumentar a representatividade dos governos estabelecidos ao incorporar novos atores ao processo decisório. Além disso, podem viabilizar uma reaproximação significativa entre mecanismos participativos e representativos. Essa pode ser vista como uma possível saída para crise de legitimidade da representação, como aliás, tem indicado Rosanvallon (2009).

É possível afirmar, portanto, que existe hoje um processo de *pluralização* das formas de representação política, uma vez que existem instituições que viabilizam a participação ampliada da população por meio da representação, ou seja, da escolha e seleção de representantes que passam a falar/agir em nome de outros (ALMEIDA, 2011).

É importante destacar, no entanto, que a *pluralização das formas de representação* pode assumir conotações distintas, dependendo do contexto e objeto analisado. Formas de representação por *advocacy* mencionadas por Urbinati (2006), assim como formas de ação política que reivindicam representar como sugerido por Saward (2009) via *representative claim*, se distinguem das ações representativas desempenhadas por atores cívicos que foram estudadas, no contexto brasileiro, por Lavalle, Houtzager e Castelo (2006a; 2006b), Avritzer (2007), Lüchmann (2007), dentre outros. É preciso distinguir, no entanto, o contexto europeu e americano do brasileiro, no qual os espaços de atuação dos atores cívicos são, em geral, instituições no âmbito do Estado, como os conselhos de políticas.

Alguns poderão questionar se é possível nomear esses agentes políticos de "representantes", no sentido tradicionalmente utilizado para se referir àqueles cidadãos que foram autorizados ao exercício do poder político, ou seja, a ocupar as posições de mando. No caso tradicional pelo menos três requisitos devem estar presentes no processo de constituição do corpo de representantes. São eles: 1) mecanismo de *autorização*, que nos regimes democráticos em geral acontece no momento das *eleições,* que são realizadas de forma reiterada e em intervalos regulares; 2) princípio da *igualdade matemática*, por meio do qual o peso do voto dos cidadãos deve sempre ser equivalente, ou seja, um cidadão é igual a um voto; 3) uma *dimensão territorial* delimitada.

Se concentrarmos a atenção sobre o processo de composição das Instituições Participativa (IPs)[8] no Brasil é fácil constatar a inexistência desses critérios. Existem diferentes formas de escolha dos membros dessas instituições. Aliás, mesmo se considerarmos um único tipo de instituição há muita variedade de formas de composição. Nos conselhos de políticas públicas, por exemplo, é possível verificar a impossibilidade de se fazer uma simples transposição desses critérios para a análise daquela realidade. Primeiramente, porque nem sempre há eleições. Há conselhos em que o próprio regimento interno determina previamente quais instituições têm assento. Não há, portanto, rodízio entre as instituições, embora elas possam indicar novas

pessoas a cada término de mandato. Elas podem fazer um processo eleitoral de escolha entre os seus membros, mas trata-se de uma opção que ela pode ou não adotar. No outro extremo estariam os conselhos que realizam um processo eleitoral durante as conferências para a escolha dos conselheiros. Como as conferências são abertas à participação do cidadão comum, seria o momento mais propício para contar com um *demos* ampliado no processo de autorização pela via eleitoral. Ainda assim, os outros dois critérios não seriam aplicados sem dificuldade.

Nesses termos, é importante retomar aqui a polêmica sobre a existência ou não de uma crise da representação política. Vale reiterar que endossamos o argumento da *crise* da *representação* tanto pela consistência dos indicadores geralmente utilizados para demonstrar sua existência quanto pelo potencial analítico que ela nos oferece. Se os elementos acima elencados não nos permitem pensar o processo de representação nos conselhos, podemos indicar a crise desses critérios, que não nos permitem mais avaliar as circunstâncias nas quais existe representação política.

Além disso, a própria emergência de instituições que tem a sua legitimidade fundamentada em outros critérios diferentes daqueles que persistiram até 1980, como destaca Rosanvallon (2009), é um forte indicativo de que transformações sociais tornaram insuficiente a legitimação dos governos por meio da realização de eleições e da seleção meritocrática dos funcionários do Estado.

Pensar em crise requer o reconhecimento de que um processo de mudança está em curso. Esta posição é extremamente proveitosa na atualidade, pois temos observado a emergência de vários espaços institucionais que estão alterando a relação entre governantes e governados. A noção de crise

---

8. Soraya Cortês assim define esse conceito: "mecanismos de participação criados por lei, emendas constitucionais, resoluções ou normas administrativas governamentais que permitem o envolvimento regular e continuado de cidadãos com a administração pública, tanto diretamente quanto através de representantes, como ocorre com maior frequência" (CORTÊS, 2011, p. 137).

indica exatamente que os antigos princípios estão esgotando suas possibilidades e cedendo lugar a outros novos. Nesse sentido, é possível afirmar que a legitimidade democrática não se realiza única e exclusivamente via eleições, ou seja, a comunicação entre o governo e a sociedade pode ocorrer a partir da existência de outros espaços institucionais que contam com a presença da sociedade civil. Resta saber quais são os fundamentos da legitimidade dessa nova relação entre estado e sociedade.

Por hora o mais importante é reconhecer que há uma mudança nos governos representativos. Em outros termos, se antes a representação política resultava única e exclusivamente das eleições realizadas para os cargos do executivo e do legislativo, hoje existem outras instituições dentro do próprio executivo (em menor número no legislativo e no judiciário) que contam com a presença de indivíduos que falam/agem em nome do governo e da sociedade civil[9]. Isso certamente provoca alguma alteração no processo de exercício do poder político e da soberania popular. A principal mudança é a ampliação do número de indivíduos que tem o direito de exercer certas atividades no interior de instituições que tem a atribuição de decidir sobre determinadas áreas de políticas, ou seja, a pluralização do próprio exercício da representação política.

Por essa razão, pesquisadores das instituições de participação ampliada do cidadão nas decisões políticas, como os Conselhos de Políticas, também adensam essa agenda de pesquisa. Eles têm proposto reformulações no conceito de representação política por acreditarem que os processos de escolha

dos conselheiros[10], mesmo quando são feitos por meio de eleições, apresentam diferenças significativas em relação aos mecanismos tradicionais de votação[11] (AVRITZER, 2007; COELHO, 2004; LAVALLE; HOUTZAGER & CASTELO, 2006a; 2006b). Se na representação política tradicional um deputado pode ser considerado como o legítimo porta-voz da soberania popular porque foi eleito para desempenhar esse papel, nos novos espaços não é possível encontrar um mecanismo de legitimação tão explícito. Por esse motivo a literatura tem se preocupado em buscar os novos fundamentos da legitimidade desses atores.

5 Participação: por uma definição relacional da representação política[12]

Se a prática da representação política é muito pesquisada a partir dos estudos sobre os partidos, os sistemas eleitorais e as relações entre o executivo e o legislativo, atualmente o campo não se esgota na investigação desses espaços. O que é extremamente salutar com essa transformação é a possibilidade de aproximação de dois campos de pesquisa que não mantinham uma interação frequente. Exemplos importantes neste campo são os estudos desenvolvidos por Pogrebinschi et al., que buscam os pos-

---

9. Para uma análise das audiências públicas no legislativo cf. Santos et al. (2018). Audiências públicas e amigos da corte são instrumentos de participação de Organizações da Sociedade Civil no Supremo Tribunal Federal (STF). Cf. Silva, Ribeiro e Marona (2018).

10. Os conselheiros governamentais, em geral, são indicados. Na escolha dos conselheiros da sociedade civil, suas instituições de origem podem estar previamente relacionadas no regimento interno ou podem ser escolhidas por meio de eleições. Quando há pleito eleitoral nas conferências o "eleitorado" é restrito, pois contempla apenas os participantes das conferências e são OSC que concorrem.

11. O princípio da igualdade matemática, que é um dos principais critérios de legitimidade das eleições tradicionais, não se faz presente. Também não são todas as Organizações da Sociedade Civil que trabalham na área que podem candidatar-se, pois, em geral, há critérios como a exigência de registro no conselho e/ou um tempo mínimo de trabalho na área de política pública em questão.

12. Este tópico é uma versão reformulada e atualizada de parte da minha tese de doutorado.

síveis impactos das deliberações das conferências nacionais de políticas públicas na produção legislativa; por Lavalle et al. (2006a; 2006b), Almeida (2011) sobre a prática representativa nas IPs; e por Pires e Cambraia (2010) sobre os impactos destas nas *performance*s dos executivos locais.

A centralidade que vem assumindo estas IPs na prática das democracias contemporâneas justifica a proliferação de estudos sobre as mesmas. A investigação sobre os conselhos e as demais instituições nas quais as organizações civis têm ocupado os espaços de decisão política, bem como os embates teóricos dela derivadas estão em curso. As proposições mais recentes retomam, em alguma medida, as questões centrais do conceito tratadas por Pitkin (1985) e Manin (1997), sem contudo, conseguir situar e identificar claramente os fundamentos da legitimidade dos chamados "representantes" da sociedade civil junto aos conselhos gestores, por exemplo, uma vez que o processo eleitoral está geralmente ausente nestes espaços.

Em outros termos, se passarmos dessa discussão mais geral sobre representação para o caso da representação nestas IPs, a pergunta acerca da legitimidade destes representantes, ou seja, em que ela se assenta uma vez que não há eleição nem sorteio, permanece.

Nos últimos anos, a literatura que busca iluminar o entendimento sobre os diversos ângulos do problema das ações representativas exercidas pelas organizações civis na política contemporânea tem crescido muito. Juntamente com uma literatura mais específica das realidades locais que buscam aferir o tipo de representação e a legitimidade das mesmas nas *instituições híbridas* criadas no Brasil após 1988. Embora as dissonâncias ainda sejam muito evidentes, partimos desta literatura no intuito de identificar os elementos que questionam ou ratificam a legitimidade dos "representantes" da sociedade civil que têm atuado em diversas insti-

tuições políticas, inclusive os conselhos. Um exemplo ilustrativo da importância da temática são os inúmeros trabalhos publicados no país na segunda década do século XXI sobre a temática.

O artigo de autoria de Lavalle, Houtzager e Castelo (2006b) retoma o conceito de *representação virtual*[13] de Edmund Burke para articulá-lo com as novas funções representativas exercidas pelas organizações da sociedade civil nos Conselhos. Os autores defendem que a recente proposta de ampliação do fenômeno da representação política "guarda semelhanças relevantes" com o conceito cunhado por Burke. A questão central aqui relacionada é a seguinte:

> [...] a operação analítica prudente para não suprimir as características tipicamente modernas da representação tem sido, pelo menos desde a formulação canônica de Burke (1942[1774]), preservar o núcleo normativo mínimo da representação de modo que se garanta a independência do representante sem emancipá-lo completamente do controle do representado [...] (LAVALLE; HOUTZAGER & CASTELO, 2006b, p. 66).

É necessário ressaltar com destaque dois pontos abordados pelos autores. O primeiro relaciona-se à especificidade da representação política que se desenvolve nos conselhos gestores de políticas públicas, qual seja, a representação coletiva e não de indivíduos. Se nas eleições gerais os cidadãos votam em indivíduos que supostamente representarão seus interesses, nos conselhos são organizações da sociedade civil e do Estado que têm assento. O segundo refere-se à maior probabilidade de ocorrência da consonância entre as decisões dos representantes e os interesses dos representados, haja vista que a representação se dá em áreas temáticas

---

13. "Representação virtual é aquela em que há comunhão de interesses e empatia de sentimentos e desejos entre aqueles que atuam em nome de quaisquer pessoas e as pessoas em nome das quais elas atuam – embora os primeiros (fiduciários) não tenham sido de fato escolhidos pelos segundos" (BURKE, 1942).

de políticas públicas, sendo o público beneficiário um segmento ou parcela da população geral e não o interesse de toda a nação. Soma-se a isto a possibilidade de contato direto entre o representante, no caso de OSC que presta algum serviço para a comunidade, e o representado que é beneficiário da política.

Abbers e Keck (2007) vão mostrar que os representantes das OSC que têm assento nos conselhos tomam as decisões com a atenção muito mais voltada para a defesa dos interesses de suas instituições de origem do que dos beneficiários das políticas. Elas mostram que os dirigentes das OSC tendem a ter pensamentos e atitudes muito próximos entre si, mas estão distantes dos anseios dos beneficiários das políticas. Ao representar os interesses das diversas OSC nas discussões realizadas nos conselhos esses dirigentes contribuiriam para tornar presente naquele espaço representativo o princípio da *diversidade* e da *heterogeneidade* da sociedade. Aos conselheiros oriundos do *Estado* caberia prioritariamente a preocupação com o princípio da *igualdade,* ou seja, uma atuação dirigida para todos os possíveis beneficiários das políticas.

Assim como as autoras mencionadas, também Côrtes (2009) identifica os conselhos como um novo espaço de representação coorporativa de interesses, uma vez que os trabalhadores da área, bem como os prestadores de serviço, têm assento na instituição, como é o caso da Saúde e da Assistência Social. Com base em um estudo sobre os conselhos de saúde nas três esferas da federação, a autora mostra que nos conselhos saúde (nacional e estadual), os trabalhadores da saúde, em geral filiados aos sindicatos, conseguiram ocupar os principais espaços decisórios do conselho e defender seus interesses corporativos.

Tal como Lavalle et al. (2006) afirmaram que não haveria problema com ação coorporativa no interior dos conselhos, pois o que se espera de um bom representante é exatamente que atue em favor dos representados. Por decorrência, a presença de representantes de trabalhadores e de prestadores de serviços nos conselhos e a suposição de que estarão agindo apenas em prol dos interesses de sua categoria não permite, por si só, avaliar essa prática como ilegítima. O mesmo valeria para a ação dos representantes da sociedade civil. Ademais, esses atores não agem isoladamente no interior dos conselhos, ou seja, mesmo que se preocupem exclusivamente com a defesa dos interesses coorporativos durante os processos decisórios, as decisões devem ser construídas e pactuadas com os representantes dos demais segmentos presentes no conselho. Por essa ótica, se o resultado final das decisões produzidas nos conselhos contemplar os saberes dos diferentes segmentos componentes da instituição acerca da política pública na qual estão diretamente envolvidos, pode se esperar uma decisão mais legítima, exatamente porque contou com a contribuição dos distintos segmentos e saberes.

Os autores oferecem também, nesta e em outras pesquisas (2006a; 2008), os fundamentos da representatividade dos atores da sociedade civil (em São Paulo e no México) e chegaram à conclusão de que não há um modelo analítico capaz de apreender a nova dinâmica política da *pluralização dos espaços de representação*. Assim, construíram como estratégia um deslocamento das questões relacionadas à representatividade do plano real para o simbólico, e focaram o compromisso representativo assumido pelo representante perante o representado, a este compromisso denominaram de *representação presuntiva*. No *survey* elaborado para captar a percepção dos representantes acerca dessa questão. Os autores encontraram seis argumentos principais que justificam a legitimidade de atuação dos representantes: eleitoral, filiação, identidade, serviços, proximidade e intermediação.

É importante lembrar que, em São Paulo, 73% dos entrevistados consideram sua organização uma representante dos interesses do público beneficiário de suas ações, enquanto na cidade mexicana 58% delas afirmam se considerar representantes (LAVALLE & CASTELO, 2008, p. 74). Em São Paulo, a principal categoria mencionada foi a de intermediação, com 31% dos respondentes, ao passo que, na Cidade do México, o argumento de serviços foi o mais lembrado.

À noção de *representação virtual* proposta por Gurza Lavalle, Houtzager e Castelo (2006b) Avritzer (2007) contrapõe a noção de *representação por afinidade* assentada nos princípios da afinidade e relação com o tema.

Urbinati (2006), segundo Avritzer, teria dado um passo à frente no debate, principalmente ao sugerir duas contribuições originais: 1) eleições se tornaram incapazes de dar conta da totalidade das relações de representação entre os atores sociais e o Estado; 2) "tentativa de desvincular a relação entre soberania e representação, ao mostrar a inadequação da forma como Rousseau associou uma e outra dimensão" (AVRITZER, 2007, p. 452). Com base nestes dois pontos a autora irá propor uma forma de compreensão da representação que pressupõe a relação com formas de participação.

Plotke (1997) afirma que o entendimento da representação de uma perspectiva relacional implica o reconhecimento de três elementos. O primeiro deles é o fato de que há a exigência de não identidade. O exemplo do autor é claro a respeito: "eu não posso dizer que minha cadeira representa a minha cadeira, embora eu possa dizer que aquela cadeira em particular represente as cadeiras em geral" (PLOTKE, 1997, p. 28). O segundo é de que há uma exigência de significado, mais do que uma conexão natural, para que um símbolo seja reconhecido. O terceiro é a exigência de que a representação seja contextual. Os três elementos apontados pelo autor serão considerados no processo de elaboração dos instrumentos metodológicos da investigação junto aos atores diretamente afetados e interessados na política da criança e do adolescente.

De forma similar a Plotke, Iris Young (2000) sugere a superação da oposição entre participação e representação e propõem uma concepção relacional do conceito. Iris Marion Young define a "representação como um relacionamento diferenciado entre atores políticos engajados num processo que se estende no espaço e no tempo" (YOUNG, 2000, p. 1.559-1.564). Ela parte de um modelo normativo para propor uma interessante tipologia sobre o conceito de representação política, constituída por três elementos: *representação de interesses*; *representação de opiniões*; *representação de perspectivas*.

Young define interesses como "aquilo que afeta ou é importante para os horizontes de vida dos indivíduos ou para as metas das organizações" (2000, p. 1.700-1.705 – tradução livre). A representação de interesses seria a mais comum dentre as três.

Young conceitua opiniões "como os princípios, valores e prioridades assumidos por uma pessoa na medida em que fundamentam e condicionam seu juízo sobre quais políticas devem ser seguidas e quais fins devem ser buscados" (2000, p. 1.709-1.714 – tradução livre). Os partidos políticos são os principais veículos de expressão das opiniões, na concepção de Young.

Young argumenta que os grupos sociais não devem ser pensados por lógicas substantivas que descrevem um conjunto de atributos comuns associados aos seus membros e que, portanto, definiria suas identidades. Ao invés dessa posição, a autora sugere pensar os grupos sociais a partir de uma lógica relacional, por meio da qual os grupos seriam constituídos por meio das posições que ocupam na estrutura social, mas que não determinam suas identidades. Às diferentes posições, correspondem diferentes histórias e compreensões sociais derivadas daquelas posições, que a autora denomina de perspectiva social (YOUNG, 2000, p. 1.727-1.731). Neste sentido, os grupos sociais minoritários poderiam ser representados a partir de suas diferentes perspectivas.

Young argumenta que os cidadãos só podem autorizar legitimamente os representantes e mantê-los *accountable* se existir muitos canais e instituições por meios das quais eles possam se engajar entre si e com seus representantes (2000, p. 153-158). Por esta razão, ela defende a necessidade de ampliação dos canais de prestação de contas e propõe um conceito ampliado de representação, que seja capaz de incluir as arenas decisórias e a esfera pública.

Se, por um lado, a concepção de representação de Young (2000) a aproxima da teoria deliberativa, por outro, quando ela reintroduz a dimensão do conflito em sua obra, nos mostra Miguel (2011), ela se afasta da referida teoria. "A questão passa a ser o enfrentamento de padrões concretos de dominação e opressão, não o reconhecimento empático do outro. E os interesses em oposição ganham preeminência no entendimento dos embates políticos" (p. 34). Quando se trata de relações marcadas pelo signo da subalternidade, como é o caso da condição das mulheres em uma sociedade machista ou dos negros em uma sociedade racista, são os conflitos de interesses, e não o de perspectivas, que se colocam de forma mais relevante. Isto porque os grupos dominados, mais do que o espaço para a vocalização das suas perspectivas, precisam de um espaço de construção autônoma dos seus interesses – "o que foi chamado de "contrapúblicos subalternos" por Fraser (apud MIGUEL, 2011, p. 2). Neste sentido, quando se enfatiza apenas as perspectivas dos grupos, observa-se apenas uma parte da história, deixando de fora a dimensão do conflito entre os interesses distintos, inerente à política.

Um problema adicional relacionado à representação de grupos subalternos está no fato de que o campo político tende a produzir e reproduzir as desigualdades de acesso ao poder, ou seja, tende a reproduzir as assimetrias e exclusões, como nos mostra a análise de Hassin (2009) acerca da implementação de políticas de cotas já mencionada anteriormente. Nesse sentido, a presença de "grupos dominados nos espaços de poder não elimina, nem reduz substantivamente, por si só, a desigualdade política – apenas torna o conjunto de tomadores de decisão mais similar ao corpo social" (MIGUEL, 2011, p. 37). Apesar da pertinência da crítica, não parece adequado a utilização do termo "apenas", nesse caso, tendo em vista os desafios envolvidos na tarefa se construir mecanismos que assegure a constituição de um corpo de representantes que esteja mais próximo da heterogeneidade do corpo social. Sucessos nesta investida, por si sós, já expressam ganhos em relação à realidade de grande parte dos legislativos no mundo.

A tensão entre autenticidade e efetividade da representação, descrita por Miguel (2011, p. 38) como um "efeito dos constrangimentos à ação dos dominados impostos pela estrutura do campo político, aparece de forma diferente – neutra e mesmo positiva – na visão de Nadia Urbinati". Neste sentido, as críticas de Miguel também se dirigem ao conceito de *representação como advocacy* da autora italiana, pois segundo ele, faltariam três elementos nessa concepção. Primeiro, a consideração de que o representante ocupa uma posição de poder, portanto, possui acesso diferenciado aos recursos políticos e, por isso, ocupa uma posição de autoridade em relação aos representados. Em segundo lugar, como demonstrou Manin (1997) a eleição gera um princípio de distinção, por meio do qual os "melhores" indivíduos são selecionados, ou seja, há também uma assimetria de conhecimentos entre representantes e representados. De acordo com Miguel (2011), o conceito de representação por *advocacy* tende a agravar essa assimetria de conhecimento. Por fim, faltaria a Urbinati (2006) o reconhecimento do caráter constitutivo da representação, nos seguintes termos:

> [s]e a sociedade é apreendida como estando composta de unidades elementares discerníveis, a representação consiste numa simples descrição, em uma tradução. Mas se a sociedade é considerada, ao contrário, como opaca e ilegível, a representação deverá tomar uma dimensão construtiva: para exprimir a sociedade, ela deve antes produzi-la (ROSANVALLON, apud MIGUEL, 2011, p. 11).

Por meio destes problemas dirigidos frontalmente ao conceito de representação por *advocacy*, Miguel (2011) formula outras críticas às proposições derivadas do conceito de Urbinati, em particular o conceito de *representação por afinidade* formulado por Avritzer (2007) e as noções de *representação presuntiva* e *representação virtual* propostas por Lavalle, Houtzager e Castello (2006a; 2006b). O principal problema desses conceitos, segundo Miguel (2011), estaria no fato de abrirem mão, por completo, de qualquer processo de autorização dos representantes. Assim, retira-se do cidadão a possibilidade de exercício do "julgamento político", dimensão crucial no modelo de Urbinati.

Embora Miguel (2011, p. 50) não negue a capacidade das organizações da sociedade civil e organizações não governamentais de que sejam *intermediários* que atuem como representantes, ele questiona a qualificação dessa representação como *democrática*. A crítica do autor está baseada nos princípios de legitimidade dessa representação, que pode não se basear nos princípios basilares do liberalismo de autonomia dos representados e de formação das preferências. Para sustentar a impor-

tância desses princípios, mesmo naquelas situações em que se presume que os representados não possuem a capacidade de falar por si mesmos na esfera pública por estarem em condições ambíguas, Miguel recorre ao Movimento Nacional dos Meninos e Meninas de Rua e ao Movimento de Neurodiversidade como exemplos que buscaram dar voz a esses grupos.

Apesar de toda a pertinência das críticas formuladas por Miguel (2011) aos modelos de representação propostos por Young e Urbinati, o autor reconhece as virtudes de ambos os modelos em relação à capacidade interpretativa de dimensões da realidade política contemporânea que permanecem problemáticas na visão estrita da democracia representativa liberal. Neste sentido, a proposta do autor pode ser considerada como uma possibilidade de se ajustar as deficiências dos dois modelos, por meio de uma consideração mais expressiva das relações de poder existentes entre os representantes e representados e da importância de se oferecer condições de estimular a autonomia dos representados e a livre-formação de suas preferências. Uma crítica possível de ser feita a Miguel (2011) é a inexistência de uma concepção própria do conceito, que seja pertinente e ofereça uma solução para os problemas indicados por ele nas propostas de outros autores.

Almeida (2017; 2018) realiza uma ampla revisão da literatura internacional e nacional relacionada às recentes reformulações do conceito de representação política. Na formulação mais recente sobre o tema, sistematiza o campo tendo em vista a pluralização de atores e modos de representar e confere centralidade à chamada *"virada construtivista"*. Os autores do campo buscam recuperar o caráter performativo da representação e, assim, sugerem romper com o modelo unidirecional de responsividade, geralmente, baseado nas respostas produzidas pelos legisladores às preferências dos constituintes. O argumento central dos construtivistas assenta-se na pressuposição de que os constituintes são constantemente criados por meio da política representativa.

Almeida (2017; 2018) formula uma crítica contundente aos autores da *virada construtivista*, a partir de uma revisão da obra de Micheal Saward (2010), uma análise dos seus críticos, assim como de suas recentes revisões de rota. Com base nesse diálogo crítico com a literatura sugere-se avaliar se é possível chegar a um terreno comum acerca da legitimidade democrática da representação. O problema em torno do qual se orienta a reflexão de Almeida (2017) assenta-se no questionamento acerca da pertinência da inversão na lógica da responsividade sugerida pelos construtivistas. Isto é, problematiza-se as possíveis consequências da *autonomia* conferida aos representantes, sem a correspondente criação dos respectivos mecanismos de controle de suas condutas. Sobretudo, destaca-se o argumento de que as proposições relacionais do conceito de representação baseiam na dupla autonomia entre representantes e representados, que ficaria obscurecida na virada construtivista.

Após a revisão da literatura pertinente e o apontamento dos limites e possibilidades das propostas de definição da representação chegamos à seguinte proposta: a representação pode ser compreendida como um mecanismo, atravessado pelas relações de poder, por meio do qual se estabelecem comunicações frequentes e regulares entre o Estado e a sociedade. É, ao mesmo tempo, um instrumento de *delegação* de poder e de exercício circular de relações estabelecidas entre representantes e representados, no qual os primeiros recebem a atribuição de agir e falar pelos segundos, mas com a capacidade de impor suas decisões sobre o conjunto da população.

Três elementos principais compõem o conceito: *circularidade*; *poder* e *temporalidade*. A primeira indica um processo de comunicação, nos dois sentidos, entre representantes e representados. A segunda faz menção às origens da proposição hobbesiana de que a representação política é uma relação de poder, na medida em que alguns indivíduos recebem a atribuição de falar e agir em nome de outros que, por sua vez, ao autorizar os primeiros se comprometem a obedecer. A terceira refere-se tanto ao período de exercício do *mandato* dos representantes quanto às condições de avaliação prospectiva e retrospectivas dos representados sobre a ação dos representantes, ou seja, marcam o espaço no qual se realiza o *julgamento* político.

Reconhecer a representação como um processo de comunicação circular implica conferir aos dois polos da relação à permanente capacidade de aproximação entre eles, de tal sorte que as possíveis demandas por representação possam ser expressas aos agentes da ação representativa, a qualquer tempo. Ao mesmo tempo, indica o possível movimento do representante em direção ao representado. Desse modo, é possível reduzir a distância inerente ao processo representativo, constituída pela separação entre governantes e governados.

Caracterizar a representação como uma relação de poder implica assumir a desigualdade de acesso aos recursos estabelecidos entre governantes e governados. Isto é, a representação produz uma distinção entre os indivíduos de um coletivo, na qual alguns passam a ter o direito de exercer as funções de mando e a maioria da população passa a ter o dever da obediência. Em última instância, o representante tem a prerrogativa de exercer o poder sobre o representado, que deve obediência ao primeiro.

A representação acontece sempre num dado momento do tempo. Em geral, os representantes recebem um mandato que deve ser exercício em períodos de tempo preestabelecidos. Durante esse período espera-se que exista um processo de interação entre representantes e representados, para que os anseios e demandas dos últimos possam ser realizadas como resultados da ação dos primeiros.

Mostramos nesta seção as diferentes propostas que têm sido feitas para uma compreensão das diversas formas de representação política desenvolvida por atores cívicos na contemporaneidade. Como uma espécie de resposta teórica aos problemas práticos da atualidade, diversos autores têm se debruçado sobre o conceito de representação, seja como uma resposta aos problemas indicados no que tem sido chamado de *crise da representação*, seja como uma tentativa de compreender a emergência de novas arenas decisórias que contam com representantes do Estado e da *sociedade civil*. Tais propostas têm o mérito de manter uma comunicação mais próxima e enriquecedora entre dois campos teóricos que se mantiveram distantes e em oposição por muito tempo.

O que a discussão precedente nos mostra com bastante clareza é multiplicidade de abordagens possíveis para tratar um único conceito: a representação política. Outro ponto fundamental que emerge da discussão é a ligação profunda entre os conceitos de representação e legitimidade aos regimes liberais e democráticos que se disseminaram pelo ocidente principalmente a partir da segunda metade do século XX. A maior parte das discussões sobre a representação se reporta a algum critério possível de legitimar a ação dos representantes. A flexibilidade do conceito de representação permite múltiplas entradas e possibilidades de usos diversos da ideia para o entendimento da política. Esse é certamente uma das explicações de seu mais recente processo de reformulação.

Buscamos mostrar nesse tópico as diferentes acepções relacionais do conceito de representação política. Iniciamos com a abordagem histórica da emergência da prática da representação e de sua posterior teorização. A seguir, apresentamos um percurso analítico sobre o tema que aborda o controle e a qualidade da representação; a participação e as concepções relacionais do conceito de representação. Desde o início o conceito está sujeito a múltiplas abordagens, o que dá a ele um rico potencial explicativo de diferentes aspectos da realidade política e, ao mesmo tempo, traz várias complicações analíticas.

Considerações finais

Queremos salientar que há uma semelhança entre os procedimentos sugeridos por Hirst (1993), Miguel (2003) e mesmo Tourraine (1997) em relação ao argumento de Habermas. O que une os diferentes procedimentos propostos é fato de que todos reivindicam maiores espaços de *participação* para os cidadãos nos processos de tomada de decisões políticas. As ressignificações recentes da representação política sugerem reflexões *relacionais* entre as categorias da participação e da representação, que passam a ser analisadas com base na *circularidade* das relações estabelecidas entre representantes e representados.

Hirst (1993) e Miguel (2003) apresentam críticas ao modelo de representação que vigora nas sociedades atuais. Sugerem, em seguida, alterações neste modelo. Nestes termos, pode-se dizer que seus objetivos são concentrados em sugerir mudanças na própria forma de representação. A *virada construtivista* recente radicaliza o argumento e confere expressiva *autonomia* aos representantes, ao inverter a lógica da *responsividade* presente no modelo tradicional de relações entre *agent* e *principals*. Questiona-se, assim, se a expressiva autonomia dos representantes não deveria ser pensada à luz da criação de mecanismos de controle de seus atos, capazes de restituir os fundamentos normativos de legitimidade do modelo de representação política.

Hirst defende a "importância de dispositivos corporativos, tanto para a gestão da economia nacional como para a ampliação da influência democrática" (1993, p. 19). A construção de grandes fóruns corporativos aparece como uma maneira de trazer os cidadãos, por meio da identidade profissional, para os espaços de decisões políticas, tal como defendido anteriormente por Machperson (1977) e Pateman (1992). Se por um lado é nítida a relação deste procedimento sugerido com a questão do pertencimento, por outro, é igualmente explícita a ligação com a participação. Em outros termos, o procedimento sugerido por Hirst para superar alguns limites da democracia representativa está relacionado igualmente com uma ampliação da participação e com uma dimensão mais subjetiva que é o sentimento de *pertencimento*, pela via da identidade profissional, a nova instituição criada para produzir decisões políticas.

Tenta-se resolver, assim, dois problemas cruciais para democracia na atualidade. Primeiramente, o fato de que os indicadores de participação política dos cidadãos têm se mostrado cada vez menores e, correlato a este, o fato de que o cidadão não se sente representado nas instituições representavas tradicionais.

Miguel (2003) salienta uma contradição que se explicita nas democracias atuais. Se, por um lado, houve uma expansão enorme da democracia eleitoral pelo mundo nos últimos trinta anos; por outro, houve também uma deterioração progressiva da "adesão popular às instituições representativas" (p. 123). Tendo em vista este problema o autor apresenta "elementos para uma teoria ampliada da representação política". Ele sugere a construção de um modelo que seja capaz de contemplar de forma mais significativa as questões relativas à formação da agenda, ao acesso aos meios de comunicação de massa e às esferas de produção de interesses coletivos. Cada um destes pontos, segundo ele, corresponde a uma das três dimensões centrais do *poder* na contemporaneidade. Fato este que sustenta todo o seu argumento em defesa de uma representação política em 3-D.

O que pretendemos enfatizar é que, tanto no procedimento sugerido por Hirst quanto por Miguel, o sentimento de *pertencimento* do cidadão em relação aos novos espaços participativos criados advém do fato de que ele pode se ver nas decisões que foram produzidas, na medida em que participou do processo de construção das mesmas. Em outros termos, o sentimento de *pertencimento* está quase que atrelado umbilicalmente ao processo de participação, seja de uma forma direta ou indireta. Uma analogia poderia ser feita às revisões mais recentes da representação política, pois se abordada de modo relacional, incorpora as dimensões participativas ao longo do processo de comunicação frequente e regular estabelecida entre os representantes e os representados. Em outros termos, o *pertencimento* pode aproximar-se da representação pela via dos mecanismos participativos.

Voltemos aos fóruns corporativos propostos por Hirst. Embora não disponhamos de dados empíricos, não parece muito difícil sustentar que a crise da representação atual é extensiva aos sindicatos profissionais, ou seja, é bem provável que os trabalhadores ligados a um sindicato qualquer também não tenham um sentimento de pertencimento em relação às decisões tomadas por seus representantes diretos. Algo semelhante pode acontecer nos fóruns corporativos propostos, ou na representação corporativa no interior das instituições participativas (CÔRTES, 2009). Esta situação parece mudar quando há uma mudança na participação, ou seja, estamos dizendo que as possibilidades de fazer emergir um sentimento de pertencimento a uma instituição está muito ligado ao grau de participação dos indivíduos na mesma. Deliberacionistas têm caminhado de modo similar ao propor mecanismos capazes de tornar a deliberação divertida, seja nos ambientes escolares, empresariais e políticos (VAN DER DOES, 2016).

Os procedimentos sugeridos por Miguel (2003), especialmente o terceiro, nos permite explicitar de forma mais clara o vínculo que estamos buscando estabelecer entre o pertencimento e a participação. Próximo de suas conclusões, afirma Miguel:

> a terceira dimensão aqui apresentada desloca, de forma ainda mais decisiva do que a segunda, a representação política para o campo da sociedade civil – e do exercício ativo da cidadania, entendida segunda a concepção alternativa apontada por Alvarez, Dagnino e Escobar, que destaca a ampla gama de esferas públicas possíveis onde a cidadania pode ser exercida e os interesses da sociedade não somente representados, mas também fundamentalmente remodelados (2003, p. 135).

Usar o termo representação para expressar a atuação de movimentos da sociedade civil parecia um pouco estranho, até pouco tempo atrás, a não ser que pensemos em uma autorrepresentação, nos termos de Urbinati e Warren (2008). Pensamos ser mais coerente utilizar o termo participação, na medida em que os movimentos sociais e as organizações da sociedade civil vão à arena pública para reivindicar que seus *interesses*, *discursos* e *perspectivas* sejam atendidos, ou seja, pretendem participar, em alguma medida, das decisões políticas (YOUNG, 2001). A definição relacional sugerida busca mostrar, exatamente, que a participação pode ser vista como parte de um amplo processo representativo.

Em defesa da coerência, portanto, parece-nos mais adequado pensar a questão do *pertencimento* prioritariamente a partir da dimensão da *participação*, vista como uma etapa de um processo circular que pode resultar na *representação*. Não se pretende com isto defender que não se precisa mudar as instituições representativas existentes. Ao contrário, pensamos que elas de fato devem ser remodeladas com o intuito de encurtar o distanciamento prejudicial entre estas esferas de decisão e os cidadãos. Um dos caminhos pode ser a criação de mecanismo por meio dos quais existam comunicações frequentes e regulares entre representantes e representados, participantes e representantes.

Para finalizar, vale ressaltar que mesmo os autores que apresentam propostas claras para alterar o *sistema de representação política* vigente tomam como pressuposto o fato de que a participação do cidadão pode estabelecer ou restabelecer vínculos do mesmo para com o sistema político. Desse modo, os procedimentos sugeridos, acima mencionados, para alterar as instituições representativas geralmente reivindicam mais espaços de participação ampliada para os cidadãos naquelas arenas.

Referências

ABERS, R.N. & KECK, M.E. Representando a diversidade: Estado, sociedade e "relações fecundas" nos conselhos gestores. In: *Caderno CRH*, vol. 21, n. 52, 2008.

ALMEIDA, D.R. Representação política – A virada construtivista e o paradoxo entre criação e autonomia. In: *Revista Brasileira de Ciências Sociais*, vol. 33, n. 97, 2018.

_____. *Representação além das eleições*. São Paulo: Paco, 2015.

_____. Pluralização da representação política e legitimidade democrática: lições das instituições participativas no Brasil. *In: Opinião Pública*, vol. 20, n. 1, abr./2014, p. 96-117. Campinas [Disponível em http://www.scielo.br/scielo.php?script=sci_arttext&pid=S0104-62762014000100005&lng=en&nrm=iso – Acesso em 30/10/2018].

AVRITZER, L. *Participatory institutions in democratic Brazil*. Washington, DC: Woodrow Wilson Center Press, 2009.

_____. Sociedade civil, instituições participativas e representação: da autorização à legitimidade da ação. In: *Dados*, 50 (3), 2007, p. 443-464.

_____. *A moralidade da democracia*: ensaios em teoria habermasiana e teoria democrática. Belo Horizonte: UFMG/Perspectiva, 1996.

AVRITZER, L. & WAMPLER, B. Participatory Publics: civil society and new institutions in democratic Brazil. In: *Comparative Politics*, 36 (3), 2004, p. 291-312.

BOBBIO, N.; MATTEUCCI, N. & PASQUINO, G. Verbete Representação política. In: *Dicionário de Política*. Brasília: UnB, 2008.

COELHO, V.S.P. Conselhos de saúde enquanto instituições políticas: O que está faltando? In: COELHO, V.S.P. & NOBRE, M. (orgs.). *Participação e deliberação* – Teoria democrática e experiências institucionais no Brasil contemporâneo. São Paulo: Ed. 34, 2004, p. 255-269.

CÔRTES, S.M.V. As diferentes instituições participativas existentes nos municípios brasileiros. In: PIRES, R.R.C. (org.). *Efetividade das instituições participativas no Brasil*: estratégias de avaliação. Brasília: Ipea, 2011, p. 137-150.

_____. Foros participativos y governabilidad: una sistematización de las contribuciones de la literatura. In: LUBAMBO, C.W; COÊLHO, D.B. & MELO, M.A. (orgs.). *Diseño institucional y participación política*: experiencias en el Brasil contemporáneo. Buenos Aires: Clacso/Fundação Joaquim Nabuco, 2006.

CÔRTES, S.M.V. (org.). *Participação e saúde no Brasil*. Rio de Janeiro: Fiocruz, 2009.

DAHL, R.A. Que instituições políticas requer a democracia em grande escala? In: DAHL, R. *Sobre a democracia*. Brasília: UnB, 2001, p. 97-113.

_____. *Um prefácio à teoria democrática*. Rio de Janeiro: Zahar, 1989.

HABERMAS, J. Três modelos normativos de democracia. In: *Lua Nova*: revista de cultura e política, (36), 1995, p. 39-53. São Paulo.

_____. Participação política. In: MARTINS, C.E. & CARDOSO, F.H. (orgs.). *Política e sociedade*. São Paulo: Cia Editora Nacional, 1983.

HABERMAS, J. & SIEBENEICHLER, F.B. *Direito e democracia*: entre facticidade e validade. Rio de Janeiro: Tempo Brasileiro, 2003.

HASSIN, S. Perverse consequencies? – The impact of quotas for women on democratization in Africa. In: SHAPIRO, I. et al. *Political Representation*. Cambrigde: Cambridge University Press, 2009.

HIRST, P. *A democracia representativa e seus limites*. Rio de Janeiro: Zahar, 1993, p. 7-46.

HOBBES, T. *Leviatã*: ou matéria, forma e poder de um estado eclesiástico e civil. São Paulo: Martin Claret, 2002, cap. 5 e 16.

HOCHSTETLER, K. & FRIEDMAN, E.J. Can Civil Society Organizations Solve the Crisis of Partisan Representation in Latin American? In: *Latin American Politics and Society*, 50 (2), 2008, p. 1-32.

HONNETH, A. *Disrespect*: The normative foundations of critical theory. John Wiley & Sons, 2014.

KINZO, M.D.G. O conceito de representação política. In: KINZO, M.D.G. *Representação política e sistema eleitoral no Brasil*. São Paulo: Símbolo, 1980, p. 18-46.

LAVALLE, A.G.; HOUTZAGER, P. & CASTELLO, G. Representação política e organizações civis: novas instâncias de mediação e os desafios da legitimidade. In: *RBCS* – Revista Brasileira de Ciências Sociais, 21 (60), fev./2006, p. 43-66.

_____. Democracia, pluralização da representação e sociedade civil. In: *Lua Nova*, 67, 2006b, p. 49-103.

LAVALLE, A.G. & CASTELO, G. Sociedade civil, representação e a dupla face da Accountability: Cidade do México e São Paulo. In: *Caderno CRH*, 21 (52), jan.-abr./2008, p. 67-86.

LÜCHMANN, L.H.H. A representação no interior das experiências de participação. In: *Lua Nova*, 70, 2007, p. 139-170.

MACPHERSON, C.B. *A democracia liberal*: origens e evolução. Rio de Janeiro: Zahar, 1977.

MANIN, B. *The principles of representative government*. Nova York: Cambridge University Press, 1997.

MIGUEL, L.F. Representação democrática: autonomia e interesse ou identidade e advocacy. In: *Lua Nova*, 84, 2011, p. 25-63.

_____. Representação política em 3-D – Elementos para uma teoria ampliada da representação política.

In: *RBCS* – Revista Brasileira de Ciências Sociais, 18 (51), fev./2003, p. 123-140.

PATEMAN, C. *Participation and democratic theory*. Cambridge: Cambridge University Press, 1970.

PIRES, R.R.C. & CAMBRAIA, A.C.N.V. Participação faz diferença? – Uma avaliação das características e efeitos da institucionalização da participação nos municípios brasileiros. In: AVRITZER, L. (org.). *A dinâmica da participação local no Brasil*. São Paulo: Cortez, 2010, p. 253-304.

PITKIN, H.F. O conceito de representação. In: MARTINS, C.E. & CARDOSO, F.H. (orgs.). *Política e sociedade*. São Paulo: Cia Editora Nacional, 1983.

_____. *The concept of representation*. University of California Press, 1967.

PIZZORNO, A. Introduccion al Estudo de la Participacion Política. In: PIZZORNO, A.; KAPLAN, M. & CASTELLS, M. (orgs.). *Participacion y cambio em la problemática contemporanea*. Siap-Planteos, 1995, p. 13-29.

PLOTKE, D. Representation is democracy. In: *Constellations*, 4 (1), 1997, p. 19-34.

POGREBINSCHI, T. et al. *Relatório final de pesquisa "Entre representação e participação"* – As conferências nacionais e o experimentalismo democrático brasileiro. Brasília/Rio de Janeiro: Secretaria de Assuntos Legislativos/Iuperj, 2010.

RIBEIRO, R.J. Hobbes: o medo e a esperança. In: WEFFORT, F.C. (org.). *Os clássicos da política*. Vol. 1. São Paulo: Cortez, 2006.

ROSANVALLON, P. *La legitimidad democrática*: imparcialidade, reflexividade e proximidade. Buenos Aires: Manantial, 2009.

SANTOS, M.L. et al. *Lobbying no Brasil*: profissionalização, estratégias e influência – Texto para discussão. Brasília: Ipea, 2017.

SAWARD, M. Authorisation and authenticity: representation and the unelected. In: *The Journal of Political Philosophy*. 17 (1), mar./2009, p. 1-22.

SCHUMPETER, J.A. *Capitalismo, socialismo e democracia*. Rio de Janeiro: Fundo de Cultura. 1961, cap. XXII-XXIV.

SILVA, E.; RIBEIRO, A. & MARONA, M. Deliberação, participação e interesse na jurisdição constitucional – Poder e influência na democracia brasileira. In: *42º Encontro Anual da ANPOCs*. Caxambu, 23-27/10/2018.

SILVA, E.M. & CUNHA, E.S.M. (org.). *Experiências internacionais de participação*. São Paulo: Cortez, 2010.

SINTOMER, Y. *O poder ao povo*: júris de cidadãos, sorteio e democracia participativa. Belo Horizonte: UFMG, 2010.

SOUSA, M. Práticas de recepção mediática como práticas de pertencimento público. In: *Novos Olhares*, 3, 1999, p. 12-30 [Disponível em https://doi.org/10.11606/issn.2238-7714.no.1999.51321].

TOURAINE, A. *Igualdade e diversidade*: o sujeito democrático. São Paulo: Edusc, 1997.

URBINATI, N. *Representative Democracy*: principles and genealogy. Chicago/Londres: The University of Chicago Press, 2006.

URBINATI, N. & WARREN, M.E. The concept of representation in contemporary democratic theory. In: *Annual Review of Political Science*, 11, 2008, p. 387-412.

VAN DER DOES, R. Routinizing deliberation: How national governments can promote deliberation in people's everyday lives. In: *Joint Sessions of Workshops of the European Consortium for Political Research*, Pisa, 2016.

WAMPLER, B. *Activating democracy in Brazil*: Popular participation, social justice, and interlocking institutions. University of Notre Dame Press, 2015.

YOUNG, I.M. Representation and social perspective. In: YOUNG, I.M. *Inclusion and Democracy*. Nova York: Oxford University Press, 2000, Introdução e cap. 1-4 [e-book].

37
Opinião pública
"Contradições da democracia e opinião pública"

Agemir Bavaresco

Francisco Jozivan Guedes de Lima

Teresa Cristina Schneider Marques

O presente texto explicita a crise da democracia partidária concorrencial, ou seja, da "democracia representativa", modelo em que a organização partidária é o principal instrumento político de acesso ao processo de tomadas de decisão nas esferas de poder político. A crise da democracia representativa atinge tanto as democracias originárias, em que há uma tradição de processos eleitorais, bem como aqueles países de democratização recente, como o Brasil.

O diagnóstico da crise da democracia representativa pode ser identificada em três aspectos, segundo Claus Offe (1984): 1) Desradicalização da ideologia dos partidos, adequando-se ao mercado político; 2) Burocratização e centralização dos partidos, ou seja, organização política burocrático-profissional, desempenhando atividades tais como: captar recursos materiais e humanos; fazer propaganda e articular informações sobre a posição do partido a respeito de temas políticos emergentes; identificar no mercado político novos temas para formar a opinião pública a seu favor; 3) Enfim, a heterogeneidade estrutural, ideológica e cultural de seus filiados, provoca a dissolução da ideia de identidade coletiva.

Face a este diagnóstico que aponta as contradições da democracia, nossa pesquisa inicialmente apresenta uma proposta de releitura dos modelos normativos de democracia, pondo o modelo deliberativo enquanto alternativa aos modelos liberal e republicano; depois, a partir de um viés da Ciência Política, descrevemos as teorias contemporâneas da democracia, e finalmente, tratamos da teoria da contradição da opinião pública e seus impactos na democracia.

1 Democracia liberal, republicana e deliberativa segundo Habermas

1.1 O modelo liberal de democracia

Habermas entende que o modelo liberal de democracia é calcado no ideal de autovantagem em detrimento da cooperação e dos vínculos de solidariedade. Nele, o Estado é posto como uma esfera subserviente ao econômico, tendo como objetivo principal efetivar os interesses da sociedade civil burguesa, de modo que a dimensão política se dobra diante da esfera econômica. Entenda-se aqui, neste modelo, "sociedade" enquanto "sistema de circulação de pessoas em particular e do trabalho social dessas pessoas, estruturada segundo leis de mercado" (HABERMAS, 2002a, p. 270). As leis do bem comum são substituídas por leis próprias da economia, em que contam os interesses privados do *homo oeconomicus*. Enquanto um "aparato da administração pública", o Estado deve fazer o máximo de esforço a fim de que a economia tenha o seu êxito e funcione de acordo com a devida regularidade planejada. Ele, o Estado, é convertido numa sociedade de mercado em que a proteção e a liberdade pessoal são prioridades, algo que segundo Hegel (2010, § 258) subverte a função essencial do Estado que consiste na busca ética do universal que, em termos políticos, é traduzível como "busca do bem comum".

Esse quadro de inferioridade do político ao econômico traz consequências para a própria dimensão jurídica, que não é acessada enquanto garantia de direitos coletivos, isto é, de todos os membros da sociedade, mas tomada enquanto "capa protetora" de indivíduos proprietários. Destarte, são colocados em risco os direitos sociais e os direitos de participação efetiva dos cidadãos na esfera pública. O poder é operado por uma determinada elite financeira e econômica que determina a agenda política e social mundial. Com o capitalismo instaura-se, assim, uma nova ordem, a ordem econômica enquanto vetor central de justificação de ações e estratégias; inclusão e solidariedade perdem campo para a concorrência, desigualdade e injustiças, mormente, sociais, e o Estado torna-se uma esfera ultramínima de ação, deixando de lado o bem-estar social, e incorporado enquanto "vigia noturno" (NOZICK, 1974, p. 26) apto a proteger a propriedade privada, a implantar e garantir a ordem e a exterminar qualquer violência e ameaça ao indivíduo proprietário, portanto, ao detentor do capital. Programas sociais de transferência de renda são tidos como violações e imposições aos cidadãos-proprietários; num Estado mínimo, que tem a tarefa de vigiar propriedades, as vinculações e deveres sociais são desresponsabilizados.

O modelo liberal acentua o primado do indivíduo sobre a comunidade. Ele refuta a precedência da coletividade; o bem-estar do indivíduo é o que conta em primeiro lugar. A dimensão política não é, como em Aristóteles (1998), algo dado naturalmente, mas fruto de um contrato, é uma convenção, é artificial. O indivíduo é o produtor da ordem coletiva. Rompe-se, assim, com a ideia de *polis*, na qual o horizonte de sentido da vida ética do indivíduo só seria possível em comunidade. Pelo contrário, no modelo liberal, o sentido da vida individual já é pleno, completo, em si mesmo, recôndito no próprio eu, de modo que o "individualismo" passa a ser uma palavra-chave do seu arcabouço teórico. É justamente este individualismo que Tocqueville (1987, p. 386) via como a esterilização das virtudes públicas, isto é, das virtudes concernentes à vida em comunidade.

Isso conduz ao que Esposito (2010) chama de "paradigma imunitário" que consiste na isenção dos deveres perante a comunidade; protegido pelo Estado numa roupagem de direitos subjetivos fundamentais, o indivíduo fecha-se em si e rompe com a coletividade, portanto, fica imune e isento de responsabilizações e vínculos cooperativos. A isso Honneth (2015) chama de "patologia social", que significa a incapacidade de o indivíduo compreender e seguir normas sociais de cooperação. Neste enfoque, a sociedade é útil para ele quando é estrategicamente benéfica para o êxito de suas ações individuais. Obedecendo a uma certa lógica concorrencial do mercado, neste modelo, o outro é facilmente tomado como "oponente" (*Gegner*) em vez de parceiro (*Partner*) de interação (HABERMAS, 2012). A relação com o outro passa a ser meramente instrumental, no sentido que ele pode ser acessado enquanto um meio para um determinado fim, algo em sentido contrário da proposta moral de Kant da não instrumentalização de outrem com vistas à obtenção da autovantagem ou de vantagens alheias (KANT, 1974). Num modelo liberal de democracia a política enquanto esfera de governabilidade é submetida a um realismo político, em que se efetuam jogos de interesses e disputa por poder, e a consequência disso é a tese segundo a qual os fins justificam os meios.

Além de uma liberdade do mercado enquanto liberdade do consumo (para aqueles que o podem), o modelo liberal de democracia é embasado num modelo "negativo" de liberdade, entendido aqui num sentido hobbesiano enquanto "ausência de impedimentos externos para a ação" (HOBBES, 2003), ou como "não intervenção". O indivíduo pode fazer tudo que queira, contanto que não viole a liberdade dos demais. Esse tipo de liberdade funda um atomismo nas relações humanas em que cada um determina o que é ser livre, independentemente de vinculações sociais e de dinâmicas de reconhecimento mútuo. Isso tem efeito sobre a própria concepção de cidadania que assume um *status* de subjetividade que, em nível jurídico, estressa ao máximo o conceito de direitos subjetivos ou direitos fundamentais, mesmo que em prejuízo dos direitos sociais e políticos (HABERMAS, 2002a, p. 271). Não conta a participação social ou a participação na esfera pública, mas a autorrealização individual. A lei protege o indivíduo tanto do outro quanto do Estado. A individualidade é um espaço sagrado e intocável.

Claro que a privacidade é uma conquista moderna, mas o problema aqui em jogo é quando isso se torna um obstáculo para a construção de relações sociais e intersubjetivas autênticas. A *conservatio vitae* é, sem sombra de dúvidas, um princípio fundamental no Estado de direito democrático, porém, o direito não pode ser reduzido a essa dimensão meramente negativa e positivista, legalista. Além dos direitos civis de liberdade, vida, igualdade perante a lei, há direitos políticos de participação na esfera pública e de sufrágio universal, e direitos sociais de bens básicos ligados à moradia, educação, saúde, emprego, subsistência, que são elementos indispensáveis para a construção robusta de um conceito democrático mais amplo de cidadania (cf. MARSHALL, 1967), direitos estes que não se limitam ao plano meramente individualista, individualismo este próprio dos modelos liberal e neoliberal.

1.2 O modelo republicano de democracia

Se o modelo liberal de democracia tem como foco a autovantagem e o fortalecimento do individualismo e da sociedade civil burguesa, o modelo republicano fortalece a *polis* e a comunidade na qual o indivíduo está inserido. O sentido da primazia do político que está na Grécia tanto em Platão quanto em Aristóteles[1] é recepcionado como a razão de ser da vida ética. Democracia, neste caso, consiste em bem comum, e o sentido da vida individual está intimamente vinculada à vida política, isto é, à participação na coisa pública (república). Conforme Jaeger (1994, p. 141), "o valor do homem e da sua conduta mede-se exclusivamente pelo bem ou pelo mal que acarretam à cidade".

O republicanismo opera num caminho inverso do liberalismo: enquanto este acentua o individual, aquele destaca a precedência da vida comunitária (HABERMAS, 2002a, p. 270). Entre os modelos liberal e republicano de democracia, há um certo paradoxo e uma tensão entre essas duas dimensões da vida ética. Não está devidamente equacionada em tais modelos a necessária fusão entre indivíduo e comunidade. Esse é um paradoxo que, de acordo com Constant (2015, p. 100), marca o conflito em

---

1. De acordo com Dahl (2012, p. 18), Platão e Aristóteles eram críticos da democracia; Platão via na democracia um "governo de ineptos", e fazia a opção por um governo de indivíduos qualificados intelectualmente (*epistemocracia*), isto é, mais próximos do saber e da verdade imutável; Aristóteles, na ótica de Dahl, não gostava do poder que a expansão da democracia conferia aos mais pobres. Então, *isegoria* (igual participação nas assembleias e discussões na ágora) e *isonomia* (igualdade perante a lei), enquanto apelos democráticos, não eram princípios vistos como vantajosos para ambos os filósofos.

termos de orientação normativa entre a filosofia política antiga e a filosofia moderna:

> O perigo da liberdade antiga era que, atentos unicamente a garantir a participação no poder social, os homens não faziam muito bom uso dos direitos e gozos individuais. O perigo da liberdade moderna é o de que, absorvida pelo gozo de nossa independência privada e pela busca de nossos interesses particulares, renunciemos facilmente ao direito de participação no poder político.

Em termos políticos de governabilidade, uma das marcas fundamentais do modelo republicano de democracia consiste numa indissociabilidade entre as esferas da ética e da política. A dimensão política não deve ser, assim, instrumentalizada tendo em vista caprichos individuais e tendo em vista autovantagem, mas, pelo contrário, a vida individual deve se conformar à vida em comunidade – nesse sentido, é forte a associação entre o republicanismo e o comunitarismo. Não se trata, neste modelo, de realismo político, de conflito por poder, mas de segmentos éticos que fortaleçam a efetivação dos bens comuns a todos os cidadãos. O Estado, no modelo republicano de democracia, é uma comunidade política em vez de um assessor submisso ao ordenamento econômico; sua função não consiste em garantir o êxito econômico, mas garantir o bem-estar dos cidadãos e a sua própria estabilidade.

Claro que não se pode fazer uma leitura romantizada da democracia grega, pensando que todos estavam incluídos em termos de participação, pois a história demonstrou a exclusão que havia de mulheres, estrangeiros, escravos etc., algo que se arrastou por séculos, e ainda hoje – em pleno século XXI está presente, em muitos países que não efetivaram um regime democrático baseado no sufrágio universal. O próprio Jaeger (1994, p. 136), documenta toda a necessidade de inclusão e isonomia no contexto grego para fazer valer de fato a democracia universalmente em meio a uma aristo-

cracia conservadora. A democracia institucionalizada é um evento tardio da Modernidade, em que as revoluções liberais, mesmo com suas deficiências, suplantam a velha ordem fundada nas alianças entre clero e nobreza hereditária. De acordo com Honneth (2015, p. 502), "uma vida público-política, entendida como esfera discursiva da formação democrática da vontade de um povo que se vê soberano, tem seu surgimento factual somente nos estados nacionais do século XIX".

O anti-individualismo do modelo republicano é perpassado por alguns valores inerentes: naturalização das relações sociais, subentendendo que o indivíduo é por natureza um animal político (ARISTÓTELES, 1995), integração social, reconhecimento mútuo, bem comum. O atomismo liberal que entendia cada um, cada indivíduo, protegido pelo Estado e trancado em si mesmo, é *ex cogitatio* para o republicanismo, pois, como dito, é inadmissível que a vida política seja produto artificial de um contrato: o indivíduo já nasce dentro de um contexto político e comunitário e, por isso, ele não deve se isentar de compromissos para com a coletividade. Aqui o outro deve ser *Partner* (parceiro) em vez de *Gegner* (oponente), de modo que a relação de concorrência deve dar lugar à relação solidária e cooperativa. Isto é, trata-se de um modelo completamente contrário ao liberal – os valores democráticos são totalmente outros. O sentido de pertença à coletividade é visivelmente forte no republicanismo, a ponto de se perguntar sobre uma possível diluição da dimensão individual e da privacidade, o que põe em evidência o paradoxo supracitado entre liberdade dos antigos (comunidade) e liberdade dos modernos (indivíduo).

Juridicamente, o modelo republicano não se limita a proteger direitos subjetivos individuais; não exaure suas forças normativas em torno da autoproteção, como ocorre no modelo liberal. Além dos direitos fundamentais ligados à *conservatio vi-*

tae, o modelo republicano dá relevância aos direitos de coparticipação na esfera pública, aos direitos políticos e sociais de cidadania, tendo em vista o enfoque no engajamento. Se no modelo liberal de democracia, o direito é invólucro protetivo para o "eu" que legitimava a desintegração social, no modelo republicano o direito deve ser capaz de possibilitar a integração social.

Todavia, além de colocar em jogo o tema da individualidade e da privacidade, o republicanismo tem outro déficit, que segundo Habermas (2002a, p. 276) consiste na condução estritamente ética dos discursos políticos. Ele padece, no seu parecer, de um déficit, a saber, de uma idealização ética das relações, como se os indivíduos fossem adaptar seus estilos de vida e persecução de fins particulares à vida coletiva, sem possíveis conflitos. Ou seja, para Habermas, não é tão natural assim, como pressupõe o republicanismo, a articulação entre o ético e o político. É preciso, portanto, sugerir um outro modelo que tome os indivíduos de modo mais real; tal modelo é o deliberativo.

1.3 O modelo deliberativo de democracia

De acordo com Mouffe (2000, p. 84), há diferentes formas de democracia deliberativa, mas ela considera duas "escolas" como sendo emblemáticas: a de Rawls, que tem, segundo ela, como seu principal seguidor Joshua Cohen; e a de Habermas, que ela põe Benhabib como principal discípula. Para fins de delimitação teórica, a nossa ideia aqui consiste em focar na contribuição habermasiana mediante a sua propositura de um modelo procedimental de deliberação democrática.

A tese precípua de Habermas (1997, p. 18) é que "o processo da política deliberativa constitui o âmago do processo democrático". Ele considera que os modelos liberal e republicano de democracia são limitados; o liberal porque é excessivamen-

te individualista ao centrar-se na autovantagem, o republicano porque é excessivamente idealista ao pressupor uma articulação indissociável entre o ético e o político (HABERMAS, 2002a). Além disso, o modelo liberal torna o Estado um instrumento para o êxito dos processos econômicos, e o modelo republicano fortalece em excesso a comunidade política correndo-se o risco de obliteração do indivíduo. Como uma forma de sanar tais déficits de intersubjetividade, Habermas propõe o modelo deliberativo de democracia a partir de um quadro de sua teoria do agir comunicativo. De acordo com Gutmann e Thompson (2004, p. 3), a democracia deliberativa afirma a necessidade de justificação de decisões por parte dos cidadãos e de seus representantes. As decisões não podem ser realizadas a partir do arbítrio ou do poder de um soberano, mas a partir de razões convincentes para os envolvidos na decisão. Outro ponto é que, na deliberação, o processo democrático não pode ser esgotado por jogos políticos de ajustes e barganhas entre parlamentares, isto é, não pode ser objeto de *lobby*, de formas de influenciação da arena política pelo poder econômico, tal qual como é viável no modelo liberal. Deliberação, nesse sentido, vai além de meras "sondagens demoscópicas" e de dinâmicas eleitorais midiaticamente manipuladas (HABERMAS, 2014, p. 98). Como bem destaca Audard (2006, p. 64), "enquanto as democracias representativas parlamentares clássicas veem no voto e na negociação entre os interesses particulares o processo político por excelência, a democracia deliberativa atribui a preponderância à deliberação pública, bem como ao engajamento dos cidadãos".

A participação nas decisões acerca dos rumos da vida coletiva, dentro de um modelo deliberativo de democracia, não deve ser uma prerrogativa de um determinado grupo de poder, seja ele de capital financeiro ou de capital intelectual, ou de qualquer outro tipo de poder, mas deve ser um direito de todos os cidadãos. Trata-se de um modelo inclusivo de democracia. Conforme frisam Cohen e Arato (1992, p. 214), Habermas, na sua reconstrução do conceito de esfera pública e de seus desdobramentos históricos e sociológicos, opõe-se a um tipo de esfera pública restrita aos letrados e salões, tal qual se desenvolveu na Europa dos séculos XVIII e XIX.

Para ser mais exato, Habermas não apenas se opõe, mas rechaça a possibilidade de uma esfera pública burguesa que, no seu entender, não é esfera pública. Para ele, esfera pública é um conceito radicalmente democrático, e se faz com participação e inclusão: "a esfera pública burguesa se rege e cai com o princípio do acesso a todos. Uma esfera pública, da qual certos grupos fossem *eo ipso* excluídos, não é apenas, digamos incompleta: muito mais além, ela nem sequer é uma esfera pública" (HABERMAS, 2003, p. 105). Óbvio que a universalização da participação nas decisões públicas, requer, dentro de um Estado de direito presumivelmente democrático, a formação e o esclarecimento dos cidadãos acerca de seus direitos e deveres, algo, por exemplo, reivindicado por Kant em seu século XVIII quando denunciava os investimentos bélicos por parte do Estado prussiano, em vez de investir na formação para a cidadania (KANT, 1993).

O modelo deliberativo de democracia, segundo Habermas (2002a), como dito acima, rechaça os déficits dos modelos liberal e republicano, porém mantém algumas bases imprescindíveis, a saber: do modelo liberal, preserva a defesa dos direitos subjetivos e fundamentais, que, enquanto uma conquista moderna, deve ser inalienável, pois, do contrário, recair-se-ia em um Estado totalitário que aniquilaria os direitos dos indivíduos; do modelo republicano, recepciona valores fundamentais para o *ethos*

democrático[2], como a cooperação, a solidariedade, e responsabilização perante a comunidade cívica.

> Na perspectiva liberal, o processo democrático se realiza exclusivamente na forma de compromissos de interesses. E as regras da formação do compromisso, que devem assegurar a equidade dos resultados, e que passam pelo direito igual e geral ao voto, pela composição representativa das corporações parlamentares, pelo modo de decisão, pela ordem dos negócios etc., são fundamentadas, em última instância, nos direitos fundamentais liberais. Ao passo que a interpretação republicana vê a formação da vontade democrática realizando-se na forma de um autoentendimento ético-político, em que o conteúdo da deliberação deve ter o respaldo de um consenso entre os sujeitos privados, e ser exercido pelas vias culturais; [...]. Ora, a teoria do discurso assimila elementos de ambos os lados, integrando-os no conceito de um procedimento ideal para a deliberação e a tomada de decisão. Esse procedimento democrático estabelece um nexo interno entre considerações pragmáticas, compromissos, discursos de autoentendimento e discursos da justiça, fundamentando a suposição de que é possível chegar a resultados racionais equitativos (HABERMAS, 1997, p. 19).

De acordo com Petrucciani (2014, p. 191), Habermas estabelece sua proposta de democracia deliberativa a partir de uma relação de complementaridade e cooriginariedade entre autonomia privada de liberdade individual (matriz liberal) e soberania popular/autonomia pública dos cidadãos (matriz republicana). Vale ainda ressaltar que o modelo deliberativo de democracia não é um modelo substancialista, isto é, um tipo de metafísica que fornece conteúdos e/ou princípios dados e prontos, mas é um modelo procedimental de democracia,

---

2. Forst (2010, p. 115), define *ethos* democrático nos seguintes termos: "modo como cidadãos se entendem como membros de uma comunidade política, quais as coisas que têm em comum e quais suas responsabilidades. Em particular, estão em questão as condições de possibilidade e o modo de uma 'justificação pública' de normas legítimas em discursos democráticos".

portanto, ele fornece regras, procedimentos, mediantes os quais os cidadãos devem chegar a acordos sobre a vida em coletividade. Tal qual o imperativo categórico de Kant, ao menos na sua forma, ele não diz o que fazer, mas como fazer: "a teoria do discurso não torna a efetivação de uma política deliberativa dependente de um conjunto de cidadãos coletivamente capazes de agir, mas sim da institucionalização dos procedimentos que lhes digam respeito" (HABERMAS, 2002a, p. 280).

O modelo de democracia deliberativa em Habermas, segundo White (1995, p. 73), não é um modelo substantivo em que se diz o que fazer, mas é um modelo procedimental, no qual são postas as regras básicas das decisões concernentes à esfera pública; portanto, ele não oferece conteúdos de ação, mas normas e orientações, procedimentos, através dos quais os agentes podem discutir valores fundamentais orientados para o consenso, mesmo que mínimo, acerca do *publicum*, isto é, daquilo que lhes interessa para a vida coletiva. Nesse sentido, Habermas segue o procedimentalismo de Kant, e também o de Rawls, entretanto, diferindo deles no seguinte aspecto: não é operado a partir de uma subjetividade mentalista como em Kant, e não depende de uma posição original afastado dos contextos sociais como em Rawls. É um procedimento feito para cidadãos concretos que participam da arena deliberativa.

A tese de Habermas é que a deliberação, dentro de um enquadramento de teoria do agir comunicativo, deve seguir algumas regras basilares, tais como:

> (a) Publicidade e inclusão: ninguém que, à vista de uma exigência de validez controversa, possa trazer uma contribuição relevante, deve ser excluído; (b) direitos comunicativos iguais: a todos são dadas as mesmas chances de se expressar sobre as coisas; (c) exclusão de enganos e ilusões: os participantes devem pretender o que dizem; e (d) não coação: a comunicação deve estar livre de restrições

que impedem que o melhor argumento venha à tona e determine a saída da discussão (HABERMAS, 2002, p. 67).

Essas regras aparecem bem formuladas em termos de Ciência Política em Dahl (1990, p. 52-53) – inclusive o próprio Habermas o cita – quando apresenta cinco critérios para um processo democrático presumivelmente exitoso, a saber:

> 1) Votos iguais: os votos devem ser alocados igualmente entre os cidadãos; 2) participação efetiva: durante todo o processo de tomada de decisões coletivas de cumprimento obrigatório, todo cidadão deve ter oportunidade adequada e igual de manifestar a preferência pelo resultado final; 3) entendimento esclarecido: cada cidadão deve ter adequadas e iguais oportunidades, de descobrir e justificar sua preferência no assunto a ser decidido; 4) controle final da agenda do *demos*: o *demos* precisa dispor de oportunidade exclusiva de tomar decisões que determinem que assuntos devem ou não ser decididos por processos que satisfaçam os três primeiros critérios; 5) inclusão: o *demos* deve incluir todos os membros adultos, exceto pessoas em trânsito ou que se prove que são mentalmente deficientes.

Dahl põe critérios e procedimentos do processo de participação democrática, porém alerta que a igualdade política pode ser minada por meio de desigualdades de fato, isto é, desigualdades econômicas e sociais, mediante o fortalecimento do capitalismo e da burocracia (DAHL, 1990, p. 55). A isso, Habermas (2012) diagnostica como "colonização" do mundo-da-vida através do poder e do dinheiro, enquanto meios capazes de minar as possibilidades de integração social e de participação ativa na esfera pública.

Cabe, enfim, frisar que a deliberação não é um mecanismo quantitativo, em que uma maioria se impõe sobre uma minoria; não é um processo de massificação, mas um procedimento qualitativo, em que a justificação e os argumentos devem ser a chave da escolha de princípios orientadores da esfera pública. Nesse jogo de dar e pedir razões, há espaço não apenas para o consenso, mas também para o dissenso; conforme Pettit (2003, p. 371), "determinadas decisões e determinadas políticas podem atrair apoio majoritário, ao mesmo tempo em que representam a mais arbitrária interferência nas vidas das minorias". Sua ideia é que o fortalecimento da democracia se dá pela via da contestabilidade; contestar é um direito cabível no uso público da razão por parte de cidadãos democráticos e abertos ao pluralismo[3], e quando se contesta, comumente emerge a opinião pública contramajoritária. Nesse sentido, justificação e argumentação de decisões públicas, capacidade de consenso e, sobretudo, contestação, são valores que dão vitalidade à democracia pensada enquanto processo deliberativo.

2 Teorias contemporâneas da democracia e suas contradições

Se a filosofia tem um importante papel para a origem e aprofundamento do pensamento democrático, cabe destacar que, no século XX, com as transformações políticas que marcaram o período e a institucionalização da Ciência Política enquanto disciplina, o debate se tornou mais diverso e sobretudo mais processual.

Para grande parte dos estudiosos da democracia que receberam destaque na Ciência Política, o pensamento democrático tem origem em filósofos gregos da Antiguidade como Aristóteles, que se preocupou em classificar as formas de associação

política. Os textos de filósofos da era moderna, tais como Jean-Jacques Rousseau, também são considerados importantes contribuições para a construção de um pensamento democrático. Cabe destacar que os últimos ajudaram a fortalecer leituras da democracia com caráter normativo. Algumas dessas leituras inclusive inspiraram os levantes revolucionários do século XVIII, que marcaram, segundo Samuel Huntington, o início da primeira onda democrática. Tal onda, segundo Huntington, além de breve – uma vez que logo foi seguida por uma onda reversa –, também é marcada pelo fato de que os critérios que definiam os regimes enquanto tal seriam bastante limitados se analisados à luz das teorias contemporâneas da democracia[4] (HUNTINGTON, 1994). Além disso, cabe destacar o alcance limitado dessa onda, uma vez que, ainda que as revoluções francesas e americanas tenham tido um importante valor simbólico para todo o mundo ocidental, elas não foram capazes de abalar a legitimidade dos regimes de outras naturezas, tais como os monárquicos com o poder altamente centralizado na figura do monarca. Justamente por isso, o período que se inicia com a primeira onda e vai até a segunda – que se inicia com o fim da Segunda Guerra Mundial – foi um período no qual prevaleceram os estudos de pensadores que entendiam a democracia como "fonte" ou propósito. Tratava-se de argumentar e defender a ideia de que a democracia seria "desejável" ou uma forma de regime ideal (SANTOS & AVRITZER, 2009, p. 39-40). Isto é, prevaleceram as leituras normativas do regime político.

A segunda onda, por sua vez, causou um novo efeito, que foi a concretização da democracia enquanto um "valor". Com a vitória dos Aliados na

---

3. De acordo com Rancière (2014, p. 17), a democracia atual é perpassada por um paradoxo: de um lado, ela é o reino do excesso, o reino da pluralidade e das paixões; de outro, lhe exigem que tais paixões da vida coletiva e a pluralidade sejam reprimidas – essa é a demanda de conservadores e totalitários. Num modelo democrático-deliberativo, as diferenças e os pluralismos, desde que sejam "razoáveis" (respeitem direitos humanos, respeitem princípios de justiça, respeitem-se mutuamente, cumpram termos equitativos de cooperação etc.), para usar uma expressão rawlsiana, são bem-vindas (cf. RAWLS, 2011, conf. II, § 1).

---

4. Os dois pré-requisitos são os seguintes: 1) que 50% dos homens adultos tenham direito a voto e 2) que o executivo conte com apoio majoritário de um parlamento eleito por meio de eleições periódicas (HUNTINGTON, 1994, p. 26).

Segunda Guerra Mundial e a chamada segunda onda de democratização, os Estados Unidos, que então emergiram como nova potência mundial, se empenharam em defender o regime democrático enquanto um antídoto para regimes totalitários como aqueles que marcaram o conflito. Em termos geográficos, essa onda teve um maior alcance. Contudo, foi ainda mais curta em termos cronológicos, se comparada com a onda anterior, uma vez que foi brevemente atingida por uma onda reversa de regimes autoritários (HUNTINGTON, 1994). A partir da década de 1960 regimes autoritários se instalaram na América do Sul, na Ásia e na África. Contudo, de forma paradoxal, em um contexto marcado pela Guerra Fria, membros da elite política que estavam à frente desses regimes muitas vezes argumentavam que o regime autoritário se fazia necessário para defender a democracia. O caso mais exemplar disso é o próprio caso brasileiro, que se esforçou em manter uma aparência democrática, ao manter o congresso e um sistema bipartidário, apesar de todas as limitações impostas aos direitos civis e às liberdades democráticas. Isso comprova o argumento de Giovanni Sartori que entende que no século XX a democracia se tornou um significado de "civilização", fazendo com que todos queiram reivindicá-la enquanto uma característica de si mesmos, mesmo quando não são governos democráticos (SARTORI, 1987, p. 3-4).

Essa importante transformação também afetou sobremaneira o pensamento democrático. As ondas democráticas, as suas ondas reversas e as disputas simbólicas em torno do significado da democracia inspiraram investigadores a refletir sobre a sua definição, a ocorrência de regimes democráticos e suas derrocadas. No período, predominou a perspectiva de que era necessário se distanciar das leituras normativas da democracia e compreender como os regimes democráticos de fato funcionavam. Como eles surgem? Por que eles caem? Quais

variáveis explicam tais processos? O que afinal define uma democracia? Essas perguntas incentivaram investigadores, que, preocupados em oferecer respostas empíricas para estas questões, se distanciaram da Filosofia, da História e de outras disciplinas para construir ferramentas metodológicas próprias, contribuindo assim para a construção de uma nova disciplina[5], a Ciência Política (DUVERGER, 1976).

Entre tais ferramentas, destaca-se a análise comparada, a quem inclusive se deve o surgimento da Ciência Política para Bertrand Badie e Guy Hermet (BADIE & HERMET, 1993, p. 15). A metodologia comparada foi fundamental para a compreensão de processos de transição política, uma vez que os estudos comparados contribuíram para a construção de conceitos tais como democracia, liberalização e democratização a partir de uma análise baseada na verificação de processos empíricos (MARQUES, 2010, p. 67). Para Leonardo Avritzer e Sérgio Costa, tais estudos comparados de processos de transição política consolidaram a Ciência Política, disciplina que se institucionalizou na América Latina apenas na década de 1970 (AVRITZER & COSTA, 2004, p. 703). Além disso, eles ajudaram a construir as chamadas teorias contemporâneas da democracia. Tais estudos ficaram marcados pela sua ênfase na análise empírica de processos de longa e média duração e pelo recurso ao método comparado.

Tais teorias assumiram diferentes perspectivas da democracia. Existem diferentes classificações das teorias contemporâneas da democracia na Ciência Política. Dentre tais classificações, podemos citar aquela elaborada por Charles Tilly, que entente que

---

5. Outros fatores além da construção de ferramentas metodológicas próprias ajudam a constituir uma disciplina, tais como a institucionalização e construção de uma identidade profissional, entre outros. Como não é o objetivo do artigo debater essa questão, recomendamos ver as seguintes contribuições sobre História da Ciência Política: FARR, 1988; ARTAZA, 2015.

as definições da democracia podem ser resumidas em quatro tipos, quais sejam: constitucional, substantiva, processo-orientadas e processual (TILLY, 2007, p. 7-9). A primeira se resumiria à análise de sistemas legais que dizem respeito ao ativismo e à participação política. O segundo tipo foca em condições de vida e entende a política enquanto uma ferramenta para aprimorá-la, com ênfase na perspectiva dos cidadãos para avaliar os regimes políticos. Por sua vez, a perspectiva processual-orientada parte uma lista de processos que devem ser constantemente incrementados pelo governo para que o país seja considerado democrático. Robert Dahl, autor de *A poliarquia* (1997), definiu cinco critérios para a classificação de regimes democráticos que, segundo Tilly, servem como base para a maioria das obras teóricas que partem dessa perspectiva. São eles: efetiva participação, caráter igualitário do voto, oportunidades iguais de compreensão das opções políticas e das suas consequências; controle de agenda e inclusão de adultos (TILLY, 2007, p. 7-9). Por fim, a perspectiva processual determina uma lista mínima e fixa de práticas governamentais que devem ser cumpridas pelo governo para que o regime político seja considerado democrático. Tais práticas são centradas na competição entre membros da elite pelos cargos de cúpula:

> De acordo com o critério por nós adotado, democracia não significa e nem pode significar que o povo realmente governe em nenhum dos sentidos óbvios dos termos "povo" e "governar". Democracia significa tão somente que o povo tem a oportunidade de aceitar o rejeitar os homens que hão de governá-lo. Mas como o povo também pode decidir isso por termos absolutamente não democráticos, tivemos de restringir a nossa definição acrescentando outro critério identificador do método democrático, a saber, a competição livre entre os aspirantes à liderança política pelo voto do eleitorado (SCHUMPETER, 2017, p. 387).

Assim, pode-se afirmar que essa abordagem teórica – também chamada de perspectiva "mínima" da democracia – se concentra na concepção da democracia enquanto um conjunto de regras de competição pelos cargos de cúpula do governo, ou, como colocado por Tilly, no cumprimento de uma lista mínima de pré-requisitos. Entre os principais autores dessa perspectiva, destaca-se Joseph Schumpeter, autor de *Capitalismo, socialismo e democracia* (1943) cujo modelo de democracia a define enquanto um método de seleção de elites (SCHUMPETER, 2017). Entre os pontos que devem fazer parte do método, pode-se destacar, 1) a existência de um sistema político multipartidário; 2) sufrágio universal; 3) eleições competitivas, livres, justas e regulares; e 4) acesso público aos principais partidos políticos por meio das mídias e campanhas eleitorais (TILLY, 2007, p. 8).

Existem diferentes leituras dessa perspectiva. Para Guilhermo O'Donnell, o fato de ser elitista não necessariamente impõe o caráter minimalista à proposta teórica de Schumpeter. Para O'Donnell, ao definir condições externas ao processo eleitoral para a efetivação dos pontos que fazem parte do método, tais como liberdades básicas, princípios legais e morais, entre outros, Schumpeter propõe uma perspectiva mais ampla de democracia (O'DONNELL, 2011, p. 24). Trata-se de um modelo considerado liberal democrata por MacPherson (1966, apud SANTOS & AVRITZER, 2009) e classificado como mínimo e elitista por PATEMAN (1992), por exemplo. Ainda que essa definição de democracia possa ser considerada limitada, pode-se afirmar que na segunda metade do século XX a perspectiva processual se tornou hegemônica na ciência política. Tal perspectiva tem origem nos debates sobre a relação entre democracia e capitalismo, a centralidade da burocracia estatal e a valorização da representatividade enquanto solução para os problemas coletivos de sociedades políticas complexas (SANTOS & AVRITZER, 2009, p. 43-48).

O debate em torno da validade da teoria hegemônica da democracia marcou a segunda metade do século XX na ciência política e aos poucos ganharam forças as perspectivas que apontavam os limites e as contradições da perspectiva mínima de democracia. De acordo com Pateman, a perspectiva minimalista se opõe frontalmente com as contribuições filosóficas para o pensamento democrático. Segundo a autora:

> O ponto de partida da análise de Schumpeter é um ataque à noção de teoria democrática enquanto uma teoria de meios e fins; democracia, afirma ele, é uma teoria dissociada de quaisquer ideais ou fins. "Democracia é um *método* político, ou seja, trata-se de determinado tipo de arranjo institucional para se chegar a decisões políticas – legislativas e administrativas." Na medida em que afirma uma "lealdade sem compromissos" à democracia, supunha-se que o método cumprisse outros ideais, por exemplo o de justiça. [...] De acordo com essa definição, a competição pela liderança é a característica distintiva da democracia (PATEMAN, 1992, p. 12-13).

Assim, para muitos intérpretes de Schumpeter, a perspectiva minimalista, ao reduzir a democracia a um método, retira da análise dos regimes outras dimensões além da institucional. De acordo com essa leitura crítica, tal perspectiva desvaloriza as leituras mais amplas de democracia e se afastou das leituras clássicas de democracia que deram início ao debate democrático, dentre as quais, aquelas propostas por filósofos políticos que incluíam a participação dos cidadãos e o processo de formação de opinião pública na análise de regimes políticos (PATEMAN, 1992, p. 28). Ao contrário, na perspectiva que se mostrou hegemônica na Ciência Política durante décadas, a apatia política e a participação limitada pela representação política, passaram a ser consideradas positivas para a estabilidade do regime.

Cabe destacar que a opinião pública, bem como o processo de formação de opinião pública também são desvalorizados por essa perspectiva,

mas não descartados. Para Pateman, autores como Bentham e James Mill se assemelham à perspectiva schumpeteriana e valorizavam o processo educativo voltado para a escolha de bons líderes, uma vez que "nenhum dos autores tinha a expectativa de que as opiniões se formassem no vácuo" (PATEMAN, 1992, p. 31). Todavia, fica claro que o foco não é o processo educativo em si, e sim, o resultado final das urnas: "a preocupação principal deles era mais com a escolha de bons representantes (líderes), do que com a formulação das opiniões do eleitorado" (PATEMAN, 1992, p. 31).

Contudo, no Brasil, com a terceira onda de democratização e os processos participativos que começam a ganhar visibilidade ao longo da década de 1990, a teoria hegemônica passou também a ser confrontada com perspectivas sociológicas ou participativas da democratização. Assim, perspectivas que abordam a cultura política – com foco em condições de vida, segundo Tilly –, bem como as perspectivas processo-orientadas, passaram a ter maior aderência na Ciência Política brasileira, que foi fortemente orientada pela perspectiva minimalista. Segundo Avritzer e Costa, as abordagens sociológicas passaram a inserir dimensões culturais e sociais na análise de regimes e passaram a ganhar força ao argumentarem que a democratização é um processo nunca de fato findo (AVRITZER & COSTA, 2004, p. 704).

Avritzer e Costa consideram que uma contribuição importante para esse debate é o aprofundamento do conceito de espaço público e opinião pública, compreendendo o papel desse debate para o enfrentamento das contradições da democracia. Para tanto, os autores propõem um debate com filósofos como Habermas para dar ênfase ao potencial de crítica dos cidadãos e sua contribuição para o regime democrático, bem como da importância do processo educativo em si para o regime. Dessa forma, a opinião pública e sobretudo o seu processo de construção, passam a ser considerados importantes para a análise e definição de regimes políticos:

> A fonte da legitimidade política não pode ser, conforme Habermas, a vontade dos cidadãos individuais, mas o resultado do processo comunicativo de *formação da opinião e da vontade coletiva*. É esse o processo que, operado dentro da esfera pública, estabelece a mediação entre o mundo da vida e o sistema político, permitindo que os impulsos provindos do mundo da vida cheguem até as instâncias de tomada de decisão instituídas pela ordem democrática (AVRITZER & COSTA, 2004, p. 708-709).

Assim, diferente do proposto pela teoria mínima da democracia, a proposta sociológica valoriza o processo de formação de opinião pública. A opinião pública seria a fonte de legitimidade do regime e não apenas os resultados das urnas. Dessa forma, tal perspectiva aponta a possibilidade de aproximação da ciência política com a filosofia ao voltar a incluir o tema da opinião pública no debate. Para tanto, faz-se necessário refletir acerca das contradições que fazem parte dessa relação entre democracia e opinião pública.

3 Opinião pública, contradição e democracia

O tema da democracia e da opinião pública permite colocar vários problemas: Como definir/redefinir e/ou formar/transformar a esfera pública numa esfera mais democrática? Qual é o papel das mídias na realização da democracia mediatizada pelo poder do discurso e/ou dos discursos da liberdade de imprensa e do pluralismo institucionalizado? Ou seja, quais as condições para um projeto democrático viável através das práticas e teorias da democracia, como liberdade de informação/cidadania, responsabilidade democrática, poder político e ideologia, democracia local e global, guerras,

invasões e políticas internacionais, sobretudo na perspectiva comparada entre países democráticos, não democráticos e em vias de democratização?

Essas questões e desafios encontram muitas respostas em exemplos de modos de formar e transformar a esfera pública e sobre o papel das mídias na democratização do poder político, da ideologia e dos mecanismos de representação e participação na esfera pública. Há experiências micro e macro da relação entre mídias, democracia e opinião pública, com destaque para o papel das mídias nas eleições e nos processos judiciais em vários países.

Considerando os problemas acima levantados, propomos um conceito básico de opinião pública que servirá como hipótese de pesquisa. Hegel na *Filosofia do Direito* afirma o seguinte:

> A liberdade subjetiva, formal, de que os [indivíduos] singulares como tais tenham e externem seu julgar, opinar e aconselhar *próprios* sobre os assuntos universais tem seu fenômeno no conjunto que se chama *opinião pública*. O universal em si e para si, o *substancial* e o *verdadeiro*, está nisso ligado a seu contrário, ao *próprio* e *particular do opinar* para si dos muitos; por isso essa existência é a contradição presente de si mesma, o conhecer enquanto *fenômeno*; a essencialidade tão imediata como a inessencialidade (HEGEL, 2010, § 316).

Esse parágrafo explicita o que é a opinião pública para Hegel. Trata-se de um silogismo composto de três momentos: a) *Singularidade*: O fenômeno da opinião pública engloba o conjunto dos indivíduos que tem a liberdade subjetiva de externar seu julgar, opinar e aconselhar a partir de sua singularidade a respeito de assuntos universais. b) *Universalidade*: O universal é a verdade, porém, ela aparece misturada com a c) *Particularidade* que opina sobre muitas coisas. A universalidade enquanto verdade está unida ao seu oposto, isto é, à falsidade. Então, o silogismo da opinião pública, com essa figura S-U-P explicita o ser aí da subjetividade do conceito. O significado objetivo deste silogismo é que o universal se constitui no meio termo dos extremos, ou seja, da singularidade e da particularidade. O silogismo do ser aí é chamado de qualitativo, pois ele atribui apenas uma qualidade sobre um fenômeno. Por isso, ele não consegue realizar o seu significado objetivo, uma vez que se restringe a opinar sobre uma qualidade externa e contingente. Ou seja, o silogismo do ser aí ou qualitativo carece de objetividade, porque lhe falta o significado objetivo uma vez que fica restrito a um opinar ainda subjetivo formal, sem conteúdo concreto. Então, o silogismo S-U-P entra em contradição consigo mesmo e exige uma nova figura silogística que é o silogismo da reflexão. Isto significa que o silogismo do ser aí da opinião é a contradição entre o formal e o concreto, o subjetivo e o objetivo, o essencial e o inessencial. Ao falar do par essencial e inessencial, Hegel introduz o começo da lógica da essência, ou seja, a lógica da reflexão. Aqui, o silogismo da reflexão implica uma dialética reflexiva dos termos do silogismo. As relações de reflexão implicam uma mediação dos termos que na esfera do ser aí eram ainda externas e imediatas. Agora, temos uma relação mais concreta e objetiva. Por isso, o conceito esboçado acima implica a articulação dos dois silogismos: do ser aí e da reflexão (cf. ORSINI, 2016, p. 26ss., 53ss.). Então, a opinião pública (daqui para frente OP) é um silogismo do ser aí, pois o indivíduo afirma as suas opiniões na imediatidade singular de seu opinar, julgando a realidade segundo o universal e o verdadeiro, porém, filtrado segundo os seus interesses particulares. Há neste silogismo uma falta de objetividade, por isso, dá-se a contradição entre o essencial e o inessencial, ou seja, a mediação reflexiva que conduz ao silogizar da opinião. Portanto, nosso conceito de OP articula dois silogismos: o ser aí e a reflexão que explicitam a contradição do ato de opinar. A partir deste conceito, apresentamos a fenomenologia da opinião, isto é, a luta das autoconsciências pelo reconhecimento da sua opinião, depois, a lógica da contradição como elemento constitutivo da OP e, por último a política enquanto mediação organizacional da OP.

3.1 Fenomenologia da opinião pública

O conceito de esfera pública constitui-se, historicamente, ao mesmo tempo em que se institui o conceito de opinião pública. Ambos têm como base o conceito de publicidade. Kant afirma que a razão pública é o conceito que expressa o ingresso da Modernidade na maioridade, ou seja, trata-se de uma razão que rompe com o princípio do segredo das monarquias despóticas. As mídias nacionais são um meio importante para a constituição da esfera pública e a consolidação do conceito de publicidade. Porém, um novo cenário desenha-se com o fenômeno da globalização que implica a elaboração de um novo conceito de publicidade internacional, o qual nos permite colocar as seguintes questões: Articula-se, com isso, uma opinião pública internacionalizada? Qual é o seu público-alvo? Quais são as suas diferentes expressões? Em que medida os governos nacionais são condicionados por ela, na condução de seus programas e de suas decisões políticas? Qual é o grau de influência da opinião pública internacional sobre as agendas e as políticas internacionais? Sob o ponto de vista teórico, o conceito de esfera pública tal como foi elaborado por Habermas, em *Mudança estrutural da esfera pública* ([1962], 1984), num quadro de referência nacional, precisa ser validada e atualizada num cenário de fóruns e eventos estatais e alternativos internacionalizados?

Os públicos em nível nacional e regional informam-se, debatem e propõem diferentes opiniões e decisões sobre temas mundiais, a partir de fóruns e organizações alternativos, tornando explícita uma contradição na opinião pública cada vez mais complexa e plural. A informação e a formação da opinião pública internacional são produzidas, em grande parte, pelas mídias privadas e públicas e pelo que alguns denominam de empresários da opinião e as redes sociais. Os grandes temas e agendas internacionais não surgem por acaso, mas são formatados e determinados a partir de interesses de grupos e de atores privados e públicos. Ora, a opinião pública é um fato contraditório, pois expressa os diferentes interesses dos grupos e das organizações culturais, econômicas e políticas regionais e a pressão sobre os governos nacionais.

Enfim, constata-se a instituição de uma nova esfera pública internacional, veiculada pelas mídias e influenciada pela opinião pública. Resta saber se essa esfera pública internacional valida e estimula a expansão das democracias locais ou nacionais; se ela contribui na solução da crise ecológica e na garantia da sustentabilidade da ecosfera e da biosfera; se ela favorece na constituição de mais justiça nas relações humanas etc.

Há uma luta das autoconsciências pelo reconhecimento da sua opinião que tem na clássica figura do senhor-servo da *Fenomenologia do espírito* de Hegel, os momentos do desdobramento de autoafirmação das pessoas e organizações que reivindicam o reconhecimento de suas vontades, desejos e interesses expressos nas opiniões. Essa figura da luta das autoconsciências é assimétrica, pois o senhor quer impor a sua opinião, enquanto o servo resiste defendendo outra opinião. A luta alcança um ponto de tensão máxima que precisa da explicitação das contradições através das mediações da esfera pública. Porém, para alcançar esse nível de mediação há uma dialética da experiência da consciência de opinar em três momentos: a consciência sensível, a consciência perceptiva e a consciência em contradição.

a) *Opinião singular*: Hegel afirma acima: "Por isso essa existência é a contradição presente de si mesma, o conhecer enquanto *fenômeno*", isto é, o processo do conhecimento do opinar é um fenômeno que se dá como contradição da opinião de muitos. Hegel em sua *Fenomenologia* descreve a função da contradição na experiência de alcançar a verdade que se dá através das figuras da certeza sensível, da percepção e do entendimento dualista (GABOARDI, 2008).

A opinião singular expressa uma singularidade: "Este partido de direita". Porém, ela se depara com outros partidos: "Este partido de esquerda"; "Este partido de extrema direita" etc. Então, a consciência da opinião singular defronta-se com muitas opiniões singulares, uma diferente da outra e opostas a outras. Então, a opinião singular não é a base da verdade, pois nós temos uma fragmentação de opiniões que sempre podem ser ditas. Porém, a experiência da consciência ao fazer aquelas afirmações afirma a verdade que está na representação política de um "partido", isto é, na universalidade de um partido político. Então, a verdade da experiência está no conjunto dos singulares dos partidos que estão embasados na universalidade da representação do partido. Nesse momento a consciência passa da opinião singular para a experiência da opinião perceptiva.

b) *Opinião perceptiva*: Agora a opinião perceptiva é capaz de perceber o conjunto dos singulares num universal. A opinião perceptiva afirma: "Estes partidos representam os diferentes interesses singulares do povo". Ou seja, o partido é a universalidade que inclui os diferentes interesses. Os diferentes partidos têm interesses opostos. Por isso, os partidos são um pluralismo de interesses entre si opostos, ou seja, os partidos são, ao mesmo tempo, unos e múltiplos. O conhecimento da opinião percebe esta contradição imediata de uma realidade em que há muitos interesses particulares representados por universalidades em oposição, os quais são os partidos. Este é o novo momento da experiência da consciência da opinião: o entendimento ou a consciência dualista.

c) *Opinião em contradição*: O conhecimento da opinião singular tem diante de si o imediato dos interesses particulares, unidos pela universalidade dos partidos. O problema é a verdade da opinião, ou seja, o universal é uma unidade indiferente de multiplicidade de diferentes interesses particulares. Trata-se de um problema epistemológico, ou seja, como apreender a verdade da opinião, e ontológico, isto é, a realidade corresponde ao opinar da consciência? A verdade é que a realidade é, ao mesmo tempo, una e múltipla. A tensão da contradição dá-se entre a realidade do partido em sua identidade universal e as múltiplas diferenças de interesses particulares inerentes nele. O movimento entre a unidade e a diferença é um jogo de forças de oposição dual entre o universal (unidade) e o particular (diferença). O jogo de oposição entre as duas forças explicita o jogo do fenômeno da opinião pública: é a contradição nela mesma. Vejamos, agora, qual é a lógica imanente neste fenômeno.

3.2 Lógica da opinião pública

O fenômeno da OP tem na internet e nas redes sociais a expressão imediata da luta por reconhecimento na sociedade global corporativa. A rede de opiniões aparece sob uma lógica da contradição que se desdobra em esferas de reflexão como (1) identidade/diferença e diversidade, (2) oposição e contradição.

a) *Reflexividade da opinião diversa*: Hegel descreve uma rede complexa de categorias para explicitar o movimento lógico da essência em sua reflexividade nos momentos da identidade/diferença/diversidade (HEGEL, 2016). O que nos interessa é considerar os aspectos desta reflexividade que podem ser relacionados a reflexividade da opinião pública como contradição. A essência começa sua reflexividade como identidade igual a si mesma, ou seja, a igualdade consigo significa que ela é autossuficiente na sua autorrelacionalidade em movimento de identificação reflexiva. Porém, dentro deste movimento da reflexividade da identidade emerge a diferença, na medida em que a identidade se diferencia de si mesma pela reflexão. Assim, a identidade e a diferença são momentos do todo da essência em reflexão. Esses dois momentos comportam-se exteriores uns aos outros, assumindo uma lógica da reflexão exterior, isto é, ela relaciona esses momentos como igualdade externa e desigualdade externa num mesmo substrato que é o objeto diverso. Assim, a reflexão exterior é um ato de comparar que relaciona o diverso com a igualdade e a desigualdade, isto é, a partir de um terceiro externo aos momentos do objeto. A diversidade é a diferença externa refletida dentro de si mesma, que resulta no subsistir indiferente do diverso no ser posto, como uma relação dos momentos da igualdade e desigualdade. Então, eles são, ao mesmo tempo, igual e desigual, "a igualdade e a desigualdade, são diversos dentro de um e do mesmo, ou seja, de que a diferença que se rompe é, ao mesmo tempo, uma e a mesma relação" (p. 69), aparecendo assim a reflexão de oposição.

b) *Reflexividade da opinião em contradição*: Hegel introduz os termos positivo e negativo para descrever a oposição lógica. Quando o positivo tem dentro de si o negativo e vice-versa, então temos uma relação de oposição imanente à essência. Essa reflexividade contrapõe o positivo e o negativo num mesmo campo lógico, tensionando uma oposição crescente até em que os polos afirmam-se autossubsistentes. Aqui, ocorre uma exclusão e inclusão simultâneas entre os polos opostos, ou seja, o positivo exclui e inclui o negativo e vice-versa. Então, temos num mesmo campo a contradição lógica e ontológica: "Todas as coisas são em si mesmas contraditórias" (HEGEL, 2017, p. 87). Pode-se descrever a contradição como uma relação vertical e horizontal, ou seja, a reflexão vertical exclui o campo oposto (autoexclusão da sua negação), depois, a reflexão horizontal inclui o campo negativo (autorrelacionalidade da sua negação), isso tem por resultado que essa determinação não tem subsistência, de modo que ela é dissolvida e impulsionada para além de si, isto é, ela está em movimento.

Então, a reflexividade lógica supera sua contradição, porém, a reflexividade continua, permanentemente, em uma outra unidade dialética em con-

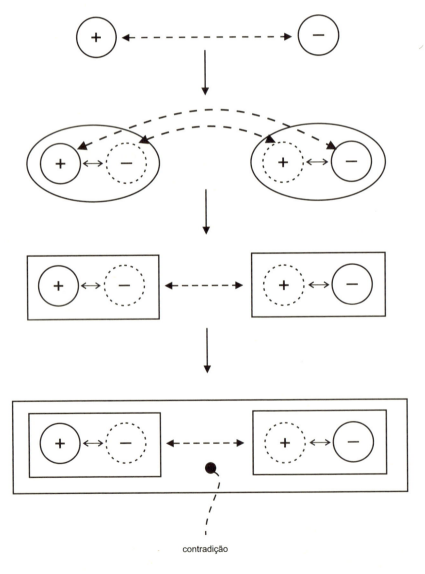

contradição

tradição. A contradição constitui-se, desse modo, o fundamento do movimento lógico e ontológico (cf. IBER, 2018). Pode-se representar o desenvolvimento da oposição e contradição conforme este gráfico (COSTA, 2018, p. 10).

Após esta reconstrução da lógica da contradição pode-se relacioná-la com a lógica da contradição da OP através de dois momentos: Primeiro, a reflexividade da diversidade explicita a opinião externa que compara um fato em termos de igualdade/desigualdade afirmando apenas identidades e diferenças que são iguais ou desiguais. Até que esta reflexividade torna essa diversidade oposta em seu interior. Então, temos o segundo momento, que é a oposição das opiniões como afirmações positivas e negativas dentro de um campo fático em que a reflexividade exclui e inclui, ao mesmo tempo, os polos opostos de opiniões. Então, a reflexividade imanente em cada um dos polos de opiniões "positivas-negativas" e "negativas-positivas" tornam-se autossubsistentes excluindo-se e incluindo-se, mutuamente, dissolvendo-se e criando uma anulação das contradições opostas e constituindo-se em um novo movimento do real. Esta lógica da opinião será explicitada na relação com a política da OP.

3.3 Política da opinião pública

Constata-se em nível político a constituição de uma esfera de opinião pública internacional influenciada pelo fenômeno da globalização e mediada pelas redes sociais. Dois problemas são identificados neste cenário: as *Fake News* (FN) e a pós-verdade. As FN são o fenômeno que consiste em difundir intencionalmente notícias falsas através das mídias sociais, internet e através de jornal impresso, televisão e rádio. A intenção é enganar a opinião pública com o interesse de obter lucros financeiros ou políticos. O conteúdo falso é fabricado para aumentar o número de leitores ou influenciar a opinião para alcançar diferentes objetivos. Por exemplo, para obter receitas de publicidade através de anúncios online ou promover um candidato ou a polarização política. As FN são informações que não representam a realidade, mas a "pós-verdade". Esse neologismo foi criado para expressar o fenômeno relacionado às FN, isto é, as falsas informações são consideradas verdades não pelo seu conteúdo, mas pela quantidade de pessoas que acessam tal notícia e acreditam que seja verdadeira. A verdade é uma relação entre o sujeito e o objeto em que os indivíduos inseridos em contextos particulares são habilitados a identificar uma universalidade objetiva que justifique suas opiniões. Porém, no caso das FN e a pós-verdade a relação entre o sujeito e os fatos objetivos não são mediados pelas estruturas lógicas e ontológicas universais, mas pela opinião singular desvinculada da relação com particularidades em contradição e a universalidade verdadeira.

O cenário das FN e da pós-verdade, segundo nosso entendimento, reforçam a necessidade da defesa da liberdade da opinião pública e da liberdade de imprensa. Em que medida o conceito da contradição da opinião pública de G.W.F. Hegel contribui para compreender a nova esfera pública? A luta por liberdade de imprensa, descrita por J.S. Mill, no contexto do liberalismo do século XIX, pode ser útil na análise do problema das mídias, da democracia e da opinião pública no quadro das lutas democráticas do século XXI?

A Modernidade instituiu a publicidade como um conceito para o avanço na proteção do direito à liberdade de imprensa e de opinião: "Todo ser humano tem direito à liberdade de opinião e expressão; este direito inclui a liberdade de, sem interferências, ter opiniões e de procurar, receber e transmitir informações e ideias por quaisquer meios, independentemente de fronteiras" (*Direitos Humanos*, art.

19)[6]. Esse conceito constituiu-se, simultaneamente, ao da formação da esfera pública. Há uma mútua imbricação entre publicidade e esfera pública, liberdade de imprensa e opinião pública[7].

a) Publicidade e contradição

Em nível filosófico, Kant teoriza a publicidade como um estágio de maioridade, como uma emancipação da humanidade. É Hegel, no entanto, que tornará explícita a teoria da opinião pública ao tematizar a contradição como sendo seu movimento imanente. A opinião pública é um fenômeno da contradição das opiniões em todos os níveis da sociedade. O diagnóstico hegeliano sobre o fato da opinião pública embasa-se na constatação (I) da emergência da esfera pública, que se manifesta sobretudo na dimensão política através dos debates parlamentares. Aqui, os cidadãos podem expressar suas opiniões num espaço de liberdade. (II) Essa liberdade amplia-se através das opiniões publicadas através das mídias, que no caso do contexto do século XIX dá-se, sobretudo, através dos jornais. (III) Há perspectivas diferentes de opiniões observadas por Hegel, por exemplo, a opinião política e a científica. Face ao pluralismo de opiniões, coloca-se o problema da responsabilidade moral e jurídica quanto ao direito da liberdade de imprensa. Em suma, eis o cenário, *grosso modo*, em que o filósofo faz o seu diagnóstico.

Esse diagnóstico, em nível filosófico, é analisado sob o ponto de vista lógico a partir da contradição como apresentamos acima. Há um movimento entre forças de qualquer realidade que entram em oposição. As forças não se excluem na oposição, antes elas entram num processo de interação ou relação mútua. Nesse movimento de oposição, crescem as possibilidades de oposições plurais, fazendo emergir um estado de contradição. Assim, alcança-se uma nova realidade de opiniões opostas, ou seja, gera-se um novo conceito, isto é, a efetividade da força da contradição. Essa força supera as oposições e mantém a tensão dialeticamente aberta para novas contradições, ou seja, para novos conceitos e novos cenários da realidade.

A partir da contradição, entende-se a opinião pública como um fenômeno em que as opiniões se opõem num intenso e diversificado processo de interação. Isso é visto como algo muito importante para o processo político e científico, pois faz emergir a contradição, ou seja, um novo conceito do político e da ciência, que Hegel chama de efetividade. A opinião efetivada é aquela que passou de seu estágio imediato para a mediação das oposições pessoais, grupais, institucionais e alcançou uma ideia que une dialeticamente a realidade e o conceito. A esfera pública através das mídias permite a expressão da oposição das opiniões, sob as formas mais variadas, como os pré-juízos imediatos do senso comum, os sensos artísticos, as doutrinas religiosas, as hipóteses científicas, as teorias filosóficas etc. Nessa dialética de perspectivas das opiniões emerge um cenário plural e complexo de relações e tensões entre grupos de interesses, órgãos de poder privado e público, que se chama a contradição da opinião pública. Aqui, nascem novas efetividades, ou seja, novas ideias econômicas, sociais, políticas, científicas etc.; novos conceitos artísticos, religiosos e filosóficos.

A contradição hegeliana oferece-nos um diagnóstico e uma compreensão da opinião pública relevante para compreender tanto o seu tempo como o quadro complexo da sociedade contemporânea. Mas, como a opinião pública é tratada,

---

6. United Nations Human Rigths [Disponível em http://www.ohchr.org/EN/Pages/WelcomePage.aspx].

7. Daqui em diante reproduzimos com algumas modificações e atualizações o texto já publicado em Projetos de Filosofia II de Agemir Bavaresco, Caetano Sordi e Paulo R. Konzen: *Mídias, democracia e opinião pública*: diagnósticos, teorias e análises, 2012, p. 30-38.

posteriormente, por J.S. Mill? Qual é o seu diagnóstico e horizonte interpretativo para analisar a opinião pública?

b) Utilidade e verdade

O horizonte utilitarista está presente na filosofia política de J.S. Mill e, por isso, em sua defesa irredutível da liberdade de expressão. Ele agrega os parâmetros utilitaristas (utilidade, escala de benefícios, consequencialismo e imparcialidade) uma vez que, na concepção deste filósofo, uma sociedade onde vigora a liberdade de expressão traz consequências mais positivas para seus membros do que aquelas em que a liberdade é cerceada; e o livre-opinar é um regime mais adequado do que a censura frente à flagrante parcialidade das opiniões particulares.

Mill apresenta sua teoria da liberdade de expressão em seu livro *Sobre a liberdade* (1991). A liberdade de expressão e opinião faculta aos sujeitos entrarem em contato com as mais diversas apreensões do objeto em disputa. É melhor que a liberdade de opinião e expressão seja mantida e salvaguardada porque, de acordo com Mill, ainda que cada indivíduo possa ter uma visão reduzida e particular do todo, e ainda que o "público" seja formado, em sua maior parte, pela opinião de indivíduos tolos, é como um dever que se impõe aos estados e aos sujeitos procurar formar "as opiniões mais verdadeiras que puderem", o que só acontece quando as opiniões pessoais são confrontadas umas contra as outras. Isto é, Mill não pode ser acusado de relativismo, pois o fato de que se deva assegurar às diversas versões da realidade o mesmo direito de serem expressas não implica afirmar que sejam todas verdadeiras. Ao contrário, quando usa termos como "indivíduos tolos" e "épocas menos ilustradas", Mill admite a existência da verdade ou de pelo menos algum critério de veracidade.

O problema que se lhe impõe são as condições de acesso público à verdade, na medida em que ela apenas pode ser trazida à tona depois do embate de opiniões. Para Mill, este embate traz consequências positivas à própria verdade.

Cercear qualquer tipo de opinião, independentemente do seu valor de veracidade, acaba sendo um desserviço à própria verdade, já que "se a opinião estiver correta, [os sujeitos] estão privados de trocar seu erro pela verdade; se estiver errada, eles perdem [...] a percepção vívida e clara que a verdade produz quando é contrastada com o erro" (MILL, 1991, p. 21).

c) Publicidade, contradição e utilidade

Kant inaugura, como vimos, as discussões a respeito da opinião pública através da publicidade. A publicidade é um conceito político que cria na filosofia política a ideia de esfera pública como estrutura de garantia dos direitos individuais. O direito de expressar a própria opinião tem na publicidade sua legitimação.

Hegel introduz o conceito da contradição. Ele analisa o fato da opinião pública e a compreende como uma contradição, ou seja, o direito que o cidadão tem de dizer sua opinião livremente permite que se manifestem opiniões opostas. Essa é a lógica da opinião, dizer o que se pensa de forma imediata extravasando a contradição dos pré-juízos, das preferências, dos interesses etc., articulada pela mediação das instituições sociopolíticas.

Mill, por fim, destaca que também existe o conceito da utilidade, guiando a defesa e a manutenção da opinião pública livre, pois, como vimos, ela traz benefícios para as coletividades onde é aplicada. Uma sociedade democrática permite que os seus cidadãos satisfaçam seu desejo de formar as melhores opiniões possíveis e conforme o cenário mais adequado à consideração imparcial de todas as opiniões, sem privilégios arbitrários para uma em especial. Pode-se afirmar que Mill aplicou o conceito moral da utilidade à opinião pública. Há felicidade em dizer a própria opinião. Mais que isso, há um prazer em expressar o que se pensa. O indivíduo busca um benefício ou um interesse em querer influenciar o outro com a sua opinião. É útil ao indivíduo garantir o prazer moral de ter sua opinião reconhecida pelo público. O jogo das opiniões reconhece a utilidade de todos dizerem a sua opinião. Porém, a justificação das várias opiniões dá-se pela imparcialidade, ou seja, a opinião precisa ser útil para o maior número de indivíduos e não apenas satisfazer a parcialidade de algumas opiniões.

Temos, assim, a publicidade, a contradição e a utilidade como três componentes da opinião pública. Pensamos que eles são muito consistentes para poder compreender o fato da opinião pública. A publicidade da política, a lógica da contradição e a moral utilitarista são conceitos constitutivos da opinião pública. Eles permitem entender os novos cenários da esfera pública construída ou influenciada pelas novas mídias e ampliada nacional e internacionalmente. Assim, a rede emaranhada das opiniões segue uma lógica da contradição, no embate utilitário dos interesses nacionais e internacionais, legitimando-se pela força da publicidade, ou seja, de esferas públicas em jogo democrático emancipatório.

Frente a esta tese do papel emancipatório da opinião pública, o pesquisador Iber (2018, opinião e-mail), opina que ela continua a manter o mesmo papel legitimador de dominação política. A rede social é, em primeiro lugar, a nova pátria do indivíduo burguês, ou seja, é uma ilusão pensar que as redes sociais sejam por si mesmas uma alternativa emancipadora em relação à mídia estabelecida. Antes, elas são uma determinação progressiva da opinião pública tradicional: "vinho novo em odres velhos". Contra a tese de que a internet e as redes sociais seriam o meio da comunicação ilimitado dos cidadãos uns para com os outros; e que as informações e as divulgações sobre medidas políticas forçariam os governos a transparência total, empurrando-os para a democracia verdadeira, ele contra-argumenta de que a dominação política não pode ser eliminada, apenas, através de informações. Publicidade sobre medidas políticas não substituem a necessidade da avaliação crítica da dominação política e do engajamento prático contra ela. Atrás de monitores não se faz revolução. Em segundo lugar, conclui Iber, todo o canal de comunicação quer seja público ou privado – ainda que eles sejam completamente autônomos – servem apenas para comunicar o que se quer e como se quer as próprias opiniões e interesses.

Considerações finais

As contradições da democracia representativa mostram, de um lado, a crescente "colonização" do mundo-da-vida, como afirma Habermas, através da dominação capitalista, impedindo a integração social e a participação ativa na esfera pública. Ou seja, o próprio modelo de democracia neoliberal é posto em questão. De outro lado, explicitamos as "ondas democráticas" e as teorias da democracia, segundo a Ciência Política, mostrando a contradição entre a concepção dos filósofos políticos que incluem a participação dos cidadãos e o processo de formação de opinião pública na análise de regimes políticos, em oposição a concepção de teóricos que defendem a apatia política e a participação limitada da representação política, consideradas positivas para a estabilidade do regime. Enfim, a explicitação da opinião pública compreendida como o fenômeno da contradição oferece-nos um potencial de análise da democracia como a subjetivação da permanente capacidade e os limites de opinar dos cidadãos.

Referências

ARISTÓTELES. *Política* [Edição bilíngue]. Trad. de António Campelo Amaral e Carlos de Carvalho Gomes. Lisboa: Vega, 1998.

ARTAZA, M. La ciencia política, la historia y las instituciones. In: *Revista Interdisciplinar de Estudios Histórico-Jurídicos*, n. 18, 2015, p. 45-74.

AUDARD, C. *Cidadania e democracia deliberativa*. Trad. de Walter Valdevino. Porto Alegre: Edipucrs, 2006.

AVRITZER, L. & COSTA, S. Teoria crítica, democracia e esfera pública: concepções e usos na América Latina. In: *Dados* – Revista de Ciências Sociais, vol. 47, n. 4, 2004, p. 703-728. Rio de Janeiro.

BADIE, B. & HERMET, G. *Política comparada*. México: Fondo de Cultura Económica, 1993.

BAVARESCO, A.; SORDI, C. & KONZEN, P.R. Mídias, democracia e opinião pública: diagnósticos, teorias e análises. In: BAVARESCO, A.; VILLANOVA, M.G.V. & RODRIGUES, T.V. *Projetos de Filosofia II*. Porto Alegre: PUCRS, 2012, p. 8-39.

COHEN, J. & ARATO, A. *Civil Society and Political Theory*. Cambridge, MA: MIT Press, 1992.

CONSTANT, B. *A liberdade dos antigos comparada à dos modernos*. Trad. de Emerson Garcia. São Paulo: Atlas, 2015.

COSTA, A.C.R. *Apresentação em seminário sobre "Doutrina da essência: o problema do fundamento"* [ago./2018]. Porto Alegre: PUCRS, 21 p.

DAHL, R. *A democracia e seus críticos*. Trad. de Patrícia Ribeiro. São Paulo: Martins Fontes, 2012.

_____. *A poliarquia*. São Paulo: USP, 1997.

_____. *Um prefácio à democracia econômica*. Trad. de Ruy Jungmann. Rio de Janeiro: Zahar, 1990.

DUVERGER, M. Introdução. In: *Ciência política*: teoria e método. 2. ed. Rio de Janeiro: Zahar, 1976.

ESPOSITO, R. *Bios*: biopolítica e filosofia. Trad. de M. Freitas da Costa. Lisboa: Ed. 70, 2010.

FARR, J. The History of Political Science. In: *American Journal of Political Science,* 32/04, 1988, p. 1.175-1.195.

FORST, R. *Contextos da justiça* – Filosofia política para além de liberalismo e comunitarismo. Trad. de Denilson Luís Werle. São Paulo: Boitempo, 2010.

GABOARDI, E.A. O papel da contradição na experiência de determinação da verdade na certeza sensível e na percepção da *Fenomenologia de espírito* de Hegel. In: *Contradictio*, vol. I, n. 1, 2008. Curitiba.

GUTMANN, A. & THOMPSON, D. *Why Deliberative Democracy?* Princeton, NJ: Princeton University Press, 2004.

HABERMAS, J. *Na esteira da tecnocracia*: pequenos escritos políticos XII. Trad. de Luiz Repa. São Paulo: Unesp, 2014.

_____. *Teoria do agir comunicativo1*: Racionalização da ação e racionalização social. Trad. de Paulo A. Soethe. Revisão de Flávio Beno Siebeneichler. São Paulo: WMF Martins Fontes, 2012.

_____. *Mudança estrutural da esfera pública* – Investigações quanto a uma categoria da sociedade burguesa. Trad. de Flávio Kothe. Rio de Janeiro: Tempo Brasileiro, 2003.

_____. *A inclusão do Outro*: estudos de teoria política. Trad. de George Sperber e Paulo Soethe. São Paulo: Loyola, 2002a.

_____. *Agir comunicativo e razão destranscendentalizada*. Trad. de Lucia Aragão. Rio de Janeiro: Tempo Brasileiro, 2002b.

_____. *Direito de democracia*: entre facticidade e validade. Vol. 2. Trad. de Flávio Siebeneichler. Rio de Janeiro: Tempo Brasileiro, 1997.

HEGEL, G.W.F. *A doutrina da essência*. Trad. de Christina G. Iber e Federico Orsini. Petrópolis: Vozes, 2017.

_____. *Linhas fundamentais da filosofia do direito, ou direito natural e ciência do Estado em compêndio*. Trad. de Paulo Meneses et al. São Leopoldo: Unisinos, 2010.

HOBBES, T. *Leviatã ou matéria, forma e poder de uma república eclesiástica e civil*. Trad. de João Paulo Monteiro, Maria Beatriz Nizza da Silva e Claudia Berliner. São Paulo: Martins Fontes, 2003.

HONNETH, A. *O direito da liberdade*. Trad. de Saulo Krieger. São Paulo: Martins Fontes, 2015.

HUNTINGTON, S. *A Terceira Onda* – Democratização no final do século XX. São Paulo: Ática, 1994.

IBER, C. *A proposição da contradição na* Doutrina da Essência *de Hegel* [Material impresso usado em Seminário sobre "A contradição lógica da essência de Hegel"]. Porto Alegre: PPG Filosofia, 2018, 14 p.

JAEGER, W.W. *Paideia:* a formação do homem grego. Trad. de Artur Parreira. 3. ed. São Paulo: Martins Fontes, 1994.

KANT, I. *O conflito das faculdades.* Trad. de Artur Morão. Lisboa: Ed. 70, 1993.

_____. *Fundamentação da metafísica dos costumes.* Trad. de Paulo Quintela. São Paulo: Abril, 1974.

MACPHERSON, C.B. *The Real World of Democracy.* Oxford: Oxford University Press, 1966.

MARQUES, T.C.S. Transições políticas na América Latina em perspectiva comparada. In: *Pensamento Plural,* vol. 06, 2010, p. 57-69. Ufpel.

MARSHALL, T.H. *Cidadania, classe social e status.* Rio de Janeiro: Zahar, 1967.

MILL, J.S. *Sobre a liberdade.* Trad. e prefácio de Alberto da Rocha Barros; Apresentação de Celso Lafer. 2. ed. Petrópolis: Vozes, 1991.

MOUFFE, C. *The Democratic Paradox.* Nova York: Verso, 2000.

NOZICK, R *Anarchy, State, and Utopia.* Oxford/Cambridge: Blackwell, 1974.

O'DONNELL, G. *Democracia, agência e Estado*: teoria com intenção comparativa. São Paulo: Paz e Terra, 2011.

OFFE, C. A Democracia partidária competitiva e o Welfare State Keynesiano: fatores de estabilidade e desorganização. In: *Problemas estruturais do Estado capitalista.* Rio de Janeiro: Tempo Brasileiro, 1984, p. 363-364.

ORSINI, F. *A teoria hegeliana do silogismo*: tradução e comentário. Porto Alegre: Fi, 2016.

PATEMAN, C. *Participação e teoria democrática.* Rio de Janeiro: Paz e Terra, 1992.

PETRUCCIANI, S. *Modelos de filosofia política.* Trad. de José Vidigal. São Paulo: Paulus, 2014.

PETTIT, P. Democracia e contestabilidade. In: MERLE, J.-C. & MOREIRA, L. (orgs.). *Direito e legitimidade.* São Paulo: Landy, 2003, p. 370-384.

RANCIÈRE, J. *Ódio à democracia.* Trad. de Marina Echalar. São Paulo: Boitempo, 2014.

RAWLS, J. *O liberalismo político.* Trad. de Álvaro de Vita. São Paulo: Martins Fontes, 2011.

SANTOS, B.S. & AVRITZER, L. Introdução: para ampliar o cânone democrático. In: SANTOS, B.S. (org.). *Democratizar a democracia*: os caminhos da democracia participativa. 4. Ed. Rio de Janeiro: Civilização Brasileira, 2009.

SARTORI, G. *The Theory of democracy revisited.* Nova Jersey: Chatam House, 1987, 524 p.

SCHUMPETER, J.A. *Capitalismo, socialismo e democracia.* São Paulo: Unesp, 2017.

TILLY, C. *Democracy.* Cambridge: Cambridge University Press, 2007.

TOCQUEVILLE, A. *A democracia na América.* Trad. de Neil Ribeiro da Silva. Vol. 4. 3. ed. São Paulo: Edusp, 1987.

WHITE, S. *Razão, justiça e modernidade*: a obra recente de Jürgen Habermas. Trad. de Márcio Pugliesi. São Paulo: Ícone, 1995.

38
Planejamento de políticas públicas
"Planejamento e políticas públicas: parentesco, paralelismo ou contraposição?"

Lincoln Moraes de Souza
[In memoriam]

Visitando alguns dicionários de políticas públicas, ciência política e economia, mesmo sem a pretensão de contemplar um universo ou uma amostra representativa, resolvemos saber como eram tratados o planejamento, políticas públicas, planos, programas e projetos. De modo algum, procurávamos o nada ou exercitávamos um mero deleite ou hábito de consulta. Buscávamos saber como consideravam esses assuntos e podíamos apreender as possíveis explicações para os diferentes sentidos. Mas exatamente por serem dicionários, não deveriam ser criticados pelas limitações típicas destes tipos de publicações. O que não significa, é claro, que sejamos obrigados a concordar com os conteúdos que veiculam.

Evidentemente, já tínhamos ideia de algumas distinções e de uma certa confusão entre os termos. Há tempo atrás, por exemplo, Augusto (1989) sugeriu discutir o planejamento estatal, políticas públicas, política social ou política econômica. De acordo com a autora, foi a partir da década de 1970 que de modo frequente no discurso oficial e nos textos de ciências sociais a expressão *política pública* teria ocupado o mesmo espaço empírico que *planejamento estatal*. E ainda acrescenta que ambas as expressões seriam próximas, similares e intercambiáveis.

E mesmo que Augusto (1989) não desenvolva o que chamou de *campo empírico*, pensamos numa questão central: *o que explicaria a transformação da ênfase em planejamento e depois em políticas públicas?* De princípio e como uma espécie de hipótese geral ou diretriz de pesquisa, consideramos que isto estava *diretamente relacionado ao discurso sobre o papel do Estado.*

Mas queríamos entender mais sistemática e detalhadamente, o que encontraríamos explícita ou implicitamente. Se isto respingava, direta ou indiretamente, em questões atinentes às políticas econômicas e sociais. E, em termos mais amplos, como se ligavam às dimensões econômicas e social e à própria concepção de Estado.

Ao consultar os dicionários, portanto, vimo-nos diante de uma porta de entrada ou antessala para uma problemática relevante, seja pelo que estava mostrado, o subentendido ou mesmo o excluído. E tudo isto, achamos que poderia ser expresso por conceitos com sentidos distintos ou parentesco conceitual, para usar uma expressão de Poulantzas (1971). E para desenvolver a análise, incluímos outros conceitos que poderíamos chamar de correlatos com o planejamento e as políticas públicas, como plano, programa e projeto.

Centramos nossa análise nos países capitalistas centrais e não discutimos o planejamento e as políticas públicas nos chamados países dependentes ou subdesenvolvidos e nem no modelo soviético que alguns apontavam como planificação. Não detalhamos as técnicas e instrumentos de planejamento e nem tampouco os vários elementos das políticas públicas. Focalizamos os discursos e entendimentos dos temas apontados e não, propriamente, as atividades e cingimos nossa atenção para o planejamento e as políticas públicas ligadas ao Estado. Assim, adotamos como referência comparativa o Estado e giramos em torno dele as reflexões, tal como a iniciativa de Pereira (1978) sobre o planejamento. E para efeito analítico seguimos uma trajetória temporal que inicia com o planejamento e termina com as políticas públicas.

1 O que dizem alguns dicionários

Como veremos a seguir, separamos os dicionários de economia, de ciência política e políticas públicas e não por acaso ou coincidência. Na verdade, a economia tem sido vista de modo predominante e, equivocadamente, como algo à parte e ligada às (mal) denominadas ciências exatas e fora do âmbito das políticas públicas. E estas têm sido mais associadas no espaço acadêmico ao que é considerado o campo das ciências sociais (principalmente ciência política e sociologia). E embora outras disciplinas como a economia, a teoria das organizações e mais recentemente a antropologia tenham um peso considerável na conformação do campo das políticas públicas e no subcampo da avaliação, a ciência política é vista como uma espécie de disciplina abrangente.

Voltando nossa atenção para os dicionários do Quadro I (organizados na sequência temporal de publicação) sobre economia, fica claro que na compreensão predominante, ou pelo menos nos dicionários consultados e em vários outros autores, como

veremos depois, é o *planejamento* que recebe mais atenção. Ao mesmo tempo, é associado ao Estado no geral, sintetizado como planejamento *econômico* e o único que merece o verbete explícito. Além do mais, em alguns casos é contraposto à (mal) chamada livre-empresa, como se materializasse um empecilho ao lucro e ao capitalismo.

Quanto ao *plano*, embora não seja contemplado com verbete, é citado como importante na parte de planejamento, tratado como algo mais particular do que este e ligado às atividades diferenciadas como finanças e mercado de trabalho. No tocante a *programa* e *projeto*, também não merecem verbetes e quase não aparecem. Inclusive, todos os *planos* apontados em outros verbetes citados por Elliott (1969) são de 1947, 1950 e 1957; ou seja, a partir da Segunda Guerra.

As *políticas públicas*, por sua vez, em nenhum momento são explicitadas e, quando chega próximo a isto, o máximo que se fala é de política econômica, política cambial etc. Poderíamos, inclusive, pensar que isto decorreria exclusivamente do período da publicação, como a edição original de Gomes, de 1938, mas outros dicionários mais recentes seguem, no fundamental, o mesmo diapasão. É como se as políticas públicas não existissem e/ou a economia representasse uma dimensão, nível ou instância tão distante e superior que o tema não devesse ser objeto de preocupação. Como se a política econômica não pertencesse ao rol das políticas públicas e estas merecessem, no máximo, um espaço considerado secundário.

Quando nos voltamos para os dicionários de ciência política e políticas públicas no Quadro II (também organizados na sequência temporal), alguns aspectos chamam a atenção. O verbete *políticas públicas* é pouco discutido, se for levado em conta que os próprios dicionários de Boussaguet, Jacquot e Ravinet (2006) e de Giovanni e Nogueira (2015) são intitulados exatamente *Dicionários de Políticas Públicas*. Já o dicionário de Giovanni

38 Planejamento de políticas públicas — Seção IV

Quadro I – Dicionários de economia

Dicionário e temas	Políticas públicas	Planejamento	Plano	Programa	Projeto
Gomes (s/d)/1938	• Sem verbete explícito, mas introduz um verbete de política econômica	• Ligado mais à economia • Considerado mais restrito que planificação, como na URRS • Colidiria com a chamada livre-empresa • Submissão a um plano conjunto de atividades pelo setor público • Mais que um programa, pois suas linhas seriam mais rígidas	• Sem verbete, mas em planejamento é considerado mais específico do que o mesmo e organizador de atividades	• Sem verbete	• Sem verbete
Seldon e Pennance (1975/1965)	• Sem verbete	• Vinculado à economia • Organização dos fatores de produção, por parte de uma autoridade central • Substitui o lucro (considera-se que não existiria a livre-concorrência e que sem planejamento haveria monopólios) • Verbete de planejamento econômico (pode ser extenso ou pormenorizado, traz imposição sobre preços, custos etc. e engloba planos)	• Sem verbete e incluso nos verbetes de planejamento e planejamento econômico • Variam em extensão e minúcias, ligados à coordenação do governo e empresas na França • Planejamento soviético envolve diretivas e comandos dependentes do Estado	• Sem verbete	• Sem verbete, mas citado como atividades específicas na Grã-Bretanha para fins educacionais
Sandroni (2014/2005)	• Sem verbete, mas referidas em políticas, demográfica, econômica, fiscal, monetária, salarial etc.	• Controle de uma unidade central dos fatores de produção • Guia de ação governamental • Planejamento econômico inspirado na planificação dos países socialistas • Varia com a estrutura institucional, estágio de desenvolvimento e situação histórica de cada país • Seleciona-se metas prioritárias e um balanceamento dos recursos • Nos antigos países socialistas, o planejamento central era denominado de planificação e centralizado por um órgão	• Sem verbete, mas síntese de vários planos, como o Plano Astral, Plano Baker e outros • Referência a planos de produção na antiga União Soviética, como algo mais específico que a planificação	• Sem verbete	• Sem verbete

Fontes: Gomes (s/d), Seldon e Pennance (1975), Sandroni (2014).

Obs.: O número após a barra indica a primeira edição do dicionário. Assim, utilizamos a edição de 2014 de Sandroni, mas a primeira foi de 2005.

Quadro II – Dicionários de ciência política e políticas públicas

Dicionários e temas	Políticas públicas	Planejamento	Plano	Programa	Projeto
Eliott (1969/1957)	• Sem verbete	• Sem verbete	• Verbete específico do Plano Marshall e outros • Na economia e em acordos sobre armas nucleares • Envolvendo países e mais geral que programa	• Verbete intitulado de Programa de Recuperação Europeia • Situado na economia • Entre países • Incluído no plano	• Sem verbete
Roberts (1972/1971)	• Não tem verbete de políticas públicas • No verbete de planejamento refere-se a política social planejada e não planejada • No verbete intitulado *Política, Economia,* alude a estudo de política econômica	• Verbete falando que é um processo de uma organização vinculando objetivos à escolha de futuro, tempo, recursos etc. • No nível societal, pode ser planejamento econômico, planejamento assistencial etc. • Nos níveis organizacionais e abaixo do societal, planejamento de recursos, de força humana etc. • Associado a elaboração política • Sociedades socialistas são baseadas em planejamentos e planos amplos • Planejamento do desenvolvimento apontando para uma amplitude maior envolvendo os subsistemas econômico, político etc.	• Não tem verbete, mas é citado rapidamente em planejamento e como algo mais específico quando se refere, principalmente, às sociedades socialistas: planejamentos e planos amplos	• Sem verbete, mas incluído em outro de planejamento • Programação como materialização de objetivos financeiros do planejamento, situado no tempo e custo etc.	• Sem verbete
Boussaguet, Jacquot e Ravinet (2006)	• Verbete específico intitulado *Políticas públicas* (THOENIG, 2006) referindo-se a intervenções legítimas de autoridades públicas governamentais, que veiculam conteúdos ligados a efeitos e impactos, referência a segmentação dos públicos e inclui política de alimentação, fiscal e outras	• Sem verbete	• Sem verbete, mas associado no geral a políticas públicas e ações governamentais (THOENIG, 2006)	• Sem verbete e aludido rapidamente a políticas públicas e ações governamentais (THOENIG, 2006)	• Sem verbete

Giovanni e Nogueira (2015)	• Sem verbete específico, mas referidas em política assistencial (GUILHON, 2015), Política científica e tecnológica (SALLES-FILHO, 2015), política econômica (GIOVANNI & DEOS, 2015), política social, políticas agrícolas (BUAINAIN & SOUZA FILHO, 2015) etc.	• Com verbete específico indicando como uma articulação de meios e fins, materialização de ação racional weberiana, com início mais financeiro e metas e depois incorporação de eficiência, eficácia e efetividade e também adotado por empresas e governos (SANT'ANNA, 2015)	• Sem verbete, mas apontado em planejamento e com utilização a partir da década de 1950 (SANT'ANNA, 2015)	• Sem verbete e citado como unidade de gestão na parte de planejamento (SANT'ANNA, 2015)	• Sem verbete

Fontes: Eliott (1969), Roberts (1972), Boussaguet; Jacquot; Ravinet (2006), Thoenig (2006), Giovanni e Nogueira (2015), Guilhon (2015), Salles-Filho (2015), Giovanni e Deos (2015), Sant'Anna (2015).

Obs.: O número após a barra indica a primeira edição do dicionário. Assim, utilizamos a edição de 1969 de Eliott mas a primeira foi de 1957. Os dicionários e autores estão inclusos na primeira coluna, mas quando o verbete é escrito por outros o nome vem entre parênteses na respectiva coluna e linha. O dicionário de Boussaguet, Jacquot e Ravinet (2006), p. ex., inclui o verbete de autoria de Thoenig (2006) e que também está apontado nas referências.

e Nogueira (2015) associa diretamente a política pública à política social e não à política econômica, ou seja, esta última não estaria, propriamente, incluída neste espaço seleto do espaço público.

Sobre o *planejamento*, é pouco contemplado com verbete específico ou é mais relacionado, direta ou indiretamente, à economia. Ou uma materialização da chamada ação racional weberiana onde, como se sabe, residiria uma racionalização e sincronia entre meios e fins. Quanto ao *plano*, é também mais vinculado à economia e visto como mais geral do que o *programa*. Em relação a este, também é ligado a planejamento e economia e o *projeto* é apontado em conexão com o quadro lógico.

2 O que não dizem ou dizem pouco alguns dicionários sobre planejamento

Embora seja um truísmo lembrar que os temas que estamos discutindo devam ser situados no contexto histórico, é bom ressaltar e procurar entender os significados dos termos. O planejamento e as políticas públicas vão ser produzidos nos seus respectivos momentos da sociedade capitalista como um todo e do Estado correspondente. O planejamento a partir das preocupações depois da Primeira Guerra Mundial e as políticas públicas depois da década de 1960, como iremos comentar depois. E em consonância com o papel do Estado.

2.1 O planejamento e sua emergência como ação direcionada na economia

Em termos extremamente amplos, o planejamento pode ser associado inicialmente ao reconhecimento de que o ser humano faz a história e, muitas vezes, com conhecimento do que se quer e dos objetivos que se deseja. No início e num sentido geral, a ideia de planejamento está embutida na concepção que o ser humano tem a capacidade de fazer história de modo consciente. Em outras palavras, visando construir ou influenciar o futuro criando ou lançando mão de meios que conduzam ao resultado vislumbrado e desejado. A este respeito, o primeiro que vai chamar a atenção de maneira mais sistemática é Maquiavel (1996) no seu conhecido livro, *O príncipe*.

Outro grande momento, para não nos demorarmos nestas observações preliminares sobre o planejamento, enquanto ação ampla e dirigida, é produzido pelo marxismo ao considerar a prática direcionada como central para a construção de uma nova sociedade. Ainda podemos destacar a concepção weberiana no início do século XIX sobre a ação racional, no sentido de articular meios e fins. Mas, em nenhuma das duas concepções apontadas, a ação ficava restrita ao plano exclusivo do Estado. Até porque, como lembra Oliveira (2006), a preocupação com o planejamento das cidades é anterior à Primeira Guerra.

Ainda, pensando amplamente e no capitalismo no início do século XX, as transformações operadas vão determinar, de um modo ou de outro, as concepções sobre a mudança e o uso de algumas noções mais frequentes, como é o caso de *controle*. Barriga (2008), por exemplo, mesmo referindo-se mais especificamente à educação, não deixa de ressaltar o que chama de projeto de modernidade e os vínculos estreitos com uma visão tecnicista, produtivista, a ênfase na eficácia e eficiência etc. O controle social, lembra, derivava dos princípios da chamada administração científica do trabalho e isto tinha a ver, segundo ele, com a transformação da industrialização monopolista nos Estados Unidos, os testes e avaliação em sentido estrito.

Dessa forma, o contexto mais geral e as transformações no plano da estrutura econômica terminavam influenciando, direta ou indiretamente, a ideia do planejamento enquanto ação direcionada

e vinculada ao Estado. Ou, para usar as palavras de Gramsci (1976) ao se referir às transformações operadas no capitalismo e que ele denominou de americanismo e fordismo, seria *a passagem do velho individualismo econômico para a economia programática*. Assim, podemos assinalar pontos citados pelo autor e atinentes à nossa análise, tais como: a indústria fordizada e seu modo de produzir racionalizada; a organização do trabalho e da produção "racionalizada" (aspas de Gramsci); a racionalização do trabalho e o controle da vida dos operários e sua eficiência física; o objetivo de Taylor de desenvolver no operário atitudes maquinais e automáticas; a visão tecnicista etc.

Estas iniciativas de planejar a *indústria*, com o controle dos operários etc., não estavam separadas de mudanças mais amplas no capitalismo, com destaque, inclusive, sobre a *racionalização*. E estas, evidentemente, não poderiam deixar de incluir o Estado e a dimensão econômica. Dessa forma, não é por acaso que Keynes (1984), no seu famoso texto sobre o *laissez-faire* e publicado originalmente em 1926, ressalta vários pontos pertinentes ao capitalismo de seu tempo.

Chama bastante atenção, o fato de que o texto é de antes da crise de 1929 e já eram apontadas questões que posteriormente iriam ser mais discutidas. O central, diríamos, é que, mesmo Keynes (1984) defendendo claramente o capitalismo isto não o impedia de criticar o *laissez-faire* e sugerir que se deveria ir além do que chama de *proteção dos motivos monetários individuais*. Fala também que antes a ação do Estado era defendida como limitada, a vida econômica era deixada sem regulamentos e ligada à aptidão e ao bom-senso de cidadãos individualistas.

E, embora, não estabeleça uma contraposição extremada, termina opondo o *laissez-faire* ao que denomina de *bem público, utilidade pública etc.*

Diz que o tamanho ideal de unidade de *controle* e de *organização* deveria estar entre o indivíduo e o Estado moderno e seriam entidades semiautônomas no interior do Estado e seu critério de ação o *bem público*. E mesmo numa tonalidade mais liberal, não deixa de se referir ao espaço público e exprimir uma visão mais ampla. Por isto, mesmo defendendo o capitalismo, deveriam haver *reformas em sua técnica* e isto não excluiria sua *eficiência* e nem a importância de uma *administração sábia*.

Estas reformas eram direcionadas especialmente à dimensão econômica, mas envolveria inevitavelmente o Estado. Keynes (1984) diz que o relevante seria que a *agenda* do Estado contemplasse as funções, fora do âmbito individual, e que somente o Estado as realizaria. Mesmo sem excluir as empresas particulares, defende que haja uma instituição central no *controle* da moeda e do crédito, a existência de um órgão de controle de ação, a *coordenação* da poupança e do investimento e sua ligação com a organização do mercado de capitais e canais mais *racionais*, a ampla *publicidade* das informações. E tudo isto não deveria ficar preso à apreciação dos lucros privados.

Antes da crise de 1929, portanto, além do exemplo dos planos quinquenais soviéticos já estavam ocorrendo algumas mudanças no próprio sistema capitalista que, por sua vez, guardavam vínculos com reflexões e mesmo propostas que caminhavam na direção de um novo papel do Estado e anunciavam o planejamento, como veremos.

Myrdal (1972) lembra que já na década de 1920 discutia-se a questão da *racionalidade* na economia planejada e que a controvérsia teria sido desencadeada por von Mises. Mas é com a crise de 1929 que esta questão vai assumir maiores proporções. Como aponta Galbraith (2010), a mesma foi considerada por muitos como *irracional* e pouco compreendida e, neste sentido, podemos pensar

que estava aberto o caminho para algo visto como racional.

Ao seu modo, Myrdal (1971; 1972) afirma que a planificação envolve a crença na *razão* e o planejamento seria a ciência social aplicada e que ainda se deveria elaborar uma teoria geral do planejamento econômico. E que guardaria relações com a *racionalidade* e a *indústria* no sentido de que não seria racional o Estado pensar simplesmente em termos de custos e lucros das empresas privadas. Até porque, ressalta, o plano nacional não deveria ser regido pelo mercado. E o planejamento, prossegue, não pode elaborar-se *racionalmente* de acordo com critérios de sistema de preços e rentabilidade dos negócios privados. Dito de outro modo, o planejamento econômico tem uma racionalidade e este está associado diretamente ao Estado e à sua ação ao levar em conta os pontos de estrangulamento e as medidas apropriadas.

Mas é principalmente a partir da Segunda Guerra, como ressalta Lange (1989), que a preocupação com o planejamento, que era algo mais característico da União Soviética, vai assumir grande importância e se espalhar para o conjunto dos países. E os novos modelos de desenvolvimento levam, nas suas palavras, a *uma nova técnica de desenvolvimento econômico* e à realização do mesmo via planificação; o planejamento passa a ser a *característica básica* e o *instrumento principal* do desenvolvimento econômico. E poderia, nas palavras de Tinbergen (1989), ser aplicado a diferentes políticas, pois o planejamento julgaria a consistência das metas etc.

Com o desenvolvimento dos países socialistas, ocorreu um desafio para os países de capitalismo antigo e estes, ao pensar na concorrência, passaram, também, a agir em termos de desenvolvimento econômico e planejamento. E no caso específicos dos países que Lange (1989) chama de nacionalists-revolucionários, o desenvolvimento passaria mais por investimentos produtivos, especialmente na indústria.

O planejamento, como sintetiza Pereira (1978), supõe a *especificação* de objetivos e a articulação de meios e fins e destacou-se inicialmente com as técnicas de planificação econômica, diagnóstico, projeção e instrumentos de política econômica. Nas palavras de Lafer (1970), o planejamento é um instrumento de política econômica.

2.2 O planejamento, o Estado e os vínculos com a dimensão econômica

Embora apontada em parte pelos dicionários, é necessário conhecer melhor a ideia do planejamento como atividade mais situada na economia e colada ao Estado nacional, bem como sintetizar as observações de alguns autores e autoras.

Como Lewis (1960) destacou no início da década de 1950, o vocábulo planejamento apresentava sentidos diferentes, que iam desde zoneamento geográfico de fábricas às maneiras que os governos iriam gastar o dinheiro, o uso das cotas dos recursos, fixação de metas de produção pelo governo, metas estabelecidas para o conjunto da economia para distribuir os recursos e os métodos utilizados pelos governos visando impor às empresas privadas suas metas fixadas anteriormente.

Mesmo que o autor exprima seu viés liberal em várias ocasiões (mercado livre e estimulador do progresso, economia de mercado consoante o interesse público etc.), e escolha o último sentido para o planejamento, o entende como uma atividade econômica, ligada ao desenvolvimento e ao Estado. Ou, mais especificamente, como atividade associada à política econômica. Para outro liberal como Tinbergen (1989), o governo central seria o único determinador da política econômica.

Segundo Pereira (1978), o planejamento seria uma espécie de forma acabada de política econômica e integraria as políticas econômicas dispersas e fragmentárias. Como lembra Furtado (1985), logo no seu início a proposta de planificação ou planejamento continha diferentes influências que iam desde a experiência da União Soviética às iniciativas nos países centrais e algumas atividades na França.

E, embora, Lewis (1960) afirme que o planejamento envolva a educação, a defesa, a conservação dos recursos naturais, planejamento urbano e rural, rede de comunicação etc., termina acentuando o núcleo econômico do planejamento. E tanto é assim, que alude à grande importância do volume da receita nacional, remete para o controle e é, nas suas palavras, um *rebento do Estado* e somente se poderia planejar através de uma direção central ou via incentivo. E chega a dizer, que todos advogam o planejamento e que apenas os lunáticos defenderiam o *laissez-faire*.

Nas palavras de Furtado (1985) – referindo-se à influência de Keynes após a Segunda Guerra –, o *keynesianismo desacreditava o espontaneísmo* com sua visão global da economia. Outros economistas, como Myrdal (1972), também apresentam uma visão mais geral da economia e, por derivação, do planejamento central. Que teria, como objetivo permanente, romper as resistências características do subdesenvolvimento. Em outras palavras, diríamos, caberia ao Estado, através do planejamento, promover o desenvolvimento e em ligação com isto a elevação do nível de vida da população.

É com Mannheim (1972), contudo, que vamos encontrar uma visão bem mais ampla e além da economia, em que pese, também, sua visão liberal e apologista do capitalismo. Tentou dar uma conotação mais ampla ao planejamento e situá-lo além da economia e do *laissez-faire*, pois tratava-se, para ele, de preservar o sistema com outros tipos de reforma e mais direcionadas para o que, com liberdade de expressão, chamaríamos de dimensão social. Nas palavras de Bramstedt e Gerth (1972), ele buscava uma reforma gradual direcionada para uma *sociedade toda planificada*.

A necessidade de uma sociedade planejada e, segundo ele, democrática, decorria de desajustes e desintegração da sociedade moderna, da ampliação da escala e sem orientação e com *anomia*. E cita o desemprego, a perturbação na esfera moral, o crescimento desordenado das metrópoles e os problemas da coesão orgânica, a desintegração das formas antigas de controle social etc. Para ele, teria havido com o enfraquecimento dos controles antigos ou cooperativos o enfraquecimento da própria liberdade, pois esta não existiria em abstrato. A utilização do que denomina de *novas técnicas sociais* (uso da obediência, disciplina rígida, autocontrole etc.) ou métodos visando influenciar e condicionar o comportamento humano para enquadrá-lo nos padrões existentes, por sua vez, terminou, segundo ele, favorecendo o governo da minoria com a concentração maior do poder. E mesmo que o caos se apresentasse mais no *aspecto econômico*, estes padrões apenas reproduziriam a desintegração geral.

Considera que haveria diferenças entre o que chama de planejamento geral e planejamento econômico ou planificação econômica. O planejamento econômico remeteria para a tentativa de eliminação do ciclo econômico tradicional e cita Keynes sobre poupança e investimento. Prossegue, referindo-se à manipulação da taxa de juros e as obras públicas ligadas ao planejamento democrático e afirma que os *aspectos técnicos* do planejamento econômico deveriam levar em conta o comportamento dos grupos e que este tornou-se *objeto* de planejamento.

Desse modo, como se observa na síntese sobre Mannheim (1972), é o próprio autor que reconhece o peso da estrutura ou dimensão econômica e a presença do Estado em relação ao planejamento.

Em outras palavras, o autor amplia o sentido de planejamento, mas não deixa de reconhecer a prioridade da dimensão econômica.

2.3 Estado, planejamento, programa, plano e projeto

Voltando-nos para o *plano*, este guarda uma relação direta com o planejamento, o que não vai ocorrer de modo tão intenso e explicitamente com as políticas públicas. Enquanto parte do planejamento, o plano carrega as marcas da dimensão econômica, da centralidade do Estado e seu papel secundário posteriormente. Tanto é verdade, que Lewis (1968) alude a *plano de desenvolvimento* e, ao mesmo tempo, atesta os vínculos com o Estado ou, como preferem os liberais, com o governo. E Furtado (1985), ao seu modo e após a Segunda Guerra, o vincula, especialmente, com o conjunto das inversões do Estado e às necessidades das empresas privadas.

Segundo Lewis (1968), não existia um único sentido para o *plano* e destaca o que chama de partes do mesmo: levantamento das condições econômicas (mudanças no produto nacional, objetivos do plano etc.); despesas públicas que são propostas (despesas de cada ministério, repartição e outras); desenvolvimentos prováveis no setor privado (fomento de novas indústrias e relação com o conjunto da economia etc.); proteção macroeconômica da economia; reexame da política governamental.

Planos, segundo Lewis (1960), são elaborados pela direção central e alude a diretores do plano central. Em outras palavras, os planos são associados ao nível nacional. E podem ser de curto prazo (anual), médio (de três a sete anos) e longo prazo (de dez a vinte anos). E a tarefa primeira de um plano, segundo o mesmo Lewis (1968), é organizar, ter prioridades e previsão ligadas aos gastos do governo. Deveriam passar, ainda para Lewis (1960), por revisão e evitar um futuro muito distante pois cinco anos seria uma vaga aspiração. Todavia, defende planos quinquenais para setores como reflorestamento, usinas elétricas etc. mas nunca um plano de cinco anos para o conjunto da economia. E ressalta: os planos têm *metas* e o orçamento do governo é apenas uma parte do plano.

Embora com uma análise direcionada para o que chama *planejamento econômico nacional nos países subdesenvolvidos*, Myrdal (1972) usa expressões que corroboram o que estamos acentuando: política nacional de desenvolvimento econômico; *plano* nacional de desenvolvimento global e integrado e outras. E não deixa dúvidas quando diz que caberia ao Estado a responsabilidade em iniciar e controlar a execução do *plano global*. E o plano, constituiria *um programa estratégico do governo nacional*, tendo como propósito central aumentar as inversões e suas proporções em atividades como transporte e energia, aquisição de equipamentos, elevação da produtividade na agricultura, saúde, educação etc. Em outras palavras, o plano deveria também se ramificar em outros setores além dos econômicos, não obstante sejam estes, como podemos depreender, os mais importantes.

O *plano nacional*, continua Myrdal (1972), seria o esquema do processo de desenvolvimento econômico de um país, a determinação de uma estratégia estatal procurando maximizar o progresso econômico, não deveria ser elaborado em termos dos custos e lucros das empresas privadas e nem agir em função do mercado, pelo menos nos chamados países subdesenvolvidos. Atribui, assim, um peso considerável ao Estado ou, nas suas palavras, à assistência estatal, quando se refere à *indústria*. Além do mais, mesmo setores como a saúde e educação deveriam ser subordinados à economia e tanto é assim que fala que o objetivo das mesmas seria aumentar a produtividade da população. E mesmo as medidas redistributivas, de acordo com o autor,

precisariam ficar em segundo plano até que o país atingisse outro patamar.

Em alguns pontos centrais sobre planejamento, como vimos, os *planos* aparecem como uma espécie de sua materialização imediata e longe praticamente das políticas públicas. E como podemos depreender das observações de Pereira (1978), seria mais particular que o planejamento materializaria e operacionalizaria, dentre outras coisas, as metas previstas. Mas isto, podemos repetir, mais direcionado à economia. Por isso, Rattner (1979) associa os *planos* ao que chama de *situação concreta* do planejamento, afirma que teriam se revelado como *instrumentos* de controle e com os projetos constituiriam, nas suas palavras, *formas* de planejamento. Portanto, *mais específicos* que o planejamento e uma das suas materializações.

Sintetizando e adotando a divisão de Lange (1989), o *plano* de desenvolvimento econômico teria dois aspectos. O primeiro, funcionaria como uma diretriz para os órgãos e empresas públicas direcionando os investimentos. O segundo, quanto ao setor privado, funcionaria como um desejo através de incentivos para fazer o que o plano estabelece.

É verdade que, assim como em planejamento, Mannheim (1972) atribui ao *plano* um sentido mais geral e além da economia. Para levar adiante o que chama de planejamento democrático propõe o *plano* de conjunto visando preencher alguns pré-requisitos. E destaca: o *plano* deve ser consistente envolvendo a estabilidade no emprego, segurança social, igualdade de oportunidades etc.; o *plano* deve ser aceito para a maioria ao contemplar tanto os reacionários quanto os radicais, no sentido de um acordo quanto ao método pacífico para a mudança. E mesmo apontando o *New Deal* como um verdadeiro *plano* coordenador e condição para o sucesso das medidas, suas propostas, também como em planejamento, não vão além do capitalismo.

Não por acaso, Rattner (1979) associa os *planos* ao que chama de *situação concreta* do planejamento, e afirma que teriam se revelado como *instrumentos* de controle e que, juntamente com os projetos constituiriam, nas suas palavras, *formas* de planejamento. Em outras palavras, portanto, seriam *mais específicos* que o planejamento e uma das suas materializações. E mesmo que procure ampliar o entendimento do *plano* e situá-lo também na chamada dimensão social ou algo do gênero, não muda a regra ao aludir a planos e intervenções na vida econômica, sociopolítica e cultural, planos macrossociais de desenvolvimento, avaliação dos planos no tocante aos custos sociais e mesmo planejamento social. E isto, é claro, não anula a predominância do significado de *plano* centrado na economia.

Com uma preocupação mais ampla e crítica, são as observações de Baptista (1981). Para ela, os *planos* seriam o delineamento das decisões de *caráter geral* do sistema, bem como as grandes linhas políticas, estratégias e diretrizes, que procurariam sistematizar e compatibilizar os objetivos e metas e otimizar os recursos. E também, forneceriam os *referenciais* para os estudos setoriais ou regionais visando a elaboração de *programas* e projetos específicos.

Fica claro, desta feita, que os planos seriam *mais gerais* que os *programas* e os projetos. E ainda cita o que considera os elementos estruturais do *plano*: a síntese dos fatos e necessidades; a formulação de prioridades; perfil das mudanças a operar; quadro cronológico de metas ou resultados; tipos de recursos; previsão de mudanças legais se houver; distribuição de responsabilidades.

Os planos, assim, ficam mais situados no espaço estritamente econômico. Para Miglioli (1983), *plano* e *programa* são formas de orientação específicas e supõe uma *política econômica*. E cita o Bird, onde o plano seria aplicado na *economia* como um todo (nacional ou regional) e, ainda para o banco, o *plano*, *programa* e *projeto* seriam distintos em termos da *amplitude* do *campo econômico*, uma vez que o plano englobaria o conjunto de programas e estes abrangeriam vários projetos.

Dessa forma, de acordo com as observações anteriores dos variados textos, mesmo levando em conta as diferenças e situando-se o *plano* mais no espaço da economia, podemos dizer que é mais específico que o planejamento e, ao mesmo tempo, mais geral que o *programa* e o *projeto*.

Passando, então, para o *programa*, embora não seja contraditório com a compreensão do planejamento e do plano, sua presença, como veremos depois, vai ocupar um espaço bem maior na concepção de políticas públicas e de política social. Mas não implica um descolamento da economia, mas apenas um peso menor. No final da década de 1960, por exemplo, Lewis (1968) cita relatório do governo dos Estados Unidos falando de *Programas de Assistência Militar e Econômica dos Estados Unidos*). Alude a *programas do setor público*, diz que são grandes e, se o governo exerce controle sobre o setor privado, deve ter um *programa* para este.

Já antes, Lewis (1960) referia-se de modo rápido a *programas* de educação das massas, programas agrários, programas de industrialização. De modo mais ou menos semelhante, Myrdal (1972) fala de programas de saúde, educação etc. Em outras palavras, apontam um caráter *setorial* do programa, embora não se possa reduzir a isto.

E tanto é assim, que anteriormente, na década de 1940, Myrdal tecia alguns comentários importantes e Streeten (1965), partindo do autor, desenvolvia observações pertinentes. Para este, tornava-se necessário diferenciar o que seria o *programa* e o prognóstico. O *programa*, diz, seria um plano destinado à *ação* (programa de partido, objetivos de uniões trabalhistas etc.), uma formulação concreta de uma diretriz (*policy*) e objetivos e normas ou maneiras ligadas à realização dos mesmos. Já o *prognóstico*, diria respeito à previsão do curso que seria provável ou mesmo possível dos eventos, seria baseado em observação e análise, teria aplicação de generalização a casos particulares sobre conexões reais e hipotéticas entre fatos e eventos.

E Streeten (1965) explicita o que considera algumas relações básicas entre o *programa* e o prognóstico: não existe programa sem prognóstico, pois seria um devaneio; o programa para ser *eficiente*, deve contemplar o futuro provável e possível dos eventos e basear-se em análise e prognóstico; o *programa* é alterado com novos conhecimentos sobre os fatos e mesmo novos fatos; a análise e o prognóstico podem ressaltar as implicações ligadas às alternativas de escolha e a consistência ou inconsistência dos objetivos no *programa*; o prognóstico pode indicar as diretrizes apropriadas e suas consequências, se os interesses a curto prazo são compatíveis com os de longo prazo; pensando em termos de sua efetividade, o *programa* é essencial à análise e prognóstico.

Embora bem mais restrito que o plano, o *programa* também tem sua origem que remonta ao planejamento e ao âmbito da economia. Em outras palavras, igualmente deriva do planejamento ou, mais precisamente, do planejamento econômico. Por isto, Miglioli (1983) lembra que o programa, na concepção do Bird, está referido a um determinado *setor* como agricultura, indústria ou outro.

O *programa*, estaria ligado à ação e seus objetivos para alcançá-los. Para Baptista (1991), o aprofundamento do plano, com os objetivos setoriais do plano conformando os objetivos gerais do *programa*, ou seja, este detalharia os níveis diferentes da política em termos do alcance setorial ou regional, as metas etc. E explicitaria, a coerência com políticas e demais programas do nível semelhante e seria composto por *projetos*.

Sintetizando, então, o *programa* também tem sua origem no âmbito da economia e do seu respectivo planejamento. E, em termos de sua magnitude ou algo semelhante, seria mais específico que o plano e mais geral do que o projeto. Mas, como foi dito, tem um vínculo mais direto com a ação e os espaços setorial e regional. E mesmo que Myrdal (1972) faça referência a um programa nacional visando as metas, isto é uma exceção.

No tocante aos *projetos*, são considerados mais específicos ainda que planejamento, plano e programa e apontados também, preferencialmente, na economia, vinculados ao Estado e governo e em termos de desenvolvimento. Não por acaso, Lewis (1960) afirma que o plano estaria relacionado a dois extremos: o nível macroeconômico e os *projetos individuais*. E o trabalho em cada *projeto*, iria requerer a exigência de pesquisas tecnológicas e econômicas e o *projeto técnico*, tratado pelo tecnólogo, trataria dos custos e da produção. Ainda ressalta que o plano de investimentos discriminaria os *projetos* a serem empreendidos, os tipos de equipamentos etc. e que se pode traçar planos quinquenais para setores durante cinco anos e *projetos específicos* de investimentos.

Em outro texto, Lewis (1968) enfatiza, igualmente, as particularidades do *projeto* ao se referir a *projetos governamentais*. Sobre o plano quinquenal ou decenal, chama a atenção para a soma total que deve ser gasta em *cada projeto*. Myrdal (1972), por sua vez, alude, nas suas palavras, a *projetos concretos* de investimento e efeitos na produção em diferentes setores, sobre o consumo, a saúde etc. em vários campos e anos distintos. Em ambos os autores, portanto, o projeto aparece como mais específico que planejamento, plano e programa, embora algumas vezes confundidos com estes.

E também mais ligado na economia, como fica atestado quando Hayes (1971) fala de *projetos de desenvolvimento* no manual escrito pelo mesmo. Mas o *projeto*, como regra, não aparece imediatamente após o programa, como se ambos não tivessem nenhuma relação direta e diferente, ao ser vinculado mais a plano como mostramos.

3 O que não dizem, ou dizem pouco, alguns dicionários sobre políticas públicas

É interessante observar e Brunhoff (1985) já tinha ressaltado, grande parte da literatura, como em economia, refere-se a políticas de governo ou políticas de Estado como se fossem quaisquer atividades deste e, acrescentaríamos, como se materializassem *políticas públicas*. E não, como ressalta a autora, constituísse algo datado e produzido inicialmente com a planificação soviética e, especialmente, após a crise capitalista de 1929.

3.1 A emergência e expansão do discurso das políticas públicas como política social

Seguindo a ainda a análise de Brunhoff (1985; 1978) e acrescentando algumas observações como já fizemos antes (SOUZA, 2009), podemos dizer que as políticas públicas estão ligadas simultaneamente à ação do Estado relativa às mercadorias moeda (regulando o equivalente geral etc.) e força de trabalho (questão principal no emprego). A classe operária ao ser promovida a agente econômico passa a receber atenção do Estado de forma direta, ampla e explícita quanto a salário indireto, salário-mínimo, seguridade social etc., ou seja, materializa em grande parte o que Marshall (1967) chamou depois de política social.

Contudo, as políticas públicas não surgiram do nada, mas emergiram conjuntamente com a produção de uma esfera pública a partir da Segunda Guerra como analisa Oliveira (1998). O que, por sua vez, está ligada a políticas de caráter anticíclico aplicadas na economia capitalista e com efeitos na sociedade como um todo.

De certa forma, a política social, mesmo de forma secundária já estava incluída também num conjunto maior da proposta de planejamento defendida por Mannheim (1972). Tal como são entendidas hoje e consideradas na literatura predominante, as políticas públicas e as reflexões sobre elas, na verdade, vão tomar um grande impulso na década de 1960 e especialmente depois da década seguinte ao incluir a avaliação.

Como foi bem ressaltado por Augusto (1989), foi a partir da década de 1970 que a expressão *política pública* passou a ser mais divulgada e ocupar, junto com o *planejamento*, o que a autora chamou de mesmo espaço empírico. E não por acaso, pois foi exatamente a partir desse período que a *policy* teve um impulso considerável, especialmente nos Estados Unidos, no caso o país onde a atividade governamental expandiu-se muito com a chamada *Guerra à pobreza* nos anos de 1960 e as sucessivas avaliações que tomaram grandes proporção na década seguinte. Ou, seguindo a análise de Meny e Thoenig (1992), o fator político, desdenhado pelos economistas, passa a merecer um acento nas preocupações dos governos.

3.2 Algumas questões e concepções de políticas públicas

Lembrando da associação corrente entre políticas públicas e políticas sociais que predomina na literatura, podemos ressaltar outros vínculos como os das políticas públicas com o espaço público e ação pública, os vínculos com o Estado e governo e as conexões com o nacional e o âmbito setorial. Uma diferença sutil, mas importante, é que as políticas públicas terminam de uma maneira ou de outra abrindo a possibilidade de se discutir o espaço público, enquanto o planejamento simplesmente reduzia, no fundamental, o mesmo à dimensão econômica e ao Estado ou governo. Neste sentido, por exemplo, é que Draibe (2001), para não nos alongarmos, entende as políticas públicas além do Estado.

E se as políticas públicas podem extravasar o âmbito do Estado, ou governo como preferem os liberais, isto implica outras dimensões além da econômica. Ou, no mínimo, envolve o social e o político a este respeito. Vejamos, então, algumas conceituações gerais de políticas públicas associadas a autores dos Estados Unidos e depois a autores franceses.

Uma das primeiras conceituações nos Estados Unidos foi expressa por Easton (1968) na década de 1960 ou, mais precisamente, em 1965. As políticas públicas seriam ligadas a sistema político e não a Estado e consideradas como *outputs* de um sistema. Ou, nas suas palavras, *alocações autoritárias de valores ou decisões coercitivas* que se ligam ao meio ambiente.

Quanto a Jones (1987), no seu livro bastante influente e publicado originalmente em 1970, associa as políticas públicas diretamente a processo decisório e considera que as mesmas teriam as seguintes características: interação, fins desejados, *programas*, decisões ou escolhas e efeitos.

Outra conceituação geral bastante conhecida e explicitada inicialmente na década de 1970, é afirmada por Dye (2005). Nas suas palavras, as *public policy* são tudo aquilo que o governo faz ou não faz, uma vez que este faz muitas coisas como regular conflito na sociedade, distribuir grande variedade de símbolos, extrair dinheiro da sociedade etc.

Como se observa, nos autores citados dos Estados Unidos há uma forte tonalidade liberal ao não se referir a Estado e nem acentuar o espaço público, mas, no máximo, referem-se a governo. O que difere dos autores franceses, pois estes realçam o vínculo das políticas públicas com o Estado e, implícita ou explicitamente, abrem caminho para a relevância do espaço público.

O livro clássico de Jobert e Muller (1987), intitulado *Estado em ação*, bem como o livro posterior de Muller (1990), de certa forma vão inaugurar uma espécie de versão francesa da compreensão de políticas públicas. Ao acentuarem o Estado (e não sistema ou governo) e suas atividades contraditórias e lhes atribuírem ações de regulação e legitimação, trazem novos elementos para analisar as políticas públicas. Segundo os autores, as políticas são compostas de três elementos, no caso a relação global-setorial, o referencial do setor e também o que denominam de mediadores da política.

Quanto a Muller e Surel (2002), além de incorporarem algumas análises centrais dos textos citados, ampliam a compreensão de políticas públicas ao associá-las, de uma maneira ou de outra, a uma ação pública mais ampla, além de focalizarem o papel e a relevância das ideias na conformação das políticas públicas. Para terminar com a síntese de autores importantes da França, lembremos o texto de Meny e Thoenig (1992) que citam, dentre outros, o livro de Jobert e Muller (1987). Para eles, as políticas públicas constituem *um programa de ação de uma autoridade pública* (associada a governo e Estado) na sociedade. E o *programa*, dizem, é a base do trabalho governamental.

As políticas públicas, explicitando melhor e como estamos tratando (SOUZA, 2009), seriam ações, especialmente do Estado, envolvendo o coletivo, a acessibilidade, transparência, participação e mínimo de continuidade. E englobariam as políticas sociais e econômicas. E se materializam, principalmente através de políticas por setor.

3.3 Políticas públicas, planejamento, plano, programa e projeto

Pensando nas relações das políticas públicas com o *planejamento*, plano, programa e projeto, durante muito tempo elas não tiveram o direito a uma designação específica e foram tratadas, na maioria das vezes, como ações secundárias do Estado e coadjuvantes ou apêndices das políticas econômicas. Ou fator desdenhável pelos economistas, nas palavras de Meny e Thoenig (1992) sobre o político.

Até Mannheim (1972), entende o planejamento como *coordenação das políticas fundamentais*, os gastos públicos são *uma política* e alude à *política de pleno emprego* e também à *política de salários*. E mesmo economistas com uma visão mais aberta, como Myrdal (1971), vão reduzir e subordinar, de certa forma, as políticas públicas à dimensão da economia, do planejamento e das políticas econômicas. Afirma que as políticas públicas estariam implícitas na planificação econômica e seriam coordenadas visando o desenvolvimento, que a planificação são tentativas dos governos de coordenar mais racionalmente as políticas públicas visando o desenvolvimento, ou seja, seriam mais específicas do que o planejamento e o próprio plano, como diz o mesmo Myrdal (1972) em outro texto. Ou, sintetizando de outra forma e nas palavras de Furtado (1985), a *planificação explicita os objetivos embutidos na política*.

Como uma decorrência mais imediata, os *planos* terminam acompanhando a compreensão de seu progenitor, o planejamento e, também, terminam situados à margem nas considerações das políticas públicas. O que não vai acontecer com os *programas*, pois alguns(as) autores(as) procuram diferenciar políticas públicas e *programas* considerando estes como mais específicos. Derlien (2001), por exemplo, mesmo sem descer a detalhes distingue entre políticas e programas e Draibe (2001)

ressalta que se deve levar em conta o que chama de *recorte programático*, sendo preciso decidir se vai fazer uma avaliação de uma política, programa ou projeto e prioriza o programa.

Passando-se para o livro de Cohen e Franco (1993), sobre avaliação de políticas pública – embora com algum excesso de quantificação –, não deixa de ser um dos poucos textos que fala clara e simultaneamente de política social, *planos* e *projetos*. Para eles, os *planos* são priorização da política social que relaciona meios e fins concatenando-os em termos temporais. E quando todos os setores sociais são articulados, é um plano social global; e quando está localizado num setor; é plano setorial. O *plano* é também uma soma de *programas* que procuram objetivos comuns e gerais, dispõem as ações em termos temporais, e incluem a estratégia.

Já os *programas*, afirmam, selecionam áreas de concentração que, por sua vez, materializam-se em *projetos* ordenando-os, estabelecendo as prioridades, definem o âmbito institucional etc. Dessa maneira, existe uma sequência lógica entre o plano, programas e projetos.

Mesmo não as comparando a *planos* ou, apenas citando-os rapidamente e sem entrar em detalhes, Shadisch, Cook e Leviton (1991) atribuem às políticas públicas uma característica mais geral que os *programas* e *projetos*. Elas expressariam, a intenção de espécie de ação prioritária do executivo e do legislativo e, ao mesmo tempo, direcionariam as assunções e objetivos de muitos *programas* e poderiam ser formalizadas em aspectos, agendas ou expressões de apoio ou oposição.

Mas o que fica claro, entretanto, é que predomina na literatura ou em autores(as) importantes uma certa identificação entre política pública, política social e *programa* ou um grande peso atribuído a este. Para se ter uma ideia, lembrando o influente livro de Jones (1987), publicado originalmente no início da década de 1970, as políticas públicas estão diretamente associadas ao processo decisório e teriam as seguintes características: interação, fins desejados, *programas* (significando os meios autorizados visando alcançar os objetivos desejados), decisões ou escolhas e efeitos. Meny e Thoenig (1992), por sua vez, entendem que políticas públicas constitui *um programa de ação de uma autoridade pública*. O *programa*, dizem, é a base do trabalho governamental.

Não por coincidência, destino ou fatalidade, alguns autores clássicos da literatura de avaliação de políticas públicas apontados por Shadisch, Cook e Leviton (1991), como Weiss (1998) e Rossi, Lipsey e Freeman (2004) ou mais atuais como Chen (1990), estabelecem, como regra, uma associação das políticas públicas ou *policies* com políticas sociais e *programas sociais*.

Como vimos em planejamento, quando aparece, o *projeto* vem imediatamente alocado à economia, ao Estado e ao plano, mas, não logo após o programa. Já na literatura de políticas públicas, vão ocorrer algumas mudanças. Seguindo a análise de Shadisch, Cook e Leviton (1991), o *projeto* difere muito em características de um mesmo programa ao serem implementados sob controle local, os serviços providenciados terem critérios nos serviços que implementam e as mudanças e necessidades mudarem de lugar para lugar sobre o tempo no mesmo lugar. Ainda de acordo com os autores mencionados imediatamente antes, os projetos consistem de muitos diferentes serviços e elementos administrativos e heterogêneos internamente ou, apresentam variados produtos. E os elementos, por sua vez, mudam mais frequentemente nos projetos do que nos programas.

Mais ou menos no mesmo caminho, Cohen e Franco (1993) afirmam que os *projetos* são a *unidade mínima* de execução e *abaixo dos programas*. Consistem de um conjunto de atividades inter-relacionadas visando alcançar objetivos específicos num limite de orçamento e de tempo. Além do mais, são ligados à produção de bens ou à prestação de serviços específicos e geralmente oscilam entre um a três anos, a não ser quando fazem parte de um programa.

Para finalizar esta trajetória do geral para o particular em políticas públicas, Shadisch (1998) ainda alude a *produtos e elementos*, embora estes itens praticamente não sejam comentados na literatura predominante sobre o tema de planejamento ou políticas públicas. Ressalta que, como são menores que os programas sociais, podem ser mudados mais frequentemente e exigem menos avaliação que os mesmos programas sociais por estarem mais ligados ao mercado. E afirma, que os *produtos e elementos* teriam menos impacto sobre o conjunto dos setores de problemas para cada programa ou projeto o que, complementaríamos, por serem mais específicos em termos do planejamento e das políticas públicas. Ainda mais, também, que os projetos.

Por essa razão, é compreensível que Augusto (1989), mesmo sem desenvolver as distinções, procure delimitar os sentidos. Visando diferenciar especificamente de planejamento, afirma que a política pública envolveria uma orientação unitária quanto aos fins, hierarquia entre as dimensões a serem atingidas, direcionada para objetivos, manifestada através de *projetos* e *atividades*, denotaria decisões de governo de forma coerente com clareza de propósitos e *programas* definidos.

4 Planejamento e políticas públicas: parentesco, paralelismo ou contraposição?

De volta ao início do texto, e procurando responder à questão de partida – ou seja, o que explicaria a transformação da ênfase em planejamento e depois em políticas públicas? –, consideramos que a diferença reside, fundamentalmente e em termos amplos, na substituição da hegemonia do capital industrial pelo capital financeiro e uma readequação do papel do Estado em outra conjuntura.

Em outras palavras, depois da década de 1930 e principalmente após a Segunda Guerra até a crise capitalista no começo de 1970, o centro da acumulação de capital estava voltado para o capital industrial, tal como está apontado indiretamente em vários textos citados. Em estreita conexão com isto, portanto, a dimensão econômica marca uma grande presença e o centro da acumulação e do papel do Estado, como diria O'Connor (1977), encontrava-se no capital industrial. Com as políticas públicas, ainda seguindo o autor, a legitimação entra em cena de modo mais frequente e generalizado.

Também retornando ao começo com nossa diretriz de pesquisa ou hipótese ampla, isto é, a mudança de ênfase do planejamento para as políticas públicas guarda um vínculo *diretamente relacionado ao discurso sobre o papel do Estado*, podemos discutir a verificação. Num primeiro momento, as transformações na sociedade capitalista dos países centrais e do próprio Estado, para se ter uma ideia, igualmente terminaram ecoando e levando a outros entendimentos e discursos. As imprecações liberais de Hayek (1977) contra o socialismo, o Estado e o planejamento, por exemplo, aos poucos cederam um lugar predominante para algo diverso.

A acumulação do capital industrial, a dimensão econômica, o desenvolvimento, o planejamento como ação racional e o Estado como uma instituição positiva ganharam um *status* considerável e o *laissez-faire* foi rebaixado. O Estado passou a ser visto como bastante ativo, como se fosse o que Poulantzas (1971) chamava de Estado sujeito, ou seja, com autonomia total perante às classes e frações de classe via planejamento. Como se tivesse interesses próprios e que coincidisse com os inte-

resses da classe dominante, como poderíamos depreender da análise de Offe e Ronge (1984), no caso o objetivo do desenvolvimento e este, por sua vez, tendo como vetor central a acumulação de capital através da industrialização.

E daí, por um tipo de derivação ocorreu a carona regular e crescente pegada pelo *plano*, como se este e o planejamento fossem fiéis companheiros e com grande fidelidade. O *programa* e o *projeto*, entretanto, não mereceram a mesma atenção, não obstante algumas referências aqui e ali. Mesmo assim, diga-se de passagem, o *projeto* ainda teve uma sorte melhor, principalmente quando intitulado de *projetos de desenvolvimento*.

Mas esta *hegemonia do planejamento*, como temos dito, foi questionada e emergiu um outro momento, que foi a ascensão das políticas públicas e sua passagem ao primeiro plano. O que ocorreu, então? Como mudou o discurso sobre o papel do Estado? Inicialmente, as políticas públicas tomaram um grande impulso com os programas governamentais dos Estados Unidos na década de 1960 e que ampliaram a dimensão do social e do político. Com os vários problemas de implementação que apareceram na década seguinte, a avaliação destes programas assumiu grande proporção e passou a constituir, de certa forma, o carro-chefe das políticas públicas bem além dos Estados Unidos.

Em outras palavras, se o plano derivou diretamente do planejamento e era sua face mais visível, a avaliação, além de ser a filha dileta das políticas públicas, foi quem a alçou a uma posição de destaque. Mas se o crescimento da política pública foi algo inegável e expandiu a atividade governamental e acadêmica e os respectivos discursos, por um lado, por outro terminou, de uma maneira ou de outra, com outro discurso centrado na política social e, mais especificamente, no programa social. Como se fossem coisas paralelas, ou seja, o planejamento mais focado nas políticas econômicas e as políticas públicas direcionadas principalmente para as políticas sociais.

A preocupação e até o modismo das políticas públicas e a respectiva avaliação, por sua vez, vão emergir noutro contexto em que o discurso dominante passou a ser outro e o Estado, progressivamente, passou a ser referido como algo negativo e causador dos males da sociedade. Com isto, o planejamento, associado a este e visto como um atributo, bem como a temática do desenvolvimento perderam seu grande espaço anterior. Neste discurso neoliberal (e não na prática), o Estado deveria sair da economia e esta, devemos lembrar, era o terreno privilegiado do planejamento, do plano e do projeto.

Daí, então, as políticas públicas vistas como se fossem substitutas do planejamento. E daí acreditarmos, que a redução do *status* do planejamento tenha se dado em grande parte devido à avalanche da ideologia neoliberal, uma vez que o planejamento anterior estava associado diretamente a uma atividade importante do Estado.

Por tudo isso é que podemos dizer, sinteticamente, que o ocorrido foi mais uma espécie de *parentesco* onde um membro da família apenas ocupou o lugar do outro. Não foi exatamente um *paralelismo*, pois as ocorrências não se fizeram presentes no mesmo tempo e lugar e nem foi exatamente uma *contraposição*, mas uma mudança secundária no capitalismo e Estado capitalista, pois o capital continuou dando as regras do jogo.

E o Estado, como ressaltou inúmeros vezes Myrdal (1971; 1972), continuou tendo uma presença importante, em que pese o atual discurso neoliberal e a exumação de ideólogos como Hayek (1977). Mudaram, claro, algumas atividades e o discurso sobre o papel do Estado, mas não deixou de ser capitalista.

Se antes havia uma espécie de bloco composto por acumulação centrada no capital industrial, como diria O'Connor (1977), predominando a ideia do desenvolvimento e o Estado considerado sujeito e tratado como positivo, a situação passa a ser outra. Com a crise capitalista iniciada no início da década de 1970, o discurso das políticas públicas foi alçado a algo mais regular e a legitimação, também nos termos de O'Connor (1977), ganhou espaço.

Sintetizando, houve um crescimento do discurso das políticas públicas e associadas à política social. Mas estas, diga-se de passagem, centradas mais na assistência social e não mais, como no seu início, focada na reprodução da força de trabalho ou salário indireto ou Estado do bem-estar.

Referências

AUGUSTO, M.H.O. Políticas públicas, políticas sociais e políticas de saúde: algumas questões para a reflexão e debate. In: *Tempo Social*, 1 (2), 2º sem./1989. São Paulo.

BARRIGA, A.D. Uma polêmica em relação ao exame. In: AFONSO, A.J.; BARRIGA, A.D.; GERALDI, C.M.G.; JUSSARA, M.P.L. & GARCÍA, R.L. (orgs.). *Avaliação*: uma prática em busca de novos sentidos. 5. ed. Rio de Janeiro: DP&A, 2008.

BAPTISTA, M.V. *Planejamento social*: intencionalidade e instrumentação. 2. ed. São Paulo/Lisboa: Veras/CPIHTS, 2000.

_____. *Planejamento* – Introdução à metodologia do planejamento social. 4. ed. São Paulo: Moraes, 1981.

BOUSSAGUET, L.; JACQUOT, S. & RAVINET, P. (dirs.). *Dictionnaire des Politiques Publiques*. 2. ed. Paris: Science Po, 2006.

BRAMSTEDT, E.K. & GERTH, H. Nota sobre a obra de Karl Mannheim. In: MANNHEIM, K. *Liberdade, poder e planificação democrática*. São Paulo: Mestre Jou, 1972.

BRUNHOFF, S. *Estado e capital*: uma análise da política econômica. Rio de Janeiro: Forense Universitária, 1985.

_____. Crise capitalista e política econômica. In: POULANTZAS, N. (org.). *A crise do Estado*. Lisboa: Moraes, 1978.

BUAINAIN, A.M. & SOUZA FILHO, H.M. In: GIOVANNI, G. & NOGUEIRA, M.A. (orgs.). *Dicionário de Políticas Públicas*. 2. ed. São Paulo: Unesp/Fundap, 2015.

CHEN, H.-T. *Theory-driven evaluations*. Newbury Park, Cal.: Sage, 1990.

COHEN, E. & FRANCO, R. *Avaliação de projetos sociais*. 2. ed. Petrópolis: Vozes, 1993.

DERLIEN, H.-U. Una comparación en la evaluación de las políticas públicas. In: *Revista do Serviço Público*, ano 52, n.1, jan.-mar./2001. Brasília.

DOBB, M. *Crescimento econômico e planejamento*. São Paulo: Pioneira, 1973.

DRAIBE, S.M. Avaliação de implementação: esboço de uma metodologia de trabalho em políticas públicas. In: BARREIRA, M.C.R.N. & CARVALHO, M.C.B. (orgs.). *Tendências e perspectivas na avaliação de políticas e programas sociais*. São Paulo: IEE/PUC-SP, 2001.

DYE, T.D. *Understanding Public Policy*. 11. ed. Nova Jersey: Pearson Prentice Hall, 2005.

EASTON, D. *Uma teoria da análise política*. Rio de Janeiro: Zahar, 1968.

ELLIOTT, F. *Dicionário de Política*. Lisboa: Dom Quixote, 1969.

FURTADO, C. *A fantasia organizada*. 5. ed. Rio de Janeiro: Paz e Terra, 1985.

GALBRAITH, J.K. *1929*: a grande crise. São Paulo: Larousse do Brasil, 2010.

GIOVANNI, G. & NOGUEIRA, M.A. (orgs.). *Dicionário de Políticas públicas*. 2. ed. São Paulo: Unesp/Fundap, 2015.

GOMES, L.S. *Dicionário Econômico-comercial e Financeiro*. 9. ed. Rio de Janeiro: s.d. [Original de 1938].

GRAMSCI, A. Americanismo e fordismo. In: *Maquiavel, a política e o Estado moderno*. 2. ed. Rio de Janeiro: Civilização Brasileira, 1976.

GUILHON, V. Política assistencial. In: GIOVANNI, G. & NOGUEIRA, M.A. (orgs.). *Dicionário de Políticas Públicas*. 2. ed. São Paulo: Unesp/Fundap, 2015.

HAYEK, F. *O caminho da servidão*. 2. ed. São Paulo: Globo, 1977.

HAYES, S.P. *Avaliação de projetos de desenvolvimento*. Rio de Janeiro: FGV, 1971.

JOBER, B. & MULLER, P. *L'État en Action*: politiques publiques et corporatismes. Paris: PUF, 1987.

JONES, C.O. *An introduction to the study of public policy*. 3. ed. Califórnia: Cole, 1984.

KEYNES, J.M. O fim do "laissez-faire". In: *John Maynard Keynes*: economia. 2. ed. São Paulo: Ática, 1984.

LAFER, B.M. Introdução: o conceito de planejamento. In: LAFER, B.M. (org.). *Planejamento no Brasil*. São Paulo: Perspectiva, 1970.

LANGE, O. Ensaios sobre planificação econômica. In: LANGE, O. & TINBERGEN, J. *Política econômica*: princípios e planejamento. 2. ed. São Paulo: Nova Cultural, 1989.

LEWIS, W.A. *Política econômica*: a programação do desenvolvimento. Rio de Janeiro: Paz e Terra, 1968.

_____. *Os princípios do planejamento econômico*. Rio de Janeiro: Fundo de Cultura, 1960.

MANNHEIM, K. *Liberdade, poder e planificação democrática*. São Paulo: Mestre Jou, 1972.

MAQUIAVEL, N. *O príncipe*. 12. ed. São Paulo: Hemus, 1996.

MARSHALL, T.H. *Política social*. Rio de Janeiro: Zahar, 1967.

MENY, I. & THOENIG, J.-C. *Las políticas públicas*. Barcelona: Ariel, 1992.

MIGLIOLI, J. *Introdução ao planejamento econômico*. 2. ed. São Paulo: Brasiliense, 1083.

MULLER, P. *Les politiques publiques*. Paris: PUF, 1990.

MULLER, P. & SUREL, Y. *A análise de políticas públicas*. Pelotas: Educat, 2002.

MYRDAL, G. *Teoria econômica e regiões subdesenvolvidas*. 3. ed. Rio de Janeiro: Saga, 1972.

_____. *El Estado del futuro*. México: Fondo de Cultura Económica, 1971.

_____. Fatos e valores. In: *O valor em teoria social*. São Paulo: Pioneira, 1965.

O'CONNOR, J. *USA, a crise do Estado capitalista*. Rio de Janeiro: Paz e Terra, 1977.

OFFE, C. & RONGE, V. Teses sobre a fundamentação do conceito de "Estado capitalista" e sobre a pesquisa política de orientação materialista. In: *Problemas estruturais do Estado capitalista*. Rio de Janeiro: Tempo Brasileiro, 1984.

OLIVEIRA, F. O surgimento do antivalor. In: *Os direitos do antivalor*: a economia política da hegemonia imperfeita. Petrópolis: Vozes, 1998.

OLIVEIRA, J.A.P. Desafios do planejamento em políticas públicas: diferentes visões e práticas. In: *RAP* – Revista de Administração de Empresas, 49 (2), mar.-abr./2006. Rio de Janeiro.

PEREIRA, L. História e planificação. In: *Ensaios de sociologia do desenvolvimento*. 3. ed. São Paulo: Biblioteca Pioneira de Ciências Sociais, 1978.

POULANTZAS, N. *Poder político e classes sociais*. Porto: Portucalense, 1971.

RATTNER, H. *Planejamento e bem-estar social*. São Paulo: Perspectiva, 1979.

ROBERTS, G.K. *Dicionário de Análise Política*. Rio de Janeiro: Civilização Brasileira, 1972 [Original, 1971].

ROSSI, P.H.; LIPSEY, M.W. & FREEMAN, H.E. *Evaluation:* A Systematic Approach. 7. ed. Londres: Sage, 2004.

SALLES-FILHO, S. Política científica e tecnológica. In: GIOVANNI, G. & NOGUEIRA, M.A. (orgs.). *Dicionário de Políticas Públicas*. 2. ed. São Paulo: Unesp/Fundap, 2015.

SANDRONI, P. *Dicionário de Economia do Século XXI*. 8. ed. Rio de Janeiro: Record, 2014.

SANT'ANNA, V. Planejamento. In: GIOVANNI, G. & NOGUEIRA, M.A. (orgs.). *Dicionário de Políticas Públicas*. 2. ed. São Paulo: Unesp/Fundap, 2015.

SELDON, A. & PENNANCE, F.G. *Dicionário de Economia*. 5. ed. Rio de Janeiro: Bloch, 1975 [Original, 1965].

SHADISH, W.R. Evaluation Theory is Who We Are. In: *American Journal of Evaluation*, 1998.

SHADISH JR., W.R.; COOK, T.D. & LEVITON, L.C. *Foundations of Program Evaluation*: theories of practice. Newbury Park, Cal.: Sage, 1991.

SOUZA, L.M. *Políticas públicas:* introdução às atividades e análises. Natal: EDFURN, 2009.

STREETEN, P. Introdução. In: MYRDAL, G. *O valor em teoria social*. São Paulo: Pioneira, 1965.

THOENIG, J.-C. *Politique publique*. In: BOUSSAGUET, L.; JACQUOT, S. & RAVINET, P. (dirs.). *Dictionnaire des Politiques Publiques*. 2. ed. Paris: Science Po, 2006.

TINBERGEN, J. Política econômica: princípios e planejamento. In: LANGE, O. & TINBERGEN, J. *Ensaios sobre planificação econômica*. 2. ed. São Paulo: Nova Cultural, 1989.

WEISS, C. *Evaluation*. 2. ed. Prentice-Hall, 1998.

39
Subjetividade e políticas públicas
"Subjetividade e políticas públicas no Brasil: o caso da saúde pública"

João Leite Ferreira Neto

Desde a redemocratização no Brasil, o tema da subjetividade tem sido um componente importante na discussão e na formulação das políticas públicas no país. Isso reflete uma tendência internacional. A discussão sobre o tema da subjetividade nas políticas públicas está bastante presente na literatura internacional (PETERSEN & LUPTON, 1999; CALLAHAN, 2000; TRIANTAFILLOU, 2012). Particularmente no setor da saúde, esse debate tem ganhado um destaque crescente. Desde a década de 1980, a Organização Mundial da Saúde tem tomado como pauta fundamental a prevenção e a promoção da saúde, voltando-se para promover "estilos de vida saudáveis", o que demanda o envolvimento direto dos sujeitos. Busca-se, desde então, uma gestão dos estilos de vida de indivíduos e coletivos (WHO, 2004).

Preliminarmente, eu gostaria de explicitar em quais condições um autor do campo da Psicologia oferece esta contribuição para um livro de referência para as Ciências Sociais. A saúde pública se tornou um campo de trabalho central para os psicólogos brasileiros (BASTOS & GONDIM, 2010; FERREIRA NETO, 2017a). Desde a década de 1980, e intensificando-se na década seguinte na esteira da Constituição de 1988, que criou o Sistema Único de Saúde (SUS), os psicólogos foram ocupando variadas funções na estrutura do SUS. Em 2006, o Cadastro Nacional de Estabelecimentos de Saúde (Cnes) contabilizava 14.407 psicólogos atuando no SUS, o que correspondia a 10% dos psicólogos registrados no Sistema Conselhos de Psicologia. Em 2015, o número subiu para 49.412, o que equivale a 19,53% dos psicólogos registrados, um crescimento de 243% em menos de dez anos (DALTRO & PONDÉ, 2017). Posteriormente, fenômeno similar ocorreu na política de assistência, com a contratação de milhares de psicólogos para o Sistema Único de Assistência Social (Suas).

Essa inserção maciça de psicólogos trabalhando nas políticas sociais intensificou a apropriação da psicologia brasileira dos estudos desenvolvidos nas Ciências Sociais. Mas vale lembrar que a relação entre a Psicologia com as Ciências Sociais remonta a longa data, desde o interacionismo simbólico do psicólogo social George Mead, da Universidade de Chicago, além de outros nomes, como Kurt Lewin, e mesmo Freud, que sempre atraíram o interesse de sociólogos[1]. A recíproca também ocorreu com regularidade como no caso da Análise Institucional francesa, com forte presença na psicologia brasi-

---

1. Segundo Farr (1999), a psicologia social, importante subárea da Psicologia, nasceu da confluência dos campos disciplinares da Psicologia e da Sociologia, tendo em Mead uma de suas referências fundantes. Em seu estudo sobre as raízes da psicologia social moderna, ele a classifica em duas vertentes, a sociológica e a psicológica.

leira. Além disso, os grandes autores, independentemente de suas origens disciplinares, sempre tiveram uma influência transversal em outras áreas de conhecimento, tais como Karl Marx, Sigmund Freud e Charles Darwin, tornando-se referências fortes no campo das ciências humanas e sociais.

Portanto, temos construído na área da Psicologia no Brasil, desde os anos de 1990, um contingente de pesquisadores que buscam um diálogo interdisciplinar e têm proximidade com autores nacionais e internacionais oriundos das ciências sociais. É na esteira desse movimento que trago essas análises em torno da presença do tema da subjetividade nas políticas públicas.

A presença incisiva do tema da subjetividade nos documentos produzidos no campo das políticas públicas nas sociedades democráticas pode ser explicada de várias maneiras. Talvez sua justificativa primária repouse no fato de que, mesmo reconhecendo os governos como agentes maiores da política, outros atores sociais têm um protagonismo não negligenciável, tanto na formulação quanto na implementação das políticas públicas. Bourgon (2010) considera relevante que os gestores públicos aprendam a mediar "entre ganhos de eficiência e a necessidade de envolver cidadãos e comunidades, mesmo à custa de algum grau de eficiência" (2010, p. 12). Ela exemplifica com o fato de os governos poderem fazer leis relacionadas a saúde pública, prevenção da violência e proteção ambiental. Contudo, as escolhas das pessoas em sua conduta "em casa, no trabalho, nas famílias e nas comunidades são os principais contribuintes para a saúde coletiva, para a segurança pública ou para um meio ambiente saudável" (2010, p. 13). Assim, evidencia-se uma conexão imanente entre política e modos de vida, o que provavelmente favoreceu a emergência do tema da subjetividade no campo das políticas públicas.

Neste capítulo, debruçar-nos-emos sobre como o conceito da subjetividade se insere nas políticas de saúde, que funções ele cumpre e quais as consequências dessa discussão para o setor da saúde. Inicialmente, discutiremos tendências teóricas presentes na abordagem da subjetividade contemporânea. Em seguida, analisaremos como o tema da subjetividade foi introduzido no campo da saúde no Brasil. Finalmente, abordaremos o caso específico do uso da noção de subjetividade na Política Nacional de Promoção da Saúde (PNPS), identificando ganhos e limites dessa utilização.

Subjetividade contemporânea: tendências teóricas

O sociólogo jamaicano Stuart Hall apresentou uma reflexão sobre o que chamou de descentramento do sujeito na Pós-modernidade no campo das ciências humanas e sociais (1998). Segundo ele, está em curso uma ruptura com a noção de sujeito humano forjada na Modernidade, como alguém constituído por "certas capacidades humanas fixas e um sentimento estável de sua própria identidade e lugar na ordem das coisas" (p. 23). Essa concepção de um sujeito centrado, unificado, dotado de consciência racional, vem sendo substituída por uma pluralidade de outras perspectivas, que têm em comum a consideração de que a noção de subjetividade humana própria da Modernidade é uma fantasia. Assistimos então uma proliferação de diferentes concepções de subjetividade, que sustentam um eixo comum, caracterizado pela descontinuidade, pela ruptura, pela fragmentação, pela diferença.

O sujeito moderno seria entendido como um indivíduo "centrado, unificado, dotado das capacidades de razão, de consciência e de ação cujo 'centro interior', é contínuo ou idêntico a si mesmo" (HALL, 1998, p. 10-11). Segundo o autor, no século XX, testemunhamos uma proliferação de novas perspectivas teóricas que passaram a operar um descentramento da concepção moderna de sujeito.

Em seu livro, Hall aborda, de modo sintético, o que considera como cinco avanços nas teorias humanas e sociais que favoreceram o descentramento do sujeito moderno. Em primeiro lugar, as tradições do pensamento marxista deslocaram qualquer noção de agência individual autônoma em favor da ideia de estrutura; a psicanálise, descrevendo a subjetividade como fruto de processos inconscientes; a linguística estrutural, abordando a instabilidade do significado, que é mais diferença do que identidade; Foucault, descrevendo o indivíduo como efeito de regimes disciplinares de poder; e, finalmente, as teorias feministas, que politizaram o que era entendido como pessoal.

Outros autores do campo das Ciências Sociais (GIDDENS, 1993), da Filosofia (RICOEUR, 1991) e da Psicologia (TAFARODI, 2013), com base em diferentes parâmetros, construíram interpretações próprias, com alguma convergência com a de Hall. Todos problematizam a subjetividade não como identidade, mas sob o signo da diferença e da mudança, em uma perspectiva sociopolítica. Outro componente dessa tendência é o entendimento de que o conceito de subjetividade não pertence a uma área disciplinar exclusiva. Na busca do entendimento das mudanças subjetivas contemporâneas e na construção de referências teóricas para apreendê-las, procura-se cada vez mais um diálogo interdisciplinar. Como exploraremos adiante, esse também é o mesmo movimento encontrado nas políticas de saúde.

Para aprofundarmos a discussão conceitual sobre o tema da subjetividade contemporânea e suas consequências, abordaremos um dos principais autores que desenvolveram essa trajetória analítica, Michel Foucault. Para situar sua importância no

Brasil, em levantamento realizado em fevereiro de 2016, na Biblioteca SciELO, encontraram-se 169 entradas com o descritor Foucault. Separando-se os periódicos por áreas de conhecimento, 59 artigos eram da Psicologia, seguidos de 39 da Educação e de 20 da Sociologia (FERREIRA NETO, 2016). A Sociedade Brasileira de Sociologia patrocinou a elaboração de um manual sobre teoria sociológica contemporânea, contendo um capítulo sobre pós-estruturalismo no qual é abordada a obra de Foucault (PAULA JÚNIOR, 2017). Ou seja, ele tem forte influência nas ciências humanas e sociais no Brasil, o mesmo ocorrendo no exterior. Em levantamento realizado em 2007, pela *Times Higher Education*, Foucault foi considerado o nome mais citado nas ciências humanas e sociais nas últimas décadas (KELLY, 2014).

Em seus primeiros e mais conhecidos trabalhos, Foucault considerava a subjetividade como produto do poder disciplinar, propondo-se a fazer a "genealogia da alma moderna", que emerge da aplicação da tecnologia disciplinar sobre o corpo. Ele avaliava que sobre a realidade incorpórea da "alma" foram demarcados no campo das ciências humanas e sociais conceitos como: "psique, subjetividade, personalidade, consciência etc." (FOUCAULT, 1975/1987, p. 31). A subjetividade era pensada fundamentalmente como efeito de uma trama cerrada de coerções materiais. Ou seja, a subjetividade foi inicialmente entendida por Foucault como experiência de assujeitamento.

Porém, mesmo entendendo a subjetividade produzida por práticas de coerção e dominação, Foucault recusava a ideia de uma subjetividade autofundada, ou o sujeito como fundamento. Ao se referir ao "sujeito", Foucault não guarda proximidade com a tradição filosófica hegemônica em torno do tema, que derivava sua concepção de sujeito de seu sentido etimológico. Do latim, *subjectum*, "particípio passado passivo neutro, substantivado, do verbo *subjicere* = lançar, colocar sob. [...] coisa ou substância sujeita à predicação" (FONTANIER, 2007, p. 121-122). O sujeito, sendo entendido como aquilo que subjaz, substrato ou fundamento, sobre o qual incidem as predicações. Assim, as predicações que portamos se assentariam sob um fundamento estável, permanente, o sujeito. No enunciado "eu sou psicólogo, casado, pai etc.", as predicações repousariam nesta base definida do sujeito, expressa aqui pelo pronome "eu". Contudo, não é esse sujeito identitário, como substância essencial, que as pesquisas foucaultianas visavam. O que lhe interessava eram os "diferentes modos pelos quais, em nossa cultura, os seres humanos se tornaram sujeitos" (FOUCAULT, 2004, p. 231). Foucault não visava construir uma teoria do sujeito em consonância com a tradição filosófica convencional, mas uma analítica dos diferentes modos de subjetivação.

Para Foucault, como para vários estudiosos das ciências humanas e sociais, foi necessário recusar "uma teoria, *a priori*, do sujeito", como possuem a fenomenologia e o existencialismo. Segundo ele, o sujeito não é uma substância, mas uma forma, sempre diversa, e conclui: "o que me interessa é, precisamente, a constituição histórica dessas diferentes formas de sujeito, em relação aos jogos de verdade" (FOUCAULT, 2004, p. 275). Assim, não encontramos em Foucault uma indagação ontológica essencial, que buscasse construir uma teoria geral, mas uma analítica dos diferentes modos de subjetivação, forjada em pesquisas específicas. Abdica-se, assim, de uma ontologia do sujeito em favor de uma analítica da subjetivação (FERREIRA NETO, 2017b).

Em entrevista realizada no ano de sua morte, ao rever sua trajetória intelectual, Foucault admite que, durante muitos anos, analisou "as relações do sujeito e dos jogos de verdade" com base nas práticas coercitivas (FOUCAULT, 2004, p. 264). Somente nos seus cursos no Collège de France, a

partir de 1978, passou a considerar a subjetividade em uma perspectiva de autonomia, com base nas práticas de si.

Essa dupla acepção da subjetividade como assujeitamento e como prática de liberdade, compõe dois eixos importantes na introdução do tema nas políticas sociais no Brasil desde os anos de 1990. O movimento sanitário precisou realizar um deslocamento teórico de pensar o sujeito não apenas como submetido à estrutura, mas também como possuindo uma dimensão de agência.

No eixo da subjetividade como assujeitamento, temos, na análise das prisões, a referência mais conhecida na obra de Foucault. No campo das práticas, cuidado de si como práticas de liberdade, é na ética da Antiguidade greco-romana que Foucault construiu seu campo investigativo.

Foucault tinha a intenção de publicar um livro sobre governamentalidade e técnicas de si. Esse projeto não foi concluído, mas gerou um breve artigo, "A escrita de si". Nele, o filósofo explora um aspecto das artes de si na cultura greco-romana nos dois primeiros séculos de nossa era. Nessa tradição filosófica, para se aprenderem as artes do viver, era necessário realizar uma ascese, "um treino de si por si mesmo" (FOUCAULT, 2004, p. 146). No caso dessa escrita etopoiética, são analisadas, no artigo, duas diferentes modalidades: os *hypomnêmata* e a correspondência. Aqui, a título de exemplo, descreveremos apenas a primeira modalidade de escrita de si.

Os *hypomnêmata* constituíam-se de anotações de citações, exemplos, ações testemunhadas ou ouvidas, reflexões e pensamentos, que eram registradas em cadernos de notas, a partir dos quais boa parte do público culto praticava exercícios de leitura, releitura, meditação, e fontes de conversas consigo e com outros. Seu conteúdo deveria ser implantado na alma, fazendo parte de si mesmo, mediante uma "subjetivação do discurso" (p. 148). Não são diários ou confissões, mas a reunião do que se ouviu ou do que se leu, e que se julgou dotado de valor. O objetivo do *hypomnêmata* era fazer desse *logos* fragmentado recolhido, "um meio para o estabelecimento de uma relação de si para consigo mesmo tão adequada e tão perfeita quanto possível" (p. 149). Praticava-se, então, uma alternância entre a leitura e a escrita do texto. Este tinha um estatuto similar ao do passado ao qual sempre se recorre, afastando-se a alma da preocupação com o futuro. Seu conteúdo é marcadamente heterogêneo, cujo valor de uso é a ligação com a circunstância que nos encontramos. Assim, a verdade e a validade da sentença é seu uso local. A unificação dessa heterogeneidade se dá no processo de subjetivação gerada pelo exercício ascético. "É sua própria alma que é preciso criar no que se escreve" (p. 152), de estatuto diverso ao da alma moderna produzida pela tecnologia disciplinar sobre o corpo. Assim, teríamos uma alma moderna forjada em práticas de coerção e uma alma antiga forjada em exercícios de ascese sobre si mesma.

Foucault termina o texto marcando a diferença entre essas práticas e as que se estabelecerão dois séculos mais tarde no cristianismo. Os *hypomnêmata* são objeto de ação racional, na qual o indivíduo se apropria do dito fragmentário e recolhido para subjetivar-se. Em contrapartida, na vida monástica cristã, "tratar-se-á de desalojar, do interior da alma, os movimentos mais escondidos de forma a poder deles se libertar" (p. 162).

As técnicas greco-romanas e cristãs de escrita possuem semelhanças na forma: ler, reler, meditar, conversar etc. Contudo, diferentes contextos socioinstitucionais promovem diferentes práticas de si, com diferentes graus de autonomia, o que fica mais patente em seus cursos e livros. As técnicas de si emergem em "um campo de historicidade complexa e rica" (FOUCAULT, 1984, p. 31). Quando

Foucault descreveu seu trabalho como uma "etnologia da cultura", ele, ao mesmo tempo, a indica como campo de investigação, explicitando a dimensão mais ampliada que dá a essa noção de cultura, que abarca instituições, normas, organizações arquitetônicas, proposições filosóficas, ambientes socioculturais, morais, e aproximando suas referências de nosso presente, as atuais tecnologias de informação e de comunicação. Foucault reconhecia que as tecnologias de si têm um caráter plural e variado, desde os cadernos de notas (*hypomnêmata*) dos gregos antigos, até "a introdução do computador na vida privada hoje em dia" (1995, p. 271), ou aos atuais dispositivos móveis, das tecnologias de informação e de comunicação.

Seu trabalho de pesquisa constituía-se na apreensão dessa complexidade situada em um tempo e em um local, com base em análises detalhadas e não generalizantes. Seu detalhamento analítico não se restringe à descrição do procedimento de subjetivação, mas demanda a elaboração de um poliedro de inteligibilidade que procede, ao mesmo tempo pela decomposição interna dos processos e pela busca das "relações de inteligibilidade externa", presentes na cultura (FOUCAULT, 1980/2003b, p. 340). Assim, a análise da escrita como processo de subjetivação não deve estar restrita à descrição dos exercícios realizados pelo indivíduo sobre si, mas abranger também a revisão da "historicidade complexa", na qual essa prática emergiu. Esse poliedro de inteligibilidade ampliado reúne conjuntamente os elementos da prática de si e da cultura em uma perspectiva histórica.

Na relação entre sujeitos e a historicidade complexa do que ele denominava como cultura, emergem processos de subjetivação mais submetidos ou mais autônomos. A diferença entre esses processos estava na medida da condição dos sujeitos de exercício de sua atividade crítica. A política da subjetivação em Foucault é indissociável de um trabalho que sujeitos "individuais ou coletivos" realizam sobre si mesmo(s), a partir de elementos que compõem seu ambiente cultural, social e institucional. Não é uma espontaneidade, mas um conjunto de ações trabalhosas, exigentes, que, por vezes, exigem um custo pessoal. Este trabalho, é realizado como atividade de si para consigo, em interação com um conjunto de elementos que o envolvem e o atravessam.

Evidentemente, tanto na subjetivação assujeitada quanto na autônoma há um tipo próprio de relação com normas extraídas da cultura. Existem duas diferentes modalidades de relações com as normas, a primeira, recebendo-as acriticamente como exercício de um poder disciplinar, e, a segunda, interagindo criticamente com elas, utilizando-as reflexivamente. Ou seja, não se trata de pensar práticas de liberdade na ausência ou na recusa de normas, mas no seu uso autônomo e reflexivo. Adiante, temos uma das melhores sínteses do conceito de subjetividade enunciado pelo próprio autor.

> Em primeiro lugar, penso efetivamente que não há um sujeito soberano, fundador, uma forma universal de sujeito que poderíamos encontrar em todos os lugares. Eu sou muito cético e hostil em relação a essa concepção de sujeito. Penso, pelo contrário, que o sujeito se constitui através das práticas de sujeição (assujeitamento) ou, de uma maneira mais autônoma, através das práticas de liberação, de liberdade, como na Antiguidade – a partir, obviamente, de um certo número de regras, de estilos, de convenções que podemos encontrar no meio cultural (FOUCAULT, 2004, p. 291).

Vale acentuar três dimensões que caracterizam a noção de subjetividade em Foucault. Em primeiro lugar, há a recusa de tomá-la como fundamento, substrato das predicações, como foi feito por certa tradição da filosofia moderna. Em segundo lugar, ele realiza uma diferenciação entre a subjetividade tomada como assujeitamento e a subjetividade

como atitude crítica ou prática de si. Lorenzini (2016, p. 63) sugere que a preocupação de Foucault não era com um sujeito autônomo ou não, mas se este "está disposto a se tornar sujeito da crítica, opondo-se aos mecanismos de poder governamental". Tanto na subjetividade assujeitada quanto na autônoma há um tipo próprio de relação com normas extraídas da cultura. Finalmente, a prática de si não consiste em um trabalho eminentemente intraindividual, mas também coletivo e institucional.

A trajetória foucaultiana em torno do tema da subjetividade possui especificidades próprias dos problemas investigados em sua obra, mas também possui pontos de aproximação com as elaborações de outros de seus contemporâneos. Além do esforço de explorar a dimensão de agência da subjetividade, havia a recusa de se pensar o sujeito como substância essencial, a atenção com a lógica da diferença em detrimento da identidade, a politização da experiência subjetiva, e o reconhecimento de que a subjetividade não deveria ser estudada apenas sob um viés disciplinar específico, mas mediante uma empreitada interdisciplinar.

O tema da subjetividade na saúde coletiva

A Saúde Coletiva emergiu da Reforma Sanitária e se constituiu como campo de conhecimento e de atuação. Como campo de conhecimento, seu projeto foi aproximar os conhecimentos produzidos pelas ciências humanas e sociais da tradição biomédica na saúde.

A Saúde Coletiva voltou-se, de modo significativo, para o debate do tema da subjetividade na saúde, tendo elegido como tema central do VI Congresso Nacional da Associação Brasileira de Saúde Coletiva (Abrasco), de 2000, "O Sujeito na Saúde Coletiva". No ano seguinte, a socióloga e sanitarista Cecília Minayo escreveu um artigo intitulado "Estrutura e sujeito, determinismo e protagonismo histórico", no qual problematizou tais conceitos no campo das ciências sociais. Nos dizeres da sanitarista Minayo (2001, p. 15), "[a] década de 1990 pode ser considerada a do 'retorno do sujeito' como necessário, como ator das reformas, como partícipe, para empreendê-las ou para desviá-las". Note-se que o título do artigo foi formulado a partir de um dos elementos centrais do debate em ciências sociais, o binômio Estrutura e Agência, sendo o último termo substituído pelo de subjetividade.

Nesta seção, buscaremos identificar três dos principais usos que o conceito de sujeito/subjetividade exerceu e exerce na Saúde Coletiva no Brasil, dialogando com elementos da história da reforma sanitária e com os autores que serviram de inspiração teórica para esses usos (FERREIRA NETO et al. 2011).

Em seu início, a reforma sanitária, no decorrer da década de 1970, teve como marca principal a incorporação da dimensão social ao pensamento sanitário, valendo-se da tradição marxista, visando, assim, superar o modelo exclusivamente biologicista, na direção de uma compreensão da saúde que contemple seus determinantes sociais. Por essa razão, na visão de um de seus componentes, "tendeu a subestimar a importância dos sujeitos na construção do cotidiano e da vida institucional" (CAMPOS, 2000, p. 222).

Pode-se sugerir que a entrada da noção de subjetividade no campo da Saúde Coletiva deu-se, portanto, tardiamente. Apenas nos anos de 1990, a subjetividade como questão conceitual entrou na pauta do campo (MINAYO, 2001, p. 15). No entanto, é na década seguinte que localizamos o maior número de publicações, em um ritmo crescente. Em outro estudo de revisão, identificamos

três modalidades de uso da noção de subjetividade na literatura em Saúde Coletiva: a ação social dos sujeitos coletivos, a intersubjetividade no cuidado e na gestão, e a produção de autonomia em indivíduos e coletivos (FERREIRA NETO et al., 2011).

Há uma interpretação compartilhada por diversos pesquisadores de que, se o movimento da reforma sanitária, em seu nascimento, era influenciado amplamente por um marxismo que objetivava mudanças estruturais, para garantir seu avanço, era necessário o aporte de outras contribuições das ciências humanas, sendo uma delas o conceito de sujeito (AYRES, 2001; CAMPOS, 2000; 2009). Contudo, os primeiros passos na direção do uso desse conceito advieram das ciências sociais, especialmente pela influência do marxismo gramsciniano. Gramsci, ao valorizar a relação entre política e cultura, concedia um destaque à educação como hegemonia, e à formação e inserção político-social dos intelectuais (PAIM, 2008).

O periódico "Ciência & Saúde Coletiva" abriu seu primeiro número do século XXI dedicando-se à temática da subjetividade no campo da saúde, na esteira do VI Congresso Brasileiro de Saúde Coletiva, que abordou o tema "O Sujeito na Saúde Coletiva". O editorial já apontava que a relevância do tema na saúde não é proporcional ao debate até então realizado. Aponta-se que "tudo ainda é bastante tangencial, porque sujeito e subjetividade ainda não são assuntos relevantes para a racionalidade hegemônica da área" (MINAYO, 2001, p. 4).

A maioria desses autores se contrapunha à tendência de determinismo estrutural presente nas discussões marxistas da época, buscando valorizar a noção de sujeito como agente de mudanças. Ou seja, o sujeito, em seu protagonismo, é a contraposição à estrutura e ao determinismo. Esta se constitui como primeiro uso identificado da noção de sujeito na Saúde Coletiva.

Observa-se que esse primeiro uso da noção de sujeito na Saúde Coletiva designa o processo coletivo de transformação social, da ação social de sujeitos políticos que formulam e produzem o projeto da Reforma Sanitária. Aqui, se faz presente a influência do marxista italiano Gramsci, através da noção de subjetividade histórica de um grupo social. Posteriormente, mas nessa mesma direção, agregou-se a teoria da ação social de Alain Touraine e suas categorias de ator/sujeito social (FLEURY, 2009).

Assim, em um primeiro momento, a discussão sobre subjetividade e saúde era ancorada nas ciências sociais. Posteriormente, passou-se a buscar referências teóricas nas ciências humanas, especialmente na filosofia e na psicologia, como exploraremos adiante.

O segundo uso identificado, a intersubjetividade no cuidado e na gestão em saúde decorreu do reconhecimento de que a criação do aparato jurídico-institucional do SUS, *per se*, não transformou as práticas de cuidado e gestão no cotidiano, exigindo-se a construção de novas estratégias com intuito de atingir tal mudança. Essa percepção ocorreu na fase de implementação do SUS, quando ficou evidente que era preciso qualificar tanto o cuidado quanto a gestão em saúde. Ayres (2001) aponta que a categoria de "sujeito como o ser que produz a história", o primeiro uso que esse conceito teve no debate, mostrou-se insuficiente para atender aos valores do SUS, especialmente o da integralidade das práticas. Tratava-se de defender, antes de tudo, que as práticas em saúde fossem sempre intersubjetivas, nas quais os profissionais de saúde se relacionassem com seus pacientes na condição de sujeitos, e não como sendo objetos.

Por outro lado, Onocko-Campos e Campos (2006) enfatizam a indissociabilidade entre clínica e gestão para a produção de saúde, criando, no Programa de Saúde da Unicamp, uma linha de pesquisa intitulada "Gestão e Subjetividade". Esse

segundo uso repercutiu de modo incisivo na Política Nacional de Humanização (PNH), estabelecida durante a permanência de Gastão Wagner de Souza Campos na secretaria executiva do Ministério da Saúde. A humanização apresentava, como um de seus três princípios, a "indissociabilidade entre atenção e gestão", entendida como associação inseparável entre os modos de cuidar e os modos de gerir, entre clínica e política, e entre produção de saúde e produção de sujeitos.

Essa discussão construiu uma compreensão crescente entre vários sanitaristas da conexão necessária entre as práticas de cuidado e as práticas de gestão. A diretriz extraída sobre a qualificação do cuidado e da gestão em saúde buscou na noção de subjetividade uma ancoragem que desse concretude vivencial a essas dimensões da prática sanitária. Os principais autores que deram embasamento para o segundo uso do conceito de subjetividade foram filósofos como Heidegger e Gadamer, da hermenêutica, Foucault, Deleuze e Guattari, este último psicanalista, classificados como pós-estruturalistas, além de autores da psicanálise, como Freud e Winnicott. Esses mesmos autores foram referências para o terceiro uso identificado.

O terceiro uso preconiza a importância da produção de autonomia em indivíduos e coletivos. É uma temática fortemente presente na literatura e incidiu sobre os textos das formulações das políticas nacionais de saúde, associada a ideias como protagonismo, empoderamento e participação.

Nesse uso, surgiram certos dissensos críticos. Por vezes, as ideias de *empowerment* e participação são criticadas como sendo estratégias de fundo moralizador e autoritário, para promover a saúde sob o controle do Estado. Stotz e Araújo (2004) apontam o paradoxo em que se colocam, de um lado, os empoderadores, em geral o Estado e seus técnicos, e, de outro, os empoderados, em geral os segmentos vulneráveis da população. O conceito de *empowerment* surgiu no contexto anglo-saxão de movimentos sociais, mais autônomos e críticos em relação ao Estado do que os nossos movimentos. Pensar o Estado, na figura dos servidores públicos, como o empoderador dos que demandam a assistência pública, ideário bastante naturalizado nas políticas públicas na América Latina, deve receber uma análise mais crítica. Nessa discussão, há uma avaliação do caráter, por vezes, tutelar das políticas sociais e o esforço de se efetivar uma política que favoreça a produção de autonomia individual e coletiva (STOTZ & ARAÚJO, 2004).

Em outra senda, busca-se evitar o uso da ideia de autonomia associada a uma subjetividade da era neoliberal, atomizada, consumista, independente. Nesse sentido, na formulação de Onocko-Campos e Campos (2006), "autonomia poderia ser traduzida em um processo de coconstituição de maior capacidade dos sujeitos de compreenderem e agirem sobre si mesmos e sobre o contexto conforme objetivos democraticamente estabelecidos" (p. 670).

Os mesmos autores ainda apontam que a autonomia não se traduz como um estado estático, obtido de modo definitivo, mas como um processo dinâmico, cuja perenidade não está garantida. Ela é "uma forma relativa, em gradientes passíveis de terem seus limites sempre tensionados, mudados". Além disso, na medida em que estamos, em última instância, lidando com coletivos, ela se expressa também na capacidade dos sujeitos de lidarem com sua rede de dependências. Assim, incluem-se o conjunto de serviços de saúde e redes sociais a que ele tem acesso, fortalecendo a coconstituição de capacidades.

Os teóricos convocados para sustentarem as discussões sobre subjetividade na literatura da Saúde Coletiva possuem um leque extenso em suas filiações teórico-conceituais, com nítido início das ciências sociais, e inclusão posterior de autores das ciências humanas. Temos, aqui, muitos cientistas sociais, como Touraine e Habermans; filósofos, como Heidegger e Gadamer, da hermenêutica, Foucault, Deleuze e Guattari, este último psicanalista, classificados como pós-estruturalistas, além de autores da psicanálise, como Freud e Winnicott. A presença de apenas três autores "psi", Guattari, Freud e Winnicott, deve ser ponderada pelo fato de que Foucault e Deleuze são autores largamente utilizados pela área da Psicologia no Brasil.

Em uma visada inicial, parece-nos que os segundo e terceiro usos possuem maior influência na introdução do tema da subjetividade nas políticas nacionais de saúde a partir de 2003, enquanto o primeiro uso foi hegemônico durante o início do movimento da reforma sanitária brasileira, na fase que antecedeu sua institucionalização.

Reconhecemos também que tanto a discussão trazida pelas ciências sociais quanto a trazida pelas ciências humanas na filosofia e na psicologia estão preocupadas com a dimensão de agência, de protagonismo, dos sujeitos protagonizando, na participação e na utilização do SUS (MINAYO, 2001). De um lado, temos sociólogos preocupados em entender o equilíbrio entre fatores macrossociais determinantes (estrutura) e microssociais protagonistas (agência). De outro, nas humanidades, temos uma discussão que rompe com a tradição filosófico-psicológica de pensar a subjetividade como fundamento sobre o qual incidem as predicações, presente tanto no *cogito* cartesiano quanto na concepção de uma consciência subjetiva acessível à introspecção estabelecida no surgimento da psicologia como disciplina científica.

Estudos com essa direção, que privilegiam o foco em processos de subjetivação geográfica e historicamente situados em uma perspectiva política, têm sido disseminados tanto no campo da Saúde Coletiva (LUZ, 2012) quanto em diversos Programas de Pós-Graduação em Psicologia no Brasil, seja na esteira da influência das contribuições do pós-estruturalismo na psicologia social em várias vertentes, seja em segmentos da psicologia no trabalho, principalmente dentro do campo das clínicas do trabalho de influência francesa (BENDASSOLLI; SOBOLL, 2010), entre outros.

A subjetividade na Política Nacional de Promoção da Saúde

O uso da noção de subjetividade aparece diretamente nos textos das políticas de saúde, e possui outras expressões correlatas relacionadas com o conceito. Em um levantamento inicial, fizemos uma busca utilizando os termos de busca suj*, subj*, indiv*, psic*, em sete políticas nacionais de saúde, buscando identificar as menções que, de fato, estavam associadas ao tema da subjetividade e descartando as demais.

Essa primeira apreensão apontou o destaque das Políticas Nacionais de Humanização (PNH) e de Promoção da Saúde (PNPS), cada uma com 18 menções, seguidas pela de Atenção Básica (Pnab) com 14, bem adiante das demais, que possuem até 3 menções. Nossa hipótese é de que a forte relação delas com a Atenção Básica, *locus* principal do cuidado integral, e com o uso intensivo de tecnologias relacionais, pode ter sido um fator decisivo para essa prevalência.

Contudo, se incluirmos outras noções correlatas a essa temática, tais como protagonismo, participação, vida, autonomia, cooperação, cultura, esses números aumentam bastante. Por exemplo, na PNPS, remontam a 67 menções. A definição da amplitude das noções correlatas à subjetividade será definida no decorrer da pesquisa, na aproximação entre os documentos e a literatura, e análise da estrutura enunciativa em que aparecem nos documentos.

Nesta última seção, discorreremos como o tema da subjetividade é abordado pela PNPS, em sua primeira versão, produzida em 2006, introduzindo, antes, alguns dados de contexto histórico e institucional da época de sua formulação.

A construção de uma PNPS foi introduzida na pauta do Ministério da Saúde (MS) em 1998, através do Projeto 98/006, financiado pelo Programa das Nações Unidas para o Desenvolvimento (Pnud), cujo objetivo era a transformação do modelo de atenção através da promoção da saúde. No final dessa gestão federal, foi gerado um primeiro "documento para discussão" do que seria essa futura política (BRASIL, 2002). Com o novo governo de 2003, nova rodada de debates em torno do tema ocasionou um segundo "documento preliminar para discussão", contendo um forte acento crítico em relação ao primeiro documento (BRASIL, 2005). Apresentaremos uma síntese da análise comparativa entre os dois documentos para discussão de uma PNPS, que foi mais explorado em outro trabalho (FERRREIRA NETO et al., 2013), podendo-se esclarecer alguns pontos desse debate.

O documento de 2002 acentua que o Brasil vivia sua "transição epidemiológica" com a diminuição da mortalidade por doenças infecciosas e o aumento por doenças crônicas não transmissíveis, apresentando estatísticas sociais e epidemiológicas. Em contrapartida, o documento de 2005 não nega a importância da epidemiologia, mas não realiza uma discussão com base em números, apenas critica a relevância dos dados epidemiológicos como fundamento para se pensar uma política de promoção da saúde. Se, no documento de 2002, há uma preocupação como "o desafio das evidências na promoção da saúde" (p. 15), no de 2005, aponta-se o limite dessas evidências, por enfatizarem apenas "o comportamento e os hábitos de vida dos sujeitos" (p. 13). Nesse sentido, sistematizam um insistente repúdio à tese de que "a promoção da saúde lida com estilos de vida [...] em que a população perde de vista o que é uma vida saudável" (p. 13). Defendem que os "modos de viver", em detrimento dos "estilos de vida", "não se referem apenas ao exercício da vontade e/ou liberdade individual e comunitária [...], mas envolvem forças políticas, econômicas, afetivas e sociais" (BRASIL, 2005, p. 8).

Essa postura teórico-política, entretanto, sustentada pela nova gestão do MS através de sua Secretaria Executiva, não prevaleceu na redação final da PNPS em 2006. Ao longo da sua formulação foi atravessada pela orientação da Organização Mundial de Saúde (OMS), presente no documento "Estratégia global para alimentação, atividade física e saúde" (WHO, 2004), que acentuou os dados epidemiológicos como base para a construção das ações de saúde. O MS, à época, criou um Grupo Técnico Assessor, com a finalidade de realizar uma análise dessa orientação da OMS, que produziu uma síntese analítica detalhada da estratégia (BARRETO et al., 2005). Nessa análise, é destacado o crescimento global das doenças crônicas não transmissíveis (DCNT), sendo que, no Brasil, elas são responsáveis por 69% dos gastos com atenção à saúde no SUS. Em decorrência disso, o foco estratégico deveria se firmar na prevenção e no controle dos "fatores de risco modificáveis". Ademais, se tivemos, no passado recente, avanços epidemiológicos no combate ao tabagismo, cumpre agora avançar na "prevenção integrada das DCNT, ao abordar a prevenção da alimentação inadequada e a inatividade física" (BARRETO, et al., 2005, p. 43). O Documento da OMS afirma que "[a] alimentação pouco saudável e a falta de atividade física são, pois, as principais causas das doenças não transmissíveis mais importantes" (WHO, 2004, p. 2). O desenho dessa proposta é claramente assentado em fundamentos epidemiológicos, ancorada na noção de fatores de risco, elegendo a alimentação e ativi-

dade física como focos centrais das ações a serem desencadeadas como estratégias em nível global.

Além das 18 menções diretas ao tema da subjetividade, quando buscamos noções correlatas ao tema, as menções chegam a 67. Os termos prevalentes são cultura, com 18 menções, seguido por qualidade de vida e sujeito/subjetividade, com 12, e mobilização, com 11 menções. A cultura é mencionada em diferentes acepções. Fala-se dela no sentido macro e micro. Desde a menção a mudanças culturais que modificaram a vida em sociedade, até a valorização da diversidade cultural de cada território. Menciona-se também a necessidade de se promoverem mudanças na atual cultura organizacional dos serviços de saúde e estimular uma cultura de alimentação saudável e uma cultura da paz junto à população. A noção de qualidade de vida tem se tornado, na literatura, o objetivo primário da promoção da saúde e, por vezes, seu sinônimo. A ideia de mobilização é bem distribuída em todo o texto e utilizada para referir-se tanto aos servidores públicos quanto aos potenciais parceiros intersetoriais e, principalmente, à população em geral. Isso reforça a hipótese tomada de Bourgon (2010), de que, nas sociedades democráticas, as políticas públicas necessitam do envolvimento voluntário dos cidadãos para que possam atingir sua efetividade. Por essa razão, a discussão teórica sobre subjetividade e seu uso nas políticas de saúde buscou interpretações que problematizassem a experiência da subjetivação como agência, mesmo não negligenciando os componentes estruturais presentes.

O documento da primeira versão da Política Nacional de Promoção da Saúde (PNPS) acentua a indissociabilidade entre produção da saúde e produção de subjetividades (conceito criado por Deleuze e Guattari e desenvolvido pelo segundo autor) "mais ativas, críticas, envolvidas e solidárias", demandando corresponsabilização e ações intersetoriais para a efetivação das ações ali indicadas (BRASIL, 2006,

p. 13). Este enunciado foi suprimido na atualização da PNPS publicada em 2015 (BRASIL, 2015). Contudo, permaneceu no texto, como "Valores e princípios", o investimento na relação entre produção de saúde e subjetividades. Nas quatro adjetivações que descrevem o contorno da subjetividade a ser produzida, temos forte acento nas ideias de envolvimento e do laço coletivo solidário. O documento menciona várias vezes a expressão "sujeitos e coletivos/coletividades". Faz, portanto, um contraponto ao individualismo crescente nas sociedades contemporâneas, apontando a solidariedade como experiência subjetiva a ser fortalecida.

Vale apontar que, além da evidente importância do uso da noção de subjetividade para o campo das políticas públicas, é relevante observarem-se algumas limitações de sua operacionalização nesse campo.

O movimento sanitário sempre teve a ambição de que a Reforma Sanitária fosse também uma reforma social ampla que possibilitaria o surgimento de novos sujeitos sociais (PAIM, 2008). Para nos mantermos próximos ao conceito de produção de subjetividade tal como desenvolvido por Guattari, acentuamos que essa produção ocorre mediante a concorrência de múltiplas instâncias, individuais, coletivas, familiares, institucionais, tecnológicas, sociais, culturais, econômicas, entre outras (GUATTARI, 1992). Ou seja, trata-se de um conceito portador de uma lógica próxima à perspectiva foucautiana de processos de subjetivação, mas distante de uma lógica estruturalista ou da tradição da Psicologia, que costuma privilegiar a família como sujeito exclusivo produtor de subjetividades. Para Guattari, não há um sujeito exclusivo na produção de subjetividades, mas existem instâncias plurais e não intencionais. Trata-se de algo próximo daquilo que Althusser denominou como "processo sem sujeito" (ALTHUSSER, 1973). Uma política não é

e nem será o fator decisivo de produção de subjetividades, ainda que possa ser um de seus vetores. Por conseguinte, a produção de subjetividades "ativas, críticas, envolvidas e solidárias" tem, na PNPS, uma das instâncias para favorecê-la, mas é a concorrência de múltiplas instâncias, com cada qual portando diferentes pesos e intensidades, que conduzirá ao surgimento de novos sujeitos. A mudança subjetiva exigirá a concorrência de mudanças sociais mais amplas, juntamente com a implicação dos próprios sujeitos.

Referências

ALTHUSSER, L. *Resposta a John Lewis*. Lisboa: Estampa, 1973.

AYRES, J.R. Sujeito, intersubjetividade e práticas de saúde. In: *Ciência & Saúde Coletiva*, 6 (1), 2001, p. 63-72, 2001.

BARRETO, S.M. et al. Análise da Estratégia global para alimentação, atividade física e saúde, da Organização Mundial da Saúde. In: *Epidemiologia e Serviços de Saúde*, 14 (1), 2005, p. 44-88.

BASTOS, A.V. & GONDIM, S. (orgs.). *O trabalho do psicólogo no Brasil*. Porto Alegre: Artmed, 2010.

BENDASSOLLI, P.F. & SOBOLL, L.A. (orgs.). *Clínicas do trabalho*: novas perspectivas para compreensão do trabalho na atualidade. São Paulo: Atlas, 2010.

BOURGON, J. Finalidade pública, autoridade governamental e poder coletivo. In: *Revista do Serviço Público*, 61 (1), 2010, p. 5-33.

BRASIL/Ministério da Saúde. *Política Nacional de Promoção da Saúde PNPS*: revisão da Portaria MS/GM n. 687, de 30 de março de 2006. Brasília: Ministério da Saúde. 2015, 36 p.

_____. *Política Nacional de Promoção da Saúde*. Brasília: Ministério da Saúde. 2006. 52 p.

BRASIL/Secretaria de Políticas de Saúde. *Política Nacional de Promoção da Saúde* – Documento para discussão. Brasília: Ministério da Saúde, 2002, 44 p.

BRASIL/Secretaria de Vigilância em Saúde/Secretaria de Atenção à Saúde. *Política Nacional de Promoção da Saúde* – Documento preliminar para discussão. Brasília, 2005, 53 p.

CALLAHAN, D. (org.). *Promoting health behavior*. Washington: Georgetown University Press, 2000.

CAMPOS, G.W. Saúde, sociedade e o SUS: o imperativo do sujeito. In: *Saúde e Sociedade*, 18, supl. 2, 2009.

_____. Saúde pública e saúde coletiva: campo e núcleo de saberes e práticas. In: *Ciência & Saúde Coletiva*, 5 (2), 2000, p. 219-230.

DALTRO, M. & PONDÉ, M. Internato em psicologia: aprender a refletir fazendo em contextos de prática do SUS. In: *Revista Psicopedagogia*, 34 (104), 2017, p. 169-179.

FARR, R. *As raízes da psicologia social moderna*. Petrópolis: Vozes, 1999.

FERREIRA NETO, J.L. *Psicologia, políticas públicas e o SUS*. 2. ed. ampl. São Paulo/Belo Horizonte: Escuta/Fapemig, 2017a.

_____. Uma analítica da subjetivação em Michel Foucault. In: *Polis e Psique*, 7 (3), 2017b, p. 7-25.

_____. Foucault "para exportação" e na psicologia brasileira: hipóteses iniciais. In: FERREIRA NETO, J.L.; DRAWIN, C.R. & MOREIRA, J.O. (orgs.). *A filosofia na psicologia*: diálogos com Foucault, Deleuze, Adorno e Heidegger. São Paulo: Loyola, 2016.

FERREIRA NETO, J.L. et al. Usos da noção de subjetividade no campo da saúde coletiva. In: *Cadernos de Saúde Pública*, 27 (5), 2011, p. 831-842.

_____. Processos da construção da Política Nacional de Promoção da Saúde. In: *Cadernos de Saúde Pública*, 29 (10), 2013, p. 1.997-2.007.

FLEURY, S. Reforma sanitária brasileira: dilemas entre o instituinte e o instituído. In: *Ciência & Saúde Coletiva*, 14 (3), 2009, p. 743-752.

FONTANIER, J.-M. *Vocabulário latino da filosofia*. São Paulo: Martins Fontes, 2007.

FOUCAULT, M. *Ética, sexualidade, política*. Rio de Janeiro: Forense Universitária, 2004.

_____. Sobre a genealogia da ética: uma revisão do trabalho. In: RABINOW, P. & DREYFUS, H.L. *Michel Foucault*: uma trajetória filosófica – Para além do estruturalismo e da hermenêutica. Rio de Janeiro: Forense Universitária, 1995, p. 231-249.

_____. *História da sexualidade 2*: O uso dos prazeres. Rio de Janeiro: Graal, 1984.

GIDDENS, A. *A transformação da intimidade*. São Paulo: Unesp, 1993.

GUATTARI, F. *Caosmose*: um novo paradigma estético. Rio de Janeiro: Ed. 34, 1992.

HALL, S. *A identidade cultural na Pós-modernidade*. Rio de Janeiro: DP&A, 1998.

KELLY, M. *Foucault and Politics*: a critical introduction. Edimburgo: Edinburgh University Press, 2014.

LORENZINI, D. Foucault, regimes of truth and the making of subjects. In: CREMONESI, L. et al. (eds.). *Foucault and the making of subjects*. Londres: Rowman & Littlefield, 2016, p. 63-75.

LUZ, M. Ações e saberes plurais em pesquisas qualitativas em saúde – Conferência final do *V Congresso Ibero-Americano de Pesquisa Qualitativa em Saúde*. Lisboa, 2012.

MINAYO, M.C. Estrutura e sujeito, determinismo e protagonismo histórico: uma reflexão sobre a práxis da saúde coletiva. In: *Ciência & Saúde Coletiva*, 6, 2001, p. 7-19.

ONOCKO-CAMPOS, R. & CAMPOS, G.W. Co-construção de autonomia: o sujeito em questão. In: CAMPOS, G.W. et al. (orgs.). *Tratado de saúde coletiva*. São Paulo/Rio de Janeiro: Hucitec/ Fiocruz, 2006, p. 669-688.

PAIM, J. *Reforma Sanitária Brasileira*: contribuições para a compreensão e crítica. Salvador/Rio de Janeiro: Edufba/Fiocruz, 2008.

PAULA JÚNIOR, J. Pós-estruturalismo. In: SELL, C.E. & MARTINS, C.B. (orgs.). *Teoria sociológica contemporânea*: autores e perspectivas. São Paulo: Annablume, 2017.

PETERSEN, A. & LUPTON, D. *The new public health*: health and self in the age of risk. Londres: Sage, 1999.

RICOEUR, P. *O si-mesmo como um outro*. Campinas: Papirus, 1991.

STOTZ, E. & ARAÚJO J.G. Promoção da saúde e cultura política: a reconstrução do consenso. In: *Saúde e Sociedade*, 13 (2), 2004, p. 5-19.

TAFARODI, R. (org.). *Subjectivity in the Twenty-First Century*: psychological, sociological, and political perspectives. Cambridge: Cambridge University Press, 2013.

TRIANTAFILLOU, P. New forms of governing: a Foucauldian inspired analysis. Londres: Palgrave Macmillam, 2012.

WORLD HEALTH ORGANIZATION (WHO). *Global Strategy on diet, physical activity and health* – Fifty-seventy world health assembly, 2004 [Disponível em http://www.who.int/dietphysicalactivity/strategy/eb11344/strategy_english_web.pdf – Acesso em 02/12/2017].

SEÇÃO V

Questões metodológicas

40
Pesquisas quantitativas
"Metodologia quantitativa nas Ciências Sociais"

Maria Carolina Tomás

Lucas Wan Der Maas

1 Introdução

O uso de recursos numéricos em pesquisa social empírica deriva das estatísticas estatais produzidas a partir do século XVI, especialmente naquelas que ficaram conhecidas como a *political arithmetic* inglesa e a *Universitätsstatistik* alemã. Sem que ainda houvesse uma disciplina social, a análise quantitativa de dados populacionais se desenvolveu em um contexto de ascensão dos estados nacionais, em que a constituição de bases de informação passou a ser crucial à tomada de decisão pública. No final do século XVIII e início do século XIX, por influência dessas duas matrizes, o vocábulo "estatística" passou a se consolidar como o "estudo quantitativo da sociedade e da política" (PIOVANI, 2013). Portanto, antes de se constituir como um método estruturado e de uso ampliado em todas as áreas do conhecimento científico, a estatística era entendida como um recurso de pesquisa social.

Em Ciências Sociais, o primeiro grande estudo reconhecido como de caráter quantitativo foi *O suicídio* de Durkheim, de 1897, que trabalhou na elaboração de taxas de suicídio e na comparação de semelhanças e diferenças dentro e entre países. Durante as primeiras décadas do século XX, a

Escola de Chicago, embora tenha ficado conhecida pela difusão de métodos qualitativos, produziu diversos estudos estatísticos, sobretudo na área da criminologia. A consolidação do uso dos métodos quantitativos em Ciências Sociais ocorreu nos Estados Unidos após a Segunda Guerra Mundial, principalmente em Ciência Política e nos estudos de estratificação social. Tais métodos cresceram muito durante a guerra e passaram a fazer parte da rotina de formação de cientistas sociais[1] (CANO, 2012).

A especificidade da metodologia quantitativa desde Durkheim foi associada ao positivismo, em que há um distanciamento do objeto (objetividade), verificação de hipóteses, e uso extensivo de técnicas de análise de dados. Esta associação não está de todo errada, mas o uso continuado e cumulativo das técnicas estatísticas nas Ciências Sociais consolidou uma percepção mais relacionada aos aspectos práticos de seu uso. Nessa linha, a existência de uma amostra representativa seguida de um *survey* (aplicação de um questionário estruturado) já se constitui em uma pesquisa quantitativa, apesar de alguns pesquisadores entenderem que para se

---

1. Para mais detalhes do percurso histórico dos métodos quantitativos (e qualitativos), cf. Cano, 2012. Sobre o desenvolvimento da estatística na pesquisa social, cf. Piovani, 2013.

considerar um estudo como quantitativo é necessário o uso de técnicas mais sofisticadas que envolvem probabilidades e análise multivariada (envolve mais de uma variável para explicar o fenômeno analisado). Embora a pesquisa de *survey* e o uso de técnicas estatísticas sejam as principais ferramentas da abordagem quantitativa, elas não são suficientes para defini-la.

Neste momento é interessante diferenciar método de técnica, como feito por Cano (2012, p. 107): "métodos seriam estratégias de produção de conhecimento científico, incluindo a geração e validação de teorias. Técnicas seriam formas padronizadas de coleta e análise de dados, com a mesma finalidade, a de produzir conhecimento válido". Método, portanto, inclui o processo de escolha das técnicas a serem utilizadas, mas não se resume a elas, é um processo mais abrangente. Da mesma forma, o método pode convergir escolhas de técnicas que combinem abordagens tanto quantitativas quanto qualitativas, embora alguns estudos possam ser completa ou predominantemente mais inclinados para uma ou outra perspectiva.

Há autores (p. ex., RAMOS, 2013) que diferenciam a metodologia quantitativa a partir de sua abordagem do objeto. Ou seja, a concepção metodológica da pesquisa é um grande diferencial, mas não se resume apenas às diferenças entre seus instrumentos, incluindo também a forma de se construir o objeto, as hipóteses e a interpretação final dos resultados. A autora destaca que "questões que envolvem relações causais, por meio das quais testamos hipóteses, pressupõem o uso de métodos quantitativos [...]", já "questões que envolvem processos ou interrogações sobre representações sociais, por exemplo, não podem ser respondidas com o uso de métodos quantitativos". Vale ressaltar que mesmo com relação ao tratamento do objeto há discussões interessantes na literatura, enquanto, por exemplo, Cano (2012) provoca os pesquisadores com exemplos de estudos que po-

dem ser respondidas tanto através da perspectiva qualitativa quanto quantitativa.

Nesse sentido, o delineamento de uma metodologia quantitativa, que necessariamente se oponha a uma metodologia qualitativa, é infrutífero. Trata-se, na verdade, de uma tendência histórica de oposição entre os métodos quantitativos e qualitativos que reflete uma disputa entre o paradigma explicativo e o paradigma compreensivo[2]. Isso acabou por atribuir aos números e à estatística um rótulo equivocado e pejorativo de "positivista", como se o positivismo fosse uma abordagem incompatível com a disciplina, que teria como único objetivo alcançar o sentido das ações socias. Entretanto, é possível explorar o sentido das ações sociais através de perguntas fechadas em *surveys*, embora com menos profundidade do que em uma etnografia ou entrevista em profundidade. Mas, sim, os *surveys* permitem levantar padrões sociais e culturais captando o que está cristalizado na superfície das motivações dos indivíduos e grupos, a diferença trata-se, portanto de uma questão de ênfase.

Enquanto nas ciências naturais os métodos quantitativos são largamente utilizados, nas Ciências Sociais o crescimento de seu uso foi lento e ainda é restrito. As análises apontam pouca participação de publicações de estudos quantitativos nos periódicos da área (VALLE SILVA, 1999; AGUIAR, 2011; SOARES, 2005; NEIVA, 2015) e no desenvolvimento de dissertações e teses (VIANNA et al., 1998). Tanto Soares (2005) quanto Neiva (2015) apontam que a Ciência Política apresenta maior aceitação e uso da metodologia quantitativa, seguido da Sociologia e a Antropologia menor que as duas.

> De fato, a ciência política apresentou-se bem mais "quantitativa" do que as outras disciplinas (43,8% dos artigos). Contrasta fortemente com o que aconteceu com a sociologia

---

2. Para se saber mais sobre o assunto, cf. Bourdieu, 2003; Dilthey, 1989; Habermas, 1968.

(20,7%), na história (15,7%) e na antropologia (13,2%). No que se refere à estatística avançada, os cientistas políticos a usaram em 14% dos artigos. Uma proporção pequena, mas bem acima de todas as outras" (NEIVA, 2015, p. 75).

Essa sub-representação pode ser explicada principalmente, i) pela composição da matriz curricular dos cursos que apresentam uma carga maior para formação teórica do que metodológica e ii) pelo infrutífero debate que separa e, muitas vezes, opõe metodologia quantitativa e qualitativa (SOARES, 2005; CANO, 2012). Nesse sentido, debatemos algumas ideias preconcebidas sobre metodologia quantitativa, que valem a reflexão a fim de avançarmos o debate metodológico no campo das Ciências Sociais. Portanto, o objetivo deste trabalho é apresentar, sem o propósito de esgotar, algumas das questões que permeiam a metodologia quantitativa, desde a definição das técnicas que melhor se adequam a uma questão de pesquisa, até alguns pensamentos que se tornaram comuns de estarem relacionadas aos métodos quantitativos, que aqui chamaremos de controvérsias.

O capítulo está dividido em cinco seções, incluindo esta introdução. A segunda parte discute a relação entre objeto de estudo e as decisões entre qual tipo de técnica utilizar, a terceira seção apresenta quatro controvérsias que permeiam a metodologia quantitativa e, em certa medida, a metodologia nas Ciências Sociais de forma geral. Já na quarta seção discutimos algumas ideias do que consideramos promissores para a metodologia quantitativa nas Ciências Sociais e por fim, apresentamos as considerações finais.

2 As Ciências Sociais e as decisões metodológicas dos pesquisadores

As Ciências Sociais têm como interesse de pesquisa fenômenos sociais, como por exemplo, a desigualdade social, o comportamento político, a criminalidade e a violência, as relações de trabalho, dentre outros assuntos. Sabe-se que a diversidade da área é extensa, incluindo contrastes e explicações divergentes sobre o mesmo assunto. Embora haja divergências e contradições, entende-se que os cientistas sociais, em geral, estão preocupados com o entendimento da sociedade, que é transformado em perguntas sobre temas ou grupos sociais específicos. Desse modo, qualquer método e técnica empregados visam mais do que apenas a mensuração e quantificação de fenômenos, como poderia sugerir uma ideia preliminar sobre o alcance de um estudo predominantemente quantitativo.

Mesmo que a mensuração seja um objetivo das técnicas utilizadas, já que se deseja saber, por exemplo, o número de pessoas analfabetas ou a renda média da população, isso não é a especificidade da produção de conhecimento em Ciências Sociais. Na verdade, dividimos esse objetivo com pesquisadores de outras áreas de conhecimento, como os estatísticos e demógrafos. Nas Ciências Sociais buscamos o entendimento de relações: uma boa pergunta de pesquisa não começa com "Quantos(as)", mas com "Qual a relação entre A e B?" Além disso, uma boa análise social não é aquela conhecida como "análise de elevador", isto é, uma descrição dos valores de tabelas e gráficos, mas aquela que se relaciona com a teoria, que aponta possíveis explicações para o fenômeno e ainda suscita novas perguntas de pesquisa. Como ressalta Briceño-León (2003, p. 157), do ponto de vista do objetivo da pesquisa, toda ciência é qualitativa, "no sentido que pretende estabelecer uma qualidade a um objeto de estudo ao reproduzi-lo ou reconstruí-lo, ao explicá-lo ou compreendê-lo". Completando com Günther (2006), a divisão entre explicação e compreensão não faz sentido tendo em vista que "[...] explicação e compreensão dependem uma da outra, são impossíveis uma sem a outra" (p. 207).

Vale destacar, portanto, que o mais interessante na pesquisa é sempre a análise da relação entre dois ou mais fatores. Mais do que conhecer a quantidade ou a força da relação entre eles, interessa-nos o como se relacionam e se influenciam, ou seja, buscamos tanto a explicação quanto a compreensão.

A relação da metodologia quantitativa com a teoria foi historicamente construída como um espaço para se testar hipóteses. Tradicionalmente, o entendimento das diferenças entre metodologia quantitativa e qualitativa era de uma divisão clara entre elas, sendo que a primeira tinha por objetivo testar teoria (*theory testing*) e a segunda gerar teorias (*theory generating*) (BABBIE, 2012). Esse entendimento, inclusive impõe uma dificuldade de geração de hipóteses em trabalhos qualitativos, sendo considerada, muitas vezes, uma característica de estudos quantitativos. Mas, entendemos que tanto estudos qualitativos quanto quantitativos podem testar e gerar teorias.

Metodologia, propriamente dita, não é apenas um conjunto de técnicas, mas compreende todo o fazer da pesquisa científica, como a aquisição de uma habilidade profissional, ou a formação de um *habitus*, que se constitui em diferentes etapas desde a definição do problema até a análise dos resultados. Neste sentido, como afirmou Günther (2006):

> [e]nquanto participante do processo de construção de conhecimento, idealmente, o pesquisador não deveria escolher entre um método ou outro, mas utilizar as várias abordagens, qualitativas e quantitativas que se adequam à sua questão de pesquisa. Do ponto de vista prático existem razões de ordens diversas que podem induzir um pesquisador a escolher uma abordagem, ou outra (p. 207).

Essas questões são tratadas em maior detalhe na próxima seção, em que chamamos atenção para o que denominamos de controvérsias que permeiam a metodologia quantitativa. O objetivo é discutir de maneira geral as questões sobre operacionalização, objetividade, generalização e causalidade na abordagem quantitativa, ao mesmo tempo em que inserimos no debate questões que também são relevantes para a perspectiva qualitativa. Desse modo, também desejamos contribuir para uma discussão mais ampla de metodologia nas Ciências Sociais.

3 Questões que permeiam a metodologia quantitativa

Há algumas "pré-noções" sobre o que é a metodologia quantitativa ou sobre sua aplicabilidade na esfera das Ciências Sociais, como se tivéssemos desenvolvido um senso comum sobre seu uso. Muitas vezes, alguns desses pensamentos já distanciam pesquisadores e alunos de seu estudo e uso ou criam distorções com relação à sua aplicação. Apresentamos quatro controvérsias, com o objetivo de ampliar a discussão sobre as potencialidades e os desafios da abordagem quantitativa e na discussão argumentamos como essas "pré-noções" colaboram para uma diferenciação, muitas vezes, superficial entre metodologia quantitativa e qualitativa.

Controvérsia 1   A metodologia quantitativa enfrenta problemas de operacionalização e mensuração de variáveis, o que acaba simplificando conceitos

Uma das etapas do processo de pesquisa é a operacionalização de conceitos, isso não se relaciona necessariamente com o uso de variáveis *proxy*[3], embora em muitos casos isso aconteça. Mas, o processo de operacionalização é necessário em todas as pesquisas, indiferente das técnicas de análise, tendo em vista que para ser considerado científico o objeto de estudo deve ser empírico,

---

3. Variável utilizada em substituição a uma de difícil mensuração ou disponibilidade, que se relaciona com a variável omitida.

ou seja, passível de observação. Um exemplo de conceito difícil de ser analisado, indiferente da abordagem metodológica, é o de capital cultural de Pierre Bourdieu. Em estudos quantitativos, muitas vezes, o conceito é operacionalizado pela escolaridade dos pais e/ou a quantidade de livros existentes em casa. Um exemplo é o estudo sobre a influência dos capitais humano, social e cultural na situação ocupacional (empregador, empregado, autônomo, funcionário público) e nos rendimentos da população acima de 18 anos da Região Metropolitana de Belo Horizonte (TOMÁS et al., 2007). Neste trabalho, capital cultural é operacionalizado através de uma análise fatorial entre a escolaridade do pai e da mãe, sabendo-se que o conceito é mais abrangente, mas que está intimamente relacionado com a situação dos pais. Neste sentido, a despeito dos limites de mensuração, a discussão teórica torna-se fundamental para a argumentação dos autores.

Um estudo qualitativo referência no assunto e que usou o mesmo conceito é o de Lareau (2003), que analisa como estilos parentais influenciam os resultados dos filhos. A autora e sua equipe utilizaram a abordagem qualitativa, tendo realizado 85 entrevistas em profundidade com famílias de classe média e baixa. No trabalho, o conceito de *habitus* e o de capital cultural foram observados a partir da relação entre pais e filhos, das práticas diferenciadas entre as classes sociais e da relação disso com a estrutura que compreendia a escola, as atividades extracurriculares e a forma de se usar o tempo de lazer. Nesse caso, para que o conceito pudesse ser estudado foi necessário lançar mão de observação da rotina das famílias.

Indiferentemente de concordarmos com os conceitos de Bourdieu e com as soluções de operacionalização empregadas (cf., p. ex., LAMONT & LAREAU, 1988), é importante dizer que há necessidade de que qualquer conceito seja "traduzido" em estratégias passíveis e possíveis de observação. Em muitos casos, os conceitos serão considerados simplificados, mas há de se discutir em que medida sua própria complexidade não permite que seja estudado sem simplificações.

Desse modo, o problema da operacionalização de conceitos está presente em ambas as abordagens qualitativas e quantitativas, porque um conceito que é abstrato precisa ser observado. Na abordagem quantitativa, Richardson (1999) ressalta que essa questão é apenas mais evidente, já que são usadas variáveis que buscam traduzir conceitos abstratos em percentuais (frequências) ou médias. Uma questão importante é que operacionalizar um conceito não significa transformá-lo em apenas uma variável, sendo possível utilizar um conjunto delas. Quando um conceito é captado por muitos itens de um questionário, o pesquisador pode lançar mão de técnicas para sintetizá-los em uma medida única. Dentre estas técnicas, estão a Análise de Componentes Principais e a Teoria da Resposta ao Item, ou mesmo a criação de índices por somatório das escalas (para ler mais sobre as técnicas HAIR et al., 2009; ANDRADE et al., 2000). Esse é um esforço possível para se lidar com a complexidade dos conceitos.

Por fim, operacionalização de conceitos não está relacionada apenas com a abordagem quantitativa, mas com a pesquisa empírica, já que no campo analisamos os fenômenos e não os conceitos propriamente ditos, e a análise e compreensão dos conceitos dependem da interpretação da literatura, do pesquisador e do contexto da pesquisa. Além da questão da empiria, a objetividade é também tratada como um processo de distanciamento da pesquisa, em que através da metodologia quantitativa ter-se-ia maior objetividade na pesquisa, esse é o assunto da próxima seção.

Controvérsia 2 Metodologia quantitativa é totalmente objetiva

A segunda controvérsia associada à metodologia quantitativa é que ela seria o melhor caminho para alcançar a objetividade da investigação científica. Seu pressuposto é a crença de que o uso de procedimentos estatísticos eliminaria a subjetividade do(a) pesquisador(a) já que a coleta e análise dos dados seriam mais rigorosas e padronizadas (BRICEÑO-LEÓN, 2003). É uma crença evidenciada inclusive nas ciências naturais, como se o uso da estatística (ou da quantificação, de maneira geral) fosse sinônimo de maior cientificidade/empirismo (MELLO, 2012). Essa é uma ideia que não encontra respaldo na prática dos métodos quantitativos como também atribui aos métodos qualitativos outro *status*.

De fato, a metodologia quantitativa permite obter estimativas mais precisas e replicáveis do que a metodologia qualitativa, porém, em qualquer abordagem metodológica os dados são construídos por meio de uma narrativa científica que se expressa através do olhar do(a) pesquisador(a) na escolha do objeto e da abordagem teórica para o recorte da pergunta e das hipóteses, na coleta dos dados e na interpretação dos resultados. É falsa a ideia de que os dados obtidos e tratados pela via quantitativa são necessariamente "objetivos" porque estão cobertos pela aura dos números e da abordagem estatística ou porque são padronizados. Qualquer tipo de dado, independente da metodologia utilizada para coletá-lo, é utilizado pelo(a) pesquisador(a) no sentido de construção de objetos científicos. O que conta é a "eficácia do método" utilizado para mobilizar racionalmente os objetos sociais com a finalidade de constituir objetos científicos, o que varia de caso para caso (BOURDIEU, 1989).

No caso específico da construção de questionários estruturados em pesquisas do tipo *survey* e posterior coleta de dados, não se pode dizer que são processos objetivos como se entende normalmente. Na formulação de questões, a subjetividade[4] se apresenta quando definimos quais perguntas fazer, quais nomes dar às categorias de resposta, que tipo de "escalas" utilizar, como apresentar "afirmativas". Embora existam técnicas para conduzir esse processo de forma mais distanciada, pautando-se na teoria e em perguntas que já foram feitas, tratam-se de escolhas que podem influenciar os dados coletados. O momento de aplicação do questionário, por sua vez, é um processo de interação entre entrevistado e entrevistador como qualquer outro. Por mais que perguntas estruturadas limitem essa relação, o improvável encontro de dois desconhecidos pode afetar o curso das respostas; um exemplo é pensar na influência que as características do entrevistador, como sexo ou a raça/cor podem ter nas respostas do entrevistado, principalmente se as questões forem sensíveis a esses assuntos. A subjetividade continua ainda no momento de tratamento e análise. Quando recategorizamos variáveis, selecionamos casos, relacionamos variáveis, construímos tabelas e gráficos e elaboramos modelos, estamos aplicando uma visão específica sobre os dados – algo que também ocorre na análise de dados secundários provenientes de registros administrativos e estatísticas oficiais. Embora, tenha-se como base uma série de técnicas padronizadas, sabe-se que parte da análise é feita por escolhas do(a) pesquisador(a).

Portanto, a questão da objetividade não está inscrita na pretensa "positividade" ou "formalidade" empregada na hora de elaborar problema e hipóteses, na padronização da obtenção dos dados ou na aplicação de técnicas estatísticas. A objetividade é o centro da produção científica, seja qual for sua inclinação metodológica. Seus atributos passam pelo rigor do trabalho, a sistematização dos

---

4. Entendida aqui como a influência das características, crenças e valores do(a) pesquisador(a).

caminhos percorridos pelo pesquisador e suas escolhas, o escrutínio e observação de padrões e pela possibilidade de validação[5]. O que se espera ao seguir tais atributos é alcançar a formulação weberiana de que os sentidos mobilizados pelo cientista social no desenrolar da produção científica devem ser explicitados e controlados (WEBER, 1982). Tais elementos estão igualmente presentes nos estudos de inclinação qualitativa (inclusive etnográficos). Dessa forma, os estudos quantitativos nas Ciências Sociais não podem se ater apenas às técnicas, mas também ao estudo sistemático de seu tema e objeto, além da reflexão do papel do(a) pesquisador(a) e seu local de fala. Essa discussão sobre estimativas quantificáveis e gerais levam também à ideia de maior poder de generalização com o uso da metodologia quantitativa, esse é o assunto da próxima controvérsia.

Controvérsia 3 Metodologia quantitativa sempre produz generalizações

A terceira controvérsia é a de que a metodologia quantitativa sempre produz generalizações. Seu pressuposto está baseado no corolário de que através de uma amostra ou experimento aleatório é possível generalizar os resultados para o universo populacional. Essa concepção está correta, afinal estamos nos referindo ao conceito de inferência estatística, isto é, a generalização de atributos populacionais (e relações entre atributos) a partir de uma amostra representativa extraída da população. Não se trata de uma crença falaciosa, mas daquilo que é a base teórica da estatística inferencial. A contro-

vérsia, neste caso, está nos equívocos de interpretação dessa teoria. Por outro lado, também se assenta na crença de que os estudos de caráter qualitativo de casos particulares não produzem generalizações.

Sobre a teoria estatística, é preciso elucidar que amostras apenas permitem generalizações por meio de estimativas e se forem representativas da população. Frequentemente, a sedução das proporções e médias conduz o "leitor" a interpretar os dados amostrais como verdade absoluta sobre a população em estudo. Na verdade, o resultado de uma única amostra é aquilo que esperaríamos encontrar se sucessivas amostras fossem conduzidas e, então, a distribuição amostral média nos reportaria os parâmetros populacionais. Isso ainda considerando um determinado intervalo de confiança, isto é, um espaço entre números no qual esperamos que os parâmetros populacionais estejam contidos (AGRESTI & FINLAY, 2012), o intervalo de confiança indica que trabalhamos com probabilidades e que os resultados não são números absolutos, como na Matemática. Devemos considerar ainda que tais estimativas são feitas a partir do que as pessoas se dispuseram a responder no inquérito, o que é frequentemente complicado para informações como renda ou posicionamentos sobre questões íntimas (HUFF, 2016). Nesse sentido, se há frequência de grande quantidade de dados faltantes, como por exemplo a não declaração de renda, é importante verificar a presença de seletividade, ou seja, se por exemplo apenas o grupo de alta escolaridade e cargos de posição de maior *status* (aqueles com maior probabilidade de renda alta) foram aqueles que majoritariamente não responderam à questão, dessa forma os resultados não são válidos para esse grupo. Além disso, se a amostra contempla apenas pessoas com renda entre R$ 10.000,00 e R$ 30.000,00, os resultados são válidos apenas para esse grupo e não para toda a população, mesmo sabendo que há na população pessoas com renda inferior e superior a

---

5. Validade significa que uma medição de qualquer tipo de fato mede aquilo que está se propondo a medir. A preocupação com a validação de uma pesquisa também inclui a ideia de que se utiliza uma forma neutra de redigir as questões de um instrumento, de se realizar as entrevistas para coleta de dados, de se processar as informações e ao se divulgar os resultados (ALRECK & SETTLE, 1995).

este intervalo. Não queremos dizer com isso que estatísticas são carregadas de incerteza (e o acúmulo de seu uso permite confiar em sua eficácia), mas é preciso destacar o caráter abstrato de sua utilização. Assim como esquemas explicativos derivados das análises qualitativas, dados estatísticos são representações da realidade.

É interessante notar sob este aspecto a ideia de "indivíduo-médio", como se por meio da análise estatística fosse possível encontrar o padrão médio de uma população resumido em um único indivíduo. Desse modo, pode-se pensar que os resultados não se aplicam necessariamente a um indivíduo específico. É comum ouvir que alguém conhece uma pessoa que não segue a "regra", isso não invalida o resultado, porque, na verdade, o que encontramos são perfis prevalentes, o que significa classificar a amostra em padrões associativos de atributos. Como, por exemplo, jovens se inclinam mais para determinadas características ao passo que os idosos possuem características distintas ou o resultado em conjunto pode ser entendido como um termômetro do "humor" da sociedade, como diria Durkheim em "O Suicídio". O indivíduo-médio, aquele que reúne todas as características estimadas no modelo, portanto, não existe necessariamente, a não ser como uma aproximação do tipo-ideal weberiano. Neste aspecto, assim como os tipos do empresário capitalista e do protestante de *A ética protestante e o espírito do capitalismo*, que foram construídos por meio de análise de discurso (WEBER, 2004), também é possível delinear tipos por meio de *surveys*, mas sem perder a noção de que são construtos analíticos. Nesse sentido, o pesquisador Jerônimo Muniz, em entrevista a Bachini e Chicarino (2018), entende que as probabilidades referentes aos perfis prevalentes de uma amostra são tipos ideais weberianos.

Em segundo lugar, a estatística não se resume apenas à inferência. Todo o conjunto da estatística descritiva pode ser utilizado em amostras não probabilísticas com o objetivo de caracterizar a amostra, produzir sínteses da estrutura de variabilidade dos dados (caso da análise de componentes principais e análise fatorial), ou classificar e discriminar a amostra em subdivisões ou grupos (caso da análise de agrupamentos – *cluster*) (MINGOTI, 2005). Mesmo em análises predominantemente qualitativas, utiliza-se de contagens que não têm por objetivo produzir generalizações e sim organizar em categorias o conteúdo das falas coletadas. Há ainda a possibilidade de utilizar análise de correspondências para fazer análise de discurso (BOURDIEU, 2007), além do campo promissor da estatística bayesiana para sistematizar e analisar grandes volumes de dados (*Big Data*) provenientes da internet, entre outras. Assim, pode-se dizer que o uso de técnicas quantitativas por si só não garante generalizações do tipo inferencial, mas oferecem um conjunto analítico de categorias e relações entre elas.

Nas Ciências Sociais o que fazemos é construir "sistemas coerentes de relações", que consistem em ligar dados através de um modelo com perguntas e respostas sistemáticas que são constantemente colocados à prova pela comunidade científica (BOURDIEU, 1989). O que na linguagem bourdieusiana é denominado de sistema/modelo pode ser substituído por outro termo a depender da inclinação paradigmática (ou da ausência de uma), mas o fato é que construímos ideias que se conectam a problemas gerais e se fundamentam no uso sistemático e rigoroso de métodos científicos e no diálogo com a literatura. Dessa forma podemos construir essa relação tanto a partir de amostras numerosas e representativas quanto a partir de casos particulares, sejam eles com o uso de técnicas quantitativas ou qualitativas.

Além disso, sempre colocamos os casos particulares em comparação com outros casos encontrados em sociedades diferentes e em momentos histéricos distintos, ou mesmo de outra natureza. Quanto a isso, não importa se o fazemos através de um pequeno grupo de informantes ou se por uma amostra probabilística numerosa. Nesse sentido, toda pesquisa, indiferente da abordagem metodológica, busca explicações e relações gerais, mesmo que o objeto seja um caso específico. São tipos de inferências diferentes que buscam explicar fenômenos sociais como um todo e não apenas o próprio objeto, como por exemplo a biografia sociológica de Mozart que Elias (1995) realiza para explicar a relação entre indivíduo, sociedade e história, em que se pesa a construção de um gênio e da conexão entre o tipo de arte e o mercado. Vale lembrar que o pedido de todo orientador é que o aluno localize e debata seu trabalho com outros casos similares e com a literatura, ou seja, deve-se atentar para a contribuição mais geral do trabalho.

Controvérsia 4   Metodologia quantitativa e causalidade nas Ciências Sociais

A quarta e última controvérsia é que só é possível estabelecer causalidade em pesquisas quantitativas e que toda pesquisa quantitativa verifica causalidades. Esta é mais uma controvérsia derivada da distinção histórica entre os paradigmas explicativo e compreensivo nas Ciências Sociais e a consequente e, muitas vezes, infecunda separação entre métodos quantitativos e qualitativos. Sob esta perspectiva, os métodos quantitativos são percebidos como um caminho certo para a verificação de hipóteses, o que se daria por meio do relacionamento entre uma variável dependente (ou variável resposta) e uma ou mais variáveis independentes (ou variáveis explicativas), de modo que os resultados permitissem elaborar um esquema de causalidades em formato de leis gerais sobre o comportamento social. Por outro lado, os métodos qualitativos seriam tomados como flexíveis e pouco estruturados,

cujo objetivo é interpretar a realidade de um ponto de vista subjetivo, contextual e heurístico, dessa forma, despreocupado com a checagem de hipóteses e o estabelecimento de causalidades (KIRSCHBAUM, 2013).

Originalmente os modelos causais foram pensados para previsão e análise de fenômenos em ciências físicas e naturais em que se têm elevados níveis de controle das amostras estudadas em ambiente laboratorial. Em Ciências Sociais, vários pressupostos são difíceis de serem obedecidos, tornando os fenômenos sociais mais complexos de serem analisados. Um dos pressupostos é o da temporalidade, em que A (que se supõe ser causa de B) deve ocorrer antes de B. Quando se analisa a relação causal entre escolaridade e renda, por exemplo, tem-se que o efeito esperado é que mais anos de estudos implicam maior renda, entretanto o contrário também pode acontecer, isto é, o aumento da renda pode ter levado ao incremento da escolaridade. Outro problema que torna a análise mais complexa é o da endogeneidade, que é o fato de a variável dependente também explicar a independente, isto é, quando a causalidade ocorre nos dois sentidos (de A para B e vice-versa). Um exemplo é pensar que o aumento do número de policiais ocorreu em função do aumento do número de crimes, mas também pode-se entender que onde há maior taxa de criminalidade há também um maior número de policiais. Pode-se citar ainda o pressuposto da homogeneidade das unidades observadas, em que casos com resposta idêntica na variável dependente devem ser igualmente afetados pelas variáveis explicativas, algo difícil de alcançar em contextos não laboratoriais (KIRSCHBAUM, 2013).

Diante das dificuldades em estabelecer todos os pressupostos de causalidade, os estudos quantitativos são mais propensos ao estabelecimento de relações ou associações entre múltiplas variáveis, isto é, entre elementos explicativos do fenômeno estudado. Vale também destacar o desenvolvimento de diferentes técnicas para lidar com essas limitações e a própria noção de causalidade em Ciências Sociais passou por uma transição histórica de uma ideia determinística, baseada na metafísica, para probabilística, baseada na estatística (MARINO, 2012). A disciplina estatística de uma maneira geral se desenvolveu ao longo do século XX como resposta ao descrédito da causalidade metafísica, emergindo como uma forma alternativa de compreensão da realidade pautada na probabilidade (PIOVANI, 2013). Daí a noção de que a presença de A aumenta a probabilidade de ocorrência de B, mas não determina. Ampliando a noção de que podemos afirmar que relações causais sociais não implicam, necessariamente, em regularidades e sim em multicausalidade de diversos elementos e contextos que constituem os fenômenos sociais (LITTLE, 2005).

A partir dessa noção de multicausalidade é possível afirmar que toda pesquisa em Ciências Sociais tem por finalidade a busca pela causalidade dos fenômenos sociais (Little, 2005) e que existem diferentes formas de encontrá-la. Nesse sentido, os métodos qualitativos são tão ou mais eficazes neste objetivo, a depender da situação específica de pesquisa. O esgotamento explicativo de um determinado contexto alcançado por meio de um estudo de caso de n-pequeno, embora seja mais limitado para estabelecer generalizações, pode identificar os efeitos explicativos do fenômeno em estudo com muito mais profundidade e clareza quanto aos múltiplos efeitos que estão em jogo. O aumento do n tende a reduzir a força explicativa, já que se faz necessário "migrar para interpretações probabilísticas" (KIRSCHBAUM, 2013). Não por acaso, diversos estudos ou "fases" das pesquisas qualitativas têm por objetivo ampliar a compreensão de explicações encontradas de forma escassa nos *surveys*.

4 Para onde caminha a metodologia quantitativa nas Ciências Sociais

Nesta seção, abordamos algumas questões da metodologia quantitativa que tendem a crescer, ainda que o objetivo não seja esgotar o tema, até porque cada tópico escolhido pode ser tratado em artigos completos separadamente. Mas, temos como objetivo ressaltar o que consideramos discussões promissoras tanto para abordagem de problemas das Ciências Sociais quanto com relação ao avanço de técnicas já utilizadas, tendo em vista principalmente a maior disponibilidade de dados e programas para análise estatística. Ademais, o primeiro tópico resgata a importância de análises mais simples antes da modelagem, diminuindo a supervalorização por modelos sofisticados que muitas vezes são usados de forma equivocada. Enquanto o segundo trata de avanços em técnicas com relação à análise de causalidade e o terceiro assunto foca nas mudanças trazidas pela maior disponibilidade de dados.

4.1 Valorização das análises descritivas

A primeira questão não é nova, pois sempre esteve presente nas críticas que se fazem ao uso da metodologia quantitativa dentro e fora das Ciências Sociais. Trata-se do uso desnecessário ou da aplicação do método como fim em si mesmo. Isso ocorre quando o(a) pesquisador(a) aplica uma técnica apenas porque é muito utilizada, ou por ser um método aprendido a pouco tempo, ou mesmo, pela comodidade de fazer o que se está acostumado. Outra forma comum é quando os problemas de pesquisa podem ser tratados através de análise descritiva ou com uma técnica estatística simples, mas se utilizam modelos complexos, uma espécie de verborragia com números, no ditado popular seria como "matar uma mosca com uma bazuca". Todos esses recursos são mal-uso da ciência e contribuem para gerar mais desconforto em relação aos métodos quantitativos, afastando ainda mais estudantes e profissionais do contato com técnicas que poderiam ajudar a resolver seus problemas. Vale destacar que a primeira recomendação é fazer uma análise descritiva completa, incluindo análises bivariadas, como tabelas cruzadas. Caso não se observe relações ou associações interessantes nessa primeira análise, dificilmente elas aparecerão nas análises multivariadas, onde há mais variáveis-controle.

A valorização das análises descritivas tem se renovado com o desenvolvimento acelerado dos *softwares* estatísticos, o aparecimento de novas técnicas, o aumento da capacidade de armazenamento e processamento de dados, já que houve um maior acesso a dados e possibilidades de análise de maneira mais simplificada, intensificando o uso desnecessário e, em alguns casos, equivocado de técnicas multivariadas. Neste último caso nos referimos aos fenômenos derivados do uso da internet, como redes sociais, uso corporativo de dados privados, tecnologias de uso médico-hospitalar, ferramentas de seleção e gestão de recursos humanos, educação à distância, entre tantos outros. Neste cenário é necessário buscar o equilíbrio entre a necessidade de renovação do conhecimento – o que se faz inevitável diante da curiosidade das Ciências Sociais diante de novos objetos e do desafio de organizar e analisar o grande volume de dados que são gerados na sociedade contemporânea – e a necessidade que é colocada pelo próprio objeto. Nesse sentido, não podemos perder de vista que são os objetos que construímos que definem nossas escolhas metodológicas, e não o contrário.

4.2 Causalidade e experimentos

Embora reforcemos que não é apenas através da metodologia quantitativa que se analisa efeitos causais, também não há total garantia de sua interpretação através de métodos quantitativos inadequados, por isso, a questão da causalidade ainda tem muito espaço para ser desenvolvida e seu avanço metodológico é uma das áreas promissoras da metodologia quantitativa. Esse também não é um assunto novo, mas os avanços tecnológicos como o desenvolvimento de *softwares* e da própria realidade virtual, mais recentemente, têm trazido novas possibilidades de se explorar temas e objetos difíceis de serem observados, assuntos complicados de serem abordados em entrevistas e relações que não são captadas em *surveys*. Os experimentos são técnicas consideradas apropriadas para se estabelecer relações de causalidade e foram desenvolvidos de diferentes formas, em campo, em laboratório ou computacionais. Além disso, há também o desenvolvimento de técnicas de análise específicas voltadas para o estudo de experimentos naturais e situações de quase experimento.

Experimentos são técnicas com características bem definidas, como a existência de um ambiente controlado em que apenas um fator é alterado para se conhecer sua influência. Neste contexto, há o grupo de controle (aquele em que não há alteração desse fator) e o de tratamento (aquele em que o fator é alterado) e a definição aleatória dos participantes a um dos dois grupos. É uma situação em que o(a) pesquisador(a) tem controle do recrutamento, da definição dos grupos, do tratamento e das mensurações (MCDERMOTT, 2002), ou seja, um procedimento controlado do início ao fim, com importância especial na definição dos grupos de análise (tratamento e controle) para se ter como diferença entre eles apenas o teste ou experimento. Experimentos em laboratórios são largamente usados nas ciências físicas e naturais para o avanço do entendimento dos mecanismos causais. Com exceção da psicologia, a utilização de experimentos nas Ciências Sociais não avançou tanto quanto em outras áreas, embora nas últimas duas décadas seu uso foi acelerado (FALK & HECKMAN, 2009).

Questões éticas, como a relação com as pessoas estudadas e, principalmente, com a aleatoriedade de se indicar as pessoas para os grupos, além de questões metodológicas, como o receio de alterar os resultados e criar um ambiente artificial para as pesquisas, afastaram os(as) cientistas sociais do uso de experimentos.

Entretanto, há outros tipos de experimentos que se tornaram mais usados na área, em especial na Ciência Política, como a realização de experimentos em campo e análise de experimentos naturais, ou situações de quase-experimento, em que o(a) pesquisador(a) não manipula o tratamento, para estabelecer relações causais[6]. Para lidar com essas situações e com situações de quase-experimentos, uma série de técnicas estatísticas foram e estão sendo desenvolvidas, como a regressão descontinuada e o uso de variáveis instrumentais. Há várias vantagens, como a possibilidade de se isolar fatores para análise e de se ter grupos de controle e tratamento. Por outro lado, há também importantes dificuldades a serem discutidas, tais como simplificação da análise pelo uso de parâmetros, transparência com os cálculos e replicabilidade, representando uma dificuldade de se acumular conhecimento através de estudos experimentais que são únicos e singulares. Vale ressaltar que essas questões não são muito diferentes daquelas enfrentadas por estudos qualitativos de observação que, em geral, são casos únicos não permitindo replicabilidade e total transparência da pesquisa (DUNNING, 2008). Interessante notar que são pontos em que na metodologia quantitativa, muitas vezes, são reconhecidos como pontos fortes, mas questões metodológicas semelhantes atingem ambas as abordagens. Como vislumbre de crescimento da área ressalta-se que há vários estudos em potencial, principalmente, com relação a mudanças de legislação, desastres naturais, acidentes (experimentos naturais) e implementação e avaliação de políticas, por exemplo, como experimentos em campo ou análise de quase-experimentos.

Além da análise de experimentos naturais ou situações de quase-experimentos, há os experimentos computacionais. Um tipo que ganhou destaque foi o *Agent Based Models*, em que o objetivo principal é reproduzir uma situação social, com possibilidade de controle das variáveis em busca de explicações. A ideia principal é entender os resultados coletivos resultantes de ações individuais. O método foi definido por Gilbert (2007) como uma forma de "simulação computacional" em que se constrói e executa um programa de computador no qual há a reprodução simplificada da realidade, representando o que se sabe e se pensa sobre um fenômeno social. Da mesma forma que outros modelos estatísticos, há necessidade de *inputs* (como as variáveis independentes) e *outputs* (como as variáveis dependentes), mas neste caso a variável resposta não é mensurada previamente, pois sua distribuição será o resultado da simulação.

Outro tipo de experimento computacional se faz com uma série de perguntas em um programa como forma de mensurar não só as respostas dos participantes, mas também a forma como respondem, como por exemplo o tempo de resposta e se apontaram antes para uma alternativa antes da resposta final, indicando dúvida ou hesitação. São tipos de "respostas" que não podem ser coletadas por *survey* e são difíceis de serem observadas em uma entrevista. Um exemplo de aplicação é o trabalho de Feeman et al. (2011). Os autores estudaram como indicadores de classe (uso de roupas mais ou menos formais que podem ser associadas a ocupações com *status* social diferente) influenciam a classificação racial. Os experimentos computacionais avançam para o uso de realidade virtual, como a que está sendo usada no *Virtual Human*

---

6. Para ver mais sobre o assunto cf. Dunning (2012).

Interaction Lab[7], da Universidade de Stanford ou para análise de crenças ou atitudes que as pessoas não gostam ou não conseguem expressar como no *Project Implicit*[8] da Universidade de Harvard. Os projetos focam na análise da interação social, como racismo, empatia, decisões por comportamento sustentável, dentre outros. O desenvolvimento de experimentos computacionais é um grande aliado para se pesquisar temas difíceis de serem captados através de entrevistas e questionário. Nesse sentido, além da contribuição própria dos experimentos eles "podem ser produtivos para complementar as informações obtidas de outros métodos empíricos. Podem-se combinar experimentos de laboratório e campo para entender melhor os mecanismos observados no campo" (FALK & HECKMAN, 2009).

4.3 Big Data: *novas perspectivas para a pesquisa social*

Atualmente, o crescente uso das redes sociais, do *e-commerce* e de outras plataformas e aplicativos aumentou a produção de informações que temos à disposição sobre as pessoas e seu comportamento. Essa disponibilidade de dados cada vez maior tem influenciado uma área de pesquisa nas Ciências Sociais. Como destacaram Conte et al. (2013), "[e]sses dados abrem novas oportunidades para se trabalhar em direção a um entendimento quantitativo dos sistemas sociais complexos, no âmbito de uma nova disciplina conhecida como Ciência Social Computacional." Vale ressaltar que os modelos de experimentos computacionais fazem parte dessa disciplina, ou seja, o novo volume e natureza dos dados (*Big Data*) inaugura uma nova abordagem de análise dentro dessa disciplina que vem crescendo desde a maior disponibilidade de dados e tecnologia para análise de dados.

Os novos dados possibilitam um acompanhamento em tempo real de reações a acontecimentos, como em época de campanha eleitoral, oferecem dados globais sobre diferentes temas, disponibilizam dados sobre tomada de decisões e relações interpessoais, com o objetivo de melhor compreender os sistemas sociais complexos[9]. Mas, sabe-se que a busca por esse entendimento não é uma novidade, já que é um dos objetivos (provavelmente o maior e primeiro deles) das Ciências Sociais desde sua concepção. Primeiro através das etnografias para entendimento dos sistemas sociais de sociedades não ocidentais, seguidas pela busca de explicações macro das transições dos sistemas econômicos (Marx), ou do tipo de solidariedade e coesão social (Durkheim), da mesma forma que a ação social e sua motivação (Weber). Neste sentido, a disponibilização de novas ferramentas (dados e técnicas de análise) nos oferece um novo olhar para temas antigos, mas que também são atualizados pela própria dinâmica social, já que as instituições, as relações e os espaços são profundamente alterados pela revolução tecnológica.

No contexto das transformações trazidas pela tecnologia e, em especial, o *Big Data*, é importante discutir o desenvolvimento técnico, que vem acontecendo em

> [...] duas vias: uma retomada da formação básica em procedimentos científicos próprios, desenvolvidos pelas Ciências Sociais e Humanas (sociologia, antropologia, ciência política, economia, demografia); e também pelo diálogo aberto com outras áreas do conhecimento, como a computação, física, estatística, biologia e psicologia, entre outras (BALTAR & BALTAR, 2013).

---

7. Cf. mais em https://vhil.stanford.edu/

8. Cf. mais em https://implicit.harvard.edu/implicit/

9. Vale destacar que como objetivo de pesquisa tem-se a análise de sistemas sociais complexos, mas sabemos que essas informações são geradas e usadas para outros fins, como campanhas publicitárias e eleitorais. Desse modo, como qualquer outra pesquisa deve-se ter atenção para o uso ético dos dados.

Da mesma forma, Oliveira e Mello (2017) defendem a necessidade de uma transdisciplinarização entre as ciências sociais, as ciências da comunicação, a computação e a área de sociais aplicadas para o desenvolvimento pleno da sociologia digital no país. Alguns exemplos de trabalhos são as análises sobre migração com o uso de dados de e-mail do Yahoo (ZAGHENI & WEBER, 2012) e mais recentemente Spyratos et al. (2018) usaram dados das mídias sociais para também analisar o fenômeno da migração.

As transformações tecnológicas podem ser entendidas como uma mudança de paradigma na produção do conhecimento. Embora haja sim muitas novidades, há alguns pontos sobre isso que merecem destaque. Billari e Zagheni (2017) discutem essa transformação no âmbito da demografia, apontando algumas características específicas dessa transformação: i) *centralização e descentralização:* enquanto os dados no passado eram mais centralizados, hoje, qualquer pesquisador(a) pode ter acesso a uma série de dados coletados na internet; ii) *viés e variância:* com a diminuição das taxas de resposta a *surveys* há a necessidade de se utilizar dados que não são representativos, é o caso de vários dados disponíveis na internet, nesse sentido, esse movimento pode levar ao desenvolvimento de técnicas rigorosas para fazer inferências sólidas a partir de amostras tendenciosas e não probabilísticas e iii) reutilização de dados e reformulação dos métodos: embora sempre tenhamos reutilizado dados que não foram necessariamente coletados com o propósito de se fazer pesquisa, essa prática tende a aumentar e, com ela, o desenvolvimento de técnicas para seu uso, gerando novas direções de pesquisa, tanto de escolha de objetos quanto de análise.

Embora pareça promissor o desenvolvimento das Ciências Sociais Computacional, há também vários desafios a serem enfrentados, como a democratização ao acesso dos dados, questões éticas de acesso a informações de usuários, além da defasagem do ensino e a dificuldade de se realizar trabalhos interdisciplinares, como destacado por Baltar e Baltar (2013, p. 18):

> O desafio para as Ciências Sociais está em ter infraestrutura para coletar e armazenar esse volume de dados, ter recursos de tecnologia da informação para processar estes dados, dispor de métodos analíticos que possam oferecer respostas nítidas aos problemas da complexidade social e propor políticas e indicadores de monitoramento para intervir sobre as mudanças sociais. Aqui não cabe o juízo ingênuo de que melhores dados resultarão em melhores políticas públicas, dado que o conflito de interesses está presente na própria complexidade a ser estudada.

5 Considerações finais

A metodologia nas Ciências Sociais enfrenta uma separação, muitas vezes, superficial entre metodologia quantitativa e qualitativa. Dessa forma, discutimos diferentes questões que podem ser entendidas como *"pré-noções"* da metodologia quantitativa, mas que entendemos permeiam toda pesquisa social, como a operacionalização e observação de conceitos teóricos na realidade social, a objetividade, a generalização e a causalidade. Argumentamos que mais importante do que determinar a metodologia a ser usada é dominar diversas técnicas para melhor responder à pergunta de pesquisa, entretanto vale ressaltar que algumas diferenças entre as duas abordagens são pertinentes, como o tamanho do grupo pesquisado e as técnicas predominantemente usadas, tendo em vista que a maioria dos estudos quantitativos trabalham com amostras numerosas e representativas e há maior diversidade de casos, o que não significa que alguns dos problemas enfrentados sejam gerais ao campo da pesquisa nas Ciências Sociais.

Além disso, apontamos algumas áreas que entendemos que é para onde a metodologia nas Ciências Sociais está avançando, principalmente no que concerne à forma de se pensar a pesquisa (valorização cada vez maior da análise descritiva), a disponibilidade dos dados (Big Data) e o avanço nas técnicas (Modelos de Simulação e Experimentos). Diante das discussões levantadas nesse capítulo, é importante ressaltar o papel do ensino de metodologia e as questões pejorativas em torno das técnicas quantitativas. Os avanços apenas irão acontecer se essas questões fizerem parte das discussões em sala de aula tanto de disciplinas de cursos de graduação quanto de pós-graduação no país. Ademais, é necessário desmistificar e diminuir o tabu em torno dos métodos quantitativos:

> No Brasil e em grande parte da América Latina ainda nos encontramos com alguma defasagem em relação a estes debates interdisciplinares que têm movimentado as Ciências Sociais em outros países. Também temos estado aquém da capacitação necessária para o uso de ferramentas de informática e manipulação de bases de dados em pesquisa social, sejam em termos de pesquisa quantitativa, qualitativa, documental ou qualquer outro tipo (BALTAR & BALTAR, 2013).

Referências

AGRESTI, A. & FINLAY, B. *Métodos estatísticos para as Ciências Sociais*. 4. ed. Porto Alegre: Penso, 2012.

ALRECK, P.L. & SETTLE, R.B. *The Survey Research Handbook*. Irwin, 1995.

ANDRADE, D.F.; TAVARES, H.R. & VALLE, R.C. *Teoria da Resposta ao Item*: conceitos e aplicações. São PAULO: Associação Brasileira de Estatística, 2000.

BABBIE, E.R. *The Practice of Social Research*. 13. ed. Cengage Learning, 2012.

BACHINI, N. & CHICARINO, T.S. Os métodos quantitativos, por cientistas sociais brasileiros – Entrevistas com Nelson do Valle Silva e Jerônimo Muniz. In: *Sociedade e Estado*, vol. 33, n. 1, jan.-abr./2018, p. 253-281.

BALTAR, R. & BALTAR, C. As Ciências Sociais na Era do Zettabyte. In: *Mediações*, vol. 18, n. 1, jan.-jun./2013, p. 11-19.

BILLARI, F.C. & ZAGHENI, E. Big Data and Population Processes: A Revolution? In: PETRUCCI, A. & VERDE, R. (eds.). *Statistics and Data Science*: new challenges, new generations, 28-30/06/2017. Florença: Proceedings of the Conference of the Italian Statistical Society/Firenze University Press, 2017, p. 167-178.

BOURDIEU, P. *A distinção*: crítica social do julgamento. São Paulo/Porto Alegre: Edusp/Zouk, 2007.

_____. Compreender. In: BOURDIEU, P. et al. (orgs.). *A miséria do mundo*. Petrópolis: Vozes, 2003.

_____. Introdução a uma sociologia reflexiva. In: *O poder simbólico*. Rio de Janeiro: Bertrand Brasil, 1989.

BOURDIEU, P.; CHAMBOREDON, J.-C. & PASSERON, J.-C. *Ofício de sociólogo* – Metodologia da pesquisa na sociologia. 6. ed. Petrópolis: Vozes, 2007.

BRICEÑO-LEÓN, R. Quatro modelos de integração de técnicas qualitativas e quantitativas de investigação nas Ciências Sociais. In: GOLDENBERG, P. et al. (orgs.). *O clássico e o novo*: tendências, objetos e abordagens em Ciências Sociais e Saúde. Rio de Janeiro: Fiocruz, 2003.

CANO, I. Nas trincheiras do método – O ensino da metodologia das Ciências Sociais no Brasil. In: *Sociologias*, ano 14, n. 31, set.-dez./2012, p. 94-119.

CERVI, E.U. Métodos quantitativos nas Ciências Sociais: uma abordagem alternativa ao fetichismo dos números e ao debate com qualitativistas. In: BOURGUIGNON, J.A. (org.). *Pesquisa social*: reflexões teóricas e metodológicas. Ponta Grossa, Todapalavra, 2009.

CONTE, R.; GILBERT, N.; BONELLI, G.; CIOFFI-REVILLA, C.; DEFFUANT, G.; KERTÉSZ, J.; LORETO, V.; MOAT, S.; NADAL, J.-P.; SÁNCHEZ, A.; NOWAK, A.; FLACHE, A.; SAN MIGUEL, M. & HELBING, D. Manifesto de Ciência Social Computacional. In: *Mediações* – Revista de Ciências Sociais, vol. 18, n. 1, 2013.

DILTHEY, W. *Introduction to the human sciences*. Princeton, NJ: Princeton University Press, 1989.

DUNNING, T. *Natural Experiments in the Social Sciences*: A Design-Based Approach. Cambridge: Cambridge University Press, 2012.

_____. Improving causal inference: strengths and limitations of natural experiments. In: *Political Research Quarterly*, vol. 61, n. 2, jun./2008, p. 282-293.

ELIAS, N. *Mozart*: sociologia de um gênio. Rio de Janeiro: Zahar, 1995.

FALK, A. & HECKMAN, J.J. *Lab Experiments Are a Major Source of Knowledge in the Social Sciences* – Discussion Paper Series IZA DP n. 4540, out./2009.

FREEMAN, J.B.; PENNER, A.M. & SAPERSTEIN, A.; SCHEUTZ, M. & AMBADY, N. (2011). Looking the Part: Social Status Cues Shape Race Perception. In: *PLoS ONE*, 6 (9), p. e25107.

GILBERT, N. *Agent-Based Models. Series:* Quantitative Applications in the Social Sciences. Londres: Sage, 2008.

GÜNTHER, H. Pesquisa qualitativa *versus* Pesquisa quantitativa: esta é a questão? In: *Psicologia*: Teoria e Pesquisa, vol. 22, n. 2, mai.-ago./2006, p. 201-210.

HABERMAS, J. *On the logic of the social sciences*. Cambridge: MIT, 1968.

HAIR, J.F.; BLACK, W.C.; BABIN, B.J.; ANDERSON, R.E. & TATHAM, R.L. *Análise multivariada de dados*. 6. ed.. Porto Alegre: Bookman, 2009.

KIRSCHBAUM, C. Decisões entre pesquisas *quali* e *quanti* sob a perspectiva de mecanismos causais. In: *Revista Brasileira de Ciências Sociais*, vol. 28, n. 82, jun./2013, p. 179-193.

HUFF, D. *Como mentir com estatística*. Rio de Janeiro: Intrínseca, 2016.

LAMONT, M. & LAREAU, A. Cultural capital: Allusions, gaps and glissandos in recent theoretical developments. In: *Sociological Theory*, 6 (2), 1988, p. 153-168.

LAREAU, A. *Unequal Childhoods*: class, race and family life. University of California Press, 2003.

MARINO, J.M.F. Fundamentos do "Paradigma Metodológico Causal" nas Ciências Sociais. In: *Sociologias*, ano 14, n. 31, set.-dez. 2012, p. 20-50.

MCDERMOTT, R. Experimental methods in Political Science. In: *Annual Review of Political Science*, 5, 2002, p. 31-61.

MELLO, M. Os perigos do abuso da estatística e da modelagem matemática por ecólogos. In: *Blog Sobrevivendo na Ciência*, 24/04/2012.

MINGOTI, S. *Análise de dados através de métodos de estatística multivariada*: uma abordagem aplicada. Belo Horizonte: UFMG, 2005.

OLIVEIRA, E.A. & MELLO, M.G. Métodos quantitativos e pesquisas de levantamento nas Ciências Sociais e na sociologia digital brasileira. In: *Anais do 18º Congresso Brasileiro de Sociologia*. Brasília, 2017.

PIOVANI, J.I. De objeto a método: notas históricas sobre estatística e pesquisa social. In: *Sociologia & Antropologia*, vol. 3, n. 5, 2013, p. 245-270.

RAMOS, M.P. Métodos quantitativos e pesquisa em Ciências Sociais: lógica e utilidade do uso da quantificação nas explicações dos fenômenos sociais. In: *Mediações*, vol. 18, n. 1, jan.-jun./2013, p. 55-65.

RICHARDSON, R.J. *Pesquisa social*: métodos e técnicas. São Paulo: Atlas. 1999.

SOARES, G.A.D. O calcanhar metodológico da ciência política no Brasil. In: *Sociologia, Problemas e Práticas* [online], n. 48, 2005, p. 27-52.

SPYRATOS, S.; VESPE, M.; NATALE, F.; INGMAR, W.; ZAGHENI, E. & RANGO, M. *Migration Data using Social Media*: a European Perspective. Luxemburgo: Publications Office of the European Union, 2018.

TOMÁS, M.C.; XAVIER, F.P. & DULCI, O. Interfaces dos capitais humano, cultural e social na situação ocupacional e nos rendimentos dos indivíduos. In: AGUIAR, N. (org.). *Desigualdades sociais, redes de sociabilidade e participação política*. UFMG, 2007.

WEBER, M. *A ética protestante e o "espírito" do capitalismo*. São Paulo: Companhia das Letras, 2004.

_____. A ciência como vocação. In: *Ensaios de sociologia*. Rio de Janeiro: LTC, 1982.

ZAGHENI, E. & WEBER, I. You are where you e-mail: using e-mail data to estimate international migration rates. In: ACM (ed.). *Association for Computing Machinery* – Proceedings of ACM WebSci 2012, June 22-24. Evanston, 2012, p. 497-506.

41
Pesquisas qualitativas
"Para além do método na pesquisa qualitativa em Ciências Sociais"

Marcelo de Souza Bispo

Reflexões iniciais

O meu objetivo com este capítulo é introduzir aspectos preliminares da pesquisa qualitativa antes do processo de escolha e aplicação de métodos de investigação. Trata-se de um conhecimento anterior à operacionalização dos métodos de pesquisa que é necessário para subsidiar a adequada escolha e emprego destes. A tese que defendo aqui é que a pesquisa qualitativa vai além de conhecer um conjunto de técnicas e métodos, mas demanda do(a) pesquisador(a) uma capacidade reflexiva e crítica capaz de levá-lo(a) à construção de desenhos metodológicos consistentes e eficazes na pesquisa em ciências sociais.

O termo "pesquisa qualitativa" se trata de algo amplo que abarca um conjunto de epistemologias, técnicas e métodos. Portanto, ao se referir a pesquisa qualitativa, estamos lidando com uma miríade de possibilidades metodológicas que possuem em comum o tipo de dado utilizado para produzir conhecimento, qual seja, textos (FLICK, 2009). Por textos, eu não estou me restringindo apenas àqueles apresentados na forma escrita como este capítulo, mas a toda forma de textura simbólica que produza significado como, por exemplo, discursos, fotos, vídeos, paisagens etc. Dessa maneira, todo dado que não tenha como finalidade a mensuração é um dado qualitativo. A partir dessa conceituação de dado qualitativo, podemos perceber que a pesquisa qualitativa é ampla nas suas possibilidades de investigação de fenômenos sociais.

A pesquisa qualitativa é voltada para o entendimento, interpretação e análise das subjetividades e intersubjetividades. Trata-se de uma postura de pesquisa atenta ao particular (STAKE, 2011), mas que não ignora como as particularidades se relacionam com o todo. É próprio desse tipo de investigação a atenção e a compreensão do contexto no qual os fenômenos acontecem. Dessa forma, a história e o lugar são elementos fundamentais na condução da investigação qualitativa para o aprofundamento do discernimento dos fenômenos sociais de interesse da pesquisa.

Outra característica relevante da pesquisa qualitativa é o reconhecimento de que o(a) pesquisador(a) é o(a) principal agente de interpretação (STAKE, 2011) dos fenômenos investigados. Para tanto, necessita de uma postura (auto)crítica em relação ao papel dele(a) desempenhado na pesquisa de modo a performar um constante juízo entre os fenômenos sob investigação enquanto "autônomos" e os valores, crenças e visões de mundo que o(a) pesquisador(a) carrega consigo enquanto ator social (BISPO, 2017). O juízo performativo na pesquisa qualitativa é o resultado da constante reflexividade do(a) pesquisador(a) em conseguir discernir o que é interpretação e análise do que é juízo de valor durante a condução da pesquisa.

A compreensão de que a pesquisa qualitativa antes de um conjunto de técnicas e métodos se trata de uma postura de investigação contribui para que o(a) pesquisador(a) avance na autonomia de pesquisa sem se enjaular em protocolos rígidos de métodos por mero desconhecimento dos fundamentos que servem de base para a investigação qualitativa.

Não é raro, especialmente com pesquisadores(as) iniciantes, uma busca frenética por protocolos metodológicos (também conhecidos como "passo a passo") com a inocência de que ao cumprir rigorosamente as etapas prescritas, o resultado da pesquisa estará "correto". Como eu já mencionei anteriormente, a pesquisa qualitativa é de caráter interpretativo/analítico de modo que o caminho metodológico a ser percorrido em busca do atingimento de um objetivo ou a resposta de um problema de pesquisa, deve ser construído artesanalmente para cada investigação empreendida. Isso não significa uma posição de negação aos métodos existentes, mas a necessidade de compreensão do que se faz de modo a entender se o que existe de opções metodológicas é adequado ou não para o que se quer pesquisar. Vale lembrar que inovações metodológicas são sempre bem-vindas quando é preciso de algo mais específico para o alcance dos objetivos de pesquisa.

Como forma de clarear um pouco mais o que eu estou defendendo até aqui, penso ser pertinente trazer algumas explicações mais objetivas do que eu estou chamando de técnica, método e metodologia. Apesar de muitas pessoas utilizarem esses termos de maneira intercambiada (especialmente método e metodologia), eu penso que há diferença entre eles que nos ajudam a compreender melhor as possibilidades de condução da pesquisa qualitativa.

Uma técnica é menor em escopo quando comparada a um método ou uma metodologia. A técnica tem a função de uma ferramenta, ou seja, é utilizada para a condução ou desenvolvimento de um método ou uma metodologia. Já o método é uma forma estruturada de pesquisa que lança mão de um conjunto de técnicas para oferecer uma ação estruturada de investigação. O método é como uma receita que está disponível para aqueles que entendem que aquela receita (método) é adequada para atingir um objetivo ou responder uma pergunta de pesquisa. Por fim, a metodologia é a estratégia de investigação (caminho) que o(a) pesquisador(a) percorre para realizar a sua pesquisa. Portanto, a metodologia é mais ampla que a técnica e que o método, de modo que a metodologia é a combinação de técnicas e métodos necessários para que a pesquisa seja bem-sucedida. Uma metodologia pode ser composta por um ou mais métodos de pesquisa.

Talvez alguém possa se perguntar sobre outras diferenças empregadas no entendimento da palavra "metodologia", de modo a ter ouvido falar que o seu significado seria "o estudo do método" no sentido de conhecer sobre métodos de pesquisa. Eu, particularmente, penso que esse entendimento não é errado, mas acredito que ele pode ser ampliado de modo que a busca pelo melhor caminho para condução da pesquisa é, na verdade, no plural, "o estudo dos métodos" que podem ser utilizados para a condução da pesquisa. Assim, defendo que cada pesquisa, na realidade, tem uma metodologia própria que deve ser a mais adequada para aquela investigação em curso. Este raciocínio é importante para a compreensão das explicações que eu apresento a seguir.

Técnicas de pesquisa qualitativa

Eu costumo dizer que o(a) bom(a) pesquisador(a) é aquele(a) que possui o domínio das técnicas de pesquisa. Considerando as minhas posições iniciais sobre as diferenças entre técnica, método e metodologia, conhecer e dominar as técnicas é um requisito básico para a condução da pesquisa científica, especialmente a de caráter qualitativo. A metáfora que eu utilizo nas minhas aulas sobre o tema é a do cozinheiro. É comum encontrar pessoas que já tentaram replicar uma receita de algum prato e falharam. Em geral, isso acontece porque as pessoas que recorrem à receita, e não têm o pleno domínio das técnicas de cozinhar, não sabem "ler" a receita corretamente. Por mais detalhada ou explicada que esteja a receita, a execução de um prato demanda que o seu executor conheça o básico das técnicas culinárias que envolvem a preparação do prato. Portanto, as pessoas não falham na execução da receita porque não seguiram os passos, mas porque não dominam as técnicas necessárias para a sua preparação.

O mesmo acontece com as pessoas que se aventuram na pesquisa científica. A falta do domínio das técnicas inviabiliza a execução dos métodos (receitas) e comprometem a metodologia da pesquisa e a análise dos resultados. Geralmente, o ensino da pesquisa qualitativa tem um foco nos métodos qualitativos (e. g., etnografia, estudo de caso, fenomenologia) e pouco se atém ao desenvolvimento das competências relativas ao domínio das técnicas de pesquisa qualitativa.

Em termos gerais, as técnicas de pesquisa qualitativa são baseadas em entrevistas, observações e análise de documentos. Os métodos de pesquisa qualitativa são sempre uma combinação de algumas dessas técnicas. Assim como na cozinha, em que fritar, flambar, assar, picar, triturar entre outras técnicas são a base para qualquer receita, na pesquisa qualitativa as múltiplas formas de entrevistar, observar e analisar documentos compõem a base de qualquer método qualitativo. Portanto, é o domínio dessas técnicas que vão contribuir para o entendimento e execução dos métodos, assim como do planejamento das metodologias.

Outro ponto que merece destaque, por ser motivo de confusões, é que as técnicas de entrevistas e observação também podem se tornar métodos ou metodologias. Mais especificamente, a combinação de tipos de entrevista (estruturada, semiestruturada, em profundidade) ou de observações (direta, indireta, participante, não participante) podem se tornar métodos de pesquisa quando combinados entre eles. Os métodos de pesquisa do tipo história oral (MEIHY & HOLANDA, 2007) baseado em entrevistas e o da *netnografia* (KOZINETS, 2010) baseado em observações, são exemplos que a própria combinação entre técnicas do mesmo tipo podem se tornar um método.

Para mim, o segredo de um(a) bom(a) pesquisador(a) qualitativo(a) está no domínio das técnicas de entrevista, observação e análise de documentos. Esta é a base de qualquer método e metodologia de cunho qualitativo. O que difere cada método ou metodologia vai ser a estratégia de utilização de cada técnica em cada método ou metodologia em cada pesquisa.

Métodos de pesquisa qualitativa

Quando a pesquisa qualitativa é encarada de forma instrumental pelas pessoas, é comum resumir o seu entendimento e suas explicações aos métodos disponíveis. Ou seja, a pesquisa qualitativa se restringe apenas ao conhecimento genérico dos métodos (uma leitura rasa da receita). Isso faz com que as pessoas busquem conhecer e seguir rigidamente os protocolos dos métodos sem a preocupação da origem dos fundamentos filosóficos e teóricos que suportam aqueles métodos. Tal situação, somada à inexperiência com as técnicas de pesquisa, faz dos métodos qualitativos nesse contexto uma "prisão" metodológica para quem está iniciando investigações desse tipo (BISPO, 2017). Isso se dá porque a falta de conhecimento e segurança faz com que pesquisadores(as) iniciantes busquem a legitimidade da sua pesquisa no cumprimento "fiel" do que rezam os protocolos dos métodos, abandonando os pressupostos teóricos adotados na pesquisa e, o que é pior, o próprio objetivo da pesquisa. São os objetivos e os pressupostos filosóficos da pesquisa que devem orientar a utilização dos métodos e não o contrário.

Além disso, há também a costumeira necessidade de nomear os métodos empregados durante a pesquisa. Isso não seria um problema se os métodos empregados pelos(as) pesquisadores(as) fossem fiéis ao que rezam os manuais de pesquisa. Mas não é raro encontrar pesquisadores(as) que colocam um "nome" para um método que não corresponde ao que ele se propõe a oferecer como possibilidade investigativa. Um bom exemplo disso é o método do estudo de caso. Vários(as) pesquisadores(as) declaram suas pesquisas como do tipo "estudo de caso", mas é recorrente a impropriedade no uso desse método (MARIZ et al., 2005). Não é raro encontrar pesquisas que foram conduzidas apenas com entrevistas se declararem como "estudo de caso", isso ocorre pelo simples fato do(a) pesquisador(a) não saber qual o "nome" a dar para o método da pesquisa empregado.

Outro ponto controverso, e muito comum nas pesquisas qualitativas, é sobre a necessidade de caracterizar a investigação como "descritiva", "exploratória", "explicativa" etc. Ao tentar encaixar a pesquisa em alguma dessas "caixas", muitos(as) pesquisadores(as) terminam se perdendo na tentativa de um enquadramento sem necessidade. *A priori*, para mim, toda pesquisa tem algo de descrição, exploração e explicação. Contudo, é possível caracterizá-la prioritariamente como A, B ou C. Mas certamente nada disso é mais importante do que conseguir desenhar a estratégia de investigação para conduzir a pesquisa com vistas a atingir o objetivo proposto. Ou seja, mais do que nomes ou rótulos de pesquisa, o(a) pesquisador(a) é preciso ser capaz de escolher, justificar e detalhar cada passo dado ao longo da pesquisa na busca de entregar o que foi determinado como objetivo de investigação.

Metodologias qualitativas

Diferentemente das técnicas e métodos que têm um caráter operacional, desenvolver uma metodologia qualitativa envolve o planejamento da pesquisa. Ao contrário do que muitos pensam, não há uma metodologia de investigação qualitativa "pronta" para ser replicada (exceto quando existe um projeto em que envolve a replicação de uma metodologia desenvolvida anteriormente com esse objetivo). Portanto, cada nova pesquisa qualitativa demanda um novo projeto metodológico. A metodologia, como já mencionei anteriormente, é o estudo das técnicas e métodos mais adequados para o atingimento do objetivo de uma pesquisa. Tanto as técnicas como os métodos podem ser os já existentes, assim como há a possibilidade de criação de novos, caso haja necessidade. O objetivo da pesquisa norteia todas as escolhas metodológicas do(a) pesquisador(a).

Portanto, a metodologia da pesquisa qualitativa é o planejamento que o(a) pesquisador(a) faz de quais são as ações necessárias por meio de um conjunto de técnicas e/ou métodos mais adequados para o atingimento do objetivo da pesquisa. Assim, mais do que nomes ou rótulos, o principal conteúdo do texto da "metodologia da pesquisa" é a descrição detalhada e justificada de cada ação empreendida, assim como cada técnica e/ou método empregado. É muito comum pesquisadores(as) entenderem que o mais importante da "metodologia" é fazer um "referencial teórico" dos métodos empregados. Isso só é relevante quando a técnica ou método utilizado não é comum para a comunidade acadêmica que vai ler o texto. Do contrário, apenas mencionar as escolhas é o suficiente, o foco deve ser no detalhamento da operacionalização das técnicas e métodos utilizados.

Uma boa maneira para orientar os passos da pesquisa qualitativa é a construção de um quadro resumo da investigação em que constem o objetivo geral (ou problema da pesquisa), os objetivos específicos, a(s) teorias de base e as estratégias de coleta e análise/interpretação dos dados. O quadro resumo (cf. Quadro 1) tanto ajuda na construção metodológica da pesquisa como facilita o entendimento dos passos dados para quem lê o texto produzido.

O quadro resumo da pesquisa também é útil para o acompanhamento das etapas da investigação e para análise da consistência entre os objetivos propostos, as teorias utilizadas e as técnicas e métodos escolhidos, assim como facilitar a organização do pensamento.

Quadro 1 Exemplo de quadro resumo para pesquisa qualitativa

Objetivo Geral	Objetivos específicos	Teoria(s) de base	Coleta de dados	Análise dos dados
Propor uma metodologia de ensino que contribua para a formação autônoma do pesquisador em administração de modo a fomentar o rigor científico por meio de julgamentos performativos	1) Mapear as atuais práticas de ensino da pesquisa na pós--graduação *stricto sensu* no Brasil.	Teorias da prática social	• Entrevistas semiestruturadas com docentes que ministram disciplinas de pesquisa em programas de pós--graduação no Brasil. • *Websites* dos programas de pós-graduação em administração do Brasil. • Planos de ensino das disciplinas de pesquisa dos programas de pós--graduação em administração do Brasil.	Modelo de análise de práticas de Bispo (2015)
	2) Identificar as principais dificuldades dos jovens pesquisadores no que tange a lacunas no processo de formação do pesquisador.		Entrevistas semiestruturadas com recém-doutores em administração brasileiros.	
	3) Conhecer como pesquisadores mais experientes desenvolvem a capacidade de performar julgamentos adequados para a escolha e/ou criação de técnicas e métodos que possibilitem a condução de pesquisas dotadas de rigor científico.		Entrevistas semiestruturadas com pesquisadores seniores brasileiros e estrangeiros.	

O quadro resumo também contribui na reflexão da escolha de como os dados empíricos coletados podem ser analisados. Tão importante quanto declarar as técnicas e métodos escolhidos, assim como o detalhamento do processo de coleta de dados, é a explicação detalhada dos critérios utilizados para análise e interpretação dos dados. Muitos(as) pesquisadores(as) sentem dificuldade nessa etapa da pesquisa em razão do desconhecimento das múltiplas possibilidades de análise e interpretação de dados. Assim, pesquisadores(as) costumam relatar que fizeram ou análise do conteúdo ou análise do discurso. Ainda que exista uma certa variedade nesses dois métodos de análise e interpretação de dados, eles são apenas duas opções frente ao universo de possibilidades existentes como, por exemplo, a análise de narrativas, a história oral nas suas várias facetas, a etnometodologia, o materialismo histórico, ou a análise de práticas sociais.

A análise e interpretação dos dados devem estar alinhadas epistemologicamente e teoricamente com as escolhas realizadas no planejamento da pesquisa. É por meio do entendimento e da explicação criteriosa desse processo que é possível dar sentido e significado ao que foi investigado empiricamente e que ajudará o leitor a acompanhar como ler/entender os resultados apresentados. Os cuidados na etapa de análise e interpretação de dados evitam duas críticas que são muito comuns nas pesquisas qualitativas, o caráter meramente descritivo e a subjetividade dos resultados.

A crítica sobre o caráter meramente descritivo está baseada no excesso de descrição do que foi visto no campo de pesquisa sem uma posterior análise da descrição. Assim, os críticos da abordagem qualitativa costumam dizer que os estudos qualitativos parecem mais "uma história bem contada" do que um estudo científico. Na verdade, não há nada de mal na descrição detalhada dos fenômenos investigados, especialmente em métodos etnográficos, mas a crítica faz sentido quando os estudos terminam na descrição e não avançam em análises e interpretações sobre o que foi descrito. Portanto, é fundamental que os dados reportados sejam confrontados com a literatura de modo que o(a) pesquisador(a) seja capaz de apresentar novos *insights* destacando quais são as contribuições do estudo frente ao que já se sabe sobre o tema investigado. A descrição é apenas a primeira etapa da apresentação dos resultados da pesquisa, demanda que ela seja acompanhada de um processo de análise e interpretação reflexiva que deve estar baseada tanto nas orientações filosóficas e teóricas delimitadas no começo da pesquisa como pelos critérios de análise e interpretação definidos durante a construção da metodologia.

Já a subjetividade dos resultados é um ponto controverso, uma vez que a pesquisa qualitativa tem como seu aspecto contributivo mais relevante justamente o entendimento dos aspectos subjetivos que envolvem os fenômenos sociais investigados. Porém, a crítica versa, muitas vezes, na falta de entendimento de como com a metodologia empregada e os resultados apresentados é possível fazer a inferência ou afirmação de como se comportam determinados fenômenos, ou seja, o leitor não consegue acompanhar o raciocínio construído e as análises e interpretações sugerem ter aparecido como uma "mágica". Assim, é fundamental que a descrição metodológica e especialmente o processo de análise e interpretação de dados sejam o mais detalhados e transparentes possível, o que implica, também, apresentar as limitações da metodologia empregada na pesquisa.

Muitos(as) pesquisadores(as) têm dificuldade tanto em identificar como em reportar as limitações metodológicas em suas pesquisas. Este aspecto não é necessariamente um apontamento de falhas ou defeitos da pesquisa, mas reconhecer as limitações durante o seu planejamento e processo de execução. Compartilhar com os leitores qual é o alcance da investigação realizada e quais pontos ou aspectos não estão presentes ou não podem ser considerados ao ler os resultados da pesquisa ajuda no entendimento do que foi feito. Descrever as limitações metodológicas se trata, portanto, de identificar e apontar o escopo do que foi realizado de modo a abrir a oportunidade de que novas etapas da pesquisa possam ser conduzidas pelo(a) próprio(a) autor(a) ou outros(a) pesquisadores(as) futuramente. Um aspecto crítico ao apontar as limitações metodológicas é justificar as escolhas de modo a destacar as virtudes do que foi realizado e apontar o que ainda pode ser feito.

Um aspecto que contribui tanto na organização do pensamento quanto na descrição metodológica nos seus aspectos conceituais, de coleta, análise e interpretação de dados, é adotar a estratégia, quando viável, de dividir em etapas a apresentação metodológica. Em geral, pesquisadores(as) terminam apontando apenas um método como meio de classificar o que foi feito na pesquisa como, por exemplo, estudo de caso ou etnografia. Entretanto, a realização da pesquisa pode ter envolvido outros métodos em momentos distintos para alcançar determinados resultados, ou ainda tê-los utilizado como meio para compreender o campo de pesquisa em etapa exploratória. Tentar enquadrar a pesquisa em apenas um método pode ser limitante em determinados contextos de estudos, além de não apresentar a realidade do que realmente foi feito durante o processo da pesquisa.

Nesse sentido, buscar planejar a pesquisa e apresentar a metodologia em etapas pode ser uma solução que ajuda na compreensão do que foi feito na pesquisa, assim como na mitigação das críticas apontadas anteriormente por apresentar maior clareza do processo conduzido. A combinação de métodos qualitativos em etapas é bem-vinda, como, por exemplo, conduzir uma fase inicial de entre-

vistas com especialistas de alguma área e entender melhor os aspectos gerais do campo antes de fazer uma etnografia ou um estudo de caso. Reportar que fez primeiro a rodada de entrevistas e apontar como elas ajudaram na organização da etnografia ou do estudo de caso facilita o entendimento de quem lê o texto e afasta a ideia de que alguns dados apareceram "do nada". Portanto, dividir a metodologia da pesquisa qualitativa em etapas facilita o planejamento e o processo da pesquisa.

Uma observação importante sobre dividir a metodologia em etapas também é interessante em um caso bem comum e que muitos(as) pesquisadores(as) não sabem como lidar. Trata-se de quando o(a) pesquisador(a) faz uma imersão inicial e exploratória no campo de estudos antes de conduzir um conjunto de técnicas ou métodos propriamente ditos. Muitas vezes, nós escolhemos para pesquisa um campo em que não temos familiaridade ou conhecemos muito pouco. Essa condição neófita limita o planejamento metodológico da pesquisa e leva vários(as) pesquisadores(as), especialmente alunos(as) de mestrado e doutorado, a prometerem em projetos de pesquisa iniciais (como projetos de qualificação) resultados que não poderão ser alcançados em razão da falta de conhecimento de eventuais limitações a serem encontradas no campo, ou mesmo por acharem que um fenômeno acontece de maneira distinta da realidade do contexto de pesquisa.

Eu sempre sugiro que toda pesquisa qualitativa seja conduzida de forma simultânea nas etapas de revisão da literatura, da coleta, da análise e interpretação de dados. Esta postura ajuda o(a) pesquisador(a) a ter uma maior familiaridade com o campo nos seus aspectos teórico e empírico. Para ilustrar o meu argumento, apresento como exemplo a situação de um aluno de mestrado que orientei que gostaria de trabalhar com o tema da sustentabilidade na hotelaria. Ele, antes da pesquisa, nunca havia trabalhado ou mesmo se hospedado em um hotel. Tudo o que ele conhecia era de ouvir falar.

Então, adotamos uma estratégia metodológica com um período de ambientação com o campo da hotelaria. Ele ficava em um hotel acompanhando as atividades diárias dos diversos setores sem, necessariamente, buscar entender ou analisar nada relacionado à sustentabilidade. O objetivo era que ele pudesse adquirir uma experiência com a prática da hotelaria para que ele fosse capaz de propor e planejar uma metodologia que estivesse adequada ao contexto do estudo. Ao final do período de ambientação (exploratório), ele foi capaz de saber quais eram as pessoas mais importantes para conduzir entrevistas, o quê, onde e quando observar, além de ter adquirido um entendimento inicial da prática hoteleira. Reportamos no estudo esta etapa exploratória da pesquisa que foi fundamental para o êxito na condução do estudo de caso que ocorreu na sequência. Assim, defendo que nem toda observação no campo seja sistemática como forma de oportunizar ao pesquisador(a) experiências diversas que possam contribuir no entendimento do campo e no planejamento da pesquisa.

A teoria como orientação metodológica

A teoria é outro aspecto relevante no planejamento metodológico. Mais do que uma ideia abstrata do que representa algum fenômeno, a teoria tem forte influência na forma como devemos desenhar a nossa pesquisa do ponto de vista metodológico. Muitos(as) pesquisadores(as) fazem da teoria apenas uma etapa burocrática da pesquisa e terminam não refletindo sobre o real papel dela na condução da investigação. A teoria influencia tanto nas formas pelas quais cada técnica ou método deve ser empregado, como na maneira pela qual analisamos e interpretamos os dados.

A teoria tem influência nas formas pelas quais empregamos determinadas técnicas e métodos por-

que é ela que orienta como o fenômeno deve ser abordado. Por exemplo, se um estudo tem como objetivo entender/explicar algo com base em uma abordagem fenomenológica existencialista, isso significa que realizar entrevistas coletivas como grupos focais ou mesmo fazer observações de coletividades não serão úteis para o atingimento do objetivo. Ao adotar uma perspectiva fenomenológica existencialista, o(a) pesquisador(a) está em busca das experiências mais íntimas e singulares dos indivíduos. Portanto, as estratégias metodológicas devem buscar acessar esse tipo de experiência. Assim, entrevistas em profundidade e história oral podem ser mais eficazes do que os grupos focais no caso reportado.

Por outro lado, em uma investigação de orientação etnometodológica, as entrevistas em geral, especialmente as em profundidade, podem ser pouco elucidativas. Isso porque a etnometodologia busca compreender a lógica da ação coletiva de um determinado grupo social. Portanto, mais do que conhecer o que alguém experienciou sobre algo, a investigação etnometodológica quer saber como é o funcionamento de uma determinada coletividade pela lógica dela, ou seja, entender por que os comportamentos coletivos (e não individuais) são do jeito que são (GARFINKEL, 1967; BISPO & GODOY, 2014). Dessa forma, a observação participante, a etnografia e até mesmo grupos focais sugerem ser mais eficazes do que as entrevistas individuais. Estes dois exemplos ilustram como a teoria determina o tipo de pincel e o tom da tinta que devemos utilizar em cada caso.

Em relação a análise e interpretação dos dados, a teoria exerce influência tanto na forma de categorização dos resultados como na própria maneira de escrever o texto. Dependendo da lente teórica, a categorização dos dados empíricos pode ser expressa *a priori* (a própria teoria oferece) ou a *posteriori* (emergem do campo). Quando as categorias são *a priori*, o(a) pesquisador(a) orienta seus roteiros de entrevista e suas estratégias de observação ancorado nas categorias presentes na teoria e conduz todo o processo buscando analisar e interpretar os dados com base nelas. Por outro lado, quando a teoria sugere que as categorias devem emergir do campo, as formas de estruturar as entrevistas e as observações são diversas da situação anterior. Todo o processo deve ser mais "aberto" para que seja possível identificar a partir dos dados coletados o que poderia ser considerado como uma categoria e de que maneira ela deve ser analisada e interpretada.

Além disso, há as confusões de orientação filosófica dos métodos em si. O caso que eu considero mais evidente neste aspecto é em relação ao estudo de caso. Trata-se de um método que possui duas tradições (apesar de haver variações dentro das tradições) distintas, uma de ordem mais funcionalista (YIN, 2001; EISENHARDT, 1989) e outra de ordem mais interpretativista (STAKE, 1995). Não é raro eu ler textos acadêmicos nos quais há um desalinhamento epistemológico entre a teoria utilizada no referencial teórico e a tradição relativa ao estudo de caso. Assim, muitos(as) autores(as) indicam toda uma literatura e se declararam, por exemplo, "interpretativistas" e utilizam a proposta de estudo de caso de Robert Yin (2001) que tem orientação funcionalista. A falta de compreensão da relação entre a teoria e o método terminam causando este tipo de inconsistência metodológica. É por isso que eu costumo dizer que a teoria, em geral, é o próprio método. Mesmo não descrevendo como se dá uma combinação de técnicas para a sua formação enquanto método, a teoria carrega consigo um conjunto de pressupostos ontológicos e epistemológicos que determinam como deve ser o processo de investigação no campo. Em outras palavras, a teoria orienta o olhar do(a) pesquisador(a) durante o processo de pesquisa, análise e interpretação dos resultados.

Considerações finais

O meu objetivo com este capítulo foi introduzir aspectos preliminares da pesquisa qualitativa antes do processo de escolha e aplicação de métodos de investigação. Apesar da variedade de métodos disponíveis, eu considero que há dois problemas relevantes na formação de pesquisadores(as) de orientação metodológica qualitativa, a falta do domínio das técnicas e o excesso de instrumentalização na operacionalização da pesquisa.

É muito comum em disciplinas de pesquisa qualitativa os docentes focarem o conteúdo trabalhado nos métodos de investigação qualitativa. Parte-se do pressuposto de que os aprendentes já conhecem muito sobre ciência, desenho de pesquisa e das técnicas básicas que suportam a pesquisa qualitativa – entrevista, observação e análise de documentos. Entretanto, a experiência de pesquisa da maioria dos(as) alunos(as) de mestrado e doutorado no Brasil se resume na realização de um trabalho de conclusão de curso (com muitas falhas no processo) ou de uma dissertação de mestrado (no caso dos(as) doutorandos(as)). Essas experiências são muito pouco considerando a real necessidade de prática de pesquisa para aprender a conduzi-la de maneira excelente. A falta de prática em pesquisa tem como consequência limitações no domínio das técnicas básicas que envolvem a investigação qualitativa. Assim, o entendimento dos métodos de pesquisa qualitativa e o seu apropriado emprego ficam limitados e comprometem a qualidade do trabalho a ser realizado. É fundamental que o domínio das técnicas seja o passo inicial na formação de pesquisadores qualitativos.

Em relação ao excesso de instrumentalização na pesquisa qualitativa, este aspecto guarda relação parcial com o anterior. Quando as pessoas não têm domínio do que fazem, elas tendem a executar as tarefas de maneira protocolar e terminam tendo pouco espaço para reflexão, criatividade e inovação. Assim, a pesquisa para essas pessoas se resume a restrita reprodução dos manuais de pesquisa qualitativa em que o parâmetro de qualidade está diretamente associado ao cumprimento fiel dos protocolos apresentados pelos métodos tradicionais disponíveis. Além da limitação na aptidão para a utilização das técnicas e métodos de pesquisa, soma-se a isso o desconhecimento do papel da teoria no desenvolvimento da investigação. Uma compreensão equivocada de que teoria e método são coisas distintas e possuem "vida própria" termina fazendo com que muitos(as) pesquisadores(as) tenham dificuldade de articular estes dois elementos, seja no desenho metodológico ou, principalmente, na análise e interpretação dos dados empíricos.

A pesquisa qualitativa demanda dos(as) pesquisadores(as) duas aptidões fundamentais, o domínio das técnicas e a capacidade de reflexão, abstração e criatividade para conseguir compreender como podem se dar as melhores maneiras de apreender um fenômeno social a partir das teorias e métodos disponíveis. Portanto, não se trata apenas de escolher uma teoria e um método para empregá-los, mas ser capaz de fazer uma leitura do mundo social no qual estamos inseridos(as) de maneira crítica e reflexiva.

A pesquisa qualitativa é, portanto, mais do que um guarda-chuva de métodos, trata-se de uma postura investigativa que tem na subjetividade e na intersubjetividade matéria-prima para investigação científica de questões sociais que vão desde os aspectos mais simples do cotidiano como formas de religiosidade, parentesco ou padrões de consumo, até temas socialmente mais sensíveis relacionados a violência, desigualdade, sustentabilidade, entre outros.

Referências

BISPO, M.S. Educating Qualitative Researchers in Management: Toward Performative Judgements. In: *Revista de Administração de Empresas*, vol. 57, n. 2, 2017, p. 158-169.

_____. Methodological Reflections on Practice-Based Research in Organization Studies. In: *Brazilian Administration Review*, vol. 12, n. 3, 2015, p. 309-323.

BISPO, M.S. & GODOY, A.S. Etnometodologia: uma proposta para pesquisa em estudos organizacionais. In: *Revista de Administração da Unimep*, vol. 12, n. 2, 2014, p. 108-135.

EISENHARDT, K.M. Building Theories from Case Study Research. In: *Academy of Management Review*, vol. 14, n. 4, 1989, p. 532-550.

FLICK, U. *Introdução à pesquisa qualitativa*. 3. ed. Porto Alegre: Artmed, 2009.

GARFINKEL, H. *Studies in ethnomethodology*. Englewood Cliffs, NJ: Prentice Hall, 1967.

KOZINETS, R.V. *Netnografia:* realizando pesquisa etnográfica online. Porto Alegre: Penso, 2010.

MARIZ, L.A.; GOULART, S.; REGIS, H.P. & DOURADO, D. O reinado dos estudos de caso na teoria das organizações: imprecisões e alternativas. In: *Cadernos Ebape.BR*, vol. 3, n. 3, 2005, p. 1-14.

MEIHY, J.C.S.B. & HOLANDA, F. *História oral*: como fazer, como pensar. São Paulo: Contexto, 2007.

STAKE, R. *Pesquisa qualitativa*: estudando como as coisas funcionam. Porto Alegre: Penso, 2011.

_____. *The art of case research*. Thousand Oaks, CA: Sage, 1995.

YIN, R.K. *Estudo de caso:* planejamento e métodos. 2. ed. Porto Alegre: Bookman. 2001.

42
Escolhas metodológicas
"Dando sentido à diversidade de escolhas metodológicas nas Ciências Sociais"

Sandra Gomes

Introdução[1]

Ao longo de uma pós-graduação, é comum que alunos se sintam, em algum momento, angustiados com suas propostas de pesquisa: se sentem perdidos ou inseguros com relação as suas perguntas e não sabem como definir estratégias metodológicas. Parte dessa angústia, parece-me, está associada a uma visão um pouco idealística do que é fazer uma pesquisa na prática, especialmente com relação à ideia de que é executada de modo linear, sem idas e vindas, sem momentos de dúvidas, estagnação ou revisões de estratégias metodológicas. De fato, raramente encontramos relatos dessa natureza nos artigos científicos publicados em revistas de grande renome. Penso que é preciso desmistificar essa visão: mesmo entre pesquisadores experientes, perguntas originais são abandonadas ou refeitas, escolhas metodológicas são revisadas, dados se mostram insuficientes ou inadequados, há momentos de grande produção e outros em que se avança pouco. Meu ponto é: isso é normal e faz parte de um trabalho acadêmico. Como, então, superar as situações de

grande ansiedade que podem, até mesmo, produzir paralisia acadêmica? Enxergo duas possibilidades: 1) falar abertamente de suas inseguranças e dialogar com sua orientadora, outros pesquisadores e professores experientes, colegas de estudo, dentre outras formas de interação acadêmica e interpessoal e 2) compreender que uma pesquisa é essencialmente um processo de escolhas em que se tomam diversas decisões em diferentes momentos e estágios. Podemos e fazemos rotineiramente revisões e adequações e é justamente essa liberdade de escolha que nos permite produzir um trabalho autoral, isto é, com a nossa própria marca interpretativa.

Mas o fato é que há muitas escolhas possíveis e isto se torna também parte das angústias dos alunos da pós-graduação. O objetivo central deste texto é dar sentido às escolhas possíveis. Já descartando a ideia de que exista um "método quantitativo" e outro "método qualitativo", argumento aqui que o mais adequado para fundamentar nossas escolhas é pensarmos em termos de estratégias de pesquisa que, por sua vez, dependem dos objetivos de uma pesquisa. Há estudos que têm a intenção de encontrar regularidades, padrões gerais observáveis empiricamente ou produzir generalizações. Nestes casos, a adoção de técnicas de análise quantitativa, com base em um grande número de casos, é mais comum porque auxilia a alcançar os objetivos

---

1. Este texto é resultado das reflexões feitas com estudantes do Programa de Pós-Graduação em Estudos Urbanos e Regionais da UFRN nas diversas edições da disciplina Produção do Conhecimento e Metodologia da Pesquisa. Agradeço às alunas e aos alunos pelo sempre instigante diálogo, que inspirou a escrita deste texto e o qual dedico com carinho e gratidão.

declarados de uma pesquisa deste tipo. Por outro lado, técnicas de análise qualitativa são apropriadas para estudos que almejam interpretar como um determinado fenômeno social ocorre (ou ocorreu) a partir de uma análise em profundidade de poucos casos ou apenas um. Mas note que mesmo essa distinção que acabo de apresentar não é rígida na medida em que várias outras opções e combinações são possíveis: estudos de caso em profundidade que dialogam com (ou testam) propostas de generalizações, achados de padrões gerais que demandam entendimento de casos específicos para alcançar explicação ou, ainda, desenhos de pesquisa que combinam análises qualitativas com comparações de um número intermediário de casos, como no caso da Análise Qualitativa Comparada para ficar apenas em alguns exemplos.

Os objetivos de uma pesquisa, por sua vez, dependem da pergunta de pesquisa. Com efeito, alunas e alunos de pós-graduação são frequentemente incitados a definir ou especificar melhor suas perguntas. Também com relação a este ponto, alguns alunos se sentem bastante inseguros e, por vezes, pressionados. Por isso, penso ser importante desmistificar a ideia de que uma pergunta de pesquisa é imutável. A consequência mais problemática dessa situação é a paralisia acadêmica: assume-se que se deva aguardar por uma pergunta que nasça pronta, perfeita, infalível, para daí sim dar início às atividades. A especificação da pergunta de pesquisa pode e frequentemente passa por modificações e não há nada de errado com isto. Ao contrário, muitas vezes é o próprio amadurecimento da pesquisa que nos leva a revisões das perguntas iniciais. Obviamente, esse processo de redefinição da pergunta não pode ser eterno, pois os alunos têm prazos a cumprir. Assumo aqui a proposta de Quivy e Campenhoudt (1998) de que os alunos devem ter uma pergunta de partida para poder iniciar seus trabalhos. Optei por fazer alguns apontamen-

tos sobre isto porque escolhas metodológicas dependem do tipo de pergunta que se faz.

Outro aspecto associado a essas escolhas está relacionado ao fato de que se espera que trabalhos acadêmicos ou, mais especificamente no caso que aqui recebe maior atenção, as dissertações e teses, produzam explicações. Utilizo essa palavra de modo bastante amplo e não restrito à tradição mais positivista de ciência (CANO, 2012), pois assumo que mesmo estudos que queiram encontrar o sentido social de determinados fenômenos sociais de modo interpretativista também estão em busca de explicações para isto. A capacidade de produzir explicações significa ir além da mera descrição de eventos, de contar fatos em ordem cronológica ou uma história ou, ainda, ter uma impressão sobre o assunto (ELSTER, 2007). Explicações são uma forma de dar sentido a fenômenos sociais, compreender por que algo ocorreu ou como ocorreu, suas consequências ou impactos sociais de modo a produzir sínteses analíticas. Com isso quero dizer que cabe às pesquisas sociais "colocar ordem" no que parece ser um verdadeiro caos, extrair sentidos e razões para a ocorrência de eventos sociais de modo a simplificar o entendimento de fenômenos sociais que são, por sua natureza, complexos. Isto porque não faria sentido que nossas pesquisas resultassem em tornar ainda mais complexa a realidade social em estudo. O mantra "os fenômenos sociais são complexos" é, muitas vezes, utilizado para justificar a impossibilidade de se produzir sínteses analíticas. Mas exatamente por que são complexos? A partir da discussão de Ragin (1987), destaco que o interesse em produzir explicações está associado à observação das causas e/ou dos efeitos que produzem os fenômenos sociais. Essas observações, por sua vez, podem dar ensejo à proposição de teorias, isto é, de propostas de explicação que associam certas causas a determinados resultados. E, como veremos, produzir explicações não é exclusivo de um ou outro método ou técnica de pesquisa, podendo estar presente tanto em estudos de cunho quantitativo quanto qualitativo. Uma forma de exercitar a sua pergunta de pesquisa é tentar responder à seguinte questão: "o que explica isto?", sendo o "isto" seu objeto e, potencialmente, seu problema de pesquisa.

Esses são os pontos que desenvolvo em maior detalhe nas seções que seguem. Na primeira, apresento uma breve discussão sobre a centralidade de nossas perguntas de pesquisa, que orientará as escolhas metodológicas, com especial ênfase em desmistificar a ideia de que devemos esperar o surgimento de uma pergunta "perfeita" e imutável. Na segunda seção, alguns elementos preliminares antes de fazermos nossas escolhas metodológicas são discutidos: queremos explicar algo, mas o que isto, de fato, significa e por que os fenômenos sociais são complexos e, portanto, diferentes de outros, como os naturais. Na terceira seção, apresento uma lista de tipos de pesquisa nas ciências sociais, de acordo com seus objetivos, de modo a ilustrar a diversidade de pesquisas possíveis, todas legítimas e relevantes, mas com suas próprias particularidades. Com base nisso, agrupo em três as possibilidades de estratégias metodológicas: foco na amplitude, na profundidade dos casos ou na sua diversidade – com o intuito de auxiliar alunos da pós-graduação em suas decisões. O argumento central é que a escolha da "melhor técnica", também aplicável à questão do "melhor método", é uma consequência dos objetivos de uma pesquisa e não, ao contrário, uma escolha *a priori* e restrita apenas às possibilidades conhecidas. Ao final, retomo as principais mensagens deste texto e destaco a importância da discussão coletiva de questões de pesquisa como forma de se obter apoio e confiança em nossos trabalhos. Sempre que pertinente, incluo exemplos hipotéticos ou de pesquisas reais de modo a melhor ilustrar os argumentos.

Preliminares: a minha pergunta de pesquisa é relevante?

A pergunta de pesquisa é certamente central para o bom andamento de uma pesquisa. É ela que define as teorias ou a literatura com quem você irá dialogar assim como o método ou técnicas de pesquisa mais adequados para que a questão possa ser resolvida.

Uma das apreensões para alunos de pós-graduação é justamente isto. A frase recorrente de orientadores, bancas de qualificação e outros professores e pesquisadores: "mas qual é a sua pergunta de pesquisa?" é, muitas vezes, vista como um dilema para os estudantes. Parte desse temor pode estar relacionado a uma visão um tanto idealística e irrealista de como se define uma pergunta de pesquisa. O fato é que leva tempo até estarmos confiantes de que nossas perguntas são relevantes (ou seja, a pergunta está conectada com os estudos desenvolvidos até o momento, não é mera alucinação de nossas mentes), viáveis (quanto tempo vai levar, quais técnicas terei de dominar, quanto custará) e, principalmente, simples (a parcimônia, capacidade de fazer perguntas que são passíveis de serem respondidas). A noção de que se haveria de esperar por uma pergunta perfeita e, por isso, imutável, além de irrealista, tende a paralisar o início dos trabalhos de investigação. Perguntas podem mudar ao longo da pesquisa e, é muito comum, mesmo entre pesquisadores experientes, que elas se alterem (KING; KEOHANE & VERBA, 1994, p. 13).

Nesse sentido, a recomendação de Quivy e Campenhoudt (1998) me parece bem-apropriada: deve-se pensar numa pergunta de partida (e não definitiva), isto é, escolher um fio condutor geral, que orientará as leituras iniciais sobre o tema, e entendê-la como uma pergunta provisória, escolhendo sem demora e sem medo. É bastante provável que sua pergunta de pesquisa irá ser modificada ao longo do seu estudo justamente porque, ao se familiarizar com os debates da área e aprofundar o conhecimento sobre o seu tema, você irá especificar melhor a pertinência, relevância e seu interesse específico em contribuir com o debate. Obviamente, como temos prazos a cumprir, não podemos ficar indefinidamente alterando nossas perguntas, mas temos espaço para melhorá-las, isto é, especificar melhor. É nesse sentido que se deve aproveitar todas as oportunidades disponíveis para apresentar e debater sua pergunta de pesquisa, para além de apenas o orientador: para colegas, outros professores, grupos de pesquisa, seminários etc. É o debate e troca de ideias e a crítica (tão temida por alguns) que irá ajudar o processo de especificação de sua pergunta de pesquisa.

A pergunta de pesquisa é a definição de um problema (ALVES-MAZZOTTI & GEWANDS-NAJDER, 1998, p. 7) que você identificou e que parece estar sem explicação ou incompleta ou, ainda, com explicações concorrentes. É quando nos deparamos com algo (um fenômeno social) que não sabemos explicar – "por que isto ocorre", "como este resultado é produzido", "o que explica isto" são exemplos de questões de pesquisa. Como se pode notar, a pergunta é resultado de uma aproximação inicial com a literatura da área. É disso que se trata o afamado momento de "revisão da literatura": verificar as explicações que já foram pensadas para o seu problema de pesquisa. Isto – com variações a depender da temática – provavelmente significa mapear as teorias existentes. E o que é uma teoria? Nada mais é do que um conjunto de ideias para dar sentido a certos fenômenos sociais (RAGIN & AMOROSO, 2011, p. 34), ou seja, uma proposta de explicação que pode estar correta ou equivocada, resultado a ser conhecido com a produção do conhecimento coletivo por meio da produção de pesquisas, investigações sistemáticas de análises de dados empíricos, inclusive

em dissertações e teses. Algumas pesquisas adotam hipóteses como formas de perguntas de pesquisa. Neste caso mais específico, a partir das teorias (explicações) existentes, extraem-se as consequências que seriam empiricamente observáveis se a teoria estivesse correta, isto é, o objetivo aqui é verificar se a hipótese é confirmada ou rejeitada a partir da análise de dados reais. Tipicamente, este tipo de pergunta está associado ao método hipotético-dedutivo, mas há outras formas de perguntas que podem exigir uma perspectiva mais indutiva (assim como uma mescla desses dois métodos), como veremos à frente quando apresento tipos diferentes de pesquisa. Em suma, é a pergunta de pesquisa que vai orientar tanto a literatura (ou as teorias) que você irá dialogar quanto com o método ou técnicas de pesquisas mais apropriados para responder a sua questão. Ainda assim, há diferentes formas de planejar uma pesquisa a partir de uma pergunta de pesquisa e isto envolve escolhas por parte do pesquisador. Simulemos um exemplo para ilustrar este ponto.

Diga-se que uma pesquisadora está interessada em responder à seguinte pergunta de pesquisa: "a diminuição da pobreza e da desigualdade é maior entre governos de partidos de esquerda?" Assuma-se que se chegou a esta pergunta após uma revisão da literatura da área e que algumas teorias apontavam que partidos de esquerda, por terem como princípio normativo orientador de sua formação a produção de justiça social, tendem, ao chegar ao poder, a adotar políticas públicas mais redistributivas (HUBER & STEPHENS, 2001).

Esta pergunta pode assumir diferentes desenhos ou estratégias de pesquisa. Se o objetivo da pesquisa for testar se esta proposição se aplica a diferentes grupos de países – por exemplo, países desenvolvidos e em desenvolvimento –, faz sentido adotar técnicas de coleta e de análise de dados quantitativas, isto é, construir um banco de dados com informações sobre vários países, com governos de diferentes vertentes ideológicas para testar se essa afirmação é válida ou não. Uma estratégia de pesquisa diferente também poderia ser feita, de caráter mais qualitativo. Talvez um outro pesquisador, partindo da mesma pergunta, queira compreender um caso em específico e escolha um país para uma análise ao longo do tempo comparando governos de esquerda com outros (de direita, de centro). Aqui, o objetivo é analisar o caso em profundidade, talvez identificando as políticas públicas adotadas, as razões (discursos) para essas escolhas e seus impactos na sociedade. Ambos os estudos partem de perguntas similares, dialogam com a mesma literatura, podem encontrar resultados que confirmam ou rejeitam as teses colocadas nas teorias, mas adotam estratégias de pesquisa distintas. Trata-se de escolhas metodológicas.

E como fazer essas escolhas? Como discuto à frente, penso que a melhor forma é compreender o sentido geral ou objetivos de diferentes tipos de pesquisa. Deste modo, a escolha do método ou técnica de pesquisa deve ser entendido como consequência dos objetivos de uma pesquisa que pode, inclusive, se beneficiar da adoção de diferentes técnicas de modo conjunto. Por esta razão, conhecer o máximo possível de técnicas de pesquisa amplia o leque de opções para os pesquisadores, sejam técnicas "qualitativas" ou "quantitativas". É fato que qualquer uma dessas escolhas conterá vantagens e desvantagens, iluminarão determinados aspectos de um fenômeno em estudo, abrindo mão de outros, isto é, todas as escolhas produzem ganhos interpretativos assim como contêm limitações.

Duas observações finais sobre a pergunta de pesquisa merecem registro. Primeiro, há de ser uma pergunta mesmo, a ser investigada a partir de procedimentos sistemáticos, lógicos e transparentes. Dito de modo direto: perguntas de pesquisa que já estão respondidas logo de início, mesmo antes da verificação empírica, nada mais é do que a confirmação de uma tese que você gosta, mas que não contribui para o conhecimento sobre a realidade na medida em que exclui outras possíveis explicações.

Um segundo ponto que estudantes se perguntam e gostaria de destacar: qual pergunta de pesquisa é relevante cientificamente? Não há resposta única para essa questão, pois, essencialmente, trata-se de mais uma escolha e, neste caso, bastante subjetiva. Isto se constitui como liberdade de pesquisa, pois não existe tema que não possa ser de interesse científico (ou ao menos assim entendemos até o momento). Uma orientação mais geral pode ser adotar uma questão de pesquisa que é importante na vida real e que possa trazer uma contribuição para a literatura da área (KING; KEOHANE & VERBA, 1994, p. 15). O que será (ou deveria ser) debatido no âmbito acadêmico não é o tema escolhido e sim a forma como a pesquisa se desenvolveu, pois são os métodos e regras que definem uma pesquisa científica (KING; KEOHANE & VERBA, 1994, p. 8). Em suma, qual temática escolher e que tipo de estudo fazer depende, fundamentalmente, do interesse do pesquisador e todos os tipos de pesquisas têm potencial de contribuição para um melhor entendimento da realidade social.

De qualquer forma, a pesquisa científica não é uma coleta aleatória de evidências ou de dados interessantes, simplesmente por serem interessantes. É uma coleta direcionada, mais ainda, envolve planejamento e escolhas metodológicas que permitam testar a sua hipótese ou responder a sua pergunta de pesquisa. O objetivo comum de todas as pesquisas é produzir explicações, e isto não é exclusivo das ciências sociais. Para dar maior subsídio às escolhas metodológicas para as pesquisas na pós-graduação, vejamos o que isto significa para o caso dos fenômenos sociais que queremos explicar.

O que explica isto? Causas e efeitos de um fenômeno social e as teorias. O que significa dizer que os fenômenos sociais são complexos?

Geralmente se espera que dissertações e teses produzam explicações. Ainda que descrições densas de um fenômeno da especificação da ordem cronológica de fatos e eventos sejam, muito frequentemente, fundamentais para se alcançar explicações, trata-se efetivamente de uma das etapas de uma pesquisa científica. Mas há exceções. Por exemplo, King, Keohane e Verba (1994) argumentam que nos casos em que um fenômeno ainda não foi descrito o suficiente pela literatura, é melhor ter uma boa descrição do que uma explicação insuficiente ou ruim.

Uma forma de exercitar qual é a explicação que sua pesquisa irá perseguir é fazer a pergunta "o que explica isto?" Por que filhos de mães de menor escolaridade tendem a ter pior desempenho escolar em comparação a alunos com mães de maior escolaridade? O que explica isto? O "isto", neste caso, é seu problema de investigação. É bem possível que esta pesquisa tenha de fazer descrições antes de produzir explicações. Suponha-se que a estratégia escolhida desta pesquisa fosse observar um conjunto de alunos com mães de diferentes níveis de escolaridade e suas formas de interação cotidiana com seus filhos para poder identificar como (ou se) esse fenômeno ocorre. Neste caso, certamente haverá o registro dessas observações de comportamento e atitudes no cotidiano – isto é, uma descrição densa – que poderão formar a base para a identificação de quais mecanismos causais (ELSTER, 2007) produziriam tal situação. Quais mecanismos estariam presentes (ou ausentes) em cada situação: será a maior disponibilidade de tempo para mães de maior escolaridade apoiar os estudos de seus filhos ou será ter tido a experiência prévia de escolarização que influencia, ou será o conjunto de capital cultural das famílias (BOURDIEU, 1998), será a forma inadequada como professores lidam com crianças de menor renda ou, ainda, todos esses fatores conjuntamente?

A especificação do "isto" é, portanto, uma forma de definir a sua questão de pesquisa. Mas o exemplo que acabo de dar traz também outras duas questões pertinentes para nossa discussão aqui. Primeiramente, observe-se que os fatores que elenquei no exemplo são todos potencialmente explicativos, isto é, nenhum está descartado a princípio porque a questão central de uma pesquisa é justamente realizar uma análise empírica que pode corroborar ou não um ou mais desses potenciais mecanismos causais. Tornando mais explícito: a sua pesquisa irá verificar se os fatores de fato estão presentes e explicam o resultado final e não escolher apenas aqueles dados e informações que você gostaria de verem confirmados. É o que se chama de testar explicações (ou hipóteses) alternativas (KING; KEOHANE & VERBA, 1994), uma das formas de se garantir o rigor científico. Mais grave, é quando dados que vão contra o resultado desejado pelo pesquisador são deliberadamente ocultados. Em outras palavras, uma pesquisa que traz boa contribuição para a construção do conhecimento científico deve ter, por parte do pesquisador, uma atitude aberta tanto para a confirmação quanto para a rejeição de ideias ou hipóteses explicativas que foram adotadas no início da pesquisa.

Um segundo aspecto a destacar é o diálogo com as teorias existentes, que nada mais são do que as explicações existentes para a ocorrência de determinados fenômenos sociais, especificando relações de causa-efeito. Um exemplo: quais são as causas que aumentam as chances de mudança na agenda de políticas públicas de um governo? Talvez você escolha trabalhar com a abordagem analítica dos múltiplos fluxos de John Kingdon (1995), que propõe que o cruzamento de três fluxos (da política, das políticas públicas e do problema) abre uma janela política que aumenta as chances que um governo mude suas prioridades de atuação, desde que bem explorada por um hábil empreendedor político. Esses seriam os fatores causais. A partir desta teoria[2], poderíamos esperar, por exemplo, que em uma situação em que há mudança ou eleição de um novo governo (fluxo da política) combinado com o reconhecimento (na opinião pública, mídia, grupos de interesse etc.) de que um problema social merece atenção do governo (fluxo do problema) e combinado à existência de alternativas ou soluções disponíveis para solucionar esse problema, defendidos por uma comunidade de especialistas (fluxo das políticas públicas) aumentam-se as chances de mudança na agenda governamental. Em outras palavras, para esta teoria, a combinação desses três fatores causais são potenciais fatores explicativos para que um governo adote novas prioridades de políticas públicas. A sua pesquisa pode querer testar se esse modelo de análise é capaz de explicar a mudança na agenda governamental que está ocorrendo na atualidade.

Por outro lado, a sua investigação pode estar interessada em identificar quais são os efeitos de determinados fenômenos a partir das teorias existentes. Imagine que alguém esteja interessado no tema "segregação socioespacial nas cidades", mas que o objetivo central desta pesquisa não é propriamente identificar ou testar as causas levantadas na literatura, mas sim verificar os efeitos sociais de residir numa periferia, nas chances de superação da condição de pobreza. Um diálogo com as teorias da área será importante para formar a visão ou imagem do problema. Diga-se que, a partir da revisão dos estudos sobre segregação nas cidades,

você tenha conseguido identificar os seguintes fatores causais: "o preço da terra nas áreas centrais ou consolidadas", "os interesses econômicos dos agentes do mercado imobiliário no sistema capitalista", "a falta de políticas públicas efetivas de habitação social" ou "o papel do Estado por meio de intervenções e normatizações de ocupação do espaço urbano". Uma ou mais dessas imagens, teorias ou enquadramentos analíticos irá orientar a forma como você irá observar e analisar os efeitos da segregação social na vida das pessoas, mesmo que a identificação da causalidade não seja seu objeto central de análise. Em suma, todo e qualquer pesquisador parte, de forma consciente ou inconsciente, de uma teoria (ou mais de uma), isto é, de uma imagem do problema social.

De fato, a especificação das possíveis causas de um fenômeno social não é tarefa simples devido as suas especificidades, que são complexas. E o que é essa complexidade? O entendimento elementar do que isto significa é importante, pois o diálogo com a literatura envolve compreender o que essas teorias estão propondo como explicações causais que, por sua vez, irão orientar as escolhas metodológicas de uma pesquisa.

A proposição mais elementar de causalidade – em vários campos da ciência e não apenas nas sociais – é que X leva a Y, isto é, se um fator (denominado como X) estiver presente, então o resultado esperado é Y (o fenômeno social em observação). Com isto, podemos inferir que a causa de Y é X. Esta proposição teórica, isto é, de uma relação de causa-efeito pode ser empiricamente verificada. Se a análise da realidade mostrar que, quando X está presente, de fato, observamos o fenômeno em análise (Y), então podemos dizer que a relação de causalidade parece mesmo existir e que podemos inferir que X é a causa de Y. Na construção do conhecimento científico, porém, dizemos que temporariamente essa parece ser a explicação por que

---

2. Há uma disputa se a abordagem dos múltiplos fluxos se constitui em uma teoria ou não (SABATIER, 2007), mas isto não afeta a ilustração de meu argumento.

a produção de novos estudos pode revelar outros fatores causais que não haviam sido observados (ou considerados) anteriormente pelas teorias disponíveis (CANO, 2006).

Ragin (1987) discute esta questão em profundidade a partir da afirmação de que os fenômenos sociais têm características particulares, pois são resultado de uma "causação múltipla e conjuntural" ("*multiple conjunctural causation*"), isto é, além de terem múltiplas causas – dificilmente encontramos apenas uma –, raramente estas operam sozinhas ou de forma isolada – são combinações de causas – e são também dependentes do contexto. Por isso, a causação é entendida como conjuntural, isto é, como uma combinação de acontecimentos ou circunstâncias de um determinado momento (ou contexto).

A complexidade causal para Ragin (1987), portanto, é a proposição de que não apenas várias causas podem gerar o fenômeno social em estudo, como também é possível haver diferentes *combinações de causas*, similar à ideia de "*variation-finding*" em Tilly (1984). Vejamos um exemplo hipotético para ilustrar esses dois primeiros pontos e, em seguida, volto a abordar a questão do contexto.

Imaginem que eu queria explicar o que aumenta as chances de um governo adotar políticas redistributivas, isto é, que transferem renda das camadas mais ricas da sociedade para as mais pobres ou aumentam a provisão de serviços públicos estatais. Suponha, agora, que, ao fazer a revisão dos estudos da área, eu tenha verificado que existem três fatores causais ou explicativos: 1) a existência de sindicatos organizados que adotam estratégias de mobilização da classe trabalhadora com o fim de pressionar governos eleitos democraticamente; 2) a chegada ao poder de um partido de esquerda que tenha como princípio normativo central e mais importante a diminuição das desigualdades e 3) um poder executivo com suficiente poder legisla-

tivo para emitir atos e governar com poucas oportunidades (institucionais) de grupos ou pontos de veto que, para simplificar, vamos chamar de centralização no executivo. São essas três causas todas necessárias para que se observe um governo mais redistributivo ou apenas algumas delas ou, ainda, haveria diferentes combinações que levariam a um mesmo resultado?

O Quadro 1 apresenta um levantamento de dados hipotéticos que simula um desenho experimental[3] como apresentado por Ragin (1987, p. 28). Nessa simulação, temos informações para oito países (ou governos) – casos 1 a 8 – e codificamos tanto os três fatores causais quanto o fenômeno sendo estudado de modo binário, isto é, se estão presentes ou ausentes. Observe a leitura que podemos fazer do caso 1: é um governo que não adotou políticas redistributivas (identificado como "não" na coluna "resultado"), não tem sindicatos fortes, nunca teve governos de esquerda, nem tem centralização decisória no executivo, ou seja, todos os fatores estão ausentes.

Ainda que o caso 1 mostre que a ausência das três causas não gera o resultado como sugerido pelas teorias da área, ainda não é possível dizer que a sua presença irá produzir o fenômeno em estudo. Não caberia aqui detalhar todos os oito casos (para isso o leitor pode recorrer a RAGIN, 1987, p. 25-30), mas a observação dos casos 4 e 7 é suficiente para ilustrar a ideia de que pode haver diferentes combinações de causas que geram um mesmo fenômeno social.

---

3. Um desenho de pesquisa experimental tenta comparar casos com resultados semelhantes (ou diferentes) com relação ao fenômeno em estudo, de modo a observar quais fatores estão presentes ou ausentes, isto é, potencialmente fatores causais. No exemplo hipotético utilizado no Quadro 1, todas as possíveis combinações lógicas de casos – fatores presentes e ausentes – estão listadas (casos 1 a 8), ainda que não necessariamente existam empiricamente. A proposta seminal é de John Stuart Mill (1843) com os métodos da semelhança, diferença e outros.

Quadro 1 Simulação de um desenho experimental para verificação dos fatores causais

	X1 (sindicatos fortes)	X2 (partido de esquerda no poder)	X3 (executivo centralizado)	Resultado (adotou políticas redistributivas?)
caso 1	ausente	ausente	ausente	não
caso 2	presente	ausente	ausente	não
caso 3	ausente	presente	ausente	não
caso 4	**presente**	**presente**	**ausente**	**SIM**
caso 5	ausente	ausente	presente	não
caso 6	presente	ausente	presente	não
caso 7	**ausente**	**presente**	**presente**	**SIM**
caso 8	presente	presente	presente	não

Fonte: Ragin (1987, p. 28) com adaptações.

Somente os casos 4 e 7 tiveram governos que adotaram políticas redistributivas. O fator "partidos de esquerda no poder" está presente nos dois casos, mas notem que está também presente em outros casos que não apresentaram o resultado esperado. Isto sugere que ter um partido de esquerda no poder seria uma *condição necessária* para a redistribuição, *mas não suficiente* na medida em que é preciso que a primeira ocorra em combinação com outros fatores. Além disso, a análise dos dois casos mostra que há duas configurações causais diferentes que geram o mesmo resultado. No caso 4, é a combinação de governos de esquerda com sindicatos fortes e a ausência de um executivo centralizado que produziu o resultado final. O caso 7, por sua vez, mostra um caminho distinto: governos de esquerda mais um executivo centralizado e ausência de sindicatos fortes produz redistribuição. Observem que, nesse nosso exemplo hipotético, a presença das três causas ao mesmo tempo (caso 8) *não* produz o resultado esperado. Obviamente, teríamos de ter explicações para isto, mas o ponto desse exercício é ilustrar como um determinado resultado pode ocorrer por combinações causais distintas.

Apesar de hipotético, o exercício não está totalmente distante das teorias existentes. A teoria dos recursos de poder (ESPING-ANDERSEN, 1985) propõe que, em regimes democráticos com sufrágio ampliado, a aliança entre classes sociais (trabalhadores organizados em sindicatos e classe média) apoiando partidos de esquerda, que disputam eleições, aumentam as chances de se ter um Estado de Bem-Estar mais universal e redistributivo. Revisões e aprimoramentos desta teoria, como em Huber e Stephens (2001), incorporam a relação de partidos de esquerda e outros, como os democratas-cristãos, com as dinâmicas advindas da competição eleitoral, as configurações político-institucionais de um país e o peso de legados históricos como novos fatores explicativos. Arretche (2018), por exemplo, aponta a centralidade da Constituição Federal de 1988 e das características do eleitorado brasileiro na democracia como explicações para a adoção de políticas redistributivas no Brasil não apenas entre governos de esquerda como também entre os mais à direita. Em outras palavras, pode haver (e normalmente há nas ciências sociais) teorias que tentam explicar um fenômeno social atribuindo causas (ou explicações) diferentes. A partir da perspectiva da complexidade causal dos fenômenos sociais é possível assumir que não necessariamente essas teorias se contradizem entre si, pois podem estar identificando caminhos distintos para um mesmo resultado.

O terceiro elemento que compõe a complexidade dos fenômenos sociais é o fato de que uma mesma causa pode gerar efeitos opostos dependendo de seu contexto (RAGIN, 1987, p. 27-30). Por exemplo, a combinação de sindicatos fortes e organização de partidos de esquerda pode gerar maior redistribuição no contexto histórico-político dos países desenvolvidos do início do século XX, mas não necessariamente entre países em desenvolvimento no início do século XXI em contextos (locais) distintos. A dimensão histórica da realidade social ou o encadeamento histórico de eventos e fatos pode afetar as condições usualmente identificadas como causais produzindo (ou não produzindo) os resultados esperados em razão de seus contextos. As análises de poucos casos em profundidade permitem observar e identificar a complexidade da operação desses fatores em seus contextos, podendo, inclusive, serem complementares às análises de um grande número de casos (PERISSONOTTO, 2013).

Em resumo, a complexidade causal advém do fato de que fenômenos sociais podem e são normalmente resultado de mais de uma causa (múltipla), que operam em conjunto (combinações) e podem ser afetados pelo contexto. Há, portanto, diversos desafios metodológicos (e epistemológicos) para a identificação da causalidade. Mas isto não é algo que você tenha de enfrentar sozinho, afinal, a produção do conhecimento é um trabalho coletivo e isto, certamente, é um alívio (KING; KEOHANE & VERBA, 1994).

Assumindo, então, que uma pesquisa pode ter como objetivo contribuir para o debate sobre os fatores que explicam a ocorrência de determinados fenômenos sociais ou o entendimento de seus

efeitos na realidade social, a próxima seção discute possíveis escolhas metodológicas para a execução de uma pesquisa. O objetivo não é detalhar ou apresentar um guia passo a passo, mas, antes, apresentar os sentidos de cada escolha.

Qual o melhor método? Uma compilação de diferentes desenhos de pesquisa de acordo com seus objetivos e possíveis estratégias metodológicas

Inicialmente, gostaria de destacar que parto aqui da premissa de que não existem métodos científicos superiores ou inferiores por si mesmos. Adoto a perspectiva de que é justamente a diversidade de olhares teóricos, analíticos e metodológicos que permite conjugar a liberdade de pesquisa com produção do conhecimento ampliado e relevante socialmente. Não há razões para se desqualificar um trabalho que busque identificar padrões gerais ou regularidades simplesmente porque adota técnicas quantitativas de análise. Da mesma forma, não é suficiente criticar um trabalho que está interessado em identificar significados culturais de um caso em particular porque não produz explicações gerais.

Essas não são críticas válidas no meu entendimento. Primeiramente, há de se questionar a qualidade ou o rigor na coleta e análise das informações de uma pesquisa e sua capacidade de argumentação lógica, de encadeamento dos argumentos ou até mesmo a própria adequação do método para responder as questões de pesquisa, mas não o método em si mesmo (BABBIE, 1999; KING; KEOHANE & VERBA, 1994). Cada estratégia de pesquisa ilumina aspectos específicos de um fenômeno social e, com essa escolha, necessariamente abre mão de outras particularidades. Segue disso que uma formação ampla, isto é, aprender várias técnicas e metodologias de pesquisa é sempre algo muito bom para qualquer pesquisador interessado em ampliar sua capacidade tanto de ler trabalhos de forma crítica como de escolher estratégicas metodológicas apropriadas para sua pesquisa. Quando estudantes de pós-graduação têm à disposição um leque amplo de conhecimento de diferentes técnicas de pesquisa, acabam tendo mais liberdade para fazer as perguntas que acham relevantes, sem limitações e vieses de método, assim como têm mais opções metodológicas para embasar uma interpretação sistemática (ou robusta) do fenômeno social em estudo.

Há diversas estratégias de pesquisa possíveis, todas válidas, mas com objetivos e olhares analíticos diferentes e, por isso, há escolhas. Dentre as muitas propostas de tipos de pesquisa, considero a de Ragin e Amoroso (2011) uma boa síntese da variedade existente na atualidade, que nos permite ter uma visão mais abrangente das possibilidades investigativas nas ciências sociais. Os autores organizam uma lista com sete tipos de pesquisa social de acordo com seus propósitos específicos em que adiciono alguns exemplos e comentários com o intuito de reforçar o meu argumento de que escolhas metodológicas estão associadas aos objetivos de uma investigação.

1) Produzir generalização e associações – O objetivo neste tipo de pesquisa é identificar padrões recorrentes, que se repetem e são observáveis em um conjunto significativo de casos. A covariação entre duas variáveis é um objetivo recorrente na medida em que pode, potencialmente, iluminar relações de causa-e-feito, como discuti anteriormente. Por exemplo, o maior acesso a armas de fogo é um fator (causal) que aumenta a violência letal numa sociedade? Há padrões recorrentes dessa associação em diferentes países ou não parece haver correlação? Para Babbie (1999) é possível nas ciências sociais buscar por regularidades. Muitas normas sociais passam a ser regulares

pela existência de regras formais. Há regularidades sociais, inclusive, que são tomadas como óbvias no senso comum, mas que uma análise mais sistemática pode mostrar como equivocada (BABBIE, 1999). Este tipo de pesquisa tende a adotar técnicas de análise quantitativas de modo a ter uma quantidade suficiente de casos (N) para verificar (ou testar) a existência (ou não) de associações e regularidades. Neste caso, abre-se mão do detalhe dos casos em particular e opta-se por uma visão mais abrangente dos mesmos, pois o olhar analítico tem como foco captar a amplitude do fenômeno.

2) Teste e refinamento de teorias – Este tipo de pesquisa testa a capacidade de explicação empírica de uma ou mais teorias. O método típico para isto é o hipotético-dedutivo que, como o próprio nome diz, levanta hipóteses a partir da(s) teoria(s). Uma hipótese nada mais é do que extrapolar (ou imaginar) quais seriam as consequências observáveis empiricamente se a teoria estivesse correta, isto é, testa suas implicações. Se uma teoria social diz que, quanto mais se desenvolve ou se moderniza uma sociedade, mais abrangente e generoso é seu Estado de Bem-estar Social, então um pesquisador pode levantar uma hipótese para teste empírico. Uma possibilidade seria: "se observará uma contínua ampliação de serviços e bens sociais em diversos países, sem rupturas ou retrocessos, desde que o processo de modernização da sociedade seja constante". Obviamente, essa hipótese, ao longo da pesquisa, poderá ser rejeitada se, por exemplo, se observar empiricamente que há sociedades modernas que não têm estados de bem-estar generosos ou se mesmo com desenvolvimento econômico alguns países diminuem o escopo e oferta de serviços ou direitos sociais ao invés de expandi-los.

Esse tipo de pesquisa pode tanto assumir um formato quantitativo como qualitativo, isto é, analisar um grande número de casos como também analisar um caso específico para ver se a teoria se aplica. Será que a teoria X explica o caso brasileiro?

3) Prever resultados – Algumas pesquisas podem ter como objetivo prever a probabilidade de algo acontecer com base no conhecimento que temos – tanto histórico quanto em generalizações previamente observadas. Por exemplo, é possível estimar o impacto que um aumento nos valores de um programa social de transferência de renda terá em indicadores sociais como taxa de abandono escolar ou segurança alimentar. A partir de dados e conhecimento acumulado, é possível prever os resultados antecipadamente. Algo similar também poderia ser feito a partir do conhecimento de casos históricos concretos como estimar o impacto do aumento da violência a partir da presença de determinados fatores considerados causais. Não se trata de prever eventos com precisão do tipo "como e quando irão ocorrer", mas sim a probabilidade de algo acontecer dada determinadas condições. Este tipo de pesquisa utiliza, com frequência, técnicas quantitativas da econometria para estimar impactos.

4) Interpretação de fenômenos culturais ou históricos – Este tipo de pesquisa é muito comum nas ciências sociais e é responsável pela produção de muitos estudos considerados clássicos. O objetivo é compreender as razões, as motivações, as escolhas de indivíduos, atores ou grupos sociais que dão significado ao "por quê" de certos acontecimentos históricos, culturais, sociais ou políticos. Os vários estudos de Max Weber são exemplos deste tipo de pesquisa, uma abordagem que objetiva compreender o sentido do comportamento ou conduta de atores a partir dos valores presentes numa sociedade e em determinando momento do tempo (CANO, 2012), identificando relações causais como, por exemplo, na sua famosa asserção da relação (causal) entre o surgimento do capitalismo industrial e a adoção de um Estado burocrático racional-legal moderno (PERISSINOTTO, 2013). Tipicamente, essas pesquisas adotam estudos qualitativos a partir da análise de um ou poucos casos para compreendê-los em profundidade. Talvez seja preciso reconstituir eventos históricos e seus encadeamentos ao longo do tempo, que explicam o fenômeno em estudo; compreender os valores, ideias, discursos, ideologias etc. que orientam a ação (comportamento) de grupos sociais; ou variados outros fatores que podem ser explicativos. Mesmo que raros, eventos podem ter um significado social ou cultural importante com consequências (ou efeitos) que perduram por séculos. Este é o caso, por exemplo, do estudo de Skocpol (2008) sobre como e em quais circunstâncias ocorrem revoluções sociais, definidas como transformações profundas e rápidas tanto da estrutura das classes sociais quanto de sua estrutura política (o Estado) de modo concomitante e por meio de intensos conflitos sociopolíticos (p. 4-5). A partir desta definição, revoluções são, de fato, eventos ou fenômenos sociais raros na história. A autora escolhe comparar três casos (revoluções francesa, russa e chinesa) para compreender os fatores presentes e ausentes a partir de uma reconstituição histórica dos processos, atores, eventos, classes sociais envolvidas, conflitos políticos, estruturas do Estado dentre outras categorias analíticas que a permitem ter um olhar em profundidade de cada caso de modo comparativo (e histórico). O estudo de Skocpol é considerado um dos precursores da abordagem analítica conhecida como "centrada no Estado" (*state-centered*) e, mais adiante, com reformulações, do neoinstitucionalismo histórico. Talvez o método etnográfico, com todas as suas particularidades, possa ser também entendido como uma pesquisa deste tipo na medida em que para a compreensão dos sentidos, significados culturais e simbólicos de uma determinada comunidade adota-se uma perspectiva de análise de casos em profundidade. Ao contrário de pesquisas que têm como objetivo central encontrar regularidades (cf. acima), neste caso, abre-se mão do entendimento de um fenômeno em termos de sua amplitude (quantitativa) para se alcançar uma compreensão em profundidade. É por essa razão que esse tipo de pesquisa se beneficia de técnicas de pesquisa qualitativa, pois estas permitem observar melhor não apenas os vários possíveis fatores causais de um determinado fenômeno como também as interações e combinações entre estas em seus respectivos contextos, como discuti anteriormente na seção sobre a complexidade causal.

5) Explorar a diversidade – Este tipo de pesquisa tem como objetivo central estudar grupos sociais ou situações nas suas mais diversas manifestações independentemente da sua frequência. Se, por um lado, numa pesquisa com objetivo de identificar padrões generalizáveis, os casos desviantes ou *outliers* não são objeto de análise – por não ser este o objetivo –, na perspectiva da diversidade podem ser justamente estes os casos de interesse analítico. Por exemplo, uma análise estatística pode indicar que há um padrão geral que diz que alunos que estudam em escolas em áreas segregadas das

cidades tendem a ter pior desempenho escolar, ainda que haja casos que "fujam" desse padrão. Ainda que esse achado geral possa ser interessante e útil socialmente, é também verdade que compreender as "exceções à regra" também o podem ser. Seguindo o exemplo, uma pesquisa orientada pela diversidade pode ter interesse em compreender como escolas que, mesmo estando localizadas em áreas segregadas, conseguem produzir um bom desempenho de seu alunado. Ainda que estatisticamente pequeno, uma pesquisa deste tipo pode contribuir sobremaneira para o entendimento dos mecanismos (causais) que explicam o desempenho escolar, contribuindo tanto para o conhecimento acadêmico quanto para a transformação da realidade social. A perspectiva da diversidade, como escolha de pesquisa, pode também ter como objetivo compreender as diferentes combinações de causas que produzem determinado fenômeno social – como discutido em seção anterior –, independente de sua frequência, pelo interesse em conhecer variados tipos de casos. Tanto o uso de técnicas de análise qualitativa quanto as de análise qualitativa comparada são as escolhas metodológicas mais frequentes neste tipo de pesquisa.

6) Dar voz a grupos excluídos – Uma pesquisa pode, também de forma legítima, escolher estudar um grupo social que não tem visibilidade na sociedade e, a partir do conhecimento gerado, dar voz a essas populações. Estudos sobre as populações quilombolas ou de populações do campo em situações sociais críticas e historicamente excluídas ou de grupos sociais culturalmente estigmatizados são alguns exemplos de pesquisas que podem aliar a produção de conhecimento científico com a possibilidade de dar voz a essas comunidades. Por envolver a compreensão e particularidades, inclusive as discursivas, de um grupo social específico, normalmente técnicas de análise qualitativa são mais adequadas para este tipo de pesquisa. O maior desafio desse tipo de pesquisa é manter os critérios que validam uma pesquisa acadêmica para não torná-la enviesada: um problema bem formulado, levantamento de dados e informações de modo transparente e crítico, apresentação de argumentos sistemáticos e lógicos com base nas evidências coletadas e mostrando todos os aspectos, sejam positivos ou negativos, em suma, sem ser um estudo que apenas apresenta um lado das representações sociais em estudo.

7) Proposição de novas teorias – pesquisas podem estar interessadas em propor novas teorias a partir da observação da realidade, iluminando novas associações ou causalidades ou propondo novos conceitos, comumente conhecido como método indutivo (ou lógica indutiva). Tipicamente, este tipo de pesquisa tenta sanar problemas com as teorias existentes, especialmente quando estas não são capazes de explicar a realidade ou observam-se lacunas e sente-se a necessidade de propor novas ideias (ou explicações). Isto não quer dizer que teorias existentes são ignoradas. Ao contrário, parte-se delas para poder tanto explicitar suas limitações quanto para iniciar o próprio processo investigativo. O exemplo clássico de estudo indutivo na sociologia é o livro *O suicídio,* de Émile Durkheim, inaugurando a sociologia positivista (GIDDENS, 1997). O autor parte de um levantamento de dados empíricos sobre o suicídio entre católicos e protestantes para chegar, ao final, à proposição de uma tipologia e de uma nova teoria social para o suicídio baseada em normas sociais e,

com isto, produzindo uma explicação alternativa às teorias da psicologia sobre o suicídio. Muitos outros estudos, ainda hoje, partem de análises da realidade para, então, se propor novas teorias nas ciências sociais, tanto na antropologia (especialmente os estudos iniciais da etnologia) quanto na sociologia e na ciência política, porém sempre em diálogo com as teorias existentes. Neste tipo de pesquisa, existem opções metodológicas as mais variadas: analisar um grande número de casos, poucos casos de modo mais qualitativo ou, ainda, adotando estratégias que combinam *quali* e *quanti.*

Essa tipologia de pesquisas nas ciências sociais, porém, deve ser lida como uma tentativa geral de classificação e não como escolhas excludentes entre si porque, na prática da pesquisa, muitas combinações são possíveis e ocorrem de fato. Pode-se adotar o método hipotético-dedutivo (teste de teorias) como ponto de partida de uma pesquisa e, ao se confrontar com a rejeição das hipóteses, partir para um método mais indutivo a partir da observação empírica. Uma investigação pode adotar interpretação histórica e/ou cultural de modo tanto dedutivo quanto indutivo, isto é, testando as teorias existentes ou buscando melhores interpretações. Na prática, os métodos "dedutivo" e "indutivo" não são rigidamente separados e é relativamente comum um pesquisador percorrer os dois caminhos (SABATIER, 2007). Uma pesquisa que dá voz a um grupo social específico pode, ao mesmo tempo, estar testando teorias existentes. Algo similar ocorre com a utilização de técnicas de pesquisa: às vezes se inicia com análises quantitativas, que procuram identificar padrões recorrentes de covariação, para, em seguida, se adotar análises em profundidade de casos específicos, talvez porque se queira compreender como exatamente essas associações operam na prática identificando, assim, os mecanismos causais (ELSTER, 2007).

Novamente, todas essas possibilidades são opções, escolhas que cada pesquisador pode fazer de acordo com as necessidades de sua pesquisa. Por isso, para além de produzir uma lista de técnicas de análise – o que um aluno de pós-graduação não terá dificuldade em compilar –, creio ser mais oportuno discutir o sentido de diferentes estratégias metodológicas como um primeiro passo para auxiliar estudantes da pós-graduação em suas escolhas. Uma forma que considero útil para organizar, de modo mais sintético, as estratégias de pesquisa "quantitativas" e "qualitativas" em ciências sociais é classificá-las em três grandes conjuntos: pesquisas com foco na amplitude, na profundidade dos casos ou na sua diversidade a partir das terminologias adotadas por Ragin (1987), Ragin e Amoroso (2011) e Gerring (2017). Como veremos, essas estratégias metodológicas estão diretamente relacionadas ao tipo ou objetivo de pesquisa que discuti acima.

Pesquisas que têm como foco a *amplitude*[4] dos casos têm como principal objetivo verificar possíveis associações entre fenômenos e condições sociais, de modo a alcançar generalizações, isto é, afirmações que se aplicam a um conjunto amplo de casos. O teste empírico de associações (ou covariação) entre variáveis é central nessa estratégia metodológica e estas são especialmente construídas para este fim, tipicamente separando entre variáveis dependentes (o fenômeno social que se quer explicar) e independentes (potenciais causas que estariam associadas aos fenômenos e explicariam sua ocorrência). Por essas razões e devido aos objetivos a que se propõem, esse tipo de pesquisa está associado às técnicas quantitativas de análise. Nesse sentido, essa estratégia de pesquisa está menos preocupada com a especificidade histórica e com condicionantes contextuais de cada caso em análise

_____

4. Ragin (1987) nomeia essa estratégia de pesquisa como análises "orientadas para variáveis" (*variable-oriented*) na medida em que o foco é nas associações ou covariação entre variáveis.

e mais orientada para a identificação de relações entre aspectos gerais de estruturas sociais (RAGIN, 1987, p. 55). As análises se apoiam em dados quantitativos, que frequentemente envolvem organizar um banco de dados ou utilizar existentes, transformar conceitos abstratos em medidas empíricas ou variáveis (KING; KEOHANE & VERBA, 1994) e utilizar técnicas de análise quantitativa, como as univariadas, bivariadas ou multivariadas com diferentes graus de complexidade técnica, isto é, desde tabelas simples, passando pelo cruzamento de dados quantitativos até o uso de técnicas mais sofisticadas da estatística com as regressões (BABBIE, 1999) ou quantificação em técnicas de análise de redes sociais (MARQUES, 2010) para citar alguns exemplos. Aqui também estudos importantes e clássicos foram produzidos a partir dessa estratégia de pesquisa. Por exemplo, o próprio estudo de Durkheim (*O suicídio*) adota análises quantitativas para identificar regularidades e padrões gerais da relação entre suicídio e pertencimento a grupos religiosos (CANO, 2012). A partir de um diálogo com a teoria da modernização sobre a relação entre desenvolvimento e democracia, Przeworski et al. (2000) constroem um banco de dados com variáveis quantitativas (codificadas) para 135 países do mundo, abarcando o período de 1950 a 1990 para testar essa proposição teórica. As análises dos autores refutam parte das teorias existentes ao mostrar que não é o nível de desenvolvimento econômico *per se* que explica o surgimento de um regime democrático, ainda que os autores identifiquem que o nível de renda dos países explique a manutenção da democracia, isto é, a sua sustentabilidade ao longo do tempo.

Como toda e qualquer escolha metodológica, há, neste caso também, limitações e cuidados a serem tomados. Primeiramente, como mencionado, identificar padrões gerais de associação pode ser importante para o teste de teorias, mas não necessariamente se produz explicações sobre como ou por que determinado evento ocorre. Por que após um determinado nível de renda, um país diminui as chances de derrubar a democracia como identificado no estudo de Przeworski et al. (2000)? O que explicaria essa associação observada empiricamente entre variáveis? É nesse sentido que um dos possíveis desdobramentos de análises quantitativas seja a realização de estudos de casos específicos para se compreender, em profundidade, como operam os mecanismos causais que produzem essa associação. Em segundo lugar, há limitações de ordem prática e conceitual: para operacionalizar esse tipo de pesquisa é preciso sintetizar conceitos abstratos, muitas vezes bastante complexos, em medidas quantitativas, e essas decisões (metodológicas) podem incorrer em erros de estimação. Como medir um conceito tão complexo como classes sociais? Apenas a renda é suficiente? Ou seria mais adequado mensurar a partir da estrutura ocupacional? Ou por acesso a bens e serviços? Ou, ainda, medidas que captem o capital cultural de indivíduos? Essas opções têm implicações na interpretação dos resultados e, como consequência, nas conclusões derivadas e, por isso, devem ser feitas com cuidado.

Por último, cabe destacar a crítica de Ragin (1987, p. 62-64) às análises que empregam técnicas estatísticas de regressão. Tipicamente, essa técnica consegue identificar que a presença de uma variável X1 aumenta a probabilidade de um resultado ocorrer em, digamos, 10%, que a inserção da variável X2 aumenta em 15% e assim por diante, produzindo uma análise que o autor chama de aditiva. A limitação deste tipo de abordagem, para Ragin, é a dificuldade em se observar a interação concomitante entre causas. Apesar de ser possível quantificar a contribuição individual de cada um dos fatores causais, na prática, continuamos sem saber se o fenômeno seria observado se algumas das condições estivessem ausentes, mesmo que em

poucos casos. A esta proposição de Ragin também foram apresentadas críticas, que levantam dúvidas sobre este tipo de limitação e mostram alternativas metodológicas para lidar com o problema aditivo mesmo com o uso de técnicas de análise multivariadas (cf., p. ex., COLLIER; BRADY & SEAWRIGHT, 2010).

Uma segunda estratégia de pesquisa tem como foco compreender um ou poucos casos em *profundidade*[5]. Uma das características dessa abordagem é que a análise de poucos casos permite identificar como diversos fatores conjunturais e de contexto se inter-relacionam para produzir um determinado fenômeno social, algo mais difícil – se não impossível – de ser feito com um elevado número de casos. Estudos desse tipo podem, inclusive, revelar como a combinação de diferentes causas leva (ou não) a um determinado resultado na medida em que permite conhecer um caso em profundidade, incorporando diversas dimensões analíticas ao mesmo tempo. Por estas especificidades, o estudo de caso é uma das estratégias de pesquisa possíveis.

Para Yin (2001), estudos de caso são adequados para perguntas de pesquisas interessadas em responder "como algo ocorreu" ou "por que ocorreu" ou, no entendimento de Gerring (2017), para a identificação dos mecanismos causais que produzem determinado fenômeno. Um estudo, mesmo que apenas de um caso, portanto, pode contribuir para tanto para a compreensão de um evento em profundidade (pela sua especificidade) quanto para a generalização teórica, neste último caso, desde que se especifique, logo de início, a classe de eventos a que pertence, o que Przeworski e Teune (1970) chamaram de "trocar os nomes próprios". Obviamente, ambos são estudos em profundidade válidos e relevantes, porém com objetivos diferen-

---

5. Para Ragin (1987) a terminologia mais adequada para esta estratégia seria estudos "orientados para casos" (case-oriented approach).

tes. Por um exemplo, um pesquisador pode tanto estar interessado em compreender como a emergência das chamadas "mobilizações de junho de 2013 no Brasil" irromperam pela sua especificidade e, talvez, atipicidade. Mas pode também estudar o mesmo evento como parte de uma classe mais ampla de eventos, talvez algo como: "em que medida essas mobilizações são novas formas de protesto social?" Nesta situação, o estudo do caso brasileiro de junho de 2013 (o nome próprio) é a escolha empírica relacionada a uma classe de eventos mais ampla: mobilizações sociais. Estudos de casos podem, portanto, contribuir para a construção de teorias ao apresentar explicações potencialmente generalizáveis. Mesmo que ainda não tenham sido testadas para outros casos, a explicação não está descartada, pelo menos no momento.

No interior dos estudos em profundidade há diversas possibilidades analíticas e muitos trabalhos hoje considerados como referência ou clássicos foram produzidos por meio do estudo de poucos casos de modo comparativo, permitindo a análise de diversos fatores explicativos e suas conexões para explicar um resultado. Estudos interessados em compreender os aspectos culturais ou simbólicos de determinados grupos, sociedades, comunidades ou movimentos sociais, como se organizam e se mobilizam; sobre normas sociais e seus efeitos coletivos na sociedade; efeitos de determinadas configurações institucionais no comportamento de indivíduos, grupos ou em cenários de decisão coletiva, como no Congresso Nacional; o papel das ideias na capacidade de mobilização de grupos, formação da opinião pública e influência na formulação de políticas públicas são apenas alguns exemplos da variedade de pesquisas em ciências sociais que podem demandar estudos de caso em profundidade com o propósito de identificar como exatamente fenômenos e eventos sociais se constituem e ocorrem.

A partir do arsenal teórico do neoinstitucionalismo histórico, Menicucci (2007), por exemplo, reconstitui as decisões tomadas pelo governo militar no Brasil com relação à forma de provisão de serviços de saúde pública, que permitiram o surgimento de um mercado privado de saúde, anteriormente muito incipiente. A estratégia de pesquisa é um estudo de caso em profundidade em que a autora reconstitui historicamente o surgimento e desenvolvimento do setor privado de saúde no Brasil. Mas o foco do trabalho não é "recontar a história" e sim identificar os momentos críticos de tomada de decisão (pelos governos) que induziram à organização de grupos de interesse (um setor privado de saúde forte e organizado) e impuseram delimitações às escolhas de políticas públicas disponíveis no momento da criação do Sistema Único de Saúde (SUS), a partir da constituinte de 1987-1988, explicando porque o sistema de saúde brasileiro, mesmo hoje, é dual (regulações distintas para a saúde pública e a privada). Outro exemplo é o estudo de Marta de Arretche (2012) sobre o federalismo brasileiro em que a autora, em diálogo com as literaturas internacional e nacional sobre este formato institucional do Estado e de seus efeitos nas políticas nacionais, refuta a validade explicativa de algumas dessas teorias e propõe formas alternativas de se compreender a relação entre centralização e descentralização no federalismo. Apesar de ser um estudo de um caso, o trabalho tem uma contribuição que vai além de explicar apenas o caso brasileiro na medida em que tem implicações para a revisão das teorias correntes.

Do ponto de vista das técnicas de pesquisa qualitativa, há também uma variedade de opções à disposição hoje para o pesquisador, ainda que o uso destas seja menos formalizada e rígida em comparação às técnicas quantitativas, pois dependem muito mais da capacidade analítica (e imaginativa) de cada pesquisadora. Uma ótima compilação dessas técnicas é apresentada por Côrtes (1998), ainda que esteja longe de ser uma lista exaustiva. A autora divide as técnicas em dois grupos ou momentos distintos de uma pesquisa empírica qualitativa: coleta de dados e análise. Há muitas técnicas para apoiar tanto a coleta (fontes documentais originais, entrevistas de tipo estruturada, semiestruturada ou aberta, grupo focal, história de vida, etnografia etc.) quanto a análise de informações qualitativas, com destaque para a análise de conteúdo e análise de discurso.

A principal limitação da perspectiva de estudos em profundidade está relacionada à sua baixa capacidade de generalização na medida em que permanecemos sem saber se achados para casos particulares têm potencial de explicação mais abrangente, isto é, para outros casos. Todavia, como argumento aqui, isto não deve ser visto como uma fraqueza dessa estratégia de pesquisa; ao contrário, trata-se de uma opção por analisar casos em profundidade em que a generalização, ainda que importante, não é central. Com relação aos riscos associados a este tipo de análise, penso que pode ser útil destacar dois para os alunos de pós-graduação. Conhecer um caso em profundidade não é equivalente a saber tudo sobre um caso. Por mais que as informações sejam interessantes, a pesquisadora que adota estratégias qualitativas de análise deve estar sempre atenta para o momento em que a coleta de novas informações já não contribui significativamente para melhorar o entendimento do caso. É quando se atinge, de acordo com Ragin e Amoroso (2011, p. 117), o ponto de saturação. De modo relacionado, a coleta infinita de informações pode também levar à produção de um estudo puramente descritivo, sem implicações analíticas ou interpretativas, como fazer a reconstituição histórica de fatos ou apresentar em profundidade dados e informações que, ainda que produzam boas caracterizações, não são explicações ou respostas à sua pergunta de pesquisa. Isto não quer dizer que descrições densas não sejam importantes numa pesquisa, ao contrário, mas devem estar em diálogo com a literatura ou teorias de modo a testar as propostas de explicação existentes, identificar relações, associações ou encadeamentos que produzem determinados resultados ou, ainda, produzam maior precisão conceitual, tipologias úteis para categorizar fenômenos ou, ainda, novas interpretações. "O que explica isto?" – discutido anteriormente – é um norte que pode auxiliar o uso aplicado da descrição, isto é, como meio para auxiliar a interpretação.

Por fim, uma terceira estratégia de pesquisa pode estar interessada na *diversidade* de casos (RAGIN, 1987) e já foi parcialmente apresentada em seções anteriores deste texto. O objetivo, neste caso, é captar a maior variedade de tipos de casos possíveis ou, mais especificamente, identificar as diferentes combinações causais que levam a um determinado resultado independente da frequência das observações e associando uma análise em profundidade com tentativas (modestas) de generalização. A premissa é que diferentes caminhos ou rotas podem gerar o mesmo resultado, mesmo que em combinações causais distintas. Central nessa estratégia de pesquisa é também poder identificar as causas (ou condições) que são necessárias e/ou suficientes para que um determinado fenômeno social ocorra.

Apesar da perspectiva da diversidade poder ser aplicada a poucos casos em análises com foco na profundidade, a partir do trabalho de Ragin (1987) surge a possibilidade de ampliar o número de observações, de modo a alcançar algum tipo de generalização dos resultados. A operacionalização prática desta ideia – que se baseia nos métodos de semelhanças e diferenças ou de experimentos como discutido anteriormente no Quadro 1 – é conhecida como Análise Qualitativa Comparada (AQC), mas tem ganhado adaptações e melhoramentos de uma comunidade internacional de pesquisadores que adotam esse método. Combina um maior número de casos em comparação aos estudos de casos e menor que um estudo de grande N – algo entre 10 a 40 casos e uma seleção de 4 a 6 condições explicativas (RIHOUX & RAGIN, 2009). De qualquer modo, o conhecimento ou familiaridade com os casos selecionados, inclusive do contexto histórico, permanece central para a aplicação deste método comparativo (BERG-SCHLOSSER & CRONQVIST, 2005, p. 158).

Softwares (gratuitos) foram desenvolvidos para aplicar a AQC. As versões iniciais, mais simples, se utilizavam da álgebra booleana (como o csQCA e o Tosmana), de modo a classificar as condições explicativas e os resultados observados num formato dicotômico (verdadeiro ou falso, pertence ou não pertence, ocorre ou não ocorre, tem ou não tem, é ou não é, e assim por diante). Porém, ao se identificar as limitações dessa forma classificatória de fenômenos e condições sociais, desenvolveu-se novas estratégias de análise a partir da teoria dos conjuntos nebulosos (*fuzzy-sets*) com novos softwares (como o fsQCA), permitindo análises mais complexas e ajustes mais finos de codificação dos fenômenos sociais.

Alguns exemplos de pesquisas realizadas com essa estratégia metodológica podem auxiliar na compreensão. Ragin e Fiss (2016), por exemplo, tentam identificar os diferentes fatores ou caminhos (rotas ou combinações de causas) que evitam que um indivíduo, ao longo da sua vida, entre em uma situação de pobreza. Partindo das acepções na literatura de que vantagens e desvantagens sociais são cumulativas para explicar as desigualdades sociais e que estas se distribuem de modo desigual em termos de raça/cor, gênero etc., os autores entendem que esse acúmulo de ativos é de natureza combinatória. A partir disso, testam condições que são apontadas na literatura como explicativas (cau-

sais), inclusive uma extremamente polêmica[6] que serão codificadas como fatores de "vantagens" e "desvantagens" sociais: 1) renda dos pais; 2) escolaridade dos pais; 3) escolaridade do respondente; 4) condição nos domicílios: se é casada ou mora sozinha e se tem ou não filhos; e 5) resultados em testes de proficiência como medida indireta de inteligência (cf. nota de rodapé). Os dados empíricos têm diferentes fontes de informação e se referem à população residente nos Estados Unidos. O ponto de partida metodológico dos autores é que essas condições podem se combinar de diferentes formas para explicar modos que um indivíduo consegue evitar a pobreza. Diferentemente de técnicas de análise multivariada (como as regressões estatísticas), que procuram identificar as variáveis que mais explicam de modo aditivo, a análise qualitativa comparada permite descobrir diferentes caminhos (ou combinações) que podem existir para se alcançar um mesmo resultado.

A perspectiva combinatória adotada pelo estudo pode ser ilustrada em alguns dos achados dos autores que revelam (ou captam com maior acurácia, como argumentam) a complexidade dos fenômenos sociais:

• Vir de uma família com condições socioeconômicas melhores (uma vantagem) evita a pobreza *somente se* estiver combinada a um elevado nível de escolaridade do indivíduo, isto é, a vantagem familiar sozinha não é condição suficiente para evitar a pobreza, mas a combinação das duas condições, sim.

• Negros, para evitar a pobreza, têm de ter muito mais condições de vantagens em com-

---

6. Os autores estão testando os achados de uma obra de 1994 ("*The Bell Curve*", de Richard J. Herrnstein e Charles Murray) e que causou muita polêmica por afirmar que há diferenças raciais de inteligência (entre brancos e negros), demonstrando a tese com dados empíricos. O trabalho de Ragin e Fiss refutam muitos dos achados do controverso livro com base na Análise Qualitativa Comparada.

paração aos brancos. Para brancos (homens e mulheres), é suficiente não ter advindo de uma família de baixa renda e – concomitantemente, isto é, desde que em combinação com – ter um desempenho mínimo em testes de proficiência. Para negros, essas duas vantagens (condições) não são suficientes para evitar a pobreza. Dito de outra forma, para evitar a pobreza – no mesmo nível que brancos –, negros têm de acumular mais vantagens ao mesmo tempo.

• Um dos achados mais interessante do estudo é sobre as especificidades das mulheres negras. Estas estão em situação distinta não apenas de mulheres (ou homens) brancos como também de homens negros; mulheres negras têm a maior combinação de desvantagens sociais e são o grupo mais vulnerável à pobreza, especialmente no caso de famílias monoparentais com filhos, sugerindo que a pobreza tem elementos fortes não apenas de raça/cor como também de gênero.

Gomide e Pires (2016) também adotam a AQC para analisar a relação (de causalidade) entre capacidades estatais e resultado de políticas públicas ao analisar oito casos de políticas federais de grande porte e complexidade como o Minha Casa, Minha Vida, a Usina de Belo Monte, o Projeto de Transposição do Rio São Francisco, entre outras. Em meio a vários outros achados, os autores chegam à conclusão, por exemplo, que a combinação de burocracia estatal profissionalizada com capacidade de coordenação (gestão) de ações tende a produzir melhores resultados em termos de eficácia das políticas, isto é, se consegue entregar o produto esperado. Por outro lado, há uma combinação diversa e específica que ocorre quando há efetiva interação entre agentes estatais, atores políticos e canais de participação da população que será atingida ou afetada pela política; quando esses fatores estão presentes, tem-se,

como resultado, ajustes e revisões no desenho original da política, que produzem inovação e maior aderência da população afetada, diminuindo, inclusive, a judicialização e paralisação de obras (GOMIDE & PIRES, 2016, p. 141).

Essa forma de compreender a natureza dos fenômenos sociais – há diferentes caminhos possíveis para um mesmo resultado – implica também um novo entendimento para a construção de teorias nas ciências sociais. Talvez seja possível que teorias que "competem entre si" sejam, na verdade, complementares: cada uma explica resultados para um conjunto específico de casos.

Por fim, cabe destacar que a apresentação dos tipos de pesquisa e de estratégias metodológicas teve o intuito de organizar as diferenças, porém na prática da pesquisa essas divisões não são estanques. Muitas adotam uma mistura de estratégias de pesquisa, isto é, combinam ou suplementam suas explicações utilizando tanto técnicas de análise quantitativa quanto qualitativa. Por exemplo, Rolim (2014), em pesquisa sobre quais seriam os determinantes do comportamento violento de jovens, adota uma estratégia metodológica inicial de análise qualitativa, poucos casos de indivíduos envolvidos em atos infracionais graves e, com base nesses primeiros resultados, opta por uma estratégia mais quantitativa ao aplicar questionários a um grupo populacional mais ampliado que o permite testar se os achados verificados no estudo qualitativo se repetem como padrões recorrentes e generalizáveis para um conjunto ampliado de jovens. Marques (2010), ao contrário, inicia por uma estratégia de análise quantitativa em seu estudo sobre a relação entre segregação, pobreza e redes sociais e, a partir dos resultados ou correlações estatísticas verificados, produz estudos de casos qualitativos com o objetivo de adentrar no universo microssocial de indivíduos em situação de pobreza para se compreender, em profundidade, como exatamente as redes sociais impactam (ou não) as condições de vida dessa população.

Em suma, há muitas escolhas possíveis. Porém, mesmo com essa variedade de opções metodológicas, cabe manter como referência básica que o objetivo da produção do conhecimento no campo das ciências sociais é encontrar formas de compreender a grande complexidade que é marca característica dos fenômenos sociais. Nessa perspectiva, cabe ao cientista social dar ordem e sentido ao que parece extremamente caótico ou desordenado.

Considerações finais

A coexistência e diversidade de perspectivas teóricas e metodológicas é salutar, pois amplia os pontos de vista sobre fenômenos sociais a partir de diferentes olhares analíticos e impulsiona o próprio debate acadêmico desde que, de modo aberto, pesquisadores se interessem em estabelecer diálogos com perspectivas analíticas (e teóricas) diversas das suas. Sem deixarmos de sermos críticos – pois a crítica é fundamental na ciência –, podemos propor projetos de pesquisa que tenham grandes chances de contribuir efetivamente para o melhor entendimento da sociedade e, até mesmo, para o aumento de seu bem-estar. Nesse sentido, conhecer diferentes técnicas e metodologias de pesquisa é uma forma de ampliar o leque de opções analíticas tanto para alunos de pós-graduação quanto para pesquisadores em geral. As iniciativas de muitos programas de pós-graduação, organizando treinamentos, oficinas, minicursos, escolas de verão etc. em diversas técnicas de pesquisa são muito bem-vindas e devem ser aproveitadas ao máximo, especialmente por alunos da pós-graduação.

É verdade que há de se fazer escolhas, mas isso faz parte do amadurecimento acadêmico por que passam alunos de pós-graduação. E isto não precisa ser um trabalho solitário. Alunos de pós-graduação devem acionar seus orientadores, professores, colegas, outros pesquisadores etc. para perguntas, sugestões, dúvidas, apresentação de resultados preliminares, explicitação das inseguranças, ou seja, explorar ao máximo o que um ambiente acadêmico tem a oferecer para, com isto, estarem confiantes com relação a seus desenhos de pesquisa. De modo recíproco, cabe ao corpo docente e coordenadores de programas de pós-graduação – assim como órgãos superiores das instituições de ensino – estarem sempre abertos ao diálogo e atentos às necessidades de apoio que alunos precisam para sua formação como pesquisadores, de modo a minimizar as angústias e dificuldades que são tão comuns de ocorrer.

Ao especificar o sentido de escolhas metodológicas, este texto tentou também desmistificar algumas crenças equivocadas que rondam o ambiente acadêmico e colocam alunos da pós-graduação sob desnecessária pressão. Em breve síntese dos principais pontos tratados, destaco os seguintes como mensagem final para os alunos de pós-graduação. A sua pergunta de pesquisa dificilmente nascerá pronta e perfeita, devemos ter alguma pergunta de partida, isto é, para iniciar os trabalhos. Revisões, readequações e melhoramento das perguntas iniciais são processos normais e esperados. Não existe *um* melhor "método" ou técnica de pesquisa *per se*, a resposta para isto depende de sua pergunta e dos objetivos de pesquisa. Por último, mas não menos importante, o seu estudo deve explicar algo e não apenas colecionar dados, informações, fatos e eventos descritivos. O mais importante, numa pesquisa, é ter bem fundamentadas as escolhas teóricas e metodológicas feitas; rigor, transparência e ética na coleta e análise de dados empíricos e, objeto central deste texto, conhecer (sempre) variados métodos e, especialmente, técnicas de pesquisa de modo a ter em mãos uma ampla gama de opções à disposição.

Tendo compreendido o sentido e adotando algumas práticas bastante simples para uma pesquisa científica, os pesquisadores podem, então, utilizar com mais liberdade a sua capacidade de pensamento não apenas crítico como também criativo com novas ideias, explicações ou entendimentos sobre fenômenos sociais que produzam uma melhor compreensão da realidade, podendo, potencialmente, ajudar a transformá-la.

Referências

ALVES-MAZZOTTI, A.J. & GEWANDSNAJDER, F. *O método nas Ciências Naturais e Sociais*: Pesquisa Quantitativa e Qualitativa. São Paulo: Pioneira, 1998.

ARRETCHE, M. Democracia e redução da desigualdade econômica no Brasil: a inclusão dos *outsiders*. In: *Revista Brasileira de Ciências Sociais*, vol. 33, n. 95, 2018, p. 1-22.

_____. *Democracia, federalismo e centralização no Brasil*. Rio de Janeiro: FGV/Fiocruz, 2012.

BABBIE, E. *Métodos de pesquisas de Survey*. Belo Horizonte: UFMG, 1999.

BERG-SCHLOSSER, D. & CRONQVIST, L. Macro-Quantitative vs. Macro-Qualitative Methods in the Social Sciences – An Example from Empirical Democratic Theory Employing New Software. In: *Historical Social Research* – Historische Sozialforschung, vol. 30, n. 4 (114), 2005, p. 154-175.

BOURDIEU, P. A escola conservadora: as desigualdades frente à escola e à cultura. In: NOGUEIRA, M.A. & CATTANI, A. (orgs.). *Escritos de Educação*. Petrópolis: Vozes, 1998.

CANO, I. Nas trincheiras do método: o ensino da metodologia das ciências sociais no Brasil. In: *Sociologias*, vol. 14, n. 31, dez./2012, p. 94-119. Porto Alegre.

_____. A questão da causalidade. In: *Introdução à avaliação de programas sociais*. Rio de Janeiro: FGV, 2006, p. 13-17.

CÔRTES, S. Técnicas de coleta e análise qualitativa de dados. In: *Revista Cadernos de Sociologia*, vol. 9, n. 9, 1998.

COLLIER, D.; BRADY, H.E. & SEAWRIGHT, J. Critiques, Responses, and Trade-offs: Drawing Together the Debate". In: BRADY, H.E. & COLLIER, D. (eds.). *Rethinking Social Inquiry*. Rownan & Littlefield, 2004.

ELSTER, J. *Explaining Social Behavior*: More Nuts and Bolts for the Social Sciences. Nova York: Cambridge University Press, 2007.

ESPING-ANDERSEN, G. The *Three Worlds of Welfare Capitalism*. Princeton University Press, 1990.

GERRING, J. *Case Study Research*: principles and practices. Cambridge: Cambridge University Press, 2017.

GIDDENS, A. Comte, Popper e o Positivismo. In: GIDDENS, A. (org.). *Política, sociologia e teoria social*. São Paulo: Unesp, 1997.

HUBER, E. & STEPHENS, J. *Development and Crisis of the Welfare State*: parties and policies in Global Markets. Chicago/Londres: University of Chicago Press, 2001.

KING, G.; KEOHANE, R.O. & VERBA, S. *Designing Social Inquiry*: Scientific Inference in Qualitative Research. Princeton: Princeton University Press, 1994.

KINGDON, J. *Agendas, Alternatives and public policies* – Longman Classics in Political Science. Boston: Longman, 1995.

MARQUES, E. *Redes sociais, segregação e pobreza*. São Paulo: Unesp/Centro de Estudos da Metrópole, 2010.

MENICUCCI, T. *Público e privado na política de assistência à saúde*: atores, processos e trajetória. Rio de Janeiro: Fiocruz, 2007.

MILL, J.S. *A System of Logic* – Ratiocinative and Inductive. Filigquarium Publishing/Qontro, 1843.

PERISSINOTTO, R. Comparação, história e interpretação: por uma ciência política histórico-interpretativa. In: *Revista Brasileira de Ciências Sociais*, vol. 28, n. 83, out./2013, p. 151-165. São Paulo.

PIRES, R.R.C. & GOMIDE, A.A. Governança e capacidades estatais: uma análise comparativa de programas federais. In: *Revista de Sociologia Política*, vol. 24, n. 58, jun./2016, p. 121-143. Curitiba.

PRZEWORSKI, A.; ALVAREZ M.; CHEIBUB, J.A. & LIMONGI, F. *Democracy and Development*: Political Institutions and Well-being in the World, 1950-1990. Nova York: Cambridge University Press, 2000.

PRZEWORSKI, A. & TEUNE, Henry. *The Logic of Social Inquiry*. Nova York: Nily-Interscience, 1970.

QUIVY, R. & CAMPENHOUDT, L.V. A pergunta de partida. In: *Manual de investigação em Ciências Sociais*. Lisboa: Gradiva, 1998.

RAGIN, C. *The Comparative Method*: moving beyond qualitative and quantitative strategies. Los Angeles/Londres: University of California Press, 1987.

RAGIN, C. & AMOROSO, L. *Constructing Social Research*. 2. ed. Londres: Sage/Pine Forge, 2011.

RAGIN, C.C. & FISS, P.C. *Intersectional Inequality*: Race, Class, Test Scores, and Poverty. The University of Chicago Press, 2016.

RIHOUX, B.; RAGIN, C. (ed.). *Configurational Comparative Methods*: Qualitative Comparative Analysis (QCA) and Related Techniques. Thousand Oaks: Sage, 2009.

ROLIM, M. *A formação de jovens violentos:* para uma etiologia da disposicionalidade violenta. Porto Alegre: UFRGSSul, 2014 [Tese de doutorado].

SABATIER, P.A. Fostering the Development of Policy Theories. In: SABATIER, P.A. (ed.). *Theories do the Policy Process*. 2. ed. Colorado: Westview Press, 2007.

SKOCPOL, T. *States and Social Revolutions*: a Comparative Analysis of France, Russia and China. Cambridge: Cambridge University Press, 2008.

TILLY, C. *Big Structures, Large Processes, Huge Comparisons*. Nova York: Russel Sage Foundation, 1984.

YIN, R.K. *Estudo de caso* – Planejamento e métodos. Porto Alegre: Bookman, 2001.

Os organizadores e os autores

Os organizadores

Rita de Cássia Fazzi (PUC-Minas)

Possui graduação em Ciências Sociais pela Universidade Federal de Juiz de Fora (1981), mestrado em Sociologia pela Universidade Federal de Minas Gerais (1990) e doutorado em Sociologia pelo Instituto Universitário de Pesquisas do Rio de Janeiro (2000). Atualmente é professora adjunta IV do Departamento de Ciências Sociais e do Programa de Pós-graduação em Ciências Sociais da Pontifícia Universidade Católica de Minas Gerais. De 2003 a 2017 foi diretora do Instituto da Criança e do Adolescente (ICA), vinculado à Pró-reitoria de Extensão da PUC-Minas, desenvolvendo pesquisa extensionista e capacitação voltadas para a temática dos direitos da infância, adolescência e da juventude. Possui experiência na área de Sociologia, com ênfase em Sociologia das Relações Raciais, Sociologia da Infância, Sociologia do Direito e Sociologia Urbana, atuando principalmente nos seguintes temas: preconceito racial-infância, estereótipos raciais na infância, classificação racial, trabalho infantil, direitos de crianças e adolescentes, relação direito e sociedade e teoria sociológica.

Jair Araújo de Lima (PUC-Minas)

Graduação em Ciências Sociais pela Universidade Federal do Rio Grande do Norte (2010). Especialização em Psicologia Organizacional e do Trabalho (PUC-Minas [2012]). Especialização em Docência no Ensino Superior (Universidade Fumec/MG [2013]). Mestrado em Ciências Sociais (PUC-Minas [2015]). Doutorando no Programa de Pós-graduação em Ciências Sociais da PUC-Minas. Realiza pesquisas sobre os seguintes temas: sociologia da persuasão, engano premeditado, psicologia social sociológica, interações estratégicas/análise transacional, racionalidade social/interativa, teoria do ator reflexivo e plural, epistemologia social, sociologia analítica.

Os autores

Agemir Bavaresco (PUC-RS)

Doutor em Filosofia pela Universidade Paris I (Pantheon-Sorbonne) (1997). Bacharel em Direito pela Universidade Católica de Pelotas (2007). Pequisa pós-doutoral internacional: University of Pittsburgh (2011 e 2012); University of Sydney (2013); Kingston University/Londres (2017). Cooperação e Intercâmbio Internacional China 2019 (Peking University e Beijing Foreign Studies University) e Índia 2019 (Goa University). Atualmente é professor do Programa de Pós-Graduação em Filosofia da Pontifícia Universidade Católica do Rio Grande do Sul (PUCRS). Pesquisa a partir de um viés interdisciplinar nas áreas de Filosofia Moderna, Filosofia Social e Filosofia Política Brasileira. Dedica-se à atualização do tema Contradições da Democracia e Opinião Pública.

Alberto Oliva (UFRJ)

Graduado em Filosofia pela Universidade-Federal do Rio de Janeiro (1972), mestre em Comunicação pela Universidade Federal do Rio de Janeiro (1978), doutor em Filosofia pela Universidade Federal do Rio de Janeiro (1986) e pós-doutorado pela Universidade de Siena (2012) e pela Università degli Studi di Torino (2019) como *visiting professor*. Atualmente é professor titular do Departamento de Filosofia da Universidade Federal do Rio de Janeiro e coordenador do Centro de Epistemologia e História da Ciência vinculado ao PPGLM (Programa de Pós-graduação Lógica e Metafísica). Pesquisador 1-C do CNPq e membro pleno do GT de Filosofia da Ciência da Anpof. Traduziu várias obras de filosofia – entre elas, algumas de Bertrand Russell – para o português. Tem vários livros publicados sobre Filosofia, especialmente sobre Filosofia da Ciência, Filosofia das Ciências Sociais e Epistemologia. Autor de artigos publicados em periódicos especializados e em revistas e jornais.

Alexsandro Galeno Araújo Dantas (UFRN)

Graduação em Geografia, licenciatura pela Universidade Federal do Rio Grande do Norte (1989), mestrado em Ciências Sociais pela Universidade Federal do Rio Grande do Norte (1996) e doutorado em Ciências Sociais pela Pontifícia Universidade Católica de São Paulo (2002). Professor adjunto da Universidade Federal do Rio Grande do Norte. Pós-doutorado na Universidade de São Paulo (USP).

Alipio De Sousa (UFRN)

Professor e diretor do Instituto Humanitas e professor do Programa de Pós-Graduação em Filosofia na UFRN. Doutor em Sociologia pela Universidade de Paris-Sorbonne, criador e editor da revista *Bagoas: estudos gays* (EDUFRN). Entre outros trabalhos, é autor dos livros *Medos, mitos e castigos* (Cortez, 1995; 2001) *Responsabilidade intelectual e ensino universitário* (EdUFRN, 2000), *Les métissages brésiliens* (Paris: PUS, 2003), *Brésil: Terre des métissages* (Saarbrücken: Presses Universitaires Europeennes, 2011), *Tudo é construído! Tudo é revogável! – A teoria construcionista crítica nas ciências humanas* (Cortez, 2017), *Revoke ideology – Critical Constructionist Theory in the Human Sciences* (Peter Lang, 2019).

Alyson Thiago Fernandes Freire (IFRN)

Doutorando no Programa de Pós-Graduação em Sociologia da Universidade Federal da Paraíba, Mestre em Ciências Sociais pela Universidade Federal do Rio Grande do Norte. Graduado em Ciências Sociais (Licenciatura plena) pela mesma universidade. Atualmente é docente de Sociologia do Instituto Federal de Educação, Ciência e Tecnologia do Rio Grande do Norte (IFRN), pesquisador do Núcleo de Estudos Críticos em Subjetividades e Direitos Humanos (Nuecs-DH). Foi pesquisador-visitante no Instituto de Pesquisa Econômica Aplicada (Ipea-DF) entre 2015 e 2016 e professor de Sociologia na Rede Estadual de Ensino do Rio Grande do Norte (2012 e 2014). Dedica-se a estudar os seguintes temas: teorias Sociais clássicas e contemporâneas, moralidade, desigualdade e classes sociais e o pensamento do filósofo francês Michel Foucault. É também editor e colunista do portal Carta Potiguar.

Amurabi Oliveira (UFSC)

Possui licenciatura plena (2007) e mestrado (2008) em Ciências Sociais pela Universidade Federal de Campina Grande e doutorado em Sociologia pela Universidade Federal de Pernambuco (2011). Atualmente é professor do Departamento de Sociologia e Ciência Política da Universidade Federal de Santa Catarina (UFSC) e atuando nos Programas de Pós-Graduação em Sociologia Política, de Educação e Interdisciplinar em Ciências Humanas. Foi professor do IF Sertão PE, Ifpe, Ufal e professor-visitante na Universidade Nacional do Litoral (Argentina), Universidade da República (Uruguai), Universidade de Hradec Králové (República Checa) e Universidade Autônoma de Barcelona (Espanha). Coordena o Nejuc (Núcleo de Estudos em Educação e Juventudes Contemporâneas). Associado efetivo da Associação Brasileira de Antropologia (da qual foi membro do comitê de educação, ciência e tecnologia) e da Sociedade Brasileira de Sociologia (na qual atualmente é membro do comitê de ensino), além de ter presidido a Associação Brasileira de Ensino de Ciências Sociais (Abecs).

Antonio Augusto Pereira Prates (UFMG)

Possui graduação em Ciências Sociais pela Universidade Federal de Minas Gerais (1969), mestrado em Sociologia pela State University of New York at Stony Brook (1976) e doutorado em Sociologia e Política pela Universidade Federal de Minas Gerais (2005). Atualmente é professor titular aposentado e voluntário do Departamento de Sociologia da Universidade Federal de Minas Gerais. Agraciado com o prêmio Florestan Fernandes da Sociedade Brasileira de Sociologia em 2019.

Antonio da Silveira Brasil Jr. (UFRJ)

Graduação (2004) em Ciências Sociais pela UFRJ, mestrado (2007) e doutorado (2011) em Sociologia pelo Programa de Pós-Graduação em Sociologia e Antropologia (PPGSA) da UFRJ. Realizou estágio de pós-doutorado (2012-2013) no Programa de Pós-Graduação em História das Ciências e da Saúde (PPGHCS) na Casa de Oswaldo Cruz (COC/Fiocruz). Atualmente é professor do Departamento de Sociologia e do Programa de Pós-Graduação em Sociologia e Antropologia (PPGSA) da Universidade Federal do Rio de Janeiro (UFRJ). Editor da revista *Sociologia & Antropologia*. Jovem Cientista do Nosso Estado/Faperj.

Camila Ferreira da Silva (UFSC)

Graduou-se no ano de 2010 em licenciatura em História pela Universidade Norte do Paraná (Unopar) e, em 2011, em Pedagogia pela Universidade Federal de Alagoas (Ufal). Mestre em Educação pela Universidade Federal de Alagoas (2014). Doutora em Ciências da Educação pela Universidade Nova de Lisboa (UNL), com bolsa Erasmus Mundus da União Europeia (2017) – título revalidado no Brasil pela Universidade Federal de Santa Maria (UFSM), e pós-doutora em Sociologia Política pela Universidade Federal de Santa Catarina (UFSC). Atualmente é professora da Faculdade de Educação e do Programa de Pós-Graduação em Educação da Universidade Federal do Amazonas (Ufam).

Carlos Eduardo Freitas (UFRN)

Doutorado em Sociologia pelo Programa de Pós-Graduação em Sociologia da UFPB (2018). Possui mestrado em Ciências Sociais pela Universidade Federal do Rio Grande Norte (2013). Graduação em Ciências Sociais com bacharelado em Sociologia e Antropologia pela Universidade Federal do Rio Grande do Norte (2005). Graduação em Ciências Sociais com bacharelado em Ciência Política e licenciatura em Ciências Sociais pela Universidade Federal do Rio Grande do Norte (2003). Tem experiência na área de Sociologia, com ênfase no desenvolvimento de pesquisas em Teoria Social e Teoria Sociológica Contemporânea.

Daniel S. Lacerda (UFRGS)

Professor da Escola de Administração da UFRGS. PhD em Organizações pela Universidade de Lancaster (UK), mestre em Administração pela Escola Brasileira de Administração Pública e de Empresas da Fundação Getúlio Vargas (Ebape/FGV), e bacharel em Engenharia pela Escola Politécnica da USP. Lecionou na Universidade de Lancaster (2013-2014) e na UFRJ (2016). É docente permanente do PPGA/UFRGS. Pesquisador da área de Estudos Organizacionais, tem artigos publicados em periódicos nacionais e internacionais sobre Análise do Discurso, Organizações, Poder e Território

Eduardo Moreira da Silva (UFMG)

Graduação em Ciências Sociais pela Universidade Federal de Minas Gerais (2004) e em Psicologia pela Pontifícia Universidade Católica de Minas Gerais (2002). Mestrado em Ciência Política pela Universidade Federal de Minas Gerais (2007). Doutorado em Ciência Política pela Universidade Federal de Minas Gerais (2013). Pós-doutorado em Ciência Política (2014, 2015, 2016). Professor adjunto do Departamento de Ciência Política da Universidade Federal de Minas Gerais.

Fagner Torres de França (UFRN)

Graduação em Comunicação Social pela UFRN, mestre e doutor em Ciências Sociais pela UFRN, com estágio de um ano na Université Sorbonne Nouvelle – Paris III. Pós-Doutorado pela UFRN.

Francisco Jozivan Guedes de Lima (Ufpi)

Professor do Programa de Pós-Graduação e da Graduação em Filosofia da Universidade Federal do Piauí (Ufpi). Professor do PPG em Ciência Política (Ufpi). Doutor em Filosofia pela Pontifícia Universidade Católica do Rio Grande do Sul (PUCRS). Pós-Doutorado em Filosofia e em Direito pela PUC-RS, com missões de estudos realizadas no Institut für Philosophie da Goethe Universität Frankfurt am Main (Alemanha). Mestre em Filosofia pela Universidade Federal do Ceará (UFC). Líder do Grupo de Pesquisa CNPq Teorias da Justiça e Esfera Pública: procedimentalismo e reconstrução socionormativa.

Gabriel Peters (Ufpe)

É professor adjunto do Departamento de Sociologia da Universidade Federal de Pernambuco (Ufpe), onde integra o Grupo de Estudos em Teoria Social e Subjetividades (Getss). Possui graduação em Sociologia pela Universidade de Brasília, mestrado em Sociologia também pela UnB e doutorado em Sociologia pelo Instituto de Estudos Sociais e Políticos da Universidade do Estado do Rio de Janeiro (Iesp/Uerj). Publicou diversos artigos sobre teoria social contemporânea em periódicos no Brasil (e. g. *Revista Brasileira de Ciências Sociais, Tempo Social, Sociologias*) e no exterior (e. g. *History of the Human Sciences, Journal for the Theory of Social Behavior, International Sociology*). Também é autor de dois livros: *Percursos na teoria das práticas sociais: Anthony Giddens e Pierre Bourdieu* (São Paulo: Annablume, 2015), e *A ordem social como problema psíquico: do existencialismo sociológico à epistemologia insana* (São Paulo: Annablume, 2017). Escreve com frequência para o Blog do SocioFilo: https://blogdosociofilo.com/gabriel-peters/

Geraldo Augusto Pinto (UTFPR)

Bacharel em Sociologia e Ciência Política, mestre e doutor em Sociologia pelo Instituto de Filosofia e Ciências Humanas (IFCH) da Universidade Estadual de Campinas (Unicamp), com ênfase em Sociologia do Trabalho. Professor adjunto do Departamento Acadêmico de Estudos Sociais (Daeso) e do Programa de Pós-Graduação em Tecnologia e Sociedade (PPG-TE) da Universidade Tecnológica Federal do Paraná (UTFPR), campus Curitiba.

Guilherme A. Russo (FGV-SP)

Graduado em Ciência Política pela Delta State University (Estados Unidos). Doutor em Ciência Política com concentrações em Política Comparada e Méto-

dos de Pesquisa pela Vanderbilt University (Estados Unidos). Atualmente é pesquisador de pós-doutorado no Centro de Política e Economia do Setor Público (Cepesp), da Fundação Getúlio Vargas (FGV-SP).

Isadora Vianna Sento-Sé (Uerj)

Isadora Vianna Sento-Sé é doutoranda em Ciências Sociais pelo PPCIS-Uerj, mestre em Ciências Sociais pela mesma instituição e graduada em Ciências Econômicas pela PUC-Rio. Já atuou nas temáticas de garantia de direitos das crianças e dos adolescentes, enfrentamento à exploração sexual comercial de crianças e adolescentes (Esca) e desenvolvimento e participação política de jovens. Atua desde 2012 em instituições de pesquisa e Organizações da Sociedade Civil com desenvolvimento e coordenação de avaliação e monitoramento de projetos sociais.

Jacob Carlos Lima (UFSCar)

Graduado em Ciências Políticas e Sociais pela Escola de Sociologia e Política de São Paulo (1979). Mestre em Ciências Sociais (Sociologia) pela Pontifícia Universidade Católica de São Paulo (1983). Doutor em Sociologia pela Universidade de São Paulo (1992), com Pós-doutorado no Department of Urban Studies and Development do Massachusetts Institute of Technology (Estados Unidos, 2001). Professor titular no Departamento de Sociologia da Universidade Federal de São Carlos e 2° vice-presidente da SBS (2013-2015).

João Carlos de C. Feital (Fatec/Esamc)

Mestrado em Administração pela Unimep (2007), especialização em Administração Financeira pela Uniso (2001), licenciatura em Matemática pelo Ceunsp (1998), bacharelado em Economia pela Unicamp (1984) e bacharelado em Estatística pela Unicamp (1982). Atuou na área financeira de empresas (multinacionais e nacionais) e como auditor interno no setor público. Atualmente é professor na graduação do Centro Paula Souza (Fatec-Itu e Fatec-Indaiatuba) e na Esamc-Sorocaba e de programas de MBA da

Anchieta-Jundiaí e Esamc-Sorocaba. Tem interesse na área de Administração Financeira (com ênfase em Matemática Financeira) e estatística aplicada à Gestão Empresarial e à Gestão da Qualidade.

João Carlos Graça (Universidade de Lisboa)

Licenciatura em Economia, Instituto Superior de Economia, Universidade Técnica de Lisboa, julho de 1981. Mestrado em Sociologia e Economia Históricas, Faculdade de Ciências Sociais e Humanas, Universidade Nova de Lisboa, abril de 1993. Doutorado em Economia/História do Pensamento Económico, Instituto Superior de Economia e Gestão, Universidade Técnica de Lisboa, fevereiro de 2002. Agregação em Sociologia Económica e das Organizações, Instituto Superior de Economia e Gestão, Universidade Técnica de Lisboa, maio de 2009. Professor do Departamento de Ciências Sociais do Iseg, Instituto Superior de Economia e Gestão, Universidade de Lisboa; investigador do Centro de Investigação em Sociologia Econômica e das Organizações, Socius/CSG, Iseg, UL.

João Leite Ferreira Neto (PUC-Minas)

Graduado em Psicologia pela UFMG (1984), mestrado em Filosofia pela UFMG (1994), doutorado em Psicologia Clínica pela PUC-SP (2002) e pós-doutorado em Psicologia Social pela Uerj (2010). Professor adjunto IV do Programa de Pós-Graduação em Psicologia da Pontifícia Universidade Católica de Minas Gerais. Bolsista de produtividade do CNPq. É tutor em Psicologia das Residências Multiprofissionais de Saúde da SMSA de BH e do Hospital Municipal Odilon Berhens. Tem experiência na área de Psicologia, com pesquisas que contemplam principalmente os seguintes temas: saúde pública/saúde mental, promoção da saúde, políticas públicas, formação do psicólogo. Trabalha esses temas tendo como um dos eixos analíticos as contribuições da arqueogenealogia de Foucault.

João Trajano de Lima Sento-Sé (Uerj)

Graduação em Licenciatura em Sociologia pela Universidade Federal do Rio de Janeiro (1987), gradua-

ção em Ciências Sociais pela Universidade Federal do Rio de Janeiro (1985), mestrado em Ciência Política (Ciência Política e Sociologia) pelo Instituto Universitário de Pesquisas do Rio de Janeiro (1992), mestrado em Comunicação pela Universidade Federal do Rio de Janeiro (1989) e doutorado em Ciência Política (Ciência Política e Sociologia) pelo Instituto Universitário de Pesquisas do Rio de Janeiro (1997). Atualmente é professor-associado da Universidade do Estado do Rio de Janeiro.

Jorge Alexandre Barbosa Neves (UFMG)

Graduação em Ciências Sociais (1988) e mestrado em Sociologia (1991), ambos pela Universidade Federal de Pernambuco, e doutorado em Sociologia pela University of Wisconsin-Madison/USA (1997). Em 1996, foi professor-colaborador (*lecturer*) de Sociologia Rural no atual Departamento de Sociologia Comunitária e Ambiental da UW-Madison/EUA. Realizou pós-doutorado no Instituto de Pesquisas Sociais (Inpso), da Fundação Joaquim Nabuco (Fundaj), em Recife, 1997. Entre 1997 e 2004, foi professor adjunto do Departamento de Ciências Administrativas da Universidade Federal de Pernambuco. Atualmente, é professor-associado do Departamento de Sociologia da Universidade Federal de Minas Gerais.

Juliano de Souza (DEF/UEM)

Licenciatura Plena em Educação Física pela Universidade Estadual do Centro-Oeste do Paraná. Mestrado e doutorado em Educação Física pela Universidade Federal do Paraná. Professor adjunto do Departamento de Educação Física da Universidade Estadual de Maringá. Coordenador e professor permanente do Programa de Pós-Graduação, Associado em Educação Física UEM-UEL. Coordenador do Observatório de Educação Física e Esporte (Oefe-UEM). Pesquisador do Centro de Pesquisa em Esporte, Lazer e Sociedade (Cepels-UFPR) e da Asociación Latinoamericana de Estudios Socioculturales del Deporte (Alesde). Editor do periódico *The Journal of the Latin American Socio-cultural Studies of Sport*. Tem experiência com ensino nas áreas de Educação Física e esportes nos diferentes níveis de formação. Atua com pesquisas nas áreas de Epistemologia da Educação Física e Sociologia do Esporte.

Leda Maria da Costa (FCS/Uerj)

Doutorada em Literatura Comparada, Universidade do Estado do Rio de Janeiro (2008), defendendo a tese *A trajetória da queda – As narrativas da derrota e os principais vilões da seleção em Copas do Mundo.* É pesquisadora integrante do Nepess (Núcleo de Estudos e Pesquisas Sobre Esporte – Universidade Federal Fluminense). É integrante do grupo de pesquisas Esporte e Cultura (Faculdade de Comunicação da Universidade do Estado do Rio de Janeiro – Uerj). Participa do Sport Laboratório de História do Esporte e do Lazer, Universidade Federal do Rio de Janeiro. É colunista do Ludopédio, uma produção vinculada ao Ludens (Núcleo Interdisciplinar de Pesquisas sobre Futebol e Modalidades Lúdicas) da Universidade de São Paulo. É autora do *blog Caravana de Boleiros* (www.caravanadeboleiros.com.br). Organizou o livro *Enquanto a Copa não vem – Memórias e narrativas sobre futebol* publicado pela EdUFF, em 2013, que reúne produção de importantes pesquisadores do futebol e do esporte. É professora-visitante do Departamento de Teoria da Comunicação da Faculdade de Comunicação Social da Universidade do Estado do Rio de Janeiro.

Leila da Costa Ferreira (Unicamp)

Bacharelado em Ecologia pela Universidade Estadual Paulista Júlio de Mesquita Filho (1982), mestrado em Sociologia pela Universidade Estadual de Campinas (1986) e doutorado em Ciências Sociais pela Universidade Estadual de Campinas (1992). Professora da Unicamp desde 1989. Fez pós-doutorado na Universidade do Texas/EUA em Políticas Públicas e Ambiente em 1995, e pós-doutorado na Universidade de York/Inglaterra em Teoria Social e Ambiente, em 2007. Livre-docência em Sociologia Ambiental (1997). Professora titular da Universidade Estadual de Campinas desde 2004. Foi presidente da Anppas (2004-2008). Membro do Lead Faculty of the Earth System Governance Project desde 2005. Professora-visitante

no Programa top China-Shangai Jio Tong University/Summer Course – China. Coordenou o Grupo de Estudos Brasil-China junto ao Centro de Estudos Avançados da Unicamp, de 2016-2017. Representou a Unicamp no Conselho Estadual de Meio Ambiente (Consema), de 2010 a 2011. Foi membro do Comitê Ciências Ambientais/Capes de agosto de 2013 a 2006. Representante da Unicamp junto ao WUN Global Challenges/ Adaptating to climate change desde agosto de 2012. Membro do Conselho Superior do Núcleo de Estudos de Pesquisas Ambientais. Autora de mais de 10 livros sobre a questão ambiental.

Lincoln Moraes de Souza (UFRN) – *In memoriam*

Graduação em Ciências Sociais pela Universidade Federal do Ceará (1973). Mestrado em Sociologia pela Universidade de Brasília (1978). Doutorado em Política Social pela Universidade Estadual de Campinas (2004). Foi professor-associado da Universidade Federal do Rio Grande do Norte. Foi líder e membro da coordenação do Grupo Interdisciplinar de Estudos e Avaliação de Políticas Públicas (Giapp) da UFRN. Foi professor titular do Departamento e do Programa de Pós-Graduação em Ciências Sociais da UFRN. Autor, dentre outros livros, de *Políticas públicas* e *Três ensaios sobre avaliação de políticas públicas*, e de vários artigos sobre o tema. Além de políticas públicas, trabalhou com a questão do método e metodologia em Ciências Sociais.

Lucas Roisenberg Rodrigues

Graduação em Filosofia pela Universidade Federal do Rio Grande do Sul (UFRGS). Possui mestrado em Filosofia pela Pontifícia Universidade Católica do Rio Grande do Sul (PUCRS). Possui doutorado em Filosofia pela Pontifícia Universidade Católica do Rio Grande do Sul (PUCRS). Foi professor de filosofia na Universidade Federal Da Fronteira Sul (UFFS) entre 2017 e 2019.

Lucas Wan Der Maas (UFMG)

Doutor (2018), mestre (2009) e bacharel (2006) em Ciências Sociais pela Pontifícia Universidade Católica de Minas Gerais (PUC-MG). Com experiência nas áreas de Sociologia e Saúde Coletiva, com ênfase em análise social, métodos quantitativos, sociologia do trabalho, recursos humanos em saúde e avaliação de políticas públicas de saúde. Atualmente é consultor da Estação de Pesquisa de Sinais de Mercado (EPSM), do Núcleo de Educação em Saúde Coletiva (Nescon), da Faculdade de Medicina da Universidade Federal de Minas Gerais (UFMG), onde trabalha desde 2009 na área de educação e trabalho das profissões e ocupações de saúde.

Lúcia da Costa Ferreira (Unicamp)

É bacharel em Ecologia pela Universidade Estadual Paulista Júlio de Mesquita Filho (1980), mestrado em Sociologia e doutorado em Ciências Sociais pela Universidade Estadual de Campinas (1996). Pesquisadora titular do Núcleo de Estudos e Pesquisas Ambientais (Nepam/Unicamp). Professora dos programas de Pós-Graduação em Ambiente e Sociedade e Sociologia (Unicamp). Atualmente é coordenadora do Programa de Doutorado em Ambiente e Sociedade. Durante sua carreira, recebeu mais de 30 financiamentos de pesquisa das principais agências de fomento à pesquisa no Brasil (Fapesp, Finep, CNPq e Faepex-Unicamp) e vários financiamentos internacionais. Pesquisa e orienta nas áreas de conflitos e negociações em arenas ambientais.

Luciana Conceição de Lima (UFRN)

Graduada em Ciências Sociais pela Universidade Federal de Minas Gerais, mestre e doutora em Demografia pelo Centro de Planejamento e Desenvolvimento Regional (Cedeplar) da Faculdade de Ciências Econômicas também pela UFMG, com obtenção do título em 2013, na área da saúde infantil. No âmbito do ensino, ministra disciplinas na graduação e na pós-graduação relacionadas ao gerenciamento de banco de dados populacionais, análise histórica da população e tópicos de economia para ciências atuariais. Professora adjunta, Nível 1, do Departamento de Demografia e Ciências Atuariais da Universidade Federal do Rio Grande do Norte É membro permanente do Progra-

ma de Pós-graduação em Demografia da UFRN, com produções e orientações de mestrado nas linhas de pesquisa aspectos socioeconômicos da dinâmica demográfica e demografia histórica.

Luís Mauro Sá Martino (Faculdade Cásper Líbero)

Graduado em Comunicação pela Faculdade Cásper Líbero (1998), com mestrado (2001) e doutorado (2004) em Ciências Sociais pela PUC-SP. Pós-doutorado na School of Political, Social and International Studies na University of East Anglia, na Inglaterra (2008-2009). Professor do Programa de Pós-Graduação em Comunicação da Cásper Líbero, onde leciona na Graduação em Jornalismo e edita a *Revista Líbero*. Leciona também no Curso de Música da Faculdade Cantareira. Foi coordenador do GT Epistemologia da Comunicação, da Compôs (2015-2016), e é membro do corpo de pareceristas das revistas *Galáxia* (PUC-SP), *Comunicação Midiática* (Unesp) e *Comunicação, Mídia e Consumo* (ESPM).

Luiz Octávio de Lima Camargo (Universidade Anhembi-Morumbi/USP-Each)

Livre-docente pela USP/Each, doutor em Sciences de l'Education pela Univ. Sorbonne-Paris V (René Descartes) (1982), título revalidado pela FE-USP como Filosofia e História da Educação e graduado em Comunicações/Jornalismo pela Escola de Comunicações e Artes da Universidade de São Paulo (1974). Sociólogo, com produção nas áreas de lazer, educação, hospitalidade, turismo e animação sociocultural. Iniciou sua vida profissional no campo do lazer no Sesc de São Paulo, onde dirigiu projetos como o Centro de Estudos do Lazer, a Biblioteca Científica do Sesc-Série Lazer, e parcerias com universidades e organizações internacionais. Foi consultor de lazer e turismo em planos de desenvolvimento regionais e locais. Foi implantador e primeiro coordenador dos cursos de graduação em Turismo e Hotelaria da Universidade de Sorocaba. Suas principais publicações são: no Brasil, *O que é lazer* (Brasiliense), *Educação para o lazer* (Moderna), *Hospitalidade* (Aleph), tendo ainda artigos publicados nas revistas *Tiers-Monde* (França),

Loisir & Société (Canadá-Québec) e *Leisure Journal* (Estados Unidos). Foi docente e posteriormente coordenador do Programa de Mestrado em Moda, Cultura e Arte do Centro Universitário Senac de São Paulo e docente do Curso de Bacharelado em Lazer e Turismo da USP-Each. Atualmente é membro docente do Programa de Mestrado em Hospitalidade da Universidade Anhembi Morumbi e professor-colaborador do Programa de Mestrado em Turismo da USP/Each. Suas pesquisas no momento acontecem em torno de duas palavras-chave: lazer e hospitalidade. É editor da revista *Hospitalidade* da Universidade Anhembi Morumbi.

Marcela da S. Feital (Nepam/Unicamp)

Doutoranda em Sociologia pelo Instituto de Filosofia e Ciências Humanas (IFCH)-Unicamp. Formada em Ciências Sociais e Mestrado em Sociologia pelo mesmo instituto. Desenvolveu duas iniciações científicas na área de Sociologia Ambiental, com continuidade temática no projeto de pesquisa do mestrado sobre conflitos sociais e arenas decisórias de grandes projetos de infraestrutura, discutindo o processo político participativo em contextos de crescimento urbano em áreas com alta biodiversidade e vulneráveis às mudanças climáticas e ambientais. Realizou dois estágios de pesquisa em Indiana University (Estados Unidos), no Anthropological Center for Training and Research on Global Environmental Change e no Ostrom Workshop, sob supervisão dos professores Eduardo Brondízio (2013) e Jessica O'Reilly (2017). Atualmente, o projeto de doutorado se propõe analisar as sociedades em transição formadas a partir das migrações influenciadas pelas mudanças climáticas, buscando contribuir com o desenvolvimento teórico e metodológico sobre a temática.

Marcele Juliane Frossard de Araujo (Uerj)

Doutoranda em Ciências Sociais pela Uerj, mestre em Ciências Sociais pela Pontifícia Universidade Católica do Rio de Janeiro (PUC-RJ) e graduada em Ciências Sociais pela Universidade do Estado do Rio de Janeiro (Uerj). Pesquisadora vinculada ao Laboratório de Análise da Violência (LAV-Uerj), ao Grupo de Pesquisa Ciências Sociais e Educação (Uerj) e ao Grupo de Estudos e Pesquisa em Suicídio e Prevenção (GEPeSP).

Marcelo de Souza Bispo (UFPB)

Graduação em Administração (UAM). Graduação em Turismo (Umesp). Mestrado em Administração (Umesp). Doutor em administração pela Universidade Presbiteriana Mackenzie. Pós-doutorado em teoria social pela Universidade de Kentucky (Estados Unidos). Atualmente é professor da Universidade Federal da Paraíba no Departamento de Administração e do Programa de Pós-graduação em Administração (PPGA/UFPB). É colíder do Núcleo de Estudos em Aprendizagem e Conhecimento (NAC-CNPq).

Marcia de Paula Leite (Decise/Unicamp)

Graduação em Ciências Sociais pela Universidade de São Paulo (1972), mestrado em Ciência Política pela Universidade Estadual de Campinas (1983) e doutorado em Sociologia pela Universidade de São Paulo (1990). Fez pós-doutorado no Institute of Development Studies (IDS/University of Sussex) em 1995 e no Institute of Latin American and Iberian Institute (Ilais/Columbia University) em 1998. Atualmente é professora plena dos programas de Pós-Graduação em Educação e em Ciências Sociais da Universidade Estadual de Campinas.

Maria Aparecida da Cruz Bridi (UFPR)

Graduação em Ciências Sociais pela Universidade Federal do Paraná (1988), mestrado em Sociologia pela Universidade Federal do Paraná (2005) e doutorado em Sociologia pela Universidade Federal do Paraná (2008). Coordenadora do Grupo "Trabalho e Sociedade". Professora-associada do Departamento de Sociologia da Universidade Federal do Paraná e do Programa de Pós-Graduação em Sociologia. É 1ª vice-presidente da Associação Brasileira de Estudos do Trabalho (2020-2021), tendo atuado nessa sociedade científica como primeira-tesoureira no biênio 2012-2013 e primeira-secretária no biênio 2016-2017.

Coordena o Programa de Pós-Graduação em Sociologia (2017-2020). Foi membro do Conselho Fiscal da Sociedade Brasileira de Sociologia (2017-2019) e representante dos pesquisadores brasileiros na Associação Latino-americana de Estudos do Trabalho (2017-2019). É coeditora da *Revista da Abet*.

Maria Arminda do Nascimento Arruda (USP)

Graduação em Ciências Sociais pela Universidade de São Paulo. Mestre, doutora e livre-docente em Sociologia pela USP. Professora titular de Sociologia da USP desde 2005. É pesquisadora 1A do CNPq. Atualmente é diretora da Faculdade de Filosofia, Letras e Ciências Humanas da Universidade de São Paulo. Pesquisadora sênior do Instituto de Estudos Sociais e Políticos de São Paulo (Idesp), tendo participado do Projeto História das Ciências Sociais no Brasil. Ocupou, entre outros, os seguintes cargos institucionais: pró-reitora de Cultura e Extensão Universitária da Universidade de São Paulo (2010-2015), representante da Congregação da FFLCH no Conselho Universitário (2005-2008); coordenadora do Programa de Pós-Graduação em Sociologia (1991-1996) da Faculdade de Filosofia, Letras e Ciências Humanas da Universidade de São Paulo; chefe do Departamento de Sociologia (2005-2008); representante da Área de Sociologia junto à Coordenação de Aperfeiçoamento de Pessoal de Nível Superior – Capes (1997-2001); representante da Área de Ciências Humanas no Conselho Técnico Científico – CTC da Capes (1998-2001); secretária executiva da Associação Nacional de Pós-Graduação e Pesquisa em Ciências Sociais – Anpocs (2000-2004). É membro de conselhos editoriais de periódicos no Brasil e no exterior e assessora de agências de pesquisa nacionais e internacionais.

Maria Carolina Tomás (PUC-Minas)

Possui graduação em Ciências Sociais pela Universidade Federal de Minas Gerais (2004), mestrado em Demografia pela UFMG (2007) e pela University of California at Berkeley (2008), mestrado em Sociologia (2010) e doutorado em Sociologia e Demografia (2012) pela University of California, Berkeley. Atualmente é professora adjunta do Programa de Pós-Graduação em Ciências Sociais, coordenadora do Núcleo de Avaliação e Pesquisa em Ensino Superior (Napes) e presidente da Comissão Própria de Avaliação da PUC-Minas. Atua principalmente nas seguintes áreas: Família, Raça, Ensino Superior e Avaliação de Políticas e Programas Sociais

Maria Otilia Guimarães Ninin (Unip-SP/Cogeae/PUC-SP)

Mestrado e doutorado em Linguística Aplicada e Estudos da Linguagem pela Pontifícia Universidade Católica de São Paulo (2002 e 2006), com subsídio da Capes. Doutorado-sanduíche na Universidade de Bath, UK, orientada pelo Professor Harry Daniels. Pós-doutorado em 2013, com subsídio do CNPq, pela PUC-SP, no programa de Linguística Aplicada e Estudos da Linguagem, com pesquisa sobre escrita acadêmica, na área da Linguística Sistêmico-funcional. Especialização em Pedagogia pela Umesp; graduação em Matemática pela Unesp de Rio Claro (1974). Atualmente é professora da Coordenadoria-geral de Especialização, Aperfeiçoamento e Extensão (Cogeae/PUC-SP), coordenadora e professora da pós-graduação *lato sensu* Língua Portuguesa e Literatura – Universidade Paulista. Atua principalmente em relação aos seguintes temas: orientação de trabalhos monográficos na área de Letras, formação de professores, metodologia do trabalho científico. Ministra cursos com foco na escrita acadêmica em contextos de pós-graduação, em instituições brasileiras de Ensino Superior. Tem como prioridade, em pesquisa atual, a investigação do ensino da escrita acadêmica nas diferentes áreas do conhecimento

Marilia D'Ottaviano Giesbrecht Giesbrecht (Nepam/Unicamp)

Pesquisadora-colaboradora no Núcleo de Estudos e Pesquisas Ambientais. Mestre em Sociologia pela Unicamp. Doutora em Ambiente e Sociedade pela mesma universidade. Estágio no exterior durante seu doutorado na Universidade do Texas em Austin e autora de vários artigos sobre sociologia ambiental e a questão energética no Brasil.

Marlene Tamanini (UFPR)
Graduação em Ciências Sociais e Políticas pela Fundação Escola de Sociologia Política de São Paulo (1992), mestrado em Sociologia Política pela Universidade Federal de Santa Catarina (1997). Doutorado em Programa Interdisciplinar em Ciências Humanas (Dich) pela Universidade Federal de Santa Catarina (2003), doutorado-sanduíche no Centre National de la Recherche Scientifique (CNRS/França, em 2003). Pós-doutorado pela Universidade de Barcelona (2010). Foi professora da Unisul, Florianópolis/Pedra Branca/Tubarão/SC no período de 1998 a 2004. Atualmente é professora no Departamento de Sociologia, coordena o Núcleo de Estudos de Gênero da UFPR e é vice-coordenadora do Programa de Pós-Graduação em Sociologia da UFPR.

Maura Pardini Bicudo Véras (PUC-SP)
Possui graduação em Ciências Sociais pela Pontifícia Universidade Católica de São Paulo (1964), mestrado (1980), doutorado (1991) em Ciências Sociais (Sociologia Política) e livre-docência (2001) pela PUC-SP. Realizou pós-doutorado no Institut d'Etudes Politiques de Paris. Atualmente é professora titular do Departamento de Sociologia e Programa de Estudos Pós-Graduados em Ciências Sociais da Pontifícia Universidade Católica de São Paulo. Participa desde 2009 como pesquisadora-convidada do Grupo de Pesquisa Diálogos Interculturais do IEA da Universidade de São Paulo. É membro-participante do Grupo de Trabalho Desigualdades Urbanas, da Clacso, aprovado para o período 2016-2019. Chefe do Departamento de Sociologia da PUC-SP no período de 2017 a 2019.

Mauro Guilherme Pinheiro Koury (UFPB)
Graduação em Curso de Bacharelado em Ciências Sociais pela Universidade Federal de Pernambuco (1972). Mestrado em Sociologia pela Universidade Federal de Pernambuco (1976). Doutorado em Sociologia pela Universidade Federal de São Carlos (2010). É professor-associado IV da Universidade Federal da Paraíba, lotado no Departamento de Ciências Sociais. É professor do Programa de Pós-Graduação em Antropologia da Universidade Federal da Paraíba (UFPB). Coordena o Grei (Grupo Interdisciplinar de Estudos em Imagem) e o Grem (Grupo de Pesquisa em Antropologia e Sociologia das Emoções), ambos com base de pesquisa consolidada no CNPq e na UFPB.

Max Luiz Gimenes (USP)
É bacharel (2014) e licenciado (2017) em Ciências Sociais pela Faculdade de Filosofia, Letras e Ciências Humanas da Universidade de São Paulo (FFLCH-USP), mestre (2018) e atualmente doutorando pelo Programa de Pós-Graduação em Sociologia da mesma instituição (PPGS-USP). Atua nas áreas de história intelectual, sociologia da cultura e pensamento político brasileiro.

Melissa de Mattos Pimenta (UFRGS)
Bacharel em Ciências Sociais (1998). Mestre em Sociologia (2001). Doutora em Sociologia (2007) pela Universidade de São Paulo (USP). Atualmente é professora-associada no Departamento de Sociologia, no Instituto de Filosofia e Ciências Humanas (IFCH) da Universidade Federal do Rio Grande do Sul, onde leciona no Departamento de Sociologia. É membro-pesquisador do Grupo de Pesquisa Violência e Cidadania (GPVC) e membro associado da Sociedade Brasileira de Sociologia (SBS). Foi consultora do Fórum Brasileiro de Segurança Pública (FBSP), atuou na equipe de avaliação do ProJovem pelo Centro de Políticas Públicas e Avaliação da Educação (Caed) da Universidade Federal de Juiz de Fora (UFJF) e é uma das autoras dos Cadernos do Professor e do Aluno para o Ensino Médio em Sociologia do Projeto São Paulo Faz Escola, da Secretaria da Educação do Estado de São Paulo. Professora adjunta no Departamento de Sociologia e membro permanente do Programa de Pós-Graduação em Sociologia do Mestrado Profissional em Segurança Cidadã, da Universidade Federal

do Rio Grande do Sul (UFRGS), onde também atua no Grupo de Pesquisa Violência e Cidadania. Desenvolve estudos sobre juventude e violência e instituições policiais brasileiras.

Nildo Silva Viana (UFG)

Graduação em Ciências Sociais pela Universidade Federal de Goiás (1992), especialização em Filosofia pela Universidade Católica de Brasília, mestrado em Filosofia pela Universidade Federal de Goiás (1995), mestrado em Sociologia pela Universidade de Brasília (1999), doutorado em Sociologia pela Universidade de Brasília (2003) e pós-doutorado pela USP. Atualmente é professor da Universidade Federal de Goiás. Autor de diversos livros e artigos em revistas especializadas e coordenador da Coleção Biblioteca Universitária Autêntica, Série Ciências Sociais, da Editora Autêntica.

Noémi Marujo (Universidade de Évora/Cidehus)

Licenciatura em Comunicação Social, DEA (Parte do Currículo do Doutorado) em Turismo, Lazer e Cultura. Mestre em Sociologia. Doutora em Turismo. Membro do Conselho Editorial da *Tourism and Hospitality International Journal*. Membro integrado do Centro de Investigação Cidehus – Universidade de Évora. Diretora do Mestrado em Turismo e Desenvolvimento de Destinos e Produtos. Professora auxiliar da Escola Superior de Ciências Sociais – Universidade de Évora.

Patricia Birman (PPCIS/ICS/Uerj)

Graduação em Psicologia pela Universidade Federal do Rio de Janeiro (1976), mestrado em Antropologia Social pela Universidade Federal do Rio de Janeiro (1980) e doutorado em Antropologia Social pela Universidade Federal do Rio de Janeiro (1988). Realizou um pós-doutorado (1995/1996) na École des Hautes Études en Sciences Sociales, Paris. É professora titular de Antropologia da Universidade do Estado do Rio de Janeiro. Como antropóloga, especializou-se no domínio dos estudos sobre religião, realizou pesquisas sobre cultos afro-brasileiros, pentecostalismo no Brasil e religiões no espaço público. Seu interesse direciona-se atualmente para os entrelaçamentos entre práticas religiosas e seculares orientadas à gestão da pobreza. Desenvolve trabalhos de pesquisa sobre a produção de territorialidades periféricas em espaços urbanos, pela volta do MCTI e contra todas as medidas que desmancham as políticas de direitos e conquistas sociais.

Paulo César Alves (UFBA)

Professor titular (1999) do Departamento de Sociologia da Universidade Federal da Bahia, pós-doutorado nas universidades de Toronto (2003) e Saint Andrews (Escócia, 2011). Professor-visitante, entre outras, das universidades de Buenos Aires, La Republica (Uruguai). Bolsa de produtividade no CNPq (nível 1). Além de pesquisar questões relacionadas à história do pensamento sociológico, desenvolve trabalhos na área da saúde e literatura. Tem vários artigos publicados em revistas nacionais e estrangeiras, sendo autor de livros como: *Novas fronteiras metodológicas nas ciências sociais* (2018), *Trajetórias, sensibilidades e materialidades – Experiências com a fenomenologia* (2012), *Cultura – Múltiplas leituras* (2010), *Experiência de doença e narrativas* (1999), *Antropologia da saúde – Traçando identidade e explorando fronteiras* (1998).

Priscila Erminia Riscado (Iear/UFF)

Professora adjunta no curso de Políticas Públicas (bacharelado) do Instituto de Educação de Angra dos Reis, da Universidade Federal Fluminense (Iear/UFF). Doutora e mestra em Ciência Política pelo Programa de Pós-Graduação em Ciência Política da Universidade Federal Fluminense (PGCP/UFF). Bacharel em Ciências Sociais pela Universidade Federal Fluminense (UFF). Professora nos cursos de pós-graduação *lato sensu* "Gestão em Administração Pública" e "Gestão Pública Municipal", organizado pela Universidade Federal Fluminense (Cead). É coordenadora do Belas (Núcleo de Estudos sobre Gênero, Identidade e Feminismo) e pesquisadora do Neeipp (Núcleo de Estudos sobre Estado, Instituições e Políticas Públicas), ambos do Iear/UFF. Áreas de pesquisa: Implementação e avaliação de políticas públicas, Políticas públicas e expansão do Ensino Superior no Brasil, Implementação e avaliação de programas na área de Responsabilidade Social. Tem experiência na área de Ciência Política, atuando principalmente nos seguintes temas: Democracia, Sociedade, Políticas públicas, Movimentos sociais, Responsabilidade social, Empresa, Empresário e meio ambiente.

Renan Springer de Freitas (UFMG)

Professor titular do Departamento de Sociologia da UFMG. Pesquisador-visitante na Universidade de Amsterdã no período de 1990 a 1992, com bolsa de pós-doutorado concedida pela Capes, e professor-visitante na Duke University, EUA, em setembro de 2006. Bolsista de Produtividade do CNPq, membro do Conselho Editorial do periódico *Philosophy of the Social Sciences* e editor-chefe da *Revista Brasileira de Sociologia*. Autor de *Judaísmo, racionalismo e teologia cristã da superação* e *Ciladas no caminho do conhecimento sociológico*" (a sair pela Ed. UFRJ).

Roberta Gurgel Azzi (Unicamp)

Graduada em Psicologia pela Pontifícia Universidade Católica de São Paulo (1982 – bacharelado e licenciatura, e em 1994, psicóloga), mestre em Psicologia Experimental pela Universidade de São Paulo (1986), doutora em Educação pela Universidade Estadual de Campinas (1993) e livre-docente em Psicologia Educacional (Unicamp), em 2013. Pós-doutorado em Psicologia na UFSCar (03 a 11/2009), e na Pontifícia Universidade Católica de São Paulo – Programa de Psicologia Experimental (07/2012 a 06/2013). Bolsista Fapesp (03 a 07/2011 para realizar investigação junto à Universidade do Porto (PT). Bolsista Capes_Fulbright. Pesquisadora-visitante na Stanford University entre 01 e 04/2014. Foi coordenadora do Núcleo de Estudos Avançados em Psicologia Cognitiva e Comportamental – Neapsi (2006-2016). Bolsis-

ta de produtividade nível 2 do CNPq no período de 2017 a 2020. Professora livre-docente, aposentada, da Faculdade de Educação da Unicamp. Diretora da TSC – Centro de Estudos e Pesquisas.

Ronaldo George Helal (PPGCom/Uerj)

Graduação em Comunicação Social pela Pontifícia Universidade Católica do Rio de Janeiro (1980), graduação em Ciências Sociais pela Universidade Federal do Rio de Janeiro (1979), mestrado em Sociologia – New York University (1986) e doutorado em Sociologia – New York University (1994). É pesquisador 1-C do CNPq, pós-doutor em Ciências Sociais pela Universidad de Buenos Aires (2006). Em 2017, realizou estágio sênior na França no Institut National du Sport, de L'Expertise et de la *Performance*. É professor titular da Universidade do Estado do Rio de Janeiro. Foi vice-diretor da Faculdade de Comunicação Social da Uerj (2000-2004) e coordenador do projeto de implantação do Programa de Pós-Graduação em Comunicação da Uerj (PPGCom/Uerj), tendo sido seu primeiro coordenador (2002-2004). Foi chefe do Departamento de Teoria da Comunicação da FCS/Uerj, diversas vezes, e membro eleito do Consultivo da Sub-Reitoria de Pós-Graduação e Pesquisa da Uerj, por duas vezes. Tem experiência na área de Comunicação, com ênfase em Teoria da Comunicação, atuando principalmente nos seguintes temas: futebol, mídia, identidades nacionais, idolatria e cultura brasileira. É coordenador do grupo de pesquisa Esporte e Cultura (www.comunicacaoesporte.com) e do Laboratório de Estudos em Mídia e Esporte (Leme). Publicou oito livros e mais de 130 artigos em capítulos de livros e em revistas acadêmicas da área, no Brasil e no exterior.

Sandra de Sá Carneiro – PPCIS/ICS/Uerj

Bacharel em Ciências Sociais, IFCS/UFRJ. Mestre em Antropologia Social, PPGAS/Museu Nacional/UFRJ. Doutora em Antropologia pelo PPGSA/IFCS/UFRJ. Realizou pós-doutorado em Antropologia na Universidade de Santiago de Compostela, Espanha (2010/2011) e na Universidade Federal de Juiz de

Fora (2017). É professora adjunta de Antropologia do Programa de Pós-graduação em Ciências Sociais do ICS/Uerj. Integra a linha de pesquisa Cidade, Movimentos Sociais e Religião. Procientista da Uerj/Faperj e pesquisadora do CNPq. Desenvolve pesquisas na área de Antropologia Urbana, Antropologia da Religião e Antropologia do Turismo, atuando principalmente nos seguintes temas: religião, turismo, peregrinação, ensino religioso, cultura popular e estudos urbanos.

Sandra Gomes (UFRN)

Professora do Departamento de Políticas Públicas da UFRN e da pós-graduação em Estudos Urbanos e Regionais da mesma instituição. Tem graduação em Ciências Sociais (USP), mestrado e doutorado em Ciência Política pela USP e é Master of Arts (MA) em Estudos Latino-americanos pela Universidade de Londres, Reino Unido. Com pós-doutorado no Centro de Estudos da Metrópole/Cebrap, os temas de interesse são governos partidários, políticas sociais, federalismo e formulação e gestão de políticas públicas. É coautora, com Telma Menicucci, do livro *Políticas sociais: conceitos, trajetórias e a experiência brasileira*, em 2018. É ativista do Campo de Públicas no Brasil e foi membro da primeira diretoria executiva da ANEPCP (Associação Nacional de Ensino e Pesquisa do Campo de Públicas).

Sávio Machado Cavalcante (Unicamp)

Graduado em Ciências Sociais, mestre e doutor em Sociologia pela Universidade Estadual de Campinas (Unicamp). Professor do Departamento de Sociologia e do Programa de Pós-Graduação em Sociologia do Instituto de Filosofia e Ciências Humanas da Unicamp. Atuou como professor temporário (2006-2010/2012-2013) no Departamento de Ciências Sociais da Universidade Estadual de Londrina (UEL). Membro do Centro de Estudos Marxistas (Cemarx/IFCH) e do Comitê Editorial da revista *Crítica Marxista*. Sua produção dedica-se aos seguintes temas: trabalho, classes sociais e valor; classe média e ideologia meritocrática; conservadorismo-liberal.

Silvio Segundo Salej Higgins (UFMG)

Graduação em Filosofia pela Pontifícia Universidad Javeriana (Santa Fé de Bogotá, Colômbia, 1991) e mestrado em Sociologia Política pela Universidade Federal de Santa Catarina (2003). Doutor em Sociologia pela Universidade de Paris Dauphine (França) e em Sociologia Política pela Universidade Federal de Santa Catarina (Brasil) no âmbito do Colégio Doutoral Franco-brasileiro (Capes), Ministério da Educação do Brasil e Ministère de l'Éducation National (France). Foi coordenador da Pós-Graduação em Sociologia da UFMG. Atua principalmente nos seguintes campos de pesquisa: capital social sob a ótica de redes sociais, políticas públicas, construção de qualidade em mercados agroalimentares. Lidera o Grupo Interdisciplinar de Pesquisa em Análise de Redes Sociais (Giars) – Certificado UFMG-CNPq. Professor-associado do Departamento de Sociologia da UFMG.

Simone Magalhaes Brito (UFPB)

Professora-associada do Departamento de Ciências Sociais e da Pós-Graduação em Sociologia da UFPB, possui graduação em Ciências Sociais pela Universidade Federal de Pernambuco (2000), mestrado em Sociologia pela Universidade Federal de Pernambuco (2002) e PhD em Sociologia pela Lancaster University (2007).

Tatiana Vargas Maia (Universidade La Salle)

Doutora em Ciência Política pela Southern Illinois University – Carbondale (2015), mestra em Relações Internacionais pela Universidade Federal do Rio Grande do Sul (2006), bacharela em História pela Universidade Federal do Rio Grande do Sul (2006) e bacharela em Ciências Sociais pela Pontifícia Universidade Católica do Rio Grande do Sul (2004). Tem experiência na área de Ciência Política, com ênfase em Relações Internacionais, Política Comparada, Teoria Política, e na área de História, com ênfase em História Moderna e Contemporânea. Atua principalmente nos seguintes temas: identidades políticas, nacionalismo e etnicidade, democracia e autoritarismos, feminismo e gênero, segurança internacional, política externa. Atualmente é coordenadora e professora do bacharelado em Relações Internacionais, coordenadora e professora da licenciatura e do bacharelado em História da Universidade La Salle, professora permanente no Programa de Pós-Graduação em Memórias Sociais e Bens Culturais da Universidade La Salle. É também coordenadora do Comitê da Universidade La Salle para o Pacto Universitário Pela Promoção do Respeito à Diversidade, da Cultura da Paz, e dos Direitos Humanos, e representante da Universidade La Salle no Comitê Gaúcho Impulsor do Movimento #ElesPorElas da ONU Mulheres.

Teresa Cristina Schneider Marques (PUC-RS)

Doutora (2011) em Ciência Política pela Universidade Federal do Rio Grande do Sul (UFRGS), com estágio doutoral no Institut d'Études Politiques de Paris (Sciences Po). Coordenadora do curso de graduação em Ciências Sociais da Pontifícia Universidade Católica do Rio Grande do Sul (PUCRS). Professora adjunta do Programa de Pós-graduação em Ciências Sociais da PUCRS. Coordenadora do grupo de pesquisa (CNPq) "Regimes políticos, participação e política comparada". Tem experiência nas áreas de Ciência Política, Sociologia Política e História das Relações Internacionais. Atua principalmente nos seguintes temas: militância e ativismo político; migrações e transnacionalismo; transições políticas e política comparada.

Wanderley Marchi Júnior (UFPR)

Graduação em Educação Física e Técnico Desportivo pela Universidade Estadual Paulista Júlio de Mesquita Filho (1987). Mestrado em Educação Física pela Universidade Estadual de Campinas (1994). Doutorado em Educação Física pela Universidade Estadual de Campinas (2001) e pós-doutorado em Sociologia do Esporte pela West Virginia University/USA (2012). Atualmente é professor-associado IV da Universidade Federal do Paraná. Atua nos programas de pós-graduação, nível de mestrado e doutorado, respectivamente nos departamentos de Educação Física e de Ciências Sociais da Universidade Federal do Paraná. Coordena o grupo de pesquisa Cepels (Centro de Pesquisas em Esporte, Lazer e Sociedade)/UFPR, cadastrado no CNPq. É presidente da Asociación Latinoamericana de Estudios Socioculturales del Deporte (Alesde).

Wescley Xavier (UFV)

Professor adjunto do Departamento de Administração e Contabilidade da Universidade Federal de Viçosa (UFV). Visiting Researcher no Departamento de Sociologia da Lancaster University. Doutor e mestre em Administração pela Universidade Federal de Minas Gerais (UFMG). Graduado em Administração pela Universidade Federal de Viçosa (UFV). Foi editor-chefe da *Revista Administração Pública e Gestão Social* (APGS). Os interesses de pesquisa concentram-se nas áreas de estudos organizacionais e administração pública relacionados ao marxismo, estética materialista, produção cultural, crítica da produção do espaço, estudos históricos e discurso, e ações afirmativas no Ensino Superior.

LEIA TAMBÉM:

O retorno da sociedade

André Botelho

Em *O retorno da sociedade*, André Botelho convida o leitor a voltar os olhos para as interpretações clássicas do Brasil a fim de compreender de modo renovado as relações entre sociedade e política.

Mudanças institucionais na política não ocorrem no vazio das relações sociais. Esse é o principal ensinamento da tradição intelectual que, entre as décadas de 1920 e 1970, formula uma agenda de reflexão e pesquisa no Brasil sobre as bases sociais da vida política. De Oliveira Vianna a Maria Sylvia de Carvalho Franco, essa vertente da sociologia política, internamente diversificada, revela como os vínculos entre Estado e sociedade não são via de mão única. Formam relações múltiplas. Se analisadas da perspectiva *da* sociedade e *na* sociedade, a política e as políticas ganham densidade e complexidade nem sempre perceptíveis quando observadas apenas através da lógica institucional.

O retorno da sociedade reconstitui os argumentos dessa tradição intelectual e busca explorar não só o alcance teórico das suas formulações, como também sua capacidade de interpelação contemporânea. No Brasil de hoje, sua lição parece dramaticamente maior e ainda mais urgente. Vai-se tornando claro que as inovações democráticas das últimas décadas não anularam a sociabilidade e os valores autoritários marcantes na nossa história. De fato, é preciso deixar de lado as dicotomias simples, como antes *ou* depois, passado *ou* futuro, para podermos qualificar a dimensão de *processo* sempre ofuscada pelas luzes do presente.

André Botelho é professor do Departamento de Sociologia da Universidade Federal do Rio de Janeiro – UFRJ – e pesquisador do CNPq. Doutor em Ciências Sociais pela Unicamp (2002), já publicou vários livros na área da Sociologia e do Pensamento Social Brasileiro. Entre eles *Essencial sociologia*, em 2013, e *Um enigma chamado Brasil*, em 2009 (Prêmio Jabuti 2010), com Lilia Schwarcz.

CULTURAL

- Administração
- Antropologia
- Biografias
- Comunicação
- Dinâmicas e Jogos
- Ecologia e Meio Ambiente
- Educação e Pedagogia
- Filosofia
- História
- Letras e Literatura
- Obras de referência
- Política
- Psicologia
- Saúde e Nutrição
- Serviço Social e Trabalho

CATEQUÉTICO PASTORAL

Catequese
- Geral
- Crisma
- Primeira Eucaristia

Pastoral
- Geral
- Sacramental
- Familiar
- Social
- Ensino Religioso Escolar

TEOLÓGICO ESPIRITUAL

- Biografias
- Devocionários
- Espiritualidade e Mística
- Espiritualidade Mariana
- Franciscanismo
- Autoconhecimento
- Liturgia
- Obras de referência
- Sagrada Escritura e Livros

Teologia
- Bíblica
- Histórica
- Prática
- Sistemática

REVISTAS

- Concilium
- Estudos Bíblicos
- Grande Sinal
- REB (Revista Eclesiástica Brasileira)

VOZES NOBILIS

Uma linha editorial especial, com importantes autores, alto valor agregado e qualidade superior.

PRODUTOS SAZONAIS

- Folhinha do Sagrado Coração de Jesus
- Calendário de mesa do Sagrado Coração de Jesus
- Agenda do Sagrado Coração de Jesus
- Almanaque Santo Antônio
- Agendinha
- Diário Vozes
- Meditações para o dia a dia
- Encontro diário com Deus
- Guia Litúrgico

VOZES DE BOLSO

Obras clássicas de Ciências Humanas em formato de bolso.

CADASTRE-SE
www.vozes.com.br

EDITORA VOZES LTDA.
Rua Frei Luís, 100 – Centro – Cep 25689-900 – Petrópolis, RJ
Tel.: (24) 2233-9000 – Fax: (24) 2231-4676 – E-mail: vendas@vozes.com.br

UNIDADES NO BRASIL: Belo Horizonte, MG – Brasília, DF – Campinas, SP – Cuiabá, MT
Curitiba, PR – Fortaleza, CE – Goiânia, GO – Juiz de Fora, MG
Manaus, AM – Petrópolis, RJ – Porto Alegre, RS – Recife, PE – Rio de Janeiro, RJ
Salvador, BA – São Paulo, SP